Die ideale Ergänzung zum Studienbuch

Brenner | Schneider
Landesrecht Thüringen
Textsammlung
Nomos, 24. Auflage 2022, 895 Seiten, broschiert
ISBN 978-3-8487-7313-8
28,90 € inkl. MwSt.

Die Textsammlung umfasst die wichtigen Vorschriften des Verwaltungs- und Verfassungsrechts. Sie eignet sich für Studium und Praxis.

Nomosstudienbuch

Prof. Dr. Matthias Knauff [Hrsg.]

Landesrecht Thüringen

Studienbuch

2. Auflage

Prof. Dr. Manfred Baldus[†], Universität Erfurt | Prof. Dr. Hermann-Josef Blanke, Universität Erfurt | Prof. Dr. Michael Brenner, Friedrich-Schiller-Universität Jena | Sebastian Raphael Bunse, Universität Erfurt | Prof. Dr. Matthias Knauff, Friedrich-Schiller-Universität Jena | Prof. Dr. Anna Leisner-Egensperger, Friedrich-Schiller-Universität Jena | Prof. Dr. Matthias Werner Schneider, Hochschule Schmalkalden | Dr. Udo Schneider, Verwaltungsgericht Meiningen

Die Deutsche Nationalbibliothek verzeichnet diese Publikation in
der Deutschen Nationalbibliografie; detaillierte bibliografische
Daten sind im Internet über http://dnb.d-nb.de abrufbar.

ISBN 978-3-8487-8202-4 (print)
ISBN 978-3-7489-2608-5 (ePDF)

2. Auflage 2023
© Nomos Verlagsgesellschaft, Baden-Baden 2023. Gesamtverantwortung für Druck
und Herstellung bei der Nomos Verlagsgesellschaft mbH & Co. KG. Alle Rechte, auch
die des Nachdrucks von Auszügen, der fotomechanischen Wiedergabe und der
Übersetzung, vorbehalten.

Vorwort

Zum Föderalismus, den das Grundgesetz der Bundesrepublik Deutschland verfasst hat, gehört auch und vor allem das Recht, das die Länder setzen und pflegen. Das vorliegende Studienbuch erschließt vor diesem Hintergrund die wichtigsten Gebiete des thüringischen Landesrechts. Berücksichtigt werden über die Erstauflage hinausgehend das Datenschutz- und das Umweltrecht. Zudem wird der Thüringer Bürgerbeauftragte vorgestellt, dem als unabhängige Kontrollinstanz der Verwaltung eine wichtige Funktion zukommt. In der Darstellung wurde die jeweils einschlägige Rechtsprechung verarbeitet, aber auch vertiefende und weiterführende Literatur gewürdigt. Der besseren Lesbarkeit halber wurde bei Inbezugnahme von Personen auf durchgängiges Gendern verzichtet; selbstverständlich sind aber stets Angehörige aller Geschlechter gemeint.

Der Band wendet sich vor allem an Studierende der Rechtswissenschaftlichen Fakultät der Universität Jena sowie an solche, die Studiengänge mit rechtswissenschaftlichen Anteilen an der Universität Erfurt und der Technischen Universität Ilmenau sowie an den Fachhochschulen in Erfurt, Jena, Gotha und Nordhausen absolvieren. Angesprochen sind darüber hinaus natürlich auch die Thüringer Rechtsanwälte, Richter, Ministerial- und Verbandsjuristen oder sonst am Landesrecht Interessierte.

Herr Kollege Manfred Baldus, der die Erstauflage mit herausgegeben hatte, ist leider Ende des Jahres 2021 verstorben. Er war wesentlich an der Konzeption des Buches wie auch als Wissenschaftler und Richter am Thüringer Verfassungsgerichtshof an der Entwicklung des Thüringer Landesrechts beteiligt. Das Kapitel zum Landesverfassungsrecht trägt ungeachtet der erfolgten Aktualisierungen seine Handschrift. Herausgeber und Autoren bewahren ihm ein ehrendes Andenken.

Herzlich zu danken ist an erster Stelle der Autorin und den Autoren, die die einzelnen Darstellungen verfasst haben, zudem den Mitarbeitern meines Lehrstuhls. Anregungen der Leser sind selbstverständlich ebenso willkommen wie kritische Bemerkungen und werden an die E-Mail-Adresse ls-knauff@uni-jena.de erbeten.

Jena im Sommer 2022 *Matthias Knauff*

Inhaltsübersicht

Vorwort		5
Autorenübersicht		9
§ 1	Verfassungsrecht	13
§ 2	Verwaltungsorganisation und allgemeines Verwaltungsrecht	69
§ 3	Querschnittsbereiche	123
§ 4	Polizei- und Ordnungsrecht	151
§ 5	Kommunalrecht	258
§ 6	Baurecht	381
§ 7	Öffentliches Wirtschaftsrecht	409
§ 8	Umweltrecht	440
§ 9	Kulturrecht	519
Stichwortverzeichnis		577

Autorenübersicht

Prof. Dr. Manfred Baldus†, ehem. Inhaber des Lehrstuhls für Öffentliches Recht und Neuere Rechtsgeschichte, Universität Erfurt; ehem. Mitglied des Thüringer Verfassungsgerichtshofs

Prof. Dr. Hermann-Josef Blanke, Inhaber des Lehrstuhls für Öffentliches Recht, Völkerrecht und Europäische Integration, Jean Monnet Chair „Verfassungsrechtliche Voraussetzungen für die Zukunftsfähigkeit der Europäischen Union", Universität Erfurt

Prof. Dr. Michael Brenner, Inhaber des Lehrstuhls für Deutsches und Europäisches Verfassungs- und Verwaltungsrecht, Friedrich-Schiller-Universität Jena

Sebastian Raphael Bunse, Wissenschaftlicher Mitarbeiter und Doktorand am Lehrstuhl für Öffentliches Recht und Neuere Rechtsgeschichte, Universität Erfurt

Prof. Dr. Matthias Knauff, LL.M. Eur., Inhaber des Lehrstuhls für Öffentliches Recht, insb. Öffentliches Wirtschaftsrecht, Friedrich-Schiller-Universität Jena; Richter am Thüringer Oberlandesgericht (Vergabesenat)

Prof. Dr. Anna Leisner-Egensperger, Inhaberin des Lehrstuhls für Öffentliches Recht und Steuerrecht, Friedrich-Schiller-Universität Jena

Prof. Dr. Matthias Werner Schneider, LL.M. Eur., C.M.L. (Pretoria), Rechtsdirektor a.D., Professor für Wirtschaftsrecht, Hochschule Schmalkalden

Dr. Udo Schneider, Präsident des Verwaltungsgerichts Meiningen

Übergreifendes Literaturverzeichnis

Epping/Hillgruber (Hrsg.), BeckOK Grundgesetz, Stand 2/2022

Detterbeck, Allgemeines Verwaltungsrecht mit Verwaltungsprozessrecht, 19. Aufl. 2021

Dürig/Herzog/Scholz (Begr./Hrsg.), Grundgesetz-Kommentar, Stand 7/2021

Huber (Hrsg.), Thüringer Staats- und Verwaltungsrecht, 2000

Hufen, Staatsrecht II – Grundrechte, 9. Aufl. 2021

Hufen, Verwaltungsprozessrecht, 12. Aufl. 2021

Isensee/Kirchhof (Hrsg.), Handbuch des Staatsrechts der Bundesrepublik Deutschland, 3. Aufl. 2003–2015

Linck/Jutzi/Hopfe, Die Verfassung des Freistaates Thüringen. Kommentar, 1994

Linck/Baldus/Lindner/Poppenhäger/Ruffert (Hrsg.), Die Verfassung des Freistaates Thüringen. Handkommentar, 2013

Maurer/Waldhoff, Allgemeines Verwaltungsrecht, 20. Aufl. 2020

von Münch/Kunig (Hrsg.), Grundgesetz, 7. Aufl. 2021

§ 1 Verfassungsrecht

Manfred Baldus† und Matthias Knauff

Literatur: *von Ammon*, Die Urteilsverfassungsbeschwerde zum Thüringer Verfassungsgerichtshof, ThürVBl 2014, 181; *Baldus*, Landesverfassungsrecht und Bundesverfassungsrecht – wie fügt sich das Gegenstrebige?, in: Die Verfassungsgerichte der Länder Brandenburg, Mecklenburg-Vorpommern, Sachsen, Sachsen-Anhalt und Thüringen (Hrsg.), 20 Jahre Verfassungsgerichtsbarkeit in den neuen Ländern, 2014, S. 19 ff.; *Brenner*, Landesgrundrechte in Thüringen, in: Merten/Papier (Hrsg.), Handbuch der Grundrechte, Bd. VIII (Landesgrundrechte in Deutschland), 2016, § 260; *Friehe*, Wir sind ein Volk – Die landesverfassungsrechtliche Rechtsprechung zur Parität, NVwZ 2021, 39; *Gärditz*, Landesverfassungsrichter, JöR 2013, 449; *Gersdorf*, Das Paritätsurteil des Thüringer Verfassungsgerichtshofes springt doppelt zu kurz, DÖV 2020, 779; *Gröschner*, Res Publica Thuringorum. Über die Freistaatlichkeit Thüringens, ThürVBl 1997, 25; *Lembcke*, Thüringer Verfassungsgerichtshof, in: Reutter (Hrsg.), Landesverfassungsgerichte. Entwicklungen – Aufbau – Funktionen, 2017, S. 389, *Lindner*, Landesgrundrechte, JuS 2018, 233; *ders.*, Bindung der Landesverfassungsgerichte an die Rechtsprechung des Bundesverfassungsgerichts, JZ 2018, 369; *Möllers*, Krise der demokratischen Repräsentation vor Gericht: zu den Parité-Urteilen der Landesverfassungsgerichte in Thüringen und Brandenburg, JZ 2021, 338; *Möstl*, Landesverfassungsrecht – zum Schattendasein verurteilt?, AöR 130 (2005), S. 350 ff.; *Pautsch*, Weimar locuta, causa finita? Zu den landesverfassungsgerichtlichen Spielräumen bei der Einwirkung von Bundesverfassungsrecht am Beispiel der Entscheidung zum Thüringer Paritätsgesetz, ThürVBl 2021, 63; *Sachs*, Die Landesverfassung im Rahmen der bundesstaatlichen Rechts- und Verfassungsordnung, ThürVBl 1993, 121; *Sacksofsky*, Landesverfassung und Grundgesetz – am Beispiel der Verfassungen der neuen Bundesländer, NVwZ 1993, 235; *Schmitt* (Hrsg.), Die Verfassung des Freistaates Thüringens, 1995; *Schwarz/Eibenstein*, Geschlechterparitätische Wahlvorschlagsregelungen und das überschrittene Maß des zur Erreichung Erforderlichen, ThürVBl 2021, 57; *Storr*, Staats- und Verfassungsrecht (Thüringer Landesrecht), 2003; *Thüringer Landtag* (Hrsg.), Die Entstehung der Verfassung des Freistaates Thüringen 1991–1993. Dokumentation, 2003; *Voßkuhle*, Die Landesverfassungsgerichtsbarkeit im föderalen und europäischen Verfassungsgerichtsverbund, JöR 2011, 215.

I. Verfassungsrecht des Freistaates Thüringen 1	
1. Die Verfassung des Freistaates Thüringen 1	
2. Materielles Landesverfassungsrecht 5	
3. Rechtsprechung des Thüringer Verfassungsgerichtshofs 11	
II. Verfassungsrecht eines nicht-souveränen und säkularen Staates 14	
III. Staatsform, Strukturmerkmale, Staatsziele 17	
1. Freistaat und Demokratie als Staatsformen 17	
2. Strukturmerkmale 21	
3. Staatsziele 27	
IV. Menschen- und Grundrechte 31	
V. Staatsorganisation 37	
1. Landtag 37	
a) Repräsentation und Prävalenz 37	
b) Aufgaben 40	
aa) Gesetzgebung 41	
bb) Kreation, Deliberation und andere Aufgaben 45
cc) Kontrolle 48
c) Wahl 55
aa) Wahlrechtsgrundsätze 56
bb) Wahlberechtigung 62
cc) Wahlprüfung 64
d) Rechtsstellung der Abgeordneten 66
e) Organisation und Verfahren 73
aa) Geschäftsordnung des Landtages 73
bb) Präsident 76
cc) Fraktionen 79
dd) Ausschüsse 82
ee) Öffentlichkeit und Beschlussfassung 86
2. Volk als Gesetzgebungsorgan 91
3. Politische Parteien 97
4. Landesregierung und Verwaltung 100

a) Landesregierung 101
   aa) Abhängigkeit der Landesregierung vom Landtag 103
   bb) Bildung einer Landesregierung und Ende der Amtszeit 107
   cc) Binnenorganisation und -kompetenzen ... 109
   dd) Aufgaben und Befugnisse 111
b) Unmittelbare Landesverwaltung 114
c) Kommunale Selbstverwaltung 117
   aa) Selbstverwaltungsrecht der Gemeinden und Gemeindeverbände 119
       (1) Recht der Gemeinden 119
       (2) Recht der Gemeindeverbände 126
   bb) Finanzierung der kommunalen Selbstverwaltung 130
       (1) Finanzausgleich .. 133
       (2) Mehrbelastungsausgleich 136
   cc) Wahl von Gemeindevertretungen 138
   dd) Gebietsänderungen und Auflösungen 140
       (1) Öffentliches Wohl als materielle Voraussetzung 141
       (2) Rechtsformen 143
       (3) Anhörungsrechte 145
d) Funktionale Selbstverwaltung im Hochschulwesen .. 150
5. Verfassungsgerichtshof und Rechtsprechung 153
   a) Verfassungsgerichtshof 153
      aa) Stellung und Verfahren 153
      bb) Verhältnis zum BVerfG 158
   b) Rechtsprechung 160
6. Besondere Kontrollorgane 163
VI. Änderbarkeit und Dauerhaftigkeit des Verfassungsrechts 164
VII. Schutz der Verfassung 168
VIII. Verfassungsföderalismus 170

I. Verfassungsrecht des Freistaates Thüringen

1. Die Verfassung des Freistaates Thüringen

1 Das thüringische Verfassungsrecht besteht zunächst und vor allem aus der **Verfassung des Freistaates Thüringen**, mithin dem Normtext, der 1993 mit zwei Dritteln der Stimmen des Thüringer Landtages beschlossen und 1994 endgültig in Kraft gesetzt wurde, nachdem sich zuvor bei einer Volksabstimmung 50,4 % der Stimmberechtigten und 70,1 % der Abstimmenden für sie ausgesprochen hatten.[1]

2 Die so geschaffene thüringische Landesverfassung beruht auf der grundgesetzlich vorausgesetzten Ermächtigung der Länder (Art. 28 Abs. 1 GG), sich eine Vollverfassung zu geben. Dabei verdeckt die gelegentlich verwendete Formel von der „**Verfassungsautonomie**" der Länder[2], dass die Länder bei ihrer Verfassungsgebung nur insoweit frei sind, als das Grundgesetz sie nicht bindet und begrenzt.[3] Verfassungsgebung in den Ländern ist daher **Verfassungsgesetzgebung unter der Geltung des Grundgesetzes**. Die Thüringer Verfassung deutet dies selbst an, wenn sie den Freistaat Thüringen in Art. 44 Abs. 1 ThürVerf als „Land der Bundesrepublik Deutschland" bezeichnet.

---

1 Bei diesem Volksentscheid lag die Wahlbeteiligung bei 74,7 %; dazu *Schmitt* (Hrsg.), Die Verfassung des Freistaates Thüringen, 1995, S. 396. Zum Entstehungsprozess: *Hopfe*, in: Linck/Baldus/Lindner/Poppenhäger/Ruffert, Die Verfassung des Freistaats Thüringen, E2, zu den bisherigen Änderungen der Verfassung: *Poschmann/Bathe*, ebd., E 3 Rn. 2 ff. Zum Folgenden schon *Baldus*, ebd., E5 Rn. 2 ff.
2 BVerfG, Urt. v. 22.2.1994 – 1 BvL 30/88, BVerfGE 90, 60 (84).
3 BVerfG, Beschl. v. 23.4.1982 – 2 BvH 1/82, BVerfGE 60, 187 (208); BVerfG, Beschl. v. 15.10.1997 – 2 BvN 1/95, BVerfG 96, 345 (368 f.); BVerfGE 103, 332 (350); *Möstl*, AöR 130 (2005), 350, 352: Verfassungshoheit der Länder nur nach Maßgabe der Bundesverfassung.

Das Grundgesetz begrenzt die Verfassungsautonomie Thüringens als Land der Bundesrepublik Deutschland in mehrfacher Hinsicht, vor allem durch das ebenfalls in Art. 28 Abs. 1 GG enthaltene **Homogenitätsgebot**. Danach muss die verfassungsmäßige Ordnung in den Ländern nicht nur den Grundsätzen des republikanischen, demokratischen und sozialen Rechtsstaates im Sinne des Grundgesetzes entsprechen, sondern in den Ländern, Kreisen und Gemeinden muss das Volk ebenfalls eine Vertretung haben, die aus allgemeinen, unmittelbaren, freien, gleichen und geheimen Wahlen hervorgegangen ist. Das Grundgesetz verlangt mithin eine „gewisse Übereinstimmung der Bundesverfassung und der Landesverfassungen".[4] Landesverfassungsrecht, das außerhalb des durch Art. 28 Abs. 1 GG gezogenen Rahmens liegt, verliert seine Geltung.[5]

3

Zudem ziehen zahlreiche andere Normen des Grundgesetzes unmittelbare Grenzen (sogenannte „**Durchgriffsnormen**" wie etwa die Art. 1 bis 19, 20 Abs. 2 und 3, 33, 34, 48 Abs. 3, 83, 101 bis 104, 105, 142 GG). Es handelt sich um Normen, die sowohl an die Staatsgewalt des Bundes wie auch an die der Länder gerichtet sind. Und schließlich findet Landesverfassungsrecht auch eine – nicht unmittelbare, sondern durch Art. 31 GG vermittelte – Grenze an der **Kompetenzordnung des Grundgesetzes**: Kollidieren Normen des Landesverfassungsrechts mit bundesrechtlichen Normen im Rang unterhalb des Grundgesetzes, die der Bund in Wahrnehmung der ihm vom Grundgesetz zugewiesenen Kompetenzen erlassen hat, so werden diese landesverfassungsrechtlichen Normen gemäß Art. 31 GG durch Bundesrecht gebrochen und verlieren mithin auch auf diese Weise ihre Geltung.

4

2. Materielles Landesverfassungsrecht

Das thüringische Landesverfassungsrecht besteht indessen nicht allein aus der unter Beachtung der grundgesetzlichen Vorgaben geschaffenen Thüringer Verfassung, also den in ihrem Text enthaltenen Bestimmungen. Neben diesem formellen Verfassungsrecht existiert auch **materielles Landesverfassungsrecht**, dies zum einen in Form eines in das Landesrecht hineinwirkenden Bundesverfassungsrechts, zum anderen in der Gestalt anerkannter Grundsätze und Leitideen sowie sonstiger gesetzlicher Regelungen, die den Freistaat Thüringen als eine spezifische Form staatlicher Organisation betreffen.

5

Die Vorstellung von einem in die Landesverfassung **hineinwirkenden Bundesverfassungsrecht** beruht auf einer vom BVerfG sowie einiger Landesverfassungsgerichte einschließlich der des Thüringer Verfassungsgerichtshofs (ThürVerfGH) vertretenen Lehre, wonach das jeweilige Landesverfassungsrecht nicht in der Landesverfassungsurkunde allein enthalten ist; in die jeweilige Landesverfassung wirken danach auch Elemente der Bundesverfassung hinein, so dass erst beide Elemente zusammen die

6

---

4 BVerfG, Beschl. v. 24.3.1982 – 2 BvH 1/82, BVerfGE 60, 175 (207 f.) mwN aus der früheren Rspr. Mit Blick auf die Thüringer Verfassung ausführlich: *Baldus*, in: Linck/Baldus/Lindner/Poppenhäger/Ruffert, Die Verfassung des Freistaats Thüringen, E5 Rn. 18 ff.
5 AA *Nierhaus*, in: Sachs, GG, Art. 28 Rn. 7 mwN in Fn. 32 (Begrenzung und „Anerkennung" einer offenbar als „vor-bundesverfassungsrechtlich" gedachten Verfassungsautonomie der Länder).

Verfassung eines Gliedstaates ausmachen[6] („Hineinwirkungslehre"). Die Frage, welche Elemente der Bundesverfassung in die Landesverfassungen hineinwirken, soll allerdings nur mit Zurückhaltung beantwortet werden: Die Verfassungsautonomie und damit die Staatlichkeit der Länder würden nämlich nachhaltig beschädigt und das föderale Prinzip als Eckpfeiler der Bundesrepublik Deutschland untergraben, je mehr Prinzipien oder Normen der Bundesverfassung in eine Landesverfassung hineingelesen werden.[7]

7 Im Einzelnen werden zu dem in die Landesverfassung hineinwirkenden Bundesverfassungsrecht allgemeine verfassungsrechtliche Grundsätze gezählt, so etwa die Bindung des Gesetzgebers an die verfassungsmäßige Ordnung (Art. 20 Abs. 3 GG), der Primat der allgemeinen Regeln des Völkerrechts (Art. 25 GG) oder die Gleichheit vor dem Gesetz (Art. 3 Abs. 1 GG).[8] Dazu gerechnet werden aber auch die verfassungsrechtliche Garantie der Mitwirkung von Parteien an der politischen Willensbildung (Art. 21 GG),[9] die der Freiheit des Rundfunks (Art. 5 Abs. 1 GG)[10] oder des Schutzes der Menschenwürde (Art. 1 Abs. 1 GG)[11]. Nicht dazu gezählt wird dagegen Art. 28 Abs. 1 GG; bei dieser Bestimmung des Grundgesetzes handelt es sich um eine Regelung des Grundgesetzes *für* die Gestaltung des Landesverfassungsrechts; Art. 28 GG gilt nicht „in den Ländern", sondern „nur für die Länder".[12] Auch bei den Kompetenznormen des Grundgesetzes handelt es sich, von Ausnahmekonstellationen abgesehen, nicht um hineinwirkendes Bundesverfassungsrecht.[13]

8 Neben diesem Bundesverfassungsrecht sind zum materiellen Landesverfassungsrecht auch **anerkannte Grundsätze und Leitideen** zu zählen. Diese beruhen auf der Erkenntnis, dass Verfassungsrecht keineswegs nur aus den einzelnen Bestimmungen und Regelungen einer geschriebenen Verfassung besteht, sondern darüber hinaus auch aus sie verbindenden und innerlich zusammenhaltenden allgemeinen Sätzen und Ideen, die der Verfassungsgeber deshalb nicht explizit in einem besonderen Rechtssatz konkretisiert hat, weil sie das vorverfassungsmäßige Gesamtbild geprägt haben, von dem er ausgegangen ist.[14]

---

6 BVerfG, Beschl. v. 29.1.1974 – 2 BvN 1/69, BVerfGE 36, 342 (360 f.); BVerfG, Beschl. v 7.5.2001 – 2 BvK 1/00, BVerfGE 103, 332 (335 f.). Dieser Lehre folgend: ThürVerfGH, Urt. v. 2.10.2011 – 13/10, S. 32 des Umdrucks. Kritisch zu dieser Lehre: *Rozek*, Das Grundgesetz als Prüfungs- und Entscheidungsmaßstab der Landesverfassungsgerichte, 1993, S. 100 ff.; *Storr*, Staats- und Verfassungsrecht, 1998 Rn. 70 ff.; *Dreier*, in: Dreier, GG II, Art. 28 Rn. 54.
7 BVerfG, Beschl. v. 7.5.2001 – 2 BvK 1/00, BVerfGE 103, 332 (357).
8 BVerfG, Beschl. v. 7.5.2001 – 2 BvK 1/00, BVerfGE 103, 332 (353).
9 BVerfG, Beschl. v. 9.2.1982 – 2 BvK 1/81, BVerfGE 60, 53 (61); BVerfG, Urt. v. 24.1.1984 – 2 BvH 3/83, BVerfGE 66, 107 (114).
10 BVerfG, Urt. v. 11.7.1961 – 2 BvG 2/58, 2 BvE 1/59, BVerfGE 13, 54 (80).
11 BerlVerfGH, Beschl. v. 12.1.1993 – VerfGH 55/92, NJW 1993, 515 (516).
12 BVerfG, Urt. v. 23.1.1957 – 2 BvF 3/56, BVerfGE 6, 104 (111). Der ThürVerfGH hat in einer Entscheidung, die sich auf die Zeit vor Inkrafttreten der Thüringer Verfassung bezog, allerdings ausgeführt, dass Art. 28 Abs. 2 GG „in den und nicht nur für die Länder" gelte; ThürVerfGH, Urt. v. 8.9.1997 – 09/95, Rn. 63 (juris).
13 An dieser speziellen Ausnahme, die dann anzunehmen ist, wenn die Landesverfassung die Kompetenznormen des Grundgesetzes selbst zu ihrem Bestandteil erklärt: *Baldus*, in: Linck/Baldus/Lindner/Poppenhäger/Ruffert, Die Verfassung des Freistaats Thüringen, E 5 Rn. 8 ff.
14 BVerfG, Beschl. v. 15.12.2015 – 2 BvL 1/12, Rn. 78.

Diese Grundsätze und Leitideen verdanken sich übergreifender Reflexionen mehrerer 9
Verfassungsnormen, bestimmter politischer Ordnungskonzepte sowie Gerechtigkeits-
und Angemessenheitsüberlegungen, welche wiederum in der Ideengeschichte der neu-
zeitlichen Sozialphilosophie und der Realgeschichte des westlichen Verfassungsstaates
wurzeln. Die aufgrund solcher Reflexionen verdichteten Grundsätze und Leitideen,
etwa die Grundsätze der Rechtssicherheit, des Vertrauensschutzes oder der Verhältnismäßigkeit, bilden das ideelle Fundament der Verfassung und auch sie werden bei der
Auslegung und Anwendung konkreter Verfassungsnormen als orientierende Größen
herangezogen.

Neben den genannten Grundsätzen und Leitideen sowie dem in die Landesverfassung 10
hineinwirkenden Bundesverfassungsrecht können schließlich noch **weitere Materien**
zum materiellen Landesverfassungsrecht gezählt werden, sofern man darunter *alle*
Rechtsnormen fasst, die sich thematisch unmittelbar auf den Freistaat Thüringen
als eine spezifische Organisationsform mit hoheitlicher Gewalt, einem begrenzten
Territorium und einem näher bestimmten Volk beziehen, und zwar ganz unbesehen
von ihrer Stellung in der Hierarchie der Rechtsordnung. Teile des materiellen Landesverfassungsrechts sind demzufolge *auch* das Geschäftsordnungsrecht des Landtages
und der Landesregierung, das Recht der Untersuchungsausschüsse und des Petitionsausschusses, das Gesetz über den Thüringer Verfassungsgerichtshof (ThürVerfGHG),
das Wahlrecht und die gesetzlichen Regelungen über das Verfahren bei Bürgerantrag,
Volksbegehren und Volksentscheid.

3. Rechtsprechung des Thüringer Verfassungsgerichtshofs

Der ThürVerfGH, der zur Entscheidung über die Bedeutung und den Geltungsumfang 11
der Regelungen der Thüringer Verfassung (vgl. Art. 80 Abs. 1 ThürVerf) berufen ist,
besitzt keine Kompetenz, selbst Verfassungsrecht zu setzen, sondern allein die Verfassung letztverbindlich mithilfe tradierter Regeln und besonderer Maximen auszulegen,
sie unter Berücksichtigung von Grundsätzen und Leitideen zu konkretisieren und
schließlich auf konkrete Sachverhalte anzuwenden[15]. Dadurch ist ihm allerdings die
Möglichkeit eingeräumt, auch in einem materiellen Sinne die Verfassungsentwicklung
stark und wesentlich zu bestimmen.[16]

Der Grund für diese Möglichkeit liegt gewiss darin, dass die Auslegung und Anwen- 12
dung von Verfassungsrecht durch ein hohes Maß an Unsicherheit geprägt ist, das allenfalls graduell durch die methodologische Direktive reduzierbar ist, die **Grenzen der
Verfassungsauslegung** dort zu ziehen, „wo einer nach Wortlaut und Sinn eindeutigen
Vorschrift ein entgegengesetzter Sinn verliehen, der normative Gehalt der auszulegen-
den Norm grundlegend neu bestimmt oder das normative Ziel in einem wesentlichen
Punkt verfehlt würde."[17] Denn nur in seltenen Ausnahmefällen dürften Verfassungs-

---

15 Dazu ausführlich: *Baldus*, in: Linck/Baldus/Lindner/Poppenhäger/Ruffert, Die Verfassung des Freistaats Thüringen, E4 Rn. 2 ff.
16 *Poschmann/Bathe*, in: Linck/Baldus/Lindner/Poppenhäger/Ruffert, Die Verfassung des Freistaats Thüringen,
E3 Rn. 15; *Lembcke*, in: Reutter, Landesverfassungsgerichte, S. 368 ff.
17 BVerfG, Urt. v. 3.3.2004 – 1 BvR 2378/98, BVerfGE 109, 279 (316 f.). Dazu auch das Sondervotum von
Baldus zu ThürVerfGH, Urt. v. 1.7.2009 – 38/06, S. 31 des Umdrucks.

normen eindeutig sein und konsensfähige Kriterien angesichts der Frage vorliegen, ab wann eine Neubestimmung der Norm anzunehmen ist oder das normative Ziel in einem wesentlichen Punkt verfehlt wird.[18]

13 Gleichwohl ist daraus **keine Ermächtigung zur unbegrenzten verfassungsgerichtlichen Rechtsbildung und -fortbildung** abzuleiten. Gegenüber einer solchen Sichtweise, der es zudem an jeglicher programmatischen Sperre gegenüber ungeschriebenem Verfassungsrecht[19] mangelt, ist nachdrücklich daran zu erinnern, dass auch verfassungsgerichtliche Rechtsbildung und -fortbildung methodische, funktionell-rechtliche und verfassungstheoretische Grenzen zu beachten hat.[20] Eine Änderung auch der Thüringer Verfassung bedarf einer Änderung des Verfassungstextes, die allein der Landtag beschließen kann (Art. 83 Abs. 1 ThürVerf). Je weiter sich die Auslegung und Anwendung einer Verfassung von anerkannten Auslegungsregeln und -maximen entfernt, desto mehr läuft sie Gefahr, das System der Gewaltenteilung zu sprengen, das sich auch in der Thüringer Verfassung manifestiert.[21]

II. Verfassungsrecht eines nicht-souveränen und säkularen Staates

14 Die Thüringer Landesverfassung bildet mit dem materiellen Landesverfassungsrecht die **Grundordnung eines Staates**. Denn es handelt sich bei den Ländern als Glieder des Bundes um Staaten mit eigener, nicht vom Bund abgeleiteter, sondern anerkannter, wenn auch gegenständlich beschränkter staatlicher Hoheitsmacht.[22]

15 Allerdings handelt es sich bei dieser Staatlichkeit Thüringens wie auch der anderen Länder um eine **nicht-souveräne Staatlichkeit**.[23] Die Länder können nämlich nicht über ihr Staatsgebiet entscheiden (vgl. Art. 29 GG) und sie verfügen auch nicht über ein völkerrechtliches Sezessionsrecht; Träger des völkerrechtlichen Selbstbestimmungsrechts ist das deutsche Volk als Nation,[24] nicht das Volk eines Gliedstaates als Teil des deutschen Volkes.[25] Außerdem ist die Staatsgewalt der Länder in einer sehr umfassenden Weise bei der rechtlichen Gestaltung ihrer Grundordnung durch die Bundesverfassung gebunden.[26] Einer politischen Gemeinschaft, die über ihre Grund-

---

18 *Voßkuhle*, AöR 125 (2000), 177, 186 f.
19 Argumente gegen die Vorstellung von ungeschriebenem Verfassungsrecht: *Greszick*, Ungeschriebenes Verfassungsrecht, in: Depenheuer/Grabenwarter (Hrsg.), Verfassungstheorie, 2010, § 12 Rn. 17 f. und 21 f.
20 Zu diesen Grenzen etwa *Riecken*, Verfassungsgerichtsbarkeit in der Demokratie, 2003, S. 325 ff., 390 ff., 429 ff.
21 Dazu ausführlicher etwa *Baldus*, in: Linck/Baldus/Lindner/Poppenhäger/Ruffert, Die Verfassung des Freistaats Thüringen, E 4 Rn. 14 ff. Ein Lehrstück zur verfassungsgerichtlichen Überschreitung dieser Grenzen findet sich etwa im Urteil des ThürVerfGH zur Privatschulfinanzierung vom 21.5.2014 – 13/11, die in den Sondervoten von *Baldus*, *Martin-Gehl* und *Pollak* kritisiert wurden; vgl. dazu auch *Krampen*, in: Recht und Bildung, 2014, Heft Dezember, S. 3 ff.
22 BVerfG, Urt. v. 23.10.1951 – 2 BVG 1/51, BVerfGE 1, 14 (34); BVerfG, Urt. v. 26.7.1972 – 2 BvF 1/71, BVerfGE 34, 9 (19 f.); BVerfG, Beschl. v. 29.1.1974 – 2 BvN 1/69, BVerfGE 36, 342 (360 f.); BVerfG, Beschl. v. 24.3.1982 – 2 BvH 1/82, BVerfGE 60, 175 (207).
23 Gegen die Staatsqualität der Länder argumentiert *März*, Bundesrecht bricht Landesrecht, 1989, S. 176 f. mit Fn. 321; ähnlich *Dreier*, in: Dreier, GG II, Art. 28 Rn. 53 (Ländern fehlten Insignien nationaler Souveränität). Dagegen nimmt *Hesse* Rn. 217, eine Staatlichkeit der Länder im Zusammenspiel mit dem Bund an. Vgl. auch etwa *Dittmann*, in: HStR IV, § 127 Rn. 9: „Staaten im Sinne und nach Maßgabe der Bundesverfassung".
24 BVerfG, Urt. v. 31.7.1973 – 2 BvF 1/73, BVerfGE 36, 1 (17).
25 *Storr*, Verfassungsgebung in den Ländern, 1995, S. 132 ff.
26 Siehe Art. 1 bis 19, 20 Abs. 2 und 3, 28 Abs. 1, 31, 33, 48 Abs. 8, 83, 101 bis 104, 105, 142 GG.

ordnung nicht selbst bestimmen kann, sondern erheblichen rechtlichen Bindungen und Grenzen unterliegt, fehlt die Kompetenz-Kompetenz und damit das entscheidende Kriterium staatlicher Souveränität.

Der nicht-souveräne Freistaat Thüringen, den das Thüringer Landesverfassungsrecht erfasst und ordnet, ist indessen ein von religiösen Weltdeutungen und Menschenbildern befreiter, mithin **säkularer Staat**, der auch in institutioneller Hinsicht von Religionsgesellschaften und Weltanschauungsgemeinschaften zu trennen ist. Zwar proklamiert die Präambel der Verfassung, dass das Volk des Freistaates Thüringen auch „in Verantwortung vor Gott" sich die Verfassung gegeben hat. Doch daraus ist nicht zu schließen, dass das Thüringer Volk sich seine Verfassung im Namen Gottes gegeben hat. Die gewählte Formulierung stellt nur eine *nominatio Dei* dar. Das Wort „Gott" wird zwar verwendet, ohne dabei aber einer außerweltlichen Glaubensmacht einen Anteil am weltlichen Werk der Verfassungsgebung zuzugestehen. Die Formulierung ist eher als Demutsformel im Sinne einer Warnung vor der möglichen „Hybris menschlicher Herrschaftsausübung" zu verstehen.[27] Das Volk, das einen Freistaat konstituiert, nimmt keine andere Autorität in Anspruch als die eigene Verfassungsautonomie und versagt sich jede Festlegung in Glaubens- und Weltanschauungsfragen.[28]

16

III. Staatsform, Strukturmerkmale, Staatsziele
1. Freistaat und Demokratie als Staatsformen

Die Verfassung qualifiziert Thüringen zunächst als „**Freistaat**" (Art. 44 Abs. 1 S. 1 ThürVerf). Mit dieser Benennung soll an die Gründung Thüringens als Republik im Jahre 1921 erinnert werden; aus ihr abzuleiten ist ein absolutes Monarchieverbot. Versuche, den Freistaatsbegriff darüber hinausgehend unter Rückgriff auf die Traditionsbestände der klassischen republikanischen Staatsphilosophie auszudeuten,[29] konnten sich nicht durchsetzen.[30]

17

Als Land der Bundesrepublik muss Thüringen ein **demokratischer Staat** im Sinne des Grundgesetzes sein (Art. 28 Abs. 1 GG). Dementsprechend verlangt die Verfassung, dass das Volk, von dem alle Staatsgewalt ausgeht, seinen Willen unmittelbar durch Wahlen, Volksbegehren und Volksentscheid verwirklicht (Art. 44 Abs. 1, 45 Abs. 1 S. 1 und 2 ThürVerf). Dieses Volk, das also Ursprung der Staatsgewalt, ihr Träger und damit der Souverän des Freistaates ist, besteht aus den in Thüringen wohnenden Deutschen, denen die Verfassung des Freistaates den Rechte- und Pflichtenstatus eines Landesbürgers zuerkennt.[31] Zurückzuführen ist dies darauf, dass die den Ländern zu-

18

---

27 *Dreier*, in: Dreier, GG I, Präambel Rn. 28.
28 Zum Ganzen: *Renck*, ThürVBl 1993, 184 ff.; *Fuchs*, ThürVBl 1995, 145, 149 f.; *Gröschner*, in: Linck/Baldus/Lindner/Poppenhäger/Ruffert, Die Verfassung des Freistaats Thüringen, Präambel Rn. 28.
29 *Gröschner*, ThürVBl 1997, 25 ff.
30 ThürVerfGH, Urt. v. 19.9.2001 – 4/01, S. 32 f. des Umdrucks. Die erste republikanische Verfassung Thüringens legte in ihrem § 1 fest, dass das „Land Thüringen" ein „Freistaat und ein Glied des deutschen Reiches" sei. Zu der darüber hinausgehenden Deutung sowie einer scharfen Kritik an der zitierten Entscheidung des ThürVerfGH: *Gröschner*, in: Linck/Baldus/Lindner/Poppenhäger/Ruffert, Die Verfassung des Freistaats Thüringen, Art. 44 Rn. 15 ff.
31 ThürVerfGH, Urt. v. 19.9.2001 – 4/01, S. 36 des Umdrucks.

kommende Staatsgewalt gemäß Art. 20 Abs. 2, Art. 28 Abs. 1 S. 1 GG nur von denjenigen getragen wird, die Deutsche im Sinne des Art. 116 Abs. 1 GG sind.[32]

19 Das Gebot, dass alle Staatsgewalt[33] vom Volk ausgehen muss, bezweckt deren Legitimation. Es verlangt grundsätzlich eine „ununterbrochene Legitimationskette vom Volk zu den mit staatlichen Aufgaben betrauten Organen und Amtswaltern".[34] Eine lediglich formale Rückführung staatlicher Akte auf den Willen des Volkes genügt allerdings nicht; der „Zurechnungszusammenhang" zwischen dessen Willen und jenen Akten verlangt auch ein „bestimmtes Legitimationsniveau".[35] Es muss sichergestellt sein, dass das Volk einen „effektiven Einfluss auf die Ausübung der Staatsgewalt durch diese Organe hat".[36]

20 Im Unterschied zum Grundgesetz hebt die Thüringer Verfassung hervor, dass das Volk des Freistaates (Präambel) seinen Willen nicht nur durch Wahlen, sondern ausdrücklich auch durch „Volksbegehren und Volksentscheid" verwirklicht. Eine damit zumindest auf den ersten Blick sich aufdrängende Gleichrangigkeit der Handlungsformen von **mittelbarer** wie **unmittelbarer Demokratie** hat der ThürVerfGH allerdings negiert. Er erkannte einen Vorrang der repräsentativ-parlamentarischen vor der plebiszitären Demokratie, der nur eine ergänzende, das Parlament punktuell stimulierende Funktion zukomme.[37]

2. Strukturmerkmale

21 Der Freistaat Thüringen wird als „Land der Bundesrepublik" (Art. 44 Abs. 1 ThürVerf) ausgewiesen. Mit dieser Deklaration seiner **Gliedstaatlichkeit** tritt er in ein Bund und Länder umschließendes Verfassungsrechtsverhältnis ein, mithin in ein wechselseitiges Pflichtenverhältnis, das im zweigliedrigen Bundestaat der Bundesrepublik Deutschland die sechzehn Länder untereinander sowie diese mit dem Zentralstaat verbindet.[38] Dieses aus dem Bundesstaatsprinzip des Grundgesetzes abzuleitende Rechtsverhältnis begründet die Pflicht zu bundes- und länderfreundlichem Verhalten, der sogenannten Bundestreue: Sie fordert die Zusammenarbeit und Unterstützung, Abstimmung und Koordination sowie gegenseitige Rücksichtnahme und kann sich in konkreten Verfahrensregeln oder auch Kompetenzausübungsschranken niederschlagen.[39]

---

32 BVerfG, Urt. v. 31.10.1990 – 2 BvF 2/89, 2 BvF 6/89, BVerfGE 83, 37 (53).
33 Zur Abgrenzung in Bezug auf die nur mit Beratungskompetenzen ausgestattete ausländerrechtliche Härtefallkommission ThürVerfGH, Urt. v. 16.12.2020 – 14/18, NVwZ-RR 2021, 513 (517f.).
34 BVerfG, Beschl. v. 5.12.2002 – 2 BvL 5/98, BVerfGE 107, 59 (87) (st. Rspr.).
35 BVerfG, Urt. v. 31.10.1990 – 2 BvF 3/89, BVerfGE 83, 60 (72).
36 BVerfG, Urt. v. 31.10.1990 – 2 BvF 3/89, BVerfGE 83, 60 (71f.); Urt. v. 12.10.1993 – 2 BvR 2134/92, BVerfGE 89, 155 (182); Beschl. v. 24.5.1995 – 2 BvF 1/92, BVerfGE 93, 37 (60).
37 ThürVerfGH, Urt. v. 19.9.2001 – 4/01, S. 45f. und 47 des Umdrucks. Zur Kritik dieser Entscheidung: *Gröschner*, in: Linck/Baldus/Lindner/Poppenhäger/Ruffert, Die Verfassung des Freistaats Thüringen, Art. 44 Rn. 51; *Baldus*, in: Linck/Baldus/Lindner/Poppenhäger/Ruffert, Die Verfassung des Freistaats Thüringen, Art. 82 Fn. 85.
38 Zum Verfassungsrechtsverhältnis BVerfG, Beschl. v. 5.12.2001 – 2 BvG 1/00, BVerfGE 104, 238; zur Zweigliedrigkeit der Bundesrepublik Deutschland BVerfG, Urt. v. 11.7.1961 – 2 BvG 2/58, BVerfGE 13, 54 (77f.); ThürVerfGH, Urt. v. 21.6.2005 – 28/03, S. 32 des Umdrucks.
39 BVerfG, Urt. v. 28.2.1961 – 2 BvG 1/60, BVerfGE 12, 205 (254); BVerfG, Urt. v. 8.2.1977 – 1 BvF 1/76, BVerfGE 43, 291 (348); BVerfG, Urt. v. 19.2.2002 – 2 BvG 2/00, BVerfGE 104, 249 (270f.); BVerfG, Beschl. v. 3.3.2004 – 1 BvF 3/92, BVerfGE 110, 33 (52). Weitere Erläuterungen etwa bei *Pieroth*, in: Jarass/Pieroth, GG, Art. 20 Rn. 22f.

Als **Rechtsstaat** ist der Freistaat gehalten, jeden seiner Akte auf einen Rechtsgrund zurückzuführen. Eine Rechtfertigung seines Tuns oder Unterlassens allein durch Zweckmäßigkeitserwägungen genügt nicht, vielmehr bedürfen seine Zweckverfolgungen wie auch die dafür eingesetzten Mittel einer **rechtlichen Rechtfertigung**, mithin einer Begründung aus dem geltenden positiven Recht. 22

Neben dieser formalen Betrachtung werden mit dem Strukturmerkmal des Rechtsstaates auch **inhaltliche Anforderungen** verbunden, so die Teilung der Staatsgewalt in Gesetzgebung, vollziehende Gewalt und Rechtsprechung (Art. 45 S. 2, Art. 47 Abs. 1 bis 3 ThürVerf), deren Bindung an Gesetz (Art. 47 Abs. 4 ThürVerf) und Grundrechte (Art. 42 Abs. 1 ThürVerf), die Gewährleistung des gesetzlichen Richters (Art. 87 Abs. 3 ThürVerf) oder die des rechtlichen Gehörs (Art. 88 Abs. 1 S. 1 ThürVerf). Darüber hinaus werden von der Verfassungsrechtsprechung weitere allgemein geltende Elemente des Rechtsstaatsprinzips ausgewiesen, so vor allem der Vorrang der Verfassung, der Vorrang und Vorbehalt des Gesetzes, das Bestimmtheitsgebot, das Rückwirkungsverbot und Verhältnismäßigkeitsprinzip oder das Gebot fairer Verfahrensgestaltung.[40] Anerkannt hat der ThürVerfGH überdies ein Gebot der bundesstaatlichen Widerspruchsfreiheit.[41] 23

Das Volk des Freistaates Thüringen, von dem alle Staatsgewalt ausgeht, handelt mittelbar durch die verfassungsgemäß bestellten Organe der Gesetzgebung, der vollziehenden Gewalt und der Rechtsprechung (Art. 45 S. 3 ThürVerf). Die damit festgeschriebene **Gewaltenteilung** ist indessen keinesfalls als rein und absolut, sondern nur als Grundsatz zu verstehen. Die Teilgewalten sind in vielfacher Weise miteinander verknüpft und verschränkt. So wählt der Landtag den Ministerpräsidenten (Art. 70 Abs. 3 ThürVerf) und dieser wiederum ernennt die Minister (Art. 70 Abs. 4 ThürVerf). Haushaltsgesetzgeberisch tätig werden kann der Landtag aber etwa wiederum nur, wenn die Landesregierung den Entwurf eines Haushaltsgesetzes einbringt (Art. 99 Abs. 3 S. 1 ThürVerf). Und auch die Rechtsprechung ist eng mit den beiden anderen Gewalten verknüpft: So werden etwa die Richter durch den Justizminister mit Zustimmung des Richterwahlausschusses berufen, in dem jede Landtagsfraktion vertreten sein muss (Art. 89 Abs. 2 ThürVerf). 24

Diese **Verknüpfungen und Verschränkungen der Gewalten** stehen im Einklang mit dem Grundgesetz: Es fordert keine absolute Trennung der Teilgewalten, sondern vielmehr ihre „gegenseitige Kontrolle, Hemmung und Mäßigung", wobei allerdings die in der Verfassung vorgenommene Verteilung der Gewichte zwischen den drei Gewalten gewahrt bleiben muss: Keine Gewalt darf ein von der Verfassung nicht vorgesehenes Übergewicht über eine andere Gewalt erhalten oder der für die Erfüllung ihrer verfassungsmäßigen Aufgaben erforderlichen Zuständigkeiten beraubt werden; der Kernbereich der verschiedenen Gewalten ist unveränderbar, womit ausgeschlossen ist, dass 25

---

40 Nachweise etwa bei *Gröschner*, in: Linck/Baldus/Lindner/Poppenhäger/Ruffert, Die Verfassung des Freistaats Thüringen, Art. 44 Rn. 54 f.
41 ThürVerfGH, Urt. v. 25.9.2018 – 24/17, NVwZ-RR 2019, 129.

eine der Gewalten die ihr von der Verfassung zugeschriebenen typischen Aufgaben verliert.[42]

26 Die Thüringer Verfassung hat die Teilgewalt „Gesetzgebung" dem Landtag und dem Volk zugewiesen, die der „vollziehenden Gewalt" der Landesregierung und den Verwaltungsorganen und die der „rechtsprechenden Gewalt" den unabhängigen Gerichten (Art. 47 Abs. 1 bis 3 ThürVerf). Problematisch ist dies mit Blick auf die Bundesverfassung insoweit, als nach *ihr* dem Parlament als Legislative die verfassungsrechtliche Aufgabe der Normsetzung zukommt, da nur das Parlament hierfür die demokratische Legitimation besitzt.[43] Doch der vom Grundgesetz eröffnete Raum für die eigene landesverfassungsrechtliche Konkretisierung des Grundsatzes der Gewaltenteilung ist erheblich und lässt den Ländern die freie Entscheidung, ob sie den Erlass von Gesetzen dem Parlament vorbehalten oder daneben ein **Volksgesetzgebungsverfahren** vorsehen wollen.[44]

3. Staatsziele

27 Dem Freistaat Thüringen ist aufgegeben, nach seinen Kräften und im Rahmen seiner Zuständigkeiten die Verwirklichung der in seiner Verfassung niedergelegten **Staatsziele** anzustreben und sein Handeln danach auszurichten (Art. 43 ThürVerf).[45]

28 Zu diesen Staatszielen zählen, um die prominentesten zu nennen, Friedensstaatlichkeit (Präambel, Art. 1 Abs. 2 ThürVerf), Sozialstaatlichkeit (Art. 38, 44 Abs. 1 ThürVerf), Umweltstaatlichkeit (Art. 31 Abs. 3, 32, 38, 44 Abs. 1 ThürVerf), Kulturstaatlichkeit (Art. 30 ThürVerf); darüber hinaus ist der Freistaat, seine Gebietskörperschaften sowie sonstige Träger der öffentlichen Verwaltung nicht weniger verpflichtet, die Gleichstellung von Frauen und Männern in allen Bereichen zu fördern und zu sichern (Art. 2 Abs. 2 ThürVerf) – ohne dass dies allerdings eine gesetzliche Verpflichtung zur paritätischen Besetzung von Wahllisten für Landtagswahlen zu rechtfertigen vermag[46] –, ebenso wie die gleichwertige Teilnahme von Menschen mit Behinderung am Leben in der Gemeinschaft (Art. 2 Abs. 4 ThürVerf). Zudem ist dem Freistaat die ständige Aufgabe zugewiesen, darauf hinzuwirken, dass in ausreichendem Maße angemessener Wohnraum zur Verfügung steht (Art. 15 S. 2), im Notfall sogar allen ein Obdach zu sichern (Art. 16 ThürVerf). Ferner sind nicht-ehelichen und ehelichen Kindern und Jugendlichen die gleichen Bedingungen für ihre Entwicklung und ihre Stellung in der Gemeinschaft zu schaffen und zu sichern (Art. 19 Abs. 2 ThürVerf); zu fördern ist ebenfalls deren vorbeugender Gesundheitsschutz (Art. 19 Abs. 4 ThürVerf). Außerdem bestehen Förderpflichten in Hinsicht auf Kindertageseinrichtungen, die Erwachsenenbildung und den Sport (Art. 19 Abs. 3, 29 Abs. 1, 30 Abs. 3 ThürVerf), für Begabte, Behinderte und sozial Benachteiligte gilt dies sogar in besonderem Maße (Art. 20 Abs. 1 ThürVerf). Nicht zuletzt ist schließlich die Aufgabe zu nennen, jedem die Mög-

---

42 BVerfG, Beschl. v. 17.7.1996 – 2 BvF 2/93, BVerfGE 95, 1 (15).
43 BVerfG, Beschl. v. 17.7.1996 – 2 BvF 2/93, BVerfGE 95, 1 (15 f.).
44 BVerfG, Beschl. v. 24.3.1982 – 2 BvH 1/82, BVerfGE 60, 175 (208).
45 Dazu ausführlich *Jutzi*, ThürVBl 1995, 25 ff.
46 ThürVerfGH, Urt. v. 15.7.2020 – 2/20, NVwZ 2020, 1266 Rn. 28.

lichkeit zu schaffen, seinen Lebensunterhalt durch frei gewählte und dauerhafte Arbeit zu verdienen (Art. 36 ThürVerf).

Das Ziel, ein **Leben in Freiheit *und* Sicherheit** zu führen, wird von der Thüringer Verfassung zwar nicht explizit ausgesprochen, gleichwohl handelt es sich um den **Hauptzweck** auch thüringischer Staatlichkeit.[47] Dieser Zweck ist ihr inhärent, sind doch „die Sicherheit des Staates als verfasste Friedens- und Ordnungsmacht und die von ihm zu gewährleistende Sicherheit seiner Bevölkerung ... Verfassungswerte, die unverzichtbar sind, weil die Institution Staat von ihnen die eigentliche und letzte Rechtfertigung herleitet".[48]

29

Die Gesetzgebung, die vollziehende Gewalt und die Rechtsprechung sind auf die Verfolgung und Erfüllung der vorgegebenen Ziele rechtsverbindlich festgelegt, allerdings sind die Wege und Mittel der Zielerreichung nicht vorgeschrieben. Staatsziele sind lediglich **Orientierungsgrößen**, die staatlichen Organe genießen insoweit einen weiten Regelungs- und Gestaltungsspielraum.[49] Subjektive Rechte des Einzelnen können Staatszielbestimmungen nicht begründen. Eine konkrete rechtliche Relevanz gewinnen sie vor allem im Rahmen der systematischen Auslegung von Rechtsnormen, die zur Begründung individueller Rechte in Betracht kommen können.

30

IV. Menschen- und Grundrechte

Thüringen bekennt sich zu den **unverletzlichen und unveräußerlichen Menschenrechten** als Grundlage jeder staatlichen Gemeinschaft, zum Frieden und zur Gerechtigkeit (Art. 1 Abs. 2 ThürVerf). Dieses **Bekenntnis** enthält einen Verfassungsauftrag, der von den staatlichen Organen unter Beachtung ihrer Zuständigkeitsgrenzen zu erfüllen ist, wobei sie angesichts der Art und Weise, diesem Auftrag nachzukommen, über ein weites politisches Gestaltungsermessen verfügen.

31

Thüringen öffnet sich mit diesem Bekenntnis für die **internationalen Menschenrechtsdeklarationen**[50], ohne dass diese damit aber vollständig in den Bestand des Thüringer Verfassungsrechts inkorporiert wurden. Vielmehr wird durch dieses Bekenntnis ein Kernbestand an Menschenrechten geschützt. Dieser Schutz konkretisiert sich etwa in der Pflicht, internationale Menschenrechte, insbesondere die der Europäischen Menschenrechtskonvention (EMRK), als Auslegungshilfe heranzuziehen.[51] Die internationalen Menschenrechtsdokumente erwachsen mithin nicht in Verfassungsrang; sie geben jedoch ungeachtet ihrer Geltung auch als Bundesrecht eine **Maxime für**

32

---

47 Vgl. zur diesbezüglichen Legitimation von Staatlichkeit *Schöbener/Knauff*, Allgemeine Staatslehre, 4. Aufl. 2019, § 4 Rn. 53 ff.
48 BVerfG, Beschl. v. 1.8.1978 – 2 BvR 1013/77, BVerfGE 49, 24 (56 f.).
49 ThürVerfGH, ThürVBl 2011, 131, 133; ThürOVG, ThürVBl 2009, 105, 109; ThürVerfGH-Ausschuss, Beschl. v. 1.6.2011 – 43/08, 44/08 und 47/08, S. 16 f. des Umdrucks (zum Regelungs- und Gestaltungsspielraum des Gesetzgebers bei der Verfolgung des Sozialstaatsziels).
50 Zur Frage, welche Rechte im Einzelnen zu den Menschenrechten im Sinne des Art. 1 Abs. 2 ThürVerf zählen: *Baldus*, in: Linck/Baldus/Lindner/Poppenhäger/Ruffert, Die Verfassung des Freistaats Thüringen, Art. 1 Rn. 32.
51 Vgl. zu Art. 1 Abs. 2 GG BVerfG, Urt. v. 4.5.2011 – 2 BvR 2365/09, BVerfGE 128, 326 Rn. 90; ferner Beschl. v. 4.5.1971 – 1 BvR 636/68, BVerfGE 31, 58 (67 f.); Beschl. v. 20.10.1981 – 1 BvR 404/78, BVerfGE 58, 233 (253 ff.); Beschl. v. 26.3.1987 – 2 BvR 589/79, BVerfGE 74, 358 (370); Beschl. v. 29.5.1990 – 2 BvR 254/88, BVerfGE 82, 106 (115); Beschl. v. 14.11.1990 – 2 BvR 1462/87, BVerfGE 83, 119 (128).

die **Auslegung** der in der Thüringer Verfassung niedergelegten **Grundrechte** vor und verdeutlichen, dass sie *auch* als Ausprägungen der Menschenrechte zu begreifen sind und diese als Mindeststandard in sich tragen.[52]

33 Diese **Grundrechte**, die vom Verfassungsgeber in die Landesverfassung aufgenommen wurden, binden die Gesetzgebung, vollziehende Gewalt und Rechtsprechung als **unmittelbar geltendes Recht** (Art. 1 bis 41, Art. 42 Abs. 1 ThürVerf). Dabei reichen nicht wenige dieser Grundrechte ihrem Wortlaut nach weiter als der Schutz der Grundrechte des Grundgesetzes. So sehen manche einen **weitergehenden sachlichen Gewährleistungsgehalt** oder einen **erweiterten Kreis der Grundrechtsberechtigten** vor; dazu zählen die Grundrechte in den Art. 1 Abs. 1 S. 2 (Schutz der Menschenwürde auch im Sterben), Art. 2 Abs. 3 (Verbot der Benachteiligung wegen sexueller Orientierung), Art. 4 Abs. 3 S. 2 (richterliche Entscheidung im Falle einer Freiheitsentziehung innerhalb von 24 Stunden), Art. 6 Abs. 1 und 2 (Schutz des privaten Lebensbereiches und personenbezogener Daten), Art. 6 Abs. 4 (Auskunftsanspruch), Art. 7 (Kommunikationsgeheimnis), Art. 11 Abs. 2 S. 1 (Medienfreiheit), Art. 14 (Petitionsrecht), Art. 16 (Schutz vor Obdachlosigkeit), Art. 17 Abs. 2 und Art. 18 Abs. 1 (Ansprüche von Erziehenden), Art. 18 Abs. 1 und Art. 19 Abs. 1 S. 1 und 2 (Rechte von Kindern und Jugendlichen), Art. 23 Abs. 3 (Mitwirkungsrechte bei Gestaltung des Schulwesens), Art. 26 Abs. 2 S. 2 (Anspruch genehmigter Ersatzschulen auf öffentliche Zuschüsse), Art. 24 Abs. 3 (Unentgeltlichkeit des Unterrichts an öffentlichen Schulen), Art. 28 Abs. 1 S. 2 und Abs. 2 (Rechte der Hochschulen und ihrer Mitglieder), Art. 28 Abs. 3 S. 1 (Recht der Religionsgesellschaften auf Unterhaltung eigener Bildungsanstalten), Art. 29 S. 2 (Freie Träger der Erwachsenenbildung), Art. 33 (Recht auf Auskunft über Umweltdaten), Art. 37 Abs. 2 (Recht auf Arbeitskampf), Art. 37 Abs. 3 (Recht auf Mitbestimmung)[53] und Art. 88 Abs. 1 S. 2 und 3 ThürVerf (Recht auf Verteidigung). Dem in Art. 20 S. 1 ThürVerf verankerten Recht auf Bildung hat der ThürVerfGH eine Qualifikation als Grundrecht abgesprochen.[54]

34 Daneben gewährleisten andere Landesgrundrechte einen weitergehenden Schutz aber auch dadurch, dass ihre **Beschränkungsmöglichkeiten** weniger weit reichen als die der Bundesgrundrechte; dies gilt für die Art. 3 Abs. 2 ThürVerf (keine Beschränkung des Rechts auf freie Entfaltung der Persönlichkeit durch das Sittengesetz), Art. 7 Abs. 2 ThürVerf (Mitteilungspflicht und Rechtswegeröffnung bei Beschränkung des Briefgeheimnisses) oder Art. 18 Abs. 3 ThürVerf (Einschränkung der elterlichen Sorge nur auf gesetzlicher Grundlage durch ein Gericht).[55]

35 Der Thüringer Verfassung ist jedoch auch der Fall einer **Mindergewährleistung** nicht gänzlich fremd, selbst wenn der Verfassungsgeber es zu Beginn der 1990er Jahre ge-

---

52 BVerfG, Urt. v. 4.5.2011 – 2 BvR 2365/09, BVerfGE 128, 326 Rn. 90.
53 ThürVerfGH, Urt. v. 20.4.2004 – 14/02, Rn. 267 (juris): ein gegenüber dem Grundgesetz, das kein Grundrecht auf Mitbestimmung vorsieht, weiterreichendes Grundrecht.
54 ThürVerfGH, Beschl. v. 19.11.2014 – VerfGH 24/12, Rn 31 f. (juris); Beschl. v. 14.1.2022 – 3/22, Rn. 73 (juris).
55 Zur schwierigen Frage, ob eine weitergehende Gewährleistung in drei- oder mehrpoligen Rechtsverhältnissen auch zu einer Verkürzung des bundesgrundrechtlichen Schutzes führen kann: *Baldus*, in: Linck/Baldus/Lindner/Poppenhäger/Ruffert, Die Verfassung des Freistaats Thüringen, E5 Rn. 36.

wiss tunlichst vermieden hat, Landesgrundrechte zu schaffen, die hinter dem Schutzniveau der Bundesgrundrechte zurückbleiben. Doch die Änderung des Art. 13 GG im Jahre 1998 hat dazu geführt, dass das Grundrecht der Unverletzlichkeit der Wohnung in Art. 8 Abs. 3 ThürVerf hinsichtlich präventiver staatlicher Maßnahmen weniger Schutz gewährleistet als Art. 13 Abs. 4 GG.

Zur Frage, wie mit **Abweichungen** der Landesgrundrechte von den Grundrechten des Grundgesetzes sowie mit **Widersprüchen** umzugehen ist, hat sich eine sehr differenzierte und vielschichtige Dogmatik entwickelt. Denn zum einen haben die Länder das Recht, sich eine Vollverfassung, also eine Verfassung mit Grundrechten zu geben, sind zugleich aber nach Art. 1 Abs. 3 GG auch an die Grundrechte des Grundgesetzes gebunden[56], zum anderen ordnet Art. 31 GG lapidar an, dass Bundrecht Landesrecht bricht.[57] 36

V. Staatsorganisation

1. Landtag

a) **Repräsentation und Prävalenz.** Der Landtag ist das vom Volk gewählte oberste Organ der demokratischen Willensbildung (Art. 48 Abs. 1 ThürVerf). Das Volk wird sonach durch den Landtag mit seinen Abgeordneten **repräsentiert** – wobei darunter bei einer wirklichkeitsorientierten Betrachtung nicht mehr als seine besondere, weil von Weisungen freie **Vertretung** zu verstehen ist. Durch die Wahl ermächtigt das Volk die Abgeordneten, als seine Vertreter (Art. 53 Abs. 1 ThürVerf) zu handeln. Der Wille der Abgeordneten gilt damit als Wille des Volkes. Eine Verbindung, die über diese formale Betrachtung des Volks als Vertretenem und den dem Landtag angehörenden Abgeordneten als Vertretern hinausgeht, statuiert die Verfassung aber zusätzlich: Denn die Abgeordneten sind bei ihrer Vertretung auch verpflichtet, ihre „Kraft für das Wohl des Landes und aller seiner Bürger einzusetzen" (Art. 53 Abs. 3 ThürVerf).[58] 37

Durch die Auszeichnung des Landtages als „oberste[s] Organ der demokratischen Willensbildung" (Art. 48 Abs. 1 ThürVerf) wird die **Prävalenz der repräsentativ-parlamentarischen Demokratie** gegenüber der unmittelbaren Demokratie hervorgehoben.[59] Darüber hinaus genießt der Landtag aber nicht nur gegenüber dem Volk in seiner Rolle als Gesetzgebungsorgan (Art. 47 Abs. 1, 81 Abs. 2 ThürVerf) eine **Vorrangstellung**, sondern auch gegenüber der Landesregierung sowie dem ThürVerfGH, also gegenüber den beiden anderen Verfassungsorganen. Zurückzuführen ist dies nicht nur auf seine herausgehobene Qualifikation als „oberstes Organ der demokratischen Willensbil- 38

---

56 Dazu etwa ThürVerfGH, Beschl. v. 7.12.2016 – VerfGH 28/12, S. 23 des Umdrucks, unter Verweis auf BVerfG, Beschl. v. 20.2.1998 – 1 BvR 661/94, BVerfGE 97, 298 (315). Gegen Entscheidungen der Landesverfassungsgerichte können demzufolge auch Verfassungsbeschwerden gemäß Art. 93 Abs. 1 Nr. 4a GG vor dem BVerfG erhoben werden, vgl. etwa BVerfG, Beschl. v. 9.7.1997 – 2 BvR 389/94, BVerfGE 96, 231 (242).
57 Zu dieser ausgesprochen differenzierten Dogmatik, dem Lösungsansatz des BVerfG und den Rechtsfolgen nicht-übereinstimmender Landes- und Bundesgrundrechte siehe etwa *Baldus*, in: Linck/Baldus/Lindner/Poppenhäger/Ruffert, Die Verfassung des Freistaats Thüringen, E 5 Rn. 28 bis 56; *Lindner*, JuS 2018, 233 ff.
58 Nachweise zu weniger nüchternen Vorstellungen demokratischer Repräsentation bei *Linck*, in: Linck/Baldus/Lindner/Poppenhäger/Ruffert, Die Verfassung des Freistaats Thüringen, Art. 48 Rn. 16; zu den tatsächlichen Voraussetzungen und Bedingungen gelingender Repräsentation (im Sinne von Vertretung) ebd. Rn. 17–20.
59 ThürVerfGH, Urt. v. 19.9.2001 – 4/01, S. 45 f. des Umdrucks.

dung", sondern vor allem auf seine unmittelbare Wahl durch das Volk, wohingegen die demokratische Legitimation der Regierung und des Gerichtshofs durch den Landtag selbst vermittelt wird (vgl. Art. 70 Abs. 3 und 4, 79 Abs. 3 S. 3 ThürVerf).

39 Ein allumfassender Vorrang des Landtags gegenüber den anderen Verfassungsorganen, gar ein Parlamentsabsolutismus, folgt daraus jedoch nicht. Der Landtag ist zwar mit der Kompetenz ausgestattet, alle Materien an sich zu ziehen, sie zu beraten und dazu einen Willen zu bilden, doch dabei darf er sich nicht über die verfassungsgesetzlich gesicherte Rechtsstellung der anderen Organe (Landesregierung: Art. 70, 76 bis 78, 99 Abs. 3 ThürVerf; ThürVerfGH: Art. 79 Abs. 1, 80 ThürVerf) hinwegsetzen.[60] Allerdings ist es ihm möglich, sie zwar nicht aufgrund schlichter Beschlüsse[61], wohl aber aufgrund seiner Kompetenz zur Gesetzgebung an seinen Willen zu binden (Art. 81 Abs. 2, 47 Abs. 4 ThürVerf); überdies kann er im Wege einer Verfassungsänderung (Art. 83 Abs. 2 ThürVerf) grundsätzlich auf ihre Rechtsstellung einwirken.

40 b) **Aufgaben.** Dem Landtag sind zahlreiche Aufgaben zugewiesen, an erster Stelle die der Gesetzgebung. Daneben hat er zahlreiche Amtsträger zu wählen, die vollziehende Gewalt zu überwachen, die in die Zuständigkeit des Freistaates fallenden Angelegenheiten zu behandeln sowie andere verfassungsgesetzlich zugewiesene Aufgaben zu erfüllen (Art. 48 Abs. 2 ThürVerf).

41 aa) **Gesetzgebung.** Die Aufgabe der Gesetzgebung bezieht sich auf den Erlass von **Parlamentsgesetzen**, also den Hoheitsakten, die in dem dafür durch die Verfassung vorgesehenen Verfahren in der Form eines Gesetzes beschlossen werden (Art. 81 Abs. 2, 83, 85 ThürVerf). Diese Aufgabe ist insoweit exklusiv; die Kompetenz, **Gesetze im materiellen Sinne**, also Rechtsverordnungen und Satzungen zu erlassen, ist damit nicht erfasst. Sie steht allein den Verwaltungsträgern zu, nicht dem Parlament. Das Parlamentsgesetz genießt indessen einen Vorrang gegenüber allen anderen Hoheitsakten, in welcher Form auch immer sie in Erscheinung treten.

42 Dem Landtag steht es frei, sich innerhalb der verfassungsrechtlichen Grenzen jedem Gegenstand und jeder Thematik gesetzgebend zuzuwenden und darauf zuzugreifen. In zahlreichen Fällen *muss* er sogar im Wege der Gesetzgebung regelnd und gestaltend tätig werden. Es handelt sich um die Fragen und Materien, die die Verfassung unter den **Vorbehalt eines Gesetzes** stellt (vgl. Art. 3 ff., 46 Abs. 3, 49 Abs. 4, 54 Abs. 4, 61 Abs. 2, 64 Abs. 7, 65 Abs. 3, 68 Abs. 5, 78 Abs. 4, 80 Abs. 2 ff., 82 Abs. 8, 84 Abs. 1, 89, 90 S. 2, 91, 92, 98 Abs. 2, 99 und 103 Abs. 4 ThürVerf). Überdies gilt „[d]er Gesetzesvorbehalt ... über die klassische Eingriffskonstellation hinaus auch für den Bereich der leistungsgewährenden Verwaltung, soweit diese mit Eingriffen in Grundrechte oder vergleichbare Verfassungspositionen verbunden ist. Werden Leistungen, die gerade im Hinblick auf die Förderung oder Sicherung eines Grundrechts oder eines vergleichbaren Rechts verfassungsmäßig verbürgt sind, vorenthalten oder in unzureichendem Maße gewährt, ist eine Beeinträchtigung dieses Rechts gegeben."[62] Dieser Geset-

---

60 ThürVerfGH, Urt. v. 2.2.2011 – 20/09 – S. 11 des Umdrucks.
61 ThürVerfGH, Urt. v. 2.2.2011 – 20/09 – S. 10 ff. des Umdrucks.
62 ThürVerfGH, Beschl. v. 7.11.2018 – 1/14, NVwZ-RR 2019, 345 (346).

zesvorbehalt, der als **Vorbehalt eines Parlamentsgesetzes** zu verstehen ist, bedeutet jedoch nicht, dass der Landtag die Exekutive nicht zur Normsetzung ermächtigen darf und sämtliche Details der jeweiligen Materie selbst gesetzlich regeln muss. Vielmehr muss das Parlament **das Wesentliche** regeln, wobei es auf den jeweiligen Sachbereich und die Eigenart des betroffenen Gegenstandes ankommt, insbesondere darauf, ob es sich um grundlegende normative Bereiche handelt.[63] Im Bereich der Leistungsgewährung sind als wesentlich „insbesondere solche Regelungen anzusehen, welche strukturelle Entscheidungen über staatliche Leistungen enthalten."[64]

Will das Parlament außerhalb dieses Bereichs die Exekutive zum Erlass von **Rechtsverordnungen** ermächtigen, also zu einem Gesetz im materiellen Sinn, so kann diese Ermächtigung nur durch ein Gesetz erteilt werden, in dem zudem Inhalt, Zweck und Ausmaß[65] der erteilten Ermächtigung bestimmt sein müssen. Wird auf der Grundlage eines solchen Gesetzes eine Verordnung erlassen, ist darüber hinaus in dieser auch die Rechtsgrundlage anzugeben (Art. 84 Abs. 1 ThürVerf). Der Landtag verliert mithin auch mit Erlass des ermächtigenden Gesetzes keine Normsetzungskompetenz und bleibt Herr der Gesetzgebung.[66] 43

Das **Zugriffsrecht des Landtages** als **verfassungsändernder Gesetzgeber** ist durch die Grenzen des grundgesetzlichen Homogenitätsgebotes (Art. 28 Abs. 1 GG) sowie durch die Identitätsgarantie der Thüringer Verfassung (Art. 83 Abs. 4 ThürVerf) beschränkt. Dem **einfachgesetzlichen Zugriff** offen stehen hingegen alle Materien, welche die Kompetenzordnung des Grundgesetzes den Ländern zugänglich macht (Art. 70 ff. GG). Darüber hinaus muss der Landtag die grundrechtlichen Grenzen (Art. 1 ff., Art. 42 Abs. 3 bis 6 ThürVerf) sowie die verschiedenen Facetten der Garantie kommunaler Selbstverwaltung (Art. 91 bis 93 ThürVerf) beachten sowie die verfassungsgesetzlich geschützten Zuständigkeiten anderer Verfassungsorgane (Landesregierung: Art. 76 bis 78 ThürVerf; ThürVerfGH: Art. 79 Abs. 1, 80 Abs. 1 ThürVerf) sowie sonstiger Organe (Rechnungshof: Art. 103 ThürVerf; Datenschutzbeauftragter: Art. 69 ThürVerf). Hat der Gesetzgeber unter Beachtung dieser Grenzen Gesetze erlassen, so unterliegt er grundsätzlich **keiner Selbstbindung**. Jüngere Bestimmungen verdrängen entgegenstehende ältere.[67] 44

---

63 ThürVerfGH, Urt. v. 21.5.2013 – 13/11, S. 39 des Umdrucks; Urt. v. 21.6.2005 – 28/03, S. 60 f. des Umdrucks; BVerfG, Beschl. v. 8.8.1978 – 2 BvL 8/77, BVerfGE 49, 89 (126); BVerfG, Beschl. v. 20. 12.1979 – 1 BvR 385/77, BVerfGE 53, 30 (56); BVerfG, Beschl. v. 27.11.1990 – 1 BvR 402/87, BVerfGE 83, 130 (142).
64 ThürVerfGH, Beschl. v. 7.11.2018 – 1/14, NVwZ-RR 2019, 345 (346).
65 Vgl. insoweit ThürVerfGH, Beschl. v. 14.12.2021 – 117/20, Rn. 243 ff. (juris).
66 Ausführlich zum Verhältnis von Parlamentsgesetz und Rechtsverordnung: *Bathe*, in: Linck/Baldus/Lindner/Poppenhäger/Ruffert, Die Verfassung des Freistaats Thüringen, Art. 84 Rn. 6 ff. Zur als weitere Form exekutiver, insbesondere kommunaler Rechtsetzung siehe unten Abschnitt 5.4.3. („Kommunale Selbstverwaltung). Zur Abgrenzung von Gesetzen im materiellen Sinne von bloßem „exekutiven Innenrecht" vgl. ThürVerfGH Urt. v. 13.4.2016 – 11/15 mit Sondervotum *Baldus*.
67 Vgl. BVerfG, Urt. v. 22.11.2000 – 1 BvR 2307/94, BVerfGE 102, 254 (312). Wie hier: *Linck*, in: Linck/Baldus/Lindner/Poppenhäger/Ruffert, Die Verfassung des Freistaats Thüringen, Art. 48 Rn. 48 f. Der ThürVerfGH hat in seinem Urt. v. 18.12.1996 – 2/95 und 6/95, Rn. 103 f. für kommunale Neugliederungsgesetze eine Ausnahme anerkannt: Er sieht den Gesetzgeber bei Neugliederungsgesetzen an zuvor aufgestellte Leitlinien und Leitbilder gebunden; allerdings kann und muss er diese sogar bei entsprechenden Sachgründen verlassen. Auch das Bundesverfassungsrecht kennt Ausnahmen: Das BVerfG sieht den Bundesgesetzgeber unter Anknüpfung an die grundgesetzlichen Regelungen (Art. 106 Abs. 3 und Art. 107 Abs. 2 S. 2 und 3 GG) zum

45 bb) **Kreation, Deliberation und andere Aufgaben.** Zu den Aufgaben des Landtages gehört es auch, Personen in Ämter zu wählen, was meist als „Kreationsaufgabe" bezeichnet wird. An erster Stelle ist dabei gewiss die Wahl des Ministerpräsidenten (Art. 48 Abs. 2, 70 Abs. 3 ThürVerf) zu nennen. Darüber hinaus gibt die Verfassung aber auch auf, die Mitglieder des ThürVerfGH (Art. 79 Abs. 3 ThürVerf), die des Richterwahlausschusses (Art. 89 Abs. 2 S. 2 ThürVerf) und den Präsidenten und Vizepräsidenten des Rechnungshofes (Art. 103 Abs. 2 S. 2 ThürVerf) zu wählen. Aufgrund einfach-rechtlicher Bestimmungen wählt der Landtag zudem den Landtagspräsidenten und seine Vizepräsidenten (§ 2 Abs. 1 GO-LT), den Bürgerbeauftragten (§ 7 ThürBüBG), den Landesbeauftragten für die Unterlagen des Staatssicherheitsdienstes der ehemaligen DDR (§ 3 Abs. 2 S. 1 ThürLandesbeauftragtenG), die Mitglieder der Parlamentarischen Kontrollkommission (§ 18 Abs. 2 ThürVSG) und den Datenschutzbeauftragten (§ 35 Abs. 1 ThürDSG).

46 Die Aufgabe, die „in die Zuständigkeit des Landes gehörenden öffentlichen Angelegenheiten" zu behandeln (Art. 48 Abs. 2 ThürVerf), ist kaum konturenscharf zu fassen: Sie betrifft die **Deliberation**, die Reflexion und Erörterung all der Angelegenheiten, die den Freistaat Thüringen als eine rechtlich verfasste politische Ordnung betreffen. Diese Aufgabe beschränkt sich mithin nicht auf staatliche Angelegenheiten, selbst private Fragen können beraten werden, soweit sie von hinreichendem öffentlichen Interesse sind.[68]

47 Zu den „anderen" dem Landtag nach der Verfassung „zustehenden Aufgaben" (Art. 48 Abs. 2 ThürVerf) gehören die Wahlprüfung (Art. 49 Abs. 3 ThürVerf), die Verabschiedung einer Geschäftsordnung (Art. 57 Abs. 5 ThürVerf), die Zustimmung zur Aufhebung der Immunität und sonstige Entscheidungen im Rahmen der Immunität (Art. 55 Abs. 2, 3 ThürVerf), der Ausschluss der Öffentlichkeit (Art. 60 Abs. 2 ThürVerf), die Einsetzung von Enquete-Kommissionen, Untersuchungs- und Petitionsausschüssen (Art. 63, 64, 65 ThürVerf), die Zustimmung zu Staatsverträgen (Art. 77 Abs. 2 ThürVerf) sowie die Entlastung der Landesregierung hinsichtlich der von ihr vorzulegenden Haushaltsrechnung (Art. 102 Abs. 3 ThürVerf).

48 cc) **Kontrolle.** Die Aufgabe, „die Ausübung der vollziehenden Gewalt" zu überwachen (Art. 48 Abs. 2 ThürVerf), ist gewiss von herausragender Bedeutung. Die damit statuierte **Kontrollaufgabe** dient dazu, die für die sonstigen parlamentarischen Aufgaben nötigen Informationen zu beschaffen, rechtswidriges, amtsmissbräuchliches und unlauteres Verhalten aufzudecken sowie auf das Regierungshandeln Einfluss zu nehmen.[69] Gegenstand dieser Aufgabe ist allerdings keineswegs allein der Vollzug der Parlamentsgesetze durch die Verwaltung, sondern auch das Regierungshandeln; letzteres ergibt sich aus deren Verantwortung gegenüber dem Landtag (Art. 76 Abs. 1 S. 1 ThürVerf). Zudem ist anerkannt, dass sich die Kontrollaufgabe auch auf den öffentli-

---

Länderfinanzausgleich an Maßstabsgesetze gebunden, vgl. BVerfG, Urt. v. 11.11.1999 – 2 BvF 2/98, BVerfGE 101, 158 (214 ff.).
68 Vgl. BVerfG, Beschl. v. 1.10.1987 – 2 BvR 1178/86, BVerfGE 77, 1 (38 ff.).
69 Zur Umschreibung *Linck*, in: Linck/Baldus/Lindner/Poppenhäger/Ruffert, Die Verfassung des Freistaats Thüringen, Art. 48 Rn. 57.

chen und sogar den privaten Bereich erstrecken kann,[70] selbst der parlamentarische Bereich ist nicht sakrosankt.[71]

Wie, mit welchen **Formen** und mit welchen **Rechtswirkungen** der Landtag seine Kontrollaufgabe wahrzunehmen hat, beantworten zahlreiche spezielle Verfassungsnormen. Zu den Instrumenten, die er zur Erfüllung dieser Aufgabe einsetzen kann, zählen dabei das Fragerecht der Abgeordneten (Art. 53 Abs. 2, 67 ThürVerf),[72] ihr Auskunftsanspruch in den Ausschüssen (Art. 67 Abs. 2 und 3 ThürVerf) sowie das Recht des Landtages und seiner Ausschüsse, die Anwesenheit jedes Mitglieds der Landesregierung zu verlangen (das sogenannte Zitierrecht: Art. 66 Abs. 1 ThürVerf), ferner die Einsetzung von Enquete-Kommissionen (Art. 63 ThürVerf), Untersuchungsausschüssen (Art. 64 ThürVerf)[73], des Petitionsausschusses (Art. 65 ThürVerf) oder der Parlamentarischen Kontrollkommission (Art. 97 ThürVerf), nicht zuletzt die Anrufung des ThürVerfGH (Art. 80 Abs. 1 Nr. 3 und 4 ThürVerf) sowie – als in der Regel besonders folgenschwere Maßnahme – das konstruktive Misstrauensvotum (Art. 73 ThürVerf). Schließlich sind dem Landtag auch noch weitere einfachrechtliche Kontrollinstrumente zur Verfügung gestellt.[74]

49

Der Kontrollaufgabe des Landtages sind indessen in vielfacher Hinsicht **Grenzen** gezogen. Mit Blick auf die Landesregierung ergibt sich dies zum einen aus dem Gewaltenteilungsgrundsatz (Art. 47 Abs. 1 und 2 ThürVerf) sowie aus deren Verantwortlichkeit gegenüber dem Landtag (Art. 76 Abs. 1 ThürVerf): Weil der Regierung ein Teil der Staatsgewalt zur eigenen Verantwortung zugewiesen ist, so die anerkannte Sichtweise, muss ihr auch ein Bereich zugeordnet sein, der gegenüber der Kontrollaufgabe des Parlaments abgeschirmt ist, der sogenannte **Kernbereich exekutiver Eigenverantwortlichkeit**. Mit dem Verweis auf diesen nicht ausforschbaren Initiativ- und Beratungsbereich kann die Regierung Stellungnahmen zu Fragen, Auskunftsansprüchen oder sonstigen Informationsbegehren verweigern.[75] Welche Gegenstände von diesem Kernbereich im Einzelnen erfasst sind, ist in vielfacher Hinsicht umstritten. Einigkeit besteht allerdings insoweit, als dass die Regierung keine Informationen zu bereits abgeschlossenen Vorgängen zurückhalten darf.[76]

50

Dies gilt auch für die **Bundesratspolitik der Regierung**; auch diese kann der Landtag kontrollieren, sowohl vorgängig wie auch nachträglich, da das Parlament sich mit der von ihm kontrollierten Regierung befasst und allenfalls mittelbar mit Bundespolitik.[77] Insoweit besteht sogar eine Pflicht der Landesregierung, den Landtag zu unterrichten (Art. 67 Abs. 4 ThürVerf). Verwehrt ist ihm hingegen, *unmittelbar* auf die Bundespoli-

51

---

70 Vgl. BVerfG, Beschl. v. 1.10.1987 – 2 BvR 1178/86, BVerfGE 77, 1 (38 ff.).
71 *Linck*, in: Linck/Baldus/Lindner/Poppenhäger/Ruffert, Die Verfassung des Freistaats Thüringen, Art. Rn. 67.
72 Dazu ThürVerfGH, Urt. v. 12.11.2008 – 35/07.
73 Aus jüngerer Zeit dazu *Wolff*, ThürVBl 2015, 205 ff.; *Ohler*, ThürVBl 2015, 213 ff.; *Schneider*, ThürVBl 2017, 25 ff.
74 ZB Aktuelle Stunde (§ 93 GO-LT); Hearings in Ausschüssen (§ 78 GO-LT); Selbstbefassungsrecht der Ausschüsse (§ 73 GO-LT).
75 ThürVerfGH, Urt. v. 19.12.2008 – 35/07, S. 30 ff. des Umdrucks.
76 Ausführlich *Linck*, in: Linck/Baldus/Lindner/Poppenhäger/Ruffert, Die Verfassung des Freistaats Thüringen, Art. 48 Rn. 71 ff.
77 Vgl. BVerfG, Beschl. v. 1.10.1987 – 2 BvR 1178/86, BVerfGE 8, 104 (121).

tik Einfluss zu nehmen. Denn dem Grundgesetz zufolge sind die Zuständigkeiten zwischen Bund und Ländern abschließend verteilt (Art. 30, 70, 83, 92, 104a, b, 105, 108 GG) und die Landesverfassung hat zudem die Aufgaben des Landtages ausdrücklich auf die „in die Zuständigkeit des Landes gehörenden öffentlichen Angelegenheiten" (Art. 48 Abs. 2 ThürVerf) beschränkt. Die Schranken der zwischen Bund und Ländern bestehenden Verteilung der Kompetenzen gelten dabei nicht nur für Beschlüsse des Landtages mit rechtsverbindlicher Wirkung, sondern auch für politische Empfehlungen oder Debatten ohne Beschlussfassung.[78] Es besteht insoweit ein **Befassungsverbot**.

52 Eine weitere Grenze der parlamentarischen Kontrollaufgabe besteht auch in Hinsicht auf die **kommunale Selbstverwaltung**. Die Gemeinden und Gemeindeverbände, die mit dem Recht ausgestattet sind, ihre Angelegenheiten in eigener Verantwortung zu regeln (Art. 91 ThürVerf), unterliegen weder einer Zweckmäßigkeits-, noch einer Rechtmäßigkeitskontrolle durch das Parlament. Während ersteres sich unmittelbar aus der verfassungsrechtlichen Garantie der kommunalen Selbstverwaltung ergibt, fließt letzteres daraus, dass allein die Regierung zur Rechtsaufsicht gegenüber der Verwaltung und mithin auch gegenüber der im Rahmen der Gesetze vollzogenen Selbstverwaltung ermächtigt ist und das Parlament selbst keine Maßnahmen der Rechtsaufsicht ergreifen kann.[79]

53 Absolut ist zudem die Grenze parlamentarischer Kontrolle gegenüber der **Rechtsprechung**. Die Unabhängigkeit des ThürVerfGH sowie der Rechtsprechung allgemein (Art. 79 Abs. 1, 86 Abs. 2 ThürVerf) verbietet eine Überwachung der dritten Gewalt durch den Landtag. Eine fundierte Kritik an Urteilen und Beschlüssen der Gerichte ist indessen keineswegs unzulässig.[80]

54 Angelegenheiten, die der **Geheimhaltung** unterliegen, insbesondere Staatsgeheimnisse, private Geheimnisse oder strafrechtliche Ermittlungsverfahren sind im Übrigen gegenüber einer parlamentarischen Kontrolle nicht tabu. Staatliche Angelegenheiten, die aus Gründen des Gemeinwohls geheim zu halten sind, sind im parlamentarischen Regierungssystem des Grundgesetzes Parlament und Regierung „gemeinsam anvertraut".[81] Und in grundrechtlich geschützte Rechtspositionen können Parlamente im Rahmen ihrer Kontroll- und Überwachungsaufgabe dann eingreifen, wenn ein „überwiegendes Interesse der Allgemeinheit" dies rechtfertigt.[82] Bei den dabei geforderten Abwägungen kann es allerdings geboten sein, den Grundsatz der Parlamentsöffentlichkeit einzuschränken bzw. Vorkehrungen zum Schutz geheimhaltungsbedürftiger sowie personenbezogener Informationen zu treffen.[83]

---

78 Vgl. BbgVerfGH, Urt. v. 28.1.1999 – VfGBbg. 2.98, DVBl 1999, 708 ff.
79 *Linck*, in: Linck/Baldus/Lindner/Poppenhäger/Ruffert, Die Verfassung des Freistaats Thüringen, Art. 48 Rn. 82 mwN.
80 Vgl. BVerfG, Beschl. v. 17.1.1961 – 2 BvL 25/60, BVerfGE 12, 67 (71); BVerfG, Beschl. v. 27.6.1974 – 2 BvR 429/72, BVerfGE 38, 1 (21).
81 BVerfG, Urt. v. 17.7.1984 – 2 BvE 11/83, 2 BvE 15/83, BVerfGE 67, 100 (136).
82 BVerfG, Beschl. v. 15.12.1983 – 1 BvR 209/83, BVerfGE 65, 1 (44); BVerfG, Urt. v. 17.7.1984 – 2 BvE 11/83, 2 BvE 15/83, BVerfGE 67, 100 (145).
83 BVerfG, Urt. v. 14.1.1986 – 2 BvE 14/83, 2 BvE 4/84, BVerfGE 70, 324 (358). Zur Thematik illustrativ: *Hyckel*, ThürVBl 2015, 285 ff. und ThürVBl 2016, 4 ff.

V. Staatsorganisation

c) **Wahl.** Die Wahl des Landtages ist an mehrere verfassungsrechtliche Vorgaben gebunden: Sie muss allgemein, unmittelbar, frei, gleich und geheim sein (Art. 46 Abs. 1 ThürVerf), für eine Wahlperiode von fünf Jahren gelten (Art. 50 Abs. 1 ThürVerf) sowie den Grundsätzen einer mit der Personenwahl verbundenen Verhältniswahl entsprechen und damit das Parlament zu einem Spiegelbild der in der Wählerschaft herrschenden politischen Meinungen machen (Art. 49 Abs. 1 ThürVerf). Zudem darf sie nur dann zu einer Zuteilung von Landtagssitzen führen, wenn ein Mindestanteil von fünf vom Hundert der im Land für alle Wahlvorschlagslisten abgegebenen gültigen Stimmen erreicht wurde („5 %-Hürde", Art. 49 Abs. 2 ThürVerf).

55

aa) **Wahlrechtsgrundsätze.** Die fünf **Wahlrechtsgrundsätze** der Allgemeinheit, Unmittelbarkeit, Freiheit, Gleichheit und Geheimheit gelten im Freistaat Thüringen schon aufgrund des bundesverfassungsrechtlichen Homogenitätsgebotes (Art. 28 Abs. 1 S. 2 GG). Im Rahmen dieser Bindung haben die Länder gleichwohl Raum, das Wahlsystem zu regeln, also die konkrete Art der Verbindung von Personen- und Verhältniswahl, wie auch das Wahlrecht zu den Parlamenten und kommunalen Vertretungen; auch können sie das Wahlprüfungsverfahren mit eigenen Akzenten versehen, insbesondere dabei den Schutz des Wahlrechts durch ihre eigene Gerichtsbarkeit gewährleisten.[84] Als Ausfluss des Demokratieprinzips binden die Wahlrechtsgrundsätze als **objektives Recht** Gesetzgebung, Verwaltung und Rechtsprechung (Art. 46 Abs. 1 iVm Art. 47 Abs. 4 ThürVerf) und begründen zugleich **subjektiv-öffentliche Rechte der Wähler und Wahlbewerber** (Art. 80 Abs. 1 Nr. 1 ThürVerf).[85] Die Grundsätze gelten zudem nicht allein für den Wahlvorgang, sondern für das **gesamte Wahlverfahren**, also auch für die Wahlvorbereitung.[86]

56

Dem Grundsatz der **Allgemeinheit der Wahl** wird entsprochen, wenn alle Staatsbürger das Recht haben, zu wählen und gewählt zu werden. Dieser Grundsatz ist eine spezielle Variante des allgemeinen Gleichheitsrechts (Art. 2 Abs. 1 ThürVerf); er verbietet den **unberechtigten Ausschluss von Staatsbürgern** von der Wahl überhaupt, also etwa bestimmte Bevölkerungsgruppen aus politischen, wirtschaftlichen oder sozialen Gründen ihr Wahlrecht nicht ausüben zu lassen.[87] Davon abgesehen sind bei Anlegung ei-

57

---

84 BVerfG, Beschl. v. 16.7.1998 – 2 BvR 1953/95, BVerfGE 99, 1 (11 f.) (Verweis auf die getrennten Verfassungsräume von Bund und Ländern sowie deren Verfassungsautonomie).
85 ThürVerfGH, Beschl. v. 11.3.1999 – 30/97, Rn. 47 (juris).
86 ThürVerfGH, Beschl. v. 9.7.2015 – 9/15, S. 9 des Umdrucks (seit BVerfG, Beschl. v. 12.7.1960 – 2 BvR 373 und 442/60, BVerfGE 11, 266 (276) auch st. Rspr. auch des BVerfG).
87 ThürVerfGH, Urt. v. 12.6.1997 – 13/95, Nr. 57 (juris). Das BVerfG hat allerdings 1998 seine langjährig praktizierte Rechtsprechung aufgegeben, nach der die Grundsätze der Allgemeinheit und Gleichheit der Wahl Anwendungsfälle des allgemeinen Gleichheitssatzes sind (BVerfG, Beschl. v. 16.7.1998 – 2 BvR 1953/95, BVerfGE 99, 1 [9]). Der ThürVerfGH ist zunächst dieser Rspr. gefolgt: Die Wahlrechtsgrundsätze der Allgemeinheit und Gleichheit könnten nicht als Erscheinungsform des allgemeinen Gleichheitssatzes (Art. 2 Abs. 1 ThürVerf) gewertet werden (ThürVerfGH, Beschl. v. 11.3.1999 – 30/97, Rn. 44 (juris). In seiner jüngeren Rspr. hebt er jedoch wieder hervor, die Wahlrechtsgleichheit verdränge als spezieller Gleichheitssatz den in Art. 2 Abs. 1 ThürVerf statuierten allgemeinen Gleichheitssatz (ThürVerfGH, Beschl. v. 9.7.2015 -9/15, S. 9 des Umdrucks). Aufgrund der im Rahmen des Art. 28 Abs. 1 GG bestehenden Verfassungsautonomie der Länder (dazu oben Abschnitt 1.1. „Die Verfassung des Freistaates Thüringen") ist der ThürVerfGH insoweit frei; es bestand für ihn keine Pflicht, die Kehrtwende des BVerfG mit zu vollziehen (aA wohl *von der Weiden*, in: Linck/Baldus/Lindner/Poppenhäger/Ruffert, Die Verfassung des Freistaats Thüringen, Art. 46 Rn. 13).

nes strengen Maßstabes Differenzierungen nur bei zwingenden rechtfertigenden Gründen zulässig; mithin bestehen für den Gesetzgeber nur enge Spielräume.[88]

58 Der Grundsatz der **Unmittelbarkeit** fordert, dass bei der Wahl die Auswahl unter den Bewerbern um einen Sitz im Parlament allein auf dem Willen der Wähler beruht und nicht auf dem eines dazwischen geschalteten, ermächtigten oder beauftragten Dritten; der Wähler und keine andere Person muss das letzte Wort haben.[89]

59 Die **Freiheit der Wahl** verlangt hingegen, dass der Akt der Stimmabgabe frei von Zwang und unzulässigem Druck bleibt; erforderlich ist ebenfalls, dass die Wähler ihr Urteil in einem freien, offenen Prozess der Meinungsbildung gewinnen und fällen können.[90] Aus diesem Grundsatz der Freiheit der Wahl fließt mithin auch ein **Verbot parteiergreifender Wahlbeeinflussung** durch staatliche Organe, mithin ein striktes Gebot staatlicher Neutralität.[91] Infolgedessen hat der ThürVerfGH die Kernregelung des Paritätsgesetzes für verfassungswidrig erachtet, wonach auf Wahllisten Frauen und Männer (sowie ggf. Diverse) abwechselnd vorzusehen seien. Hierdurch werde „die Freiheit der Wählerinnen und Wähler ein[geschränkt], auf die Verteilung der Geschlechter im Parlament durch die Wahl einer Liste Einfluss zu nehmen, auf der jeweils nur oder überwiegend Männer oder Frauen aufgeführt sind. Die Wählerinnen und Wähler sind nicht mehr frei, durch die Wahl einer ausschließlich oder überwiegend männlich oder weiblich dominierten Liste mit zu bewirken, dass im Landtag mehr Frauen als Männer oder umgekehrt mehr Männer als Frauen vertreten sind. Auf diese Weise wird eine bestimmte geschlechtsbezogene Zusammensetzung des Parlaments determiniert. Hinsichtlich der Listenaufstellung wird zudem die Freiheit der Parteimitglieder eingeschränkt, auf den jeweiligen Listenplatz, der aufgrund des Paritätsgesetzes für das eine Geschlecht vorgesehen ist, einen Vertreter des anderen Geschlechts zu wählen. Den Parteimitgliedern ist es nicht möglich, einen Bewerber oder eine Bewerberin ganz unbesehen des jeweiligen Geschlechts zu wählen."[92] Zudem schränkt eine derartige Regelung das Recht, sich ohne staatliche Beschränkungen zur Wahl zu stellen (passive Wahlfreiheit) dadurch ein, dass es „die Freiheit eingeschränkt, sich auf einen konkreten Listenplatz zu bewerben, sofern dieser Platz aufgrund jener gesetzlichen Regelung mit einem Vertreter des jeweils anderen Geschlechts zu besetzen ist."[93]

60 **Gleich** ist eine Wahl dann, wenn der Stimme jedes Wählers der gleiche Zählwert und im Rahmen des Wahlsystems auch der gleiche Erfolgswert zukommt; bei einer Verhältniswahl bedeutet dies, dass jeder Stimme *grundsätzlich* der gleiche Erfolgswert zu-

---

88 ThürVerfGH, Urt. v. 12.6.1997 – 13/95, NJW 1998, 525 (526).
89 BVerfG, Beschl. v. 11.11.1953 – 1 BvL 67/52, BVerfGE 3, 45 (49 f.).
90 BVerfG, Urt. v. 2.3.1977 – 2 BvE 1/76, BVerfGE 44, 125 (139).
91 BVerfG, Urt. v. 2.3.1977 – 2 BvE 1/76, BVerfGE 44, 125 (141). Danach ist es den Staatsorganen von Verfassungs wegen versagt, sich „als Staatsorgane im Hinblick auf Wahlen mit politischen Parteien oder Wahlbewerbern zu identifizieren und sie unter Einsatz staatlicher Mittel zu unterstützen oder zu bekämpfen". Zum Schutz von Parteien durch das Neutralitätsgebot: ThürVerfGH, Urt. v. 3.12.2014 – 2/14; Urt. v. 8.6.2016 – 25/15; v. 6.7.2016 – 38/15; dazu die Entscheidungsbesprechungen von *Hillgruber*, JA 2016, 716 ff.; *Penz*, ThürVBl 2016, 265 ff.; *Stumpf*, ThürVBl 2016, 270 ff.
92 ThürVerfGH, Urt. v. 15.7.2020 – 2/20, NVwZ 2020, 1266 (1267).
93 ThürVerfGH, Urt. v. 15.7.2020 – 2/20, NVwZ 2020, 1266 (1267).

kommen muss.[94] Dieser Grundsatz der Wahlrechtsgleichheit hat einen **streng formalen Charakter**.[95] Differenzierungen bedürfen eines zwingenden, dem Ermessen des Gesetzgebers enge Grenzen ziehenden Grundes: Er muss durch die Verfassung legitimiert und von einem solchen Gewicht sein, dass er der Wahlrechtsgleichheit die Waage halten kann. Der Grund muss nicht von der Verfassung gefordert sein, wohl aber muss berücksichtigt werden, wie intensiv die Differenzierung in die Wahlrechtsgleichheit eingreift und ob sie hinsichtlich ihres Grundes geeignet und erforderlich ist.[96] Solche Betrachtungen werden jedoch dann gegenstandslos, wenn Differenzierungen verfassungsgesetzlich festgeschrieben sind, wie etwa im Falle der **Fünf-Prozent-Klausel** (Art. 49 Abs. 2 ThürVerf), die zu einer Differenzierung hinsichtlich des Erfolgswertes der Stimmen führt. Hieran fehlt es jedoch bei einer gesetzlichen Vorgabe der Parität auf Wahllisten im Hinblick auf deren Zurückweisung bei nicht durchgängiger Besetzung abwechselnd mit Frauen und Männern, so dass „[b]ei der Aufstellung einer Liste … folglich Stimmen ihren Einfluss auf das Wahlergebnis und damit ihren Erfolgswert [verlieren], wenn diese für eine Frau oder einen Mann abgegeben werden, obwohl deren Kandidatur auf dem konkreten Listenplatz aufgrund des ‚Reißverschlussprinzips' … nicht zulässig war. Gleiches gilt mit Blick auf die Wahl der Liste bei der Landtagswahl. Würde eine Liste gebildet, die nicht in vollem Umfang den Anforderungen des Paritätsgesetzes entspräche, etwa weil eine Partei nicht genügend bzw. nicht genügend geeignete weibliche oder männliche Bewerber hatte, um die Liste paritätisch zu besetzen, wären die gesetzeswidrigen Platzierungen zu streichen … Erhielte eine Partei aus diesem Grund weniger Mandate als sie erhalten hätte, wenn sie auch die nicht zurückgewiesenen Kandidatinnen und Kandidaten hätte zur Wahl stellen dürfen, so führte auch dies zu einem anderen Erfolgswert. Der Erfolgswert der Stimmen, die für diese Partei mit den zurückgewiesenen Kandidatinnen und Kandidaten abgegeben worden wären, wäre geringer als der Erfolgswert der Stimmen, die eine Partei mit einer in vollem Umfang dem Paritätsgesetz entsprechenden Liste erhalten würde."[97] Auch die passive Wahlrechtsgleichheit sah der ThürVerfGH als verletzt an: „Indem Art. 46 Abs. 2 ThürVerf jeden Bürger, der das achtzehnte Lebensjahr vollendet und im Freistaat Thüringen seinen Lebenswohnsitz hat, als ‚wählbar' erklärt, garantiert er jedem einzelnen Bürger und jeder einzelnen Bürgerin das Recht, sich zur Wahl zu stellen (passives Wahlrecht). Als Wahlbewerberinnen und Wahlbewerbern garantiert ihnen Art. 46 Abs. 1 ThürVerf zudem ein Recht auf Chancengleichheit … Diese passive Wahlrechtsgleichheit sichert eine chancengleiche Möglichkeit zur Kandidatur im innerparteilichen Aufstellungsverfahren; jeder Wahlbewerberin und jedem Wahlbewerber sind grundsätzlich die gleichen Möglichkeiten im Wahlkampf und im Wahlverfahren offenzuhalten … Infolge des Paritätsgesetzes haben jedoch die jeweiligen Bewerber und Bewerberinnen mit Blick auf die konkreten Listenplätze nicht mehr die gleichen Chancen, einen Listenplatz zu erringen. Für die Kandidaten, gleich ob Mann oder

---

94 ThürVerfGH, Beschl. v. 11.3.1999 – 30/97, S. 16 des Umdrucks; Urt. v. 11.4.2008 – 22/05, S. 12 f. des Umdrucks (mit Blick auf den Grundsatz der Wahlgleichheit nach Art. 95 S. 1 ThürVerf).
95 ThürVerfGH, Beschl. v. 9.7.2015 – 9/15, S. 10 des Umdrucks.
96 ThürVerfGH, Urt. v. 11.4.2008 – 22/05, S. 13 des Umdrucks; ThürVerfGH, Beschl. v. 9.7.2015 – 9/15, S. 10 des Umdrucks.
97 ThürVerfGH, Urt. v. 15.7.2020 – 2/20, NVwZ 2020, 1266 (1268).

Frau, fällt jeweils die Hälfte der Listenplätze weg, auf die sie sich bewerben könnten, wenn es das Paritätsgesetz nicht gäbe. Verfassungsrechtlich ist dabei nicht von Belang, dass das Paritätsgesetz – sieht man dabei von dem zahlenmäßig sehr geringen Anteil von Personen ab, die als ‚divers' registriert sind … – Männern und Frauen jeweils die Hälfte der Listenplätze zuweist, so dass die Chance für die Vertreter der beiden Geschlechter, auf einen Listenplatz gewählt zu werden, im Ergebnis gleich wäre. Denn bei einer solchen Betrachtung würde verkannt, dass das Recht der passiven Wahlrechtsgleichheit das Recht einer jeden einzelnen Bürgerin und eines jeden einzelnen Bürgers ist. Dies lässt sich der Bestimmung des Art. 46 Abs. 2 ThürVerf entnehmen. Bei der passiven Wahlrechtsgleichheit handelt es sich um eine auf das jeweilige Individuum bezogene Gleichheit in Bezug auf dessen Wahlchancen. Dem geltenden Verfassungsrecht lassen sich keine Anhaltspunkte entnehmen, dass diese verfassungsgesetzlich garantierte Gleichheit der einzelnen Bürgerinnen und Bürger durch Vorstellungen einer auf die Geschlechtergruppen bezogenen Gleichheit zu ersetzen wären."[98]

61 Dem Grundsatz der **Geheimheit der Wahl** wird schließlich dadurch Rechnung getragen, wenn der Wähler geschützt ist gegenüber der Offenbarung, wie er wählen will, wählt oder gewählt hat.[99] Sie stellt den wichtigsten institutionellen Schutz der Wahlfreiheit dar, die wiederum unabdingbare Voraussetzung für die demokratische Legitimation der Gewählten ist.[100]

62 bb) **Wahlberechtigung.** Wahlberechtigt und wählbar sind nur Bürger, die die deutsche Staatsangehörigkeit besitzen oder als Flüchtling oder Vertriebene deutscher Volkszugehörigkeit oder als dessen Ehegatte oder Abkömmling im Gebiet der Bundesrepublik Aufnahme gefunden haben (vgl. Art. 104 ThürVerf). Nur von diesen Bürgern geht die Staatsgewalt des Freistaates Thüringen aus (Art. 45 S. 1 ThürVerf). Darüber hinaus müssen diese Bürger das 18. Lebensjahr vollendet und ihren Wohnsitz im Freistaat haben (Art. 46 Abs. 2 ThürVerf).

63 Hinsichtlich dieses Erfordernisses der **Sesshaftigkeit** durfte der Gesetzgeber sich am Melderecht orientieren, weil dieses an den durch die Wahl einer Wohnung zum Ausdruck gebrachten dauernden Aufenthaltswillen anknüpft und ein typisches Merkmal lokaler persönlicher Bindung zum Regelungskriterium macht; angesichts moderner Lebensformen darf der Gesetzgeber dabei aber keinesfalls an den Hauptwohnsitz anknüpfen, da auch von einem melderechtlich als Nebenwohnung zu qualifizierenden Wohnsitz ein Engagement für die Belange der Allgemeinheit ausgehen kann.[101] Weitere einfach-gesetzliche Einschränkungen des Wahlrechts und der Wählbarkeit werden als traditionelle Begrenzungen üblicherweise als gerechtfertigt angesehen.[102] Als unzulässig und nichtig wurde indessen eine Einschränkung der Wählbarkeit aufgrund

---

98 ThürVerfGH, Urt. v. 15.7.2020 – 2/20, NVwZ 2020, 1266 (1268).
99 *Jarass/Pieroth*, GG, Art. 38 Rn. 10.
100 BVerfG, Beschl. v. 16.7.1998 – 2 BvR 1953/95, BVerfGE 99, 1 (13).
101 ThürVerfGH, Urt. v. 12.6.1997 – 13/95, S. 8 ff. des Umdrucks. Zur Thematik ausführlich: *Langer*, ThürVBl 2015, 49 ff.
102 ThürVerfGH, Urt. v. 25.5.2000 – 2/99, S. 13 des Umdrucks unter Verweis auf BVerfG, Beschl. v. 23.10.1973 – 2 BvC 3/73, BVerfGE 36, 139 (141 f.); BVerfG, Beschl. v. 10.3.1976 – 1 BvR 355/67, BVerfGE 42, 312 (341). Vgl. zu den einfach-gesetzlichen Einschränkungen §§ 13 ff. LWG.

einer Zusammenarbeit mit dem Ministerium für Staatssicherheit der ehemaligen DDR erklärt.[103]

cc) **Wahlprüfung.** Aufgrund des grundgesetzlichen Homogenitätsgebots (Art. 28 Abs. 1 S. 1 GG) sind die Länder verpflichtet, ein Wahlprüfungsverfahren vorzuhalten.[104] Ein solches Verfahren beschränkt sich indessen nicht allein auf eine Wahlprüfung durch den Landtag (Art. 49 Abs. 3 ThürVerf), sondern umfasst auch eine Kontrolle durch den ThürVerfGH (Art. 80 Abs. 1 Nr. 6 ThürVerf).[105]

64

Ein solches Wahlprüfungsverfahren zielt darauf, die **korrekte Zusammensetzung des Parlaments** zu gewährleisten. Es soll verhindert werden, dass eine Verletzung wahlrechtlicher Regelungen die Verteilung der Sitze beeinflusst. Dies bedeutet allerdings, dass ein Wahlfehler den in einer Wahl zum Ausdruck gebrachten Volkswillen nur dann verletzen kann, wenn sich ohne ihn eine andere, über die Mandatsverteilung entscheidende Mehrheit ergeben würde. Allein die theoretische Möglichkeit genügt dafür nicht. Erst die ernsthaft in Betracht zu ziehende Möglichkeit der Auswirkung eines Wahlfehlers auf die konkrete Sitzverteilung kann dazu führen, eine Wahl ganz oder teilweise für ungültig zu erklären. Die **Ungültigkeit einer Wahl** kommt mithin nur bei einem Wahlfehler von solchem Gewicht in Betracht, dass ein Fortbestand der in dieser Weise gewählten Volksvertretung unerträglich erscheint.[106]

65

d) **Rechtsstellung der Abgeordneten.** Die in den Landtag gewählten Abgeordneten sind „Vertreter aller Bürger des Landes" (Art. 53 Abs. 1 S. 1 ThürVerf), also nicht nur ihrer Wähler, ihres Wahlkreises, ihrer Partei oder bestimmter Gruppen oder Organisationen der Bevölkerung. Mit dieser Vertretung **repräsentieren** die Abgeordneten die **Gesamtheit der Bürger des Freistaates**.[107] Dementsprechend sind sie auch nicht an Aufträge und Weisungen gebunden und allein ihrem Gewissen verantwortlich (Art. 53 Abs. 1 S. 2 ThürVerf). Die damit statuierte **Freiheit des Mandats** dient der Unabhängigkeit des Abgeordneten; er soll frei gegenüber Einflussversuchen durch Staat, Partei, Fraktion oder Gesellschaft sein öffentliches Amt wahrnehmen können.[108]

66

Diese Freiheit des Mandats wird durch eine **Vielzahl von Rechten** flankiert und abgesichert. Schon die vorausgehende Bewerbung um einen Sitz im Landtag ist geschützt: Wer sich um einen solchen Sitz bewirbt, hat Anspruch auf den zur Vorbereitung seiner Wahl erforderlichen Urlaub; zudem darf niemand gehindert werden, ein Mandat zu übernehmen oder auszuüben, eine Kündigung oder Entlassung aus diesem Grund wäre unzulässig (Art. 51 ThürVerf). Der Abgeordnete hat zudem Anspruch auf eine angemessene, seine Unabhängigkeit sichernde Entschädigung (Art. 54 Abs. 1 S. 1 ThürVerf).[109] Für Abstimmungen und Äußerungen, die in Ausübung ihres Mandats erfolg-

67

---

103 ThürVerfGH, Urt. v. 25.5.2000 – 2/99, S. 13 ff. des Umdrucks.
104 BVerfG, Beschl. v. 16.7.1998 – 2 BvR 1953/95, BVerfGE 99, 1 (18).
105 Beispiele für gerichtliche Kontrollen von Wahlprüfverfahren: ThürVerfGH, Beschl. v. 28.11.1996 – 1/95; Beschl. v. 9.7.2015 – 9/15.
106 ThürVerfGH, Beschl. v. 9.7.2015 – 9/15, S. 16 des Umdrucks.
107 In diesem Sinne mit Blick auf die entsprechende Regelung in Art. 38 Abs. 1 GG: BVerfG, Urt. v. 21. 7.2000 – 2 BvH 3/91, BVerfGE 102, 224 (237); BVerfG, Urt. v. 8.12.2004 – 2 BvE 3/02, BVerfGE 112, 118 (134).
108 ThürVerfGH, Urt. v. 8.5.2000 – 2/99, S. 15 des Umdrucks. Zum Abgeordneten als Inhaber eines öffentlichen Amtes: BVerfG, Urt. v. 5.11.1975 – 2 BvR 193/74, BVerfGE 40, 296 (314).
109 Dazu ThürVerfGH, Urt. v. 16.12.1998 – 20/95, Rn. 54 ff. (juris).

ten, dürfen sie ferner nur im Falle verleumderischer Beleidigungen verfolgt (Indemnität: Art. 55 Abs. 1 ThürVerf)[110] und wegen einer sonst mit Strafe bedrohten Handlung nur mit Zustimmung des Landtages zur Verantwortung gezogen oder verhaftet werden (Immunität: Art. 55 Abs. 2 ThürVerf). Schließlich sind sie berechtigt, unter bestimmten Voraussetzungen das Zeugnis zu verweigern (Art. 56 Abs. 1 ThürVerf).

68 Darüber hinaus wird die **Rechtsstellung eines Abgeordneten**, die dieser mit der Annahme seiner Wahl erwirbt (Art. 52 Abs. 1 ThürVerf), mit einer **Vielzahl weiterer Rechte** gestärkt und geschützt. Da die Abgeordneten Vertreter „aller Bürger" sind (Art. 53 Abs. 1 S. 1 ThürVerf), haben sie den Anspruch, gleich behandelt zu werden.[111] Sie haben das Recht, im Landtag das Wort zu ergreifen, Anfragen[112] und Anträge zu stellen und an Wahlen und Abstimmungen teilzunehmen (Art. 53 Abs. 2 ThürVerf).[113] Gehören sie der gleichen Partei oder Liste an, so können sie sich zu einer Fraktion zusammenschließen (Art. 58 S. 1 ThürVerf). Zudem werden auch durch einfach-rechtliche Vorschriften zahlreiche Rechte der Abgeordneten begründet, so etwa durch das Thüringer Abgeordnetengesetz (ThürAbgG) oder die Geschäftsordnung des Landtages (GO-LT).

69 Die Rechtsstellung des Abgeordneten, insbesondere die Freiheit seines Mandats ist selbstverständlich **nicht schrankenlos gewährleistet**. Zunächst unterliegt jeder Abgeordnete der Pflicht, die Verfassung zu achten und seine Kraft für das Wohl des Landes und aller seiner Bürger einzusetzen (Art. 53 Abs. 3 ThürVerf).[114] Zudem können die Rechte von Abgeordneten durch andere Rechtsgüter von Verfassungsrang begrenzt werden. Allerdings sind diese Rechtsgüter und jene Rechte soweit wie möglich zum Ausgleich zu bringen.[115] Diesem Ziel dient insbesondere der Rechtsanwendungsgrundsatz der **praktischen Konkordanz**: Er verbietet, dass sich bei einer Kollision zweier Verfassungsgüter das eine gänzlich auf Kosten des anderen durchsetzt; vielmehr ist ein verhältnismäßiger Ausgleich anzustreben, bei dem beiden Gütern Grenzen gezogen und sie beide so zur maximal möglichen Entfaltung gebracht werden.[116] Mit Blick auf die Rechtsstellung des Abgeordneten bedeutet dies, dass auch dann,

---

110 Vgl. ThürVerfGH, Beschl. v. 9.1.2019 – 40/16, NVwZ 2019, 546.
111 Vgl. BVerfG, Urt. v. 5.11.1975 – 2 BvR 193/74, BVerfGE 40, 296 (318): „Alle Mitglieder des Parlaments sind einander formal gleichgestellt". Dieser Gleichheitsanspruch kommt nicht zuletzt auch dann zum Tragen, wenn parlamentarische Befugnisse nicht dem einzelnen Abgeordneten, sondern dem Landtag oder einem bestimmten Quorum von Abgeordneten garantiert sind; der einzelne Abgeordnete kann dann beanspruchen, an der Initiierung, Beratung und Beschlussfassung gleichberechtigt mitzuwirken (vgl. BVerfG, Urt. v. 21.7.2000 – 2 BvH 3/91, BVerfGE 102, 224 (237); BVerfG, Urt. v. 8.12.2004 – 2 BvE 3/02, BVerfGE 112, 118 (134)).
112 Zum Fragerecht des Abgeordneten: ThürVerfGH, Urt. v. 4.4.2003 – 8/02; Urt. v. 19.12.2008 – 35/07.
113 Zum Recht des Abgeordneten, vor Abstimmungen über Gesetz auch auf Protokolle von Ausschussberatungen zurückgreifen zu können, die dem Gesetzesbeschluss vorausgingen: ThürVerfGH, Urt. v. 9.6.2017 – 61/16, S. 39 ff. des Umdrucks mit Sondervotum *Baldus*, wonach dieses Recht in Art. 53 Abs. 2 ThürVerf enthalten ist (S. 69 ff. des Umdrucks); zum Informationsanspruch von Abgeordneten ThürVerfGH, Urt. v. 22.4.2020 – 20/19.
114 Diese Pflicht ist keinesfalls ohne jede rechtliche Bedeutung (aA *Linck*, in: Linck/Baldus/Lindner/Poppenhäger/Ruffert, Die Verfassung des Freistaats Thüringen, Art. 53 Rn. 39). Sie kann prinzipiell zur Rechtfertigung von Eingriffen in Abgeordnetenrechte herangezogen werden.
115 ThürVerfGH, Urt. v. 8.5.2000 – 2/99, S. 15 mwN zur Rspr. des BVerfG.
116 BVerfG, Beschl. v. 16.5.1995 – 1 BvR 1087/91, BVerfGE 93, 1 (21).

wenn die Rechte des Abgeordneten im Einzelnen ausgestaltet und dabei auch eingeschränkt werden können, sie jedoch grundsätzlich nicht entzogen werden dürfen.[117]

Zu den Rechtsgütern von Verfassungsrang, die eine Begrenzung der Rechte von Abgeordneten rechtfertigen können, gehört gewiss die **Repräsentations- und die Funktionsfähigkeit des Parlaments**.[118] Folglich besteht auch kein Zweifel, dass die Abgeordnetenrechte durch die Geschäftsordnung des Landtages (Art. 57 Abs. 5 ThürVerf) beschränkt werden können.[119] Aber auch etwa das Prinzip streitbarer Demokratie vermag Abgeordnetenrechte einzuschränken.[120] Dies gilt ebenso in Hinsicht auf die Rechte anderer Abgeordneter, die eine Einschränkung rechtfertigen können.[121] In der Vergangenheit wurde, so ein Beispiel für die Beschränkung des Abgeordnetenrechts, die Überprüfung von Abgeordneten auf eine frühere Mitarbeit beim Ministerium für Staatssicherheit der DDR für zulässig gehalten[122], zudem eine Feststellung des Landtages, dass ein Abgeordneter eben wegen des Nachweises einer solchen Mitarbeit als „parlamentsunwürdig" anzusehen sei[123]. 70

Die stärkste Beeinträchtigung der freien Mandatsausübung dürfte indessen von der „Fraktionsdisziplin" ausgehen, die den Abgeordneten abverlangt wird, die sich zu einer Fraktion zusammengeschlossen haben. Da Fraktionen jedoch notwendige Einrichtungen des Verfassungslebens und maßgebliche Akteure der Willensbildung und Entscheidung in einem Parlament sind, ist eine Beschränkung der Abgeordnetenfreiheit durch die Fraktionsdisziplin grundsätzlich nicht zu beanstanden. Ob eine konkrete Maßnahme zulässig ist, ist nach Lage des Einzelfalls nach dem Prinzip praktischer Konkordanz zweier gegenstrebiger Verfassungspositionen zu beurteilen.[124] Sind Grund und Ausmaß einer Beschränkung von Abgeordnetenrechten streitig, so kann eine Überprüfung von Rechtsverletzungen durch den ThürVerfGH herbeigeführt werden (Art. 80 Abs. 1 Nr. 3 ThürVerf). 71

Das Abgeordnetenmandat **endet** zum einen durch einen gegenüber dem Präsidenten des Landtages schriftlich zu erklärenden, unwiderruflichen Verzicht (Art. 53 Abs. 2 ThürVerf). Als Beendigungsgrund kommt allerdings auch der Verlust der Wählbarkeit in Betracht (Art. 52 Abs. 3 ThürVerf), die wiederum unter dem Vorbehalt einer gesetzlichen Regelung steht (Art. 46 Abs. 3 ThürVerf). Nimmt der Gesetzgeber diesen Vorbehalt wahr, so hat er nur einen eng bemessenen Spielraum: Bei den Unwählbarkeitsgründen muss es sich um traditionelle und selbstverständliche Einschränkungen han- 72

---

117 ThürVerfGH, Urt. v. 8.5.2000 – 2/99, S. 15.
118 Vgl. BVerfG, Urt. v. 13.6.1989 – 1 BvE 1/88, BVerfGE 80, 188 (219); BVerfG, Urt. v. 16.7.1991 – 2 BvE 1/91, BVerfGE 84, 304 (321); BVerfG, Beschl. v. 17.9.1997 – 2 BvE 4/95, BVerfGE 96, 264 (279); BVerfG, Urt. v. 20.7.1998 – 2 BvE 2/98, BVerfGE 99, 19 (32).
119 Zur Frage, nach welchen Aspekten zu beurteilen ist, wie weit eine solche Beschränkung reichen kann: *Linck*, in: Linck/Baldus/Lindner/Poppenhäger/Ruffert, Die Verfassung des Freistaats Thüringen, Art. 53 Rn. 33.
120 BVerwG, Urt. v. 21.7.2010 – 6 C 22/09, BVerwGE 137, 282 (305).
121 *Morlok*, in: Dreier, GG, Art. 38 Rn. 152.
122 ThürVerfGH, Urt. v. 17.10.1997 – 18/95.
123 ThürVerfGH, Urt. v. 1.7.2009 – 38/06.
124 Vgl. BVerfG, Urt. v. 14.7.1959 – 2 BvE 2, 3/58, BVerfGE 10, 4 (14); BVerfG, Urt. v. 14.1.1986 – 2 BvE 14/83, 2 BvE 4/84, BVerfGE 70, 324 (350); BVerfG, Urt. v. 13.6.1989 – 2 BvE 1/88, BVerfGE 80, 188 (219); BVerfG, Beschl. v. 17.9.1997 – 2 BvE 4/95, BVerfGE 96, 264 (278 f.); BVerfG, Urt. v. 21.7.2000 – 2 BvH 3/91, BVerfGE 102, 224 (239); BVerfGE 112, 118, 125, 135.

deln, die als zwingende Gründe anerkannt sind. Eine Zusammenarbeit mit dem Ministerium für Staatssicherheit als hauptamtlicher oder inoffizieller Mitarbeiter zählt nicht zu solchen Gründen.[125]

73 e) **Organisation und Verfahren. aa) Geschäftsordnung des Landtages.** Der Landtag ist verpflichtet, sich eine Geschäftsordnung zu geben (Art. 57 Abs. 5 ThürVerf). Damit macht die Verfassung das Parlament und die Parlamentarier zum „Gestalter des eigenen Verfahrens".[126] Eine solche Geschäftsordnung sichert das geordnete **Funktionieren des Landesparlaments im Staats- und Verfassungsleben.**[127] Ihre Regelungen haben folglich die Organisation und die Verfahrensweisen des Landtages zum Gegenstand. Im Einzelnen regeln sie die Wahl und Aufgaben seiner Organe und Gliederungen (Präsident, Vorstand, Schriftführer, Fraktionen, Ältestenrat, Ausschüsse), das Verfahren in den Plenar- und Ausschusssitzungen, das Ordnungsrecht, die Mittel parlamentarischer Kontrolle (Anfragen, Aktuelle Stunde, Berichtersuchen, Untersuchungs- und Petitionsverfahren) sowie die Protokollierung der Verhandlungen und die Ausfertigung der Beschlüsse. Darüber hinaus enthält sie Anlagen mit Verhaltensregeln für die Mitglieder des Landtages sowie eine Geheimschutzordnung.[128] Ergänzende Bestimmungen zur Organisation und den Verfahrensweisen des Landtages sind überdies in zahlreichen Gesetzen enthalten, nicht zuletzt sind auch gewohnheitsrechtliche Regelungen, Parlamentsbrauch und Beschlüsse sowie Absprachen im Landtag oder im Ältestenrat relevant.[129]

74 Da der Landtag sich eine Geschäftsordnung auf der Grundlage einer Verfassungsbestimmung gibt, steht sie im **Rang unterhalb der Verfassung.** Demzufolge darf sie sich weder zu deren ausdrücklichen Regelungen noch zu den in ihr zum Ausdruck kommenden allgemeinen Prinzipien und Entscheidungen in Widerspruch setzen.[130] Von der Rechtsprechung wird sie nicht als Gesetz oder Verordnung, sondern als **Satzung** qualifiziert; demzufolge soll sie in der Rangordnung **auch unterhalb der Gesetze** einzustufen sein.[131] Eine **Bindungswirkung** kann grundsätzlich nur für die Mitglieder des Parlaments bestehen. Inwieweit Dritte, etwa Auskunftspersonen, Sachverständige oder Besucher gebunden werden können oder aber auch Mitglieder der Landesregierung, lässt sich nicht allgemein bestimmen, sondern ist von der jeweiligen Fallgestaltung abhängig.[132] Bei der **Auslegung** der Geschäftsordnung ist die parlamentarische Tradition und Praxis mit heranzuziehen.[133]

75 Eine **Verletzung der Geschäftsordnung** führt als solche nicht zur Nichtigkeit oder vorläufigen Unwirksamkeit eines Beschlusses. Anderes gilt, wenn die Verletzung der Ge-

---

125 ThürVerfGH, Urt. v. 18.5.2000 – 2/99, S. 13 f. des Umdrucks.
126 ThürVerfGH, Urt. v. 18.6.2006 – 08/05, S. 9 des Umdrucks.
127 Vgl. BVerfG, Urt. v. 6.3.1952 – 2 BvE 1/51, BVerfGE 1, 144 (148).
128 Die Geschäftsordnung des Thüringer Landtages gilt aufgrund § 1 des Thüringer Geschäftsordnungsgesetzes vom 19.7.1994 (GVBl S. 911) „solange, bis der Landtag eine neue Geschäftsordnung beschlossen hat".
129 *Linck,* in: Linck/Baldus/Lindner/Poppenhäger/Ruffert, Die Verfassung des Freistaats Thüringen, Art. 57 Rn. 42.
130 Vgl. BVerfG, Beschl. v. 10.5.1977 – 2 BvR 705/75, BVerfGE 44, 308 (314).
131 BVerfG, Urt. v. 6.3.1952 – 2 BvE 1/51, BVerfGE 1, 144 (148).
132 Dazu *Linck,* in: Linck/Baldus/Lindner/Poppenhäger/Ruffert, Die Verfassung des Freistaats Thüringen, Art. 57 Rn. 44 ff.
133 BVerfG, Urt. v. 6.3.1952 – 2 BvE 1/51, BVerfGE 1, 144 (149).

schäftsordnung mit der Verletzung einer Verfassungsnorm einhergeht.[134] Die insoweit geschäftsordnungs- *und* verfassungswidrige Maßnahme ist dann im Wege eines Organstreitverfahrens (Art. 80 Abs. 1 Nr. 3 ThürVerf) überprüfbar. Die Geschäftsordnung selbst soll zudem der verfassungsrechtlichen Kontrolle im Rahmen eines abstrakten Kontrollverfahrens (Art. 80 Abs. 1 Nr. 4 ThürVerf) unterliegen.[135] Dritte, etwa Parteien, die am parlamentarischen Verfahren nicht beteiligt waren, können allerdings aus der Gestaltung des Verfahrens keine Rechte für sich ableiten.[136]

bb) Präsident. Das zentrale Organ des Landtages ist der Präsident. Er wird in der konstituierenden Sitzung des Landtags nach der Landtagswahl gewählt (Art. 57 Abs. 1 ThürVerf, § 1 Abs. 4 GO-LT). Vertreten wird er von den Vizepräsidenten des Landtages, unterstützt von den Schriftführern (Art. 57 Abs. 1 ThürVerf, §§ 2 und 3 GO-LT). 76

Der Präsident selbst vertritt den Landtag in seiner Gesamtheit, nicht nur eine bestimmte Mehrheit, folglich hat er sein **Amt unparteiisch** und **neutral** auszuüben. Darüber hinaus vertritt er das Land in Angelegenheiten des Landtages (Art. 57 Abs. 4 ThürVerf). Diese Vertretung bezieht sich auf den rechtsgeschäftlichen Bereich, wozu sämtliche, also auch verfassungsrechtliche Rechtsstreitigkeiten gehören, sowie das Handeln nach außen, soweit Angelegenheiten des Landtages betroffen sind.[137] 77

Zu den **Aufgaben des Präsidenten** gehört die Einberufung des Landtages (Art. 57 Abs. 2 S. 1 ThürVerf), die Leitung der Sitzungen (Art. 57 Abs. 2 S. 3 ThürVerf), die Führung der Geschäfte sowie die Ausübung des Hausrechts neben der Ordnungs- und Polizeigewalt im Landtagsgebäude (Art. 57 Abs. 3 S. 2 ThürVerf). Als Ordnungsmaßnahmen gegen Abgeordnete kommen die Rüge, der Ordnungsruf, die Wortentziehung und der Sitzungsausschluss in Betracht (§§ 36, 37 GO-LT). Zudem leitet er die Verwaltung des Landtages (Art. 57 Abs. 4 ThürVerf). Seine herausgehobene Stellung wird schließlich auch daran erkennbar, dass eine Durchsuchung oder Beschlagnahme in den Räumen des Landtages nur mit seiner Zustimmung vorgenommen werden darf (Art. 57 Abs. 3 S. 3 ThürVerf). 78

cc) Fraktionen. Abgeordnete einer gleichen Partei oder Liste haben das Recht, sich zu einer Fraktion zusammenzuschließen, sofern es sich bei diesen Abgeordneten um mindestens **fünf Prozent der gesetzlichen Mitgliederzahl** des Landtages handelt (Art. 58 S. 1 und 2 iVm Art. 49 Abs. 2 ThürVerf). Bei Fraktionen, die keine Staatsgewalt ausüben und nicht Teil der Staatsgewalt sind, handelt es sich um **rechtsfähige Vereinigungen von Abgeordneten**, die klagen und verklagt werden können (§ 45 ThürAbgG). Sie bestimmen ihre Organisation und Vertretung selbst, ausgerichtet an den Grundsätzen der parlamentarischen Demokratie (§ 46 ThürAbgG). 79

Fraktionen sind als **notwendige Einrichtung des Verfassungslebens** anerkannt: Sie nehmen im parlamentarischen Raum Koordinierungsaufgaben wahr, bündeln die Vielfalt 80

---

134 Vgl. BVerfG, Beschl. v. 14.10.1970 – 1 BvR 307/68, BVerfGE 29, 221 (234).
135 *Jutzi*, in: Linck/Baldus/Lindner/Poppenhäger/Ruffert, Die Verfassung des Freistaats Thüringen, Art. 89 Rn. 80, Fn. 260.
136 ThürVerfGH, Urt. v. 18.7.2006 – 8/05, S. 9 des Umdrucks.
137 *Linck*, in: Linck/Baldus/Lindner/Poppenhäger/Ruffert, Die Verfassung des Freistaats Thüringen, Art. 57 Rn. 35.

der Meinungen zur politischen Stimme, wählen aus und spitzen Themen als politisch entscheidbar zu; diese Aufgaben sind angesichts der Vielzahl und Vielschichtigkeit der im Parlament zu behandelnden Regelungsbedürfnisse für die parlamentarische Arbeit unabdingbar.[138] Im Einzelnen zählen zu den **gesetzlich bestimmten Aufgaben**, Initiativen vorzubereiten, abzustimmen und durchzusetzen, innerhalb der Fraktion eine gemeinsame Haltung zu Gegenständen der parlamentarischen Beratung und Entscheidung herbeizuführen und zu verfolgen, im Meinungsaustausch mit Betroffenen, der Bevölkerung, Organisationen und Vereinigungen Informationen für parlamentarische Entscheidungen und deren Akzeptanz zu gewinnen, eine Arbeitsteilung unter den Mitgliedern zu organisieren sowie die Öffentlichkeit über ihre parlamentarische Arbeit zu unterrichten (§ 47 ThürAbgG). Zur Wahrnehmung dieser Aufgaben, die ihre **Grenzen** in den **Statusrechten der einzelnen Abgeordneten** finden (vgl. dazu oben Rn. 66 ff.), haben die Fraktionen einen Anspruch auf Geld- und Sachleistungen sowie auf personelle Unterstützung (§ 49 ThürAbgG), wobei diese Mittel nicht für Parteiaufgaben verwendet werden dürfen (§ 51 ThürAbgG).[139]

81 **Oppositionsfraktionen** genießen eine besondere Rechtsstellung. Da eine pluralistische Demokratie davon lebt, dass auch die Haltungen und Positionen wahrnehmbar sind, die zu einem bestimmten Zeitpunkt zwar nicht mehrheitsfähig sind und waren, aber in Zukunft werden können, hat der Verfassungsgeber parlamentarische Opposition als **grundlegenden Bestandteil der parlamentarischen Demokratie** anerkannt (Art. 59 Abs. 1 ThürVerf). Dementsprechend haben Oppositionsfraktionen, zu denen alle Abgeordneten und Fraktionen gehören, die nicht dem Regierungslager zuzurechnen sind, das **Recht auf Chancengleichheit** ebenso wie einen **Anspruch** auf eine zur Erfüllung ihrer besonderen Aufgaben erforderliche **Ausstattung** (Art. 59 Abs. 2 ThürVerf).[140] Insbesondere aus ihrem Recht auf Chancengleichheit ist abzuleiten, dass alle parlamentarischen Informations-, Kontroll-, Mitwirkungs- und Beteiligungsrechte im Grundsatz jeder Oppositionsfraktion unabhängig von ihrer Größe zustehen müssen; Einschränkungen dieser Rechte bedürfen daher einer Rechtfertigung durch gegenläufige und überwiegende Verfassungsgüter.[141]

82 dd) **Ausschüsse.** Zur Vorbereitung seiner Verhandlungen und Beschlüsse setzt der Landtag Ausschüsse ein (Art. 62 Abs. 1 S. 1 ThürVerf). Neben der Einsetzung von Ausschüssen mit dieser **Aufgabenstellung** ist der Landtag durch die Verfassung ebenfalls verpflichtet, einen Ausschuss zur Entscheidung über die an den Landtag gerichteten Eingaben (Petitionsausschuss) zu bestellen (Art. 65 Abs. 1 ThürVerf), auf Antrag von einem Fünftel seiner Mitglieder zudem einen Untersuchungsausschuss (Art. 64

---

138 Vgl. dazu aus der jüngeren bundesverfassungsgerichtlichen Rechtsprechung: BVerfG, Urt. v. 8.12.2004 – 2 BvE 3/02, BVerfGE 112, 118 (135 f.).
139 Die Frage, ob es verfassungsrechtlich zulässig ist, diese Mittel zu verwenden, um Leistungen an Fraktionsmitglieder für die Wahrnehmung besonderer Funktionen in der Fraktion" (§ 54 Abs. 2 Nr. 2a ThürAbgG) zu zahlen, ist umstritten (dazu ausführlich *Linck*, in: Linck/Baldus/Lindner/Poppenhäger/Ruffert, Die Verfassung des Freistaats Thüringen, Art. 58 Rn. 30 ff.).
140 Zum Oppositionsbegriff: *Storr*, Staats- und Verfassungsrecht, 1998 Rn. 565 ff.
141 *Linck*, in: Linck/Baldus/Lindner/Poppenhäger/Ruffert, Die Verfassung des Freistaats Thüringen, Art. 59 Rn. 15.

Abs. 1 ThürVerf).[142] Trotz dieser ausdrücklichen verfassungsgesetzlichen Regelungen soll es aufgrund historischer Auslegung außerdem zulässig sein, Ausschüsse auch mit sonstigen Aufgaben zu beauftragen oder andere Ausschüsse einzurichten.[143]

Anstelle des Plenums kann ein Ausschuss jedenfalls **rechtsverbindliche Beschlüsse** hinsichtlich der Aufhebung der Immunität sowie der Fortdauer einer Freiheitsentziehung fassen (Art. 55 Abs. 4 ThürVerf). Das Schweigen der Verfassung mit Blick auf sonstige Fälle soll vor dem Hintergrund der Entstehungsgeschichte der Thüringer Verfassung allerdings unerheblich sein; zumindest Beschlüsse, mit denen keine wesentlichen Entscheidungen getroffen werden, werden für delegationsfähig gehalten.[144] Auch mit Blick auf die Verbindlichkeit solcher Beschlüsse ist es nur folgerichtig, Ausschüsse im Rahmen von Organstreitverfahren als aktiv und passiv partei- bzw. beteiligtenfähig anzusehen, wenngleich es sich bei Ausschüssen nicht um selbstständige Verfassungsorgane handelt.[145] 83

Werden Ausschüsse eingerichtet, so haben sich in ihrer Zusammensetzung die **Mehrheitsverhältnisse des Landtages** widerzuspiegeln (Art. 62 Abs. 1 S. 2 ThürVerf). Dies erklärt sich aus der Freiheit und Gleichheit des Mandats (Art. 53 Abs. 1 ThürVerf) und aus der Repräsentationsfunktion des Landtages (Art. 48 Abs. 1 ThürVerf). Wird die Repräsentation des Volkes in Ausschüsse oder andere Untergremien verlagert, weil dort die Entscheidungen des Parlaments tendenziell vorbestimmt oder gar für das Parlament als Ganzes getroffen werden, so müssen diese Gremien auch in ihrer politischen Prägung dem Plenum entsprechen.[146] 84

Der damit zum Ausdruck gebrachte **Grundsatz der Spiegelbildlichkeit** enthält für sich genommen keine Aussage über die zulässige **Größe eines Ausschusses**. Allerdings werden umso mehr Abgeordnete an der Wahrnehmung ihrer Statusrechte gehindert, je kleiner der Ausschuss ausfällt, und umso weniger wird dann auch der Repräsentationsfunktion entsprochen. Infolgedessen steigen die Anforderungen an eine sachliche Rechtfertigung der Delegation von Entscheidungsbefugnissen mit der abnehmenden Größe eines Ausschusses. Abstriche vom Grundsatz der Spiegelbildlichkeit sind mithin nur in besonders gelagerten Fällen zulässig, in denen dann die jeweils kollidierenden Grundsätze zu einem schonenden Ausgleich zu bringen sind.[147] 85

---

142 Der Richterwahlausschuss (Art. 87 Abs. 2 ThürVerf) ist kein Parlamentsausschuss im strengen Sinn, da ihm Mitglieder angehören müssen, die keine Landtagsabgeordnete sind.
143 Dazu *Linck*, in: Linck/Baldus/Lindner/Poppenhäger/Ruffert, Die Verfassung des Freistaats Thüringen, Art. 62 Rn. 5, 26, 40, 45. Aufgrund einfachgesetzlicher sowie geschäftsordnungsrechtlicher Regelungen wurde ein Wahlprüfungsausschuss (§ 55 ThürLWG iVm § 82 GO-LT) und ein Europaausschuss gebildet (Anlage 3 zur ThürGO-LT iVm § 70 S. 1 ThürGO-LT). Zur Problematik von Gremien zur Überprüfung von Abgeordneten hinsichtlich einer früheren Zusammenarbeit mit dem Ministerium für Staatssicherheit (§§ 3 f. ThürAbgÜpG: ThürVerfGH, Urt. v. 1.7.2009 – 38/06, einschließlich der Sondervoten *Baldus* (S. 28 ff. des Umdrucks), *Martin-Gehl* (S. 36 ff.), *Pollak* (S. 41 ff.) und *Zwanziger* (S. 44 ff.).
144 Vgl. *Linck*, in: Linck/Baldus/Lindner/Poppenhäger/Ruffert, Die Verfassung des Freistaats Thüringen, Art. 62 Rn. 29 f. AA ThürVerfGH, ThürVerfGH, Urt. v. 1.7.2009 – 38/06 mit Sondervotum *Baldus* (S. 29 ff. des Umdrucks).
145 Dazu *Jutzi*, in: Linck/Baldus/Lindner/Poppenhäger/Ruffert, Die Verfassung des Freistaats Thüringen, Art. 80 Rn. 67.
146 Vgl. dazu BVerfG, Urt. v. 28.2.2012 – 2 BvE 8/11, BVerfGE 130, 318 (353).
147 Vgl. BVerfG, Urt. v. 28.2.2012 – 2 BvE 8/11, BVerfGE 130, 318 (354 f.). Zur Besetzung von Ausschüssen und zur Verfahrensgestaltung: §§ 70 ff. GO-LT. Zum Recht des fraktionslosen Abgeordneten vgl. BVerfG, Urt v. 13.6.1989 – 2 BvE 1/88, BVerfGE 80, 188 (224).

86 **ee) Öffentlichkeit und Beschlussfassung.** Der Landtag verhandelt im Plenum öffentlich (Art. 60 Abs. 1 ThürVerf), denn die **Öffentlichkeit** der Auseinandersetzung und Entscheidungssuche ist wesentliches Element des demokratischen Parlamentarismus. Die parlamentarische Demokratie basiert auf dem Vertrauen des Volkes und eine Vertrauensbildung ohne Transparenz, die erlaubt zu verfolgen, was politisch geschieht, ist nicht möglich.[148]

87 Allerdings kann die Öffentlichkeit auf Antrag von zehn Abgeordneten, einer Fraktion oder der Landesregierung mit qualifizierter Mehrheit (zwei Drittel der abgegebenen Stimmen) ausgeschlossen werden (Art. 60 Abs. 2 ThürVerf). Zudem sind Sitzungen der Ausschüsse des Landtages „in der Regel" sogar nicht öffentlich (Art. 62 Abs. 2 ThürVerf). Angesichts der herausragenden Bedeutung des Öffentlichkeits- und Transparenzprinzips für eine parlamentarische Demokratie bedarf ein **Ausschluss der Öffentlichkeit** bei Verhandlungen des Landtages eines besonders starken Rechtfertigungsgrundes. Die Ausnahmevorschrift ist mithin eng auszulegen. In Hinsicht auf Ausschüsse ist der Landtag aufgrund dieses Prinzips demgegenüber ermächtigt, in großzügiger Weise die Öffentlichkeit zuzulassen. Zu Recht wird eine Öffentlichkeit von Ausschusssitzungen sogar für zwingend erachtet, wenn ein Ausschuss anstelle des Plenums entscheidet.[149]

88 **Beschlussfähig** ist der Landtag, wenn mehr als die Hälfte seiner Mitglieder anwesend sind; er gilt allerdings solange als beschlussfähig, bis vom Präsidenten das Gegenteil festgestellt wird (Art. 61 Abs. 1 ThürVerf). Diese Regelung, die im Grunde der Repräsentationsaufgabe des Landtages (dazu oben Rn. 37 ff.) widerspricht, ebnet damit einen Weg, Beschlüsse auch dann zu fassen, wenn weniger als die Hälfte der Mitglieder anwesend sind.[150]

89 Beschlüsse, welcher Art auch immer, fasst der Landtag grundsätzlich mit der **Mehrheit der abgegebenen Stimmen** (Art. 61 Abs. 1 S. 1 1. Halbs. ThürVerf). Auf die Zahl der anwesenden Abgeordneten kommt es daher nicht an. Bei dieser „einfachen Mehrheit" werden Stimmenthaltungen sowie ungültige Stimmen nicht mitgezählt und Stimmengleichheit gilt als Ablehnung (§ 41 Abs. 2 GO-LT). Eine Mehrheit ist folglich dann erreicht, wenn die Zahl der abgegebenen Ja-Stimmen größer als die der Nein-Stimmen ist.

90 **Ausnahmen** von diesem Grundsatz der einfachen Mehrheit gelten dann, wenn die Verfassung sie vorsieht oder im Falle von Wahlen, sofern dies durch Gesetz oder durch die Geschäftsordnung bestimmt wird (Art. 61 Abs. 2 ThürVerf). So fordert die Verfassung bei der Wahl des Ministerpräsidenten (Art. 70 Abs. 3 ThürVerf), einem Misstrauensvotum (Art. 73 S. 1 ThürVerf) oder der Vertrauensfrage (Art. 74 S. 2 ThürVerf) die Mehrheit der Mitglieder des Landtages und bei einer vorzeitigen Auflösung des Land-

---

148 Vgl. BVerfG, Beschl. v. 3.6.1975 – 2 BvC 1/74, BVerfGE 40, 296 (327); BVerfG, Urt. v. 16.7.1991 – 2 BvE 1/91, BVerfGE 84, 304 (329).
149 *Linck*, in: Linck/Baldus/Lindner/Poppenhäger/Ruffert, Die Verfassung des Freistaats Thüringen, Art. 62 Rn. 35 mwN.
150 Diese Regel ist weiter ausgestaltet in § 40 GO-LT; zu der von ihr ausgehenden Spannung zum Repräsentationsprinzip vgl. BVerfG, Beschl. v. 10.5.1977 – 2 BvR 705/75, BVerfGE 44, 308 (315 ff.).

tages (Art. 50 Abs. 2 Nr. 1 ThürVerf), einem verfassungsändernden oder -ergänzendem Gesetz (Art. 83 Abs. 2 S. 1 ThürVerf), der Wahl der Mitglieder des ThürVerfGH (Art. 79 Abs. 3 S. 3 ThürVerf) sowie der Wahl des Präsidenten und Vizepräsidenten des Rechnungshofs (Art. 103 Abs. 2 S. 2 ThürVerf) sogar eine Mehrheit von zwei Dritteln der Mitglieder.[151]

2. Volk als Gesetzgebungsorgan

Gesetze werden nicht nur vom Landtag, sondern auch vom Volk durch **Volksentscheid** beschlossen (Art. 81 Abs. 2 ThürVerf). Wahl- und stimmberechtigte Bürger (Art. 46 Abs. 2 ThürVerf) können nicht nur dem Landtag bestimmte Gegenstände der politischen Willensbildung unterbreiten (**Bürgerantrag**: Art. 68 ThürVerf);[152] darüber hinaus können sie auch ausgearbeitete Gesetzesentwürfe im Wege des **Volksbegehrens** in den Landtag einbringen (Art. 82 Abs. 1 ThürVerf). 91

Das Volk ist mithin nicht nur Quelle aller staatlichen Gewalt und die Regelung, wonach es *mittelbar* durch die Organe der Gesetzgebung, der vollziehenden Gewalt und der Rechtsprechung handelt (Art. 45 S. 1 und 2 ThürVerf), erfährt eine bedeutende Ausnahme: Im Feld der Gesetzgebung kann es auch unmittelbar handeln. Es besteht somit ein **Nebeneinander von Parlaments- und Volksgesetzgeber**. 92

Die Thüringer Verfassung statuiert mit dem Volksgesetzgebungsverfahren eine Form unmittelbarer, identitärer Demokratie, die indessen keinesfalls weniger repräsentativ ist als die parlamentarische Demokratie. Bei einem Volksbegehren mit Volksentscheid kommt mitnichten ein homogener und unvermittelter Wille des Volkes zum Ausdruck. Die **repräsentativen Strukturen** sind nur **verdeckt**.[153] Bei einem Volksgesetzgebungsverfahren erheben Personen und Gruppen, die als Initiatoren mit einem besonderen Rechtsstatus ausgestattet sind, lediglich den Anspruch, das Volk zu repräsentieren, dessen Willen sie überdies zu beeinflussen und zu formen versuchen.[154] Zudem ist auch bei einem Volksgesetzgebungsverfahren die Entscheidung der Mehrheit am Ende verbindlich für alle. 93

Was das Verhältnis der beiden Gesetzgebungsverfahren zueinander angeht, so ist von einer **Prävalenz der parlamentarischen Gesetzgebung** vor der Volksgesetzgebung aus- 94

---

151 In der Thüringer Verfassung sind weitere Regelungen enthalten in den Art. 60 Abs. 2 S. 1 (Ausschluss der Öffentlichkeit bei Verhandlungen des Landtages), 64 Abs. 3 S. 3 (Ausschluss der Öffentlichkeit bei Beweiserhebungen eines Untersuchungsausschusses), 82 Abs. 3 S. 2 (Anrufung des Verfassungsgerichts zur Überprüfung eines Antrags auf Zulassung eines Volksbegehrens), 85 Abs. 2 (Wahl der Mitglieder des Richterwahlausschusses), 89 Abs. 3 (Anrufung des BVerfG bei Rechtsverstößen eines Richters) und 106 Abs. 1 (Beschluss der Verfassung) ThürVerf. Die Einzelheiten des Abstimmungsverfahrens sind in §§ 41 ff. GO-LT geregelt.
152 Dazu ausführlicher *Baldus*, in: Linck/Baldus/Lindner/Poppenhäger/Ruffert, Die Verfassung des Freistaats Thüringen, Art. 68 Rn. 1 ff.
153 Dazu etwa *Böckenförde*, in: HStR III, § 134 Rn. 14; *Hofmann/Dreier*, Mehrheitsprinzip, in: Schneider/Zeh (Hrsg.), Parlament und Parlamentspraxis, 1989, § 5 Rn. 17 mwN auch aus der einschlägigen Literatur.
154 Diese Initiatoren sind nicht als „Volk" und damit als Träger der Staatsgewalt zu verstehen und handeln *rechtlich* auch nicht als dessen Repräsentant. Gleichwohl ist ihnen eine Funktion im Verfassungsleben verliehen; sie bringen Staatsgewalt zur Geltung (ThürVerfGH, Urt. v. 19.9.2001 – 4/01, S. 38 des Umdrucks). Dabei verfügen sie allein über eine durch die Thüringer Verfassung (Art. 45 und Art. 82 ThürVerf) begründete funktionelle, nicht jedoch über eine personelle oder inhaltliche Legitimation (*Gröschner*, ThürVBl 2001, 193, 195, 200).

zugehen: Die Gesetzgebungsbefugnis des Volkes hat eine eher ergänzende, das Parlament punktuell stimulierende Funktion.[155] Begründen lässt sich diese Sicht vor allem durch Verweis auf eine wortlautbezogene und systematische Auslegung des Art. 45 S. 2 ThürVerf und die Genese der Thüringer Verfassung; absichern lässt sich diese dadurch, dass nicht eine verhältnismäßig geringe Zahl von Stimmberechtigten Gesetze schafft oder Neuerungen in bestehende Gesetze aufnehmen kann.[156]

95 Die Durchführung eines Volksgesetzgebungsverfahren ist von zahlreichen **formellen und materiellen Voraussetzungen** abhängig und **mehrstufig** ausgestaltet (Art. 82 Abs. 2 bis 7 ThürVerf): Antrag auf Zulassung eines Volksbegehrens – Zulassung – Sammlung – Zustandekommen eines Volksbegehrens – Behandlung im Landtag – Volksentscheid über den Gesetzesentwurf, sofern der Landtag dem Volksbegehren nicht entsprochen hat.[157] Dazwischengeschaltet ist zudem eine Kontrolle durch den ThürVerfGH, sofern die Landesregierung oder ein Drittel der Mitglieder des Landtags die Voraussetzungen für die Zulassung des Volksbegehrens für nicht gegeben oder das Volksbegehren für mit höherrangigem Recht nicht vereinbar halten (Art. 82 Abs. 3 S. 2 ThürVerf). Von besonderer Relevanz ist dabei die Ausschlussklausel, wonach Volksbegehren zum Landeshaushalt, zu Dienst- und Versorgungsbezügen, Abgaben und Personalentscheidungen unzulässig sind (Art. 82 Abs. 2 ThürVerf).

96 Dem **Ausschlusstatbestand „Landeshaushalt"** unterfällt ein Volksbegehren dann, wenn es geeignet ist, den Gesamtbestand des Haushalts auch mit Blick auf den Anteil bestehender Ausgabenverpflichtungen wesentlich zu beeinflussen. In der Regel ist dies der Fall, wenn das Begehren zu einer Störung des Gleichgewichts des gesamten Haushalts führen würde, weil das Volksgesetz den Landtag nötigt, das geltende Recht in wichtigen Regelungsfeldern der neuen Ausgabensituation nachhaltig anzupassen; wann diese Grenze überschritten ist, ist eine Frage des Einzelfalls.[158] Bei dem **Ausschlusstatbestand „Abgaben"** ist vom herkömmlichen Abgabenbegriff auszugehen, der Steuern, Gebühren, Beiträge und Sonderabgaben umfasst.[159] Der ThürVerfGH sieht diese Ausschlusstatbestände auch als Teil der „Ewigkeitsgarantie" (Art. 83 Abs. 3 ThürVerf), so dass sie auch nicht durch verfassungsänderndes Gesetz beseitigt werden könnten.[160]

3. Politische Parteien

97 Politische Parteien (§ 2 Abs. 1 ParteienG) sind keine Verfassungsorgane, genießen aber einen **besonderen verfassungsrechtlichen Status**, selbst dann, wenn sie nicht mit Abgeordneten im Landtag vertreten sind. Die Landesverfassung hebt ausdrücklich hervor,

---

155 ThürVerfGH, Urt. v. 19.9.2001 – 4/01, S. 45 f., 47, 51 des Umdrucks. Zur Diskussion der Entscheidung in der Literatur: *Baldus*, in: Linck/Baldus/Lindner/Poppenhäger/Ruffert, Die Verfassung des Freistaats Thüringen, Art. 82 Rn. 47, Fn. 85.
156 ThürVerfGH, Urt. v. 19.9.2001 – 4/01, S. 45 ff., 48 des Umdrucks.
157 Vgl. zu den Einzelheiten: *Baldus*, in: Linck/Baldus/Lindner/Poppenhäger/Ruffert, Die Verfassung des Freistaats Thüringen, Art. 82 Rn. 13 bis 56.
158 ThürVerfGH, Urt. v. 19.9.2001 – 4/01, S. 57 des Umdrucks.
159 ThürVerfGH, Urt. v. 5.12.2007 – 47/06, S. 18 ff. des Umdrucks.
160 ThürVerfGH, Urt. v. 19.9.2001 – 4/01, S. 58 und 62 des Umdrucks; zur Diskussion: *Baldus*, in: Linck/Baldus/Lindner/Poppenhäger/Ruffert, Die Verfassung des Freistaats Thüringen, Art. 82 Rn. 55 f.

dass das Recht auf Mitgestaltung des politischen Lebens im Freistaat insbesondere durch eine Mitwirkung in Parteien wahrgenommen wird (Art. 9 S. 2 ThürVerf). Das Grundgesetz bestimmt zudem, dass Parteien bei der Willensbildung des Volkes mitwirken (Art. 21 Abs. 1 S. 1 GG), wobei diese Bestimmung als „hineinwirkendes Bundesrecht" unmittelbar auch für den Freistaat gilt und Bestandteil der Landesverfassung ist.[161]

Dieser besondere verfassungsrechtliche Status manifestiert sich neben der **freien Gründung und Betätigung** der Parteien insbesondere im **Recht auf Chancengleichheit**. Dieses Recht, das ursprünglich für den Bereich des Wahlkampfs entwickelt wurde, erstreckt sich auch auf den politischen Meinungskampf und Wettbewerb im Allgemeinen, mithin auf die gesamte Tätigkeit der Parteien.[162] Es ist formal zu verstehen, so dass der öffentlichen Gewalt jede unterschiedliche Behandlung der Parteien, durch die deren Chancengleichheit verändert werden kann, verfassungskräftig versagt ist, sofern sie sich nicht durch einen besonders zwingenden Grund rechtfertigen lässt; anzunehmen ist ein Eingriff in dieses Recht dann, wenn Staatsorgane als solche parteiergreifend zugunsten oder zulasten einer politischen Partei in den allgemeinen politischen Wettbewerb einwirken.[163] Infolge dessen war eine gesetzliche Vorgabe der geschlechterbezogenen Parität auf Wahllisten als Verstoß gegen Art. 9 S. 2 ThürVerf i.V.m. Art. 21 Abs. 1 GG zu qualifizieren. Denn „[d]ie Betätigungsfreiheit von Parteien umfasst auch die Freiheit von Parteien, das Personal zu bestimmen, mit dem sie in den Wettbewerb um Wählerstimmen eintreten wollen. Diese Freiheit wird durch das Paritätsgesetz beeinträchtigt. Die Parteien werden durch das Paritätsgesetz gezwungen, das Personal, das über die Liste den Wählerinnen und Wählern vorgeschlagen werden soll, geschlechtsbezogen zu bestimmen. Ihnen wird die Freiheit genommen, selbst zu entscheiden, wie viele weibliche und wie viele männliche Kandidaten auf ihrer Wahlvorschlagsliste vertreten sein sollen. Neben der Betätigungsfreiheit wird auch die Programmfreiheit der Parteien beeinträchtigt. Das Paritätsgesetz verpflichtet Parteien zwar nicht dazu, bestimmte Inhalte in ihre jeweiligen Parteiprogramme aufzunehmen. Aber es hindert Parteien daran, Inhalte und Aussagen ihres Programms mit einer spezifischen geschlechterbezogenen Besetzung ihrer Listen zu untermauern. So wäre eine Partei, die in nachvollziehbarer Weise davon ausgeht, ihre politische Programmatik am besten mit einem besonders hohen Frauen- oder umgekehrt mit einem besonders hohen Männeranteil der Wählerschaft nahe zu bringen, gezwungen, auf diesen Weg zur Vermittlung ihrer Programmatik zu verzichten. Die freie Wahl der Mittel, das Parteiprogramm der Wählerschaft zu präsentieren, ist Teil der Programmfreiheit selbst. ... Schließlich geht mit dem Paritätsgesetz eine Beeinträchtigung des Rechts der Parteien auf Chancengleichheit einher. ... Der öffentlichen Gewalt ist [damach] jede unterschiedliche Behandlung der Parteien, durch die deren Chancengleichheit bei Wahlen verändert werden kann, verfassungskräftig versagt, sofern sie sich nicht durch einen besonders zwingenden Grund rechtfertigen lässt ... Zu berücksichtigen ist dabei zu-

98

---

161 ThürVerfGH, Urt. v. 8.6.2016 – 25/15, S. 13 des Umdrucks mwN; Urt. v. 6.7.2016 – 38/15, S. 8 des Umdrucks mwN; BVerfG, Urt. v. 13.2.2008 – 2 BvK 1/07, BVerfGE 120, 82 (104) mwN.
162 ThürVerfGH, Urt. v. 8.6.2016 – 25/15, S. 15 des Umdrucks.
163 ThürVerfGH, Urt. v. 6.7.2016 – 38/15, S. 8 f. des Umdrucks.

dem, dass ein Gesetz, das in seinem Wortlaut eine ungleiche Behandlung vermeidet und seinen Geltungsbereich abstrakt und allgemein umschreibt, dem Gleichbehandlungsanspruch dann widerspricht, wenn sich aus seiner praktischen Auswirkung eine offenbare Ungleichheit ergibt und diese ungleiche Auswirkung gerade auf die rechtliche Gestaltung zurückzuführen ist ... Dieser Anspruch wird infolge des Paritätsgesetzes zunächst bei solchen Parteien beeinträchtigt, die einen wesentlich höheren Anteil eines Geschlechts unter ihren Mitgliedern haben. In einem solchen Fall müssen sie unter Umständen entweder mit erheblich weniger Kandidatinnen oder Kandidaten antreten als sie möglicherweise in das Parlament bringen könnten oder aber aus dem kleineren Anteil des anderen Geschlechts mit nicht zu vernachlässigender Wahrscheinlichkeit aus Sicht der jeweiligen Partei weniger gut geeignete Kandidatinnen oder Kandidaten zur Wahl vorschlagen. Darüber hinaus wirkt sich das Gesetz auch für Parteien mit einer geringen Mitgliederanzahl benachteiligend aus. Für sie besteht die Gefahr, dass sie nicht alle Listenplätze besetzen und damit weniger Kandidatinnen oder Kandidaten in ein Parlament bringen können, als sie dies ohne das Paritätsgesetz tun könnten. Nicht zuletzt liegt eine Beeinträchtigung des Anspruchs auf Chancengleichheit und – davon umfasst – auf gleiche Wettbewerbsbedingungen darin, dass das Paritätsgesetz sich auch in programmatisch-personeller Hinsicht in ungleicher Weise auswirkt. Es trifft solche Parteien stärker, die sich die besondere Förderung eines Geschlechts auf ihre Fahnen geschrieben haben und dies durch eine durchgängige Besetzung vorderer Listenplätze durch Vertreter dieses Geschlechts zum Ausdruck bringen wollen."[164]

99 Soweit die Verletzung des verfassungsrechtlichen Status einer Partei geltend gemacht wird, sie mithin um Rechte kämpfen, die sich aus diesem Status ergeben, sind sie im Rahmen eines Organstreitverfahrens auch **beteiligtenfähig**; ein Wahlkampfbezug oder die Präsenz von Abgeordneten im Landtag ist dazu nicht erforderlich.[165]

4. Landesregierung und Verwaltung

100 Die **vollziehende Gewalt** liegt bei der Landesregierung und den Verwaltungsorganen (Art. 47 Abs. 2 ThürVerf); dabei wird die Verwaltung des Landes aber nicht nur durch die Landesregierung und die ihr unterstellten Behörden ausgeübt (Art. 90 Abs. 1 S. 1 ThürVerf), sondern auch durch die Gemeinden und Gemeindeverbände (Art. 90 und 94 ThürVerf; vgl. dazu auch unten Rn. 119 ff.).

101 a) **Landesregierung.** Die aus dem Ministerpräsidenten und den Ministern bestehende Landesregierung (Art. 70 Abs. 2 ThürVerf) ist das **oberste Organ** der sich aus ihr und den Verwaltungsorganen zusammensetzenden **vollziehenden Gewalt** (Art. 70 Abs. 1 ThürVerf) des Freistaates.

102 Ihre **demokratische Legitimation** bezieht die Landesregierung zum einen aus der Entscheidung des Verfassungsgebers, die Landesregierung als verfassungsunmittelbares Organ zu schaffen (Art. 70 Abs. 1 ThürVerf), zum anderen erfährt sie eine mittelbare

---

164 ThürVerfGH, Urt. v. 15.7.2020 – 2/20, NVwZ 2020, 1266 (1269).
165 ThürVerfGH, Urt. v. 8.6.2016 – 25/15, S. 13 f. des Umdrucks.

V. Staatsorganisation

personelle Legitimation dadurch, dass der Landtag den Ministerpräsidenten wählt (Art. 70 Abs. 3 S. 1 ThürVerf) und dieser die Minister ernennt (Art. 70 Abs. 4 S. 1 ThürVerf).[166]

aa) **Abhängigkeit der Landesregierung vom Landtag.** Die Thüringer Verfassung hat 103 den Freistaat Thüringen als parlamentarische Demokratie mit einem entsprechenden parlamentarischen Regierungssystem konzipiert, in dem die herausgehobene Stellung des Landtags nicht nur dadurch betont wird, dass es sich beim Landtag um das „oberste Organ der demokratischen Willensbildung" handelt (Art. 48 Abs. 1 Thür-Verf), sondern vor allem auch durch zahlreiche Regelungen, die die **Abhängigkeit der Landesregierung vom Landtag** unterstreichen – auch wenn gewiss die Landesregierung kein Vollzugsorgan des Landtags und diesem gegenüber mit eigenen Rechten ausgestattet ist.[167]

So wählt der Landtag den Ministerpräsidenten (Art. 70 Abs. 1 S. 1 ThürVerf), der, wie 104 auch seine Minister, bei der Amtsübernahme vor dem Landtag seinen Amtseid zu schwören hat (Art. 71 Abs. 1 ThürVerf). Wollen die Mitglieder der Regierung neben ihrer Tätigkeit als Minister oder Ministerpräsident einem auf Erwerb gerichteten Unternehmen angehören, so bedürfen sie der Zustimmung des Landtages (Art. 72 Abs. 2 ThürVerf). Das Ende der Amtszeit einer jeden Landesregierung ist mit dem Zusammentritt eines neuen Landtages verknüpft (Art. 75 Abs. 2 ThürVerf). Darüber hinaus kann der Landtag der Landesregierung auch jederzeit das Misstrauen aussprechen, wenngleich nur in Verbindung mit der gleichzeitigen Wahl eines neuen Ministerpräsidenten (Art. 73 S. 1 ThürVerf – konstruktives Misstrauensvotum).

Der **Ministerpräsident** trägt für die von ihm zu bestimmenden **Richtlinien der Regie-** 105 **rungspolitik** gegenüber dem Landtag die Verantwortung (Art. 76 Abs. 1 S. 1 Thür-Verf). Dieser wiederum kann gegenüber der Regierung und ihren Mitgliedern sein Zitier- (Art. 66 Abs. 1 ThürVerf) und Fragerecht (Art. 67 Abs. 1 ThürVerf) sowie seinen Auskunfts- (Art. 64 Abs. 4, Art. 67 Abs. 2 ThürVerf) und Unterrichtungsanspruch (Art. 67 Abs. 4 ThürVerf) geltend machen. Auch kann der Landtag verlangen, dass die Landesregierung durch den Finanzminister jährlich über alle Einnahmen und Ausgaben sowie die Inanspruchnahme der Verpflichtungsermächtigungen informiert und eine Haushaltsrechnung mit einer Übersicht über das Vermögen und die Schulden des Landes vorlegt (Art. 102 Abs. 1 ThürVerf).

Vor allem bedarf die Landesregierung bei ihrem Handeln, das dem Vorbehalt des Ge- 106 setzes unterfällt, generell einer **parlamentsgesetzlichen Grundlage**,[168] also ganz abgesehen von speziellen verfassungsgesetzlichen Regelungen (vgl. etwa Art. 77 Abs. 2 oder Art. 78 Abs. 4 ThürVerf). Nimmt der Landtag überdies die Möglichkeit wahr, durch Gesetz auf eine Regelungsmaterie zuzugreifen, kann er die Landesregierung auch in-

---

166 ThürVerfGH, Urt. v. 2.2.2011 – 20/09, S. 11 des Umdrucks.
167 Vgl. dazu oben Abschnitt V.1. b) cc) „Kontrolle". Umfassend dazu: *Fibich*, Das Verhältnis zwischen Landtag und Landesregierung nach der Verfassung des Freistaats Thüringen vom 25.10.1993, 2000.
168 Dazu oben Abschnitt V.1.b) aa) „Gesetzgebung".

Baldus/Knauff 47

haltlich in gewissem Sinne steuern, da diese an die Gesetze des Landtages gebunden ist (Art. 47 Abs. 4 ThürVerf).[169]

107 **bb) Bildung einer Landesregierung und Ende der Amtszeit.** Die Bildung einer Landesregierung geschieht durch die **Wahl eines Ministerpräsidenten** und die von ihm vorzunehmende **Ernennung von Ministern** (Art. 70 Abs. 3 S. 1 und Abs. 4 S. 1 ThürVerf). Die Verfassung gibt keine Wählbarkeits- sowie Ernennungsvoraussetzungen vor, auch nicht das einfache Recht. Wohl ist aber davon auszugehen, dass der Kandidat Deutscher sein sowie die Fähigkeit zur Bekleidung öffentlicher Ämter besitzen muss.[170] Gewählt ist ein Kandidat für die Wahl zum Ministerpräsidenten dann, wenn er in geheimer Wahl die Stimmen der Mehrheit der Mitglieder des Landtages erhält (absolute Mehrheit); sollte dies in einem ersten und auch in einem zweiten Wahlgang nicht gelingen, so ist in einem dritten Gang derjenige Kandidat gewählt, der die meisten Stimmen erhält (Art. 70 Abs. 3 ThürVerf).[171]

108 Die **Amtszeit** einer Landesregierung endet mit dem Zusammentritt eines neuen Landtages, dem Rücktritt der Landesregierung oder dann, wenn der Landtag einen Vertrauensantrag des Ministerpräsidenten abgelehnt hat (Art. 75 Abs. 2 ThürVerf).[172] Als weiteren Grund für die Beendigung einer Amtszeit sieht die Verfassung zudem die Wahl eines Nachfolgers im Amt des Ministerpräsidenten im Wege eines konstruktiven Misstrauensvotums vor (Art. 73 S. 1 ThürVerf).[173] Endet die Amtszeit einer Landesregierung, so sind der Ministerpräsident sowie auf sein Ersuchen hin auch die Minister verpflichtet, die Geschäfte bis zum Amtsantritt ihrer Nachfolger fortzuführen (Art. 75 Abs. 3 ThürVerf).

109 **cc) Binnenorganisation und -kompetenzen.** Die Ernennung von Ministern sowie die Bestimmung eines Ministers als Stellvertreter (Art. 70 Abs. 4 ThürVerf) ist Ausfluss der **Organisationsgewalt des Ministerpräsidenten**, die sich zudem auch darauf stützt, dass ihm die Kompetenz zugewiesen ist, die Richtlinien der Regierungspolitik festzulegen sowie den Vorsitz in der Landesregierung zu führen und deren Geschäfte zu leiten (Art. 76 Abs. 3 ThürVerf). Sie verleiht ihm auch die Befugnis, über die Zahl und den Zuschnitt der Ministerien (Ressorts) zu bestimmen.[174]

110 Die **Minister** leiten innerhalb der vom Ministerpräsidenten festgelegten Richtlinien der Regierungspolitik ihren Geschäftsbereich selbstständig (Art. 76 Abs. 1 S. 2 ThürVerf).

---

169 Zur Vorrangstellung des Landtages gegenüber der Landesregierung: *Linck*, in: Linck/Baldus/Lindner/Poppenhäger/Ruffert, Die Verfassung des Freistaats Thüringen, Art. 48 Rn. 21 ff.
170 *Linck*, in: Linck/Jutzi/Hopfe, Verfassung des Freistaats Thüringen, Art. 70 Rn. 12.
171 Zur Frage, wie im Falle einer Stimmengleichheit im dritten Wahlgang zu verfahren ist: *Linck*, in: Linck/Jutzi/Hopfe, Verfassung des Freistaats Thüringen, Art. 70 Rn. 15 sowie zur Wahl eines „Minderheiten-Ministerpräsidenten": *Morlok/Kalb*, ThürVBl 2015, 153 ff.; *Zeh*, ThürVBl 2015, 161 ff.; *Arnold/Hyckel*, ThürVBl 2015, 215 ff.
172 Zur Frage der Verbindung einer Vertrauensfrage mit einer Sachabstimmung und damit zur Möglichkeit der Landtagsmehrheit zu „disziplinieren": *Linck*, in: Linck/Jutzi/Hopfe, Verfassung des Freistaats Thüringen, Art. 70 Rn. 1; *Ruffert*, in: Linck/Baldus/Lindner/Poppenhäger/Ruffert, Die Verfassung des Freistaats Thüringen, Art. 74 Rn. 5 f.
173 *Linck*, in: Linck/Jutzi/Hopfe, Verfassung des Freistaats Thüringen, Art. 75 Rn. 1.
174 *Linck*, in: Linck/Jutzi/Hopfe, Verfassung des Freistaats Thüringen, Art. 70 Rn. 17 f.; zur verfassungsrechtlichen Bewertung der unterbliebenen Regierungsbildung durch den gewählten Ministerpräsidenten Kemmerich im Jahr 2020 *Schmidt*, JZ 2020, 349 ff.

Diese **Leitungskompetenz** umfasst insbesondere die Organisations- und Personalhoheit in Hinsicht auf das jeweilige Ressort, einschließlich des Erlasses von Verwaltungsvorschriften oder Weisungen, nicht zuletzt auch die politische Kontrolle der Bediensteten des Ministeriums sowie der Zugriff auf jeden Vorgang ihres Geschäftsbereichs.[175] Die **Abgrenzung der Geschäftsbereiche** beschließt die Landesregierung selbst (Art. 76 Abs. 2 S. 1 ThürVerf),[176] sie entscheidet auch bei Meinungsverschiedenheiten zwischen den Ministern (Art. 76 Abs. 2 S. 2 ThürVerf) und gibt sich eine Geschäftsordnung (Art. 76 Abs. 3 S. 2 ThürVerf).

dd) Aufgaben und Befugnisse. Der **Ministerpräsident** vertritt das Land nach außen (Art. 77 Abs. 1 ThürVerf). Diese **Vertretungsbefugnis** umfasst auch die Kompetenz, Staatsverträge abzuschließen, etwa mit dem Bund, anderen Ländern, Religionsgemeinschaften, aber auch mit auswärtigen Staaten; sie setzen allerdings die Zustimmung des Landtages voraus (Art. 77 Abs. 2 ThürVerf). Verträge mit auswärtigen Staaten sind indessen nur auf den Gebieten möglich, auf denen die Länder für die Gesetzgebung zuständig sind (etwa Bildung, Rundfunk, Kultur, Polizei und Verfassungsschutz), ferner stehen solche Verträge unter dem Vorbehalt der Zustimmung der Bundesregierung (Art. 32 Abs. 3 GG). Aufgrund dieser Vertretungskompetenz des Ministerpräsidenten sowie der Befugnis, die Beamten und Richter zu ernennen und zu entlassen sowie das Begnadigungsrecht auszuüben (Art. 78 Abs. 1 und 2 ThürVerf), wird zudem gefolgert, dass dem Ministerpräsidenten auch die **Funktion des Staatsoberhauptes** und damit die **Aufgabe der Gesamtrepräsentation** des Landes zukommt.[177]

111

Die **Landesregierung** als **Kollegialorgan** kann den Präsidenten des Landtages verpflichten, den Landtag einzuberufen (Art. 57 Abs. 2 S. 2 ThürVerf) und auch beantragen, die Öffentlichkeit des Landtages auszuschließen (Art. 60 Abs. 2 S. 2 ThürVerf). Was die Sitzungen des Landtages und seiner Ausschüsse angeht, so haben die einzelnen Mitglieder der Landesregierung Zutritt sowie das Recht, sich zu äußern (Art. 66 Abs. 2 S. 1 und 2 ThürVerf), sonach also die Möglichkeit, unmittelbar auf die Arbeit des Parlaments einzuwirken. Die Regierung hat ferner das Recht zur Gesetzesinitiative (Art. 81 Abs. 1 ThürVerf), den Entwurf des Haushaltsgesetzes einzubringen, ist sogar ihr alleiniges Recht (Art. 99 Abs. 3 ThürVerf).[178] Wird der von ihr entworfene Haushaltsplan nicht rechtzeitig vor Beginn eines Rechnungsjahres durch Gesetz festgestellt, so ist sie zudem ermächtigt, einen Nothaushalt zu führen und auch Kredite zu beschaffen (Art. 100 ThürVerf). Schließlich kann sie ihre Rechte im Rahmen eines Organstreitverfahrens überprüfen lassen (Art. 80 Abs. 1 Nr. 3 ThürVerf), einen Antrag auf Normenkontrolle stellen, also auf Überprüfung der Vereinbarkeit von Landesrecht mit der Verfassung (Art. 80 Abs. 1 Nr. 4 ThürVerf), sowie den ThürVerfGH dann an-

112

---

175 *Linck*, in: Linck/Jutzi/Hopfe, Verfassung des Freistaats Thüringen, Art. 76 Rn. 7.
176 Dazu der Beschluss der Landesregierung über die Zuständigkeit der einzelnen Ministerien nach Art. 76 Abs. 2 S. 1 ThürVerf vom 31.5.2015 (GVBl S. 10).
177 *Linck*, in: Linck/Jutzi/Hopfe, Verfassung des Freistaats Thüringen, Art. 77 Rn. 2.
178 Zur Finanzverfassung des Freistaates ausführlich *Huber*, in: ders. (Hrsg.), Thüringer Staats- und Verwaltungsrecht, 2000 Rn. 221 ff.; *Ohler*, in: Linck/Baldus/Lindner/Poppenhäger/Ruffert, Die Verfassung des Freistaats Thüringen, Kommentierungen zu Art. 98 bis 103.

rufen, wenn sie die Voraussetzungen für die Zulassung eines Volksbegehrens für nicht gegeben hält (Art. 82 Abs. 3 S. 3 ThürVerf).

113 Über diese speziellen Rechte hinaus ist anerkannt, dass die Landesregierung die **Kompetenz zur Staatsleitung** besitzt, die als integralen Bestandteil die Befugnis zur Informations- und Öffentlichkeitsarbeit einschließt.[179] Bei der Wahrnehmung dieser Kompetenz ist sie jedoch zur Neutralität verpflichtet. Insbesondere darf sie keinesfalls parteiergreifend zugunsten oder zulasten einer politischen Partei oder von Wahlbewerbern in den allgemeinen politischen Wettbewerb einwirken.[180]

114 **b) Unmittelbare Landesverwaltung.** Die vollziehende Gewalt, also die Verwaltung des Freistaates, wird, abgesehen von den Formen der kommunalen und funktionalen Selbstverwaltung,[181] durch die Landesregierung und die ihr unterstellten Behörden ausgeübt (Art. 47 Abs. 2, Art. 90 S. 1 ThürVerf).[182] Während schon aufgrund des bundesverfassungsrechtlichen Rahmens wesentliche Entscheidungen, soweit sie die Organisation der Verwaltung betreffen, dem Parlament vorbehalten und allein von ihm zu treffen sind,[183] mithin nicht an die Regierung delegiert werden dürfen, verlangt die Thüringer Verfassung ausdrücklich, dass der **Aufbau**, die **räumliche Gliederung** und die **Zuständigkeiten** aufgrund eines **Gesetzes** geregelt werden (Art. 90 S. 1 ThürVerf). Lediglich die Errichtung der staatlichen Behörden im Einzelnen obliegt der Landesregierung (Art. 90 S. 3 ThürVerf).[184]

115 Der **Aufbau der Verwaltung**, der durch Parlamentsgesetz geregelt werden muss, umfasst den Instanzenzug der Behörden, die damit verbundenen Über- und Unterordnungsverhältnisse, die Bildung von Behördentypen (zB Landesoberbehörde, allgemeine oder besondere Verwaltungsbehörden) oder die Bildung einer neuen Behördenart innerhalb eines Behördentyps (zB Bildung einer neuen Landesoberbehörde). Unter **räumlicher Gliederung** ist die Festlegung der Bezirke der staatlichen Verwaltungsbehörden zu verstehen. Der Terminus „**Zuständigkeiten**" meint sachliche und örtliche Zuständigkeit. Hingegen beinhaltet die der Landesregierung obliegende „Errichtung

---

179 ThürVerfGH, Urt. v. 6.7.2016 – VerfGH 38/15, S. 11 des Umdrucks.
180 ThürVerfGH, Urt. v. 22.10.2014 – VerfGH 2/14, S. 15 ff. des Umdrucks; Urt. v. 8.6.2016 – VerfGH 25/15, S. 23 ff. des Umdrucks; Urt. v. 6.7.2016 – VerfGH 38/15, S. 12 des Umdrucks. Der Pflicht zur Neutralität unterliegen gemäß Art. 96 Abs. 1 ThürVerf im Übrigen alle Beamten und Verfassungsangehörigen; speziell zur Neutralitätspflicht von Amtsträgern im Bereich der kommunalen Selbstverwaltung: Meyn, in: Linck/Baldus/Lindner/Poppenhäger/Ruffert, Die Verfassung des Freistaats Thüringen, Art. 95 Rn. 21.
181 Dazu unten Abschnitt V.4. c) „Kommunale Selbstverwaltung" und V.4. d) „Funktionale Selbstverwaltung im Hochschulwesen".
182 Verwaltung außerhalb des Bereichs der Regierung und der ihr zugeordneten Behörden sowie außerhalb des Bereichs der Selbstverwaltung geschieht zudem im Landtag (Art. 57 Abs. 4 ThürVerf), im Thüringer Verfassungsgerichtshof als gegenüber den anderen Verfassungsorganen selbstständiges und unabhängiges Gericht (Art. 79 Abs. 1 ThürVerf) sowie im Landesrechnungshof als selbstständige und nur dem Gesetz unterworfene oberste Landesbehörde (Art. 103 ThürVerf). Diese Verwaltung fällt nicht in den Anwendungsbereich von S. 1.
183 Vgl. BVerfG, Beschl. v. 28.10.1975 – 2 BvR 883/73, BVerfGE 40, 237 (247 ff.): Behördenzuständigkeit; BVerfG, Beschl. v. 27.11.1990 – 1 BvR 402/87, BVerfGE 83, 130, 152 ff.: Verwaltungsverfahren; BVerfG, Beschl. v. 27.6.2002 – 2 BvF 4/98, BVerfGE 106, 1, 22: Ausnahmen vom generellen Delegationsverbot; BVerfG, Beschl. v. 13.7.2004 – 1 BvR 1298/94, BVerfGE 111, 191, 217 f.: Organisationsgesetzliche Regelungen aufgrund Grundrechtsrelevanz.
184 In einem speziellen Fall gibt die Verfassung sogar selbst vor, eine Landesbehörde zu errichten, nämlich zum Schutz der verfassungsmäßigen Ordnung (Art. 97 S. 1 ThürVerf).

der staatlichen Behörden im Einzelnen" die detailbezogene Binnen- und Feinsteuerung von Einrichtungen, die Aufgaben der öffentlichen Verwaltung wahrnehmen.[185]

Bei der Wahrnehmung der Aufgaben der unmittelbaren Landesverwaltung – dies hebt die Thüringer Verfassung im Unterschied zum Grundgesetz ausdrücklich hervor, ohne dass damit eine Abweichung in der Sache verbunden wäre – unterliegt sie dem **Neutralitätsgebot**: Die Beamten und sonstigen Verwaltungsangehörigen haben ihr Amt und ihre Aufgaben unparteiisch und nur nach sachlichen Gesichtspunkten wahrzunehmen (Art. 96 Abs. 1 ThürVerf).[186]   116

c) **Kommunale Selbstverwaltung.** Die kommunale Selbstverwaltung ist neben der Landesregierung und den ihr unterstellten Behörden **Teil der Verwaltung des Freistaates Thüringen**. Auch wenn die Gemeinden selbstständige Gemeinwesen sind und ihnen das Recht zur Selbstverwaltung übertragen ist, sind sie als Träger öffentlicher Gewalt selbst ein Stück „Staat"; gleiches gilt für die Kreise.[187] Der Thüringer Verfassungsgeber hat dies einmal darin zum Ausdruck gebracht, dass er die Bestimmungen über die Kommunen im siebten Abschnitt der Verfassung über „Die Verwaltung" eingefügt hat, zum anderen durch die explizite Regelung, wonach die Gemeinden und Gemeindeverbände „der Aufsicht des Landes" unterstehen (Art. 94 S. 1 ThürVerf).[188]   117

Der Verfassungsgeber war bei seinen Regelungen der kommunalen Selbstverwaltung an die zwingende und eine Mindestgarantie beinhaltende **Vorgabe des Art. 28 Abs. 2 GG** gebunden, der nicht als „hineinwirkendes Bundesrecht" „in den Ländern", sondern „für die Länder" gilt.[189] Entsprechend dieser Bestimmung für die Gestaltung des Landesverfassungsrechts hat der Verfassungsgeber dann auch festgelegt, dass die Gemeinden „das Recht" haben, „in eigener Verantwortung alle Angelegenheiten der örtlichen Gemeinschaft im Rahmen der Gesetze zu regeln" (Art. 91 Abs. 1 ThürVerf). Den Gemeindeverbänden gewährleistet das Land das Recht, „ihre Angelegenheiten im Rahmen der Gesetze unter eigener Verantwortung zu regeln" (Art. 91 Abs. 2 ThürVerf).   118

---

185 Weitere Erläuterungen dazu bei *Baldus*, in: Linck/Baldus/Lindner/Poppenhäger/Ruffert, Die Verfassung des Freistaats Thüringen, Art. 91 Rn. 14.
186 Zu den Grundpflichten der Beschäftigen im öffentlichen Dienst: *Lindner*, in: Linck/Baldus/Lindner/Poppenhäger/Ruffert, Die Verfassung des Freistaats Thüringen, Art. 96 Rn. 8.
187 Vgl. BVerfG, Beschl. v. 19.11.2002 – 2 BvR 329/97, BVerfGE 107, 1 (14): Gemeinden als „selbständige Gemeinwesen"; ThürVerfGH, Urt. v. 19.6.1998 – 10/06, S. 19 des Umdrucks („ein Stück ‚Staat'") unter Zitierung von BVerfG, Urt. v. 4.11.1986 – 1 BvF 1/84, BVerfGE 73, 118 (191); ThürVerfGH, Urt. v. 12.10.2004 – 16/02, S. 36 des Umdrucks („in den Staatsaufbau integriert und im Bereich sowohl der Auftrags- als auch der Selbstverwaltungsangelegenheiten innerhalb dieses Staatsaufbaus tätige Körperschaften"). Nach BVerfG, Urt. v. 31.10.1990 – 2 BvF 2/89, 2 BvF 6/89, BVerfGE 83, 37 (54) üben Gemeinde und Kreise „hoheitliche Gewalt und damit Staatsgewalt aus".
188 Dabei unterliegen die kommunalen Gebietskörperschaften bei der Erledigung der Selbstverwaltungsaufgaben nach Art. 94 S. 2 ThürVerf einer auf die Kontrolle der Rechtmäßigkeit ihres Verwaltungshandelns beschränkten Rechtsaufsicht, bei der Wahrnehmung der aus Landes- oder Bundesgesetzen folgenden staatlichen Aufgaben des übertragenen Wirkungskreises nach Art. 94 S. 1 ThürVerf der Fachaufsicht des Landes, also einer Kontrolle sowohl der Rechtmäßigkeit als auch der Zweckmäßigkeit ihres Verwaltungshandelns; vgl. dazu ThürVerfGH, Urt. v. 21.6.2005 – 28/03, S. 33 des Umdrucks.
189 BVerfG, Urt. v. 23.1.1957 – 2 BvF 3/56, BVerfGE 6, 104 (111). Der ThürVerfGH hat in einer Entscheidung, die sich auf die Zeit vor Inkrafttreten der Thüringer Verfassung bezog, allerdings ausgeführt, dass Art. 28 Abs. 2 GG „in den und nicht nur für die Länder" gelte; ThürVerfGH, Urt. v. 8.9.1997 – 9/95, Rn. 63 (juris).

119 aa) **Selbstverwaltungsrecht der Gemeinden und Gemeindeverbände**. (1) **Recht der Gemeinden**. Bei dem Recht der Gemeinden zur eigenen Verwaltung („Selbstverwaltungsrecht") handelt es sich nicht um ein Grundrecht, da die Träger kommunaler Selbstverwaltung selbst in den Staat integrierte Körperschaften sind; dieses Recht ist vielmehr als ein **einem Grundrecht strukturell vergleichbares Verfassungsrecht** anzusehen, das objektive und subjektive Garantien enthält.[190] Überdies beinhaltet es eine sogenannte „Einrichtungs-" bzw. **institutionelle Garantie**, die zwar nicht den Fortbestand jeder existierenden Gemeinde bzw. jedes Kreises garantiert, wohl aber sichert, dass es überhaupt Gemeinden und Kreise gibt.[191]

120 Das Selbstverwaltungsrecht umfasst das Recht, alle Angelegenheiten der örtlichen Gemeinschaft „zu regeln", also in Hinsicht auf diese Angelegenheiten **Satzungen** und **Verwaltungsakte** zu erlassen. Die Gemeinden haben dabei ein Zugriffsrecht auf alle Aufgaben, die nicht anderen Verwaltungsträgern rechtmäßig zugewiesen sind.[192] Dieses **Regelungsrecht** kann sich mithin auf ganz unterschiedliche Betätigungsfelder erstrecken, etwa auf Finanzen, Personal, Organisation (einschließlich der Mitgliedschaft in Gemeindeverbänden[193]), Gemeindegebiet, Abgaben oder Planung – wobei diese Felder üblicherweise als **Gemeindehoheiten** bezeichnet werden.[194] Allerdings muss dabei stets ein „Örtlichkeitsbezug" gegeben sein: Die Angelegenheiten müssen Bedürfnisse und Interessen betreffen, die in der örtlichen Gemeinschaft wurzeln oder auf sie einen spezifischen Bezug haben, kurz: Den Gemeindeeinwohnern als solchen gemeinsam sein.[195]

121 Das Recht, diese Angelegenheiten „in eigener Verantwortung" zu regeln, bedeutet, dass die Gemeinde frei ist, über das **Ob** und **Wie** dieser **Aufgabenerledigung** eigenverantwortlich zu entscheiden.[196] Diese Eigenverantwortlichkeit gilt hingegen nur „im Rahmen der Gesetze", womit nicht nur Gesetze im förmlichen Sinn, sondern auch Rechtsverordnungen gemeint sind, die auf einer mit Art. 80 Abs. 1 S. 2 GG bzw. mit Art. 84 Abs. 1 S. 2 ThürVerf übereinstimmenden (dazu oben Rn. 42 f.) Ermächtigung beruhen.[197]

122 Greift der Gesetzgeber in Wahrnehmung dieses Gesetzesvorbehalts in das Selbstverwaltungsrecht der Gemeinden ein, so muss er aber zunächst den **Kernbereich der kommunalen Selbstverwaltung** achten, der unangetastet bleiben muss; von einem solchen Eingriff in den Kernbereich ist indessen dann auszugehen, wenn durch die beanstandete Norm das Recht auf Selbstverwaltung rechtlich oder faktisch beseitigt

---
190 ThürVerfGH, Urt. v. 12.10.2004 – 16/02, S. 36 des Umdrucks.
191 *Meyn*, in: Linck/Baldus/Lindner/Poppenhäger/Ruffert, Die Verfassung des Freistaats Thüringen, Art. 91 Rn. 17.
192 Vgl. BVerfG, Urt. v. 20.12.2007 – 2 BvR 2433/04, BVerfGE 119, 331 Rn. 119.
193 Auch zu den Grenzen ThürVerfGH, Beschl. v. 31.1.2018 – 26/15, NVwZ 2018, 820 Rn. 37.
194 ThürVerfGH, Urt. v. 23.4.2009 – 32/05, S. 29 des Umdrucks. Das Recht zu regeln, mithin „die örtlichen Verhältnisse durch eigene Rechtssetzungsakte zu formen und auszugestalten" wird vom ThürVerfGH selbst als Hoheit, nämlich als „Satzungshoheit". Dies entspricht der sonst üblichen Terminologie.
195 BVerfG, Beschl. v. 18.5.2004 – 2 BvR 2374/99, BVerfGE 110, 370 (400) mwN aus der Rspr.
196 ThürVerfGH, Urt. v. 23.4.2009 – 32/05, S. 27 f. des Umdrucks (bzw., so die andere Formulierung: „allgemein die Freiheit vor staatlicher Reglementierung der Art und Weise der Aufgabenerledigung"). Vgl. auch BVerfG, Beschl. v. 19.11.2002 – 2 BvR 329/97, BVerfGE 107, 1 (13).
197 Vgl. BVerfG, Beschl. v. 19.11.2002 – 2 BvR 329/97, BVerfGE 107, 1 (15).

würde, wenn also – in den Worten des ThürVerfGH – das Gesetz die gemeindliche Selbstverwaltung innerlich aushöhlte, so dass sie die Gelegenheit zur kraftvollen Betätigung verlöre und nur noch ein Scheindasein führen könnte.[198]

Eingriffe in den **Randbereich** des Rechts der Selbstverwaltungsgarantie sind dagegen dann verfassungsrechtlich gerechtfertigt und zulässig, wenn sie auf Gründen des Gemeinwohls beruhen und nur soweit in das Recht der Gemeinden eingreifen, wie es notwendig ist, um dem überörtlichen Gemeinwohlbelang gerecht zu werden und zur Durchsetzung zu verhelfen. Der Begriff des **Gemeinwohls** beinhaltet dabei weniger Elemente des Nutzens für die Allgemeinheit, sondern ist in Abgrenzung zu den örtlichen Belangen zu definieren.[199] Allerdings obliegt es in erster Linie dem **Gesetzgeber** zu entscheiden, ob eine bestimmte normative Ausgestaltung eines Lebenssachverhalts im Interesse des Gemeinwohls liegt; ihm steht ein **Einschätzungs- und Bewertungsvorrang** zu, den auch der ThürVerfGH zu beachten hat. Der Gerichtshof überprüft nur, ob der relevante Sachverhalt zutreffend und vollständig ermittelt ist sowie ob anhand dieses Sachverhaltes alle sachlichen Belange berücksichtigt und angemessen abgewogen wurden.[200] 123

Diesen Anforderungen müssen sämtliche Gesetze entsprechen, durch die in die kommunale Selbstverwaltungsgarantie eingegriffen wird, mithin auch etwa die Bestimmung, welche den Gemeinden zusätzlich zu ihren Selbstverwaltungsaufgaben **Aufgaben des eigenen Wirkungskreises**, sogenannte Pflichtaufgaben auferlegt (§ 2 Abs. 3 ThürKO). Eine eigene verfassungsgesetzliche Rechtfertigung ist hingegen für die sogenannten **übertragenen Aufgaben** (§ 3 ThürKO) vorgehalten: Den Gemeinden können aufgrund eines Gesetzes, so bestimmt die Verfassung ausdrücklich, staatliche Aufgaben zur Erfüllung nach Weisung übertragen werden (Art. 91 Abs. 3 ThürVerf). 124

Werden aufgrund eines Gesetzes allgemeine Fragen geregelt, die die Gemeinden betreffen, ist diesen oder ihren Zusammenschlüssen grundsätzlich **Gelegenheit zur Stellungnahme** zu geben (Art. 91 Abs. 4 ThürVerf). Dieses Recht geht über das **Anhörungsrecht im Falle von Gebietsänderungen** (Art. 92 Abs. 3 S. 3 ThürVerf) insofern hinaus, als es sich auch auf Rechtspositionen bezieht, die in keinem direkten Zusammenhang mit der kommunalen Selbstverwaltung stehen, wie dies etwa bei einer Übertragung staatlicher Aufgaben der Fall ist. Aus dem Gebot, „grundsätzlich" Gelegenheit zur Stellungnahme einzuräumen, folgt zudem, dass der Normgeber nach seinem Ermessen entweder den von der Regelung betroffenen Gebietskörperschaften oder deren Zusammenschlüssen, also insbesondere den kommunalen Spitzenverbänden, Gelegenheit zur Stellungnahme gibt, wobei ihm ein bestimmtes Verfahren nicht vorgeschrieben ist; zum anderen folgt daraus, dass die Anhörung im Regelfall stattzufinden hat und hiervon nur aus wichtigem Grund, etwa bei besonderer Eilbedürftigkeit der zu treffenden 125

---

198 ThürVerfGH, Urt. v. 23.4.2009 – 32/05, S. 28 des Umdrucks. Zu den Schwierigkeiten, den Gehalt des Kernbereichs zu erfassen: *Meyn*, in: Linck/Baldus/Lindner/Poppenhäger/Ruffert, Die Verfassung des Freistaats Thüringen, Art. 91 Rn. 69 ff.
199 ThürVerfGH, Urt. v. 23.4.2009 – 32/05, S. 30 des Umdrucks. Der ThürVerfGH verbindet bei seiner Prüfung eines Eingriffs in den Randbereich das Gemeinwohlerfordernis mit dem Verhältnismäßigkeitsgrundsatz.
200 ThürVerfGH, Urt. v. 23.4.2009 – 32/05, S. 32 des Umdrucks.

Regelung, abgesehen werden kann. Sollten diese Vorgaben missachtet worden sein, erkennt der ThürVerfGH auf Nichtigkeit des Gesetzes.[201]

126 **(2) Recht der Gemeindeverbände.** Träger der Selbstverwaltung sind neben den Gemeinden die Gemeindeverbände. Darunter sind **kommunale Zusammenschlüsse** zu verstehen, die als Gebietskörperschaften entweder zur Wahrnehmung von Selbstverwaltungsaufgaben gebildet wurden oder denen Selbstverwaltungsaufgaben obliegen, die nach Gewicht und Umfang denen der Gemeinden vergleichbar sind; wegen ihrer von vornherein satzungsmäßig begrenzten Aufgabenstellung sind mithin Zweckverbände nicht darunter zu fassen, wohl aber die **Landkreise**.[202]

127 Anders als im Falle der Gemeinden bestimmt die Verfassung die Aufgaben der Gemeindeverbände nicht näher. Indem der Verfassung zufolge „das Land" den Verbänden „das Recht gewährleistet", ihre Angelegenheiten „im Rahmen der Gesetze" unter eigener Verantwortung zu regeln, verweist sie sogar in zweifacher Weise auf den Gesetzgeber. Mit anderen Worten: die Gemeindeverbände stehen unter einem **doppelten Gesetzesvorbehalt**. Es ist mithin davon auszugehen, dass es dem Gesetzgeber gänzlich überantwortet ist, die Aufgaben der Gemeindeverbände zu konkretisieren und den Gemeindeverbänden, anders als den Gemeinden, kein bestimmter Aufgabenbereich unmittelbar durch die Verfassung zugewiesen ist.[203]

128 Allerdings darf der Gesetzgeber bei der Regelung des Aufgabenbereichs der Gemeindeverbände deren Selbstverwaltungsrecht nicht entwerten, sondern muss einen **Mindestbestand an Aufgaben** zuweisen, die die Verbände unter vollkommener Ausschöpfung der auch ihnen gewährten Eigenverantwortlichkeit erledigen können.[204] Zugleich muss der Gesetzgeber aber auch hier den **Vorrang der gemeindlichen Ebene** vor der Ebene der Gemeindeverbände beachten.[205]

129 Keinerlei Unterschiede zwischen Gemeinden und Gemeindeverbänden bestehen demgegenüber bezüglich der Möglichkeit des Gesetzgebers, staatliche **Aufgaben zur Erfüllung nach Weisung** zu übertragen (vgl. Art. 91 Abs. 3 ThürVerf). Gleiches gilt für das Recht zur Stellungnahme bzw. Anhörung (Art. 91 Abs. 4; Art. 92 Abs. 3 ThürVerf).

130 **bb) Finanzierung der kommunalen Selbstverwaltung.** Die grundgesetzlich gewährleistete Selbstverwaltung umfasst auch die Grundlagen der **finanziellen Eigenverantwortung**, zu denen eine den Gemeinden mit Hebesatzrecht zustehende wirtschaftsbezogene Steuerquelle gehört (Art. 28 Abs. 2 S. 3 GG). Die damit speziell anerkannte **Finanzhoheit der Gemeinden** sichert ihnen das Recht zur eigenverantwortlichen Einnahmen- und Ausgabenwirtschaft.[206] Zusätzlich verstärkt und konkretisiert wird diese Hoheit zum einen durch die bundesverfassungsrechtliche Regelung, nach der das Aufkommen der **Grund- und Gewerbesteuer** den Gemeinden und das Aufkommen der **örtlichen**

---

201 Zu den Anhörungsrechten nach Art. 91 Abs. 4 und 92 Abs. 3 ThürVerf: ThürVerfGH, Urt. v. 12.2.2004 – 16/02, S. 32 und 34 des Umdrucks sowie Urt. v. 9.6.2017 – 61/16, S. 33 ff. des Umdrucks.
202 ThürVerfGH, Urt. v. 23.4.2009 – 32/05, S. 23 des Umdrucks; Urt. v. 12.10.2004 – 16/02, S. 29 des Umdrucks.
203 Vgl. auch BVerfG, Urt. v. 20.12.2007 – 2 BvR 2433/04, BVerfGE 119, 331 Rn. 116, 121.
204 BVerfG, Urt. v. 20.12.2007 – 2 BvR 2433/04, BVerfGE 119, 331 Rn. 116.
205 Vgl. BVerfG, Beschl. v. 4.5.2004 – 1 BvR 1892/03, BVerfGE 110, 340 (400).
206 BVerfG, Beschl. v. 27.1.2010 – 2 BvR 2185/04, BVerfGE 125, 141 (159).

Verbrauch- und Aufwandsteuern den Gemeinden oder nach Maßgabe der Landesgesetzgebung den Gemeindeverbänden zusteht, zum anderen dadurch, dass den Gemeinden das Recht einzuräumen ist, die **Hebesätze** der **Grundsteuer** und **Gewerbesteuer** im Rahmen der Gesetze festzusetzen (Art. 106 Abs. 6 GG). Diesen Vorgaben entsprechend hat der Thüringer Verfassungsgeber festgelegt, dass die Gemeinden und Landkreise das Recht haben, eigene Steuern und andere Abgaben nach Maßgabe der Gesetze zu erheben (Art. 93 Abs. 2 ThürVerf).

Durch die so eingeräumte **Kompetenz zur Erhebung von Steuern und Abgaben** ist allerdings noch nicht sichergestellt, dass die Gemeinden und Gemeindeverbände tatsächlich in der Lage sind, sämtliche Ausgaben zu tragen, die bei der Erfüllung ihrer Aufgaben entstehen. Indem das Grundgesetz gerade die Grundlagen der kommunalen Finanzhoheit als Aspekte des Selbstverwaltungsrechts bezeichnet (Art. 28 Abs. 2 S. 3 GG), bezieht es jedoch, so die Deutung des ThürVerfGH damit auch das **Recht** der Gemeinden und Gemeindeverbände auf eine **angemessene Finanzausstattung** in dessen Schutzbereich mit ein.[207] Damit korrespondiert die landesverfassungsrechtliche Verpflichtung des Freistaates, dafür zu sorgen, dass die kommunalen Träger der Selbstverwaltung ihre Aufgaben erfüllen können (Art. 93 Abs. 1 S. 1 ThürVerf), und dh die Finanzausstattung der Gemeinden und Gemeindeverbände insgesamt so zu bemessen ist, dass sie die Personal- und Sachausgaben für die Pflichtaufgaben im eigenen und übertragenen Wirkungskreis bestreiten können und ihnen darüber hinaus ein gewisser finanzieller Spielraum für Maßnahmen im Bereich der freiwilligen Selbstverwaltungsangelegenheiten verbleibt.[208]

131

Strikt zu trennen von dieser Pflicht des Landes, den Kommunen eine angemessene Finanzausstattung zu gewährleisten, ist hingegen die Pflicht, einen angemessenen Ausgleich für den Fall zu schaffen, dass die Übertragung staatlicher Aufgaben nach Art. 91 Abs. 3 ThürVerf zu einer Mehrbelastung der Gemeinde und Gemeindeverbände führt (Art. 93 Abs. 1 S. 2 ThürVerf). Mit diesem **Mehrbelastungsausgleich** ist mithin eine zweite Finanzgarantie statuiert, in der sich der zwischen Selbstverwaltungsangelegenheiten und übertragenen Aufgaben differenzierende **Aufgabendualismus** widerspiegelt.[209]

132

(1) Finanzausgleich. Mit der Pflicht des Landes, für eine angemessene Finanzausstattung zu sorgen, geht die **Pflicht zum kommunalen Finanzausgleich** einher, der in seiner vertikalen, dh auf die Verteilung der Finanzmittel zwischen Land und Kommunen bezogenen Funktion die Aufgabe hat, die Finanzkraft der Kommunen so zu ergänzen und aufzustocken, dass ihnen die finanzielle Möglichkeit zu einer eigenverantwortlichen und sachgerechten freiwilligen Verwaltungstätigkeit gegeben ist.[210] Dieser Finanzausgleich ist grundsätzlich **finanzkraftabhängig** und **aufgabenorientiert**: Einerseits

133

---
207 ThürVerfGH, Urt. v. 21.6.2005 – 28/03, S. 35 des Umdrucks.
208 ThürVerfGH, Urt. v. 21.6.2005 – 28/03, S. 36 des Umdrucks; siehe auch *Leisner-Egensperger*, ThürVBl 2021, 225 ff.
209 ThürVerfGH, Urt. v. 21.6.2005 – 28/03, S. 36 des Umdrucks.
210 ThürVerfGH, Urt. v. 21.6.2005 – 28/03, S. 38 des Umdrucks; zur fehlenden Sperrwirkung des Fehlens von Regeln in der ThürVerf über den interkommunalen horizontalen Finanzausgleich ThürVerfGH, Beschl. v. 7.3.2018 – 1/14, Rn. 134 (juris).

zielt er als Komplementärsystem auf eine insgesamt – dh unter Berücksichtigung der kommunalen Steuereinnahmen nach Art. 106 Abs. 3, 5, 5 a und 6 GG – angemessene kommunale Finanzausstattung ab und kommt daher nur finanzschwachen Gemeinden zugute, die nicht schon aufgrund eigener (originärer) Einnahmen über entsprechende finanzielle Mittel verfügen; andererseits soll er eine finanzielle Ausstattung der Kommunen gewährleisten, die ihrer jeweiligen Aufgabenbelastung angemessen ist.[211]

134 Da bei der **Durchführung des Finanzausgleichs** die Determinanten Aufgabenbestand, Finanzkraft der Gemeinde und Leistungskraft des Landes miteinander abzuwägen sind[212] und die Erwägungen, die das Ausgleichsergebnis bestimmt haben, weitgehend Resultate politischer, in Ausnutzung eines breiten Abwägungs- und Einschätzungsspielraums getroffener Entscheidungen sind, kann der ThürVerfGH nur eine eingeschränkte Kontrollkompetenz beanspruchen.[213] Grundsätzlich ist von einer **weiten Gestaltungsfreiheit des Gesetzgebers** auszugehen.[214] Der Gerichtshof überprüft lediglich, ob der gesetzgeberische **Entscheidungsprozess** rational nachvollziehbar ist.[215]

135 Obgleich dem ThürVerfGH damit eine direkte **Kontrolle des Ergebnisses** insofern verwehrt ist, folgt aus dem „politischen" Charakter finanzausgleichsrechtlicher Entscheidungen des Gesetzgebers wiederum nicht, dass auf eine inhaltliche Kontrolle dieser Materie ganz verzichtet werden muss oder darf. Dem Gerichtshof zufolge ist vielmehr eine Überprüfung geboten, inwieweit die Abwägungsparameter berücksichtigt und die Ermittlungs- und Beobachtungspflichten erfüllt wurden; hierbei kann der ThürVerfGH insbesondere feststellen, ob dem Gesetzgeber bei der Ermittlung der Grundlagen seiner Berechnung, seinen Prognosen und Wertungen Fehler unterlaufen sind, die mit den Gewährleistungen der Art. 91 Abs. 1 und 2 sowie Art. 93 ThürVerf nicht zu vereinbaren sind.[216]

136 **(2) Mehrbelastungsausgleich.** Der von der Thüringer Verfassung ausdrücklich vorgeschriebene Mehrbelastungsausgleich (Art. 93 Abs. 1 S. 2 ThürVerf) verfolgt das Ziel, einer **indirekten finanziellen Aushöhlung** der kommunalen Selbstverwaltung über die Aufgaben- bzw. Ausgabenseite vorzubeugen, indem er dem Land die Möglichkeit nimmt, ohne finanziellen Ausgleich kostenträchtige staatliche Verwaltungsaufgaben, die an sich dem Land zur Last gefallen wären, auf die Kommunen abzuwälzen und so deren finanzielle Kapazitäten zur Wahrnehmung sonstiger Aufgaben, insbesondere im eigenen Wirkungskreis, zu schmälern.[217]

---

211 ThürVerfGH, Urt. v. 21.6.2005 – 28/03, S. 38 des Umdrucks. Zu den einzelnen Merkmalen des Ausgleichs, insbesondere zum Anspruch auf Mindestausstattung und einem darüberhinausgehenden Anspruch auf angemessene Finanzausstattung: *Aschke*, in: Linck/Baldus/Lindner/Poppenhäger/Ruffert, Die Verfassung des Freistaats Thüringen, Art. 93 Rn. 35 ff.
212 ThürVerfGH, Urt. v. 21.6.2003 – 28/03, S. 41 des Umdrucks.
213 ThürVerfGH, Urt. v. 21.6.2005 – 28/03, S. 49 des Umdrucks.
214 ThürVerfGH, Urt. v. 21.6.2005 – 28/03, S. 51 des Umdrucks.
215 ThürVerfGH, Urt. v. 21.6.2005 – 28/03, S. 50 des Umdrucks. Zu weitere Spezifizierungen der Kontrollkompetenz: ThürVerfGH, Beschl. v. 18.3.2010 – 52/08, S. 12 des Umdrucks.
216 ThürVerfGH, Urt. v. 2.11.2011 – 13/10, S. 18 des Umdrucks.
217 ThürVerfGH, Urt. v. 21.6.2005 – 28/03, S. 37 des Umdrucks. Hinsichtlich dieser aus Art. 93 Abs. 1 S. 1 ThürVerf abgeleiteten Pflicht zum Finanzausgleich hat der ThürVerf insoweit eine eigenständige Bedeutung, als er die nach Art. 106 Abs. 7 GG nur fakultative Beteiligung der Kommunen am Aufkommen der Landessteuern zwingend vorschreibt; vgl. *Aschke*, in: Linck/Baldus/Lindner/Poppenhäger/Ruffert, Die Verfassung des Freistaats Thüringen, Art. 93 Rn. 81.

V. Staatsorganisation

Diese Pflicht hängt vorrangig davon ab, in welchem Umfang den Kommunen durch das Land (Art. 84 Abs. 1 S. 7 GG) Aufgaben übertragen sind und welche finanziellen Ausgaben ihnen dadurch entstehen. Sie ist damit einerseits wie die Pflicht zum angemessenen Finanzausgleich **aufgabenorientiert**, im Unterschied dazu jedoch **finanzkraftunabhängig**, da den Mehrbelastungsausgleich sowohl finanzschwache wie auch finanzstarke Gemeinden beanspruchen können, was sich aus dem Schutzzweck der Regelung ergibt, Schmälerungen des für die Wahrnehmung der Selbstverwaltungsaufgaben vorhandenen Budgets durch die Wahrnehmung übertragener Aufgaben zu vermeiden.[218] Diesem Schutzzweck entspricht es, wenn die Pflicht zum Mehrbelastungsausgleich als Pflicht zu einem vollständigen Kostenausgleich verstanden wird.[219] 137

cc) **Wahl von Gemeindevertretungen.** Den Vorgaben des Grundgesetzes entsprechend (Art. 28 Abs. 1 S. 2 GG) verlangt die Thüringer Verfassung, dass in den Gemeinden und Gemeindeverbänden das Volk eine **Vertretung** haben muss, die aus allgemeinen, unmittelbaren, freien, gleichen und geheimen Wahlen hervorgegangen ist (Art. 95 S. 1 ThürVerf)[220]. Diese Regelung unterstreicht, dass das Bild der kommunalen Selbstverwaltung maßgeblich durch das **Demokratieprinzip** geprägt wird.[221] Mit „Volk" sind dabei wie im Fall des Art. 45 S. 1 ThürVerf[222] die in Thüringen lebenden deutschen Staatsangehörigen gemeint, wobei allerdings aufgrund der grundgesetzlichen Regelung in Art. 28 Abs. 1 S. 3 GG zusätzlich auch Personen wahlberechtigt und wählbar sind, die einem Mitgliedstaat der Europäischen Union angehören.[223] 138

Die **kommunalen Wahlrechtsgrundsätze** der Allgemeinheit, Unmittelbarkeit, Freiheit, Gleichheit und Geheimheit sind deckungsgleich mit den Grundsätzen, die für Landtagswahlen sowie für Volksbegehren gelten.[224] Sie binden nicht nur – als **objektives Recht** – die Gesetzgebung, die Verwaltung und die Rechtsprechung; vielmehr handelt es sich darüber hinaus auch um **subjektiv-öffentliche Rechte** der Wähler und Wahlbewerber.[225] Allerdings gelten die Grundsätze nicht uneingeschränkt. **Abweichungen von einzelnen Wahlrechtsgrundsätzen** können aus **zwingenden Gründen**, insbesondere im Interesse der Einheitlichkeit des gesamten Wahlsystems und zur Sicherung der mit ihm verfolgten demokratischen Prinzipien entsprechenden staatspolitischen Zielen, zulässig bzw. geboten sein.[226] Für eine Abweichung vom Grundsatz der Gleichheit der Wahl durch eine Fünf-Prozent-Sperrklausel lassen sich solche zwingende Gründe indessen nicht mehr aufzeigen.[227] Anderes gilt wiederum für den Grundsatz der Unmittelbarkeit der Wahl. Hier ordnet die Verfassung sogar selbst eine Ausnahme vom 139

---

218 ThürVerfGH, Urt. v. 21.6.2005 – 28/03, S. 47 des Umdrucks.
219 ThürVerfGH, Urt. v. 21.6.2005 – 28/03, S. 45 f. des Umdrucks, obgleich Art. 93 Abs. 1 S. 2 ThürVerf nur von einem „angemessenen" Ausgleich spricht.
220 Von der ebenfalls von Verfassung eröffneten Möglichkeit, an die Stelle einer gewählten Vertretung eine Gemeindeversammlung treten zu lassen (Art. 95 S. 2 ThürVerf), hat jedoch der Gesetzgeber bislang keinen Gebrauch gemacht.
221 Vgl. BVerfG, Beschl. v. 26.10.1994 – 2 BvR 445/91, BVerfGE 91, 228 (244).
222 Vgl. dazu oben Abschnitt III.2. „Strukturmerkmale".
223 Zur Teilnahme von ausländischen Unionsbürgern an Bürgerbegehren und Bürgerentscheiden ThürVerfGH, Urt. v. 25.9.2018 – 24/17, NVwZ-RR 2019, 129 Rn. 174.
224 Vgl. dazu oben Abschnitt V.1. c) aa) „Wahlrechtsgrundsätze".
225 ThürVerfGH, Beschl. v. 11.3.1999 – 30/97, S. 16 des Umdrucks.
226 ThürVerfGH, Beschl. v. 11.3.1999 – 30/97, S. 18 des Umdrucks.
227 ThürVerfGH, Urt. v. 11.4.2008 – 22/05, S. 15 ff. des Umdrucks.

Grundsatz der Unmittelbarkeit an: In Gemeindeverbänden, die keine Gebietskörperschaften sind, also Verwaltungsgemeinschaften oder Zweckverbände, kann das Volk nämlich auch eine mittelbar gewählte Vertretung haben (Art. 95 S. 3 ThürVerf)[228]. In Bezug auf die Absenkung des Mindestwahlalters auf 16 Jahre bei Kommunalwahlen hat der ThürVerfGH entschieden, dass diese „den Grundsatz der Allgemeinheit der Wahl nicht [verletzt], da hiermit der Kreis der Wahlberechtigten nicht eingeschränkt, sondern erweitert wird. Absenkungen des Mindestwahlalters finden ihre Begrenzung allerdings in der Funktion der Wahlen als zentrale politische Integrationsvorgänge einer Demokratie. Dabei handelt es sich um eine immanente (bzw. ungeschriebene) Grenze des Grundsatzes der Allgemeinheit. Das Wahlrecht muss insoweit nicht nur den Charakter der Wahl als einen formal geordneten Vorgang der politischen Willensbildung des Volkes gewährleisten, sondern auch die Kommunikationsfunktion der Wahl sichern. Demokratie setzt, soll sie sich nicht in einem rein formalen Zurechnungsprinzip erschöpfen, freie und offene Kommunikation zwischen Regierenden und Regierten voraus. ... Eine solche Kommunikation erfordert ein Mindestmaß an Kommunikationsvermögen des Wählers, das wiederum Verständnis für die Wahl, Kenntnisse von der Politik und die Fähigkeit, sich eine eigene Meinung zu bilden, voraussetzt. Diese Bedingungen ziehen einer Absenkung des Wahlalters eine verfassungsrechtliche Grenze."[229]

140 **dd) Gebietsänderungen und Auflösungen.** Die verfassungsrechtlich verbürgte kommunale **Selbstverwaltungsgarantie** (Art. 91 ThürVerf) enthält **keine Bestandsgarantie** für existierende Kommunen. Die Verfassung ermächtigt nicht nur explizit zur Änderung des Gebietes von Gemeinden und Landkreisen, sondern sogar – als extremste Form einer Gebietsänderung – zu deren Auflösung (Art. 92 ThürVerf). Dies steht im Einklang mit der vom BVerfG entwickelten Deutung der grundgesetzlichen kommunalen Selbstverwaltungsgarantie, die nur eine institutionelle und **keine individuelle Garantie** enthält.[230] Dennoch anerkennt der ThürVerfGH eine einklagbare, beschränkt-individuelle Rechtssubjektgarantie der einzelnen Gemeinden und Landkreise in ihrem Bestand insofern, als eine konkrete kommunale Neugliederungsmaßnahme das Selbstverwaltungsrecht einer Gemeinde oder eines Landkreises betrifft, wenn sie sich nicht im Rahmen der formellen und materiellen Vorgaben des Art. 92 ThürVerf hält.[231]

141 **(1) Öffentliches Wohl als materielle Voraussetzung.** Jede Gebietsänderung und Auflösung von Gemeinden und Landkreisen setzt **Gründe des öffentlichen Wohls** voraus (Art. 92 Abs. 1 ThürVerf). Hierbei handelt es sich um einen unbestimmten Verfassungsbegriff, den zu konkretisieren vorrangig Sache des Gesetzgebers ist; ihm obliegt es, die für ihn maßgeblichen Gemeinwohlgründe im Rahmen der verfassungsrechtlichen Vorgaben zu bestimmen und an ihnen die konkrete Neugliederung auszurichten.

---

228 Der einfache Gesetzgeber hat von dieser Ermächtigung in § 48 ThürKO und § 28 ThürKGG Gebrauch gemacht.
229 ThürVerfGH, Urt. v. 25.9.2018 – 24/17, NVwZ-RR 2019, 129 Rn. 130.
230 BVerfG, Beschl. v. 12.1.1982 – 2 BvR 113/81, BVerfGE 59, 216 (227); BVerfG, Beschl. v. 7.10.1980 – 2 BvR 584, BVerfGE 56, 298(312); BVerfG, Beschl. v. 27.11.1978 – 2 BvR 165/75, BVerfGE 50, 50 (51).
231 ThürVerfGH, Beschl. v. 14.10.2020 – 45/19, Rn. 60 (juris).

Als Gründe des Gemeinwohls kommen die Grundwerte der Verfassung, Verfassungsprinzipien und Verfassungsgebote in Betracht, aber auch Zwecke und Interessen, die sich nicht unmittelbar aus einem Verfassungsgrundsatz ableiten lassen.[232] Im Rahmen der dabei vorzunehmenden Abwägung verbietet es die Vielgestaltigkeit der verschiedenen Gesichtspunkte, einem einzigen Kriterium automatisch den Vorrang einzuräumen oder die Abwägung anhand allein eines Kriteriums rein schematisch vorzunehmen. Vielmehr „muss der Gesetzgeber zunächst eine umfassende Realanalyse vornehmen und deren Ergebnisse seiner Entscheidung zugrunde legen. Die auf den konkreten Neugliederungsvorgang bezogene Gewichtung der hiernach feststellbaren Belange muss mit den Leitbildern und Leitlinien des Gesetzgebers in Einklang stehen. Abwägungsfehlerhaft und vom Verfassungsgericht für nichtig zu erklären ist eine einzelne Neugliederungsmaßnahme insbesondere, wenn der Eingriff in den Bestand einer einzelnen Gemeinde (oder eines Landkreises) offenbar ungeeignet oder unnötig ist, um die damit verfolgten Ziele zu erreichen, oder wenn er zu ihnen deutlich außer Verhältnis steht. Auch darf die Gewichtung und Bewertung der Gemeinwohlaspekte durch den Gesetzgeber nicht deutlich außer Verhältnis zu dem ihnen von Verfassungs wegen zukommenden Gewicht stehen."[233]

Bei der verfassungsgerichtlichen Überprüfung einer Gebietsänderungs- oder Auflösungsmaßnahme bedient sich der ThürVerfGH eines **Drei-Stufen-Modells**. Danach erfolgt auf jeder Stufe eine Gemeinwohlkonkretisierung durch den Gesetzgeber, der jeweils eine adäquate verfassungsgerichtliche Überprüfung zugeordnet ist. Die erste Stufe umfasst den Entschluss, überhaupt eine grundlegende Umgestaltung der kommunalen Ebene vorzunehmen, die zweite Stufe betrifft Leitbilder und Leitlinien der Neuordnung, die die künftige Struktur der Selbstverwaltungskörperschaften festlegen und die Umgestaltung in jedem Einzelfall dirigieren sollen und auf der dritten Stufe erfolgt die Umsetzung der allgemeinen Leitbilder und Leitlinien im konkreten einzelnen Neugliederungsfall.[234] Neben Gemeinden ist dieses Modell auch auf Landkreise anwendbar.[235]   142

(2) Rechtsformen. Für die **Änderung** von **Gemeindegebieten** stehen **zwei Wege** offen: Den einer **Vereinbarung** der beteiligten Gemeinden mit staatlicher Genehmigung oder **aufgrund eines Gesetzes** (Art. 92 Abs. 2 S. 1 ThürVerf). Im letzteren Fall kann daher eine Gebietsänderung auch im Wege einer Rechtsverordnung herbeigeführt werden, sofern der Gesetzgeber die Exekutive unter Beachtung der verfassungsrechtlichen Voraussetzungen (vgl. Art. 84 ThürVerf) ermächtigt hat. Im Falle einer **Auflösung** steht dieser Weg nicht offen: Hierzu bedarf es eines Gesetzes (Art. 92 Abs. 2 S. 2 ThürVerf),   143

---

232 ThürVerfGH, Urt. v. 18.12.1996 – VerfGH 2/95 und 6/95, S. 28 des Umdrucks; Urt. v. 9.6.2017 – 61/16, S. 45 ff. des Umdrucks.
233 ThürVerfGH, Beschl. v. 14.10.2020 – 45/19, Rn. 83 (juris).
234 ThürVerfGH, Urt. v. 18.12.1996 – VerfGH 2/95 und 6/95, S. 32 des Umdrucks; Urt. v. 9.6.2017 – 61/16, S. 46 des Umdrucks. Zu den hinsichtlich der einzelnen Regelungsstufen unterschiedlich weit reichenden Überprüfungskompetenzen des Verfassungsgerichtshofs: ThürVerfGH, Urt. v. 18.12.1996 – 2/95 und 6/95, S. 32 ff., 42 des Umdrucks; Urt. v. 9.6.2017 – 61/16, S. 46 ff. des Umdrucks (Prüfung eines Gesetzes der zweiten Stufe).
235 ThürVerfGH, Beschl. v. 14.10.2020 – 45/19, Rn. 62 (juris).

der Gesetzgeber kann hier auch die Regelung von Details nicht auf den Verordnungsgeber delegieren.[236]

144 Im Falle der Änderungen von Gebieten der **Landkreise** sieht die Verfassung die Möglichkeit von Vereinbarungen nicht vor. Sie sind nur aufgrund eines Gesetzes möglich (Art. 92 Abs. 3 S. 1 ThürVerf), was ebenso wie bei den Gemeinden die Ermächtigung zu einer Rechtsverordnung nicht ausschließt.[237] Wie bei Gemeinden bedarf hingegen eine Auflösung eines Gesetzes (Art. 92 Abs. 3 S. 2 ThürVerf).

145 **(3) Anhörungsrechte.** Soll das Gebiet von Gemeinden geändert oder Gemeinden aufgelöst werden, so müssen die Bevölkerung und die Gebietskörperschaften der unmittelbar betroffenen Gebiete gehört werden (Art. 92 Abs. 2 S. 3 ThürVerf). Es handelt sich dabei um ein Recht, das dem **Gedanken bürgerschaftlich-demokratischer Selbstbestimmung** Rechnung trägt, indem es den einzelnen Trägern kommunaler Selbstverwaltung ermöglicht, ihre Sicht der Belange des Gemeinwohls in einer für sie als Rechtssubjekt existentiellen Frage zur Geltung zu bringen; außerdem dient es der **Information des Gesetzgebers,** der oftmals erst durch die Beteiligung der betroffenen Gebietskörperschaften die erforderliche Kenntnis von bestimmten, für seine abwägende Entscheidung erheblichen Belangen erhält. Mithin handelt es sich bei dem Anhörungsgebot nicht um eine bloße Formalie. Die Beachtung dieses Rechts ist eine verfassungsrechtliche Bedingung für das ordnungsgemäße Zustandekommen eines Gebietsreformgesetzes.[238]

146 Dieses Recht, dessen Träger allein die Gemeinden und nicht auch die betroffenen Landkreise sind[239], verlangt im Einzelnen Folgendes: Die Gebietskörperschaft muss von der beabsichtigten Regelung **Kenntnis** erlangen, und zwar sowohl von dem wesentlichen Inhalt des Neugliederungsvorhabens als auch von der dafür gegebenen Begründung. Diese Information muss darüber hinaus so **rechtzeitig** erfolgen, dass eine sachgerechte Meinungsbildung innerhalb der Gebietskörperschaft möglich ist. Schließlich ist die Stellungnahme der Gebietskörperschaft vor der abschließenden Entscheidung vom Gesetzgeber zur Kenntnis zu nehmen und bei der Abwägung der für und gegen die Maßnahmen sprechenden Gründe zu **berücksichtigen.**[240]

147 Wie die in Art. 92 Abs. 2 S. 3 ThürVerf vorgeschriebene **Anhörung der Bevölkerung** zu erfolgen hat, ist dagegen in der Thüringer Verfassung nicht festgelegt. Von Verfassungs wegen geboten ist, dass die Bürger in für sie zumutbarer Weise tatsächlich Kenntnis von dem Neugliederungsvorhaben nehmen und sich dazu äußern können müssen; die Kenntnisnahme ist dann als möglich und zumutbar anzusehen, wenn die

---

236 Zutreffend *Meyn*, in: Linck/Baldus/Lindner/Poppenhäger/Ruffert, Die Verfassung des Freistaats Thüringen, Art. 92 Rn. 49 (der unterschiedliche Wortlaut von Satz 2 („auf Grund eines Gesetzes") und Satz 3 („bedarf eines Gesetzes") als Argument).
237 Zu bezweifeln ist jedoch, ob insoweit die Regelung des § 92 Abs. 1 und 2 ThürKO genügt; vgl. dazu *Meyn*, in: Linck/Baldus/Lindner/Poppenhäger/Ruffert, Die Verfassung des Freistaats Thüringen, Art. 92 Rn. 60.
238 ThürVerfGH, Urt. v. 18.12.1996 – 2/95 und 6/95, S. 23 des Umdrucks.
239 ThürVerfGH, Urt. v. 12.7.1996 – 4/95, S. 10 des Umdrucks.
240 ThürVerfGH, Urt. v. 18.12.1996 – 2/95 und 6/95, S. 22 des Umdrucks; Urt. v. 18.9.1998 – 1/97, 4/97, S. 26 des Umdrucks.

Bekanntmachung des Neugliederungsvorhabens und der Möglichkeit, sich dazu zu äußern, in ortsüblicher Weise erfolgt ist.[241]

Die Dauer der **Äußerungsfrist** richtet sich nach den Gegebenheiten des jeweiligen Einzelfalles. Für die Bemessung der Frist kann insbesondere eine Rolle spielen, ob der betroffenen Gemeinde das Neugliederungsvorhaben bereits seit längerem bekannt war und ihre Organe sich infolgedessen schon im Vorfeld des parlamentarischen Gesetzgebungsverfahrens damit auseinandersetzen und dazu eine Meinung bilden konnten. Relevant für die Bemessung der Frist ist zudem das Ausmaß der Maßnahme, des ihm zugrunde liegenden Sachverhalts sowie Umfang und Schwierigkeit der auftretenden Sachfragen.[242]

148

Die Begründung des Anhörungsrechts der Gemeinden sowie dessen konkretisierende Ausdeutungen kann auf das **Anhörungsrecht der Landkreise** (Art. 92 Abs. 3 S. 3 ThürVerf) übertragen werden. Allerdings ist die Bevölkerung bei Maßnahmen, die die Kreise betreffen, nicht zu hören und auch nicht die durch Kreisgebietsänderungen oder Auflösung von Kreisen betroffenen Gemeinden[243]; sie werden in der Verfassung nicht genannt.[244]

149

d) **Funktionale Selbstverwaltung im Hochschulwesen.** Die funktionale Selbstverwaltung im Hochschulwesen ist schon durch das bundesverfassungsrechtliche **Grundrecht der Freiheit von Wissenschaft, Forschung und Lehre** (Art. 5 Abs. 3 S. 1 GG) statuiert.[245] Darüber hinausgehend ordnet die Thüringer Verfassung ausdrücklich an, dass die Hochschulen das Recht der Selbstverwaltung haben, an der alle Mitglieder zu beteiligen sind (Art. 28 Abs. 1 S. 2 ThürVerf).

150

Der **Gesetzgeber**, der das Nähere zu regeln hat (Art. 28 Abs. 4 ThürVerf), besitzt dabei einen signifikanten **Ermessensspielraum** und darf etwa auch andere Modelle der Hochschulselbstverwaltung verwirklichen.[246] Allerdings ist er gehalten, seine Organisationsnormen so zu gestalten, dass die freie wissenschaftliche Betätigung und Aufgabenerfüllung nicht strukturell gefährdet wird.[247] Mit anderen Worten: **Begrenzt** ist die gesetzgeberische Gestaltungsfreiheit im Bereich derjenigen Angelegenheiten, die als „wissenschaftsrelevant" angesehen werden müssen, dh Forschung und Lehre unmittelbar berühren.[248]

151

---

241 ThürVerfGH, Urt. v. 18.12.97 – 10/95, S. 12 des Umdrucks; Urt. v. 18.9.1998 – 1/97, 4/97, S. 29 des Umdrucks.
242 ThürVerfGH, Urt. v. 18.12.1996 – 2/95 und 6/95, S. 24 f. des Umdrucks.
243 Zur Zulässigkeit der Berücksichtigung siehe aber ThürVerfGH, Beschl. v. 14.10.2020 – 45/19, Rn. 84 (juris).
244 ThürVerfGH, Urt. v. 12.7.1996 – VerfGH 4/95, S. 10 des Umdrucks. Kritisch dazu: *Meyn*, in: Linck/Baldus/Lindner/Poppenhäger/Ruffert, Die Verfassung des Freistaats Thüringen, Art. 93 Rn. 62.
245 Vgl. BVerfG, Urt. v. 29.5.1973 – 1 BvR 424/71, BVerfGE 35, 79 (121 f.); BVerfG, Beschl. v. 20.7.2010 – 1 BvR 748/06, BVerfGE 127, 87, 114, 118.
246 BVerfG, Urt. v. 29.5.1973 – 1 BvR 424/71, BVerfGE 35, 79 (116).
247 BVerfG, Beschl. v. 20.7.2010 – 1 BvR 748/06, BVerfGE 127, 87 (116).
248 BVerfG, Urt. v. 29.5.1973 – 1 BvR 424/71, BVerfGE 35, 79 (122): Im Einzelnen zählt dazu etwa die Planung wissenschaftlicher Vorhaben, das Aufstellen von Lehrprogrammen und die Planung des Lehrangebots, die Koordinierung der wissenschaftlichen Arbeit, die organisatorische Betreuung und Durchführung von Forschungsvorhaben und Lehrveranstaltungen, die Errichtung und der Einsatz von wissenschaftlichen Einrichtungen und Arbeitsgruppen, die Festsetzung von Beteiligungsverhältnissen bei wissenschaftlichen

152 Angesichts der Frage, in welchem Maße die **Mitglieder der Hochschulen an der Selbstverwaltung** zu beteiligen sind (Art. 28 Abs. 1 S. 2 ThürVerf), hat der Gesetzgeber des Freistaates die bundesverfassungsrechtlichen Vorgaben zu beachten. Danach muss der Gruppe der Hochschullehrer bei Entscheidungen, welche unmittelbar die Lehre betreffen, ein ihrer besonderen Stellung entsprechender maßgebender, bei Entscheidungen, die unmittelbar Fragen der Forschung oder die Berufung der Hochschullehrer betreffen, sogar ein weitergehender und ausschlaggebender Einfluss vorbehalten bleiben; zudem ist bei allen Entscheidungen über Fragen von Forschung und Lehre eine undifferenzierte Beteiligung der Gruppe der nichtwissenschaftlichen Bediensteten auszuschließen.[249]

5. Verfassungsgerichtshof und Rechtsprechung

153 a) **Verfassungsgerichtshof. aa) Stellung und Verfahren.** Der ThürVerfGH ist ein allen anderen Verfassungsorganen gegenüber selbstständiges und unabhängiges Gericht des Landes (Art. 79 Abs. 1 ThürVerf), mithin ist er Gericht und Verfassungsorgan zugleich. Als **Gericht** kommt ihm dabei die Aufgabe zu, letztverbindlich Recht zu sprechen in Streitigkeiten, *in denen* die Auslegung und Anwendung der Thüringer Verfassung in Frage steht. Bei dieser Rechtsprechung (Art. 86 Abs. 1 ThürVerf) ist der Gerichtshof gehalten, *anhand* der Normen und Maßstäbe zu entscheiden, die der Thüringer Landesverfassung zu entnehmen sind.[250] Aus der ihm durch die Verfassung zugewiesenen Stellung als **Verfassungsorgan** sind keine darüber hinausgehenden Kompetenzen abzuleiten, auch nicht die zur verfassungsgerichtlichen Rechtsbildung und -fortbildung.[251] Durch seine Stellung als Verfassungsorgan ist dem Gerichtshof vielmehr ein gegenüber den anderen Verfassungsorganen, dem Landtag und der Landesregierung, ebenbürtiger Rang zugewiesen[252].

154 Die neun **Mitglieder des ThürVerfGH** werden durch den Landtag mit der Mehrheit von zwei Dritteln seiner Mitglieder auf Zeit gewählt (Art. 79 Abs. 3 S. 3 ThürVerf). Der Präsident des Gerichtshofs und zwei weitere Mitglieder müssen Berufsrichter sein, drei weitere Mitglieder des ThürVerfGH die Befähigung zum Richteramt haben (Art. 79 Abs. 2 ThürVerf). Folglich können auch sogenannte Laienrichter, also Personen ohne juristische Ausbildung, Mitglied des ThürVerfGH sein. Sie dürfen allerdings wie auch die Mitglieder mit einer professionellen juristischen Ausbildung weder dem Landtag oder der Landesregierung noch entsprechenden Organen des Bundes oder eines anderen Landes angehören und mit Ausnahme von Richtern oder Hochschullehrern beruflich weder im Dienst des Landes noch einer Körperschaft, Anstalt oder Stif-

---

Gemeinschaftsaufgaben, die Festlegung und Durchführung von Studien- und Prüfungsordnungen und die Personalentscheidungen in Angelegenheiten der Hochschullehrer und der wissenschaftlichen Mitarbeiter.
249 Vgl. BVerfG, Urt. v. 29.5.1973 – 1 BvR 424/71, BVerfGE 35, 79 (124 ff.) Zur Problematik neuerer Steuerungsmodelle: *Strauch*, in: Linck/Baldus/Lindner/Poppenhäger/Ruffert, Die Verfassung des Freistaats Thüringen, Art. 18 Rn. 11 ff.
250 Zur Frage, in welchem Umfang der Präsident des Thüringer Landtages das Recht und die Pflicht hat, aufgrund von Art. 85 Abs. 1 ThürVerf die Vereinbarkeit von Gesetzen mit der Verfassung zu prüfen: *Bathe*, in: Linck/Baldus/Lindner/Poppenhäger/Ruffert, Die Verfassung des Freistaats Thüringen, Art. 85 Rn. 6 und 11.
251 Dazu oben Abschnitt I.3. „Rechtsprechung des Thüringer Verfassungsgerichtshofs".
252 Zur Diskussion um die Verfassungsorganqualität des Bundesverfassungsgerichts vgl. *Schlaich/Korioth*, Das Bundesverfassungsgericht, 12. Aufl. 2021 Rn. 31 ff.

V. Staatsorganisation

tung des öffentlichen Rechts unter Aufsicht des Landes stehen (Art. 79 Abs. 3 S. 1 und 2 ThürVerf). Dies fordert das Prinzip der Gewaltenteilung.

Seiner **Aufgabe**, letztverbindlich verfassungsrechtliche Streitfragen zu entscheiden, 155 kann der ThürVerfGH nur in den gesetzlich bestimmten **Verfahren** nachkommen. Zu diesen Verfahren zählen

- die Jedermann-Verfassungsbeschwerde
  (Art. 80 Abs. 1 Nr. 1 ThürVerf, §§ 31 ff. ThürVerfGHG),
- die Kommunal-Verfassungsbeschwerde
  (Art. 80 Abs. 1 Nr. 2 ThürVerf, §§ 31 ff. ThürVerfGHG)[253],
- der Landesorganstreit (Art. 80 Abs. 1 Nr. 3 ThürVerf, §§ 38 ff. ThürVerfGHG),
- die abstrakte Normenkontrolle
  (Art. 80 Abs. 1 Nr. 4 ThürVerf, §§ 42 ff. ThürVerfGHG),
- die konkrete Normenkontrolle
  (Art. 80 Abs. 1 Nr. 5 ThürVerf, §§ 45 ff. ThürVerfGHG),
- die Überprüfung der Zulässigkeit von Volksbegehren
  (Art. 80 Abs. 1 Nr. 6 ThürVerf, § 49 ThürVerfGHG, § 12 ThürBVVG),
- die Entscheidung über das Zustandekommen eines Volksbegehrens (§ 17 Abs. 4 ThürBVVG) bzw. über die Feststellung des Ergebnisses eines Volksentscheides (§ 27 Abs. 4 ThürBVVG),
- die Entscheidung über die Ablehnung eines Bürgerantrags (§ 7 Abs. 7 ThürBVVG),
- die Entscheidung in Untersuchungsverfahren des Landtages
  (Art. 80 Abs. 1 Nr. 7 ThürVerf, §§ 50 ff. ThürVerfGHG),
- die Wahlprüfung (Art. 80 Abs. 1 Nr. 8 ThürVerf, § 48 ThürVerfGHG),
- die Verzögerungsbeschwerde (§ 52a ThürVerfGHG),
- die Entscheidung aus Anlass von Streitigkeiten über Rechte und Pflichten aus dem Thüringer Verfassungsschutzgesetz (§ 31 ThürVSG),
- die Entscheidung über die Abberufung eines Mitglieds des ThürVerfGH
  (§ 6 Abs. 3 ThürVerfGHG) sowie
- der Erlass einstweiliger Anordnungen (§ 26 ThürVerfGHG)[254].

Die **Voraussetzungen** und die **Durchführung** der einzelnen Verfahren richten sich nach 156 den genannten Bestimmungen der Thüringer Verfassung sowie nach den nicht nur, aber vor allem im Gesetz über den Thüringer Verfassungsgerichtshof (ThürVerfGHG) enthaltenen Regelungen. Zu berücksichtigen ist insoweit aber auch eine zum Teil sehr umfangreiche Rechtsprechung des ThürVerfGH, in der die Verfahrensvoraussetzungen detailreich konkretisiert wurden.[255]

Die vom ThürVerfGH getroffenen Entscheidungen binden die Verfassungsorgane des 157 Landes sowie alle Thüringer Gerichte und Behörden (§ 25 Abs. 1 ThürVerfGHG).

---

253 Zur fehlenden Beschränkung auf Gesetze ThürVerfGH, Beschl. v. 7.3.2018 – 1/14, Rn. 111 (juris).
254 Zur ausnahmsweisen Zulässigkeit bereits vor Gesetzesverkündung ThürVerfGH, Beschl. v. 21.12.2018 – 32/18.
255 Dazu umfassend: *Jutzi*, in: Linck/Baldus/Lindner/Poppenhäger/Ruffert, Die Verfassung des Freistaats Thüringen, Art. 80 Rn. 4 bis 131. Insbesondere zu den Voraussetzungen einer Urteilsverfassungsbeschwerde: *von Ammon*, ThürVBl 2014, 181 ff.

Diese **Bindungswirkung** erstreckt sich auf den Tenor der Entscheidung und die diesen Tenor tragenden Gründe, soweit sie Ausführungen zur Auslegung der Verfassung enthalten.[256] Soweit der ThürVerfGH in einem Verfassungsbeschwerdeverfahren sowie im Falle einer konkreten oder abstrakten Normenkontrolle eine Rechtsvorschrift mit der Verfassung für unvereinbar oder nichtig erklärt, kommt der Entscheidungsformel **Gesetzeskraft** zu, so dass sie insoweit auch vom Präsidenten des Landtages im Gesetz- und Verordnungsblatt zu veröffentlichen ist (§ 25 Abs. 2 ThürVerfGHG). Der ThürVerfGH wird dabei aber keineswegs als „Aufhebungsgesetzgeber" tätig, da im Falle der Nichtigkeit nach dem in Deutschland herrschenden Verständnis das jeweilige Gesetz von Anfang an als rechtsunwirksam zu betrachten ist und ein Verfassungsgericht dessen Nichtigkeit lediglich feststellt.[257] Die Zuerkennung von Gesetzeskraft hat vielmehr den Sinn, die Bindungswirkung personell auf alle Bürger zu erstrecken und nicht nur auf die Parteien des jeweiligen Verfahrens.[258]

158 **bb) Verhältnis zum BVerfG.** So wie die Verfassungsbereiche des Bundes und der Länder grundsätzlich nebeneinander stehen, stehen auch die **Verfassungsgerichtsbarkeiten** des Bundes und der Länder **nebeneinander**.[259] Jedem Verfassungsgericht kommt „in ‚seinem' Rechtskreis die Funktion als oberster Hüter des Rechts und die Aufgabe dessen letztverbindlicher Auslegung zu" und es soll den Maßstab ‚seiner' Verfassung „auch dann noch zur Geltung bringen können, wenn ein anderes (Verfassungs-)Gericht diesen bereits angewendet hat."[260] Das **BVerfG** ist mithin **keine zweite Instanz** über den Landesverfassungsgerichten, die befugt wäre, deren Urteile in vollem Umfang zu überprüfen.[261] Vielmehr muss der Bereich der Verfassungsgerichtsbarkeit der Länder vom BVerfG möglichst unangetastet bleiben und das BVerfG darf die Landesverfassungsgerichtsbarkeit nicht in größere Abhängigkeit bringen, als es nach dem Bundesverfassungsrecht unvermeidbar ist.[262]

159 Unvermeidbar ist ein **Eingreifen des BVerfG** in die Kompetenz der Landesverfassungsgerichtsbarkeit hingegen dann, wenn es gegen landesverfassungsgerichtliche Entscheidungen im Wege einer grundgesetzlichen Verfassungsbeschwerde (Art. 93 Abs. 1 Nr. 4a GG) angerufen wird.[263] Auch die Landesverfassungsgerichte sind als öffentliche

---

256 So auch BVerfG, Beschl. v. 10.6.1975 – 2 BvR 1018/74, BVerfGE 40, 88 (93 f.) mwN; BVerfG, Beschl. v. 16.3.2005 – 2 BvL 7/00, BVerfGE 112, 268 (277).
257 Dazu *Korioth/Schlaich*, Das Bundesverfassungsgericht, 10. Aufl., 2015 Rn. 379 f.
258 So auch *Jutzi*, in: Linck/Baldus/Lindner/Poppenhäger/Ruffert, Die Verfassung des Freistaats Thüringen, Art. 80 Rn. 133 f. Vgl. auch *Korioth/Schlaich*, Das Bundesverfassungsgericht, 10. Aufl., 2015 Rn. 496, Fn. 158 („allg. Meinung").
259 BVerfG, Urt. v. 23.10.1951 – 2 BvG 1/51, BVerfGE 1, 14 (34); BVerfG, Beschl. v. 29.1.1974 – 2 BvN 1/69, BVerfGE 36, 346 (361); BVerfG, Beschl. v. 17.12.1975 – 1 BvR 548/68, BVerfGE 41, 88 (118 f.); BVerfG, Beschl. v. 9.7.1997 – 2 BvR 389/94, BVerfGE 96, 231 (242); BVerfG, Beschl. v. 15.10.1997 – 2 BvN 1–95, BVerfGE 96, 345 (368 f.); BVerfG, Beschl. v. 7.5.2001 – 2 BvK 1/00, BVerfGE 103, 332 (350); Thür-VerfGH, Urt. v. 16.12.1998 – 20/95, Rn. 83 (juris).
260 BVerfG, Beschl. v. 15.1.1985 – 2 BvR 128/84, BVerfGE 69, 112 (117).
261 BVerfG, Beschl. v. 14.5.1957 – 2 BvR 1/57, BVerfGE 6, 445 (449); BVerfG, Beschl. v. 24.3.1982 – 2 BvH 1/82, BVerfGE 60, 175 (208).
262 BVerfG, Beschl. v. 24.3.1982 – 2 BvH 1/82, BVerfGE 60, 175 (209); BVerfG, Beschl. v. 9.7.1997 – 2 BvR 389/94, BVerfGE 96, 231 (242).
263 Zahlreiche Nachweise zur Rechtsprechung des BVerfG, die grundsätzliche Zulässigkeit einer Verfassungsbeschwerde gegen Entscheidungen der Landesverfassungsgerichte betreffend, bei *Dreier*, in: Dreier, GG, Art. 142 Rn. 90 Rn. 271.

V. Staatsorganisation

Gewalt aufgrund Art. 1 Abs. 3 und 20 Abs. 3 GG an die Grundrechte und grundrechtsgleichen Rechte des Grundgesetzes gebunden.[264] Im Rahmen solcher Verfahren sieht das BVerfG seine Prüfkompetenz zum Teil allerdings in erheblichem Maße eingeschränkt.[265]

b) **Rechtsprechung.** Die Rechtsprechung, mithin die verbindliche Entscheidung von Rechtsstreitigkeiten in einem besonderen gesetzlich geregelten Verfahren, wird durch den **ThürVerfGH** und durch die **staatlichen Gerichte** nicht nur „im Namen des Volkes" ausgeübt, an ihr wirken auch ausdrücklich „Frauen und Männer aus dem Volk mit" (Art. 86 Abs. 1 und 3 ThürVerf).[266] Dem Verfassungsauftrag, die Rechtsstellung der in der Rechtsprechung wirkenden Richter gesetzlich zu regeln (Art. 89 Abs. 1 ThürVerf), ist der Gesetzgeber mit Erlass des Thüringer Richtergesetzes nachgekommen.[267] Landesverfassungsrechtlich ist allerdings schon vorgegeben, dass über die Berufung von Richtern auf Lebenszeit der Justizminister mit Zustimmung des Richterwahlausschusses entscheidet, wobei zwei Drittel der Mitglieder dieses Ausschusses vom Landtag mit Zweidrittelmehrheit zu wählen sind (Art. 89 Abs. 2 ThürVerf). 160

Nehmen die Legislative und Exekutive somit durch die **Wahl der Richter** Einfluss auf die Rechtsprechung, so ist diese demgegenüber gegen inhaltliche Einflussnahmen durch die verfassungsgesetzliche Garantie der richterlichen Unabhängigkeit geschützt (Art. 86 Abs. 2 ThürVerf). Einzelweisungen, Erlasse, Verwaltungsvorschriften oder sonstige Maßnahmen, die die richterliche Streitentscheidung betreffen, sind mithin unzulässig.[268] Hinzu tritt ein **Schutz der Unabhängigkeit** auch in persönlicher Hinsicht: So kann dann, wenn ein Richter im Amt oder außerhalb des Amtes gegen die Grundsätze des Grundgesetzes oder dieser Verfassung verstößt, auf Antrag der Mitgliedermehrheit des Landtags allein das BVerfG mit Zweidrittelmehrheit anordnen, dass der Richter in ein anderes Amt oder in den Ruhestand zu versetzen ist (Art. 89 Abs. 3 ThürVerf). 161

Dem **Schutz der Rechtsprechung gegenüber Einflussversuchen** durch Exekutive und Legislative dient nicht nur das Verbot von Ausnahmegerichten (Art. 87 Abs. 2 ThürVerf), also von Gerichten, die zur Entscheidung einzelner oder individuell bestimmter Fälle berufen sind,[269] sondern vor allem das Recht auf den gesetzlichen Richter (Art. 87 Abs. 3 ThürVerf): Der Spruchkörper und die Richter, die in einer Rechtsstreitigkeit zu entscheiden haben, müssen von vornherein so eindeutig wie möglich durch 162

---

264 BVerfG, Beschl. v. 9.7.1997 – 2 BvR 389/94, BVerfGE 96, 231 (242).
265 Vgl. dazu *Baldus*, in: Linck/Baldus/Lindner/Poppenhäger/Ruffert, Die Verfassung des Freistaats Thüringen, E 5 Rn. 75 ff. Ein Fall dazu aus jüngerer Zeit: BVerfG-K, Beschl. v. 2.5.2016 – 2 BvR 1947/15.
266 Zur Möglichkeit privater Gerichtsbarkeit: *Jutzi*, in: Linck/Jutzi/Hopfe, Verfassung des Freistaats Thüringen, Art. 86 Rn. 1.
267 Zu den bundesrechtlichen Überlagerungen: *Von der Weiden*, in: Linck/Baldus/Lindner/Poppenhäger/Ruffert, Die Verfassung des Freistaats Thüringen, Art. 12 f.
268 Vgl. BVerfG, Beschl. v. 9.5.1962 – 2 BvL 13/60, BVerfGE 14, 56 (69); BVerfG, Beschl. v. 11.6.1969 – 2 BvR 518/66, BVerfGE 26, 186 (198 f.); BVerfG, Beschl. v. 17.12.1969 – 2 BvR 342/68, BVerfGE 27, 312 (322); BVerfG, Beschl. v. 27.11.1973 – 2 BvL 12/72 u. 3/73, BVerfGE 36, 174 (185).
269 Vgl. BVerfG, Beschl. v. 17.11.1959 – 1 BvR 88/56, BVerfGE 10, 200 (212); BVerfG, Beschl. v. 9.5.1962 – 2 BvL 13/60, BVerfGE 14, 56 (72).

Gesetz und Geschäftsverteilungsplan bestimmt sein.[270] Es soll damit der Gefahr begegnet werden, dass im konkreten Fall durch die Auswahl der Richter auch die Entscheidung selbst beeinflusst wird.[271]

6. Besondere Kontrollorgane

163 Zu den weiteren und besonderen Kontrollorganen, die die Thüringer Verfassung vorsieht, zählt vor allem der **Rechnungshof**.[272] Als selbstständige, nur dem Gesetz unterworfene oberste Landesbehörde, deren Mitglieder richterliche Unabhängigkeit besitzen, überwacht er die gesamte Haushalts- und Wirtschaftsführung des Landes; zudem hat er die Aufgabe, die bestimmungsmäßige und wirtschaftliche Verwaltung und Verwendung von Landesvermögen und Landesmitteln durch Stellen außerhalb der Landesverwaltung zu überprüfen (Art. 103 ThürVerf). Neben dem Rechnungshof ist außerdem die **Parlamentarische Kontrollkommission** des Landtages, die die Tätigkeit des Landesamtes für Verfassungsschutz überwacht, verfassungsgesetzlich verankert (Art. 97 S. 3 ThürVerf)[273], ebenso wie der **Datenschutzbeauftragte**, der zur Wahrung des Rechts auf Schutz der personenbezogenen Daten und zur Unterstützung der parlamentarischen Kontrolle beim Landtag angesiedelt ist (Art. 69 ThürVerf).

VI. Änderbarkeit und Dauerhaftigkeit des Verfassungsrechts

164 Die Verfassung des Freistaates Thüringen, wiewohl sie von besonderer Geltungskraft und auf Dauer ausgerichtet ist, kann auf zwei Wegen geändert werden. Zum einen erfährt die Verfassung eine Änderung dann, wenn der **Landtag** ein **verfassungsänderndes Gesetz** mit einer Mehrheit von zwei Dritteln seiner Mitglieder beschließt (Art. 83 Abs. 2 S. 1 ThürVerf). Dies ist bislang vier Mal geschehen, in zwei Fällen betraf dies die Entschädigung von Abgeordneten, in den beiden anderen Fällen die Dauer der Wahlperiode sowie die Quoren bei Bürgeranträgen, Volksbegehren und Volksentscheid; zahlreiche andere Initiativen waren erfolglos.[274] Neben dem Landtag kann auch das Volk als Gesetzgebungsorgan (dazu oben Rn. 91 ff.) eine **Verfassungsänderung im Wege eines Volksentscheides** herbeiführen; für einen solchen Entscheid ist die Zustimmung der Mehrheit der Abstimmenden erforderlich, wobei diese Mehrheit mindestens vierzig Prozent der Stimmberechtigten betragen muss (Art. 83 Abs. 2 S. 2 ThürVerf).

---

270 BVerfG, Beschl. v. 19.7.1967 – 2 BvR 489/66, BVerfGE 22, 254 (258 f.); BVerfG, Beschl. v. 26.1.1971 – 2 BvR 443/69, BVerfGE 30, 149 (152 f.).
271 ThürVerfGH, Beschl. v. 2.11.2016 – 8/14, S. 10.
272 Informativ zur Rechtsstellung des Rechnungshofs: *Krysl*, ThürVBl 2013, 169 ff.
273 Zur parlamentarischen Kontrolle von Eingriffen in das Post-, Brief- und Fernmeldegeheimnis durch die „G 10 Kommission", die von der Parlamentarischen Kontrollkommission nach Art. 97 ThürVerf zu unterscheiden ist: *Brenner*, in: Linck/Baldus/Lindner/Poppenhäger/Ruffert, Die Verfassung des Freistaats Thüringen, Art. 97 Rn. 24. Zum Recht der Oppositionsfraktionen auf Chancengleichheit in Bezug auf die Beteiligung in der Parlamentarischen Kontrollkommission, wenn Vertreter der betreffenden Oppositionspartei Gegenstand der Beobachtung durch den Verfassungsschutz sind, ThürVerfGH, Beschl. v. 14.10.2020 – 106/20, BayVBl 2021, 121; zur Unzulässigkeit eines Antrags einer Fraktion, für den Rest der Legislaturperiode zwei Mitglieder der Parlamentarischen Kontrollkommission benennen zu dürfen ThürVerfGH, Beschl. v. 26.4.2021 – 11/21, ThürVBl 2021, 232.
274 *Poschmann/Bathe*, in: Linck/Baldus/Lindner/Poppenhäger/Ruffert, Die Verfassung des Freistaats Thüringen, E 3 Rn. 2 ff.

Neben diesen Verfahrensvoraussetzungen ist zusätzlich zu beachten, dass die Verfassung nur durch ein Parlaments- oder Volksgesetz geändert werden kann, das ihren Wortlaut ausdrücklich ändert oder ergänzt (Art. 83 Abs. 1 ThürVerf). Dieses **Textänderungsgebot** dient der Urkundlichkeit und Einsichtbarkeit jeder Änderung,[275] mithin der Rechtsklarheit und Rechtssicherheit. Ein **Verfassungswandel**, also ein sich mit der Zeit änderndes Verständnis der Verfassungsnormen sowie der verfassungsrechtlichen Grundsätze und Leitideen, ist empirisch damit nicht ausgeschlossen. Ob und inwieweit ein solcher Wandel aber im Sinne einer den sich ändernden Zeitläuften angepassten Interpretation und Anwendung des Verfassungsrechts legitimiert werden kann, ist grundsätzlich und auch im Detail umstritten.[276] 165

Schließlich sind einer Verfassungsänderung auch **materielle Grenzen** gezogen, da eine Änderung der Verfassung unzulässig ist, durch welche die in den Art. 1 (Schutz der Menschenwürde; Bekenntnis zu den Menschenrechten, zum Frieden und zur Gerechtigkeit), Art. 44 Abs. 1 (Freistaatlichkeit, Demokratie, Sozialstaatlichkeit, Umweltstaatlichkeit), Art. 45 (mittelbare und unmittelbare Demokratie; Gewaltenteilung) und Art. 47 Abs. 4 ThürVerf (Gewaltenteilung; Verfassungsbindung und Gesetzesbindung; Rechtsstaatlichkeit) niedergelegten Grundsätze berührt werden. Mit dieser materiellen Begrenzung zielt der Verfassungsgeber auf den **Schutz der Identität der Landesverfassung**.[277] 166

Ein **Berührtwerden** der genannten Grundsätze ist nach der Rechtsprechung des ThürVerfGH schon dann anzunehmen, wenn das zur verfassungsrechtlichen Prüfung stehende Gesetz das Demokratieprinzip einschließlich des Prinzips der Volkssouveränität, das Rechtsstaatsprinzip oder einen anderen der genannten Grundsätze ganz oder in einem Teilbereich außer Acht lässt, sofern dieser Teilbereich zu den konstituierenden Elementen eines der Grundsätze gehört und seine „Außer-Acht-Lassung" den jeweiligen Grundsatz einem allmählichen Verfallsprozess aussetzt.[278] 167

VII. Schutz der Verfassung

Der Bestand und die Geltung des Verfassungsrechts werden nicht nur durch die besonderen Anforderungen geschützt, die die Verfassung selbst für ihre Änderung vorsieht. Für ihren **judikativen Schutz** ist an erster Stelle der ThürVerfGH zuständig, aber auch die Gerichte, die in ihren fachgerichtlichen Verfahren insbesondere die Bedeutung und Tragweite der Grundrechte zu berücksichtigen[279] oder die Überprüfung der Verfassungsmäßig- 168

---

275 Vgl. BVerfG, Beschl. v. 16.6.1959 – 2 BvL 10/59, BVerfGE 9, 334 (336).
276 Dem BVerfG zufolge ist ein solcher Verfassungswandel nur innerhalb des möglichen Wortsinns der Verfassung zulässig (vgl. BVerfG, Beschl. v.10.5.1960 – 2 BvL 76/58, BVerfGE 11, 78 (87); BVerfG, Urt. v. 30.1.1973 – 2 BvH 1/72, BVerfGE 34, 216 (230); BVerfG, Urteil v. 25.5.1977 – 2 BvE 1/74, BVerfGE 45, 1 (33)), der allerdings ein sehr weites Anwendungsfeld eröffnet.
277 Vgl. zur Vorstellung von der Verfassungsidentität: BVerfG, Urt. v. 30.6.2009 – 2 BvE 2/08, BVerfGE 123, 267 (343 f.).
278 ThürVerfGH, Urt. v. 19.9.2001 – 4/01, 1. Leitsatz und Rn. 127 ff. Zu weiteren Einzelheiten: *Poschmann*, in: Linck/Baldus/Lindner/Poppenhäger/Ruffert, Die Verfassung des Freistaats Thüringen, Art. 83 Rn. 10 ff.
279 Vgl. dazu etwa aus jüngerer Zeit mehrere Beschlüsse des Thüringer Verfassungsgerichtshofs, durch die fachgerichtliche Entscheidungen aufgehoben wurden, weil die Bedeutung und Tragweite der Grundrechte nicht in ausreichendem Maße gewürdigt wurden: ThürVerfGH, Beschl. v. 6.1.2009 – 19/08 und 20/08, Beschl. v. 12.9.2018 – 28/17, Beschl. v. 26.3.2019 – 11/19 sowie Beschl. v. 3.6.2019 – 20/14 (Willkürverbot); Beschl. v. 7.9.2011 – 13/09 (Anspruch auf rechtliches Gehör); Beschl. v. 2.11.2011 – 8/14

keit eines Landesgesetzes durch den ThürVerfGH zu beantragen haben, sofern sie ein Landesgesetz, auf das es bei ihrer Entscheidung ankommt, für unvereinbar mit der Landesverfassung halten (Art. 80 Abs. 1 Nr. 5 ThürVerf).

169 Die Thüringer Verfassung ordnet aber auch ausdrücklich einen **administrativen Verfassungsschutz** an: Zum Schutz der verfassungsmäßigen Ordnung ist nämlich eine Landesbehörde einzurichten, der allerdings keine polizeilichen Befugnisse und Weisungen zustehen (Art. 97 S. 1 und 2 ThürVerf).[280] Durch diese und andere Regelungen (vgl. Art. 83 Abs. 3 und 96 Abs. 2 ThürVerf) wird deutlich, dass der **Freistaat** auch aufgrund eigenen Landesverfassungsrechts als **wehrhafte Demokratie** konstituiert wurde.[281]

VIII. Verfassungsföderalismus

170 Das Verfassungsrecht des Freistaates Thüringen ist Ausdruck des deutschen Verfassungsföderalismus. Verfehlt wäre es, dessen Sinn allein in der Einrichtung eines Laboratoriums zu sehen, in dem jedes Land aufgrund seiner Verfassungsautonomie soziale und ökonomische Experimente ohne Risiko für den Rest des Gesamtstaates durchführen kann.[282] Das Landesverfassungsrecht ist an erster Stelle Ausfluss der geschichtsgesättigten Erkenntnis, dass der **deutsche Weg** ein **föderalistischer** ist, der, verbunden mit bitteren Lehren, nur unterbrochen wurde in der Zeit zwischen 1933 und 1945 sowie über diese Zeit hinaus im Osten Deutschlands auch in den Jahren zwischen 1952 und 1990. Auf dieser Tradition fußend findet dieser Föderalismus seinen Sinn darin, im Rahmen des homogenitätssichernden Bandes der freiheitlichen Bundesverfassung **landesverfassungsrechtliche Verschiedenheiten** zu wahren und zu leben.

(Anspruch auf den gesetzlichen Richter); Beschl. v. 3.5.2017 – 52/16 (Freiheit der Person). Illustrativ zum Thema *von Ammon*, ThürVBl 2014, 181 ff.
280 Dazu etwa *Baldus*, ThürVBl 2013, 25 ff.
281 ThürVerfGH, Urt. v. 3.12.2014 – 2/14, S. 19 f. des Umdrucks; Urt. v. 8.6.2016 – 25/15, S. 25 f. des Umdrucks; Urt. v. 6.7.2016 – 38/15, S. 15 des Umdrucks; dort auch jeweils Ausführungen zur Frage, inwieweit der Grundsatz der wehrhaften Demokratie zur Rechtfertigung von Eingriffen in Rechtspositionen herangezogen werden kann.
282 So aber offenbar *Sacksofsky*, Verfassungsrecht, in: Hermes/Reimer (Hrsg.), Landesrecht Hessen, 8. Aufl. 2015, § 2 Rn. 97 unter Hinweis auf ein Zitat des US-Supreme Court Richters Brandeis („It is one of the happy incidents of the federal system that a single courageous state may, if its citizens choose, serve as a laboratory; and try novel social and economic experiments without risk to the rest of the country").

§ 2 Verwaltungsorganisation und allgemeines Verwaltungsrecht

Udo Schneider

Literatur: *Behnisch*, Die Fortentwicklung der Thüringer Landesverwaltung am Beispiel der Behördenstrukturreform des Freistaates Thüringen vom 1. März 2005, ThürVBl 2009, 145; *Carius/Koch*, Projektauftrag: Behördenstrukturreform, ThürVBl 2014, 291; *Collin/Fügemann*, Zuständigkeit – Eine Einführung zu einem Grundelement des Verwaltungsorganisationsrechts, JuS 2005, 694; *Graef*, ThürVwZVG, 2. Aufl. 2011; *Hesse*, Flucht aus der Verantwortung? Anmerkungen zur Verwaltungsstrukturreform in Thüringen, ThürVBl 2014, 233; *Hirte/Kerst*, Zur Frage der Verfassungsmäßigkeit der kommunalen Gebietsreform in Thüringen, ThürVBl 2017, 83; *Holtmann*, Kommunale Gebietsreformen in Deutschland – Leitlinien. Problemlagen. Empirische Befunde, ThürVBl 2017, 77; *Huber*, Vom Aufbau der Staats- und Verwaltungsorganisation in Thüringen, ThürVBl 1997, 49; *Hultzsch*, Sparen und Bürgernähe wahren – zur Gebiets- und/oder Verwaltungsreform in Thüringen, LKV 2016, 294; *Hyckel*, Grundlagen der Verwaltungsvollstreckung im Polizei- und Ordnungsrecht, LKV 2015, 300 und 342; *Kießwetter/Parzefall*, Das Thüringer Landesverwaltungsamt, LKV 1993, 111; *König*, Das Thüringer Landesverwaltungsamt im Umbruch der allgemeinen Mittelinstanzen, ThürVBl 2005, 155; *ders.*, Thüringer Gesetz zur Kommunalisierung staatlicher Aufgaben, ThürVBl 1997, 265; *Kopp/Ramsauer*, Kommentar zum VwVfG, 21. Aufl. 2021; *Laßleben*, Zwischenbericht zur Funktionalreform in Thüringen, ThürVBl 1995, 11; *v. Lewinski*, Grundfragen des Verwaltungsorganisationsrechts, JA 2006, 517; *Müller*, Zur Entwicklung einer Verwaltungsorganisation in den neuen Bundesländern – Beispiel Thüringen, VerwArch 83 (1992), S. 592; *Sadler*, VwVG, VwZG, 9. Aufl. 2014; *Schneider*, Rechtsschutz gegen Maßnahmen der Verwaltungsvollstreckung in Thüringen, ThürVBl 2022, 101; *Weber*, Fehler im Verwaltungs- und im Verwaltungsvollstreckungsverfahren, LKV 2017, 203.

I. Verwaltungsorganisation 1
1. Verfassungsrechtliche Grundlagen der Verwaltungsorganisation 5
    a) Europäische Union und der Mitgliedstaat Bundesrepublik Deutschland 6
    b) Verteilung der Verwaltungskompetenz zwischen Bund und Ländern 10
    c) Staatlicher Verwaltungsaufbau 13
    d) Kommunale Selbstverwaltung 15
    e) Rechtsstaatliche Prinzipien 19
2. Grundzüge der Verwaltungsorganisation 20
    a) Grundbegriffe der Verwaltungsorganisation 21
    b) Organisationsgewalt und Behördenerrichtung 22
    c) Grundsätze der Verwaltungsorganisation 27
    d) Behördenstruktur- und Gebietsreform 28
    e) Rechtsschutz gegen Organisationsentscheidungen ... 30
    f) Zuständigkeiten und ihre Regelungen 31

    aa) Sachliche Zuständigkeit 32
    bb) Örtliche Zuständigkeit 39
    cc) Weiterleitung des Antrags durch die unzuständige Behörde 41
3. Unmittelbare Landesverwaltung 42
    a) Landesregierung und Ministerien, einschließlich Geschäftsverteilung und -ordnung 43
    b) Weitere oberste und obere Landesbehörden 47
    c) Landesverwaltungsamt und weitere Mittelbehörden 53
    d) Landratsämter und andere untere staatliche Verwaltungsbehörden 56
    e) Landesbetriebe und andere staatliche Einrichtungen ... 59
    f) Behördenhierarchie: Aufsicht, Kontrolle, Weisung.. 61
    g) Gemeinsame Behörden/Verwaltungsträger der Länder bzw. der Länder und des Bundes 62

4. Mittelbare Landesverwaltung 63
   a) Körperschaften des öffentlichen Rechts, insbesondere Gebietskörperschaften 64
      aa) Kommunale Gebietskörperschaften und ihre Organisation 65
         (1) Städte und Gemeinden 66
         (2) Landkreise 68
         (3) Organisatorische Formen kommunaler Zusammenarbeit, insbesondere Zweckverbände 70
         (4) Grundstruktur der kommunalen Binnenorganisation: Verwaltungsspitze, „Rat" und Behördenorganisation 72
      bb) Stiftungen, Anstalten und andere Körperschaften des öffentlichen Rechts (Personalkörperschaften) ... 84
   b) Kirchen 89
   c) Beliehene 90
II. Allgemeines Verwaltungsrecht 91
   1. Verwaltungsverfahrensrecht .. 91
      a) Abgrenzungen 91
      b) Arten und Grundsätze des Verwaltungsverfahrens 95
      c) Besonderheiten des Verwaltungsverfahrensrechts in Thüringen (ThürVwVfG) 97
   2. Bekanntgabe- und Zustellungsrecht 98
      a) Begriff der Bekanntgabe und der Zustellung 98
      b) Anwendungsbereich des Zustellungsrechts nach dem ThürVwZVG 103
      c) Notwendigkeit der Zustellung, Zustellungsadressat und Arten der Zustellung 104

   d) Mängel der Bekanntmachung oder der Zustellung und ihre Folgen 108
   3. Verwaltungskostenrecht 110
   4. Verwaltungsvollstreckungsrecht 113
      a) Vollstreckung nach dem ThürVwZVG und Abgrenzung zu anderen Vollstreckungsregeln 116
      b) Allgemeine Vollstreckungsvoraussetzungen 117
      c) Besondere Vollstreckungsvoraussetzungen 123
         aa) Beitreibung von Forderungen 124
         bb) Voraussetzungen für die Vollstreckung von Handlungs-, Duldungs- und Unterlassungspflichten 127
      d) Besondere Voraussetzungen der einzelnen Zwangsmittel 132
      e) Einstellung der Vollstreckung 137
      f) Rechtsschutz im Vollstreckungsverfahren 138
         aa) Einwendungen gegen die Grundverfügung 139
         bb) Rechtsbehelfe gegen die Androhung eines Zwangsmittels 142
         cc) Einstweiliger Rechtsschutz gegen Vollstreckungsmaßnahmen .. 143
         dd) Rechtsbehelfe gegen die Anwendung des Zwangsmittels 144
III. Besonderheiten des Staatshaftungsrechts 147
IV. Besonderheiten des Verwaltungsprozessrechts 150
   1. Aufbau der Thüringer Verwaltungsgerichtsbarkeit 151
   2. Ausführungsrecht zur Verwaltungsgerichtsordnung 153

I. Verwaltungsorganisation

1   Der öffentlichen Verwaltung (Exekutive) kommt als dritter Staatsgewalt in funktionaler Abgrenzung zur Gesetzgebung (Legislative) und zur Rechtsprechung (Judikative) die Aufgabe zu, die bestehenden Gesetze zu vollziehen, also auf den Einzelfall anzuwenden, und insoweit alle staatlichen Verwaltungsangelegenheiten wahrzunehmen

(Verwaltung im materiellen Sinne). Verwaltung im organisatorischen Sinne sind dabei alle Organe, Behörden und sonstige Einrichtungen, die diese Verwaltungsaufgaben erfüllen. Dies kann durch staatliche Behörden oder rechtlich verselbstständigte Verwaltungseinheiten, idR juristische Personen des öffentlichen Rechts (Anstalten, Stiftungen, Körperschaften), geschehen. Ausnahmsweise können auch beliehene Privatpersonen Verwaltungsaufgaben wahrnehmen, ohne damit organisatorisch Teil der Verwaltung zu werden. Die von den genannten Verwaltungsbehörden ausgeübte Tätigkeit ist die Verwaltung im formellen Sinne.

Wesentliche **Aufgaben der Verwaltung** sind die Aufrechterhaltung der öffentlichen 2
Sicherheit und Ordnung, insbesondere die Abwehr von Gefahren (Ordnungsverwaltung), die Unterstützung Einzelner (Leistungsverwaltung) oder die Bereitstellung wichtiger Leistungen und Güter für die Bürger (Daseinsvorsorge). Wird letzteres mittelbar über öffentliche Unternehmen erbracht, spricht man von Gewährleistungsverwaltung. Die Lenkungsverwaltung fördert oder steuert bestimmte Verhaltensweisen von Privaten durch Anreize (Subvention als Geldleistung oder Verschonung, Plan). Die Abgabenverwaltung sorgt sich um die Festsetzung und Beitreibung von Abgaben (Steuern, Beiträge, Gebühren) sowie um die Finanzierung staatlicher Aufgaben und Leistungen. Wird der Blick auf die Rechtswirkungen der Verwaltungstätigkeit gerichtet, ist die Eingriffs- von der Leistungsverwaltung zu unterscheiden. Die Bedeutung der Verwaltung für die Funktionsfähigkeit des Staates und der Sicherung des Rechts- wie des Sozialstaates sowie der Aufgaben der Daseinsversorgung hat sich in den „neuen" Bundesländern gerade nach der Wiedervereinigung gezeigt und erwiesen[1].

Verwaltungsorganisation ist die rechtliche Ordnung der exekutiven Arbeitsteilung. 3
Ihre Aufgabe ist es, die effektive und funktionierende Erfüllung der Verwaltungsaufgaben organisatorisch sicherzustellen. Sie dient der Verteilung von Zuständigkeiten und der Kontrolle der Aufgabenwahrnehmung (zB Aufsichts- und Weisungsrechte; Widerspruchsverfahren). Sie findet ihre Grundlage in der verfassungsrechtlichen Zuordnung der Aufgaben zum Bund oder den Ländern, also dem Staats- und Verwaltungsorganisationsrecht des Grundgesetzes (GG) und der Thüringer Verfassung (ThürVerf), bezogen auf einzelne Fragen des Unionsrechtes im Vertrag über die Arbeitsweise der Europäischen Union (AEUV). Diese Regelungen bestimmen zum einen die Zuordnung der Verwaltungsaufgaben zu den Verwaltungsträgern (Europäische Union, Bundesrepublik Deutschland, Freistaat Thüringen, kommunale Gebietskörperschaften etc) sowie zu den einzelnen Verwaltungsorganen (Behörden, Ämtern). Außerdem regeln sie die Binnenorganisation der Verwaltungsträger und -organe sowie die rechtlichen Beziehungen der Verwaltungsträger und -organe zueinander.

Der **Aufbau der Verwaltung in Thüringen nach 1990** knüpfte an bereits bestehende 4
Verwaltungsorgane, Behörden und öffentliche Einrichtungen der DDR an, die durch das Ländereinführungsgesetz vom Juli 1990[2] und den Einigungsvertrag dem neu ent-

---

1 *Huber*, ThürVBl 1997, 49.
2 Verfassungsgesetz zur Bildung von Ländern in der Deutschen Demokratischen Republik v. 22.7.1990, GBl. DDR I 1990, 955 ff. Danach wurden aus den Bezirken Erfurt, Gera und Suhl mit den Kreisen Artern, Schmölln und Altenburg das Land Thüringen gebildet. Vgl. auch *Huber*, ThürVBl 1997, 49 (52).

standenen Verwaltungsträger, dem Land Thüringen, zugeordnet und verwaltungsorganisatorisch eingegliedert wurden (Art. 13 Abs. 1 EV). Soweit sie nicht in der Folgezeit „abgewickelt" wurden, bestanden sie auf der Grundlage der „Entscheidung der Landesregierung über den Fortbestand und die Abwicklung von Einrichtungen des Landes Thüringen" vom Dezember 1990[3] fort. Sie wurden in der Folgezeit entsprechend den verwaltungsorganisatorischen Bedürfnissen des Freistaates Thüringen[4] und den verfassungsrechtlichen Vorgaben für eine Trennung zwischen kommunaler Selbstverwaltung und Staatsverwaltung gegliedert sowie zur heutigen Behördenstruktur (dreistufiger Verwaltungsaufbau; seit 2018 überwiegend zweistufiger Aufbau der unmittelbaren Staatsverwaltung[5]) umgestaltet und fortentwickelt.

1. Verfassungsrechtliche Grundlagen der Verwaltungsorganisation

5   Die Verwaltungsorganisation ist eingebettet in die Staatsorganisation, die Kompetenzverteilungen zwischen den unterschiedlichen Ebenen vornimmt. Daneben ist auch die Verteilung der Verwaltungsaufgaben zwischen dem Mitgliedsstaat der Europäischen Union, der Bundesrepublik Deutschland, und der Union zu beachten.

6   a) **Europäische Union und der Mitgliedstaat Bundesrepublik Deutschland**[6] Der Verwaltungsvollzug von Unionsrecht wird zum einen von den Organen der Union, meist der Kommission (unionseigener oder direkter Vollzug), und zum anderen von den Verwaltungsorganen des Mitgliedstaates geleistet (mitgliedstaatlicher oder indirekter Vollzug). Soweit die Behörden des Mitgliedstaates der Europäischen Union, also der Bundesrepublik Deutschland und seiner Länder, also auch des Freistaates Thüringen, Unionsrecht im Einzel- und Regelfall vollziehen, bleiben sie mitgliedstaatliche Behörden und werden nicht in den Behördenaufbau der Union einbezogen. Es gilt grundsätzlich der – nachfolgend darzustellende – Verwaltungsaufbau des Bundes und des Freistaates Thüringen. Allerdings kann das Unionsrecht – zum einen durch unmittelbar geltende Verordnungen oder Beschlüsse bzw. mittelbar aufgrund von in nationales Recht umgesetzten Richtlinien – eine bestimmte Verwaltungsorganisation verlangen, worauf der Bund und das Land Thüringen verwaltungsorganisatorisch reagieren müssen.

Beispiel: Rechtsstellung des Landesbeauftragten für den Datenschutz als Aufsichtsbehörde nach § 40 BDSG (§ 11 ThürDSG).

7   Bei der Anwendung des primären (Verträge), sekundären (Verordnungen, Richtlinien, Beschlüsse) und tertiären Unionsrechts (delegierte Rechtsakte, Durchführungsakte) und des nationalen Umsetzungsrechtes durch die Behörden des Landes haben die mitgliedstaatlichen Behörden dessen Vorgaben für das anzuwendende Verwaltungsverfahren und den Anwendungsvorrang des unmittelbar auf den Einzelfall anwendbaren Unionsrechts[7] zu beachten.

---

3   VOBl. S. 13.
4   So die Bezeichnung des Landes seit 1994.
5   Vgl. das Thüringer Verwaltungsreformgesetz 2018 (ThürVwRG 2018) v. 18.12.2018, GVBl. S. 731.
6   Vgl. hierzu *Kopp/Ramsauer*, VwVfG, Einführung II Rn. 34 ff.
7   Vgl. hierzu *Kopp/Ramsauer*, VwVfG, Einführung II Rn. 24 ff.

Beispiel: Umweltverträglichkeitsprüfung nach dem UVPG, das eine europarechtliche Richtlinie umsetzt.

Dies hat zur Folge, dass das allgemeine und besondere Verwaltungsrecht des Bundes und des Freistaates auf den unionsrechtlich geregelten Feldern im Konfliktfalle zurücktreten muss, um die effektive und diskriminierungsfreie Durchsetzung des Unionsrechts zu gewährleisten. 8

Beispiel: Reduzierung des Vertrauensschutzes oder des Ermessens bzw. die Nichtgeltung von Fristen bei der Rücknahme unionsrechtswidriger Subventionsgewährungen (Beihilfenrecht).

Das Verwaltungsverfahrensrecht hat sich inzwischen auch auf die Zusammenarbeit von Behörden der Mitgliedstaaten untereinander eingestellt und Regelungen für die gegenseitige Hilfeleistung getroffen (vgl. §§ 8 a ff. ThürVwVfG). 9

b) Verteilung der Verwaltungskompetenz zwischen Bund und Ländern. Zentrale Norm für die Verteilung der Kompetenzen zwischen Bund und Ländern ist Art. 30 GG. Danach ist die Ausübung der staatlichen Befugnisse und die Erfüllung der staatlichen Aufgaben Sache der Länder, soweit das Grundgesetz keine andere Regelung trifft. Dies betrifft sowohl die Gesetzgebungs- wie die Verwaltungskompetenz. Nach dieser Kompetenzverteilung sind – da das Grundgesetz insoweit keine abweichende Regelung trifft – die Länder für den Vollzug des von ihnen gemäß der Kompetenzverteilung des Grundgesetzes erlassenen **Landesrechts** durch ihre eigene Verwaltung zuständig[8]. Nach Art. 83 GG führen die Länder – als Regelfall – neben den Landesgesetzen aber auch die **Bundesgesetze** als eigene Angelegenheit aus, soweit das Grundgesetz nichts anderes bestimmt oder zulässt. Führen die Länder die Bundesgesetze als eigene Angelegenheit aus, so regeln sie nach Art. 84 Abs. 1 GG grundsätzlich auch die Einrichtung der Behörden und das Verwaltungsverfahren. Insoweit bestehen allerdings Einwirkungsmöglichkeiten des Bundes. Bereits nach Art. 84 Abs. 1 GG hat der Bund im Bereich des landeseigenen Vollzugs von Bundesgesetzen begrenzte und durch Landesgesetz regelmäßig abdingbare Einwirkungsmöglichkeiten auf Organisation und Verfahren. Nach Art. 84 Abs. 1 S. 5 GG kann der Bund in Ausnahmefällen wegen eines besonderen Bedürfnisses nach bundeseinheitlicher Regelung das Verwaltungsverfahren sogar ohne Abweichungsmöglichkeit für die Länder regeln. Nach Art. 84 Abs. 3 GG übt die Bundesregierung zudem die Aufsicht darüber aus, dass die Länder die Bundesgesetze dem geltenden Recht gemäß ausführen. Die Bundesregierung kann zu diesem Zwecke Beauftragte zu den obersten Landesbehörden entsenden, mit deren Zustimmung und, falls diese Zustimmung versagt wird, mit Zustimmung des Bundesrates auch zu den nachgeordneten Behörden. Auch wenn die Länder nach Art. 85 GG die Bundesgesetze im Auftrage des Bundes vollziehen, bleibt die Einrichtung der Behörden Angelegenheit der Länder, soweit nicht Bundesgesetze mit Zustimmung des Bundesrates etwas anderes bestimmen. Damit gilt hinsichtlich der Verwaltungskompetenz im Grundsatz, dass die Ordnung der Behördenorganisation und das Verwaltungsverfahren durch die Länder geregelt und geprägt sind. Art. 85 Abs. 3 GG bestimmt für die Bundesauftragsverwaltung aber, dass die Landesbehörden den Weisun- 10

---

8 BVerfGE 21, 312 (325); 63, 1 (40).

gen der zuständigen obersten Bundesbehörden unterstehen. Die Weisungen sind dabei, außer wenn die Bundesregierung es für dringlich erachtet, an die obersten Landesbehörden zu richten. Der Vollzug der Weisung ist durch die obersten Landesbehörden sicherzustellen.

11 Neben dem verwaltungsmäßigen Vollzug von Bundes- und Landesgesetzen durch die Länder steht die **bundeseigene Verwaltung** nach Art. 86 GG, also die Verwaltung durch Bundesbehörden, deren Gegenstände in Art. 87 ff. GG enumerativ bestimmt sind (zB Auswärtiger Dienst, Bundesfinanzverwaltung, nach Maßgabe des Art. 89 GG die Verwaltung der Bundeswasserstraßen und der Schifffahrt, Sozialversicherungsträger, Bundeswehr und ihre Verwaltung, Luftverkehrs- und Eisenbahnverkehrsverwaltung, Autobahnverwaltung, Post- und Telekommunikationsverwaltung, Bundesbank).

12 Für die **Finanzverwaltung** sieht Art. 108 GG ein differenziertes Verwaltungsregime zwischen Bund und Ländern vor. Soweit die Länder für die Steuerverwaltung zuständig sind, bestimmt Art. 108 Abs. 2 GG, dass der Aufbau der Behörden und die einheitliche Ausbildung der Beamten durch Bundesgesetz mit Zustimmung des Bundesrates geregelt werden können. Soweit in den Ländern Mittelbehörden eingerichtet sind, werden deren Leiter im Einvernehmen mit der Bundesregierung bestellt.

13 c) **Staatlicher Verwaltungsaufbau.** Die Länder genießen bei der Ausgestaltung ihrer verfassungsmäßigen Ordnung im Rahmen des Art. 28 Abs. 1 GG **Verfassungsautonomie**, die auch die grundsätzliche **Organisationsautonomie** hinsichtlich des Verwaltungsaufbaus umfasst. Das in dieser Bestimmung niedergelegte **Homogenitätsgebot** verlangt aber nicht nur, dass die verfassungsmäßige Ordnung in den Ländern den Grundsätzen des republikanischen, demokratischen und sozialen Rechtsstaates im Sinne dieses Grundgesetzes entsprechen muss (S. 1), sondern macht in den folgenden Sätzen auch Vorgaben zum demokratischen Aufbau der Kreise und Gemeinden. Damit gibt das Grundgesetz den Ländern Mindeststandards für die demokratische Legitimation der Ausübung der Staatsgewalt auf staatlicher, aber auch kommunaler Ebene sowie hinsichtlich einiger Grundsätze des Verwaltungsaufbaus vor. Es verlangt überdies eine demokratische Legitimation des Verwaltungsorganisationsrechts und der exekutiven Amtswalter. Außerdem begründet und sichert Art. 28 Abs. 2 GG bundesverfassungsrechtlich die kommunale Selbstverwaltung in den Ländern und bestimmt für sie damit ein wesentliches Merkmal des Staats- und Verwaltungsaufbaus. Denn dieses Modell etabliert auf der untersten Stufe des Verwaltungsaufbaus Gebietskörperschaften, die in geschützter Weise ihre eigenen Angelegenheiten erfüllen. Daneben stehen die staatlichen Aufgaben, die entweder durch staatliche Behörden erfüllt werden oder als – durch einen Rechtsakt – übertragene Aufgaben unter der Aufsicht und nach Weisung von staatlichen Kommunalaufsichtsbehörden von den Gemeinden und Landkreisen wahrgenommen werden (vgl. nachfolgend d)).

14 Soweit die Erfüllung staatlicher Aufgaben des Freistaates Thüringen zu organisieren ist, gilt verfassungsrechtlich Folgendes: Nach Art. 76 ThürVerf regelt die **Landesregierung** die Organisation der Ministerialverwaltung als Spitze der gesamten staatlichen Verwaltung. Die Landesregierung ist das oberste Organ der vollziehenden Gewalt und

I. Verwaltungsorganisation

besteht aus dem Ministerpräsidenten und den Ministern (Art. 70 Abs. 1 und 2 ThürVerf). Die Landesregierung beschließt nach Art. 76 Abs. 2 ThürVerf über die Abgrenzung der Geschäftsbereiche der Ministerien und damit auch grundsätzlich über die Einrichtung der **Ministerien**. Mit den Geschäftsbereichen wird das **Ressortprinzip** verwirklicht, das zum einen die grundsätzliche Verantwortlichkeit des jeweiligen Ministers für seine „Zuständigkeit" und zum anderen ein Hierarchieverhältnis zu den jeweils dem Ministerium nachgeordneten Verwaltungsbereichen mit seinen Behörden begründet. Insoweit bestimmt Art. 90 S. 1 ThürVerf allgemein, dass die „Verwaltung des Landes" durch die Landesregierung und die ihr unterstellten staatlichen Behörden ausgeübt wird. Die Verwaltung der „Kommunen" obliegt verfassungsrechtlich den durch Art. 91 ff. ThürVerf geschützten Trägern der kommunalen Selbstverwaltung (hierzu nachfolgend d)). Die Organisationsgewalt bezüglich der Landesverwaltung, also die Befugnis, die nachgeordneten Behörden zu errichten und einzurichten, bestimmt Art. 90 S. 2 ThürVerf (hierzu unten 2. b)).

d) **Kommunale Selbstverwaltung**. Die kommunale Selbstverwaltung ist eine verfassungsrechtlich in besonderer Weise geschützte Form der Verwaltung der örtlichen Angelegenheiten (Institutionelle Garantie gemäß Art. 28 Abs. 2 GG; Art. 91 ff. ThürVerf). Sie ist eine historisch gewachsene, dem Demokratie- und Subsidiaritätsprinzip in besonderer Weise verpflichtete Organisationsform, die im Gegensatz zu zentralistischen Verwaltungsmodellen die Kräfte örtlicher Selbstorganisation in den Dienst der Verwaltung stellt. Für die besonderen Verhältnisse in Thüringen ist zu betonen, dass die nach 1990 gebildeten Gemeinden (und Landkreise) weder Rechts- noch Funktionsnachfolger der früheren Räte der Gemeinden und Kreise der DDR sind[9]. 15

Hinsichtlich der im Rahmen der Selbstverwaltung zu erfüllenden Verwaltungsaufgaben ist zu unterscheiden: Nach Art. 91 Abs. 1 ThürVerf haben die Gemeinden das Recht, in eigener Verantwortung alle **Angelegenheiten der örtlichen Gemeinschaft** im Rahmen der Gesetze zu regeln. Insoweit verfügen die Gemeinden auf ihrem Gebiet über die Gebiets-, Organisations-, Personal-, Finanz-, Planungs- und Rechtsetzungshoheit. Angelegenheiten der örtlichen Gemeinschaft sind solche, die in der örtlichen Gemeinschaft wurzeln, auf sie einen spezifischen Bezug haben und von der Gemeinde eigenverantwortlich bewältigt werden können[10]. Der Kernbereich gemeindlicher Aufgabenwahrnehmung ist durch die Selbstverwaltungsgarantie geschützt[11]. Nach dem **Prinzip der Allzuständigkeit** (vgl. § 1 Abs. 3 ThürKO) haben die Gemeinden das Recht der Aufgabenwahrnehmung bezüglich der eigenen Angelegenheiten, hingegen keine Pflicht hierzu, es sei denn unter den Voraussetzungen der §§ 2 Abs. 3, 3 Abs. 1 ThürKO. Insofern können auch eigene Aufgaben zu **Pflichtaufgaben** werden. Die eigenen Aufgaben können mithin in Pflichtaufgaben und in **freiwillige Aufgaben** unterschieden werden. Pflichtaufgaben der Gemeinde sind zB die Bauleitplanung (§ 1 Abs. 3 und § 2 Abs. 1 BauGB), der Brandschutz (§ 2 Abs. 1 Nr. 1, Abs. 2 S. 1 ThürBKG) und Abwasserent- und Wasserversorgung (§§ 42 Abs. 1, 47 Abs. 1 ThürWG). 16

---

9 BGHZ 127, 285; 128, 140 ff.; ThürOVG, ThürVBl 2002, 80 ff.; VG Meiningen, ThürVBl 2005, 187 ff.
10 BVerfGE 8, 122 (134).
11 BVerfGE 79, 127.

Freiwillige Aufgaben dagegen sind etwa Kultur- oder Sporteinrichtungen. Die Allzuständigkeit bezieht sich nur auf die eigenen Aufgaben, während die Gemeinden keine Befassungskompetenz für überörtliche oder allgemeinpolitische Fragen besitzen.

Beispiel: Der Beschluss, die Gemeinde als „atomwaffenfreie" Zone zu deklarieren, liegt nicht in der Kompetenz der Gemeinde.

17 Neben den so bestimmten **eigenen Aufgaben** (vgl. § 2 ThürKO) können den Gemeinden öffentliche Aufgaben des Staates oder anderer Körperschaften des öffentlichen Rechts übertragen werden (**übertragene Aufgaben**, vgl. § 3 ThürKO).

Beispiel: Vollzug des Ordnungsrechts, sog Ortspolizei (§ 1 und § 4 ThürOBG).

18 Dadurch werden Gemeinden zur Erfüllung der staatlichen Aufgaben auf örtlicher Ebene herangezogen, obwohl diese ihrer Art nach überörtliche Aufgaben sind. Insoweit bestehen daher besondere Aufsichts- und Weisungsrechte staatlicher Behörden, weshalb die Gemeinden insoweit dem Schutz der gemeindlichen Selbstverwaltung grundsätzlich nicht unterliegen (Art. 91 Abs. 3 ThürVerf). Anders als bei rechtsaufsichtlichen Maßnahmen im Bereich der Erfüllung eigener Aufgaben besteht gegen fachaufsichtliche Weisungen bezogen auf gemeindliche Akte im Bereich der übertragenen Aufgaben regelmäßig keine Rechtsschutzmöglichkeit der Gemeinden. Wegen fehlender Außenwirkung sind fachaufsichtliche Weisungen hier grundsätzlich auch keine Verwaltungsakte.

19 e) **Rechtsstaatliche Prinzipien.** Das Verwaltungshandeln hat die verfassungsrechtlichen Vorgaben zu achten. Der Freistaat Thüringen ist ein Rechtsstaat (Art. 44 Abs. 1 S. 2 ThürVerf). Nach Art. 47 Abs. 4 ThürVerf ist daher die vollziehende Gewalt an Gesetz und Recht gebunden. Insbesondere binden gemäß Art. 42 Abs. 1 ThürVerf die in der Verfassung niedergelegten Grundrechte Gesetzgebung, vollziehende Gewalt und Rechtsprechung als unmittelbar geltendes Recht. Damit wird der **Grundsatz der Gesetzmäßigkeit der Verwaltung** auch für Thüringen verfassungsrechtlich vorgegeben. Als Unterprinzipien des Rechtsstaatsprinzips gelten auch der Vorrang und der Vorbehalt des Gesetzes. Nach dem **Vorrang des Gesetzes** hat die Verwaltung bei ihrer gesamten Tätigkeit – bei Maßnahmen im Einzelfall wie beim Erlass von Rechtsnormen (Verordnung, Satzung) – die jeweils maßgeblichen (formellen und materiellen) Gesetze und das „Recht" anzuwenden und darf von ihnen nicht abweichen. Der **Vorbehalt des Gesetzes** verlangt für jede Tätigkeit der Verwaltung eine Ermächtigung; insbesondere bedürfen Eingriffe in Freiheit und Eigentum, aber auch in sonst bestehende Rechte der Bürger durch die Verwaltung einer gesetzlichen Grundlage. Unter Berücksichtigung des Demokratie- und Gewaltenteilungsprinzips verlangt der Vorbehalt des Gesetzes für alle wesentlichen Entscheidungen, insbesondere im Bereich der Grundrechtsausübung, ein Gesetz des Parlaments, das je nach Eingriffs- bzw. Beeinträchtigungsintensität hinreichend bestimmt sein muss. Im Rahmen der Verwaltungsorganisation verlangt der institutionelle Gesetzesvorbehalt, dass grundlegende Entscheidungen über die Organisation und die Errichtung der Behörden durch Gesetz geregelt werden müssen (vgl. Art. 90 S. 2 ThürVerf). Der Vorbehalt des Gesetzes ist allerdings kein Totalvorbehalt. Ein Raum gesetzesfreier Verwaltung verbleibt, wenn auch etwa die gewäh-

rende Verwaltung jedenfalls eine gesetzgeberische Entscheidung über eine finanzielle Zuwendung verlangt (zB Haushaltsgesetz für Subventionen). Der **Grundsatz der Verhältnismäßigkeit** ist ein weiteres fundamentales rechtsstaatliches Prinzip, das auch von der Verwaltung zu beachten ist. § 6 ThürOBG formuliert diesen Grundsatz in klassischer Weise: Von mehreren möglichen und geeigneten Maßnahmen haben danach die Behörden diejenige zu treffen, die den einzelnen und die Allgemeinheit voraussichtlich am wenigsten beeinträchtigt (Eignungsprinzip; Übermaßverbot). Eine Maßnahme darf nicht zu einem Nachteil führen, der zu dem erstrebten Erfolg erkennbar außer Verhältnis steht. Eine Maßnahme ist nur solange zulässig, bis ihr Zweck erreicht ist oder sich zeigt, dass er nicht erreicht werden kann. Der **Grundsatz des Vertrauensschutzes** verlangt, dass entstandenes und schutzwürdiges Vertrauen durch staatliche Maßnahmen nicht enttäuscht werden darf (vgl. § 48 Abs. 2 ThürVwVfG).

2. Grundzüge der Verwaltungsorganisation

In Thüringen existiert – im Gegensatz zu anderen Bundesländern – kein einfachrechtliches übergreifendes Organisationsgesetz. Die rechtliche Regelung der Verwaltungsorganisation ist dem besonderen Verwaltungsrecht (Landesgesetz bzw. Rechtsverordnung) vorbehalten. Dabei wird die jeweilige Organisation des Verwaltungsbereichs entweder im Fachgesetz vorgenommen (zB ThürBO, ThürWG, ThürAGKrWG) oder durch ein eigenständiges Organisationsgesetz für den speziellen Verwaltungsbereich geleistet (vgl. zB für die Polizei das ThürPOG) sowie aufgrund dieser Gesetze durch Rechtsverordnungen im Einzelnen ausgeführt.

a) **Grundbegriffe der Verwaltungsorganisation.** Was unter **Verwaltung** im organisatorischen, formellen und materiellen Sinne zu verstehen ist, wurde bereits zu Beginn näher bestimmt. **Verwaltungsträger**[12] ist regelmäßig eine rechtlich selbstständige juristische Person des öffentlichen Rechts (Freistaat, Körperschaften [Landkreis, Gemeinde, Kammern], Anstalten, Stiftungen) oder natürliche oder juristische Personen des Privatrechts (Beliehene), die mit der Erfüllung von Verwaltungsaufgaben betraut sind. Teilrechtsfähige Verwaltungseinheiten (Behörden und ihre Teile, Sondervermögen) können zwar auch als Verwaltungsträger angesprochen werden; sie sind aber nicht – jedenfalls nicht in Thüringen – die **Rechtsträger** der Verwaltung, denen als rechtsfähige Personen die zwischen dem Bürger und der öffentlichen Hand bestehenden Rechte und Pflichten zugerechnet werden und die Gegner im Verwaltungsprozess sein können (vgl. § 78 Abs. 1 Nr. 1 VwGO). (**Verwaltungs-)Organe** machen die tatsächlich und rechtlich begründeten Verwaltungsträger als rechtsfähiges Zuordnungssubjekt erst handlungsfähig. Sie sind tatsächliche, aus Personal und Sachmittel bestehende Handlungseinheiten (organisatorische „Hülle der Organwalter"[13]), die als kommunales Organ, Amt oder Behörde die Handlungsfähigkeit des Verwaltungsträgers gegenüber Dritten, insbesondere den Bürgern herstellen. Ihnen ist funktionell die Erfüllung bestimmter Aufgaben übertragen (Organkompetenz). Letztere ist Teil der Verbandskompetenz des Verwaltungsträgers (siehe unten f). So ist etwa das Landesverwaltungsamt

---

12 Vgl. hierzu und zum Folgenden: *Kopp/Ramsauer*, VwVfG, § 1 Rn. 51 ff.
13 *Von Lewinski*, JA 2006, 517.

ein Organ des Freistaates, der Landrat ein Organ des Landkreises sowie Bürgermeister und Gemeinderat Organe einer Gemeinde. Der institutionelle Bestand der Organe ist von den konkreten Amtsträgern oder Organwaltern unabhängig. **Organwalter** sind die natürlichen Personen, die konkret und tatsächlich für das Organ handeln. Sie können als Beamte ernannt (zB Finanzbeamter, Polizist), als Angestellter beschäftigt (Sachbearbeiter) oder von den dazu berechtigten Wählern gewählt sein (Gemeinderatsmitglied, Landrat). Der Begriff der **Behörde** wird unterschiedlich verwendet. Im organisatorischen Sinne entspricht sie dem Verständnis des Organs, ist also eine Einheit aus Personen und Sachmitteln, die den Verwaltungsträger handlungsfähig macht. Im materiellen Sinne ist sie gemäß § 1 Abs. 2 ThürVwVfG jede Stelle, die Aufgaben der öffentlichen Verwaltung wahrnimmt. Hier liegt mithin der Schwerpunkt auf der Erfüllung der Verwaltungsaufgabe. Behörden werden intern idR vom Behördenvorstand über einen Organisationsplan (Verwaltungsgliederungsplan) in Abteilungen, Referate oder Dezernate und Sachgebiete gegliedert, denen über den Geschäftsverteilungsplan die Verwaltungsaufgaben zugewiesen werden. Als **Amt** wird häufig auch eine Behörde bezeichnet (zB Landratsamt). Der Begriff Amt erfasst auch die kleinste Einheit der Behörde, die dann zusammengefasst Teile des Verwaltungsträgers sein können (Bürgeramt, Ordnungsamt). Im ursprünglichen Sinne ist es jedoch ein auf eine Person zugeschnittener Aufgabenbereich. Das Amt wird vom **Amtswalter** ausgefüllt. Dieser Begriff entspricht im Wesentlichen dem Begriff des Organwalters, wobei hier eher ein Beamter im dienstrechtlichen Sinne gemeint ist. Nimmt ein Organ eines Verwaltungsträgers dauerhaft Verwaltungsaufgaben eines anderen Verwaltungsträgers wahr, spricht man von **Organleihe**. So wird etwa das Landratsamt in Thüringen als Organ des Landkreises oder Kreisbehörde gleichzeitig als untere staatliche Verwaltungsbehörde, also als Organ des Freistaates tätig (§ 111 Abs. 2 ThürKO: Kommunalaufsicht). Hieraus folgen unterschiedliche Aufsichts- und Weisungsbeziehungen zum jeweiligen Verwaltungsträger. Auch werden Handlungen dem jeweiligen Verwaltungsträger zugerechnet, weshalb auch die Klagen gegen den Verwaltungsträger zu richten sind, für den jeweils gehandelt wird. Davon ist die **Beleihung** zu unterscheiden. Der Beliehene ist eine natürliche oder juristische Person des Privatrechts, der durch einen Ermächtigungsakt (Gesetz, Verwaltungsakt) im Wege der formalen Privatisierung übertragen ist, im eigenen Namen Verwaltungsaufgaben zu erfüllen. Er hat dafür rechtlich einzustehen und ist mithin Klagegegner im Verwaltungsprozess. **Verwaltungshelfer** werden von Verwaltungsträgern bei der Erfüllung ihrer Aufgaben eingesetzt; sie nehmen mithin keine Verwaltungsaufgaben im eigenen Namen wahr. Im Außenverhältnis zum Bürger werden seine Maßnahmen grundsätzlich dem Verwaltungsträger zugerechnet (vgl. Abschleppunternehmer). Bei der **Inpflichtnahme Privater** werden Verwaltungsaufgaben, die eigentlich von einem Verwaltungsträger zu erfüllen sind, durch einen Rechtsakt auf den Privaten übertragen (vgl. Übertragung der Räum- und Streupflicht nach § 49 Abs. 5 ThürStrG). Wird die Kompetenz des zuständigen Hoheitsträgers von einer anderen (öffentlichen) Stelle namens und im Auftrag des beauftragenden Verwaltungsträgers ausgeübt, ist von einem **Mandatsverhältnis** die Rede[14]. Ein generelles Mandat, das einer ständigen Aufgabenübertragung gleichkommt, bedarf einer gesetzlichen Grundlage, weil die zugewiesene Aufgabe in Abweichung von der gesetzlich festgelegten Zuständigkeitsregelung erledigt wird[15].

Beispiel: Ein kommunaler Zweckverband kann die Erhebung von Wasser- und Abwassergebühren ohne gesetzliche Grundlage nicht einer privaten Geschäftsbesorgungsgesellschaft überlassen[16]. Dabei ist unerheblich, ob der Geschäftsbesorger im Außenverhältnis offenbart, dass er als Beauftragter im fremden Namen handelt, oder ob er dies verdeckt tut.

b) **Organisationsgewalt und Behördenerrichtung.** Die Organisationsgewalt ist die Befugnis zur Errichtung, Einrichtung, Änderung, Aufhebung und Abwicklung von Verwaltungsorganen und -trägern. Damit sind gleichzeitig die wesentlichen **Organisationsakte** bezeichnet, also die Formen und Mittel, mit deren Hilfe sich die Organisationsgewalt verwirklicht: **Bildung oder Errichtung** betreffen dabei die rechtliche Gründung und Bestimmung der Zuständigkeit einer Verwaltungseinheit, **Einrichtung** deren Ausstattung mit Sachmitteln und Personal. **Aufhebung und Abwicklung** sind die Akte, die die Errichtung bzw. Einrichtung rechtlich und tatsächlich rückgängig machen. 22

Im föderalen und gewaltengeteilten Bundesstaat ist für die Zuweisung der Organisationsgewalt zunächst nach den Verwaltungskompetenzen des Bundes und der Länder zu unterscheiden (oben 1. b)); soweit der Freistaat für die Verwaltung einer Sachaufgabe zuständig ist, ergibt sich die landesinterne Organisationsgewalt aus der Thüringer Verfassung. Nach Art. 90 S. 2 ThürVerf[17] werden Aufbau, räumliche Gliederung und Zuständigkeiten der Verwaltung des Landes aufgrund eines Gesetzes geregelt. Die „Errichtung der staatlichen Behörden im Einzelnen" obliegt der Landesregierung (S. 3). Sie kann einzelne Minister hierzu ermächtigen (S. 4). Auch wenn die Formulierung „auf Grund eines Gesetzes" in S. 2 nahelegt, dass die Verwaltungsorganisation durch Rechtsverordnung – und damit von der Exekutive – vorgenommen werden kann, zeigt der Blick auf Art. 84 Abs. 1 ThürVerf doch, dass auch bei der Verwaltungsorganisation das Demokratieprinzip zu beachten ist, wonach alles Wesentliche vom Parlament zu beschließen ist. So bestimmt Art. 84 ThürVerf, dass die Ermächtigung zum Erlass einer Rechtsverordnung nur durch Gesetz erteilt werden kann, das Inhalt, Zweck und Ausmaß der erteilten Ermächtigung bestimmen muss. Dies verlangt im Übrigen auch das Rechtsstaatsprinzip. Hinzu kommt, dass auch organisationsrechtliche Regelungen Eingriffe in die Rechte von Privaten begründen können (zB bei der Zwangsmitgliedschaft in Kammern; Organisation von Hochschulen, die Art. 5 GG berühren kann). 23

Im Gegensatz zu anderen Bundesländern kennt Thüringen kein übergreifendes und einheitliches Verwaltungsorganisationsgesetz[18]. In den Fachgesetzen des Freistaates 24

---

14 ThürOVG, Beschl. v. 23.7.2002 – 2 KO 591/01, ThürVBl 2003, 56 (58).
15 ThürOVG, Beschl. v. 27.2.2006 – 2 EO 967/05, ThürVBl 2007, 16 (17).
16 ThürOVG, Urt. v. 14.12.2009 – 4 KO 482/09, DVBl 2010, 1123.
17 Hierzu näher *Baldus* in: Linck/Baldus/Lindner/Poppenhäger/Ruffert, Die Verfassung des Freistaates Thüringen, Art. 90 Rn. 10 ff.
18 Das nach § 11 Abs. 4 ThürGFVG seit 2016 an sich vorgesehene Landesorganisationsgesetz ist bislang nicht erlassen.

findet sich auf der Grundlage des **organisationsrechtlichen Parlamentsvorbehalts** jedoch eine Fülle von Regelungen zur Behördenorganisation, insbesondere zur Errichtung, Auflösung, Aufbau (Instanzenweg) und Zuständigkeit (vgl. §§ 57 und 58 ThürBO), wenn nicht gar ein Gesetz die Einrichtung bestimmter Behörden zum Hauptgegenstand hat (zB ThüringenForst[19], Hochschule[20]). Schließlich überlässt die Verfassung die Ausführung im Einzelnen, also die innere Einrichtung, der Landesregierung bzw. dem von ihr ermächtigten Minister, die regelmäßig im Wege der Verordnung handeln. Allerdings haben sie dabei die vom Haushaltsgesetzgeber bestimmten finanziellen und personellen Zuweisungen zu beachten. Art. 90 S. 3 ThürVerf verwendet insoweit allerdings statt des für den im Verwaltungsorganisationsrecht eingeführten Begriff der „Einrichtung" einer Behörde die Formel „Errichtung im einzelnen".

25 In Thüringen wurde nach der Gründung des Landes auf der Grundlage der Vorläufigen Landessatzung von 1990 (vgl. § 14 Abs. 2)[21] eine „Anordnung der Landesregierung und Verordnung des Innenministers über die Errichtung von Behörden und Einrichtungen des Landes Thüringen" erlassen[22]. Mit diesem Normgebilde, an dem im Hinblick auf die Wesentlichkeitstheorie und dem später in Kraft getretenen Art. 90 S. 2 ThürVerf nicht geringe verfassungsrechtliche Zweifel bestanden[23], wurden bis Ende der 90er Jahre die wesentlichen Behördenerrichtungen geregelt. Seitdem galt im Wesentlichen ein dreistufiger Behördenaufbau (Oberstufe: Landesregierung und Ministerien; Mittelstufe: Landesverwaltungsamt; Unterstufe: Landratsamt, untere Behörden) mit einer Reihe von Sonderbehörden. Dieser Aufbau hat durch die Kommunalisierung staatlicher Aufgaben im Jahr 1998 und durch die Reformgesetzgebung des Jahres 2018 Modifikationen erfahren (vgl. unten 2 d)). Insoweit wurde insbesondere der Auftrag des § 11 Abs. 1 S. 1 ThürGFVG erfüllt, wonach die Verwaltung in Bezug auf die Aufgaben, die ausschließlich die unmittelbare Landesverwaltung wahrnimmt, spätestens mit Ablauf des 31.12.2019 zweistufig zu gestalten ist.

26 Die Rechtsnatur von Organisationsakten kann im Einzelfall streitig sein, also dann wenn nicht etwa ein Gesetz oder eine Rechtsverordnung den Organisationsvorgang steuert. Gerade bei der Schließung von Schulen kann diese Frage (auch) für den Rechtsschutz und das zu wählende Rechtsbehelfsverfahren maßgeblich werden. Streitig ist nicht selten auch, ob und welche Rechte der Bürger durch den Organisationsakt betroffen sind (vgl. Gebietsänderungen).

27 c) **Grundsätze der Verwaltungsorganisation.** Die Verwaltungsorganisationslehre kennt eine Fülle von Organisationsprinzipen, die die zweckmäßige und effiziente Organisation in der äußeren Struktur und der Binnenorganisation erfassen. Bei der äußeren Organisation ist der Grundsatz der **Subsidiarität** zu beachten, wonach die Aufgabenerfüllung von einer übergeordneten Einheit nur dann vorgenommen werden

---

19 Thüringer Gesetz über die Errichtung der Anstalt öffentlichen Rechts „ThüringenForst", GVBl. 2011 S. 273, zuletzt geändert durch Gesetz v. 4.10.2021, GVBl. S. 508 (519).
20 Thüringer Hochschulgesetz, GVBl. 2018, S. 149, zuletzt geändert durch Gesetz v. 23.3.2021, GVBl. S. 115 (118).
21 GVBl. 1990, S. 1 ff.
22 V. 18.7.1991, GVBl. S. 188; v. 18.6.1992, GVBl. S. 188.
23 *Huber*, Staats- und Verwaltungsrecht, S. 161; *ders.* ThürVBl 1997, 52.

soll, wenn die niedrigere Einheit dazu nicht in der Lage ist. Damit wird die Selbstverantwortung gestärkt und gleichzeitig Orts- und Bürgernähe erreicht, die selbst eigenständige Organisationsprinzipien bezeichnen. Der Grundsatz der **Einräumigkeit** der Verwaltung verlangt deckungsgleiche örtliche Zuständigkeiten von Gerichten, kommunalen Verwaltungsträgern und staatlichen Behörden, was Reibungsverluste verhindern soll.[24] Die **Einheit** der Verwaltung fordert, verschiedene Aufgaben in einer einzelnen Behörde zu bündeln und zu konzentrieren, um die Kommunikation, Koordination, Kooperation und Integration zu stärken. Sie konkurriert mit dem Grundsatz der **Spezialisierung**, der eine möglichst effiziente Verwaltung von Aufgabenbereichen sicherstellt, wenn ein hohes Maß an Spezialwissen erforderlich ist. Die Grundsätze der **Stabilität** und **Kontinuität** dienen dem Zweck, Veränderungen nur dann durchzuführen, wenn sie dringend geboten sind, um so die Verlässlichkeit von staatlichen Strukturen zu gewährleisten.

d) **Behördenstruktur- und Gebietsreform.** Funktional- und Behördenstrukturreformen betreffen die Differenzierung, Gliederung und Aufgabenzuweisung zwischen Behörden der allgemeinen Verwaltung und Sonderbehörden, aber auch zwischen der unmittelbaren und mittelbaren Staatsverwaltung. Unter das letztere fällt auch die Kommunalisierung von Staatsaufgaben, für die bestimmte verfassungsrechtliche Vorgaben (Anhörungsrecht nach Art. 91 Abs. 4 ThürVerf) zu beachten sind[25]. Sie sind seit der Gründung des Freistaates eine Daueraufgabe. Seit 2016 wurde die Behördenstrukturreform insoweit auf eine neue Stufe gehoben. Am 23.12.2016 trat nämlich das Thüringer Gesetz über die Grundsätze von Funktional- und Verwaltungsreformen (ThürGFVG) in Kraft, welches die Leitlinien für Reformen der Thüringer Landesverwaltung festlegte. Das Gesetz macht Vorgaben u.a. zur Verwaltungsmodernisierung durch Ausbau des E-Government, zum Aufbau der Landesverwaltung, zur Einräumigkeit der Verwaltung, zum Prozessmanagement und Aufgabenkritik, für ein Personalentwicklungskonzept sowie zur Deregulierung, Entbürokratisierung und Standardüberprüfung.[26] Diese Vorgaben wurden inzwischen teilweise erfüllt. Insbesondere wurden mit dem Thüringer Verwaltungsreformgesetz 2018 (ThürVwRG 2018)[27] Behörden und Einrichtungen des Landes wesentlich umstrukturiert bzw. eine Rechtsgrundlage für die Umstrukturierung verbunden mit den erforderlichen Zuständigkeitszuweisungen geschaffen.

Gebietsreformen, also Neugliederungen und/oder Auflösungen kommunaler Gebietskörperschaften, unterliegen verfassungsrechtlichen Schranken[28], die im Wesentlichen verfahrensrechtlicher Natur sind. Art. 92 ThürVerf verlangt aber auch die Erfüllung materieller Voraussetzungen. Danach kann das Gebiet von Gemeinden und Landkreisen aus Gründen des öffentlichen Wohls geändert werden. Dies kann durch Vereinbarung der beteiligten Gemeinden mit staatlicher Genehmigung oder aufgrund eines Gesetzes geschehen. Die Auflösung von Gemeinden bedarf eines Gesetzes. Vor einer Ge-

---

24 Vgl. hierzu § 12 ThürGFVG.
25 Vgl. ThürVerfGH, Urt. v. 12.10.2004 – VerfGH 16/02, DVBl. 2005, 443.
26 GVBl. 2016 S. 526; vgl. hierzu den Bericht der Thüringer Landesregierung zur Modernisierung der Landesverwaltung in der 6. Wahlperiode vom 13.9.2019, LT-Drs. 6/7723.
27 GVBl. S. 731.
28 Vgl. ThürVerfGH, Urt. v. 18.12.1996 – VerfGH 2/95 und 6/95, LVerfGE 5, 391 ff.

bietsänderung oder einer Auflösung müssen die Bevölkerung und die Gebietskörperschaften der unmittelbar betroffenen Gebiete gehört werden. Das Gebiet von Landkreisen kann aufgrund eines Gesetzes geändert werden. Die Auflösung von Landkreisen bedarf eines Gesetzes. Die betroffenen Gebietskörperschaften sind zu hören.

Beispiele: Gesetz zur Neugliederung der Landkreise und kreisfreien Städte in Thüringen (ThürNGG) v. 16.8.1993; Thüringer Gesetz zur Neugliederung kreisangehöriger Gemeinden (ThürGNGG) v. 23.12.1996, GVBl. S. 333 ff.; Thüringer Vorschaltgesetz zur Neugliederung der Landkreise, kreisfreien Städte und kreisangehörigen Gemeinden (ThürGVG) v. 2.6.2016, GVBl. S. 242 ff;[29] Thüringer Gesetz zur freiwilligen Neugliederung kreisangehöriger Gemeinden im Jahr 2019 (ThürGNGG 2019), GVBl. 2018, S. 795.

30 e) **Rechtsschutz gegen Organisationsentscheidungen.** In der Praxis werden Organisationsentscheidungen regelmäßig bei Schulschließungen oder Aufhebung von Klassenstufen streitig. In diesen Fällen steht stets die Frage im Raum, ob die klagenden Eltern oder Schüler überhaupt in ihren Rechten betroffen sind. Insoweit gilt nach der Rechtsprechung der Thüringer Gerichte: Die Schließung einer Schule stellt eine schulorganisatorische Entscheidung dar, die als solche keine grundsätzlich andersartigen Probleme aufwirft, als eine Planung in anderen Bereichen. Sie muss daher insbesondere dem Gebot der gerechten Abwägung der von ihr berührten öffentlichen und privaten Belange genügen. Den betroffenen Schülern und Eltern steht bei der Überprüfung der planerischen Entscheidung für eine Schulschließung kein umfassender Anspruch auf fehlerfreie Abwägung ihrer privaten Belange mit öffentlichen Belangen zu; vielmehr können sie eine Überprüfung nur verlangen, soweit sie in ihren (Grund-)Rechten verletzt sind. Sie können sich daher nicht auf Abwägungsfehler berufen, die sie nicht in ihren subjektiven Rechten verletzen. Die Erfolgsaussichten von Klagen gegen Schulschließungsentscheidungen hängen in subjektiv-rechtlicher Hinsicht also davon ab, ob die betroffenen Eltern und Schüler in unzumutbarer Weise beeinträchtigt werden.[30] Das Erziehungsrecht der Eltern (Art. 6 Abs. 2 S. 1 GG) und das Recht der Kinder auf freie Entfaltung ihrer Persönlichkeit (Art. 2 Abs. 1 GG) gewährleisten ihnen zwar die Wahl zwischen den vom Staat zur Verfügung gestellten Schulformen. Sie sind darauf gerichtet, dass der Schulträger eine Schule der gewünschten Form in zumutbarer Schulwegentfernung durch Errichtung und Erhaltung zur Verfügung stellt. Die im Elternrecht begründete Rechtsposition schließt hingegen nicht das Recht ein, dass ein Schüler eine bestimmte Schule der gewählten Schulform besuchen kann und diese (einschließlich ihrer inneren Struktur) für die Dauer der Schulzeit erhalten bleibt. Es muss lediglich gesichert sein, dass der Schüler seine Schulausbildung an einer Schule in zumutbarer Weise fortsetzen und beenden kann[31].

31 f) **Zuständigkeiten und ihre Regelungen.** Bestimmungen über die Zuständigkeit legen fest, welcher Verwaltungsträger und welches Organ eine bestimmte Verwaltungsaufgabe wahrzunehmen hat. Die Zuständigkeitsorganisation ist ein Mittel der effizienten Verwaltungsorganisation, indem sie Kompetenzkonflikte vermeiden hilft, zum ande-

---

29 Vgl. hierzu die Begründung in LT-Drs. 6/2000. Zur Nichtigerklärung durch den Thüringer Verfassungsgerichtshof vgl. Urt. v. 9.6.2017 – VerfGH 61/ 16, ThürVBl 2017, 266 ff.
30 VG Meiningen, ThürVBl 2007, 39.
31 Vgl. auch VG Meiningen, ThürVGRspr. 1997, 147.

ren ein Mittel der rechtsstaatlichen Verteilung von Verwaltungsverantwortung und Herstellung von Transparenz für den Bürger. Die Zuständigkeit weist einem Verwaltungsorgan also die Aufgabe zu, ohne damit bereits die Befugnisse zu übertragen. Mit der Zuweisung bestimmter Aufgaben grenzt sie den Handlungsrahmen des zuständigen Organs ein und von dem anderer Organe mit deren Zuständigkeiten ab. Regelmäßig wird die Zuständigkeit einer bestimmten Behörde durch Gesetz geregelt („Wahrnehmungsaufgabe"), wodurch mittelbar auch der zuständige Verwaltungsträger für die „Sachaufgabe" festgelegt ist[32]. Wird durch das Gesetz einem Verwaltungsträger die Zuständigkeit für eine Sachaufgabe zugewiesen, ist nach dem Recht der Binnenorganisation das zuständige Organ, also das Wahrnehmungsorgan, zu ermitteln.

Hinweis zur Falllösung: Die Zuständigkeit des handelnden Organs bzw. der Behörde wird in der Klausur im Rahmen der formellen Rechtmäßigkeit des Verwaltungsaktes bzw. der formellen Rechtmäßigkeit einer Satzung an erster Stelle geprüft, nachdem die einschlägige Befugnis- oder Ermächtigungsnorm identifiziert ist.

aa) Sachliche Zuständigkeit. Die sachliche Zuständigkeit knüpft an die den Behörden übertragenen Sachaufgaben an und bestimmt etwa, welche Behörden zB für den Vollzug des Baurechts, Ordnungsrechts, Gewerberechts, Umwelt- und Naturschutzrechts etc berufen ist. Sie unterscheidet sich in die Verbands- und Organkompetenz. Regelmäßig wird jedoch nur nach der Organkompetenz und dem sie bestimmenden Gesetz gesucht, welches mittelbar auch die Verbandskompetenz festlegt.

Die Regelungen der **Verbandskompetenz** legen fest, welchem Verwaltungsträger eine Verwaltungsaufgabe zugewiesen wird. Hier sind insbesondere die – eingangs beschriebenen – verfassungsrechtlichen Verteilungen auf Bund, Länder und Gemeinden zu beachten. Dem Bund und den Ländern obliegt es dabei im Rahmen ihrer Organisationsgewalt unter Wahrung des Rechts auf kommunale Selbstverwaltung den jeweils zuständigen Verwaltungsträger durch Gesetz zu bestimmen.

Welches Organ innerhalb des Verwaltungsträgers für die konkrete Aufgabenerfüllung zuständig ist, wird als **Organkompetenz** bezeichnet[33]. In den meisten Fällen ist sie durch gesetzliche Regelung einer bestimmten Behörde eines Verwaltungsträgers zugewiesen. Bei Kommunen ist regelmäßig die Organkompetenz zwischen den Organen „Verwaltungsspitze" (Bürgermeister, Landrat) und dem „Rat" (Gemeinderat, Kreisrat) zu bestimmen (vgl. hierzu näher unten).

Innerhalb eines mehrstufigen Behördenaufbaus, bestimmt die **instanzielle Zuständigkeit**, welche Behörde auf einer bestimmten Stufe konkret berechtigt oder verpflichtet ist, eine bestimmte Aufgabe wahrzunehmen. Sie bestimmt auch, ob und unter welchen Voraussetzungen eine übergeordnete Behörde zur Entscheidung befugt ist und ob sie die Sache an sich ziehen kann. Der sogenannte **Selbsteintritt** der höheren Behörde ist nur zulässig, wenn dies ausdrücklich im Gesetz geregelt ist. In Thüringen existiert – im Gegensatz etwa zu Bayern (vgl. Art. 3b BayVwVfG) – keine generelle Regelung im

---
32 Zur Abgrenzung von Wahrnehmungs- und Sachaufgabe: *Collin/Fügemann*, JuS 2005, 695.
33 *Collin/Fügemann*, JuS 2005, 697, handeln sachliche, örtliche und instanzielle Zuständigkeit unter der Organzuständigkeit ab.

Verwaltungsverfahrensgesetz hierzu. Zudem lässt das Weisungsrecht der übergeordneten Behörde gegenüber der nachgeordneten Behörde gerade erkennen, dass eine Zuständigkeitsverschiebung ohne ausdrückliche Regelung grundsätzlich nicht gewollt ist. Die übergeordnete Behörde hat nämlich auf dem Weisungswege die Möglichkeit, die Tätigkeit der nachgeordneten Behörde zu steuern. Allerdings enthält etwa für den Bereich des Baurechts § 57 Abs. 3 ThürBO eine spezialgesetzliche Regelung des Selbsteintrittsrechts.[34] Danach kann der Leiter der Fachaufsichtsbehörde anstelle der angewiesenen Behörde handeln, wenn eine Bauaufsichtsbehörde einer schriftlichen Weisung der Fachaufsichtsbehörde nicht innerhalb einer gesetzten angemessenen Frist nachkommt.

36 **Die funktionelle Zuständigkeit** bestimmt, welcher einzelne Bedienstete nach der behördeninternen Organisation (Geschäftsverteilungsplan, innerdienstliche Weisung) die der sachlich zuständigen Behörde zugewiesene Verwaltungsaufgabe zu erfüllen hat.

37 **Folgen bei Verstößen** gegen die sachliche Zuständigkeit: Ein Verstoß gegen die sachliche Zuständigkeit, wozu auch die instanzielle Zuständigkeit gehört (zB unzuständige Widerspruchsbehörde), macht den Verwaltungsakt formell rechtswidrig. Eine Heilung ist nicht möglich, weil §§ 45 und 46 ThürVwVfG eine solche für diese Fehler nicht vorsehen. Sind die Voraussetzungen des § 44 Abs. 1 ThürVwVfG erfüllt, kommt sogar die Nichtigkeit des Verwaltungsakts in Betracht. Dagegen bleibt eine Verletzung der funktionellen Zuständigkeit ohne Konsequenzen. Die Behörde tritt auch in diesem Falle nach außen auf, weshalb es nicht darauf ankommt, welcher Mitarbeiter konkret gehandelt hat.

Beispiel: Entscheidet statt des Umweltamts einer Stadt dessen Bauamt, macht dies den Bescheid nicht rechtswidrig.

38 Dies gilt nur dann nicht, wenn das Gesetz ausdrücklich festlegt, dass ein bestimmter Amtsträger eine Maßnahme treffen muss (zB „Behördenleitervorbehalt" in § 21 Abs. 1 ThürVwVfG).

39 **bb) Örtliche Zuständigkeit.** Die örtliche Zuständigkeit legt den räumlichen Bereich fest, innerhalb dessen eine Behörde tätig werden darf. Grundsätzlich regelt diese Zuständigkeit § 3 Abs. 1 ThürVwVfG. In den Sachgesetzen finden sich daneben spezialgesetzliche Regelungen (zB § 61 GewO, § 4 Abs. 3 OBG). Kompetenzkonflikte über die örtliche Zuständigkeit werden gemäß § 3 Abs. 2 ThürVwVfG gelöst. Sind nach § 3 Abs. 1 ThürVwVfG mehrere Behörden zuständig, so entscheidet danach die Behörde, die zuerst mit der Sache befasst worden ist, es sei denn, die gemeinsame fachlich zuständige Aufsichtsbehörde bestimmt, dass eine andere örtlich zuständige Behörde zu entscheiden hat. Hier ist zu beachten, dass § 3 Abs. 2 ThürVwVfG voraussetzt, dass mehrere Behörden nach Abs. 1 zuständig sind.

40 Der Verstoß gegen die örtliche Zuständigkeit macht einen Verwaltungsakt unter den Voraussetzungen des § 46 ThürVwVfG nicht rechtswidrig. Danach kann die Aufhebung eines Verwaltungsaktes, der nicht nach § 44 ThürVwVfG nichtig ist, nicht allein

---

34 Vgl. die weitere spezialgesetzliche Regelung in Art. 40 § 4 ThürVwRG 2018.

deshalb beansprucht werden, weil er unter Verletzung von Vorschriften über das Verfahren, die Form oder die örtliche Zuständigkeit zustande gekommen ist, wenn offensichtlich ist, dass die Verletzung die Entscheidung in der Sache nicht beeinflusst hat. Nach § 44 Abs. 2 Nr. 3 ThürVwVfG ist allerdings ein Verwaltungsakt nichtig, den eine Behörde außerhalb ihrer durch § 3 Abs. 1 Nr. 1 ThürVwVfG begründeten Zuständigkeit – also hinsichtlich von Angelegenheiten, die sich auf unbewegliches Vermögen oder ein ortsgebundenes Recht beziehen – erlassen hat, ohne dazu ermächtigt zu sein.

cc) **Weiterleitung des Antrags durch die unzuständige Behörde.** Umstritten ist, wie im Falle eines bei der unzuständigen Behörde eingereichten Antrags zu verfahren ist. Vertretbar ist zwar, die Bearbeitung mit dem Hinweis an den Antragsteller, die Behörde sei nicht zuständig, zu verweigern. Unter Beachtung rechtsstaatlicher Grundsätze wird aber auch eine Verweisung in analoger Anwendung der §§ 83 VwGO, 17 ff. GVG zugelassen[35]. Umstritten ist insoweit weiter, ob die Behörde auf entsprechenden Antrag des Bürgers hin eine Verweisung vornehmen muss oder ob sie stattdessen auch den Antrag wegen Unzuständigkeit ablehnen kann. Es wird insoweit vertreten, dass die Weiterleitung bei Fehlen einer speziellen Verpflichtungsnorm im Ermessen der Behörde steht, das sich aber im Einzelfall auf Null reduzieren kann mit der Folge, dass eine Weiterleitung erfolgen muss. Die Weiterleitung an die zuständige Behörde erfolgt von Amts wegen. Zu beachten ist in jedem Falle, dass die Antragstellung bei der unzuständigen Behörde eine bestehende Frist nicht wahrt, sofern gesetzlich nichts anderes bestimmt ist[36]. 41

3. Unmittelbare Landesverwaltung

Die unmittelbare Staatsverwaltung differenziert sich grundsätzlich nach unmittelbarer Bundes- und Landesverwaltung. Soweit der Freistaat zur Erfüllung der Verwaltungsaufgabe nach der föderalen Kompetenzverteilung berufen ist, ist die mittelbare von der unmittelbaren Landesverwaltung zu unterscheiden. Die unmittelbare Landesverwaltung wird durch staatliche Behörden ohne die Tätigkeit oder Einschaltung anderer Verwaltungsträger ausgeübt. Sie ist hierarchisch gegliedert. An ihrer Spitze stehen oberste Landesbehörden, denen obere, mittlere und untere Verwaltungsbehörden nachgeordnet sind bzw. sein können[37]. 42

a) **Landesregierung und Ministerien, einschließlich Geschäftsverteilung und -ordnung.** Landesregierung und Minister sind oberste Landesbehörden, weil sie keinen anderen Behörden nachgeordnet sind und an der Spitze des Behördenaufbaus stehen. 43

Die **Landesregierung** ist das oberste Organ der vollziehenden Gewalt und besteht aus dem Ministerpräsidenten und den Ministern (Art. 70 Abs. 1 und 2 ThürVerf). Die Landesregierung gibt sich eine Geschäftsordnung (Art. 76 Abs. 3 S. 2 ThürVerf), die 44

---

35 *Kopp/Ramsauer*, VwVfG, § 3 Rn. 13.
36 Zum Ganzen *Kopp/Ramsauer*, VwVfG, § 3 Rn. 14 mwN.
37 *Von Lewinski*, JA 2006, 519 f. meint deshalb, statt – wie üblich – von einem drei- von einem vierstufigen Aufbau sprechen zu können. Zu Recht bezeichnet er den üblichen dreistufigen Aufbau als ein Ergebnis der Verwaltungspraxis, nicht der verfassungsrechtlichen Erfordernisse.

den rechtlichen Rahmen für das in der Landesregierung waltende **Kollegialprinzip** bietet[38]. Die Verwaltung des Landes wird durch sie und die ihr unterstellten Behörden ausgeübt (Art. 90 S. 1 ThürVerf). Sie beschließt nach Art. 76 Abs. 2 ThürVerf über die Abgrenzung der Geschäftsbereiche der Ministerien, der Ressorts[39]. Sie bestimmt auf diese Weise auch über die fachliche Zuständigkeit der Staatskanzlei und der Ministerien sowie ihre Bezeichnung. Die Landesregierung beschließt außerdem über die ihr nach der Verfassung zukommenden Aufgaben; bei ihr liegt – soweit diese Aufgabe nicht (wie regelmäßig) dem jeweils zuständigen Minister übertragen ist – der Erlass von Rechtsverordnungen, Richtlinien, Weisungen und Erlassen. Die Landesregierung entscheidet auch bei Meinungsverschiedenheiten zwischen den Ministern (§ 76 Abs. 2 S. 2 ThürVerf).

45 Der **Ministerpräsident** führt den Vorsitz in der Landesregierung und leitet deren Geschäfte (Art. 76 Abs. 3 S. 1 ThürVerf). Diese Koordinierungsaufgabe erfüllt er mithilfe der ihm zuarbeitenden Behörde, der **Staatskanzlei**. Hinsichtlich der landespolitischen Grundsatzfragen, den „Richtlinien der Regierungspolitik", kommt ihm nach Art. 76 Abs. 1 ThürVerf die sogenannte **Richtlinienkompetenz** zu. Er trägt dafür gegenüber dem Landtag die politische Verantwortung. Durch dessen Wahl wird die demokratische Legitimation der Spitze der Landesverwaltung, der durch ihn ernannten Minister sowie der gesamten Landesverwaltung hergestellt (Art. 70 ThürVerf). Er vertritt das Land nach außen (Art. 77 Abs. 1 ThürVerf), ernennt und entlässt die Beamten und die Richter des Landes (Art. 79 Abs. 1 ThürVerf) und übt das Begnadigungsrecht aus (Art. 79 Abs. 2 ThürVerf), soweit die genannten Befugnisse nicht durch ihn oder Gesetz dem jeweils zuständigen Minister übertragen sind (Art. 79 Abs. 3 ThürVerf).

46 Innerhalb der Richtlinien des Ministerpräsidenten leiten und verantworten die **Minister** ihren Geschäftsbereich selbstständig (Art. 76 Abs. 1 S. 2 ThürVerf). Der jeweilige Minister ist für dieses Ressort, also durch die Landesregierung bestimmte Verwaltungssachgebiete, zuständig und verantwortlich (**Ressortprinzip**). Er verwaltet den nachgeordneten Verwaltungsbereich mit seinen Behörden. Nach dem Beschluss der Landesregierung vom 14.1.2021 bestehen – neben der Staatskanzlei – derzeit acht Ministerien. Intern ist jedes Ministerium regelmäßig folgendermaßen gegliedert: Neben einer Stabsstelle, insbesondere einem Ministerbüro, die dem Minister und dem Staatssekretär unmittelbar zuarbeiten, bestehen Abteilungen, die wiederum in Referat und Sachgebiete untergliedert sind. Das Ministerium beobachtet, beaufsichtigt und leitet den nachgeordneten Bereich, bereitet Gesetze vor, trifft Personalentscheidungen und Verwaltungsakte für das jeweilige Sachgebiet, erlässt Verordnungen, Verwaltungsvorschriften und Weisungen im Einzelfall.

47 **b) Weitere oberste und obere Landesbehörden.** Nach Art. 103 ThürVerf ist der **Landesrechnungshof** eine selbstständige, nur dem Gesetz unterworfene oberste Landesbe-

---

38 Vgl. Gemeinsame Geschäftsordnung für die Landesregierung sowie für die Ministerien und die Staatskanzlei des Freistaats Thüringen (ThürGGO) vom 13.5.2015, GVBl. S. 81, zuletzt geändert durch Beschl. v. 21.7.2020, GVBl. S. 444.
39 Vgl. Beschluss der Landesregierung über die Zuständigkeit der einzelnen Ministerien nach Artikel 76 Abs. 2 S. 1 der Thüringer Verfassung vom 14.1.2021 (GVBl. S. 21).

hörde (vgl. § 1 LRHG). Seine Mitglieder besitzen richterliche Unabhängigkeit. Er besteht aus dem Präsidenten, einem oder mehreren Vizepräsidenten und weiteren Mitgliedern. Präsident und Vizepräsident werden vom Landtag mit der Mehrheit von zwei Dritteln seiner Mitglieder gewählt. Die weiteren Mitglieder werden auf Vorschlag des Präsidenten des Landesrechnungshofs mit Zustimmung des Landtags vom Ministerpräsidenten ernannt. Der Landesrechnungshof überwacht die gesamte Haushalts- und Wirtschaftsführung des Landes. Er überprüft auch die bestimmungsmäßige und wirtschaftliche Verwaltung und Verwendung von Landesvermögen und Landesmitteln durch Stellen außerhalb der Landesverwaltung. Er übermittelt jährlich das Ergebnis seiner Prüfung gleichzeitig dem Landtag und der Landesregierung. Das Nähere über Stellung, Aufgaben, Prüfungskompetenzen und Arbeitsweise des Landesrechnungshofs regeln das Gesetz über den Thüringer Rechnungshof (LRHG) und die Landeshaushaltsordnung (vgl. §§ 88 ff. LHO).

Datenschutzbeauftragter: Er hat im Behördenaufbau eine Sonderstellung, ist aber eher als oberste Landesbehörde anzusprechen: Gemäß § 3 Abs. 1 ThürDSG wählt der Landtag den Landesbeauftragten für den Datenschutz mit mehr als der Hälfte der gesetzlichen Zahl seiner Mitglieder auf sechs Jahre. Er steht zum Land nach Maßgabe des Thüringer Datenschutzgesetzes in einem öffentlich-rechtlichen Amtsverhältnis. Der Landesbeauftragte für den Datenschutz wird im Gesetz zwar nicht als oberste Landesbehörde angesprochen; seine Stellung entspricht jedoch dieser Einordnung. So ist er „oberste Dienstbehörde" im Sinne des § 96 StPO sowie „oberste Aufsichtsbehörde" im Sinne des § 99 VwGO (vgl. auch §§ 4 Abs. 5 und 5 ThürDSG zur Besoldung des Datenschutzbeauftragten wie bei einer „obersten" Landesbehörde). 48

Obere Landesbehörden sind den obersten Landesbehörden unmittelbar nachgeordnete und für das ganze Land zuständige Behörden, die in der Regel nicht über einen eigenen Unterbau verfügen, allenfalls über Zweigstellen. Sie werden häufig „Landesämter" genannt. Folgende obere Landesbehörden bestehen in Thüringen: Thüringer Landesamt für Finanzen (Art. 3 und 3a ThürVwRG 2018), Landeskriminalamt (§ 3 ThürPOG), Thüringer Landesamt für Statistik (ThürStatG), Landesamt für Bodenmanagement und Geoinformation, Landesamt für Landwirtschaft und Ländlichen Raum, Landesamt für Bau und Verkehr (Art. 40 ThürVwRG 2018), Thüringer Landesamt für Verbraucherschutz. 49

Das Landesamt für Denkmalpflege und Archäologie ist seit 2019 keine obere Denkmalschutzbehörde mehr, sondern als Denkmalfachbehörde der obersten Denkmalbehörde unmittelbar nachgeordnet (§ 24 ThürDSchG).[40] 50

Im Zuge der Verwaltungsreform von 2018 wurde die Thüringer Landesanstalt für Umwelt und Geologie von einer naturwissenschaftlich-technischen Einrichtung zur oberen Landesbehörde für die Bereiche Umwelt, Wasserwirtschaft, Bergbau, Strahlenschutz, Chemikaliensicherheit, Immissionsschutz, Bodenschutz, Abfallwirtschaft, Energie, Naturschutz und Landschaftspflege sowie Gentechnik in das Thüringer Landesamt für Umwelt, Bergbau und Naturschutz als obere Landesbehörde umstruktu- 51

---

40 Art. 1 und 2 ThürVwRG 2018.

riert und umbenannt. Außerdem wurde das Thüringer Landesbergamt aufgelöst und seine Aufgaben diesem Landesamt übertragen (Art. 8 ThürVwRG 2018). Schließlich gingen die bislang im Landesverwaltungsamt wahrgenommenen Vollzugsaufgaben aus den Bereichen Umwelt, Wasserwirtschaft, Bergbau, Strahlenschutz, Chemikaliensicherheit, Immissionsschutz, Bodenschutz, Abfallwirtschaft, Energie, Naturschutz und Landschaftspflege sowie Gentechnik ebenfalls auf dieses Landesamt über.

52 Das frühere Landesamt für Verfassungsschutz, das nach Art. 97 ThürVerf zum Schutz der verfassungsmäßigen Ordnung eingerichtet werden muss, ist nach § 2 Abs. 1 ThürVerfSchG keine eigenständige obere Landesbehörde mehr, sondern eine Abteilung des Innenministeriums. Das Thüringer Landesarchiv für das Archivgut mit seinen sechs Abteilungen ist ebenfalls eine der Thüringer Staatskanzlei nachgeordnete obere Landesbehörde. Die Abteilung Hauptstaatsarchiv Weimar ist für die zentralen Landesbehörden des Freistaates zuständig. Darüber hinaus ist allen Abteilungen ein Sprengel zugewiesen, in dem sie im Wesentlichen für das Archivgut der nachgeordneten Behörden des Freistaates Thüringen zuständig sind.

53 **c) Landesverwaltungsamt und weitere Mittelbehörden.** Landesmittelbehörden stehen zwischen den obersten Landesbehörden und den Unterbehörden, verfügen also regelmäßig über einen eigenen Verwaltungsunterbau. Sie bündeln überörtlich staatliche Vollzugsaufgaben und konzentrieren horizontal die Zuständigkeit für bestimmte Sachgebiete, die einen fachübergreifenden Koordinierungsbedarf aufweisen, soweit sie nicht bestimmten Sonderbehörden, insbesondere Landesämtern, zugewiesen sind. Sie entlasten die Ministerien von „unpolitischen" Vollzugsaufgaben.

54 Dem klassischen Modell der Mittelbehörde („Bezirksregierung", „Regierungspräsidium") – allerdings mit landesweiter Zuständigkeit – entspricht für Thüringen das **Landesverwaltungsamt**[41], das intern ähnlich gegliedert ist, wie die ihm übergeordneten Ministerien (Abteilungen, Referate, Dezernate, Sachgebiete). Es steht im Verwaltungsaufbau zwischen den Ministerien und den Landratsämtern. Es übt insbesondere die Fach- und Rechtsaufsicht über die Landkreise und kreisfreien Städte aus. Für diese Körperschaften und für landkreisübergreifende Zweckverbände handelt es auch als Widerspruchsbehörde. In vielen Sachgesetzen wird das Landesverwaltungsamt als „obere" oder „höhere" Behörde angesprochen (zB als obere Bauaufsichts-, Gewerbebehörde), ohne damit zu einer Landesoberbehörde im obengenannten Sinne zu werden; es trifft zum Teil unmittelbar für bestimmte Verwaltungsbereiche, die nicht kommunalisiert sind, die erforderlichen Maßnahmen, erlässt insbesondere Verwaltungsakte. Mit der Verwaltungsreform im Jahr 2018 wurden – wie dargestellt – dem Landesverwaltungsamt jedoch eine Fülle von Zuständigkeiten genommen und dem Thüringer Landesamt für Umwelt, Bergbau und Naturschutz zugewiesen.

55 Sonderbehörden der Mittelstufen mit landesweiter Zuständigkeit: Neben dem Landesverwaltungsamt bestanden in der Vergangenheit eine Reihe von Sonderbehörden der Mittelstufen mit landesweiter Zuständigkeit. Diese wurden im Zuge der Verwaltungsreform 2018 weitgehend abgeschafft. Als besondere Mittelbehörde kann noch

---

41 Errichtet in Anlage 1.2.1 der BehErrVO.

die Landespolizeidirektion angesprochen werden, der insbesondere die Landespolizeiinspektionen nachgeordnet sind.

d) Landratsämter und andere untere staatliche Verwaltungsbehörden. Untere Landesbehörden sind regelmäßig einer Mittelbehörde nachgeordnet und territorial nur für einen Teil des Freistaates örtlich zuständig. Im Gegensatz zu den die Verwaltungsaufgaben bündelnden Mittelbehörden sind die unteren Landesbehörden in Thüringen jeweils für ein engeres Verwaltungsspektrum zuständig.

Allerdings lassen sich die **Landratsämter** kaum mehr als allgemeine untere Verwaltungsbehörden der Innenverwaltung ansehen. Zwar sprechen §§ 91 S. 2 und 111 Abs. 2 ThürKO noch von ihnen als „untere staatliche Verwaltungsbehörde". Ihre Zuständigkeit ist nach § 111 Abs. 2 ThürKO insoweit aber „nur" die staatliche Aufsicht über die kreisangehörigen Gemeinden. Hintergrund ist die im Freistaat Thüringen weit fortgeschrittene Kommunalisierung staatlicher Aufgaben, die den Landkreisen (und kreisfreien Städten) durch Gesetz übertragen wurden. Bei der Erfüllung dieser „übertragenen Aufgaben" (vgl. § 88 ThürKO) handelt zwar auch das Landratsamt; allerdings ist und bleibt es dabei Organ des Landkreises. Dieses Organ, Landratsamt, leiht sich der Freistaat nur für die Kommunalaufsicht („Organleihe"), ist aber, soweit das Landratsamt für das Land handelt und Verwaltungsakte erlässt (aufsichtliche Maßnahmen, Widerspruchsbescheide), rechtlich verantwortlich und daher auch Klagegegner.

Neben den Landratsämtern sind auf der unteren Verwaltungsebene weitere untere besondere Behörden (Sonderverwaltungsbehörden) für bestimmte Verwaltungsbereiche eingerichtet, wie zB die Schulämter, Finanzämter, Landespolizeiinspektionen (§ 5 ThürPOG). Die früher bestehenden Landwirtschaftsämter, Straßenbauämter und Ämter für Landesentwicklung und Flurneuordnung wurden im Zuge der Verwaltungsreform 2018 in die jeweiligen Landesämter eingegliedert (Art. 40 ThürVwRG 2018).

e) Landesbetriebe und andere staatliche Einrichtungen. Zur fachlich spezialisierten und besonders effektiven Ausübung bestimmter Verwaltungstätigkeiten existieren eine Reihe weiterer sonstiger Einrichtungen. Sie sind rechtlich in unterschiedlicher Form ausgestaltet. Neben juristische Personen (Anstalten, Stiftungen) treten Beauftragte oder Beiräte und Ausschüsse. Zum Teil sind diese Einrichtungen nur haushaltsmäßig und organisatorisch, nicht aber rechtlich von der übrigen Verwaltung, nämlich nur als Sondervermögen, getrennt: zB der Fond Ökologische Altlasten (ThürGSÖA). Andere Einrichtungen sind zB die Landeszentrale für politische Bildung, das Thüringer Institut für Lehrerfortbildung, Lehrplanentwicklung und Medien, der Landesbeauftragte des Freistaates Thüringen für die Unterlagen des Staatssicherheitsdienstes der ehemaligen DDR, der Bürgerbeauftragte sowie das Thüringer Landesrechenzentrum. Seit 2019 besteht für den Vollzug der Aufgaben der Landesregulierungsbehörde nach dem Energiewirtschaftsgesetzes bei dem für Energie zuständigen Ministerium die „Regulierungskammer des Freistaats Thüringen";[42] die Regulierungskammer sowie deren

---

42 Gesetz über die Regulierungskammer des Freistaats Thüringen v. 10.4.2018, GVBl. S. 72.

Mitglieder üben ihre Tätigkeit im Rahmen der Gesetze unabhängig, insbesondere von allen politischen Stellen, und in eigener Verantwortung aus.

60 **Öffentliche Unternehmen** können von Kommunen, aber auch vom Land unterhalten werden. Dabei können sie rechtlich verselbstständigt in den Formen des Privatrechtes betrieben werden, wenn gesetzliche Bestimmungen nicht entgegenstehen. Insofern besteht dann die Wahlfreiheit bezüglich der Handlungsformen. Sie können als **Eigengesellschaften** betrieben werden, in denen das Land Anteilseigner ist (AG, GmbH; vgl. §§ 65 ff. ThürLHO). Daneben können Landesbetriebe als bloße **Eigenbetriebe** geführt werden. Daneben stehen **Eigenbeteiligungen** an Unternehmen, deren Anteile auch im Besitz anderer, auch Privater stehen können (zB HELABA; Flughafen Weimar-Erfurt; GmbHs). Sie können bei einer Mehrheitsbeteiligung des Landes öffentlich beherrschte Unternehmen sein (zB Flughafen Weimar-Erfurt GmbH). Denkbar sind aber auch Minderheitsbeteiligungen. Als rechtliche Problemfelder erweisen sich insoweit das europäische Beihilfenrecht, der Schutz privater Unternehmen vor Konkurrenz des Staates und die Bindung der Unternehmen an öffentlich-rechtliche Vorgaben, insbesondere die Grundrechtsbindung, und deren Durchsetzung gegenüber dem öffentlichen Unternehmen (Verwaltungsprivatrecht).

61 **f) Behördenhierarchie: Aufsicht, Kontrolle, Weisung.** Im hierarchischen Über- und Unterordnungsverhältnis der unmittelbaren (und eingeschränkt hinsichtlich der mittelbaren) Staatsverwaltung wird die einheitliche und effiziente Ausführung der Verwaltungsaufgaben über die Aufsicht, die verwaltungsinterne Kontrolle und die Steuerung durch Weisungen durchgesetzt. Sie dienen der gleichmäßigen Durchsetzung des Rechts und der in Rechtsformen gefassten Landespolitik. Sie dienen damit auch dem Demokratie- und Rechtsstaatsprinzip. So ist über das Element der Aufsicht gesichert, dass das demokratisch legitimierte Recht durchgesetzt wird. Die Formen der Aufsicht beruhen ihrerseits auf einer rechtlichen Grundlage. Während gegenüber Trägern der mittelbaren Staatsverwaltung im Bereich der geschützten Selbstverwaltungsangelegenheiten nur eine rechtsaufsichtliche Kontrolle zulässig ist (Prüfung nur der Rechtmäßigkeit der Handlungen), greift bei der unmittelbaren Staatsverwaltung und bei der Wahrnehmung übertragener Aufgaben durch die mittelbare Staatsverwaltung die Fachaufsicht, die auch eine Zweckmäßigkeitsprüfung zulässt und dabei auch politische Leitlinien und Grundsätze der Verwaltungsklugheit zur Anwendung bringt. Gegenüber dem einzelnen Amts- oder Organwalter wird dessen Gehorsamspflicht und Verantwortung im Wege der Dienstaufsicht überwacht und kontrolliert, auch durch Einzelweisung und/oder Verwaltungsvorschriften, uU im Wege dienstrechtlicher Sanktionen aktualisiert.

62 **g) Gemeinsame Behörden/Verwaltungsträger der Länder bzw. der Länder und des Bundes.** Das Grundgesetz eröffnet in begrenztem Maße die Möglichkeit, gemeinsame Behörden des Bundes mit den Ländern zu errichten (Art. 91e, Art. 108 Abs. 4 GG). Daneben können auf der Grundlage von Staatsverträgen und Verwaltungsvereinbarungen gemeinsame Behörden und Einrichtungen der Länder errichtet und betrieben werden (zB Deutsche Film- und Medienbewertung; Deutsche Universität für Verwaltungswissenschaften in Speyer; MDR; ZDF).

4. Mittelbare Landesverwaltung

Werden die Verwaltungsaufgaben durch rechtlich selbstständige Rechtsträger (Anstalten, Stiftungen, Körperschaften, Beliehene), also nicht von staatlichen Behörden und Einrichtungen erfüllt, handelt es sich um mittelbare Staatsverwaltung. Treffen sie Maßnahmen, ist Klagegegner nicht das Land, sondern die jeweilige juristische Person bzw. der Beliehene. 63

a) Körperschaften des öffentlichen Rechts, insbesondere Gebietskörperschaften. Körperschaften des öffentlichen Rechts sind juristische Personen, die durch die Verfassung, durch oder aufgrund Gesetzes errichtet bzw. gegründet werden. Sie sind in Gebiets- und Personalkörperschaften zu unterscheiden; zu ersten zählen der Freistaat, Gemeinden und Landkreise, zu den zweiten etwa Handwerks-, Ärzte- oder Industrie- und Handelskammern. Alle Körperschaften sind mitgliedschaftlich strukturiert, aber nicht von dem jeweiligen Bestand an Mitgliedern abhängig. Ihr Verwaltungszweck ist grundsätzlich eher nach innen, also auf die sich selbstverwaltenden Mitglieder gerichtet. Die Gebietskörperschaften fassen die auf dem jeweiligen Gebiet lebenden Menschen – zB die Gemeindeeinwohner und Gemeindebürger (vgl. zum Unterschied § 10 ThürKO) – zu einer Verwaltungseinheit zusammen und üben ihnen und auf dem Gemeindegebiet befindlichen Personen und Sachen gegenüber hoheitliche Gewalt aus, während die Personalkörperschaften an einer bestimmten Eigenschaft ihrer Mitglieder, idR dem Beruf, als Zuordnungskriterium anknüpfen. Mit ihnen wird das verwaltungsorganisatorische Prinzip der Selbstverwaltung als Ausfluss des Subsidiaritätsprinzips für bestimmte und geeignete Verwaltungsbereiche verwirklicht. 64

aa) Kommunale Gebietskörperschaften und ihre Organisation. Die kommunalen Gebietskörperschaften in Thüringen sind die Gemeinden (§ 1 Abs. 1 und 2 ThürKO) und Landkreise (§ 86 Abs. 1 ThürKO). Begrifflich davon zu unterscheiden sind die „Gemeindeverbände" im verfassungsrechtlichen Sinne (Art. 28 Abs. 2 S. 2 GG, Art. 91 Abs. 2, 3 ThürVerf). Sie sind alle Gebietskörperschaften zwischen Gemeinde und Freistaat, die nicht nur einzelne Verwaltungsaufgaben wahrnehmen, sondern die Selbstverwaltungsaufgaben erfüllen, die nach Gewicht und Umfang mit denen der Gemeinden vergleichbar sind. Hierzu zählen in Thüringen die Landkreise (§§ 86 ff. ThürKO) oder die Verwaltungsgemeinschaften (§§ 46 ff. ThürKO). Zu ihnen gehören dagegen nicht kommunale Zweckverbände (§§ 16 ff. ThürGKG). Sie können sich deshalb nicht auf die verfassungsrechtlich gewährleistete Finanzhoheit (Art. 28 Abs. 2 GG, Art. 91 Abs. 2 ThürVerf), die für Gemeinden und Landkreise besteht, berufen[43]. 65

(1) Städte und Gemeinden. In Thüringen werden folgende Arten von Gemeinden unterschieden (§ 6 Abs. 2 ThürKO): Neben den **kreisangehörigen Gemeinden** (§ 6 Abs. 1 und 2 ThürKO), die nur die eigenen und übertragenen Aufgaben auf ihrem Gebiet erfüllen, stehen die **kreisfreien Städte** (§ 6 Abs. 3 ThürKO), die darüber hinaus auf ihrem Gebiet auch für die sonst den Landkreisen als eigene und übertragene Aufgaben zugewiesenen Verwaltungsbereiche zuständig sind. **Große kreisangehörige Städte** (§ 6 Abs. 4 ThürKO) stehen in der Aufgabenerfüllung zwischen den vorgenannten Ge- 66

---

43 ThürVerfGH, Urt. v. 23.4.2009 – VerfGH 32/05.

meindearten; ihnen können durch Rechtsverordnung bestimmte, sonst von den Landkreisen erfüllte Aufgaben übertragen werden. Wird eine kreisfreie Stadt in einen Landkreis eingegliedert und nicht zum Kreissitz bestimmt, wird sie zur Großen Kreisstadt erklärt. Einer Großen Kreisstadt können durch oder aufgrund eines Gesetzes Aufgaben übertragen werden, die dem Landkreis im eigenen und im übertragenen Wirkungskreis obliegen (§ 6 Abs. 3a ThürKO) (Beispiel: Eisenach im Jahre 2021). Kreisangehörige Gemeinden, die keine kreisfreien Städte oder Große kreisangehörige Städte bzw. Große Kreisstadt sind, können die Bezeichnung „Stadt" nur unter den Voraussetzungen des § 5 ThürKO führen, etwa wenn ihnen die Bezeichnung „Stadt" nach bisherigem Recht zusteht. Die Landesregierung kann auf Antrag die Bezeichnung „Stadt" an Gemeinden verleihen, die nach Einwohnerzahl, Siedlungsform und ihren wirtschaftlichen und kulturellen Verhältnissen städtisches Gepräge tragen. Benachbarte kreisangehörige Gemeinden können eine **Landgemeinde** mit mindestens 3000 Einwohnern bilden (§ 6 Abs. 5 ThürKO); die einzelnen Gemeinden verlieren dabei ihre Selbstständigkeit. Die Landgemeinde hat zwingend eine Ortschaftsverfassung nach § 45 a ThürKO.

67 Benachbarte kreisangehörige Gemeinden können aber auch unter Wahrung ihrer Selbstständigkeit zusammenarbeiten, indem sie entweder eine **Verwaltungsgemeinschaft** gründen oder durch Vereinbarung bestimmen, dass eine Gemeinde mit mindestens 3000 Einwohnern, deren Bürgermeister hauptamtlich tätig ist, die Aufgaben der Verwaltungsgemeinschaft wahrnimmt (**erfüllende Gemeinde**, § 51 ThürKO). Verwaltungsgemeinschaften sind Zusammenschlüsse mehrerer selbstständiger Gemeinden, die in ihrer rechtlichen Existenz erhalten bleiben. Sie sind eigene Körperschaften des öffentlichen Rechts, die Dienstherreneigenschaft besitzen (vgl. § 46 Abs. 2 ThürKO). Für ihre Gründung ist ein Gesetz erforderlich (vgl. § 46 Abs. 1 ThürKO). Sie können einvernehmlich gebildet, erweitert oder geändert werden (vgl. § 46 Abs. 1 S. 2 ThürKO). Gemeinden mit weniger als 3000 Einwohnern müssen nach derzeit geltendem Recht allerdings einer Verwaltungsgemeinschaft angehören oder einer benachbarten Gemeinde nach § 51 ThürKO zugeordnet sein. Die Bildung kann daher auch gegen den Willen einer oder mehrerer Gemeinden durch Gesetz vorgenommen werden (vgl. § 46 Abs. 3 S. 2 ThürKO). Für die Verteilung der Aufgabenerfüllung zwischen Mitgliedsgemeinden und Verwaltungsgemeinschaft gilt Folgendes: Im eigenen Wirkungskreis ist die Gemeinde grundsätzlich auch nach ihrer Eingliederung in eine Verwaltungsgemeinschaft zuständig; sie tritt nach außen als Klägerin oder Beklagte auf (vgl. § 47 Abs. 2 S. 1 ThürKO). Die Verwaltungsgemeinschaft handelt aber als „Behörde" der jeweiligen Mitgliedsgemeinde, die der Weisung der Mitgliedsgemeinde unterliegt. Der Verwaltungsgemeinschaft obliegt die verwaltungsmäßige Vorbereitung und der verwaltungsmäßige Vollzug der Beschlüsse der Mitgliedsgemeinden sowie die Besorgung der laufenden Verwaltungsangelegenheiten, die für die Mitgliedsgemeinden keine grundsätzliche Bedeutung haben und keine erheblichen Verpflichtungen erwarten lassen (§ 47 Abs. 2 S. 2 ThürKO). Der Bürgermeister einer Mitgliedsgemeinde kann die Erfüllung der Aufgabe des eigenen Wirkungskreises jederzeit an sich ziehen (§ 47 Abs. 2 S. 2, 2. Halbsatz ThürKO). Mit diesem Recht (Vorbehaltsrecht) ist das

I. Verwaltungsorganisation

Selbstverwaltungsrecht der Mitgliedsgemeinden gesichert. Einzelne Aufgaben und Befugnisse im Bereich der eigenen Angelegenheiten können durch Zweckvereinbarung auf die Verwaltungsgemeinschaft übertragen werden (§ 47 Abs. 3 ThürKO); dann ist die Verwaltungsgemeinschaft Klägerin oder Beklagte (Aktiv-, Passivlegitimierte). Für Aufgaben des übertragenen Wirkungskreises ist die Verwaltungsgemeinschaft dagegen immer zuständig und damit nach außen auch rechtlich verantwortlich (§ 47 Abs. 1 S. 1 ThürKO).

(2) **Landkreise.** Landkreise sind Gebietskörperschaften mit dem Recht, die überörtlichen Angelegenheiten, deren Bedeutung über das Kreisgebiet nicht hinausgeht, in eigener Verantwortung im Rahmen der Gesetze zur Förderung des Wohls ihrer Einwohner zu verwalten (vgl. § 86 Abs. 1 S. 1 ThürKO). Das Gebiet der Landkreise setzt sich aus den ihnen zugehörenden Gemeinden und gemeindefreien Gebieten zusammen. Obwohl sie auch als „Gemeindeverbände" bezeichnet werden können, sind Landkreise also kein Verband von Gemeinden. Das Gebiet des Landkreises bildet zugleich den Bereich der unteren staatlichen Verwaltungsbehörde (Landratsamt) (§ 91 ThürKO). Die Landkreise wurden in Thüringen durch Gesetz begründet bzw. neugegliedert. 68

Sie erfüllen die überörtlichen Angelegenheiten als eigene Aufgaben (§ 87 Abs. 1 ThürKO), die unterschieden werden in freiwillige Aufgaben und Pflichtaufgaben (zB überörtlicher öffentlicher Personennahverkehr, Gesundheitswesen, Sozialhilfe, Abfallentsorgung, § 87 Abs. 2 S. 2 ThürKO). Die „überörtlichen Angelegenheiten" sind gegenüber den den Gemeinden zustehenden „Angelegenheiten der örtlichen Gemeinschaft" iSd § 2 ThürKO abzugrenzen. Insoweit ist aber der örtliche Aufgabenkreis nicht für alle Gemeinden ungeachtet ihrer Einwohnerzahl, flächenmäßigen Ausdehnung und Struktur gleich. So kann eine bestimmte Aufgabe zB bei mittleren und größeren Gemeinden örtlich bezogen sein, ohne dass dies auch bei kleineren Gemeinden so ist. Das Thüringer Landesrecht ermächtigt die Landkreise nicht zur Wahrnehmung sogenannter Ergänzungs- und Ausgleichsaufgaben, also solcher örtlicher Aufgaben, die mangels leistungsfähiger Gemeinden vor Ort nicht erfüllt werden können[44]. Die Landkreise können daneben durch Gesetz oder aufgrund eines Gesetzes verpflichtet werden, bestimmte öffentliche Aufgaben des Staates oder anderer Körperschaften des öffentlichen Rechts zu erfüllen (Aufgaben des übertragenen Wirkungskreises). Die zuständigen staatlichen Behörden können den Landkreisen für die Erledigung dieser Aufgaben des übertragenen Wirkungskreises allgemein oder im Einzelfall Weisungen erteilen (§ 88 Abs. 1 ThürKO). Nach Maßgabe des § 88 Abs. 1a ThürKO kann den Landkreisen durch Rechtsverordnung auch die Ausführung von Bundesgesetzen als Aufgabe des übertragenen Wirkungskreises übertragen werden. 69

(3) **Organisatorische Formen kommunaler Zusammenarbeit, insbesondere Zweckverbände.** Neben der Zusammenarbeit im Wege der Verwaltungsgemeinschaft oder der erfüllenden Gemeinde, die die Erledigung der allgemeinen Aufgaben zum Gegenstand haben, ermöglicht das Thüringer Gesetz über die Gemeinschaftsarbeit (ThürGKG) unterschiedliche Formen der Zusammenarbeit zur Bewältigung einzelner und konkret 70

---

44 ThürOVG, ThürVBl 1999, 40 ff.

umrissener Aufgabengebiete. Der Zweckverband ist die wichtigste Gestaltung der kommunalen Zusammenarbeit (§ 2 Abs. 1 ThürGKG) und steht neben den **kommunalen Arbeitsgemeinschaften** (§§ 4 ff. ThürGKG), den **Zweckvereinbarungen** (§§ 7 ff. ThürGKG) sowie den **gemeinsamen kommunale Anstalten** (§§ 43 ff. ThürGKG).

71 Der Zweckverband ist eine Körperschaft (§ 2 Abs. 3 ThürGKG), die durch einen Zusammenschluss von Gemeinden und Landkreisen gebildet werden kann (§ 16 ThürGKG). Seine Gründung setzt voraus (§§ 17 ff. ThürGKG), dass das zuständige Organ jedes Mitglieds – bei den Gemeinden der Gemeinderat – den Satzungsentwurf zur Gründung des Zweckverbands beschließt. Dieser ist dann von allen zur Vertretung der Mitglieder befugten Personen (also den Bürgermeistern oder Landräten) zu unterschreiben. Eine solche Vereinbarung ist ein öffentlich-rechtlicher Vertrag (§§ 54 ff. ThürVwVfG). Die Verbandssatzung selbst muss von der Aufsichtsbehörde genehmigt[45] und dann von der Aufsichtsbehörde ausgefertigt und bekannt gemacht werden[46]. Der Beitritt zu einem bestehenden Zweckverband vollzieht sich nach § 38 Abs. 2, § 42 Abs. 1 ThürGKG, der Austritt nach den §§ 38 Abs. 1, 42 Abs. 1 und 2 ThürGKG, wobei auch die Kündigung der Mitgliedschaft aus wichtigem Grund gemäß §§ 38 Abs. 5, 42 Abs. 1 S. 1 Nr. 2 ThürGKG möglich ist[47].

72 **(4) Grundstruktur der kommunalen Binnenorganisation: Verwaltungsspitze, „Rat" und Behördenorganisation.** Die Organe der kommunalen Gebietskörperschaften ähneln sich in ihrer Grundstruktur. Neben einem gewählten Rat bzw. einer gewählten Versammlung, der die Entscheidung der Angelegenheiten mit grundsätzlicher Bedeutung obliegt, steht die Verwaltungsspitze als Leitung der Verwaltungsbehörde, die die grundlegenden Entscheidungen des „Rates" umsetzt, die wiederkehrenden Geschäfte geringerer Bedeutung erfüllt und die Körperschaft nach außen vertritt. Für die einzelnen Gebietskörperschaften gilt insoweit Folgendes:

73 Bei Gemeinden und Städten sind Organe der Gemeinde der **Gemeinderat** und der **Bürgermeister** (§ 22 Abs. 1 ThürKO). Beide Organe sind Verwaltungsorgane. Der Gemeinderat führt in den Städten die Bezeichnung **Stadtrat**. Der Gemeinderat beschließt über die Aufgaben des eigenen Wirkungskreises der Gemeinde, soweit er nicht die Beschlussfassung einem beschließenden Ausschuss übertragen hat (§ 22 Abs. 3, § 26 Abs. 1 ThürKO) oder der Bürgermeister zuständig ist. Der Gemeinderat überwacht die Ausführung seiner Beschlüsse (zur Zusammensetzung und der Binnenorganisation: Ausschüsse, Fraktionen vgl. §§ 23 bis 27 ThürKO). Der Gemeinderat ist in jedem Falle für die grundsätzlichen Angelegenheiten der Gemeinde zuständig, insbesondere beschließt er über die gemeindlichen Satzungen (Ortsrecht). Der **Bürgermeister** ist unmittelbar durch die Gemeindebürger gewählter Beamter der Gemeinde. In kreisfreien

---

45 Zur Genehmigung und ihrer Bekanntmachung ThürOVG, ThürVBl 2003, 104 ff. Zur Veränderung des Mitgliederbestands: ThürOVG, LKV 2002, 534 ff.
46 Zur konstitutiven Wirkung der Bekanntmachung der Zweckverbandssatzung und ihrer Genehmigung: ThürOVG, ThürVBl 1999, 261 ff.; ThürVBl 2001, 131 ff. und ThürVBl 2002, 116. Zum „fehlerhaften Zweckverband": ThürOVG, ThürVGRspr. 2004, 129: Ein fehlerhafter Zweckverband ist rechtlich kein „nullum", sondern ein körperschaftlich strukturierter öffentlich-rechtlicher Verband eigener Art, dem keine Hoheitsrechte zustehen. Zu von ihn erlassenen Bescheide: ThürOVG, ThürVBl 2006, 108 ff.
47 Hierzu ThürOVG, ThürVGRspr. 2002, 89 ff.

Städten und in Großen kreisangehörigen Städten bzw. Großen Kreisstädten führt er die Amtsbezeichnung **Oberbürgermeister** (§ 28 Abs. 1 ThürKO). Er leitet die Gemeindeverwaltung und bestimmt die Geschäftsverteilung. Die vom Bürgermeister geleitete Behörde führt dabei in den Gemeinden die Bezeichnung Gemeindeverwaltung, in den Städten die Bezeichnung Stadtverwaltung (§ 22 Abs. 2 ThürKO). Er vollzieht die Beschlüsse des Gemeinderats und der Ausschüsse (§ 29 Abs. 1 ThürKO). Der Bürgermeister erledigt in eigener Zuständigkeit die laufenden Angelegenheiten des eigenen Wirkungskreises der Gemeinde, die für die Gemeinde keine grundsätzliche Bedeutung haben und keine erheblichen Verpflichtungen erwarten lassen, und die Angelegenheiten des übertragenen Wirkungskreises (§ 29 Abs. 2 ThürKO). Er ist zudem oberste Dienstbehörde der Beamten der Gemeinde, Vorgesetzter und Dienstvorgesetzter der Gemeindebediensteten. In bestimmten Fällen bedarf er für Personalentscheidungen der Zustimmung des Gemeinderats oder des zuständigen Ausschusses (§ 29 Abs. 3 ThürKO). In Angelegenheiten, deren Erledigung nicht ohne Nachteil für die Gemeinde bis zu einer Sitzung des Gemeinderats oder des zuständigen Ausschusses aufgeschoben werden kann, kann er anstelle des Gemeinderats oder des Ausschusses entscheiden (Eilentscheidungsrecht des Bürgermeisters, § 30 ThürKO). Schließlich vertritt der Bürgermeister die Gemeinde nach außen (§ 31 Abs. 1 ThürKO). Jede Gemeinde muss außerdem einen **Beigeordneten** haben; er ist Stellvertreter des Bürgermeisters bei dessen Verhinderung (§ 32 Abs. 1 ThürKO). Hat die Gemeinde durch Regelung in der Hauptsatzung für alle oder für einzelne Ortsteile eine Ortsteilverfassung eingeführt, besteht ein **Ortsteilrat**, der aus dem Ortsteilbürgermeister und den Ortsteilratsmitgliedern besteht. Deren Zuständigkeit und ihr Verhältnis zu den Organen der Gemeinde ergibt sich aus § 45 ThürKO. Die Bürger sind – neben den Wahlen – über Bürgerbegehren und Bürgerentscheid an der Gemeindeverwaltung beteiligt.

Auf der Ebene des Landkreises bestehen im Verhältnis zu den Gemeinden in Aufbau und Zuständigkeit vergleichbare Organe, wobei hier der **Kreistag** das gewählte Vertretungsorgan, bestehend aus den Kreistagsmitgliedern, ist (§ 101 Abs. 1 ThürKO; §§ 102 ff. ThürKO). Der von den Bürgern des Landkreises unmittelbar gewählte **Landrat** ist die Verwaltungsspitze und leitet das **Landratsamt** (§ 101 Abs. 2 ThürKO; zu seinen Aufgaben vgl. §§ 107 ff. ThürKO). Dabei ist – wie oben festgestellt – das Landratsamt neben seiner Funktion als Kreisbehörde, im Wege der Organleihe auch als Behörde des Freistaates, nämlich als Rechtsaufsichtsbehörde, tätig (vgl. § 111 Abs. 2 ThürKO). Auch der Landrat wird von einem Beigeordneten vertreten (§ 110 ThürKO). 74

Organe der Verwaltungsgemeinschaft sind die **Gemeinschaftsversammlung**, die aus dem hauptamtlichen Gemeinschaftsvorsitzenden und den Vertretern der Mitgliedsgemeinden besteht, und der **Gemeinschaftsvorsitzende** (§ 48 Abs. 1 S. 1 ThürKO). Die Zuständigkeit des Gemeinschaftsvorsitzenden ergibt sich aus § 48 Abs. 1 S. 1 und 2 ThürKO. Er erledigt in eigener Zuständigkeit die Aufgaben, die der Verwaltungsgemeinschaft durch Vorschriften außerhalb der Kommunalordnung übertragen werden sowie die Aufgaben der Verwaltungsgemeinschaft nach § 47 Abs. 1 ThürKO (übertragener Wirkungskreis der Mitgliedsgemeinden) sowie die laufenden Angelegenheiten 75 nach § 47 Abs. 2 und 3 ThürKO. Ihm obliegt die Zuständigkeit in Personalangelegenheiten der Verwaltungsgemeinschaft, wobei § 29 Abs. 3 ThürKO entsprechend gilt.

76 Organe des **Zweckverbandes** (§§ 26 ff. ThürGKG) sind die Verbandsversammlung (§ 31 ThürGKG) und der Verbandsvorsitzende (§ 33 ThürGKG)[48].

77 (e) **Kommunale Einrichtungen** sind Einrichtung, die von der Kommune im öffentlichen Interesse unterhalten und durch Widmung (Satzung, Allgemeinverfügung, tatsächliche Eröffnung) der Allgemeinheit zur Verfügung gestellt werden (vgl. § 14 Abs. 1 ThürKO). Im öffentlichen Interesse werden mit ihnen die Aufgaben der Gemeinde – zumeist eigene – erfüllt (zB für die Gemeindeeinwohner bestimmte kommunale Hallen, Parks oder Bibliotheken). Die Kommunen haben die Befugnis, für die kommunalen Einrichtungen die Benutzung zu regeln (vgl. § 20 Abs. 2 Nr. 1 ivm § 14 Abs. 1 ThürKO). Gemäß § 14 ThürKO sind die Einwohner im Rahmen der bestehenden Vorschriften berechtigt, die öffentlichen Einrichtungen der Gemeinde zu nutzen. Auswärts wohnende Personen haben für ihren Grundbesitz oder ihre gewerbliche Niederlassung im Gemeindegebiet gegenüber der Gemeinde die gleichen Rechte und Pflichten wie ortsansässige Grundbesitzer und Gewerbetreibende (§ 14 Abs. 2 ThürKO). Diese Bestimmungen finden auf juristische Personen und Personenvereinigungen entsprechende Anwendung. Nicht selten wird streitig, ob politische Parteien einen Anspruch auf die Nutzung von kommunalen Einrichtungen für die Durchführung von Veranstaltungen, insbesondere Parteitagen, haben. Hierbei ist jeweils zu prüfen, welche Parteigliederung die Nutzung begehrt und in welchem Umfang die Widmung solche Veranstaltungen zulässt. Insbesondere bei Gliederungen oberhalb von Ortsverbänden und/oder für überörtliche Veranstaltungen bietet nicht § 14 ThürKO, sondern regelmäßig der durch § 5 PartG ausgestaltete Gleichbehandlungsgrundsatz die maßgebliche Anspruchsgrundlage. Es sind grundsätzlich auch satzungsrechtliche Beschränkung des Zwecks der Nutzung einer Stadthalle möglich, etwa wenn die Durchführung von Bundesparteitagen politischer Parteien verhindert werden sollen[49].

78 (f) Kommunale Gebietskörperschaften können im Rahmen des **kommunalen Wirtschaftsrechts** (§§ 71 bis 77, 114 ThürKO) ihre Aufgaben auch durch kommunale Unternehmensformen erfüllen.[50] Hier stehen neben öffentlich-rechtlichen auch privatrechtlichen Organisationsformen zur Verfügung. In diesen Formen kann Verwaltung auch teilweise privatrechtlich ausgeübt werden.

79 Zu den öffentlich-rechtlichen Formen zählen der Eigenbetrieb, der Regiebetrieb sowie rechts- oder nichtrechtsfähige Anstalten. **Eigenbetriebe** sind nach § 76 Abs. 1 S. 1 ThürKO Unternehmen der Gemeinde ohne eigene Rechtspersönlichkeit, die außerhalb des Haushaltsplans der Gemeinde nach kaufmännischen Grundsätzen als Sondervermögen verwaltet werden. Sie können zugleich öffentliche Einrichtungen sein. Eigenbetriebe sind Teil der Verwaltung ihrer Gebietskörperschaften. Hoheitliche Maßnahmen, zB der Erlass von Abgabenbescheiden, sind nicht von der Zuständigkeit des Eigenbe-

---
48 ThürOVG, ThürVBl 1998, 256: Ein Werkleiter ist kein Verbandsorgan, § 36 ThürGKG iVm § 76 ThürKO.
49 ThürOVG, LKV 2009, 139 ff.
50 Vgl. Wurzel/Schraml/Gaß, Rechtspraxis der kommunalen Unternehmen, 4. Aufl. 2021, Abschnitt D.

I. Verwaltungsorganisation

triebes umfasst.[51] **Regiebetriebe** sind rechtlich, personell und haushaltstechnisch vollständig in die Gemeindeverwaltung eingegliedert und damit Teil der unmittelbaren Kommunalverwaltung (zB Bauhof). Kommunale Anstalten des öffentlichen Rechts dürfen Kommunen nur unter den Voraussetzungen der §§ 76 a ff. ThürKO gründen und betreiben.

Bei den **privatrechtlichen Organisationsformen** kommen grundsätzlich alle zivilrechtlichen Rechtsformen in Betracht (AG, GmbH). Die Gemeinde darf Unternehmen in einer Rechtsform des privaten Rechts aber nur unter den Voraussetzungen der §§ 71 und 73 ThürKO gründen, deren Zweckbestimmung ändern oder sich an solchen Unternehmen beteiligen. Unzulässig ist insbesondere die Beteiligung an einer OHG, an einer GbR und an einer KG als Komplementär, da dann die Haftung im Außenverhältnis nicht beschränkbar ist (vgl. § 73 Abs. 1 Nr. 4 ThürKO). 80

(g) Die Selbstverwaltungskörperschaften stehen zur Wahrung des Rechtsstaatsprinzips unter (präventiver oder repressiver) **staatlicher Aufsicht**. Die Aufsichtsbehörden sollen die Gemeinden und Landkreise bei der Erfüllung ihrer Aufgaben beraten, fördern und unterstützen, ihre Rechte schützen und sie in ihrer Entschlusskraft und Selbstverwaltung stärken (§ 116 ThürKO). Daneben bestehen für sie auch Überwachungs- und Eingriffsbefugnisse. Deren Reichweite wird durch den Charakter der Aufgabe bestimmt, auf die sich die aufsichtliche Maßnahme bezieht (§ 117 ThürKO). In den Angelegenheiten des eigenen Wirkungskreises beschränkt sich die staatliche Aufsicht darauf, die Erfüllung der gesetzlich festgelegten und übernommenen öffentlich-rechtlichen Aufgaben und Verpflichtungen und die Gesetzmäßigkeit der Verwaltungstätigkeit im staatlichen Interesse zu überwachen (**Rechtsaufsicht**)[52]. In den Angelegenheiten des übertragenen Wirkungskreises erstreckt sich die staatliche Aufsicht über die Rechtsaufsicht hinaus auch auf die Handhabung des Verwaltungsermessens (**Fachaufsicht**). Insofern prüft sie nicht nur die Recht-, sondern auch die Zweckmäßigkeit der Maßnahmen. Diese Grenzen gelten auch für die Widerspruchsbehörde, je nach dem welchem Aufgabenbereich der zu prüfende Verwaltungsakt zuzurechnen ist. 81

Für die Handhabung der Aufsicht stehen verschiedene Mittel zur Verfügung (§§ 119 ff. ThürKO). Im Rahmen der präventiven Aufsicht bestehen gesetzliche **Genehmigungspflichten** (vgl. §§ 72 Abs. 5, 123 ThürKO). Die repressive Aufsicht reicht von der **Unterrichtung** (§ 119 ThürKO) über die **Beanstandung**[53] von Gemeinderatsbeschlüssen sowie von Verwaltungsakten mit Suspensiveffekt, aber auch von Maßnahmen der innergemeindlichen Willensbildung[54] einschließlich der Anordnung von Maßnahmen, wenn gesetzliche Pflichten oder Aufgaben nicht erfüllt werden (vgl. § 120 ThürKO). Die Anordnung muss dabei rechtmäßig sein und darf insbesondere 82

---

51 ThürOVG, LKV 1999, 148 f.; ThürOVG, ThürVBl 2009, 31 ff.
52 ThürOVG, Urt. v. 21.7.2010 – 4 KO 173/08: Die Widerspruchsbehörde ist nach § 124 Nr. 1 ThürKO (jetzt: § 10 Abs. 1 Nr. 1 ThürAGVwGO) in Selbstverwaltungsangelegenheiten auf eine reine Rechtsaufsicht beschränkt und darf keine eigene Sachentscheidung treffen. Auch die Befugnis der Rechtsaufsichtsbehörde zur Ersatzvornahme im Rahmen eines kommunalaufsichtlichen Beanstandungsverfahrens begründet keine Sachentscheidungsbefugnis im Widerspruchsverfahren.
53 ThürOVG, Urt. v. 19.10.1999 – 2 KO 822/99: Isolierte Beanstandung ist unzulässig.
54 ThürOVG, Beschl. v. 7.12.2006 – 4 EO 534/06.

U. Schneider

nicht etwas rechtlich oder tatsächlich Unmögliches verlangen. Kommt eine Gemeinde oder ein Landkreis innerhalb einer gesetzten angemessenen Frist den Anordnungen der Rechtsaufsichtsbehörde nicht nach, so hat diese die notwendigen Maßnahmen anstelle und auf Kosten der Gemeinde oder des Landkreises, also im Wege der **Ersatzvornahme**, zu treffen und zu vollziehen (§ 121 Abs. 1 ThürKO). Erlässt etwa das Landratsamt einen Abgabenbescheid auf diesem Wege handelt es im eigenen Namen und eigenverantwortlich. Denn nach dem Wortlaut des § 121 ThürKO handelt die Rechtsaufsichtsbehörde „anstelle... der Gemeinde" und „auf Kosten der Gemeinde". Damit wird vermieden, dass die Gemeinde einen im Wege der Ersatzvornahme erlassenen Bescheid im Rechtsbehelfsverfahren verteidigen muss[55]. Kommt eine Gemeinde oder ein Landkreis innerhalb einer gesetzten angemessenen Frist einer Weisung der Fachaufsichtsbehörde (§ 120 Abs. 2 ThürKO) nicht nach, so ist die Rechtsaufsichtsbehörde auf Antrag der Fachaufsichtsbehörde verpflichtet, diese bei der Durchführung ihrer gesetzlichen Aufgaben nötigenfalls unter Anwendung der in § 120 Abs. 1 ThürKO festgelegten Befugnisse zu unterstützen (§ 121 Abs. 2 ThürKO). Im äußersten Falle, also wenn die Verwaltung einer Gemeinde oder eines Landkreises in erheblichem Umfang nicht den Erfordernissen einer gesetzmäßigen Verwaltung entspricht und die Befugnisse nach den §§ 119 bis 121 ThürKO nicht ausreichen, die Gesetzmäßigkeit der Verwaltung zu sichern, so kann die Rechtsaufsichtsbehörde gemäß § 122 Abs. 1 ThürKO einen **Beauftragten** bestellen, der alle oder einzelne Aufgaben der Gemeinde auf deren Kosten wahrnimmt. Das für das Kommunalrecht zuständige Ministerium kann sogar, wenn sich der gesetzeswidrige Zustand nicht anders beheben lässt, den Gemeinderat oder den Kreistag auflösen und Neuwahlen anordnen (§ 122 Abs. 2 ThürKO).

83 Zum Rechtsschutz gegen aufsichtliche Maßnahmen ist zu unterscheiden: Regelnde Anordnungen der Rechtsaufsicht sind gegenüber der Gemeinde anfechtbare Verwaltungsakte; im Bereich der Fachaufsicht ist deren Charakter umstritten. Die Gemeinde kann jedenfalls die sie in einer Selbstverwaltungsangelegenheit belastende Verfügung der Rechtsaufsichtsbehörde anfechten[56]. Da nach der herrschenden Meinung die staatliche Aufsicht nicht dem Schutz des Einzelnen dient, hat der Bürger weder einen Anspruch auf ein Einschreiten noch auf die Erteilung einer staatlichen Genehmigung für kommunales Handeln noch einen Anspruch auf eine ermessensfehlerfreie Entscheidung der Kommunalaufsicht. Die Kommunalaufsicht dient nämlich dem Schutz der Gemeinde (oder des Landkreises) und dem staatlichen Interesse[57].

84 **bb) Stiftungen, Anstalten und andere Körperschaften des öffentlichen Rechts (Personalkörperschaften). Stiftungen** sind von einem Stifter für einen bestimmten Zweck verselbstständigte Vermögenswerte. Selbstständige Stiftungen sind rechtsfähige Personen des öffentlichen Rechts, die durch Gesetz oder Verwaltungsakt gebildet werden können. Sie haben keine Mitglieder oder Benutzer, sondern Nutznießer, Genussberechtigte oder Destinatäre. Diese haben grundsätzlich nur ein Recht auf Leistung im

---

55 ThürOVG, Beschl. v. 6.10.2003 – 4 EO 194/03.
56 BVerwGE 19, 121 ff.
57 ThürOVG, Beschl. v. 29.6.1999 – 2 EO 754/96.

Rahmen der Stiftungsregelung. Stiftungen, die Verwaltungsaufgaben wahrnehmen, unterliegen der staatlichen Aufsicht. Für Thüringen können beispielhaft folgende Stiftungen aufgeführt werden: Die **Stiftung Naturschutz Thüringen** wurde am 12.12.1995 auf Beschluss der Thüringer Landesregierung als rechtsfähige Stiftung des öffentlichen Rechts gegründet. Rechtsgrundlage hierfür war damals § 38 Abs. 6 des Vorläufigen Thüringer Naturschutzgesetzes. § 2 des Thüringer Naturschutz-Stiftungsgesetzes vom 29.6.2018[58] regelt nunmehr im Einzelnen den Stiftungszweck. Aufgrund des Thüringer Gesetzes über die Errichtung der **Stiftung Gedenkstätten Buchenwald und Mittelbau-Dora** von 2003[59] wurde eine Stiftung gegründet, deren Zweck es ist, die genannten Gedenkstätten als Orte der Trauer und der Erinnerung an die dort begangenen Verbrechen zu bewahren, wissenschaftlich begründet zu gestalten und sie in geeigneter Weise der Öffentlichkeit zugänglich zu machen, sowie Bildung und Erziehung durch die Erforschung und Vermittlung damit verbundener historischer Vorgänge zu fördern. Die **Klassik Stiftung Weimar** ist 2003 aus dem Zusammenschluss der Stiftung Weimarer Klassik mit den Kunstsammlungen zu Weimar hervorgegangen. Ziel dieser Stiftung ist es, die ihr übertragenen Stätten und die an den Orten ihrer Entstehung erhaltenen Sammlungen in ihrem historischen von der Aufklärung bis zur Gegenwart reichenden Zusammenhang als einzigartiges Zeugnis der deutschen Kultur in ihrer Einheit zu bewahren, zu ergänzen, zu erschließen, zu erforschen und zu vermitteln und zu einem in Deutschland und der Welt wirksamen Zentrum der Kultur, der Wissenschaft und der Bildung zu entwickeln. Dieser Stiftungszweck umfasst Maßnahmen zur Pflege und Erhaltung von Zeugnissen der klassischen deutschen Literatur, von Kunstschätzen und Denkmalen sowie zur Sicherung ihrer Zugänglichkeit für die Allgemeinheit (§ 2 des Thüringer Gesetzes über die Klassik Stiftung Weimar[60]). Die **Stiftung Thüringer Schlösser und Gärten** hat die Aufgabe, die kulturhistorisch bedeutsamen Liegenschaften, insbesondere in Bezug auf ihre historische, kunsthistorische, denkmalpflegerische und landschaftsprägende Bedeutung, zu verwalten. Der Zweck der **Kulturstiftung des Freistaats Thüringen** mit Sitz in Gotha ist die Förderung und Bewahrung von Kunst und Kultur in Thüringen. Ihr obliegt insbesondere die Förderung zeitgenössischer Kunst und Kultur der in Thüringen lebenden Künstlerinnen und Künstler durch Stipendien und Projekte. Die Stiftung kann darüber hinaus bedeutsame Vorhaben der Dokumentation und Präsentation von Kunst und Geschichte fördern. Des Weiteren können der Erwerb und die Sicherung besonders wertvoller Kulturgüter, Kunstgegenstände und Sammlungen mit herausragender Bedeutung durch die Museen, Bibliotheken und Archive unterstützt werden.[61]

Anstalten des öffentlichen Rechts fassen Sach- und Personalmittel zur Erfüllung eines öffentlichen Zwecks in der Hand eines vom sonstigen Behördenaufbau gelösten Verwaltungsträgers zusammen. Dieser Zweck wird regelmäßig von Benutzern nachgefragt. Dabei hängt der Begriff der Anstalt nicht von der Rechtsfähigkeit ab. Nicht-

---

58 GVBl. 2018, S. 315.
59 GVBl. 2003, S. 197.
60 GVBl. 2009, S. 693, zuletzt geändert durch Artikel 5 des Gesetzes vom 18.12.2018 (GVBl. S. 813, 816).
61 Vgl. Thüringer Gesetz über die Errichtung der Kulturstiftung des Freistaats Thüringen vom 19.5.2004, zuletzt geändert durch Gesetz vom 21.12.2021, GVBl. S. 593.

rechtsfähige Anstalten sind in einen anderen Verwaltungsträger eingegliedert und handeln als dessen Organ, i.d.R als Sondervermögen. Als Träger mittelbarer Landesverwaltung müssen sie allerdings rechtsfähig sein. Diese Stellung setzt eine gesetzliche Grundlage voraus, die im Wesentlichen den Anstaltszweck, die Struktur und innere Organisation und die Aufsichtsrechte regelt (vgl. insoweit §§ 76 a ff. ThürKO). Bedeutsame Anstalten des öffentlichen Rechts sind in Thüringen neben den kommunalen Anstalten der „ThüringenForst – Anstalt öffentlichen Rechts" (Landesforstanstalt), der Mitteldeutsche Rundfunk (MDR) und die Landesmedienanstalt. Die Benutzung kann entweder gesetzlich (vgl. § 14 ThürKO) oder nach dem Grundsatz der Gleichbehandlung ausgestaltet sein. Grenzen der Benutzung sind der Anstaltszweck und die Kapazität. Bei Kapazitätserschöpfung muss in jedem Falle nach sachgerechten Maßstäben, zu dem auch der Prioritätsgrundsatz zählt („Wer zuerst kommt, mahlt zuerst"), ausgewählt werden; insoweit können grundrechtliche Anforderungen eine gesetzlich gesteuerte Auswahlentscheidung verlangen (zB Vergabe von Wohnheimplätzen durch das Studierendenwerk). Auch wenn das Anstalts- und Benutzungsverhältnis („Wie") privat-rechtlich ausgestaltet ist, ist in jedem Falle über den Zugangsanspruch („Ob") durch Verwaltungsakt zu entscheiden (**Zwei-Stufen-Theorie**). In bestimmten Fällen (Wasser- und Abwasserversorgung) besteht auch Benutzungszwang.

86 Rechtsfähige **Personalkörperschaften** sind juristische Personen des öffentlichen Rechts; sie fassen ihre Mitglieder nach dem Lebensbereich zusammen, dessen Verwaltung ihnen nach dem Gesetz übertragen ist. In der Regel wird der Mitgliederstatus im Wege einer gesetzlichen **Zwangsmitgliedschaft** begründet, die verfassungsrechtlich abgesichert sein muss. Ihre innere Organisation ist vergleichbar mit den Gebietskörperschaften; so steht neben einer Verwaltungsspitze (Präsident, Präsidium, Vorstand) eine Mitglieder- oder Vertreterversammlung. Personalkörperschaften unterstehen staatlicher Aufsicht. Zu ihnen gehören insbesondere die **berufsständischen Personalkörperschaften (Kammern)**, wie die Industrie- und Handelskammern, die Handwerkskammern und die Landwirtschaftskammern. Für eine Reihe freier Berufe existieren in Thüringen ebenfalls Kammern: Anwalts-, Steuerberater-, Notar-, Ingenieur-, Architekten-, Ärzte-, Zahnärzte-, Tierärzte- und Apothekerkammern sowie die Psychotherapeutenkammer (OPK), wobei letztere länderübergreifend organisiert ist. Ihre Aufgabe ist die Förderung beruflicher Interessen, die Fortbildung, die Sicherung und Durchsetzung des Standesrechts.

87 Die Rechtsstellung der **Hochschulen** in Thüringen regelt § 2 ThürHG. Danach sind die Hochschulen des Landes rechtsfähige (Personal-)Körperschaften des öffentlichen Rechts und zugleich staatliche Einrichtungen. Sie können durch Gesetz auch in anderer Rechtsform errichtet oder in eine andere Rechtsform umgewandelt werden. Die Hochschulen haben das Recht der Selbstverwaltung im Rahmen der Gesetze. Nach § 3 ThürHG steht ihnen das Satzungsrecht zu. Jede Hochschule gibt sich nach Maßgabe dieses Gesetzes eine Grundordnung sowie andere zur Erfüllung ihrer Aufgaben und Regelung ihrer Angelegenheiten erforderliche Satzungen. Die Errichtung, die Zusammenlegung und die Aufhebung von Hochschulen des Landes erfolgt durch Gesetz (§ 1 Abs. 3 ThürHG). Hochschulen des Freistaates Thüringen sind die Universität Erfurt,

die Technische Universität Ilmenau, die Friedrich-Schiller-Universität Jena, die Bauhaus-Universität Weimar, die Hochschule für Musik Franz Liszt Weimar, die Fachhochschulen Erfurt, Jena, Nordhausen und Schmalkalden sowie die Duale Hochschule Gera-Eisenach[62].

Eine besondere Stellung hat unter dem Dach des Bildungszentrums der Thüringer Landesverwaltung die Thüringer Fachhochschule für öffentliche Verwaltung mit den Fachbereichen Polizei, Kommunalverwaltung, allgemeine staatliche Verwaltung, Steuern. Sie ist für die Ausbildung der Beamten der Laufbahnen des gehobenen nichttechnischen Verwaltungsdienstes als verwaltungsinterne Einrichtung des Landes errichtet. Sie hat ihren Sitz in Gotha. Der Fachbereich Kommunalverwaltung und staatliche allgemeine Verwaltung wie der Fachbereich Steuern sitzt in Gotha, während der Fachbereich Polizei in Meiningen eingerichtet ist.

b) **Kirchen.** Die Kirchen, häufig Körperschaften des öffentlichen Rechts (Art. 40 ThürVerf iVm Art. 137 WRV), stehen außerhalb des staatlichen Verwaltungsaufbaus, unterstehen keiner staatlichen Aufsicht und organisieren ihre inneren Verhältnisse selbst. Ihre rechtliche Beziehung zum Freistaat ist überwiegend durch landesgesetzlich bestätigte Staatsverträge geregelt (vgl. zB Staatsvertrag zwischen dem Freistaat Thüringen und den Evangelischen Kirchen in Thüringen vom 17.5.1994; Staatsvertrag zwischen dem Heiligen Stuhl und dem Freistaat Thüringen vom 11.6.1997).

c) **Beliehene.** Der **Beliehene** ist eine natürliche oder juristische Person des Privatrechts, dem durch einen Ermächtigungsakt (Gesetz, Verwaltungsakt) im Wege der formalen Privatisierung übertragen ist, im eigenen Namen Verwaltungsaufgaben zu erfüllen (in Thüringen zB Vermessungsingenieure [§ 1 Abs. 2 des Thüringer Gesetzes über die Öffentlich bestellten Vermessungsingenieure (ThürGÖbVI)]; Schulen in freier Trägerschaft [§ 10 Abs. 3 des Thüringer Gesetz über Schulen in freier Trägerschaft (ThürSchfTG)]; Bezirksschornsteinfeger; KfZ-Prüfungsstellen [StVZO]). Er ist ein Verwaltungsträger und Behörde im Sinne des § 1 Abs. 2 ThürVwVfG, unterliegt der staatlichen Aufsicht und ist im Rechtsstreit um die von ihm getroffenen Maßnahmen Beklagter.

II. Allgemeines Verwaltungsrecht

1. Verwaltungsverfahrensrecht

a) **Abgrenzungen.** Das Verwaltungsrecht ist Teil des öffentlichen Rechts, das wiederum vom Zivilrecht und dem Strafrecht abzugrenzen ist. Das öffentliche Recht begründet Rechte und Pflichten für Träger der öffentlichen Gewalt, aber auch für den Bürger. Es regelt die Verwaltungsorganisation, die Verwaltungstätigkeit und das Verwaltungsverfahren sowie das Verhältnis zwischen den Bürgern und den Verwaltungsbehörden (**Außenrecht**), als auch – etwa über Verwaltungsvorschriften, Geschäftsordnungen und Weisungen – die Rechtsbeziehungen zwischen den Verwaltungsträgern und den hierarchisch zugeordneten Behörden und Verwaltungsorganen (**Innenrecht**).

---

62 Hierzu *Berger/Gundling*, Das Thüringer Gesetz zur Dualen Hochschule Gera-Eisenach, ThürVBl 2016, 293 ff.

92 Das **allgemeine Verwaltungsrecht** behandelt und regelt die allgemeinen Begriffe, Rechtsinstitute und Grundsätze, die für alle Bereiche des Verwaltungsrechts maßgeblich sind und in den Materien des besonderen Verwaltungsrechts vorausgesetzt und angewendet werden. Es ist im Wesentlichen im Thüringer Verwaltungsverfahrensgesetz (ThürVwVfG) geregelt[63]. Daneben bestehen organisationsrechtliche Regeln, die sich aber häufig auch im besonderen Verwaltungsrecht finden. Die Hauptmaterien des **besonderen Verwaltungsrechts**, das verschiedene Verwaltungsbereiche betrifft, sind das Kommunalrecht (ThürKO, ThürKAG, ThürKWG), das Polizei- und Ordnungsrecht (ThürPAG, ThürPOG, ThürOBG), das Bau- und Landesplanungsrecht (ThürBO, ThürLplG), das Straßenrecht (ThürStrG), das Naturschutz- und Umweltrecht (ThürNatG, ThürAGKrWG). Auch wenn das besondere Verwaltungsrecht, insbesondere das praktisch bedeutsamste, Landesverwaltungsrecht ist, ist zu beachten, dass das besondere Verwaltungsrecht des Bundes wegen der bestehenden Normenhierarchie (vgl. Art. 31 GG) entgegenstehendes Landesverwaltungsrecht bricht.

93 Die nach außen wirkende Tätigkeit der Behörden zur Vorbereitung oder zum Erlass eines Verwaltungsaktes oder des Abschlusses eines öffentlich-rechtlichen Vertrages wird durch das **Verwaltungsverfahrensrecht** geregelt. Das Thüringer Verwaltungsverfahrensgesetz (ThürVwVfG), das insoweit die maßgeblichen Regelungen enthält, stimmt in seinen Bestimmungen in weiten Teilen mit dem Verwaltungsverfahrensgesetz des Bundes (VwVfG) überein. Hintergrund dafür ist, dass der Bund und die Länder sich auf einen Musterentwurf für ein Verwaltungsverfahrensgesetz geeinigt haben und diesen fortentwickeln, um für die Verwaltungen im Gesamtstaat die Vereinheitlichung und Effizienz der Verwaltungsabläufe trotz des bestehenden Föderalismus und dabei die rechtsstaatlichen Vorgaben übergreifend sicherzustellen. Deshalb bestehen für die Verwaltungen aller Länder und des Bundes allgemeine, meist im Verwaltungsverfahrensgesetz geregelte (Verfahrens-)Grundsätze, allgemeine Regeln und Begriffe und Rechtsinstitute (zB über Beteiligte: § 11 ff. ThürVwVfG; den Ausschluss von Personen und Befangenheitsregeln: § 20 und § 21 ThürVwVfG; Anhörung: § 28 ThürVwVfG; Akteneinsicht: § 29 ThürVwVfG; Verwaltungsakt und Allgemeinverfügung: § 35 ThürVwVfG; Nebenbestimmungen wie Auflage, Bedingung, Befristung, Widerrufs- oder Auflagenvorbehalt: § 36 ThürVwVfG; Zusage und Zusicherung: § 38 ThürVwVfG; Ermessen: § 40 ThürVwVfG; Bekanntgabe: § 41 ThürVwVfG; Wirksamkeit: § 43 ThürVwVfG; Nichtigkeit: § 44 ThürVwVfG; Folgen von Verfahrensfehlern: §§ 45, 46 ThürVwVfG; Verwaltungsvertrag: § 54 ThüVwVfG; Realakt; unbestimmter Rechtsbegriff; subjektiv öffentliche Rechte; Verwaltungsrechtsverhältnis) sowie allgemeine Befugnisse (Rücknahme: § 48 ThürVwVfG; Widerruf: § 49 ThürVwVfG; Wiederaufgreifen des Verfahrens: § 51 ThürVwVfG) und Verfahrensarten und -regeln. Die Rechtsformen des Verwaltungshandelns unterscheiden sich daher in Thüringen nicht von anderen Bundesländern und vom Bund: So wird auch hier durch Behörden einseitig hoheitlich (Eingriffsverwaltung: zB im Ordnungsrecht) oder leistend (Leistungsverwaltung: zB bei Subventionen oder Ausbildungsförderung) oder

---

63 Der Einigungsvertrag hatte ursprünglich die unmittelbare Geltung des VwVfG des Bundes im Beitrittsgebiet angeordnet.

planend (planende Verwaltung: zB im Bau- und Straßenrecht) gehandelt. Neben hoheitlichem Handeln steht das konsensuale bzw. schlicht hoheitliche, das ohne Eingriffe auskommt, oder das verwaltungsprivatrechtliche und fiskalische, bei dem sich Träger der öffentlichen Verwaltung des Zivilrechts bedienen. Wegen dieser Vergleichbarkeit des Handelns kann auch in der Ausbildung in Thüringen auf diese allgemeinen Erkenntnisse zurückgegriffen und auf die gängige Ausbildungsliteratur hierzu verwiesen werden. Hier sollen deshalb im Wesentlichen – neben den Verwaltungsverfahren und den Verwaltungsgrundsätzen – nur die Besonderheiten des ThürVwVfG angesprochen werden, die sich insbesondere auf den Anwendungsbereich dieses Gesetzes beziehen.

Vor dem Beitritt der DDR zur Bundesrepublik Deutschland erlassene Verwaltungsakte blieben nach Art. 19 des Einigungsvertrages grundsätzlich wirksam. Sie können aufgehoben werden, wenn sie mit rechtsstaatlichen Grundsätzen oder mit den Regelungen dieses Vertrags unvereinbar sind. Im Übrigen bleiben die Vorschriften über die Bestandskraft von Verwaltungsakten unberührt (Art. 19 S. 2 und 3 EV). 94

b) **Arten und Grundsätze des Verwaltungsverfahrens.** Das Verwaltungsverfahren ist an bestimmte Formen nicht gebunden, es sei denn, besondere Rechtsvorschriften verlangen dies. Es ist einfach, zweckmäßig und zügig durchzuführen (**nichtförmliches Verfahren**, § 10 ThürVwVfG). Ein **förmliches Verfahren** wird durchgeführt, wenn es durch Rechtsvorschrift angeordnet ist (§ 63 ThürVwVfG). Ein besonderes förmliches Verfahren ist das **Planfeststellungsverfahren,** das auf die Feststellung eines Planes gerichtet ist (§§ 72 ff. ThürVwVfG). Nicht zu den Verfahren im Sinne des § 9 ThürVwVfG zählen bzw. besondere Verfahren sind: Vorverfahren gemäß §§ 68 ff. VwGO (kein eigenes Entscheidungsverfahren, sondern Fortsetzungsverfahren; deshalb auch weitestgehend in der VwGO geregelt[64]); Vollstreckungsverfahren (§§ 18 ff. ThürVwZVG); Disziplinarverfahren (§§ 22 ff. ThürDG; Bußgeldverfahren (§§ 48 ff. OWiG); Enteignungsverfahren (§§ 17 ff. ThürEG). 95

Wichtige Verfahrensgrundsätze sind der Untersuchungsgrundsatz (§ 24 ThürVwVfG), der Grundsatz der Einfachheit und Zweckmäßigkeit (§ 10 S. 2 ThürVwVfG) und die Grundsätze der Nichtöffentlichkeit und Geheimhaltung. 96

c) **Besonderheiten des Verwaltungsverfahrensrechts in Thüringen (ThürVwVfG).** Auch bei der Ausführung von Bundesgesetzen durch Landesbehörden ist grundsätzlich nicht das Verwaltungsverfahrensgesetz des Bundes (VwVfG), sondern das Thüringer Verwaltungsverfahrensgesetz anzuwenden (vgl. § 1 VwVfG; § 1 Abs. 1 ThürVwVfG). Der **Anwendungsbereich** des ThürVwVfG selbst wird in dessen § 1 und § 2 geregelt. Danach gilt das ThürVwVfG nur für die öffentlich-rechtliche Verwaltungstätigkeit der Behörden des Landes, der Gemeinden und Gemeindeverbände und der sonstigen der Aufsicht des Landes unterstehenden Körperschaften, Anstalten und Stiftungen des öffentlichen Rechts, soweit nicht Rechtsvorschriften des Landes inhaltsgleiche oder entgegenstehende Bestimmungen enthalten. Verfahrensregelungen in Rechtsvorschriften des Bundes bleiben unberührt. Behörde im Sinne dieses Gesetzes ist jede Stelle, die Aufgaben der öffentlichen Verwaltung wahrnimmt. Das ThürVwVfG gilt nicht für die Tätigkeit der Kirchen, der Religions- und Weltanschauungsge- 97

---

64 Vgl. aber auch BVerwGE 82, 336.

meinschaften sowie ihrer Verbände und Einrichtungen und für die Tätigkeit des Thüringer Rundfunks. Praktisch bedeutsam ist vor allem die Regelung des § 2 Abs. 2 Nr. 1 ThürVwVfG, wonach das Gesetz ferner nicht für Verwaltungsverfahren gilt, in denen Bestimmungen der Abgabenordnung anzuwenden sind[65]. Dies ist vor allem im Kommunalabgabenrecht zu beachten; soweit in diesen Verfahren allerdings ein Vorverfahren nach den §§ 68 bis 73 VwGO stattfindet, ist § 80 ThürVwVfG anzuwenden. § 2 Abs. 2 ThürVwVfG nennt weitere Ausnahmen des Anwendungsbereichs. So gilt das ThürVwVfG nicht für die Strafverfolgung, die Verfolgung und Ahndung von Ordnungswidrigkeiten, die Rechtshilfe für das Ausland in Straf- und Zivilsachen und, unbeschadet des § 80 Abs. 4 ThürVwVfG, für Maßnahmen des Richterdienstrechts, für Verfahren nach dem Sozialgesetzbuch, das Recht des Lastenausgleichs und das Recht der Wiedergutmachung sowie für die Berufung von Hochschullehrern und Verfahren im Zusammenhang mit Ehrungen und der Ausübung des Begnadigungsrechtes. Für die Tätigkeit der Gerichtsverwaltungen und der Behörden der Justizverwaltung einschließlich der ihrer Aufsicht unterliegenden Körperschaften des öffentlichen Rechts gilt dieses Gesetz nur, soweit die Tätigkeit der Nachprüfung im Verfahren vor den Gerichten der Verwaltungsgerichtsbarkeit unterliegt. Bei Leistungs-, Eignungs- und ähnlichen Prüfungen von Personen gelten die Bestimmungen nur eingeschränkt (vgl. § 2 Abs. 3 ThürVwVfG). Im Übrigen ist vor der Anwendung des ThürVwVfG zu prüfen, ob in den Gesetzen, die den besonderen Verwaltungsbereich regeln, besondere Verfahrensvorschriften bestehen (Subsidiaritätsklausel). Solche können sich auch aus dem Unionsrecht ergeben.

2. Bekanntgabe- und Zustellungsrecht

98 a) **Begriff der Bekanntgabe und der Zustellung.** Nach § 41 Abs. 1 S. 1 ThürVwVfG ist ein Verwaltungsakt demjenigen Beteiligten bekannt zu geben, für den er bestimmt ist oder der von ihm betroffen wird. **Bekanntgabe** ist dabei die Eröffnung des Verwaltungsakts mit Wissen und Wollen eines für die Behörde handelnden Amtsträgers an den individuell bestimmten Adressaten oder den bzw. die Betroffenen[66]. Unabdingbare Voraussetzung ist also die „amtliche Veranlassung" der Bekanntgabe durch den zeichnungsbefugten Amtswalter, also die willentliche Entäußerung des Verwaltungsakts.

Gegenbeispiel: Die Übermittlung eines als „Entwurf" bezeichneten Verwaltungsaktes im Anhörungsverfahren ist kein Verwaltungsakt. Gleiches gilt für eine bloß „private" Mitteilung.

99 Die Bekanntgabe kann mündlich, schriftlich oder elektronisch erfolgen. Die Bekanntgabe kann auch im bloßen Handzeichen eines Polizisten oder zB dem Aufstellen eines Verkehrsschildes liegen (vgl. §§ 39, 45 Abs. 4 StVO).

Fall: Der Autofahrer A wehrt sich gegen die Begleichung von Abschleppkosten mit der Behauptung, er habe das Halteverbotsschild nicht gesehen. Dies ist grundsätzlich irrelevant; denn die Wirksamkeit eines ordnungsgemäß aufgestellten oder angebrachten Verkehrszeichens hängt nicht von der subjektiven Kenntnisnahme des davon betroffenen Verkehrsteilnehmers ab. Es

---

65 Vgl. hierzu ThürOVG, ThürVBl 2005, 70.
66 Im Einzelnen hierzu *Kopp/Ramsauer*, VwVfG, § 41 Rn. 6 ff. mwN.

reicht, wenn es ein durchschnittlicher Kraftfahrer bei Einhaltung der erforderlichen Sorgfalt schon „mit einem raschen und beiläufigen Blick" erfassen kann[67].

Ein schriftlicher Verwaltungsakt, der im Inland durch die Post übermittelt wird, gilt am dritten Tag nach der Aufgabe zur Post als bekannt gegeben. Dies gilt nicht, wenn der Verwaltungsakt nicht oder zu einem späteren Zeitpunkt zugegangen ist; im Zweifel hat die Behörde den Zugang des Verwaltungsakts und den Zeitpunkt des Zugangs nachzuweisen (§ 41 Abs. 2 ThürVwVfG). Eine öffentliche Bekanntmachung ist zulässig, wenn sie durch Rechtsvorschrift zugelassen ist oder wenn eine Bekanntmachung einer Allgemeinverfügung an einzelne Beteiligte untunlich ist (§ 41 Abs. 3 ThürVwVfG). Sie wird dadurch bewirkt, dass der verfügende Teil des Verwaltungsaktes ortsüblich bekannt gemacht wird (§ 41 Abs. 4 ThürVwVfG). Die Bekanntgabe führt zur äußeren Wirksamkeit eines Verwaltungsaktes. Mit ihr setzt der Beginn der Frist für die Erhebung eines Widerspruchs und/oder einer Klage ein. 100

In bestimmten Fällen kann die **Zustellung** gesetzlich oder durch die Behörde angeordnet sein (vgl. § 41 Abs. 5 ThürVwVfG; § 1 Abs. 6 ThürVwZVG). Die Zustellung ist eine förmliche Bekanntgabe, insbesondere auf der Grundlage des Ersten Teils des Thüringer Verwaltungszustellungs- und Vollstreckungsgesetzes[68]. Sie wird regelmäßig durch die Übergabe eines Schriftstücks bewirkt. Nach dem geltenden Zustellungsrecht ist die Zustellung aber auch durch die Vorlage oder die Übersendung eines elektronischen Dokuments möglich. Die Zustellung ist mithin eine besondere Form der Bekanntgabe eines Verwaltungsaktes (vgl. § 2 Abs. 1 ThürVwZVG). Voraussetzung einer wirksamen Zustellung ist daher die in ihr enthaltene und mit ihr bewirkte Bekanntgabe des Verwaltungsaktes. Zweck der Zustellung ist die Beweisbarkeit des Zugangs des zuzustellenden Dokuments. 101

Von der – auch öffentlichen – Bekanntgabe und Zustellung von Verwaltungsakten ist die **Bekanntmachung** von Rechtsverordnungen oder Satzungen zu unterscheiden, die nach dem Verkündungsgesetz (VerkG), der ThürKO bzw. der Thüringer Bekanntmachungsverordnung (ThürBekVO) vorgenommen wird. 102

b) **Anwendungsbereich des Zustellungsrechts nach dem ThürVwZVG.** Im Grundsatz stellen Behörden des Landes und die Körperschaften, Anstalten und Stiftungen des öffentlichen Rechts, die unmittelbar oder mittelbar seiner Aufsicht unterstehen, nach den Bestimmungen des ThürVwZVG zu (vgl. § 1 Abs. 1 ThürVwZVG). Allerdings sind für bestimmte Bereiche Ausnahmen zu beachten; so wird im Widerspruchsverfahren nach den Bestimmungen des Verwaltungszustellungsgesetzes des Bundes (VwZG) zugestellt (vgl. § 73 Abs. 3 S. 2 VwGO; § 1 Abs. 2 ThürVwZVG). Die Finanzbehörden stellen ebenfalls nach dem VwZG zu (§ 1 Abs. 1 VwZG; § 1 Abs. 4 ThürVwZVG). 103

c) **Notwendigkeit der Zustellung, Zustellungsadressat und Arten der Zustellung.** § 1 Abs. 6 ThürVwZVG bestimmt, wann förmlich zugestellt wird, nämlich dann, wenn 104

---

67 BVerwGE 102, 316 ff.
68 In der Fassung der Bekanntmachung vom 5.2.2009 (GVBl. S. 24), zuletzt geändert durch Artikel 5 des Gesetzes vom 23.9.2015 (GVBl. S. 131, 133).

die Zustellung entweder durch Rechtsvorschrift (Gesetz, Rechtsverordnung oder Satzung) verlangt oder aber – im Einzelfall – behördlich angeordnet wird.

Beispiele: Zustellung des Widerspruchsbescheids (vgl. § 73 Abs. 3 S. 1 VwGO); Baugenehmigung, wenn der Nachbar nicht zugestimmt hat (§ 69 Abs. 3 ThürBO); Androhung von Zwangsmitteln (vgl. § 46 Abs. 6 S. 1 ThürVwZVG); immissionsschutzrechtliche Genehmigungen (vgl. § 10 Abs. 7 S. 1 BImSchG); beamtenrechtliche Verfügungen (§ 116 ThürBG).

105 Daneben kann die Zustellung – etwa bei bedeutsamen Vorgängen – auch behördlich angeordnet werden, um den Nachweis der Bekanntgabe führen zu können. Eine solche Anordnung kann sich aus einer Verwaltungsvorschrift ergeben, einer allgemeinen behördlichen Praxis ohne schriftliche Anordnung entsprechen oder durch einzelfallbezogene Entscheidung des Sachbearbeiters geschehen.

Beispiel: Der Sachbearbeiter bringt auf dem Bescheid den Vermerk an: „mit Postzustellungsurkunde".

106 Die Zustellung als eine förmliche Bekanntgabe eines Verwaltungsaktes muss grundsätzlich an den oder die betroffenen **Adressaten** gerichtet sein. Bei Geschäftsunfähigen oder beschränkt Geschäftsfähigen ist an ihre gesetzlichen Vertreter zuzustellen. Gleiches gilt für Personen, für die ein Betreuer bestellt ist, soweit dies den Aufgabenkreis des Betreuers umfasst. Bei Behörden wird an den Behördenleiter, bei juristischen Personen, nicht rechtsfähigen Personenvereinigungen und Zweckvermögen an ihre gesetzlichen Vertreter zugestellt. Sind mehrere gesetzliche Vertreter oder Behördenleiter vorhanden, so genügt die Zustellung an einen von ihnen (vgl. § 7 ThürVwZVG). Nach § 8 Abs. 1 S. 1 ThürVwZVG kann die Übergabe auch dadurch bewirkt werden, dass die Zustellung an den allgemein oder für bestimmte Angelegenheiten bestellten Bevollmächtigten gerichtet wird. Bei Vorlage einer schriftlichen Vollmacht besteht die Verpflichtung der Behörde, an den Bevollmächtigten zuzustellen (§ 8 Abs. 1 S. 2 ThürVwZVG). Folgt dem die Behörde nicht, so ist die Zustellung grundsätzlich unwirksam. Liegt keine schriftliche Vollmacht vor, kann die Behörde ihr Ermessen aber dahin gehend ausüben, an den eigentlichen Betroffenen zustellen[69]. Sind es mehrere Betroffene, ist grundsätzlich an jeden einzelnen zuzustellen, wenn das Gesetz nichts anderes vorsieht[70]. § 8 Abs. 1 S. 3 oder § 8 a ThürVwZVG kennen hier etwa bei Bevollmächtigten und Angehörigen (Ehegatten, Lebenspartnern, Eltern und Kindern) Ausnahmen.

107 Die Behörde kann zwischen den im Gesetz abschließend genannten einzelnen **Zustellungsarten** wählen (§ 2 Abs. 1 S. 2 ThürVwZVG). Folgende Zustellungsarten sind zu unterscheiden[71]:

- Bei der Zustellung durch die Post mit **Zustellungsurkunde** (vgl. zum Näheren § 3 ThürVwZVG) muss die Zustellung auf der Postzustellungsurkunde (PZU) vom Postbediensteten beurkundet werden (vgl. § 2 Abs. 1 S. 2 Nr. 1 ThürVwZVG: beliehener Unternehmer). Die von ihm ordnungsgemäß ausgefüllte PZU wird danach an die Behörde zurückgesandt. Mit ihr ist der Zeitpunkt der Zustellung beweisbar,

---

69 BVerwG, Urt. v. 30.10.1997 – 3 C 35/96; VG Meiningen, Urt. v. 18.5.2016 – 5 K 543/13 Me.
70 Im Einzelnen hierzu *Kopp/Ramsauer*, VwVfG, § 41 Rn. 60 ff. mwN.
71 Vgl. zum Folgenden die Einzelheiten bei *Kopp/Ramsauer*, VwVfG, § 41 Rn. 62 ff. mwN.

weil sie eine öffentliche Urkunde iSd § 418 ZPO ist. Sie begründet den vollen Beweis dafür, dass die Zustellung in der beurkundeten Weise bewirkt wurde. § 3 Abs. 2 ThürVwZVG verweist für das einzuhaltende Verfahren auf die §§ 177 bis 182 ZPO, die auch die Formen der Ersatzzustellung und Zustellungsfiktionen regeln.

- Bei der Zustellung durch die Post mittels **Einschreiben**, dh entweder als Übergabeeinschreiben oder als Einschreiben mit Rückschein (§ 4 ThürVwZVG)[72], genügt zwar nach § 4 Abs. 2 S. 1 ThürVwZVG zum Nachweis der Zustellung der Rückschein. Auch gilt nach § 4 Abs. 2 S. 2 ThürVwZVG das Schriftstück am dritten Tag nach der Aufgabe zur Post als zugestellt, auch wenn dieser dritte Tag ein Sonntag ist. Die Fiktion gilt dabei auch, wenn der Brief bereits vor diesem Zeitpunkt tatsächlich zugegangen war. Die Fiktion gilt aber dann nicht, wenn das zuzustellende Schriftstück nicht oder zu einem späteren Zeitpunkt zugegangen ist[73]. Die Beweislast für den Zugang und den Zeitpunkt trägt dabei die Behörde (§ 4 Abs. 2 S. 3 ThürVwZVG).
- Bei der Zustellung **durch die Behörde** (§ 5 ThürVwZVG) stellt diese durch eigene Bedienstete zu. Dabei händigt dieser das Schriftstück aus und der Empfänger unterzeichnet eine Empfangsbestätigung. Nach § 5 Abs. 2 ThürVwZVG finden die Regelungen der §§ 177 bis 181 ZPO Anwendung. Für die Zustellung an Behörden, Rechtsanwälte, Notare, Steuerberater kann die Zustellung durch Empfangsbekenntnis vorgenommen werden (vgl. § 5 Abs. 3 ThürVwZVG).
- Neben den genannten üblichen Zustellungsarten gibt es die Zustellung durch die Zustellung elektronischer Dokumente (vgl. § 5 a ThürVwZVG), die Zustellung elektronischer Dokumente über De-Mail-Dienste (§ 5 b ThürVwZVG) und mittels Vorlegens der Urschrift (vgl. § 6 ThürVwZVG). Sonderarten der Zustellung sind die Zustellungen im Ausland (§ 14 ThürVwZVG), die öffentliche Zustellung (§ 15 ThürVwZVG) und Zustellungen an Beamte (§ 16 ThürVwZVG).

d) **Mängel der Bekanntmachung oder der Zustellung und ihre Folgen.** Ein Mangel der Bekanntgabe ist streng von einem Mangel bei der Zustellung zu unterscheiden. Denn die Regelung über die Heilung nach § 9 ThürVwZVG betrifft lediglich Zustellungs-, nicht jedoch **Bekanntgabemängel**[74]. Mängel der Bekanntgabe führen regelmäßig dazu, dass der Verwaltungsakt nicht wirksam wird. Es findet auch keine Heilung statt; vielmehr ist der Verwaltungsakt neu zu erlassen. Solche Mängel sind zB die ohne Willen der Behörde nur zufällige Kenntnisnahme eines Verwaltungsaktes durch den Betroffenen. Gleiches gilt, wenn das Schriftstück an den Falschen adressiert ist und deshalb nicht an die nach dem Willen der Behörde „richtige" Person bekannt gegeben wird. Bei solchen Mängeln scheidet auch eine wirksame Zustellung aus. Bei Mängeln im Zusammenhang mit einer Zustellung ist daher genau zu differenzieren, ob ein Bekanntgabe- oder ein Zustellungsfehler vorliegt. Dies kann im Einzelfall zu schwierigen Abgrenzungsproblemen führen.

108

---

72 Diese Zustellungsart erfasst daher nicht das „Einwurfeinschreiben", weil es nur die „Einlieferung" belegt.
73 Vgl. zum Problem der treuwidrigen Vereitelung der Bekanntgabe *Kopp/Ramsauer*, VwVfG, § 41 Rn. 19 ff.
74 *Sadler*, VwZG, § 8 Rn. 28 ff.

Fall: Heilung, wenn der Verwaltungsakt wegen eines Fehlers dem A persönlich bekannt gegeben wird, der einen Rechtsanwalt mit schriftlicher Vollmacht bestellt hat und an den er den Verwaltungsakt weiterreicht? (Ja: BVerwG NJW 1988, 1612)

109 **Zustellungsmängel**, dh Mängel im Zustellungsverfahren, berühren demgegenüber die Existenz und die Wirksamkeit des zuzustellenden Verwaltungsakts grundsätzlich nicht, soweit gesetzlich nichts anderes vorgeschrieben ist[75]. Zustellungsmängel können zudem nach § 9 ThürVwZVG geheilt werden, wenn sich eine formgerechte Zustellung nicht nachweisen lässt oder das Schriftstück unter Verletzung zwingender Zustellungsvorschriften zugegangen ist, es dem Empfangsberechtigten also tatsächlich zugegangen ist. Das Schriftstück gilt in diesem Fall zu dem Zeitpunkt als zugestellt, in dem es der Empfänger tatsächlich erhalten hat, im Fall des § 5a ThürVwZVG in dem Zeitpunkt, in dem der Empfänger das Empfangsbekenntnis zurückgesendet hat. Die bloße Kenntnisnahme bzw. die Möglichkeit der Kenntnisnahme durch den Zustellungsempfänger ohne den Erhalt des Bescheides reicht allerdings nicht aus. Mit der Streichung des § 9 Abs. 2 ThürVwZVG a.F., der die Folge regelte, dass Rechtsbehelfsfristen nicht in Lauf gesetzt werden, laufen nun die Rechtsbehelfsfristen mit der Heilung. Heilbare Zustellungsmängel sind – neben anderen – etwa anzunehmen, wenn die förmliche Zustellung im Widerspruch zu gesetzlichen Bestimmungen unterlassen, die Übergabe bei einer Zustellung mittels PZU nicht beurkundet oder eine der Vorschriften der §§ 177 bis 182 ZPO durch den Postbediensteten bei Zustellung nach § 3 ThürVwZVG nicht eingehalten wird. Allerdings gibt es auch beachtliche Mängel, die nicht zur Heilung führen, weil sie für die Zustellung konstitutiv sind[76]. Doch entfallen allgemein die Folgen einer fehlerhaften Zustellung, wenn der Betroffene rechtzeitig einen Rechtsbehelf einlegt bzw. der Anordnung nachkommt.

3. Verwaltungskostenrecht

110 Das Verwaltungskostenrecht ist in der Praxis besonders bedeutsam, weil Maßnahmen der Verwaltung, insbesondere der Erlass von Verwaltungsakten, Kosten nach sich ziehen und erhoben werden müssen; dies gilt nur dann nicht, wenn das Gesetz eine vollständige sachliche Verwaltungskostenfreiheit oder eine (teilweise) Gebührenfreiheit für den Betroffenen vorsieht (vgl. zB §§ 2 und 3 ThürVwKostG). Für die Erhebung von Kosten im Verwaltungsverfahren ist – soweit keine spezialgesetzlichen Kostenregelungen existieren – das Thüringer Verwaltungskostengesetz (ThürVwKostG) einschlägig sowie die auf der Grundlage von § 21 Abs. 1 ThürVwKostG für alle Verwaltungsbereiche von den jeweils zuständigen Ministerien als Verordnungen erlassenen **Verwaltungskostenordnungen**.

111 Verwaltungskosten sind **Gebühren** (§ 8 ff. ThürVwKostG) und **Auslagen** (§ 11 ThürVwKostG), die für individuell zurechenbare öffentliche Leistungen erhoben werden (vgl. § 1 Abs. 1 ThürVwKostG). Öffentliche Leistungen sind Amtshandlungen, das Zulassen der Inanspruchnahme von Einrichtungen des Landes, Überwachungsmaßnahmen, Prüfungen und Untersuchungen sowie sonstige Leistungen, die im Rah-

---

75 Im Einzelnen hierzu *Kopp/Ramsauer*, VwVfG, § 41 Rn. 77 ff. mwN.
76 Unheilbarer Mangel, wenn entgegen § 3 Abs. 1 S. 2 ThürVwZVG die Angabe der Geschäftsnummer fehlt: ThürOVG, ThürVGRspr. 1997, 105.

men einer öffentlich-rechtlichen Verwaltungstätigkeit erbracht werden. Eine Amtshandlung ist jede mit Außenwirkung in Ausübung hoheitlicher Befugnisse vorgenommene Handlung; sie liegt auch dann vor, wenn ein Einverständnis der Behörde, insbesondere eine Genehmigung, Erlaubnis oder Zustimmung, nach Ablauf einer bestimmten Frist aufgrund einer Rechtsvorschrift als erteilt gilt (vgl. § 1 Abs. 6 ThürVwKostG). Das Verwaltungskostengesetz regelt im Einzelnen, wer Gläubiger und Schuldner der Verwaltungskosten ist (vgl. § 5 und § 6 ThürVwKostG) und wann diese Kosten entstehen, fällig werden und verjähren (§ 7, § 13 und § 17 ThürVwKostG). Eine Verwaltungskostenentscheidung, ein Verwaltungsakt, hat inhaltlich dem § 12 Abs. 1 ThürVwKostG zu entsprechen; sie ist kraft Gesetzes sofort vollziehbar (vgl. § 80 Abs. 2 S. 1 Nr. 1 VwGO). Wird eine Verwaltungskostenentscheidung selbstständig angefochten, so ist das Rechtsbehelfsverfahren verwaltungskostenrechtlich als selbstständiges Verfahren zu behandeln (§ 19 iVm § 1 Abs. 2 und § 4 Abs. 3 ThürVwKostG).

Bei verwaltungsgerichtlichen Anfechtungsklagen gegen Bescheide denen auch eine Kostenregelung beigefügt ist, bezieht sich die Klage regelmäßig nur dann auch auf den Kostenbescheid, wenn dies ausdrücklich erklärt wird.[77] Der Zusammenhang zwischen Grundverfügung und Kostenregelung ist auch in anderer Hinsicht bedeutsam: 112

Fall: Wird auf der Grundlage einer baurechtlichen Beseitigungsanordnung ein Bauwerk durch die Behörde abgerissen, erledigt sich die Klage gegen diese Anordnung dann nicht, solange sie die rechtliche Grundlage für einen Kostenbescheid für die Ersatzvornahme ist.

4. Verwaltungsvollstreckungsrecht

Das Verwaltungsvollstreckungsrecht ist von hoher praktischer Bedeutung. Deshalb wird es auch zunehmend zum Gegenstand der Ausbildung, insbesondere von Klausuren; dort ist es regelmäßig Bestandteil der Prüfung eines angefochtenen Bescheids, der neben dem Grundverwaltungsakt auch Regelungen zu seiner Vollstreckung aufweist. 113

Das Verwaltungsvollstreckungsrecht unterscheidet sich vom gerichtlichen Vollstreckungsrecht. Im Gegensatz zum Bürger, der zur zwangsweisen Durchsetzung seiner Ansprüche Gerichte und Vollstreckungsorgane (zB Gerichtsvollzieher) einschalten muss, kann die Behörde selbst zur Erzwingung öffentlich-rechtlicher Verpflichtungen aufgrund eines von ihr geschaffenen bzw. eines mit ihr vereinbarten Vollstreckungstitels vollstrecken (**Selbsttitulierung**). Auch die Durchführung des Vollstreckungsverfahrens selbst einschließlich der Anwendung von Zwang liegt grundsätzlich in der Hand der Verwaltung (**Selbstvollstreckung**). Der Verwaltungsvollstreckung unterliegt jedoch nur die zwangsweise Durchsetzung gesetzlich bestimmter Arten von Verwaltungsakten oder eines öffentlich-rechtlichen Vertrages, wenn sich der Vertragsschließende der sofortigen Vollstreckung unterworfen hat (vgl. § 61 ThürVwVfG). 114

Die Verwaltungsvollstreckung ist von der Vollstreckung verwaltungsgerichtlicher Urteile zu unterscheiden (vgl. §§ 167 ff. VwGO). Dort findet die Vollstreckung durch die Verwaltung nur auf Anordnung des Vorsitzenden des Vollstreckungsgerichts statt (vgl. 115

---

77 Weiter differenzierend: ThürOVG, Urt. v. 20.8.2020 – 3 KO 702/10, ThürVBl 2021, 259.

§ 169 Abs. 1 S. 2 VwGO). Im Übrigen kann die Verwaltung selbst Vollstreckungsschuldner sein (Vgl. §§ 170, 172 VwGO); diese Regelungen gelten im Übrigen nach § 61 Abs. 2 S. 2 und 3 ThürVwVfG bei einer Vollstreckung aus einem öffentlichen Vertrag im Sinne des § 61 Abs. 1 S. 1 ThürVwVfG gegen die öffentliche Hand.

116 a) **Vollstreckung nach dem ThürVwZVG und Abgrenzung zu anderen Vollstreckungsregeln.** Die Behörden des Landes, der Gemeinden, der Gemeindeverbände, der Landkreise und der sonstigen der Aufsicht des Landes unterstehenden Körperschaften, Anstalten und Stiftungen des öffentlichen Rechts vollstrecken Verwaltungsakte grundsätzlich nach dem ThürVwZVG, soweit die Vollstreckung nicht unmittelbar nach Bundesrecht geregelt (vgl. §§ 57 ff. AufenthG), das Verwaltungsvollstreckungsgesetz des Bundes (VwVG) anwendbar ist oder bundesrechtliche Vollstreckungsvorschriften nach Landesrecht für unmittelbar anwendbar erklärt sind (§ 18 Abs. 1 und 2, Abs. 4 ThürVwZVG). Sonderregelungen für die Vollstreckung von Verwaltungsakten der Polizei, mit denen Handlungen, Duldungen oder Unterlassungen erzwungen werden sollen, enthalten die §§ 51 ff. ThürPAG (vgl. § 18 Abs. 3 S. 1 ThürVwZVG).

117 b) **Allgemeine Vollstreckungsvoraussetzungen.** Die Verwaltungsvollstreckung setzt grundsätzlich einen **Verwaltungsakt** voraus, der einen vollstreckbaren Inhalt besitzt. Dieser Verwaltungsakt muss innerlich **wirksam** sein (vgl. zur hierfür erforderlichen Bekanntgabe: siehe oben II. 2. a) und d)). Nicht wirksam bekanntgegebene und nichtige Verwaltungsakte[78] (vgl. § 44 ThürVwVfG) sind nicht vollstreckbar. Um seinem **Inhalt** nach vollstreckbar zu sein, muss der Verwaltungsakt zur Leistung von Geld (§ 33 Abs. 1 ThürVwZVG) oder zu einem sonstigen Handeln, Dulden oder Unterlassen verpflichten (§ 43 Abs. 1 ThürVwZVG). Erforderlich ist mithin ein solches durch den Verwaltungsakt angeordnetes Ver- oder Gebot (§ 18 Abs. 1 letzter Halbsatz ThürVwZVG). Nur rechtsgestaltende oder feststellende Verwaltungsakte wirken unmittelbar und sind daher ihrem Regelungsinhalt nach nicht vollstreckbar: zB eine Ernennung oder Genehmigung[79].

118 Die **Rechtswidrigkeit** des zu vollstreckenden Verwaltungsaktes, der sogenannten Grundverfügung, steht der Vollstreckung nach ständiger Rechtsprechung auch dann **nicht** entgegen, wenn sie noch nicht unanfechtbar ist[80]. Dieser Grundsatz wird allerdings bei Verwaltungsakten durchbrochen, die auf einer vom BVerfG (vgl. § 79 Abs. 2 S. 2 BVerfGG), dem Thüringer Verfassungsgerichtshof (vgl. § 183 S. 2 VwGO) oder vom Thüringer Oberverwaltungsgericht in einem Normenkontrollverfahren für unwirksam erklärten Norm beruhen (§ 47 Abs. 5 S. 3 iVm § 183 S. 2 VwGO). Dass eine Rechtsnorm, die der Grundverfügung die Rechtsgrundlage bot, in einem einen Dritten betreffenden, gerichtlichen Verfahren nur *inzident* für ungültig gehalten wurde, steht der Vollstreckung dieses Verwaltungsaktes aber nicht entgegen, weil die zuvor ge-

---

78 Vgl. hierzu *Weber,* LKV 2017, 203 f.
79 Vgl. *Graef,* § 18 Rn. 3.
80 BVerfG, NVwZ 1999, 290. Zum Meinungsstand: *Weiß,* Gibt es einen Rechtswidrigkeitszusammenhang in der Verwaltungsvollstreckung? DÖV 2001, 275 ff.; siehe auch *Hyckel,* LKV 2015, 300 (302 f.); *Weber,* LKV 2017, 203 (205 f.).

nannten Bestimmungen auf diese Fälle nicht in entsprechender Weise anzuwenden sind[81].

Nach § 54 ThürVwZVG können (nur) die Zwangsmittel der Ersatzvornahme und des unmittelbaren Zwangs (siehe unten) – statt wie im zuvor beschriebenen **gestreckten Verfahren** – ausnahmsweise auch ohne Grundverfügung oder ohne bestimmte Vollstreckungsvoraussetzungen (zB Unanfechtbarkeit, Androhung, Fristsetzung) angewendet werden, nämlich bei besonderer Eilbedürftigkeit und bei einer unmittelbar drohenden oder gegenwärtigen Gefahr (**Sofortvollzug**[82] oder **verkürztes Verfahren**). Diese Bestimmung eröffnet den Zwangsmitteleinsatz ohne Grundverfügung und in Abweichung von § 19 Nr. 1, § 20 Abs. 4, § 23 Abs. 2 und 3, § 24 Abs. 3 sowie den §§ 26, 27, 46 und 53 Abs. 1 S. 2 ThürVwZVG. 119

Fall: Nach einer nicht sofort vollziehbaren und noch anfechtbaren baurechtlichen Beseitigungsanordnung wird nach einem Sturm festgestellt, dass unmittelbar und vor der im Bescheid festgesetzten Frist zur Beseitigung der Einsturz auf eine Straße droht. Die Behörde kann im Wege der Ersatzvornahme das marode Bauwerk sofort beseitigen.

Bei Abwesenheit des Betroffenen bzw. Handlungspflichtigen, wenn also der Verantwortliche nicht oder nicht rechtzeitig erreicht werden kann, kann als Maßnahme eigener Art auch ohne dessen Willen und, ohne dass der zu vollstreckende Verwaltungsakt wirksam ergangen ist, sofort gehandelt werden (**unmittelbare Ausführung**, vgl. § 9 Abs. 1 ThürPAG, § 12 ThürOBG). In beiden Fällen ist Voraussetzung für die Rechtmäßigkeit der Maßnahme aber, dass die unterbliebenen Akte rechtmäßig von der handelnden Behörde hätten erlassen werden können[83]. Sie sind von der Ersatzvornahme zu unterscheiden. 120

Fall: Durch aus einem weggeworfenen Kanister auslaufendes Öl droht die Verunreinigung des Bodens oder eines Gewässers. Die Polizei kann unmittelbar und auf Kosten des Eigentümers bzw. Gefährders die erforderlichen Maßnahmen durchführen.

Ein Verwaltungsakt ist gemäß § 19 ThürVwZVG dann **vollstreckbar**, wenn er nicht mehr mit einem förmlichen Rechtsbehelf angefochten werden kann, also unanfechtbar („bestandskräftig") ist, für sofort vollziehbar erklärt wurde (§ 19 Nr. 2 ThürVwZVG iVm § 80 Abs. 2 S. 1 Nr. 4, Abs. 3 VwGO) oder der Rechtsbehelf kraft Gesetzes keine aufschiebende Wirkung hat (vgl. § 80 Abs. 2 S. 1 Nrn. 1 bis 3 VwGO). Unanfechtbar und bestandskräftig ist ein Verwaltungsakt (§ 19 Nr. 1 ThürVwZVG), wenn etwa die Widerspruchs- bzw. Klagefrist abgelaufen ist, ein wirksamer Rechtsmittelverzicht ausgesprochen oder alle gerichtlichen Rechtsbehelfe erfolglos ausgeschöpft wurden. Ein Rechtsbehelf hat kraft Gesetzes keine aufschiebende Wirkung (§ 19 Nr. 3 ThürVwZVG) gemäß § 80 Abs. 2 S. 1 Nr. 1 VwGO bei der Anforderung öffentlicher Abgaben und Kosten, gemäß § 80 Abs. 2 S. 1 Nr. 2 VwGO bei unaufschiebbaren Anordnungen und Maßnahmen von Polizeivollzugsbeamten[84] und gemäß § 80 Abs. 2 S. 1 Nr. 3 VwGO bei einem Ausschluss der aufschiebenden Wirkung durch Bundes- 121

---

81 Vgl. BVerfG, NJW 1967, 1976.
82 Zu unterscheiden von der „sofortigen Vollziehung" eines Verwaltungsaktes gemäß § 80 Abs. 2 VwGO.
83 Zum Verhältnis dieser beiden Handlungsformen: *Hyckel*, LKV 2015, 300 (345 f.).
84 Dies gilt analog bei Verkehrsanordnungen und -schildern, wie bei einem durch Parkuhr gekennzeichnete modifizierte Haltverbot: BVerwG, NVwZ 1988, 623.

oder Landesgesetz[85]. Gleiches gilt für Widersprüche und Klagen Dritter gegen Verwaltungsakte, die die Zulassung von Vorhaben betreffend Bundesverkehrswege und Mobilfunknetze zum Gegenstand haben (§ 80 Abs. 2 S. 1 Nr. 3 a) VwGO).

122 Die Vollstreckung von Pflichten des Bürgers, die durch **öffentlich-rechtliche Verträge** begründet wurden, erfolgt durch die Verwaltung unter den Voraussetzungen des § 61 ThürVwVfG nach den Vorschriften des ThürVwZVG (§ 61 Abs. 2 ThürVwVfG). Voraussetzung ist zum einen ein subordinationsrechtlicher Vertrag iSd § 54 S. 2 ThürVwVfG. Zum anderen ist gemäß § 61 Abs. 1 S. 1 ThürVwVfG die Unterwerfung unter die sofortige Vollstreckung erforderlich (zur Form: § 57 ThürVwVfG). Schließlich muss die Behörde durch eine der in § 61 Abs. 1 S. 2 ThürVwVfG genannten Personen vertreten sein. Sind diese Voraussetzungen erfüllt, tritt die im öffentlich-rechtlichen Vertrag festgesetzte Pflicht bei der Vollstreckung an die Stelle der in den §§ 18 ff. ThürVwZVG genannten Verwaltungsakte.

123 **c) Besondere Vollstreckungsvoraussetzungen.** Die besonderen Vollstreckungsvoraussetzungen richten sich danach, ob eine öffentliche Geldforderung beigetrieben werden soll (aa) oder Handlungs-, Duldungs- und Unterlassungspflichten durchgesetzt werden sollen (bb).

124 **aa) Beitreibung von Forderungen.** Öffentlich-rechtliche Geldforderungen werden nach den §§ 33 ff. ThürVwZVG vollstreckt; dieses Verfahren heißt „Beitreibung". Zu den öffentlichen Geldforderungen zählen etwa zB Verwaltungskosten, Kommunalabgaben (zB kommunale Steuern, Gebühren und Beiträge) oder festgesetzte Zwangsgelder. Steuer- und andere Geldforderungen des Staates werden allerdings nach den Vorschriften der Abgabenordnung beigetrieben (vgl. § 35 Abs. 1 ThürVwZVG). Nach § 42 Abs. 1 ThürVwZVG iVm § 1 der Beitreibungsverordnung (ThürBetrVO) können auch bestimmte, gesetzlich im Einzelnen definierte privatrechtliche Geldforderungen juristischer Personen des öffentlichen Rechts ausnahmsweise nach den Bestimmungen des ThürVwZVG beigetrieben werden.

125 Voraussetzung für die Beitreibung öffentlich-rechtlicher Geldforderungen ist gemäß § 33 Abs. 2 Nr. 1 ThürVwZVG die **Bekanntgabe eines Leistungsbescheides.** Nach § 33 Abs. 2 Nr. 2 ThürVwZVG muss die Forderung zudem **fällig** sein. Eine **Mahnung,** der es unter den Voraussetzungen des § 34 ThürVwZVG nicht bedarf, muss gemäß § 33 Abs. 2 Nr. 3 ThürVwZVG schließlich erfolglos geblieben sein, dh dass der Betrag nicht innerhalb einer **Zahlungsfrist** von mindestens einer Woche gezahlt worden ist. Für die **Zuständigkeit** und das allgemeine **Beitreibungsverfahren** ist zwischen Geldforderungen des Staates (§ 35 ThürVwZVG), der Kommunen, einschließlich der Zweckverbände (§ 36 ThürVwZVG) und sonstiger juristischer Personen des öffentlichen Rechts (§ 37 ThürVwZVG) zu unterscheiden. Daneben sind Religions- oder Weltanschauungsgemeinschaften, die Körperschaften des öffentlichen Rechts sind, gemäß § 37a ThürVwZVG berechtigt, sich zur Vollstreckung ihrer öffentlich-rechtlichen Friedhofs- und Bestattungsgebühren der Kasse der Gemeinde zu bedienen. Für die konkrete Durchführung, die auch in der Hand anderer Vollstreckungsorgane liegen

---

85 Z.B. durch Bundesrecht: § 212a BauGB; Landesrecht: § 8 ThürAGVwGO.

kann (zB Finanzamt, Vollziehungsbeamte, Gerichtsvollzieher), richtet sich das **Vollstreckungsverfahren im Einzelnen** nach dem Gegenstand der Vollstreckung. Insoweit verweisen §§ 38 und 39 ThürVwZVG im Übrigen auf die Abgabenordnung bzw. die Zivilprozessordnung.

Soll eine Forderung von einer juristischen Person des öffentlichen Rechts beigetrieben werden, gelten die Regelungen des § 40 ThürVwZVG[86]. 126

bb) Voraussetzungen für die Vollstreckung von Handlungs-, Duldungs- und Unterlassungspflichten. Verwaltungsakte, die zu einer Handlung, Duldung oder Unterlassung verpflichten, können nur mithilfe der in § 44 Abs. 2 ThürVwZVG abschließend aufgeführten **Arten von Zwangsmitteln** vollstreckt werden (Enumerationsprinzip), nämlich dem Zwangsgeld, der Ersatzvornahme oder dem unmittelbaren Zwang. Andere Formen des Verwaltungszwangs oder mittelbare Formen, Vollziehungsdruck aufzubauen, sind mithin unzulässig. 127

Fall: Der A ist bestandskräftig verpflichtet, ein Bauwerk abzureißen, und schuldet dem Landratsamt X außerdem Geld für eine Amtshandlung im Bereich des Führerscheinrechts. Als A einen Bauantrag für ein anderes Gebäude stellt, verweigert ihm das Landratsamt die zu erteilende Baugenehmigung. Er solle erst seine Verpflichtungen erfüllen.

Dieses Verhalten ist rechtswidrig, wenn die Genehmigungsvoraussetzungen erfüllt sind; die Behörde muss den Abriss mit Zwangsgeld bzw. der Ersatzvornahme durchsetzen bzw. das Geld beitreiben. Die Genehmigung muss erteilt werden. 128

Zuständige **Vollstreckungsbehörde** ist die Behörde, die den Grundverwaltungsakt erlassen hat; sie vollstreckt auch Widerspruchsbescheide der nächsthöheren Behörde (§ 43 Abs. 1 letzter Halbsatz ThürVwZVG). 129

Ein Zwangsmittel muss vor seiner Anwendung schriftlich angedroht werden (§ 46 Abs. 1 S. 1 ThürVwZVG). Seine **Androhung** kann nur unterbleiben, soweit dies ausdrücklich gesetzlich ermöglicht ist (vgl. zB § 54 S. 1 ThürVwZVG). Bei der Androhung muss eine angemessene **Frist** bestimmt werden (§ 46 Abs. 1 S. 2 ThürVwZVG). Die Fristsetzung ist notwendiger Bestandteil der Zwangsmittelandrohung[87]. Die Androhung kann mit dem zu vollstreckenden Grundverwaltungsakt verbunden werden. Sie soll mit ihm verbunden werden, wenn die sofortige Vollziehung angeordnet ist oder wenn einem Rechtsbehelf keine aufschiebende Wirkung zukommt (§ 46 Abs. 2 ThürVwZVG). Ist bei einer danach mit dem Grundverwaltungsakt verbundenen Zwangsmittelandrohung die Frist abgelaufen, bevor dieser unanfechtbar oder dessen sofortige Vollziehbarkeit angeordnet wurde, so führt dies dazu, dass lediglich die Fristsetzung gegenstandslos ist, ohne dass dadurch ihre Rechtmäßigkeit in Frage gestellt wird[88]. Die Androhung muss bestimmt sein, dh dass sie genau festlegen muss, welches konkrete Zwangsmittel für welche einzelne Verpflichtung angewandt werden soll (§ 46 Abs. 3 S. 1 ThürVwZVG). Die Aufforderung, einer Handlungsverfügung 130

---

[86] Vgl. hierzu VG Gera, ThürVBl 2014, 198.
[87] Hierzu: ThürOVG, ThürVBl 1997, 163.
[88] AA: VG Weimar, Beschl. v. 25.2.2016 – 3 E 73/16 We: Wird ein nicht sofort vollziehbarer Grundverwaltungsakt mit einer Zwangsmittelandrohung verbunden, darf die gesetzte Erfüllungsfrist erst nach Bestandskraft der Verfügung beginnen.

"unverzüglich" nachzukommen, dürfte im Rahmen der Androhung von Zwangsmitteln in der Verwaltungsvollstreckung keine hinreichend bestimmte Fristsetzung sein[89]. Nach § 46 Abs. 3 S. 2 ThürVwZVG dürfen mehrere Zwangsmittel nicht gleichzeitig angedroht werden. Das Zwangsgeld muss in einer bestimmten Höhe angedroht werden (§ 46 Abs. 4 ThürVwZVG). Die Androhung einer Ersatzvornahme muss deren Kosten vorläufig veranschlagen (§ 46 Abs. 5 ThürVwZVG). Die Androhung ist zuzustellen, auch wenn für den mit ihr verbundenen Grundverwaltungsakt keine Zustellung vorgeschrieben ist (§ 46 Abs. 6 ThürVwZVG). Das angedrohte Zwangsmittel kann erst angewandt werden, wenn die Verpflichtung innerhalb der in der Androhung gesetzten Frist **nicht erfüllt** wird (§ 47 Abs. 1 S. 1 ThürVwZVG).

131 Bei der Anwendung aller Zwangsmittel gilt, dass sie gemäß § 45 ThürVwZVG dem **Grundsatz der Verhältnismäßigkeit** entsprechen muss. Dies betrifft die in das Ermessen der Vollstreckungsbehörde gestellte Auswahl, aber auch die konkrete Anwendung des Zwangsmittels[90]. Muss zur Erfüllung der Verpflichtung in Rechte Dritter eingegriffen werden, ist eine **Duldungsanordnung** gegenüber dem Dritten notwendig. Ihr Fehlen macht den Grundverwaltungsakt aber nicht rechtswidrig. Es bildet lediglich ein Vollstreckungshindernis, das nachträglich durch Duldungs- bzw. Handlungsanordnungen beseitigt werden kann[91].

Fall: Der "Schwarzbauer" A ist Pächter des Grundstücks des E; A wird verpflichtet, das Bauwerk abzureißen. Gegenüber dem E muss zur Durchsetzung im Wege der Ersatzvornahme eine Duldungsanordnung ergehen.

132 **d) Besondere Voraussetzungen der einzelnen Zwangsmittel.** Das Zwangsgeld (§ 48 ThürVwZVG) ist ein Beugemittel. Es ist daher von einer Geldbuße zur Ahndung von Ordnungswidrigkeiten oder von einem Ordnungsgeld (zB § 37 Abs. 2 ThürKO) zu unterscheiden. Es ist – wie auch die anderen Arten der Verwaltungsvollstreckung – keine Sanktion für begangenes Unrecht. Es dient vielmehr der Erzwingung eines auferlegten Gebots. Zwangsgeld kann deshalb bis zur Erfüllung der auferlegten Pflichten wiederholt angedroht und beigetrieben sowie auch neben einer verhängten Strafe oder Geldbuße angewendet werden (§ 47 Abs. 1 S. 2, Abs. 2 ThürVwZVG). Bei den durch Zwangsgeldfestsetzung zu vollstreckenden Handlungs-, Duldungs- und Unterlassungsverpflichten ist es gleichgültig, ob die Handlung vertretbar ist oder nicht. Der Rahmen für die Festsetzung des Zwangsgelds, den die Behörde im Wege einer Ermessensentscheidung im Einzelfall anzuwenden hat[92], ergibt sich aus § 48 Abs. 2 ThürVwZVG (zehn und höchstens zweihundertfünfzigtausend Euro). Nach § 48 Abs. 3 S. 2 ThürVwZVG ist ein angedrohtes Zwangsgeld nach erfolglosem Fristablauf festzusetzen. Mit der Festsetzung wird die Zwangsgeldforderung fällig und kann gemäß § 33 Abs. 2 Nr. 2 ThürVwZVG beigetrieben werden. Streitig ist, ob bei Mittellosigkeit das Zwangsgeld überhaupt festgesetzt werden kann[93].

---

89 ThürOVG, ThürVGRspr. 2009, 183.
90 Im Einzelnen hierzu: VG Weimar, ThürVBl 2012, 93; *Hyckel*, LKV 2015, 300 (342 f.).
91 BVerwG, NVwZ-RR 1999, 147 unter Bezugnahme auf BVerwGE 40, 101.
92 Zur Ausübung des Ermessens hinsichtlich der Höhe des Zwangsgeldes: ThürOVG, ThürVBl 2002, 280.
93 Vgl. *Sadler*, VwZG, § 11 Rn. 25 ff.

Die **Ersatzzwangshaft** (§ 49 ThürVwZVG) ist kein Zwangsmittel, sondern Vollstre- 133
ckungselement bzw. „Ersatz" des Zwangsmittels Zwangsgeld, da es auf dessen Uneinbringlichkeit abstellt. Als ein für den Vollstreckungsschuldner besonders intensiver
Eingriff in seine Freiheitsrechte kommt sie bei Uneinbringlichkeit des Zwangsgeldes
nur als letztes Mittel zur Anwendung. Uneinbringlichkeit kann sich aus der Mittellosigkeit des Betroffenen oder der erfolglosen Beitreibung[94], etwa bei Zahlungsverwei-
gerung, ergeben. Ersatzzwangshaft ist eine Beugehaft. Sie kann nicht von der Behörde,
wohl aber vom zuständigen Verwaltungsgericht angeordnet werden (Art. 104 Abs. 2
S. 1 GG), das im Rahmen des gesetzlich eingeräumten Ermessens alle Umstände des
Einzelfalles von Amts wegen aufzuklären und unter Beachtung des Verhältnismäßigkeitsgrundsatzes[95] zu würdigen hat. Die Höchstdauer der Ersatzzwangshaft beträgt
gemäß § 49 Abs. 2 ThürVwZVG zwei Wochen. Wird der Zweck der Ersatzhaft erreicht, weil der Vollstreckungsschuldner seine Verpflichtungen erfüllt, ist der Schuldner sofort aus der Haft zu entlassen. Dies gilt auch, wenn weitere Verstöße des Vollstreckungsschuldners gegen das ihm aufgegebene Unterlassungsgebot nicht mehr zu
erwarten sind[96].

Die **Ersatzvornahme** (§ 50 ThürVwZVG) ist nur bei vertretbaren Handlungen des 134
Vollstreckungsschuldners vorgesehen (§ 50 Abs. 1 ThürVwZVG). Vertretbar ist eine
Handlung dann, wenn sie auch von einem Dritten vorgenommen werden kann, also
keine höchstpersönliche ist. Die Kosten der Ersatzvornahme, die etwa durch die Beauftragung eines Dritten durch die Vollstreckungsbehörde entstehen (sog Fremdvornahme), trägt der Pflichtige (§ 50 Abs. 1 S. 1 ThürVwZVG). Gleiches gilt im Falle der
Selbstvornahme, bei der Kosten anfallen. Die Festsetzung des zu erstattenden Kosten-
betrages durch die Vollstreckungsbehörde ist ein Leistungsbescheid. Der festgesetzte
Betrag kann nach §§ 33 ff. ThürVwZVG beigetrieben werden. Rechtsbehelfe gegen
Leistungsbescheide über Kosten der Ersatzvornahme haben keine aufschiebende Wirkung (§ 50 Abs. 5 ThürVwZVG).

Unmittelbarer Zwang (§ 51 ThürVwZVG) ist gegenüber Zwangsgeld und Ersatzvor- 135
nahme nachrangig, kommt mithin nur als letztes Mittel in Betracht, also nur wenn
diese Zwangsmittel keinen Erfolg versprechen oder unzweckmäßig sind (§ 51 Abs. 1
ThürVwZVG). Er wird angewandt durch körperliche Gewalt gegen Personen oder Sachen. Unmittelbarer Zwang gegen eine Person kann zB sein ihr Festhalten, das Beisei-
teschieben oder ihr Wegführen[97]. Unmittelbarer Zwang gegen Sachen (vgl. zur abstrakten Begriffsbestimmung § 59 ThürPAG) ist zB das gewaltsame Öffnen einer ver-
schlossenen Tür, Wegfahren eines störenden Kraftfahrzeugs oder die Anbringung einer
behördlichen Versiegelung. Die Wegnahme beweglicher Sachen und die Zwangsräu-
mung sind gesetzlich ausgestaltete Formen unmittelbaren Zwangs gegen Sachen (§ 52
und § 53 ThürVwZVG). Zur Anwendung unmittelbaren Zwangs verweist § 51 Abs. 2
S. 1 ThürVwZVG auf die §§ 58 bis 67 PAG. Bei der Anwendung unmittelbaren

---

94 Hierzu vgl. VG Meiningen, ThürVBl 2014, 303.
95 VG Meiningen, ThürVBl 2000, 163; VG Weimar, Beschl. v. 12.9.2012 – 1 V 326/12 We.
96 Für eine gewerberechtliche Untersagungsverfügung: ThürOVG, ThürVBl 2016, 71.
97 Zum eher seltenen Waffengebrauch vgl. § 47 Abs. 5 S. 2, § 51 Abs. 2 S. 2 ThürVwZVG iVm § 59 Abs. 1,
§§ 64 ff. ThürPAG.

Zwangs hat die Polizei der Vollstreckungsbehörde Vollzugshilfe zu leisten (§ 47 Abs. 5 ThürVwZVG). Handlungen der Polizei in diesem Rahmen werden der Vollstreckungsbehörde zugerechnet. Rechtsbehelfe gegen Zwangsmaßnahmen der Polizei sind daher gegen den Träger der Anordnungsbehörde zu richten.

136 Nicht als eigenständiges Zwangsmittel, sondern als besondere Form zur Vermeidung der Erzwingung einer bestimmten Erklärung, zu deren Abgabe jemand durch einen Verwaltungsakt verpflichtet wurde, regelt § 50a ThürVwZVG, dass die Erklärung als abgegeben gilt, sobald der Verwaltungsakt unanfechtbar geworden ist. Voraussetzung ist, dass der Inhalt der Erklärung in dem Verwaltungsakt festgelegt worden ist, der Vollstreckungsschuldner in dem Verwaltungsakt auf die Bestimmung des § 50a Abs. 1 S. 1 ThürVwZVG hingewiesen worden ist und er im Zeitpunkt des Eintritts der Unanfechtbarkeit des Verwaltungsaktes die Erklärung rechtswirksam abgeben kann.

137 e) **Einstellung der Vollstreckung.** Die Einstellung des Verwaltungsvollstreckungsverfahrens ist in § 29 ThürVwZVG geregelt. Danach ist die Vollstreckung einzustellen[98], wenn die Voraussetzungen des § 19 ThürVwZVG weggefallen sind, wenn etwa die aufschiebende Wirkung eines Rechtsbehelfs nach § 80 Abs. 5 VwGO angeordnet oder wiederhergestellt worden ist (§ 29 Abs. 1 Nr. 1 ThürVwZVG), oder sich die Grundverfügung erledigt hat bzw. aufgehoben wurde (§ 29 Abs. 1 Nr. 2 ThürVwZVG). Gleiches gilt, wenn die Verpflichtung, wegen der vollstreckt wird, nach Erlass des Verwaltungsakts erloschen oder gestundet worden ist (§ 29 Abs. 1 Nr. 3 ThürVwZVG). Nach § 29 Abs. 3 iVm § 47 Abs. 1 S. 2 und Abs. 4 ThürVwZVG ist die Anwendung des Zwangsmittels auch einzustellen, wenn und soweit der Pflichtige seiner Verpflichtung nachkommt[99]. Dies gilt auch für die Beitreibung eines Zwangsgeldes, wenn eine Unterlassungspflicht nach Zwangsgeldfestsetzung erfüllt wird[100]. Wird eine Pflicht nur teilweise erfüllt, kann hinsichtlich des nicht erfüllten Teils der Verpflichtung das Zwangsmittel weiter angewandt werden.

138 f) **Rechtsschutz im Vollstreckungsverfahren.** Der Rechtsschutz im Vollstreckungsverfahren[101] ist vielgestaltig und bietet sich daher gerade für Prüfungsleistungen in der Ausbildung an, weil insoweit die Differenzierungsfähigkeit der Kandidaten ermittelt werden kann. Insoweit sind folgende Gestaltungen zu unterscheiden:[102]

139 aa) **Einwendungen gegen die Grundverfügung.** Ist der zu vollstreckende Verwaltungsakt noch anfechtbar, sind Einwendungen außerhalb des Vollstreckungsverfahrens mit den hierfür zugelassenen Rechtsbehelfen, also regelmäßig Widerspruch und Anfechtungsklage, geltend zu machen (vgl. § 31 Abs. 1 S. 1 ThürVwZVG). Insoweit kommt, soweit er sofort vollziehbar ist, auch ein Antrag nach § 80 Abs. 5 VwGO in Betracht.

140 Ist der zu vollstreckende Verwaltungsakt dagegen bereits unanfechtbar geworden, besteht zum einen die Möglichkeit, die Aufhebung des Grundverwaltungsakts unter den

---

98 Vgl. auch *Weber,* LKV 2017, 203 (207 f.), dort insbesondere zur Erledigung der Grundverfügung.
99 ThürOVG, ThürVBl 2016, 71.
100 ThürOVG, ThürVBl 2013, 177; Anmerkung hierzu von *Hyckel,* NJ 2016, 218 f., sowie LKV 2015, 300 (305).
101 Vgl. *Schneider,* ThürVBl 2022, 101 ff.
102 Zum Folgenden vgl. auch *Hyckel,* LKV 2015, 300 (346 ff.) und *Weber,* LKV 2017, 203 (208 ff.).

Voraussetzungen der §§ 48, 49 und 51 ThürVwVfG zu beantragen und ggf. mit Widerspruch und Verpflichtungsklage durchzusetzen. Daneben können – in eingeschränkter Weise – Einwendungen gegen ihn im Verfahren gemäß § 31 Abs. 1 S. 2 ThürVwZVG erhoben werden. Einwendungen gegen den zu vollstreckenden Anspruch sind danach nur solche, die sich nicht gegen die Zulässigkeit konkreter Vollstreckungsmaßnahmen – also gegen die Art und Weise der Vollstreckung – richten, sondern gegen die Vollstreckbarkeit der Grundverfügung – also gegen den Titel – selbst. Dieser Rechtsschutz, der dem § 767 ZPO nachgebildet ist, zielt darauf, die Vollstreckbarkeit des der Vollstreckung zugrundeliegenden Verwaltungsakts als Ganzes zu beseitigen. Nach § 31 Abs. 1 S. 2 ThürVwZVG sind dabei aber nur solche Einwendungen zulässig, die erst nach Erlass des zu vollstreckenden Verwaltungsakts entstanden sind und mit förmlichen Rechtsbehelfen nicht mehr geltend gemacht werden können. Diese Voraussetzungen sind gegeben, wenn die Grundverfügung im Zeitpunkt des Entstehens der Einwendung schon bestandskräftig war. Einwendungen gegen den Grundverwaltungsakt in diesem Sinne sind insbesondere Erlass, Erfüllung, Verzicht, Stundung bzw. Fristverlängerung bei einer gebotenen Handlung. Auch eine Aufrechnung fällt hierunter, wenn die Aufrechnungslage nach der Unanfechtbarkeit des Grundverwaltungsaktes eingetreten ist[103].

Die danach zulässigen Einwendungen sind bei der Vollstreckungsbehörde geltend zu machen. Fallen Anordnungs- und Vollstreckungsbehörde auseinander, können nachträgliche Einwendungen gegenüber der Anordnungsbehörde geltend gemacht werden, die dann mit der Beschränkung des Vollstreckungsersuchens nach § 22 ThürVwZVG reagieren kann. Die Anordnungsbehörde bzw. die Vollstreckungsbehörde entscheidet durch Verwaltungsakt über die Einwendungen. Hält die Vollstreckungsbehörde die Einwendungen für durchgreifend, erklärt sie die Vollstreckung aus dem zugrundeliegenden Verwaltungsakt für unzulässig oder ordnet deren Einstellung gemäß § 29 Abs. 1 ThürVwZVG an. Weist sie die Einwendung zurück, besteht die Möglichkeit, dagegen mit Widerspruch und Verpflichtungsklage vorzugehen. Diese Rechtsbehelfe sind darauf zu richten, dass die Vollstreckung aus dem Grundverwaltungsakt für unzulässig erklärt wird. Der Vollstreckungsschuldner kann auch einen Antrag gemäß § 123 VwGO stellen, mit dem Ziel, die Vollstreckungsbehörde solange zur Unterlassung der Vollstreckung zu verpflichten, bis rechtskräftig über die Berechtigung der Einwendungen entschieden ist. Daneben ist eine Vollstreckungsgegenklage gemäß §§ 173 VwGO, 767 ZPO oder eine Feststellungsklage gemäß § 43 VwGO unzulässig[104].

bb) Rechtsbehelfe gegen die Androhung eines Zwangsmittels. Gegen die Androhung eines Zwangsmittels sind nach § 46 Abs. 7 S. 1 ThürVwZVG die gleichen Rechtsbehelfe zulässig, die gegen den Verwaltungsakt zulässig sind, dessen Durchsetzung erzwungen werden soll. Ist gegen den zu vollstreckenden Verwaltungsakt kein Vorverfahren möglich (zB § 8a, § 8b und § 9 ThürAGVwGO), muss auch gegen die Androhung eines Zwangsmittels kein Widerspruch eingelegt werden, sondern es kann sofort

---
103 Vgl. VG Meiningen, Urt. v. 16.12.2015 – 5 K 579/13 Me.
104 Vgl. VG Meiningen, Urt. v. 16.12.2015 – 5 K 579/13 Me.

Klage zum Verwaltungsgericht erhoben werden. Sind der Grundverwaltungsakt und die Androhung gemäß § 46 Abs. 2 ThürVwZVG verbunden, richtet sich der Rechtsbehelf grundsätzlich und ohne ausdrückliche Antragstellung sowohl gegen die Androhung als auch gegen den zu vollstreckenden Verwaltungsakt, wenn dieser noch nicht bestandskräftig ist (§ 46 Abs. 7 S. 2 ThürVwZVG). Dies gilt dann nicht, wenn der Grundverwaltungsakt bereits Gegenstand eines Rechtsbehelfs- oder gerichtlichen Verfahrens ist oder der Rechtsbehelf ausdrücklich auf die Androhung des Zwangsmittels beschränkt wird. Ist die Androhung nicht mit dem zugrunde liegenden Verwaltungsakt verbunden und ist dieser unanfechtbar geworden, kann die Androhung nur insoweit angefochten werden, als eine Rechtsverletzung durch die Androhung selbst behauptet wird.

143 cc) **Einstweiliger Rechtsschutz gegen Vollstreckungsmaßnahmen.** Nach § 80 Abs. 2 S. 1 Nr. 3 VwGO iVm § 30 ThürVwZVG und § 8 ThürAGVwGO haben Rechtsbehelfe gegen Vollstreckungsmaßnahmen keine aufschiebende Wirkung. Es besteht jedoch gemäß § 80 Abs. 4 VwGO die Möglichkeit der Vollziehungsaussetzung durch die Vollstreckungsbehörde und gemäß § 80 Abs. 5 VwGO die Möglichkeit, die Anordnung der aufschiebenden Wirkung des Rechtsbehelfs durch das zuständige Verwaltungsgericht zu beantragen.

144 dd) **Rechtsbehelfe gegen die Anwendung des Zwangsmittels.** Bei den Rechtsbehelfen gegen die Anwendung des Zwangsmittels ist zu unterscheiden zwischen der Beitreibung von öffentlich-rechtlichen Geldforderungen und der Vollstreckung von sonstigen Verwaltungsakten gemäß §§ 43 ff. ThürVwZVG:

145 Gegen Maßnahmen im Rahmen der Beitreibung von Geldforderungen des Staates, die von den Finanzämtern getroffen werden, ist der Rechtsweg zum Finanzgericht eröffnet (vgl. § 31 Abs. 4 iVm § 35 Abs. 1 S. 2 ThürVwZVG). In Thüringen hat das – einzige – Finanzgericht seinen Sitz in Gotha. Gegen Vollstreckungsmaßnahmen, die Geldforderungen der Kommunen betreffen, kommen unterschiedliche Rechtsbehelfe in Betracht. Bei Maßnahmen des Vollstreckungsgerichts oder des Gerichtsvollziehers sind die Rechtsbehelfe zu den ordentlichen Gerichten eröffnet (vgl. § 31 Abs. 3, § 39 ThürVwZVG). Gegen Maßnahmen der Kommunen selbst sind die verwaltungsgerichtlichen Rechtsbehelfe gegeben (§§ 31 Abs. 2, 36 ThürVwZVG). Gleiches gilt für Vollstreckungsmaßnahmen wegen Geldforderungen sonstiger juristischen Personen des öffentlichen Rechts (§ 31 Abs. 2, § 37 ThürVwZVG).

146 Beim Rechtsschutz gegen Maßnahmen, die auf die Vollstreckung von Handlungs-, Duldungs- und Unterlassungsgeboten gerichtet sind, ist nach dem Rechtscharakter der einzelnen Zwangsmittel zu differenzieren: Die Zwangsgeldfestsetzung ist ein Verwaltungsakt[105], der mit Widerspruch und Anfechtungsklage anzufechten ist. Die Ersatzvornahme und die Anwendung unmittelbaren Zwangs sind regelmäßig keine Verwaltungsakte, sondern Realakte. Deshalb ist gegen sie mit einer Leistungs- bzw. Feststellungsklage, im Verfahren des einstweiligen Rechtsschutzes mit einem Antrag nach § 123 VwGO vorzugehen. Wird ein Zwangsmittel unter den Voraussetzungen des

---

105 ThürOVG, ThürVBl 1997, 16.

§ 54 ThürVwZVG im abgekürzten Verfahren angewendet, so sind – unabhängig von der rechtsdogmatischen Qualifizierung der Maßnahme als Real- oder Verwaltungsakt – nach § 46 Abs. 7 S. 4 ThürVwZVG die Rechtsbehelfe zulässig, die gegen Verwaltungsakte allgemein gegeben sind, also grundsätzlich Widerspruch und Anfechtungsklage. Haben sich diese Maßnahmen – wie regelmäßig – vor Klageerhebung erledigt, ist die Fortsetzungsfeststellungsklage die statthafte Klageart (§ 113 Abs. 1 S. 4 VwGO analog). Bei der Festsetzung der Kosten der Ersatzvornahme nach § 50 Abs. 3 ThürVwZVG durch einen Leistungsbescheid handelt es sich dagegen um einen Verwaltungsakt, der mit Widerspruch bzw. Anfechtungsklage anzugreifen ist. Gleiches gilt für das Verlangen, die voraussichtlichen Kosten der Ersatzvornahme vorweg zu zahlen (§ 50 Abs. 2 ThürVwZVG).

III. Besonderheiten des Staatshaftungsrechts

Im Grundsatz gelten in Thüringen hinsichtlich der staatshaftungsrechtlichen Ansprüche und der sonstigen Haftungsinstitute die Grundsätze, die überall in der Bundesrepublik gelten. Deshalb bestehen keine Besonderheiten hinsichtlich der Voraussetzungen des Amtshaftungsanspruchs nach Art. 34 GG/§ 839 BGB, der Enteignungsentschädigung, der Ansprüche aus eigentumsrechtlichem Ausgleich, bei enteignenden und enteignungsgleichen Eingriffen, des Aufopferungsanspruchs sowie des öffentlich-rechtlichen Erstattungsanspruchs oder des Folgenbeseitigungsanspruchs. 147

Neben diesen Anspruchsgrundlagen besteht im Freistaat Thüringen aber die besondere Möglichkeit, Schadensersatzansprüche auf das **Staatshaftungsgesetz** (StHG) zu stützen. Dieses Gesetz wurde als Staatshaftungsgesetz der DDR vom Mai 1969[106] durch den Einigungsvertrag mit bestimmten Maßgaben übergeleitet[107] und gilt als Landesrecht fort. Es ist nicht mit dem verfassungsrechtlich an der fehlenden Kompetenz des Bundes gescheiterten Staatshaftungsgesetz von 1981 zu verwechseln. Nach § 1 Abs. 1 StHG[108] haftet das jeweilige staatliche oder kommunale Organ für Schäden, die einer natürlichen oder einer juristischen Person hinsichtlich ihres Vermögens oder ihrer Rechte durch Mitarbeiter oder Beauftragte staatlicher oder kommunaler Organe in Ausübung staatlicher Tätigkeit rechtswidrig zugefügt werden. Verschulden setzt der Anspruch nicht voraus. Ein Schadensersatzanspruch des Geschädigten unmittelbar gegen den Mitarbeiter oder Beauftragten des staatlichen Organs oder der staatlichen Einrichtung ist ausgeschlossen. Der Anspruch nach § 1 StHG verjährt nach § 4 StHG innerhalb eines Jahres. Für die Verjährung gelten im Übrigen die allgemeinen Vorschriften des BGB (§ 4 Abs. 3 StHG). Der potenziell Anspruchsberechtigte hat zunächst jedoch alle ihm möglichen und zumutbaren Maßnahmen zu ergreifen, um einen Schaden zu verhindern oder zu mindern. Verletzt er diese Pflicht schuldhaft, so wird die Haftung des staatlichen oder kommunalen Organs entsprechend eingeschränkt oder ausgeschlossen (§ 2 StHG). Für Streitigkeiten nach dem StHG ist nach dessen § 6a der Rechtsweg zu den ordentlichen Gerichten gegeben. Ohne Rücksicht 148

---

106 GVBl. DDR I S. 34.
107 Anlage II Kapitel III Sachgebiet B Abschnitt III Nr. 1 zu Art. 9 Abs. 1 EV.
108 Vgl. zur maßgeblichen Fassung in Thüringen: GVBl. 1998, S. 336.

auf den Wert des Streitgegenstandes ist – wie auch sonst bei Amtshaftungsansprüchen – das Landgericht zuständig, in dessen Bezirk das Organ seinen Sitz hat, aus dessen Verhalten der Anspruch hergeleitet wird.

149 Anspruchsgrundlagen, die das Rechtsinstitut des **enteignenden** bzw. **enteignungsgleichen Eingriffs** bzw. der **Aufopferung** gesetzlich umgesetzt haben, sind in Thüringen § 52 ThürOBG iVm § 68 Abs. 1 und 2 ThürPAG. Danach ist ein angemessener Ausgleich zu gewähren, wenn ein Nichtstörer in Anspruch genommen wurde und infolge der rechtmäßigen Inanspruchnahme nach § 10 ThürOBG einen Schaden erlitten hat. Das gleiche gilt, wenn jemand durch eine rechtswidrige Maßnahme der Ordnungsbehörden (Polizei) einen Schaden erlitten oder mit Zustimmung der Ordnungsbehörden (Polizei) bei der Erfüllung ordnungsbehördliche (polizeilicher) Aufgaben freiwillig mitgewirkt oder freiwillig Sachen zur Verfügung gestellt hat und dadurch einen Schaden erlitt. Der Umfang des Schadensausgleichs bestimmt sich nach § 69 ThürPAG und erfasst den Ersatz des Vermögensschadens. Hierbei wird der entgangene Gewinn, der über den Ausfall des gewöhnlichen Verdienstes oder Nutzungsentgeltes hinausgeht und sonstige Nachteile, die nicht in unmittelbarem Zusammenhang mit der behördlichen Maßnahme stehen, ersetzt, soweit es zur Abwendung einer unbilligen Härte geboten erscheint.

IV. Besonderheiten des Verwaltungsprozessrechts

150 Die Gesetzgebungskompetenz für die Regelung des Verwaltungsprozesses steht dem Bund zu, der sie mit der Verwaltungsgerichtsordnung in Anspruch genommen hat. Diese enthält allerdings Öffnungsklauseln für den Landesgesetzgeber, die dieser mit dem Thüringer Ausführungsgesetz zur VwGO (ThürAGVwGO[109]) ausgefüllt hat.

1. Aufbau der Thüringer Verwaltungsgerichtsbarkeit

151 Nach § 1 ThürAGVwGO sind in Thüringen drei Verwaltungsgerichte errichtet. Sie haben ihren Sitz in Gera, Meiningen und Weimar. Der jeweilige Verwaltungsgerichtsbezirk, der die örtliche Zuständigkeit gemäß § 52 VwGO näher bestimmt, ergibt sich aus einer Anlage zum ThürAGVwGO, die auf das Gebiet im einzelnen bezeichneter Gebietskörperschaften – kreisfreie Städte und Landkreise – abstellt. § 6 ThürAGVwGO ordnet auf der Grundlage des § 3 VwGO abweichend von den vorgenannten Zuständigkeitsregeln im ersten Rechtszug an, dass das Verwaltungsgericht Meiningen für ganz Thüringen zuständig ist, für Verfahren aus dem Bereich des Personalvertretungsrechts und für die den Verwaltungsgerichten übertragenen disziplinarrechtlichen Streitigkeiten, berufsgerichtliche Verfahren nach dem Heilberufegesetz sowie Streitigkeiten nach dem Beruflichen und dem Verwaltungsrechtlichen Rehabilitierungsgesetz. Das Verwaltungsgericht Gera ist zuständig für alle in Thüringen anfallenden Streitigkeiten nach dem Recht der offenen Vermögensfragen. Die Zuständigkeit der Verwaltungsgerichte für Streitigkeiten nach dem Asylverfahrensgesetz und dem

---

[109] In der Fassung der Bekanntmachung vom 15.12.1992, zuletzt geändert durch Artikel 7 des Gesetzes vom 16.10.2019 (GVBl. S. 429, 434).

Ausländergesetz bzw. Aufenthaltsgesetz richtet sich nach der von dem für die Organisation der Gerichte zuständigen Ministerium zu erlassenden Rechtsverordnung.

Das Oberverwaltungsgericht hat seinen Sitz in Weimar. Es führt die Bezeichnung „Thüringer Oberverwaltungsgericht". Die Zahl der Kammern und Senate bestimmt das für die Organisation der Gerichte zuständige Ministerium.

152

2. Ausführungsrecht zur Verwaltungsgerichtsordnung

Nach § 4 ThürAGVwGO entscheidet das **Thüringer Oberverwaltungsgericht** nach Maßgabe des § 47 VwGO über die Gültigkeit von im Range unter dem Landesgesetz stehenden Rechtsvorschriften. Es entscheidet außerdem im ersten Rechtszug auch über Streitigkeiten, die Besitzeinweisungen in den Fällen des § 48 Abs. 1 S. 1 VwGO betreffen (§ 5 ThürAGVwGO).

153

Für das **Widerspruchsverfahren** gemäß §§ 68 und 73 VwGO, das der Selbstkontrolle der Verwaltung, der Entlastung der Justiz und dem Rechtsschutz des Bürgers dient, enthält die ThürAGVwGO ebenfalls Besonderheiten, nämlich zum Wegfall des Vorverfahrens (§ 68 Abs. 1 S. 2 VwGO) und zur Zuständigkeit für die Entscheidung über den Widerspruch (§ 73 Abs. 1 VwGO). So entfällt nach den §§ 8a bis 9a ThürAGVwGO das Vorverfahren bei Verwaltungsakten der Polizei, der unteren Jagd- und Fischereibehörden, der unteren Denkmalschutzbehörden und des Landesverwaltungsamts. Letzteres gilt allerdings nicht für die Bewertung einer Leistung im Rahmen einer berufsbezogenen Prüfung, bei beamtenrechtlichen Entscheidungen und die Bereiche Integrationsamt und Kriegsopferfürsorge, der Krankenhausförderung, der Berufe des Gesundheitswesens und Entscheidungen in der Städtebauförderung sowie bei Verfahren nach dem Beruflichen und dem Verwaltungsrechtlichen Rehabilitierungsgesetz. Darüber hinaus entfällt ein Vorverfahren nach § 68 VwGO bei ausländerrechtlichen Entscheidungen, im Bereich des Spätaussiedlerrechts und in Verfahren nach dem Thüringer Flüchtlingsaufnahmegesetz, im Bereich der Wohnungsbauförderung sowie bei kommunalaufsichtlichen Entscheidungen. Der Ausschluss des Vorverfahrens in den zuvor genannten Fällen gilt nicht, soweit Bundesrecht die Durchführung des Vorverfahrens vorschreibt, sowie bei abgabenrechtlichen Entscheidungen außer bei kommunalaufsichtlichen Entscheidungen. Ein Vorverfahren entfällt schließlich, wenn das Landesamt für Umwelt, Bergbau und Naturschutz den Verwaltungsakt erlassen oder abgelehnt hat, soweit nicht die Ausnahmen nach § 9 Abs. 1 Satz 2 und Abs. 2 ThürAGVwGO greifen.

154

Umgekehrt ist nach § 9b ThürAGVwGO gegen Entscheidungen nach dem Thüringer Umweltinformationsgesetz ein Vorverfahren durchzuführen, auch soweit nach dem ThürAGVwGO die Durchführung des Vorverfahrens für bestimmte Behörden beschränkt wurde.

155

Zur Zuständigkeit der Widerspruchsbehörden im Bereich des Kommunalrechts bestimmt § 10 ThürAGVwGO Folgendes: Den Widerspruchsbescheid bei Entscheidungen der Gemeinden, Landkreise nach § 73 VwGO erlässt in Angelegenheiten des eigenen Wirkungskreises die Rechtsaufsichtsbehörde, die dabei auf die Prüfung der Recht-

156

mäßigkeit beschränkt ist; zuvor hat die Selbstverwaltungsbehörde nach § 72 VwGO auch die Zweckmäßigkeit zu überprüfen, in Angelegenheiten des übertragenen Wirkungskreises die Fachaufsichtsbehörde. Ist Fachaufsichtsbehörde eine oberste Landesbehörde, so entscheidet die Behörde, die den Verwaltungsakt erlassen hat. Ähnliches gilt bei Widersprüchen gegen den Verwaltungsakt eines Zweckverbandes oder gegen den Verwaltungsakt einer kommunalen Anstalt.

157 Rechtsbehelfe, die sich gegen Maßnahmen in der **Verwaltungsvollstreckung** richten, haben keine aufschiebende Wirkung (§ 8 ThürAGVwGO, § 31 ThürVwZVG).

§ 3 Querschnittsbereiche

Matthias Knauff

Literatur: zu I.: *Brenner*, Das Thüringer Straßengesetz, LKV 1998, 369; *Kern/Friedrich*, Vom Musterentwurf für ein Länderstraßengesetz zum Thüringer Straßengesetz, ThürVBl 1994, 57; *Sauthoff*, Die Straßengesetzgebung der neuen Länder, NVwZ 1994, 864; *Schneider/Schneider*, Das Straßenrecht in Thüringen im Spiegel der Rechtsprechung, ThürVBl 2018, 145 und 174; zu II.: *Beltle*, Die Vereinbarkeit feiertagsrechtlicher Versammlungsverbote mit dem Grundgesetz, 2009; *Hufen*, Der Ausgleich verfassungsrechtlich geschützter Interessen bei der Ausgestaltung des Sonn- und Feiertagsschutzes, 2014; *Kroboth*, Der Schutz stiller Feiertage, 2015; *Renck*, Sonn- und Feiertagsschutz im bekenntnisneutralen Staat, ThürVBl 2002, 173; zu III.: *Troidl*, Informationszugang und Akteneinsicht nach § 29 ThürVwVfG, § 100 VwGO, ThürUIG, ThürIFG ua, ThürVBl 2015, 1 und 29; zu IV.: *Matzke/Düwell* (Hrsg.), Thüringer Datenschutzgesetz, 2022; zu V.: *Herzberg/Debus*, Der Bürgerbeauftragte – Möglichkeiten und Grenzen der Ombudseinrichtung, ThürVBl 2015, 77; *Debus*, Kommentar zum Thüringer Bürgerbeauftragtengesetz, 2006; *Herzberg/Knauff* (Hrsg.), Jeder, der sich abwendet, fehlt der Demokratie. 20 Jahre parlamentarisch gewählter Bürgerbeauftragter in Thüringen, 2022; *Matthes*, Der Bürgerbeauftragte. Eine rechtsvergleichende Studie unter besonderer Berücksichtigung des Ombudsmann-Modells in Rheinland-Pfalz, 1981.

I. Straßenrecht 1	dungsbereich der Richtlinie
1. Öffentliche Straßen 2	(EU) 2016/680 46
a) Widmung und (Teil-)Ein-	3. Aufsicht 52
ziehung 4	V. Der Thüringer Bürgerbeauftragte
b) Ein- und Umstufung 9	als Kontrollinstanz 54
c) Straßenbaulast 11	1. Grundlagen 54
2. Nutzung 13	2. Ausgestaltung der Rechtsstel-
3. Anlagen an Straßen 20	lung 56
II. Feiertagsrecht 24	a) Institutionelle Aspekte..... 56
1. Sonn- und Feiertagsschutz 25	b) Unabhängigkeit 59
2. Ausnahmen 28	3. Kompetenzen und Befugnisse .. 61
III. Informationsfreiheitsrecht 31	a) Bürgeranliegen............. 62
IV. Datenschutzrecht 37	b) Bürgersprechstunden, Aus-
1. Verarbeitung von personenbe-	kunfts- und Einsichts-
zogenen Daten im Anwen-	rechte 65
dungsbereich der DSGVO 40	c) Beratungs- und Vor-
2. Verarbeitung von personenbe-	schlagsrechte.............. 67
zogenen Daten im Anwen-	4. Pflichten 69

I. Straßenrecht

Das Straßenrecht regelt die **Rechtsverhältnisse der öffentlichen Straßen**. Während das Bundesfernstraßengesetz (FStrG) diejenigen öffentlichen Straßen erfasst, die ein zusammenhängendes Verkehrsnetz bilden und einem weiträumigen Verkehr dienen oder zu dienen bestimmt sind, mithin Bundesautobahnen und Bundesstraßen einschließlich der Ortsdurchfahrten, obliegt den Ländern die Regelung der sonstigen Straßen. In Thüringen sind die maßgeblichen Bestimmungen im Thüringer Straßengesetz (ThürStrG) enthalten. Dieses entspricht in wesentlichen Aspekten dem FStrG, so dass die Interpretation des Bundesstraßenrechts weithin auf Landesebene übertragen werden kann.

1. Öffentliche Straßen

2 Als öffentliche Straßen legaldefiniert § 2 Abs. 1 ThürStrG „diejenigen **Straßen, Wege und Plätze, die dem öffentlichen Verkehr gewidmet sind.**" Notwendig sind mithin sowohl eine tatsächliche Eignung als auch eine rechtliche Bestimmung einer Fläche zu Verkehrs- und damit (primär) Fortbewegungszwecken durch die Allgemeinheit. Zur Straße gehören nach § 2 Abs. 2 ThürStrG der Straßenkörper (Nr. 1),[1] der Luftraum über diesem (Nr. 2), das Zubehör (Nr. 3) sowie Nebenanlagen (Nr. 4).

3 Für die **Planung** neuer sowie die **Änderung** bestehender öffentlicher Straßen enthalten die §§ 35 ff. ThürStrG spezifische Vorgaben. Vielfach bedarf es danach der Durchführung eines Planfeststellungsverfahrens iSv §§ 72 ff. ThürVwVfG[2] sowie der Durchführung einer Umweltverträglichkeitsprüfung nach dem Thüringer UVP-Gesetz.

4 a) **Widmung und (Teil-)Einziehung.** Rechtlich wird eine Straße erst durch den Akt der **Widmung** zur öffentlichen Straße.[3] Dabei handelt es sich gemäß § 6 Abs. 1 S. 1 ThürStrG um eine Allgemeinverfügung iSv § 35 S. 2 ThürVwVfG. Diese „umfasst nicht nur die Feststellung, dass eine Straße die Eigenschaft einer öffentlichen Straße erhalten soll, sondern bestimmt zugleich auch, auf welche konkrete Fläche sich dieser Status einer öffentlichen Straße bezieht. Diese Bezeichnung der gewidmeten Straßenfläche nach Länge und Breite kann etwa durch die Angabe der entsprechenden Flurstücksnummern, aber auch durch bestimmte Merkmale in der Natur erfolgen. Im Übrigen sind bei der Bestimmung der genauen Lage der öffentlichen Straße die tatsächlichen Verhältnisse in der Örtlichkeit und die Zweckbestimmung des Weges im Zeitpunkt der Widmung maßgeblich"[4]. Die Widmung ist stets nicht nur auf die Nutzbarkeit für den öffentlichen Verkehr bezogen, sondern kann auf bestimmte Benutzungsarten (zB Kraftfahrzeug-, Fußgänger-, Reit- oder Fahrradverkehr) oder Benutzerkreise (zB alle Verkehrsteilnehmer, Anlieger) begrenzt werden.[5] Zuständig für die Widmung ist grundsätzlich gemäß § 6 Abs. 2 ThürStrG der Träger der Straßenbaulast. Ihre Vornahme setzt nach § 6 Abs. 3 ThürStrG regelmäßig, vgl. § 11 ThürStrG, sein Eigentum an dem zu nutzenden Grundstück oder eine Berechtigung durch den Eigentümer oder sonst Verfügungsberechtigten[6] voraus. Die Widmung ist mit einer Rechtsbehelfsbelehrung zu versehen; ihre Wirksamkeit setzt die öffentliche Bekanntmachung voraus, § 6 Abs. 1 S. 2 ThürStrG. Letzterer bedarf es jedoch nicht, wenn eine Straße verbreitert, begradigt, unerheblich verlegt oder ergänzt wird. Dann gilt der neue Straßenteil nach § 6 Abs. 5 S. 1 ThürStrG durch die Verkehrsübergabe als gewidmet.[7]

5 Für zahlreiche Straßen in Thüringen fehlt es an einer Widmung auf Grundlage des ThürStrG, dessen erste Fassung vom 7.5.1993 datiert. Auch diese Straßen müssen je-

---

1 Dies schließt einen Durchlass/Tunnel innerhalb der Straßenböschung ohne Verkehrsbezug ein, ThürOVG, Urt. v. 30.12.2020 – 1 KO 902/17, ThürVBl 2021, 206.
2 Siehe auch ergänzend die Thüringer Verordnung zur Bestimmung von Zuständigkeiten im Planfeststellungsverfahren für Verkehrsbaumaßnahmen.
3 Vgl. LT-Drs. 1/1739, S. 32; vgl. auch *Brenner*, LKV 1998, 369 (370).
4 VG Gera, Urt. v. 6.12.2016 – 3 K 484/13 Ge, ThürVBl 2018, 141 (142).
5 VG Gera, Urt. v. 5.12.2016 – 3 K 631/16 Ge, ThürVBl 2018, 164 (166).
6 Die fehlende Zustimmung führt jedoch nicht zur Nichtigkeit, VG Gera, Urt. v. 14.1.2004 – 2 K 1853/98 Ge.
7 Siehe auch für einen Grünstreifen ThürOVG, Beschl. v. 10.2.2003 – 4 ZEO 1139/98, NVwZ-RR 2004, 139 (140).

doch straßenrechtlich erfasst werden. Das ThürStrG knüpft diesbezüglich an die Straßenverordnung der DDR vom 22.8.1974 (DDR-StVO 1974) an. § 52 Abs. 6 ThürStrG normiert insoweit eine **Widmungsfiktion**.[8] Danach gelten die nach den §§ 3 und 4 DDR-StVO 1974 als öffentlich bezeichneten Straßen als gewidmet. § 3 Abs. 1 DDR-StVO 1974 bestimmte, dass öffentliche Straßen „alle Straßen, Wege und Plätze einschließlich Parkplätze [sind], die der öffentlichen Nutzung durch den Fahrzeug- und Fußgängerverkehr dienen. Ihre Nutzung ist entsprechend der Zweckbestimmung der öffentlichen Straßen und ihrem straßenbau- und verkehrstechnischen Zustand sowie im Rahmen der Rechtsvorschriften allen Verkehrsteilnehmern gestattet (öffentliche Nutzung)." Entscheidend war die tatsächliche Nutzung zu Verkehrszwecken durch die Allgemeinheit.[9] Hieran fehlt es etwa bei einem vormals ausschließlich von den DDR-Grenztruppen zu Kontrollzwecken genutzten Kolonnenweg an der ehemaligen innerdeutschen Grenze.[10] § 3 Abs. 1 DDR-StVO 1974 wiederum knüpfte ebenfalls an den vorhandenen Bestand an. Dies bedeutete ebenfalls eine Anknüpfung an das bis dahin geltende Straßenrecht, nämlich die Verordnung über das Straßenwesen vom 18.7.1957 (DDR-StVO 1957). Gemäß § 3 Abs. 2 S. 1 DDR-StVO 1957 waren Kreisstraßen und kommunale Straßen öffentlich, wenn bisher ihrer Benutzung durch die Verkehrsteilnehmer bzw. Eigentümer nicht widersprochen wurde. Maßgeblich war, dass der Weg oder die Straße auch tatsächlich von der Öffentlichkeit genutzt wurde und dass der damalige Rechtsträger oder Eigentümer der Nutzung durch jedermann nicht widersprochen hatte.[11] Die Regelung ersetzte § 3 ThürWegeG vom 24.7.1929, wonach eine Straße als öffentliche galt, wenn sie entweder dem öffentlichen Gebrauch ausdrücklich gewidmet worden war oder als „Altweg" seit Menschengedenken dem allgemeinen Verkehr tatsächlich offen gestanden hatte.[12] Gemäß § 3 Abs. 2 S. 2 DDR-StVO 1957 wurden Straßen öffentlich, wenn die Räte der Kreise bzw. die Räte der Städte und Gemeinden sie nach Zustimmung der Rechtsträger oder Grundstückseigentümer dem öffentlichen Verkehr freigaben,[13] wobei diese Freigabe mehr erforderte als die bloße Duldung der regelmäßigen Benutzung einer Straße durch Dritte.[14] Die danach als öffentlich zu betrachtenden Straßen unterliegen ebenfalls der Widmungsfiktion des § 52 Abs. 6 S. 1 ThürStrG.[15] Für nochmals ältere Straßen, hinsichtlich derer eine ausdrückliche Widmung nicht feststellbar ist, gilt das Rechtsinstitut der unvordenklichen Verjährung. Dabei handelt es sich um „eine widerlegbare Rechtsvermutung, die dazu dient, festzustellen, dass in der Vergangenheit eine Eigentumsbeschränkung stattgefunden hat"[16]. Danach kann vermutet werden, dass in früherer Zeit – ausdrücklich oder stillschweigend – eine Widmung stattgefunden hat,

---

8 Näher ThürOVG, Urt. v. 11.12.2001 – 2 KO 730/00, ThürVBl 2002, 235 (238); ThürOLG, Urt. v. 3.7.2012 – 4 U 283/11, Rn. 56 f. (juris); siehe auch *Sauthoff*, NVwZ 1994, 864 (865 ff.).
9 ThürOVG, Urt. v. 11.12.2001 – 2 KO 730/00, ThürVBl 2002, 235 (238); VG Meiningen, Urt. v. 26.10.2010 – 2 K 260/08 Me, ThürVBl 2011, 234 (235).
10 ThürOVG, Urt. v. 20.10.2009 – 7 F 761/07, Rn. 52 (juris).
11 VG Meiningen, Urt. v. 26.10.2010 – 2 K 260/08 Me, ThürVBl 2011, 234 (235).
12 ThürOLG, Urt. v. 3.7.2012 – 4 U 283/11, Rn. 65 (juris).
13 ThürOLG, Urt. v. 21.11.2002 – 1 U 24/00; ThürOLG, Urt. v. 3.7.2012 – 4 U 283/11.
14 VG Meiningen, Urt. v. 26.10.2010 – 2 K 260/08 Me, ThürVBl 2011, 234 (235).
15 VG Gera, Urt. v. 5.12.2016 – 3 K 631/16 Ge, ThürVBl 2018, 164 (166).
16 BVerfG, Beschl. v. 15.4.2009 – 1 BvR 3478/08, NVwZ 2009, 1158 (1159), auch zur Zulässigkeit am Maßstab von Art. 14 GG.

wenn ein allgemeiner Konsens über die Öffentlichkeit des Weges seit mindestens 80 Jahren bestanden hat.[17] Dafür ist es erforderlich, dass der als Recht beanspruchte Zustand in einem Zeitraum von 40 Jahren als Recht besessen worden ist und dass weitere 40 Jahre vorher keine Erinnerung an einen anderen Zustand seit Menschengedenken bestand.[18] Maßgeblicher Ausgangspunkt für die rückblickende Berechnung dieses Zeitraums ist das Inkrafttreten des jeweiligen Landesstraßengesetzes;[19] für Thüringen dient mithin das Jahr 1913 als späteste zeitliche Anknüpfung für die unvordenkliche Verjährung.

6 Wird eine Straße nicht mehr benötigt, kann sie gemäß § 8 ThürStrG eingezogen werden. Auch bei der **Einziehung** handelt es sich um eine Allgemeinverfügung. Hierfür bedarf es eines besonderen Verfahrens. Der Erlass eines Flächennutzungsplans bzw. die Ausweisung eines Biotops ersetzen dieses gesetzlich geregelte Verfahren nicht.[20] Durch die Einziehung verliert eine gewidmete Straße die Eigenschaft als öffentliche Straße und die damit verbundenen Nutzungsrechte. Eine Einziehung kann erfolgen, wenn die Straße keine Verkehrsbedeutung mehr hat oder überwiegende Gründe des öffentlichen Wohls vorliegen. An Ersteres knüpft die gesetzliche Vorgabe an, dass in den Fällen, in denen eine Straße begradigt, unerheblich verlegt oder in sonstiger Weise den verkehrlichen Bedürfnissen angepasst und damit ein Teil dieser Straße dem Verkehr nicht nur vorübergehend entzogen wird, dieser Teil mit der Sperrung als eingezogen gilt. Überwiegende Gründe des öffentlichen Wohls für eine Einziehung können etwa im Umweltschutz, vgl. Art. 20a GG, begründet sein, wenn eine durch ein Naturschutzgebiet führende Straße verlegt werden soll, um eine ungestörte Bewegung der Fauna in diesem zu ermöglichen.

7 Als Minusmaßnahme zur vollständigen Einziehung sieht § 8 ThürStrG überdies eine **Teileinziehung** vor. Dabei handelt es sich um eine Allgemeinverfügung, durch die die Widmung einer Straße nachträglich auf bestimmte Benutzungsarten oder Benutzerkreise beschränkt wird. Sie ist aus überwiegenden Gründen des öffentlichen Wohls zulässig. Solche Gründe können sowohl in den Eigenschaften der Straße (zB fehlende Eignung für eine intensive Nutzung durch Kraftfahrzeuge) als auch in sonstigen Aspekten (zB Konzept einer autofreien Innenstadt,[21] Lärmschutz der Anwohner) wurzeln.

8 Für die Einziehung oder Teileinziehung ist der Träger der Straßenbaulast zuständig, alternativ die Straßenaufsichtsbehörde, wenn Träger der Straßenbaulast ein anderer als das Land, ein Landkreis, eine Stadt, eine Gemeinde oder ein Zweckverband ist. Grundsätzlich ist die Absicht der Einziehung oder Teileinziehung drei Monate zuvor in den Gemeinden, die die Straße berührt, öffentlich bekanntzumachen, um Gelegenheit zu Einwendungen zu geben. Die (Teil-)Einziehung ist von den Straßenbaubehör-

---

17 ThürOVG, Urt. v. 11.12.2001 – 2 KO 730/00, ThürVBl 2002, 235 (237); näher *Guckelberger*, Die Verjährung im Öffentlichen Recht, 2004, S. 491 ff.
18 BGH, Teilurt. v. 12.12.2008 – V ZR 106/07, NJW-RR 2009, 515 (516).
19 ThürOLG, Urt. v. 21.11.2002 – 1 U 24/00.
20 VG Gera, Urt. v. 5.11.2019 – 3 K 1443/19 Ge.
21 LT-Drs. 1/1739, S. 34, verweist auf die Einrichtung von Fußgängerzonen.

den (§§ 46 f. ThürStrG[22]) mit Rechtsbehelfsbelehrung öffentlich bekanntzumachen; sie wird im Zeitpunkt der öffentlichen Bekanntmachung wirksam.

b) **Ein- und Umstufung.** Zugleich mit der Widmung ist – ebenfalls durch den Träger der Straßenbaulast, vgl. § 3 Abs. 2 ThürStrG – die Einstufung der Straße vorzunehmen. Diesbezüglich unterscheidet § 3 Abs. 1 ThürStrG hinsichtlich der dem Landesstraßenrecht unterfallenden öffentlichen Straßen nach ihrer Verkehrsbedeutung und damit anknüpfend an die Zwecke einer Straße vier Straßengruppen. **Landesstraßen** sind Straßen, die innerhalb des Landesgebietes untereinander oder zusammen mit Bundesfernstraßen ein Verkehrsnetz bilden und dem überregionalen[23] Durchgangsverkehr dienen oder zu dienen bestimmt sind (Nr. 1). **Kreisstraßen** sind Straßen, die dem Verkehr zwischen benachbarten Kreisen und kreisfreien Städten, dem überörtlichen Verkehr innerhalb eines Kreises oder dem unentbehrlichen Anschluss[24] (im Sinne eines bis an den Ortsrand reichenden[25] Hauptanschlusses[26]) von Gemeinden oder räumlich getrennten Ortsteilen an überörtliche Verkehrswege dienen oder zu dienen bestimmt sind (Nr. 2).[27] **Gemeindestraßen** sind Straßen, die dem Verkehr innerhalb des Gemeindegebietes oder dem nachbarlichen Verkehr zwischen Gemeinden oder dem weiteren Anschluss von Gemeinden oder räumlich getrennten Ortsteilen dienen oder zu dienen bestimmt sind (Nr. 3). Straßen und Wege, die einem auf bestimmte Benutzungsarten oder bestimmte Benutzungszwecke beschränkten Verkehr dienen oder zu dienen bestimmt sind, werden als **sonstige öffentliche Straßen** qualifiziert (Nr. 4). Dabei handelt es sich etwa um die bundeswehreigenen Straßen zu Kasernen oder Truppenübungsplätzen, Straßen zu Betrieben und Betriebsanlagen, soweit sie nicht Gemeindestraßen sind, Straßen, die zu einem Flughafengelände oder einem Krankenhaus gehören sowie Straßen zu einer Mülldeponie, nicht aber um Wirtschafts- oder Forstwege, die lediglich die Aufgabe haben, die angrenzenden Grundstücke zu erschließen.[28] Die Einordnung nicht explizit gewidmeter alter Straßen richtet sich gemäß § 52 Abs. 1–4 ThürStrG grundsätzlich nach ihrer früheren Kategorisierung aufgrund der Straßenverordnung der DDR.[29]

Ändert sich die Verkehrsbedeutung einer Straße nachträglich, erfordert dies eine rechtliche Reaktion. Diese erfolgt im Wege der **Umstufung** nach § 7 ThürStrG. Dabei handelt es sich um eine Allgemeinverfügung, durch die eine öffentliche Straße einer anderen, ihrer Bedeutung nunmehr entsprechenden Straßengruppe zugeordnet wird. Es

---

22 Siehe insoweit auch die Anordnung über die Errichtung der Straßenbaubehörden sowie die Verordnung über die Zuständigkeiten der Straßenbaubehörden und zur Durchführung des Thüringer Straßengesetzes und des Bundesfernstraßengesetzes (Thüringer Bundesfern- und Landesstraßen-Zuständigkeitsverordnung – ThürBLZVO).
23 ThürOVG, Urt. v. 15.12.2004 – 2 KO 17/04, ThürVBl 2005, 184, 186.
24 Vgl. insoweit ortsteilbezogen ThürOVG, Urt. v. 15.12.2004 – 2 KO 17/04, ThürVBl 2005, 184 (186); Urt. v. 18.12.2018 – 1 KO 561/16, ThürVBl 2019, 193; enger *Poschmann*, ThürVBl 2006, 270 (271 ff.).
25 VG Gera, Urt. v. 14.6.2018 – 3 K 594/14 Ge.
26 LT-Drs. 1/1739, S. 32.
27 Nach VG Gera, Urt. v. 30.9.2014 – 3 K 1687/11 Ge, muss eine Kreisstraße als klassifizierte Anschlussstraße nicht bis in den Ort hinein, sondern nur bis zum Ortsrand führen.
28 LT-Drs. 1/1739, S. 33.
29 Vgl. auch ThürOVG, Urt. v. 11.12.2001 – 2 KO 730/00, ThürVBl 2002, 235 (237); Urt. v. 19.5.2010 – 1 O 8/09, ThürVBl 2011, 84 (86); zur möglichen Folge eines Wechsels der Straßenbaulast an Ortsdurchfahrten ThürOVG, Urt. v. 24.11.2010 – 1 KO 43/07, ThürVBl 2011, 105.

sind sowohl die Zuordnung zu einer höheren Straßengruppe (Aufstufung) als auch zu einer niedrigeren (Abstufung) möglich. Dies hat regelmäßig eine Änderung des Trägers der Straßenbaulast zur Folge, §§ 11, 43 Abs. 1, 2 ThürStrG.

11 c) **Straßenbaulast.** Die Straßenbaulast umfasst gemäß § 9 Abs. 1 S. 1 ThürStrG „alle mit dem Bau und der Unterhaltung der Straßen zusammenhängenden Aufgaben" einschließlich der Finanzierung.[30] Diese werden im Folgesatz dahin gehend definiert, dass die Straßen in einem dem regelmäßigen Verkehrsbedürfnis genügenden Zustand zu bauen, zu unterhalten, zu erweitern oder sonst zu verbessern sind. Hierzu zählt nach § 27 Abs. 1 S. 1 ThürStrG auch die Bepflanzung des Straßenkörpers sowie seine Pflege und Unterhaltung. Nicht erfasst werden jedoch nach § 9 Abs. 2 ThürStrG das Schneeräumen, das Streuen bei Schnee- oder Eisglätte sowie die Reinigung und die Beleuchtung, wie auch die Verkehrssicherungspflicht als solche.[31] Räum- und Reinigungspflichten werden vielmehr durch § 49 ThürStrG innerhalb geschlossener Ortslagen iSv § 5 Abs. 1 S. 2, 3 ThürStrG[32] den Gemeinden als hoheitliche Aufgabe[33] zugewiesen,[34] die diese Aufgabe durch Satzung den Eigentümern oder Besitzern der durch öffentliche Straßen erschlossenen Grundstücke auferlegen oder[35] sie gemäß dem Kommunalabgabenrecht zu den entsprechenden Kosten heranziehen dürfen. Dem Träger der Straßenbaulast sind damit im Wesentlichen[36] Errichtungs-, Kontroll- und Reparaturpflichten zugewiesen, denen er im Rahmen seiner Leistungsfähigkeit nachkommen muss.[37] Für Kreuzungen von Straßen verschiedener Träger der Straßenbaulast sowie von Straßen mit Gewässern enthalten die §§ 28 ff. ThürStrG besondere Vorgaben. Bei der Erfüllung ihrer Aufgaben unterliegen die Träger der Straßenbaulast der Straßenaufsicht nach § 48 ThürStrG.

12 Gemäß § 43 ThürStrG sind grundsätzlich (vgl. § 44 ThürStrG) **Träger der Straßenbaulast** das Land für die Landesstraßen, die Landkreise für die Kreisstraßen und die Gemeinden für die Gemeindestraßen. Darüber hinaus sind Gemeinden mit mehr als 30.000 Einwohnern Träger der Straßenbaulast für die Ortsdurchfahrten iSv § 5 ThürStrG im Zuge von Landes- und Kreisstraßen. In kleineren Gemeinden erstreckt sich die Straßenbaulast des Landes und der Landkreise für Ortsdurchfahrten nicht auf Gehwege und Parkplätze. Diesbezüglich sind die Gemeinden Träger der Straßenbau-

---

30 Siehe auch näher *Brenner*, LKV 1998, 369 (372 f.).
31 LT-Drs. 1/1739, S. 35; zu den Hintergründen *Kern/Friedrich*, ThürVBl 1994, 57.
32 Ablehnend zur Gleichsetzung mit § 34 Abs. 1 BauGB ThürOVG, Urt. v. 4. 6. 2014 – 1 KO 1343/10, LKV 2015, 235 (236).
33 ThürOLG, Urt. v. 14.1.2009 – 4 U 818/07.
34 Zur Grenze der Zumutbarkeit im Hinblick auf ein berechtigtes Bedürfnis des Verkehrs ThürOLG, Urt. v. 9.3.2005 – 4 U 646/04, NVwZ-RR 2006, 60 (61); Beschl. v. 6.6.2008 – 4 U 339/07, NZV 2009, 34 (35); Beschl. v. 10.11.2009 – 4 U 553/08, NZV 2009, 599 (600); Beschl. v. 22.12.2010 – 4 U 610/10; Beschl. v. 18.7.2012 – 4 U 195/12; zur Erreichbarkeit des Erfolgs ThürOLG, Urt. v. 21.1.2009 – 4 U 341/08; siehe darüber hinaus *Kern/Friedrich*, ThürVBl 1994, 57 (59).
35 Zum Alternativverhältnis sowie zur Pflichtigkeit der Hinterliegergrundstücke ThürOVG, Beschl. v. 8.9.2014 – 4 EO 414/14.
36 Zur Bestimmung des Gemeindeanteils bei Straßenreinigungsgebühren VG Gera, Urt. v. 29.5.2018 – 5 K 420/17 Ge.
37 Zur Straßenentwässerung und deren Finanzierung gemäß § 23 Abs. 5 ThürStrG siehe ThürOVG, Urt. v. 17.8.2017 – 4 KO 74/17, ThürVBl 2019, 246; Urt. v. 17.8.2017 – 4 KO 85/15, ThürVBl 2018, 160; Urt. v. 17.8.2017 – 4 KO 122/12, ThürVBl 2018, 260; VG Gera, Urt. v. 21.2.2017 – 3 K 448/13 Ge, ThürVBl 2018, 90.

last. In Bezug auf sonstige öffentliche Straßen wird der Träger der Straßenbaulast in der Widmungsverfügung durch das Landesamt für Straßenbau bestimmt.

2. Nutzung

Nach § 14 Abs. 1 ThürStrG ist der Gebrauch einer öffentlichen Straße jedermann im 13 Rahmen der Widmung (einschließlich etwaiger Beschränkungen der Benutzungsarten und Benutzerkreise[38]) sowie der verkehrsrechtlichen Vorschriften gestattet. Dieser sog **Gemeingebrauch** umfasst daher grundsätzlich die Nutzung von Straßen zu Verkehrszwecken. Darüber hinaus ist für innerörtliche Bereiche jedoch auch ein kommunikativer Gemeingebrauch anerkannt, welcher der Funktion öffentlicher Straßen als Forum des persönlichen sowie politischen Austauschs Rechnung trägt.[39] Dabei kann die Verkehrsfunktion sogar ganz in den Hintergrund treten. Wenngleich dem Einzelnen kein Anspruch auf die Eröffnung oder die Beibehaltung des Gemeingebrauchs zukommt, hat die Rechtsprechung einen grundrechtlich begründeten Anspruch der betroffenen Straßennutzer auf Einschreiten gegen einen dritten privaten Störer, der die Sperrung einer dem Gemeingebrauch eröffneten Straße verursacht hat, anerkannt, jedenfalls soweit sie auf die Nutzung der Straße angewiesen sind und in dem Umfang, der ihnen durch den bislang bestehenden und vom Träger der Straßenbaulast auch nicht eingeschränkten Gemeingebrauch straßenrechtlich gewährt wurde.[40]

Als gesteigerte Form des Gemeingebrauchs sieht § 14 Abs. 4 ThürStrG den **Anlieger-** 14 **gebrauch** vor.[41] Danach dürfen Eigentümer und Besitzer von Grundstücken, die an einer öffentlichen Straße gelegen sind (Straßenanlieger), innerhalb der geschlossenen Ortslage[42] die an die Grundstücke angrenzenden Straßenteile über den Gemeingebrauch hinaus auch für die Zwecke der Grundstücke benutzen, soweit diese Benutzung der Straße zur Nutzung des Grundstücks erforderlich ist, den Gemeingebrauch nicht dauernd ausschließt oder erheblich beeinträchtigt und nicht in den Straßenkörper eingreift. Bei derartigen Nutzungen handelt es sich etwa um die Anbringung von in den Straßenraum hineinragenden Hinweisschildern oder die kurzfristige Lagerung von Baumaterialien vor dem Grundstück.[43] Einen Anspruch darauf, dass die Breite des Gehwegs vor dem Haus mehr als 1,20 m betragen müsse, vermittelt § 14 Abs. 4 ThürStrG nicht.[44]

Der Gemeingebrauch ist gemäß § 14 Abs. 3 ThürStrG vorbehaltlich anderweitiger ge- 15 setzlicher Bestimmungen **kostenfrei**. Bei besonderer Beanspruchung einer öffentlichen Straße im Rahmen des Gemeingebrauchs, etwa durch hohe Belastungen mit Schwer-

---

38 ThürOVG, Beschl. v. 10.2.2003 – 4 ZEO 1139/98, NVwZ-RR 2004, 139 (140).
39 Vgl. bereits OLG Stuttgart, Beschl. v. 25.9.1975 – 3 Ss (8) 298/75, NJW 1976, 201 (202 f.); OVG Lüneburg, Urt. v. 25.8.1976 – IV OVG A 190/75, NJW 1977, 916 (916 f.).
40 VG Meiningen, Urt. v. 6.3.2007 – 2 K 1024/04 Me, ThürVBl 2007, 244 (245).
41 Zu den verfassungsrechtlichen Hintergründen BVerwG, Urt. v. 25.9.1968 – IV C 195.65, BVerwGE 30, 235 (238 f.).
42 Außerhalb dieser qualifiziert § 22 ThürStrG die Neuanlage oder Änderung von Zufahrten oder Zugängen als Sondernutzung, die jedoch in den gesetzlich bestimmten Fällen erlaubnisfrei ist.
43 Vgl. BVerwG, Urt. v. 18.10.1974 – IV C 4.72, NJW 1975, 357 (358); BGH, Urt. v. 28.1.1957 – III ZR 141/55, BGHZ 23, 157 (166).
44 Mit Bezug zur Errichtung eines Fahrgastunterstands an einer Straßenbahnhaltestelle ThürOVG, Beschl. v. 15.7.2021 – 1 EO 843/20.

lastzügen ausgehend von einem Gewerbegebiet,[45] sieht § 16 ThürStrG eine Kostenbeteiligung des Verursachers im Hinblick auf die Mehrkosten vor. Beschränkungen des Gemeingebrauchs sind nach § 15 ThürStrG nur vorübergehend und nur, wenn dies wegen des baulichen Zustandes der Straße notwendig ist, zulässig.[46] Soll die Nutzbarkeit einer öffentlichen Straße dauerhaft geändert werden, bedarf es einer Änderung der Widmung oder ggf. einer Teileinziehung.

16 Jede über den Gemeingebrauch hinausgehende Nutzung einer öffentlichen Straße wird von § 18 Abs. 1 S. 1 ThürStrG als **Sondernutzung** qualifiziert. Eine solche liegt insbesondere vor, wenn die Straße zu kommerziellen Zwecken genutzt wird, etwa zum Aufstellen von Stühlen und Tischen auf dem Bürgersteig vor einem Restaurant, für Verkaufsstände und -wagen[47] oder mobile Werbung[48]. Darüber hinaus ist aber auch die Nutzung einer öffentlichen Straße zu sportlichen oder kulturellen Zwecken als Sondernutzung anzusehen. Die Sondernutzung bedarf (vorbehaltlich anderweitiger Regelungen in gemeindlichen Satzungen nach § 18 Abs. 1 S. 3 ThürStrG[49] sowie gemäß § 19 ThürStrG vorrangiger straßenverkehrsrechtlicher Freistellungen) stets der Erlaubnis, die zu befristen oder mit einem Widerrufsvorbehalt zu versehen ist und um weitere Nebenbestimmungen ergänzt werden kann. Grundsätzlich besteht hinsichtlich der Erteilung ein Ermessen,[50] dessen Ausübung an straßenrechtlichen Gesichtspunkten zu orientieren ist, so dass insbesondere der Sicherheit oder Leichtigkeit des Verkehrs besonderes Gewicht beizumessen ist.[51] Allerdings kann zumindest vorübergehend auch ein Ausschluss des (Verkehrs-)Gemeingebrauchs durch eine Sondernutzungserlaubnis erfolgen. Eine Ermessensreduzierung auf Null und damit ein Anspruch auf Erteilung einer Sondernutzungserlaubnis besteht jedoch regelmäßig in Wahlkampfzeiten zur Aufstellung von Wahlplakaten[52] oder Informationsständen durch die politischen Parteien[53], im Hinblick auf Plakatwerbung für die Durchführung eines Volksbegehrens durch dessen Träger[54] sowie zum Aufhängen von Plakaten mit Werbung für eine gewerkschaftliche Demonstration am „Tag der Arbeit"[55]. Bezüglich der Errichtung von baulichen Anlagen durch den Erlaubnisnehmer sieht § 18 Abs. 4 ThürStrG vor, dass dieser die Kosten tragen muss, sie der Zustimmung der Straßenbaubehörde bedarf und den Anforderungen der Sicherheit und Ordnung sowie den anerkannten Regeln der Technik genügen müssen. Dabei ist „[d]as Schutzgut des § 18 Abs. 4 S. 1 Thür-

---

45 Vgl. VG Meiningen, Urt. v. 9.11.2010 – 2 K 583/08 Me, ThürVBl 2011, 156 (158).
46 In diesem Falle sind Umleitungen nach § 34 ThürStrG auf anderen öffentlichen Straßen von den zuständigen Trägern der Straßenbaulast zu dulden.
47 VG Meiningen, Urt. v. 25.4.2006 – 2 K 854/04 Me, ThürVBl 2007, 66 (67).
48 *Knauff*, BayVBl. 2005, 517 ff.; *Engelbrecht*, DÖV 2012, 876 ff.
49 Die Norm vermittelt der Gemeinde nicht die Befugnis, im Wege des Satzungserlasses auf und an allen ihren Marktplätzen Sondernutzungen generell zu untersagen, ThürOVG, Urt. v. 21.11.2000 – 2 N 163/97, LKV 2001, 469 (470).
50 VG Weimar, Beschl. v. 26.8.2013 – 2 E 779/13 We, ThürVBl 2014, 78.
51 VG Weimar, Beschl. v. 9.4.2001 – 2 E 658/01 We, LKV 2002, 388.
52 ThürOVG, Beschl. v. 7.10.1994 – 2 EO 606/94. Zur Qualifikation als Sondernutzung VG Meiningen, Urt. v. 26.4.2010 – 8 K 667/08 Me, ThürVBl 2010, 236 (236 f.); VG Weimar, Beschl. v. 26.8.2013 – 2 E 779/13 We, ThürVBl 2014, 78.
53 VG Meiningen, Beschl. v. 18.6.1998 – 5 E 592/98 Me, ThürVBl 1998, 261; VG Meiningen, Beschl. v. 29.3.2004 – 2 E 230/04 Me.
54 VG Weimar, Beschl. v. 8.11.2000 – 2 E 2617/00 We.
55 VG Weimar, Beschl. v. 9.4.2001 – 2 E 658/01 We, LKV 2002, 388 (388 f.).

StrG ... nicht erst dann gefährdet, wenn sich durch die Beschaffenheit der betreffenden Anlage die Sicherheit und Ordnung des Straßenverkehrs als akut gefährdet erweist. Ausreichend ist vielmehr, dass aufgrund objektiver Anhaltspunkte Zweifel an der Standsicherheit einer baulichen Anlage bestehen."[56]

Zudem ist die Sondernutzung regelmäßig auf Grundlage von § 21 ThürStrG kostenpflichtig. Die Höhe der **Sondernutzungsgebühr** richtet sich dabei nach Art und Ausmaß der Einwirkung auf die Straße und den Gemeingebrauch sowie dem wirtschaftlichen Interesse des Gebührenschuldners.[57] Es ist unzulässig, anstelle öffentlich-rechtlicher Sondernutzungsgebühren ersatzweise eine privatrechtliche Entgeltpflicht durch zwangsweise abzuschließenden privatrechtlichen Vertrag in der Sondernutzungserlaubnis zu statuieren.[58] 17

Eine besondere Form der Sondernutzung in Form einer „exklusiven Nutzung von Parkflächen im öffentlichen Straßenraum für **Carsharingangebote**"[59] ist in § 18a ThürStrG normiert. Ergänzend zum Gesetz zur Bevorrechtigung des Carsharing (Carsharinggesetz – CsgG) des Bundes, dessen Regelungen auf Ortsdurchfahrten im Zuge von Bundesstraßen beschränkt sind, regelt die Norm Sondernutzungen für stationsbasiertes Carsharing im Zusammenhang mit Straßen nach Landesrecht. Gemäß § 18a Abs. 1 ThürStrG können Gemeinden – falls sie nicht selbst Träger der Straßenbaulast sind mit dessen Zustimmung – innerhalb der geschlossenen Ortslage geeignete Flächen im Zuge von öffentlichen Straßen zum Zwecke der Nutzung für stationsbasiertes Carsharing bestimmen. Als solches gilt nach § 18a Abs. 2 ThürStrG i.V.m. § 2 Nr. 4 CsgG „ein Angebotsmodell, das auf vorab reservierbaren Fahrzeugen und örtlich festgelegten Abhol- oder Rückgabestellen beruht." Die Flächen sind gemäß § 18a Abs. 2 ThürStrG i.V.m. § 5 Abs. 1 S. 3 CsgG so zu bestimmen, dass die Funktion der Straße und die Belange des öffentlichen Personennahverkehrs nicht beeinträchtigt werden und die Anforderungen an die Sicherheit und Leichtigkeit des Verkehrs gewahrt sind. Eine spezifische Rechtsform ist hierfür nicht vorgesehen. Nachfolgend sind die betreffenden Flächen – ggf. einzeln, § 18a Abs. 2 ThürStrG i.V.m. § 5 Abs. 2 S. 4 CsgG – im Wege eines öffentlich bekannt gemachtem, diskriminierungsfreien und transparenten Auswahlverfahrens einem Carsharinganbieter für einen Zeitraum von längstens acht Jahren zur Verfügung zu stellen. Dabei kann nach § 18a Abs. 4 ThürStrG die Erteilung der Sondernutzungserlaubnis davon abhängig gemacht werden, dass der Carsharinganbieter umweltbezogene oder solche Kriterien erfüllt, die einer Verringerung des motorisierten Individualverkehrs besonders dienlich sind. Insoweit wird den Gemeinden „die Möglichkeit eröffnet, individuell und entsprechend den jeweiligen örtlichen Bedürfnissen selbst zu entscheiden, ob und in welcher Form sie solche Kriterien berücksichtigen. Dabei können die Gemeinden diese Kriterien auch inhaltlich selbst ausfüllen. Umweltbezogen können dabei beispielsweise Vorgaben bezüglich Antriebsform oder Schadstoffausstoß der Fahrzeuge sein. Bereits Carsharing an sich fördert die Ver- 18

---

[56] ThürOVG, Urt. v. 30.12.2020 – 1 KO 902/17, ThürVBl 2021, 206 (208).
[57] Zu Gleichbehandlungserfordernissen VG Meiningen, Urt. v. 25.4.2006 – 2 K 854/04 Me, ThürVBl 2007, 66 (67 f.); zur Höhe bei Wahlkampfaktivitäten *Klomfaß*, DVP 2015, 106 (108).
[58] VG Weimar, Beschl. v. 29.8.2001 – 2 E 1524/01 We, LKV 2002, 483 (484).
[59] LT-Drs. 6/6827, S. 8.

ringerung des motorisierten Individualverkehrs. Die Gemeinden können jedoch weitere Kriterien definieren, die darüber hinausgehend diesem Ziel noch mehr dienen. Diese Kriterien können sich beispielsweise auf die Attraktivität der angebotenen Carsharingmodelle beziehen. Es steht den Gemeinden frei, sich auch an den Kriterien nach der Anlage zu § 5 Abs. 4 Satz 3 CsgG beziehungsweise den Kriterien einer Rechtsverordnung nach § 5 Abs. 4 Satz 1 CsgG zu orientieren."[60] Der Erteilung einer Sondernutzungserlaubnis unter Widerrufsvorbehalt steht § 18a Abs. 3 S. 1 ThürStrG entgegen. Allerdings verbindet § 18a Abs. 5 ThürStrG mit der Erteilung der Sondernutzungserlaubnis eine Betriebspflicht. Danach hat der ausgewählte Carsharinganbieter auf der Stellfläche für die Dauer der erteilten Sondernutzungserlaubnis im Rahmen des Zumutbaren ein Carsharingfahrzeug zur Nutzung anzubieten. Andernfalls kann die Sondernutzungserlaubnis widerrufen werden. Gleiches gilt für den Fall, dass der Carsharinganbieter die vorgegebenen Kriterien nicht mehr erfüllt. Die Sondernutzungserlaubnis kann nach § 18a Abs. 6 ThürStrG dem Carsharinganbieter auch die Befugnis verleihen, geeignete bauliche Vorrichtungen für das Sperren der Flächen für Nichtberechtigte anzubringen. Die als Gegenleistung zu entrichtende Sondernutzungsgebühr muss gemäß § 18a Abs. 3 S. 2 ThürStrG mindestens dem marktgleichen Gegenwert des zur Verfügung gestellten öffentlichen Parkraums entsprechen. Diesbezüglich ist auf die ortsüblichen Kosten für die Anmietung einer vergleichbaren privaten Stellfläche in vergleichbarer Lage abzustellen.[61] Nach Ablauf der Geltungsdauer der Sondernutzungserlaubnis ist nach § 18a Abs. 2 ThürStrG i.V.m. § 5 Abs. 2 S. 3 CsgG eine Verlängerung oder Neuerteilung nur nach Durchführung eines erneuten Auswahlverfahrens möglich.

19 Wird eine öffentliche Straße ohne Sondernutzungserlaubnis über den Gemeingebrauch hinaus genutzt, werden Autowracks oder andere Gegenstände verbotswidrig abgestellt oder kommt ein Erlaubnisnehmer seinen Verpflichtungen nicht nach, ermächtigt § 20 ThürStrG die für die Erteilung der Erlaubnis zuständige Behörde zur **Anordnung der zur Beendigung der Benutzung oder zur Erfüllung der Auflagen erforderlichen Maßnahmen**. Bei deren Bestimmung verfügt die Behörde über ein Ermessen. Sofern Anordnungen nicht oder nur unter unverhältnismäßigem Aufwand möglich oder nicht erfolgversprechend sind, kann sie den rechtswidrigen Zustand auf Kosten des Pflichtigen beseitigen oder beseitigen lassen. Dies setzt außer in Fällen besonderer Eilbedürftigkeit regelmäßig voraus, dass zuvor der Versuch unternommen wurde, den Pflichtigen zu ermitteln und zu rechtmäßigem Handeln zu veranlassen. Entfernte Gegenstände können bis zur Erstattung der Aufwendungen zurückbehalten und bei Nichtabholung oder Nichtzahlung auf Kosten des Pflichtigen entsorgt oder zugunsten der öffentlichen Hand verwertet werden.

---

60 LT-Drs. 6/6827, S. 10.
61 LT-Drs. 6/6827, S. 10.

3. Anlagen an Straßen

Anlagen und Pflanzungen an Straßen können sich sowohl negativ als auch positiv auf diese und den auf ihnen erfolgenden Verkehr auswirken. Die §§ 24 ff. ThürStrG tragen dem durch differenzierende Regelungen Rechnung.

Aus Gründen der Verkehrssicherheit verbietet § 24 Abs. 1, 7 ThürStrG grundsätzlich längs von – ggf. auch erst im Planfeststellungsverfahren befindlichen – Landes- oder Kreisstraßen[62] die Errichtung von Hochbauten, Anlagen der Außenwerbung (auch an Brücken über diesen Straßen) und Aufschüttungen oder Abgrabungen größeren Umfangs in einer Entfernung bis zu 20 m sowie bauliche Anlagen, die über Zufahrten an Landes- oder Kreisstraßen unmittelbar oder mittelbar angeschlossen werden sollen, außerhalb der zur Erschließung der anliegenden Grundstücke bestimmten Teile der Ortsdurchfahrten. Für in diesem Bereich liegende Bauvorhaben im Abstand von bis zu 40 m vom Fahrbahnrand sowie erheblichen Änderungen oder Umnutzungen begründet § 24 Abs. 2 ff. ThürStrG zudem die Notwendigkeit der Zustimmung bzw. bei sonst nicht gegebener Erlaubnispflicht der Genehmigung der jeweils zuständigen Straßenbaubehörde, die allerdings nur versagt oder mit Bedingungen und Auflagen erteilt werden darf, soweit dies wegen der Sicherheit oder Leichtigkeit des Verkehrs, der Ausbauabsichten oder der Straßenbaugestaltung nötig ist. Dies gilt jedoch nach § 24 Abs. 8 ThürStrG nicht, wenn das Bauvorhaben den Festsetzungen eines Bebauungsplanes entspricht, der mindestens die Begrenzung der Verkehrsflächen sowie die an diesen gelegenen überbaubaren Grundstücksflächen enthält und unter Mitwirkung der zuständigen Straßenbaubehörde zustande gekommen ist. Unter den Voraussetzungen des § 24 Abs. 10 f. ThürStrG hat der Träger der Straßenbaulast zudem von diesen **Verboten** betroffene Eigentümer zu entschädigen. Schließlich dürfen nach § 26 Abs. 2 ThürStrG Anpflanzungen sowie Zäune, Stapel, Haufen oder andere mit dem Grundstück nicht fest verbundene Einrichtungen nicht angelegt oder unterhalten werden, wenn sie die Sicherheit oder Leichtigkeit des Verkehrs beeinträchtigen.

Von den Verboten des § 24 ThürStrG kann das für Straßenbau zuständige Ministerium als oberste Straßenbaubehörde im Einzelfall gemäß § 24 Abs. 9 ThürStrG **Ausnahmen** zulassen, wenn die Durchführung der Bestimmungen im Einzelfall zu einer offenbar nicht beabsichtigten Härte führen würde und die Abweichung mit den öffentlichen Belangen vereinbar ist oder wenn Gründe des Wohls der Allgemeinheit die Abweichung erfordern. Dies geschieht durch Verwaltungsakt, der mit Bedingungen und Auflagen versehen werden kann.

Zum Schutz der Straße und des darauf erfolgenden Verkehrs sehen die §§ 25, 26 Abs. 1 ThürStrG vor, dass bestehende Waldungen und Gehölze längs der Straße von der unteren Forstbehörde auf Antrag der Straßenbaubehörde zu **Schutzwaldungen** erklärt werden können und Eigentümer und Besitzer der der Straße benachbarten Grundstücke die zum Schutz der Straße vor nachteiligen Einwirkungen, wie Schneeverwehungen, Steinschlag, Vermurungen oder Überschwemmungen, notwendigen Vorkehrungen zu dulden haben.

---

62 Für Gemeindestraßen vgl. § 24 Abs. 12 ThürStrG.

II. Feiertagsrecht

24 Das Thüringer Feier- und Gedenktagsgesetz (ThürFGtG) legt den Schutz der Sonntage sowie der gesetzlichen und sonstigen Feiertage fest. Das Gesetz steht dabei in engem Zusammenhang mit Art. 140 GG iVm Art. 139 WRV.[63] Es unterscheidet zwischen gesetzlichen (§ 2 ThürFGtG) sowie religiösen Feiertagen (§§ 3, 10 Abs. 2 ThürFGtG). Zudem bestimmt § 2a ThürFGtG den 8. Mai im Hinblick auf die Befreiung vom Nationalsozialismus sowie den 17. Juni in Anknüpfung an den Volksaufstand in der DDR zur Erinnerung an die Opfer des SED-Unrechts zu Gedenktagen, ohne daran weitere Rechtsfolgen zu knüpfen.[64]

1. Sonn- und Feiertagsschutz

25 Für Sonn- und gesetzliche Feiertage legt § 4 Abs. 1 ThürFGtG eine **allgemeine Arbeitsruhe** fest. Darüber hinaus sind nach § 4 Abs. 2 ThürFGtG alle öffentlich bemerkbaren Tätigkeiten verboten, die geeignet sind, die äußere Ruhe zu beeinträchtigen oder die dem Wesen des Sonn- oder Feiertags widersprechen. Das Wesen bestimmt sich dabei nach den in Art. 139 WRV verankerten Zielen der Arbeitsruhe und der seelischen Erhebung.[65] Nach der Rechtsprechung des BVerfG hat an Sonn- und Feiertagen „die typische ‚werktägliche Geschäftigkeit' [grundsätzlich] zu ruhen." Neben religiöser Einkehr und Betätigung soll aber auch „die Verfolgung profaner Ziele wie die der persönlichen Ruhe, Besinnung, Erholung und Zerstreuung" in gesellschaftlicher Synchronität ermöglicht werden.[66] Korrespondierend damit verbietet § 9 ArbZG die Beschäftigung von Arbeitnehmern während dieser Tage. An religiösen Feiertagen ist den Angehörigen der jeweiligen Religionsgemeinschaft nach § 3 Abs. 3 ThürFGtG die Teilnahme am Gottesdienst auf Antrag grundsätzlich durch Freistellung von andernfalls gegebenen Verpflichtungen zu ermöglichen.

26 Ungeachtet des säkularen Sonn- und Feiertagsschutzes sieht § 5 ThürFGtG einen besonderen Schutz des – religiös neutral zu verstehenden[67] – **Gottesdienstes** vor. Danach sind an Sonntagen, den gesetzlichen Feiertagen (de facto weithin mit christlichem Hintergrund) und an den religiösen Feiertagen iSv § 3 ThürFGtG in der Nähe von religiösen Zwecken dienenden Gebäuden und Örtlichkeiten alle Handlungen verboten, die geeignet sind, den Gottesdienst zu stören. Dabei kommt es nicht auf den Zweck der störenden Betätigung an, so dass neben gewerblichen Betätigungen etwa auch Demonstrationen erfasst werden.[68] Eine Störung ist gegeben, sobald eine Beeinträchtigung der gemeinsamen religiösen Betätigung zu besorgen ist.[69] Des Nachweises einer

---

63 Vgl. zu den Hintergründen *Häberle*, Der Sonntag als Verfassungsprinzip, 2. Aufl. 2006, S. 47 ff.
64 Siehe auch ThürVerfGH, Beschl. v. 29.7.2021 – VerfGH 104/20.
65 BVerwG, Urt. v. 15.3.1988 – 1 C 25/84, BVerwGE 79, 118 (125 f.); ThürOVG, Beschl. v. 10.5.1996 – 2 EO 326/96, ThürVGRspr. 1996, 83, 85; *Stollmann*, Der Sonn- und Feiertagsschutz nach dem Grundgesetz, 2004, S. 94 ff.
66 BVerfG, Urt. v. 1.12.2009 – 1 BvR 2857/07, BVerfGE 125, 39 (85 f.).
67 *Renck*, ThürVBl 2002, 173, 174 f.; zur expliziten Schutzwirkung zugunsten anderer Religionen im Überblick über die Feiertagsgesetze der Länder *Kroboth*, Der Schutz stiller Feiertage, S. 101 ff.
68 Vgl. VGH Mannheim, Beschl. v. 28.4.2011 – 1 S 1250/11, NVwZ-RR 2011, 602 (603 f.).
69 Näher zum feiertagsrechtlichen Störungsbegriff *Hufen*, Der Ausgleich verfassungsrechtlich geschützter Interessen bei der Ausgestaltung des Sonn- und Feiertagsschutzes, S. 37 ff.

II. Feiertagsrecht

konkreten Störung im Einzelfall bedarf es nicht.[70] Daher kann im Einzelfall auch ein Schweigemarsch an einer Kirche als Störung zu qualifizieren sein. In zeitlicher Hinsicht ist ungeachtet einer fehlenden Klarstellung im Normtext auf die übliche Gottesdienstzeit abzustellen,[71] die örtlich und religionsspezifisch variieren kann.

Einen besonders intensiven Schutz vermittelt § 6 ThürFGtG für die sog **stillen Tage**[72], die allerdings nicht sämtlich als Feiertage qualifiziert werden. Am Karfreitag, dem Volkstrauertag (vorletzter Sonntag vor dem ersten Advent) und am Totensonntag (Ewigkeitssonntag) sowie Allerheiligen in denjenigen Gemeinden, in denen der Fronleichnamstag gemäß § 2 Abs. 2 iVm § 10 Abs. 1 ThürFGtG als gesetzlicher Feiertag bestimmt ist,[73] sind jeweils ab 3.00 Uhr musikalische und sonstige unterhaltende Darbietungen jeder Art in Gaststätten und in Nebenräumen mit Schankbetrieb, öffentliche sportliche Veranstaltungen sowie alle sonstigen öffentlichen Veranstaltungen, wenn sie nicht der Würdigung des Tags oder der Kunst[74], Wissenschaft oder Volksbildung dienen und auf den Charakter des Tags Rücksicht nehmen, wie etwa der Betrieb einer gewerblichen Bowlinganlage[75] oder einer Spielhalle,[76] verboten, sofern keine gesetzlich vorgesehene Ausnahme eingreift. Die beiden letztgenannten Verbote gelten auch am Heiligen Abend ab 15.00 Uhr. Wegen des Ausnahmecharakters kommt eine erweiternde Auslegung der Restriktionen nicht in Betracht.

27

2. Ausnahmen

Ausgenommen[77] von den Betätigungsverboten, soweit kein erhöhter Schutz nach § 6 ThürFGtG besteht,[78] sind nach § 4 Abs. 3 S. 1 ThürFGtG Tätigkeiten der Unternehmen, die Post- und Fernmeldedienstleistungen für die Öffentlichkeit anbieten, der Versorgungsbetriebe und -einrichtungen, der Eisenbahnen und sonstiger der Personenbeförderung dienender Unternehmen (Nr. 2), Tätigkeiten der Hilfseinrichtungen des Verkehrs mit der Maßgabe, dass Instandsetzungsarbeiten an Kraftfahrzeugen nur zulässig sind, soweit sie für die Weiterfahrt erforderlich sind (Nr. 3), unaufschiebbare Tätigkeiten, die zur Befriedigung häuslicher oder landwirtschaftlicher Bedürfnisse, zur Abwendung eines Schadens an Gesundheit oder Eigentum, im Interesse öffentlicher Einrichtungen oder zur Verhütung oder Beseitigung eines Unfalls oder eines Notstands erforderlich sind (Nr. 4), die im Fremdenverkehr und zur Erholung im Rahmen der Freizeitgestaltung üblichen Dienstleistungen persönlicher Art (Nr. 5) sowie die Öffentlichkeit nicht störende, nichtgewerbsmäßige Tätigkeiten in Haus und Garten (Nr. 6).

28

---

70 LT-Drs. 2/12, S. 12.
71 Vgl. die Bezugnahme auf die „Zeit des Hauptgottesdienstes" in Art. 2 Abs. 2 Nr. 1 BayFTG; landesrechtsvergleichend *Beltle*, Die Vereinbarkeit feiertagsrechtlicher Versammlungsverbote mit dem Grundgesetz, S. 62 ff.
72 Dazu monographisch aus juristischer Perspektive *Kroboth*, Der Schutz stiller Feiertage, 2015.
73 Vgl. diesbezüglich https://innen.thueringen.de/staats-und-verwaltungsrecht/oeffentliches-recht/feiertagsrecht.
74 Restriktiv VG Gera, Beschl. v. 31.3.1999 – 1 E 319–99 Ge, NVwZ-RR 1999, 579, in Anknüpfung an BVerwG, Beschl. v. 21.4.1994 – 1 B 14/94, NJW 1994, 1975 (1976).
75 ThürOVG, Beschl. v. 1.4.2010 – 3 EO 732/10, NVwZ-RR 2010, 763.
76 ThürOLG, Beschl. v. 19.4.2012 – 1 Ss Bs 21/12.
77 Zum verfassungsrechtlichen Rahmen *Mosbacher*, Sonntagsschutz und Ladenschluß, 2007, S. 108 ff.; *Hufen*, Der Ausgleich verfassungsrechtlich geschützter Interessen bei der Ausgestaltung des Sonn- und Feiertagsschutzes, S. 93 ff.; *Knauff*, GewArch 2016, 217 (219 ff.); zusammenfassend *ders.*, Öffentliches Wirtschaftsrecht, § 5 Rn. 94 f.
78 ThürOVG, Beschl. v. 1.4.2010 – 3 EO 732/10, NVwZ-RR 2010, 763.

Knauff 135

29 Des Weiteren ausgenommen sind nach § 4 Abs. 3 S. 1 Nr. 1 ThürFGtG **sonstige gesetzlich zugelassene Arbeiten**. Diesbezüglich sind insbesondere die Regelungen des Thüringer Ladenöffnungsgesetzes und des Thüringer Gaststättengesetzes von Bedeutung. §§ 10, 12 ArbZG sowie die Thüringer Bedarfsgewerbeverordnung[79] gestatten in den erfassten Fällen die Beschäftigung von Arbeitnehmern. Bei den erlaubten Tätigkeiten ordnet § 4 Abs. 3 S. 2 und 3 ThürFGtG eine Rücksichtnahme auf das Wesen des Sonn- und Feiertags und eine Vermeidung unnötiger Störungen an.

30 Neben den gesetzlich stets an Sonn- und Feiertagen zulässigen Betätigungen ermöglicht § 7 ThürFGtG den Kommunen im übertragenen Wirkungskreis die Zulassung weiterer **Ausnahmen** durch Verwaltungsakt **im Einzelfall**. Grundsätzlich ist hierfür das Vorliegen eines wichtigen Grundes erforderlich; zugleich darf eine Störung des Gottesdienstes nicht erfolgen. Die Vorschrift soll atypische Fallgestaltungen erfassen, in denen das Verbot des § 4 Abs. 2 ThürFGtG unverhältnismäßige Auswirkungen hat, die vom Zweck des Gesetzes nicht beabsichtigt sind. Dies ist der Fall, wenn für die Ausnahme ein dringendes Bedürfnis vorliegt, mithin ein gewichtiges und schutzwürdiges öffentliches oder privates Interesse ein Abweichen von den Schutzvorschriften des Feiertagsgesetzes rechtfertigt. Daran fehlt es bei einem Trödelmarkt.[80] Als wichtiger Grund ist dagegen die Realisierung von Grundrechten anzusehen, wenn diese unmittelbar auf die Inanspruchnahme gerade des Sonn- oder Feiertages angewiesen ist. Ist dies der Fall, besteht zugleich ein Anspruch auf Erteilung der Ausnahmegenehmigung. So sind insbesondere Versammlungen an den stillen Tagen zulässig, die sich kritisch mit deren Schutz auseinandersetzen, auch wenn sie mit unterhaltenden Elementen einhergehen.[81] Eine spezifische Ausnahmemöglichkeit ist darüber hinaus für den Betrieb von Waschanlagen für Personenkraftwagen vorgesehen, sofern eine Störung der Feiertagsruhe der Bevölkerung ausgeschlossen werden kann. Die Bezugnahme allein auf die Feiertagsruhe legt jedoch nahe, dass die Ausnahme an Sonntagen nicht in Anspruch genommen werden kann.

III. Informationsfreiheitsrecht

31 Der Zugang zu amtlichen Informationen ist Gegenstand des Thüringer Transparenzgesetzes (ThürTG). § 1 ThürTG statuiert den Grundsatz, dass Leitlinie für das Handeln der Verwaltung die Öffentlichkeit ist. Informationen sollen grundsätzlich offen und transparent jedem zugänglich sein. Zugleich zielt das Gesetz darauf ab, unter Wahrung schutzwürdiger Belange die Transparenz der Verwaltung zu vergrößern, die Möglichkeiten der Kontrolle staatlichen Handelns durch die Bürger zu verbessern und damit die demokratische Meinungs- und Willensbildung in der Gesellschaft zu fördern. Bereits mit dem Erlass des vor Inkrafttreten des ThürTG zum 1.1.2020 geltenden Thüringer Informationsfreiheitsgesetzes (ThürIFG)[82] im Jahr 2007 sowie seiner

---

79 Zur Teilnichtigkeit der weithin parallelen hessischen Bedarfsgewerbeverordnung BVerwG, Urt. v. 26.11.2014 – 6 CN 1/13, BVerwGE 150, 327.
80 ThürOVG, Beschl. v. 10.5.1996 – 2 EO 326/96, LKV 1997, 463 (464).
81 BVerfG, Beschl. v. 27.10.2016 – 1 BvR 458/10, NVwZ 2017, 461; ausführlich zum Verhältnis von Feiertags- und Versammlungsrecht *Beltle*, Die Vereinbarkeit feiertagsrechtlicher Versammlungsverbote mit dem Grundgesetz, insbes. S. 139 ff.
82 Siehe auch im Überblick dazu *Troidl*, ThürVBl 2015, 1 (6 f.), 29 (30, 33).

Novellierung 2012 hat der Landesgesetzgeber sich einem bundesweiten Trend angeschlossen, der – ausgehend von völkerrechtlichen Verpflichtungen zur Zugänglichmachung von Umweltinformationen[83], die sich zudem bereichspezifisch im Thüringer Umweltinformationsgesetz (ThürUIG) niedergeschlagen hat[84] – mit der Arkantradition des deutschen Verwaltungsrechts weithin bricht.[85] **Informationsoffenheit**, die nach §§ 5 ff. ThürTG[86] auch unabhängig von individuellen Informationsverlangen herzustellen ist, bildet das gesetzliche Leitmotiv.[87] Das ThürTG geht dabei anders als seine Vorgängerregelung inhaltlich teilweise über das Informationsfreiheitsgesetz (IFG) des Bundes hinaus.[88] Es fügt sich jedoch in eine Entwicklung der Informationsfreiheits- bzw. Transparenzgesetze der Länder ein.[89]

Als Regelfall sieht das ThürTG eine proaktive Informationsbereitstellung vor. § 5 ThürTG verpflichtet die von § 2 Abs. 1 ThürTG erfassten Behörden, Einrichtungen und sonstigen öffentlichen Stellen des Landes, die Gemeinden und Gemeindeverbände sowie die sonstigen der Aufsicht des Landes unterstehenden juristischen Personen des öffentlichen Rechts sowie deren Vereinigungen, Informationen von allgemeinem Interesse für die Öffentlichkeit, die das Ergebnis oder den Abschluss eines Verwaltungsvorgangs dokumentieren und nach Inkrafttreten des ThürTG entstanden, bestellt oder beschafft worden sind, öffentlich im Internet zugänglich zu machen, soweit eine Verfügungsbefugnis gegeben ist und einem entsprechenden Antrag auf Informationszugang kein Ablehnungsgrund entgegenstünde. Überdies sollen die verpflichteten Behörden zur verbesserten Auffindbarkeit[90] Verzeichnisse führen, aus denen sich die vorhandenen Informationssammlungen und -zwecke erkennen lassen. Als zentraler Informationszugangspunkt ist das in § 7 ThürTG näher ausgestaltete, durchsuchbare Transparenzportal der Landesregierung[91] vorgesehen, welches das 2016 eingerichtete Zentrale Informationsregister für Thüringen um weitere Informationsangebote erweitert. Die zahlreichen einzustellenden und einstellbaren Informationen werden in § 6 ThürTG benannt. Schutz- und Geheimhaltungsinteressen Dritter ist dabei Rechnung zu tragen. Zu den eingestellten Informationen vermittelt § 4 Abs. 1 Nr. 1 ThürTG einen kostenlosen Zugang, ohne dass eine Registrierung hierfür erforderlich ist. 32

§ 4 Abs. 1 Nr. 2 ThürTG begründet – außerhalb laufender Verfahren – einen Anspruch für natürliche und juristische Person des Privatrechts sowie nicht rechtsfähige Vereinigungen von Bürgerinnen und Bürgern auf **Zugang zu vorhandenen amtlichen Informationen**. Als solche legaldefiniert § 3 Abs. 1 Nr. 1 ThürTG „amtlichen Zwecken dienende vorhandene Aufzeichnungen, unabhängig von der Art ihrer Speicherung; 33

---

83 Übereinkommen über den Zugang zu Informationen, die Öffentlichkeitsbeteiligung an Entscheidungsverfahren und den Zugang zu Gerichten in Umweltangelegenheiten (sog Aarhus-Konvention), ABl. EG 2005 L 124/4.
84 Im Überblick dazu *Troidl*, ThürVBl 2015, 1 (5 f.).
85 Dazu *Wegener*, Der geheime Staat. Arkantradition und Informationsfreiheitsrecht, 2006, insbes. S. 390 ff.
86 Siehe ergänzend die Verordnung über Betrieb und Nutzung des Transparenzportals nach dem Thüringer Transparenzgesetz (ThürTPVO).
87 Siehe auch LT-Drs. 5/4986, S. 14; 6/6684, S. 1, 21.
88 Vgl. insoweit die Kommentierungen von *Brink/Polenz/Blatt*, IFG, 2017; *Schoch*, IFG, 2. Aufl. 2016.
89 Vgl. dazu *Herr/Müller/Engewald/Ziekow*, DÖV 2018, 165 ff.; *Uphues*, ZRP 2021, 41 ff.
90 LT-Drs. 6/6684, S. 46.
91 https://verwaltung.thueringen.de/ttp.

Entwürfe und Notizen, die nicht Bestandteil eines Vorgangs werden sollen [im Sinne einer ordnungsgemäßen Aktenführung[92]], gehören nicht dazu". Es kommt mithin weder auf den Gegenstand noch auf den Kontext und grundsätzlich auch nicht auf den Grund des Informationsbegehrens an. Dieses muss jedoch in einem Antrag, der nach § 9 ThürTG schriftlich, mündlich, zur Niederschrift oder elektronisch gestellt werden kann und hinreichend bestimmt ist, zum Ausdruck gebracht werden. Nur dann, wenn der Antrag Daten Dritter betrifft, muss er begründet werden. Ein rechtliches Interesse ist dabei nur insoweit geltend zu machen, als Betriebs- und Geschäftsgeheimnisse in Frage stehen. Wird bei einer informationsverpflichteten Stelle ein Antrag auf Informationserteilung gestellt, ist darüber nach § 10 Abs. 3 ThürTG unverzüglich, grundsätzlich spätestens innerhalb eines Monats, zu entscheiden. Eine angemessene Verlängerung der Frist wegen des Umfangs oder der Komplexität der Informationen oder der notwendigen Beteiligung Dritter ist zulässig. Eine solche Beteiligung ist gemäß § 10 Abs. 4 ThürTG grundsätzlich bei Betroffenheit des Dritten geboten, die wiederum vorliegt, wenn Informationen über diesen, insbesondere personenbezogene Daten, vgl. § 3 Abs. 1 Nr. 5 ThürTG, Gegenstand des Informationsverlangens sind. Abgesehen von der Erteilung einfacher Auskünfte, die einen geringfügigen Aufwand hervorrufen und regelmäßig unmittelbar telefonisch oder über E-Mail erteilt werden können,[93] werden für die Informationserteilung nach § 15 ThürTG iVm dem Thüringer Verwaltungskostengesetz und der Thüringer Allgemeinen Verwaltungskostenordnung Verwaltungsgebühren erhoben.

34 Verpflichtet zur Informationserteilung sind nach § 2 Abs. 1 und 2 ThürTG die Behörden, Einrichtungen und sonstigen öffentlichen Stellen des Landes, die Gemeinden und Gemeindeverbände sowie die sonstigen der Aufsicht des Landes unterstehenden juristischen Personen des öffentlichen Rechts sowie deren Vereinigungen und Private, deren sich diese Stellen für die Erfüllung ihrer öffentlich-rechtlichen Aufgaben bedienen, etwa Verwaltungshelfer[94]. Keine **Verpflichtung** dieser Stellen besteht jedoch nach § 2 Abs. 3 ThürTG, wenn sie als Unternehmen am Wettbewerb teilnehmen, grundlagen- oder anwendungsbezogene Forschung betreiben oder Aufgaben wahrnehmen, die der Aufsicht oder Verwaltung dieser Unternehmen dienen. Des Weiteren werden die öffentlich-rechtlichen Rundfunkanstalten sowie jenseits der Wahrnehmung ihrer Aufsichtsfunktion die Landesmedienanstalt durch § 2 Abs. 5 ThürTG von der Geltung des Gesetzes ausgenommen. Darüber hinaus nimmt § 2 Abs. 4, 6 und 7 ThürTG Universitätskliniken, Forschungs- und Bildungseinrichtungen, Gerichte und Staatsanwaltschaften sowie die Finanzbehörden[95] jeweils in Bezug auf die prägenden Tätigkeitsbereiche von der Informationspflicht aus.[96]

35 Der Anspruch auf Informationszugang gegenüber den verpflichteten Stellen besteht jedoch nicht unbegrenzt. Der Schutz der in § 12 ThürTG normierten besonderen öffent-

---
92 LT-Drs. 6/6684, S. 39.
93 Vgl. LT-Drs. 5/4986, S. 32.
94 LT-Drs. 6/6684, S. 38.
95 Hierzu ThürOVG, Beschl. v. 5.11.2018 – 3 ZKO 300/17, ThürVBl 2020, 241.
96 Zu den Hintergründen LT-Drs. 6/6684, S. 39 f.

lichen Belange,[97] zu denen neben staatlichen Funktionswahrungs- und Geheimnisschutzerfordernissen auch eine Missbräuchlichkeit oder Unverhältnismäßigkeit des Antrags zählt, rechtfertigt die **Ablehnung**. Darüber hinaus ist der Antrag auf Informationszugang regelmäßig nach § 13 ThürTG abzulehnen, soweit durch das Bekanntwerden der Information personenbezogene Daten, Betriebs- oder Geschäftsgeheimnisse[98] offenbart werden. Im Verfahren wird der Schutz der Rechtspositionen Dritter durch deren Beteiligung sichergestellt. Die Zugänglichkeit von Informationen im Transparenzportal ist allerdings nicht geeignet, eine Ablehnung zu begründen. Die gemäß § 10 Abs. 6 S. 2 f. ThürTG schriftlich oder elektronisch und mit Begründung zu versehende Ablehnung unterliegt sowohl – nach stets erforderlicher Durchführung eines Widerspruchsverfahrens – verwaltungsgerichtlicher Kontrolle, vgl. § 21 ThürTG, als auch der Überprüfung durch den Landesbeauftragten für die Informationsfreiheit nach §§ 17 ff. ThürTG. Zudem sieht § 10 Abs. 6 S. 1 ThürTG vor, dass im Fall der vollständigen oder teilweisen Ablehnung des Antrags mitgeteilt werden soll, ob und gegebenenfalls wann der Informationszugang ganz oder teilweise zu einem späteren Zeitpunkt möglich ist.

Steht kein Ablehnungsgrund der Informationserteilung entgegen, sind die Informationen unverzüglich gemäß § 11 ThürTG **zugänglich zu machen**. Dies kann durch mündliche, schriftliche oder elektronische Auskunft, die Gewährung von Akteneinsicht oder auf sonstige Weise geschehen. Vorbehaltlich wichtiger Gründe, wie Gesichtspunkten der Verfahrensbeschleunigung und der Vereinfachung bei Massenverfahren[99], ist den Wünschen des Antragstellers über die Art der Informationserteilung zu entsprechen. 36

IV. Datenschutzrecht

Der Schutz personenbezogener Daten im Anwendungsbereich des EU-Rechts wird im Wesentlichen durch die Verordnung (EU) 2016/679 zum Schutz natürlicher Personen bei der Verarbeitung personenbezogener Daten, zum freien Datenverkehr und zur Aufhebung der Richtlinie 95/46/EG (**Datenschutz-Grundverordnung – DSGVO**)[100] gewährleistet. Als personenbezogene Daten gelten dabei nach Art. 4 Nr. 1 DSGVO „alle Informationen, die sich auf eine identifizierte oder identifizierbare natürliche Person (im Folgenden ‚betroffene Person') beziehen; als identifizierbar wird eine natürliche Person angesehen, die direkt oder indirekt, insbesondere mittels Zuordnung zu einer Kennung wie einem Namen, zu einer Kennnummer, zu Standortdaten, zu einer Online-Kennung oder zu einem oder mehreren besonderen Merkmalen, die Ausdruck der physischen, physiologischen, genetischen, psychischen, wirtschaftlichen, kulturellen oder sozialen Identität dieser natürlichen Person sind, identifiziert werden kann". Für deren Erhebung und Verarbeitung stellt die DSGVO spezifische Mindestvoraussetzun- 37

---

97 Siehe diesbezüglich monographisch *Jaus*, Öffentliche Belange als Schranken von Informationszugangsansprüchen. Eine Untersuchung der Beschränkungsgründe wegen öffentlicher Belange in den Informationsfreiheitsgesetzen, den Umweltinformationsgesetzen und dem Verbraucherinformationsgesetz, 2016.
98 Im Einzelnen dazu *Prinz*, Der Schutz von Betriebs- und Geschäftsgeheimnissen im Informationsfreiheitsrecht, 2015, S. 123 ff.; *Wolf*, Der Schutz des Betriebs- und Geschäftsgeheimnisses. Verfassungsrechtliche Grundlagen und Ausgestaltung in den modernen Informationszugangsgesetzen, 2015, S. 247 ff.
99 LT-Drs. 5/4986, S. 24.
100 ABl. 2016 L 119/1.

gen auf. Zudem vermittelt die DSGVO den betroffenen Personen Rechte in Bezug auf den Umgang mit ihren Daten und gestaltet die Pflichten der Datenverarbeiter aus. Vorgesehen ist darüber hinaus die Einsetzung von Datenschutzbeauftragten sowie unabhängiger Aufsichtsbehörden. Eine umfassende – auch gerichtliche – Kontrolle der Vorgaben ist zu gewährleisten; Verstöße sind zu sanktionieren.[101] Bereichsspezifische und zugleich der Umsetzung in nationales Recht bedürftige Regelungen enthält zudem die **Richtlinie (EU) 2016/680** zum Schutz natürlicher Personen bei der Verarbeitung personenbezogener Daten durch die zuständigen Behörden zum Zwecke der Verhütung, Ermittlung, Aufdeckung oder Verfolgung von Straftaten oder der Strafvollstreckung sowie zum freien Datenverkehr und zur Aufhebung des Rahmenbeschlusses 2008/977/JI des Rates[102].

38 Das **Thüringer Datenschutzgesetz (ThürDSG)** nimmt daran anknüpfend die notwendige Ausgestaltung bzw. Umsetzung vor. Es handelt sich mithin um eine wenig eigenständige Regelung, die zwingend im Zusammenhang mit den europarechtlichen Vorgaben auszulegen und anzuwenden ist. Wie § 1 Abs. 2 S. 2 ThürDSG verdeutlicht, handelt es sich in Bezug auf die Umsetzung der Richtlinie (EU) 2016/680 nicht um eine abschließende Regelung. Insbesondere die §§ 31 ff. PAG sind diesbezüglich von Bedeutung.[103] Das Verhältnis zum funktional übereinstimmenden Bundesdatenschutzgesetz (BDSG) ist durch ein grundsätzlich überschneidungsfreies Nebeneinander geprägt. Gemäß § 1 Abs. 1 S. 1 BDSG gilt dieses Gesetz für die Verarbeitung personenbezogener Daten durch öffentliche Stellen des Bundes (Nr. 1) sowie für öffentliche Stellen der Länder (Nr. 2) nur, soweit der Datenschutz nicht durch Landesgesetz geregelt ist und soweit sie Bundesrecht ausführen (lit. a) oder als Organe der Rechtspflege tätig werden und es sich nicht um Verwaltungsangelegenheiten handelt (lit. b). In Anbetracht der Existenz des ThürDSG bleibt für die Anwendung des BDSG für dem Freistaat Thüringen zugehörige Stellen jenseits der expliziten Inbezugnahmen in § 9 Abs. 1 S. 2, § 11 Abs. 1, § 25 Abs. 1 ThürDSG, nur insoweit Raum, als die Rechtsprechungsfunktion der Gerichte betroffen ist.[104] Ungeachtet dessen kann in Zweifelsfällen hinsichtlich der Interpretation des ThürDSG bei übereinstimmenden Bestimmungen eine Orientierung am Verständnis des BDSG erfolgen.

39 § 2 ThürDSG nimmt eine positive Bestimmung des **Anwendungsbereichs** des Gesetzes vor. Dieses gilt im Wesentlichen für die Verarbeitung personenbezogener Daten durch die Behörden, Gerichte und sonstigen öffentlichen Stellen des Landes, der Gemeinden und Gemeindeverbände und die sonstigen der Aufsicht des Landes unterstehenden juristischen Personen des öffentlichen Rechts (öffentliche Stellen). Für den Landtag, die Landesregierung, den Landesrechnungshof und die Staatsanwaltschaften ist die Geltung teilweise eingeschränkt. Im Verhältnis zu speziellerem Fachrecht tritt das ThürDSG zurück; dagegen geht es dem ThürVwVfG vor, soweit bei der Ermittlung eines Sachverhalts personenbezogene Daten verarbeitet werden. Im Hinblick auf die

---

101 Siehe dazu näher *Rüpke/v. Lewinski/Eckhardt*, Datenschutzrecht, 2. Aufl. 2022, §§ 8 ff.
102 ABl. 2016 L 119/89; dazu im Überblick *Petri*, in: Tinnefeld/Buchner/Petri/Hof, Einführung in das Datenschutzrecht, 7. Aufl. 2020, Kap. 3 Rn. 17 ff.; *Schwichtenberg*, DuD 2016, 605 ff.
103 Siehe dazu § 4 Rn. 248 ff.
104 Vgl. *Gusy/Eichenhofer*, in: Wolff/Brink, BeckOK Datenschutzrecht, Stand 5/2022, § 1 BDSG Rn. 71 f.

Gewährleistung eines einheitlichen Datenschutzniveaus[105] findet das ThürDSG i.V.m. der DSGVO und der Richtlinie (EU) 2016/680 vorbehaltlich abweichender Maßgaben auch dann Anwendung, wenn der Anwendungsbereich der EU-Rechtsakte mangels Europarechtsbezugs nicht eröffnet ist.

1. Verarbeitung von personenbezogenen Daten im Anwendungsbereich der DSGVO

Die Verarbeitung von personenbezogenen Daten im Anwendungsbereich der DSGVO ist Gegenstand des Zweiten Abschnitts des ThürDSG. Jeweils ausdrücklich verweisend auf und inhaltlich anknüpfend an einzelne Bestimmungen der DSGVO enthält das ThürDSG spezifische Vorgaben. 40

Grundsätzlich gilt nach § 16 Abs. 1 ThürDSG, dass die **Verarbeitung** personenbezogener Daten durch eine öffentliche Stelle zulässig ist, wenn sie zur Erfüllung der in der Zuständigkeit des Verantwortlichen im öffentlichen Interesse liegenden Aufgabe erforderlich ist oder in Ausübung öffentlicher Gewalt erfolgt, die dem Verantwortlichen übertragen wurde. Der Begriff der Verarbeitung erfasst dabei gemäß Art. 3 Nr. 2 DSGVO „jeden mit oder ohne Hilfe automatisierter Verfahren ausgeführten Vorgang oder jede solche Vorgangsreihe im Zusammenhang mit personenbezogenen Daten wie das Erheben, das Erfassen, die Organisation, das Ordnen, die Speicherung, die Anpassung oder Veränderung, das Auslesen, das Abfragen, die Verwendung, die Offenlegung durch Übermittlung, Verbreitung oder eine andere Form der Bereitstellung, den Abgleich oder die Verknüpfung, die Einschränkung, das Löschen oder die Vernichtung". Verantwortlicher ist nach Art. 3 Nr. 7 DSGVO jede „natürliche oder juristische Person, Behörde, Einrichtung oder andere Stelle, die allein oder gemeinsam mit anderen über die Zwecke und Mittel der Verarbeitung von personenbezogenen Daten entscheidet". Hinsichtlich der Weiterverarbeitung gilt eine grundsätzliche Bindung an die Zwecke der Datenerhebung. Konkretisierend bestimmt Art. 17 Abs. 1 S. 1 ThürDSG, dass als Zweck einer Verarbeitung personenbezogener Daten durch öffentliche Stellen neben den ursprünglichen Zwecken immer auch die Verarbeitung zur Wahrnehmung von Aufsichts- oder Kontrollbefugnissen (Nr. 1), zur Erstellung von Geschäftsstatistiken für den Verantwortlichen (Nr. 2), zur Rechnungsprüfung (Nr. 3), zur Durchführung von Organisationsuntersuchungen für den Verantwortlichen (Nr. 4) oder zur Prüfung oder Wartung automatisierter Verfahren der Datenverarbeitung (Nr. 5) gelten. Weitere Lockerungen der Zweckbindung folgen aus § 17 Abs. 2 ThürDSG unter der Voraussetzung, dass nicht das schutzwürdige Interesse der betroffenen Person an dem Ausschluss der Zweckänderung überwiegt. Zudem ist die Verarbeitung von personenbezogenen Daten für im öffentlichen Interesse liegende Archivzwecke, für wissenschaftliche und historische Forschungszwecke und statistische Zwecke stets zulässig. 41

Art. 13 ff. DSGVO normiert umfassende **Informationsrechte** einer betroffenen Person gegenüber einem Verantwortlichen hinsichtlich ihrer bei diesem vorliegenden Daten und ihrer Verarbeitung. Die zulässigen Beschränkungen gestalten §§ 20 f. ThürDSG 42

---

105 Vgl. LT-Drs. 6/4943, S. 83.

aus. Informationspflichten und Auskunftsrecht können insbesondere wegen Gefährdung der öffentlichen Sicherheit oder sonstiger Nachteile für das Wohl des Bundes oder eines Landes oder aus Erfordernissen der Geheimhaltung oder der Kriminalitätsprävention und -bekämpfung beschränkt werden. Gleiches gilt gemäß § 24 ThürDSG im Hinblick auf die nach Art. 34 DSGVO eigentlich gebotene Benachrichtigung der von einer Verletzung des Schutzes personenbezogener Daten betroffenen Person.

43 Für den Fall, dass eine **Einschränkung der Datenverarbeitung** nach Art. 18 Abs. 1 DSGVO wegen möglicher Unrichtigkeit, Unrechtmäßigkeit, fehlender Notwendigkeit oder nach Einlegung eines Widerspruchs erfolgt ist, dürfen die betroffen personenbezogenen Daten gemäß Art. 18 Abs. 2 DSGVO über die Speicherung hinaus nur mit Einwilligung der betroffenen Person oder zur Geltendmachung, Ausübung oder Verteidigung von Rechtsansprüchen oder zum Schutz der Rechte einer anderen natürlichen oder juristischen Person oder aus Gründen eines wichtigen öffentlichen Interesses der Union oder eines Mitgliedstaats verarbeitet werden. § 22 ThürDSG konkretisiert dies dahingehend, dass als wichtiges öffentliches Interesse insbesondere wissenschaftliche oder historische Forschungszwecke (Nr. 1), Archivzwecke (Nr. 2), Aufsichts- und Kontrollzwecke (Nr. 3) oder die Rechnungsprüfung (Nr. 4) gelten.

44 Zum in Art. 17 DSGVO normierten Recht auf Löschung („Recht auf Vergessenwerden") sieht § 23 ThürDSGVO vor, dass soweit öffentliche Stellen verpflichtet sind, Unterlagen einem öffentlichen Archiv zur Übernahme anzubieten, eine Löschung erst zulässig ist, nachdem dies erfolgt ist. Maßgeblich hierfür ist das Thüringer Gesetz über die Sicherung und Nutzung von Archivgut (Thüringer Archivgesetz – ThürArchivG).

45 Weitere Bestimmungen des ThürDSG betreffen **besondere Verarbeitungssituationen**. Die Regelungen beziehen sich auf die Verarbeitung personenbezogener Daten zu Zwecken der freien Meinungsäußerung und der Informationsfreiheit (§ 25 ThürDSG), Öffentliche Stellen, die am Wettbewerb teilnehmen (§ 26 ThürDSG), den Datenschutz im Beschäftigungskontext (§ 27 ThürDSG), die Verarbeitung personenbezogener Daten durch Forschungseinrichtungen (§ 28 ThürDSG), die Zweckbindung von personenbezogenen Daten, die einem Berufsgeheimnis unterliegen (§ 29 ThürDSG) sowie die als Videobeobachtung oder -aufzeichnung mit Hilfe optisch-elektronischer Einrichtungen legaldefinierte Videoüberwachung durch öffentliche Stellen (§ 30 ThürDSG). Letztere ist im öffentlichen Raum von großer praktischer Bedeutung. Sie ist durch geeignete Maßnahmen erkennbar zu machen und zulässig, wenn dies zur Wahrnehmung einer im öffentlichen Interesse liegenden Aufgabe, die durch Rechtsvorschrift bestimmt sein muss,[106] oder in Ausübung öffentlicher Gewalt zum Schutz von Personen, die der überwachenden Stelle angehören oder sie aufsuchen, oder zum Schutz von Sachen, die der zu überwachenden Stelle oder den vorgenannten Personen gehören, erforderlich ist. Dabei dürfen keine Anhaltspunkte bestehen, dass schutzwürdige Interessen der betroffenen Person überwiegen. Entsprechendes gilt für die Verarbeitung der Daten, die zudem an den Grundsatz der Erforderlichkeit mit Blick auf die Zweckerreichung ge-

---

[106] *Bechstein*, in: Matzke/Düwell, Thüringer Datenschutzgesetz, § 30 Rn. 30 f.

bunden ist. Für andere Zwecke dürfen die gewonnenen Daten nur verarbeitet werden, soweit dies zur Abwehr von Gefahren für die öffentliche Sicherheit, zur Verfolgung von Ordnungswidrigkeiten von erheblicher Bedeutung oder zur Verfolgung von Straftaten erforderlich ist. Nur in diesen Fällen greift auch das im Übrigen geltende Gebot der unverzüglichen Löschung von Videoaufzeichnungen und aus der Videoüberwachung erhobenen Daten nicht ein.

2. Verarbeitung von personenbezogenen Daten im Anwendungsbereich der Richtlinie (EU) 2016/680

Der Dritte Abschnitt des ThürDG setzt die Vorgaben der Richtlinie (EU) 2016/680 in Thüringer Landesrecht um. Ungeachtet der Bezugnahmen auf einzelne Richtlinienbestimmungen handelt es sich anders als bei den Vorgaben des vorhergehenden Abschnitts um Vollregelungen. Gegenstand ist ausweislich § 31 S. 1 ThürDSG die **Verarbeitung personenbezogener Daten durch die für die Verhütung, Ermittlung, Aufdeckung, Verfolgung oder Ahndung von Straftaten oder Ordnungswidrigkeiten zuständigen öffentlichen Stellen**, soweit sie Daten zum Zweck der Erfüllung dieser Aufgaben verarbeiten. Adressiert werden insbesondere die Polizeibehörden (im präventiven und repressiven Bereich), die Staatsanwaltschaften und die Steuerfahndung. Erfasst werden zudem kommunale Vollstreckungsstellen iSv § 36 ThürVwZVG bei der Vollstreckung von Forderungen aus Ordnungswidrigkeiten.[107] 46

§ 33 ThürDSG gestattet – unabhängig von einer Einwilligung des Betroffenen nach § 39 ThürDSG – die Verarbeitung personenbezogener Daten, wenn diese für die Aufgabenerfüllung zu den in § 31 ThürDSG genannten Zwecken erforderlich ist und keine spezielleren Regelungen in anderen Gesetzen vorgehen. Eine Datenverarbeitung zu einem anderen als die Erhebung begründenden **Zweck** ist vorbehaltlich weitergehender fachgesetzlicher Regelungen zulässig, wenn es sich dabei ebenfalls um einen in § 31 ThürDSG genannten Zweck handelt, der Verantwortliche befugt ist, Daten zu diesem Zweck zu verarbeiten und die Verarbeitung zu diesem Zweck erforderlich und verhältnismäßig ist. Eine Berichtigung, Löschung oder Einschränkung der Verarbeitung hat unter den in § 35 ThürDSG genannten Voraussetzungen zu erfolgen, mit denen entsprechende Ansprüche des Betroffenen aus § 43 ThürDSG korrespondieren. Als Leitlinie dient insoweit die Richtigkeit und Erforderlichkeit der Daten. 47

Strengere Anforderungen sieht § 37 ThürDSG für die Verarbeitung **besonderer Kategorien personenbezogener Daten** vor. Dabei handelt es sich nach § 32 Nr. 14 ThürDSG um Daten, aus denen die rassische oder ethnische Herkunft, politische Meinungen, religiöse oder weltanschauliche Überzeugungen oder die Gewerkschaftszugehörigkeit hervorgehen (lit. a), genetische Daten (lit. b), biometrische Daten zur eindeutigen Identifizierung einer natürlichen Person (lit. c), Gesundheitsdaten (lit. d) und Daten zum Sexualleben oder zur sexuellen Orientierung (lit. e). Diese ist nur zulässig, wenn sie zur Aufgabenerfüllung unbedingt erforderlich ist. Zudem sind geeignete Garantien für die Rechtsgüter der betroffenen Personen vorzusehen. Exemplarisch ver- 48

---

107 LT-Drs. 6/4943, S. 118 f.

weist das Gesetz u.a. auf die Beschränkung des Zugangs zu den personenbezogenen Daten innerhalb der verantwortlichen Stelle und die Verschlüsselung.

49 Bei der Datenverarbeitung hat der Verantwortliche nach § 34 ThürDSG soweit wie möglich zwischen verschiedenen **Kategorien betroffener Personen** zu unterscheiden. Das Gesetz unterscheidet diesbezüglich Personen, gegen die ein begründeter Verdacht besteht, dass sie eine Straftat begangen haben, Personen, gegen die ein begründeter Verdacht besteht, dass sie in naher Zukunft eine Straftat begehen werden, verurteilte Straftäter, Opfer einer Straftat oder Personen, bei denen bestimmte Tatsachen darauf hindeuten, dass sie Opfer einer Straftat sein könnten, oder andere Personen, wie insbesondere Zeugen, Hinweisgeber oder Personen, die mit den vorstehend genannten Personen in Kontakt oder Verbindung stehen. Zudem hat der Verantwortliche bei der Verarbeitung soweit wie möglich danach zu unterscheiden, ob personenbezogene Daten auf Tatsachen oder auf persönlichen Einschätzungen beruhen.

50 Ähnlich wie Art. 13 ff. DSGVO normieren §§ 40 ff. ThürDSG umfassende **Informationsrechte** einer betroffenen Person gegenüber einem Verantwortlichen hinsichtlich ihrer bei diesem vorliegenden Daten und ihrer Verarbeitung. Allerdings finden diese eine Grenze, wenn behördliche oder gerichtliche Untersuchungen, Ermittlungen oder Verfahren, die Verhütung, Aufdeckung, Ermittlung oder Verfolgung von Straftaten oder die Strafvollstreckung, die öffentliche Sicherheit oder Ordnung oder die Rechtsgüter Dritter gefährdet werden.

51 Überdies hat der Verantwortliche gemäß §§ 46 ff. ThürDSG jederzeit angemessene Vorkehrungen zu treffen, die geeignet sind, Datenschutzgrundsätze wie etwa die Datensparsamkeit wirksam umzusetzen und die notwendigen Garantien in die Verarbeitung aufzunehmen, um den gesetzlichen Anforderungen zu genügen und die Rechte der betroffenen Personen zu schützen. Hierzu zählen auch eine Datenschutz-Folgenabschätzung, die Gewährleistung der Nachvollziehbarkeit der Datenverarbeitung und die Beachtung der in §§ 54 ff. ThürDSG normierten Anforderungen an die Datensicherheit. Für die Datenübermittlung legen §§ 36, 57 ff. ThürDSG spezifische Anforderungen fest.

3. Aufsicht

52 Als zentrale Aufsichtsbehörde in Bezug auf die Beachtung des nach dem ThürDSG iVm den europarechtlichen Vorgaben gebotenen Datenschutzes gestalten §§ 3 ff. ThürDSG anknüpfend an Art. 51 ff. DSGVO und Art. 32 ff. Richtlinie (EU) 2016/680 den **Landesbeauftragten für den Datenschutz** aus. Dieser wird für die Dauer von sechs Jahren vom Landtag gewählt und nimmt sein Amt mit Unterstützung des in § 12 ThürDSG vorgesehenen Beirats sowie seinem Vertreter und weiteren Mitarbeitern unabhängig wahr. Seine Aufgaben werden im Detail durch §§ 6, 10 f. ThürDSG vorgegeben. Im Fokus steht die Kontrolle der Einhaltung datenschutzrechtlicher Bestimmungen. Zum Zwecke der Wahrnehmung verfügt der Landesbeauftragte über weitgehende Befugnisse gemäß Art. 58 DSGVO und § 7 ThürDSG. Seine Anrufung durch von möglichen Datenschutzverstößen betroffenen Personen ist im Wege der Beschwerde nach § 8 ThürDSG möglich. Stellt er einen Verstoß fest, beanstandet er diesen und

ordnet die zur Abhilfe erforderlichen Maßnahmen an. Gegen seine Entscheidungen ist verwaltungsgerichtlicher Rechtsschutz gegeben, § 9 ThürDSG.

Zum Zwecke der Sicherstellung der Beachtung datenschutzrechtlicher Vorgaben sehen die §§ 13 ff. ThürDSG vor, dass öffentliche Stellen – ggf. gemeinsam – einen **Datenschutzbeauftragten** bestellen. Dieser ist ordnungsgemäß und frühzeitig in alle ihre mit dem Schutz personenbezogener Daten zusammenhängenden Fragen einzubinden und nimmt seine Aufgaben weisungsfrei wahr. 53

V. Der Thüringer Bürgerbeauftragte als Kontrollinstanz

1. Grundlagen

Eine umfassende außergerichtliche Verwaltungskontrolle nach dem **Ombudsmann-Modell**[108] erfolgt durch den Thüringer Bürgerbeauftragten.[109] Dieser „soll Ansprechpartner für die Sorgen und Nöte der Bürger sein. Er soll mit dem Petitionsausschuss zusammenarbeiten und das parlamentarische Kontrollrecht verstärken. Der Bürgerbeauftragte hilft dem Bürger im Umgang mit der Verwaltung und wirkt auf die Rechtmäßigkeit und Zweckmäßigkeit administrativen Handelns hin. Er erfüllt dabei sowohl eine kontrollierende als auch vermittelnde Funktion zwischen dem Bürger und der staatlichen Verwaltung."[110] 54

Zentrale **Rechtsgrundlage** bildet das Thüringer Gesetz über den Bürgerbeauftragten (ThürBüBG). Darüber hinaus enthält das Thüringer Gesetz über das Petitionswesen (ThürPetG) einzelne relevante Regeln, die insbesondere das Verhältnis zwischen dem Bürgerbeauftragten und dem Petitionsausschuss des Landtags ausgestalten. Weitere Bezugnahmen dienen dem Schutz der Kommunikation des Bürgerbeauftragten in besonderen Situationen. § 18 Abs. 4 S. 2 Thüringer Maßregelvollzugsgesetz (ThürMRVG), § 42 Abs. 3 Thüringer Justizvollzugsgesetzbuch (ThürJVollzGB) und § 20 Abs. 4 S. 2 Thüringer Gesetz zur Hilfe und Unterbringung psychisch kranker Menschen (ThürPsychKG) sehen übereinstimmend vor, dass Schriftwechsel der diesen Gesetzen unterfallenden Menschen, die sämtlich in ihrer Freiheit beschränkt sind, u.a. mit dem Bürgerbeauftragten grundsätzlich keiner Einschränkung und Kontrolle unterliegen. 55

2. Ausgestaltung der Rechtsstellung

a) **Institutionelle Aspekte.** Das Amt des Thüringer Bürgerbeauftragten ist ein auf Zeit vergebenes **Wahlamt**. Gemäß § 7 Abs. 1 ThürBüBG wählt der Landtag den Bürgerbeauftragten in geheimer Wahl mit der Mehrheit seiner Mitglieder auf Vorschlag der Fraktionen ohne Aussprache. Gewählt werden kann gemäß § 7 Abs. 1 S. 4 ThürBüBG jeder, der das passive Wahlrecht zum Thüringer Landtag besitzt. Dies ist nach Art. 46 Abs. 2 ThürVerf „jeder Bürger, der das 18. Lebensjahr vollendet und seinen Wohnsitz im Freistaat hat." Infolge der Wahl erfolgt die Berufung in ein öffentlich-rechtliches 56

---

108 Vgl. dazu *Herzberg/Debus*, ThürVBl 2015, 77 (77 f.); ausführlich *Haas*, Der Ombudsmann als Institution des Europäischen Verwaltungsrechts, 2012, S. 29 ff.; *Matthes*, Der Bürgerbeauftragte, S. 1 ff.
109 Zur Praxis *Herzberg*, in: Herzberg/Knauff, Jeder, der sich abwendet, fehlt der Demokratie, S. 27 ff.; vertiefend aus juristischer Perspektive *Knauff*, ebd., S. 71 ff.
110 LT-Drucks. 3/140, S. 9.

Amtsverhältnis eigener Art zum Land, § 10 Abs. 1, 5 ThürBüBG. Eine einmalige Wiederwahl ist nach § 7 Abs. 2 S. 2 ThürBüBG zulässig.

57 Die **Amtszeit** des Bürgerbeauftragten beträgt gemäß Art. 7 Abs. 2 S. 1 ThürBüBG sechs Jahre. Mit ihrem Ablauf endet nach § 10 Abs. 6 Nr. 1 ThürBüBG das Amt kraft Gesetzes, ohne dass es weiterer Maßnahmen bedarf. Die Amtszeit des Bürgerbeauftragten kann in verschiedenen Konstellationen ein vorzeitiges Ende finden. Nach § 8 Abs. 2 ThürBüBG kann er jederzeit selbst seine Entlassung verlangen. Des Weiteren kann der Landtag gemäß § 8 Abs. 1 ThürBüBG „auf Antrag einer Fraktion oder eines Drittels der Mitglieder des Landtags den Bürgerbeauftragten mit der Mehrheit von zwei Dritteln seiner Mitglieder abberufen. Die Abstimmung über den Antrag auf Abberufung hat frühestens zwei Wochen und spätestens vier Wochen nach Eingang des Antrags beim Präsidenten des Landtags zu erfolgen. Eine Aussprache findet nicht statt." Für den Fall, dass der Bürgerbeauftragte länger als sechs Monate an der Wahrnehmung seines Amtes gehindert ist, etwa durch Krankheit, kann der Landtag gemäß § 11 Abs. 2 ThürBüBG einen neuen Bürgerbeauftragten wählen, sofern er dies für sinnvoll hält. Mit der Bestellung des gewählten Nachfolgers endet nach § 10 Abs. 6 Nr. 5 ThürBüBG zugleich das Amtsverhältnis des Vorgängers. Darüber hinaus endet das Amtsverhältnis durch Tod des Amtsinhabers, § 10 Abs. 6 Nr. 2 ThürBüBG.

58 Die institutionelle **Zuordnung des Bürgerbeauftragten zum Landtag**[111] als dessen Hilfsorgan und damit zur Legislative wird nicht nur in den Regelungen über seine Wahl und Abwahl, sondern auch in organisatorischer Hinsicht deutlich. Gemäß § 9 Abs. 1 ThürBüBG hat der Bürgerbeauftragte seinen Dienstsitz beim Landtag und untersteht der Dienstaufsicht des Landtagspräsidenten. Auch wird nach § 9 Abs. 4 ThürBüBG der Haushalt des Bürgerbeauftragten beim Haushalt des Landtags veranschlagt. Damit wird zugleich deutlich, dass der Thüringer Bürgerbeauftragte von der Landesregierung oder anderen Stellen der Exekutive strikt getrennt ist.[112] Mag er auch punktuell verwaltungsähnliche Aufgaben wahrnehmen, ist er daher auch nicht Behörde i.S.v. § 1 Abs. 2 ThürVwVfG.

59 **b) Unabhängigkeit.** Die **persönliche Unabhängigkeit** des Bürgerbeauftragten wird in Bezug auf seine Amtsführung in § 10 Abs. 5 S. 1 ThürBüBG angesprochen. Danach verpflichtet „[d]er Präsident des Landtags ... den Bürgerbeauftragten vor dem Landtag, sein Amt gerecht und unparteiisch zu führen". Dies erfordert ebenso wie bei Richtern, deren Unabhängigkeit freilich durch Art. 97 GG verfassungsrechtlich vorgegeben und partiell ausgestaltet wird, insbesondere eine Weisungsfreiheit.[113] Wenngleich diese im ThürBüBG nicht explizit angesprochen wird, setzt das Gesetz eine solche voraus. Verstärkt wird die persönliche Unabhängigkeit durch die in § 10 Abs. 7 ThürBüBG enthaltenen Inkompatibilitätsvorschriften. Danach darf „[d]er Bürgerbeauftragte ... nicht einer Regierung oder einer gesetzgebenden Körperschaft des Bundes oder eines Landes oder einem entsprechenden Organ der Europäischen Union oder einer kommunalen Vertretungskörperschaft angehören. Er darf neben seinem Amt

---

111 Ausführlich zu damit verbundenen Fragen *Matthes*, Der Bürgerbeauftragte, S. 113 ff.
112 Siehe auch parallel *Matthes*, Der Bürgerbeauftragte, S. 105.
113 So bereits BVerfG, Urt. v. 17.12.1953 – 1 BvR 335/51, BVerfGE 3, 213 (224).

kein anderes besoldetes Amt, kein Gewerbe und keinen Beruf ausüben und weder der Leitung noch dem Aufsichts- oder dem Verwaltungsrat eines auf Erwerb gerichteten Unternehmens angehören."

Die Unabhängigkeit des Bürgerbeauftragten setzt überdies seine **Arbeitsfähigkeit** ohne die Notwendigkeit des Rückgriffs auf andere staatliche Stellen voraus. § 9 Abs. 2 ThürBüBG sieht daher vor, dass dem Bürgerbeauftragten „die für die Erfüllung seiner Aufgaben notwendige Personal- und Sachausstattung zur Verfügung zu stellen [ist]". Damit ist zugleich klargestellt, dass die Größe der „Arbeitseinheit" Bürgerbeauftragter und die dieser zugewiesenen Stellen nicht zur politischen Disposition stehen (sollen). Problematisch ist gleichwohl, dass das ThürBüBG als einfaches Landesgesetz den Landtag im Rahmen der maßgeblichen Haushaltsgesetzgebung insoweit nicht zu binden vermag, vgl. Art. 47 Abs. 4 ThürVerf. Die Mitarbeiter des Bürgerbeauftragten (Beamte und Angestellte) werden zwar nicht von diesem selbst, sondern nach § 9 Abs. 3 S. 2 ff. ThürBüBG im Einvernehmen mit ihm, also mit seinem Einverständnis,[114] vom Präsidenten des Landtags ernannt bzw. eingestellt und entlassen. Entsprechendes gilt für Versetzungen, Abordnungen und Umsetzungen. Die Dienstaufsicht liegt allein beim Bürgerbeauftragten, dem überdies als Vorgesetztem ein Weisungsrecht zukommt. Zur Gewährleistung der jederzeitigen Wahrnehmung des Amtes des Bürgerbeauftragten unabhängig von dessen Person ist die Bestellung eines Amtsvertreters vorgesehen. Diese erfolgt gemäß § 9 Abs. 3 S. 1 ThürBüBG auf Vorschlag des Bürgerbeauftragten durch den Präsidenten des Landtags, der insoweit über kein Ermessen verfügt. 60

3. Kompetenzen und Befugnisse

Anders als Verwaltungsbehörden ist dem Thüringer Bürgerbeauftragten auch kein sachlich klar begrenztes Aufgabenfeld zugewiesen. Den Rahmen seiner Tätigkeit bildet dabei aufgrund seiner institutionellen Verankerung das parlamentarische Kontrollrecht des Landtags.[115] 61

a) Bürgeranliegen. Gemäß § 1 Abs. 1 ThürBüBG hat „[d]er Bürgerbeauftragte ... die Aufgabe, die Rechte der Bürger gegenüber den Trägern der öffentlichen Verwaltung im Lande zu wahren und die Bürger im Umgang mit der Verwaltung zu beraten und zu unterstützen. Er befasst sich mit den von den Bürgern an ihn herangetragenen Wünschen, Anliegen und Vorschlägen (Bürgeranliegen). Im Rahmen dieser Aufgabe hat er insbesondere auf die Beseitigung bekannt gewordener Mängel hinzuwirken. Darüber hinaus obliegt ihm die Bearbeitung aller ihm zugeleiteten Auskunftsbegehren und Informationsersuchen. Er wirkt auf eine einvernehmliche Erledigung der Bürgeranliegen und die zweckmäßige Erledigung sonstiger Vorgänge hin. Der Bürgerbeauftragte kann auch von sich aus tätig werden." Korrespondierend damit bestimmt § 2 Abs. 1 ThürBüBG im Sinne eines **Beschwerderechts**, dass „[j]eder ... das Recht [hat], sich einzeln oder in Gemeinschaft mit anderen unmittelbar schriftlich oder mündlich an den Bürgerbeauftragten zu wenden." Auf dieser gesetzlichen Grundlage ist der 62

---

114 BVerwG, Urt. v. 19.11.1965 – IV C 184.65, BVerwGE 22, 342 (345).
115 *Debus*, Thüringer Gesetz über den Bürgerbeauftragten, § 1 Nr. 3.

Thüringer Bürgerbeauftrage Ansprechpartner der Thüringer Bevölkerung im Hinblick auf deren Verwaltungsangelegenheiten. Ohne dass hieraus eine Zuständigkeitskonkurrenz zu den entscheidungsbefugten Behörden erwächst, darf und soll sich der Bürgerbeauftragte mit Anliegen aller Art, vor allem aber mit Problemen befassen, die das Verhältnis von Bürgern und Behörden betreffen. Werden diese von den Bürgern an ihn herangetragen, folgt aus § 1 Abs. 1 S. 2 ThürBüBG zugleich eine Pflicht zur sachlichen Befassung damit – die sich im Einzelfall freilich sowohl in einem aktiven Tätigwerden gegenüber der Verwaltung als auch in einem bewussten Absehen davon niederschlagen kann. Im letzteren Fall ist dies dem Bürger nach § 3 Abs. 3 ThürBüBG unter Angabe von Gründen mitzuteilen.

63 Jedoch sieht gemäß § 3 Abs. 1 ThürBüBG „[d]er Bürgerbeauftragte ... von einer sachlichen Prüfung ab, wenn 1. sie einen Eingriff in ein schwebendes gerichtliches Verfahren oder die Nachprüfung einer gerichtlichen Entscheidung bedeuten würde, 2. es sich um ein rechtskräftig abgeschlossenes gerichtliches Verfahren handelt und eine Wiederaufnahme des Verfahrens oder eine Abänderung der gerichtlichen Entscheidung bezweckt wird, 3. es sich um eine Angelegenheit handelt, die Gegenstand eines staatsanwaltschaftlichen Ermittlungsverfahrens ist, oder 4. das vorgetragene Anliegen bereits Gegenstand eines Petitionsverfahrens nach Artikel 14 der Verfassung des Freistaats Thüringen ist oder war." In diesen Fällen besteht ein striktes **Befassungsverbot**, das seine sachliche Rechtfertigung in der Verhinderung unauflösbarer Konkurrenzsituationen findet. Überdies kann nach § 3 Abs. 2 ThürBüBG „[d]er Bürgerbeauftragte ... von einer sachlichen Prüfung eines Bürgeranliegens absehen, wenn dieses 1. nicht mit dem Namen oder der vollständigen Anschrift versehen oder unleserlich ist, 2. ein konkretes Begehren oder einen konkreten Sinnzusammenhang nicht enthält, 3. nach Form oder Inhalt eine Straftat darstellt oder 4. gegenüber einem bereits behandelten Anliegen kein neues Sachvorbringen enthält." Das fehlende Einverständnis eines betroffenen Bürgers ist kein Befassungshindernis. Dies korrespondiert mit der Berechtigung des Thüringer Bürgerbeauftragten, von Amts wegen tätig zu werden und dient der Realisierung des Allgemeinwohls.

64 Einer besonderen Regelung über § 3 Abs. 1 Nr. 4 ThürBüBG hinaus bedarf das Verhältnis des Bürgerbeauftragten zum Petitionsausschuss des Landtags, dem gemäß Art. 65 Abs. 1 S. 1 ThürVerf „die Entscheidung über die an den Landtag gerichteten Eingaben obliegt." Die Nähe von **Petitionen** und Bürgeranliegen bedingt eine Abgrenzung der jeweiligen Zuständigkeiten und Aufgaben. Positiv bestimmt § 8 Abs. 2 ThürPetG, dass „[d]er Bürgerbeauftragte ... den Petitionsausschuss bei der Wahrnehmung seiner Aufgaben [unterstützt]. Der Petitionsausschuss kann dem Bürgerbeauftragten Prüfaufträge erteilen." Eine korrespondierende Regelung enthält § 1 Abs. 4 S. 1 ThürBüBG. Ergänzend sehen § 1 Abs. 5 S. 1 ThürBüBG eine Teilnahme des Bürgerbeauftragten an den Sitzungen des Petitionsausschusses und § 1 Abs. 4 S. 2 ThürBüBG dessen monatliche schriftliche Unterrichtung über seine Arbeit durch den Bürgerbeauftragten vor. Eine gleichsam negative Abgrenzung nimmt § 1 Abs. 2 ThürBüBG vor. Danach erstreckt sich die Wahrnehmung der dem Bürgerbeauftragten zugewiesenen Aufgaben nach § 1 Abs. 1 ThürBüBG (nur) „auf 1. Bürgeranliegen nach Absatz 1

Satz 2, die keine Petitionen im Sinne des § 1 Thüringer Petitionsgesetz (ThürPetG) sind, 2. sonstige Vorgänge außerhalb eines Petitionsverfahrens, soweit Anhaltspunkte für eine nicht ordnungsgemäße oder unzweckmäßige Behandlung von Bürgerangelegenheiten durch Stellen bestehen, die der parlamentarischen Kontrolle des Landtags unterliegen". Entscheidend ist in diesem Zusammenhang die Begrifflichkeit des § 1 ThürPetG. Danach sind „Petitionen ... Bitten oder Beschwerden, die in eigener Sache, für andere oder im allgemeinen Interesse vorgetragen werden" (Abs. 1). Dabei sind „Bitten ... Forderungen und Vorschläge für ein Handeln oder Unterlassen von staatlichen Organen, Behörden oder sonstigen Einrichtungen, die öffentliche Aufgaben wahrnehmen. Hierzu gehören auch Vorschläge zur Gesetzgebung" (Abs. 2); „Beschwerden sind Beanstandungen, die sich gegen ein Handeln oder Unterlassen von staatlichen Organen, Behörden oder sonstigen Einrichtungen wenden, die öffentliche Aufgaben wahrnehmen" (Abs. 3). Eine trennscharfe Abgrenzung zwischen Petitionen und Bürgeranliegen ist auf Grundlage dieser Begrifflichkeit allerdings nicht möglich. Gleichwohl hat der Bürgerbeauftragte ihm „zugeleitete Angelegenheiten, die Petitionen im Sinne des § 1 ThürPetG darstellen, ... an die zuständige Stelle oder den Landtag weiter[zuleiten], soweit er nicht nach Absatz 1 Satz 4 zuständig ist", § 1 Abs. 3 ThürBüBG. In Zweifelsfällen[116] bedarf es daher hinsichtlich der Qualifikation von Bürgerschreiben einer informellen Abstimmung zwischen dem Petitionsausschuss und dem Bürgerbeauftragten, um sowohl eine versehentliche – und bei Qualifikation als Petition verfassungswidrige, vgl. Art. 14 ThürVerf – Nicht- wie auch eine zu potenziell abweichenden Ergebnissen führende Doppelbehandlung in Widerspruch zu § 3 Abs. 1 Nr. 4 ThürBüBG zu vermeiden.[117]

b) **Bürgersprechstunden, Auskunfts- und Einsichtsrechte.** Gemäß § 4 Abs. 1 ThürBüBG kann „[d]er Bürgerbeauftragte ... zur Wahrnehmung seiner Aufgaben **Ortstermine und Bürgersprechstunden** durchführen."[118] Wenngleich das Gesetz die Notwendigkeit der Unterstützung durch die örtlichen Behörden abweichend von § 10 Abs. 5 ThürPetG nicht einfordert und diese mangels Behördeneigenschaft auch nicht aus § 4 ThürVwVfG folgt,[119] entspricht eine solche dem Ziel des ThürBüBG. 65

Weitergehende Rechte, die auf eine umfassende Zugänglichkeit von Informationen abzielen, folgen aus § 4 Abs. 2 ThürBüBG. Danach kann „[d]er Bürgerbeauftragte ... die Landesregierung und die Behörden des Landes sowie die Körperschaften, Anstalten und Stiftungen des öffentlichen Rechts, soweit sie der Aufsicht des Landes unterstehen, um 1. mündliche oder schriftliche Auskünfte, 2. Einsicht in Akten und Unterlagen sowie 3. Zutritt zu den von ihnen verwalteten öffentlichen Einrichtungen ersuchen, soweit dies zur Bearbeitung eines Bürgeranliegens notwendig ist. Die gleichen Befugnisse bestehen gegenüber Privaten, soweit sie öffentliche Aufgaben unter maßgeblichem Einfluss des Landes wahrnehmen. Den Ersuchen des Bürgerbeauftragten ist unverzüglich nachzukommen. ... Die Wahrnehmung der Rechte nach Satz 1 unterliegt 66

---

116 Auf Spielräume verweisend *Linck*, ZParl 2011, 891 (892 f.); ausführlich zu Abgrenzungskriterien auf Grundlage des ThürBüBG a.F. *Debus*, Thüringer Gesetz über den Bürgerbeauftragten, § 1 Nr. 5.1.
117 Vgl. LT-Drucks 4/2728, S. 8.
118 Im Einzelnen dazu *Debus*, Thüringer Gesetz über den Bürgerbeauftragten, § 1 Nr. 7.
119 Siehe auch *Matthes*, Der Bürgerbeauftragte, S. 194 ff.

den für den Petitionsausschuss geltenden Schranken." Hinsichtlich der **Auskunfterteilung oder Aktenvorlage** durch die Landesregierung stellt § 38 Gemeinsame Geschäftsordnung für die Landesregierung sowie für die Ministerien und die Staatskanzlei des Freistaats Thüringen (ThürGGO) die Ersuchen des Bürgerbeauftragten denjenigen des Petitionsausschusses gleich. Die Darlegung der Notwendigkeit bestimmter Informationen obliegt dem Bürgerbeauftragten bei der Anforderung.

67 c) **Beratungs- und Vorschlagsrechte.** § 1 Abs. 1 ThürBüBG weist dem Bürgerbeauftragten zugunsten der Bürger explizit eine Beratungs- und Unterstützungsaufgabe im Hinblick auf deren Interagieren mit der Verwaltung zu. Zudem „hat er insbesondere auf die Beseitigung bekannt gewordener Mängel" und „auf eine einvernehmliche Erledigung der Bürgeranliegen und die zweckmäßige Erledigung sonstiger Vorgänge" hinzuwirken. Dies setzt das Bestehen eines Rechts zur Beratung und zur Unterbreitung von **Vorschlägen** voraus, das sich in seiner Wirkungsrichtung nicht auf Bürger beschränkt, sondern auch und ggf. in erster Linie die Verwaltung adressiert, mit der sich der Bürger im Konflikt befindet. Damit ist allerdings zum einen keine Bindungswirkung verbunden – wenngleich es nahe liegt, dass Behörden im Rahmen ihrer Ermessensausübung Lösungsvorschläge des Bürgerbeauftragten zumindest insoweit berücksichtigen müssen, als eine sachliche Auseinandersetzung mit diesen erfolgt – und zum anderen kann die umfassende und verfassungsrechtlich verankerte Gesetzesbindung der Verwaltung nicht in Frage gestellt werden. Im Hinblick auf bereits ergangene Entscheidungen kommt dem Bürgerbeauftragten schließlich weder ein Beanstandungs- oder Aufhebungsrecht noch ein Klagerecht zu.

68 Gänzlich anders stellt sich die Lage im Bereich der **Rechtsetzung** dar. Hinsichtlich der Gesetzgebung verfügt der Thüringer Bürgerbeauftragte weder über ein formales Vorschlagsrecht, das nach Art. 81 Abs. 1 ThürVerf auf Landtagsabgeordnete, die Landesregierungen sowie Volksbegehren beschränkt ist, noch sind Anhörungs- oder Stellungnahmerechte im Gesetzgebungsverfahren vorgesehen. Auch ist er nicht zu eigener untergesetzlicher Rechtsetzung ermächtigt, so dass sich die Rechte des Bürgerbeauftragten auf die Rechtsanwendungsebene beschränken.

4. Pflichten

69 Gemäß § 5 ThürBüBG erstattet „[d]er Bürgerbeauftragte ... dem Landtag bis zum 31. März eines jeden Jahres einen schriftlichen **Bericht** über seine Tätigkeit im vorausgegangenen Jahr." Dies ermöglicht sowohl eine gewisse Kontrolle seiner Aufgabenwahrnehmung durch das Parlament als auch stehen die Berichte der Öffentlichkeit zur Verfügung.

70 § 6 ThürBüBG verpflichtet den Thüringer Bürgerbeauftragten während wie auch nach dem Ende seines Amtsverhältnisses in Bezug auf die ihm bekannt gewordenen Angelegenheiten grundsätzlich zu **Verschwiegenheit**. Die Vorschrift orientiert sich unter Berücksichtigung der Besonderheiten des Amtes im Vergleich zu Beamten grundsätzlich an § 37 BeamtStG.

§ 4 Polizei- und Ordnungsrecht

Anna Leisner-Egensperger

Literatur: *Abbühl*, Der Aufgabenwandel des Bundeskriminalamtes, 2010; *Drews/Wacke/Vogel/ Martens*, Gefahrenabwehr. Allgemeines Polizeirecht (Ordnungsrecht) des Bundes und der Länder, 9. Aufl. 1986; *Ebert/Seel*, Thüringer Gesetz über die Aufgaben und Befugnisse der Polizei, 8. Aufl. 2019; *Götz/Geis*, Allgemeines Polizei- und Ordnungsrecht, 16. Aufl. 2017; *Gusy*, Polizei- und Ordnungsrecht, 10. Aufl. 2017; *Kugelmann*, Polizei- und Ordnungsrecht, 2. Aufl. 2012; *Lisken/Denninger* (Hrsg.), Handbuch des Polizeirechts, 7. Aufl. 2021; *Mann*, Polizei- und Ordnungsrecht, in: Erbguth/Mann/Schubert (Hrsg.), Besonderes Verwaltungsrecht, 13. Aufl. 2019, S. 173; *Möller/Warg*, Allgemeines Polizei- und Ordnungsrecht, 6. Aufl. 2011; *Möstl*, Die staatliche Garantie für die öffentliche Sicherheit und Ordnung, 2002; *Kingreen/Poscher*, Polizei- und Ordnungsrecht, 11. Aufl. 2020; *W.-R. Schenke*, Polizei- und Ordnungsrecht, 11. Aufl. 2021; *W.-R. Schenke/R. P. Schenke*, Polizei- und Ordnungsrecht, in: Steiner (Hrsg.), Besonderes Verwaltungsrecht, 9. Aufl. 2017, S. 147; *Schoch*, Polizei- und Ordnungsrecht, in: Schoch (Hrsg.), Besonderes Verwaltungsrecht, 1. Aufl. 2018, S. 12; *Scholler/Schloer*, Grundzüge des Polizei- und Ordnungsrechts in der Bundesrepublik Deutschland, 4. Aufl. 1993; *Thiel*, Polizei- und Ordnungsrecht, 4. Aufl. 2016; *Schwan*, Thüringer Ordnungsbehördengesetz, 2. Aufl. 2009; *Schwan*, Polizei- und Ordnungsrecht, in: Huber (Hrsg.), Thüringer Staats- und Verwaltungsrecht, 2000, S. 263; *Wehr*, Examens-Repetitorium Polizei- und Ordnungsrecht, 4. Aufl. 2019; *Würtenberger*, Polizei- und Ordnungsrecht, in: Ehlers/Fehling/Pünder (Hrsg.), Besonderes Verwaltungsrecht III, 3. Aufl. 2013, § 69.

I. Grundlagen	1
1. Gegenstand des Polizei- und Ordnungsrechts	1
2. Sicherheit und Freiheit im modernen Verfassungsstaat ...	5
a) Innere Sicherheit im Rechtsstaat	5
b) Sicherheit und Freiheit	11
c) Insbesondere die Neujustierung von Sicherheit und Freiheit in Thüringen	17
3. Bedeutung in juristischer Ausbildung und Praxis	18
4. Begriff der Polizei	22
II. Geschichtliche Entwicklung	28
1. Zur Bedeutung historischer Rückgriffe	28
2. Römisches Recht	30
3. Entwicklung zum wohlfahrtsstaatlichen Polizeibegriff	32
4. Absolutistische Polizeigewalt und Aufklärung	35
5. Verengung des materiellen Polizeibegriffs im 19. Jahrhundert	39
6. Entwicklung des Polizeibegriffs zu Beginn des 20. Jahrhunderts	44
7. Polizei im Nationalsozialismus	48
8. Entwicklung des Polizei- und Ordnungsrechts nach 1945 – insbesondere in Thüringen	50
9. Thüringer Polizei- und Ordnungsrecht seit der Wiedervereinigung	55
a) Materielles Polizei- und Ordnungsrecht	55
b) Stadien verwaltungsorganisatorischer Entwicklung ...	57
10. Herausforderungen für das Polizei- und Ordnungsrecht der Gegenwart	60
III. Gesetzgebungs- und Verwaltungskompetenzen	63
1. Gesetzgebungskompetenzen ..	63
a) Kompetenzrechtliche Eigenart des Polizei- und Ordnungsrechts	63
b) Ausschließliche Gesetzgebungskompetenz des Bundes	65
c) Konkurrierende Gesetzgebungskompetenz des Bundes	69
d) Zuständigkeit des Freistaats Thüringen im Sicherheitsrecht	71
2. Verwaltungskompetenzen	74
3. Zuständigkeit auf Ebene der Europäischen Union	77
IV. Organisation der Gefahrenabwehr	81
1. Organisation der Bundespolizei	81

2. Trennungssystem in Thüringen 83
   a) Subsidiarität polizeilicher Zuständigkeit 83
   b) Weisungen der Ordnungsbehörden 86
   c) Das Thüringer Trennsystem im bundesweiten Vergleich 87
3. Thüringer Polizei- und Ordnungsbehörden 89
   a) Verfassungsrechtliche Grundlagen 89
   b) Thüringer Ordnungsbehörden 90
   c) Thüringer Polizeibehörden 93
   d) Verhältnis von Polizei- und Ordnungsbehörden sowie der Ordnungsbehörden zueinander 100
V. Aufgaben der Polizei und der Ordnungsbehörden in Thüringen 105
1. Unterscheidung von Aufgabe und Befugnis 105
   a) Bedeutung der Aufgabenzuständigkeit 105
   b) Verhältnis von Aufgabe und Befugnis 108
2. Gefahrenabwehr 111
3. Schutz privater Rechte 113
4. Vollzugshilfe 115
5. Gesetzlich zugewiesene Aufgaben 116
   a) Präventive und repressive Aufgaben 116
   b) Doppelfunktionale Maßnahmen 120
6. Aufgaben der Ordnungsbehörden 123
VI. Schutzgüter 125
1. Bedeutung der sicherheitsrechtlichen Schutzgüter 125
2. Öffentliche Sicherheit 127
   a) Die drei Teilschutzgüter ... 127
   b) Unverletzlichkeit der Rechtsordnung 130
   c) Subjektive Rechte und Rechtsgüter des Einzelnen 134
      aa) Überblick zur gesetzlichen Systematik 134
      bb) Praktische Bedeutung der subjektiven Rechte 136
   d) Bestand der Einrichtungen und Veranstaltungen des Staates 141
3. Schutz der öffentlichen Ordnung 144

   a) Begriffliche und historische Grundlagen 144
   b) Gegenwärtige Anwendungsfelder 145
      aa) Überblick zu Rechtsprechung und Schrifttum 145
      bb) Grundsätzliche Kritik 147
      cc) Verfassungsrechtliche Grenzen 151
VII. Gefahr 152
1. Bedeutung im Sicherheitsrecht 152
2. Konkrete und abstrakte Gefahr 154
3. Prüfungsreihenfolge zur konkreten Gefahr 159
4. Schaden...................... 161
5. Hinreichende Wahrscheinlichkeit des Schadenseintritts 164
   a) Möglichkeit – Sicherheit – Risiko 164
   b) Die sog Je-desto-Formel ... 166
   c) Gefahrabstufungen 170
   d) Latente Gefahr 172
6. Gefahrenbeurteilung 173
   a) Prognoseentscheidung 173
   b) Subjektivierung des Gefahrbegriffs 174
      aa) Objektiver und subjektiver Gefahrbegriff 174
      bb) Rechtfertigung des subjektiven Gefahrbegriffs 177
      cc) Grenzen des subjektiven Gefahrbegriffs ... 182
7. Gefahrenverdacht 183
VIII. Polizei- und ordnungsrechtliche Eingriffsbefugnisse 186
1. Erfordernis einer Befugnisnorm 186
2. Generalklauseln 187
   a) Überblick und rechtsstaatliche Bestimmtheit 187
   b) Auffangfunktion 190
3. Befugnisse auf spezieller Rechtsgrundlage 194
4. Aktionelle Spezialbefugnisse .. 201
   a) Informationsbeschaffung und -verwertung 201
      aa) Identitätsfeststellung, § 14 ThürPAG, § 15 ThürOBG 202

bb) Prüfung von Berechtigungsscheinen, § 15 ThürPAG, § 15 Abs. 4 ThürOBG 206	b) Generalklausel für die Erhebung personenbezogener Daten 253
cc) Befragung und Auskunftsverlangen, § 13 ThürPAG, § 16 ThürOBG 207	c) Datenerhebung bei öffentlichen Veranstaltungen und Ansammlungen 257
dd) Erkennungsdienstliche Maßnahmen, § 16 ThürPAG 208	d) Überwachung der Telekommunikation und Datenerhebung von Mobilfunkkarten 261
b) Örtlichkeitsbestimmende Maßnahmen 210	e) Verdeckter Einsatz technischer Mittel in Wohnungen 262
aa) Vorladung, § 17 ThürPAG, § 16 ThürOBG 211	f) Observation 266
bb) Platzverweisung, § 18 Abs. 1 ThürPAG, § 17 Abs. 1 ThürOBG 213	g) Einsatz von verdeckten Ermittlern oder V-Leuten .. 268
	h) Datenspeicherung und -nutzung 270
cc) Aufenthaltsverbot, § 18 Abs. 3 ThürPAG, § 17 Abs. 2 ThürOBG 215	IX. Polizei- und ordnungsrechtliche Verantwortlichkeit 273
	1. Adressaten sicherheitsrechtlichen Handelns 273
dd) Insbesondere die Wohnungsverweisung, § 18 Abs. 2 ThürPAG 218	a) Störer der öffentlichen Sicherheit im Überblick ... 273
	b) Zur Polizei- und Ordnungspflichtigkeit von Hoheitsträgern 277
ee) Gewahrsam, § 19 ThürPAG 222	2. Verhaltensverantwortlichkeit 278
c) Objektbezogene Maßnahmen 229	a) Lehre von der unmittelbaren Verursachung 278
aa) Durchsuchung von Personen, § 23 ThürPAG, § 18 ThürOBG 230	b) Anscheinsstörer und Verdachtsstörer 282
	c) Zweckveranlasser 285
bb) Durchsuchung von Sachen, § 24 ThürPAG, § 19 ThürOBG 231	3. Zustandsverantwortlichkeit ... 288
	a) Personen und ihre Sachen 288
	b) Verursachung 291
cc) Betreten und Durchsuchung von Wohnungen, § 25 ThürPAG, § 20 ThürOBG 233	4. Verantwortlichkeit bei Rechtsnachfolge 294
	a) Grundsätzlich keine Rechtsnachfolge in die Verantwortlichkeit 294
dd) Sicherstellung, § 27 ThürPAG, § 22 ThürOBG 238	b) Verantwortlichkeit nach ihrer Konkretisierung 295
ee) Sonderfall Abschleppen in Thüringen 246	c) Verantwortlichkeit vor ihrer Konkretisierung 296
5. Datenerhebungs- und Datenverarbeitungsbefugnisse 251	5. Grenzen der Verantwortlichkeit 298
	6. Inanspruchnahme nichtverantwortlicher Personen 301
a) Grundsätze der Datenerhebung 251	7. Auswahl unter mehreren Störern 303
	X. Rechtsgrundsätze polizei- und ordnungsrechtlichen Handelns 306
	1. Verfassungsrechtliche Bindungen 306
	2. Verhältnismäßigkeit 307
	3. Bestimmtheit 309
	4. Ermessensausübung 310

Leisner-Egensperger

5. Anspruch auf polizei- und ordnungsbehördliches Einschreiten 312
XI. Verwaltungszwang 313
1. Begriffliche und rechtliche Grundlagen 313
2. Unterscheidung zwischen gestrecktem und gekürztem Zwangsverfahren 315
3. Zwangsmittel 317
4. Gestrecktes Zwangsverfahren 320
5. Gekürztes Zwangsverfahren .. 325
   a) Sofortiger Vollzug 325
   b) Unmittelbare Ausführung 327
XII. Kostentragung und Schadensausgleich 330
1. Kostentragung 330
2. Schadensausgleich 334

XIII. Verordnungen zur Gefahrenabwehr 340
1. Begriff und Grundlagen der Gefahrenabwehrverordnung .. 340
2. Abstrakte Gefahr 343
3. Verordnungsinhalte 345
4. Regelungsmaterien 346
5. Verfahren 348
XIV. Prüfungsaufbau und Rechtsschutzfragen 351
1. Rechtmäßigkeit polizei- oder ordnungsrechtlicher Einzelmaßnahmen ....
2. Rechtmäßigkeit einer Gefahrenabwehrverordnung ....
3. Rechtsschutzfragen 351
   a) Rechtsweg 351
   b) Klageart 353

I. Grundlagen

1. Gegenstand des Polizei- und Ordnungsrechts

1   Das Polizei- und Ordnungsrecht regelt normativ die **Abwehr von Gefahren für die öffentliche Sicherheit und Ordnung** als Teil der Staatsaufgabe **innere Sicherheit**.[1] Diese verlangt die Wahrung der durch das Recht strukturierten Ordnung sowohl im öffentlichen Interesse als auch in dem des Bürgers.[2] Nur aus der Garantie des inneren Friedens als eines höchsten Verfassungswerts kann der **Staat** seine „eigentliche und letzte Rechtfertigung" herleiten.[3]

2   Wesentlich für die Gefahrenabwehr, der heute wichtigsten Aufgabe der Polizei- und Ordnungsbehörden, ist ihre **Zukunftsgerichtetheit**: Als präventive Tätigkeit ist sie abzugrenzen von der Ermittlung und Verfolgung von Straftaten und Ordnungswidrigkeiten. Diese dienen ebenfalls der inneren Sicherheit, sind allerdings als repressives Handeln vergangenheitsbezogen.[4]

3   In Thüringen regelt das **Polizeirecht** nur die Normvollzugstätigkeit bestimmter Verwaltungsträger, nämlich der Thüringer Polizeibehörden, also der **Polizei im institutionellen Sinn**. Es handelt sich mithin um ein organisatorisch verengtes Recht der öffentlichen Sicherheit und Ordnung. Seine normativen Grundlagen finden sich insbesondere im Thüringer Gesetz über die Aufgaben und Befugnisse der Polizei (ThürPAG)[5] sowie im Thüringer Gesetz über die Organisation der Polizei (ThürPOG)[6].

4   Demgegenüber betrifft das **Ordnungsrecht** zum einen als **Sonderordnungsrecht** die Abwehr von Gefahren für die öffentliche Sicherheit und Ordnung in besonderen, spezialgesetzlich normierten Bereichen wie insbesondere dem:

---

1   *Depenheuer*, in: Dürig/Herzog/Scholz, Grundgesetz-Kommentar, Art. 87a Rn. 12.
2   Weiterführend *Götz*, in: Isensee/Kirchhof, Handbuch des Staatsrechts IV, § 85.
3   BVerfGE 49, 24, 46 f.
4   Dazu *Volkmann*, NVwZ 2021, 1408.
5   Thüringer Gesetz über die Aufgaben und Befugnisse der Polizei v. 4.6.1992 (GVBl. S. 199), zuletzt geändert durch Gesetz v. 6.6.2018 (GVBl. S. 229).
6   Thüringer Gesetz über die Organisation der Polizei v. 25.10.2011 (GVBl. S. 268).

I. Grundlagen

- Abfallrecht,[7]
- Ausländerrecht,[8]
- Bauordnungsrecht,[9]
- Infektionsschutzrecht,[10]
- Immissionsschutzrecht,[11]
- Gaststättenrecht,[12]
- Gewerberecht,[13]
- Recht des Gesundheitsschutzes,[14]
- Lebensmittelrecht[15] und
- Versammlungsrecht.[16]

Zum anderen und nur außerhalb dieser spezialgesetzlich, daher auf den jeweiligen Lebenssachverhalt vorrangig anzuwendenden Rechtsmaterien ist das **allgemeine Thüringer Ordnungsrecht** im Thüringer Gesetz über die Aufgaben und Befugnisse der Ordnungsbehörden (ThürOBG) geregelt.

2. Sicherheit und Freiheit im modernen Verfassungsstaat

a) Innere Sicherheit im Rechtsstaat. Die Gewährleistung von Sicherheit ist eine der wichtigsten Aufgaben des Staates.[17] Diese umfasst neben der durch die Bundeswehr

---

7 Thüringer Gesetz über die Vermeidung, Verminderung, Verwertung und Beseitigung von Abfällen (Thüringer Abfallwirtschaftsgesetz – ThürAbfG) v. 15.6.1999 (GVBl. S. 385), zuletzt geändert durch Gesetz v. 23.11.2017 (GVBl. S. 246).
8 Asylgesetz (AsylG) v. 26.6.1992 in der Fassung der Bekanntmachung v. 2.9.2008 (BGBl. I S. 1798), zuletzt geändert durch Gesetz v. 9.7.2021 (BGBl. I S. 2467); Gesetz über den Aufenthalt, die Erwerbstätigkeit und die Integration von Ausländern im Bundesgebiet (AufenthaltG) in der Fassung der Bekanntmachung v. 25.2.2008 (BGBl. I S. 162), zuletzt geändert durch Gesetz v. 9.7.2021 (BGBl. I S. 2467).
9 Thüringer Bauordnung (ThürBO) v. 13.3.2014 (GVBl. S. 49), zuletzt geändert durch Gesetz v. 23.11.2020 (GVBl. S. 561).
10 Infektionsschutzgesetz (IfSG) v. 20.7.2000 (BGBl. I S. 1045), zuletzt geändert durch Gesetz v. 18.3.2022 (BGBl. I S. 473).
11 Immissionsschutzgesetz (BImSchG) v. 15.3.1974 (BGBl. I S. 721), zuletzt geändert durch Gesetz v. 24.9.2021 (BGBl. I S. 4458).
12 Thüringer Gaststättengesetz (ThürGastG) v. 9.10.2008 (GVBl. S. 364), zuletzt geändert durch Gesetz v. 16.10.2017 (GVBl. S. 198).
13 Gewerbeordnung (GewO) v. 21.6.1869 in der Fassung der Bekanntmachung v. 22.2.1999 (BGBl. I S. 202), zuletzt geändert durch Gesetz v. 10.8.2021 (BGBl. I S. 3504); Gesetz zur Ordnung des Handwerks (HwO) v. 17.9.1953 in der Fassung der Bekanntmachung v. 24.9.1998 (BGBl. I S. 3074; 2006 I S. 2095); Gesetz geändert durch Gesetz v. 9.6.2021 (BGBl. I S. 1654); Thüringer Ladenöffnungsgesetz (ThürLadÖffG) v. 24.11.2006, zuletzt geändert durch Gesetz v. 17.2.2022 (GVBl. S. 91); Personenbeförderungsgesetz (PBefG) v. 21.3.1961 in der Fassung der Bekanntmachung v. 8.8.1990 (BGBl. I S. 1690), zuletzt geändert durch Gesetz v. 16.4.2021 (BGBl. I S. 822).
14 Gesetz zur Verhütung und Bekämpfung von Infektionskrankheiten beim Menschen (IfSG) v. 20.7.2000 (BGBl. I S. 1045), zuletzt geändert durch Gesetz v. 18.3.2022 (BGBl. I S. 473).
15 Lebensmittel-, Bedarfsgegenstände- und Futtermittelgesetzbuch (LFBG) v. 1.9.2005 in der Fassung der Bekanntmachung v. 15.9.2021 (BGBl. S. 4253, ber. 2022 S. 28), zuletzt geändert durch Gesetz v. 27.9.2021 (BGBl. I S. 4530).
16 Insoweit gilt für Thüringen gemäß Art. 125a Abs. 1 GG das vom Bundesgesetzgeber aufgrund des Art. 74 Abs. 1 Nr. 3 GG aF erlassene Versammlungsgesetz fort, zu vollziehen durch die Landkreise und kreisfreien Städte nach § 15 Abs. 1 der Thüringer Verordnung zur Bestimmung von Zuständigkeiten im Geschäftsbereich des Innenministeriums v. 15.4.2008 (GVBl. S. 102), zuletzt geändert durch Verordnung v. 14.8.2018 (GVBl. S. 376).
17 Grundlegend *Möstl*, Die staatliche Garantie für die öffentliche Sicherheit und Ordnung, 2002, S. 3 ff.; s. jetzt auch *Leuschner*, Sicherheit als Grundsatz, 2017; vgl. auch *Isensee*, in: Isensee/Kirchhof, Handbuch des Staatsrechts IX, § 191 Rn. 184; *Depenheuer*, in: Dürig/Herzog/Scholz, Grundgesetz-Kommentar, Art. 87a

geschützten **äußeren** Sicherheit (vgl. Art. 87a GG) sowie der durch Arbeits- und Sozialrecht abgesicherten **sozialen** Sicherheit insbesondere die sog **innere Sicherheit**.[18]

6 Dem Begriff der **inneren Sicherheit** unterfallen verschiedene Einzelaufgaben der Verwaltung und Justiz, vor allem die Strafverfolgung, die vorbeugende Verbrechensbekämpfung, das polizeiliche Melde-, Pass-, Ausländer-, Vereins- und Versammlungswesen sowie der geheim- und nachrichtendienstliche Verfassungsschutz.[19] Diese staatlichen Aufgaben sind nach Rechtsgrundlagen, Zuständigkeiten und jeweils anzuwendenden Handlungsgrundsätzen streng voneinander zu trennen.[20] So darf beispielsweise der Verfassungsschutz frühzeitig und breit beobachten, wenn ein hinreichender verfassungsschutzspezifischer Aufklärungsbedarf vorliegt. Der Einsatz von Zwangsmittel ist jedoch grundsätzlich der – vom Verfassungsschutz organisatorisch getrennten – Polizei vorbehalten, die dafür eine konkrete Gefahr nachweisen muss, d.h. strengere Voraussetzungen als der Verfassungsschutz.[21]

7 **Behördenkooperation** ist zur effektiven Gewährleistung innerer Sicherheit zwar erforderlich; für eine „Funktionseinheit" werden hier auch rechtsdogmatische Begründungsansätze gesucht.[22] Das Rechtsstaatsprinzip erlaubt jedoch bei den regelmäßig eingreifenden Maßnahmen der inneren Sicherheit eine derartige Zusammenarbeit nur, wenn sie gesetzlich vorgesehen ist, wie etwa zwischen Ordnungsbehörden und Polizei nach § 10 Abs. 2 ThürPOG. Gleiches gilt für die gegenwärtig diskutierte Vernetzung von Funktionen der inneren mit solchen der sozialen Sicherheit.

8 Der Vorbehalt des Gesetzes nach Art. 20 Abs. 3 GG gilt auch für die Frage, ob für die **äußere Sicherheit** verantwortliche Behörden, insbesondere die Bundeswehr nach Art. 87a GG, zugleich für die Gewährleistung der **inneren Sicherheit** herangezogen werden dürfen. Möglich ist dies *de constitutione lata* nach Art. 87a Abs. 2 GG nur in den engen Grenzen, die das Grundgesetz dazu zieht: Art. 87a Abs. 3 sowie Abs. 4 GG iVm Art. 91 Abs. 2 GG, Art. 35 Abs. 2 und 3 GG.[23]

9 Garant des inneren Friedens ist ausschließlich der Staat, dem daher auch seit mehr als 500 Jahren[24] das **Gewaltmonopol** zusteht.[25] Soweit größere Wirtschaftsunternehmen eigene Sicherheitsdienste unterhalten oder sich einer Spezialfirma bedienen (Geld-

---

Rn. 12; vgl. auch *Würtenberger*, Innere Sicherheit im europäischen Vergleich, 2012; *v. Arnauld*, JA 2008, 327.
18 *Depenheuer*, in: Dürig/Herzog/Scholz, Grundgesetz-Kommentar, Art. 87a Rn. 12.
19 *Kingreen/Poscher*, Polizei- und Ordnungsrecht, § 2 Rn. 1.
20 Zur Bedeutung nachrichtendienstlicher Ermächtigungsgrundlagen für die öffentliche Sicherheit *Blome/Sellmeier*, NVwZ 2021, 1739.
21 Dazu grdl. BVerfG v. 26.4.2022 – 1 BvR 1619/17.
22 *Kingreen/Poscher*, Polizei- und Ordnungsrecht, § 2 Rn. 3 ff.; vgl. auch *Scholz/Pitschas*, Informationelle Selbstbestimmung und Informationsverantwortung, 1984, S. 119 ff.
23 Grundlegend BVerfGE 90, 286, 356 f. Vgl. zur Terrorismusbekämpfung durch die Bundeswehr *Bäumerich/Schneider*, NVwZ 2017, 189; *Fehn/Brauns*, Bundeswehr und innere Sicherheit 2003; *Fiebig*, Der Einsatz der Bundeswehr im Inneren, 2004; *Schmidt-Jortzig*, DÖV 2002, 773; *Linke*, AöR 129 (2004), 489; weiterführend zu den allgemeinen Grundlagen eines Bundeswehreinsatzes *Ladiges*, JuS 2015, 598.
24 Als Ursprung des staatlichen Gewaltmonopols in Deutschland gilt der Ewige Landfrieden von Worms (1495); vgl. dazu *Becker*, NJW 1995, 2077; *Horn*, Einführung in die Rechtswissenschaft und Rechtsphilosophie, 4. Aufl. 2007, S. 15.
25 BVerfGE 69, 315, 160; s. dazu *Schöbener/Knauff*, Allgemeine Staatslehre, 4. Aufl. 2019, § 4 Rn. 80 ff.; weiterführend *Müller*, Das staatliche Gewaltmonopol, 2007.

transporte),[26] können sich diese strafrechtlich nur auf Notwehr und Nothilfe (§ 32 StGB) sowie auf rechtfertigenden und entschuldigenden Notstand (§§ 34 f. StGB) berufen. Zivilrechtlich gelten die Notrechte der §§ 227 ff., 904 BGB als punktuelle Durchbrechungen des staatlichen Gewaltmonopols. Anerkannt ist auch die Bewachung des Lebens oder des Eigentums als Gegenstand gewerblicher Betätigung (§ 34a GewO), etwa durch Wach- und Schließgesellschaften.[27]

In öffentlichen Einrichtungen hat sich der Einsatz privater Sicherheitskräfte in den Grenzen des **Funktionsvorbehalts des öffentlichen Dienstes** zu halten (Art. 33 Abs. 4 GG): Soweit hoheitsrechtliche Befugnisse ausgeübt werden, müssen Beamte zum Einsatz kommen.[28] Sicherheitspartnerschaften zwischen Polizei und Privatunternehmen, sog **police-private-partnerships**, bedürfen jedenfalls hinsichtlich Aufgabenverteilung und staatlicher Kontrolle einer gesetzlichen Regelung.[29] In Thüringen ist zudem der Grundsatz ordnungsbehördlichen Eigenvollzugs zu beachten (§ 8 Abs. 1 S. 1 ThürOBG). 10

b) Sicherheit und Freiheit. Unter dem Grundgesetz ist Sicherheit zwar ein **hochrangiger Verfassungswert**, ihr Schutz ist Gegenstand staatlicher Gewährleistungspflicht.[30] Ein **Grundrecht auf Sicherheit** gibt es auf Bundesebene[31] jedoch **ebenso wenig wie in der Thüringer Verfassung**. Demgegenüber enthalten Art. 5 Abs. 1 EMRK sowie Art. 6 GrCh die subjektiv-rechtliche Gewährleistung: „Jeder Mensch hat ein Recht auf Freiheit und Sicherheit." Dem Recht auf Sicherheit kommt in der Praxis bislang allerdings eine vergleichsweise[32] geringe Bedeutung zu.[33] 11

Zur **Freiheit des Einzelnen**, die durch Grundgesetz und Thüringer Verfassung in ihrer **abwehrrechtlichen Dimension** gewährleistet ist, steht der Verfassungswert der **Sicherheit** in einem **Komplementär- und zugleich Spannungsverhältnis**.[34] 12

Einerseits setzt die Ausübung grundrechtlicher Freiheiten inneren Frieden voraus: **Ohne Sicherheit gibt es keine Freiheit.** Muss ein Eigentümer fortlaufend Einbrüche in sein Haus befürchten, weil solche in seiner Wohngegend aufgrund personeller Unterbesetzung der Streifenpolizei an der Tagesordnung sind, ist die Privatnützigkeit seines Eigentums beeinträchtigt: Faktisch wird er gezwungen, aufwändige Alarmanla- 13

---

26 Vgl. dazu *Hammer*, DÖV 2000, 613; *Burr*, JZ 1996, 230; weiterführend *Gusy*, VerwArch 92 (2001), 344.
27 *Marcks*, in: Landmann/Rohmer (Hrsg.), Gewerbeordnung, Stand 2/ 2021, § 34a Rn. 9.
28 OLG Frankfurt aM, NJW 1995, 2570; *Scholz*, NJW 1997, 14; zur Hinzuziehung privater Dienstleister bei der Überwachung des (ruhenden) Verkehrs *Brenner*, SVR 2011, 129; OLG Frankfurt aM, NJW 2016, 3318 mit Anm. von *Brenner*. Zusammenfassend *Leisner-Egensperger*, Die Verwaltung 2018, 1.
29 Vgl. *Stober* (Hrsg.), Public-Private-Partnerships, 2000; *Tettinger*, NWVBl. 2005, 1; *Storr*, DÖV 2005, 101; *Rixen*, DVBl 2007, 221; weiterführend *Schimphauser*, Das Gewaltmonopol des Staates als Grenze der Privatisierung von Staatsaufgaben, 2009.
30 Vertiefend zu dieser *Leisner-Egensperger*, DÖV 2018, 677.
31 Grundlegend hierzu *Robbers*, Sicherheit als Menschenrecht, 1987; vgl. jetzt *Leuschner*, Sicherheit als Grundsatz, 2017, S. 30 ff.
32 S. zur Bedeutung des Rechts auf Freiheit nach Art. 5 EMRK die Entscheidung des EGMR, EuGRZ 2010, 25, die zur Freilassung mehrerer Straftäter aus der Sicherungsverwahrung führte.
33 Vgl. *Baldus*, in: Heselhaus/Nowak (Hrsg.), Handbuch der europäischen Grundrechte, 2006, § 14.
34 Vergleichbar Yin und Yang als polar einander entgegengesetzte und dennoch aufeinander bezogene Prinzipien nach dem chinesischen Daoismus; s. dazu allgemein *Forke*, Die Gedankenwelt des chinesischen Kulturkreises, 1927, S. 106 ff.

gen einzubauen, um sein Haus so nutzen zu können, wie ihm das die zivilrechtliche Eigentumsordnung gestattet.

14 Auf der anderen Seite stellen gerade die Instrumentarien zur Gewährleistung von Sicherheit eine zunehmende **Bedrohung für die Freiheit** des Einzelnen dar. So mag die Überwachung eines öffentlichen Platzes durch eine offene oder verdeckte Videokamera die Gefahr eines Terroranschlags gerade dort minimieren. Sie birgt aber für jeden, der von ihr aufgenommen wird, die Gefahr, dass auf seine Person bezogene Daten später missbraucht werden.[35]

15 Das Polizei- und Ordnungsrecht hat die Aufgabe, durch die Gewährleistung innerer Sicherheit die Ausübung von Freiheit zu ermöglichen, ohne diese jedoch im Einzelfall zu stark einzuschränken. Die **Auflösung dieses Spannungsverhältnisses** muss den jeweils aktuellen sicherheitsrechtlichen Anforderungen in immer kürzeren Zeitabständen angepasst werden.

16 Das Verhältnis von Freiheit und Sicherheit schien in den ersten Jahrzehnten der Bundesrepublik noch einigermaßen ausgewogen, wobei Freiheit stets positiv bewertet wurde, Sicherheit eher pejorativ besetzt war.[36] Inzwischen haben sich die innenpolitischen Gewichte jedoch verschoben: Das Aufkeimen der Bedrohungen durch die RAF wirkt aus heutiger Sicht als Vorbote der Alarmbereitschaft, in der sich heute alle staatlichen Instanzen tagtäglich befinden:[37] Terroranschläge von 2001 bis zur Gegenwart rücken die Opferperspektive in den Fokus. Aus dem Polizeirecht ist ein **Recht der kriminalpräventiven Risikovorsorge**[38] geworden.[39] Hierfür erscheinen die Instrumentarien traditioneller, liberal geprägter Gefahrenabwehr zunehmend unzulänglich. Vom Staat wird früheres und effizienteres Handeln verlangt,[40] vorbeugende Verbrechensbekämpfung und Gefahrenvorsorge, auch durch eine verdeckte Datenerhebung, welche die Offenheit staatlichen Handelns beschränkt.[41] Neue Herausforderungen stellte auch die Coronapandemie: Sie zwang die nach dem Infektionsschutzrecht jeweils zuständigen Organe, zur Erfüllung der staatlichen Schutzpflicht für Leben und Gesundheit[42] unter erheblichem Zeitdruck dazu, trotz Nichtwissens zu handeln.[43] Dabei gestand das BVerfG in zwei Beschlüssen zur Bundesnotbremse dem Gesetzgeber einen weiten Wertungs-, Einschätzungs- und Gestaltungsspielraum zu.[44] Dieser rechtfertige selbst schwerstwiegende Grundrechtseingriffe wie insbesondere Ausgangsbeschränkungen, wenn sie nach Ansicht mancher Sachverständiger einen nicht gänzlich irrelevanten Beitrag zur Kontaktreduktion leisteten.[45]

---

35 Dazu *Kirchhoff*, NVwZ 2021, 1177.
36 *Schoch*, in: Schoch, Besonderes Verwaltungsrecht, S. 36 f.
37 Vgl. *Hoffmann-Riem*, ZRP 2002, 497, 499.
38 *Pitschas*, DÖV 2002, 223, 223 ff.
39 Besonders deutlich *Waechter*, JZ 2002, 854, 854 f.; *Schulze-Fielitz*, in: Horn (Hrsg.), FS Schmitt Glaeser, 2003, S. 435; weiterführend *Albers*, Die Determination polizeilicher Tätigkeit in den Bereichen der Straftatenverhütung und der Verfolgungsvorsorge, 2001, S. 97 ff.
40 *Trute*, Die Verwaltung 36 (2003), 501, 522.
41 *Trute*, Die Verwaltung 36 (2003), 501, 514.
42 Vgl. zur Bestimmung des legitimen Zwecks pandemischer Eingriffe *Leisner-Egensperger*, JZ 2021, 913.
43 Zusammenfassend *Warg*, NJOZ 2021, 257; *Bamberger/Pieper*, NVwZ 2022, 38.
44 BVerfG, NJW 2022, 139.
45 Lesenswerte Kritik bei *Lepsius*, Der Staat 60 (2021), 609; vgl. auch *dens.*, JöR 69 (2021), 705.

c) **Insbesondere die Neujustierung von Sicherheit und Freiheit in Thüringen.** Das Sicherheitsrecht ist eine **Materie im Umbruch.**[46] Dies macht die Befassung mit ihm gerade heute so spannend. Verstärkt gilt dies für das **Thüringer Polizei- und Ordnungsrecht**, auf das in neuerer Zeit besondere rechtspolitische Herausforderungen zukommen: Das mögliche Fehlverhalten Thüringer Sicherheits- und Justizbehörden im Zusammenhang des Nationalsozialistischen Untergrunds (NSU)[47] mag formal mit dem Bericht des Untersuchungsausschusses „Rechtsterrorismus und Behördenhandeln" in seiner Aufarbeitung abgeschlossen sein.[48] Die notwendige Beseitigung struktureller Defizite wird aber noch längere Zeit andauern.[49] Das **Thüringer Sicherheitsrecht** ist eine **Materie im Aufbruch.**

17

3. Bedeutung in juristischer Ausbildung und Praxis

Entsprechend seiner zentralen Bedeutung im modernen Verfassungsstaat kommt dem Polizei- und Sicherheitsrecht in beiden Juristischen Prüfungen ein besonderes Gewicht zu. Deutlich wird dies in § 14 Abs. 2 Nr. 4 ThürJAPO.[50] Danach sind **Pflichtfächer aus dem Öffentlichen Recht** neben dem Staats- und Verfassungsrecht[51] auch das Allgemeine Verwaltungsrecht[52] und aus dem Besonderen Verwaltungsrecht das Polizei- und Ordnungsrecht sowie die Grundzüge des Bau-, des Straßen- und des Kommunalrechts.[53] Im Gegensatz zu den letztgenannten Gebieten, die nur in ihren Grundzügen beherrscht werden müssen,[54] ist das Polizei- und Ordnungsrecht also **in vollem Umfang Pflichtfachstoff.**

18

Der spezifisch **didaktische Nutzen** einer Befassung mit dem Polizei- und Ordnungsrecht zeigt sich in zwei Richtungen: Zum einen steht das Polizei- und Ordnungsrecht für das **klassische Eingriffsverwaltungsrecht**[55] und damit exemplarisch für einen bestimmten Typus des Verwaltungsrechts, den es insbesondere von der Leistungsverwaltung abzugrenzen gilt.[56] So kann man anhand einer Polizeiverfügung beispielsweise die Begriffsmerkmale des Verwaltungsakts vertiefen; es lassen sich hier aber auch Verbindungen zum Verwaltungsprozessrecht ziehen, etwa zur Anfechtungs- und Verpflichtungs- sowie zur Fortsetzungsfeststellungsklage.

19

Zum anderen enthalten die Polizeigesetze das **Grundmodell der Regelungsstrukturen und dogmatischen Grundsätze des Ordnungsverwaltungsrechts**, an denen sich auch

20

---

46 Vgl. *Pitschas*, in: Dautert (Hrsg.), Polizeirecht heute, 1991, S. 7, 13; *Schoch*, Der Staat 43 (2004), 347.
47 Vgl. dazu den Antrag auf Einsetzung eines Untersuchungsausschusses LT-Drs. 6/232, S. 2 ff.; *Gusy*, ZRP 2012, 230, 230; *Schäfer/Wache/Meiborg*, Gutachten zum Verhalten der Thüringer Behörden und Staatsanwaltschaften bei der Verfolgung des „Zwickauer Trios", 2012, Rn. 380 ff.
48 LT-Drs. 5/8080.
49 In diesem Sinn auch *Gusy*, ZRP 2012, 230, 230 f.
50 Thüringer Juristenausbildungs- und -prüfungsordnung v. 24.2.2004 (GVBl. S. 217), zuletzt geändert durch Gesetz v. 12.2.2018 (GVBl. S. 43). Vgl. zu den Pflichtfächern der zweiten Staatsprüfung § 46 Abs. 2 Nr. 1 ThürJAPO mit Verweis auf § 14 ThürJAPO.
51 § 14 Abs. 2 Nr. 4 a ThürJAPO, der auch „die Grundzüge des Rechts der Europäischen Union, jeweils mit Bezügen zum Völkerrecht" umfasst.
52 § 14 Abs. 2 Nr. 4 b ThürJAPO, der auch „das allgemeine Verwaltungsverfahrensrecht" beinhaltet.
53 § 14 Abs. 2 Nr. 3 ThürJAPO.
54 Vgl. § 14 Abs. 2 Nr. 4 c ThürJAPO; s. zur Reichweite dieser Grundzüge *Leisner-Egensperger*, § 5 unter I. 1. a.
55 S. dazu *Kugelmann*, Polizei- und Ordnungsrecht, S. 68 f.
56 Vgl. *Maurer/Waldhoff*, Allgemeines Verwaltungsrecht, 20. Aufl. 2020, § 2 Rn. 15.

andere Ordnungsgesetze orientieren.[57] So lassen sich den Thüringer Polizeigesetzen, insbesondere dem ThürPAG, dem ThürPOG sowie dem ThürOBG[58] die übergeordneten Grundsätze entnehmen, die etwa auch das Versammlungsrecht bestimmen. Anders als das Zivilrecht, dessen Examensrelevanz sich auf bestimmte Normenkomplexe beschränkt,[59] kann das Öffentliche Recht angesichts der Vielfalt seiner Regelungsmaterien nur im Baukastensystem erschlossen werden. Für die Arbeit mit jedem als unbekannt vorausgesetzten sicherheitsrechtlichen Gesetz bieten die folgenden Ausführungen eine Hilfestellung.

21 In der **juristischen Praxis** ist das Polizei- und Ordnungsrecht eine **Kernmaterie praktizierten Föderalismus**: Hier zeigt der Freistaat Thüringen am klarsten sein innenpolitisches Profil, gerade in Abgrenzung zur Rechtslage in anderen Ländern. Deutlich wird dies am ThürPAG, das bis vor einigen Jahren als „eines der modernsten deutschen Polizeigesetze"[60] galt,[61] aber auch an den bisher auf der Grundlage des ThürOBG ergangenen Rechtsverordnungen.[62] Während in anderen Rechtsmaterien, etwa im Schul- und Hochschulrecht, ungeachtet der Föderalismusreformen gegenwärtig deutliche Vereinheitlichungsbestrebungen zu verzeichnen sind,[63] stellt das Polizei- und Sicherheitsrecht ein Gebiet dar, auf dem der Freistaat Thüringen weitgehend allein aktiv ist. Nur vereinzelt gibt es Tendenzen zu einer **Zentralisierung**, neuerdings etwa im Bereich der **Terrorismusbekämpfung**.[64]

4. Begriff der Polizei

22 Der Begriff Polizei[65] geht auf das griechische Wort πολιτεία (*politeía*)[66] zurück, das Verfassung und Verwaltung der Polis umschreibt, des griechischen (Stadt-)Staats.[67] Das hiervon abgeleitete lateinische Wort *politia* bezeichnete bis ins 18. Jahrhundert

---

57 *Poscher/Rusteberg*, JuS 2011, 888.
58 Thüringer Gesetz über die Aufgaben und Befugnisse der Ordnungsbehörden v. 18.6.1993 (GVBl. S. 323), zuletzt geändert durch Gesetz v. 6.6.2018 (GVBl. S. 229).
59 Vgl. hierzu etwa die Regelungen der ThürJAPO § 14 Abs. 2 Nr. 2 a bis d.
60 *Ebert*, ThürVBl. 2004, 221, 225 mwN.
61 Vgl. allerdings zur gegenwärtigen Stagnation *Leisner-Egensperger*, ThürVBl. 2018, 193.
62 Vgl. etwa die Ordnungsbehördliche Verordnung zur Aufrechterhaltung der öffentlichen Sicherheit und Ordnung im Stadtgebiet Erfurt (Bettelverordnung) v. 13.9.2016 (ABl. Nr. 18, S. 5 f.); die Ordnungsbehördliche Verordnung zur Abwehr von Gefahren durch Zucht, Ausbildung, Abrichten und Halten gefährlicher Hunde (ThürGefHuVO) v. 30.9.2003 (ThürStAnZ Nr. 47, S. 2340) – nunmehr geregelt durch das Thüringer Gesetz zum Schutz der Bevölkerung vor Tiergefahren v. 22.6.2011 (GVBl. S. 93), zuletzt geändert durch Gesetz v. 10.5.2018 (GVBl. S 224). S. dazu näher unten XIII. 4.
63 Vgl. BayVGH, BayVBl. 2011, 572, 572; *Barczak*, NVwZ 2014, 1556, 1559; *Krause*, Die Funktion des Rechts bei der Steuerung schulischer Bildung, 2015, S. 43.
64 Vgl. das Gemeinsame Terrorismusabwehrzentrum (GTAZ) in Berlin als Kommunikationsplattform für nachrichtendienstliche und polizeiliche Institutionen und Akteure, die mit der Aufgabe der Bekämpfung des (internationalen) Terrorismus betraut sind, sowie das Gemeinsame Extremismus- und Terrorismusabwehrzentrum (GETZ) in Köln; instruktiv zur Vereinbarkeit solcher Kooperationsplattformen mit nachrichtendienstlichem Trennungsgebot, parlamentarischer und justizieller Kontrolle sowie Datenschutz *Rathgeber*, DVBl 2013, 1009. Überblick bei *Kingreen/Poscher*, Polizei- und Ordnungsrecht, § 1 Rn. 33; vgl. auch *de Maizière* zur Zentralisierung in Terrorismusfragen, Die Zeit v. 12.1.2017, Nr. 3, S. 2.
65 Vgl. hierzu insgesamt *Zobel*, Polizei. Geschichte und Bedeutungswandel des Wortes und seiner Zusammensetzungen, 1952.
66 Zur Wort- und Begriffsgeschichte *v. Unruh*, DVBl 1972, 469; *Schwan*, in: Huber, Thüringer Staats- und Verwaltungsrecht, S. 265.
67 *Schöbener/Knauff*, Allgemeine Staatslehre, 4. Aufl. 2019, § 2 Rn. 14, 16.

die Staatsverwaltung in einem sowohl organisatorischen als auch materiellen, inhaltlichen Verständnis.[68]

Heute sind in Thüringen „Polizei" gemäß § 1 ThürPAG die im Vollzugsdienst tätigen Dienstkräfte der Polizei des Freistaats. Prägend für den Thüringer Begriff der Polizei ist damit – wie auch für den anderer Länder[69] – ein verwaltungsorganisatorisches Verständnis. Dieser sog formelle (= institutionelle) Polizeibegriff stellt auf den Zuständigkeitsbereich derjenigen Behörden ab, die organisationsrechtlich ausdrücklich als „Polizeibehörden" bezeichnet werden.[70]

23

Streng zu unterscheiden ist heute – anders als früher beim lateinischen Begriff *politia* – der formelle vom sog materiellen Polizeibegriff: **Polizei im materiellen Sinn** bezeichnet – einheitlich in Bund und Ländern – die Abwehr von Gefahren für die öffentliche Sicherheit und Ordnung, die sog **Gefahrenabwehr**.

24

Der **formelle** und der **materielle Begriff der Polizei** sind nicht deckungsgleich. Sie verhalten sich zueinander vielmehr wie zwei sich überschneidende Kreise. Denn einerseits beschränken sich die Aufgaben der Polizeibehörden nicht auf die Gefahrenabwehr, sondern umfassen insbesondere auch die **Verfolgung von Straftaten und Ordnungswidrigkeiten**. Auf der anderen Seite ist die Aufgabe der Gefahrenabwehr in Thüringen wie in den meisten Ländern[71] nicht den Polizeibehörden vorbehalten. Sie wird auch von den Ordnungsbehörden wahrgenommen, deren Zuständigkeit sich aus dem jeweiligen Spezialgesetz (zB § 57 ThürBO) oder aus dem ThürOBG ergibt.[72] Auf der Grundlage des herrschenden formellen Polizeibegriffs unterscheidet sich das Thüringer Polizeirecht vom Thüringer Ordnungsrecht nach dem Ermächtigungsadressaten: Polizeibehörden oder Besondere bzw. Allgemeine Ordnungsbehörden. Legt man dagegen den materiellen Polizeibegriff zugrunde, so sind Polizei- und Ordnungsrecht deckungsgleich.

25

Auch wenn in Thüringen heute der formelle Polizeibegriff prägend ist, bleibt eine **vertiefende Auseinandersetzung mit dem materiellen Begriff der Polizei** unabdingbar. Denn nur auf dessen Grundlage lässt sich verstehen, welche **Funktion** Polizei- und Ordnungsbehörden im Gefüge der Verwaltungstätigkeit des Freistaats Thüringen wahrnehmen, und unter welchen Voraussetzungen sie dabei in die Rechtssphäre der Bürger eingreifen dürfen.

26

Der heutige Begriff der Polizei im materiellen Sinn geht – unbeschadet neuerlicher Erweiterungen (vgl. § 2 Abs. 1 S. 2 ThürPAG) – auf früheres Recht zurück, insbesondere auf das **Preußische Allgemeine Landrecht**[73] und auf das **Preußische Polizeiverwaltungsgesetz**.[74] Diese haben ihrerseits die Entwicklung des grundgesetzlichen Rechts-

27

---

68 *Schöbener/Knauff*, Allgemeine Staatslehre, 4. Aufl. 2019, § 2 Rn. 18.
69 *Kingreen/Poscher*, Polizei- und Ordnungsrecht, § 1 Rn. 19 ff.
70 *Drews/Wacke/Vogel/Martens*, Gefahrenabwehr, S. 33 f.; *Schwan*, in: Huber, Thüringer Staats- und Verwaltungsrecht, S. 268.
71 Anders in Baden-Württemberg, Bremen, Rheinland-Pfalz und im Saarland.
72 Noch weiter in der Trennung des materiellen v. formellen Polizeibegriff ging die Thüringische LVO von 1926, welche die Gefahrenabwehr zur Funktion der gesamten Verwaltung erhob.
73 § 10 II 17 PrALR, s. dazu unten 3.
74 § 14 PVG, s. dazu unten 6.

staatsprinzips maßgeblich beeinflusst, insbesondere diejenige des Vorbehalts des Gesetzes (Art. 20 Abs. 3 GG, Art. 47 Abs. 4 ThürVerf). Daher ist im Folgenden die historische Entwicklung des modernen Polizeirechts überblicksartig darzustellen.

II. Geschichtliche Entwicklung

1. Zur Bedeutung historischer Rückgriffe

28 Polizeirecht im gegenwärtigen Sinn hat es stets gegeben, seit den geschichtlichen Anfängen eines organisierten menschlichen Zusammenlebens, das die Bezeichnung „Staat" rechtfertigt.[75] **Aufgaben, Befugnisse und Organisation der Polizei** sind **notwendige Voraussetzungen der Staatlichkeit**, nicht nur deren rechtlich bestimmende Elemente.

29 Seit ihren Anfängen in der Antike[76] hat diese Polizei eine Entwicklung durchlaufen, die sie in Formen und Inhalten wiederholt **tiefgreifend verändert** hat. Eine Tradition[77] des Polizeirechts gibt es daher nicht. Historische Rückgriffe gegenwärtiger Polizeirechtsdogmatik zu ihrer Verdeutlichung oder gar Fortentwicklung verlangen damit für alle Perioden ein kritisches Bewusstsein und eine Zurückhaltung, die auf einzelinstitutioneller Induktion gründet. Gerade in den letzten Jahrzehnten sind in der Auflösung des **Spannungsverhältnisses** von **Freiheit** und **Sicherheit** teils gravierende Veränderungen in normativen Grundlagen und praktischer Anwendung festzustellen.[78] Sie mögen sich in größere Entwicklungen einordnen lassen, dürfen aber nicht vorschnell nach bisherigen oder früheren Begrifflichkeiten beurteilt oder gewichtet werden. Für das Verständnis des heutigen Polizeirechts sind daher zwar Kenntnisse zu seinen historischen Entwicklungen als **Grundlage eines notwendigen Vorverständnisses** unabdingbar. Anders als etwa im Kommunalrecht[79] ist bei der historischen Auslegung einzelner Tatbestandsmerkmale der modernen Polizeigesetze aber Zurückhaltung geboten.

2. Römisches Recht

30 In der **Antike** finden sich nur wenige rechtliche Hintergründe des heutigen Polizeirechts. Das für den Begriff der Polizei prägende **griechische Staatsrecht** ging von einer demokratischen Vollzugsgewalt aus, die bald in alexandrinische Königsgewalt mündete. Diese wie vor allem das sie bald aufnehmende und ablösende **Römische Recht** wirkten auf die nachkonstantinischen Jahrhunderte des Mittelalters im Sinn der Begründung und Organisation einer umfassenden kaiserlich/königlichen **Gewalt**: Für sie war das Recht eine Verbindung von souveräner Normsetzung und deren polizeilich-militärischem Vollzug. Das so begründete und durchzusetzende Römische Recht wirkte zwar bis in die Neuzeit weiter. Seit dem 18. Jahrhundert erfolgte dies aber im Wesentlichen über das römische Zivilrecht, nicht als römisches Staatsrecht.[80]

---

75 Vgl. BVerfGE 49, 24, 56 f. unter Berufung auf BVerwGE 49, 202, 209; *Isensee*, in: Isensee/Kirchhof, Handbuch des Staatsrechts IX, § 191 Rn. 161.
76 *Stolleis/Kremer*, in: Lisken/Denninger, Handbuch des Polizeirechts, S. 5 ff.
77 Vgl. hierzu allgemein W. *Leisner*, Tradition im Verfassungsrecht, 2013, S. 13 ff.
78 Wandlungen und Tendenzen der Gegenwart vgl. *Kingreen/Poscher*, Polizei- und Ordnungsrecht, § 1 Rn. 29 ff.
79 S. zur Bedeutung historischer Entwicklungen dort *Leisner-Egensperger*, § 5 unter II. 3. a.
80 Grundlegend zu diesem noch immer *Mommsen*, Römisches Staatsrecht I, 4. Aufl. 1952.

Im **Römischen Zivilrecht**, weiterwirkend im **Pandektenrecht**, spielte zwar schon derjenige Begriff eine wichtige Rolle, welcher später das normative Zentrum des Polizeirechts werden sollte: die **Gefahr**. Zu deren repressiver Verfolgung wie präventiver Vermeidung nahm das Römische Recht hier **Private** in die Pflicht, im BGB noch heute weiterwirkend im Allgemeinen Teil (vgl. §§ 1–240), in dessen Schuld- (§§ 241–432 und §§ 433–853) wie Sachenrecht (deutlich etwa bei den Abwehrrechten des Eigentümers, §§ 985 ff.). Diese zivilrechtlichen Regelungen beanspruchen normativ Geltung auch gegenüber hoheitlicher Gewalt und wirken darüber hinaus insbesondere im Bereich des Verwaltungsprivatrechts. Darin bietet noch heute das fortentwickelte Römische Recht traditionelle staatsrechtliche Inhalte für das Polizeirecht der Gegenwart. 31

3. Entwicklung zum wohlfahrtsstaatlichen Polizeibegriff

Ein ausdifferenziertes Sicherheitsrecht gab es im **alten deutschen Reich** nicht. Soweit sich – periodenweise – die kaiserliche Gewalt durchsetzen konnte, agierte sie ähnlich wie im Römischen Reich: als militärische Abwehrmacht nach außen und als globale Ordnungsmacht nach innen. Zivilrechtliche Regelungsgegenstände bot zunehmend das rezipierte Römische Recht. Ähnlich verlief die Entwicklung zunächst – bis zur Renaissance – auch in den **deutschen Einzelstaaten**, die ihre Souveränität gegenüber dem Reich immer wirksamer behaupteten.[81] 32

Ab etwa 1500 entfaltete sich die **ältere deutsche Staats- und Verwaltungslehre**,[82] die zunächst noch nicht vom Zivilrecht unterschieden wurde: „Gute Policey" bezeichnete im 16. und 17. Jahrhundert die Tätigkeit, mit welcher der Fürst das Gemeinwesen in eine gute Ordnung brachte und darin hielt.[83] Der sehr weite Begriff umfasste sämtliche Lebensbereiche – vom Handel und Gewerbe über das Erb-, Vertrags- und Liegenschaftsrecht bis zur Ausübung der Religion.[84] 33

Erste Kodifikationen finden sich in den **Reichspolizeiordnungen** von 1530, 1548 und 1577[85] sowie in zahlreichen **Landespolizeiordnungen**.[86] Diese bildeten wiederum die Grundlage für die Weiterentwicklung einer sog Policeywissenschaft als allgemeiner Staats- und Verwaltungslehre.[87] Ihre Gegenstände erstreckten sich auf all das, was heute als öffentliches und privates Wirtschaftsrecht behandelt wird. **Policey** umfasste also neben der Gewährleistung der öffentlichen Sicherheit, auf die sich die Funktion der Polizei heute beschränkt, auch die Förderung der öffentlichen Wohlfahrt. Zusammenfassend lässt sich dieser Zustand mit dem Begriff der **wohlfahrtsstaatlichen Polizei** kennzeichnen. 34

---

81 *Stolleis/Kremer*, in: Lisken/Denninger, Handbuch des Polizeirechts, S. 6 f.
82 *Schöbener/Knauff*, Allgemeine Staatslehre, 4. Aufl. 2019, § 2 Rn. 2 f.
83 *Drews/Wacke/Vogel/Martens*, Gefahrenabwehr, S. 2 f.; *Ebel*, Geschichte der Gesetzgebung in Deutschland, 2. Aufl. 1958, S. 59 ff.; *Knemeyer*, AöR 92 (1967), 153; *v. Unruh*, in: Jeserich/Pohl/v. Unruh (Hrsg.), Deutsche Verwaltungsgeschichte I, 1983, S. 368, 369 ff.; *Kingreen/Poscher*, Polizei- und Ordnungsrecht, § 1 Rn. 2.
84 *Kingreen/Poscher*, Polizei- und Ordnungsrecht, § 1 Rn. 2.
85 Beispiel: Die Keyserliche Polizey Ordnung, Frankfurt 1577.
86 Vgl. den Überblick bei *Knemeyer*, AöR 92 (1967), 153.
87 Vgl. dazu insgesamt *Maier*, Die ältere deutsche Staats- und Verwaltungslehre, 2. Aufl. 1980, S. 92 ff. Von dieser Policeywissenschaft ist die heutige Polizeiwissenschaft zu unterscheiden, s. zu dieser unten II. 3.

4. Absolutistische Polizeigewalt und Aufklärung

35 Im Laufe des ausgehenden 17., vor allem aber im 18. Jahrhundert wurde die Macht des Fürsten gegenüber Ständen und Untertanen immer größer.[88] **Ius politiae** hieß nun das Recht des Monarchen, reglementierend in alle Lebensbereiche einzugreifen.[89] Kennzeichnend für die von den Gesetzen losgelöste (*„legibus absolutus"*), absolutistische Staatsgewalt war das Fehlen politischer Mitwirkungsrechte ständischer oder demokratischer Institutionen. Untertanen und Stände hatten kaum verbürgte Rechte, es gab keinen gerichtlichen Rechtsschutz, gesetzgebende und vollziehende Gewalt waren nicht getrennt.[90] Zunehmend zeigten sich die Schattenseiten des **wohlfahrtsstaatlichen Polizeibegriffs**. In dem – politisch allzu oft gebrauchten – Begriff Polizeistaat schwingen negative Untertöne eines protektionistischen, die Freiheit seiner Bürger unterminierenden Gemeinwesens bis heute mit.

36 Gegen diesen polizeistaatlichen Absolutismus richteten sich immer deutlicher **aufklärerische Tendenzen**. Ihre Hauptforderung war es, die Aufgabe der Polizei auf die Gefahrenabwehr zu beschränken.[91] Prominenteste Vertreter waren hier *Johann Stephan Pütter*,[92] sowie *Carl Gottlieb Svarez*,[93] der auch wesentlich an der Ausarbeitung des **Allgemeinen Landrechts für die Preußischen Staaten**[94] beteiligt war. In dessen § 10 des Zweiten Teils, Siebzehnter Titel (§ 10 II 17 ALR) hieß es immerhin: *„Die nöthigen Anstalten zur Erhaltung der öffentlichen Ruhe, Sicherheit und Ordnung und zur Abwendung der dem Publico oder einzelnen Mitgliedern desselben bevorstehenden Gefahr zu treffen ist das Amt der Polizey."*

37 Die Forderungen nach einer **Beschränkung der absolutistischen Polizeigewalt** wurden jedoch nur vorsichtig vorgetragen. Auch das Preußische Allgemeine Landrecht enthielt noch zahlreiche Bestimmungen, nach denen die Polizei wohlfahrtsstaatlich tätig werden sollte, wenn auch notwendig auf einer gesetzlichen Grundlage.[95] Immerhin wurden die Elemente des Wohlfahrtsstaats zunehmend von denen des Ordnungsstaats verdrängt. Dieses wollte nun vor allem das Wirtschafts- und Berufsleben seiner Bürger reglementieren, insbesondere mit dem Ziel der Anhebung ihrer Steuerkraft. So entstand die ökonomische Ordnung eines neu sich entfaltenden Merkantilismus, mit Wirkung bis in die großen Kolonialreiche hinein.[96]

38 Das ausgehende 18. und das beginnende 19. Jahrhundert bieten also aus heutiger Sicht ein uneinheitliches Bild: Zwar gibt es **Tendenzen zu einer kodifikatorischen**

---

88 *Kingreen/Poscher*, Polizei- und Ordnungsrecht, § 1 Rn. 4.
89 *Stolleis/Kremer*, in: Lisken/Denninger, Handbuch des Polizeirechts, S. 9 f.; *Götz/Geis*, Allgemeines Polizei- und Ordnungsrecht, § 2 Rn. 3; s. zur Ausweitung des Polizeibegriffs *Majer*, Teutsches weltliches Staatsrecht I, 1775, S. 102.; Überblick bei *Voßkuhle*, JuS 2007, 908, 908.
90 *Stolleis/Kremer*, in: Lisken/Denninger, Handbuch des Polizeirechts, S. 9; *Drews/Wacke/Vogel/Martens*, Gefahrenabwehr, S. 4; *Knemeyer*, AöR 92 (1967), 153, 171 ff.; *Götz/Geis*, Allgemeines Polizei- und Ordnungsrecht, § 2 Rn. 4.
91 *Kingreen/Poscher*, Polizei- und Ordnungsrecht, § 1 Rn. 5.
92 Geb. 1725, gest. 1807. Vgl. *Pütter*, Institutiones iuris publici Germanici, 1770/ 6. Aufl. 1802, Cap. III § 331.
93 Geb. 1746, gest. 1798. Vgl. *Svarez*, in: Conrad/Kleinheyer (Hrsg.), Vorträge über Recht und Staat von Carl Gottlieb Svarez, 1960, S. 36 ff., 485 ff.
94 *Svarez*, Entwurf eines allgemeinen Gesetzbuches für die preußischen Staaten, 1788.
95 Vgl. *Stolleis/Kremer*, in: Lisken/Denninger, Handbuch des Polizeirechts, S. 12.
96 *Götz/Geis*, Allgemeines Polizei- und Ordnungsrecht, § 2 Rn. 5.

Verengung des Polizeibegriffs insbesondere im Preußischen Allgemeinen Landrecht. Dennoch hält sich der tradierte wohlfahrtsstaatliche Polizeibegriff als Kern einer Gesamtordnung des Verwaltungsrechts. Aus der Sicht der Untertanen bleibt die Polizeigewalt weithin unbegrenzt.[97]

5. Verengung des materiellen Polizeibegriffs im 19. Jahrhundert

Die freiheitlichen Wirkungen der Französischen Revolution vermochten das Handeln der Polizei in Deutschland nur phasenweise zu beeinflussen.[98] Gerade die **Ordnung der Restauration** war stark durch Maßnahmen der Polizei geprägt.[99] Dies wird auch als sog nachlandrechtlicher Polizeistaat bezeichnet.[100] 39

Vor allem infolge des verfassungsrechtlichen Durchbruchs des **Liberalismus** nach 1848[101] kam es jedoch zu einer doppelten **Verengung der Polizeistaatlichkeit**: 40

- Zum einen wurde der Aufgabenkreis der **Polizei beschränkt auf die Gefahrenabwehr**.[102] Wohlfahrtsstaatliche Gründe reichten für ein Tätigwerden der Polizei nur dann aus, wenn sie sich auf eine spezielle gesetzliche Grundlage stützen ließen.[103]
- Andererseits sollte die Polizei nicht schon auf der Grundlage einer Aufgabennorm in Rechte der Bürger eingreifen dürfen. Hierfür wurde eine spezielle Rechtsgrundlage gefordert, eine sog **Befugnisnorm**.

Beide Grundsätze prägen das Polizei- und Ordnungsrecht, ja das **gesamte Besondere Verwaltungsrecht** bis in die Gegenwart:[104] Aufgabe der Polizei ist auch heute in erster Linie die Abwehr von Gefahren für die öffentliche Sicherheit und Ordnung. Kennzeichnend für die gesamte Eingriffsverwaltung ist die Notwendigkeit einer gesetzlichen Grundlage.

Die Verengung der Polizeistaatlichkeit vollzog sich in Preußen in einer zunehmend ausdifferenzierten Rechtsprechung des Preußischen Oberverwaltungsgerichts, eingeleitet durch das sog **Kreuzbergurteil**[105]: Eine Polizeiverordnung, die aus ästhetischen Gründen, nämlich um die Sicht auf ein Siegerdenkmal zu sichern, die Höhe der Bebauung bestimmter Grundstücke in Kreuzberg beschränkte, wurde als mit § 10 II 17 ALR unvereinbar angesehen. Sie bezwecke nicht Gefahrenabwehr, sondern Wohl- 41

---

97 *Drews/Wacke/Vogel/Martens*, Gefahrenabwehr, S. 6.
98 *Stolleis/Kremer*, in: Lisken/Denninger, Handbuch des Polizeirechts, S. 13 f.; *Drews/Wacke/Vogel/Martens*, Gefahrenabwehr, S. 5.
99 *Kingreen/Poscher*, Polizei- und Ordnungsrecht, § 1 Rn. 6; vgl. außerdem die Schaffung einer sog „Gewerbepolizei" *v. Feld*, Staatsentlastung im Technikrecht. Dampfkesselgesetzgebung und Überwachung in Preußen, 2007; sog „Lebensmittelpolizei" *Hierholzer*, Nahrung nach Norm. Regulierung der Nahrungsmittelqualität in der Industrialisierung, 2010. Zur zunehmenden Ausdifferenzierung von Fachpolizeien *Stolleis/Kremer*, in: Lisken/Denninger, Handbuch des Polizeirechts, S. 15 f.
100 Vgl. *Harnischmacher/Semerak*, Deutsche Polizeigeschichte, 1986, S. 41.
101 Vgl. *Drews*, Preußisches Polizeirecht, 1927, S. 3. Preußische Verordnung wegen verbesserter Einrichtung der Provinzial-Polizei- und Finanzbehörden v. 26.12.1808, PrGS 1808 (im Bd. Anhang 1806–1810), S. 464 ff.; Preußisches PVG v. 11.3.1850.
102 *Stolleis/Kremer*, in: Lisken/Denninger, Handbuch des Polizeirechts, S. 14 f.; Wolzendorff, Die Grenzen der Polizeigewalt II, 1906, S. 15; *Kingreen/Poscher*, Polizei- und Ordnungsrecht, § 1 Rn. 9; *Wehr*, JuS 2006, 582, 583; *Voßkuhle*, JuS 2007, 908, 908; *Zähle*, JuS 2014, 315, 316.
103 *Kingreen/Poscher*, Polizei- und Ordnungsrecht, § 1 Rn. 9; *Götz/Geis*, Allgemeines Polizei- und Ordnungsrecht, § 2 Rn. 8.
104 *Schoch*, Der Staat 43 (2004), 347, 348 f.; Überblick bei *Tomerius*, NVwZ 2021, 289.
105 PrOVG 9, 353–384 = DVBl 1985, 219.

fahrtspflege durch Gewährleistung einer ästhetischen Bauweise, was durch § 10 II 17 ALR nicht mehr gedeckt sei. Die bis dahin als Aufgabenumschreibung der Polizei verstandene Vorschrift des § 10 II 17 ALR wurde damit in eine Befugnisnorm uminterpretiert und als solche restriktiv ausgelegt. Klargestellt wurde damit zugleich, was auch heute die Interpretation aller polizei- und ordnungsrechtlichen Vorschriften leitet: Der **Schluss von der Aufgabe auf die Befugnis** ist unzulässig.[106]

42 Eingang ins Verfassungsrecht gefunden hat diese Judikatur im Grundsatz des **Vorbehalts des Gesetzes**. Dieser wird heute als wesentlicher Bestandteil des Rechtsstaatsprinzips angesehen (vgl. Art. 20 Abs. 3 GG, Art. 47 Abs. 4 ThürVerf).[107] Eingriffe in Freiheit und Eigentum – so sein klassischer Inhalt – bedürfen einer gesetzlichen Grundlage.[108] Das Kreuzbergurteil wird heute auch als Geburtsstunde des Grundsatzes der **Verhältnismäßigkeit** angesehen. Vom Preußischen Oberverwaltungsgericht wurde dieser in der Folge in stetiger Verfeinerung des rechtlichen Zusammenhangs von Aufgabe und Befugnis fortentwickelt.[109]

43 In den **süddeutschen Staaten** erfolgte die rechtsstaatliche Verengung des materiellen Polizeibegriffs durch die in Bayern (1861/71), Baden (1863/71), Hessen (1847) und Württemberg (1839/71) erlassenen **Polizeistrafgesetzbücher**.[110] Entsprechend dem neu entwickelten Rechtsstaatsbegriff[111] wurden darin die Grundlagen polizeilichen Handelns formal unterschieden nach allgemeinen und speziellen Befugnisnormen für Einzeleingriffe durch Verwaltungsakt sowie nach Ermächtigungsgrundlagen für polizeiliche Verordnungen. Tatbestandlich wurden sämtliche Rechtsgrundlagen verengt, und Bestrafungen verlangten die Entscheidung eines unabhängigen Richters.[112]

6. Entwicklung des Polizeibegriffs zu Beginn des 20. Jahrhunderts

44 Zu Beginn des 20. Jahrhunderts fanden die im 19. Jahrhundert in der Rechtsprechung des Preußischen Oberverwaltungsgerichts sowie in den Kodifikationen der süddeutschen Staaten angelegten Entwicklungsströme zusammen.[113] Sie prägen das Polizei- und Ordnungsrecht bis heute, über die folgenden historischen Umbrüche hinweg: Neue Polizeigesetze enthielten nun sämtlich eine **Generalklausel** nach dem Vorbild des § 10 II 17 ALR und zugleich **Spezialermächtigungen** wie sie schon früher in den süddeutschen Staaten bestanden. Allmählich bilden sich dabei auch Befugnisnormen für

---

106 *Zähle*, JuS 2014, 315, 315 f. Zur rechtsdogmatischen Beurteilung des Kreuzbergurteils: *Preu*, Polizeibegriff und Staatszwecklehre, 1983, S. 291 ff.; *Kroeschell*, VBlBW 1993, 268, 270.
107 BVerfGE 40, 237, 248 f.; 47, 46, 78 ff.; 48, 210, 221; 49, 89, 126 f.; 78, 179, 196 f.; *Stern*, Staatsrecht I, 2. Aufl. 1984, S. 805 ff.
108 Zur Begründung vgl. *Bühler*, Die subjektiven öffentlichen Rechte und ihr Schutz in der deutschen Verwaltungsrechtsprechung, 1914, S. 71 ff.; zur historischen Entwicklung dieser Formel *Grzeszick*, in: Dürig/Herzog/Scholz, Grundgesetz-Kommentar, Art. 20 IV. Rn. 77 f.
109 PrOVG 13, 426, 427 f.; 38, 421, 426 f.; 51, 284, 288.
110 *Drews/Wacke/Vogel/Martens*, Gefahrenabwehr, S. 7; *Götz/Geis*, Allgemeines Polizei- und Ordnungsrecht, § 2 Rn. 9.
111 Epochemachend *v. Gneist*, Der Rechtsstaat, 1872; vgl. dazu *Ule*, VerwArch 87 (1996), 535; *Hahn*, Rudolf von Gneist 1816–1895, 1995; *Unruh*, DVBl 1975, 838; *Badura*, Das Verwaltungsrecht des liberalen Rechtsstaates, 1967.
112 *Götz/Geis*, Allgemeines Polizei- und Ordnungsrecht, § 2 Rn. 9.
113 Die bis in die Weimarer Zeit intensiv darüber geführte Diskussion, ob das „Süddeutsche" oder das „Norddeutsche" System des Polizeirechts rechtsstaatlich effektiver sei (vgl. *Wolzendorff*, Der Polizeigedanke des modernen Staates, 1918, S. 227 f.), wurde zwar fortgesetzt, war aber praktisch weitgehend überholt.

sog Standardmaßnahmen heraus, in denen man typisches polizeiliches Handeln zu regeln suchte (zB Identitätsfeststellung oder Platzverweis).[114]

Thüringen war eines der ersten Länder der Weimarer Republik, das sein Polizei- und Ordnungsrecht in dieser Weise kodifizierte. Die **Thüringer Landesverwaltungsordnung (1926)**[115] beschränkte die Aufgabe der Gefahrenabwehr nicht auf die Polizeibehörden, sondern wies sie in ihrem § 32 der gesamten Verwaltung zu. Dies lässt sich aus heutiger Sicht als Fortschritt in Richtung auf eine Abschichtung des materiellen vom formellen Polizeibegriff werten.[116] Der in der ThürLVO enthaltene klassische Gesetzesaufbau wirkt in seiner Unterscheidung von Generalklausel und Spezialermächtigungen bis heute in der Systematik des ThürPAG sowie des ThürOBG fort. Die verwaltungsrechtlichen Grundsätze der Rechtsprechung des Preußischen Oberverwaltungsgerichts werden gegenwärtig auf der Grundlage des Art. 20 Abs. 3 GG vom Bundesverwaltungsgericht, in Anwendung des Art. 47 Abs. 4 ThürVerf vom Thüringer Verfassungsgerichtshof sowie vom Thüringer Oberverwaltungsgericht und den Verwaltungsgerichten Weimar, Gera und Meiningen stetig weiterentwickelt. 45

Wegweisend für die Fortbildung des Polizeirechts in Deutschland wurde bald darauf das maßgeblich von *Bill Drews*, dem Präsidenten des Preußischen Oberverwaltungsgerichts, beeinflusste[117] **Preußische Polizeiverwaltungsgesetz (PVG) aus dem Jahr 1931.**[118] Dessen § 14 lautete: 46

„(1) Die Polizeibehörden haben im Rahmen der geltenden Gesetze die nach pflichtgemäßem Ermessen notwendigen Maßnahmen zu treffen, um von der Allgemeinheit oder dem Einzelnen Gefahren abzuwenden, durch die die öffentliche Sicherheit oder Ordnung bedroht wird.

(2) Daneben haben die Polizeibehörden diejenigen Aufgaben zu erfüllen, die ihnen durch Gesetz besonders übertragen sind."

Normiert wurde in Absatz 1 die Beschränkung der Aufgabe der Polizei auf die Gefahrenabwehr. Sie ist heute – ungeachtet zwischenzeitlicher Erweiterungen – in § 2 Abs. 1 ThürPAG enthalten. Absatz 2 verweist auf die Wahrnehmung strafprozessualer Aufgaben, wie dies inzwischen in § 2 Abs. 1 S. 2, Abs. 4 ThürPAG erfolgt. Nach rechtsstaatlichem Vorbild enthielt das PVG auch Vorschriften über die örtliche und sachliche Zuständigkeit der einzelnen Polizeibehörden, wie sie sich für Thüringen nun im ThürPOG finden, über den Erlass ordnungsbehördlicher Verordnungen, der in Thüringen heute in § 27 ff. ThürOBG geregelt ist sowie über die Zwangsvollstreckung polizeilicher Verfügungen (§ 55 ff. PVG). 47

---

114 *Kingreen/Poscher*, Polizei- und Ordnungsrecht, § 1 Rn. 17 f.
115 Thüringer Landesverwaltungsordnung v. 10.6.1926 (GS S. 177); dazu *Knauth/Wagner*, Landesverwaltungsordnung für Thüringen, 1927.
116 *Schwan*, ThürVBl. 2000, 1.
117 *Naas*, Die Entstehung des Preußischen Polizeiverwaltungsgesetzes von 1931, 2003, S. 277.
118 Preußisches Polizeiverwaltungsgesetz v. 1.6.1931 (GS S. 77).

7. Polizei im Nationalsozialismus

48 Nach 1933 wurde die Vollzugspolizei in Bund und Ländern organisatorisch zusammengefasst und im Reich zentralisiert.[119] Dieser „Verreichlichung" folgte ihre Verklammerung mit den NSDAP-Organisationen Schutzstaffel (SS) und Sturmabteilung (SA). Schließlich wurde sie einheitlich dem „Reichsminister des Innern und Chef der Deutschen Polizei" unterstellt[120] und unter **Wegfall rechtlicher Bindungen**[121] zu einem Vollzugsorgan der Führergewalt.

49 Inhaltlich wurde alle Polizeitätigkeit auf parteiideologische Ziele ausgerichtet, was insbesondere auch die Auslegung unbestimmter Rechtsbegriffe im fortgeltenden Preußischen Polizeiverwaltungsgesetz von 1931 prägte. Nach dem führenden Lehrbuch zum Polizeirecht von *Bill Drews* war *„alles, was objektiv dazu beitragen"* kann, *„dem nationalsozialistischen Staat gegenüber untergrabend, hemmend, verstimmend oder auch nur staatsentfremdend zu wirken, als Störung der öffentlichen Sicherheit zu erachten".*[122] Die öffentliche Ordnung erlaubte etwa Damenboxkämpfe nach der Rechtsprechung des Preußischen Oberverwaltungsgerichts von 1932, 1933 wurden sie infolge des *„Durchbruch[s] der nationalen Revolution"* als Verstoß gegen diese verboten.[123] Der gerichtliche Rechtsschutz gegen Maßnahmen des Staatsschutzes wurde abgeschafft.[124] Insgesamt führte dies am Ende zu einem **totalisierten Polizeistaat**,[125] entscheidend verschärft sogar gegenüber Zuständen im Absolutismus (s. dazu 4.).

8. Entwicklung des Polizei- und Ordnungsrechts nach 1945 – insbesondere in Thüringen

50 Nach 1945 ging es den Alliierten im **Westen** vor allem darum, die Polizei zu **dezentralisieren**. Der Reichspolizeiapparat wurde aufgelöst. Stattdessen wurden Länder- und sogar **Gemeindepolizeien** gebildet; letztere wurden aber bald wieder abgeschafft.

51 Ein weiteres Ziel war die **Entpolizeilichung**, dh die Beschränkung des Einflusses der Polizei in der Verwaltung:[126] Die Polizeibehörden sollten im Bereich der Gefahrenabwehr nur noch Eil- und Vollzugsaufgaben wahrnehmen, also Gefahrenabwehr vor Ort betreiben. Für die sonstigen Aufgaben der Gefahrenabwehr wurden Sicherheits- und Ordnungsbehörden geschaffen, welche die öffentliche Sicherheit „vom Schreibtisch aus" schützen sollten.[127] Durch diese Entpolizeilichung sowie auch die **Dezentralisati-**

---

119 Auf der Grundlage des Art. 9 Nr. 2 WRV, der es dem Reich erlaubte, bei Vorliegen eines Bedürfnisses für eine einheitliche Regelung das Polizeiwesen zu „verreichlichen", dh gesamtstaatlich zu regeln.
120 Vgl. *Rasch*, DÖV 1960, 81, 83 f.; *Maunz*, Gestalt und Recht der Polizei, in: Huber (Hrsg.), Idee und Ordnung der Polizei II, 1943, S. 57; *Bracher*, Die Deutsche Diktatur, 1969, S. 383.
121 *Drews/Wacke/Vogel/Martens*, Gefahrenabwehr, S. 11; *Götz/Geis*, Allgemeines Polizei- und Ordnungsrecht, § 2 Rn. 12.
122 *Drews*, Preußisches Polizeirecht I, 1936, S. 13 f.
123 Vgl. PrOVG 91, 139 ff.
124 *Stolleis*, Die Verwaltungsgerichtsbarkeit im Nationalsozialismus, in: Stolleis (Hrsg.), Recht im Unrecht. Studien zur Rechtsgeschichte des Nationalsozialismus, 1994, S. 190, 201 f.; *Stolleis/Kremer*, in: Lisken/Denninger, Handbuch des Polizeirechts, S. 14 f.
125 *Kingreen/Poscher*, Polizei- und Ordnungsrecht, § 1 Rn. 23.
126 *Stolleis/Kremer*, in: Lisken/Denninger, Handbuch des Polizeirechts, S. 2; *Drews/Wacke/Vogel/Martens*, Gefahrenabwehr, S. 13; *Schneider*, Polizeirecht, 10. Aufl. 1950, S. 2; *Kingreen/Poscher*, Polizei- und Ordnungsrecht, § 1 Rn. 23.
127 *Kingreen/Poscher*, Polizei- und Ordnungsrecht, § 1 Rn. 26.

on des **Polizeiapparats** sollte die **Demokratisierung der Gesellschaft** vorangetrieben werden[128] – eine Vorstellung, die ungeachtet zwischenzeitlicher Zentralisierungstendenzen die Entwicklung des Polizeirechts bis heute prägt.

Von einem **Musterentwurf** eines einheitlichen Polizeigesetzes des Bundes und der Länder aus dem Jahr 1976[129] gingen zwar gewisse **Vereinheitlichungstendenzen** aus. Formal wurden allerdings nur einzelne der dort vorgesehenen Befugnisse in die Landesgesetze übernommen.[130] Nach dem **Volkszählungsurteil** des Bundesverfassungsgerichts[131] wurde die Erhebung und Verarbeitung personenbezogener Daten durch die Polizei in speziellen Befugnisnormen geregelt (VIII. 5.), in den alten Bundesländern im Wesentlichen übereinstimmend. 52

In der sowjetischen Besatzungszone, also auch in Thüringen, wurde die **Deutsche Volkspolizei** 1946 zentralisiert und nach Gründung der Deutschen Demokratischen Republik dem Ministerium des Inneren unterstellt.[132] Damit bildete sie einen „untrennbaren Bestandteil der einheitlichen sozialistischen Staatsmacht der Deutschen Demokratischen Republik".[133] Zwar galt formal die Thüringer Landesverwaltungsordnung aus der Weimarer Republik fort; organisatorisch fand eine Dezentralisierung in Thüringen aber ebenso wenig statt wie eine Entpolizeilichung.[134] Vielmehr nahm die Deutsche Volkspolizei Funktionen wahr, die weit über die klassischen Aufgaben der Gefahrenabwehr hinausgingen – in den Dienstzweigen Schutzpolizei, Kriminalpolizei, Verkehrspolizei, Feuerwehr, Pass- und Meldewesen, Erlaubniswesen, Strafvollzug und Transportpolizei.[135] 53

In der polizeilichen Praxis wurden die unbestimmten Rechtsbegriffe des Sicherheitsrechts im Sinne der **sozialistischen Weltanschauung** uminterpretiert. So wurde beispielsweise eine Störung der öffentlichen Ordnung[136] angenommen, wenn ein Sachverhalt dem gesellschaftlichen Fortschritt im Wege stand.[137] Mit dem **Gesetz über die Aufgaben und Befugnisse der Deutschen Volkspolizei (1968)**[138] entstand eine eigenständige gesetzliche Grundlage für das Handeln der Volkspolizei. Ihre Aufgabe sollte nicht nur Gefahrenabwehr, sondern explizit auch Wohlfahrtspflege sein. 54

---

128 Krit. dazu *Wolff*, VVDStRL 10 (1952), 134, 147 und 151 ff.; *Gönnenwein*, VVDStRL 10 (1952), 181, 195 f.
129 Musterentwurf eines einheitlichen Polizeigesetzes des Bundes und der Länder v. 11.6.1976, geänderte Fassung v. 25.11.1977 (Beilage GMBl. Nr. 9/74).
130 *Götz/Geis*, Allgemeines Polizei- und Ordnungsrecht, § 3 Rn. 3.
131 BVerfGE 65, 1.
132 *Lindenberger*, in: Lange (Hrsg.), Staat, Demokratie und Innere Sicherheit in Deutschland, 2000, S. 89 ff.; *Schwan*, ThürVBl. 2000, 1; *ders.*, in: Huber, Thüringer Staats- und Verwaltungsrecht, S. 267; *Ebert*, ThürVBl. 2004, 221.
133 Anordnung des Nationalen Verteidigungsrats der Deutschen Demokratischen Republik über den Dienst in der Volkspolizei sowie in den Organen Feuerwehr und Strafvollzug v. 3.5.1976 (GBl. I S. 277).
134 *Drews/Wacke/Vogel/Martens*, Gefahrenabwehr, S. 15; *Kingreen/Poscher*, Polizei- und Ordnungsrecht, § 1 Rn. 25.
135 *Schwan*, ThürVBl. 2000, 1; *Stolleis/Kremer*, in: Lisken/Denninger, Handbuch des Polizeirechts, S. 33.
136 Diese wurde als Schutzgut in Umkehrung des heutigen Polizeirechtsverständnisses in der Präambel vor der öffentlichen Sicherheit erwähnt.
137 *Schwan*, ThürVBl. 2000, 1, 1 f.; *Stolleis/Kremer*, in: Lisken/Denninger, Handbuch des Polizeirechts, S. 33.
138 Gesetz über die Aufgaben und Befugnisse der Deutschen Volkspolizei v. 11.6.1968 (GBl. DDR I S. 232).

9. Thüringer Polizei- und Ordnungsrecht seit der Wiedervereinigung

55 a) **Materielles Polizei- und Ordnungsrecht.** Nach Auflösung der DDR durch das Ländereinführungsgesetz[139] und den Einigungsvertrag[140] lebte Thüringen auf dem Gebiet der ehemaligen DDR-Bezirke Erfurt, Suhl und Gera sowie den damaligen Kreisen Altenburg, Artern und Schmölln als eigenständiges Land wieder auf und wurde Bestandteil der Bundesrepublik Deutschland. Das rechtsstaatlich zweifelhafte[141] Volkspolizeigesetz von 1968 war noch von der Volkskammer der DDR durch ein in allen neuen Ländern geltendes **Polizeiaufgabengesetz-DDR**[142] ersetzt worden, das sich weitgehend am Musterentwurf für ein einheitliches Polizeigesetz der alten Länder orientierte. Es wurde durch den Thüringer Landtag in seiner Geltungsdauer zunächst verlängert,[143] bis dieser letztlich Mitte 1992 das heute geltende **ThürPAG** erließ.

56 Materiellrechtlich war Thüringen bei der Neukonzeption eines rechtsstaatlichen Polizeirechts auf der Grundlage eines Beschlusses der Innenministerkonferenz vom Juni 1990 von den alten Ländern Bayern, Hessen und Rheinland-Pfalz unterstützt worden, wobei sich primär der bayerische Einfluss durchsetzte.[144] So entstand **eines der damals modernsten deutschen Polizeigesetze**[145] mit folgenden, jeweils noch zu vertiefenden Besonderheiten:

- Beibehaltung des Schutzguts der öffentlichen Ordnung neben dem der öffentlichen Sicherheit,
- ausdrückliche Erweiterung der klassischen polizeilichen Aufgabe der Gefahrenabwehr um die vorbeugende Bekämpfung von Straftaten sowie die Vorbereitung auf die Gefahrenabwehr (vgl. § 2 Abs. 1 ThürPAG),
- Regelung moderner Methoden zur Bekämpfung der Schwerstkriminalität wie längerfristige Observation, Einsatz verdeckter Ermittler, Lichtbilder und Videoaufnahmen,
- Aufnahme eines mit richterlicher Anordnung gemäß § 22 Nr. 3, S. 2 letzter Hs. ThürPAG bis zu zehn Tage andauernden Unterbindungsgewahrsams (§ 19 Abs. 1 Nr. 2 ThürPAG), der vor allem bei extremistischen Ausschreitungen, (Fußball-) Rowdytum und Fällen häuslicher Gewalt eingesetzt wird, sowie schließlich
- einer ursprünglich umstrittenen[146] Regelung über den finalen Rettungsschuss in § 65 ThürPAG.

---

139 Verfassungsgesetz zur Bildung von Ländern in der Deutschen Demokratischen Republik v. 22.7.1990 (GBl. DDR I S. 955).
140 Vertrag zwischen der Bundesrepublik Deutschland und der Deutschen Demokratischen Republik über die Herstellung der Einheit Deutschlands v. 31.8.1990 (BGBl. II S. 885, 889).
141 *Ebert*, ThürVBl. 2013, 269, 269.
142 Gesetz über die Aufgaben und Befugnisse der Polizei v. 13.9.1990 (GBl. DDR I S. 1489).
143 Gesetz über die Fortgeltung des Gesetzes über die Aufgaben und Befugnisse der Polizei (Polizeiaufgaben-Überleitungsgesetz) v. 18.12.1991 (GVBl. S. 665).
144 *Ebert*, ThürVBl. 2004, 221, 222 f.
145 *Schwan*, ThürVBl. 2000, 1; *Ebert*, ThürVBl. 2004, 221, 225.
146 S. dazu *Schmelter*, VR 1989, 161; *Weichert*, VBlBW 1991, 249; *Beisel*, JA 1998, 721; *Westenberger*, DÖV 2003, 627; *Augsberg*, JuS 2011, 28, 34; *Schaks*, JuS 2015, 407; allgemein auch *Epping*, Grundrechte, 9. Aufl. 2021, Rn. 120; vgl. dazu ferner die Vielzahl kleiner Anfragen zum Schusswaffengebrauch bei der Thüringer Polizei LT-Drs. 1/2005; LT-Drs. 1/3323; LT-Drs. 3/723KA; LT-Drs. 4/363KA.

II. Geschichtliche Entwicklung

Unter den zahlreichen **Änderungen**, die das ThürPAG in den ersten 25 Jahren seines Bestehens erfuhr, sind die folgenden fünf hervorzuheben:

- 1997 die **Einführung der Schleierfahndung**, dh von verdeckten („verschleierten"), verdachts- und ereignisunabhängigen Personenkontrollen auf Bundesautobahnen, Europa- und anderen für den Grenzübertritt bedeutsamen Straßen als Ausgleichsmaßnahme für den Abbau der Binnengrenzkontrollen,[147]
- 2002 die **Anpassung an geänderte Sicherheitsbedürfnisse** nach den Terroranschlägen vom 11.9.2001 durch Erweiterung der Platzverweisung nach § 18 ThürPAG um Regelungen für ein Aufenthaltsverbot sowie Verankerung der polizeilichen Video- und der Telekommunikationsüberwachung bei präzisiertem bereichsspezifischem Datenschutz,[148]
- 2008 **Neuregelungen zur verdeckten Datenerhebung**, zur Überwachung von Telekommunikation und Wohnraum sowie zum Schutz von Berufsgeheimnisträgern,[149]
- die 2013 aufgrund einer Entscheidung des Thüringer Verfassungsgerichtshofs[150] neu gefasst werden mussten.[151]
- 2018 wurden schließlich ThürOBG und ThürPAG in Bezug auf die Verarbeitung und Weitergabe von Daten geändert: Im ThürOBG bleibt es in § 26 bei der Verweisung auf das ThürDatSchG, neu aufgenommen wurde der Hinweis, dass im Übrigen die Verordnung (EU) 2016/679 des Europäischen Parlaments greift. Ähnliches gilt für das PAG, in dem die §§ 31, 40, 41 und 41b bis 41d neu gefasst wurden, welche u.a. die Übermittlung von Daten in EU-Länder und Drittstaaten betreffen. Neu in das ThürPAG eingefügt wurde § 33a, eine Rechtsgrundlage für die Datenerhebung bei Notrufen und deren Aufzeichnung.

Seit dem Terroranschlag auf den Berliner Weihnachtsmarkt im Dezember 2016 wird in Thüringen über eine Verschärfung der Überwachung bekannter Gefährder mittels **elektronischer Fußfesseln und intensivierter Kontrollen** diskutiert.[152] Auf Bundesebene hält das BKAG mit dem durch Gesetz vom 1.7.2017 neu eingefügten § 56 eine Rechtsgrundlage zur elektronischen Aufenthaltsüberwachung vor.[153] Eine **Vorreiterrolle** unter den Ländern hat insoweit **Bayern** übernommen: mit dem Erlass eines Gesetzes zur effektiveren Überwachung gefährlicher Personen. Das am 31.7.2017 verkündete Gesetz änderte das Bayerische Polizeiaufgabengesetz (BayPAG), das Bayerische Datenschutzgesetz (BayDSG) sowie das Landesstraf- und Verordnungsgesetz (LStVG).[154] Mit Einführung der „drohenden Gefahr" in Art. 11 Abs. 3 BayPAG wur-

---

147 Thüringer Polizeirechtsänderungsgesetz v. 27.11.1997 (GVBl. S. 422); dazu *Schmid*, LKV 1998, 447.
148 Thüringer Gesetz zur Änderung des Polizei- und Sicherheitsrechts v. 20.6.2002 (GVBl. S. 247); zur Begründung s. LT-Drs. 3/2128.
149 Thüringer Gesetz zur Änderung sicherheits- und verfassungsschutzrechtlicher Vorschriften v. 16.7.2008 (GVBl. S. 245).
150 ThürVerfGH, LKV 2013, 74.
151 Thüringer Gesetz zur Änderung des Polizeiaufgabengesetzes und des Ordnungsbehördengesetzes v. 19.9.2013 (GVBl. S. 251).
152 Zur Forderung des Thüringer Innenministers *Poppenhäger*, Thüringer Allgemeine v. 3.2.2017, S. 2.
153 Eingefügt mit Wirkung zum 9.6.2017 durch Gesetz v. 1.6.2017 (BGBl. I S. 1354); zum Gesetzentwurf s. BT-Drs. 18/11163.
154 Gesetz zur effektiveren Überwachung gefährlicher Personen v. 24.7.2017 (GVBl. S. 388); zur Gesetzesbegründung s. LT-Drs. 17/16299 – der Bayerische Richterverein befürchtet gravierende Grundrechtseingriffe, vgl. dazu *Stern*, Bayerische Rundschau v. 18.5.2017, S. 4.

den die polizeilichen Eingriffsbefugnisse **noch in das Vorfeld einer konkreten Gefahr hinein** verlagert.[155] Geschaffen wurde ferner die Möglichkeit einer elektronischen Aufenthaltsüberwachung („elektronische Fußfessel") im Bereich der Gefahrenabwehr (vgl. Art. 32a BayPAG). Aufgehoben wurde darüber hinaus die gesetzlich normierte Höchstdauer des Präventivgewahrsams (Art. 29 BayPAG).[156] Eine erneute Erweiterung der polizeilichen Vorfeldbefugnisse erfolgt nun in Bayern durch ein Gesetz zur Neuordnung des Bayerischen Polizeigesetzes.[157] Ob es auch in **Thüringen** zu einer landesspezifischen Regelung dieser Fragen kommen wird, lässt sich derzeit nicht absehen.[158] Gewisse rechtspolitische Vereinheitlichungstendenzen könnten von einem **neuen Musterpolizeigesetz** ausgehen.[159]

57 **b) Stadien verwaltungsorganisatorischer Entwicklung.** Im Zusammenwirken von Polizei- und Ordnungsbehörden folgt das Thüringer Sicherheitsrecht auf der über Bayern vermittelten Traditionslinie strikter Entpolizeilichung dem sog **Trennungssystem**. Die Polizei im formellen Sinn wird danach nur tätig, soweit Gefahrenabwehr durch eine andere Behörde nicht oder nicht rechtzeitig möglich erscheint. Im Übrigen wurden durch das ThürOBG die Gemeinden, Verwaltungsgemeinschaften, erfüllenden Gemeinden und die Landkreise sowie das Landesverwaltungsamt und das Innenministerium als allgemeine Ordnungsbehörden bestimmt, soweit nicht vorrangig Fachbehörden zuständig sind.[160]

58 1993 löste die **Verfassung des Freistaats Thüringen** die zuvor erlassene „Vorläufige Landessatzung für das Land Thüringen"[161] ab. Das Aufgabengebiet „Öffentliche Sicherheit und Ordnung soweit Angelegenheit der Polizei" gehörte bereits seit 1990 zum Geschäftsbereich des Thüringer Innenministeriums.[162]

59 Schon 1991 war das **ThürPOG** erlassen worden.[163] Dem Thüringer Innenministerium als oberster Dienstbehörde wurden zunächst ein Polizeipräsidium als Landesmittelbehörde sowie Polizeidirektionen als untere Landesbehörden nachgeordnet. 1998 straffte ein neues Polizeiorganisationsgesetz[164] die Verwaltungsstruktur im Sinne einer **Zweistufigkeit**: Das Polizeipräsidium wurde abgeschafft. Es entstand ein Verwaltungsaufbau, der bis heute im Wesentlichen[165] unverändert geblieben ist.

---

155 Vertiefend dazu *Leisner-Egensperger*, DÖV 2018, 677.
156 Vgl. demgegenüber § 22 Nr. 3 S. 2 Hs. 2 ThürPAG.
157 Gesetzentwurf der Staatsregierung für ein Gesetz zur Neuordnung des bayerischen Polizeirechts (PAG-Neuordnungsgesetz), LT-Drs. 17/20425.
158 Vgl. zur gegenwärtigen Rechtslage *Leisner-Egensperger*, ThürVBl. 2018, 193.
159 https://www.zeit.de/politik/deutschland/2018-02/grosse-koalition-koalitionsvertrag-spd-cdu-csu (zuletzt abgerufen am 24.5.2018).
160 Übersichtliche Darstellung bei *Ebert*, ThürVBl. 2004, 221, 226.
161 Vorläufige Landessatzung für das Land Thüringen v. 7.11.1990 (GVBl. S. 1).
162 Anordnung der Landesregierung und Verordnung des Innenministers über die Errichtung von Behörden und Einrichtungen des Landes Thüringen v. 18.6.1991 (GVBl. S. 188).
163 *Ebert*, ThürVBl. 2004, 221, 224.
164 Neubekanntmachung des Polizeiorganisationsgesetzes v. 21.1.1998 (GVBl. S. 1).
165 Verringerung der Anzahl der Polizeidirektionen im Rahmen der Polizeistrukturreform 2013, vgl. *Kulke*, LKV 2013, 166, 168.

10. Herausforderungen für das Polizei- und Ordnungsrecht der Gegenwart

Im **Präventionsstaat** der Gegenwart steht rechtspolitisch nicht mehr der Schutz **vor** dem Staat im Zentrum, sondern der **durch** den Staat, etwa in Form der Anti-Terror-Pakete.[166]

60

Es droht damit eine **Erosion des Sicherheitsrechts**, insbesondere in der Person des Störers.[167] Allmählich verschwimmen die Grenzen zwischen der regelmäßigen Inanspruchnahme eines Sicherheitspflichtigen und der Notstandssituation, in der ausnahmsweise auch ein Nichtstörer belangt werden kann.[168] Raster- und Schleierfahndung[169], Videoüberwachung sowie neuerdings gemäß § 37 Abs. 2 und § 34 Abs. 1 Nr. 2 ThürPAG auch die Observation von Kontakt- und Begleitpersonen potenzieller Terroristen[170] bergen die Gefahr einer „Jedermanns-Verantwortlichkeit".[171] Hierzu sind **Lehren aus der Geschichte** zu ziehen: Vor dem Hintergrund historischer Abwege einer Polizeistaatlichkeit im deutschen Absolutismus und später vor allem im Nationalsozialismus[172] stellt sich für die Dogmatik des Sicherheitsrechts eine schwierige Aufgabe: Sie muss einerseits verhindern, dass der Staat in einer Atmosphäre diffuser Risiken[173] unter dem Vorwand des Rechtsgüterschutzes zu weit in den Bereich grundrechtlicher Freiheiten eindringt[174] und diese schleichend aushöhlt.[175] Andererseits ist der Schutz des in den Grenzen der Rechtsordnung verbleibenden Opfers die zentrale Aufgabe des modernen Präventionsstaats.[176]

61

Rechtspolitisch uneingeschränkt positiv zu bewerten ist jedenfalls ein anderes Vorhaben, das ebenfalls auf der Linie einer Intensivierung polizeilicher Kontrolle liegt: die stärkere Überwachung der polizeilichen Tätigkeit selbst, insbesondere durch einen unabhängigen **Bundespolizeibeauftragten** nach dem Vorbild des Bundesbeauftragten für Datenschutz und Informationsfreiheit oder des Wehrbeauftragten. Nach dem Entwurf des Bundespolizeibeauftragtengesetzes (BPolBeauftrG)[177] sollen Bürgerinnen und Bürger, aber auch Menschenrechtsorganisationen und Beschäftigte, bei ihm als einer externen, unabhängigen Stelle Missstände und Fehler aufzeigen können. Hierdurch soll das Vertrauen der Bevölkerung in die Polizei gestärkt werden.

62

---

166 *Schoch*, Der Staat 43 (2004), 347, 347.
167 *Volkmann*, NVwZ 1999, 225, 228; *Calliess*, DVBl 2003, 1096, 1100; *Mann/Fontana*, JA 2013, 734, 734.
168 Hierzu *Kießling*, Jura 2016, 483, 483 ff.; vgl. auch schon *Calliess*, DVBl 2003, 1096, 1096 ff.
169 Rasterfahndung ist der automatisierte Datenabgleich zur Ermittlung bestimmter Personen; zur Schleierfahndung s.o. 9.a.
170 *Schoch*, Der Staat 43 (2004), 347; *Shirvani*, VerwArch 101 (2010), 86.
171 *Schoch*, Der Staat 43 (2004), 347, 360.
172 Von einem „Zeitgeist, der die Kriminalitätsbekämpfung um jeden Preis" propagiert, spricht *Hetzer*, ThürVBl. 2002, 251, 251.
173 *Schoch*, Der Staat 43 (2004), 347, 347.
174 *Hoffmann-Riem*, ZRP 2002, 497, 499.
175 Vgl. hierzu *Schulze-Fielitz*, in: Horn (Hrsg.), FS Schmitt Glaeser, 2003, S. 407, 407 ff.
176 *Leisner-Egensperger*, DÖV 2018, 677; vgl. auch schon *Hillgruber*, JZ 2007, 209 (211 ff. mwN).
177 BT-Drs. 18/7616, S. 2 f.

III. Gesetzgebungs- und Verwaltungskompetenzen

1. Gesetzgebungskompetenzen

63 a) **Kompetenzrechtliche Eigenart des Polizei- und Ordnungsrechts.** Für das Polizei- und Ordnungsrecht gilt, wie für alle Materien gemäß Art. 30, Art. 70 Abs. 1 GG, dass dem Bund Gesetzgebungskompetenzen nur zustehen, soweit das Grundgesetz sie ihm ausdrücklich zuweist. Strukturell unterscheidet sich dieses Rechtsgebiet jedoch grundlegend von anderen Bereichen des Besonderen Verwaltungsrechts: Diese betreffen jeweils eine verfassungsrechtlich vorgeprägte und hierdurch eigenständige Materie. So wird etwa durch das Bauplanungsrecht einfachgesetzlich die materielle Baufreiheit ausgestaltet (Art. 14 Abs. 1 GG, Art. 34 Abs. 1 ThürVerf),[178] in Abgrenzung zur Sozialpflichtigkeit des Eigentums (Art. 14 Abs. 2 GG, Art. 34 Abs. 2 ThürVerf). Das Kommunalrecht setzt die verfassungsrechtliche Gewährleistung der kommunalen Selbstverwaltungsgarantie um (Art. 28 Abs. 2 GG, Art. 91 ThürVerf).[179]

64 Demgegenüber stellt das Polizei- und Ordnungsrecht keinen selbstständigen Sachbereich dar.[180] Es regelt vielmehr die **Gefahrenabwehr auf einer Vielzahl heterogener Sachgebiete**, die Gewährleistungsbereiche unterschiedlicher Grundrechte berühren und auch inhaltlich wenige Gemeinsamkeiten aufweisen. Thematisch erstreckt sich das Ordnungsrecht vom Bauordnungsrecht über das Gewerbe- und Lebensmittelrecht bis hin zum Straßenverkehrs- oder Versammlungsrecht. Bei der Anwendung der Art. 70 ff. GG müssen daher die Normen des Gefahrenabwehrrechts jeweils demjenigen Sachgebiet zugerechnet werden, zu dem sie in einem notwendigen **Zusammenhang** stehen, oder als dessen **Annex** sie anzusehen sind.[181]

65 b) **Ausschließliche Gesetzgebungskompetenz des Bundes.** Ausschließlich zuständig ist der Bund im Bereich des Sicherheitsrechts nach Art. 73 Abs. 1 GG insbesondere für

- das Passwesen, das Melde- und Ausweiswesen (Nr. 3),
- den Grenzschutz (Nr. 5),[182]
- den Luft- und Eisenbahnverkehr (Nr. 6 und Nr. 6a),
- die Rechtsverhältnisse der im Dienste des Bundes und der bundesunmittelbaren Körperschaften des öffentlichen Rechts stehenden Personen (Nr. 8),
- die Abwehr von Gefahren des internationalen Terrorismus durch das Bundeskriminalamt (Nr. 9a),
- das Waffen- und Sprengstoffrecht (Nr. 12) sowie
- die friedliche Nutzung der Kernenergie (Nr. 14).[183]

---

178 *Papier*, BauR 1976, 297, 300 ff.; *Huber*, DÖV 1999, 173, 174; s. auch *Brenner*, Öffentliches Baurecht, 5. Aufl. 2020, § 6.
179 Vgl. *Leisner-Egensperger*, § 5 unter II.
180 BVerfGE 8, 143, 149 f.; 109, 190, 215.
181 BVerfGE 109, 190, 215.
182 Vgl. zur Verfassungswidrigkeit der Wiedererrichtung einer Bayerischen Grenzpolizei BayVerfGH NJW 2020, 3429.
183 Nicht zum Polizei- und Ordnungsrecht gehört die Gesetzgebungskompetenz für die Zusammenarbeit des Bundes und der Länder in der Kriminalpolizei und beim Verfassungsschutz (Nr. 10).

Auf Grundlage vor allem der Art. 73 Abs. 1 Nr. 5, 6, 6a GG[184] gilt das **Gesetz über die Bundespolizei (BPolG)**.[185] Sein Geltungsbereich, damit auch die Zuständigkeit der **Bundespolizei**, ist vorwiegend räumlich begrenzt: nach außen auf den Grenzschutz des Bundes (§ 2 BPolG), im Inneren auf Bahn- und Flughafenpolizei (§§ 3, 4 BPolG). Daneben verfügt die Bundespolizei über bereitschaftspolizeiliche, als Verband einsetzbare Kräfte

- zum Schutz der Amtssitze von Verfassungsorganen des Bundes und der Bundesministerien (§ 5 BPolG),
- für Einsätze im Notstands- und Verteidigungsfall (§ 7 BPolG iVm Art. 91 Abs. 2, 115f Abs. 1 Nr. 1, 115i Abs. 1 GG),
- für Auslandseinsätze (§ 8 BPolG) und
- zur Hilfe bei Naturkatastrophen und besonderen schweren Unglücksfällen (Art. 35 Abs. 2 S. 1 GG iVm § 11 Abs. 1 Nr. 1 BPolG).

Auf der Grundlage des Art. 73 Abs. 1 Nr. 8 GG regelt das **Bundespolizeibeamtengesetz (BpolBG)**[186] die Rechtsverhältnisse der im Dienst der Bundespolizei stehenden Beamten.

Das Gesetz über das Bundeskriminalamt und die Zusammenarbeit des Bundes und der Länder im kriminalpolizeilichen Angelegenheiten (BKAG)[187] beruht auf Art. 73 Abs. 1 Nr. 9a und 10 GG. Das **Bundeskriminalamt** ist eine polizeiliche Spezialbehörde, nämlich Zentralstelle für das Auskunfts- und Nachrichtenwesen sowie für die Kriminalpolizei (§ 1 Abs. 1 BKAG), mit vor allem folgenden Aufgabenbereichen:

- **Unterstützung** der Polizeibehörden von Bund und Ländern bei der Verhütung und Verfolgung erheblicher, landesübergreifender Straftaten (§ 2 Abs. 1 BKAG),
- **internationale** polizeiliche **Zusammenarbeit** in diesem Bereich (§ 3 BKAG),
- Zentrale des **elektronischen Datenverbundes** zwischen Bund und Ländern (§ 2 Abs. 3, § 29 ff. BKAG),
- Abwehr von Gefahren des **internationalen Terrorismus in länderübergreifenden Fällen** oder auf Ersuchen einer obersten Landesbehörde (§ 5 Abs. 1 BKAG).

Bei neuen Befugnissen wie insbesondere der **Online-Durchsuchung im Vorfeld**[188] ist die polizeiliche Tätigkeit des BKA eng mit derjenigen der Geheimdienste verknüpft.[189] Vor einer fortschreitenden, die föderale Gewaltenteilung beeinträchtigenden Zentralisierung ist der Freistaat Thüringen nur durch sein Zustimmungsrecht nach Art. 73 Abs. 2 GG geschützt. Käme es zu einer – politisch mehrfach diskutierten[190] – Zusam-

---

184 Sowie der Art. 87, 87d und 87e GG.
185 Gesetz über die Bundespolizei (BPolG), v. 19.10.1994 (BGBl. I S. 2978, 2979), zuletzt geändert durch Gesetz v. 23.6.2021 (BGBl. I S. 1982).
186 Bundespolizeibeamtengesetz (BpolBG) v. 3.6.1976 (BGBl. I S. 1357), zuletzt geändert durch Gesetz v. 28.6.2017 (BGBl. I S. 2250).
187 Gesetz über das Bundeskriminalamt und die Zusammenarbeit des Bundes und der Länder in kriminalpolizeilichen Angelegenheiten (Bundeskriminalamtgesetz – BKAG) v. 1.6.2017 (BGBl. I S. 1354), zuletzt geändert durch Gesetz v. 25.6.2021 (BGBl. I S. 2099).
188 Z.B. §§ 14a, 20b, 20g, 20h, 20k BKAG aF, s. nunmehr § 49 BKAG 2018; s. zum Ganzen auch BVerfGE 120, 274.
189 Vgl. *Abbühl*, Der Aufgabenwandel des Bundeskriminalamtes, S. 354 ff.; *Roggan*, NJW 2009, 257, 262.
190 *Kugelmann*, Polizei- und Ordnungsrecht, S. 48; *Schuster*, in: Stierle/Wehe/Stiller (Hrsg.), Handbuch Polizeimanagement, 2017, S. 51.

menlegung von BKA und Bundespolizei, so wäre das BKA für ein Wirken über ein gefahrenabwehrendes, flächendeckendes Dienststellennetz nicht mehr auf die Zusammenarbeit mit den Landespolizeidienststellen angewiesen.[191]

68 Ausschließlich zuständig ist der Bund neuerdings für das **Pass-, Melde- und Ausweiswesen** (Art. 73 Abs. 1 Nr. 3 GG). Insoweit hat das **Bundesmeldegesetz** von 2013[192] die bis dahin geltenden Meldegesetze der Länder abgelöst.

69 c) **Konkurrierende Gesetzgebungskompetenz des Bundes.** Im Bereich der **konkurrierenden Gesetzgebungskompetenz** ist ein examensrelevantes Beispiel für eine sicherheitsrechtliche Bundeskompetenz kraft Sachzusammenhangs die in § 35 GewO normierte **Gewerbeuntersagung** wegen Unzuverlässigkeit auf der Grundlage des Art. 74 Abs. 1 Nr. 11 GG.[193]

70 Weitere polizei- und ordnungsrechtliche Regelungen finden sich insbesondere im
- Vereinsrecht (vgl. Art. 74 Abs. 1 Nr. 3 GG),
- Ausländerrecht (vgl. Art. 74 Nr. 4 GG),
- Gesundheitsrecht, insbesondere Infektionsschutzrecht (vgl. Art. 74 Nr. 19 GG),
- Lebensmittelrecht (vgl. Art. 74 Nr. 20 GG),
- Wasserrecht (vgl. Art. 74 Nr. 21 und 32 GG),
- Straßenverkehrsrecht (vgl. Art. 74 Nr. 22 GG),
- Abfall- und Immissionsschutzrecht (vgl. Art. 74 Nr. 24 GG),
- Gentechnikrecht (vgl. Art. 74 Nr. 26 GG) sowie im
- Jagdrecht (vgl. Art. 74 Nr. 28 GG).

71 d) **Zuständigkeit des Freistaats Thüringen im Sicherheitsrecht.** Das allgemeine Polizei- und Ordnungsrecht des Landes Thüringen fällt nach Art. 30, 70 Abs. 1 GG in die **Zuständigkeit des Freistaats**.

72 Auf das **Thüringer Ordnungsrecht** wirkt sich die grundgesetzliche Kompetenzverteilung dergestalt aus, dass eine ordnungsbehördliche Zuständigkeit und damit eine Anwendbarkeit des ThürOBG selten gegeben ist. Die weitaus meisten Materien sind **inzwischen fachspezifisch normiert** und stellen gegenüber dem ThürOBG *leges speciales* dar, die einen Rückgriff auf das ThürOBG für den geregelten Bereich verbieten. Ist eine Materie spezialgesetzlich normiert, etwa das Bauordnungsrecht in der ThürBO, so findet das ThürOBG nur insoweit Anwendung, als das Spezialgesetz einzelne Fragen ungeregelt lässt, also keine Sperrwirkung entfaltet.

73 Demgegenüber gibt es **im Bereich des Polizeirechts nur wenig Spezialgesetzgebung**. Damit hat das ThürPAG eine vergleichsweise große **praktische Bedeutung**.

---

191 Vgl. *Abbühl*, Der Aufgabenwandel des Bundeskriminalamtes, S. 276 ff.
192 Bundesmeldegesetz (BMG) v. 3.5.2013 (BGBl. I S. 1084), zuletzt geändert durch Gesetz v. 28.3.2021 (BGBl. S. 591).
193 Vgl. schon das Gewerbesteueredikt von 1810 (PrGS 1810, S. 79).

2. Verwaltungskompetenzen

Für den Vollzug des Thüringer Polizei- und Ordnungsrechts ergibt sich die organisations- und verfahrensrechtliche Autonomie des Freistaats aus **Art. 30 GG**. Bei der Ausführung bundesrechtlicher Sicherheitsgesetze, etwa des Bundeswaffengesetzes,[194] handelt der Freistaat Thüringen gemäß Art. 83 GG grundsätzlich in **Wahrnehmung einer eigenen Angelegenheit**. Er regelt also nach Art. 84 Abs. 1 GG die Einrichtung der Behörden und das Verwaltungsverfahren.[195] Eine Zusammenarbeit mit Bundesbehörden kommt nur in den engen Grenzen des Art. 35 GG in Betracht. 74

In **Bundeseigenverwaltung** werden gemäß Art. 87 Abs. 1 S. 2 GG geführt die Bundespolizei (BPolG) sowie das Bundeskriminalamt (BKAG). Weitere Bundeszuständigkeiten ergeben sich nach Art. 87 Abs. 3 GG iVm Art. 74 Abs. 1 Nr. 6 GG für Spezialbehörden wie etwa das Bundesamt für Migration und Flüchtlinge. 75

Verwaltungsorganisatorisch zuständig ist der Bund schließlich für die **Polizei beim Deutschen Bundestag** auf der Grundlage des Art. 40 Abs. 2 S. 1 GG. Um das Parlament vor einer Einflussnahme durch Exekutive und Judikative zu schützen, wird die **Gewaltenteilung** hier auch verwaltungsorganisatorisch abgesichert: Der Deutsche Bundestag bildet einen eigenen Polizeibezirk, andere Polizeibehörden sind dort nicht zuständig.[196] 76

3. Zuständigkeiten auf Ebene der Europäischen Union

Eine Zuständigkeit der Europäischen Union gibt es im Bereich des Sicherheitsrechts nur in eingeschränktem Maße. Dies folgt aus dem **Grundsatz der begrenzten Einzelermächtigung**, nach dem Organe der Europäischen Union Rechtsnormen nur erlassen dürfen, wenn sie durch Verträge hierzu ermächtigt werden (Art. 5 Abs. 1, 2 EUV). Die **innere Sicherheit** wurde von Anfang an als **klassischer Bereich eigenstaatlicher Aufgabenwahrnehmung** angesehen;[197] daran hat sich bis heute nichts geändert.[198] Wie Art. 67 Abs. 1 AEUV betont, sind daher die Grundrechte sowie die verschiedenen Rechtsordnungen und -traditionen der Mitgliedstaaten zu achten. 77

Die Europäische Union soll andererseits ein **Raum der Freiheit, der Sicherheit und des Rechts sein** (Art. 67 Abs. 1 AEUV), in dem insbesondere der freie Personenverkehr gewährleistet ist (Art. 3 Abs. 2 EUV). Darauf haben die Mitgliedstaaten hinzuwirken – durch geeignete Maßnahmen bei der Kontrolle ihrer Außengrenzen sowie der Ausgestaltung ihres Asylrechts und der Verhütung und Bekämpfung von Kriminalität. Zur Unterstützung und Stärkung der mitgliedstaatlichen Polizeibehörden und deren Zusammenarbeit ist ein **Europäisches Polizeiamt (EUROPOL)** tätig. Es wird auf der 78

---

194 Waffengesetz (WaffG) v. 19.9.1972 (BGBl. I S. 1767), zuletzt geändert durch Gesetz v. 30.6.2017 (BGBl. I S. 2133).
195 Z.B. durch die Thüringer Verordnung zur Durchführung des Waffengesetzes v. 10.12.2004 (GVBl. S. 896).
196 Vgl. *Kugelmann*, Polizei- und Ordnungsrecht, S. 57.
197 Grundlegend *Merten*, Rechtsstaat und Gewaltmonopol, 1975, S. 29 ff.; vgl. auch *Mann*, in: Erbguth/Mann/Schubert, Besonderes Verwaltungsrecht, Rn. 393.
198 Weiterführend *Pitschas*, NVwZ 2002, 519, 522.

Grundlage eines völkerrechtlichen Vertrags[199] nach Art. 87 f. AEUV in Eigenverwaltung der Europäischen Union geführt.

79 Angesichts der Bedrohungen durch den internationalen Terrorismus lässt sich die innere Sicherheit in Europa heute nicht mehr nur auf nationaler Ebene gewährleisten. Erste Ansätze zu einer Koordinierung und Harmonisierung sind die europäische Stelle für justizielle Zusammenarbeit **Eurojust** (für das Gebiet der Strafverfolgung)[200] und das **Europäische Amt für Betrugsbekämpfung** (OLAF)[201] sowie für das Gebiet der Gefahrenabwehr die Einrichtung eines Visa-Informationssystems (VIS).[202] Darüber hinaus haben sich zahlreiche Mitgliedstaaten vertraglich zu einer engeren polizeilichen Kooperation verpflichtet, die infolge des Abbaus von Kontrollen an den Binnengrenzen durch das **Übereinkommen von Schengen**[203] erforderlich wurde.[204] Die durch Europol koordinierte **Joint Cybercrime Action Taskforce (J-CAT)**[205] kann in Zusammenarbeit mit Eurojust aktuelle Erfolge im Hinblick auf die Bekämpfung der Internetkriminalität vorweisen.[206] In diesem Rahmen sollen zukünftig zur Intensivierung und Effektivierung der internationalen Zusammenarbeit die Systeme von Europol und Interpol vernetzt werden.[207]

80 Die Durchführung des primären und sekundären Unionsrechts bleibt aber Aufgabe der Bundesrepublik Deutschland – nach dem Grundsatz der **institutionellen** und **verfahrensrechtlichen Autonomie** der Mitgliedstaaten (Art. 4 Abs. 1 EUV).

IV. Organisation der Gefahrenabwehr

1. Organisation der Bundespolizei

81 Die **Bundespolizei**, dh der ehemalige Bundesgrenzschutz,[208] ist gemäß § 57 Abs. 1 BPolG organisiert in Bundespolizeipräsidien, regionalen Bundespolizeidirektionen und diesen nachgeordneten Bundespolizeiinspektionen sowie der Bundespolizeiakademie.

---

199 Europol-Übereinkommen v. 26.7.1995, ABl. EG Nr. C 316/25, von der Bundesrepublik durch Bundesgesetz v. 16.12.1997 (BGBl. II S. 2150) ratifiziert; zur demokratischen Legitimation von Europol s. *Baldus*, ZRP 1997, 286.
200 Eurojust (frz. unité de coopération judiciaire de l'union européenne) ist eine Einrichtung der EU mit eigener Rechtspersönlichkeit, mit Rechtsgrundlage in Art. 85 AEUV.
201 OLAF (frz. office européen de lutte anti-fraude), 1999 gegründet, tätig nunmehr auf Grundlage der Verordnung Nr. 883/2013 (EU, Euratom), ABl. L 248 v. 18.9.2013, 1.
202 Die zugangsberechtigten Stellen benennt das Gesetz über den Zugang von Polizei- und Strafverfolgungsbehörden sowie Nachrichtendiensten zum VISA-Informationssystem (VIS-Zugangsgesetz – VISZG) v. 6.5.2009 (BGBl. I S. 1034); vgl. dazu *Frenz*, wistra 2010, 432, 432 ff.; *Esser/Herbold*, NJW 2004, 2421, 2421 ff.; vgl. auch die Entwicklung der Zusammenarbeit angesichts der fortschreitenden Internetkriminalität, *Goger/Stock*, ZRP 2017, 10.
203 Vgl. das Gesetz zu dem Schengener Übereinkommen v. 19.6.1990 betreffend den schrittweisen Abbau der Kontrollen an den gemeinsamen Grenzen v. 15.7.1993, BGBl. II, S. 1010.
204 *Mann*, in: Erbguth/Mann/Schubert, Besonderes Verwaltungsrecht, Rn. 392.
205 Hierbei handelt es sich um eine im September 2014 gegründete gemeinsame Arbeitsgruppe gegen Internetkriminalität, die organisatorisch dem European Cybercrime Center (EC3) von Europol (vgl. Art. 88 AEUV) angegliedert ist. Vgl. dazu https://www.europol.europa.eu/activities-services/services-support/joint-cybercrime-action-taskforce (zuletzt abgerufen am 29.5.2017); BT-Drs. 18/2674. Zur grundrechtsdogmatischen Rekonstruktion im Unionsrecht insbesondere im Hinblick der Cybersicherheit s. *Leuschner*, Sicherheit als Grundsatz, 2017.
206 Vgl. dazu *Goger/Stock*, ZRP 2017, 10, 10 ff.
207 *Goger/Stock*, ZRP 2017, 10, 11 ff.
208 Vgl. das Gesetz zur Umbenennung des Bundesgrenzschutzes in Bundespolizei v. 21.6.2005 (BGBl. I S. 1818).

Die **Oberbehörde**, das Bundespolizeipräsidium, untersteht unmittelbar dem Bundesministerium des Inneren (§ 57 Abs. 2 S. 2 BPolG). Während die Zuständigkeiten der Bundespolizeibehörden untereinander durch die Verordnung über die Zuständigkeit der Bundespolizeibehörden[209] geregelt werden, sind ihre polizeilichen Befugnisse in §§ 14 ff. BPolG entsprechend den allgemeinen Grundsätzen normiert.[210] Bundespolizeibeamte dürfen nach § 65 Abs. 1 BPolG im Zuständigkeitsbereich eines Landes tätig werden, wenn dies landesrechtliche Bestimmungen (für Thüringen: § 12 ThürPOG) vorsehen.[211] Die Voraussetzungen für ihr Tätigwerden außerhalb des Hoheitsgebiets der Bundesrepublik Deutschland finden sich in § 65 Abs. 2 BPolG.

82

2. Trennungssystem in Thüringen

a) Subsidiarität polizeilicher Zuständigkeit. In Thüringen ist die sicherheitsrechtliche Behördenstruktur nach dem sog **Trennungssystem** (auch Trennsystem oder Ordnungsbehördensystem genannt) ausgestaltet. Nach ihm wird Gefahrenabwehr überwiegend von Behörden der allgemeinen inneren Verwaltung wahrgenommen, den Ordnungsbehörden nach § 1 ThürOBG.

83

In der Tradition strikter Entpolizeilichung, wie sie von den westlichen Alliierten nach Ende des Zweiten Weltkriegs angeordnet wurde, sind die allgemeinen Ordnungsbehörden für die **Gefahrenabwehr** primär zuständig; sie betreiben sie aber lediglich **vom Schreibtisch aus**. Gemäß § 3 S. 1 ThürPAG wird die Polizei grundsätzlich nur – aber auch immer dann – tätig, wenn die Abwehr der Gefahr durch eine andere Behörde nicht oder nicht rechtzeitig möglich erscheint. Die **Polizei** ist in Thüringen mithin nur **subsidiär** für die Gefahrenabwehr zuständig. Maßnahmen der Ordnungsbehörden haben nach § 3 Abs. 1 ThürOBG Vorrang gegenüber solchen der Polizei. Diese ist gemäß § 3 S. 2 ThürPAG zur Zusammenarbeit mit den Ordnungsbehörden auch in dem Sinne verpflichtet, dass sie diese unverzüglich von allen Vorgängen zu unterrichten hat, deren Kenntnis für deren Aufgabenerfüllung bedeutsam erscheint.[212]

84

Als **nicht oder nicht rechtzeitig möglich** iSd § 3 S. 1 ThürPAG ist die Gefahrenabwehr durch eine Ordnungsbehörde dann anzusehen, wenn eine Zurückstellung des Einschreitens der Polizei zu einem Schaden für die öffentliche Sicherheit oder Ordnung führen würde.[213] Wie das Wort „erscheint" klarstellt, ist insoweit die Sicht eines verständigen Polizeibeamten maßgeblich. Zuständig ist die Polizei also insbesondere dann, wenn die Maßnahme unaufschiebbar iSv zeitlich dringend erscheint,[214] die

85

---

209 Das Bundesministerium des Inneren regelt gemäß § 58 Abs. 1 BPolG die sachliche und örtliche Zuständigkeit der einzelnen Bundespolizeibehörden durch Rechtsverordnung.
210 Krit. zu dieser Organisation, *Wagner*, DÖV 2009, 66.
211 Insofern nimmt die Direktion der Bundespolizei am Flughafen Frankfurt/Main eine besondere Stellung hinsichtlich der Zuständigkeit ein.
212 Für die Übermittlung der Daten gilt § 41 Abs. 2 ThürPAG.
213 Vgl. VGH BW, DVBl 1990 1045; *Thiel*, Polizei- und Ordnungsrecht, § 4 Rn. 37; *Wehr*, Examens-Repetitorium Polizei- und Ordnungsrecht, Rn. 345; *Ebert/Seel*, Thüringer Gesetz über die Aufgaben und Befugnisse der Polizei, § 3 Rn. 2; *Vahle*, VR 1991, 200.
214 So der klassische polizeiliche Grundsatz der Unaufschiebbarkeit, der § 3 ThürPAG zugrunde liegt, vgl. *Wehr*, Examens-Repetitorium Polizei- und Ordnungsrecht, Rn. 345; *Ebert/Seel*, Thüringer Gesetz über die Aufgaben und Befugnisse der Polizei, § 3 Rn. 2; *Götz/Geis*, Allgemeines Polizei- und Ordnungsrecht, § 17 Rn. 2.

Ordnungsbehörden jedoch wegen ihrer Dienstzeiten (abends oder am Wochenende) gerade nicht einsatzfähig sind. Erfasst sind hier aber auch Konstellationen, in denen die Ordnungsbehörden die Gefahr nicht abwenden können, weil ihre Dienstkräfte (§ 8 ThürOBG) hierfür nicht ausgebildet oder ausgerüstet sind, etwa im Hinblick auf die Sicherung eines größeren Geländes.[215]

86 **b) Weisungen der Ordnungsbehörden.** In aufschiebbaren Fällen haben die Ordnungsbehörden schließlich die Möglichkeit, die in § 3 ThürPAG normierte Schranke der subsidiären polizeilichen Zuständigkeit durch Erteilung einer **Weisung** nach § 10 Abs. 2 ThürPOG zu überwinden. Die Polizei wird dann – ungeachtet der ergangenen Weisung – aus eigener polizeilicher Befugnis heraus tätig, dh auf der Grundlage des ThürPAG.[216] Falls die Ordnungsbehörden in einem aufschiebbaren Fall selbst eine Anordnung treffen, die sie ggf. nach §§ 33 ff. ThürVwZVG vollziehen können, kommt gemäß § 3 Abs. 2 ThürOBG eine Mitwirkung der Polizei im Rahmen der polizeilichen Vollzugshilfe nach § 2 Abs. 3 iVm §§ 48 bis 50 ThürPAG in Frage.

87 **c) Das Thüringer Trennsystem im bundesweiten Vergleich.** Der Freistaat Thüringen gehört mit der **Verwirklichung dieses Trennsystems** – wie auch Bayern, Berlin, Brandenburg, Hamburg, Hessen, Mecklenburg-Vorpommern, Niedersachsen, Nordrhein-Westfalen, Rheinland-Pfalz, Sachsen-Anhalt und Schleswig-Holstein[217] – zu derjenigen Gruppe von Ländern, in denen die Polizei im institutionellen Sinn aufgrund der Erfahrungen mit dem Missbrauch der Polizeigewalt im Nationalsozialismus streng begrenzt ist auf Gefahrenabwehr in Eilfällen, Mitwirkung bei der Verfolgung von Straftaten und Ordnungswidrigkeiten (vgl. § 2 Abs. 4 ThürPAG) und schließlich Vollzugshilfe (vgl. § 2 Abs. 3 ThürPAG).

88 Demgegenüber haben die anderen Länder, nämlich Baden-Württemberg, Bremen, das Saarland und Sachsen, ein **Einheitssystem:**[218] Polizei sind dort alle Behörden, die Gefahrenabwehr durchführen. Dem Begriff der Polizei unterfallen damit weit zahlreichere Behörden.[219] Bei der Wahrnehmung ordnungsbehördlicher Aufgaben wirkt sich dieser Unterschied in den Zuständigkeiten allerdings kaum aus. Denn die in §§ 6 ff. ThürOBG geregelten ordnungsbehördlichen Handlungsgrundsätze entsprechen weitgehend denen der Polizei.

3. Thüringer Polizei- und Ordnungsbehörden

89 **a) Verfassungsrechtliche Grundlagen.** Nach Art. 90 ThürVerf wird die Verwaltung „durch die Landesregierung und die ihr unterstellten Behörden ausgeübt. Aufbau, räumliche Gliederung und Zuständigkeiten werden aufgrund eines Gesetzes geregelt. Die Errichtung der staatlichen Behörden im Einzelnen obliegt der Landesregierung.

---

215 *Ebert/Seel*, Thüringer Gesetz über die Aufgaben und Befugnisse der Polizei, § 3 Rn. 6.
216 Vgl. hierzu *Ohler*, BayVBl. 2002, 326, 326 ff.
217 *Sodan/Ziekow*, Grundkurs Öffentliches Recht, 9. Aufl. 2020, § 72 Rn. 8; *Lange*, Innere Sicherheit im Politischen System der Bundesrepublik Deutschland, 1999, S. 88.
218 *Kingreen/Poscher*, Polizei- und Ordnungsrecht, § 2 Rn. 24.
219 Zwar haben diese Länder die historische „Entpolizeilichung" nicht mitvollzogen, ihr Landesrecht unterscheidet gleichwohl zwischen Polizeibehörden und Polizeivollzugsdienst mit jeweils eigenen Zuständigkeiten und zT separater Behördenorganisation. Dazu *Götz/Geis*, Allgemeines Polizei- und Ordnungsrecht, § 20 Rn. 1 f., 12 ff.

Sie kann einzelne Minister hierzu ermächtigen."[220] Bei der Reichweite der **Organisationsgewalt der Landesregierung** ist damit wie folgt zu differenzieren:[221]

- Ein **Gesetzesvorbehalt** gilt nach Art. 90 S. 2 ThürVerf für Organisationsmaßnahmen von grundsätzlicher Bedeutung für die Struktur des Freistaats, insbesondere für die Schaffung neuer Behördenarten sowie für eine Veränderung des Instanzenzuges oder der Behördenhierarchie.[222]
- Der **Landesregierung** steht nach Art. 90 S. 3 ThürVerf die Befugnis zur personellen Umstrukturierung der Verwaltung, zur Neuregelung von deren Mittelausstattung, zur Bestimmung des Behördensitzes sowie zur Schaffung neuer Ämter und Behörden zu[223] und – als *actus-contrarius* dazu – auch zu deren Aufhebung.[224]

Die bisherige Praxis im Freistaat Thüringen, etwa zur Schließung des Polizeiverwaltungsamts im Jahr 2008, trägt den verfassungsrechtlichen Vorgaben des Art. 90 ThürVerf Rechnung.[225]

b) **Thüringer Ordnungsbehörden.** Die Behörden der **allgemeinen inneren Verwaltung** nehmen nach dem **Grundsatz der Einheit der öffentlichen Verwaltung** auch fachspezifische Aufgaben der Gefahrenabwehr wahr (etwa durch Bauaufsicht, Gewerbeüberwachung und im Ausländerwesen).[226] Spezielle Gefahrenabwehraufgaben sind daher in der Regel[227] nicht etwa organisatorisch selbstständigen Sonderordnungsbehörden zugewiesen, sondern bei der **einheitlichen** Verwaltungsbehörde der Gemeinde oder des Landkreises konzentriert (vgl. § 4 Abs. 1 ThürOBG). Innerhalb derselben sind verschiedene Ämter oder Abteilungen, die keine eigenständigen Behörden bilden, für die jeweilige Gefahrenabwehr zuständig.[228]

Thüringer Ordnungsbehörden sind nach § 1 ThürOBG

- Gemeinden (kreisfreie und kreisangehörige), § 6 ThürKO,
- Verwaltungsgemeinschaften, § 46 ThürKO,
- erfüllende Gemeinden, § 51 ThürKO,
- Landkreise, § 86 ThürKO,
- Landesverwaltungsamt (LVwA) sowie
- Thüringer Ministerium für Inneres und Kommunales (TMIK).

---

220 Vgl. zur Reichweite der Organisationsgewalt der Landesregierung *Brenner*, ThürVBl. 2008, 97.
221 Vgl. dazu *Hopfe*, in: Linck/Jutzi/Hopfe, Die Verfassung des Freistaats Thüringen, Art. 90 Rn. 9; *Baldus*, in: Linck/Baldus/Lindner/Poppenhäger/Ruffert, Die Verfassung des Freistaats Thüringen, § 90 Rn. 10 ff.
222 *Hopfe*, in: Linck/Jutzi/Hopfe, Die Verfassung des Freistaats Thüringen, Art. 90 Rn. 7.
223 *Fiebich*, Das Verhältnis zwischen Landtag und Landesregierung nach der Verfassung des Freistaat Thüringen vom 25.3.1993, 2001, S. 122; *Hopfe*, in: Linck/Jutzi/Hopfe, Die Verfassung des Freistaats Thüringen, Art. 90 Rn. 9; *Baldus*, in: Linck/Baldus/Lindner/Poppenhäger/Ruffert, Die Verfassung des Freistaats Thüringen, § 90 Rn. 10 ff.
224 *Brenner*, ThürVBl. 2008, 97, 99; weiterführend *Fiebich*, Das Verhältnis zwischen Landtag und Landesregierung nach der Verfassung des Freistaat Thüringen vom 25.3.1993, 2001, S. 120 ff. mwN.
225 Vgl. dazu die Anordnung zur Auflösung des Polizeiverwaltungsamts und die Thüringer Verordnung zur Neuordnung der Zuständigkeiten von Polizeibehörden v. 15.4.2008 (GVBl. S. 105).
226 *Götz/Geis*, Allgemeines Polizei- und Ordnungsrecht, § 20 Rn. 12 ff.
227 Zu Sonderordnungsbehörden vgl. etwa die Regelungen der §§ 90 HSOG; 3 Abs. 1 Nr. 4 MV-SOG; 12 NRW OBG; 85 SOG LSA; dazu *Kniesel/Braun/Keller*, Besonderes Polizei- und Ordnungsrecht, 2018.
228 *Götz/Geis*, Allgemeines Polizei- und Ordnungsrecht, § 20 Rn. 16.

Dabei ist die Gefahrenabwehr durch kommunale Gebietskörperschaften eine **Aufgabe des übertragenen Wirkungskreises**, § 1 S. 1 ThürOBG, § 3 ThürKO. Die kommunalen Ordnungsbehörden unterstehen insoweit der Fachaufsicht der übergeordneten staatlichen Behörden.[229] Hingegen ist die Abwehr von Zuwiderhandlungen gegen Satzungen in Selbstverwaltungsangelegenheiten (§ 19 ThürKO) eine Aufgabe des eigenen Wirkungskreises, § 1 S. 2 ThürOBG, § 2 ThürKO.[230]

92 Die **sachliche Zuständigkeit** der Ordnungsbehörden entspricht deren Aufgabenzuständigkeit (vgl. § 2 ThürOBG). Ihre **örtliche Zuständigkeit** folgt aus § 4 Abs. 3 S. 2 ThürOBG. Sie ist gemäß § 4 Abs. 3 S. 1 ThürOBG auf ihr Gebiet beschränkt. **Instanziell** zuständig ist vorrangig die unterste Ebene (§ 4 Abs. 1 ThürOBG). Bei Gefahr im Verzug (§ 54 Nr. 5 ThürOBG) kann allerdings auch jede andere Ordnungsbehörde in ihrem Gebiet die Befugnisse einer primär zuständigen Ordnungsbehörde vorläufig ausüben, § 4 Abs. 2 ThürOBG.

93 **c) Thüringer Polizeibehörden.** Der Aufbau der Thüringer Polizei ist im ThürPOG geregelt.[231] **Rechtsträger der Polizei** (auch isD § 78 Abs. 1 Nr. 1 VwGO) ist gemäß § 1 Abs. 1 ThürPOG der Freistaat Thüringen.

94 **Behörden der Polizei** sind nach § 1 Abs. 2 ThürPOG

- das für die Polizei zuständige Ministerium (§ 2 ThürPOG),
- das Landeskriminalamt (§ 3 ThürPOG),
- die Landespolizeidirektion (§ 4 ThürPOG),
- die Landespolizeiinspektionen und die Autobahnpolizeiinspektion (§ 5 ThürPOG) sowie
- die Bereitschaftspolizei (§ 6 ThürPOG).

Oberste Landesbehörde, also höchste Dienstbehörde mit Verwaltungsunterbau, ist das Thüringer Ministerium für Inneres und Kommunales (TMIK). **Obere Landesbehörde**, dh Behörde ohne Verwaltungsunterbau, dem Thüringer Innenministerium unmittelbar nachgeordnet, ist das **Landeskriminalamt**[232] mit Sitz in Erfurt (§ 3 Abs. 2 ThürPOG). Es ist eine für das gesamte Land örtlich zuständige, zentrale Dienststelle für die Wahrnehmung kriminalpolizeilicher Aufgaben, insbesondere solchen der länderübergreifenden und überregionalen Verbrechensbekämpfung. Einzelheiten regeln § 3 Abs. 4 und 5 ThürPOG. Eine Landesmittelbehörde gibt es in Thüringen nicht.[233]

---

229 S. dazu *Leisner-Egensperger*, § 5 unter III. 6. c.; vgl. auch *Schwan*, in: Huber, Thüringer Staats- und Verwaltungsrecht, S. 272.
230 Vgl. dazu *Leisner-Egensperger*, § 5 unter III. 4 a. und b.
231 Einzelheiten der Aufbauorganisation und Zuständigkeit enthalten die Thüringer Verordnung zur Neuordnung der Zuständigkeiten von Polizeibehörden v. 13.6.2012 (GVBl. S. 236), die Thüringer Verordnung zur Bestimmung der sachlichen Zuständigkeiten der Polizeibehörden v. 9.8.2013 (GVBl. S. 286) und die Thüringer Verordnung über die örtlichen Zuständigkeiten der Polizeibehörden v. 13.6.2012 (GVBl. S. 236, 237).
232 Das Polizeiverwaltungsamt, dem als obere Landesbehörde Beschaffungsaufgaben oblagen und das als Sonderversorgungsträger für Rentenansprüche fungierte, wurde mit Wirkung zum 8.5.2008 aufgelöst; s. dazu die Anordnung zur Auflösung des Polizeiverwaltungsamts und Thüringer Verordnung zur Neuordnung der Zuständigkeiten von Polizeibehörden v. 15.4.2008 (GVBl. S. 105).
233 Das 1991 eingeführte Polizeipräsidium wurde durch das Thüringer Polizeirechtsänderungsgesetz v. 27.11.1997 (GVBl. S. 422) abgeschafft.

IV. Organisation der Gefahrenabwehr

Die mit Wirkung zum 1.7.2012 eingerichtete[234] **Landespolizeidirektion** als zentrale Führungs- und Einsatzleitstelle mit Sitz in Erfurt ist unmittelbar dem Innenministerium nachgeordnet, § 4 Abs. 1, 3 ThürPOG. Sie nimmt alle polizeilichen Aufgaben wahr, soweit sie nicht dem Landeskriminalamt zugewiesen oder auf nachgeordnete Behörden übertragen sind, § 4 Abs. 2 ThürPOG. Geleitet wird sie durch den Präsidenten der Landespolizeidirektion und den Vizepräsidenten, denen ihre vier Fachabteilungen unterstehen.[235] Dies sind die 95

- Abteilung 1: Gefahrenabwehr/Einsatz/Kriminalitätsbekämpfung,[236]
- Abteilung 2: Logistik,
- Abteilung 3: Personalverwaltung und Prozessvertretung (Justiziariat) sowie
- Abteilung 4: Zentrale Bußgeldstelle der Thüringer Polizei.

Der Landespolizeidirektion nachgeordnete Landesbehörden sind die **Landespolizeiinspektionen sowie die Autobahnpolizeiinspektion**. Die Landespolizeiinspektionen haben nach § 5 Abs. 1 S. 2 ThürPOG ihren Sitz in Erfurt, Gera, Gotha, Jena, Nordhausen, Saalfeld und Suhl. Ihnen sind die Polizeiinspektionen sowie die Kriminalpolizeiinspektionen nachgeordnet, § 5 Abs. 2 ThürPOG.

Alle **Beamten des Polizeivollzugsdienstes** sind unbeschränkt im **gesamten Landesgebiet örtlich und sachlich zuständig**, § 8 Abs. 1 ThürPOG. Unbeschadet dieser Regelung werden sie nach Maßgabe des ThürPOG bestimmten Dienstbereichen zugewiesen. Unter den Voraussetzungen des § 8 Abs. 2 S. 2 ThürPOG können sie jedoch auch außerhalb ihrer Dienstbereiche tätig werden.[237] 96

Polizeibeamte sind – entgegen einer verbreiteten Ansicht[238] – nicht „immer im Dienst". Ihre Eigenschaft als Polizeivollzugsbeamte iSd §§ 8, 9 ThürPOG bleibt jedoch auch außerhalb der Dienstzeit bestehen.[239] Soweit sich ein Beamter außerhalb seiner Dienstzeit mit polizeilich relevanten Sachverhalten konfrontiert sieht, kann er sich selbst – nach pflichtgemäßem Ermessen – auf gewohnheitsrechtlicher Grundlage spontan in den Dienst versetzen (sog **Selbstindienstsetzung**).[240] 97

---

234 Anordnung zur Errichtung und Zusammenlegung von Behörden und Dienststellen der Polizei und Thüringer Verordnung zur Neuordnung der Zuständigkeiten von Polizeibehörden v. 13.6.2012 (GVBl. S. 236, 237).
235 Allgemein zur Struktur der Landespolizeidirektion: Landesportal der Thüringer Polizei, http://www.thueringen.de/th3/polizei/landespolizeidirektion/struktur/ (zuletzt aufgerufen am 14.5.2017).
236 Abteilung 1 übt die Fachaufsicht für alle der Landespolizeidirektion nachgeordneten Behörden und Dienststellen aus.
237 Durch die Zuständigkeitsregelungen in den Landesgesetzen sowie zT auch durch Staatsverträge, wird selbst ein länderübergreifendes Tätigwerden der Polizei erleichtert. Dazu *Götz/Geis*, Allgemeines Polizei- und Ordnungsrecht, § 12 Rn. 14.
238 I.d.S. etwa BayObLG, BayVBl. 2003, 284; *Honnacker/Beinhofer/Hauser*, Bayerisches Polizeiaufgabengesetz, 20. Aufl. 2014, Art. 1 Rn. 14.
239 *Ebert/Seel*, Thüringer Gesetz über die Aufgaben und Befugnisse der Polizei, § 1 Rn. 7.
240 OLG Hamm, NJW 1991, 1897; *Ebert/Seel*, Thüringer Gesetz über die Aufgaben und Befugnisse der Polizei, § 1 Rn. 7; *Kramer*, Grundbegriffe des Strafverfahrensrechts, 7. Aufl. 2009, S. 11, 185; weiterführend *Kastner*, in: Möllers/v. Ooyen/Spohrer (Hrsg.), Die Polizei des Bundes in der rechtsstaatlichen pluralistischen Demokratie, 2003, S. 133.

98 Die **Laufbahn der Thüringer Polizeibeamten** ist dreigeteilt.[241] Sie besteht aus dem mittleren,[242] dem gehobenen[243] und dem höheren[244] Vollzugsdienst. Für die Einstellung von Anwärtern und die Ausbildung des mittleren Vollzugsdienstes ist das Bildungszentrum Meiningen zuständig.[245] Für den gehobenen Polizeivollzugsdienst ist im Regelfall eine Fachhochschulausbildung erforderlich; für Thüringen wird sie im Fachbereich Polizei der Thüringer Fachhochschule für öffentliche Verwaltung in Meiningen angeboten.[246] Beamte des gehobenen Dienstes mit Hochschulreife oder einem entsprechend anerkannten Bildungsstand können in den höheren Polizeivollzugsdienst aufsteigen und dort Führungsaufgaben übernehmen; vereinzelt werden dort auch Volljuristen als „Seiteneinsteiger" eingestellt.[247]

99 Von der Berufsausbildung der Polizeibeamten zu unterscheiden ist das Studium der **Polizeiwissenschaft.** Diese dient als Querschnittsmaterie der Rechts- und Sozialwissenschaft sowie der Betriebswirtschaftslehre der interdisziplinären Professionalisierung und wissenschaftlichen Fundierung der Polizeiarbeit.[248]

100 **d) Verhältnis von Polizei- und Ordnungsbehörden sowie der Ordnungsbehörden zueinander.** Die Polizei wird nach dem Trennsystem nur **subsidiär** tätig gegenüber gefahrenabwehrendem Handeln von **Ordnungsbehörden.** Diese sind nach den Polizeigesetzen zuständig für die Abwehr von Gefahren im jeweiligen Rahmen ihrer gesetzlichen Zuständigkeiten. Nur soweit das danach zulässige behördliche Handeln nicht ausreicht, besteht eine ergänzende Zuständigkeit der Polizei nach deren Aufgabenerfüllungsrecht (§ 3 ThürPAG und § 3 ThürOBG).[249]

101 Im Rahmen des Trennsystems kommt den Thüringer Ordnungsbehörden nach § 10 Abs. 2 ThürPOG ein **Weisungsrecht** gegenüber der Polizei zu. Eine solche Weisung stellt einen innerdienstlichen Akt dar, nicht einen Verwaltungsakt mit Außenwirkung gemäß § 35 S. 1 ThürVwVfG. Zulässig ist sie nur im gemeinsamen Aufgabenbereich der Gefahrenabwehr, nicht hingegen im Rahmen der polizeilichen Strafverfolgung.[250] Die aufgeforderte Polizeibehörde ist durch die Weisung gebunden, hat aber die Pflicht zu prüfen, ob die Voraussetzungen für ein polizeiliches Einschreiten (Aufgabeneröffnung und Befugnis) erfüllt sind. Sucht der Bürger Rechtsschutz, so muss er sich gegen die polizeiliche Maßnahme wenden.

---

241 Vgl. dazu die Thüringer Laufbahnverordnung für den Polizeivollzugsdienst (ThürLbVOPol) v. 4.6.1998 (GVBl. S. 210), zuletzt geändert durch Verordnung v. 26.7.2012 (GVBl. S. 361).
242 §§ 5–8 ThürLbVOPol.
243 §§ 9–12 ThürLbVOPol.
244 §§ 13–15 ThürLbVOPol.
245 § 7 Abs. 1 S. 1 ThürPOG.
246 § 9 ThürLbVOPol.
247 Vgl. § 13 ThürLbVOPol.
248 Vgl. dazu das Gesetz über die 2006 gegründete Deutsche Hochschule der Polizei (DHPolG); s. auch *Mokros*, Polizeiwissenschaft und Polizeiforschung in Deutschland, 2013. Zu unterscheiden ist von dieser modernen Polizeiwissenschaft die ältere Policeywissenschaft, s. zu dieser oben II. 3.
249 Weiterführend zur Subsidiarität *Götz/Geis*, Allgemeines Polizei- und Ordnungsrecht, § 4 Rn. 20 ff.; vgl. auch *Kingreen/Poscher*, Polizei- und Ordnungsrecht, § 2 Rn. 27 ff.
250 Im Rahmen der polizeilichen Strafverfolgung unterliegt die Polizei der Weisung durch die Staatsanwaltschaft nach § 161 Abs. 1 S. 2 StPO.

Gemäß § 3 Abs. 1 ThürOBG genießen ordnungsbehördliche Maßnahmen Vorrang vor solchen der Polizei. Voraussetzung für die Anwendung der **Vorrangregelung** ist ein Widerspruch zwischen ordnungsbehördlicher und polizeilicher Maßnahme. Der Bürger muss und darf dann nur die Maßnahme der Ordnungsbehörde befolgen. Eine Pflicht zur Aufhebung der polizeilichen Maßnahme folgt aus dem Rechtsstaatsprinzip (Gebot der Rechtsklarheit). Die Polizei hat den Ordnungsbehörden nach § 3 Abs. 2 ThürOBG Vollzugshilfe zu leisten. 102

Das Handeln der **Ordnungsbehörden** steht seinerseits unter dem Grundsatz der **Spezialität** im Sinne eines **Vorrangs der Zuständigkeit von Sonderordnungsbehörden**.[251] Dieser kann, je nach den Inhalten der gesetzlichen Regelungen des behördlichen Ordnungsrechts, **Sperr- oder Auffangwirkungen** gegenüber der Tätigkeit der allgemeinen Ordnungsbehörden entfalten. Einzelheiten regeln die jeweiligen bereichsspezifischen Gesetze.[252] Gleiches gilt im Verhältnis von Polizei und Ordnungsbehörden zu anderen Behörden, etwa des Verteidigungsbereichs.[253] 103

Polizeiliches Handeln ist schließlich allgemein **subsidiär gegenüber der Zuständigkeit von Gerichten**.[254] Diese werden allerdings in Bereichen polizeilicher Gefahrenabwehr nur tätig, wenn und soweit sie von gefährdeten Privaten oder von zuständigen Behörden durch Anträge nach den Prozessgesetzen befasst sind. 104

V. Aufgaben der Polizei und der Ordnungsbehörden in Thüringen

1. Unterscheidung von Aufgabe und Befugnis

a) **Bedeutung der Aufgabenzuständigkeit.** **Aufgabe** der Polizei ist es, allgemeine (= abstrakte) oder im Einzelfall bestehende (= konkrete) Gefahren für die öffentliche Sicherheit und Ordnung abzuwehren, § 2 Abs. 1 S. 1 ThürPAG. Weitere Aufgaben der Polizei finden sich in § 2 Abs. 1 S. 2 ThürPAG und in § 2 Abs. 2 bis 4 ThürPAG. Für die Aufgaben der Ordnungsbehörden gilt § 2 ThürOBG. 105

Die Eröffnung des jeweiligen Aufgabenbereichs begründet eine **Zuständigkeit** der Polizei bzw. der Ordnungsbehörden. Diese ist als Voraussetzung der formellen Rechtmäßigkeit der staatlichen Maßnahme zu prüfen. Darüber hinaus bildet die Aufgabeneröffnung eine **Rechtsgrundlage für nichteingreifende Maßnahmen**, dh für solche, bei denen kein Eingriff in Freiheit und Eigentum der Bürger stattfindet.[255] 106

Wann eine staatliche Handlung nichteingreifenden Charakter hat, bestimmt sich nach den gleichen Kriterien, wie sie im Rahmen der Grundrechtsdogmatik heranzuziehen 107

---

251 *Schenke*, Polizei- und Ordnungsrecht, § 9 Rn. 508; *Schwan*, in: Huber, Thüringer Staats- und Verwaltungsrecht, S. 273 f.
252 OVG NW, DÖV 2012, 816; *Kingreen/Poscher*, Polizei- und Ordnungsrecht, § 4 Rn. 40, § 3 Rn. 22.
253 *Kingreen/Poscher*, Polizei- und Ordnungsrecht, § 3 Rn. 17 ff.
254 *Kingreen/Poscher*, Polizei- und Ordnungsrecht, § 27 Rn. 6; zur Subsidiarität polizeilichen Handelns *Holzner*, in: Möstl/Schwabenbauer (Hrsg.), BeckOK Polizei- und Sicherheitsrecht Bayern, Stand 9/2021, Art. 3 PAG Rn. 13 ff.
255 *Schenke*, Polizei- und Ordnungsrecht, § 3 Rn. 35.

sind, wenn es darum geht, ob in den Schutzbereich eines Grundrechts eingegriffen wird.[256] Im Sicherheitsrecht sind **nichteingreifend**

- Maßnahmen mit vorwiegend **beobachtendem Charakter** (Streifenfahrten, allgemeine Verkehrsüberwachung),
- Maßnahmen „**an die Person**" wie Hinweise, Belehrungen, Verwarnungen ohne Verwarnungsgeld, „Gefährderansprachen" gegenüber Hooligans,[257] verfassungsfeindlichen Personen, Gewalttätern oder „Graffitischmierern",[258] und schließlich
- Maßnahmen, die durch die polizeiliche **Öffentlichkeitsarbeit** gedeckt sind, etwa Empfehlungen und Warnungen einer kriminalpolizeilichen Beratungsstelle.[259]

108 b) **Verhältnis von Aufgabe und Befugnis.** Greift dagegen eine staatliche Maßnahme in **Freiheit und Eigentum** der Bürger ein,[260] so ist hierfür eine Rechtsgrundlage erforderlich, also eine **Befugnis**. Im Allgemeinen Polizei- und Ordnungsrecht findet sich eine solche in den §§ 12 ff. ThürPAG bzw. §§ 5, 15 ff. ThürOBG.

109 Im **gutachterlichen Aufbau** ist bei der Prüfung einer eingreifenden staatlichen Maßnahme nach dem Grundsatz des Vorbehalts des Gesetzes (Art. 20 Abs. 3 GG, Art. 47 Abs. 4 ThürVerf) zunächst eine Rechtsgrundlage zu suchen, die sich aus einer Befugnisnorm ergibt. Diese ist voranzustellen. Auf ihrer Grundlage sind sodann formelle und materielle Rechtmäßigkeit der staatlichen Maßnahme zu erörtern. Zu Beginn der Prüfung der formellen Rechtmäßigkeit ist die Zuständigkeit der Polizei- oder Ordnungsbehörde festzustellen, die sich in sachlicher Hinsicht aus den Vorschriften über die Aufgabeneröffnung ergibt. Dieser Aufbau ist insofern sinnvoll, als er eine **einheitliche Prüfung** der Rechtmäßigkeit einer staatlichen Maßnahme in **allen Bereichen des Öffentlichen Rechts** ermöglicht. Vertretbar ist es allerdings auch, entsprechend der Systematik des ThürPAG sowie des ThürOBG mit der Eröffnung des polizeilichen Aufgabenbereichs zu beginnen und erst im Anschluss daran die Befugnisnorm zu prüfen.[261]

110 Wie schon das Preußische Oberverwaltungsgericht im Kreuzbergurteil klargestellt hat:[262] Zulässig ist der **Schluss von der Befugnis auf die Aufgabe**, nicht aber derjenige von der Aufgabe auf die Befugnis.[263]

---

256 Vgl. die Transparenzlistenentscheidung des BVerwG (E 71, 183 ff.); zu den Grenzen informellen Verwaltungshandelns *Maurer/Waldhoff*, Allgemeines Verwaltungsrecht, 20. Aufl. 2020, § 15 Rn. 21 f.
257 Vgl. zur polizeilichen Gefährderansprache, *Kreuter-Kirchhof*, AöR 139 (2014), 257; s. auch *Hebeler*, NVwZ 2011, 1364; *Kießling*, DVBl 2012, 1210; *Weber*, VR 2017, 42; in der Fallbearbeitung *Schadtle/Winkler*, JuS 2015, 435.
258 *Ebert/Seel*, Thüringer Gesetz über die Aufgaben und Befugnisse der Polizei, § 2 Rn. 2 mwN; vgl. zur Zulässigkeit erkennungsdienstlicher Behandlung und zur Wiederholungsgefahr bei Sachbeschädigungen durch das Anbringen von Graffiti VG Meiningen, Urt. v. 28.10.2008 – 2 K 280/07 Me.
259 Vgl. dazu *Gusy*, NJW 2000, 977.
260 Vgl. zu dieser Formel *Hufen*, Staatsrecht II, 9. Aufl. 2021 § 5 Rn. 4 mwN.
261 Krit. hierzu *Wehr*, JuS 2006, 582; vgl. allgemein zu den verschiedenen Aufbauvarianten *Wehr*, Examens-Repetitorium Polizei- und Ordnungsrecht, Rn. 208; s. auch *Uerpmann-Wittzack*, Examensrepetitorium Allgemeines Verwaltungsrecht mit Verwaltungsprozessrecht, 5. Aufl. 2018, vor Rn. 146.
262 PrOVG 9, 353 = DVBl 1985, 219.
263 Weiterführend aus neuerer Sicht *Isensee*, in: Isensee/Kirchhof, Handbuch des Staatsrechts IV, § 73 Rn. 21 f.; vgl. auch bereits *Böckenförde*, Die Organisationsgewalt im Bereich der Regierung, 1964, S. 47, 300; *Wolff*, in: Wolff/Bachof (Hrsg.), Verwaltungsrecht I, 1974, S. 184; *Knemeyer*, VVDStRL 35 (1977), 221, 229.

2. Gefahrenabwehr

Die Aufgabe, allgemein oder im Einzelfall bestehende **Gefahren für die öffentliche Sicherheit oder Ordnung abzuwehren,** ist **Kernaufgabe der Polizei und** auch der Ordnungsbehörden (§ 2 Abs. 1 S. 1 ThürPAG, § 2 Abs. 1 ThürOBG). Da die in diesen Normen verwendeten Begriffe im Zentrum der sicherheitsrechtlichen Dogmatik stehen, werden sie im Folgenden in jeweils eigenen Abschnitten behandelt.[264]

Als modernes, den Erfordernissen des heutigen Präventionsstaats entsprechendes Polizeigesetz stellt das ThürPAG in § 2 Abs. 1 S. 2 klar, dass die Polizei im Rahmen der Gefahrenabwehr auch die Aufgabe hat, für eine **künftige Verfolgung von Straftaten Vorsorge zu treffen.**[265] Danach können sich Thüringer Polizeibeamte für zukünftige Einsätze vorbereiten und ausrüsten, ohne dass ein Bezug zu einer konkreten Straftat bestehen müsste. Sie dürfen etwa Fotomaterial für mögliche erkennungsdienstliche Behandlungen bereitstellen oder im Streifendienst Waffen bei sich führen. Darüber hinaus hat die Polizei die Aufgabe, **Straftaten zu verhüten.** Dabei wird die polizeiliche Einsatztätigkeit zeitlich vorverlegt und auf Sachverhalte bezogen, die sich noch nicht zu einer konkreten Gefahr verdichtet haben, aber prognostisch den Eintritt einer Straftat erwarten lassen wie etwa das Erkennen von Kriminalitätsbrennpunkten oder Aufklärungsmaßnahmen.[266]

3. Schutz privater Rechte

Private Rechte iSd § 2 Abs. 2 ThürPAG sind

- privatrechtliche Forderungen,
- die ein Privatrechtssubjekt
- gegen ein anderes Privatrechtssubjekt hat.

Ihre grundsätzliche Aussparung im polizeilichen Aufgabenspektrum ist Ausfluss der Gewaltenteilung (Art. 20 Abs. 2 S. 2, Abs. 3 GG, Art. 42 Abs. 1, 47 ThürVerf). Denn es ist Aufgabe der **ordentlichen Gerichte,** privatrechtliche Streitigkeiten in einem förmlichen Verfahren zu entscheiden. Diesem darf die Polizei deshalb nicht vorgreifen.[267] Sie ist daher grundsätzlich nicht zuständig für die Schlichtung von Nachbarstreitigkeiten, etwa über Lärmimmissionen.

Die Gewährleistung privater Rechte obliegt der Polizei ausnahmsweise dann, wenn gerichtlicher Schutz nicht rechtzeitig zu erlangen ist, oder die Verwirklichung eines Rechts ohne polizeiliche Hilfe vereitelt oder wesentlich erschwert würde, § 2 Abs. 2 ThürPAG.[268] Inhaltlich begrenzt sind die dann möglichen polizeilichen Maßnahmen allerdings durch den Schutzzweck des § 2 Abs. 2 ThürPAG, einen Übergriff der Exekutive in der Judikative vorbehaltene Bereiche zu verhindern. Zulässig sind daher regelmäßig **nur vorläufige Maßnahmen der Polizei,** wie etwa eine Identitätsfeststellung

---

264 Vgl. unten VI. und VII.
265 Vertiefend dazu *Leisner-Egensperger*, DÖV 2018, 677.
266 *Ebert/Seel*, Thüringer Gesetz über die Aufgaben und Befugnisse der Polizei, § 2 Rn. 20.
267 Vgl. dazu mit Fallbeispielen *Schoch*, Jura 2013, 468, 469 f.
268 *Schenke*, Polizei- und Ordnungsrecht, § 3 Rn. 57.

zur Ermittlung der Personalien eines unterhaltspflichtigen, der Mutter nicht namentlich bekannten Vaters (§ 14 Abs. 1 Nr. 7 ThürPAG).

4. Vollzugshilfe

115 Nach § 2 Abs. 3 ThürPAG leistet die Polizei nach Maßgabe der §§ 48 bis 50 ThürPAG anderen Behörden Vollzugshilfe, gemäß § 3 Abs. 2 ThürOBG besonders den Ordnungsbehörden. Dies erlaubt insbesondere die **Durchsetzung von Verwaltungsakten** anderer Behörden mit Mitteln des unmittelbaren Zwangs.

5. Gesetzlich zugewiesene Aufgaben

116 a) **Präventive und repressive Aufgaben.** Die Polizei hat ferner die Aufgaben zu erfüllen, die ihr durch **Rechtsvorschriften**[269] übertragen sind, § 2 Abs. 4 ThürPAG. Eine Aufgabenzuweisung[270] erfolgt etwa durch §§ 12, 12a, 13, 18 Abs. 3 VersammlG sowie §§ 5, 15 VersammlG iVm § 15 Abs. 3 InMinZustV TH.[271] Erfasst ist von § 2 Abs. 4 ThürPAG insbesondere auch die polizeiliche Aufgabe der **Strafverfolgung** im Wege repressiver Maßnahmen nach **§ 163 StPO**.

117 **Präventive und repressive Maßnahmen** der Polizei dienen beide dem Schutz der inneren Sicherheit. Zuständig sind jeweils dieselben Polizeibeamten, im Falle repressiver Maßnahmen als Hilfsbeamte der Staatsanwaltschaft nach § 152 GVG. Sie unterstehen damit sowohl dem Staatsanwalt als auch dem Polizeipräsidenten.[272] Die Befugnisse, die der Polizei bei präventivem und repressivem Handeln zustehen, stimmen inhaltlich häufig überein, etwa zur Festnahme von Personen oder zur Abnahme von Fingerabdrücken.[273]

118 Unterschiedlich ist aber die **Intention** des staatlichen Handelns: Das Polizei- und Ordnungsrecht zielt auf die Abwehr bestimmter, (unmittelbar) bevorstehender Gefahren, entfaltet sich also in einer **präventiven Dimension**.[274] Primäres Ziel des Strafrechts ist hingegen die Verfolgung bereits begangener Straftaten durch Auferlegung tat- und schuldangemessener Strafen.[275] Strafrecht und Strafverfolgung sind damit weniger präventiv als repressiv.[276]

119 Daher sind präventive und repressive Maßnahmen nach Rechtsgrundlagen, anzuwendenden Handlungsgrundsätzen sowie Gerichtszuständigkeiten **streng zu trennen**:

---

269 Eine Aufgabenübertragung kann sowohl durch Bundes- als auch Landesgesetze erfolgen. Gemeint sind damit Gesetze im materiellen Sinne, so dass eine Verordnung für die Zuweisung von Aufgaben hinreicht.
270 Übertragen wird insoweit jeweils eine Befugnis (vgl. § 12 Abs. 3 ThürPAG), die aber die Aufgabe mitumfasst.
271 Thüringer Verordnung zur Bestimmung von Zuständigkeiten im Geschäftsbereich des Innenministeriums v. 15.4.2008 (GVBl. S. 102), zuletzt geändert durch Verordnung v. 14.8.2018 (GVBl. S. 376).
272 *Schenke*, Polizei- und Ordnungsrecht, § 8 Rn. 466; *Kingreen/Poscher*, Polizei- und Ordnungsrecht, § 2 Rn. 7.
273 Vgl. dazu BVerwG, NVwZ 2012, 757, 760.
274 *Kingreen/Poscher*, Polizei- und Ordnungsrecht, § 2 Rn. 5; vgl. insgesamt zum Präventivgewahrsam für Terrorverdächtige *Kubiciel*, ZRP 2017, 57.
275 Vgl. hierzu die Strafzwecktheorien nach *Rengier*, Strafrecht Allgemeiner Teil, 9. Aufl. 2021, § 3 Rn. 9 ff.; *Wessels/Beulke/Satzger*, Strafrecht Allgemeiner Teil, 51. Aufl. 2021, § 1 Rn. 21 ff.
276 *Kingreen/Poscher*, Polizei- und Ordnungsrecht, § 2 Rn. 5; vgl. auch *Zähle*, JuS 2014, 315, 318.

- Präventive polizeiliche Maßnahmen finden ihre **Rechtsgrundlage** im ThürPAG, repressive polizeiliche Maßnahmen beruhen auf der StPO.
- Bei präventivem Handeln gilt das **Opportunitätsprinzip**[277], das den Polizei- und Ordnungsbehörden eine rechtliche gebundene Entschließungsfreiheit, d.h. ein Ermessen einräumt, ob und wie Gefahren abzuwehren sind.[278] Bei der Verfolgung begangener Straftaten findet hingegen das **Legalitätsprinzip**[279] Anwendung (§§ 152 Abs. 2, 160, 161, 163 Abs. 1 StPO).[280] Dieses verpflichtet die Strafverfolgungsbehörde dazu, ein Ermittlungsverfahren zu eröffnen, wenn sie Kenntnis von einer möglichen Straftat erlangt hat.
- Gegen präventive Maßnahmen der Polizei ist der **Verwaltungsrechtsweg** nach § 40 Abs. 1 S. 1 VwGO eröffnet, gegen repressives Handeln der **ordentliche Rechtsweg** nach § 23 EGGVG iVm § 13 GVG.

b) Doppelfunktionale Maßnahmen. Die Trennung von Gefahrenabwehr und Strafverfolgung schließt nicht aus, dass sich die **Aufgaben überschneiden** können.[281] Wenn etwa die Polizei einen Hausfriedensbrecher festnimmt, so wehrt sie den fortdauernden Hausfriedensbruch ab und beginnt zugleich mit der Strafverfolgung. Greift sie bei einer Schlägerei ein, so hält sie einerseits die Streitenden auseinander, um (weitere) Straftaten zu verhindern; zugleich nimmt sie Strafanzeigen auf. 120

Sachverhalte, in denen sich präventive und repressive Zielsetzung überschneiden, die Polizei also **doppelfunktional** tätig wird,[282] werfen insbesondere die Frage nach dem **einschlägigen Rechtsschutz** auf: Herrschend in Literatur[283] und Rechtsprechung[284] ist die **Abgrenzung** anhand des **Schwerpunkts** der Maßnahme. Dabei bleibt allerdings unklar, anhand welcher Kriterien dieser bestimmt werden soll,[285] und ob es insoweit auf die Perspektive des Betroffenen oder auf diejenige des Polizisten ankommt.[286] Problematisch ist auch, dass bei Maßnahmen, die gleichgewichtig Strafverfolgung und Gefahrenabwehr intendieren,[287] ein Schwerpunkt rechtssicher nicht zu ermitteln ist.[288] 121

Kann aber polizeiliches Handeln auf Grundlage sowohl des Polizeirechts als auch der StPO erfolgen,[289] so darf dem Betroffenen der Rechtsweg nicht nur hinsichtlich einer 122

---

277 Von lat. *opportunus* = günstig.
278 *Kingreen/Poscher*, Polizei- und Ordnungsrecht, § 10 Rn. 34 ff.
279 Von *lex* = Gesetz.
280 *Roxin/Schünemann*, Strafverfahrensrecht, 29. Aufl. 2017, § 14 Rn. 3; *Volk/Engländer*, Grundkurs StPO, 10. Aufl. 2021, § 18 Rn. 7.
281 BVerwG, NVwZ 2012, 757, 760.
282 Hierzu eingehend *Schoch*, Jura 2013, 1115.
283 Stellvertretend für viele *Gusy*, Polizei- und Ordnungsrecht, Rn. 484 ff.; *Ehrenberg/Frohne*, Kriminalistik 2003, S. 737 ff.; *Kingreen/Poscher*, Polizei- und Ordnungsrecht, § 2 Rn. 15.
284 NdsOVG, NVwZ-RR 2014, 327; OVG NW, NWVBl. 2012, 364.
285 Vgl. BVerwG, NJW 1984, 2233, 2234 sowie BayVGH, NJW 1984, 2235.
286 So insbesondere *Schenke*, Polizei- und Ordnungsrecht, § 8 Rn. 423; auch *Muckel*, Klausurenkurs zum Besonderen Verwaltungsrecht, 7. Aufl. 2019, S. 27.
287 Vgl. dazu etwa BVerwG, NVwZ 2012, 757, 760; *Schenke*, Polizei- und Ordnungsrecht, § 8 Rn. 476.
288 *Schenke*, VerwArch. 60 (1969), 332, 345; *Erichsen*, Jura 1993, 45, 49; *Götz*, NVwZ 1984, 211, 215; *ders.*, NVwZ 1994, 652, 658; *Schoch*, in: Küper/Welp (Hrsg.), FS Stree und Wessels, 1993, S. 1095; *Wolter*, Jura 1992, 520, 526.
289 So das BVerwG, NVwZ 2012, 757, 760.

– nach dem Schwerpunktkriterium ermittelten – Grundlage offenstehen.[290] Folgerichtig sollte daher sowohl der **ordentliche Rechtsweg** als auch der **Verwaltungsrechtsweg** gemäß §§ 40 ff. VwGO eröffnet sein. Dem steht auch § 17 Abs. 2 GVG nicht entgegen. Denn es liegen zwei Streitgegenstände vor (Maßnahme nach ThürPAG und nach StPO), welche lediglich äußerlich *uno actu* zusammenfallen.[291] In einer öffentlich-rechtlichen Klausur empfiehlt es sich aus taktischen Gründen allerdings, den Rechtsweg nach dem herrschenden Schwerpunktkriterium zu bestimmen und auf die Möglichkeit eines doppelspurigen Rechtswegs nur dann einzugehen, wenn sie im Sachverhalt thematisiert wird.

6. Aufgaben der Ordnungsbehörden

123 Die allgemeinen – von Sonderordnungsbehörden[292] zu unterscheidenden[293] – Ordnungsbehörden haben nach § 2 Abs. 1 ThürOBG die Aufgabe, die öffentliche Sicherheit und Ordnung durch Abwehr von Gefahren und durch Unterbindung und Beseitigung von Störungen aufrecht zu erhalten. Der Schutz privater Rechte obliegt ihnen nach § 2 Abs. 2 ThürOBG, der die gleichen Voraussetzungen aufstellt wie § 2 Abs. 2 ThürPAG. Sie können **Einzelmaßnahmen** treffen (§§ 5, 15 ff. ThürOBG) **oder ordnungsbehördliche Verordnungen** erlassen (§§ 27 ff. ThürOBG).

124 Ihre Aufgaben erfüllen die allgemeinen Ordnungsbehörden grundsätzlich mit eigenen Vollzugsdienstkräften (§ 8 Abs. 1 S. 1 ThürOBG). Ausnahmsweise können sie private Sicherheitsdienste als Verwaltungshelfer oder Beliehene[294] beauftragen, etwa ein Abschleppunternehmen.[295]

VI. Schutzgüter

1. Bedeutung der sicherheitsrechtlichen Schutzgüter

125 Öffentliche Sicherheit und öffentliche Ordnung sind die **Schutzgüter des Thüringer Sicherheitsrechts**.[296] Im Thüringer Landesrecht begegnen die Begriffe insbesondere in der Aufgabenzuweisungsnorm des § 2 Abs. 1 S. 1 ThürPAG sowie in der Befugnisgeneralklausel des § 12 Abs. 1 ThürPAG, in den entsprechenden Bestimmungen der §§ 2 und 5 ThürOBG, in der Vorschrift zur Zusammenarbeit der Polizei mit anderen Behörden (§ 10 Abs. 1 ThürPOG) sowie in der Thüringer Verfassung (Art. 8 Abs. 3 ThürVerf). Sie finden sich auch in Bundesgesetzen (etwa § 15 Abs. 1 VersammlG sowie – nur die öffentliche Ordnung – in § 118 Abs. 1 OWiG), im Grundgesetz (Art. 13

---

290 *Schenke*, Polizei- und Ordnungsrecht, § 8 Rn. 476.
291 *Erichsen*, Jura 1993, 45, 49; *Graulich*, NVwZ 2014, 685, 690; *Kopp/Schenke*, VwGO Kommentar, 22. Aufl. 2016, § 179 Rn. 8; *Schenke*, Verwaltungsprozessrecht, 17. Aufl. 2021, Rn. 154; ders., NJW 2011, 2839, 2843.
292 Wie etwa Forstbehörden, Eichämter und Bergämter.
293 S. hierzu *Schwan*, ThürVBl. 2000, 1, 2.
294 S. zu diesen *Maurer/Waldhoff*, Allgemeines Verwaltungsrecht, 20. Aufl. 2020 § 23 Rn. 63 ff.; *Möller/Warg*, Allgemeines Polizei- und Ordnungsrecht, Rn. 57.
295 *Kingreen/Poscher*, Polizei- und Ordnungsrecht, § 3 Rn. 58; *Thiel*, Polizei- und Ordnungsrecht, § 1 Rn. 26 ff.
296 „Öffentliche Sicherheit" ist in den Polizeigesetzen aller Länder als Schutzgut anerkannt, auf eine Normierung des Begriffs der öffentlichen Ordnung verzichten Bremen und Schleswig-Holstein.

Abs. 7, 35 Abs. 2 GG) sowie – allerdings mit anderem Bedeutungsgehalt – im Unionsrecht (zB Art. 36, 45 Abs. 3, 52 Abs. 1, 72 AEUV, Art. 8 Abs. 2 EMRK).[297]

Legaldefinitionen der sicherheitsrechtlichen Schutzgüter für den Geltungsbereich des ThürOBG enthalten **§ 54 Nr. 1 und 2 ThürOBG**. Bei der Anwendung von Normen des ThürPAG sowie des ThürPOG können sie vergleichend (in der Klausur: „vgl.") herangezogen werden. In der sicherheitsrechtlichen Dogmatik besteht Einigkeit darüber, dass die Begriffe bundesweit einheitlich zu interpretieren sind – im Sinne einer Umschreibung der Schutzgüter des materiellen Polizeirechts. 126

2. Öffentliche Sicherheit

a) **Die drei Teilschutzgüter.** Nach § 54 Nr. 1 ThürOBG ist öffentliche Sicherheit die Unverletzlichkeit 127

- der Rechtsordnung,
- der subjektiven Rechte und Rechtsgüter des Einzelnen sowie
- des Bestandes, der Einrichtungen und Veranstaltungen des Staates und sonstiger Träger von Hoheitsgewalt.

Das Thüringer Sicherheitsrecht greift in dieser Formulierung – wie auch das sachsen-anhaltinische[298] – auf die **Lehre zu den drei Teilschutzgütern** zurück. Diese fand ihren Ursprung in der amtlichen Begründung zu § 14 PVG[299] und setzte sich in einer langjährigen Rechtsprechung des Preußischen Oberverwaltungsgerichts fort.[300] Zunächst waren zwei Teilschutzgüter angenommen worden: die Unverletzlichkeit einerseits der Individualrechtsgüter Leben, Gesundheit, Ehre, Freiheit, Vermögen und auf der anderen Seite diejenige des Bestands des Staates und seiner Einrichtungen.[301] Allmählich bildete sich eine dritte Fallgruppe heraus: die **Unverletzlichkeit der Rechtsordnung**. Da inzwischen sämtliche Gesellschaftsbereiche „durchnormiert" sind, stellt diese heute die bei weitem wichtigste Fallgruppe dar, die auch vorrangig zu prüfen ist.[302] Vor diesem Hintergrund ist die Lehre von den drei Teilschutzgütern als weitgehend überholt anzusehen.

Dennoch lässt sich auch heute nicht gänzlich auf die Teilschutzgüter der subjektiven Rechte und Rechtsgüter des Einzelnen sowie des Bestands des Staates und seiner Einrichtungen verzichten. Denn es gibt Fälle, in denen **Individualrechtsgüter** bedroht sind, ohne dass zugleich eine Verletzung der Rechtsordnung gegeben wäre, etwa bei Gefahren durch Naturereignisse sowie bei strafloser Selbstgefährdung. Auch der 128

---

297 Hier umfasst der Begriff der öffentlichen Sicherheit neben der inneren Sicherheit eines Mitgliedstaates auch seine äußere Sicherheit, EuGH, Urt. v. 11.3.2003 – C-186/01, Slg 2003 I-2479 Rn. 42 mwN – Alexander Dory/Bundesrepublik Deutschland.
298 § 3 Nr. 1 SOG LSA in der Fassung der Bekanntmachung v. 20.5.2014 (GVBl. LSA S. 182, 380).
299 „Die Polizeibehörden haben im Rahmen der geltenden Gesetze die nach pflichtmäßigem Ermessen notwendigen Maßnahmen zu treffen, um von der Allgemeinheit oder dem einzelnen Gefahren abzuwehren, durch die die öffentliche Sicherheit oder Ordnung bedroht wird." (PrGS 1931, S. 77).
300 *Drews/Wacke/Vogel/Martens*, Gefahrenabwehr, S. 232 mwN.
301 *Götz*, JuS 1991, 805.
302 *Schoch*, in: Schoch, Besonderes Verwaltungsrecht, S. 84; zur Fallbearbeitung vgl. *Ladeur/Prelle*, Jura 2000, 138, 140.

Schutz staatlicher Einrichtungen besteht unabhängig davon, ob Strafvorschriften einschlägig sind.

129 Droht – wie in den meisten Fällen – eine Verletzung der Rechtsordnung, so ist in einem umfassenden Gutachten auch auf die anderen Teilschutzgüter einzugehen und deren mögliche Beeinträchtigung festzustellen. Nicht anerkannt sind dagegen **Kollektivrechtsgüter**, etwa die Volksgesundheit. Würden diese als schützenswert im Rahmen des § 54 Nr. 1 ThürOBG angesehen, dürfte die Polizei gegen jeden Drogenkonsum einschreiten, also etwa auch bei Rauchen und Trinken tätig werden, was Art. 2 Abs. 1 GG übermäßig einschränken würde.[303] Hierzu hat der Gesetzgeber im Betäubungsmittelgesetz die Grenzen der zulässigen Selbstschädigung normiert.

130 **b) Unverletzlichkeit der Rechtsordnung.** Die Unverletzlichkeit der Rechtsordnung ist insbesondere dann beeinträchtigt, wenn die Einhaltung der im **Straf- und Ordnungswidrigkeitenrecht** normierten Verbote gefährdet ist.[304] In der hier vorzunehmenden Prüfung hat bei jeder einzelnen straf- oder ordnungsrechtlichen Bestimmung, etwa § 123 oder § 242 StGB, eine **vollständige Prüfung des objektiven Tatbestands** zu erfolgen.[305] Sämtliche Tatbestandsmerkmale sind hier ebenso sorgfältig und vertiefend zu analysieren wie in einem Strafrechtsfall. Insbesondere sind auch strafrechtliche Rechtfertigungsgründe zu erörtern, etwa Notwehr (§ 32 StGB), Notstand (§ 34 StGB), Selbsthilfe (§§ 229 f. BGB u. §§ 859 f. BGB) oder Legalisierung durch Erlaubnis oder Genehmigung,[306] da diese den objektiven Tatbestand ausschließen.

131 Die straf- und ordnungsrechtliche Prüfung ist andererseits auf den **objektiven Verbotstatbestand** beschränkt.[307] Denn präventivpolizeiliches Handeln zielt nur darauf ab, das objektiv Verbotswidrige zu verhindern. Nicht zu prüfen, weil polizeirechtlich irrelevant, sind daher subjektiver Tatbestand, Schuld und Voraussetzungen der Verfolgbarkeit.[308] Droht die Begehung einer Straftat im Ausland (vgl. §§ 5 ff. StGB), so ist die Unverletzlichkeit der Rechtsordnung beeinträchtigt. Denn die Verhinderung eines Verstoßes gegen das deutsche Strafrecht im Ausland ist Aufgabe der Polizei, auch wenn dieser dort keine Befugnisse zustehen.[309]

132 Inhaltlich ist der Begriff der Rechtsordnung weit zu verstehen. Er umfasst neben dem Straf- und Ordnungswidrigkeitenrecht das gesamte **Allgemeine und Besondere**

---

303 Insgesamt krit. gegenüber der Einbeziehung von Kollektivrechtsgütern in das Schutzgut der öffentlichen Sicherheit: *Götz/Geis*, Allgemeines Polizei- und Ordnungsrecht, § 4 Rn. 36; anders noch BVerwG, DVBl 1974, 297; VGH BW, VBlBW 1992, 211, 213.
304 *Thiel*, Polizei- und Ordnungsrecht, § 8 Rn. 13; *Götz/Geis*, Allgemeines Polizei- und Ordnungsrecht, § 4 Rn. 9; *Schwan*, in: Huber, Thüringer Staats- und Verwaltungsrecht, S. 283.
305 *Götz/Geis*, Allgemeines Polizei- und Ordnungsrecht, § 4 Rn. 11; *Kugelmann*, Polizei- und Ordnungsrecht, S. 79; vgl. BVerwG NJW 1982, 1008, 1009.
306 BVerwGE 55, 118, 12.
307 Vgl. dazu die Definition der Straftat in § 2 Nr. 4 BremPolG: „eine rechtswidrige Tat, die den objektiven Tatbestand eines Strafgesetzes verwirklicht"; unerheblich ist auch die Erfüllung der Voraussetzungen der strafrechtlichen Verfolgbarkeit.
308 Vgl. BVerwGE 64, 55, 61.
309 *Breucker*, Transnationale polizeiliche Gewaltprävention, 2003, S. 207 ff.; *Kingreen/Poscher*, Polizei- und Ordnungsrecht, § 7 Rn. 10.

Verwaltungsrecht, das Privatrecht, sämtliche Rechtsverordnungen und Satzungen, die Verfassung und das Europarecht.[310]

Der Auftrag an Polizei- und Ordnungsbehörden zum Schutz der gesamten Rechtsordnung führt dazu, dass sie Gesetzesverletzungen mit der **Handlungsform des Verwaltungsakts** unterbinden können, der seinerseits Grundlage für Vollstreckungsmaßnahmen ist. Über die Brücke der polizei- und ordnungsrechtlichen Befugnisnormen wird damit eine Lücke geschlossen, die dadurch klafft, dass die meisten Verbots- und Gebotsvorschriften zwar mit der Androhung von Strafen oder Geldbußen bewehrt sind, aber keine Ermächtigung zum Erlass eines Verwaltungsakts enthalten.[311] So vervollständigt das Polizei- und Ordnungsrecht die sog *leges imperfectae* des Verwaltungsrechts.[312]

133

c) **Subjektive Rechte und Rechtsgüter des Einzelnen. aa) Überblick zur gesetzlichen Systematik.** Unter den Begriff der subjektiven Rechte und Rechtsgüter des Einzelnen fallen **alle Privatrechte**. Dazu zählen insbesondere Eigentum, Besitz, allgemeines Persönlichkeitsrecht, Namensrechte und sonstige Rechte wie auch die Rechtsgüter Leben, Gesundheit und Freiheit. Geschützt werden diese teilweise durch die Verfassung, etwa durch Grundrechte mit wesensmäßiger Drittwirkung (zB das Grundrecht auf ungestörte Religionsausübung, Art. 4 Abs. 2 GG bzw. Art. 39 ThürVerf, die Versammlungsfreiheit, Art. 8 GG bzw. Art. 10 ThürVerf), im Übrigen durch das Privatrecht und auch regelmäßig durch das Strafrecht. Hier droht also zugleich eine **Verletzung der Rechtsordnung**. In der Praxis steht der **Gesundheitsschutz** im Zentrum (Art. 2 Abs. 2 S. 1 GG bzw. Art. 3 Abs. 1 ThürVerf), etwa bei der individuellen Anordnung eines Maulkorb- und Leinenzwangs für bissige Hunde, wenn spezielle Bestimmungen dazu fehlen.[313]

134

Zu beachten ist bei dieser Fallgruppe, dass staatlicher Schutz privater Rechte vor Gefährdungen, Verletzungen oder Vereitelung durch andere Rechtssubjekte des Privatrechts primär den Gerichten der **ordentlichen Gerichtsbarkeit** und den ihnen zugeordneten Zwangsvollstreckungsorganen obliegt. Droht also eine Verletzung individueller Rechte und Rechtsgüter durch bestimmte Private, so tritt die Gefahrenabwehr nach dem **Subsidiaritätsgrundsatz** hinter den zivilrechtlichen Rechtsschutz zurück. Der Polizei kommt insoweit nur hilfsweise eine Rechtsschutzaufgabe zu, nämlich dann, wenn gerichtlicher Schutz nicht rechtzeitig zu erlangen ist, und wenn ohne polizeiliche Hilfe die Verwirklichung des Rechts vereitelt oder wesentlich erschwert werden würde, § 2 Abs. 2 ThürPAG. Für Ordnungsbehörden gilt dies entsprechend nach § 2 Abs. 2 ThürOBG. Polizei- und Ordnungsbehörden dürfen also nur tätig werden, wenn selbst der schnellste zivilprozessuale Rechtsschutz, etwa durch einstweilige Verfügung oder Arrest (§§ 935 ff. ZPO), Rechtsschutzlücken offenlässt. Angenommen worden ist eine polizeiliche Zuständigkeit etwa zur Verhinderung von gezielten „Gehsteigberatungen"

135

---

310 *Kingreen/Poscher*, Polizei- und Ordnungsrecht, § 7 Rn. 8; zum unionsrechtlichen Begriff der öffentlichen Sicherheit *Lindner*, JuS 2005, 302, 306.
311 Vgl. *Maurer/Waldhoff*, Allgemeines Verwaltungsrecht, 20. Aufl. 2020 § 10 Rn. 26 ff.; *Osterloh*, JuS 1983, 280.
312 *Mann*, in: Erbguth/Mann/Schubert, Besonderes Verwaltungsrecht, Rn. 436.
313 *Mann*, in: Erbguth/Mann/Schubert, Besonderes Verwaltungsrecht, Rn. 441.

von Frauen durch Abtreibungsgegner in der Nähe einer Einrichtung von ProFamilia.[314] Sachlich dürfen Polizei- und Ordnungsbehörden in solchen Fällen nur einstweilige Sicherungsmaßnahmen treffen, nicht dagegen endgültig verbieten oder gestatten.

136 **bb) Praktische Bedeutung der subjektiven Rechte.** Praktische Bedeutung erlangt die zweite Teilschutzgruppe der subjektiven Rechte und Rechtsgüter des Einzelnen insbesondere in folgenden Fällen:

(1) Gefahr durch Naturereignisse, bei der keine straf- oder ordnungsrechtlichen Vorschriften einschlägig sind. Hat beispielsweise eine Lawine die einzige Verbindungsstraße zwischen einem Gebirgsdorf und dem Hauptort des Tals verschüttet, so dass eine Gefahr für Leib und Leben der Dorfbewohner droht,[315] darf die Polizei ein privates Schneeräumfahrzeug sicherstellen, um diese Behinderung zu beseitigen.

(2) Obdachlosigkeit, die zur Gefährdung von Leib und Leben oder des Besitzes eines unfreiwillig Obdachlosen führt. Hier kommt die Wohnraumbeschlagnahme zugunsten des Obdachlosen in Betracht.[316]

(3) Feststellung der Personalien einer Person, etwa eines unterhaltspflichtigen Vaters, um der anspruchsberechtigten Mutter die Möglichkeit zu eröffnen, ihre Ansprüche zivilprozessual durchzusetzen (§ 14 Nr. 7 ThürPAG, § 15 Abs. 1 Nr. 3 ThürOBG).[317]

(4) Sicherung des Vermieterpfandrechts, dh die Sicherstellung der Habe des Mieters durch die Polizei, wenn sich dieser dem Vermieterpfandrecht (§ 562 Abs. 1 BGB) durch Auszug zu entziehen versucht. Hier führt das Subsidiaritätsprinzip (§ 2 Abs. 2 ThürPAG, § 2 Abs. 2 ThürOBG) jedoch zur Befristung und Vorläufigkeit der polizeilichen Maßnahme, dh der Vermieter muss Eilrechtsschutz beim AG gegen seinen Mieter beantragen.

(5) Zuparken eines Kfz auf Privatgrundstücken (verbotene Eigenmacht). Abzustellen ist, wenn nicht zugleich der Tatbestand der Nötigung (§ 240 StGB) verwirklicht ist, auf die Verletzung des Eigentums (Eigentumsnutzung, § 903 S. 1 BGB) und Besitzes am Kfz. Ein polizeilicher Einsatz ist allerdings nur unter Beachtung des Subsidiaritätsgrundsatzes zulässig.

(6) Selbstgefährdung und Selbsttötung. Hier besteht ein Spannungsverhältnis zwischen der durch Art. 2 Abs. 1 GG bzw. Art. 3 Abs. 2 ThürVerf abgesicherten allgemeinen Handlungsfreiheit, welche auch das Recht zur Selbstgefährdung zB durch Risikosport oder Rauchen umfasst, und staatlichen Schutzpflichten aus Art. 2 Abs. 2 GG bzw. Art. 3 Abs. 1 ThürVerf. Aufgelöst wird dieses für Einzelbereiche in Spezialgesetzen (etwa JugendschutzG, Betäubungsmittelgesetz usw.).[318]

---

314 VGH BW, NJW 2011, 2532.
315 Vgl. *Kingreen/Poscher*, Polizei- und Ordnungsrecht, § 7 Rn. 22.
316 OVG SH, NordÖR 2012, 213; *Kingreen/Poscher*, Polizei- und Ordnungsrecht, § 5 Rn. 15. Die freiwillige Obdachlosigkeit ist ein Fall der grundrechtlich geschützten Selbstgefährdung, vgl. dazu NdsOVG, NVwZ 1992, 502; HessVGH, NVwZ 1992, 503.
317 OLG Düsseldorf, NJW 1990, 998.
318 Vgl. *Patzak*, in: Körner/Patzak/Volkmer (Hrsg.), Betäubungsmittelgesetz, 10. Aufl. 2022, § 29 Rn. 9.

VI. Schutzgüter

Im Übrigen setzt der **Grundrechtsschutz einer Selbstgefährdung** zweierlei voraus: 137

- **Sie darf Dritte nicht gefährden.** Zu deren Schutz muss die Polizei jedenfalls tätig werden. Wenn dies erforderlich ist, muss hierbei die Selbstgefährdung unterbunden werden, beispielsweise eine Selbstverbrennung im Rahmen einer Demonstration. Selbstschädigend darf jeder zwar sein Eigentum aufgeben, damit aber nicht eine Gefahr schaffen, wie sie durch Brandstiftung oder Verwahrlosung entstünde. Er mag sich beleidigen lassen, aber nur insoweit, als dadurch nicht zugleich Ansehen und Tätigkeit privater oder öffentlicher Einrichtungen beeinträchtigt werden, in denen er tätig ist.
- Zudem muss dem sich selbst Gefährdenden die **Gefahr bekannt** sein. Er muss also die Tragweite seines Handelns absehen können und somit in der Lage sein, eine freie Willensentscheidung zu treffen. Daran fehlt es etwa bei Kindern oder solchen Erwachsenen, die sich – etwa unter Drogeneinfluss – in einem die freie Willensbestimmung ausschließenden Zustand befinden.[319]

Umstritten ist, ob die Polizei bei einem **Selbstmordversuch** eingreifen muss. Wohl überwiegend wird hier stets eine **Gefahr für die öffentliche Sicherheit** angenommen.[320] Die Polizei ist danach bei jedem Selbstmordversuch zum Einschreiten berechtigt, in der Regel durch Ingewahrsamnahme des Suizidenten, und sie ist hierzu auch immer verpflichtet (§ 323c StGB). Das menschliche Leben stehe nicht zur Disposition des Grundrechtsträgers, der Staat habe hier seine Schutzpflicht aus Art. 2 Abs. 2 S. 1 GG[321] bzw. Art. 3 Abs. 1 ThürVerf zu erfüllen. Das Grundrecht auf Leben sei „auch eine **Wertentscheidung für das Leben,** für eine lebensbejahende Gesellschaft, die hier entschieden Position bezieht."[322] Die allgemeine Handlungsfreiheit des Suizidenten tritt danach vollständig hinter die staatliche Schutzpflicht zurück, der absoluter Vorrang gebührt.

Weshalb die **Abwägung** gerade **beim Selbstmordversuch** so ausgehen muss, eine 138
Selbstgefährdung dagegen, etwa durch Alkoholmissbrauch, Drogenkonsum oder Risikosportarten, als von Art. 2 Abs. 1 GG, Art. 3 Abs. 2 ThürVerf erfasst anzusehen sein soll, ist nicht einsichtig. Verpflichtet man die Polizei, bei jedem Selbstmordversuch einzuschreiten, so wendet sich die angebliche Lebensbejahung der Gesellschaft gegen das Selbstbestimmungsrecht ihrer Mitglieder,[323] der Bürger, die faktisch entmündigt werden. Richtig ist es daher, unter Verzicht auf pauschalierendes Pathos das **Spannungsverhältnis zwischen Art. 2 Abs. 1 GG und Art. 2 Abs. 2 S. 1 GG** für jeden **Einzelfall** gesondert aufzulösen, unter Einbezug aller aus Sicht eines vernünftigen Polizeibeamten erkennbaren Umstände.

---

319 *Wehr*, Examens-Repetitorium Polizei- und Ordnungsrecht, Rn. 56 f.; *Thiel*, Polizei- und Ordnungsrecht, § 8 Rn. 30 f.; *Götz/Geis*, Allgemeines Polizei- und Ordnungsrecht, § 4 Rn. 31.
320 BayObLG, NJW 1989, 1815, 1816; *Knemeyer*, VVDStRL 35 (1977), 221, 253 ff.; *Thiel*, Polizei- und Ordnungsrecht, § 8 Rn. 31; *Di Fabio*, in: Dürig/Herzog/Scholz, Grundgesetz-Kommentar, Art. 2 Abs. 2 S. 1 Rn. 47 f. mwN. Grundlegend *Fischer*, Die Zulässigkeit aufgedrängten staatlichen Schutzes vor Selbstschädigungen, 1997; *Hillgruber*, Der Schutz des Menschen vor sich selbst, 1992; *Littwin*, Grundrechtsschutz gegen sich selbst, 1993.
321 Dazu BVerfGE 39, 1, 42; 46, 160, 164 f.
322 *Di Fabio*, in: Dürig/Herzog/Scholz, Grundgesetz-Kommentar, Art. 2 Abs. 2 S. 1 Rn. 47 f.
323 Wie dieses einfachgesetzlich etwa in § 1901a Abs. 1 S. 2 BGB normiert ist.

139 Danach ist als von der allgemeinen Handlungsfreiheit geschützt (Art. 2 Abs. 1 GG, Art. 3 Abs. 2 ThürVerf) der sog **Bilanzselbstmord** anzusehen. Dieser beruht auf einer selbstbestimmt vorgenommenen Abwägung der Vor- und Nachteile des Weiterlebens und gefährdet in seiner Ausführung Dritte nicht.[324] So hat es der Staat beispielsweise zu respektieren, wenn sich ein Schwerstkranker bewusst dafür entscheidet, seinem Leben ein vorzeitiges, ihm würdig erscheinendes Ende zu bereiten.[325]

140 In den Fällen eines auf Entdeckung angelegten, sog **Appellselbstmordes** ist dagegen anzunehmen, dass das Bedürfnis nach Aufmerksamkeit und Zuwendung eine freie Willensbestimmung bei der Entscheidung über das Weiterleben vorübergehend ausschließt. In der Praxis stellt der zum polizeilichen Einschreiten verpflichtende Hilferuf des Suizidenten, also ein solcher Appellselbstmord, den Regelfall dar.[326] Denn ein unverrückbar zur Selbsttötung Entschlossener wird sein Vorhaben in die Tat umsetzen, ohne anderen die Möglichkeit zum Eingreifen zu bieten.[327] Gelingt es der Polizei aber, bei drohendem Selbstmord rechtzeitig einzutreffen, so sind allein schon deshalb Zweifel an einer freien Willensbetätigung angebracht.[328]

141 **d) Bestand der Einrichtungen und Veranstaltungen des Staates.** Geschützt sind im Rahmen des dritten Teilschutzguts der räumlich-gegenständliche Bereich und Betrieb der Staatsorgane, -einrichtungen und -veranstaltungen sowie deren Funktionsfähigkeit gegen äußere Störungen. **Häufig**, allerdings nicht notwendigerweise, liegt bei ihrer Beeinträchtigung **zugleich** eine – vorrangig zu prüfende – **Verletzung der Rechtsordnung** vor, etwa eine Nötigung von Verfassungsorganen nach §§ 105 ff. StGB, eine einfache Nötigung iSd § 240 StGB, beispielsweise beim widerrechtlichen Eindringen in Verwaltungseinrichtungen, oder auch Widerstand gegen Vollstreckungsbeamte nach §§ 113 f. StGB.

142 Unter **Einrichtungen** sind Organe, Behörden, Körperschaften und Anstalten zu verstehen, also etwa Hochschulen, Kammern, Rundfunkanstalten oder Museen.[329] **Veranstaltungen** sind dagegen ad hoc gebildete Handlungskomplexe wie beispielsweise Staatsempfänge, Staatsbesuche, Staatsbegräbnisse, Tage der offenen Tür.[330] Neben dem polizei- und ordnungsrechtlichen Schutz der staatlichen Einrichtungen besteht hier auch das Hausrecht dieser Einrichtungen selbst als Ausfluss ihrer Organisationsgewalt.[331]

143 Der polizei- und ordnungsrechtlichen Sicherung des Staates, seiner Einrichtungen und Organe sind jedoch verfassungsrechtliche **Grenzen** gesetzt durch die **Grundrechte**. Deren private Träger, die Bürger und deren Vereinigungen, dürfen in der Demokratie

---

324 *Höfling*, NJW 1983, 1582, 1585; *Schoch*, Jura 2003, 179 ff.; *Witteck*, JA 2009, 292.
325 *Isensee*, in: Merten/Papier (Hrsg.), Handbuch der Grundrechte IV, 2011, § 88 Rn. 47 ff.; *Dreier*, in: Dreier (Hrsg.), Grundgesetz Kommentar I, 3. Aufl. 2013, Art. 1 Abs. 1 Rn. 154.
326 *Stengel*, Selbstmord und Selbstmordversuch, 1969, S. 102; *Kingreen/Poscher*, Polizei- und Ordnungsrecht, § 7 Rn. 23.
327 *Schoch*, Jura 2013, 468, 474.
328 *Mann*, in: Erbguth/Mann/Schubert, Besonderes Verwaltungsrecht, Rn. 448.
329 Vgl. die Aufzählung bei *Götz/Geis*, Allgemeines Polizei- und Ordnungsrecht, § 4 Rn. 41.
330 *Kingreen/Poscher*, Polizei- und Ordnungsrecht, § 7 Rn. 30.
331 Nur im Fall der Polizeizuständigkeit des Parlamentspräsidenten ist die Ordnungsgewalt als Polizeizuständigkeit ausgestaltet.

nicht im Namen der öffentlichen Sicherheit an zulässiger **Kritik am Staat**, seinen Institutionen und Organen gehindert werden.[332] Die Polizei hat insoweit die **Meinungsfreiheit** (Art. 5 Abs. 1 GG, Art. 11 ThürVerf) zu achten, auch deren kollektive Ausübung: Versammlungsfreiheit (Art. 8 GG, Art. 10 ThürVerf), Vereinigungsfreiheit (Art. 9 Abs. 1 GG, Art. 13 ThürVerf), Koalitionsfreiheit (Art. 9 Abs. 3 GG, Art. 37 ThürVerf). Polizeiliches Einschreiten kommt hier nur gegen Personen in Betracht, die etwa durch Beleidigung oder Gewaltanwendung Strafgesetze verletzen und deshalb einen Eingriff in ihre Grundrechte zu dulden haben. Die Sicherung der Funktionsfähigkeit staatlicher Einrichtungen kann Polizeieinsätze nicht allgemein rechtfertigen.[333] Diese müssen sich vielmehr auf einen gegenüber Freiheitsrechten verhältnismäßigen Schutz von Staatsexistenz und verfassungskonformer Staatstätigkeit beschränken. Vor rechtmäßigen Beeinträchtigungen darf die Polizei staatliche Veranstaltungen daher nicht schützen. So ist etwa ein Platzverweis gegenüber einem Bürger, der Verkehrsteilnehmer zulässigerweise vor einer Radarkontrolle warnt, rechtswidrig.[334]

3. Schutz der öffentlichen Ordnung

a) **Begriffliche und historische Grundlagen.** Der in § 54 Nr. 2 ThürOBG legaldefinierte Begriff „Öffentliche Ordnung" umfasst, im Gegensatz zu dem der öffentlichen Sicherheit, die sog **ungeschriebenen Regeln**, dh gesellschaftliche Ordnungsnormen (Sozialnormen). Historisch geht der Begriff zurück auf die Rechtsprechung des Preußischen Oberverwaltungsgerichts im 19. Jahrhundert[335]. 1931 wurde er in die Begründung des Preußischen Polizeiaufgabengesetzes übernommen und erwies sich gerade im Nationalsozialismus,[336] aber auch später in der ehemaligen DDR[337] als hochgradig ideologieanfällig. Ungeachtet dieser Erfahrungen wird er in den meisten Bundesländern bis in die Gegenwart weiter verwendet. Kein polizeiliches Schutzgut mehr ist die öffentliche Ordnung in Bremen[338] und Schleswig-Holstein;[339] in Nordrhein-Westfalen wurde sie 1989 aus dem Polizeigesetz gestrichen, 2010 dort aber wiedereingeführt.[340] In Thüringen wird das Schutzgut der öffentlichen Ordnung neben dem der öffentlichen Sicherheit genannt, tritt aber in der Regel hinter letzterem als **subsidiär** zurück: Soweit der Schutz von Gemeinschaftsbelangen gesetzlich geregelt ist, kommt ein Rückgriff auf die öffentliche Ordnung nicht in Betracht.

144

b) **Gegenwärtige Anwendungsfelder.** aa) **Überblick zu Rechtsprechung und Schrifttum.** Die heutige Reichweite des **Anwendungsbereichs** der öffentlichen Ordnung ist umstritten: Ein Teil von Lehre und Rechtsprechung sieht hierin auch gegenwärtig einen eigenständigen, von der öffentlichen Sicherheit unabhängigen Gegen-

145

---

332 *Drews/Wacke/Vogel/Martens*, Gefahrenabwehr, S. 234.
333 *Schenke*, Polizei- und Ordnungsrecht, § 3 Rn. 100; *Drews/Wacke/Vogel/Martens*, Gefahrenabwehr, S. 234.
334 Vgl. dazu *Hartmann*, JuS 2008, 984, 986.
335 PrOVGE 23, 409; 91, 139. Zusammenfassend *Drews*, Preußisches Polizeirecht I, 1936, S. 13 f.
336 Vgl. die Rechtsprechung zu Damenboxkämpfen *Kingreen/Poscher*, Polizei- und Ordnungsrecht, § 7 Rn. 45.
337 *Lüers*, Das Polizeirecht in der DDR, 1974, S. 30 ff.
338 Bremisches Polizeigesetz v. 21.3.1983 (HB GBl. S. 142, 143).
339 Neufassung des Landesverwaltungsgesetzes v. 2.6.1992 (SH GVBl. S. 243, 285).
340 Gesetz zur Änderung des Polizeigesetzes des Landes Nordrhein-Westfalen v. 9.2.2010 (NW GVBl. S. 132).

stand sicherheitsrechtlicher Aufgabenerfüllung.[341] Gefährdet erscheint sie demnach beispielsweise durch die Aufschrift „Polizei" auf einem Trabant,[342] die Verwendung der Reichskriegsflagge durch rechtsgerichtete Gruppierungen[343], öffentliches Nacktradeln[344], Verwendung eines Abzeichens „Arzt" in einem ersichtlich keinem Arzt gehörenden Fahrzeug in der Absicht, Parkerleichterungen zu erlangen oder bei der Verwendung früherer DDR-Symbole.[345]

146 Vor dem Hintergrund vermehrter rechtsradikaler Aufmärsche in Thüringen an **historisch sensiblen Tagen**[346] oder solchen mit polyvalenter Bedeutung[347] dient die öffentliche Ordnung der Literatur neuerdings auch zur Einschränkung der Versammlungsfreiheit nach § 15 Abs. 1 VersammlG.[348] Dies lässt sich allerdings schwer in Einklang bringen mit der höchstrichterlichen Rechtsprechung, die in der verfassungsrechtlichen Würdigung von Versammlungen das **Selbstbestimmungsrecht des Veranstalters** als maßgeblich erachtet.[349] Auf dieser Grundlage kommt ein Versammlungsverbot aus Gründen der öffentlichen Ordnung nur ausnahmsweise in Betracht,[350] nämlich dann, wenn Gefahren nicht aus dem Gegenstand, sondern aus der Art und Weise der Durchführung einer Versammlung drohen, und zu ihrer Abwehr Auflagen nicht ausreichen.[351] In der Praxis mögen Ausübungsmodalitäten und Inhalt einer Versammlung mitunter schwer voneinander zu unterscheiden sein, zumal sie einander wechselseitig bedingen. Dennoch ist diese in der Grundrechtsdogmatik herrschende Differenzierung, die zu Recht auch die Thüringer Fachgerichtsbarkeit leitet,[352] dazu geeignet, den verfassungsrechtlich gebotenen Schutz zentraler Freiheitsrechte zu sichern. Zur Gewährleistung der Pressefreiheit (Art. 5 Abs. 1 S. 2 GG, Art. 11 Abs. 2 ThürVerf) wird diese Unterscheidung beispielsweise auch der Beschlagnahme von Presseerzeugnissen zugrunde gelegt.[353]

147 bb) **Grundsätzliche Kritik.** Die prinzipielle Kritik am Tatbestandsmerkmal der öffentlichen Ordnung wird heute lauter und fundierter.[354] Sie ist – mag sie auch mitunter zu weit gehen[355] – im Grunde berechtigt. Eine „Gesamtheit der ungeschriebenen Regeln" kann nicht mit auch nur annähernder Bestimmtheit objektiv festgestellt werden; „je-

---

341 BVerfGE 69, 315, 352; BVerwG, DVBl 1970, 504; *Mussgnug*, in: Mursiek/Storost/Wolff (Hrsg.), FS Quaritsch, 2000, 349; *Fechner*, JuS 2003, 734.
342 *Ebert/Seel*, Thüringer Gesetz über die Aufgaben und Befugnisse der Polizei, § 2 Rn. 8.
343 VG Weimar, Beschl. v. 17.1.1998 – 4 E 178/98 (unveröffentlicht); vgl. ThürOVG, ThürVBl. 2002, 213.
344 VG Karlsruhe, NJW 2005, 3658.
345 *Ebert/Seel*, Thüringer Gesetz über die Aufgaben und Befugnisse der Polizei, § 2 Rn. 8.
346 Z.B. 20. April (Hitlers Geburtstag); 17. August (Todestag von Rudolf Heß).
347 Insbesondere der 9. November: Novemberrevolution (1918); Reichspogromnacht (1938); Mauerfall (1989); grundlegend dazu *Eisele/Hyckel*, ThürVBl. 2018, 25 ff.
348 *Pauly/Bushart*, DÖV 2017, 64, 66 ff.; krit. *Eisele/Hyckel*, ThürVBl. 2018, 25, 26 ff.
349 Wie hier *Eisele/Hyckel*, ThürVBl. 2018, 25 ff.
350 Grundlegend BVerfGE 69, 315, 352 („Brokdorf"), wonach eine Gefährdung der öffentlichen Ordnung Verbote und Auflösungen von Versammlungen im Allgemeinen nicht trägt.
351 BVerwG, NVwZ 2014, 883, 883 ff.
352 ThürOVG, LKV 2017, 16, 17.
353 BVerfG, NJW 2007, 117, 118 ff.; ZD 2016, 81, 82 ff.; ZUM-RD 2016, 153, 154 ff. S. dazu im Einzelnen unten VIII. 8. c. dd.
354 Vgl. *Waechter*, NVwZ 1997, 729, 729 ff.; *Hebeler*, JA 2002, 521, 521 ff.; *Götz/Geis*, Allgemeines Polizei- und Ordnungsrecht, § 5 Rn. 5 ff.; *Ipsen*, NdsVBl. 2003, 281, 282 f.; *Erbel*, DVBl 2001, 1714, 1717 f.; *Schoch*, Jura 2003, 177, 180; *Mann*, in: Erbguth/Mann/Schubert, Besonderes Verwaltungsrecht, Rn. 451 ff.
355 Vgl. dazu insbesondere *Schenke*, Polizei- und Ordnungsrecht, § 3 Rn. 70.

weils herrschende Auffassungen" lassen sich nicht unter Einsatz demokratischer Mehrheitskategorien normativ erfassen; „geordnetes staatsbürgerliches Verhalten" ist als Begriff ebenso wenig eingrenzbar. **Alle Versuche zur Bestimmung einer öffentlichen Ordnung scheitern** an dem im Polizeirecht als Eingriffsrecht streng zu beachtenden Verfassungsgebot der Bestimmtheit als Bestandteil des Rechtsstaatsprinzips (Art. 28 Abs. 1 S. 1 GG, Art. 44 Abs. 1 S. 2 ThürVerf).

Historisch hat sich der Begriff der öffentlichen Ordnung als **ideologieanfällige Einbruchstelle** für nationalsozialistisches Gedankengut erwiesen. Heute besteht die Gefahr, dass Polizei- und Ordnungsbehörden zu seiner Ausfüllung ihre eigenen Anschauungen zum Maßstab nehmen, was Parlamentsvorbehalt und Gewaltenteilung auszuhöhlen droht. Darüber hinaus hat sich im Öffentlichen Recht, vor allem im Polizeirecht, eine **Spezialisierung der (unter-)gesetzlich ausgestalteten Rechtsordnung** entfaltet, deren Unverletzlichkeit bereits als solche Gegenstand polizeilicher Aufgabenerfüllung ist. Diese Entwicklung steht einem zusätzlichen Einsatz der öffentlichen Ordnung in deren traditionellem Verständnis entgegen. 148

Schließlich findet sich die öffentliche Ordnung in jenem früheren Sinn auch nicht mehr in der Rechtsprechung des Bundesverfassungsgerichts. Dort wird vielmehr neuerdings auf die sog **Wertmaßstäbe des Grundgesetzes** verwiesen.[356] Diese sind aber Teil der die Aufgaben der Polizei bestimmenden Rechtsordnung, deren Unverletzlichkeit bereits im Rahmen der öffentlichen Sicherheit zu wahren ist. In dieser ist also die öffentliche Ordnung inzwischen aufgegangen, ohne dass sie ihr etwas an eigenständigem Norminhalt hätte hinzufügen können. 149

Mit Recht will daher eine im Vordringen befindliche Ansicht der **öffentlichen Ordnung keine ergänzende oder lückenfüllende Funktion** für das Sicherheitsrecht mehr zuerkennen.[357] Öffentliche Räume können gegen Lärm, Verunreinigung, Aufstellen von Lagern uä durch spezielle gemeindliche Sicherheitsvorschriften abgesichert werden, auf der Rechtsgrundlage des jeweiligen öffentlichen Eigentums, der Verhütung von (drohenden) Straftaten sowie des gesetzlichen Verkehrs- und Umweltschutzes. Weithin reicht bereits der in Thüringen in Art. 19 ThürVerf verfassungsrechtlich ausdrücklich gewährleistete Jugendschutz aus, um sittlich anstößiges Verhalten zu verhindern. Der öffentliche Frieden[358] wird durch gesetzliche Gewaltverbote sowie die Grenzen der Meinungsfreiheit gesichert (Art. 5 GG, Art. 11 ThürVerf). 150

cc) Verfassungsrechtliche Grenzen. Der Begriff der öffentlichen Ordnung hat historisch seine Schuldigkeit getan;[359] *de lege ferenda* sollte er in dem der öffentlichen Sicherheit aufgehen. *De lege lata* gilt es jedenfalls, die verfassungsrechtlichen Begrenzungen einer Bezugnahme auf die öffentliche Ordnung zu achten. Solche ergeben sich insbesondere aus 151

---

356 BVerfGE 111, 147, 156.
357 So etwa *Götz/Geis*, Allgemeines Polizei- und Ordnungsrecht, § 5 Rn. 5 mwN.
358 Dazu *Götz/Geis*, Allgemeines Polizei- und Ordnungsrecht, § 5 Rn. 5.
359 Bemerkenswert ist, dass er etwa bei *Hermes*, in: Dreier (Hrsg.), Grundgesetz Kommentar I, 3. Aufl. 2013, Art. 13 Rn. 116, als solcher nicht mehr behandelt wird; er wird gewissermaßen stillschweigend verabschiedet.

- Art. 5 Abs. 1 GG bzw. Art. 11 ThürVerf (Bezug nur auf die Art und Weise der Meinungskundgabe, nicht auf ihren Inhalt[360]),
- Art. 8 GG bzw. Art. 10 ThürVerf (nur Auflagen, kein Versammlungsverbot) sowie
- Art. 5 Abs. 3 GG bzw. Art. 27 Abs. 1 S. 2 ThürVerf (keine Inhaltskontrolle wissenschaftlicher Erzeugnisse[361]).

VII. Gefahr

1. Bedeutung im Sicherheitsrecht

152 Eine Gefahr für die öffentliche Sicherheit oder die öffentliche Ordnung ist **Voraussetzung allen polizeilichen oder ordnungsbehördlichen Handelns**. Im Thüringer Sicherheitsrecht begegnet der Begriff der Gefahr denn auch in vielfältigen Zusammenhängen. Beispielhaft genannt seien

- die Aufgabenzuweisungsnorm der Polizei und der Ordnungsbehörden nach § 2 Abs. 1 ThürPAG bzw. § 2 Abs. 1 ThürOBG,
- die Befugnisgeneralklausel für die Polizei und die Ordnungsbehörden gemäß § 12 Abs. 1 ThürPAG bzw. § 5 ThürOBG,
- die Rechtsgrundlagen für Standardmaßnahmen der Polizei und der Ordnungsbehörden nach §§ 13 ff. ThürPAG bzw. §§ 15 ff. ThürOBG,
- die Regelung des Verordnungsrechts der Ordnungsbehörden nach § 27 ThürOBG sowie
- die Vorschriften zu den Adressaten polizei- und ordnungsrechtlicher Maßnahmen gemäß §§ 7 ff. ThürPAG bzw. §§ 10 ff. ThürOBG.

In **juristischen Klausuren** zum Polizei- und Ordnungsrecht liegt der Schwerpunkt regelmäßig auf der sorgfältigen Prüfung des betroffenen **Schutzguts** sowie insbesondere auf der Frage, ob für dieses eine **Gefahr** besteht.[362]

153 Vereinzelt begegnet neben dem Begriff der Gefahr auch derjenige der **Störung**, etwa in §§ 2 Abs. 1, 39 S. 1 ThürOBG; in § 2 Abs. 1 ThürPAG erscheint der Begriff nicht. Störung meint „die Wirklichkeit gewordene Gefahr".[363] Eine Gefahr verdichtet sich zu einer Störung, wenn es zur Begehung einer rechtswidrigen Tat kommt.[364] Zwar lässt sich eine bereits verwirklichte Gefahr nicht mehr abwehren. Von einer Störung können aber weitere Gefahren ausgehen, was dann wiederum den Aufgabenbereich der Polizei eröffnet.

2. Konkrete und abstrakte Gefahr

154 Grundlegend für die Dogmatik des Sicherheitsrechts ist die Unterscheidung zwischen den Begriffen konkrete und abstrakte Gefahr, die in § 54 Nr. 3 lit. a) sowie § 54 Nr. 3

---

360 BVerwG, NVwZ 2014, 883, 883 ff.
361 *Kingreen/Poscher*, Polizei- und Ordnungsrecht, § 10 Rn. 6 ff.; vgl. allerdings Art. 5 Abs. 3 S. 2 GG und Art. 27 Abs. 2 ThürVerf.
362 Vgl. die Hinweise zur Fallbearbeitung bei *Winkler/Schadtle*, JuS 2015, 435; *Linke*, JuS 2015, 247; *Spilker/Wenzel*, JuS 2016, 337.
363 *Drews/Wacke/Vogel/Martens*, Gefahrenabwehr, S. 220; *Ebert/Seel*, Thüringer Gesetz über die Aufgaben und Befugnisse der Polizei, § 2 Rn. 18.
364 *Ebert/Seel*, Thüringer Gesetz über die Aufgaben und Befugnisse der Polizei, § 2 Rn. 18; zur Störungsbeseitigung als Erscheinungsform der Gefahr *Götz/Geis*, Allgemeines Polizei- und Ordnungsrecht, § 7 Rn. 14 ff.

lit. e) ThürOBG legal definiert sind. Nur bei Vorliegen einer **konkreten Gefahr** ist ein **Eingriff in Grundrechte** möglich. Eine konkrete, dh eine in einem einzelnen, räumlich und zeitlich bestimmten Fall bestehende Gefahr, ist damit Voraussetzung jedes sicherheitsrechtlichen Eingriffs. Dabei muss das Wort „konkret" jedoch nicht immer ausdrücklich in der jeweils anzuwendenden Befugnisnorm enthalten sein.

Das Gegenstück zur konkreten bildet die sog **abstrakte Gefahr** – auch **allgemeine Gefahr** genannt (vgl. § 2 Abs. 1 ThürPAG) –, die

- für die Eröffnung des polizei- und ordnungsrechtlichen **Aufgabenbereichs** nach § 2 Abs. 1 ThürPAG oder § 2 Abs. 1 ThürOBG erforderlich ist,
- zum **Erlass einer gefahrenabwehrrechtlichen Verordnung** ermächtigt (§ 27 ThürOBG) und
- nach § 2 Abs. 1 S. 2 ThürPAG Einzelmaßnahmen der **Gefahrenvorsorge** rechtfertigt.

155

Eine abstrakte Gefahr ist gegeben, „wenn eine generell-abstrakte Betrachtung für bestimmte Arten von Verhaltensweisen oder Zuständen zu dem Ergebnis führt, dass mit hinreichender Wahrscheinlichkeit ein Schaden im Einzelfall einzutreten pflegt".[365]

Den Begriffen konkrete und abstrakte Gefahr liegen **keine verschiedenen Grade** der **Wahrscheinlichkeit des Schadenseintritts** zugrunde, wie dies bei den Gefahrenabstufungen nach § 54 Nr. 3 lit. b) bis lit. d) ThürOBG sowie § 54 Nr. 5 ThürOBG der Fall ist. Die konkrete Gefahr ist also nicht intensiver als die abstrakte, sondern von anderer Art.[366]

156

Der **Unterschied** zwischen konkreter und abstrakter Gefahr liegt in ihrem **Bezugspunkt: Einzelfall** oder **typischer Fall**. So ist etwa eine konkrete (Seuchen-)Gefahr gegeben, wenn ein bestimmter tollwütiger Kampfhund in einer Fußgängerzone herumstreunt; ein Polizist kann das Tier nach § 27 Nr. 1 ThürPAG sicherstellen. Eine abstrakte Gefahr ist dagegen anzunehmen, wenn eine Beeinträchtigung von menschlicher Gesundheit und Eigentum durch den Kot verwilderter Stadttauben droht; insoweit kann die Ordnungsbehörde zur Gefahrenabwehr ein Taubenfütterungsverbot erlassen.[367]

157

Neben den Begriffen der konkreten und der abstrakten Gefahr kennt die sicherheitsrechtliche Dogmatik – auf der Grundlage der Rechtsprechung des BVerfGs[368] – noch den Tatbestand der **drohenden Gefahr**.[369] Er betrifft das **Vorfeld einer konkreten Gefahr**, wenn sich also der künftige Geschehensablauf noch nicht in all seinen Dimensionen (Zeit, Ort, Tatumstände, beteiligte und betroffene Personen) absehen lässt. Polizeirechtsgesetze anderer Länder knüpfen an eine drohende Gefahr teilweise Ein-

158

---

365 BVerwG, NJW 1970, 1890, 1892; *Drews/Wacke/Vogel/Martens*, Gefahrenabwehr, S. 495.
366 *Kingreen/Poscher*, Polizei- und Ordnungsrecht, § 8 Rn. 11; zum gleichzeitigen Vorliegen von abstrakter und konkreter Gefahr s. BVerwG, DVBl 1973, 857.
367 Dazu VGH BW, NVwZ-RR 2006, 398; VGH BW, NVwZ-RR 1992, 19; BayVerfGH, BayVBl. 2005, 172; *Schoch*, in: Schoch, Besonderes Verwaltungsrecht, S. 236.
368 BVerfGE 120, 274, 328 f.; 141, 220, 272.
369 Vertiefend dazu *Leisner-Egensperger*, DÖV 2018, 677; vgl. auch *Weinricht*, NVwZ 2018, 1680; *Holzner*, DÖV 2018, 946; *Möstl*, BayVBl 2018, 156; *Petri*, ZD 2018, 453.

griffsbefugnisse,[370] kritisch begleitet von Medienöffentlichkeit und Literatur.[371] Im Thüringer Polizei- und Sicherheitsrecht ist dieser Begriff bislang noch nicht eingeführt.

3. Prüfungsreihenfolge zur konkreten Gefahr

159 Ausgangspunkt der Dogmatik des Gefahrbegriffs ist in Thüringen die **Legaldefinition der konkreten Gefahr** in § 54 Nr. 3 lit. a) ThürOBG. Dies ist eine „Sachlage, bei der im einzelnen Falle die hinreichende Wahrscheinlichkeit besteht, dass bei ungehindertem Fortgang in absehbarer Zeit ein Schaden für die öffentliche Sicherheit oder Ordnung eintreten wird".

160 Die Zerlegung der Legaldefinition in ihre Einzelbestandteile führt zu einer **zwingenden Prüfungsreihenfolge**, die auch den folgenden Ausführungen zugrunde liegt:
- Die **öffentliche Sicherheit oder Ordnung** ist betroffen. Hier ist sorgfältig herauszustellen, welches (Teil-)Schutzgut beeinträchtigt sein kann.
- Mindestens einem der polizeilichen Schutzgüter **droht ein Schaden**, also nicht nur eine Belästigung.
- Für den Eintritt dieses Schadens besteht **im einzelnen Fall** eine **hinreichende Wahrscheinlichkeit**. Wann eine Wahrscheinlichkeit als hinreichend anzusehen ist, bestimmt das Verfassungsrecht, aus dem sich auch die im Thüringer Sicherheitsrecht gebräuchlichen Arten und Stufen gesteigerter Gefahr ableiten lassen.
- Der Schadenseintritt ist **bei ungehindertem Fortgang in absehbarer Zeit** anzunehmen. Hier geht es darum, auf welche Art und Weise das Wahrscheinlichkeitsurteil gefällt wird, insbesondere **wessen Sicht** dabei entscheidend ist. Abzustellen ist zunächst auf den ungehinderten Fortgang des **objektiv** zu erwartenden Geschehens.[372] In der Formulierung „absehbar" kommt aber auch eine **subjektive** Komponente zum Ausdruck: Entscheidend ist im Bereich der Einzelmaßnahmen, ob der jeweils handelnde Beamte vertretbar von einer bestimmten Schädigungswahrscheinlichkeit ausgeht.

4. Schaden

161 Der Begriff des Schadens als **Rechtsgutbeeinträchtigung** ist nicht eindeutig normativ festgelegt, weil auch nicht in solcher Weise bestimmbar. Im Falle einer Verletzung der Rechtsordnung ist stets ein Schaden gegeben, im Übrigen ist er in jedem einzelnen Fall – etwa bei Lärmbeeinträchtigungen im Zusammenhang eines Staatsakts – abzugrenzen zur bloßen Belästigung.

162 **Belästigung** ist eine Sachlage, die für ein Schutzgut zwar nachteilig sein mag, in Abwägung gegenüber der allgemeinen Handlungsfreiheit aber hinzunehmen ist.[373] So stellen Pfiffe im Zusammenhang mit einem öffentlichen Gelöbnis der Bundeswehr eine bloße

---

370 Vgl. etwa Art. 11 Abs. 3 BayPAG; weitergehend Gesetzentwurf der Staatsregierung für ein Gesetz zur Neuordnung des bayerischen Polizeirechts (PAG-Neuordnungsgesetz), Bayerischer Landtag Drs. 17/20425; vgl. auch Gesetzentwurf Landtag Nordrhein-Westfalen 17. Wahlperiode, Vorlage 17/690.
371 Vgl. etwa *Waechter*, NVwZ 2018, 458.
372 So die Formulierung der Rspr., vgl. BVerwGE 47, 31, 40.
373 Vgl. BVerwG, DVBl 1969, 568 f.; *Schenke*, Polizei- und Ordnungsrecht, § 3 Rn. 79; *Kingreen/Poscher*, Polizei- und Ordnungsrecht, § 8 Rn. 3 ff.

Belästigung dar, ein ohrenbetäubendes Pfeifkonzert überschreitet aber die Schwelle zur Schädigung.[374]

Soweit spezialgesetzliche Anforderungen an die Intensität einer Beeinträchtigung fehlen,[375] ist abgrenzungsentscheidend der **Grad des Ausfalls der vorgesehenen Wirksamkeitsfunktion eines Rechtsguts** nach den rechtlichen Regelungen, die derartige Effekte vorsehen. Dieser Intensitätsgrad kann quantitativ (zB Lärmerregung, Pfeifkonzert) oder qualitativ zu bestimmen sein (Gewaltanwendung). Normativ verdeutlicht wird diese Abstufung beispielsweise in § 1 Abs. 2 StVO, nach dem die Polizei nicht nur die Sicherheit, sondern auch die Leichtigkeit des Verkehrs zu gewährleisten hat. Die Höhe einer konkreten Schadensfolge im monetären Sinn ist ein wichtiges Abgrenzungselement zur Belästigung. Bei Gesundheitsbeeinträchtigungen lässt sich eine bloße Belästigung allerdings generell nicht mehr annehmen. 163

5. Hinreichende Wahrscheinlichkeit des Schadenseintritts

a) **Möglichkeit – Sicherheit – Risiko.** Die vom Gesetz (zB § 54 Nr. 3 ThürOBG) geforderte hinreichende Wahrscheinlichkeit des Schadenseintritts liegt **zwischen** einer bloßen, nicht völlig auszuschließenden **Möglichkeit** und der **Sicherheit eines solchen**. Vermutungen oder Spekulationen ohne tatsächliche Anhaltspunkte[376] genügen für sicherheitsbehördliches Einschreiten ebenso wenig wie – im Regelfall – ein sog Risiko. 164

Ein **Risiko** ist dann anzunehmen, wenn eine Schädigung zwar nicht wahrscheinlich ist,[377] sie sich andererseits aber nicht ausschließen lässt. Ein Risiko ist im Rechtsstaat[378] grundsätzlich hinzunehmen. Nur ausnahmsweise ist spezialgesetzlich normiert, dass es staatliche **Vorsorgemaßnahmen** ermöglicht oder erzwingt,[379] etwa im Immissionsschutzrecht (§ 5 Abs. 1 Nr. 2 BImSchG), im Atomrecht (§ 7 Abs. 2 Nr. 3 AtG) oder im Gentechnikrecht (§ 6 Abs. 2 S. 1 GentG). In Thüringen begegnet das Tatbestandsmerkmal Risiko etwa in §§ 5 Abs. 4, 6 ThürBgwVO[380] oder in § 24 Nr. 8 ThürEBV.[381] Ein aktuelles Beispiel für die rechtliche Relevanz des Risikobegriffs bietet die Coronapandemie. Hier wird die Frage, welche potenziellen gesundheitlichen Beeinträchtigungen vom Einzelnen als Bestandteil seines allgemeinen Lebensrisikos eigenverantwortlich zu tragen sind, und wie weit andererseits die staatliche Schutzpflicht für Leben und Gesundheit reicht, kontrovers beurteilt.[382] 165

b) **Die sog Je-desto-Formel.** Die Prüfung, wann eine Wahrscheinlichkeit im Einzelfall als hinreichend dafür anzusehen ist, dass eine Gefahr und nicht nur eine polizei- und 166

---

374 Vgl. BVerwGE 85, 247, 255 f.; *Kingreen/Poscher*, Polizei- und Ordnungsrecht, § 8 Rn. 4.
375 Vgl. insoweit § 3 Abs. 1 BImSchG, § 33a Abs. 1 S. 3 GewO, § 5 Abs. 1 Nr. 3 GastG, § 2 Abs. 3 BBodSchG, § 1 Abs. 2 StVO.
376 Anschaulich zum Versammlungsrecht *Eisele/Hyckel*, ThürVBl. 2018, 25, 28 ff.
377 *Voßkuhle*, JuS 2007, 908, 908 definiert Risiko als „bloß entfernte Möglichkeit eines Schadenseintritts", ohne zu erläutern, wie sich Abstufungen im Bereich der Möglichkeit bilden lassen sollen.
378 *Di Fabio*, Risikoentscheidungen im Rechtsstaat, 1994; vgl. auch *Papier*, DVBl 2010, 801.
379 Grundlegend zu dieser „Risikovorsorge unterhalb der Gefahrenschwelle" *Murswiek*, Die staatliche Verantwortung für die Risiken der Technik, 1985, S. 236 ff.
380 Thüringer Verordnung über die Qualität und die Bewirtschaftung der Badegewässer (ThürBgwVO) v. 30.6.2009 (GVBl. S. 544).
381 Thüringer Eigenbetriebsverordnung (ThürEBV) v. 6.9.2014 (GVBl. 642).
382 Vgl. *Murswiek*, DÖV 2021, 505; *Bamberger/Pieper*, NVwZ 2022, 38.

ordnungsrechtlich unbeachtliche Situation anzunehmen ist, stellt regelmäßig einen – leider häufig übersehenen – **Schwerpunkt polizei- und ordnungsrechtlicher Klausuren** dar. Gedanklicher Ausgangpunkt muss hier sein, dass die Adjektive „hinreichend" und „wahrscheinlich" eine einfachgesetzliche Ausprägung des rechtsstaatlichen Verhältnismäßigkeitsgrundsatzes darstellen. Dieser verlangt neben der Geeignetheit eines Eingriffs[383] sowie dessen Erforderlichkeit insbesondere, dass – unter dem Gesichtspunkt der **Verhältnismäßigkeit** im engeren Sinne[384] – zwischen der Schwere des Eingriffs und der Bedeutung des verfolgten Zwecks ein angemessenes Verhältnis besteht.

167 Die **Bedeutung des verfolgten Zwecks** hängt wiederum vom **Rang** des bedrohten **Rechtsguts** sowie vom **Ausmaß** des möglichen **Schadens** für dieses ab. Je bedeutsamer das Rechtsgut ist, um dessen Schutz es geht, und je größer der Schaden ist, der ihm möglicherweise droht, desto stärker darf der Eingriff sein.

168 Im Polizei- und Ordnungsrecht ist ein Eingriff insbesondere dann als stark anzusehen, wenn er auf Grundlage eines eher unwahrscheinlichen Schadenseintritts erfolgte. Der Verhältnismäßigkeitsgrundsatz führt daher zur sog **Je-Desto-Formel**: Je bedeutsamer, dh je ranghöher, das Schutzgut und je größer und folgenschwerer der drohende Schaden ist, desto geringere Anforderungen sind an die Wahrscheinlichkeit des Schadenseintritts zu stellen. Je rangniedriger das Schutzgut und je geringer der zu erwartende Schaden für dieses ist, umso wahrscheinlicher muss der Schadenseintritt sein.[385]

169 Zur Veranschaulichung mag das Beispiel eines Waldbrandes dienen: Droht ein Schaden für Leben und Gesundheit von Menschen, so genügt für das polizei- oder ordnungsbehördliche Einschreiten eine geringere Wahrscheinlichkeit für den Ausbruch eines Brandes, als wenn nur Sachschäden zu befürchten sind.[386]

170 c) **Gefahrabstufungen.** Konkrete Ausprägung hat die im rechtsstaatlichen Verhältnismäßigkeitsgrundsatz verankerte Je-desto-Formel[387] in zahlreichen – spezialgesetzlichen, im ThürPAG oder im ThürOBG normierten – Eingriffstatbeständen gefunden, die an **Gefahrabstufungen** besondere Anforderungen stellen

- einerseits an **Art und Ausmaß des drohenden Schadens**[388]: Gefahr für Leib und Leben (zB §§ 19 Abs. 1 Nr. 1, 23 Abs. 2, 65 Abs. 1 Nr. 1 ThürPAG), erhebliche Gefahr (zB § 32 Abs. 2 Nr. 1 ThürPAG), gemeine Gefahr (zB §§ 34 Abs. 1, 35 Abs. 1, 44 Abs. 1 ThürPAG),
- andererseits an die **zeitliche Nähe des Schadenseintritts**: unmittelbare oder unmittelbar bevorstehende Gefahr (zB §§ 19 Abs. 1 Nr. 2, 65 Abs. 1 Nr. 2 ThürPAG;

---

383 Zu dieser vgl. *A. Leisner*, Geeignetheit als Rechtsbegriff, DÖV 1999, 807.
384 Auch Angemessenheit genannt *Sodan/Ziekow*, Grundkurs Öffentliches Recht, 9. Aufl. 2020, § 24 Rn. 44; *Detterbeck*, Allgemeines Verwaltungsrecht, 19. Aufl. 2021, Rn. 239 ff.; dazu *Brenz*, Das Polizeirecht als ein durch den Verhältnismäßigkeitsgrundsatz bestimmtes System von Abwägungsentscheidungen, 2018.
385 St. Rspr. BVerfGE 100, 313, 392; 113, 348, 386; BVerwGE 45, 51, 61; 88, 334, 351; 116, 347, 356; *Voßkuhle*, JuS 2007, 908, 908; *Schoch*, Jura 2003, 472, 473 mwN; weiterführend zum Verhältnis von Eintrittswahrscheinlichkeit und Schadenshöhe *A. Leisner*, DÖV 2002, 326.
386 Vgl. dazu *Kingreen/Poscher*, Polizei- und Ordnungsrecht, § 8 Rn. 6 f.
387 BVerwGE 47, 31, 40; dazu auch *Korte/Dittrich*, JA 2017, 332.
388 *Kingreen/Poscher*, Polizei- und Ordnungsrecht, § 8 Rn. 21 sprechen insoweit vom „Gewicht der drohenden Schädigung".

§ 15 Abs. 1 VersammlG), gegenwärtige Gefahr (zB §§ 18 Abs. 2, 25 Abs. 1 Nr. 3, 27 Nr. 1 ThürPAG), Gefahr im Verzug (zB §§ 26 Abs. 1, 36 Abs. 4 ThürPAG). Diese tatbestandlichen Qualifikationen führen auf Rechtsfolgenseite dazu, dass es entsprechend dem Verhältnismäßigkeitsgrundsatz zu **Grundrechtseingriffen von besonderer Intensität** kommen kann. Ferner mag – auch dies ist eine Ausprägung des Verhältnismäßigkeitsgrundsatzes – bei besonderer Schadensnähe ausnahmsweise die Inanspruchnahme Nichtverantwortlicher gerechtfertigt sein (§ 10 Abs. 1 Nr. 1 ThürPAG, § 13 Abs. 1 Nr. 1 ThürOBG). Im Sonderfall der **Gefahr im Verzug** kann es schließlich zu einer Zuständigkeitsverlagerung kommen (zB § 26 Abs. 1 S. 1 ThürPAG), wenn nämlich bei Einhaltung der regulären Kompetenz ein Schaden einträte.[389]

Einen besonderen Bezugspunkt hat die Wahrscheinlichkeit im Fall des **Einschreitens der Polizei bei Strafrechtsverstößen**,[390] dem wohl häufigsten Fall der Gefahrenabwehr. Straftaten hat die Polizei nach § 2 Abs. 1 S. 2 ThürPAG zu verhüten und ihre Folgen möglichst zu minimieren. Die **Zuwiderhandlung gegen Strafnormen** begründet bereits als solche eine Gefahr für die Unverletzlichkeit der Rechtsordnung, damit eines sicherheitsrechtlichen Schutzguts. Während also bei den anderen Maßnahmen der Gefahrenabwehr eine konkrete Gefahr für das Schutzgut eine im Einzelfall festzustellende Voraussetzung polizeilichen Handelns darstellt, liegt die Besonderheit bei drohenden Straftaten darin, dass die Gefahr schon aufgrund des Gesetzesverstoßes feststeht. Es kommt damit **nur mehr** auf die **Wahrscheinlichkeit** dafür an, dass normwidrig gehandelt wird.

d) **Latente Gefahr.** Durch Rückgriff auf die **Rechtsfigur der latenten**, dh der **verborgenen Gefahr**[391] hat die Rechtsprechung den Versuch unternommen, eine Situation zu beschreiben,

- bei der ein Schadenseintritt **zunächst** nicht hinreichend wahrscheinlich war,
- die sich aber **im Lauf der Zeit**, unter gewandelten Verhältnissen, zu einer Gefahr entwickelt hat.

So sah das OVG NRW in der **Schweinemästerei** eines Bauernhofs für die Wohnbebauung, die über die Jahre an sie heranrückt, wegen der Geräusche, Gerüche, Ratten und Fliegen eine latente Gefahr.[392] Dogmatisch führt dieser Begriff jedoch nicht weiter. Denn eine Sachlage wird erst dann zur Gefahr, wenn die hinreichende Wahrscheinlichkeit eines Schadens besteht.[393] Dass früher situativ bereits Ansätze zur späteren Überschreitung der Schwelle zur hinreichenden Gefahr gegeben waren, ist für die Beurteilung der Rechtmäßigkeit polizei- oder sicherheitsrechtlichen Einschreitens irrelevant. Da eine latente Gefahr nach allgemeiner Ansicht den polizeilichen Aufgabenbereich

---

389 Vgl. *Metz*, NStZ 2012, 242, 242 ff.; dazu *Moldenhauer/Wenske*, JA 2017, 206.
390 *Kingreen/Poscher*, Polizei- und Ordnungsrecht, § 3 Rn. 4.
391 OVG NW, OVGE 11, 250; *Krüger*, JuS 2013, 985, 986; *Schmelz*, BayVBl. 2001, 550, 553; *Poscher*, Jura 2007, 801, 807; krit. *Götz/Geis*, Allgemeines Polizei- und Ordnungsrecht, § 9 Rn. 39; *Schenke*, Polizei- und Ordnungsrecht, § 3 Rn. 84.
392 OVG NW, OVGE 11, 250.
393 *Voßkuhle*, JuS 2007, 908, 909; *Korte/Dittrich*, JA 2017, 332; *Schenke*, Polizei- und Ordnungsrecht, § 3 Rn. 84 mit der zutreffenden Feststellung, dass der Terminus der „latenten Gefahr" oder der „latenten Störung" die Rechtslage „verdunkelt".

nicht eröffnet, sollte auf diesen Begriff verzichtet werden,[394] was in der Thüringer Rechtsprechung auch geschieht.[395]

6. Gefahrenbeurteilung

173 a) **Prognoseentscheidung.** Die Einschätzung, ob der Schadenseintritt hinreichend wahrscheinlich ist und mithin eine Gefahr gegeben ist, ist eine **Prognoseentscheidung**, wie sie bei der Ausfüllung unbestimmter Rechtsbegriffe im Verwaltungsrecht häufig begegnet.[396] Prognostizieren, dh in ihrem voraussichtlich künftigen Verlauf vorhersagen[397], müssen Polizei und Ordnungsbehörden

- das Ausmaß des drohenden Schadens sowie
- die Wahrscheinlichkeit seines Eintritts.

Wesensmäßig ist allen Prognosen die Unsicherheit über die tatsächliche Entwicklung. Maßgeblich ist daher die sog **ex-ante-Sicht**, dh der Augenblick des behördlichen Handelns.[398] Zu diesem Zeitpunkt muss eine hinreichende Wahrscheinlichkeit für den Eintritt eines Schadens bestehen. Auf welcher Grundlage eine solche Prognose zu erfolgen hat, muss differenziert nach Sachbereichen beurteilt werden. So ist beispielsweise im Infektionsschutzrecht fraglich, welcher medizinische Kenntnisstand zu fordern ist;[399] bei der Terrorismusbekämpfung kommt zunehmend „Data-Mining" mittels Algorithmen zum Einsatz.[400] Im Nachhinein ist die Prognose eine gerichtlich voll überprüfbare Behördenentscheidung.[401]

174 b) **Subjektivierung des Gefahrbegriffs. aa) Objektiver und subjektiver Gefahrbegriff.** Abzustellen ist bei der Gefahrbeurteilung nach dem heute maßgeblichen **subjektiven Gefahrbegriff**[402] auf die Sicht eines sorgfältigen, klugen und besonnenen Beamten.[403] Demgegenüber war für die Rechtmäßigkeit einer polizeilichen Maßnahme nach dem früher vorherrschenden, **objektiven Gefahrbegriff**,[404] wie er vom Preußischen Oberverwaltungsgericht entwickelt wurde, zwingend erforderlich, dass eine Gefahr tatsächlich gegeben war. Eine konkrete Gefahr war demnach nur dann anzunehmen, wenn im Einzelfall die hinreichende Wahrscheinlichkeit bestand, dass bei ungehindertem Fortgang „des objektiv zu erwartenden Geschehens" in absehbarer

---

394 So auch *Schoch*, in: Schoch, Besonderes Verwaltungsrecht, S. 129; *Kingreen/Poscher*, Polizei- und Ordnungsrecht, § 8 Rn. 28; *Wehr*, Examens-Repetitorium Polizei- und Ordnungsrecht, Rn. 94; *Götz/Geis*, Allgemeines Polizei- und Ordnungsrecht, § 9 Rn. 39; *Schenke*, Polizei- und Ordnungsrecht, § 3 Rn. 84.
395 Vgl. VG Weimar, ThürVBl. 1990, 22, 23, das den Begriff als überholt ansieht.
396 Vgl. SächsOVG, SächsVBl. 2008, 89, 90; VGH BW, VBlBW 2011, 350, 351; *Detterbeck*, Allgemeines Verwaltungsrecht, 19. Aufl. 2021, Rn. 376; *Sodan/Ziekow*, Grundkurs Öffentliches Recht, 9. Aufl. 2020, § 68 Rn. 9.
397 Grundsätzlich dazu W. *Leisner*, Die Prognose im Staatsrecht, 2015.
398 *Schenke*, Polizei- und Ordnungsrecht, § 3 Rn. 86; *Wehr*, Examens-Repetitorium Polizei- und Ordnungsrecht, Rn. 106; *Gusy*, Polizei- und Ordnungsrecht, Rn. 121; *Schoch*, in: Schoch, Besonderes Verwaltungsrecht, S. 96.
399 *Warg*, NJOZ 2021, 257.
400 *Golla*, NJW 2021, 667.
401 *Voßkuhle*, JuS 2007, 908, 908.
402 Überblick bei *Wehr*, Examens-Repetitorium Polizei- und Ordnungsrecht, Rn. 104 ff.; *Kingreen/Poscher*, Polizei- und Ordnungsrecht, § 4 Rn. 48 ff. mwN.
403 Vgl. dazu näher *Kingreen/Poscher*, Polizei- und Ordnungsrecht, § 8 Rn. 48.
404 *Schwabe*, DVBl 1982, 655; *ders.*, in: Selmer/v. Münch (Hrsg.), GS Martens, 1987, S. 419, 426 ff.; *Poscher*, NVwZ 2001, 141; *Schlink*, Jura 1999, 169.

Zeit ein Schaden für die öffentliche Sicherheit oder Ordnung eintreten wird[405] – eine in Thüringen bewusst nicht aufgenommene Formulierung.[406]

Die praktischen Unterschiede des heute herrschenden subjektiven gegenüber dem objektiven Gefahrbegriff mag der sog **Grudekoksfall** des Preußischen Oberverwaltungsgerichts illustrieren, der heute anders entschieden würde. Ein Polizist fand in einer Scheune rauchenden Grudekoks; er befürchtete, dieser könne Flammen schlagen und fragte insoweit bei der Feuerwehr nach, bei der er die falsche Auskunft erhielt, dies sei möglich. Auf dieser Grundlage ließ er den Grudekoks abtransportieren. Das Preußische Oberverwaltungsgericht entschied, dass der Polizist rechtswidrig handelte, weil rauchender Grudekoks tatsächlich keine Flammen schlägt.[407]

175

Heute würde der Grudekoksfall wie folgt gelöst: Objektiv stellte rauchender Grudekoks zwar keine Gefahr dar. Aber der handelnde Beamte durfte bei verständiger Würdigung des Falles vom Bestehen einer Gefahr ausgehen, es lag also eine sog **Anscheinsgefahr** vor.[408] Diese ist für Einzelmaßnahmen wegen des notwendigen Prognoseelements bei der Gefahrenbeurteilung der objektiven Gefahr **gleichzustellen**. Der Polizist durfte handeln, da objektive Anhaltspunkte für eine Gefahr vorlagen. Hätte er eine Gefahr dagegen irrig angenommen, obwohl objektive Anhaltspunkte hierfür fehlten – im Grudekoksfall also wenn der Grudekoks nicht geraucht hätte oder die Feuerwehr zur Brennbarkeit von Grudekoks eine richtige Auskunft erteilt hätte[409] –, läge nur eine sog **Putativgefahr** vor (auch Scheingefahr genannt), die nicht der objektiven Gefahr gleichzustellen gewesen wäre.[410]

176

bb) Rechtfertigung des subjektiven Gefahrbegriffs. Der **Subjektivierung des Gefahrbegriffs**, damit auch der Rechtsfigur der Anscheinsgefahr, wird entgegengehalten, die irrtümliche Sicht der handelnden Beamten sei bei sonstigem staatlichen Handeln irrelevant, eine Subjektivierung im Sicherheitsrecht stelle mithin einen Fremdkörper im Bereich des Besonderen Verwaltungsrechts dar.[411]

177

In der Tat ist ein Verwaltungsakt, dessen Tatbestandsvoraussetzungen objektiv nicht vorliegen, rechtswidrig, gleichgültig ob dem Verwaltungsbeamten ein Irrtum vorzuwerfen ist oder nicht. Ein auf falschen Beweisen beruhendes Urteil ist auch dann aufzuheben, wenn der Richter bei der Beweiswürdigung sorgsam gehandelt hat.[412]

178

Andererseits besteht aber im Sicherheitsrecht gegenüber dem sonstigen Verwaltungsrecht die Besonderheit, dass der jeweils handelnde Amtsträger die oben beschriebene **doppelte Prognoseentscheidung** zu treffen hat, dh in Bezug auf das Ausmaß des drohenden Schadens sowie auf die Wahrscheinlichkeit seines Eintritts. Wesentlich ist

179

---

405 Vgl. BVerwGE 54, 51, 57.
406 Vgl. LT-Drs. 1/2047, S. 22.
407 PrOVG, PrVBl. 38 (1916/1917), 360.
408 *Schenke*, JuS 2018, 505, 507; *Erichsen/Wernsmann*, Jura 1995, 219, 220; *Poscher/Rusteberg*, JuS 2011, 984, 988; s. auch die Anscheinsgefahr in der Fallbearbeitung bei *Kötter*, JuS 2011, 1016.
409 *Kingreen/Poscher*, Polizei- und Ordnungsrecht, § 4 Rn. 38.
410 *Schenke*, JuS 2018, 505, 507 f.; *Schoch*, JuS 1994, 667, 669; *Erichsen/Wernsmann*, Jura 1995, 219, 220 f.; *Krüger*, JuS 2013, 985, 989.
411 VGH BW, NVwZ 1991, 493; *Schoch*, JuS 1994, 667, 668.; *Schenke*, Polizei- und Ordnungsrecht, § 3 Rn. 88.
412 *Kingreen/Poscher*, Polizei- und Ordnungsrecht, § 4 Rn. 38.

diesen beiden Prognoseentscheidungen ihre Vorläufigkeit und Relativität iSe Bindung an den jeweiligen Wissensstand ihres Erstellers, also ein **subjektives Element**.[413] Im Nachhinein steht zwar dem Verwaltungsrichter möglicherweise mehr Wissen zur Verfügung. Maßgeblich ist aber auch *ex post* nicht, ob die objektiv richtige, sondern nur, ob eine Entscheidung getroffen wurde, die im Rahmen des durch das Opportunitätsprinzip geschützten Entschließungs- und Auswahlermessens vertretbar gewesen ist. Es ist also die Geltung des **Opportunitätsprinzips** im Gegensatz zu dem das Strafprozessrecht beherrschenden Legalitätsprinzip,[414] welche die Subjektivierung des Gefahrbegriffs rechtfertigt.

180 Erhärtet wird dies für das Polizeirecht durch das **Wesen der polizeilichen Arbeit:** Von der Polizei wird gerade bei Zeitknappheit dann, wenn nach subjektiver, vernünftiger Einschätzung eine Gefahr droht, ein **Handeln** erwartet, nicht ein Abwarten. Grenzen des Kenntnisstands des handelnden Amtsträgers mag es zwar auch bei Verwaltungsbeamten und Richtern geben.[415] Im Bereich der inneren Sicherheit muss der Staat aber mehr als bei allen anderen Zuständigkeiten als Akteur in Erscheinung treten.[416] Für die Erfüllung seiner Sicherheitsgewährleistungsfunktion ist zeitnahes Handeln unumgänglich. Der Präventionsstaat der Gegenwart muss sich an die Maxime halten: *„Wissen kann unmöglich das Höchste sein – handeln ist besser als wissen."*[417] Daher wird **im Bereich der Einzelmaßnahmen** seit etwa einem Vierteljahrhundert[418] die Anscheinsgefahr der objektiven Gefahr gleichgesetzt.[419] Hat sich also ein Polizeibeamter trotz sorgfältigen Handelns in tatsächlicher Hinsicht geirrt,[420] darf er eingreifen. Maßgeblich ist insoweit eine ex-ante-Perspektive, der sog **Anscheinsstörer** wird wie ein echter Störer behandelt.

181 Von dieser **Primärebene** – Beurteilung der Rechtmäßigkeit der polizeilichen Maßnahme – ist jedoch die sog **Sekundärebene** zu unterscheiden, dh die Entscheidung über Ausgleichsansprüche. Hierfür ist im Wege einer ex-post-Betrachtung die objektiv gegebene, tatsächliche Sachlage maßgeblich. Im Grudekoksfall hätte der Eigentümer des Grudekokses im Falle eines nachweisbaren Schadens also einen Anspruch auf Schadensausgleich.[421]

182 cc) **Grenzen des subjektiven Gefahrbegriffs.** Die **Subjektivierung des Gefahrbegriffs** muss **Grenzen** finden. Denn objektiv liegt im Falle einer Anscheinsgefahr keine Gefahr vor. Somit wäre es nicht richtig, sie als echte Gefahr zu qualifizieren.[422] Zu begrenzen ist diese Rechtsfigur daher auf polizeiliche **Einzelmaßnahmen**, da nur bei diesen vom Staat ein rasches Handeln gefordert wird. Für den **Erlass einer sicherheitsrechtlichen**

---

413 *Schenke*, Polizei- und Ordnungsrecht, § 3 Rn. 86.
414 *Roxin/Schünemann*, Strafverfahrensrecht, 29. Aufl. 2017, § 14 Rn. 4 ff.; *Pommer*, Jura 2007, 662, 662 ff.
415 Hierauf verweisen zurecht *Kingreen/Poscher*, Polizei- und Ordnungsrecht, § 8 Rn. 46.
416 *Kingreen/Poscher*, Polizei- und Ordnungsrecht, § 2 Rn. 1.
417 *Heinrich von Kleist* in einem Brief an Ulrike von Kleist (Berlin, 5.2.1801), zit. nach Salget/Ormanns (Hrsg.), Heinrich von Kleist. Sämtliche Werke und Briefe in vier Bänden IV, 1997, S. 42.
418 *Denninger*, in: Lisken/Denninger, Handbuch des Polizeirechts, S. 76 ff.
419 BVerfGE 45, 51, 58.
420 Nicht ausreichend ist dagegen, wenn der Amtsträger nicht in tatsächlicher, sondern in rechtlicher Hinsicht irrt, etwa aufgrund falscher Auslegung eines Straftatbestands.
421 Vgl. zu dieser Lösung *Poscher*, NVwZ 2001, 141, 147.
422 So auch *Voßkuhle*, JuS 2007, 908, 909.

Rechtsverordnung ist eine Anscheinsgefahr dagegen **nicht ausreichend**. Denn eine Verordnungsermächtigung kann nur insoweit als Grundlage für den Erlass einer sicherheitsrechtlichen Regelung angesehen werden, als mit ihr eine objektiv gegebene Gefahr bekämpft werden soll.[423]

7. Gefahrenverdacht

Ein **Gefahrenverdacht** ist gegeben, wenn die Behörde aufgrund von Unsicherheiten bei der Sachverhaltsermittlung oder der Prognose des Kausalverlaufs (noch) **nicht weiß**, ob eine Gefahr vorliegt oder nicht,[424] eine solche andererseits aber auch **nicht ausgeschlossen** werden kann. Dogmatisch präziser erfassen ließe sich der Gefahrenverdacht mithilfe der Rechtsfigur der **drohenden Gefahr**, die in Thüringen aber (noch) nicht eingeführt ist.[425] 183

Zulässig sind im Falle des Gefahrenverdachts nach dem rechtsstaatlichen Verhältnismäßigkeitsgrundsatz sog **Gefahrerforschungsmaßnahmen**, dh **vorläufige** Aktivitäten zu dessen Erhärtung oder Widerlegung.[426] Nur bei Bedrohung besonders wichtiger Rechtsgüter kommen ausnahmsweise endgültige Maßnahmen in Betracht.[427] Der Betroffene hat die Aufklärungsmaßnahmen zu dulden, eigene Nachforschungen muss er wegen des Untersuchungsgrundsatzes (§ 24 ThürVwVfG) in der Regel nicht vornehmen.[428] 184

Einen gesetzlich geregelten Fall des Gefahrenverdachts stellt die **Wohnungsdurchsuchung** nach § 25 Abs. 1 Nr. 1 ThürPAG dar. Sie setzt voraus, dass Tatsachen die Annahme rechtfertigen, dass sich in ihr eine Person befindet, die in Gewahrsam genommen werden darf. Im Übrigen spielt die Rechtsfigur des Gefahrenverdachts bei **Altlasten** oder verseuchtem Grundwasser eine Rolle.[429] 185

VIII. Polizei- und ordnungsrechtliche Eingriffsbefugnisse

1. Erfordernis einer Befugnisnorm

ThürPAG und ThürOBG unterscheiden – entsprechend der traditionellen Dogmatik des Sicherheitsrechts – zwischen Aufgaben und Befugnissen. Die Eröffnung des polizeilichen Aufgabenbereichs begründet die Zuständigkeit der Polizei- und Ordnungsbehörden und genügt als Rechtsgrundlage nichteingreifender Maßnahmen sowie für den Erlass sicherheitsrechtlicher Verordnungen. Für eingreifende Maßnahmen ist dagegen eine **Befugnisnorm** erforderlich. 186

---

423 BVerwGE 116, 347, 350.
424 *Voßkuhle*, JuS 2007, 908, 909; *Riem*, in: Vogel/Tipke (Hrsg.), FS Wacke, 1972, S. 327; *Poscher*, NVwZ 2001, 141, 142; *ders.*, Gefahrenabwehr, 1999, S. 152 ff.; *Götz/Geis*, Allgemeines Polizei- und Ordnungsrecht, § 6 Rn. 30 ff.; *Brandt/Smeddinck*, Jura 1994, 225, 230; *Schenke*, in: Wendt (Hrsg.), FS Friauf, 1996, S. 455 ff. mwN.
425 Weiterführend dazu *Leisner-Egensperger*, DÖV 2018, 677.
426 *Martensen*, DVBl 1996, 286; *Petri*, DÖV 1996, 443; *Kniesel*, DÖV 1997, 907; *Weiß*, NvwZ 1997, 737; *Schenke*, Polizei- und Ordnungsrecht, § 3 Rn. 94 ff.; *Götz/Geis*, Allgemeines Polizei- und Ordnungsrecht, § 6 Rn. 31 ff.
427 S. zum Ganzen *Di Fabio*, Jura 1996, 566, 568.
428 *Voßkuhle*, JuS 2007, 908, 909.
429 Vgl. die Fälle bei *Kingreen/Poscher*, Polizei- und Ordnungsrecht, § 8 Rn. 68.

2. Generalklauseln

187 a) **Überblick und rechtsstaatliche Bestimmtheit.** Nach § 12 Abs. 1 ThürPAG kann die Polizei die notwendigen Maßnahmen treffen, um eine im einzelnen Falle bestehende Gefahr für die öffentliche Sicherheit oder Ordnung abzuwehren, soweit nicht die §§ 13 bis 47 ThürPAG die Befugnisse der Polizei besonders regeln.[430] In § 12 Abs. 2 ThürPAG ist normiert, wann die Polizei eine Maßnahme iSd Abs. 1 insbesondere treffen darf. Für die allgemeinen Befugnisse der Ordnungsbehörden gilt § 5 Abs. 1 ThürOBG; Rechtsgrundlagen für Einzelmaßnahmen finden sich in Spezialgesetzen (vgl. § 5 Abs. 2 ThürOBG) sowie in §§ 15 ff. ThürOBG.

188 Die sicherheitsrechtlichen Generalklauseln enthalten zwar auf Tatbestands- wie Rechtsfolgenseite zahlreiche **unbestimmte Rechtsbegriffe**. Sie sind dennoch **rechtsstaatlich bestimmt**. Wie das Bundesverfassungsgericht festgestellt hat, sind sie nämlich in „jahrzehntelanger Entwicklung durch Rechtsprechung und Lehre nach Inhalt, Zweck und Ausmaß hinreichend präzisiert, in ihrer Bedeutung geklärt und im juristischen Sprachgebrauch verfestigt."[431]

189 Die Generalklauseln ermächtigen zu **grundrechtseingreifenden Maßnahmen**, die zur Abwehr einer konkreten Gefahr notwendig sind, insbesondere zu Verwaltungsakten und Realakten.[432] Sie entfalten auch **drittschützende Wirkung**, indem der Einzelne ein subjektives Recht darauf hat, dass die Polizei- und Ordnungsbehörden ihr Ermessen fehlerfrei betätigen. Im Fall der Ermessensreduktion auf Null besteht ein subjektives Recht auf eine bestimmte Maßnahme.[433]

190 b) **Auffangfunktion.** Sorgfältig zu prüfen ist im Polizei- wie Ordnungsrecht die **Anwendbarkeit der Generalklauseln.** Häufig treten diese nämlich hinter **Spezialermächtigungen** zurück, die der Generalklausel gegenüber normative Sperrwirkung entfalten – nach Voraussetzungen wie Rechtsfolgen polizei- und ordnungsrechtlicher Aktivitäten. Sie haben also Anwendungsvorrang, soweit sie einen Sachverhalt regeln.[434] Ein Rückgriff auf die Generalklausel würde die spezialgesetzlich normierten Besonderheiten, etwa zur Gefahrenschwelle, aushebeln.[435]

191 Im Verhältnis zu den Spezialermächtigungen behalten die sicherheitsrechtlichen Generalklauseln allerdings eine **Auffangfunktion**.[436] Zum Tragen kommt diese bei **Fehlen einer spezialgesetzlichen Regelung**, das vor allem drei Gründe haben kann:

- Dem Gesetzgeber erschien ein Tatbestand nicht vorhersehbar und daher **nicht regelbar**. In solchen Fällen können sich die Sicherheitsbehörden auf die Generalklau-

---

430 Vgl. *Poscher/Rusteberg*, JuS 2011 984, 985.
431 BVerfGE 14, 245, 253; 54, 143, 144 f.; BVerfG, DVBl 2001, 558; NdsOVG, OVGE 11, 292, 294; *Schenke*, Polizei- und Ordnungsrecht, § 3 Rn. 49; *Götz/Geis*, Allgemeines Polizei- und Ordnungsrecht, § 8 Rn. 8; *Muckel*, Klausurenkurs zum Besonderen Verwaltungsrecht, 3. Aufl. 2005, S. 40 mwN.
432 V. *Mutius*, Jura 1986, 649; *Poscher/Rusteberg*, JuS 2011, 1082, 1086; *Schenke*, Polizei- und Ordnungsrecht, § 3 Rn. 50; eingehend zu den Generalklauseln auch *Butzer*, VerwArch 93 (2002), 506.
433 *Poscher/Rusteberg*, JuS 2011, 1082, 1086.
434 *Götz/Geis*, Allgemeines Polizei- und Ordnungsrecht, § 8 Rn. 5.
435 *Wehr*, Examens-Repetitorium Polizei- und Ordnungsrecht, Rn. 277.
436 *Götz/Geis*, Allgemeines Polizei- und Ordnungsrecht, § 8 Rn. 5.

sel allerdings nur für eine Übergangszeit berufen, bis der Gesetzgeber eine spezielle normative Grundlage geschaffen hat.[437]
- Der Tatbestand betrifft einen **atypischen Einzelfall**.[438]
- Die polizei- oder ordnungsbehördliche Maßnahme ist **nicht** so **eingriffsintensiv**, als dass ihre Rechtsgrundlage ausdrücklich geregelt werden müsste.[439] Anzunehmen ist dies etwa bei der sog **Gefährderansprache**, einer informellen, an polizeibekannte Personen gerichteten behördlichen Empfehlung, sich in einer bestimmten Art und Weise zu verhalten, etwa einer demnächst stattfindenden Veranstaltung besser fernzubleiben.[440]

Nicht mit der **gesetzgeberischen Gestaltungsfreiheit** vereinbar ist die in der polizeirechtlichen Literatur erhobene Forderung an die Legislative, für alle sicherheitsrechtlichen Maßnahmen, die den Bereich des Atypischen verlassen, eine Spezialermächtigung vorzuhalten.[441] Maßgeblich für die notwendige normative Regelungsdichte und -tiefe des Sicherheitsrechts sind vielmehr die Grundsätze, die das Bundesverfassungsgericht in seiner Wesentlichkeitsrechtsprechung[442] entwickelt hat.[443]

Im Thüringer Ordnungsrecht wird die Generalklausel des § 5 Abs. 1 ThürOBG durch die inzwischen fachspezifisch stark ausdifferenzierte Gesetzgebung zu den einzelnen Materien des **Besonderen Ordnungsrechts** (beispielsweise in der Thüringer Bauordnung[444], dem Thüringer Abfallwirtschaftsgesetz[445] oder dem Thüringer Straßengesetz[446]) weitgehend verdrängt. Im Polizeirecht spielt § 12 ThürPAG weiterhin eine große Rolle, gerade bei atypischen, dh nicht standardisierten, Maßnahmen.

192

Generalklauseln stellen für den Bereich der **Datenerhebung und -verarbeitung** auch § **32 ThürPAG** sowie § **26 ThürOBG iVm § 19 ThürDatSchG** dar. Für sie gelten daher die grundsätzlichen Ausführungen zu § 12 ThürPAG, § 5 ThürOBG entsprechend. Inhaltlich und damit auch verfassungsrechtlich sind die Generalklauseln zur Datener-

193

---

437 BVerwGE 115, 189, 194 ff. Relevant wurde dies für infolge der Rechtsprechung des EGMR entlassene Straftäter, die vorübergehend auf Grundlage der sicherheitsrechtlichen Generalklauseln observiert wurden; vgl. dazu *Guckelberger*, VBlBW 2011, 209.
438 S. VG Leipzig, LKV 2013, 141 (Anordnung, einen Alttextilcontainer zu entfernen); VG Hamburg, Urt. v. 10.2.2017 -9 K 6154/14 (gefahrenabwehrrechtliches Kontakt- und Näherungsverbot).
439 Vgl. BayVGH, NJW 2016, 2968, 2969 f. (Kontaktverbot zum Schutz von Kindern vor sexuellem Missbrauch); VGH BW, NJW 2011, 2532, 2534 (Untersagung von Schwangerschaftskonfliktberatung auf dem Gehsteig durch privaten Verein); VG Lüneburg, Urt. v. 25.10.2016 – 4 A 90/15 (Ordnungsverfügung zur Durchsetzung der Schulpflicht bei Homeschooling).
440 S. zur Gefährderansprache *Hebeler*, NVwZ 2011, 1364 sowie aus der Rspr. NdsOVG, NJW 2006, 391. Vgl. zu weiteren Fallkonstellationen BayVGH, NJW 2016, 2968, 2969 f. (Kontaktverbot zum Schutz von Kindern vor sexuellem Missbrauch); VGH BW, NJW 2011, 2532, 2534 (Untersagung von Schwangerschaftskonfliktberatung auf dem Gehsteig durch privaten Verein); VG Lüneburg, Urt. v. 25.10.2016 – 4 A 90/15 (Ordnungsverfügung zur Durchsetzung der Schulpflicht bei Homeschooling).
441 In diesem Sinne *Herzmann*, DÖV 2006, 678, 681; *Hecker*, NVwZ 1999, 261.
442 BVerfGE 33, 303, 303; 34, 165, 192; 40, 237, 249; st. Rspr.
443 Wie hier *Götz/Geis*, Allgemeines Polizei- und Ordnungsrecht, § 8 Rn. 9 mwN sowie BVerwGE 129, 142.
444 Thüringer Bauordnung (ThürBO) v. 13.3.2014 (GVBl. S. 49), zuletzt geändert durch Gesetz v. 23.11.2020 (GVBl. S. 561).
445 Thüringer Gesetz über die Vermeidung, Verminderung, Verwertung und Beseitigung von Abfällen (Thüringer Abfallwirtschaftsgesetz – ThürAbfG -) v. 15.6.1999 (GVBl. S. 385), zuletzt geändert durch Gesetz v. 23.11.2017 (GVBl. S. 246).
446 Thüringer Straßengesetz (ThürStrG) v. 7.3.1993 (GVBl. S. 273), zuletzt geändert durch Gesetz v. 23.11.2020 (GVBl. S. 560).

hebung aber eng mit den datenrechtlichen Spezialbefugnissen verbunden, in deren Rahmen sie daher auch zu behandeln sind.

3. Befugnisse auf spezieller Rechtsgrundlage

194 Spezialbefugnisse sind besondere Ermächtigungsgrundlagen. Sie stellen in Tatbestand und/oder Rechtsfolgen differenziertere Eingriffsvoraussetzungen als die Generalklauseln auf und gehen diesen deshalb vor. Sie werden auch als **Standardmaßnahmen** bezeichnet, da sie sicherheitsrechtliche Fallkonstellationen nach dem genormten Muster des jeweils Typischen bündeln und vereinheitlichen, dh standardisieren. Im ThürPAG finden sich Spezialbefugnisse in §§ 13 bis 47, im ThürOBG in §§ 15 bis 26.

195 Im Wesentlichen gleich geregelt sind im Polizeirecht sowie im Allgemeinen Ordnungsrecht die meisten sog **aktionellen Spezialbefugnisse**: Identitätsfeststellung (§ 14 ThürPAG, § 15 ThürOBG), Befragung (§ 13 ThürPAG, § 16 ThürOBG), Vorladung (§ 17 ThürPAG, § 16 ThürOBG), Platzverweisung (§ 18 ThürPAG, § 17 ThürOBG), Durchsuchung von Personen, Sachen und Wohnungen (§§ 23–25 ThürPAG, §§ 18–20 ThürOBG), Sicherstellung und Verwahrung (§§ 27–30 ThürPAG, §§ 22–25 ThürOBG).

196 Unterschiedlich normiert wurden dagegen die Bereiche der Datenerhebung, -speicherung und -verwertung, dh die sog **informationellen Spezialbefugnisse**. Hier hat das ThürPAG besondere Bestimmungen aufgenommen, in Anlehnung an einen Entwurf der Innenministerkonferenz der Länder,[447] der durch das Volkszählungsurteil des Bundesverfassungsgerichts angestoßen wurde.[448] Danach ist eine Einschränkung des Grundrechts auf informationelle Selbstbestimmung aus Gründen des überwiegenden Allgemeininteresses hinzunehmen, bedarf jedoch einer gesetzlichen Grundlage. In diesem Sinne normiert Art. 6 Abs. 2 ThürVerf einen Anspruch auf den Schutz personenbezogener Daten, der „nur aufgrund eines Gesetzes" eingeschränkt werden kann (Art. 6 Abs. 3 ThürVerf).

197 Das **ThürOBG** verweist dagegen in § 26 mit den dort geregelten Präzisierungen dynamisch auf die Regelungen des **Thüringer Datenschutzgesetzes**.[449] Eine Bezugnahme auf das ThürPAG, wie sie sachlich nahe gelegen hätte,[450] erschien dem Gesetzgeber wegen der gesetzestechnischen Schwierigkeiten bei der Aufteilung in die Bereiche Gefahrenabwehr und vorbeugende Verbrechensbekämpfung unzweckmäßig.[451]

198 In der systematischen Unterscheidung der aktionellen Befugnisse (§§ 13 bis 30 ThürPAG) sowie der neueren Befugnisse zu Datenerhebung und -verarbeitung, welche in einem Zweiten Unterabschnitt geregelt sind (§§ 31 bis 47 ThürPAG), folgt das ThürPAG dem Gesetzesaufbau des BayPAG, wie er etwa auch im SächsPolG übernommen wurde. Problematisch ist an dieser Systematik, dass auch die klassischen

---

447 Vorentwurf zur Änderung des MEPolG (VEMEPolG) v. 18.4.1986, abgedruckt bei *Schenke*, Polizei- und Ordnungsrecht, S. 572 ff.
448 BVerfGE 65, 1.
449 Thüringer Datenschutzgesetz (ThürDSG) v. 6.6.2018 (GVBl. S. 229).
450 So etwa die Regelungstechnik in § 24 NRW OBG.
451 LT-Drs. 1/2047, S. 34 f.

Standardmaßnahmen, etwa Befragung oder Identitätsfeststellung, teilweise Befugnisse der Informationserhebung enthalten. Deshalb wird mitunter dafür plädiert, in modernen Polizeigesetzen zwischen **Gefahraufklärungs- und Gefahrbeseitigungsnormen** zu unterscheiden.[452]

Andererseits hat die **Gesetzessystematik des ThürPAG** den praktischen Vorteil, dass sie die historischen Entstehungsbedingungen der einzelnen Befugnisse erkennen lässt, damit den Umfang der bei ihrer Anwendung zu sichtenden Rechtsprechung. Für die systematische Trennung der **aktionellen** von den **informationellen Befugnissen** spricht auch ein materieller Gesichtspunkt: Sämtliche informationellen Befugnisse greifen nur in das Grundrecht auf informationelle Selbstbestimmung ein oder in ein diesem gegenüber spezielles Grundrecht auf Privatsphäre oder Geheimnisschutz wie Art. 10 oder 13 GG. Die aktionellen Befugnisse ermächtigen dagegen stets zu Eingriffen zugleich in die allgemeine Handlungsfreiheit des Betroffenen oder in ein spezielles Freiheitsrecht, was dann auch bei der Verhältnismäßigkeit der polizeilichen Maßnahme zu prüfen ist.[453] Daher bestimmt die Thüringer Gesetzessystematik auch den Gang der folgenden Ausführungen.

199

Für sämtliche Spezialermächtigungen gilt, dass jeweils im Einzelnen zu untersuchen ist, ob sie eine Befugnis zur Anordnung durch **Verwaltungsakt** enthalten oder zu Ausführungshandlungen, dh zu **Realakten**, ermächtigen.[454]

200

4. Aktionelle Spezialbefugnisse

a) **Informationsbeschaffung und -verwertung.** Einen verhältnismäßig geringfügigen Eingriff in die Grundrechte des Betroffenen stellen die Befugnisse der Sicherheitsbehörden dar, Informationen über Personen und Lebenssachverhalte zu beschaffen und zu verwerten.

201

aa) **Identitätsfeststellung, § 14 ThürPAG, § 15 ThürOBG.** Die Identitätsfeststellung dient der Feststellung der Personalien einer unbekannten Person oder der Prüfung, ob eine bestimmte Person mit einer gesuchten identisch ist.[455] In der Regel erfolgt sie durch **Einsichtnahme in den Personalausweis**,[456] zu dessen Besitz und Vorlage jeder Deutsche, der das 16. Lebensjahr vollendet hat, gemäß § 1 Abs. 1 PAuswG verpflichtet ist.[457]

202

---

452 Aus diesem Grund wird teilweise zwischen Gefahraufklärungs- und Gefahrbeseitigungsbefugnissen unterschieden, vgl. zum Systematisierungsproblem *Möstl*, Jura 2011, 840, 841.
453 *Möstl*, Jura 2011, 840, 842.
454 *Schwan*, in: Huber, Thüringer Staats- und Verwaltungsrecht, S. 317; *Schenke*, Polizei- und Ordnungsrecht, § 3 Rn. 128 geht davon aus, dass Standardmaßnahmen regelmäßig als Verwaltungsakte zu qualifizieren sind.
455 *Kingreen/Poscher*, Polizei- und Ordnungsrecht, § 13 Rn. 30; *Götz/Geis*, Allgemeines Polizei- und Ordnungsrecht, § 8 Rn. 12; *Gusy*, Polizei- und Ordnungsrecht, Rn. 228 ff.; *Graulich*, in: Lisken/Denninger, Handbuch des Polizeirechts, S. 463 ff.; *Schenke*, Polizei- und Ordnungsrecht, § 3 Rn. 132; vgl. auch *Schwan*, AöR 102 (1977), 243.
456 *Götz/Geis*, Allgemeines Polizei- und Ordnungsrecht, § 8 Rn. 12.
457 Die Passpflicht von Ausländern ergibt sich aus §§ 3, 48 AufenthG.

203 § 14 Abs. 1 Nr. 2 ThürPAG bildet die wichtigste Rechtsgrundlage einer sog **Razzia**,[458] dh einer Vielzahl von Identitätsfeststellungen.[459] Mitunter ist zu prüfen, ob zugleich eine Platzverweisung oder eine Wohnungsdurchsuchung vorliegt.

204 Die übrigen polizeirechtlichen Tatbestände (Nr. 3 bis 7) richten sich an Adressaten, die nicht notwendig Störer (§§ 7 f. ThürPAG) sind.[460] So kann nach Nr. 4 die Identität von Personen an einer **Kontrollstelle** festgestellt werden, die von der Polizei – häufig im Vorfeld von Großdemonstrationen[461] – eingerichtet wird, um befürchtete schwere Straftaten iSv § 100a StPO oder § 27 VersammlG zu verhindern.[462]

205 Die Befugnis zur Identitätsfeststellung umfasst im Polizei- wie Ordnungsrecht das Recht, die Person anzuhalten und zu verlangen, dass mitgeführte Ausweispapiere vorgezeigt werden (§ 14 Abs. 2 S. 2 ThürPAG, § 15 Abs. 2 S. 2 ThürOBG).[463] Kann die Identität nicht anders festgestellt werden, besteht eine Befugnis zum Festhalten (§ 14 Abs. 2 S. 3 ThürPAG, § 15 Abs. 2 S. 3 ThürOBG). Die Befugnis zur Identitätsfeststellung ermächtigt nur zur **Erhebung der Personalien**, **nicht** zugleich zum **Abgleich** mit den entsprechenden Daten des Polizeiinformationssystems. Hierfür bedarf es einer gesonderten Ermächtigungsgrundlage,[464] die sich in § 43 Abs. 1 ThürPAG findet. Bedeutung hat die Feststellung der Personalien insbesondere für die Sicherung privater Rechte[465] (§ 14 Abs. 1 Nr. 7 iVm § 2 Abs. 2 ThürPAG, § 15 Abs. 1 Nr. 3 ThürOBG iVm § 2 Abs. 2 ThürOBG).

206 bb) **Prüfung von Berechtigungsscheinen**, **§ 15 ThürPAG, § 15 Abs. 4 ThürOBG**. Die Sicherheitsbehörden können verlangen, dass ein Berechtigungsschein (zB Führerschein, Waffenschein, Angelschein, Jagdschein) zur Prüfung ausgehändigt wird, wenn der Betroffene aufgrund einer Rechtsvorschrift verpflichtet ist, diesen mitzuführen.[466] Eine **Rechtspflicht zum Mitführen** von Führerschein und Fahrzeugpapieren folgt aus § 4 Abs. 2 S. 2 FeV.[467] Spezialgesetzlich geregelt ist in § 36 Abs. 5 S. 1 StVO die Verkehrskontrolle als präventive, verkehrsbezogene Maßnahme. Sie berechtigt zur Prüfung der Verkehrstüchtigkeit des Fahrers sowie zu der von Kraftfahrzeug und Papieren.[468]

---

458 *Schenke*, Polizei- und Ordnungsrecht, § 3 Rn. 132.
459 *Kingreen/Poscher*, Polizei- und Ordnungsrecht, § 13 Rn. 31; *Götz/Geis*, Allgemeines Polizei- und Ordnungsrecht, § 8 Rn. 12; *Hoffmann*, DVBl 1967, 751; zur strafprozessualen Sicht *Kühne*, Strafprozessrecht, 9. Aufl. 2015, S. 256.
460 *Götz/Geis*, Allgemeines Polizei- und Ordnungsrecht, § 8 Rn. 12.
461 Vgl. *Ebert/Seel*, Thüringer Gesetz über die Aufgaben und Befugnisse der Polizei, § 14 Rn. 30, 31; *Kingreen/Poscher*, Polizei- und Ordnungsrecht, § 13 Rn. 51.
462 Abzugrenzen sind diese von den Kontrollstellen iSd § 111 StPO, die nicht der Gefahrenabwehr, sondern der Strafverfolgung dienen.
463 *Riegner/Schnitzer*, JuS 2014, 1003, 1007; *Kingreen/Poscher*, Polizei- und Ordnungsrecht, § 13 Rn. 57; *Götz/Geis*, Allgemeines Polizei- und Ordnungsrecht, § 8 Rn. 14.
464 VGH BW, NVwZ-RR 2011, 231, 233; *Kingreen/Poscher*, Polizei- und Ordnungsrecht, § 13 Rn. 30; aA *Kugelmann*, Polizei- und Ordnungsrecht, S. 50.
465 Vgl. hierzu OLG Düsseldorf, NJW 1990, 998.
466 Etwa aufgrund §§ 17 Abs. 4 S. 1, 20 Abs. 4 PBefG; § 17 Abs. 3 ThJG; § 26 Abs. 1 ThürFischG.
467 Fahrerlaubnis-Verordnung v. 13.12.2010 (BGBl. I S. 1980), zuletzt geändert durch Verordnung v. 18.5.2017 (BGBl. I S. 1282).
468 *Janker/Hühnermann*, in: Burmann/Heß/Hühnermann/Jahnke/Janker (Hrsg.), Straßenverkehrsrecht, 27. Aufl. 2022, § 36 StVO Rn. 12; *Arzt*, SVR 2006, 10, 10; *Soiné*, NZV 2016, 411, 411; aA *Ebert/Seel*, Thüringer Gesetz über die Aufgaben und Befugnisse der Polizei, § 15 Rn. 4.

cc) **Befragung und Auskunftsverlangen, § 13 ThürPAG, § 16ThürOBG.** Standardisiert ist nur die Befragung, mit der eine **Auskunftspflicht** korrespondiert. Im Vergleich zur Identitätsfeststellung hat sie eigene, engere Voraussetzungen. Entscheidend ist, ob zu erwarten steht, dass der Befragte sachdienliche Angaben machen kann.[469]

dd) **Erkennungsdienstliche Maßnahmen, § 16 ThürPAG.** Erkennungsdienstliche Maßnahmen (vgl. zu diesen § 16 Abs. 3 ThürPAG) zu **präventiv-polizeilichen Zwecken** kann die Polizei unter den Voraussetzungen des § 16 Abs. 1 ThürPAG vornehmen. Bei der Strafverfolgung begangener Delikte gilt § 81b StPO: Danach dürfen, soweit es für die Zwecke der Durchführung des Strafverfahrens oder des Erkennungsdienstes notwendig ist, Lichtbilder und Fingerabdrücke des Beschuldigten auch gegen seinen Willen aufgenommen und Messungen und ähnliche Maßnahmen an ihm vorgenommen werden. Zwischen § 16 Abs. 1 Nr. 2 ThürPAG und § 81b Alt. 2 StPO kommt es zu Überschneidungen,[470] bei denen Polizeipraxis und Rechtsprechung vorrangig § 81b Alt. 2 StPO anwenden.[471]

Erkennungsdienstliche Maßnahmen stellen einen geringfügigen Eingriff in die körperliche Integrität dar und dienen der Feststellung der Identität sowie von **Eigenschaften, welche die Person nicht nur identifizieren, sondern charakterisieren**.[472] Umfasst sind auch der sog genetische Fingerabdruck zur DNA-Analyse sowie die Speichelprobe. Falls sich der Betroffene weigert, erkennungsdienstliche Maßnahmen an sich vornehmen zu lassen, sind diese **auch verdeckt möglich**. Dies kann etwa durch Abnahme von Fingerabdrücken bei Gegenständen erfolgen, die er berührt hat, unter Wahrung des Grundsatzes der Verhältnismäßigkeit.[473]

b) **Örtlichkeitsbestimmende Maßnahmen.** Zu vergleichsweise schwerwiegenden Eingriffen in Freiheit und Eigentum kommt es, wenn die Gefahrenabwehr nur durch örtlichkeitsbestimmende Maßnahmen erfolgen kann. Diese erstrecken sich von der Vorladung eines Polizeipflichtigen auf eine Dienststelle über Aufenthaltsverbote, insbesondere Wohnungsverweisungen, bis zur Ingewahrsamnahme.

aa) **Vorladung, § 17 ThürPAG, § 16 ThürOBG. Vorladung** ist das Gebot, zu oder bis zu einem bestimmten Zeitpunkt an einem bestimmten Ort, etwa der Polizeidienststelle, zu erscheinen oder zu verbleiben.[474] Die Vorladungsbefugnis ermöglicht es den Behörden, Ermittlungen zum Zwecke der Gefahrenabwehr durchzuführen. Speziell geregelt ist die Vorladung zB beim Verkehrsunterricht (§ 48 StVO), in Gesundheits- (§ 29

---

469 *Kingreen/Poscher*, Polizei- und Ordnungsrecht, § 13 Rn. 2; *Schenke*, Polizei- und Ordnungsrecht, § 3 Rn. 200; *Schenke/Schenke*, in: Steiner, Besonderes Verwaltungsrecht, S. 224; *Gusy*, Polizei- und Ordnungsrecht, Rn. 217; *ders.*, NVwZ 1991, 614; *Drews/Wacke/Vogel/Martens*, Gefahrenabwehr, S. 192 ff.; *Graulich*, in: Lisken/Denninger, Handbuch des Polizeirechts, S. 412 f.
470 Vgl. hierzu *Schenke*, JZ 2006, 707, 707 ff.
471 Vgl. BVerwG DÖV 1990, 117; vgl. auch BayVGH, NVwZ-RR 1998, 496.
472 *Kingreen/Poscher*, Polizei- und Ordnungsrecht, § 13 Rn. 59; *Schenke*, Polizei- und Ordnungsrecht, § 3 Rn. 138; *Fugmann*, NJW 1981, 2227; *Dreier*, JZ 1987, 1009; *Vahle*, DuD 1996, 397.
473 *Kingreen/Poscher*, Polizei- und Ordnungsrecht, § 13 Rn. 72; zum Rechtsschutz gegen erkennungsdienstliche Maßnahmen *Waszczynski*, JA 2013, 60.
474 *Kingreen/Poscher*, Polizei- und Ordnungsrecht, § 13 Rn. 76 ff.; *Graulich*, in: Lisken/Denninger, Handbuch des Polizeirechts, S. 482 f.

Abs. 2 S. 1 IfSG) und Passangelegenheiten (§ 6 Abs. 3 PaßG) sowie in der Wehrüberwachung (§ 24 Abs. 6 Nr. 3 WPflG).

212 Ein spezielles **Mittel der zwangsweisen Durchsetzung** ist die **Vorführung**[475] nach § 17 Abs. 3 ThürPAG, § 16 Abs. 5 ThürOBG. Sie stellt zwar im Regelfall nur eine Freiheitsbeschränkung (Art. 104 Abs. 1 GG, Art. 4 Abs. 1 ThürVerf) und keine dem Richtervorbehalt unterliegende Freiheitsentziehung (Art. 104 Abs. 2, 4 GG, Art. 4 Abs. 3, 5 ThürVerf) dar.[476] Dennoch fordert § 20 Abs. 1 ThürPAG für die polizeiliche Vorführung eine richterliche Anordnung. Aufgrund des § 136 Abs. 1 S. 2 StPO besteht keine Verpflichtung des Vorgeladenen, sich zur Sache zu äußern, wenn damit eine Eigenbelastung einhergehen kann.[477] Eine Meldeauflage – wie sie bei Hooligans im Vorfeld von Fußballspielen diskutiert wird – lässt sich aufgrund anderer Zielrichtung nicht unter die Vorladung subsumieren.[478]

213 bb) **Platzverweisung, § 18 Abs. 1 ThürPAG, § 17 Abs. 1 ThürOBG.** Die Platzverweisung ist eine **Routinemaßnahme geringer Eingriffstiefe**. Das Vorliegen einer besonders qualifizierten Gefahr ist daher nicht erforderlich. Durch eine Platzverweisung wird eine Person vorübergehend von einem Ort verwiesen oder es wird ihr vorübergehend das Betreten eines Ortes verboten.[479] Als Maßnahme der Gefahrenabwehr kommt diese in Betracht zB zur Sicherung von Amtshandlungen oder Rettungseinsätzen, im Zusammenhang der Räumung von Häusern bei Hochwasser oder eines Lokals bei Bombendrohung, als Maßnahme gegen Randalierer und Gewalttäter oder als Verweisung vom Ort einer aufgelösten Versammlung.[480]

214 Die Platzverweisung ist eine räumlich[481] (einzelne Plätze, Straßen, Gebäude) und zeitlich[482] („vorübergehend") begrenzte Maßnahme.[483] Sie bildet die **Vorstufe eines Aufenthaltsverbots**. Voraussetzung der Platzverweisung ist entweder die (drohende) Be-

---

475 Zur Durchsetzung der Vorladung mit den allgemeinen Mitteln des Verwaltungszwangs OVG NW, NVwZ 1982, 447.
476 BVerwG, DÖV 1990, 76; BayObLG, DVBl 1983, 1069; BGHZ 82, 261; OLG Naumburg, NStZ-RR 2006, 179; vgl. ThürOVG, ThürVBl. 1999, 235, 235; *Götz/Geis*, Allgemeines Polizei- und Ordnungsrecht, § 8 Rn. 22; *Schenke*, Polizei- und Ordnungsrecht, § 3 Rn. 144; *Ebert/Seel*, Thüringer Gesetz über die Aufgaben und Befugnisse der Polizei, § 17 Rn. 14.
477 *Mann*, in: Erbguth/Mann/Schubert, Besonderes Verwaltungsrecht, Rn. 582.
478 *Winkler/Schadtle*, JuS 2015, 435, 437.
479 *Schwan*, in: Huber, Thüringer Staats- und Verwaltungsrecht, S. 327; *Kingreen/Poscher*, Polizei- und Ordnungsrecht, § 15 Rn. 1; *Gusy*, Polizei- und Ordnungsrecht, Rn. 276; *Götz/Geis*, Allgemeines Polizei- und Ordnungsrecht, § 8 Rn. 23; zum richtigen Adressaten vgl. *Schloer*, DÖV 1991, 955; *Zott/Geber*, JA 2014, 328; weiterführend *Braun*, Freizügigkeit und Platzverweis, 2000; *Krebs*, Platzverweis, 2001; *Helmke*, Der polizeiliche Platzverweis im Rechtsstaat, 2002; Robrecht/Petersen-*Thrö*, SächsVBl. 2006, 29; *Trurnit*, VBlBW 2009, 205.
480 Vgl. NdsOVG, NdsVBl. 2007, 98; *Kingreen/Poscher*, Polizei- und Ordnungsrecht, § 15 Rn. 2; *Heckmann/Klein*, JuS 1995, 327.
481 „Ort" iSd § 18 Abs. 1 S. 1 ThürPAG wird restriktiv und allgemein als eng begrenzter räumlicher Bereich verstanden, wobei pauschale Größenangaben nach Quadratmetern nicht getroffen werden können, vgl. *Götz/Geis*, Allgemeines Polizei- und Ordnungsrecht, § 8 Rn. 23. Erfasst sind zumindest Straßen, einzelne Plätze, Parks, vgl. BayVGH, BayVBl. 2001, 529.
482 Über die Bestimmung der zeitlichen Höchstgrenze besteht keine Einigkeit; das Meinungsspektrum reicht von „wenigen Stunden" bis zu zwei Wochen, vgl. *Götz/Geis*, Allgemeines Polizei- und Ordnungsrecht, § 8 Rn. 23.
483 *Schwan*, in: Huber, Thüringer Staats- und Verwaltungsrecht, S. 327; *Götz/Geis*, Allgemeines Polizei- und Ordnungsrecht, § 8 Rn. 23; *Kugelmann*, Polizei- und Ordnungsrecht, S. 134; *Ebert/Seel*, Thüringer Gesetz über die Aufgaben und Befugnisse der Polizei, § 18 Rn. 5 f.

hinderung von Feuerwehr, Hilfs- und Rettungsdiensten oder generell die Abwehr einer Gefahr, § 18 Abs. 1 ThürPAG.

cc) Aufenthaltsverbot, § 18 Abs. 3 ThürPAG, § 17 Abs. 2 ThürOBG. Durch ein Aufenthaltsverbot wird für eine begrenzte Zeit einer Person verboten, einen bestimmten örtlichen Bereich zu betreten und sich dort aufzuhalten. Der örtliche Bereich kann, im Unterschied zum eng begrenzten Ort der Platzverweisung, ein Gebiet innerhalb einer Gemeinde, äußerstenfalls das gesamte Gebiet einer Gemeinde sein.[484] Die Maßnahme ist zeitlich und örtlich auf den zur Verhütung der Straftat erforderlichen Umfang zu beschränken. Sie darf die **Dauer** von drei Monaten nicht überschreiten, § 18 Abs. 3 S. 3 u. 4 ThürPAG, § 17 Abs. 2 S. 3 u. 4. ThürOBG.

Eingesetzt wird diese Maßnahme vorwiegend gegen Beteiligte der offenen Drogenszene,[485] aber auch gegen Randalierer, Gewalttäter, Fußball-Hooligans[486] und Prostituierte in Sperrbezirken. Voraussetzung ist, dass Tatsachen die Annahme rechtfertigen, die betreffende Person werde eine Straftat begehen, § 18 Abs. 3 S. 1 ThürPAG, § 17 Abs. 2 S. 1 ThürOBG.[487]

Das Aufenthaltsverbot hat **keinen absoluten Charakter**. Es unterbindet das Wohnen in dem betreffenden Gebiet nicht. Ausnahmen gelten für Besuche bei Ärzten, Anwälten, Sozialarbeitern und Behörden sowie für die Ausübung der Versammlungsfreiheit, § 18 Abs. 3 S. 5 u. 6 ThürPAG, § 17 Abs. 2 S. 5 u. 6 ThürOBG.[488]

dd) Insbesondere die Wohnungsverweisung, § 18 Abs. 2 ThürPAG. Diese neuartige Standardermächtigung der Polizei wurde im Zusammenhang mit dem im Jahr 2002 in Kraft getretenen Gewaltschutzgesetz[489] konzipiert. Sie schützt wie dieses die **Opfer häuslicher Gewalt**.[490] Während jedoch das Gewaltschutzgesetz den zivilrechtlichen Gewaltschutz regelt, indem es gerichtliche Schutzanordnungen vorsieht, die dem Gewaltopfer die Wohnung vorläufig zur alleinigen Nutzung überlassen und gegen den Gewaltausübenden ein Betretungsverbot aussprechen (vgl. §§ 1, 2 GewSchG), verfolgt die Standardermächtigung des § 18 Abs. 2 ThürPAG einen anderen Zweck: den **Zeitraum bis zur Entscheidung des Zivilgerichts zu überbrücken**.

Die Wohnungsverweisung sieht insbesondere die Verweisung des gewalttätigen Partners aus der gemeinsamen Wohnung sowie ein Betretungsverbot vor, § 18 Abs. 2 S. 1 ThürPAG.[491] Das befristete Betretungsverbot umfasst auch ein Rückkehrverbot, § 18 Abs. 2 S. 1 ThürPAG, allerdings nur für eine Höchstfrist von zehn Tagen, § 18 Abs. 2

---

484 *Kingreen/Poscher*, Polizei- und Ordnungsrecht, § 15 Rn. 1.
485 *Cremer*, NVwZ 2001, 1218.
486 *Hecker*, NvwZ 2016, 1301; *Böhm/Mayer*, DÖV 2017, 325; *Schuch/Löbich*, JA 2017, 280; vgl. zur Fallbearbeitung *Froese*, JuS 2017, 50.
487 *Schenke*, Polizei- und Ordnungsrecht, § 3 Rn. 148.
488 *Bösch*, Jura 2009, 650, 651.
489 Gesetz zum zivilrechtlichen Schutz vor Gewalttaten und Nachstellungen (Gewaltschutzgesetz – GewSchG) v. 11.12.2001 (BGBl. I S. 3513), zuletzt geändert durch Gesetz v. 10.8.2021 (BGBl. I S. 3513).
490 *Kingreen/Poscher*, Polizei- und Ordnungsrecht, § 15 Rn. 27; *Collin*, DVBl 2003, 1499; *Seiler*, VBlBW 2004, 93; *Wuttke*, JuS 2005, 779; *Kremser*, NdsVBl. 2009, 265; vgl. grundlegend: *Eicke*, Die polizeiliche Wohnungsverweisung bei häuslicher Gewalt, 2008; zur Fallbearbeitung s. *Traulsen*, JuS 2004, 414; *Heyen/Collin/Spiecker gen. Döhmann*, JA 2013, 359.
491 *Guckelberger*, JA 2011, 1.

S. 2 ThürPAG. Bei der polizeilichen Ermessensentscheidung ist der Wille der gefährdeten Person zu berücksichtigen.[492]

220 Voraussetzung für die Wohnungsverweisung ist das **Vorliegen einer gegenwärtigen Gefahr für Leben, Gesundheit, Freiheit oder die sexuelle Selbstbestimmung** von einer in derselben Wohnung lebenden Person, § 18 Abs. 2 S. 1 ThürPAG.

221 Die befristete Wegnahme einer Wohnung stellt **keinen Eingriff in das Grundrecht der Unverletzlichkeit der Wohnung nach Art. 13 GG und Art. 8 ThürVerf** dar, da dieses den Besitz einer Wohnung als solchen nicht schützt. Wohl aber stellt die Maßnahme einen Eingriff in die den Wohnungsbesitz gewährleistende **Eigentumsfreiheit** dar (Art. 14 GG und Art. 34 ThürVerf).[493]

222 ee) Gewahrsam, § 19 ThürPAG. Ingewahrsamnahme ist die präventiv-polizeiliche **kurzfristige Freiheitsentziehung**. Zu unterscheiden ist sie von der im Zusammenhang der Strafverfolgung zulässigen Festnahme nach § 127 StPO.

223 Verfassungsrechtlich stellt die Ingewahrsamnahme einen Eingriff in die **Freiheit der Person** dar (Art. 2 Abs. 2 S. 2 GG und Art. 3 Abs. 1 S. 2 ThürVerf) und steht daher unter den verfassungsrechtlichen Vorgaben der Art. 104 GG, Art. 4 ThürVerf.[494] Insbesondere behalten Art. 104 Abs. 2 S. 1 GG und Art. 4 Abs. 3 ThürVerf Entscheidungen über die Zulässigkeit und Fortdauer einer Freiheitsentziehung dem Richter vor. Hieraus folgt, dass eine Freiheitsentziehung grundsätzlich eine vorherige richterliche Anordnung erfordert.[495] Andererseits eröffnen Grundgesetz und Thüringer Verfassung der Polizei die Möglichkeit, in eigener Zuständigkeit eine kurzfristige Freiheitsentziehung anzuordnen (Art. 104 Abs. 2 S. 3 GG, Art. 4 Abs. 3 S. 2 ThürVerf).

224 **Gewahrsam ist die Einschließung einer Person isd physischen Verhinderung ihrer Fortbewegung.**[496] Dies kann beispielsweise in einer Arreststelle, einer Sammelstelle oder einem Polizeifahrzeug erfolgen.

225 Gesetzlich geregelte Fälle des Gewahrsams sind
- **Schutzgewahrsam** (§ 19 Abs. 1 Nr. 1 ThürPAG), der Personen, die sich in hilfloser Lage befinden, vor Gefahren für Leib und Leben bewahrt, zB Volltrunkene oder Selbstmörder,[497]
- **Sicherheitsgewahrsam** (§ 19 Abs. 1 Nr. 2 ThürPAG), der angeordnet werden kann, um die unmittelbar bevorstehende Begehung einer eindeutig bestimmten[498] Straftat

---

492 Vgl. *Petersen-Thrö*, SächsVBl. 2004, 173, 180.
493 Vgl. *Storr*, ThürVBl. 2005, 97, 101.
494 *Kingreen/Poscher*, Polizei- und Ordnungsrecht, § 16 Rn. 9; *Hantel*, JuS 1990, 865; *Gusy*, NJW 1992, 457.
495 BVerfGE 10, 302, 321; 105, 239, 248; dazu *Brodowski*, JuS 2012, 980, 981; *Schwan*, in: Huber, Thüringer Staats- und Verwaltungsrecht, S. 328 ff.
496 *Götz/Geis*, Allgemeines Polizei- und Ordnungsrecht, § 8 Rn. 33; *Schwan*, in: Huber, Thüringer Staats- und Verwaltungsrecht, S. 328.
497 *Schwan*, in: Huber, Thüringer Staats- und Verwaltungsrecht, S. 328; *Poscher/Rusteberg*, JuS 2012, 26, 27; *Kingreen/Poscher*, Polizei- und Ordnungsrecht, § 16 Rn. 23.
498 ThürOLG, ThürVBl. 2004, 94, 95.

oder Ordnungswidrigkeit von erheblicher Bedeutung für die Allgemeinheit zu verhindern[499] sowie

- **Durchsetzungsgewahrsam**, welcher der Durchsetzung einer Platzverweisung, eines Aufenthaltsverbots und einer Wohnungsverweisung dient.[500]

Nach der Ingewahrsamnahme ist unverzüglich eine **richterliche Entscheidung** über die Zulässigkeit und Fortdauer der Freiheitsentziehung herbeizuführen (Art. 104 Abs. 2 S. 2 GG, Art. 4 Abs. 2 S. 2 ThürVerf, § 20 Abs. 1 S. 1 ThürPAG). „**Unverzüglich**" ist dahin auszulegen, dass die richterliche Entscheidung ohne jede Verzögerung, die sich nicht aus sachlichen Gründen rechtfertigen lässt, nachgeholt werden muss.[501] Der Herbeiführung der richterlichen Entscheidung bedarf es nicht, wenn anzunehmen ist, dass diese erst nach Wegfall des Grundes der Maßnahme ergehen wird (§ 20 Abs. 1 S. 2 ThürPAG).

Die festgehaltene Person ist zu entlassen (s. dazu § 22 ThürPAG), sobald der Grund des Gewahrsams weggefallen ist, wenn die Freiheitsentziehung oder ihre Fortdauer durch das Gericht für unzulässig erklärt wurde, spätestens aber am Ende des auf die Freiheitsentziehung folgenden Tages.[502]   226

Umstritten ist in der polizeirechtlichen Literatur die dogmatische Einordnung des sog **Verbringungsgewahrsams**.[503] Dieser wird dazu eingesetzt, die Adressaten von Platzverweisen von einem Gebiet fernzuhalten, indem sie mit dem Dienstfahrzeug an einen abseits gelegenen Ort, meist an den Stadtrand, verbracht werden.[504] In der polizeilichen Praxis begegnet der Verbringungsgewahrsam insbesondere im Zusammenhang mit Ausschreitungen von Hooligans bei Fußballspielen.[505] Da im Kern kein Gewahrsamsverhältnis begründet wird, lässt sich der Verbringungsgewahrsam nicht als polizeirechtlicher Gewahrsam einstufen.[506] Als **Rechtsgrundlage** heranzuziehen ist daher die **Generalklausel** des § 12 ThürPAG.[507] Die Verbringung eines rechtmäßig des Platzes Verwiesenen an einen Ort, der weit außerhalb gelegen ist oder dessen Entfernung unzumutbar ist, ist jedenfalls unzulässig.[508]   227

Auch die vollständige Einkesselung einer Menschenansammlung („**Polizeikessel**") kann im Einzelfall als Freiheitsentziehung bewertet und damit den Voraussetzungen   228

---

499 BayObLG, NVwZ 1999, 106; OVG Bremen, NVwZ 2001, 221; *Kingreen/Poscher*, § 16 Rn. 23; *Winkler/Schadtle*, JuS 2015, 435, 439; *Schwan*, in: Huber, Thüringer Staats- und Verwaltungsrecht, S. 328.
500 *Kingreen/Poscher*, Polizei- und Ordnungsrecht, § 16 Rn. 23.
501 BVerfGE 105, 239, 249; BVerfG, NVwZ 2007, 1044; BVerwGE 45, 51, 63; *Ebert/Seel*, Thüringer Gesetz über die Aufgaben und Befugnisse der Polizei, § 20 Rn. 3.
502 Dazu *Mehde*, in: Dürig/Herzog/Scholz, Grundgesetz-Kommentar, Art. 104 Rn. 95 f.
503 Vgl. zum sog Verbringungsgewahrsam *Kappeler*, DÖV 2000, 227; *Hasse/Mordas*, ThürVBl. 2002, 101; dies., ThürVBl. 2002, 130; *Finger*, NordÖR 2006, 423; *Schucht*, DÖV 2011, 553, 557.
504 Vgl. dazu den Beispielfall bei *Götz/Geis*, Allgemeines Polizei- und Ordnungsrecht, § 8 Rn. 42.
505 *Siegel*, NJW 2013, 1035, 1038.
506 So auch *Schenke*, Polizei- und Ordnungsrecht, § 3 Rn. 154; *Kugelmann*, Polizei- und Ordnungsrecht, S. 142; aA *Kingreen/Poscher*, Polizei- und Ordnungsrecht, § 16 Rn. 5.
507 So etwa *Kingreen/Poscher*, Polizei- und Ordnungsrecht, § 16 Rn. 6; *Schenke*, Polizei- und Ordnungsrecht, § 3 Rn. 154; aA *Gusy*, NWVBl. 2004, 1, 8; *Schucht*, DÖV 2011, 553, 559 f., die eine Spezialregelung für erforderlich halten.
508 Z.B. OVG Bremen, NVwZ 1987, 235, 236; LG Hamburg, NVwZ-RR 1997, 537; allgemein dazu *Kappeler*, DÖV 2000, 227, 227; *Schucht*, DÖV 2011, 533, 533; *Leggereit*, NVwZ 1999, 263.

des Gewahrsams unterstellt werden.[509] Vorliegen müssen dafür die verfassungsrechtlichen Merkmale einer Freiheitsentziehung, dh es muss die tatsächlich und rechtlich an sich gegebene körperliche Bewegungsfreiheit nach jeder Richtung hin aufgehoben sein.[510]

229 c) **Objektbezogene Maßnahmen.** Objektbezogene Maßnahmen beziehen sich auf bestimmte gegenständliche Bereiche, die betreten, durchsucht oder gesichert werden können. Ziel der sicherheitsrechtlichen Tätigkeit ist jedoch nicht die Veränderung ihres tatsächlichen Zustands oder der Besitzverhältnisse an ihnen. Vielmehr geht es auch bei den objektbezogenen Maßnahmen letztlich stets um den **Schutz von Personen** vor Gefahren, die von bestimmten Sachen oder deren Gebrauch durch andere ausgehen. Objektbezogene Maßnahmen des Polizei- und Sicherheitsrechts bilden damit das präventive Pendant zur repressiv motivierten Analyse der sog *producta et instrumenta sceleris*, dh der Sachen, die durch Straftaten erlangt sind oder die zur Begehung solcher dienen sollen.[511]

230 aa) **Durchsuchung von Personen, § 23 ThürPAG, § 18 ThürOBG.** Die Durchsuchung von Personen verfolgt den Zweck, **Gegenstände aufzufinden, die jemand bei sich trägt.**[512] Zulässig ist sie im Polizei- wie im Ordnungsrecht

- bei rechtmäßig festgehaltenen Personen (Abs. 1 Nr. 1) zur Auffindung von Sachen, die zum Angriff oder zur Flucht geeignet sind,
- wenn eine Sache sicherzustellen ist (Abs. 1 Nr. 2),
- bei Personen in hilfloser Lage (Abs. 1 Nr. 3), insbesondere zur Auffindung eines Ausweises.

Von der Polizei dürfen schließlich Personen auch bei Razzien, an Kontrollstellen sowie im Zusammenhang des Objektschutzes durchsucht werden (§ 23 Abs. 1 Nrn. 4 bis 6 ThürPAG).

231 bb) **Durchsuchung von Sachen, § 24 ThürPAG, § 19 ThürOBG.** Der häufigste Fall der Durchsuchung von Sachen zu präventiv-polizeilichen Zwecken ist die **Durchsuchung von Kraftfahrzeugen.**

232 Zulässig ist die polizei- oder ordnungsrechtliche Durchsuchung einer Sache dann, wenn

- sie von einer Person mitgeführt wird, die ihrerseits durchsucht werden darf (Abs. 1 Nr. 1),
- Tatsachen die Annahme rechtfertigen, dass sich in ihr eine widerrechtlich festgehaltene oder hilflose Person befindet (Abs. 1 Nr. 2),

---

509 LG Hamburg, NVwZ 1087, 834, 834 ff.; VG Berlin, NVwZ-RR 1990, 188, 189; VG Mainz, NVwZ-RR 1991, 242, 242 ff.; OVG NW, NVwZ 2001, 1315, 1315 ff.
510 BVerfGE 10, 302, 323; 94, 166, 198.
511 Vgl. zu diesen *Schäfer/Sander/Gemmeren*, Praxis der Strafzumessung, 6. Aufl. 2017, Rn. 359 ff.
512 *Kingreen/Poscher*, Polizei- und Ordnungsrecht, § 17 Rn. 2; *Götz/Geis*, Allgemeines Polizei- und Ordnungsrecht, § 8 Rn. 50; *Schenke*, Polizei- und Ordnungsrecht, § 3 Rn. 165; vgl. zur Durchsuchung nach der StPO *Huber*, JuS 2013, 408. Abzugrenzen ist die Durchsuchung von Personen von der Untersuchung, vgl. dazu BayVGH, NVwZ-RR 1999, 310.

- Tatsachen die Annahme rechtfertigen, dass sich in ihr eine andere Sache befindet, die sichergestellt werden darf (Abs. 1 Nr. 3).

Eine Durchsuchungsbefugnis nur für die Polizei enthalten § 24 Abs. 1 Nr. 4 bis 6 ThürPAG. Praktisch bedeutsam ist insbesondere die Durchsuchung an sog **verbotenen oder gefährlichen Orten**, § 24 Abs. 1 Nr. 4 ThürPAG iVm § 14 Abs. 1 Nr. 2 oder 5 ThürPAG. Die Bestimmungen über die Durchsuchung von Sachen betreffen sowohl bewegliche Sachen als auch Grundstücke.[513] Soweit es sich um Wohnungen handelt, gelten die besonderen Anforderungen zur Durchsuchung von Wohnungen (§ 25 ThürPAG, § 20 ThürOBG).

cc) **Betreten und Durchsuchung von Wohnungen, § 25 ThürPAG, § 20 ThürOBG.** Die 233
Standardbefugnisse zum Betreten und Durchsuchen von Wohnungen knüpfen in ihrer Systematik an die Unterscheidung an, die den Eingriffstatbeständen zum **Grundrecht der Unverletzlichkeit der Wohnung** im Grundgesetz wie in der Thüringer Verfassung zugrunde liegt (Art. 13 GG bzw. Art. 8 ThürVerf). Wie im Verfassungsrecht wird auch einfachgesetzlich differenziert zwischen der **Durchsuchung** einer Wohnung und ihrem **Betreten zu anderen Zwecken**.

Der **Begriff der Wohnung** iSd Polizei- und Ordnungsrechts ist ebenfalls verfassungs- 234
rechtlich determiniert.[514] Er erfasst Wohnungen und Nebenräume, Arbeits-, Betriebs- und Geschäftsräume sowie jedes befriedete Besitztum (§ 25 Abs. 1 S. 2 ThürPAG, § 20 S. 2 ThürOBG). **Private Wohnräume** werden im Vergleich zu Arbeits-, Betriebs- und Geschäftsräumen als schutzbedürftiger angesehen.[515] Dieser Unterschied bleibt bei der Durchsuchung ohne Auswirkungen; er ist aber beim Betreten zu anderen Zwecken im Rahmen der Verhältnismäßigkeit zu berücksichtigen.[516] Vom Schutzbereich erfasst sind grundsätzlich auch der okkupierte Wohnraum der Hausbesetzer und die Wohnung des gekündigten Mieters.[517]

Durchsuchung ist die **ziel- und zweckgerichtete Suche** nach Personen oder Sachen 235
oder zur Ermittlung eines Sachverhalts. Sie dient dazu, etwas aufzuspüren, was der Wohnungsinhaber nicht von sich aus offenlegen oder herausgeben will.[518] Das Betreten eines Raumes zur Feststellung der Identität der Anwesenden ist keine Durchsuchung. Denn ausgeforscht werden hierbei nicht die Räumlichkeiten, sondern die offen anwesenden Personen.[519]

Die Anordnung der Durchsuchung wie auch die präventiv-polizeiliche Untersuchung 236
steht grundsätzlich dem **Richter** zu (§ 26 ThürPAG, § 21 ThürOBG, Art. 13 Abs. 2

---

513 *Götz/Geis*, Allgemeines Polizei- und Ordnungsrecht, § 8 Rn. 52; *Kingreen/Poscher*, Polizei- und Ordnungsrecht, § 17 Rn. 12; *Schenke*, Polizei- und Ordnungsrecht, § 3 Rn. 166.
514 *Schenke*, Polizei- und Ordnungsrecht, § 3 Rn. 169; *Schwabe*, NVwZ 1993, 1173, 1173 f.; *Voßkuhle*, DVBl 1994, 611, 611 ff.; *Wißmann*, JuS 2007, 324, 325.
515 BVerfGE 32, 54, 68 ff.; 65, 1, 40; 89, 1, 12.
516 *Götz/Geis*, Allgemeines Polizei- und Ordnungsrecht, § 8 Rn. 53.
517 *Kunig*, in: v. Münch/Kunig (Hrsg.), Grundgesetz Kommentar, 6. Aufl. 2012, Art. 13 Rn. 14; *Werwigk*, NJW 1983, 2366; ablehnend hingegen *Jaeschke*, NJW 1983, 434; wohl auch *Schenke*, Polizei- und Ordnungsrecht, § 3 Rn. 171 Fn. 440.
518 BVerfGE 78, 83, 89; BVerwGE 47, 31, 36; 121, 345, 349; *Schenke*, Polizei- und Ordnungsrecht, § 3 Rn. 167; *Götz/Geis*, Allgemeines Polizei- und Ordnungsrecht, § 8 Rn. 55.
519 BVerwGE 121, 345, 350.

GG, Art. 8 Abs. 2 ThürVerf).[520] Eine Zuständigkeit der Polizei ist hier nur bei **Gefahr im Verzug** gegeben. Eine solche ist dann anzunehmen, wenn die vorherige Einholung der richterlichen Anordnung den Erfolg der Durchsuchung gefährden würde,[521] was mit Tatsachen begründet werden muss.[522] Justiz und Gerichtsverwaltungen haben sicherzustellen, dass der Richtervorbehalt als Grundrechtssicherung praktisch wirksam wird, und die Richterzuständigkeit in Alltagsfällen gewahrt bleibt.[523] Dazu gehört, dass ein Richter uneingeschränkt tagsüber erreichbar ist sowie während der Nachtzeit jedenfalls insoweit, als regelmäßig entsprechender Bedarf dafür besteht.[524]

237 Liegen diese Durchsuchungsvoraussetzungen nicht vor, so dürfen Wohnräume von den Sicherheitsbehörden nur unter den **engen Voraussetzungen** des Art. 13 Abs. 7 GG, Art. 8 Abs. 3 ThürVerf betreten werden. Grundsätzlich erforderlich ist insoweit eine gemeine Gefahr oder **Lebensgefahr** für Einzelne. Verfassungsrechtlich aufgeführt werden ferner Raumnot, Seuchengefahren sowie Jugendschutz. Durch diese wird allerdings die Zulässigkeit sicherheitsrechtlicher Maßnahmen, unter deren Vorbehalt sie stehen, nicht eingeschränkt, sondern präventiv erweitert. Deshalb ist bei der Anwendung der §§ 25 f. ThürPAG bzw. §§ 20 f. ThürOBG besonders streng auf rechtsstaatliche **Verhältnismäßigkeit** zu achten.[525]

238 **dd) Sicherstellung, § 27 ThürPAG, § 22 ThürOBG.** Eine in der Praxis häufige polizei- und sicherheitsrechtliche Maßnahme ist die **Sicherstellung von Gegenständen**. Sie wird dort meist als Beschlagnahme bezeichnet.[526] Sicherstellung ist die **Begründung amtlichen Gewahrsams** über eine bewegliche oder unbewegliche Sache ohne Einwilligung des Berechtigten und ohne Zustimmung des tatsächlichen Inhabers der Sachherrschaft.[527] Die Sicherstellung nach § 27 ThürPAG, § 22 ThürOBG erfolgt stets im Wege eines **Verwaltungsakts**.[528] Dieser wird meist sogleich durch sicherheitsrechtliche Inbesitznahme vollstreckt, soweit erforderlich durch Wegnahme im Wege unmittelbaren Zwangs[529].

239 **Presseerzeugnisse** genießen ein sog **Beschlagnahmeprivileg**: Sichergestellt werden dürfen sie nicht aufgrund ihres möglicherweise strafwürdigen Inhalts, sondern nur dann, wenn von ihrer Verbreitung, etwa bei ihrer Verteilung im Verkehr, eine Gefahr für die öffentliche Sicherheit ausgeht. Dies steht neuerdings zwar nicht mehr explizit in der Strafprozessordnung,[530] entspricht aber einer gefestigten Rechtsprechung des Bundes-

---

520 BVerfGE 51, 97, 111; BVerwGE 28, 285, 286; *Götz/Geis,* Allgemeines Polizei- und Ordnungsrecht, § 8 Rn. 55.
521 BVerfGE 51, 97, 111; 103, 142, 154.
522 BVerfGE 103, 142, 156.
523 BVerfG, NJW 2005, 1637, 1638; *Schenke,* Polizei- und Ordnungsrecht, § 3 Rn. 171.
524 BVerfG, NJW 2005, 1637, 1638; vgl. BVerfGE 103, 142, 152 ff.; BVerfG NJW 2004, 1442; *Schenke,* Polizei- und Ordnungsrecht, § 3 Rn. 171.
525 Vgl. auch *Kingreen/Poscher,* Polizei- und Ordnungsrecht, § 17 Rn. 34.
526 *Götz/Geis,* Allgemeines Polizei- und Ordnungsrecht, § 8 Rn. 58 ff.; *Dolderer,* VBlBW 2001, 97; zu Sicherstellung und Beschlagnahme nach Strafprozessrecht *Huber,* JuS 2014, 215.
527 *Schenke,* Polizei- und Ordnungsrecht, § 3 Rn. 173; *Götz/Geis,* Allgemeines Polizei- und Ordnungsrecht, § 8 Rn. 58.
528 *Götz/Geis,* Allgemeines Polizei- und Ordnungsrecht, § 8 Rn. 61.
529 OVG NW, DVBl 1991, 1371.
530 Seit dem Gesetz zur Reform der strafrechtlichen Vermögensabschöpfung v. 13.4.2017 (BGBl. I S. 872, 881); vgl. zur früheren Rechtslage §§ 111 m und n StPO aF.

verfassungsgerichts,[531] der die strafrechtliche Literatur folgt.[532] Verfassungsrechtlich lässt sich hier eine Parallele zu den Grenzen zulässiger Versammlungsverbote ziehen: Auch diese sind nur anhand der Modalitäten der Durchführung einer Demonstration begründbar, nicht aber unter Bezugnahme auf deren Inhalt oder Zielsetzung.

Die Sicherstellung von **Filmaufnahmen** über einen Polizeieinsatz kann in Betracht kommen, wenn die gegenwärtige Gefahr einer Verletzung des Persönlichkeitsrechts, dh des Rechts am eigenen Bild,[533] einzelner Polizisten oder Dritter besteht.[534] Anzunehmen ist dies nur aufgrund besonderer Umstände, aus denen auf eine bevorstehende rechtswidrige, den Polizisten etwa einseitig bloßstellende Verbreitung geschlossen werden kann, oder die eine Beeinträchtigung eines Polizeieinsatzes befürchten lassen (vgl. dazu §§ 22, 23, 33 KUG). 240

Die **Befugnis zur Sicherstellung** besteht für Polizei- wie Ordnungsbehörden in drei Fällen: 241
- zur Abwehr einer **gegenwärtigen Gefahr** (§ 27 Nr. 1 ThürPAG, § 22 Abs. 1 Nr. 1 ThürOBG),
- zum **Schutz des Eigentümers oder rechtmäßigen Inhabers** der tatsächlichen Gewalt vor **Verlust oder Beschädigung** (§ 27 Nr. 2 ThürPAG, § 22 Abs. 1 Nr. 2 ThürOBG),
- zur **Verhinderung einer missbräuchlichen Verwendung**, wenn die Sache von einer rechtmäßig festgehaltenen Person mitgeführt wird (§ 27 Nr. 3 ThürPAG, § 22 Abs. 1 Nr. 3 ThürOBG).

Die gegenwärtige Gefahr kann von der Sache selbst ausgehen oder von ihrem Besitzer. Im sicherheitsrechtlichen Notstand kann die Gefahrenabwehr auch gerade durch Sicherstellung einer Sache stattfinden.[535]

Umstritten ist, auf welcher Rechtsgrundlage die **Einweisung eines Obdachlosen** zu erfolgen hat. Keine hinreichende Rechtsgrundlage bilden jedenfalls die §§ 11, 12, 15a BSHG, die zwar die Sozialverwaltung auf die erforderliche Hilfe bei der Beschaffung einer Unterkunft oder Wohnung verpflichten, jedoch nicht zu grundrechtsinvasiven Maßnahmen legitimieren.[536] Im Übrigen kommt entweder eine **Sicherstellung** in Betracht oder eine Maßnahme auf Grundlage der allgemeinen ordnungsrechtlichen **Generalklausel**.[537] Richtigerweise geht die Sicherstellung der ordnungsbehördlichen Generalklausel als spezielle Regelung vor. Gegen ihre Heranziehung lässt sich insbesondere nicht anführen, dass diese in erster Linie auf Fälle zugeschnitten sei, in denen die 242

---

531 BVerfG, NJW 2001, 707, 507f.; NJW 2007, 1117, 1118 ff.; ZD 2016, 81, 82 ff.; ZUM-RD 2016, 153, 154 ff.
532 *Roxin/Schünemann*, Strafverfahrensrecht, 29. Aufl. 2017, § 34 Rn. 23; *Bünnigham*, JuS 2016, 894; *Aschenbach*, JuS 2000, 27; *Götz/Geis*, Allgemeines Polizei- und Ordnungsrecht, § 8 Rn. 69.
533 Vgl. allgemein zur Abwägung zwischen Persönlichkeitsrecht und Pressefreiheit BVerfGE 35, 202, 224 ff.
534 OVG RP, DÖV 1981, 801; BayVGH, NJW 1983, 1339; *Götz/Geis*, Allgemeines Polizei- und Ordnungsrecht, § 8 Rn. 70 f.
535 *Götz/Geis*, Allgemeines Polizei- und Ordnungsrecht, § 8 Rn. 68.
536 *Greifeld*, JuS 1982, 819; *Volkmann*, JuS 2001, 888, 890.
537 Vgl. zum Meinungsstreit OVG MV, NJW 2010, 1096; 1097; NdsOVG, NvwZ 2016, 164; 166; *Günther/Traumann*, NVwZ 1993, 130; *Ruder*, NVwZ 2012, 1283; weiterführend *Reitzig*, Die polizeirechtliche Beschlagnahme von Wohnraum zur Unterbringung Obdachloser, 2004, S. 39 ff.; vgl. auch *Kingreen/Poscher*, Polizei- und Ordnungsrecht, § 5 Rn. 15; *Götz/Geis*, Allgemeines Polizei- und Ordnungsrecht, § 8 Rn. 68; *Gusy*, Polizei- und Ordnungsrecht, Rn. 343; *Volkmann*, JuS 2001, 888, 890.

Gefahr in der Sache selbst begründet liege oder zumindest mittelbar mit dieser zusammenhänge.[538] Denn § 27 ThürPAG, § 22 ThürOBG nennen keine Gefahrenquelle, sondern lassen die Sicherstellung zu, soweit dies zur Abwehr einer Gefahr erforderlich ist.[539]

243 Die Sicherstellung begründet ein **öffentlich-rechtliches Verwahrungsverhältnis** (§ 28 ThürPAG, § 23 ThürOBG). Für ihre sorgfältige Aufbewahrung haften die Sicherheitsbehörden nach Art. 34 S. 1 GG, § 839 BGB sowie nach den Grundsätzen über die Haftung in vertragsähnlichen verwaltungsrechtlichen Schuldverhältnissen.[540]

244 Eine sicherheitsrechtliche **Verwertung sichergestellter Gegenstände** ist nur in seltenen Fällen nach Maßgabe der Bestimmungen des § 29 Abs. 1 ThürPAG, § 24 ThürOBG zulässig, wenn nämlich ihre Übergabe oder Überlassung an einen rechtmäßigen Sachherrscher nicht möglich oder mit unverhältnismäßigem (Nachforschungs-)Aufwand verbunden wäre.[541] Bargeld kann eingezogen, dh in den Besitz der Polizei überführt werden, allerdings stets nur vorläufig bis zu einer doch noch möglichen Feststellung eines Berechtigten.[542] Gleiches gilt für unschwer aufbewahrungsfähige Wertgegenstände. Verderbliche Güter dagegen sind von den Sicherheitsbehörden öffentlich, dh in entsprechender Anwendung von § 979 Abs. 1 BGB, zu versteigern, findet sich kein Berechtigter. Notfalls dürfen sie auch an den „nächsten Interessierten" veräußert werden. Der Erlös ist dann wiederum als sichergestelltes Bargeld zu behandeln. Lässt sich innerhalb angemessener Frist kein Käufer finden, so kann die Sache einem gemeinnützigen Zweck zugeführt werden. Sichergestellte gefährliche Tiere können eingeschläfert werden, wenn die Rückführung an den bisherigen Halter nicht möglich ist, und eine Vermittlung an einen neuen Halter nicht in Betracht kommt.[543] Eine **Pflicht zur Herausgabe** der sichergestellten Sache besteht unter den Voraussetzungen des § 30 Abs. 1 ThürPAG, § 25 Abs. 1 ThürOBG.

245 In allen Fällen primär objektbezogener Tätigkeit sind jeweils Erforderlichkeit und Verhältnismäßigkeit unter **Beachtung des Eigentumsgrundrechts** (Art. 14 GG, Art. 34 ThürVerf) zu prüfen.[544]

246 **ee) Sonderfall Abschleppen in Thüringen.** Das Abschleppen verkehrsordnungswidrig geparkter Kraftfahrzeuge auf einen amtlichen oder privaten Verwahrplatz[545] kann nur **ausnahmsweise als Sicherstellung** nach § 27 ThürPAG bzw. § 22 ThürOBG eingeord-

---

538 So *Volkmann*, JuS 2001, 888, 890.
539 *Kingreen/Poscher*, Polizei- und Ordnungsrecht, § 18 Rn. 6; *Fischer*, NVwZ 2015, 1644, 1645 f.; *Götz/Geis*, Allgemeines Polizei- und Ordnungsrecht, § 8 Rn. 59, 68.
540 *Sodan/Ziekow*, Grundkurs Öffentliches Recht, 9. Aufl. 2020, § 75 Rn. 21; *Ebert/Seel*, Thüringer Gesetz über die Aufgaben und Befugnisse der Polizei, § 27 Rn. 11, § 28 Rn. 9 f. Für Ansprüche aus öffentlich-rechtlicher Verwahrung (nicht jedoch zur Klärung ihrer Rechtmäßigkeit) ist gemäß § 40 Abs. 2 S. 1, Hs. 1 VwGO der ordentliche Rechtsweg eröffnet.
541 OVG NW, DVBl 1991, 1375; *Kingreen/Poscher*, Polizei- und Ordnungsrecht, § 18 Rn. 17.
542 *Schoch*, in: Schoch, Besonderes Verwaltungsrecht, S. 195 f.; vgl. NdsOVG, NordÖR 2009, 403.
543 OVG NW, DÖV 2001, 301.
544 *Kingreen/Poscher*, Polizei- und Ordnungsrecht, § 18 Rn. 17.
545 Vgl. dazu *Kottmann*, DÖV 1983, 493; *Schwabe*, NVwZ 1994, 629; *Remmert*, NVwZ 2000, 642; *Fischer*, JuS 2002, 446; *Klein*, JA 2004, 544; *Hong*, Jura 2012, 473; weiterführend *Schiefdecker*, Die Entfernung von Kraftfahrzeugen als Maßnahme staatlicher Gefahrenabwehr, 1998; s. auch *Wehr*, Examens-Repetitorium Polizei- und Ordnungsrecht, Rn. 287 ff.; *Schwan*, in: Huber, Thüringer Staats- und Verwaltungsrecht, S. 335 ff.

net werden, nämlich dann, wenn der Zweck des Abschleppens darin liegt, das Fahrzeug in Verwahrung zu nehmen, um eine diesem selbst drohende Gefahr abzuwenden und es **vor Beschädigung** oder **Abhandenkommen** zu schützen (§ 27 Nr. 2 ThürPAG, § 22 Abs. 1 Nr. 2 ThürOBG). Der Behörde muss es also darum gehen, hoheitliche Sachherrschaft zum Schutz des Fahrzeugs, etwa vor Hochwasser, zu begründen[546] oder Dritte von einer Einwirkung auszuschließen, die etwa droht, wenn das Fahrzeug nicht abgesperrt ist.[547]

Geht es jedoch – wie im Regelfall des Abschleppens – darum, das Fahrzeug von seinem gegenwärtigen Ort zu entfernen, um eine dort bestehende Gefahr, nämlich die Nichtbeachtung eines Verkehrszeichens, zu beseitigen und das Wegfahrgebot zu vollziehen, kommt eine **Sicherstellung nicht** in Betracht. Diese Ansicht ist im Schrifttum herrschend,[548] wird vom überwiegenden Teil der Rechtsprechung,[549] gerade in Thüringen,[550] vertreten und liegt auch den internen Dienstanweisungen der Thüringer Polizei zugrunde.[551] 247

Einzuordnen ist das Abschleppen verkehrsordnungswidrig geparkter Fahrzeuge vielmehr in der Regel als **Vollstreckungsmaßnahme**, nämlich als **Ersatzvornahme** iSd § 50 ThürVwZVG zur Vollstreckung der Grundverfügung Verkehrszeichen (§ 35 S. 2 ThürVwVfG). Diese Vorschrift ist insofern einschlägig, als es sich beim Abschleppen eines Fahrzeugs um eine vertretbare Handlung handelt, dh um eine solche, die an Stelle des eigentlich Verpflichteten – rechtlich zulässig – auch ein Dritter vornehmen kann, § 50 ThürVwZVG.[552] Der **Thüringer Vollstreckungslösung**[553] ist mithin beizupflichten. 248

Ausnahmsweise lässt sich eine Abschleppmaßnahme wegen Verkehrsverstoßes nicht als Ersatzvornahme einordnen: wenn **kein wirksamer, von der Erlassbehörde vollstreckbarer Grundverwaltungsakt** vorliegt. Dies ist insbesondere der Fall, 249

- wenn das Parken nur durch eine **Rechtsnorm** wie etwa § 12 StVO verboten ist, also nicht – wie im Regelfall – aufgrund eines Verkehrszeichens,
- wenn das Verkehrszeichen von einer **anderen** als der vollstreckungswilligen Behörde ausgestellt wurde, die demnach für eine Vollstreckung nicht zuständig wäre,[554] oder

---

546 *Schenke*, Polizei- und Ordnungsrecht, § 15 Rn. 778; in der Fallbearbeitung s. *Brinktrine/Kastner*, Fallsammlung zum Verwaltungsrecht, 2005, S. 98.
547 Vgl. BayVGH, NJW 2001, 1960.
548 *Möller/Warg*, Allgemeines Polizei- und Ordnungsrecht, Rn. 412; *Schenke*, Polizei- und Ordnungsrecht, § 15 Rn. 776 ff.
549 Vgl. etwa HessVGH, NVwZ 1987, 904, 909; HessVGH, NVwZ-RR 1999, 23, 24 ff.; OVG MW, NordÖR 2005, 328; OVG Hamburg, HmbJVBl. 1994, 85; offengelassen OVG NW, NJW 2001, 2035.
550 VG Weimar, ThürVBl. 2001, 92, 94; VG Gera, Urt. v. 10.5.2005 – 1 K 2093/04.Ge.
551 Vgl. 4.1 der Verwaltungsvorschrift zum Abschleppen und Sicherstellen von Fahrzeugen durch die Polizei, ThürStAnz 2015, 1655.
552 *Schenke*, Polizei- und Ordnungsrecht, § 15 Rn. 779.
553 *Weber*, NZV 2012, 212, 214.
554 VG Weimar, ThürVBl 2001, 92, 94; *Weber*, NZV 2012, 212, 214.

- wenn das die Ordnungswidrigkeit begründende **Verkehrszeichen** erst **nach Abstellen des Kraftfahrzeugs aufgestellt** wurde.[555] Typischerweise kommt dies dann vor, wenn der Fahrer oder Halter nach Abstellen seines Autos eine längere Urlaubsreise antritt, während derer er nicht erreichbar ist. Nach Ablauf einer gewissen, situativ zu bemessenden Zeit ist eine Verhaltensverantwortlichkeit des Fahrers oder Halters durch Unterlassen der Nachschau anzunehmen.[556] Ein vollstreckbarer Verwaltungsakt liegt aber mangels Bekanntgabe an diesen nicht vor.

In diesen Fällen, in denen also die Thüringer Vollstreckungslösung scheitert, ist die Abschleppmaßnahme als **unmittelbare Ausführung** zu qualifizieren und auf § 9 Abs. 1 ThürPAG, § 12 Abs. 1 ThürOBG zu stützen.

250 Unabhängig von der einschlägigen Rechtsgrundlage ist vor Verbringung eines verkehrsordnungswidrig geparkten Fahrzeugs auf einen amtlichen oder privaten Verwahrplatz – nach dem **Grundsatz der Verhältnismäßigkeit** – zu prüfen, ob eine **Umsetzung** auf den nächsten verfügbaren Parkplatz möglich ist.[557] Für die ordnungsbehördliche Sicherstellung ist dies in § 22 Abs. 2 ThürOBG geregelt.

5. Datenerhebungs- und Datenverarbeitungsbefugnisse

251 a) **Grundsätze der Datenerhebung.** Internationaler Terrorismus und organisierte Kriminalität erfordern zunehmend den **Einsatz moderner Informationstechnologien**.[558] Dieser muss sich allerdings im verfassungsrechtlichen Rahmen des vom Bundesverfassungsgericht im **Volkszählungsurteil**[559] entwickelten **informationellen Selbstbestimmungsrechts** halten, dh des auf Art. 2 Abs. 1 iVm Art. 1 Abs. 1 GG beruhenden Rechts des Einzelnen, selbst über Preisgabe und Verwendung seiner personenbezogenen Daten zu bestimmen.[560] Ausdrücklich verankert ist dieses Grundrecht in Art. 6 Abs. 2 ThürVerf. Es umfasst – wie das Bundesverfassungsgericht in seiner Entscheidung zur **Online-Durchsuchung** klargestellt hat[561] – auch das sog PC-Grundrecht, dh das „Grundrecht auf Vertraulichkeit und Integrität informationstechnischer Systeme",[562] deren Daten – so die Entscheidung zur **Vorratsdatenspeicherung**[563] – nur unter engen Voraussetzungen gespeichert werden dürfen.[564]

252 Für Zugriffe auf Daten sind spezielle Regelungen der polizeilichen Befugnisse in §§ 31 ff. ThürPAG normiert. Die Spezialbefugnisse der **Ordnungsbehörden** ergeben sich aus **§ 26 ThürOBG iVm ThürDSG**. Diese sehen Generalermächtigungen für den polizeilichen Zugriff vor, gestalten diese jedoch weithin durch Spezialermächtigungen aus. Die Datenerhebung muss unmittelbar beim Betroffenen und offen mit Rechtsbe-

---

555 *Koch/Niebaum*, JuS 1997, 312; *Schiefferdecker*, Die Entfernung von Kraftfahrzeugen als Mittel staatlicher Gefahrenabwehr, 1998, S. 39 ff.; *Weber*, NZV 2012, 212.
556 VGH BW, NJW 2007, 2058; OVG Hamburg, NordÖR 2009, 156; im Ergebnis auch BVerwGE 102, 136, 320.
557 *Götz/Geis*, Allgemeines Polizei- und Ordnungsrecht, § 8 Rn. 66.
558 *Schenke*, Polizei- und Ordnungsrecht, § 3 Rn. 192.
559 BVerfGE 65, 1.
560 BVerfGE 65, 1, 41 ff.; s. dazu *Schoch*, Jura 2008, 352; *Becker/Ambrock*, JA 2011, 561.
561 BVerfGE 120, 274.
562 BVerfGE 120, 274, 302 ff.
563 BVerfGE 125, 260.
564 BVerfGE 125, 260, 351 ff.

lehrung erfolgen iSv § 31 Abs. 4 S. 1 ThürPAG, § 26 ThürOBG iVm § 19 Abs. 3 ThürDSG.[565] Die so erhobenen Daten dürfen, soweit erforderlich und verhältnismäßig, gespeichert und mit anderen der Polizei vorliegenden Daten abgeglichen werden. Die Verwendung der so erhobenen Daten steht unter dem Grundsatz einer Zweckbindung an die polizeiliche Gefahrenabwehr in ihren normativen Einschränkungen und Bindungen.[566] Die Ergebnisse der Datenerhebung sind unter **Wahrung des Grundrechts auf informationelle Selbstbestimmung** der Betroffenen zu verwerten.[567] Deren Verhalten in ihrer Grundrechtssphäre darf durch (Weitergabe) solche(r) Informationen nicht beeinträchtigt werden. Dies ist gegebenenfalls auch durch Berichtigung, Löschung oder Sperrung auf solchen Wegen ermittelter Daten sicherzustellen.[568] Auskunft über die erhobenen Daten darf die Polizei Dritten nur geben, soweit dies zur Gefahrenabwehr erforderlich ist, und die Weitergabe nicht die öffentliche Sicherheit gefährdet (§ 47 Abs. 2 ThürPAG, § 26 ThürOBG iVm § 13 Abs. 5 ThürDSG).[569]

b) Generalklausel für die Erhebung personenbezogener Daten. § 32 Abs. 1 ThürPAG, § 26 ThürOBG iVm § 19 ThürDSG enthalten eine **Generalklausel für die Erhebung sog personenbezogener Daten** über Störer, Nichtstörer und unbeteiligte Personen.[570] Systematisch gehören sie also **nicht** zu den informationellen **Spezialbefugnissen**, werden aber wegen ihrer inhaltlichen Nähe zu diesen dennoch an dieser Stelle behandelt. 253

Der **Begriff der personenbezogenen Daten** iSd §§ 31, 32 ThürPAG, § 26 ThürOBG geht auf die Formulierung in § 3 Abs. 1 des ThürDSG zurück.[571] Danach sind personenbezogene Daten Einzelangaben über persönliche oder sachliche Verhältnisse einer bestimmten oder bestimmbaren natürlichen Person. Keine Datenerhebung stellt der Rückgriff auf allgemein zugängliche Quellen dar, etwa Telefonbücher, Handelsregister oder das Internet. Denn die Polizei darf hinsichtlich der Datenerhebung nicht schlechter gestellt werden als Private.[572] **Gefahr** iSd § 32 ThürPAG, § 26 Nr. 1 ThürOBG meint grundsätzlich die abstrakte Gefahr. Berührt die Datenerhebung jedoch den Kernbereich privater Lebensführung, so ist der Eingriff in das Grundrecht auf informationelle Selbstbestimmung (Art. 2 Abs. 1 iVm 1 Abs. 1 GG, Art. 6 Abs. 2 ThürVerf) nur bei Vorliegen einer dringenden Gefahr gerechtfertigt.[573] 254

Fraglich ist, ob **rechtswidrig erlangte Daten** – dazu gehören auch solche, die unter Verstoß gegen § 31 Abs. 4 ThürPAG, § 26 ThürOBG iVm § 19 Abs. 3 ThürDSG erhoben wurden[574] – zur präventiven Abwehr gegenwärtiger oder künftiger Gefahren ver- 255

---

565 *Kingreen/Poscher*, Polizei- und Ordnungsrecht, § 12 Rn. 1.
566 *Schwabe*, DVBl 2000, 1817; *Kingreen/Poscher*, Polizei- und Ordnungsrecht, § 12 Rn. 3.
567 Vgl. dazu auch *Becker/Ambrock*, JA 2011, 561.
568 *Schenke*, Polizei- und Ordnungsrecht, § 3 Rn. 195.
569 *Kingreen/Poscher*, Polizei- und Ordnungsrecht, § 14 Rn. 74.
570 *Ebert/Seel*, Thüringer Gesetz über die Aufgaben und Befugnisse der Polizei, § 32 Rn. 1.
571 *Durner*, JuS 2006, 213, 216.
572 *Ebert/Seel*, Thüringer Gesetz über die Aufgaben und Befugnisse der Polizei, § 32 Rn. 1.
573 *Epping*, Grundrechte, 9. Aufl. 2021, Rn. 634 ff.
574 *Kingreen/Poscher*, Polizei- und Ordnungsrecht, § 12 Rn. 11; *Wehr*, Examens-Repetitorium Polizei- und Ordnungsrecht, Rn. 379.

wertbar sind.[575] Für ein umfassendes Verwertungsverbot, wie es die im US-amerikanischen Recht etablierte *fruit of the poisonous tree doctrine* vorsieht,[576] spräche rechtspolitisch die Disziplinierung der Sicherheitsbehörden: Diese würden dazu angehalten, den Grundsatz der Gesetzmäßigkeit der Verwaltung zu achten (Art. 20 Abs. 3 GG, Art. 47 Abs. 4 ThürVerf).[577] Jedoch dürfen in der deutschen Rechtsordnung zur Durchsetzung eines staatlichen Strafanspruchs nach höchstrichterlicher Verfassungsrechtsprechung auch rechtswidrig erlangte Beweismittel grundsätzlich verwendet werden.[578] Unter dem Einfluss grundrechtlicher Schutzpflichten müsste dies auch für den Bereich präventiver Gefahrenabwehr gelten.[579] Letztlich wird die Verwertbarkeit im Einzelfall durch eine nach der Schwere des Datenerhebungsverbots und dem Gewicht der berührten Grundrechte differenzierende Grundrechtsabwägung zu klären sein.

256 Einer auf die Generalklausel des § 32 ThürPAG, § 26 ThürOBG iVm § 19 ThürDSG gestützten Befragung korrespondiert – anders als der Befragung aufgrund der §§ 13 ThürPAG, 16 ThürOBG – keine Auskunftspflicht. Denn die Generalklausel stellt lediglich eine Handlungsbefugnis dar, hat also **keinen anordnenden Charakter**.[580]

257 **c) Datenerhebung bei öffentlichen Veranstaltungen und Ansammlungen.** Der Begriff der öffentlichen Veranstaltung und Ansammlung nach § 33 ThürPAG, § 26 Nr. 1 ThürOBG umfasst jede Zusammenkunft. Auf eine innerliche Verbindung durch einen bestimmten gemeinsamen Zweck kommt es – anders als beim Versammlungsbegriff[581] – für die Datenerhebung nicht an.[582] In der Praxis fallen in den persönlichen Anwendungsbereich des § 33 ThürPAG, § 26 ThürOBG insbesondere Besucher von Fußballspielen und Konzerten, aber auch Schaulustige bei Unfällen oder Staatsbesuchen.[583] Die Datenerhebung muss grundsätzlich **offen** erfolgen, was wegen des damit einhergehenden Abschreckungseffekts in der Regel auch rechtspolitisch sinnvoll ist.[584] Verdeckte Datenerhebungen, wie sie weitergehend insbesondere in Bayern zulässig sind, werden jedoch vor dem Hintergrund der gegenwärtig verschärften Sicherheitslage verstärkt diskutiert, etwa der Einsatz polizeilicher Flugdrohnen[585] oder von sog Bodycams, körpernaher Kameras.[586]

258 Eine besondere Form der Datenerhebung bei öffentlichen Veranstaltungen und Versammlungen ist die **Videoüberwachung im öffentlichen Raum** (§ 33 Abs. 2 ThürPAG).

---

575 *Schenke*, Polizei- und Ordnungsrecht, § 3 Rn. 267 und 283 ff.; vgl. zu strafprozessualen Verwertungsverboten, BVerfG, NJW 1999, 273, 274; *Einmahl*, NJW 2001, 1393, 1395. Weiterführend *Schuhmacher*, Verwertbarkeit rechtswidrig erhobener Daten im Polizeirecht, 2001.
576 US Supreme Court in Silverthorne Lumber Co., Inc. v. United States, 251 U.S. 385 (1920).
577 Vgl. *Küpper*, JZ 1990, 23.
578 BVerfG, Urt. v. 3.3.2004 – 1 BvR 2378/98 und 1 BvR 1084/99.
579 *Schenke*, Polizei- und Ordnungsrecht, § 3 Rn. 283.
580 *Knemeyer*, LKV 1991, 321, 324; hierzu auch *Kingreen/Poscher*, Polizei- und Ordnungsrecht, § 12 Rn. 10.
581 Vgl. zu diesem BVerfGE 69, 315, 343, 346 f.
582 Insgesamt *Becker/Ambrock*, JA 2011, 561.
583 *Müller-Eiselt*, NVwZ 2016, 643, 647; vgl. auch *Zöller/Ihwas*, NVwZ 2014, 408, 409; *Schenke*, Polizei- und Ordnungsrecht, § 3 Rn. 202 ff.; zum Einsatz sog Body-Cams *Kipke/Gärtner*, NJW 2015, 296; *Ruthig*, LKRZ 2015, 481, 488.
584 *Neskovic/Uhlig*, NVwZ 2003, 335, 337; so schränkt den Einsatz von Kameras bereits die innere Versammlungsfreiheit ein OVG Bremen, NVwZ 1990, 1180.
585 *Zöller/Ihwas*, NVwZ 2014, 408, 410.
586 *Kipker/Gärtner*, NJW 2015, 296; *Lachenmann*, NVwZ 2017, 1424; *Leisner-Egensperger*, DÖV 2018, 677.

Sie stellt zum einen ein technisches Äquivalent für den Polizisten vor Ort dar,[587] soll aber zugleich abschrecken und damit eine Verhaltenslenkung potenzieller Gefährder bewirken.[588] Videokameras dürfen an öffentlichen oder dem allgemeinen Publikum zugänglichen Orten eingerichtet werden. Auf solche Bereiche sind sie aber auch zu beschränken (vgl. § 33 Abs. 2 Nr. 1 ThürPAG). Die Kameraattrappe ist der laufenden Videokamera gleichzustellen, denn auch bei ihr können die Bürger nicht mehr wissen, „wer was wann und bei welcher Gelegenheit über sie weiß".[589] Daher ist die Intensität des Eingriffs durch sie in das Grundrecht auf informationelle Selbstbestimmung vergleichbar.[590] Bei Demonstrationen im öffentlichen Raum sind die §§ 12, 19a VersammlG *leges speciales*. Für die Ordnungsbehörden legt § 26 Nr. 2 ThürOBG dieses Spezialitätsverhältnis ausdrücklich klar und erklärt die in Nr. 1 geregelten Datenerhebungsbefugnisse als unanwendbar auf Veranstaltungen iSd Versammlungsgesetzes.[591]

Rechtspolitisch wird der Videoüberwachung entgegengehalten, sie sei nicht geeignet zur Gefahrenabwehr iSe vorbeugenden Bekämpfung von Straftaten. Denn sie verhindere nicht Rechtsverstöße, sondern verdränge lediglich Straftäter in andere Bereiche.[592] Die bisherigen Erfahrungen in Thüringen[593] bestätigen immerhin eine positive Auswirkung auf das **Sicherheitsgefühl der Bevölkerung**,[594] das allerdings kein sicherheitsrechtliches Schutzgut iSd § 54 Nr. 1 und 2 ThürOBG darstellt. 259

Verfassungsrechtlich begegnet die Videoüberwachung erheblichen formell- und materiellrechtlichen **Bedenken**.[595] Kompetenz- und damit rechtswidrig ist insbesondere die Nutzung präventiv intendierter Videoaufnahmen auch zur Strafverfolgungsvorsorge.[596] Einen verfassungsrechtlich nur in Ausnahmefällen zu rechtfertigenden Eingriff in das allgemeine Persönlichkeitsrecht nach Art. 2 Abs. 1 iVm Art. 1 Abs. 1 GG, Art. 3 Abs. 2 ThürVerf stellt jedenfalls die Videoüberwachung nach dem sog **Kamera-Monitor-Prinzip** dar. Dabei werden Bilder auf einen Monitor übertragen, auf dem sie dann für einen Augenblick sichtbar werden und eine Beobachtung ermöglichen, ohne dass allerdings die Aufnahmesequenz auf einem Speichermedium festgehalten würde.[597] Denn durch Zoom- und Standbildfunktionen können Personen jederzeit individuali- 260

---

587 *Kingreen/Poscher*, Polizei- und Ordnungsrecht, § 13 Rn. 96; vgl. dazu *Dolderer*, NVwZ 2001, 130, 130; *Mann/Fontana*, JA 2013, 734.
588 Vgl. BVerfG, NVwZ 2007, 688, 690.
589 BVerfGE 65, 1, 43.
590 Überzeugend *Kingreen/Poscher*, Polizei- und Ordnungsrecht, § 13 Rn. 96.
591 Dazu *Schwan*, Thüringer Ordnungsbehördengesetz, § 26 Rn. 306.
592 *Koch*, Datenerhebung und -verarbeitung in den Polizeigesetzen der Länder, 1999, S. 124; vgl. LT-Drs. 6/2126, S. 2.
593 Durch die Thüringer Polizei wird bisher nur der Bereich der Neuen Synagoge in Erfurt videoüberwacht, LT-Drs. 6/2126, S. 2.
594 LT-Drs. 6/2126, S. 2.
595 Vgl. die Zusammenfassung des Diskussionsstands bei *Bull*, JZ 2017, 797. Weiterführend *Stettner*, Sicherheit am Bahnhof. Überwachungsmaßnahmen zur Abwehr terroristischer Anschläge, 2017. Vgl. auch *Roggan*, NVwZ 2001, 134, 138; *Vahle*, NVwZ 2001, 165, 166; *Fetzer/Zöller*, NVwZ 2007, 775, 778; *Volkmann*, NVwZ 2009, 216, 220; zur verfassungsrechtlichen Rechtfertigung *Hasse*, ThürVBl. 2000, 169; *Fischer*, VBlBW 2002, 89.
596 Vgl. eingehend dazu *Roggan*, NVwZ 2001, 134, 138.
597 Zur offenen Videoüberwachung der Reeperbahn nach dem Kamera-Monitor-Prinzip vgl. BVerwG, NVwZ 2012, 757, 759 ff.

siert werden.⁵⁹⁸ Das bloße Aufstellen von Hinweisschildern reicht für die Annahme einer rechtfertigenden Einwilligung in den Eingriff nicht aus.⁵⁹⁹

261 **d) Überwachung der Telekommunikation und Datenerhebung von Mobilfunkkarten.** Nach § 34a ThürPAG können Telekommunikationsdaten durch **Überwachung und Einrichtung von Fangschaltungen** erhoben werden.⁶⁰⁰ Hierzu werden Telefongespräche und die Internetkommunikation mitgeschnitten und aufgezeichnet, oder es wird Auskunft von den Betreiberfirmen über den Inhalt der Kommunikation verlangt.⁶⁰¹ Die Beschlagnahme eines Mobiltelefons ist von § 34a ThürPAG dagegen nicht gedeckt, da die Kommunikationsvorgänge bereits abgeschlossen sind.⁶⁰² Berührt ist dadurch allerdings der Schutzbereich des Grundrechts auf informationelle Selbstbestimmung (Art. 2 Abs. 1 iVm 1 Abs. 1 GG, Art. 6 Abs. 2 ThürVerf). Gibt der Betreiber dem Auskunftsverlangen der Behörde hinsichtlich der Verbindungsdaten eines Mobiltelefonnutzers nach, stellt dies einen Eingriff in den Schutzbereich des Art. 10 GG, Art. 7 ThürVerf dar.⁶⁰³ Im Telekommunikationsgesetz (TKG)⁶⁰⁴ ist die sog **Vorratsdatenspeicherung**⁶⁰⁵ normiert, die private Provider von Mobilfunknetzen zur Speicherung der Verbindungsdaten für einen Zeitraum von sechs Monaten verpflichtet (§§ 113–113b TKG). Behörden können zum Zwecke der Gefahrenabwehr auf diese Daten zugreifen.⁶⁰⁶

262 **e) Verdeckter Einsatz technischer Mittel in Wohnungen.** Nach § 35 ThürPAG ist eine **verdeckte Datenerhebung in oder aus Wohnungen** möglich. Der sog **große Lauschangriff** als akustische Wohnraumüberwachung ist präventiv-polizeilich zulässig und auch zum Einsatz im Strafverfahren.⁶⁰⁷ Sachverhalte des privaten Lebensbereichs dürfen auf diese Weise jedoch nicht erfasst werden (Art. 13 Abs. 3–7 GG, Art. 8 Abs. 3 ThürVerf).⁶⁰⁸ Nicht generell verlangt werden kann in diesem Zusammenhang eine Beschränkung auf besonders schwerwiegende Gefahren oder darauf, dass solche unmittelbar bevorstehen. Denn gerade dies ist oft Gegenstand der polizeilichen Ermittlungen.

263 Zu unterscheiden ist zwischen dem **großen Lauschangriff** zur Gewinnung von Informationen über den Betroffenen⁶⁰⁹ sowie dem **kleinen Lauschangriff**, der dem Schutz des eingesetzten Polizisten dient, zB des verdeckten Ermittlers, der das Mikrophon am

---

598 BVerfG, NVwZ 2007, 668, 690; *Glaser*, Jura 2009, 742; *Stephan*, VBlBW 2004, 28; *Waechter*, NdsVBl. 2001, 77; *Lang*, BayVBl. 2006, 522; *Schewe*, NWVBl. 2004, 415; allgemeiner zu den einschlägigen Grundrechten *Ogorek*, JuS 2013, 811.
599 BVerfG, NVwZ 2007, 688, 690.
600 *Kingreen/Poscher*, Polizei- und Ordnungsrecht, § 13 Rn. 137.
601 *Sachs/Krings*, JuS 2008, 481, 481; dazu auch *Kingreen/Poscher*, Polizei- und Ordnungsrecht, § 13 Rn. 137.
602 BVerfGE 115, 166, 183.
603 BVerfG, NJW 2003, 1787.
604 Telekommunikationsgesetz (TKG) v. 22.6.2004 (BGBl. I S. 1190), zuletzt geändert durch Gesetz v. 30.10.2017 (BGBl. I S. 3618).
605 *Britz*, JA 2011, 81.
606 BVerfGE 125, 260, 309 f.
607 *Schenke*, Polizei- und Ordnungsrecht, § 3 Rn. 226; vgl. zur präventiven Wohnraumüberwachung durch Verfassungsschutzbehörden der Länder *Baldus*, NVwZ 2003, 1289.
608 BVerfGE 109, 279, 315; *Ebert/Seel*, Thüringer Gesetz über die Aufgaben und Befugnisse der Polizei, § 35 Rn. 10.
609 *Essig*, JA 2006, 283 ff.; *Gusy*, JuS 2004, 457.

Körper trägt.[610] Gegeben ist stets ein Eingriff in Art. 13 Abs. 1 GG, Art. 8 Abs. 1 ThürVerf. Denn die räumliche Privatsphäre schützt auch die Vertraulichkeit der dort erfolgenden Kommunikation.[611] Bei Abschöpfung der fernmeldetechnischen Übermittlung liegt zugleich ein Eingriff in Art. 10 GG, Art. 7 ThürVerf vor.[612]

Nach § 35 Abs. 2 ThürPAG dürfen Daten aus dem **Kernbereich privater Lebensgestaltung**, etwa Äußerungen innerster Gefühle oder von Ausdrucksformen der Sexualität, nicht erhoben werden.[613] Wird unerwartet derlei aufgezeichnet, besteht eine Pflicht zur sofortigen Löschung.[614]

264

Der **Thüringer Verfassungsgerichtshof** hat im Jahr 2012 eine Grundsatzentscheidung zur Verfassungskonformität der Befugnisse zur verdeckten Datenerhebung im ThürPAG getroffen.[615] Danach hätten einzelne Regelungen zur verdeckten Datenerhebung (in der damaligen Fassung) gegen das Gebot der Normenklarheit verstoßen. So sei § 35 Abs. 1 S. 1 Nr. 2 ThürPAG aF nicht zu entnehmen gewesen, welche Rechtsgüter geschützt werden sollten; weiterhin sei der Schwere einer beabsichtigten Tatbegehung nicht ausreichend Rechnung getragen worden.[616] In der Folge hat der Thüringer Gesetzgeber die entsprechenden Normen überarbeitet.[617] Auch in Baden-Württemberg bestehen Zweifel an der Rechtmäßigkeit landesgesetzlicher Bestimmungen zur verdeckten Ermittlung.[618]

265

f) Observation. Nach § 34 Abs. 1 iVm Abs. 2 Nr. 1 ThürPAG ist die **sog längerfristige Observation**, dh die planmäßig angelegte Beobachtung einer Person, die durchgehend länger als 24 Stunden oder an mehr als zwei Tagen durchgeführt werden soll, zur Abwehr einer näher qualifizierten Gefahr zulässig.[619] Diese Maßnahme kann sich auch auf mögliche **Kontakt- und Begleitpersonen** erstrecken (§ 34 Abs. 1 Nr. 2 ThürPAG).[620] Insoweit wird der Adressatenkreis der polizeilichen Maßnahme in Abkehr von der klassischen polizeirechtlichen Dogmatik über die iSd §§ 7 f. ThürPAG Verantwortlichen hinaus auf „Unbeteiligte" erweitert.[621] Diese „Erosion des Störerbegriffs",[622] die sich gegenwärtig deutschlandweit in der polizeilichen Inanspruchnahme von Personen im Umfeld potenzieller Terroristen zeigt,[623] wirft die grundsätzliche Frage nach der hinreichenden Offenheit des Staatshandelns auf:[624] Gerade in Thüringen

266

---

610 *Kingreen/Poscher*, Polizei- und Ordnungsrecht, § 13 Rn. 129.
611 *Huber*, ThürVBl. 2005, 1, 3; dazu auch *Gusy*, JuS 2004, 457, 461.
612 *Schenke*, Polizei- und Ordnungsrecht, § 3 Rn. 227.
613 Hierzu BVerfGE 109, 279, 315, zB aus Art. 1 Abs. 1 GG.
614 Vgl. *Ebert/Seel*, Thüringer Gesetz über die Aufgaben und Befugnisse der Polizei, § 35 Rn. 9 ff.
615 ThürVerfGH, LKV 2013, 74, 74; dazu *Laßmann*, LKV 2013, 76; *Leipold*, NJW-Spezial 2013, 56; *Petri*, ZD 2013, 88; *Popp*, ZD 2013, 88.
616 ThürVerfGH, LKV 2013, 74, 75.
617 Thüringer Gesetz zur Änderung des Polizeiaufgabengesetzes und des Ordnungsbehördengesetzes v. 19.9.2013 (GVBl. S. 251).
618 VGH BW, NVwZ-RR 2015, 26, 30 ff.; *Hohnerlein*, NVwZ 2016, 511, 512.
619 *Kingreen/Poscher*, Polizei- und Ordnungsrecht, § 13 Rn. 109.
620 Zur Observation von Kontakt- und Begleitpersonen vgl. *Bäcker*, Kriminalpräventionsrecht, 2015, S. 139 f.; *Shirvani*, VerwArch 101 (2010), 86.
621 *Baldus*, Die Verwaltung 2014, 1, 2; vgl. auch *Kießling*, Nichtstörer und andere Unbeteiligte als Adressaten von Polizeiverfügungen, Jura 2016, 383.
622 *Trute*, in: Erbguth/Müller/Neumann (Hrsg.), GS Jeand'Heur, 1999, 403, 410.
623 Vgl. für Begleitpersonen §§ 19 Abs. 1 Nr. 2 lit. b), 37 Abs. 2 ThürPAG.
624 *Trute*, in: Erbguth/Müller/Neumann (Hrsg.), GS Jeand'Heur, 1999, 403, 414.

als einem Teil der ehemaligen DDR, in der das Ausspähen auch im engsten Familienkreis ehemals zum Staatsprogramm gehörte, müssen verdeckte Ermittlungen im persönlichen Umfeld mit besonderer Sensibilität vorgenommen werden. Normativ ist es aus grundrechtlichen wie rechtsstaatlichen Erwägungen heraus[625] zur **Vermeidung einer Jedermanns-Verantwortlichkeit** jedenfalls notwendig, dass der Kreis der polizeilich in Anspruch Genommenen abgrenzbar ist.[626] Dies ist in § 34 Abs. 2 ThürPAG über die Bezugnahme auf konkrete „Mitteilungen" sichergestellt.

267 Einbezogen in eine Observation werden bestimmte Dritte auch in § 37 Abs. 2 ThürPAG („sowie über etwaige Begleiter") im Zusammenhang mit der **Ausschreibung einer Person** im Informationssystem der Polizei, dem sog INPOL.[627] Zweck dieser Maßnahme ist die Erstellung eines „Bewegungsbilds" möglicher Gefahrenverursacher.[628]

268 **g) Einsatz von verdeckten Ermittlern oder V-Leuten.** Der Einsatz verdeckter Ermittler der Polizei oder von sog V-Leuten (Vertrauenspersonen der Sicherheitsorgane) ist präventiv aufgrund des § 34 Abs. 2 Nr. 3 bzw. Nr. 5 ThürPAG möglich.[629] Allgemein dient er der Information der Polizei über drohende Gefahren, deren mögliche Verursacher oder Veranlasser sowie auch repressiv zur Ermittlung und Aufklärung von Straftaten (§ 110a StPO).[630]

269 Im Unterschied zu den verdeckten Ermittlern gehören die **V-Leute** nicht der Polizei an.[631] Ihr Einsatz als deren „**verlängerter Arm**" unterliegt aber denselben Voraussetzungen.[632] Damit darf er im Strafverfahren[633] wie im Bereich der Gefahrenabwehr nur auf gesetzlicher Grundlage erfolgen.[634] Verdeckte Ermittler und V-Leute dürfen im strikt einzuhaltenden Rahmen der sicherheitsrechtlichen Befugnisse auch in sozialen Netzwerken tätig werden.[635]

270 **h) Datenspeicherung und -nutzung.** Grundsätzlich dürfen Polizei- und Ordnungsbehörden Daten nur zu dem Zweck speichern und nutzen, zu dem sie auch erhoben worden sind.[636] Dabei stellt die Datenverarbeitung einen gegenüber der ursprünglichen Datenerfassung selbstständigen Grundrechtseingriff dar. Dieser bedarf nach dem Grundsatz des Vorbehalts des Gesetzes einer gesonderten, bereichsspezifischen Ermächtigung. Eine solche findet sich in § 40 ThürPAG sowie in § 26 ThürOBG iVm § 20 Abs. 1 ThürDSG. Beim sog **Datenabgleich mit dem Informationssystem der Poli-**

---

625 Weiterführend *Hohnerlein*, NVwZ 2016, 511; vgl. bereits *Calliess*, DVBl 2003, 1096.
626 *Baldus*, Die Verwaltung 2014, 1, 3.
627 INPOL ist ein Akronym aus Informationssystem der Polizei.
628 *Ebert/Seel*, Thüringer Gesetz über die Aufgaben und Befugnisse der Polizei, § 37 Rn. 4.
629 Vgl. dazu allgemein *Honnacker/Bartel*, BayVBl. 1991, 12.
630 *Roxin/Schünemann*, Strafverfahrensrecht, 29. Aufl. 2017, § 37 Rn. 2.
631 Zu ihren Einsatzfeldern vgl. *Unterreitmeier*, ZRP 2021, 125.
632 Grundsätzlich dazu BVerfGE 51, 1 ff.
633 BVerfG, NStZ 2000, 490.
634 Überzeugend *Schenke*, Polizei- und Ordnungsrecht, § 3 Rn. 261.
635 Vgl. dazu *Rosengarten/Römer*, NJW 2012, 1764.
636 *Würtenberger/Heckmann/Tanneberger*, Polizeirecht in Baden-Württemberg, 7. Aufl. 2017, Rn. 157 f.

zei (INPOL) handelt es sich um eine Zweckänderung der Daten.[637] Diese erfolgt in der Regel mangels Mitteilung an den Betroffenen nicht durch Verwaltungsakt.[638]

Eine besondere Form des Datenabgleichs stellt die **Rasterfahndung** dar (§ 44 ThürPAG).[639] Sie dient dem automatisierten Abgleich personenbezogener Daten öffentlicher und nichtöffentlicher Stellen mit anderen Datenbeständen. Voraussetzung ist hierfür eine „Gefahr für den Bestand oder die Sicherheit der Bundesrepublik Deutschland oder eines Landes oder für Leib, Leben oder Freiheit einer Person" oder „eine gemeine Gefahr für Sachen". Hiermit genügt § 44 Abs. 1 ThürPAG dem vom Bundesverfassungsgericht statuierten Erfordernis einer konkreten Gefahr für hochrangige Rechtsgüter.[640] Nicht ausreichend ist insoweit eine allgemeine Bedrohungslage, wie sie oft im Nachgang eines terroristischen Anschlags angenommen wird oder eine außenpolitische Spannungslage. 271

Ein automatisiertes Ablesen von Kfz-Kennzeichen (§ 33 Abs. 7 ThürPAG) darf weder flächendeckend noch ohne sicherheitsrechtlichen Anlass vorgesehen werden.[641] Denn die Verknüpfung der personenbezogenen Daten ermöglicht die Erstellung eines Bewegungsprofils der Betroffenen.[642] Wenn dies ohne Gefahrenverdacht erfolgt, stellt dies einen nicht zu rechtfertigenden Eingriff in ihr Recht auf informationelle Selbstbestimmung dar.[643] Zulässig ist diese Form der Informationsgewinnung daher nur, wenn die lokalen Gegebenheiten nach polizeilicher Erfahrung einen Kriminalitätsschwerpunkt nahe legen. Ihre Ergebnisse dürfen aber nur streng anlassbezogen verwertet werden.[644] 272

IX. Polizei- und ordnungsrechtliche Verantwortlichkeit

1. Adressaten sicherheitsrechtlichen Handelns

a) **Störer der öffentlichen Sicherheit im Überblick.** Die Sicherheitsgesetze ermächtigen die Thüringer Polizei- und Ordnungsbehörden zur Erfüllung von Aufgaben der Gefahrenabwehr. Ihren Eingriffen entsprechen Verpflichtungen von Rechtssubjekten, ein sicherheitsrechtliches Handeln zur Erfüllung dieser Aufgaben zu dulden und in diesem Rahmen ergehenden Anweisungen Folge zu leisten. Diejenigen, von denen eine Gefahr ausgeht oder ausgehen kann, die sog **Störer der öffentlichen Sicherheit**, sind die Polizei- bzw. Ordnungspflichtigen. Gegen sie ist gefahrenabwehrendes Handeln zulässig. 273

Die Polizei- und Ordnungspflichtigkeit ergibt sich vorrangig aus der jeweils zugrunde gelegten **Befugnisnorm**. So ist etwa Adressat einer sicherheitsrechtlichen Befragung 274

---

637 *Röttgen*, ZD 2017, 170, 171.
638 *Meister*, JA 2003, 83, 87.
639 Weiterführend *Horn*, DÖV 2003, 746; *Glaser*, Jura 2009, 742, 743; *Gusy*, KritV 2002, 474, 474; *Bausback*, BayVBl. 2002, 713; *Geis/Möller*, DV 2004, 431.
640 BVerfGE 115, 320; krit. dazu insbesondere *Volkmann*, Jura 2007, 132, 135; *Hillgruber*, JZ 2007, 207, 209.
641 Grundlegend BVerfGE 120, 378; s. auch BVerfGE 150, 309 und 150, 244; vgl. zu diesem Problemkreis *Cornils*, Jura 2010, 443; *Glaser*, Jura 2009, 741.
642 *Breyer*, NVwZ 2008, 824, 828.
643 *Schenke*, Polizei- und Ordnungsrecht, § 3 Rn. 281.
644 *Kingreen/Poscher*, Polizei- und Ordnungsrecht, § 14 Rn. 5.

iSd § 13 Abs. 1 ThürPAG, § 16 Abs. 1 ThürOBG jede Person; durchsucht werden kann nach § 23 Abs. 1 Nr. 1 ThürPAG, § 18 Abs. 1 Nr. 1 ThürOBG eine festgehaltene Person. Nur falls die jeweilige Befugnisnorm keine Aussage zum potenziellen Störer trifft, kommen die im Folgenden vorzustellenden §§ 7 bis 10 ThürPAG bzw. §§ 10 bis 13 ThürOBG zur Anwendung.[645]

275 Pflichtige können als **Verhaltensstörer** nach § 7 ThürPAG, § 10 ThürOBG in Anspruch genommen werden, wenn gerade von ihrem Handeln oder Unterlassen die Gefahr ausgeht, oder als **Zustandsstörer** nach § 8 ThürPAG, § 11 ThürOBG, wenn sie rechtlich oder tatsächlich in der Lage sind, die jeweilige Gefahrenquelle zu verschließen. Die Polizei hat sie dazu anzuhalten. Sie darf Maßnahmen zur Ausschaltung der Gefahrenquelle selbst nur treffen, wenn ein Handeln gegen die Störer faktisch oder rechtlich nicht möglich ist, oder keinerlei hinreichenden Erfolg verspricht (§ 9 ThürPAG, § 12 ThürOBG).

276 Gegen einen **Nichtstörer** darf die Polizei nur ausnahmsweise vorgehen, soweit ihre Maßnahmen zur Gefahrenbeseitigung gegen Störer keinen Erfolg versprechen, ein anderer Rechtsträger aber zu deren Wirksamkeit beitragen kann (§ 10 ThürPAG, § 13 ThürOBG). Dieser Adressatenkreis ist rechtlich abgrenzendes Element der Gefahrenabwehr. Eine allgemeine Nichtstörerhaftung gibt es nicht.[646] Verpflichtungen aus dem solidarischen Miteinander enthält nur der Strafrechtstatbestand der unterlassenen Hilfeleistung (§ 323c StGB).[647] Neuerdings erweitern allerdings die Vorschriften zur polizeilichen Datenerhebung den Adressatenkreis polizeilicher Maßnahmen erheblich, so dass insoweit von einer **Erosion des Störerbegriffs** die Rede ist.

277 **b) Zur Polizei- und Ordnungspflichtigkeit von Hoheitsträgern.** Polizei- und **ordnungspflichtig** können jedenfalls **Private** sein. Fraglich ist, ob auch **Hoheitsträger** als **Adressaten sicherheitsrechtlichen Handelns** in Betracht kommen.[648] Aus dem Grundsatz der Gesetzmäßigkeit der Verwaltung folgt zwar ihre materiellrechtliche Bindung an die Normen des Polizei- und Ordnungsrechts. Sicherheitsrechtliche Behörden verfügen jedoch nicht über Befugnisse zur Durchsetzung von Gefahrenabwehrmaßnahmen gegenüber anderen Hoheitsträgern. Daher stellt eine polizei- oder ordnungsrechtliche Aktivität gegenüber einem Träger hoheitlicher Verwaltung regelmäßig einen **Übergriff in dessen Aufgabenbereich**, damit aber eine Verletzung der Kompetenzordnung dar. Für ein Handeln gegenüber Hoheitsträgern mangelt es den Polizei- und Ordnungsbehörden mithin an der **sachlichen Zuständigkeit**. Denn stattdessen wäre ein Einschreiten der jeweiligen Aufsichtsbehörde geboten. Hoheitsträger kommen damit grundsätzlich nicht als Adressaten sicherheitsrechtlichen Handelns in Betracht.[649]

---

645 § 7 Abs. 4 ThürPAG, § 8 Abs. 4 ThürPAG, § 10 Abs. 4 ThürPAG, § 10 Abs. 4 ThürOBG, § 11 Abs. 1 ThürOBG, § 13 Abs. 4 ThürOBG.
646 BVerwGE 125, 325, 332 f.; vgl. *Götz/Geis*, Allgemeines Polizei- und Ordnungsrecht, § 10 Rn. 3.
647 Hierzu *Rengier*, Strafrecht Besonderer Teil II, 22. Aufl. 2021, § 42 Rn. 1 ff.
648 Vgl. dazu *Lindner*, Die verfassungsrechtliche Dimension der allgemeinen polizeirechtlichen Adressatenpflichten, 1997; *Poscher*, Jura 2007, 801; *Guckelberger/Kollmann/Schmidt*, DVBl 2016, 1088.
649 Grundlegend BVerwGE 29, 52, 59; NdsOVG, OVGE 12, 340, 340 ff.; vgl. auch bereits PrOVGE 2, 399, 409; s. auch HessVGH, NVwZ 2002, 889; *Bäcker*, in: Lisken/Denninger, Handbuch des Polizeirechts, S. 240 f.; *Mann*, in: Erbguth/Mann/Schubert, Besonderes Verwaltungsrecht, Rn. 522 ff.; *Poscher/Rusteberg*, JuS 2011, 1082, 1085; krit. *Götz/Geis*, Allgemeines Polizei- und Ordnungsrecht, § 9 Rn. 80 ff.

Hiervon ist eine Ausnahme nur dann anzunehmen, wenn der sicherheitsrechtliche Eingriff die Tätigkeit des hoheitlichen Adressaten unberührt lässt. Dies ist bei **Unterstützungsmaßnahmen in Eil- und Notlagen** gegeben. Auf diese Fälle sind mithin sicherheitsrechtliche Maßnahmen gegenüber Hoheitsträgern beschränkt.

2. Verhaltensverantwortlichkeit

a) **Lehre von der unmittelbaren Verursachung.** Verhaltensverantwortlich werden nach § 7 Abs. 1 ThürPAG, § 10 Abs. 1 ThürOBG Personen, wenn sie durch ihr Verhalten eine Gefahr für die öffentliche Sicherheit oder Ordnung verursachen. Dies gilt ohne Rücksicht auf Verschulden, Alter, Einsichts- und Verschuldensfähigkeit sowie Anstellungsverhältnis.[650] Eine **Zusatzverantwortlichkeit** besteht bei Kindern unter 14 Jahren aber für Aufsichtspflichtige,[651] für unter Betreuung gestellte Personen für Betreuer, bei Verrichtungsgehilfen für den Geschäftsherrn (vgl. § 7 Abs. 2, 3 ThürPAG, § 10 Abs. 2, 3 ThürOBG).

278

Das Verhalten kann sowohl in einem Handeln als auch in einem **Unterlassen** bestehen. Im Falle des Unterlassens muss gegen eine rechtliche Pflicht zum Handeln verstoßen werden. Eine solche kann im Öffentlichen Recht einschließlich des Strafrechts und auch im Zivilrecht ihre Grundlage finden.[652] Verhaltensverantwortlich können nicht nur natürliche, sondern auch juristische Personen, Personenhandelsgesellschaften und Gesellschaften bürgerlichen Rechts werden.[653]

279

Voraussetzung einer Verhaltensverantwortlichkeit ist nach § 7 Abs. 1 ThürPAG, § 10 Abs. 1 ThürOBG, dass eine Person eine Gefahr „verursacht". Offen bleibt in dieser Norm, wie der Verursachungszusammenhang beschaffen sein muss. Jedenfalls zu weit greift die **Äquivalenztheorie**, nach der jede Bedingung (*conditio sine qua non*) als gleichwertig gilt. Zugrunde zu legen ist vielmehr ein **modifizierter Verursachungsbegriff**.[654] Danach ist nur der unmittelbare Verursacher als Störer anzusehen, dh derjenige, dessen Handeln **unmittelbar die Gefahrengrenze überschreitet**. Der mittelbare Verursacher ist lediglich sog **Veranlasser** und damit nicht verantwortlich.[655]

280

Bei **gestreckten Geschehensabläufen**, etwa einem Auffahrunfall mit mehreren beschädigten Fahrzeugen, aus denen jeweils Benzin ausläuft und den Boden zu verseuchen droht, ist nicht notwendig derjenige Verhaltensstörer, der – möglicherweise sogar straßenverkehrswidrig – als erster gebremst hat. Verursacher sind vielmehr allein diejenigen, die das letzte Glied in einer Ursachenkette vor Eintritt der Gefahr (auslau-

281

---

650 *Götz/Geis*, Allgemeines Polizei- und Ordnungsrecht, § 9 Rn. 43.
651 Dazu *Schenke*, JuS 2016, 507.
652 *Kingreen/Poscher*, Polizei- und Ordnungsrecht, § 9 Rn. 6; aA für das Zivilrecht OVG NW, DVBl 1979, 735.
653 OVG NW, NVwZ-RR 1994, 386; VGH BW, VBlBW 1993, 298; VGH BW, VBlBW 1996, 221; *Götz/Geis*, Allgemeines Polizei- und Ordnungsrecht, § 9 Rn. 43; *Kingreen/Poscher*, Polizei- und Ordnungsrecht, § 9 Rn. 8.
654 *Kingreen/Poscher*, Polizei- und Ordnungsrecht, § 9 Rn. 11.
655 So die in Schrifttum und Rechtsprechung vorherrschende Auffassung, vgl. OVG RP, NVwZ 1992, 499, 500; OVG NW, NVwZ 1997, 507, 508; *Drews/Wacke/Vogel/Martens*, Gefahrenabwehr, S. 313; *Kingreen/Poscher*, Polizei- und Ordnungsrecht, § 9 Rn. 11.; *Götz/Geis*, Allgemeines Polizei- und Ordnungsrecht, § 9 Rn. 10 ff.; *Schenke*, Polizei- und Ordnungsrecht, § 4 Rn. 315; *Schoch*, JuS 1994, 932 mwN.

fendes Benzin) gesetzt haben, also nur die Fahrer der demolierten Fahrzeuge.[656] Wie dieses Beispiel zeigt, ist entscheidend für die Unmittelbarkeit die tatsächliche örtliche Nähe zur Gefahr; eine rechtliche Wertung iSd Ermittlung einer Verantwortlichkeit findet nicht statt.

282 b) **Anscheinsstörer und Verdachtsstörer.** Wie die Anscheinsgefahr im Rahmen polizeilicher Eingriffsbefugnisse der tatsächlichen Gefahr gleichgestellt wird, so wird auch der sog **Anscheinsstörer** wie ein tatsächlicher Störer behandelt. Dem Fehlen einer objektiven Gefahr wird also nicht auf der Primärebene des polizei- oder ordnungsbehördlichen Vorgehens Rechnung getragen, sondern erst auf der sog **Sekundärebene**: Auf dieser wird dem Anscheinsstörer, der den Anschein einer Gefahr nicht vorwerfbar verursacht hat, Entschädigung gewährt.

283 Gleiches gilt grundsätzlich für den **Verdachtsstörer**. Dieser muss jedenfalls die Gefahrerforschung durch die Behörden **dulden**.[657] Umstritten ist, ob ihm von Seiten der Behörde auch die **Gefahrerforschung aufgegeben** werden darf,[658] ob ein Eigentümer also beispielsweise dazu gezwungen werden kann, selbst eine Untersuchung des Bodens seines Grundstücks auf Altlasten vorzunehmen oder durchführen zu lassen.

284 Für eine **Gefahrerforschungspflicht** des **Verdachtsstörers** mag die Parallele zum Anscheinsstörer sprechen.[659] Andererseits haben nach dem **Amtsermittlungsgrundsatz** die Behörden die entscheidungserheblichen Sachverhalte von Amts wegen zu ermitteln (§ 24 Abs. 1 ThürVwVfG). Sie haben insoweit nicht nur dafür zu sorgen, dass die relevanten Tatsachen untersucht werden,[660] sondern tragen für Durchführung und Erfolg einer solchen Analyse auch die Verantwortung.[661] Daher erscheint es sachgerecht, in der Abwägung der Verantwortungsbereiche von Behörden und Verdachtsstörer letzterem **grundsätzlich nur** eine **Duldungspflicht** aufzuerlegen.[662] Entscheidend sind im Einzelfall aber die Schwere der Gefahr sowie die Dringlichkeit ihrer Bekämpfung. Ist der Verdachtsstörer besser als die Polizei- und Ordnungsbehörden zu einer notwendig vorgreiflichen Feststellung in der Lage, so ist er ausnahmsweise zur Gefahrerforschung anzuhalten.[663]

285 c) **Zweckveranlasser.** Umstritten ist, ob der sog **Zweckveranlasser** als Handlungsstörer iSd § 7 Abs. 1 ThürPAG, § 10 Abs. 1 ThürOBG in Anspruch genommen werden kann.[664] **Zweckveranlasser** ist jemand, der eine an sich neutrale Handlung vornimmt,

---

656 HessVGH, NJW 1986, 1829.
657 Vgl. OVG NW, NWVBl. 1990, 159; OVG RP, ZfW 1992, 314; *Schenke*, Polizei- und Ordnungsrecht, § 4 Rn. 335.
658 Vgl. VGH BW, NVwZ 1991, 491; VBlBW 1993, 298, 300 f.; vorsichtig auch BayVGH, NVwZ 1986, 942, 944.
659 So *Kingreen/Poscher*, Polizei- und Ordnungsrecht, § 9 Rn. 24; dazu auch ähnlich *Poscher/Rusteberg*, JuS 2011, 1082, 1084.
660 Darauf wollen *Kingreen/Poscher*, Polizei- und Ordnungsrecht, § 9 Rn. 24 und *Schoch*, JuS 1994, 667, 669, die Reichweite des § 24 (Thür)VwVfG beschränken.
661 *Kallerhoff/Fellenberg*, in: Stelkens/Bonk/Sachs (Hrsg.), Verwaltungsverfahrensgesetz, 9. Aufl. 2018, § 24 Rn. 1.
662 Vgl. OVG NW, NWVBl. 1990, 159; HessVGH, NVwZ 1991, 498; OVG RP, ZfW 1992, 314.
663 So *Kingreen/Poscher*, Polizei- und Ordnungsrecht, § 9 Rn. 24.
664 *Erbel*, JuS 1985, 257; *Muckel*, DÖV 1998, 18; *Schmelz*, BayVBl. 2001, 550; *Beaucamp*, JA 2007, 577; *Hartmann*, JuS 2008, 593; zum Zweckveranlasser der Kostentragung der Polizeieinsätze bei Fußballspielen *Böhm*, NJW 2015, 3000, 3001.

die für sich betrachtet also die Gefahrenschwelle nicht unmittelbar überschreitet, die aber in zurechenbarer Weise einen Dritten zur Gefährdung oder Störung der öffentlichen Sicherheit veranlasst.[665]

Im sog **Schaufensterpuppenfall** hatte ein Geschäftsinhaber durch aufregende Schaufensterwerbung einen Passantenauflauf verursacht, der zu Verkehrsbehinderungen führte. Das Preußische Oberverwaltungsgericht bestätigte die polizeiliche Inanspruchnahme des Geschäftsinhabers, da die auffällige Werbung eine wesentliche Ursache für die verkehrsbehindernde Ansammlung gesetzt habe.[666] Dagegen entschied das gleiche Gericht im sog **Borkumliedfall**, dass eine Musikkapelle, die eine an sich harmlose, unverfängliche Melodie intoniert hatte, nicht dafür verantwortlich sei, dass anwesende Zuhörer antisemitische Texte dazu sängen.[667] Heute wird die Rechtsfigur des Zweckveranlassers etwa im Zusammenhang von Maßnahmen gegen illegale Prostitution diskutiert;[668] Bordellwirt und Freier sollen insoweit Zweckveranlasser sein.[669]

Auf der Grundlage der oben vorgestellten Theorie der unmittelbaren Verursachung ist der sog **Zweckveranlasser nicht als Handlungsstörer** anzusehen.[670] Denn es fehlt an der örtlichen Nähe seines Verhaltens in einer Ursachenkette. Er ist daher als bloßer Veranlasser anzusehen und gerade nicht als Verursacher. Falls die Polizei- und Ordnungsbehörden ausnahmsweise gegen einen rechtmäßig handelnden Provokateur vorgehen müssen, weil sie eine Gefahr anders nicht abwehren können, kommt seine Inanspruchnahme als Nichtstörer iSd § 10 ThürPAG bzw. § 13 ThürOBG in Betracht.[671]

3. Zustandsverantwortlichkeit

a) **Personen und ihre Sachen.** Zustandsverantwortlich werden nach § 8 ThürPAG bzw. § 11 ThürOBG Personen, wenn von Sachen oder Tieren, über die sie die tatsächliche Gewalt oder an denen sie das Eigentum oder eine andere Berechtigung haben, Gefahren ausgehen.[672] Verantwortlich in diesem Sinn sind also der zivilrechtlich berechtigte unmittelbare Besitzer, der zivilrechtlich berechtigte Besitzdiener, der zivilrechtlich nichtberechtigte unmittelbare Besitzer, der die Sache gestohlen oder unterschlagen hat, Erbbauberechtigte, Nießbraucher, Mieter und Pächter. Verwahrer und Insolvenzverwalter sind jedenfalls andere Berechtigte.[673] Als zustandsverantwortlich gilt nach § 8 Abs. 3 ThürPAG, § 11 Abs. 3 ThürOBG auch der Eigentümer, der seine

---

665 *Götz/Geis*, Allgemeines Polizei- und Ordnungsrecht, § 9 Rn. 18 ff.; *Drews/Wacke/Vogel/Martens*, Gefahrenabwehr, S. 316; *Schoch*, Jura 2009, 360, 361 mwN.
666 PrOVGE 40, 216.
667 PrOVGE 80, 176.
668 *Götz/Geis*, Allgemeines Polizei- und Ordnungsrecht, § 9 Rn. 23 ff.; *Finger*, VBlBW 2007, 139, 140.
669 HessVGH, NVwZ 1992, 1111, 1112; dazu auch *Götz*, NVwZ 1994, 652, 654.
670 *Erbel*, JuS 1985, 257; *Ullrich*, DVBl 2012, 666, 667; *Wobst/Ackermann*, JA 2013, 916, 917.
671 So auch *Kingreen/Poscher*, Polizei- und Ordnungsrecht, § 9 Rn. 31.
672 S. allgemein zur Zustandsverantwortlichkeit *Friauf*, in: Vogel/Tipke (Hrsg.), FS Wacke, 1972, S. 293 ff.; *Griesbeck*, Die materielle Polizeipflicht des Zustandsstörers, 1991; *Huber/Unger*, VerwArch 96 (2005), 139; *Kränz*, Zustandsverantwortlichkeit im Recht der Gefahrenabwehr, 2000; *Lepsius*, JZ 2001, 22; *ders.*, Besitz und Sachherrschaft im öffentlichen Recht, 2002.
673 Vgl. BVerwG, DVBl 2004, 1564; OVG NW, NVwZ-RR 2009, 364, 365.

Sache derelinquiert (§§ 928, 959 BGB), auch wenn er hierdurch seine Eigentümerstellung verliert.[674]

289 Der Eigentümer oder andere Berechtigte, der seinen Willen gegenüber dem Gewaltinhaber nicht durchsetzen kann, ist mangels Einwirkungsmöglichkeit auf die Sache von der Verantwortlichkeit befreit. Dies gilt etwa für den Eigentümer im Fall des Diebstahls oder der Unterschlagung seines Eigentums. Verantwortlich ist hier nur der ohne den Willen des Berechtigten handelnde Gewaltinhaber, § 8 Abs. 2 S. 2 ThürPAG, § 11 Abs. 2 S. 2 ThürOBG.

290 Die **Zustandsverantwortlichkeit** isd § 8 ThürPAG bzw. § 11 ThürOBG steht selbstständig **neben** der **Verhaltensverantwortlichkeit**, wird also nicht etwa von dieser verdrängt.[675] Inhaltlich ist die Zustandsstörerhaftung unabhängig vom Verhalten des Inhabers der tatsächlichen Gewalt. Eine Zustandsverantwortlichkeit kann also etwa auch durch ein Naturereignis, beispielsweise eine Lawine, begründet werden.

291 b) **Verursachung.** Voraussetzung der Zustandsverantwortlichkeit ist nach § 8 Abs. 1 ThürPAG, § 11 Abs. 1 ThürOBG, dass von einer Sache oder einem Tier eine Gefahr ausgeht.[676] Auf einen Verursachungsbeitrag des Gewaltinhabers kommt es bei wörtlicher Auslegung dieser Vorschriften nicht an. Sprachlich passt das Wort „Verursachung" auch nicht zur Beschreibung des Zusammenhangs von Sachzustand und Gefahr. Zwischen beiden besteht „kein Kausalitäts-, sondern ein **Immanenzverhältnis**".[677]

292 Verzichtete man jedoch auf jegliche Begrenzung der Zustandsverantwortlichkeit, so würde diese verfassungswidrig überdehnt (Art. 14 GG, Art. 34 ThürVerf), gerade auch im Vergleich zur Verhaltensverantwortlichkeit. Mit der herrschenden Meinung[678] ist daher grundsätzlich auch bei der Zustandsverantwortlichkeit eine **unmittelbare Verursachung** zu fordern. In Anlehnung an den Gesetzeswortlaut ist diese sprachlich allerdings dahin gehend zu modifizieren, dass vom Zustand der Sache unmittelbar die Gefahr ausgehen muss.

293 Eine praktische Rolle spielte die Auslegung der Vorschriften zur Zustandsstörerhaftung im Zusammenhang mit der Reichweite sog **Eigensicherungspflichten** von Betreibern gefährlicher Einrichtungen. Flughafenbetreiber müssen nach höchstrichterlicher Rechtsprechung Maßnahmen zum Schutz terroristischer Anschläge nur dann ergreifen, wenn dies als private Sicherungspflicht spezialgesetzlich angeordnet ist, wie in-

---

674 Hierbei handelt es sich eher um eine Verhaltens- als um eine Zustandsstörerhaftung, *Kingreen/Poscher*, Polizei- und Ordnungsrecht, § 9 Rn. 35; vgl. dazu auch *Pischel*, VBlBW 1999, 166; grundsätzlich *Schmidt-Jortzig*, in: Achterberg/Krawitz/Wyduckel (Hrsg.), FS Scupin, 1983, S. 819.
675 Zur Auswahl unter mehreren Störern s. unten IX. 7.
676 *Kingreen/Poscher*, Polizei- und Ordnungsrecht, § 9 Rn. 42.
677 *Drews/Wacke/Vogel/Martens*, Gefahrenabwehr, S. 318 ff.; *Kränz*, Zustandsverantwortlichkeit im Recht der Gefahrenabwehr, 2000, S. 92.
678 *Bäcker*, in: Lisken/Denninger, Handbuch des Polizeirechts, S. 291 f.; *Kugelmann*, Polizei- und Ordnungsrecht, S. 233; *Schoch*, in: Schoch, Besonderes Verwaltungsrecht, S. 124 f.; *ders.*, JuS 1994, 936 f.; *Schenke*, Polizei- und Ordnungsrecht, § 4 Rn. 340; *Götz/Geis*, Allgemeines Polizei- und Ordnungsrecht, § 9 Rn. 11; *Thiel*, Polizei- und Ordnungsrecht, § 8 Rn. 119; *Hollands*, Gefahrenzurechnung im Polizeirecht, 2005, S. 37 ff.; a. A. *Lepsius*, JZ 2001, 22; *Friauf*, Rn. 83; *Scholler/Schloer*, Grundzüge des Polizei- und Ordnungsrechts in der Bundesrepublik Deutschland, S. 259, nach denen die Kausalitätstheorien hier keine Anwendung finden.

zwischen etwa nach § 8 Abs. 1 S. 1 LuftSiG.[679] Eine allgemeine Zustandsverantwortlichkeit trifft sie dagegen nicht.[680] Denn im Verhältnis zu der die Gefahr unmittelbar auslösenden Missbrauchshandlung eines Terroristen ist der Zustand einer Sache, auch wenn er gewisse Anreize für einen Missbrauch bieten sollte, nur eine entfernte, mittelbare Ursache.[681]

4. Verantwortlichkeit bei Rechtsnachfolge

a) **Grundsätzlich keine Rechtsnachfolge in die Verantwortlichkeit.** Eine Rechtsnachfolge in die polizei- und ordnungsrechtliche Verantwortlichkeit gibt es grundsätzlich nicht.[682] Denn die polizei- und ordnungsrechtliche Pflichtigkeit, sei es als Verhaltens- oder als Zustandsverantwortlichkeit, ist keine Verbindlichkeit im zivilrechtlichen Sinn. Die Begriffe Verantwortlichkeit oder Pflichtigkeit sind vielmehr nur Ausdruck dessen, dass die Polizei- und Ordnungsbehörden gegen bestimmte Bürger vorgehen dürfen.[683] Befugnisse können aber nicht übertragen oder vererbt werden.[684] Der **Rechtsnachfolger übernimmt** also **keine sicherheitsrechtlichen Verantwortlichkeiten**; solche entstehen in seiner Person vielmehr neu, etwa durch sein eigenes Verhalten oder dadurch, dass er Eigentümer einer Sache wird, von der Gefahr ausgeht.

294

b) **Verantwortlichkeit nach ihrer Konkretisierung.** Ungeachtet dieser klaren dogmatischen Ausgangslage stellt sich in der Verwaltungspraxis das Problem, dass mitunter aufwändige Verwaltungsverfahren infolge unerwarteten Eintritts einer Rechtsnachfolge plötzlich hinfällig zu werden drohen.[685] **Richterrecht**[686] sieht daher vor, dass ein polizei- oder ordnungsrechtliches Verwaltungsverfahren gegen einen Rechtsnachfolger nicht neu eingeleitet werden muss, sondern fortgeführt werden darf, und dass ein bestandskräftiger Verwaltungsakt gegen den Rechtsnachfolger vollstreckt werden darf.[687] Voraussetzung für eine verwaltungsverfahrensrechtliche Inanspruchnahme des Rechtsnachfolgers ist demnach, dass

295

- ihm das Verfahren bzw. der Verwaltungsakt bekannt gemacht wurde, und
- er Gelegenheit hatte, gerade aus seiner Person und Situation sich ergebende Einwände im Rechtsmittel- bzw. Vollstreckungsverfahren geltend zu machen.[688]

---

679 BVerwG, NJW 1986, 1626; weiterführend *Möstl*, Die staatliche Garantie für Sicherheit und Ordnung, 2002, S. 335 ff.
680 So noch zuvor VGH BW, VBlBW 1983, 110.
681 BVerwG, NJW 1986, 1626, 1627 f.
682 BayVGH, NVwZ 1986, 942, 946; *Papier*, NVwZ 1986, 256, 262; *Schlabach/Simon*, NVwZ 1992, 143, 144; *Schoch*, JuS 1994, 1026, 1030; *Papier*, DVBl 1996, 125, 127; aA *Stadie*, DVBl 1990, 501, 504; Überblick bei *Schwan*, in: Huber, Thüringer Staats- und Verwaltungsrecht, S. 293 f.
683 Dazu eingehend *Stückemann*, JA 2015, 569; vgl. auch *Nolte/Niestedt*, JuS 2000, 1071, 1172 ff.
684 *Kingreen/Poscher*, Polizei- und Ordnungsrecht, § 9 Rn. 50.
685 Vgl. OVG MV, NVwZ-RR 2010, 266, 267; OVG MV, NordÖR 2001, 171; nach *Schenke*, Polizei- und Ordnungsrecht, § 4 Rn. 366, stützt der Grundsatz der Verfahrensökonomie diese Auffassung nicht.
686 Z.B. ThürOVG, LKV 2002, 285, 289; vgl. *Kingreen/Poscher*, Polizei- und Ordnungsrecht, § 9 Rn. 54, 56.
687 Vgl. BVerwG, NJW 1971, 1624; BayVGH, NVwZ 1986, 942, 946; SächsOVG, LKV 1998, 62, 64; OVG NW, NVwZ-RR 1998, 159, 160; *Graulich*, in: Lisken/Denninger, Handbuch des Polizeirechts, S. 425 ff.; *Papier*, NVwZ 1986, 256, 262; *ders.*, DVBl 1996, 125, 127; vgl. auch *Schoch*, JuS 1994, 1026, 1030; aA *Stadie*, DVBl 1990, 501, 504.
688 Vgl. OVG NW, NVwZ 1987, 427.

Nach zutreffender Auffassung kommt eine Rechtsnachfolge in sicherheitsrechtliche Pflichten jedoch nur in Betracht, wenn sie **gesetzlich normiert** ist.[689] Die analoge Anwendung prozessualer Vorschriften bildet keine ausreichende Rechtsgrundlage.[690]

296 c) **Verantwortlichkeit vor ihrer Konkretisierung.** Vor der Konkretisierung einer Verantwortlichkeit durch Verwaltungsverfahren oder Verwaltungsakt besteht im Fall der Zustandsverantwortlichkeit kein praktisches Bedürfnis für die Anerkennung einer Rechtsnachfolge.[691] Denn wenn von der Sache eine Gefahr ausgeht, entsteht die **Zustandsverantwortlichkeit** in der Person des Rechtsnachfolgers **von neuem.**

297 Bei der Verhaltensverantwortlichkeit wird dagegen die Anerkennung einer Rechtsnachfolge in die **Verhaltensverantwortlichkeit** auch vor ihrer Konkretisierung gefordert, jedenfalls für Fälle gesellschaftsrechtlicher Gesamtrechtsnachfolge:[692] Unternehmen sollen sich nicht durch Verschmelzungen oder Umgründungen ihrer Verantwortlichkeit entziehen können.[693] Auch hier mag für die Anerkennung der Rechtsnachfolge ein praktisches Bedürfnis bestehen. Mit dem **Vorbehalt des Gesetzes**[694] ist die Inpflichtnahme des Rechtsnachfolgers aber auch insoweit nur vereinbar, wenn dies gesetzlich geregelt ist, wie inzwischen etwa für die Verantwortlichkeit für Bodenveränderungen und -altlasten (§ 4 Abs. 3 S. 1 BBodSchG[695]).

5. Grenzen der Verantwortlichkeit

298 Grenzen finden Handlungs- und Zustandsverantwortlichkeit in der **Legalisierungswirkung vormals erteilter Genehmigungen**, deren Inhalt durch Auslegung zu ermitteln ist.[696] Er erstreckt sich nur auf die im Zeitpunkt der Genehmigungserteilung erkennbaren, nicht dagegen auf die damals unbekannten, erst nach heutigem Stand von Wissenschaft und Technik identifizierbaren Gefahren.[697]

299 Eine Begrenzung der Handlungs- oder Zustandsverantwortlichkeit unter den Gesichtspunkten **Verjährung, Verwirkung oder Verzicht** ist abzulehnen.[698] Denn auf die Zuerkennung einer behördlichen Befugnis ist ihr zivilrechtlicher Grundgedanke, die Preisgabe eines von einem Privaten nicht rechtzeitig zutreffend geltend gemachten Anspruchs, nicht zugeschnitten. Für die sicherheitsrechtliche Konstellation einer bevorstehenden Gefahr passt auch die strafrechtliche Verjährungsbegründung nicht, dass

---

689 So *Schenke*, Polizei- und Ordnungsrecht, § 4 Rn. 367; *Kugelmann*, Polizei- und Ordnungsrecht, S. 237 f.; *Stückemann*, JA 2015, 569, 573.
690 *Dietlein*, Nachfolge im Öffentlichen Recht, 1999, S. 273 ff.; aA *Stadie*, DVBl 1990, 501, 508.
691 *Wehr*, Examens-Repetitorium Polizei- und Ordnungsrecht, Rn. 180.
692 OVG NW, UPR 1984, 279; BayVGH, ZfW 1989/1990, 147; *Ossenbühl*, Zur Haftung des Gesamtrechtsnachfolgers für Altlasten, 1995, S. 46 ff.
693 *Papier*, NVwZ 1986, 256, 262.
694 So auch *Schenke*, GewArch 1976, 1.
695 Gesetz zum Schutz vor schädlichen Bodenveränderungen und zur Sanierung von Altlasten (Bundes-Bodenschutzgesetz – BBodSchG) v. 17.3.1998 (BGBl. I S. 502), zuletzt geändert durch VO v. 27.9.2017 (BGBl. I S. 3465).
696 *Schenke*, Polizei- und Ordnungsrecht, § 3 Rn. 345.
697 *Kingreen/Poscher*, Polizei- und Ordnungsrecht, § 9 Rn. 64; wohl aA *Papier*, NVwZ 1986, 257.
698 *Schenke*, Polizei- und Ordnungsrecht, § 4 Rn. 355; *Poscher*, Jura 2007, 801, 808; *Schink*, DÖV 1999, 797, 804; *Trute*, DV 1999, 73, 82; *Becker*, DVBl 1999, 134, 142.

nämlich mit zeitlichem Abstand von einer Straftat Rechtsfrieden einkehren soll.[699] Verjähren können allerdings polizei- und ordnungsrechtliche Kostenansprüche.

Eine **Beschränkung** der Zustandsverantwortlichkeit des Eigentümers kann sich jedoch aus der **Eigentumsfreiheit** ergeben (**Art. 14 GG, Art. 34 ThürVerf**).[700] Rührt die vom Grundstück ausgehende Gefahr von Naturereignissen oder von der Allgemeinheit oder Dritten zuzurechnenden Ursachen her, darf deren Abwehr dem Eigentümer nicht unbegrenzt aufgebürdet werden. Wenn das Grundstück den wesentlichen Teil seines Vermögens und die Grundlage seiner und seiner Familie Lebensführung bildet, kann unzumutbar insoweit bereits eine Belastung mit Gefahrenabwehrkosten unterhalb des Grundstückwerts sein.[701]

300

6. Inanspruchnahme nichtverantwortlicher Personen

Ausnahmsweise können nach § 10 ThürPAG, § 13 ThürOBG auch andere Personen als die Verantwortlichen polizei- und ordnungsrechtlich in Anspruch genommen werden.[702] Voraussetzung für diesen sog **polizeilichen Notstand** ist, dass

301

- eine gegenwärtige erhebliche Gefahr abzuwehren ist (Nr. 1),
- die Gefahrenabwehr nicht durch Inanspruchnahme eines Verhaltens- oder Zustandsstörers möglich ist, weil es ihn nicht gibt (zB bei einer Naturkatastrophe), oder er nicht rechtzeitig oder ausreichend in Anspruch genommen werden kann (Nr. 2),
- die Gefahrenabwehr auch nicht durch die Behörde selbst oder durch Beauftragte möglich ist (Nr. 3),
- die Inanspruchnahme für den Nichtstörer nicht eine erhebliche eigene Gefährdung oder Verletzung höherwertiger Pflichten mit sich bringt (sog **Zumutbarkeitsgrenze oder Opfergrenze;** Nr. 4).

Zur Erfüllung der dritten dieser kumulativ zu prüfenden Voraussetzungen muss die Polizei alle ihr zur Verfügung stehenden eigenen und ihr zu unterstellenden fremden Kräfte einsetzen, ehe sie sich für das Einschreiten gegen Nichtstörer entscheidet, etwa für die Einweisung von Obdachlosen in fremde Wohnungen, deren Eigentümer dafür zu entschädigen sind.[703] Zu fordern ist insoweit, dass die **Alternativlosigkeit des Einschreitens** gegen Nichtstörer außer Zweifel steht.[704]

Ob die **Zumutbarkeitsgrenze** der Nr. 4 überschritten ist, ist im Einzelfall durch verfassungsrechtliche Würdigung der einander gegenüberstehenden Rechtsgüter unter Berücksichtigung auch des Grundsatzes der Verhältnismäßigkeit zu entscheiden. Danach überschreitet beispielsweise die Einweisung von Obdachlosen in eine vom Inanspruch-

302

---

699 Vgl. *Hullmann/Zorn*, NVwZ 2010, 1267, 1269.
700 Grundlegend BVerfGE 102, 1, 19 ff.; NdsOVG, NdsVBl. 2006, 170; OVG NW, NJW 2010, 1988; ausführlich dazu *Huber/Unger*, VerwArch 96 (2005), 139; krit. *Thiel*, Polizei- und Ordnungsrecht, § 8 Rn. 131.
701 *Weber/Otting*, NVwZ 2014, 1618, 1620.
702 *Kießing*, Jura 2016, 483; *Schoch*, Jura 2007, 676; *Schwan*, in: Huber, Thüringer Staats- und Verwaltungsrecht, S. 295 f.; zur Klausurlösung bei der Inanspruchnahme von Nichtstörern *Wenzel/Spilker*, JuS 2016, 337; *Schadtle/Winkler*, JuS 2015, 435.
703 BVerfG, NVwZ 2006, 1049; *Schenke*, Polizei- und Ordnungsrecht, § 5 Rn. 389.
704 *Schoch*, Jura 2007, 676, 680; *Erichsen/Biermann*, Jura 1998, 371, 377.

genommenen selbst – wenn auch nicht ständig – genutzte Wohnung in der Regel die Opfergrenze.[705]

7. Auswahl unter mehreren Störern

303 Oftmals **konkurrieren** mehrere Störer.[706] So stellt sich etwa die Frage, ob sich die Behörden bei Gefahren infolge einer von einer Wohnung ausgehenden Ameisenplage vorrangig an deren urlaubsbedingt abwesenden Mieter, an den im Ausland wohnhaften Eigentümer oder an eine für die Säuberung des Hausflurs zuständige Reinigungsfirma wenden sollen. Dazu legen § 10 ThürPAG, § 13 ThürOBG nur fest, dass Nichtstörer in letzter Linie in Anspruch zu nehmen sind. Im Beispielfall dürfte die Putzfirma daher nur unter den Voraussetzungen des § 13 Abs. 1 ThürOBG in Anspruch genommen werden.

304 Im Übrigen lässt sich den Sicherheitsgesetzen **keine Reihenfolge der Inanspruchnahme von Störern** entnehmen. Insbesondere verstößt die mit dem „allgemeinen Gerechtigkeitsgefühl" begründete Behauptung,[707] der Verhaltensstörer sei im Regelfall vor dem Zustandsstörer heranzuziehen,[708] mangels gesetzlicher Grundlage gegen den Vorbehalt des Gesetzes.

305 Es besteht vielmehr ein polizei- und ordnungsbehördliches **Auswahlermessen**, das
- vorrangig nach **Effektivität** und
- in zweiter Linie nach **Verhältnismäßigkeit** auszuüben ist.[709]

Effektivität besagt, dass von mehreren Störern derjenige heranzuziehen ist, durch den die Beseitigung
- der Gefahrenwirkungen,
- sodann der Gefahrenursachen,
- schließlich der Gefahrenfolgen

am wirksamsten, dh am schnellsten, verlässlichsten und gründlichsten erfolgt.[710] Effektivität soll auch die Kosteneintreibung nach Abschluss der Gefahrenabwehr beherrschen.[711] Maßgeblich ist insoweit also der absehbare Beitreibungserfolg. Nur wenn es mehrere Störer gibt, die gleich effektiv herangezogen werden könnten, verlangt der Verhältnismäßigkeitsgrundsatz die Inanspruchnahme desjenigen, dem eine solche am ehesten zumutbar ist.

---

705 Vgl. OVG SH, NJW 1993, 413, 414.
706 S. dazu *Schoch*, Jura 2012, 684; *Schwan*, in: Huber, Thüringer Staats- und Verwaltungsrecht, S. 294 f.
707 OVG RP, DÖV 1990, 844, 845.
708 BayVGH, NJW 1993, 81; OVG Hamburg NVwZ 2001, 215, 219.
709 Vertiefend hierzu *Schoch*, Jura 2012, 684, 688; *Brenz*, Das Polizeirecht als ein durch den Verhältnismäßigkeitsgrundsatz bestimmtes System von Abwägungsentscheidungen, 2018.
710 *Kingreen/Poscher*, Polizei- und Ordnungsrecht, § 9 Rn. 89.
711 *Schoch*, Jura 2012, 684, 690.

X. Rechtsgrundsätze polizei- und ordnungsrechtlichen Handelns

1. Verfassungsrechtliche Bindungen

Das polizei- und ordnungsbehördliche Handeln ist wie alles Handeln vollziehender 306
Gewalt nach Art. 1 Abs. 3, 20 Abs. 3 GG und Art. 42 Abs. 1 und 4 ThürVerf an die
Grundrechte in ihrer abwehr- und schutzrechtlichen Dimension sowie an sonstiges
Verfassungsrecht, insbesondere an das **Rechtsstaatsprinzip** gebunden.[712] Bedeutsam
sind in der polizei- und ordnungsbehördlichen Praxis die Bindung an die Prinzipien
der Verhältnismäßigkeit (§ 4 ThürPAG, § 6 ThürOBG) und der Bestimmtheit[713] sowie
an die **Grundsätze zur Ausübung des Ermessens** (§ 5 ThürPAG, § 7 ThürOBG).

2. Verhältnismäßigkeit

Im Rahmen der **Verhältnismäßigkeitsprüfung** spielt die im Öffentlichen Recht sonst 307
regelmäßig voranzustellende Erörterung der Legitimität des Zwecks keine Rolle. Denn
sie ergibt sich aus der Aufgabenerfüllung: Handelt die Behörde außerhalb ihrer Aufgaben, fehlt es bereits an einer Ermächtigungsgrundlage und nicht erst an der Verhältnismäßigkeit.[714]

Die ausdrücklich in § 4 Abs. 1 ThürPAG und § 6 Abs. 1 ThürOBG genannte **Geeignet-** 308
heit[715] setzt die dort ebenfalls erwähnte tatsächliche (vgl. § 44 Abs. 2 Nr. 4
ThürVwVfG) und rechtliche Möglichkeit des Mitteleinsatzes voraus und hat eine im
Sicherheitsrecht praktisch bedeutsame zeitliche Komponente (§ 4 Abs. 3 ThürPAG,
§ 6 Abs. 3 ThürOBG). Wichtigster, daher in jeder Klausur ausführlich zu prüfender
Bestandteil der Verhältnismäßigkeit ist die **Erforderlichkeit** (§ 4 Abs. 1 ThürPAG, § 6
Abs. 1 ThürOBG). Hiervon stellt die **Regelung über das Austauschmittel** in § 5 Abs. 2
S. 2 ThürPAG eine konkrete Ausprägung dar. Im Rahmen der **Angemessenheitsprü-**
fung ist eine Abwägung zwischen den Nachteilen für den Pflichtigen und dem erstrebten Erfolg für die Allgemeinheit vorzunehmen (§ 4 Abs. 2 ThürPAG, § 6 Abs. 2
ThürOBG).

3. Bestimmtheit

Der rechtsstaatliche **Bestimmtheitsgrundsatz** ist im Sicherheitsrecht ausdrücklich nur 309
für ordnungsbehördliche Verordnungen geregelt (§ 31 Abs. 1 S. 1 ThürOBG). Er gilt
aber nach § 37 Abs. 1 ThürVwVfG auch für Verwaltungsakte sowie nach der Verfassung für Realakte (Art. 20 Abs. 3 GG bzw. Art. 47 Abs. 4 ThürVerf). Der Betroffene
als Adressat einer Verfügung muss zweifelsfrei erkennen können, welches Verhalten
von ihm verlangt wird. Geboten ist dies für den sicherheitsrechtlichen Verwaltungsakt
auch deshalb, weil er als sog **Grundverfügung** Basis späterer zwangsweiser Durchsetzung (Vollstreckungstitel) werden kann.

---

712 *Schwan*, in: Huber, Thüringer Staats- und Verwaltungsrecht, S. 297 ff.; *Kingreen/Poscher*, Polizei- und Ordnungsrecht, § 10 Rn. 1.
713 Grstzl. *Brenz*, Das Polizeirecht als ein durch den Verhältnismäßigkeitsgrundsatz bestimmtes System von Abwägungsentscheidungen, 2018.
714 Zu dieser Besonderheit *Kingreen/Poscher*, Polizei- und Ordnungsrecht, § 10 Rn. 16; vertiefend *Brenz*, Das Polizeirecht als ein durch den Verhältnismäßigkeitsgrundsatz bestimmtes System von Abwägungsentscheidungen, 2018, S. 63 ff.
715 S. zu dieser allgemein *A. Leisner*, DÖV 1999, 807.

4. Ermessensausübung

310 Das Polizei- und Ordnungsrecht wird vom sog **Opportunitätsprinzip** beherrscht.[716] Danach sind die Sicherheitsbehörden aufgrund ihrer begrenzten sachlichen und personellen Mittel bei präventivem Handeln – anders als bei der repressiven Strafverfolgung, für die das Legalitätsprinzip (§§ 152 Abs. 2, 160, 163 StPO) gilt[717] – in der Regel nicht zum Einschreiten verpflichtet.[718]

311 Aufgaben- und Befugnisnormen räumen den Sicherheitsbehörden vielmehr – signalisiert oftmals durch das Wort „kann" – ein Ermessen ein, nämlich

- ein **Entschließungsermessen**, bezogen darauf, **ob** sie überhaupt tätig werden oder vielmehr untätig bleiben sollen, und
- ein **Auswahlermessen** im Hinblick auf das **Wie** des Handelns, bei dem sie also zwischen mehreren rechtmäßigen Maßnahmen wählen können.[719] Einen Unterfall des Auswahlermessens stellt die Auswahl unter mehreren Adressaten dar.

Das pflichtgemäße Ermessen verweist auf die allgemeine Ermessensregelung des § 40 ThürVwVfG, deren Einhaltung die Verwaltungsgerichte gemäß § 114 S. 1 VwGO überprüfen können. Zu unterscheiden sind insoweit drei **Formen von Ermessensfehlern**:

- **Ermessensüberschreitung**, dh das Treffen einer von der gesetzlichen Rechtsfolge nicht gedeckten Maßnahme;
- **Ermessensnichtgebrauch**, insbesondere aufgrund der fälschlichen Annahme einer rechtlichen Verpflichtung oder eines Verbots zu handeln;
- **Ermessensfehlgebrauch**, dh die Verfolgung eines vom Gesetz nicht gedeckten Zwecks.[720]

Ausnahmsweise entfällt – bei erheblichen Gefahren für wesentliche Rechtsgüter[721] – die aus der Einräumung des Ermessens folgende Wahlmöglichkeit so, dass nur noch eine Handlungsmöglichkeit besteht. Das **Ermessen** (in der Regel das Entschließungsermessen) ist dann **auf Null reduziert**, etwa wenn ein Polizist einen potenziellen Appellselbstmörder auf einer Brücke sieht.[722] Polizei- und Ordnungsbehörden sind dann zum Einschreiten verpflichtet, eine Untätigkeit wäre rechtswidrig.

5. Anspruch auf polizei- und ordnungsbehördliches Einschreiten

312 Wegen des zugleich drittschützenden Charakters polizei- und ordnungsbehördlicher Aufgaben- und Befugnisnormen entspricht der Pflicht zum ermessensfehlerfreien Handeln ein **Anspruch auf ermessensfehlerfreie Entscheidung** über das Einschreiten. Der Pflicht zum Einschreiten bei Ermessensreduktion auf Null korrespondiert ein in Klau-

---

716 *Bohnert/Bülte*, Ordnungswidrigkeitenrecht, 6. Aufl. 2020, § 3 Rn. 57.
717 *Roxin/Schünemann*, Strafverfahrensrecht, 29. Aufl. 2017, § 14 Rn. 4.
718 *Schenke*, Polizei- und Ordnungsrecht, § 3 Rn. 107; vgl. *Ossenbühl*, DÖV 1976, 463.
719 *Kingreen/Poscher*, Polizei- und Ordnungsrecht, § 10 Rn. 35; *Schenke*, Polizei- und Ordnungsrecht, § 3 Rn. 108.
720 Zur Vertiefung *Maurer/Waldhoff*, Allgemeines Verwaltungsrecht, 20. Aufl. 2020, § 7 Rn. 19 ff.
721 BVerwGE 11, 95, 97.
722 *Kingreen/Poscher*, Polizei- und Ordnungsrecht, § 10 Rn. 41; *Schenke*, Polizei- und Ordnungsrecht, § 3 Rn. 114; *Di Fabio*, VerwArch. 86 (1995), 214, 220.

suren oftmals abgefragter **Anspruch auf polizei- oder ordnungsbehördliches Einschreiten**, der unter folgenden drei Voraussetzungen gegeben ist:

- die Gefahr besteht – zumindest auch – für subjektive Rechte des Anspruchstellers,
- alle Rechtmäßigkeitsvoraussetzungen für die beanspruchte Maßnahme liegen vor und
- Entschließungs- und/oder Auswahlermessen sind auf Null reduziert.

Ist nur das Entschließungsermessen auf Null reduziert, besteht ein subjektiv-öffentliches Recht auf **fehlerfreie Mittelwahl**; liegt darüber hinaus eine Ermessensschrumpfung beim Auswahlermessen vor, ist der Anspruch auf ein **bestimmtes Tätigwerden** gerichtet.

XI. Verwaltungszwang

1. Begriffliche und rechtliche Grundlagen

Zwangsweise durchgesetzt, dh vollstreckt, werden polizei- und ordnungsrechtliche Verfügungen, die auf Herausgabe einer Sache, auf Vornahme einer Handlung oder auf Duldung oder Unterlassung gerichtet sind, in einem **Zwangsverfahren**.[723] Bei Vollstreckung öffentlich-rechtlicher Geldforderungen wird dieses **Beitreibungsverfahren genannt**.[724] Anders als Private können sich die Polizei- und Ordnungsbehörden selbst ihren Vollstreckungstitel schaffen: Sie haben das **Recht der Selbsttitulierung und Selbstvollstreckung**.[725]   313

Während die Vollstreckung für den Bereich der Bundesverwaltung durch das Verwaltungsvollstreckungsgesetz des Bundes geregelt ist, finden sich für die Sicherheitsbehörden des Freistaats Thüringen die Regelungen über den unmittelbaren Zwang in den §§ **51 bis 67 ThürPAG** sowie im Thüringer Verwaltungszustellungs- und Vollstreckungsgesetz (**ThürVwZVG**).[726]   314

2. Unterscheidung zwischen gestrecktem und gekürztem Zwangsverfahren

Zu differenzieren ist zwischen dem Regelfall des gestreckten und dem Ausnahmefall des gekürzten Zwangsverfahrens. Im **gestreckten**, typischerweise von den Ordnungsbehörden eingesetzten **Zwangsverfahren** werden aufbauend auf der Grundverfügung, die den Verantwortlichen zu einem bestimmten Handeln, Dulden oder Unterlassen anhält, wenn er diese missachtet, Zwangsmittel zunächst angedroht, dann festgesetzt und schließlich angewendet gemäß § 43 Abs. 1 ThürVwZVG.[727]   315

Im **gekürzten**, typischerweise von der Vollzugspolizei angewandten **Zwangsverfahren** ist für den Erlass einer polizeilichen Verfügung entweder keine Zeit, oder die Verfü-   316

---

723 Vgl. dazu auch *Muckel*, JA 2012, 272 u. 355; *Krüger*, VR 2015, 217; *Schwan*, in: Huber, Thüringer Staats- und Verwaltungsrecht, S. 303 ff.
724 *Kingreen/Poscher*, Polizei- und Ordnungsrecht, § 24 Rn. 1; zu den Voraussetzungen der Vollstreckung von öffentlich-rechtlichen Geldforderungen, *Maurer/Waldhoff*, Allgemeines Verwaltungsrecht, 20. Aufl. 2020, § 20 Rn. 9.
725 *Voßkuhle/Wischmeyer*, JuS 2016, 698, 698; vgl. auch *Waldhoff*, NordÖR 2013, 229.
726 Thüringer Verwaltungszustellungs- und Vollstreckungsgesetz (ThürVwZVG) v. 5.2.2009 (GVBl. S. 24), zuletzt geändert durch Gesetz v. 23.9.2015 (GVBl. S. 131, 133).
727 *Schenke*, Polizei- und Ordnungsrecht, § 10 Rn. 596.

gung kann – in der Regel wegen Abwesenheit des Verantwortlichen – an diesen nicht adressiert werden. Hier müssen die Polizeibeamten selbst handeln, sei es durch Selbstvornahme oder unmittelbaren Zwang, sei es auch mit der Hilfe Dritter.[728] Dazu dienen die Rechtsinstitute des sofortigen Vollzugs (§ 51 Abs. 2 ThürPAG, § 54 ThürVwZVG) und der unmittelbaren Ausführung (§ 9 ThürPAG).[729]

3. Zwangsmittel

317 Zulässige Zwangsmittel sind:
- Ersatzvornahme,
- Zwangsgeld und
- unmittelbarer Zwang.

Ersatzvornahme (§ 53 ThürPAG, § 50 ThürVwZVG) ist die Vornahme einer vertretbaren Handlung anstelle und auf Kosten des Handlungspflichtigen durch einen Dritten.[730] Als Ersatzvornahme einzuordnen ist nach der sog Thüringer Vollstreckungslösung beispielsweise in der Regel das Abschleppen eines verkehrswidrig abgestellten Kraftfahrzeugs.

318 Das **Zwangsgeld** (§ 54 ThürPAG, § 48 ThürVwZVG) ist ein Beugemittel, um den Pflichtigen mithilfe des psychischen Drucks der Zahlungspflicht anzuhalten, sich entsprechend der Grundverfügung zu verhalten. Aus seinem Beugecharakter folgt, dass es verschuldensunabhängig ist und das Verbot der Doppelbestrafung nach Art. 103 Abs. 3 GG, Art. 88 Abs. 3 ThürVerf nicht gilt.[731]

319 Der **unmittelbare Zwang** als *ultima ratio* ist die Einwirkung auf Personen oder Sachen durch körperliche Gewalt, ihre Hilfsmittel und – ausschließlich für Polizeivollzugsbeamte – durch Waffengebrauch, § 56 ThürPAG, § 51 ThürVwZVG.[732] Den intensivsten polizeilichen Grundrechtseingriff stellt in diesem Zusammenhang der in § 64 Abs. 2 S. 2 ThürPAG geregelte **finale Rettungsschuss** dar. Er ist grundsätzlich verfassungsmäßig.[733] Nach Art. 2 Abs. 2 S. 1 iVm Art. 19 Abs. 2 GG bzw. Art. 3 Abs. 1 iVm 42 Abs. 4 S. 2 ThürVerf darf er jedoch nur als äußerstes Mittel zur Rettung aus unmittelbar drohender Lebensgefahr abgegeben werden,[734] beispielsweise beim Versuch eines Bankräubers, mit Geiseln zu fliehen. Verhältnismäßig ist der finale Rettungsschuss allerdings nur, wenn der Geiselnehmer zuvor die Möglichkeit hatte, durch Freilassung der Geiseln den Schuss abzuwenden.

---

728 *Kingreen/Poscher*, Polizei- und Ordnungsrecht, § 24 Rn. 6; *Voßkuhle/Wischmeyer*, JuS 2016, 698, 699.
729 *Schenke*, Polizei- und Ordnungsrecht, § 10 Rn. 596.
730 Vgl. dazu für das Thüringer Recht *Schwan*, in: Huber, Thüringer Staats- und Verwaltungsrecht, S. 304.
731 Vgl. *Götz/Geis*, Allgemeines Polizei- und Ordnungsrecht, § 13 Rn. 30; *Schenke*, Polizei- und Ordnungsrecht, § 10 Rn. 615.
732 *Schwan*, in: Huber, Thüringer Staats- und Verwaltungsrecht, S. 305; *Kingreen/Poscher*, Polizei- und Ordnungsrecht, § 24 Rn. 14; *Beljin/Micker*, JuS 2003, 556, 561.
733 So auch *Kingreen/Poscher*, Polizei- und Ordnungsrecht, § 24 Rn. 19; *Manssen*, Staatsrecht II, 18. Aufl. 2021, § 8 Rn. 228; *Augsberg*, JuS 2011, 28, 34; aA *Schaks*, JuS 2015, 407, 409; *Middendorf*, Jura 2003, 232, 233.
734 *Schwan*, in: Huber, Thüringer Staats- und Verwaltungsrecht, S. 305; *Sundermann*, NJW 1988, 3192; *Graulich*, in: Lisken/Denninger, Handbuch des Polizeirechts, S. 687 ff.; *Kingreen/Poscher*, Polizei- und Ordnungsrecht, § 24 Rn. 18.

4. Gestrecktes Zwangsverfahren

Rechtsgrundlage des gestreckten Zwangsverfahrens bilden die §§ 51 Abs. 1 ThürPAG, 43 Abs. 1 ThürVwZVG, 19 ThürVwZVG, welche die formellen und materiellen Voraussetzungen enthalten. 320

Zuständig sind nach dem **Grundsatz der Selbstvollstreckung** die Ordnungs- bzw. Polizeibehörden, welche die Grundverfügung erlassen haben.[735] Das Zwangsmittel ist regelmäßig 321

- rechtmäßig anzudrohen (§§ 57, 62 ThürPAG, § 46 ThürVwZVG),
- festzusetzen (§ 54 ThürPAG, § 48 ThürVwZVG) und sodann
- anzuwenden.[736]

Dabei erfolgt die **Anwendung**

- der Ersatzvornahme durch Selbst- oder Fremdvornahme, § 53 ThürPAG, § 50 ThürVwZVG,
- des Zwangsgelds durch die Beitreibung gemäß den Vorschriften über das Beitreibungsverfahren, § 54 Abs. 3 ThürPAG, § 48 Abs. 3 ThürVwZVG und
- des unmittelbaren Zwangs nach § 59 ThürPAG, § 51 ThürVwZVG iVm §§ 58 ff. ThürPAG durch körperliche Gewaltausübung oder mit zugelassenen Hilfsmitteln und Waffen. Detaillierte Rechtmäßigkeitsanforderungen bestehen für den Schusswaffengebrauch, §§ 64 bis 66 ThürPAG.

In materieller Hinsicht muss ein **befehlender Verwaltungsakt** vorliegen (sog **Grundverfügung**), der auf die Vornahme einer Handlung oder auf Duldung oder Unterlassung gerichtet ist, § 51 Abs. 1 ThürPAG, § 43 Abs. 1 ThürVwZVG.[737] Dieser muss wirksam sein, dh er muss gemäß §§ 41, 43 ThürVwVfG bekanntgegeben worden sein, und er darf nicht gemäß § 44 ThürVwVfG nichtig sein.

Voraussetzung für die zwangsweise Durchsetzung der Grundverfügung ist schließlich, dass sie unanfechtbar ist, oder dass ein Rechtsbehelf gegen sie keine aufschiebende Wirkung hat, § 51 Abs. 1 ThürPAG, § 19 ThürVwZVG. **Unanfechtbarkeit** liegt vor, wenn die Grundverfügung bestandskräftig ist, dh wenn innerhalb der Rechtsbehelfsfrist nach §§ 70, 74 VwGO von regelmäßig einem Monat kein Rechtsbehelf eingelegt wurde, oder wenn über einen eingelegten Rechtsbehelf rechtskräftig ablehnend entschieden wurde.[738] Schon vor Bestandskraft ist die Grundverfügung vollstreckbar, wenn ein Rechtsmittel gegen sie keine aufschiebende Wirkung hat.[739] Für die Polizei entfällt die aufschiebende Wirkung regelmäßig gemäß § 80 Abs. 2 S. 1 Nr. 2 VwGO. Die Ordnungsbehörden, bei denen diese Voraussetzung nicht vorliegt, können die aufschiebende Wirkung gemäß § 80 Abs. 2 S. 1 Nr. 4 VwGO durch die Anordnung der sofortigen Vollziehung entfallen lassen. 322

---

735 *Kingreen/Poscher*, Polizei- und Ordnungsrecht, § 24 Rn. 22; vgl. dazu insgesamt *Stamm*, Die Prinzipien und Grundstrukturen des Zwangsvollstreckungsrechts, 2007.
736 Vgl. zur formellen Rechtmäßigkeit *Schoch*, JuS 1995, 307; *Brühl*, JuS 1997, 926 und 1021.
737 *Voßkuhle/Wischmeyer*, JuS 2016, 698, 699.
738 *Thiel*, Polizei- und Ordnungsrecht, § 13 Rn. 4; *App*, JuS 2004, 786, 788.
739 *Wehser*, LKV 2003, 253; *Kingreen/Poscher*, Polizei- und Ordnungsrecht, § 24 Rn. 31.

323 Die **Rechtmäßigkeit der Grundverfügung** ist bei Unanfechtbarkeit bzw. Bestandskraft der Grundverfügung nicht Vollstreckungsvoraussetzung.[740] Denn es ist gerade Sinn der Bestandskraft, die Frage nach der Rechtmäßigkeit des Verwaltungsakts abzuschneiden.

324 Umstritten ist dagegen – als Frage des Rechtswidrigkeitszusammenhangs oder der **Konnexität** – ob bei der unanfechtbaren bzw. bestandskräftigen Grundverfügung, bei der aber gemäß § 80 Abs. 2 VwGO die aufschiebende Wirkung entfällt, ihre Rechtmäßigkeit Vollstreckungsvoraussetzung ist.[741] Dafür wird vorgebracht, dass die rechtsstaatliche Gesetzmäßigkeit der Verwaltung die Vollstreckung von rechtswidrigen Verwaltungsakten verbiete.[742] Andererseits erfordert § 52 Abs. 1 ThürPAG, § 19 ThürVwZVG nur einen vollstreckbaren Verwaltungsakt, und es wird im gestreckten Verwaltungsverfahren, anders als im gekürzten (vgl. § 51 Abs. 2 ThürPAG) nicht verlangt, dass die Behörde innerhalb ihrer Befugnisse handelt. Im Hinblick auf die Titelfunktion des Verwaltungsakts ist daher die Rechtmäßigkeit der Grundverfügung nicht als Voraussetzung der Rechtmäßigkeit eines Zwangsmittels im gestreckten Zwangsverfahren anzusehen.[743] Eine Ausnahme besteht nur dann, wenn der Behördenbedienstete von der Rechtswidrigkeit weiß; denn im Rechtsstaat darf nicht sehenden Auges Unrecht vollstreckt werden.[744]

5. Gekürztes Zwangsverfahren

325 a) **Sofortiger Vollzug.** Für Fälle, die ein sofortiges, direktes Eingreifen erfordern, sehen ThürPAG und ThürVwZVG ein **gekürztes Zwangsverfahren** vor. Hier sind die Voraussetzungen der Rechtmäßigkeit der sofortigen Anwendung des Zwangsmittels gegenüber denen des gestreckten Verfahrens modifiziert. Im Rahmen der formellen Rechtmäßigkeit entfallen Androhung und Festsetzung, (§§ 57 Abs. 1 S. 3, 62 Abs. 1 S. 2 ThürPAG, § 54 ThürVwZVG), und materiellrechtlich ist die Rechtmäßigkeit der sog **fiktiven** (**oder hypothetischen**) **Grundverfügung** zu prüfen, also des Ge- oder Verbots, das sofort, also ohne vorausgehenden Verwaltungsakt, vollzogen wird.[745] Dies ergibt sich aus der Formulierung in § 51 Abs. 2 ThürPAG, dass die Vollstreckungsbehörde und die Polizei beim sofortigen Vollzug „innerhalb ihrer Befugnisse" handeln müssen.

326 Der sofortige Vollzug ist nur rechtmäßig, wenn er zur Abwehr einer **gegenwärtigen Gefahr** notwendig ist, wenn also der Zeitraum zwischen der Feststellung der Gefahr und dem voraussichtlichen Schadenseintritt so gering ist, dass die Durchführung des gestreckten Zwangsverfahrens den Erfolg des Zwangsmittels unmöglich machen oder wesentlich beeinträchtigen würde.[746]

---

740 *Voßkuhle/Wischmeyer*, JuS 2016, 698, 700; *Hyckel*, LKV 2015, 300, 303 mwN.
741 *Kingreen/Poscher*, Polizei- und Ordnungsrecht, § 24 Rn. 32; *Schoch*, JuS 1995, 307, 309.
742 Vgl. HessVGH, NVwZ 1982, 514, 515; *Pietzcker*, in: Baumeister/Roth/Ruthig (Hrsg.), FS Schenke, 2011, S. 1045.
743 BVerfG, NVwZ 1999, 292; dazu auch *Voßkuhle/Wischmeyer*, JuS 2016, 698, 700.
744 Vgl. BVerwG, NJW 1984, 2591, 2592.
745 *Schwan*, in: Huber, Thüringer Staats- und Verwaltungsrecht, S. 308; *Kingreen/Poscher*, Polizei- und Ordnungsrecht, § 24 Rn. 39; *Voßkuhle/Wischmeyer*, JuS 2016, 698, 700.
746 OVG NW, DVBl 1964, 684, 685.

b) **Unmittelbare Ausführung.** Das Thüringer Sicherheitsrecht normiert in § 9 ThürPAG sowie in § 12 ThürOBG neben dem sofortigen Vollzug das Institut der unmittelbaren Ausführung.[747] Ihre gesonderte Regelung beruht auf der Annahme, bei **Abwesenheit des Handlungspflichtigen** sei der sofortige Vollzug nicht anwendbar, weil kein dem polizeilichen Handeln entgegengesetzter Wille gebrochen werde.[748] Die Zwangsanwendung setzt dies aber nicht zwingend voraus. Daher ist die gesonderte Regelung der unmittelbaren Ausführung neben dem sofortigen Vollzug an sich entbehrlich.[749]

327

Anwendung findet die unmittelbare Ausführung insbesondere, wenn aufgrund eines nachträglich aufgestellten Verkehrszeichens und bei unterschiedlichen Zuständigkeiten ein Kraftfahrzeug abgeschleppt wird.[750]

328

Nach § 9 Abs. 1 S. 2 ThürPAG und § 12 Abs. 1 S. 2 ThürOBG ist der Betroffene von der Maßnahme unverzüglich zu unterrichten. In materieller Hinsicht bestehen die gleichen Besonderheiten gegenüber dem gestreckten Zwangsverfahren wie beim sofortigen Vollzug. Da die Vorschriften über die unmittelbare Ausführung **keine Befugnisnormen** sind, sondern an eine aufgrund anderer Rechtsgrundlagen ergehende Maßnahme anknüpfen, muss diese als **fiktive Grundverfügung** verstanden werden und formell und materiell rechtmäßig sein.[751] § 9 Abs. 1 S. 1 ThürPAG normiert, dass die unmittelbare Ausführung nur zulässig ist, wenn der polizeiliche Zweck durch Maßnahmen gegen die möglichen Störer nicht oder nicht rechtzeitig erreicht werden kann.

329

XII. Kostentragung und Schadensausgleich

1. Kostentragung

Kosten sind gemäß § 53 Abs. 2 ThürOBG **Gebühren** (Verwaltungsgebühren für die Vornahme polizei- und ordnungsrechtlicher Amtshandlungen oder Benutzungsgebühren für die Benutzung polizei- und ordnungsrechtlicher Einrichtungen) und **Auslagen** (Zahlungen an Dritte, etwa bei Beauftragung eines Abschleppunternehmens, oder eigene Aufwendungen bei Selbstvornahme, Anwendung unmittelbaren Zwangs oder bei unmittelbarer Ausführung).[752]

330

Eine durch Leistungsbescheid geltend zu machende **Kostenüberwälzung** auf den Pflichtigen findet aufgrund spezieller Normen statt, die Grund und Ausmaß der Kostentragung bestimmt festlegen. Sie erfolgt insbesondere

331

- durch § 53 Abs. 1 ThürPAG bei rechtmäßiger Ersatzvornahme,
- durch § 56 Abs. 3 ThürPAG iVm § 1 Abs. 1 Nr. 3.6, 3.6.2 ThürPolVwKostO[753] bei unmittelbarem Zwang,
- durch § 9 Abs. 2 ThürPAG bei unmittelbarer Ausführung,

---

747 Dazu *Schwan*, in: Huber, Thüringer Staats- und Verwaltungsrecht, S. 309 ff.; *Kästner*, JuS 1994, 361.
748 Vgl. aber zum mutmaßlichen Willen *Wehr*, Examens-Repetitorium Polizei- und Ordnungsrecht, Rn. 319.
749 *Enders*, Jura 1998, 366; *Weser*, LKV 2001, 293, 296; so wohl auch *Gusy*, Polizei- und Ordnungsrecht, Rn. 440, der die Begriffe synonym verwendet.
750 VG Weimar, ThürVBl. 2001, 92, 94; *Weber*, NZV 2012, 212, 214.
751 *Kingreen/Poscher*, Polizei- und Ordnungsrecht, § 24 Rn. 45.
752 *Poscher/Rusteberg*, JuS 2012, 26, 30.
753 Thüringer Polizeiverwaltungskostenordnung (ThürPolVwKostO) v. 3.12.2019 (GVBl. S. 489).

- durch § 30 Abs. 3 S. 2 ThürPAG bei Sicherstellung und
- durch § 73 Abs. 1 ThürPAG im Wege eines Regressanspruchs gegen den Störer nach Inanspruchnahme durch den ausgleichsberechtigten Nichtstörer nach § 68 Abs. 1 S. 1 ThürPAG.

Für den Kostenausgleich unter mehreren Pflichtigen gilt, soweit nicht Spezialvorschriften eingreifen, etwa § 24 Abs. 2 BBodSchG, § 426 BGB analog.[754]

332 Im Übrigen hat der **Staat** die Kosten für die Aufrechterhaltung der öffentlichen Sicherheit und Ordnung, die ja zu seinen **durch die allgemeine Steuerpflicht finanzierten Kernaufgaben** gehört, grundsätzlich **selbst** zu tragen. Dies gilt auch dann, wenn sich die Kostentragung zugunsten des Bürgers auswirkt, etwa beim Schutz seines Eigentums vor Diebstahl.[755]

333 Ausnahmsweise dürfen jedoch Gebühren auf spezialgesetzlicher Grundlage dann erhoben werden, wenn die Gefahrenabwehrmaßnahme dem **Veranlasser**, dh demjenigen, der die Maßnahme durch sein Verhalten ausgelöst hat, oder dem **Begünstigten**, dh demjenigen, der wirtschaftlich von ihr profitiert, indem er eigene Schutzaufwendungen erspart, individuell zuzurechnen ist.[756] Gefordert wird insbesondere eine **Kostenabwälzung auf kommerzielle Veranstalter**, insbesondere bei Spielen der Fußballbundesliga. Gegenwärtig ist eine solche aber nur in Bremen normiert.[757] Eine derartige Kostenabwälzung wirft freiheitsrechtliche wie gleichheitsrechtliche Fragen auf (Art. 12 GG bzw. Art. 36 ThürVerf; Art. 3 Abs. 1 GG bzw. Art. 2 Abs. 1 ThürVerf).[758]

2. Schadensausgleich

334 Die über § 52 ThürOBG auch auf Ordnungsbehörden anzuwendenden §§ 68 ff. ThürPAG normieren als *leges speciales* zum allgemeinen Aufopferungsanspruch[759] einen **Schadensausgleich**, dh einen Anspruch auf angemessenen Ausgleich in Geld. Dieser steht einerseits dem nach § 10 ThürPAG bzw. § 13 ThürOBG rechtmäßig zur Gefahrenabwehr herangezogenen Nichtstörer zu (§ 68 Abs. 1 S. 1 ThürPAG) sowie dem ihm gleichgestellten Polizeihelfer (§ 68 Abs. 2 ThürPAG)[760] und auf der anderen Seite dem von rechtswidrigen Maßnahmen der Polizei- und Ordnungsbehörden Betroffenen (§ 68 Abs. 1 S. 2 ThürPAG). Nach § 68 Abs. 3 ThürPAG bleiben weitergehende Ersatzansprüche, insbesondere ein Anspruch auf Schadensersatz mit Naturalrestitution (§ 249 S. 1 BGB) aus Amtspflichtverletzung nach Art. 34 S. 1 GG iVm § 839 BGB bei schuldhaftem Handeln unberührt.

---

754 *Schenke*, Polizei- und Ordnungsrecht, § 8 Rn. 361 f.; *Garbe*, DÖV 1998, 632, 634; anders noch BGH, NJW 1981, 2457, 2458; s. dazu *Papier*, NVwZ 1986, 256, 263.
755 *Würtenberger*, in: Ehlers/Fehling/Pünder, Besonderes Verwaltungsrecht III, § 69 Rn. 286.
756 *Kingreen/Poscher*, Polizei- und Ordnungsrecht, § 25 Rn. 21.
757 § 83 BremPolG iVm § 4 Abs. 4 BremGebBeitrG; zur Rechtmäßigkeit BVerwGE 165, 138; vgl. dazu *Leisner-Egensperger*, juris 2019, 290.
758 Vgl. dazu insgesamt *Böhm*, NJW 2015, 3000; *Brünning*, VerwArch 106 (2015), 417; *Klein*, DVBl 2015, 275; *Heise*, NVwZ 2015, 262.
759 *Kingreen/Poscher*, Polizei- und Ordnungsrecht, § 26 Rn. 1; *Maurer/Waldhoff*, Allgemeines Verwaltungsrecht, 20. Aufl. 2020, § 28 Rn. 1.
760 Überdies stehen dem Polizeihelfer unfallversicherungsrechtliche Ansprüche zu, wenn er einem öffentlichen Bediensteten, der ihn zu einer Dienstleistung heranzieht, Hilfe leistet, § 2 Abs. 1 Nr. 13 SGB VII, vgl. dazu *Maurer/Waldhoff*, Allgemeines Verwaltungsrecht, 20. Aufl. 2020, § 28 Rn. 10, § 29 Rn. 40.

XII. Kostentragung und Schadensausgleich

Bei **rechtmäßigen polizei- und ordnungsrechtlichen Maßnahmen** gibt es über die gesetzlich geregelten Fälle des Nichtstörers sowie des Polizeihelfers hinaus grundsätzlich keinen Anspruch auf Schadensausgleich, da sich diese innerhalb der Grundrechtsschranken insbesondere der Art. 14 GG, Art. 34 ThürVerf halten.[761]   335

Eine Ausnahme hiervon ist allerdings in analoger Anwendung des § 68 Abs. 1 S. 1 ThürPAG (iVm § 52 ThürOBG) zugunsten des **Anscheins- und des Verdachtsstörers** anzunehmen. Denn diese erbringen ungeachtet ihrer rechtmäßigen Inspruchnahme ein dem Nichtstörer vergleichbares, daher auf der Sekundärebene des Schadensausgleichs zu berücksichtigendes Sonderopfer.[762] Zur Veranschaulichung möge folgender Beispielfall dienen: In einer regelmäßig von Einbrüchen heimgesuchten Wohnanlage tritt ein Polizist nach mehrmaligem Klingeln die Tür einer Wohnung ein, weil er aus ihr heraus Hilferufe hört. Tatsächlich stammen diese allerdings aus einem Fernsehgerät, vor dem die Wohnungsinhaberin fest eingeschlafen ist. Nach § 68 Abs. 1 S. 1 ThürPAG analog steht dieser ein Anspruch auf Ausgleich des Schadens an ihrer Wohnungstür zu.   336

Einen Ausgleichsanspruch hat der Anscheinsstörer jedoch nur dann, wenn er den Anschein **lediglich verursacht, nicht** aber, wenn er ihn **verschuldet** hat. Im Beispielfall hätte die Wohnungsinhaberin keinen Ausgleichsanspruch gegen die Polizei, wenn ihr Enkel, den sie zu beaufsichtigen hätte, die Hilferufe ausgestoßen hätte, um der Polizei einen Streich zu spielen. Beim Verdachtsstörer setzt ein Ausgleichsanspruch voraus, dass sich der Gefahrenverdacht bestätigt.[763]   337

Einen Ausgleichsanspruch für **rechtswidrige Maßnahmen** sieht im gesetzlichen Erst-Recht-Schluss § 68 Abs. 1 S. 2 ThürPAG (iVm § 52 ThürOBG) vor.[764] Gerichtet sind alle Ansprüche auf Schadensausgleich nicht auf Naturalrestitution, sondern auf Entschädigung, dh auf angemessenen Ausgleich in Geld (§ 69 Abs. 3 S. 1 ThürPAG, § 52 ThürOBG). Zu berücksichtigen ist nach § 69 Abs. 5 S. 2 ThürPAG, § 52 ThürOBG ein Mitverschulden des Anspruchsberechtigten, dessen Quote sich danach bemisst, ob er Handlungs- oder Zustandsstörer, Anscheins- oder Verdachtsstörer, Nichtstörer oder Unbeteiligter ist.[765]   338

Für den Schadensausgleich gilt eine **dreijährige Verjährungsfrist** (§ 71 ThürPAG, § 52 ThürOBG). Die ausgleichspflichtige Körperschaft ergibt sich aus § 72 ThürPAG, § 52 ThürOBG, und für den **Rechtsweg** gilt § 74 ThürPAG. Der Anspruch ist leichter durchzusetzen als der Amtshaftungsanspruch, da die Voraussetzungen sehr weit gefasst sind.[766]   339

---

761 Eine sozialpolitisch motivierte Ausnahme sieht zB § 66 S. 1 Nr. 1 TierSG vor.
762 So die Rspr. des BGH, NJW 1992, 2639; BGH, NJW 1994, 2355; BGH, NJW 1996, 3151; BGH, DÖV 1997, 885; vgl. dazu auch *Ebert/Seel*, Thüringer Gesetz über die Aufgaben und Befugnisse der Polizei, § 68 Rn. 15.
763 *Ebert/Seel*, Thüringer Gesetz über die Aufgaben und Befugnisse der Polizei, § 68 Rn. 15 f.
764 *Kingreen/Poscher*, Polizei- und Ordnungsrecht, § 26 Rn. 18; *Schwan*, in: Huber, Thüringer Staats- und Verwaltungsrecht, S. 343.
765 Vgl. *Treffer*, BayVBl. 1996, 200.
766 *Schoch*, JuS 1995, 510.

XIII. Verordnungen zur Gefahrenabwehr

1. Begriff und Grundlagen der Gefahrenabwehrverordnung

340 Eine der wichtigsten Aufgaben der Thüringer Ordnungsbehörden ist der Erlass ordnungsbehördlicher Verordnungen.[767] **Gefahrenabwehrverordnungen** sind

- behördliche Anordnungen
- zur Abwehr abstrakter Gefahren für die öffentliche Sicherheit und Ordnung,
- die an eine unbestimmte Anzahl von Personen gerichtet sind und
- eine unbestimmte Anzahl von Fällen betreffen.

Zu unterscheiden ist der Begriff der **Verordnung** von dem der **Verfügung**,[768] der einen Verwaltungsakt, also eine konkret-individuelle Anordnung meint.

341 Verordnungen sind **abstrakt-generelle Regelungen** des **Außenrechts**. Insofern unterscheiden sie sich von den nur verwaltungsintern wirkenden Verwaltungsvorschriften, denen Außenwirkung grundsätzlich allenfalls über den Gleichheitssatz zukommt.[769] In den Verordnungsermächtigungen, die sich in § 27 ThürOBG und – speziell dazu[770] – in § 27a ThürOBG sowie in §§ 39 ff. ThürOBG finden, liegt eine Delegation bestimmter Rechtsetzungsbefugnisse durch das Parlament an die Exekutive. Der Erlass ordnungsbehördlicher Verordnungen ist nach § 27 Abs. 2 ThürOBG eine **Angelegenheit des übertragenen Wirkungskreises**.[771] Demgegenüber sind die im Zusammenhang des Kommunalrechts behandelten Satzungen,[772] etwa Bebauungspläne nach § 10 BauGB,[773] Rechtsnormen zur Regelung weisungsfreier Selbstverwaltungsangelegenheiten auf der Grundlage einer verfassungsrechtlich garantierten Autonomie (zB Art. 28 Abs. 2 GG, Art. 91 ThürVerf).

342 Abzugrenzen sind die Rechtsverordnungen als Normen insbesondere von den **Allgemeinverfügungen**, etwa den Verkehrszeichen nach der StVO.[774] Diese sind als „Kollektivverwaltungsakte" zur Regelung eines bestimmten Lebenssachverhalts, also ausgehend von einer **konkreten Gefahr** isd § 54 Nr. 3 lit. a) ThürOBG, nach § 35 S. 2 ThürVwVfG an einen bestimmten oder bestimmbaren Personenkreis gerichtet. Den Verordnungen liegt dagegen eine abstrakte Gefahr zugrunde, also eine nur mögliche, gedachte Sachlage, die erst im Falle ihres Eintritts zur konkreten Gefahr wird, § 54 Nr. 3 lit. e) ThürOBG.

2. Abstrakte Gefahr

343 Das Tatbestandsmerkmal der **abstrakten Gefahr** iSd § 54 Nr. 3 lit. e) ThürOBG, also einer Sachlage, bei der erfahrungsgemäß typischerweise ein Schadenseintritt zu erwarten ist, eröffnet dem Verordnungsgeber einen gewissen **Einschätzungsspielraum**.

---

767 In Ländern mit Einheitssystem, nicht aber in Thüringen, heißt die ordnungsbehördliche Verordnung auch Polizeiverordnung, s. dazu *Mann*, in: Erbguth/Mann/Schubert, Besonderes Verwaltungsrecht, Rn. 706.
768 Vgl. zur Terminologie *Kingreen/Poscher*, Polizei- und Ordnungsrecht, § 23 Rn. 7.
769 S. hierzu *Maurer/Waldhoff*, 20. Aufl. 2020, Allgemeines Verwaltungsrecht, § 24 Rn. 21 ff.
770 S. zum Spezialitätsverhältnis im Zusammenhang der Eingriffsbefugnisse oben VIII. 3.
771 S. dazu *Leisner-Egensperger*, § 5 unter III. 4. d.
772 S. dazu *Leisner-Egensperger*, § 5 unter V. 2.
773 S. dazu *Brenner*, Öffentliches Baurecht, 5. Aufl. 2020, § 6.
774 BVerwGE 59, 221, 225 f.; 92, 32, 34.

Zwar muss nicht in jedem von der Verordnung erfassten Fall eine Gefahr auch tatsächlich konkret eintreten. Wenn aber auch für den **Normalfall** des geregelten Sachverhalts keine ausreichende Schadensprognose erstellt werden kann, ist der Spielraum des Verordnungsgebers überschritten. Dies wurde vom Bundesverwaltungsgericht etwa angenommen bei einer Verordnung, die das Züchten und Halten von Hunden bestimmter Rassen verbietet. Aus der Zugehörigkeit zu einer definierten Rasse lasse sich nicht ableiten, dass von den einzelnen Hunden Gefahr ausgehe.[775] Das Verbot diene daher vorwiegend der Gefahrenvorsorge, nicht der Gefahrenabwehr. Allerdings muss die Gestaltungsfreiheit des Verordnungsgebers aus grundrechtlichen Erwägungen heraus als umso größer angesehen werden, je höherwertiger die Rechtsgüter sind, deren Schutz die Regelung bezweckt.[776] Daher sollten im Hinblick auf die erheblichen, von Kampfhunden ausgehenden Gefahren die Anforderungen an die Wahrscheinlichkeit des Schadenseintritts nicht überspannt werden.[777] Positiv zu würdigen ist demgegenüber die richterliche Zurückhaltung bei der Annahme einer abstrakten Gefahr im Zusammenhang von **Verordnungen zu örtlich begrenzten Alkoholverboten im öffentlichen Raum**.[778] Hier ist ein Ursachenzusammenhang zwischen Alkoholkonsum und **regelmäßig** sowie **typischerweise** auftretender Gewalt zu fordern, den die Behörden bislang nicht zu belegen vermochten. Anzuerkennen ist in den meisten Fällen allenfalls ein Gefahrenverdacht, nicht aber eine abstrakte Gefahr. Zur Verhinderung „unerwünschten Verhaltens im öffentlichen Raum" ist eine Gefahrenabwehrverordnung regelmäßig nicht das richtige behördliche Instrument.[779] Ein größerer, verfassungsrechtlich durch das Selbstverwaltungsrecht abgesicherter Spielraum steht den Kommunen demgegenüber bei der Regelung der Benutzung ihrer öffentlichen Einrichtungen durch Satzung zu. So darf etwa der Alkoholkonsum in einer städtischen Grünanlage im Rahmen des Einrichtungszwecks sowie des höherrangigen Rechts beschränkt werden.

344

3. Verordnungsinhalte

Die in Gefahrenabwehrverordnungen getroffenen Anordnungen bestehen in Verboten, Geboten, Ermächtigungen zu Verwaltungsmaßnahmen und der Einführung von Erlaubnisvorbehalten. **Gebote und Verbote** richten sich ausschließlich an die Verantwortlichen iSd Polizei- und Ordnungsrechts; die Auferlegung darüber hinausgehender Pflichten und Eigentumsbindungen wäre dem Gesetzgeber vorbehalten. Vorsätzliche oder fahrlässige Zuwiderhandlungen gegen Gebote oder Verbote einer Gefahrenabwehrverordnung sind **Ordnungswidrigkeiten** iSd OWiG; ihre Sanktion ist die Geldbuße.

345

4. Regelungsmaterien

Die **praktische Bedeutung** ordnungsbehördlicher Gefahrenabwehrverordnungen ist heute wesentlich geringer als vor einigen Jahrzehnten. Denn inzwischen hat der

346

---

775 BVerwGE 116, 347, 353 f.
776 S. zu dieser Je-desto-Formel oben VII. 5.
777 S. hierzu auch *Mann*, in: Erbguth/Mann/Schubert, Besonderes Verwaltungsrecht, Rn. 709.
778 Vgl. zum Gefahrbegriff etwa VGH BW, VBlBW 1999, 101, 103; OVG LSA BeckRS 2010, 4749. Zum öffentlichen Raum in seinen Grundrechtsdimensionen grundlegend BVerfGE 128, 226.
779 S. hierzu für viele *Schoch*, Jura 2012, 858, 860 ff.

parlamentarische Gesetzgeber immer mehr ehemals exekutivisch normierte Materien an sich gezogen. Beispielhaft genannt seien das Bauordnungsrecht, das noch bis in die 1970er Jahre in den meisten Ländern durch Baupolizeiverordnungen geregelt war,[780] das Ausländer-,[781] das Lebensmittel-,[782] das Immissionsschutzrecht[783] sowie das Recht über das Halten und Führen von Hunden.[784]

347 **Gegenstände von Gefahrenabwehrverordnungen** mit Grundlage im Allgemeinen Polizei- und Ordnungsrecht sind nach wie vor Lärmbekämpfung, Straßenreinigung, Hygiene, Bekämpfung von Taubenplagen, Gifthandel, Zeltplätze und Wohnwagenplätze (Camping, s. dazu auch § 47 ThürOBG), Verkehrsrecht für Skipisten, Baden, Betreten und Befahren von Eisflächen (vgl. § 46 Abs. 1 ThürOBG), Regelung der Benutzung eines Seeufers, Plakatieren, Umgang mit gewahrsamslos gewordenen Kampfmitteln, Halten gefährlicher Tiere,[785] Vergnügungsveranstaltungen (s. dazu auch § 42 ThürOBG) sowie Verhaltensweisen auf öffentlichen Straßen als Gegenstand von Straßenordnungen der Gemeinden.

5. Verfahren

348 Gefahrenabwehrverordnungen können nach §§ 27 Abs. 1, 28 ThürOBG nur von Gemeinden, Verwaltungsgemeinschaften, erfüllenden Gemeinden, Landkreisen und dem Landesverwaltungsamt erlassen werden.[786] Sie müssen gemäß § 32 ThürOBG eine Überschrift tragen, die ihren Inhalt kennzeichnet, in der Überschrift als „Ordnungsbehördliche Verordnung" bezeichnet werden, im Eingang auf die Bestimmungen des Gesetzes Bezug nehmen, aufgrund derer sie erlassen sind, soweit die Zustimmung oder Anhörung anderer Stellen gesetzlich vorgeschrieben ist, die Stellen angeben, mit deren Zustimmung oder nach deren Anhörung sie erlassen sind, den örtlichen Geltungsbereich bezeichnen, den Zeitpunkt des Erlasses und des Inkrafttretens angeben sowie die Behörde bezeichnen, welche die Verordnung erlässt.

349 Ordnungsbehördliche Verordnungen der Gemeinden, Verwaltungsgemeinschaften, erfüllenden Gemeinden und Landkreise sind nach § 33 ThürOBG der Rechtsaufsichtsbehörde, ordnungsbehördliche Verordnungen des Landesverwaltungsamts sind dem Thüringer Innenministerium jeweils im Entwurf **vorzulegen**. Gemäß § 34 ThürOBG treten ordnungsbehördliche Verordnungen eine Woche nach ihrer Verkündung in Kraft, soweit in ihnen nichts anderes bestimmt ist.

---

780 Vgl. Baupolizeiverordnung für die Freie und Hansestadt Hamburg v. 8.6.1938.
781 Vgl. Gesetz über den Aufenthalt, die Erwerbstätigkeit und die Integration von Ausländern im Bundesgebiet (Aufenthaltsgesetz) v. 25.2.2008 (BGBl. I S. 162), zuletzt geändert durch Gesetz v. 8.3.2018 (BGBl. I S. 342).
782 Vgl. Verordnung über Anforderungen an die Hygiene beim Herstellen, Behandeln und Inverkehrbringen von Lebensmitteln (Lebensmittelhygiene-Verordnung) v. 21.6.2016 (BGBl. I 2016, S. 1469).
783 Vgl. Gesetz zum Schutz vor schädlichen Umwelteinwirkungen durch Luftverunreinigungen, Geräusche, Erschütterungen und ähnliche Vorgänge (Bundes-Immissionsschutzgesetz – BImSchG) v. 17.5.2013 (BGBl. I S. 1274, ber. 2021 S. 123), zuletzt geändert durch Gesetz v. 24.9.2021 (BGBl. I S. 4458).
784 Vgl. Thüringer Gesetz zum Schutz der Bevölkerung vor Tiergefahren v. 22.6.2011 (GVBl. S. 93), zuletzt geändert durch Gesetz v. 10.5.2018 (GVBl. S 224).
785 Mittlerweile geregelt durch das Thüringer Gesetz zum Schutz der Bevölkerung vor Tiergefahren v. 22.6.2011 (GVBl. S. 93), zuletzt geändert durch Gesetz v. 10.5.2018 (GVBl. S 224).
786 In der Tradition strikter Entpolizeilichung kommt in Thüringen ein Verordnungserlass durch die Vollzugspolizei nicht in Betracht; anders zB in Niedersachsen: § 55 Abs. 1 Nr. 3 Nds.SOG.

Ordnungsbehördliche Verordnungen müssen in ihrem **Inhalt bestimmt** sein. Hinweise 350
auf Anordnungen außerhalb von ordnungsbehördlichen Verordnungen sind unzulässig, soweit diese Anordnungen Gebote oder Verbote von unbeschränkter Dauer enthalten, § 31 Abs. 1 ThürOBG.

XIV. Prüfungsaufbau und Rechtsschutzfragen

1. Rechtmäßigkeit polizei- oder ordnungsrechtlicher Einzelmaßnahmen

Vorüberlegungen
1. Welches polizeiliche Handeln ist auf seine Rechtmäßigkeit zu überprüfen? Genaues Herausstellen der zu überprüfenden Handlung aus dem Lebenssachverhalt.
2. Liegt in diesem Handeln ein Eingriff in Grundrechte, so dass eine Befugnisnorm nötig ist – oder genügt die Aufgabennorm?

I. Ermächtigungsgrundlage
1. Welche Befugnis- oder Aufgabennorm ist einschlägig?
a) Handelt die Polizei präventiv oder repressiv iSd § 2 Abs. 4 ThürPAG iVm § 163 Abs. 1 S. 1 StPO?
b) Bei präventivem Handeln:
aa) Spezialbefugnis im Besonderen Gefahrenabwehrrecht
dh Gesetze, welche die Polizei zur Abwehr besonders geregelter Gefahren ermächtigen (zB Versammlungsrecht, s. etwa §§ 18 Abs. 3, 19 Abs. 4 VersammlG)
oder
bb) Spezialbefugnis im Allgemeinen Polizei- und Ordnungsrecht (sog Standardmaßnahmen)
dh wenn eine Spezialbefugnis (zB §§ 13–47 ThürPAG bzw. §§ 15–26 ThürOBG) einschlägig ist, darf nicht auf die Generalklausel zurückgegriffen werden
oder
cc) Polizei- und ordnungsrechtliche Generalklausel (vgl. § 12 ThürPAG bzw. § 5 ThürOBG)
2. Subsidiarität des Handelns der Polizei gegenüber dem der Ordnungsbehörden (Eilkompetenz der Polizei), vgl. § 3 ThürPAG, § 3 Abs. 1 ThürOBG
3. Ausnahmsweise: Verfassungsmäßigkeit der in Betracht kommenden Ermächtigungsgrundlage, wenn diese zweifelhaft ist, zB weil sie ein Freiheitsgrundrecht verletzt (verfassungskonforme Auslegung beachten).

II. Formelle Rechtmäßigkeit
In der Regel knapp; auf Sachverhaltsformulierung achten: zB nicht, wenn die Frage durch den Aufgabentext abgeschnitten ist, weil etwa der Sachverhalt vorgibt, dass die zuständige Behörde gehandelt hat.
1. Zuständigkeit (sachlich, örtlich)
2. Verfahren   Soweit Polizei- und Ordnungsgesetze keine besonderen Form- und Verfahrensvorschriften enthalten: Rückgriff auf die allgemeinen Vorschriften des ThürVwVfG. 3. Form
III. Materielle Rechtmäßigkeit
1. Schutzgut, vgl. § 2 Abs. 1 S. 1 ThürPAG bzw. § 2 Abs. 1 ThürOBG
2. Gefahr, vgl. § 2 Abs. 1 S. 1 ThürPAG bzw. § 2 Abs. 1 ThürOBG
3. Pflichtigkeit, dh Inanspruchnahme des richtigen Adressaten, vgl. §§ 7 f. ThürPAG bzw. §§ 10 f. ThürOBG
4. Bestimmtheit, vgl. § 37 ThürVwVfG
5. Verhältnismäßigkeit, vgl. § 4 ThürPAG bzw. § 6 ThürOBG
6. Ermessensfehlerfreiheit, vgl. § 5 Abs. 1 ThürPAG bzw. § 7 Abs. 1 ThürOBG

2. Rechtmäßigkeit einer Gefahrenabwehrverordnung

I. Ermächtigungsgrundlage
II. Formelle Rechtmäßigkeit
1. Zuständigkeit, §§ 27, 28 ThürOBG
2. Verfahren, § 33 ThürOBG
3. Form, §§ 32, 35 Abs. 1 ThürOBG
III. Materielle Rechtmäßigkeit
1. Vereinbarkeit mit der Ermächtigungsgrundlage
a) Abstrakte Gefahr für öffentliche Sicherheit und Ordnung (vgl. § 27 Abs. 1 ThürOBG)
b) Weitere Tatbestandsvoraussetzungen
c) Pflichtigkeit
2. Vereinbarkeit mit höherrangigem Recht
a) Bestimmtheit
b) Vereinbarkeit mit anderen Verfassungsnormen, insbesondere Grundrechten

3. Rechtsschutzfragen

351 a) **Rechtsweg.** Eine Streitigkeit über polizei- und ordnungsrechtliche Maßnahmen ist bei Prüfung der Zulässigkeit eines Widerspruchs oder einer Klage gemäß § 40 Abs. 1 S. 1 VwGO als öffentlich-rechtlich zu qualifizieren. **Sonderzuweisungen an die ordentlichen Gerichte** finden sich in § 40 Abs. 2 S. 1 VwGO und gemäß § 40 Abs. 1 S. 2 VwGO iVm § 74 ThürPAG hauptsächlich für den Schadensausgleich, ferner für

Rechtsmittel gegen die Entscheidungen des Amtsgerichts in den Fällen des Richtervorbehalts bei Gewahrsam (vgl. § 20 ThürPAG), Wohnungsdurchsuchungen (vgl. § 26 Abs. 1 ThürPAG) und Maßnahmen der Datenerhebung und -verarbeitung (vgl. zB § 34 Abs. 4 ThürPAG).

Der Rechtsweg zu den **ordentlichen Gerichten** ist nach § 40 Abs. 1 S. 1, Hs. 2 VwGO auch für den Rechtsschutz gegen polizeiliche Maßnahmen eröffnet, die aufgrund der StPO getroffen wurden (zB gemäß §§ 98 Abs. 2, 112 ff. StPO). Wichtig ist insoweit die Sonderzuweisung des § 23 EGGVG. 352

b) Klageart. Die Statthaftigkeit der **Anfechtungsklage** setzt einen Verwaltungsakt gemäß § 35 S. 1 ThürVwVfG voraus. Ein solcher ist bei **Anordnungsbefugnissen** stets anzunehmen, bei Handlungsbefugnissen liegt hingegen ein **Realakt** vor, wenn der Betroffene abwesend ist, oder sich eine Regelung aus anderen Gründen erübrigt. Wird aber bei Personen ein Widerstand gebrochen und bei Sachen die Funktionsfähigkeit zerstört, handelt es sich um eine Maßnahme der Zwangsvollstreckung, die bei Androhung und Festsetzung eines Zwangsmittels stets als Verwaltungsakt zu qualifizieren ist. Demgegenüber sind die Anwendung der Ersatzvornahme und des unmittelbaren Zwangs, soweit keine speziellen Regelungen wie § 18 Abs. 2 BVwVG einschlägig sind, nicht – wie dies früher angenommen wurde[787] – als konkludente Duldungsbefehle[788] anzusehen, sondern als Realakte. 353

Hat sich ein polizei- oder ordnungsrechtlicher Verwaltungsakt erledigt, kommt eine **Fortsetzungsfeststellungsklage** nach § 113 Abs. 1 S. 4 VwGO (direkt oder analog)[789] in Betracht. Vertiefend zu begründen ist dabei insbesondere das Fortsetzungsfeststellungsinteresse.[790] 354

---

787 Hintergrund war, dass vor Einführung der verwaltungsprozessualen Generalklausel Rechtsschutz nur gegen Verwaltungsakte bestand: *Hufen*, Verwaltungsprozessrecht, 12. Aufl. 2021, § 13 Rn. 1; vgl. auch *Brüning*, JuS 2004, 882.
788 Vgl. *Drews/Wacke/Vogel/Martens*, Gefahrenabwehr, S. 439, 530 f.
789 S. hierzu BVerwGE 109, 203, 209 sowie 146, 303, 303 ff.; *Wehr*, DVBl 2001, 785; *Kingreen/Poscher*, Polizei- und Ordnungsrecht, § 27 Rn. 47.
790 BVerwGE 146, 303; s. zu den Fallgruppen *Würtenberger/Heckmann*, Verwaltungsprozessrecht, 4. Aufl. 2018, § 37 Rn. 736 ff.

§ 5 Kommunalrecht

Anna Leisner-Egensperger

Literatur: *Brüning*, Kommunalrecht, in: Ehlers/Fehling/Pünder (Hrsg.), Besonderes Verwaltungsrecht III, 4. Aufl. 2021, §§ 64, 65; *Burgi*, Kommunalrecht, 6. Aufl. 2019; *Engels/Krausnick*, Kommunalrecht, 2.Aufl. 2020; *Geis*, Kommunalrecht, 5. Aufl. 2020; *Gern/Brüning*, Deutsches Kommunalrecht, 4. Aufl. 2020; *Gemeinde- und Städtebund Thüringen* (Hrsg.), Thüringer Kommunalhandbuch, 6. Aufl. 2014; *Lange*, Kommunalrecht, 2. Aufl. 2019; *Mann*, Kommunalrecht, in: Erbguth/Mann/Schubert, Besonderes Verwaltungsrecht, 13. Aufl. 2020, §§ 1–11; *Mann/Püttner* (Hrsg.), Handbuch der kommunalen Wissenschaft und Praxis I, 3. Aufl. 2007; *Meyn*, Kommunalrecht, in: Huber (Hrsg.), Thüringer Staats- und Verwaltungsrecht, 2000, S. 197; *Rücker/Dieter/Schmidt/Vetzberger/Oehler*, Kommunalverfassungsrecht Thüringen, Stand 11/2020; *Ruffert*, Das Kommunalrecht, in: Schmitt (Hrsg.), Thüringen – Eine politische Landeskunde, 3. Aufl. 2011, S. 182; *Schmidt*, Kommunalrecht, 2. Aufl. 2014; *Schmidt*, Prüfe dein Wissen – Kommunalrecht, 2013; *Schmidt-Jortzig*, Kommunalrecht, 1982; *Haack*, Kommunalrecht, in: Steiner/Brinktrine (Hrsg.), Besonderes Verwaltungsrecht, 9. Aufl. 2018, § 1; *Seiler*, Examens-Repetitorium Verwaltungsrecht, 6. Aufl. 2017, § 7; *Stober*, Kommunalrecht, 3. Aufl. 1996; *Uckel/Hauth/Hoffmann/Noll*, Kommunalrecht in Thüringen, Stand 10/2021; *Wachsmuth/Oehler*, Thüringer Kommunalrecht – Kommentar, Stand 08/2020; *Waechter*, Kommunalrecht, 3. Aufl. 1997.

I. Grundlagen 1	
1. Regelungsmaterien und ihre Bedeutung 1	
a) Kommunalrecht in der Rechtsordnung 1	
b) Staatsorganisatorischer Stellenwert 4	
c) Thüringer Kommunalrechtsordnung als Modell 6	
d) Teilrechtsgebiete 8	
2. Rechtsgrundlagen 9	
a) Kommunale Selbstverwaltungsgarantie 9	
b) Kommunalverfassungsbeschwerde 11	
c) Kommunalvertretung 12	
d) Sonstige verfassungsrechtliche Regelungen zu den Kommunen 13	
e) Thüringer Kommunalordnung und Nebengesetze ... 14	
f) Art. 305 ff. AEUV und die Europäische Charta der kommunalen Selbstverwaltung 15	
3. Grundbegriffe 17	
II. Kommunale Selbstverwaltung als verfassungsrechtliche Garantie 19	
1. Bedeutung in Deutschland und Europa 19	
2. Selbstverwaltung 25	
3. Historische Entwicklung in Deutschland und insbesondere in Thüringen 28	
a) Bedeutung der Geschichte für das heutige Verständnis der kommunalen Selbstverwaltung 28	
b) Überblick zur Entwicklung der kommunalen Selbstverwaltung in Deutschland 29	
aa) Urbane Siedlungsgemeinschaften als Kommunen 29	
bb) Aufkeimen der kommunalen Selbstverwaltung im 19. Jahrhundert 30	
cc) Entwicklung der kommunalen Selbstverwaltung von der Weimarer Reichsverfassung bis heute 33	
c) Insbesondere die Entwicklung der kommunalen Selbstverwaltung in Thüringen 37	
aa) Die kommunale Selbstverwaltung bis zur Wiedervereinigung 37	
bb) Die kommunale Selbstverwaltung nach der Wende 39	
cc) Zur aktuellen Diskussion um eine Gebietsreform 41

d) Zukunftsperspektiven der kommunalen Selbstverwaltung: Ökonomisierung – Privatisierung – Europäisierung 45
  aa) Ökonomisierung 45
  bb) Privatisierung 47
  cc) Europäisierung 49
4. Verfassungsdogmatische Einordnung: institutionelle Garantie – nicht Grundrecht .. 50
5. Gewährleistungsinhalt der Selbstverwaltung der Gemeinden 54
  a) Alle Angelegenheiten der örtlichen Gemeinschaft 54
    aa) Universalität des gemeindlichen Wirkungskreises 54
    bb) Eigene Angelegenheiten der Gemeinde 56
    cc) Das Kriterium „örtlich" 57
    dd) Insbesondere die Freiheit zu öffentlichen Äußerungen 61
    ee) Zum Begriff der Daseinsvorsorge 63
  b) In eigener Verantwortung 65
    aa) Gebietshoheit 67
    bb) Organisations- und Personalhoheit 68
    cc) Rechtssetzungshoheit 69
    dd) Planungshoheit 70
    ee) Finanzhoheit 71
    ff) Kooperationshoheit .. 72
  c) Im Rahmen der Gesetze ... 73
    aa) Kernbereichsschutz .. 75
    bb) Aufgabenverteilungsprinzip zugunsten der Gemeinde 76
    cc) Gleichrangigkeit von Gemeinden und Landkreisen 78
    dd) Insbesondere Gebietsänderungen 80
      (1) Erfordernis eines Gesetzes und Anhörungsgebot 80
      (2) Drei-Stufen-Modell zum Begriff des öffentlichen Wohls 81
    ee) Grundsatz gemeindefreundlichen Verhaltens 85

6. Gewährleistungsinhalt der Selbstverwaltung der Landkreise 86
7. Einbezug der Grundlagen finanzieller Eigenverantwortung und Gewährleistung kommunaler Finanzausstattung 89
8. Rechtsbehelfe der Kommunen bei einer Beeinträchtigung ihres Selbstverwaltungsrechts 91
III. Rechtsstellung der Kommunen 95
  1. Kommunen als Gebietskörperschaften 95
    a) Kommunen als juristische Personen des öffentlichen Rechts 95
    b) Kommunen als Körperschaften des öffentlichen Rechts 98
    c) Gebietsmäßige Relevanz .. 100
    d) Folgerungen aus dem Status der Kommunen als Gebietskörperschaften 102
      aa) Rechtsfähigkeit – Geschäftsfähigkeit – zivilrechtliche Haftungsfähigkeit 102
      bb) Beteiligungsfähigkeit und Handlungsfähigkeit 104
      cc) Partei- und Prozessfähigkeit 105
      dd) Namensrecht 106
      ee) Dienstherrnfähigkeit 107
    e) Zur Grundrechtsfähigkeit kommunaler Gebietskörperschaften 108
  2. Einbindung der Thüringer Gemeinden und Landkreise in die Organisation des Freistaats Thüringen 111
    a) Kommunen als Träger mittelbarer Staatsverwaltung 111
    b) Unmittelbare Staatsverwaltung in Thüringen im Überblick 115
    c) Doppelstellung des Landratsamts 119
  3. Arten kommunaler Gebietskörperschaften 120
  4. Kommunale Aufgabenkategorien 123
    a) Unterscheidung von eigenen und übertragenen Aufgaben 123

b) Auswirkung der Aufgabenkategorie auf den Inhalt der staatlichen Aufsicht 126
c) Eigene Aufgaben: freiwillige Aufgaben und Pflichtaufgaben 127
d) Übertragene Aufgaben als Staatsaufgaben 132
5. Kommunale Kooperationen .. 136
 a) Systematik der kommunalen Gemeinschaftsarbeit ... 136
 b) Verwaltungsgemeinschaft, erfüllende Gemeinde, Landgemeinde 139
  aa) Verwaltungsgemeinschaft 139
   (1) Entstehung 139
   (2) Aufgaben 141
   (3) Organe 143
  bb) Erfüllende Gemeinde 145
   (1) Entstehung 145
   (2) Auswirkung auf die Aufgabenwahrnehmung ... 146
  cc) Landgemeinde 150
 c) Kommunale Gemeinschaftsarbeit 153
6. Staatsaufsicht über Gemeinden und Landkreise 156
 a) Rechtliche Grundlagen in ThürVerf und ThürKO 156
 b) Sinn der staatlichen Aufsicht 157
 c) Rechts- und Fachaufsicht 160
 d) Zuständigkeit der Aufsichtsbehörden 163
  aa) Aufsicht über kreisangehörige Gemeinden 163
  bb) Aufsicht über kreisfreie Städte und Landkreise 165
  cc) Aufsicht über Verwaltungsgemeinschaften und Zweckverbände 166
  dd) Obere und oberste Aufsichtsbehörden ... 167
 e) Aufsichtsmittel 169
  aa) Befugnisse der Rechtsaufsicht 169
   (1) Informationsrecht 169
   (2) Beanstandungspflicht 170
   (3) Ersatzvornahme 174

   (4) Bestellung eines Beauftragten 176
  bb) Befugnisse der Fachaufsicht 177
 f) Genehmigungen durch die Aufsichtsbehörde 180
 g) Aufsicht und Verwaltungsprozess 182
  aa) Zuständigkeit der Aufsichtsbehörde als Widerspruchsbehörde 182
  bb) Rechtsschutz gegen aufsichtliche Maßnahmen 185
7. Kommunale Spitzenverbände 187
IV. Gemeinde- und Landkreisbevölkerung 192
1. Unterscheidung von Einwohnern und Bürgern 192
2. Rechtsstellung der Einwohner 196
3. Insbesondere das Recht der Einwohner auf Nutzung öffentlicher Einrichtungen 199
 a) Der kommunalrechtliche Zulassungsanspruch im Überblick 199
 b) Begriff der öffentlichen Einrichtung 203
 c) Organisationsform und Ausgestaltung des Benutzungsverhältnisses 209
  aa) Organisationsform der öffentlichen Einrichtung 209
  bb) Ausgestaltung des Benutzungsverhältnisses 213
 d) Rechtsweg 214
 e) Anspruch auf Nutzung öffentlichen Einrichtungen 215
  aa) Anspruchsberechtigung 215
  bb) Im Rahmen der bestehenden Vorschriften 219
  cc) Rechtsschutz 222
 f) Anschluss- und Benutzungszwang 225
4. Rechtsstellung der Bürger 230
5. Insbesondere das Wahlrecht der Kommunalbürger 233
6. Insbesondere das Recht auf Bürgerbegehren und Bürgerentscheid 236

- a) Plebiszitäre Elemente im Spannungsfeld von Partizipation und Repräsentation 236
- b) Zulässigkeit eines Bürgerbegehrens 238
- c) Durchführung eines Bürgerentscheids 243
- V. Handlungsformen kommunaler Gebietskörperschaften 244
  1. Überblick zum System der Handlungsformen 244
  2. Satzungen..................... 248
     - a) Begriff und Rechtsgrundlagen 248
     - b) Abgrenzung zu Rechtsverordnungen 251
     - c) Inhalt und Aufbau 254
     - d) Formelle und materielle Rechtmäßigkeit 256
       - aa) Formelle Rechtmäßigkeit 256
         - (1) Zuständigkeit 256
           - (a) Verbandskompetenz 256
           - (b) Organkompetenz 257
         - (2) Verfahren 259
           - (a) Ordnungsgemäße Beschlussfassung 259
           - (b) Vorlage und evtl. Genehmigung 260
           - (c) Ausfertigung durch den Bürgermeister 261
           - (d) Bekanntmachung und Inkrafttreten 262
       - bb) Materielle Rechtmäßigkeit 263
     - e) Rechtsschutz 265
  3. Verwaltungsakte und Verträge 269
- VI. Kommunale Organe 272
  1. Thüringer Kommunalverfassungssystem 272
     - a) Gegenstand und Rechtsgrundlagen 272
     - b) Typus der süddeutschen Ratsverfassung 273
  2. Gemeinderat als Hauptorgan der Gemeinde 274
     - a) Binnenorganisation des Gemeinderats 274
       - aa) Zusammensetzung und Zuständigkeit 274
       - bb) Fraktionen 276
       - cc) Ausschüsse 278
       - dd) Beiräte und Kommissionen 280
     - b) Geschäftsgang 281
       - aa) Rechtsgrundlage – insbesondere die Geschäftsordnung ... 281
       - bb) Ablauf einer Gemeinderatssitzung 283
         - (1) Vorbereitung der Sitzung durch den Bürgermeister 283
         - (2) Ladung........... 286
         - (3) Öffentliche Sitzung............. 288
         - (4) Beschlussfähigkeit 293
           - (a) Anwesenheit und Stimmberechtigung der Mehrheit der Mitglieder 293
           - (b) Insbesondere die Stimmberechtigung 294
         - (5) Beschlussfassung 298
         - (6) Niederschrift..... 300
         - (7) Bekanntmachung des Sitzungsbeschlusses 301
       - cc) Prüfung der Rechtmäßigkeit eines Gemeinderatsbeschlusses 302
     - c) Rechtsstellung der Gemeinderatsmitglieder ... 303
       - aa) Organschaftlicher Status 303
       - bb) Schutz gegen Ordnungsmaßnahmen ... 305
  3. Bürgermeister 308
     - a) Rechtsstellung des Bürgermeisters 308
     - b) Kompetenzen des Bürgermeisters 313
       - aa) Leitung der Gemeindeverwaltung 313
       - bb) Vorbereitung und Vollzug von Gemeinderatsbeschlüssen – Beanstandungspflicht 315
       - cc) Entscheidungskompetenzen 317
       - dd) Die Vertretung der Gemeinde nach außen 320
  4. Ortschaftsverfassung 323
  5. Organe des Landkreises 326
  6. Kommunalverfassungsstreit ... 328

a) Begriff – Erscheinungsformen – Problematik 328	aa) Verwaltungsgerichtliche Konkurrentenklage 353
b) Besonderheiten der Zulässigkeitsprüfung 329	bb) Unionsrechtliche Verfahren 357
VII. Wirtschaftliche Betätigung der Kommunen 333	VIII. Finanzierung kommunaler Aufgaben sowie Haushalts- und Vermögenswirtschaft 358
1. Erscheinungsformen und Rechtsgrundlagen kommunaler Wirtschaftstätigkeit 333	1. Kommunale Finanzhoheit 358
2. Kommunale Unternehmen und ihre Organisationsformen 336	2. Finanzierungsquellen der Thüringer Kommunen im Überblick 361
a) Kommunale Unternehmen 336	
b) Regiebetriebe 337	3. Anteil an den bundesrechtlichen Gemeinschaftssteuern ... 363
c) Eigenbetriebe 338	
d) Kommunale Anstalten..... 340	4. Ertragshoheit an der Grund- und Gewerbesteuer 364
e) Unternehmen des privaten Rechts 343	5. Kommunalabgaben 369
3. Zulässigkeit kommunaler Unternehmen 345	a) Überblick 369
	b) Örtliche Verbrauch- und Aufwandsteuern 371
4. Rechtsschutz gegen kommunale Wirtschaftstätigkeit 351	c) Beiträge und Gebühren 373
a) Konkurrentenschutz als Rechtsproblem 351	6. Kommunaler Finanzausgleich 376
b) Konkurrentenklage und gemeinschaftsrechtliche Verfahren 353	7. Sonstige Einnahmen 378
	8. Haushalts- und Vermögenswirtschaft 379

I. Grundlagen

1. Regelungsmaterien und ihre Bedeutung

1 a) **Kommunalrecht in der Rechtsordnung.** Das Kommunalrecht umfasst alle Vorschriften, die sich mit den Gemeinden, den ihnen vergleichbaren Gemeindeverbänden, dh in Thüringen den Landkreisen,[1] sowie den kommunalen Zusammenschlüssen befassen. In seinen verfassungsrechtlichen Grundlagen ist dieses Rechtsgebiet Teil des **Staatsorganisationsrechts**.[2] Mit seinen Regelungen zur Rechtsstellung und internen Organisation der Gemeinden und Landkreise gehört es zum **Allgemeinen Verwaltungsrecht**.[3] Soweit es zentrale Handlungsformen der öffentlichen Hand auf den Gebieten vor allem des Bau-, Ordnungs-, Wirtschafts- und Finanzrechts normiert, zählt es zum **Besonderen Verwaltungsrecht**.[4]

2 Von Bedeutung ist das Kommunalrecht zugleich für das Bürgerliche Recht, insbesondere das Vertrags- und Deliktsrecht,[5] soweit es juristische Personen des öffentlichen Rechts als Privatrechtssubjekte konstituiert, sowie für das Straf- und Ordnungswidrigkeitenrecht, indem es die Verantwortlichkeit kommunal tätiger Bürger regelt.[6] In

---

1 In anderen Ländern meint „Gemeindeverbände" iSd Art. 28 Abs. 2 GG auch sog Bezirke, zB in Bayern: Art. 9 f. BayVerf. In Thüringen fand nach der Wende wegen der geringen Größe des Landes eine Unterteilung des Landes in Bezirke aber nicht statt.
2 Vgl. *Katz*, Staatsrecht, 18. Aufl. 2010, § 15 Rn. 326; *Degenhart*, Staatsrecht I, 35. Aufl. 2019, § 2 Rn. 33.
3 Vgl. dazu *Hendler*, in: Isensee/Kirchhof (Hrsg.), Handbuch des Staatsrechts VI, § 143.
4 Vgl. etwa dessen Behandlung in den Lehrbüchern bei *Erbguth/Mann/Schubert*, Besonderes Verwaltungsrecht, sowie bei *Steiner/Brinktrine* (Hrsg.), Besonderes Verwaltungsrecht.
5 Vgl. zur deliktischen Haftung OLG Jena, NZV 2011, 31; *Itzel*, LKRZ 2013, 456; *Lück*, LKV 2016, 485.
6 Vgl. hierzu etwa § 12 Abs. 3 S. 2 bis 4 ThürKO.

diesen fächerüberschreitenden Bezügen stellt das Kommunalrecht eine **Querschnittsmaterie** dar. Zu Recht ist es daher zentraler Bestandteil der bundesweiten Ausbildung zum **Einheitsjuristen**.[7]

In Thüringen ist das Kommunalrecht in seinen **Grundzügen** Pflichtfach der Ersten juristischen Prüfung wie auch des Zweiten Staatsexamens.[8] Was „Grundzüge" bedeutet, regelt die Thüringer Juristenausbildungs- und -prüfungsordnung nicht. Nach der inhaltlich vergleichbaren bayerischen Prüfungsordnung umfassen die Grundzüge eines Rechtsgebiets „seine Systematik, seine wesentlichen Normen und Rechtsinstitute sowie deren Regelungsgehalt, Sinn und Zweck, Struktur und Bedeutung im Gesamtzusammenhang".[9] Hiervon ausgehend versucht die vorliegende Darstellung in erster Linie ein Verständnis für die **verfassungsrechtlich** determinierten **Strukturen** des Thüringer Kommunalrechts sowie für seine **Systematik** zu schaffen. Ferner sollen **Grundkenntnisse** zu seinen **wichtigsten Rechtsgrundlagen** vermittelt werden. Auswahlentscheidend ist hierbei, inwieweit die jeweilige Rechtsvorschrift Struktur und Systematik des Thüringer Kommunalrechts prägt. Zugleich kommt es darauf an, wie häufig und intensiv sich Verfassungs- und Verwaltungsgerichte, insbesondere auch in Thüringen, mit ihr befassen. Denn dies determiniert regelmäßig ihre Prüfungsrelevanz.

3

b) **Staatsorganisatorischer Stellenwert**. Das Recht der Gemeinden und Landkreise ist die wichtigste Form des **Selbstverwaltungsrechts** iSd Befugnis einer juristischen Person, ihre Aufgaben eigenverantwortlich zu erfüllen.[10] Im Gefüge der Staatsgewalten ist ihre gesamte Tätigkeit der **Exekutive** zuzurechnen, auch beim Erlass von Satzungen als untergesetzlichen Rechtsnormen.[11] Eine dritte Ebene der Staatlichkeit bilden die Thüringer Kommunen neben Bund und Freistaat Thüringen zwar nicht;[12] sie sind vielmehr als Träger sog mittelbarer Staatsverwaltung dem Freistaat zugeordnet.[13] Gegenüber der Landesgewalt wie auch den Bundesinstanzen genießen sie aber weitgehende Autonomie hinsichtlich ihrer Organisation, der Erfüllung ihrer Aufgaben und ihrer Handlungsformen, jeweils unter der Aufsicht staatlicher Behörden.

4

---

7 Bayern: § 18 Abs. 2 Nr. 5c JAPO; Baden-Württemberg: § 8 Abs. 2 Nr. 9 JAPrO; Brandenburg: § 3 Abs. 4 Nr. 3c JAO; Hessen: § 7 Abs. 1 Nr. 4f JAG; Rheinland-Pfalz: § 1 Abs. 2 Nr. 1c JAPO iVm C. IV. 4 b. bb. der Anlage zu § 1 Abs. 1 JAO; Nordrhein-Westfalen: § 4c Nr. 6b JAO; Schleswig-Holstein: § 3 Abs. 5 Nr. 4b JAO; Saarland: § 8 Abs. 2 Nr. 5d JAG; Mecklenburg-Vorpommern: § 11 Abs. 2 Nr. 3c JAPO; Sachsen: § 14 Abs. 3 Nr. 5c JAPO; Sachsen-Anhalt: § 14 Abs. 2 Nr. 5c.aa JAPrVO; Berlin: § 3 Abs. 4 Nr. 3c JAO; Bremen: § 5 Abs. 1 Nr. 3c.cc JAPG; Niedersachsen: § 16 Abs. 3 Nr. 4d NJAVO. Kein Prüfungsgegenstand ist das Kommunalrecht in Hamburg (s. § 1 Abs. 3 Nr. 3 PrüfungsgegenständeVO), da dort nach Art. 4 Abs. 1 HHV staatliche und gemeindliche Tätigkeit nicht getrennt werden.
8 Erste Prüfung: § 14 Abs. 2 Nr. 4c ThürJAPO; Zweite Staatsprüfung: § 46 Abs. 2 Nr. 1 iVm § 14 Abs. 2 Nr. 4c ThürJAPO.
9 § 18 Abs. 1 S. 3 BayJAPO. Zu Recht krit. zu dieser Regelungstechnik im prüfungsrechtlichen Zusammenhang *Böckenförde*, JZ 1997, 317, 319.
10 *Hendler*, in: Isensee/Kirchhof (Hrsg.), Handbuch des Staatsrechts VI, § 143.
11 Gemeinderat und Kreistag sind also keine Parlamente im juristischen Sinn; s. dazu BVerfGE 120, 82, 112; *Wurzel*, Gemeinderat als Parlament?, 1975, S. 170 f.; *Dolderer*, DÖV 2009, 146; *Morlok/Kühr*, JuS 2012, 385, 391.
12 Ausdruck hiervon ist beispielsweise Art. 106 Abs. 9 GG.
13 Deutlich wird dies in Art. 84 Abs. 1 S. 7 GG, wonach der Bundesgesetzgeber den Kommunen keine Aufgaben übertragen darf.

5 Organisationsrechtlich sind die Kommunen Ausdruck staatlicher **Dezentralisation**,[14] dh einer Verteilung der Staatsmacht auf verschiedene Verwaltungsträger und damit der **vertikalen Gewaltenteilung**,[15] die auch das Bundesstaatsprinzip rechtfertigt (Art. 30, 83 ff. GG). Im Vollzug von Verwaltungsaufgaben mag die mittelbare Staatsverwaltung durch die größere Anzahl von Organisationseinheiten im Vergleich zur unmittelbaren zwar zu Effizienzeinbußen sowie zu Steuerungs- und Kontrollverlusten führen.[16] Andererseits entlasten die Kommunen in ihrer oftmals sachnäheren und flexibleren Verwaltungstätigkeit die unmittelbare Staatsverwaltung erheblich.[17] Vor allem aber wirken sie näher am Bürger, der mit „Verwaltung" vor allem Behörden seiner Gemeinde und seines Landkreises assoziiert. In einer Zusammenarbeit mit ihnen gewinnt er neue Räume für die Ausübung seiner Freiheit und wird so zur Partizipation, dh zur Teilhabe und Mitwirkung am Staatsleben angeregt. Dem **Demokratieprinzip** entsprechend (Art. 20 Abs. 1, Abs. 2 S. 2 GG, Art. 44 Abs. 1 S. 2 ThürVerf) entscheidet er als **Gemeindebürger** eigenverantwortlich in **Wahlen** zu seinen Kommunalvertretungen über die politischen Direktiven, nach denen die Verwaltung auf gemeindlicher Ebene Bundes- und Landesrecht umsetzt. In diesen und anderen Formen der Mitwirkung ihrer Gemeindebürger sind die Thüringer Gemeinden Fundament des demokratischen Staates (§ 1 Abs. 1 ThürKO).

6 c) **Thüringer Kommunalrechtsordnung als Modell.** In dem verhältnismäßig kleinen, lange zersplitterten Flächenland Thüringen blicken viele Kommunen – etwa die Städte Weimar, Jena, Eisenach und Erfurt – zu Recht selbstbewusst auf ihre weltweit bekannte **historisch-kulturelle Tradition** zurück. Sie setzt sich heute in internationalen Vernetzungen fort, besonders deutlich im Fall der Universitätsstadt Jena.[18] Vielfach bestehen auch spezifisch gewachsene, ländliche Strukturen, wie beispielsweise im Eichsfeld.[19] Auf der anderen Seite ist die **Haushaltslage** vieler Thüringer Kommunen seit längerem angespannt,[20] und ihr **demographischer Wandel**[21] vollzieht sich weit schneller als im

---

14 Zu unterscheiden von der sog Dekonzentration, dh der Aufteilung der Verwaltungsbefugnisse innerhalb eines Verwaltungsträgers auf verschiedene Organe und Institutionen, zB zwischen Bürgermeister und Rat innerhalb des Verwaltungsträgers Gemeinde.
15 Aufbau des Staates von unten nach oben mit primärer Zuständigkeit der unteren Einheit.
16 *Burgi*, in: Ehlers/Pünder (Hrsg.), Allgemeines Verwaltungsrecht, 15. Aufl. 2015, § 8 Rn. 8.
17 Bedeutsam ist insbesondere der Vollzug der Bundesgesetze (vgl. Art. 84 f. GG) zu bis zu 80 % durch die Kommunen, etwa des BauGB, der BauNVO, der StVO usw.; vgl. dazu *Ritter*, in Hesse (Hrsg.), Erneuerung der Politik „von unten"? – Stadtpolitik und Selbstverwaltung im Umbruch, 1986, S. 214.
18 So kooperiert die Friedrich-Schiller-Universität Jena mit über 200 internationalen Partneruniversitäten.
19 Mit seiner vorwiegend katholischen Prägung, vgl. dazu *Schmidt*, Konfessionalisierung im 16. Jahrhundert, 1992, S. 25; *Gabel*, Migrante Minderheit – Katholiken in Ostdeutschland, in: Rahner/Schambeck (Hrsg.), Zwischen Integration und Ausgrenzung, 2011, S. 45.
20 Nach einer Studie von KMPG sowie des Instituts für den öffentlichen Sektor von 2015 ist in 23 von 93 Städten mit mehr als 80.000 Einwohnern die Haushaltslage der Stadtwerke und der jeweiligen Kommunen stark angespannt, s. „Der Konzern Kommune in der Krise?", https://publicgovernance.de/media/PG_Winter_2015.pdf (zuletzt abgerufen am 18.3.2022); in Gera haben Stadtwerke und Verkehrsbetriebe 2014 Insolvenz angemeldet, s. dazu *Kleifges*, VR 2015, 298.
21 1990 lebten in Thüringen noch 2,6 Millionen Einwohner; 2035 werden es voraussichtlich weniger als 1,88 Millionen sein: Vorschlagsgesetz zur Durchführung der Gebietsreform in Thüringen – Gesetzentwurf der Landesregierung, LT-Drs. 6/2000, 1; *Hultzsch*, LKV 2016, 293; vgl. allgemein hierzu auch *Brosius-Gersdorf*, VerwArch 98 (2007), 317.

Bundesdurchschnitt.[22] Von verfassungs- wie verwaltungsdogmatisch grundsätzlichem, über die Grenzen des Freistaats hinausreichendem Interesse ist es daher, wie es gerade in Thüringen dem Kommunalrecht gelingt, einen **Regelungsrahmen** zu bilden für einen **Spagat**, der im bundesweiten Vergleich besonders groß ist: zwischen

- der Achtung **kommunaler Eigenständigkeit** historisch gewachsener Selbstverwaltungseinheiten und
- der **Effizienz** und **Wirtschaftlichkeit** ihres Verwaltungsvollzugs.

In einer Zukunftsvision mag die **Thüringer Kommunalrechtsordnung** ein **Modell** werden für **andere europäische Selbstverwaltungseinheiten** mit vergleichbaren strukturellen Gegebenheiten. Wie Thüringer Juristen nach der Wiedervereinigung vom bayerischen Einfluss profitierten, könnten sie nunmehr Regelungen zu landesspezifischen Besonderheiten, etwa der Landgemeinde, als Thüringer Errungenschaften exportieren. Andererseits mag das ausdifferenzierte, zunehmend schwer zu überblickende System kommunaler Kooperationen in Thüringen auch **strukturelle Mängel** des geltenden Rechts offenbaren: Wenn Kommunen **lebensfähig nur noch in Kooperationen** sind, stellt dies ihre Existenzberechtigung in Frage. Hier tritt ein ähnliches Problem auf wie im Bund-Länder-Verhältnis, in dem das sog Kooperationsverbot immer mehr aufgeweicht wird, was langfristig den Föderalismus gefährdet.

Jedenfalls soll das Studium des Thüringer Kommunalrechts nicht nur dazu dienen, die organisatorischen Strukturen des Freistaats zu verstehen. Es muss vielmehr **Anregungen** bieten zu einer **Fortbildung des Rechts „von unten"**, nahe am Bürger. Diese ist heute als Gegengewicht zu den für ihn immer schwerer übersehbaren Verflechtungen eines europäischen Mehrebenensystems wichtiger denn je. 7

d) **Teilrechtsgebiete.** Im Zentrum des Thüringer Kommunalrechts steht die verfassungsrechtliche Gewährleistung der **kommunalen Selbstverwaltung**. Von ihr ausgehend lassen sich – auf Grundlage von Systematik und Terminologie der Thüringer Kommunalordnung – folgende **sechs Teilrechtsgebiete** unterscheiden: 8

- die **Rechtsstellung der Gemeinden und Landkreise**, insbesondere ihre Einbindung als Gebietskörperschaften in die Thüringer Landesverwaltung sowie ihre Aufgaben, auch in kommunalen Kooperationen, einschließlich der staatlichen Aufsicht über deren Wahrnehmung;[23]
- die **Gemeinde- und Landkreisbevölkerung**, dh die Rechte und Pflichten der Einwohner und Bürger der Kommunen;
- die **Handlungsformen kommunaler Gebietskörperschaften**, insbesondere der Satzungserlass;
- das sog **Kommunalverfassungsrecht**, das den internen Aufbau der Kommunen regelt, insbesondere die Stellung und Tätigkeit ihrer Organe;[24]

---

22 S. zu diesem Statistische Ämter des Bundes und der Länder, Demografischer Wandel in Deutschland, https://www.destatis.de/DE/Publikationen/Thematisch/Bevoelkerung/DemografischerWandel/BevoelkerungsHaushaltsentwicklung5871101119004.pdf (zuletzt aufgerufen am 1.8.2017).
23 Dieses Teilrechtsgebiet lässt sich auch als äußeres kommunales Verfassungsrecht bezeichnen; so *Brüning*, in: Ehlers/Fehling/Pünder, Besonderes Verwaltungsrecht III, § 64 Rn. 2.
24 Im Folgenden VI. Dieses Teilrechtsgebiet wird teilweise auch als inneres kommunales Verfassungsrecht bezeichnet; *Schmidt-Jorzig*, Kommunalrecht, Rn. 11.

- das **kommunale Wirtschaftsrecht** als Recht der wirtschaftlichen Unternehmen, die Kommunen selbst unterhalten, und an denen sie sich maßgeblich beteiligen dürfen;
- das **kommunale Finanzrecht**,[25] das die Beschaffung, Bereitstellung und Verwendung der zur Erfüllung kommunaler Aufgaben erforderlichen Finanzmittel regelt.

2. Rechtsgrundlagen

9   a) **Kommunale Selbstverwaltungsgarantie.** Die wichtigste[26] der geschriebenen[27] rechtlichen Grundlagen des Thüringer Kommunalrechts ist die verfassungsrechtliche Garantie der **kommunalen Selbstverwaltung**, wie sie in Art. 28 Abs. 2 GG und in Art. 91 ThürVerf normiert ist.[28] Gemäß Art. 28 Abs. 2 S. 1 GG muss den Gemeinden das Recht gewährleistet sein, alle Angelegenheiten der örtlichen Gemeinschaft in eigener Verantwortung zu regeln. Nach Art. 28 Abs. 2 S. 2 GG und Art. 91 Abs. 2 ThürVerf steht auch den Gemeindeverbänden, dh den Landkreisen, das Recht der Selbstverwaltung zu. Die kommunale Selbstverwaltungsgarantie umfasst nach Art. 28 Abs. 2 S. 3 GG auch die Grundlagen der **finanziellen Eigenverantwortung**. Nach Art. 93 Abs. 1 ThürVerf, dessen Regelungsgehalt Teil der Selbstverwaltungsgarantie des Art. 91 ThürVerf ist,[29] sorgt der Freistaat Thüringen finanziell dafür, dass die Gemeinden und Landkreise ihre Aufgaben erfüllen können.

10 In der **Thüringer Verfassung** findet sich zur Absicherung der Selbstverwaltung noch die Einräumung einer Gelegenheit zur Stellungnahme nach Art. 91 Abs. 4 ThürVerf[30] sowie der Hinweis, dass den Kommunen staatliche Aufgaben zur Erfüllung nach Weisung übertragen werden dürfen, Art. 91 Abs. 3 ThürVerf.[31] Bestandteile der Selbstverwaltungsgarantie sind schließlich auch Art. 92 ThürVerf, nach dem **Gebietsänderungen** nur aus Gründen des öffentlichen Wohls und nach Anhörung der betroffenen Körperschaften erfolgen dürfen,[32] sowie Art. 94 ThürVerf, die Beschränkung der **staatlichen Aufsicht** in Selbstverwaltungsangelegenheiten auf eine Rechtsaufsicht.

11 b) **Kommunalverfassungsbeschwerde.** Prozessual abgesichert wird die kommunale Selbstverwaltungsgarantie[33] durch die verfassungsrechtlich verankerten Möglichkei-

---

25 Dies entspricht dem Stellenwert dieses Teilrechtsgebiets in der universitären Ausbildung, nicht aber seiner erheblichen praktischen Bedeutung; s. zu dieser *Madeja/Geis*, JA 2013, 248 u. 321.
26 Zusammengestellt sind hier nur die praktisch bedeutsamsten Vorschriften; s. im Übrigen *Ebert*, Thüringer Gemeinde- und Landkreisordnung, 6. Aufl. 2014.
27 Neben den geschriebenen Rechtsquellen gibt es im Kommunalrecht auch sog Observanzen, dh örtlich begrenztes Gewohnheitsrecht, entstehend durch langdauernde Übung und darauf erstreckte Rechtsüberzeugung der Gemeindebürger, Bsp.: Holznutzungsrechte der Bürger am Gemeindewald, Torfnutzungsrechte am Gemeindemoor, Gemeingebrauch an Wegen und Wasserläufen; s. dazu *Gröpper*, DVBl 1969, 945.
28 Vgl. zum Verhältnis von Bundes- und Landesrecht insoweit Art. 28 Abs. 3 GG. Vgl. allgemein zur Bedeutung des Landesverfassungsrechts für das Kommunalrecht *Huber*, ThürVBl. 2003, 73.
29 ThürVerfGH, NVwZ-RR 2005, 665, 667 und ThürVerfGH, KommJur 2012, 14, 17; vgl. dazu allgemein *Lange*, Verfassungsrechtliche Grundlagen der Finanzierung der Kommunen in Nordrhein-Westfalen, 2015, S. 9 ff.
30 Zu dieser s. ThürVerfGH, Urt. v. 9.6.2017 – VerfGH 61/16 –, Rn. 127 ff. (juris); *Meyn*, in: Huber (Hrsg.), Thüringer Staats- und Verwaltungsrecht, S. 212; vgl. zu den Voraussetzungen des Anhörungsrechts ThürVerfGH, LKV 2005, 259, 261; *Engels*, Die Verfassungsgarantie kommunaler Selbstverwaltung, 2014, S. 279 ff.
31 Zu dieser Vorschrift *Meyn*, in: Huber (Hrsg.), Thüringer Staats- und Verwaltungsrecht, S. 213.
32 Für Art. 28 Abs. 2 GG: BVerfGE 86, 90.
33 Hierdurch wird die institutionelle Garantie der kommunalen Selbstverwaltung zu einer institutionellen Rechtssubjektsgarantie.

ten, eine **Kommunalverfassungsbeschwerde** zum **Bundesverfassungsgericht** sowie zum **Thüringer Verfassungsgerichtshof** zu erheben (Art. 93 Abs. 1 Nr. 4b GG, §§ 13 Nr. 8a, 91 ff. BVerfGG; Art. 80 Abs. 1 Nr. 2 ThürVerf, §§ 11 Nr. 2, 31 ff. ThürVerfGHG). Diese Rechtsbehelfe ermöglichen es den Kommunen, denen eine Individualverfassungsbeschwerde nicht zusteht, eine Verletzung ihres verfassungsrechtlich gewährleisteten Selbstverwaltungsrechts gerichtlich geltend zu machen.[34]

c) **Kommunalvertretung.** Zur Verwirklichung des Demokratieprinzips auf Kommunalebene[35] bestimmen Art. 28 Abs. 1 S. 2 GG, Art. 95 S. 1 ThürVerf, dass in den Gemeinden und Gemeindeverbänden das **Volk** eine **Vertretung** haben muss, die aus allgemeinen, unmittelbaren, freien, gleichen und geheimen Wahlen hervorgegangen ist. Näheres hierzu regeln Art. 28 Abs. 1 S. 3 und S. 4 GG sowie Art. 95 S. 2 und S. 3 ThürVerf. 12

d) **Sonstige verfassungsrechtliche Regelungen zu den Kommunen.** Grundgesetz und Thüringer Verfassung enthalten jeweils noch weitere Bestimmungen zur Ausgestaltung der Rechtslage der Kommunen: So regelt das Grundgesetz ausführlich ihre **Finanzierung**: Art. 104b, Art. 104c, Art. 105 Abs. 2a und 3, Art. 106 Abs. 5, 6 und 7, Art. 107 und Art. 108 Abs. 4 GG. Es enthält eine Spezialbestimmung zum **Verteidigungsfall** in Art. 115c Abs. 3 GG sowie in Art. 137 Abs. 1 GG eine Vorschrift zur Beschränkung der **Wählbarkeit**[36] von Gemeindebediensteten.[37] Nach der Thüringer Verfassung erstrecken sich schließlich zahlreiche Grundrechte und Staatsziele auf die Kommunen als Gebietskörperschaften (zB Art. 2 Abs. 2 S. 2, Art. 2 Abs. 4 S. 2, Art. 15 S. 2, Art. 19 Abs. 3 und 4 ThürVerf). 13

e) **Thüringer Kommunalordnung und Nebengesetze.** Einfachgesetzlich wird die Rechtslage der Kommunen durch die **Thüringer Kommunalordnung** (ThürKO) ausgestaltet. Sie enthält 14

- in ihrem Ersten Teil die **Gemeindeordnung** (§§ 1–85 ThürKO),
- in ihrem Zweiten Teil die **Landkreisordnung** (§§ 86–115 ThürKO) sowie
- in ihrem Dritten Teil **Gemeinsame Bestimmungen** (§§ 116–132 ThürKO), insbesondere zur staatlichen Aufsicht (§§ 116–123 ThürKO).

Ergänzt wird die Thüringer Kommunalordnung **sachbereichsspezifisch**[38] insbesondere durch

- das Thüringer Gesetz über die kommunale Gemeinschaftsarbeit (ThürKGG),
- das Thüringer Kommunalabgabengesetz (ThürKAG) sowie das Thüringer Finanzausgleichsgesetz (ThürFAG), die das kommunale Finanzrecht betreffen,
- das Thüringer Kommunalwahlgesetz (ThürKWG) sowie die für kommunale Wahlbeamte und ihre Entschädigung geltenden §§ 110, 109 Thüringer Beamten-

---

34 Lehrreich hierzu *Starke*, JuS 2008, 319. Vgl. zum Verhältnis der Kommunalverfassungsbeschwerden auf Bundes- und Landesebene BVerfG NJW 2018, 140.
35 Art. 20 Abs. 1 GG, Art. 44 Abs. 1 S. 2, Art. 45 ThürVerf; vgl. auch Art. 9 ThürVerf.
36 Statuiert wird eine Inkompatibilität zwischen kommunalpolitischen und anderen Ämtern, die von der Intelligibilität zu unterscheiden ist, die den Interessenten an einem kommunalpolitischen Mandat dazu zwingt, *vor* seiner Bewerbung sein anderes Amt niederzulegen.
37 Hiervon wurde in Thüringen Gebrauch gemacht, vgl. § 23 Abs. 4 ThürKO.
38 Spezialkenntnisse zu diesen Regelungswerken gehören nicht mehr zu den Grundzügen iSd ThürJAPO.

gesetz (ThürBG) iVm dem Thüringer Gesetz über Kommunale Wahlbeamte (ThürKWBG),
- das Thüringer Gesetz über das Verfahren bei Einwohnerantrag, Bürgerbegehren und Bürgerentscheid (ThürEBBG),
- die Thüringer Bekanntmachungsverordnung (ThürBekVO), die den Satzungserlass betrifft, sowie
- die Thüringer Eigenbetriebsverordnung (ThürEBV), die ihre Bedeutung im kommunalen Wirtschaftsrecht entfaltet.

15 **f) Art. 305 ff. AEUV und die Europäische Charta der kommunalen Selbstverwaltung.** Auf europäischer Ebene sind die Gemeinden und Gemeindeverbände als lokale Gebietskörperschaften im Ausschuss der Regionen vertreten (Art. 305 ff. AEUV). Aufgrund eines Abkommens zwischen den deutschen Ländern über die Entsendung von Mitgliedern in den Ausschuss der Regionen[39] gehören ihm für Deutschland 21 Länder- und 3 Gemeindevertreter an, was allerdings nicht den politischen Stellenwert der Gemeinden und Gemeindeverbände widerspiegelt. Verankert ist die kommunale Selbstverwaltung schließlich in der vom Europarat erarbeiteten und von Deutschland durch **Bundesgesetz** ratifizierten **Europäischen Charta der kommunalen Selbstverwaltung**.[40]

16 Aus den rechtlichen Grundlagen des Kommunalrechts ergibt sich, welche **Gerichte** für seine Auslegung zuständig sind. Es sind dies insbesondere
- das Bundesverfassungsgericht,[41]
- der Thüringer Verfassungsgerichtshof,[42]
- die drei Thüringer Verwaltungsgerichte,[43]
- das Thüringer Oberverwaltungsgericht,[44]
- das Bundesverwaltungsgericht[45]
- sowie bereichsspezifisch auch der Europäische Gerichtshof,[46] vor allem an den Schnittpunkten zum Vergaberecht.[47]

---

39 Zum Verhältnis des Ausschusses der Regionen und der Kommunen, *Stahl/Degen*, Die Europäisierung der Kommunen und der Ausschuss der Regionen, in: Alber/Zwilling (Hrsg.), Gemeinden im europäischen Mehrebenensystem, 2014, S. 191 ff.
40 Europäische Charta der kommunalen Selbstverwaltung v. 15.10.1985 (BGBl. II S. 65); *Waibel*, Gemeindeverfassungsrecht Baden-Württemberg, 5. Aufl. 2007, S. 5 ff.
41 Mit Sitz in Karlsruhe, § 1 Abs. 2 BVerfGG.
42 Mit Sitz in Weimar, § 1 Abs. 2 ThürVerfGHG.
43 Mit Sitz in Gera, Meiningen und Weimar, § 1 Abs. 2 S. 1 ThürAGVwGO.
44 Mit Sitz in Weimar § 1 Abs. 3 ThürAGVwGO.
45 Mit Sitz in Leipzig § 2 VwGO.
46 Mit Sitz in Luxemburg, lit. d S. 1 Prot. Nr. 6 zum EUV/AEUV, ABl. 2010 C 83, S. 265.
47 *Bultmann*, Beihilfenrecht und Vergaberecht, 2004, S. 24 ff., 36 ff.

3. Grundbegriffe

„Kommune" (von lat. *communis* = gemeinschaftlich[48]) ist der Oberbegriff für Gemeinden[49] und Gemeindeverbände.[50] **Gemeinde** iSd Art. 28 Abs. 2 S. 1 GG, 91 ThürVerf, § 1 ThürKO ist ein auf personaler Mitgliedschaft zu einem bestimmten Gebiet beruhender Verband (sog Gebietskörperschaft) und damit eine juristische Person des öffentlichen Rechts. Der Begriff **Gemeindeverband** iSd Art. 28 Abs. 2 S. 2 GG, 91 Abs. 2 und 3, 93 bis 95 ThürVerf bezeichnet einen kommunalen Zusammenschluss, der selbst Gebietskörperschaft ist oder einer solchen nahekommt. In Thüringen gibt es insoweit nur die Landkreise. 17

Gemeindearten sind nach § 6 Abs. 1 ThürKO **kreisangehörige Gemeinden**, dh solche, die einem Landkreis angehören, sowie **kreisfreie Städte**. Diese stehen außerhalb der Landkreise, dh verwaltungsorganisatorisch **neben** diesen und erfüllen gemäß § 6 Abs. 3 ThürKO zusätzlich zu ihren Gemeindeaufgaben auch die den Landkreisen obliegenden Aufgaben. Zu weiteren Grundbegriffen des Kommunalrechts finden sich Legaldefinitionen in der Thüringer Kommunalordnung, etwa zu eigenen und übertragenen Aufgaben der Gemeinde bzw. des Landkreises (§§ 2 und 3 ThürKO bzw. §§ 87 und 88 ThürKO), zu Einwohner und Bürger (§ 10 ThürKO) sowie zu den Aufsichtsformen Rechts- und Fachaufsicht (§ 117 Abs. 1 und 2 ThürKO). 18

II. Kommunale Selbstverwaltung als verfassungsrechtliche Garantie

1. Bedeutung in Deutschland und Europa

Art. 28 Abs. 2 S. 1 GG und Art. 91 ThürVerf garantieren den Kommunen das Recht, ihre Angelegenheiten im Rahmen der Gesetze in eigener Verantwortung zu regeln. Es steht ihnen damit das **Recht der Selbstverwaltung** zu.[51] 19

Geistesgeschichtlich ist die kommunale Selbstverwaltung Ausdruck eines gemeineuropäischen Grundverständnisses,[52] kommunale Gebietskörperschaften, in den meisten europäischen Staaten die Grundstufe der Verwaltung, in Fortführung einer seit der Stadtgründungswelle des Hochmittelalters bestehenden **urbanen Tradition**[53] mit eigenen Rechten auszustatten.[54] In Kontinentaleuropa ging diese Vorstellung zwar mit der Monarchie unter. Sie wurde aber in der französischen Revolution in der **Lehre vom *pouvoir municipal*** wieder aufgegriffen, um den Gedanken einer **Zwischengewalt** 20

---

48 Eine Verbindung von *cum* = zusammen, und *munus* = Aufgabe, Last. Eine Kommune ist also eine Organisationseinheit, in der gemeinsam sowohl Aufgaben wahrgenommen als auch, damit einhergehend, Lasten getragen werden.
49 Das Wort „Gemeinde" kommt von althochdeutsch „*Allmende*"; dies war seit dem Frühmittelalter die Bezeichnung für den – neben den parzellierten Nutzflächen bestehenden – landwirtschaftlichen Gemeinschaftsbesitz, der die wirtschaftliche Basis der Dorfgemeinschaften bildete. *Schwarz*, Allgemeine Siedlungsgeographie, 4. Aufl. 1989, S. 221.
50 Vgl. etwa die Zusammenfassung der Vorschriften über Gemeinden und Landkreise in Thüringen unter der Überschrift Thüringer Kommunalordnung.
51 Ein aktueller Überblick zur kommunalen Selbstverwaltung findet sich bei *Voßkuhle/Kaufhold*, JuS 2017, 728.
52 Ohne Parallele im byzantinischen und islamischen Rechtskreis, s. dazu *Dreier*, in: Dreier, Grundgesetz II, 3. Aufl. 2015, Art. 28 Rn. 7.
53 *Soria*, in: Mann/Püttner (Hrsg.), Handbuch der kommunalen Wissenschaft und Praxis I, S. 1016.
54 *Willoweit/Schlinker*, Deutsche Verfassungsgeschichte, 8. Aufl. 2019, S. 106; vgl. auch *Isenmann*, Die deutsche Stadt im Mittelalter, 1988, S. 26.

zwischen Staat und Gesellschaft zu retten. Eine solche hatte zuvor in Gestalt von Kirche, Adel und Zünften als **pouvoirs intermédiaires** bestanden, die fortan durch eine neu geschaffene, demokratisch legitimierte Organisationseinheit ersetzt, dabei aber zugleich funktional weitergeführt werden sollten.[55] Hinzu kam im 19. Jahrhundert die Vorstellung einer gegen napoleonische Vereinheitlichung gerichteten **Dezentralisation**,[56] die heute noch ein wichtiges Prinzip der Verwaltungswissenschaft darstellt.[57]

21 Zeitgleich wurde im deutschen Rechtsraum die historisch fortbestehende britische Verfassungspraxis des **local government**[58] idealisiert rezipiert als verantwortliche Selbstregulierung der Gesellschaft in bürgerlichen Ehrenämtern, insbesondere durch **Rudolf von Gneist**.[59] Inzwischen gelten in fast allen europäischen Staaten[60] verfassungsrechtliche Bestimmungen, welche die Stellung der Gemeinden im Staat definieren. Die kommunale Selbstverwaltung ist so ein **europäischer Verfassungswert**.[61]

22 Kennzeichen der kommunalen Selbstverwaltung in **Deutschland** ist es, dass sie in ihrem Kernbereich dem Gesetzgeber entzogen ist, der jenseits dessen jedoch über Gestaltungsbefugnisse verfügt. In Fortführung der von *Otto von Gierke* begründeten **Genossenschaftslehre** ist die deutsche Gemeinde eine vom Staat zu unterscheidende, vor dessen Eingriffen verfassungsrechtlich zu schützende Einheit. Sie ist Teil der Staatlichkeit, nicht aber eines hierarchisch aufgebauten Entscheidungszugs.[62] Um freiheitlich tätig zu sein bedarf sie eines rechtlich geschützten Wirkungskreises,[63] was heute in der Beschränkung staatlicher Kontrolle der Angelegenheiten des eigenen Wirkungskreises auf eine Rechtsaufsicht fortwirkt.

23 Demgegenüber sind die Gemeinden in Frankreich, in anderen zum romanischen Rechtskreis gehörenden Mitgliedstaaten wie etwa Italien und Spanien, sowie in fast allen neuen Beitrittsstaaten in strenger Fortführung der Lehre vom *pouvoir municipal* in den **hierarchischen Aufbau des Staates** integriert. Die Gemeinden werden hier weitgehend staatlich überwacht; sie verfügen also nicht über einen eigenen Wirkungskreis, der staatlichen Eingriffen gegenüber abgesichert wäre.[64] In den skandinavischen Ländern sind die Kommunen von der staatlichen Gewalt organisatorisch und finanziell unabhängig.[65]

24 In **Thüringen** durchwirkt die verfassungsrechtliche Selbstverwaltungsgarantie alle sechs **Teilbereiche** des Kommunalrechts, die daher auch in ihrem Lichte auszulegen

---

55 *Stolleis*, in: Erler/Kaufmann, Handwörterbuch zur Deutschen Rechtsgeschichte IV, 1998, S. 1621.
56 V. *Gneist*, Das Selfgovernment und die Verwaltungsgerichte in England, 3. Aufl. 1871, S. 870 ff.
57 Vgl. dazu im kommunalen Zusammenhang *Schäfer*, Zentralisation und Dezentralisation, 1982, S. 85 ff.
58 *Briggs*, in: Birke/Brechtken (Hrsg.), Kommunale Selbstverwaltung/Local Self-Government, 1996, S. 13, 14.
59 V. *Gneist*, Das Selfgovernment und die Verwaltungsgerichte in England, 3. Aufl. 1871, S. 870 ff.; dieser trat im Übrigen für eine dezentralisierte Selbstverwaltung unter Aufsicht des Staates ein.
60 Außer Irland, Norwegen und Lettland, s. *Soria*, in: Mann/Püttner (Hrsg.), Handbuch der kommunalen Wissenschaft und Praxis I, S. 1017.
61 Der zur Verabschiedung der Europäischen Charta der kommunalen Selbstverwaltung führte, s. dazu oben I. 2. f.
62 *Soria*, in: Mann/Püttner (Hrsg.), Handbuch der kommunalen Wissenschaft und Praxis I, S. 1020.
63 V. *Gierke*, Das deutsche Genossenschaftsrecht, 1868, S. 744.
64 *Fromont*, DVBl 1985, 421, 423; *Rolitzheim*, VR 1995, 94.
65 *Soria*, in: Mann/Püttner (Hrsg.), Handbuch der kommunalen Wissenschaft und Praxis I, S. 1018.

sind. Für die Lösung von Klausuren bedeutet dies, dass Auslegungsprobleme vorrangig unter Bezugnahme auf die kommunale Selbstverwaltungsgarantie zu lösen sind.

2. Selbstverwaltung

Die kommunale Selbstverwaltung ist eine Form der Selbstverwaltung, wie sie in der Tradition der **hegelianischen Korporationslehre**[66] in verschiedenen Bereichen in unterschiedlicher Ausgestaltung vorkommt. 25

Allgemein ist unter **Selbstverwaltung** das Recht einer juristischen Person des öffentlichen Rechts zu verstehen, ihre Aufgaben in eigener Verantwortung zu erfüllen. Dabei haben die sog **Betroffenen mitzuwirken**, dh diejenigen, die zu der jeweiligen Aufgabenerfüllung eine **besondere Nähe** aufweisen und dadurch zu einem engagierten Einsatz im Staatsleben motiviert werden sollen. 26

Eine **Nähe zu den wahrgenommenen Aufgaben** kann örtlich begründet sein und sich insoweit auf **sämtliche** Verwaltungsaufgaben beziehen. Dies wird bei der kommunalen Selbstverwaltung im Hinblick auf den Wohnsitz der Gemeindeeinwohner in einem bestimmten Gemeindegebiet angenommen. Sie mag ihre Ursache aber auch in einer **spezifischen Beziehung** zwischen Eigenschaften in der **Person** des Betroffenen und dem Inhalt bestimmter, sachlich abgegrenzter **Verwaltungsaufgaben** haben, wie etwa bei 27

- der **akademischen** Selbstverwaltung
  (vgl. Art. 5 Abs. 3 GG, Art. 27 Abs. 1 S. 2 ThürVerf),
- der **kirchlichen** Selbstverwaltung
  (vgl. Art. 140 GG iVm Art. 137 Abs. 3 und 5 WRV, Art. 40 ThürVerf),
- der **sozialen** Selbstverwaltung (vgl. Art. 87 Abs. 2 GG) sowie
- der sog **funktionalen** Selbstverwaltung der Kammern der Wirtschaft und der freien Berufe, die einfachgesetzlich begründet ist.

Regelmäßig einher geht mit der Selbstverwaltung die **Satzungsautonomie** als Recht, Rechtssätze zur Verwaltung der eigenen Angelegenheiten zu erlassen und sich in der Ausgestaltung ihres Inhalts von anderen Selbstverwaltungskörperschaften abzugrenzen. So kann die **Selbstverwaltung** ihren **Sinn** erfüllen, der darin besteht,

- gesellschaftliche Kräfte zu aktivieren,[67]
- dadurch den Abstand zwischen Normgeber und Normadressaten zu verringern und
- über die Satzungsautonomie den Gesetzgeber von der Schwierigkeit zu befreien, sachliche und örtliche Verschiedenheiten zu berücksichtigen.[68]

---

66 Hierunter ist die Idee zu verstehen, Individualinteressen und Partikularinteressen bestimmter Schichten durch das Zusammentreffen mit den Allgemeininteressen in der Korporation zu integrieren; s. dazu *Hegel*, Grundlinien der Philosophie des Rechts (1821), 1970, § 249; näher zur Korporationslehre *Müller*, Korporation und Assoziation, 1965, S. 146 ff.; *Avineri*, Hegels Theorie des modernen Staates, 1976, S. 128 ff., 187 ff.; *Hendler*, Selbstverwaltung als Ordnungsprinzip, 1984, S. 53.
67 Grundlegend hierzu *Peters*, Lehrbuch der Verwaltung, 1949, S. 292.
68 BVerfGE 33, 125, 156 f. – Facharztbeschluss; vgl. V. 2.

3. Historische Entwicklung in Deutschland und insbesondere in Thüringen

28 a) **Bedeutung der Geschichte für das heutige Verständnis der kommunalen Selbstverwaltung.** Kommunale Selbstverwaltung ist ein geschichtlich gewordener Begriff.[69] Bei seiner Auslegung ist also den **historischen Entwicklungen** in besonderem Maße Rechnung zu tragen.[70] Dies bedeutet zwar nicht, dass alles beim Alten zu bleiben hätte. Das überkommene System soll vielmehr zeitgemäß fortentwickelt werden, indem sich etwa die Aufgabenfelder der Thüringer Gemeinden der demographischen Entwicklung anpassen, oder neuerdings unter den entwicklungsoffen vorausgesetzten Begriff der öffentlichen Einrichtung iSd § 14 ThürKO auch ein Link auf einer Gemeindehomepage fällt.[71] Allerdings müssen Modernisierungen im Bereich des Kommunalrechts auf der Linie einer Fortentwicklung bleiben, die dem Verfassungsgrundsatz der **Gleichheit in der Zeit** Rechnung trägt.[72] Sie haben also **ohne abrupte Brüche** in Strukturkontinuität zu erfolgen[73] – basierend auf den historischen Erfahrungen mit der Entwicklung der Kommunen sowie der kommunalen Selbstverwaltung in Deutschland[74] und insbesondere in Thüringen.

29 b) **Überblick zur Entwicklung der kommunalen Selbstverwaltung in Deutschland. aa) Urbane Siedlungsgemeinschaften als Kommunen.** Größere Siedlungsgemeinschaften entwickelten bereits früh politisches Selbstbewusstsein und eigenständige rechtliche Organisationsformen. So waren die griechischen Poleis sowie die ersten Römerstädte auf heutigem deutschen Staatsgebiet, insbesondere Köln, Trier und Bingen, in diesem Sinn bereits Kommunen.[75] Im Mittelalter verstärkten sich – vor allem in Italien,[76] aber auch im Deutschen Reich[77] – **staatsähnliche Organisationen urbaner Strukturen**, insbesondere in Phasen, in denen die fürstliche Reichs- und Landesgewalt geschwächt war.[78] Diese drängte allerdings seit dem Beginn der Neuzeit die kommunale Eigenständigkeit wieder zurück, vor allem in Frankreich und den Landesmonarchien in Deutschland. Erhalten konnte sich eine kommunale Selbstständigkeit lediglich in den Hansestädten.[79]

30 bb) **Aufkeimen der kommunalen Selbstverwaltung im 19. Jahrhundert.** In Preußen kam es als Reaktion auf die – auch verwaltungsstrukturell bedingte – militärische Niederlage gegen *Napoleon* (1806),[80] in deren Folge das Land etwa die Hälfte seiner Flä-

---

69 BVerfGE 17, 172, 182.
70 BVerfGE 23, 353, 367.
71 *Ries*, Verwaltungshandeln im Internet, in: Kröger (Hrsg.), Internetstrategien für Kommunen, 2001, S. 317.
72 Weiterführend *A. Leisner*, Kontinuität als Verfassungsprinzip, 2002.
73 *A. Leisner*, Kontinuität als Verfassungsprinzip, 2002, S. 47.
74 Dem trägt die Verfassungsrechtsprechung weitgehend Rechnung, etwa zur zulässigen Einschränkung der Selbstverwaltung durch Gesetz; vgl. dazu unten II 5 c.
75 *Gern/Brüning*, Deutsches Kommunalrecht, Rn. 3; *Thiel*, Die Verwaltung 35 (2002), 25, 28.
76 Wie insbesondere das Beispiel der Republik Venedig zeigt: *Dilcher*, Mittelalterliche Stadtkommune, Städtebünde und Staatsbildung, in: Lück/Schildt (Hrsg.), Recht, Idee, Geschichte, 2000, S. 456.
77 *Gern/Brüning*, Deutsches Kommunalrecht, Rn. 4.
78 *Thiel*, Die Verwaltung 35 (2002), 25, 26 f.
79 *Gern/Brüning*, Deutsches Kommunalrecht, Rn. 4.
80 In der Schlacht bei Jena und Auerstedt. Vgl. zu deren Bedeutung *Reuter*, Thüringen. Seine Geschichte – Die Schlacht bei Jena und Auerstedt 1806, 2011.

che verlor und erhebliche Tributzahlungen zu leisten hatte,[81] zu **umfassenden Staats- und Verwaltungsreformen**.[82] Insbesondere erhielten durch die vom *Reichsfreiherrn vom und zum Stein* veranlasste Preußische Städteordnung (1808) sowie die ihr nachfolgenden Gesetze (sog **Stein-Hardenbergsche Reformen**) die bis dahin zentralistisch verwalteten Städte das Recht, ihre Angelegenheiten in eigener Verantwortung und im eigenen Namen zu erledigen.[83] Durch die Wahl der Stadtverordneten, die wiederum den Magistrat als kollegiales Vollzugsorgan mit einem Bürgermeister an der Spitze kürten, konnten die Bürger, dh insbesondere die Grundbesitzer und Gewerbetreibenden, an der Verwaltung ihrer Städte partizipieren.[84] Daher lassen sich ihre Mitwirkungsrechte – ungeachtet verbleibender ständischer Elemente[85] – als Ausdruck einer kommunalen Selbstverwaltung im heutigen Sinne verstehen, auch wenn dieser Begriff damals noch nicht verwendet wurde. Die Einführung vergleichbarer Strukturen in den Landgemeinden scheiterte zwar am Widerstand des Adels. Immerhin verbreitete sich aber der Gedanke eines als **vorverfassungsrechtlich** begriffenen[86] **Rechts der Städte auf Selbstverwaltung** bis zur Märzrevolution (1848) in weiten Teilen Deutschlands.

Die **Paulskirchenverfassung** (1849) gewährleistete jeder Gemeinde bestimmte Rechte, insbesondere bezüglich der Wahl ihrer Vorsteher und Vertreter sowie der selbstständigen Verwaltung ihrer Gemeindeangelegenheiten.[87] Im Jahre 1850 wurde in **Preußen** eine **Gemeindeordnung** (**PrGO**) erlassen, die ein einheitliches liberales Gemeinderecht für Stadt- und Landgemeinden vorsah.[88] Enthalten war darin erstmals auch der Begriff „Selbstverwaltung",[89] allerdings auch das preußische Dreiklassenwahlrecht.[90] Dieses stieß in den ländlichen Gebieten auf so großen Widerstand, dass die Preußische Gemeindeordnung 1853 wieder aufgehoben wurde.[91] Der Versuch, ein **einheitliches kommunales Selbstverwaltungsrecht** zu schaffen, war damit vorerst **gescheitert**. 31

In der zweiten Hälfte des 19. Jahrhunderts galt für die sechs und später sieben östlichen Provinzen eine Städteordnung, ab 1891 als Landgemeindeordnung für die sieben östlichen Provinzen.[92] Subsidiär fand ferner das Preußische Allgemeine Landrecht von 1794 sowie partikulares Gemeinderecht Anwendung. Die **Reichsverfassung von 1871** sparte die kommunale Ebene aus.[93] 32

---

81 Durch den Frieden von Tilsit 1807; vgl. dazu *Neugebauer*, Das 17. und 18. Jahrhundert und Große Themen der Geschichte Preußens, 2009, S. 407.
82 Weitere zentrale Reformfelder waren Agrarwesen, Bildung und Heerwesen; s. dazu *Huber*, Deutsche Verfassungsgeschichte seit 1789: Reform und Restauration, Bd. 1. Aufl. 1995, S. 190 f.
83 § 108 SO. Vgl. zur Begründung insbesondere die sog Nassauer Denkschrift (Heinrich Friedrich Karl vom und zum Stein, Über die zweckmäßige Bildung der obersten und der Provinzial-, Finanz- und Polizei-Behörden in der preußischen Monarchie, 1807).
84 *Gross*, Das Kollegialprinzip in der Verwaltungsorganisation, 1999, S. 131.
85 Diese wurden allerdings in der Städteordnung von 1831 abgeschwächt; vgl. dazu *Clausewitz*, Die Städteverordnung von 1808 und die Stadt Berlin, 1986, S. 145 ff.; *Gern/Brüning*, Deutsches Kommunalrecht, Rn. 9.
86 *Gern/Brüning*, Deutsches Kommunalrecht, Rn. 9.
87 Vgl. § 184 der Verfassung des Deutschen Reichs vom 28.3.1849. S. zur hierdurch verwirklichten vertikalen Gewaltenteilung *Kühne*, Die Reichsverfassung der Paulskirche, 2. Aufl. 1998, S. 247 ff.
88 Gesetz v. 11.3.1850 (GS S. 213).
89 § 6 PrGO.
90 § 4 PrGO.
91 Durch Gesetz v. 24.5.1853 (GS S. 228, 238).
92 Landgemeindeordnung für die östlichen Provinzen v. 14.4.1856 (GS S. 359); dazu *Gern/Brüning*, Deutsches Kommunalrecht, Rn. 11.
93 Ebenso wie die Grundrechte, *Gern/Brüning*, Deutsches Kommunalrecht, Rn. 42.

33 cc) **Entwicklung der kommunalen Selbstverwaltung von der Weimarer Reichsverfassung bis heute.** Die **Weimarer Reichsverfassung** von 1919 enthielt in Art. 127 zwar eine Garantie des Rechts der Selbstverwaltung, allerdings – anders als heute – nur „innerhalb der Schranken der Gesetze".[94] Dies hatte ihre weitgehende Suspendierung durch Einsatz sog Sparkommissare in der Weltwirtschaftskrise zur Folge.[95] Immerhin wurde für Kommunalwahlen in Art. 17 Abs. 2 WRV das allgemeine, gleiche, unmittelbare und geheime Wahlrecht für alle reichsdeutschen Männer und Frauen eingeführt, in Ersetzung des bis dahin geltenden, den Männern vorbehaltenen Dreiklassenwahlrechts.[96]

34 Unter dem **Nationalsozialismus** fanden sich bereits 1933 die kommunalen Spitzenverbände gleichgeschaltet.[97] In der Deutschen Gemeindeordnung von 1935 wurden sodann das Kommunalrecht vereinheitlicht,[98] das Gemeindewahlrecht abgeschafft,[99] die Stellung des Bürgermeisters im Namen des Führerprinzips gestärkt und durchgehend der entscheidende Einfluss der NSDAP sichergestellt.[100] Durch die in § 1 Abs. 2 S. 3 DGO vorgesehene Bindung der Gemeinden an die Ziele der Staatsführung wurde die Selbstverwaltung weitgehend außer Kraft gesetzt. Auch die zunehmenden staatlichen Aufsichtsbefugnisse führten zu einer faktischen Beschränkung der Kommunaltätigkeit auf die Erfüllung zentral aufgestellter parteipolitischer Vorgaben.[101]

35 In der Besatzungszeit bis 1949 wurden in den westlichen Ländern neue Gemeindeordnungen erlassen; darin wurden demokratisches Wahlrecht und innerkommunale Gewaltenteilung in unterschiedlichen Formen eingeführt. Das **Grundgesetz von 1949** gewährleistet die kommunale Selbstverwaltung nicht als Grundrecht, sondern als institutionelle Garantie, auf die sich Kommunen im Wege der Kommunalverfassungsbeschwerde berufen können.[102] In den alten Bundesländern führte die wirtschaftliche Entwicklung bald zu einer erheblichen Erweiterung kommunaler Aufgabenerfüllung, mit der allerdings auch eine Intensivierung der staatlichen Aufsicht über sie Schritt hielt. Zur Erhaltung leistungsfähiger Organisationsstrukturen fanden von 1966 an in den meisten alten Ländern Gebietsreformen statt.[103]

36 In der DDR wurde in der Verfassung von 1949 die Selbstverwaltungsgarantie formell zwar aufrechterhalten, in der Folgezeit aber nach dem Prinzip des demokratischen Zentralismus beschnitten.[104] Insbesondere wurden 1952 die Gebietszuschnitte, vor allem der Landkreise, im Durchschnitt halbiert, so dass die Kommunen zunehmend

---

94 Wie dies auch für die Grundrechte und Grundpflichten der Deutschen galt; vgl. *Gusy*, Die Weimarer Reichsverfassung, 1997, S. 304.
95 Vgl. zu den sog Notverordnungen ab 1930 *Büsch/Neugebauer*, Handbuch der preußischen Geschichte III, 2001, S. 258.
96 Art. 17 Abs. 2 WRV.
97 Durch ihren Zusammenschluss zum Deutschen Gemeindetag, an dessen Spitze ein Parteimitglied stand.
98 *Gern/Brüning*, Deutsches Kommunalrecht, Rn. 44.
99 Bürgermeister und Gemeinderat wurden durch den Staat und die Partei ernannt, §§ 41, 51 DGO.
100 *Gern/Brüning*, Deutsches Kommunalrecht, Rn. 44.
101 *Matzerath*, Nationalsozialismus und kommunale Selbstverwaltung, 1970, S. 61 ff. und S. 98 ff.
102 Seit 1951 zunächst einfachgesetzlich über § 91 BVerfGG, seit 1969 über Art. 93 Abs. 1 Nr. 4b GG iVm § 91 BVerfGG.
103 Vgl. den Überblick bei *Ruge*, LKV 2010, 460, 460.
104 *Mampel*, Das System der örtlichen Volksvertretungen in der DDR, in: Mann/Püttner (Hrsg.), Handbuch der kommunalen Wissenschaft und Praxis I, S. 142.

Schwierigkeiten hatten, ihre Aufgaben zu erfüllen. Dies führte zum allmählichen Verfall der Kommunalwirtschaft, etwa der örtlichen Wasserleitungen. In der **DDR-Verfassung von 1974** waren die Gemeinden in den Rahmen der staatlichen Leitung und Planung einbezogen, als „örtliche Staatsorgane" ohne originäre Kompetenzen.[105] Mit ihnen sind die jetzigen Gemeinden der nach der Wiedervereinigung eingeführten neuen Länder daher weder identisch, noch stellen sie deren Rechtsnachfolger dar.[106]

c) **Insbesondere die Entwicklung der kommunalen Selbstverwaltung in Thüringen.** aa) **Die kommunale Selbstverwaltung bis zur Wiedervereinigung.** In dem in sieben Kleinstaaten zersplitterten Thüringen entwickelte sich im Lauf des 19. Jahrhunderts nur langsam ein **nationales Identitätsgefühl**. Vereinheitlichend wirkten insoweit insbesondere das 1816 durch die ernestinischen Länder[107] gegründete Oberappelationsgericht, das spätere Oberlandesgericht,[108] sowie die Thüringische Landesuniversität Jena. Kommunalrechtlich orientierten sich die sieben Kleinstaaten nur teilweise an der Preußischen Städteordnung von 1808, deren Regelungen auf sie auch nicht konsequent übertragen wurden.[109]

Erst nach dem Ersten Weltkrieg, 1920, wurden die Thüringer Kleinstaaten zusammengeschlossen: Es entstand das Land Thüringen als Freistaat sowie als Glied des Deutschen Reichs.[110] Die **Thüringer Gemeinde- und Kreisordnung von 1922**[111] war überraschend modern: Sie enthielt bereits die Urwahl des Bürgermeisters, die in Thüringen bis heute gilt (§ 28 Abs. 3 ThürKO) und sich inzwischen in allen deutschen Flächenländern durchgesetzt hat. Im Nationalsozialismus kam es – wie im übrigen Deutschland – zu einem Erliegen der kommunalen Selbstverwaltung. In der Zeit der DDR wurde sie durch das zentralistische System der SED beschnitten.

bb) **Die kommunale Selbstverwaltung nach der Wende. Wiedererrichtet** wurde der Freistaat Thüringen **1990** durch Zusammenlegung der Bezirke Erfurt, Suhl und Gera zuzüglich der Kreise Altenburg, Artern und Schmölln.[112] Noch vorher war die sog **Kommunalverfassung der DDR** verabschiedet worden.[113] Sie bildete die Grundlage für den Aufbau kommunaler Selbstverwaltungsstrukturen in Orientierung an Art. 28 Abs. 2 GG. Im Freistaat Thüringen galt sie dann als Landesrecht fort, wurde geringfügig modifiziert 1992 als vorläufige Kommunalordnung für das Land Thüringen be-

37

38

39

---

105 *Gern/Brüning*, Deutsches Kommunalrecht, Rn. 46.
106 ThürVerfGH, LKV 1997, 303, 304.
107 S. zu diesen *Peter*, Geschichte Thüringens, in: Künzel/Rellecke (Hrsg.), Geschichte der deutschen Länder – Entwicklungen und Tradition vom Mittelalter bis zur Gegenwart, 2005, S. 385, 388.
108 Seit 1.10.1878.
109 *Meyn*, in: Huber (Hrsg.), Thüringer Staats- und Verwaltungsrecht, S. 202.
110 *Meyn*, in: Huber (Hrsg.), Thüringer Staats- und Verwaltungsrecht, S. 202; vgl. auch *Blaschke*, in: Jeserich/ Pohl/v. Unruh (Hrsg.), Deutsche Verwaltungsgeschichte IV, 1985, S. 586, 601; *Nockher*, in: Hermann/ Nockher (Hrsg.), Das Kreiseinteilungsgesetz und die Gemeinde- und Kreisordnung für Thüringen, Thüringer Gesetze mit Erläuterungen I, 1922, S. 33 f.
111 S. dazu *Blaschke*, in: Jeserich/Pohl/v. Unruh (Hrsg.), Deutsche Verwaltungsgeschichte IV, 1985, S. 586, 601; *Nockher*, in: Hermann/Nockher (Hrsg.), Das Kreiseinteilungsgesetz und die Gemeinde- und Kreisordnung für Thüringen, Thüringer Gesetze mit Erläuterungen I, 1922.
112 *Huber*, in: Huber (Hrsg.), Thüringer Staats- und Verwaltungsrecht, S. 149; *Starck*, ThürVBl. 1992, 10.
113 Durch das Gesetz über die Selbstverwaltung der Gemeinden und Landkreise der DDR v. 17.5.1990 (GVBl. I S. 255).

kannt gemacht[114] und im August 1993 durch die heute geltende **Thüringer Kommunalordnung** abgelöst.[115]

40 Die im Oktober 1993 erlassene Verfassung des Freistaats Thüringen[116] enthält eine Gewährleistung der kommunalen Selbstverwaltung für die Gemeinden (Art. 91 Abs. 1 ThürVerf) sowie die Landkreise (Art. 91 Abs. 2 ThürVerf), die durch weitere Verfassungsvorschriften näher ausgestaltet ist. Ein großes **Problem** stellten nach der Wende jedoch **Anzahl und Größe der vorgefundenen Gebietskörperschaften** dar[117]: Es waren ihrer zu viele, und die meisten waren auch zu klein, als dass sie organisatorisch und finanziell hinreichend leistungsfähig gewesen wären, ihr Selbstverwaltungsrecht wirksam wahrzunehmen, etwa die Bauleitplanung nach § 2 BauGB durchzuführen[118] oder sicherheitsrechtliche Aufgaben wahrzunehmen.[119] Zur Gewährleistung ausreichender Verwaltungs- und Leistungskraft ist eine **kommunale Mindestgröße erforderlich**. Diese steht aber – damals wie heute – in einem **Spannungsverhältnis** zum demokratischen Erfordernis der Erhaltung einer bürgernahen, übersichtlich verwalteten örtlichen Gemeinschaft. Zu seiner Auflösung sieht das Thüringer Kommunalrecht seit 1992 vor, dass eine Gemeinde mit weniger als 3.000 Einwohnern einer Verwaltungsgemeinschaft angehören muss (§ 46 Abs. 2 S. 3 ThürKO).[120] Neben der Verwaltungsgemeinschaft wurden die sog erfüllende Gemeinde[121] sowie zur Sicherung des Eigenlebens der gemeindlichen Ortsteile eine Ortsteilsverfassung[122] eingeführt. Auf der Grundlage eines von Sachverständigen erarbeiteten Neugliederungskonzepts wurde durch das **Thüringer Neugliederungsgesetz (ThürNGG)** von 1996[123] die Zahl der Landkreise von ursprünglich 35 auf 17 reduziert. Aus 1.314 vorgefundenen Gemeinden wurden zunächst 849, heute 827.[124] Sechs unter ihnen sind kreisfreie Städte, nämlich Gera, Jena, Suhl, Erfurt, Weimar und Eisenach.[125]

41 cc) **Zur aktuellen Diskussion um eine Gebietsreform.** Im Jahr 2016 gaben die demographische Entwicklung[126] sowie die angespannte Situation der öffentlichen Haushal-

---

114 Neubekanntmachung der Vorläufigen Kommunalordnung für das Land Thüringen v. 24.7.1992 (GVBl. S. 383).
115 Thüringer Gemeinde- und Landkreisordnung v. 28.3.2003 (GVBl. S. 41), zuletzt geändert durch Gesetz v. 17.2.2022 (GVBl. S. 87).
116 S. zu dieser *Hopfe*, in: Linck/Baldus/Lindner/Poppenhäger/Ruffert (Hrsg.), Die Verfassung des Freistaats Thüringen, Entstehung der Thüringer Verfassung 1990 bis 1994, Rn. 1 ff.; *Linck*, ThürVBl. 1992, 1; *Starck*, ThürVBl. 1992, 10.
117 Vorgefunden wurden 1.717 Gemeinden, von denen 1.314 (77 %) weniger als 1.000 Einwohner hatten; 916 (also 53 %) hatten sogar weniger als 500 Einwohner; auch die Zahl von 35 Kreisen und kreisfreien Städten war zu hoch.
118 S. dazu *Brenner*, § 6 Baurecht.
119 S. dazu *Leisner-Egensperger*, § 4 Polizei- und Ordnungsrecht.
120 Gestrichen wurde 2008 die Mindestzahl der Gesamteinwohner der Mitgliedsgemeinden durch das Gesetz zur Weiterentwicklung der gemeindlichen Strukturen im Freistaat Thüringen v. 9.10.2008 (GVBl S. 372).
121 § 51 ThürKO.
122 § 45 ThürKO.
123 Thüringer Gesetz zur Neugliederung kreisangehöriger Gemeinden v. 23.12.1996 (GVBl. S. 333).
124 Zur Zusammenlegung von Landkreisen *Meyn*, in: Linck/Baldus/Lindner/Poppenhäger/Ruffert (Hrsg.), Die Verfassung des Freistaats Thüringen, Art. 92 Rn. 1 ff.
125 Vgl. die Anlage zu § 1 Abs. 3 S. 3 ThürAGVwGO.
126 Vgl. dazu auch die Begründung des Gesetzentwurfes für ein Vorschaltgesetz zur Durchführung der Gebietsreform in Thüringen (LT-Drs. 6/2000).

te[127] den Anlass, eine bereits seit langem diskutierte,[128] **weitere Gebietsreform** anzustoßen. In den meisten neuen[129] wie auch in einzelnen alten Ländern[130] hatte eine solche in letzter Zeit bereits stattgefunden.

Auf Initiative der Landesregierung[131] war am 2.7.2016 das **Vorschaltgesetz zur Durchführung der Gebietsreform in Thüringen (ThürGVG)** in Kraft getreten.[132] Es handelte sich hierbei um ein Maßstäbegesetz, das den Rahmen für eine künftige Gebietsreform verbindlich festlegen sollte. Für kreisfreie Städte sah es eine Mindesteinwohnerzahl von 100.000 vor, was in der Umsetzung bedeutet hätte, dass Gera, Eisenach, Suhl und Weimar ihren Status als kreisfreie Städte verloren hätten, also nur noch Erfurt und Jena kreisfrei geblieben wären. Landkreise sollten mindestens 130.000 und höchstens 250.000 Einwohner haben, was deren Zahl von 17 auf 8 verringert hätte. Im Übrigen sollten die Verwaltungsgemeinschaften (§§ 46 ff. ThürKO) gänzlich abgeschafft und stattdessen finanzielle Anreize für freiwillige Zusammenschlüsse von Kommunen durch Strukturbeihilfen sowie Neugliederungsprämien gesetzt werden. Dieses Vorschaltgesetz, gegen das zwischenzeitlich ein Volksbegehren erhoben worden war,[133] wurde jedoch durch den Thüringer Verfassungsgerichtshof mit Urteil vom 9.6.2017[134] **aus formellen Gründen** für **nichtig** erklärt: Die vor einer Gebietsänderung vorzunehmende **Anhörung** der betroffenen Gebietskörperschaften, die sich infolge der Einordnung des Vorschaltgesetzes als bloßes Maßstäbegesetz nicht nach Art. 92 Abs. 2 und 3 ThürVerf sondern nach Art. 91 Abs. 4 ThürVerf richte, sei nicht ordnungsgemäß erfolgt.[135] Der zur Durchführung der Anhörung verpflichtete Landtag hätte diese zwar auf den federführenden Innenausschuss übertragen dürfen (vgl. Art. 62 Abs. 1 ThürVerf). Auch hätte es in formeller Hinsicht genügt, wenn dieser eine schriftliche Anhörung der betroffenen Gebietskörperschaften durchgeführt hätte. Nachdem der Innenausschuss jedoch beschlossen hatte, zusätzlich zur schriftlichen auch noch eine mündliche Anhörung durchzuführen, hätte diese letztere ordnungsgemäß erfolgen müssen. Hierzu wäre es erforderlich gewesen, dass sämtliche Abgeordnete die Möglichkeit gehabt hätten, das zur Anhörung erstellte, endgültige oder auch vorläufige Protokoll einzusehen. Im Fall des ThürGVG habe es aber an einer solchen Möglichkeit der Einsichtnahme gefehlt.[136]

Dem ausführlichen *obiter dictum* des Thüringer Verfassungsgerichtshofs lassen sich **Kriterien für die verfassungsrechtliche Zulässigkeit einer künftigen Gebietsreform** ent-

---

127 LT-Drs. 6/316, unter 1; ThürVerfGH, Urt. v. 9.7.2017 – VerfGH 61/16 –, Rn. 5 (juris).
128 Vgl. dazu *Ruffert*, ThürVBl. 2006, 265.
129 Mecklenburg-Vorpommern 2011, Sachsen 2008, Sachsen-Anhalt 2004/2005.
130 Vgl. den Überblick bei *Mehde*, in: Dürig/Herzog/Scholz, Grundgesetz-Kommentar, 95. EL 2021 Art. 28 Abs. 2 Rn. 152.
131 LT-Drs. 6/2000.
132 Da es allgemeine Fragen regelt, welche die Gemeinden und Gemeindeverbände betreffen, nicht aber bereits das Ergebnis einer später durchzuführenden Gebietsreform determiniert, ist das Vorschaltgesetz kein Neugliederungsgesetz iSd Art. 92 Abs. 2 u. 3 ThürVerf.
133 Vgl. dazu Thüringer Allgemeine v. 15.12.2016, S. 3.
134 ThürVerfGH, Urt. v. 9.7.2017 – VerfGH 61/16.
135 Vgl. ThürVerfGH, Urt. v. 9.7.2017 – VerfGH 61/16 –, Rn. 120 (juris); vgl. zur Anhörung nach Art. 92 ThürVerf auch ThürVerfGH, Urt. v. 18.12.1996 – VerfGH 2/95, 6/95 –, Rn. 72 (juris) sowie BVerfGE 86, 90, 107.
136 ThürVerfGH, Urt. v. 9.7.2017 – VerfGH 61/16 –, Rn. 150 ff. (juris).

nehmen: Grundsätzlich möglich sind die Festlegung von Mindesteinwohnerzahlen und Flächenvorgaben unter Berücksichtigung prognostischer Elemente. Denn zur Beurteilung der Frage, ob bestimmte Aufgaben von einer Gebietskörperschaft noch sinnvoll und wirtschaftlich selbst erfüllt werden können, oder ob stattdessen einem Modell dezentraler Konzentration Vorzug zu geben ist, bilden diese einen geeigneten Maßstab. Über eine solche **quantifizierende Betrachtung hinaus** habe der Gesetzgeber aber insbesondere zu berücksichtigen

- die **individuelle Leistungsfähigkeit** der jeweiligen Gebietskörperschaften,
- vorhandene **wirtschaftliche Verflechtungen** sowie
- **regionale und lokale Besonderheiten** etwa geographischer, verkehrstechnischer, sozialer oder historischer Art.[137]

Das *obiter dictum* des Thüringer Verfassungsgerichtshofs stellt Landesregierung und Thüringer Landtag zweifelsfrei hilfreiche, praktisch handhabbare Kriterien für die Ausgestaltung einer künftigen Gebietsreform zur Verfügung. Inhaltlich ist es in keinem Punkt zu beanstanden. Mit Blick auf die **Gewaltenteilung** (Art. 47 ThürVerf) wirft dieses *obiter dictum* jedoch eine grundsätzliche Frage auf: ob es Aufgabe eines Verfassungsgerichts sein kann, zur rechtlichen Befriedung drohender Konflikte präventiv der Politik lehrbuchartig ihren Handlungsspielraum aufzuzeigen. In der wohlgemeinten Intention, die Gemeinde als Keimzelle der Demokratie zu erhalten und zu schützen, hat hier der Verfassungsgerichtshof die Spielräume parlamentarischer Gestaltungsfreiheit erheblich verengt. Mehr *judicial self restraint* in Respekt vor der Gestaltungsfreiheit des Thüringer Landtags hätte dessen Ansehen gestärkt.[138] In Zukunft sollte es Aufgabe des **Gesetzgebers** bleiben, im Rahmen seiner Einschätzungsprärogative festzulegen, welche Eingriffe in die kommunale Selbstverwaltungsgarantie im Interesse des Gemeinwohls gerechtfertigt sind.[139]

44 Aus heutiger Sicht ist das Projekt einer radikal durchgeführten, „übers Knie gebrochenen" Thüringer Gebietsreform gescheitert. Nachdem sich eine deutliche Mehrheit der Thüringer in einer Umfrage gegen größere Landkreise und Gemeinden ausgesprochen hat, ist am 10.4.2018 das Gesetz zur Weiterentwicklung der Thüringer Gemeinden beschlossen worden.[140] Es sieht sog. Neugliederungsprämien zur Förderung freiwilliger Gemeindeneugliederungen und Strukturbeihilfen für stark verschuldete Gebietskörperschaften vor. Diese sollen zudem besondere Entschuldungshilfen zum Abbau ihrer Verschuldung erhalten.[141]

45 **d) Zukunftsperspektiven der kommunalen Selbstverwaltung: Ökonomisierung – Privatisierung – Europäisierung. aa) Ökonomisierung.** Auf die Kommunen werden heute zunehmend **Begriffe und Denkmodelle aus der Wirtschaft** übertragen. In der Kom-

---

137 ThürVerfGH, Urt. v. 9.7.2017 – VerfGH 61/16 –, Rn. 158 ff. (juris). Weiterführend *Hirte/Kerst*, LKV 2017, 97.
138 Vgl. zum politischen Schaden für die Landesregierung Dresdner Neueste Nachrichten v. 13.12.2017, S. 5.
139 Vertiefend dazu *Bickenbach*, LKV 2017, 493.
140 Gesetz zur Weiterentwicklung der Thüringer Gemeinden v. 10.4.2018 (GVBl. S. 74).
141 LT-Drs. 6/4811.

munalwissenschaft[142] wird dies unter dem Stichwort der **Ökonomisierung** diskutiert (Neues Steuerungsmodell, New Public Management).[143] Immer mehr versteht sich die kommunale Verwaltung als **Dienstleistungsunternehmen** gegenüber dem Bürger als Kunden. Dementsprechend soll das Verwaltungshandeln von der klassischen, an feste Finanzmittelvorgaben im Haushaltsplan gebundene Input- auf eine **Outputsteuerung** umgestellt werden, orientiert am Produkt der Verwaltung.[144] Entsprechend den Fusionierungen in der Privatwirtschaft werden dabei oft einzelne kommunale Dienstleistungen zu Leistungspaketen zusammengeschnürt. Beispielsweise verkauft eine Gemeinde eine Jahreskurkarte, die Vergünstigungen im Gemeindeschwimmbad, -kino und anderen kommunalen Einrichtungen gewährt.

Weit vorangeschritten ist auf kommunaler Ebene der **Wechsel von der Kameralistik**,[145] einer periodengerecht zugeordneten Einnahmeüberschussrechnung, zur doppelten Buchführung in Konten, der sog **Doppik**. Diese sieht jeweils Konten auf Soll- und Habenseite vor und zwingt dadurch die Kommune zur regelmäßigen Bewertung ihrer Aktiva und Passiva. Für Kommunalbürger, staatliche Aufsichtsbehörden und potenzielle Vertragspartner der Kommunen hat die Doppik gegenüber dem Kassenwirksamkeitsprinzip der Kameralistik, das eine Buchung erst nach erfolgter Zahlung vorsieht, einen erheblichen Vorteil: Die Offenlegung der Aktiva und Passiva der Kommune schafft **Transparenz** zu ihrer Vermögenslage und legt damit den Blick frei auf ihre **Verschuldung**.[146] 46

bb) Privatisierung. Als kommunalpolitischer Trend wird seit längerem die Zusammenarbeit der öffentlichen Hand mit Privaten angesehen, die **Public-Private-Partnership**.[147] Zu ihr gehört insbesondere die **Privatisierung** kommunaler Einrichtungen und Betriebe, dh ihre Überführung in die Privatwirtschaft. Die Kommunen erhoffen sich von ihr finanzielle Entlastungen durch die Befreiung von Zwängen des Haushalts- und Beamtenrechts, steuerliche Vorteile sowie eine effektivere Aufgabenerfüllung durch die Ausnutzung der größeren Flexibilität zivilrechtlicher Gestaltungsformen. 47

Privatisierung begegnet[148] 48

- als **Organisationsprivatisierung**, bei der kommunale Aufgaben durch ein privatrechtlich betriebenes Unternehmen erfüllt werden, dessen Anteile ganz (Eigengesellschaft) oder überwiegend (Beteiligungsgesellschaft) in der Hand der Gemeinde bleiben,[149]

---

142 In ihr werden Teilgebiete insbesondere der Politikwissenschaft, Soziologie, Ökonomie, Geschichtswissenschaft und Geographie zusammengefasst, deren Forschungsgegenstand die kommunale Ebene ist (*Schmidt*, Kommunalrecht, Rn. 16).
143 Grundlegend hierzu *Martini* und *Burgi*, VVDStRL 62 (2003), 366 bzw. 405.
144 *Mehde*, Neues Steuerungsmodell und Demokratieprinzip, 2000, S. 85 ff.
145 Von lat. *camera* = Zimmer, Gewölbe.
146 Weiterführend *Heller*, Haushaltsgrundsätze für Bund, Länder und Gemeinden, 2010, S. 140 ff.
147 Vgl. etwa *Tettinger*, DÖV 1996, 764; *Storr*, LKV 2005, 521.
148 Vgl. hierzu allgemein *Maurer/Waldhoff*, Allgemeines Verwaltungsrecht, 20. Aufl. 2020, § 23 Rn. 62 ff.
149 *Teuber*, KommJur 2008, 444.

- als **funktionelle Privatisierung**, in deren Rahmen sich die Gemeinde bei der Durchführung ihrer Verwaltungsaufgaben privater Erfüllungsgehilfen, sog Verwaltungshelfer, bedient, etwa eines privaten Abschleppunternehmens,[150] sowie
- als **Aufgabenprivatisierung**. Bei dieser, auch als materielle Privatisierung bezeichneten Auslagerungsform zieht sich eine Kommune, soweit rechtlich zulässig (vgl. § 67 ThürKO)[151] – ganz oder teilweise, endgültig oder zeitlich befristet – aus der Verantwortung für die Erfüllung einer kommunalen Aufgabe zurück, die nunmehr von einem Privaten wahrgenommen wird.[152]

Als Königsweg zur Überwindung finanzieller Engpässe der Thüringer Kommunen hat sich die Privatisierungsbewegung jedoch nicht erwiesen.[153] Daher stehen ihr derzeit vermehrt Tendenzen zu einer **Rekommunalisierung**, dh zur Rückübertragung von Aufgaben in den öffentlichen Sektor entgegen.[154] Für die jeweilige Sachmaterie ist aktuell zu prüfen, ob ein besonderes Interesse an der öffentlichen Wahrnehmung einer bestimmten Aufgabe im Rahmen des sog **Gewährleistungsverwaltungsrechts** anzunehmen ist.[155]

49 cc) **Europäisierung**. Eine überschaubare Rolle spielt – inzwischen auch im Schrifttum – die sog **Europäisierung des Kommunalrechts**, dh seine Anpassung an die Normen der Europäischen Union,[156] wie sie insbesondere nach dem Vertrag von Maastricht[157] intensiv diskutiert wurde.[158] Zwar haben die deutschen Kommunen zunehmend auch europäisches Recht anzuwenden, vor allem im Bau-, Umwelt- und Beihilferecht. Die Europäische Union ist aber nicht zuständig für die Regelung der Staats-, insbesondere der Verwaltungsorganisation der Mitgliedstaaten.[159] Ihre Verträge sind „**mit Landesblindheit geschlagen**".[160] In Art. 4 Abs. 2 S. 1 EUV ist die Achtung der Union vor der nationalen Identität der Mitgliedstaaten ausdrücklich verankert. Auch die Einflüsse des Europarats beschränken sich auf organisationsrechtliche Auswirkungen der Regelungen der Unionsbürgerschaft, vor allem zum Wahlrecht für EU-Ausländer (Art. 18 f., 22 AEUV) sowie zur Freizügigkeit des Verwaltungspersonals (Art. 45 AEUV). Eine begrenzte praktische Bedeutung hat schließlich die Vertretung der Kommunen im beratenden **Ausschuss der Regionen** (Art. 305 bis 307 AEUV).[161]

---

150 Vgl. hierzu etwa BGH, NJW 1993, 1253, sowie BGH, NJW 2005, 286.
151 Ausgeschlossen ist eine Aufgabenprivatisierung bei Pflichtaufgaben iSd § 2 Abs. 3 ThürKO, vgl. OVG RP, DVBl 1985, 176, 177; vgl. allgemein zur Aufgabenprivatisierung BVerwG, DVBl 2009, 1382.
152 Weiterführend hierzu auch *Schoch*, DVBl 1994, 962; *Peine*, DÖV 1997, 353; *Gern*, DÖV 2009, 269.
153 Vgl. zur Insolvenz der Geraer Stadtwerke *Kleifges*, VR 2015, 298.
154 *Leisner-Egensperger*, ThürVBl. 2014, 81; *Schraml/Gögercin*, ThürVBl. 2014, 85.
155 Grundlegend dazu *Voßkuhle*, VVDStRL 62 (2003), 266, 305.
156 Vgl. die Definition von *Radaelli*, The Europeanization of Public Policy, in: Featherstone/Radaelli (Hrsg.), The Politics of Europeanization, 2003, S. 27, 30.
157 Vertrag über die Europäische Union v. 7.2.1992 (ABl.EG 92/C224/01).
158 Vgl. dazu *Schladebach*, LKV 2005, 95; *Erbguth*, DÖV 2005, 533; *Meyer*, NVwZ 2007, 20.
159 *Ruffert*, in: Mann/Püttner (Hrsg.), Handbuch der kommunalen Wissenschaft und Praxis I, S. 1037.
160 *H. P. Ipsen*, Als Bundesstaat in der Gemeinschaft, in: Caemmerer (Hrsg.), Probleme des Europäischen Rechts, FS Hallstein, 1966, S. 248, 256.
161 Vgl. dazu *Stirn*, KommJur 2012, 251.

4. Verfassungsdogmatische Einordnung: institutionelle Garantie – nicht Grundrecht

Die Gewährleistung der kommunalen Selbstverwaltung im Grundgesetz und in der Thüringer Verfassung ist eine **institutionelle Garantie**, dh die verfassungsrechtliche Gewährleistung eines **öffentlich-rechtlichen Rechtsinstituts**; eine solche stellt etwa auch die Garantie des Berufsbeamtentums dar (Art. 33 Abs. 4 und 5 GG).[162] Abzugrenzen sind institutionelle Garantien von **Institutsgarantien**, die Einrichtungen des Privatrechts schützen, wie beispielsweise Ehe (Art. 6 Abs. 1 GG, Art. 17 Abs. 1 ThürVerf), Privatschulen (Art. 7 Abs. 4 GG, Art. 26 ThürVerf) oder Eigentum und Erbrecht (Art. 14 Abs. 1 GG, Art. 34 ThürVerf).

Institutionelle Garantien und Institutsgarantien sind beide **Einrichtungsgarantien**.[163] Diese Rechtsfigur wurde unter der Weimarer Reichsverfassung zur Beschränkung der damals verfassungsrechtlich noch weitgehend ungebundenen[164] Allmacht des einfachen Gesetzgebers entwickelt:[165] Den „Kern", das Wesen dieser Einrichtungen, muss dieser unangetastet lassen; er hat sie andererseits aber zeitgemäß auszugestalten.[166] Nachdem dieser ursprüngliche Zweck einer verfassungsrechtlichen Domestizierung des Gesetzgebers heute erreicht ist,[167] sehen ihre Kritiker in den Einrichtungsgarantien ein tendenziell hemmendes, lediglich konservierendes dogmatisches Fossil.[168] Verkannt wird bei dieser Einschätzung jedoch die **zukunftsweisende Funktion** von institutionellen Gewährleistungen wie Institutsgarantien: Im Spannungsfeld von demokratischer Erneuerung und verfassungsrechtlich zugleich aufgegebener Wahrung von Rechtskontinuität sichern sie die **Gleichheit in der Zeit**.[169]

Als institutionelle Garantie ist die kommunale Selbstverwaltung im Ansatz zwar **objektivrechtlich** konzipiert: Als Staatsaufbauprinzip gibt sie die wesentlichen Strukturen der Verwaltungsorganisation vor. Durch ein absicherndes Rechtsschutzinstrumentarium wird sie aber auch **subjektiviert**.[170] Damit entfaltet sich die Selbstverwaltungsgarantie in dreifacher Hinsicht:[171]

- als **institutionelle Rechtssubjektsgarantie**, die zwar die einzelnen Gebietskörperschaften nicht individuell schützt, wohl aber das **Bild** dieser Organisationseinheiten an sich, dass es also in Thüringen (wie in jedem Land) Gemeinden geben muss,
- als **objektive Rechtsinstitutionsgarantie**, welche die kommunalen Institutionen mit einem bestimmten, unverzichtbaren **Aufgabenkreis** ausstattet, bezogen auf den Be-

---

162 S. hierzu *Leisner-Egensperger*, Die Verwaltung 51 (2018), 1, 1 ff.
163 Grundgesetz und Thüringer Verfassung kennen diesen Begriff nicht; anders zB die Verfassung des Landes Sachsen-Anhalt (GVBl. 1992, 600), 2. Hauptteil, 2. Abschnitt.
164 Eine dem Art. 1 Abs. 3 GG, Art. 42 Abs. 1 ThürVerf vergleichbare Bestimmung enthielt die Weimarer Reichsverfassung nicht.
165 Grundlegend *Schmitt*, in: Schmitt, Verfassungsrechtliche Aufsätze aus den Jahren 1924–1954. Materialien zu einer Verfassungslehre, 3. Aufl. 1958, S. 140 ff.; s. bereits zuvor *Wolff*, in: Friedrich-Wilhelms-Universität Berlin – Juristische Fakultät (Hrsg.), Festgabe Kahl, 1923, S. 1 ff.
166 *Schmitt*, in: Anschütz/Thoma (Hrsg.), Handbuch des deutschen Staatsrechts II, 1932, § 101, S. 572 ff.
167 In diesem Sinne bereits *Schmidt-Jortzig*, Die Einrichtungsgarantien der Verfassung, 1979, S. 10 ff.
168 *Waechter*, Die Verwaltung 29 (1996), 47 (47 ff.); vgl. auch *Mager*, Einrichtungsgarantien, 2003, S. 28 ff.
169 Weiterführend *A. Leisner*, Kontinuität als Verfassungsprinzip, 2002, S. 323 ff.
170 Vgl. hierzu mit Fallbeispielen *Mager*, JuS 2006, 404.
171 Grundlegend hierzu *Stern*, in: Bonner Kommentar zum Grundgesetz, Art. 28 (Zweitbearbeitung 1964) Rn. 62 ff.

stand der Aufgaben (Prinzip der Allzuständigkeit) sowie die Eigenverantwortlichkeit ihrer Erfüllung, sowie
- als **subjektive Rechtsstellungsgarantie**, die den Gemeinden eine rechtsschutzfähige Position zur Abwehr von Angriffen durch staatliche Instanzen[172] oder private Dritte[173] gewährt, auf die sich jede einzelne Gemeinde berufen kann.

Ein **Grundrecht** stellt die Gewährleistung der kommunalen Selbstverwaltung dagegen **nicht** dar.[174] Systematisch steht sie weder im Grundgesetz[175] noch in der Thüringer Verfassung innerhalb des Grundrechtskatalogs.[176] Vor allem aber passt der Hauptzweck der Grundrechte, die Abschirmung einer Freiheitssphäre gegenüber dem Staat, nicht auf die Kommunen, die in ihrem individuellen Bestand ja nicht geschützt sind. Ein Grundrechtscharakter der Selbstverwaltungsgarantie lässt sich auch nicht aus dem absichernden Instrumentarium der kommunalen Verfassungsbeschwerde ableiten (Art. 93 Abs. 1 Nr. 4b GG, 80 Abs. 1 Nr. 2 ThürVerf). Denn diese ist auf Bundesebene[177] – unbeschadet missverständlicher Terminologie – in der Sache ein Normenkontrollverfahren mit gegenständlich beschränktem Antragsrecht.[178]

53 In ihrer Wirkung ist die kommunale Selbstverwaltungsgarantie in erster Linie **kompetenzabgrenzend**, etwa im Verhältnis einer kreisangehörigen Thüringer Gemeinde gegenüber dem Landkreis oder dem Freistaat Thüringen. Insoweit schützt sie die Gemeinden beispielsweise bei einer Hochzonung gemeindlicher Aufgaben auf die Ebene der Landkreise und kreisfreien Städte.[179] Kommunalintern ist sie zugleich aber auch **kompetenzverteilend**: So muss sich eine Gemeinde etwa bei der Ausübung ihrer Satzungsbefugnis nicht den Regelungen der Nachbargemeinden anpassen.

5. Gewährleistungsinhalt der Selbstverwaltung der Gemeinden

54 **a) Alle Angelegenheiten der örtlichen Gemeinschaft. aa) Universalität des gemeindlichen Wirkungskreises.** Die Gewährleistung der kommunalen Selbstverwaltung erstreckt sich bei den Gemeinden auf **alle** Angelegenheiten der örtlichen Gemeinschaft. Es gilt hier also der Grundsatz der **Universalität** (Allzuständigkeit) des gemeindlichen Wirkungskreises. Den Gemeinden werden ihre Aufgaben nicht durch Gesetz jeweils speziell zugewiesen. Ihre Wahrnehmung steht ihnen vielmehr auf verfassungsrechtlicher Grundlage zu. § 18 Abs. 1 S. 2 sowie § 19 Abs. 1 S. 1 ThürKO haben daher nur klarstellende Bedeutung.

---

172 ZB durch gesetzgeberische Gebietsänderungen.
173 Gegenüber Privaten kann sich eine Gemeinde zB auf das Namensrecht berufen, § 12 BGB.
174 Damit findet auch Art. 142 GG keine Anwendung.
175 Anders noch in der Weimarer Reichsverfassung; vgl. Art. 127 innerhalb des Abschnitts „Grundrechte und Grundpflichten", der zumindest die Auslegung der Selbstverwaltungsgarantie als Grundrecht nahelegt so wie § 184 der Frankfurter Paulskirchenverfassung, vgl. dazu eingehend *Engels*, Die Verfassungsgarantie kommunaler Selbstverwaltung, 2014, S. 75.
176 Dies betonen BVerfGE 48, 64, 79; 58, 177, 189; 79, 127, 143.
177 Prüfungsgegenstand ist im Verfahren des Art. 93 Abs. 1 Nr. 4b GG nur ein Gesetz; vgl. demgegenüber die offene Formulierung in Art. 80 Abs. 1 Nr. 2 ThürV, die Kommunalverfassungsbeschwerden insbesondere auch gegen Akte der Dritten Gewalt ermöglicht; s. dazu *Heusch/Dickten*, NVwZ 2018, 1265, 1266.
178 *Stern*, Das Staatsrecht der Bundesrepublik Deutschland II, 1980, S. 1024; so auch *Benda/Klein/Klein*, Verfassungsprozessrecht, 3. Aufl. 2011, Rn. 634 ff.; vgl. *Schlaich/Korioth*, Das Bundesverfassungsgericht, 12. Aufl. 2021, Rn. 192 mwN.
179 Grundlegend BVerfGE 79, 127 – Rastede; s. neuerdings BVerfGE 147, 185 – sachsen-anhaltinisches Kinderförderungsgesetz; dazu *Heusch/Dickten*, NVwZ 2018, 1265.

Entscheidend für die Bestimmung des gemeindlichen Wirkungskreises ist die **räumli-** 55
che Komponente. In der Thüringer Kommunalordnung werden diese **örtlichen Angelegenheiten** (§ 1 Abs. 2 ThürKO) in Rezeption der bundesverfassungsgerichtlichen Rechtsprechung[180] definiert als „Angelegenheiten der örtlichen Gemeinschaft, die in der Gemeinde wurzeln oder auf sie einen spezifischen Bezug haben" (§ 2 Abs. 1 ThürKO). Sie sind sog **eigene Aufgaben** der Gemeinde, zu denen insbesondere die in § 2 Abs. 2 ThürKO aufgeführten Bereiche zählen. Es muss sich um Bedürfnisse oder Interessen handeln, die den Gemeindeeinwohnern gerade als solchen gemeinsam sind, indem sie das Zusammenleben und -wohnen der Menschen in der Gemeinde betreffen; auf die Verwaltungskraft der Gemeinden kommt es hierfür nicht an.[181]

bb) **Eigene Angelegenheiten der Gemeinde**. Erfasst sind damit nur die eigenen ge- 56
meindlichen Angelegenheiten, nicht aber die ihr übertragenen, genuin staatlichen Aufgaben, die einfachgesetzlich in § 3 ThürKO geregelt sind.[182] Die Eigenart der Angelegenheiten des eigenen Wirkungskreises besteht darin, dass die Gemeinden insoweit **nur an das Gesetz gebunden** sind, nicht jedoch an politische oder verwaltungspraktische Vorgaben staatlicher Instanzen. Dies spiegelt sich vor allem in der Ausgestaltung der staatlichen Aufsicht wider, bei der keine Zweckmäßigkeitskontrolle erfolgt (§ 117 Abs. 1 ThürKO). Beanstandung, Ersatzvornahme oder Bestellung eines Beauftragten (§§ 120 bis 122 ThürKO) kommen also nur dann in Betracht, wenn sich die Gemeinde rechtswidrig verhält, nicht jedoch bei politischer Unbotmäßigkeit.

cc) **Das Kriterium „örtlich"**. Das Kriterium „örtlich" definiert die Reichweite der sog 57
Verbandskompetenz einer Gemeinde, dh ihre Zuständigkeit als Verwaltungsträgerin in Abgrenzung zu derjenigen anderer Träger der Administration.[183] Welche Angelegenheiten einen spezifisch lokalen Bezug aufweisen iSd § 2 Abs. 1 ThürKO, lässt sich heute zunehmend **schwer bestimmen**. Denn mit fortschreitender Einheitlichkeit der Lebensverhältnisse[184] und steigender Motorisierung der Gemeindeeinwohner sind gerade in einem relativ kleinen Land wie Thüringen Wohn-, Arbeits- und Freizeitbereiche häufig auf verschiedene Gemeinden verteilt. Beispielsweise hat ein Gemeindebürger in der einen Gemeinde seine Arbeitsstätte, geht in einer anderen schwimmen und kultiviert in einer dritten seinen Schrebergarten. Damit aber reicht der Einzugsbereich der entsprechenden kommunalen Einrichtungen, etwa des gemeindlichen Schwimmbads oder der kommunalen Kleingartensiedlung, zwangsläufig über die Gemeindegrenzen hinaus.

Vor diesem Hintergrund ist dem Gesetzgeber zu den örtlichen Bezügen einer Aufgabe 58
und ihres Gewichts ein **Einschätzungsspielraum** zuzugestehen; er darf auch typisieren.[185] Angelegenheiten mit auch oder überwiegend lokalem Gepräge sind örtlich in

---

180 Grundlegend BVerfGE 79, 127, 151 f. – Rastede – im Anschluss an BVerfGE 8, 122, 134 – Atomwaffen.
181 BVerfGE 79, 127, 152.
182 Diese Unterscheidung geht auf Otto *von Gierkes* Vorstellung der Gemeinde als eines genossenschaftlichen Verbands zurück.
183 Zu unterscheiden ist diese von der sog Organkompetenz, die etwa die Frage betrifft, ob Bürgermeister oder Gemeinderat zuständig ist.
184 Art. 72 Abs. 2, Art. 91a Abs. 1, Art. 104a Abs. 4, Art. 106 Abs. 3 S. 4 GG.
185 BVerfGE 79, 127, 154 – Rastede.

dem Umfang, in dem die Begriffsbestimmung erfüllt ist. Größere Aufgaben sind damit in **Teilaufgaben** zu zerlegen. So ist etwa innerhalb der Energieversorgung nicht die Energieerzeugung, wohl aber die Stromverteilung an die Endverbraucher als örtliche Aufgabe anzusehen.[186] Die Abfallentsorgung lässt sich aufspalten in Müllbeseitigung einerseits, die keine örtliche Angelegenheit darstellt, und in Einsammeln und Beförderung der Abfälle auf der anderen Seite, bei denen Örtlichkeit zu bejahen ist.[187] Ferner kann nach der Intensität des gemeindlichen Zugriffs abgestuft werden: Bei **beschränkter Örtlichkeit** hat die Gemeinde zwar eine **Befassungskompetenz**, nicht aber die Zuständigkeit zur vollständigen Erledigung der betreffenden Aufgabe. So kann sich eine Kommune beispielsweise ablehnend über eine geplante Raketenstationierung äußern, nicht aber deren Verhinderung durchsetzen.[188]

59 Ob ein Aufgabenfeld ein solches der örtlichen Gemeinschaft ist, muss in erster Linie durch **Subsumtion** unter die in § 2 Abs. 2 ThürKO genannten Begriffe ermittelt werden, hilfsweise in der Bildung einer begründeten **Parallele** zu den dort aufgeführten Bereichen. Da der Begriff der Selbstverwaltung auch historisch auszulegen ist, kommt es ferner darauf an, was **traditionell** zu den örtlichen Aufgaben gehört. Dies sind insbesondere

- Eigenverwaltung (Organisation, Personal, Haushalt und Finanzen),
- Sicherheit und Ordnung,
- städtebauliche Planung,
- Denkmalschutz,
- Umweltschutz,
- Wasserversorgung,
- Abfallbeseitigung,
- soziale Angelegenheiten (von der Sozialhilfe nach § 3 SGB XII bis hin zu sozialen Einrichtungen wie Kindergärten und -tagesstätten, Altenpflegeheimen, Krankenhäusern sowie Arbeitsförderung iwS),[189]
- Schulträgerschaft,
- Kultur,
- Sport sowie
- Wirtschaftsförderung.

Mag der Begriff der örtlichen Aufgaben traditionell zwar auf einen bestimmten, herkömmlich gesicherten Bestand bezogen sein,[190] so ist er andererseits aber zugleich **offen**: Den Gemeinden muss die Option zustehen, auch **neue örtliche Aufgaben** für sich zu reklamieren.[191] Sie haben insoweit ein **Recht der Spontaneität**.[192] Ausdruck dieser Entwicklungsoffenheit ist es insbesondere, dass eine genuin örtliche Aufgabe

---

186 BVerwG, LKV 1996, 23, 23 f.
187 So BVerfGE 79, 127, 151 f. – Rastede.
188 Vgl. *Burgi*, Kommunalrecht, § 6 Rn. 16.
189 Keine örtliche Aufgabe ist hingegen die Unterbringung von Asylbewerbern; s. BVerwG NVwZ 1990, 1173, 1174; 1994, 694, 694.
190 In diesem Sinne BVerfGE 79, 127, 145.
191 BVerfG, Urt. v. 21.11.2017 – 2 BvR 2177/16, Rn. 113.
192 Vgl. dazu *Blumenwitz*, BayVBl. 1980, 193 und 230.

nicht dadurch zu einer überörtlichen wird, dass sie eine Gemeinde in einer globalisierten Welt in Zusammenarbeit mit anderen erfüllt. So wurden bereits in den 80er Jahren Städtepartnerschaften deutscher Kommunen mit ausländischen Städten als örtlich angesehen.[193] Denn auf kommunaler Ebene bilden sie den institutionellen Rahmen für eine Begegnung von Gemeindebürgern mit Menschen anderer Staaten. Das hiermit zwangsläufig verbundene transnationale Element ändert nichts daran, dass im Mittelpunkt der gepflegten Beziehungen die Aktivitäten einzelner Gemeindebürger stehen. Übertragbar ist dieser Gedanke heute auf weitere **internationale Vernetzungen**, wie sie täglich neu durch die **sozialen Medien** entstehen.

Generell lässt sich feststellen, dass die Rechtsprechung den örtlichen Bezug einer kommunalen Aufgabenwahrnehmung in neuerer Zeit großzügiger annimmt als früher: Soweit die Erfüllung einer Selbstverwaltungsaufgabe konkretisiert wird, kann die Ausgestaltung einer Einrichtung durchaus überörtlichen Charakter aufweisen.[194] Als Beispiel dienen möge die Regelung in einer Friedhofssatzung, dass Grabsteine nur verwendet werden dürften, wenn sie nachweislich ohne ausbeuterische Kinderarbeit hergestellt worden seien. Hierzu stellte das BVerwG im Jahr 2014 lapidar fest, es stehe „außer Zweifel", dass diese Bestimmung als Benutzungsregelung des kommunalen Friedhofs eine Angelegenheit der kommunalen Gemeinschaft sei.[195] Im Jahr 2009 hatte der BayVGH noch entschieden, dass bei dem verfolgten weltweiten politischen Anliegen kein spezifisch örtlicher Bezug nachweisbar sei.[196] 60

dd) Insbesondere die Freiheit zu öffentlichen Äußerungen. Die Freiheit zu **kommunalen Äußerungen** umfasst jedenfalls das Recht, in der Öffentlichkeit zu Fragen des gemeindlichen Aufgabenbereichs Stellung zu nehmen.[197] Darin nimmt der Bürgermeister die Funktion eines Sprachrohrs der Gemeinde wahr – nach amerikanischem Vorbild zunehmend in sozialen Netzwerken.[198] Öffentlich äußern kann sich der Bürgermeister beispielsweise zu einer bevorstehenden Eingemeindung. Eine Gemeinde überschreitet ihre Grenzen aber dann, wenn sie zu allgemeinen, überörtlichen Fragen Stellung nimmt, die nicht sie speziell betreffen, sondern die Allgemeinheit. Dies ist etwa der Fall, wenn der Bürgermeister einer Thüringer Gemeinde erklärt, in Europa müsse der Terrorismus effektiver bekämpft werden. Denn eine Gemeinde hat im Grundsatz **kein allgemeinpolitisches**, sondern nur ein kommunalpolitisches **Mandat**.[199] 61

Zu prüfen ist bei **öffentlichen Äußerungen** stets, ob der Betreffende als Funktionsträger, etwa als Bürgermeister, oder zwar als Person des öffentlichen Lebens, damit aber insgesamt doch als Privater spricht. Steht fest, dass eine **amtliche Äußerung** vorliegt, ist durch Auslegung der genaue Inhalt der Aussage zu ermitteln, ob sie etwa die Terrorismusgefahr allgemein betrifft oder – mit örtlichem Bezug – deren konkrete 62

---

193 BVerwGE 87, 237, 238.
194 Vertiefend dazu *Gottschalk*, NVwZ 2019, 1728.
195 BVerwGE 148, 133.
196 BayVGH, BeckRS 2010, 54013 Rn. 18.
197 Grstzl. dazu Möstl, Demokratische Willensbildung und Hoheitsträger, in: Uhle (Hrsg.), Information und Einflussnahme, 2018, S. 49.
198 Vgl. dazu die Fallbesprechung von *Ferrau*, JuS 2017, 758.
199 Vgl. allerdings zur Relativierung dieses Grundsatzes für die Ausgestaltung kommunaler Einrichtungen *Gottschalk*, NVwZ 2019, 1728.

Auswirkung auf die Sicherheitslage der jeweiligen Gemeinde. Auf eine individuelle Betroffenheit einzelner Gemeinden kommt es bei allgemeinpolitischen Äußerungen nicht an. So dürften sich etwa die Oberbürgermeister von Jena und Erfurt nicht gemeinsam für eine private Trägerschaft der in diesen Städten ansässigen Universitäten äußern. Denn das Problem als solches betrifft die Thüringer Landespolitik, hat also überörtlichen Charakter. Gleiches gilt für die Frage, welche Bundeswehrstandorte zu schließen sind. Sie ist abzugrenzen von dem örtlichen Problem der konkreten Auswirkung einer Standortschließung auf eine einzelne Gemeinde.[200]

63 ee) **Zum Begriff der Daseinsvorsorge.** Im Zusammenhang mit den eigenen Angelegenheiten der Kommunen begegnet der Begriff der **Daseinsvorsorge**.[201] Der Inhalt dieses von **Ernst Forsthoff** 1938 in die rechtswissenschaftliche Diskussion eingebrachten,[202] von ihm selbst später allerdings relativierten Begriffs[203] ist umstritten: Das Bundesverfassungsgericht sieht ihn beschränkt auf Leistungen, „derer der Bürger zur Sicherung einer menschenwürdigen Existenz unumgänglich bedarf."[204] In ihrer Bezugnahme auf das Sozialstaatsprinzip (Art. 20 Abs. 1, Art. 28 Abs. 1 S. 1 GG) erfasst diese Definition nur einen **engen Teilbereich** der Selbstverwaltungsangelegenheiten. Im Schrifttum wird die örtliche Daseinsvorsorge demgegenüber auf ihr **gesamtes Gewährleistungsspektrum** erstreckt. Demnach dienen der „Vorsorge" für das „Dasein" der Bevölkerung auch Verkehrsdienstleistungen, stationäre Krankenversorgung, Bildungs- und Kultureinrichtungen, Kommunikationsnetze und vieles mehr.[205] In einem spezifisch **wirtschaftlichen Zusammenhang** wird der Begriff schließlich in der Thüringer Kommunalordnung verwendet, die insoweit den Gemeindeordnungen anderer Länder folgt[206]: Danach gilt die sog Subsidiaritätsklausel des § 71 Abs. 2 Nr. 4 ThürKO nur außerhalb der kommunalen Daseinsvorsorge, die insbesondere die Bereiche der Strom-, Gas- und Wärmeversorgung umfasst.

64 Der Begriff der Daseinsvorsorge erweist sich damit als derart **vieldeutig**, dass er sich für eine rechtssichere Abgrenzung der eigenen Angelegenheiten der Kommunen nicht eignet. Verwendet werden mag er allenfalls als **kommunalwissenschaftliche Umschreibung** typischer Selbstverwaltungsangelegenheiten.

65 **b) In eigener Verantwortung.** Eigenverantwortliche Aufgabenerfüllung bedeutet, dass die Gemeinden im Bereich ihrer eigenen Angelegenheiten nach ihrem Ermessen bestimmen dürfen,

- ob sie diese erfüllen (Entschließungsermessen) sowie
- wann und wie sie das tun (Auswahlermessen).

---

200 S. zur Diskussion um sog Konversionsflächen, dh brachgefallene hoheitliche Areale, die einer neuen städtebaulichen Nutzung zugeführt werden sollen, *Sonder*, LKV 2013, 202, 206.
201 ZB bei *Sodan/Ziekow*, Grundkurs Öffentliches Recht, 9. Aufl. 2020, § 58 Rn. 9; *Mann*, in: Erbguth/Mann/Schubert, Besonderes Verwaltungsrecht, § 5 Rn. 195.
202 Die Verwaltung als Leistungsträger, 1938, S. 6.
203 *Forsthoff*, Rechtsfragen der leistenden Verwaltung, 1959, S. 9; vgl. dazu auch *Kersten*, Der Staat 44 (2005), 543, 544 ff.
204 BVerfGE 66, 248, 258.
205 Vgl. *Hellermann*, Örtliche Daseinsvorsorge und gemeindliche Selbstverwaltung, 2000, S. 132 ff. mwN; vgl. auch *Waldhoff*, JuS 2013, 1150.
206 § 102 Abs. 1 Nr. 3 GemO BW; Art. 87 Abs. 1 Nr. 4 BayGO.

Im Gegensatz dazu haben die Gemeinden bei den nicht von der kommunalen Selbstverwaltungsgarantie erfassten, **übertragenen Aufgaben** iSd § 3 ThürKO ein Ermessen allenfalls bezogen auf das Wann und das Wie. Bei der Ermessensbetätigung muss den Gemeinden jeweils ein „hinreichender Spielraum" verbleiben; es findet also nur eine Vertretbarkeitskontrolle statt.[207]

In welchem Aufgabenbereich und in welcher Art und Weise die Eigenverantwortlichkeit kommunaler Tätigkeit zum Ausdruck kommt, wird traditionell[208] durch sog **Gemeindehoheiten** umschrieben. In der Rechtsprechung der Landesverfassungsgerichte,[209] insbesondere der des Thüringer Verfassungsgerichtshofs,[210] kommt ihnen bei der Auslegung der kommunalen Selbstverwaltungsgarantie besonderes Gewicht zu.

aa) Gebietshoheit. Gebietshoheit ist die Befugnis, in einem räumlich abgegrenzten Bereich Hoheitsgewalt auszuüben. Für die Gemeinde erstreckt sie sich auf das **Gemeindegebiet**.[211] Damit einher geht die verwaltungsorganisatorische Qualifikation von Kommunen als Gebietskörperschaften, bei denen also die Zugehörigkeit zu einem bestimmten Gebiet das entscheidende, Verbandsmitgliedschaft begründende Strukturmerkmal darstellt.

bb) Organisations- und Personalhoheit. Unter Organisationshoheit ist die Befugnis zur Ausgestaltung der inneren Organisation eines Verwaltungsträgers zu verstehen. Auf kommunaler Ebene umfasst sie das Recht, über Zuschnitt und Aufgaben der unselbstständigen Untergliederungen der Gemeindeverwaltung zu entscheiden (Dezernate, Ämter, Abteilungen) sowie die Befugnis zu Auswahl, Anstellung, Beförderung und Entlassung der Gemeindebediensteten, also die sog Personalhoheit. In organisatorischer Hinsicht ist die kommunale Eigenständigkeit allerdings – anders als bei den übrigen Gemeindehoheiten – „**nur relativ gewährleistet**".[212] Zwar muss den Gemeinden auch hier ein hinreichender organisatorischer Spielraum verbleiben. Zu den Gemeinwohlbelangen, die dessen Begrenzung rechtfertigen, ist die gesetzgeberische Auswahlfreiheit aber größer: Anders als beim Entzug von Aufgaben können solche auch in den Zielen einer administrativen Vereinfachung, der Wirtschaftlichkeit und Sparsamkeit der Verwaltung und insbesondere in der Sicherstellung einer „ordnungsgemäßen Aufgabenwahrnehmung" liegen.[213]

cc) Rechtssetzungshoheit. Rechtssetzungshoheit ist die Befugnis zum Erlass genereller Regelungen. Bei Kommunen umfasst sie insbesondere die sog **Satzungsautonomie**. Kommunale Satzungen sind Rechtsvorschriften, die von den Gemeinden und Gemeindeverbänden im Rahmen der ihnen verliehenen Autonomie in Bezug auf die Rechtsverhältnisse der ihnen angehörigen Personen erlassen werden. Sie sollen den individu-

---

207 BVerfGE 83, 363, 387; 91, 228, 241; 119, 331, 361 ff.
208 *Stern*, Das Staatsrecht der Bundesrepublik Deutschland I, 2. Aufl. 1984, S. 408 f.; *Stober*, Kommunalrecht, S. 30; *Maurer*, DVBl 1995, 1037.
209 BayVerfGH, NVwZ-RR 2005, 665, 667; VerfGH RP, NVwZ 2006, 206, 207 f.; BbgVerfGH, DVBl 2013, 1180, 1181; VerfGH SH, NVwZ-RR 2016, 801, 803.
210 Vgl. ThürVerfGH, DVBl 2009, 794, 795; NVwZ-RR 2005, 665, 667.
211 BayVGHE 14, 92, 93.
212 BVerfGE 91, 228, 240 f.
213 BVerfGE 119, 331, 363.

ellen Gegebenheiten der einzelnen Gemeinden Rechnung tragen, gesellschaftliche Kräfte aktivieren und dadurch zugleich den parlamentarischen Gesetzgeber von lokalen Detailregelungen freistellen, deren Hintergründe ihm unbekannt sind. Wesensmäßig ist den Satzungen ihr beschränkter räumlicher Geltungsbereich, deutlich etwa beim Bebauungsplan (§ 10 BauGB).

70 **dd) Planungshoheit.** Die Planungshoheit umfasst die Befugnis, im Rahmen der Gesetze[214] aufgrund von Analyse und Prognose erkennbarer Entwicklungen ein **Konzept** zu erstellen, das den einzelnen Verwaltungsvorgängen ihr Ziel weist.[215] Sie gewährleistet zugleich die **Durchsetzbarkeit** dieser Planung im Gemeindegebiet, soweit ihr nicht Konzepte anderer Rechtsträger entgegenstehen.[216]

71 **ee) Finanzhoheit.** Die Finanzhoheit ist das Recht auf eine eigenverantwortliche Einnahmen- und Ausgabenwirtschaft. Insoweit ist durch Art. 28 Abs. 2 S. 3 GG[217] klargestellt, dass die **Grundlagen der finanziellen Eigenverantwortung** von der Gewährleistung der Selbstverwaltung umfasst sind, eine Gemeinde also auch gestützt hierauf eine Kommunalverfassungsbeschwerde nach Art. 93 Abs. 1 Nr. 4b GG erheben kann. In Thüringen ist die Gewährleistung kommunaler Finanzausstattung nach Art. 93 ThürVerf Bestandteil der kommunalen Selbstverwaltungsgarantie.[218]

72 **ff) Kooperationshoheit.** Unter der kommunalen Kooperationshoheit ist die von der Thüringer Verfassung besonders geschützte Befugnis zu verstehen, **gemeinsam** mit anderen Kommunen Selbstverwaltungsaufgaben wahrzunehmen (vgl. Art. 91 Abs. 4 ThürVerf „oder ihre Zusammenschlüsse"). Sie umfasst beispielsweise die Entscheidung einer Gemeinde, Mitglied in einem Zweckverband zu werden, sowie das Recht, eine solche Kooperation wieder zu verlassen.[219]

73 **c) Im Rahmen der Gesetze.** Die Gewährleistung der kommunalen Selbstverwaltungsgarantie „im Rahmen der Gesetze" besagt zunächst, dass eine Einschränkung des kommunalen Aktionsfelds nur auf der Grundlage der **Gesetze** erfolgen darf. Das Wort „Gesetze" umfasst hier zwar nicht nur Parlamentsgesetze, dh Gesetze im formellen Sinn, sondern auch Rechtsverordnungen und Satzungen (Gesetze im materiellen Sinne). Auf Grundlage der **Wesentlichkeitstheorie** sind allerdings die grundlegenden Maßnahmen bei der Ausgestaltung kommunaler Aufgaben durch Parlamentsgesetz zu treffen.[220] Der gesetzliche Rahmen bezieht sich dabei sowohl auf die Universalität als auch auf die Eigenverantwortlichkeit des Wirkungskreises.

74 Das Hauptproblem der Auslegung der Art. 28 Abs. 2 S. 1 GG, Art. 91 Abs. 1 ThürVerf besteht darin, wie der gesetzliche „**Rahmen**" die Tätigkeitsbereiche der kommunalen

---

214 Vgl. zu den Anforderungen des Bau- und Raumordnungsrechts zur Beschränkung der Inanspruchnahme neuer Flächen *Kümper*, NVwZ 2021, 365.
215 *Röhl*, in: Schoch (Hrsg.), Besonderes Verwaltungsrecht, Rn. 44, der die Planungshoheit daher Konzepthoheit nennt.
216 BVerwG, NVwZ 2013, 1605, 1606 ff. zur sog Thüringer Strombrücke („Südwestkuppelleitung-SWKL"); vgl. auch BVerfG, NVwZ-RR 2002, 81, 86 ff.
217 Der verfassungsändernd durch Gesetz v. 27.10.1994 (BGBl. I S. 3146) eingefügt wurde.
218 ThürVerfGH, NVwZ-RR 2005, 665, 667 f.; KommJur 2012, 14, 17.
219 Vgl. dazu ThürVerfGH, NVwZ 2018, 820, zum Austritt aus einem Gewässerunterhaltungsverband.
220 BVerfGE 49, 89, 126 f.; 57, 295, 327; 83, 130, 142; 101, 1, 34.

Selbstverwaltung, dh die eigenen Aufgaben iSd § 2 ThürKO eingrenzen darf. Eine solche **Einschränkung** kann zum einen dadurch erfolgen, dass den Kommunen **Aufgaben entzogen** oder deren eigenverantwortliche Wahrnehmung beschnitten wird. Die kommunale Selbstverwaltungsgarantie mag aber auch dadurch berührt sein, dass den Gemeinden **zusätzliche Aufgaben übertragen** werden.[221] Zur zulässigen Einschränkung des gemeindlichen Selbstverwaltungsrechts gibt es eine langjährige höchstrichterliche Verfassungsrechtsprechung, deren Anfänge in die Weimarer Zeit zurückreichen.[222] Sie wird bis heute weitgehend bruchlos[223] fortgeführt.

aa) Kernbereichsschutz. Absolut verfassungsfest und damit gegenüber jeglicher gesetzlichen Einwirkung abgesichert ist ein sog **Kernbereich gemeindlicher Selbstverwaltung**,[224] der in seiner Wirkung dem sog Wesensgehalt eines Grundrechts iSd Art. 19 Abs. 2 GG vergleichbar ist.[225] Der Kernbereich der kommunalen Selbstverwaltungsgarantie umfasst

75

- das **Erstzugriffsrecht** der Gemeinden auf noch unbesetzte örtliche Aufgaben. Bezogen auf die Universalität des gemeindlichen Wirkungskreises beinhaltet dieses die Befugnis, sich aller Angelegenheiten der örtlichen Gemeinschaft anzunehmen, die nicht durch Gesetz bereits anderen Trägern öffentlicher Verwaltung übertragen sind, und dies ohne besonderen Kompetenztitel.[226] Nicht erfasst ist dagegen ein gegenständlich bestimmter oder nach feststehenden Merkmalen bestimmbarer Aufgabenkatalog.
- Verboten sind, wie es zum Tatbestandsmerkmal „in eigener Verantwortung" heißt, Regelungen, „die eine **eigenständige organisatorische Gestaltungsfähigkeit** der Kommunen im Ergebnis ersticken würden".[227]
- Mit Blick auf das Ergebnis des Aufgabenentzugs darf die Selbstverwaltung nicht derart eingeschränkt werden, dass sie – wie der Staatsgerichtshof 1929 formulierte – „innerlich ausgehöhlt wird, die Gelegenheit zu kraftvoller Betätigung verliert und nur noch ein Scheindasein führen kann".[228] Ein Verstoß gegen dieses **Aushöhlungsverbot** ist allerdings nur dann anzunehmen, wenn sich positiv feststellen lässt, dass der den Gemeinden nach einem Aufgabenentzug verbleibende Aufgabenbestand einer Betätigung ihrer Selbstverwaltung keinen hinreichenden Raum mehr belässt.[229]

---

221 Vgl. etwa die Verpflichtung zur Bereitstellung von Kindergartenplätzen, § 69 I SGB VIII; s. dazu BVerfGE 83, 363, 383; 119, 331, 334.
222 RGZ 126, Anhang S. 14 ff. 22.
223 S. zu dieser Rechtsprechungskontinuität A. Leisner, Kontinuität als Verfassungsprinzip, 2002, S. 590 ff. In diesem Sinn auch *Heusch/Dickten*, NVwZ 2018, 1265: Kontinuität mit „punktuellen Akzenten".
224 BVerfGE 138, 1, 19; vgl. hierzu auch jüngst BVerfG, Urt. v. 21.11.2017 – 2 BvR 2177/16, Rn. 79.
225 S. zu diesem *Leisner-Egensperger*, Die Wesensgehaltsgarantie, in: Merten/Papier (Hrsg.), Handbuch der Grundrechte III, 2009, § 70.
226 BVerfGE 79, 143, 146.
227 BVerfGE 91, 228, 239; BVerfG, Urt. v. 21.11.2017 – 2 BvR 2177/16, Rn. 88.
228 RGZ 126, Anhang S. 14 ff. 22; so auch BVerfGE 1, 167, 174 f.
229 BVerfGE 79, 127, 150 f.

Zusammenfassend ist die Berufung auf einen Kernbereichsschutz wegen der insgesamt zurückhaltenden Rechtsprechung für die beeinträchtigte Kommune in der Regel **wenig aussichtsreich**.[230]

76 **bb) Aufgabenverteilungsprinzip zugunsten der Gemeinde.** Außerhalb des Kernbereichs wirken Art. 28 Abs. 2 S. 1 GG, 91 Abs. 1 ThürVerf gegenüber Staat und Landkreisen nicht in erster Linie – wie dies in früherer Rechtsprechung in Anlehnung an die Grundrechtsdogmatik angenommen wurde[231] – als Verhältnismäßigkeitsschranke.[232] Die Gewährleistung der kommunalen Selbstverwaltung ist vielmehr ein **Aufgabenverteilungsprinzip zugunsten der Gemeinden**, dh die Gemeinden sind grundsätzlich vorrangig für sämtliche Angelegenheiten der örtlichen Gemeinschaft zuständig.[233] Auf die Einhaltung dieses Aufgabenverteilungsprinzips haben sie einen **Anspruch**, es ist aber auch dann zu beachten, wenn sie mit eingreifenden Maßnahmen einverstanden sind.

77 Aus dem Aufgabenverteilungsprinzip zugunsten der Gemeinden ergeben sich **Rechtfertigungslasten für den Gesetzgeber**, der örtlich radizierte Aufgaben auf andere Verwaltungsträger übertragen will: Zum einen bedürfen inhaltliche, auf die gemeindliche Aufgabenwahrnehmung bezogene Vorgaben eines **konkret rechtfertigenden Grundes**, der vom Gesetzgeber darzulegen ist.[234] Zudem ist die Auswahl der **Gesetzeszwecke** beschränkt auf solche Gesichtspunkte, die mit der Grundidee der kommunalen Selbstverwaltung, einer demokratischen Aktivierung gesellschaftlicher Kräfte, vereinbar sind. Damit scheiden insbesondere Wirtschaftlichkeitsvorteile einer zentralisierten Administration, etwa Verwaltungsvereinfachung oder Effizienzsteigerung, grundsätzlich aus.[235] Uneingeschränkt gilt dies für Fälle des **Aufgabenentzugs**. Die **Organisations- und Personalhoheit** ist dagegen von vorneherein nur „relativ gewährleistet"[236]: Als gemeinwohldienlich anzuerkennen sind insoweit auch Maßnahmen der Verwaltungsvereinfachung, der Wirtschaftlichkeit und Sparsamkeit und insbesondere der Sicherstellung einer „ordnungsgemäßen Aufgabenwahrnehmung".[237] Von vornherein Sache des Thüringer Gesetzgebers sind mangels örtlichen Bezugs organisationsrechtliche Entscheidungen über die äußeren Grundstrukturen der Kommunen, wie etwa die Konturierung von Gemeindeverfassungstypen oder die Festlegung plebiszitärer Beteiligungsmöglichkeiten. Ein wirksamer Schutz der kommunalen Organisations- und Finanzhoheit ist das Durchgriffsverbot des Art. 84 Abs. 1 S. 7 GG, nach dem Gemeinden und Gemeindeverbänden durch Bundesgesetz Aufgaben nicht übertragen werden dürfen. Diese Vorschrift „konkretisiert und arrondiert den Garantiegehalt des Art. 28 Abs. 2

---

230 In diesem Sinne auch *Röhl*, in: Schoch (Hrsg.), Besonderes Verwaltungsrecht, Rn. 50; allerdings lassen sich insbesondere in der Rechtsprechung des Bayerischen Verfassungsgerichtshofs Ansätze für eine Belebung des Kernbereichsschutzes finden; s. hierzu mwN *Schmehl*, BayVBl. 2006, 325, 327 f. Zurückhaltend neuerdings jedoch ThürVerfGH, NVwZ 2018, 820.
231 BVerfGE 83, 363, 382; BVerfG, NVwZ 1982, 306, 308; vgl. auch BVerwG, NVwZ 1984, 176, 177.
232 Das Bundesverfassungsgericht prüft neuerdings jedoch zusätzlich, ob eine Hochzonung einen verhältnismäßigen Eingriff darstellt, vgl. BVerfG, NVwZ 2018, 820 Rn. 47 ff.
233 BVerfGE 137, 108, 156; 138, 1, 19 sowie jüngst BVerfG, Urt. v. 21.11.2017 – 2 BvR 2177/16 Rn. 79.
234 Bsp. Schulnetzplanung innerhalb einer Gemeinde; s. dazu BVerfGE 138, 1, 1 ff.
235 BVerfGE 83, 363, 382 f.
236 BVerfGE 91, 228, 240 f.
237 BVerfGE 119, 331, 363; BVerfG, Urt. v. 21.11.2017 – 2 BvR 2177/16, Rn. 84.

GG",²³⁸ dh ihre mögliche Verletzung kann mittels Kommunalverfassungsbeschwerde nach Art. 93 Abs. 1 Nr. 4b GG gerügt werden.

cc) **Gleichrangigkeit von Gemeinden und Landkreisen.** Bei der sog **Hochzonung** kommunaler Aufgaben, dh der Verlagerung von Aufgabenzuständigkeiten von kreisangehörigen Gemeinden auf Landkreise, sind diese beiden insofern als **gleichrangig** anzusehen, als der Gesetzgeber bei einer kommunalinternen Aufgabenverlagerung nur an Gemeinwohl und Übermaßverbot²³⁹ gebunden ist.

78

Demgegenüber wird in der Literatur die **Lehre der subsidiären Verbandszuständigkeit** vertreten. Danach sind die **Gemeinden** für alle örtlichen Aufgaben zuständig. Deren Hochzonung auf die Landkreise kommt also nur dann in Betracht, wenn die gemeindliche Leistungsfähigkeit zur Erfüllung bestimmter Aufgaben nicht mehr ausreicht.²⁴⁰ Hierfür mag in Bezug auf das Grundgesetz zwar die Systematik des Art. 28 Abs. 2 GG angeführt werden, der den Gemeinden originäre Aufgaben zuweist, den Landkreisen hingegen nur abgeleitete, dh durch Gesetz speziell zugewiesene.²⁴¹ Gegen diese Lehre spricht zwar grundsätzlich, dass sie die verfassungsrechtlich gewährleistete legislative Gestaltungsfreiheit durch kommunalinterne Vorgaben in vielen Fällen zu stark einschränkt. Andererseits ist die Gestaltungsfreiheit des Gesetzgebers umso enger und die verfassungsgerichtliche Kontrolle umso intensiver, je mehr die Selbstverwaltungsgarantie als Folge der gesetzlichen Regelung an Substanz verliert. In vielen Fällen der Hochzonung betont daher auch das Bundesverfassungsgericht zu Recht den Vorrang einer gemeindlichen Aufgabenerfüllung.²⁴²

79

dd) **Insbesondere Gebietsänderungen. (1) Erfordernis eines Gesetzes und Anhörungsgebot.** Für den Sonderfall einer **Gebietsänderung** bestimmt **Art. 92 Abs. 1 ThürVerf**, der inhaltlich auf der zu Art. 28 Abs. 2 GG ergangenen bundesverfassungsgerichtlichen Rechtsprechung beruht,²⁴³ in Konkretisierung des Art. 91 ThürVerf, dass

80

- diese ohne Zutun der beteiligten Gemeinden nur durch ein **Gesetz** erfolgen darf (Art. 92 Abs. 2 ThürVerf),
- zuvor eine **Anhörung** der Bevölkerung sowie der Gebietskörperschaften der unmittelbar betroffenen Gebiete stattzufinden hat (Art. 92 Abs. 2 S. 3 und Abs. 3 S. 3 ThürVerf), und
- sie nur **aus Gründen des öffentlichen Wohls** erfolgen darf (Art. 92 Abs. 1 ThürVerf).

Das verfassungsrechtliche **Anhörungsgebot** erfordert, dass die Gebietskörperschaft zunächst von der beabsichtigten Regelung Kenntnis erlangt, und zwar sowohl vom wesentlichen Inhalt des Neugliederungsvorhabens als auch von seiner Begründung. Dies

---

238 BVerfGE 155, 310 (325); dazu *Meyer*, NVwZ 2020, 1731.
239 Vgl. zur staatsorganisatorischen Bedeutung des Verhältnismäßigkeitsgrundsatzes als Ausprägung des Rechtsstaatsprinzips jüngst BVerfG, Urt. v. 21.10.2017 – 2 BvR 2177/16, Rn. 80.
240 *Pielow/Groneberg*, JuS 2014, 794, 795.
241 Auf die Thüringer Verfassung, die von einer Gleichrangigkeit der Gemeinden und Gemeindeverbände ausgeht, wäre diese Argumentation ohnehin nicht anwendbar; vgl. dazu ThürVerfGH ThürVBl. 2009, 197, 198 ff.
242 BVerfG, Urt. v. 21.11.2017 – 2 BvR 2177/16, Rn. 81.
243 *Meyn*, in: Huber (Hrsg.), Thüringer Staats- und Verwaltungsrecht, S. 213.

muss so zeitig erfolgen, dass eine sachgerechte Meinungsbildung innerhalb der Gebietskörperschaft möglich ist.[244] Anschließend muss der zur Durchführung der Anhörung verpflichtete Landtag deren Ergebnisse vor der Abstimmung über den Gesetzesentwurf den Abgeordneten zur Kenntnis bringen.[245] Dieses Anhörungsverfahren soll die Abgeordneten des Thüringer Landtags in die Lage versetzen, ihr freies Mandat (Art. 53 ThürVerf) ordnungsgemäß wahrzunehmen. Seine Vorgaben sind daher jedenfalls dann strikt einzuhalten, wenn die Thüringer Verfassung – wie in Art. 91 Abs. 4 ThürVerf sowie in Art. 92 Abs. 2 S. 3 ThürVerf und Art. 92 Abs. 3 S. 3 ThürVerf – eine Anhörung ausdrücklich vorsieht. Ob der Schutz des freien Mandats nach Art. 53 ThürVerf auch in sonstigen Konstellationen, etwa bei Regelungen mit Grundrechtsbezug, verfassungsrechtlich justiziable verfahrensrechtliche Anforderungen stellt, erscheint fraglich.[246]

81 **(2) Drei-Stufen-Modell zum Begriff des öffentlichen Wohls.** Zur Auslegung des in Art. 92 Abs. 1 ThürVerf normierten, unbestimmten Verfassungsbegriffs des **öffentlichen Wohls** hat der Thüringer Verfassungsgerichtshof ein besonderes Prüfungsprogramm in Form eines **Drei-Stufen-Modells** entwickelt.[247] Dieses gilt für alle kommunalen Neugliederungen einschließlich solcher der Landkreise.[248]

82 Auf der **ersten Stufe** sind die der Reform allgemein zugrundeliegenden Überlegungen zu würdigen. Es ist also zu prüfen, ob **überhaupt** eine **Gebietsreform** zu diesem Zeitpunkt betrieben werden durfte, insbesondere ob der Gesetzgeber in nachvollziehbarer Weise Gemeinwohlgründe für eine von ihm als erforderlich angesehene kommunale Neugliederung verfolgt.[249]

83 Auf einer **zweiten Stufe** sind **Leitbild** und **Leitlinien der Reform** zu untersuchen. Verfassungsrechtlich zulässiges Leitbild einer Gebietsreform ist insbesondere die Erhaltung des „Urtyps einer umfassend leistungsfähigen, sich selbst ohne Einschaltung Dritter verwaltenden Gemeinde", die Verwaltungsstrukturen mit entsprechender Verwaltungskraft aufweist und über eine rechtsstaatliche, zweckmäßige und hinreichend spezialisierte Verwaltung verfügt.[250] Dabei stehen dem Thüringer Gesetzgeber nach der Thüringer Kommunalordnung **drei Gliederungsinstrumente** zur Verfügung:

- die Eingliederung einer Gemeinde in eine neu gebildete Einheitsgemeinde,
- der Anschluss an eine Verwaltungsgemeinschaft (§§ 46 ff. ThürKO) sowie
- die Anordnung einer erfüllenden Gemeinde (§ 51 ThürKO).

Für das **Rangverhältnis dieser Gliederungsinstrumente** gilt, dass im Sinne möglichst weitgehender Verwirklichung der kommunalen Selbstverwaltungsgarantie (Art. 91

---

244 *Meyn*, in: Linck/Baldus/Lindner/Poppenhäger/Ruffert (Hrsg.), Die Verfassung des Freistaats Thüringen, Art. 92 Rn. 50 ff.
245 ThürVerfGH, Urt. v. 9.7.2017 – VerfGH 61/16, Rn. 147 (juris); so auch schon ThürVerfGH, Urt. v. 10.9.2002 – VerfGH 8/01, Rn. 36 (juris).
246 Vertiefend hierzu *Baldus*, § 1 Rn. 66 ff.
247 ThürVerfGH, ThürVBl. 1997, 104.
248 ThürVerfGH, Urt. v. 9.7.2017 – VerfGH 61/16, Rn. 122 ff. (juris).
249 ThürVerfGH, Urt. v. 9.7.2017 – VerfGH 61/16, Rn. 123 (juris).
250 ThürVerfGH, Urt. v. 9.7.2017 – VerfGH 61/16, Rn. 124 (juris); vgl. aber bereits ThürVerfGH, Urt. v. 18.12.1996 – 2/95, 6/95, Rn. 105 (juris).

ThürVerf) existenzwahrende Lösungen zu bevorzugen sind. Die Eingliederung einer Gemeinde gegen ihren Willen ist verfassungsrechtlich also erst dann erforderlich, wenn ihr Anschluss an eine Verwaltungsgemeinschaft oder die Anordnung einer erfüllenden Gemeinde nicht ernsthaft in Erwägung zu ziehen ist.

Auf der **dritten Stufe** ist schließlich die **konkrete Neugliederungsmaßnahme** zu würdigen. Hier unterliegt der Gesetzgeber einer intensiveren verfassungsgerichtlichen Kontrolle:[251] Zu prüfen ist insbesondere, 84

- ob er den **entscheidungserheblichen Sachverhalt** zutreffend und vollständig ermittelt und dem Neugliederungsgesetz zugrunde gelegt hat,
- ob ein **zureichender Abwägungsvorgang** stattgefunden hat, er also die konkret einschlägigen Gemeinwohlgründe und die Vor- und Nachteile der beabsichtigten Regelung in seine Abwägung eingestellt und die verschiedenen Belange einander gegenübergestellt und gewichtet hat.
- Schließlich ist das **Abwägungsergebnis** daraufhin zu würdigen, ob hinreichende Gemeinwohlbelange die Gebietsänderung rechtfertigen können.

ee) **Grundsatz gemeindefreundlichen Verhaltens.** Bei der Einschränkung des kommunalen Aufgabenbereichs folgt aus Art. 28 Abs. 2 GG sowie Art. 91 ff. ThürVerf ein **Grundsatz gemeindefreundlichen Verhaltens**.[252] In seiner Wirkung ist er der Bundestreue vergleichbar. Er verpflichtet also zur Rücksichtnahme auf Interessen der Gemeinde,[253] etwa bei der Wahrnehmung der Aufsicht über sie,[254] führt aber **nicht** zu **Kompetenzverschiebungen**.[255] 85

6. Gewährleistungsinhalt der Selbstverwaltung der Landkreise

Den Landkreisen steht als Gemeindeverbänden ebenfalls das Recht der Selbstverwaltung zu. Die **Reichweite** dieser Gewährleistung ist im Grundgesetz und in der Thüringer Verfassung allerdings **unterschiedlich ausgestaltet:** Das Grundgesetz gesteht in Art. 28 Abs. 2 S. 2 GG den Gemeindeverbänden „im Rahmen ihres gesetzlichen Aufgabenbereichs nach Maßgabe der Gesetze das Recht der Selbstverwaltung" zu. Der Wortlaut dieser Gewährleistung unterscheidet sich von dem der gemeindlichen Garantie nach Art. 28 Abs. 2 S. 1 GG dadurch, dass er den Landkreisen nicht explizit *eigene* Angelegenheiten zugesteht. Daraus wird allgemein gefolgert, dass der Aufgabenkreis der Landkreise nach dem Grundgesetz kein universeller sei, sondern ein gesetzlich geformter.[256] Demgegenüber gewährleistet nach Art. 91 Abs. 2 S. 2 ThürVerf der Freistaat Thüringen den Landkreisen das Recht, „ihre Angelegenheiten" im Rahmen der Gesetze unter eigener Verantwortung zu regeln. In der Formulierung „ihre Angelegen- 86

---

251 BVerfGE 86, 90, 108; ThürVerfGH, Urt. v. 9.7.2017 – VerfGH 61/16, Rn. 125 (juris); ThürVerfGH, Urt. v. 18.12.1996 – 2/95, 6/95, Rn. 105 (juris).
252 OVG NW, OVGE 19, 192, 198 f.; OVG RP, DÖV 1994, 79, 81; vgl. dazu auch *Macher*, Der Grundsatz des gemeindefreundlichen Verhaltens, 1971, S. 49 ff.
253 ThürOVG, LKV 2002, 240, 241; *Lohse*, NVwZ 2016, 102, 104.
254 Vgl. als Beispiel die Erteilung von Genehmigungen durch die Aufsichtsbehörde im Fall eines sog Kondominiums; grundsätzlich dazu *Kahl*, Die Staatsaufsicht, 2000, S. 512; s. auch *Leisner-Egensperger*, DÖV 2006, 761, 769.
255 OVG Lüneburg, NVwZ 1988, 464, 466.
256 BVerfGE 79, 127, 150; *Tettinger*, in: Mann/Püttner (Hrsg.), Handbuch der kommunalen Wissenschaft und Praxis I, S. 203; *Pielow/Groneberg*, JuS 2014, 794, 796.

heiten" liegt ein über die grundgesetzliche Fassung hinausgehender Bedeutungsgehalt.[257] Der **Thüringer Gewährleistungsüberschuss** besteht allerdings nicht darin, dass die Gemeindeverbände in Thüringen von Verfassungs wegen mit Selbstverwaltungsrecht ausgestattet seien;[258] denn dies gilt auch für ihren Schutz nach dem Grundgesetz. Unterschiedlich ist vielmehr die Reichweite ihrer **objektiven Rechtsinstitutionsgarantie**, dh ihres verfassungsrechtlich geschützten Aufgabenkreises. Nach der Thüringer Verfassung ist dieser verfassungsunmittelbar ausgestaltet und insoweit qualitativ dem der Gemeinden gleichgestellt. Die grundgesetzliche Selbstverwaltungsgarantie der Landkreise wird dagegen erst durch die Gesetze geformt. Art. 91 Abs. 2 S. 2 ThürVerf hebt damit die **Landkreise** mit den **Gemeinden** als „weitere" Träger der Selbstverwaltung **auf eine Stufe**.[259]

87 Die Gewährleistung der Selbstverwaltungsgarantie der Landkreise beinhaltet nach Grundgesetz und Thüringer Verfassung jedenfalls die Verpflichtung des Gesetzgebers, den Landkreisen nicht nur genuin staatliche Angelegenheiten zu übertragen, sondern ihnen zugleich kreiskommunale Aufgaben zu überantworten.[260] Sie schützt zudem die **Finanzhoheit** der Landkreise. Diese erstreckt sich insbesondere auf die Erhebung der **Kreisumlage**, einer Abgabe zur Abdeckung des Fehlbetrags, der von den Gemeinden nach Maßgabe ihrer Finanzkraft für den Kreishaushalt aufzubringen ist.[261]

88 Zu den konkreten Folgen der unterschiedlichen Reichweite der Selbstverwaltungsgarantie der Landkreise nach Grundgesetz und Thüringer Verfassung gibt es bislang noch keine Rechtsprechung. Der **verfassungsrechtliche Schutz eigener Angelegenheiten der Landkreise** führt jedenfalls dazu, dass ihnen mit einer verfassungsunmittelbaren objektiven Rechtsinstitutionsgarantie zugleich eine **besonders starke Rechtsstellungsgarantie** zukommt. Dies dürfte die Durchsetzung ihrer rechtlich geschützten Interessen in zukünftigen Verfahren zum Finanzausgleich oder auch im Zusammenhang von Gebiets- oder Funktionalreformen erleichtern.

7. Einbezug der Grundlagen finanzieller Eigenverantwortung und Gewährleistung kommunaler Finanzausstattung

89 Mit dem Einbezug der Grundlagen finanzieller Eigenverantwortung in die Selbstverwaltungsgarantie nach Art. 28 Abs. 2 S. 3 GG sollte bei der Einfügung dieser Vorschrift im Jahr 1995 kein neuartiger finanzverfassungsrechtlicher Tatbestand geschaffen werden. Angesichts der geplanten Abschaffung der Gewerbekapitalsteuer ging es vielmehr darum, den Kommunen die **Gewebeertragsteuer** verfassungsrechtlich so zu garantieren, dass sie gestützt auf die neu eingefügte Bestimmung unstreitig **Kommunalverfassungsbeschwerde** erheben können.

---

257 ThürVerfGH, ThürVBl. 2009, 197, 198 ff.; *Meyn*, in: Linck/Baldus/Lindner/Poppenhäger/Ruffert (Hrsg.), Die Verfassung des Freistaats Thüringen, Art. 91 Rn. 10 und 79; aA *Hopfe*, in: Linck/Jutzi/Hopfe (Hrsg.), Die Verfassung des Freistaats Thüringen, Art. 91 Rn. 10, der eine Inhaltsgleichheit des Art. 91 ThürVerf mit Art. 28 Abs. 2 GG annimmt.
258 So verunklarend *Meyn*, in: Linck/Baldus/Lindner/Poppenhäger/Ruffert (Hrsg.), Die Verfassung des Freistaats Thüringen, Art. 91 Rn. 10.
259 ThürVerfGH, ThürVBl. 2009, 197, 198 ff.
260 BVerfGE 83, 363, 383; 119, 331, 353; *Mehde*, in: Dürig/Herzog/Scholz, Grundgesetz-Kommentar, 95. EL 2021, Art. 28 Abs. 2 Rn. 136.
261 Vgl. hierzu *Pielow/Groneberg*, JuS 2014, 794; Sander, LKV 2021, 14.

Art. 93 ThürVerf verpflichtet den Freistaat Thüringen, die Gemeinden und Gemeindeverbände mit den Finanzmitteln auszustatten, die zur Erfüllung ihrer Aufgaben notwendig sind. Hierzu gehört auch die Durchführung eines zweistufigen **kommunalen Finanzausgleichs**.[262] Wie der Thüringer Verfassungsgerichtshof in Grundsatzjudikaten aus den Jahren 2005 und 2011 klargestellt hat, gewährt Art. 93 ThürVerf den Kommunen einen einklagbaren[263] **Anspruch auf finanzielle Mindestausstattung**,[264] dem seit 2013 durch ein **finanzausgleichsrechtliches Bedarfsmodell** entsprochen wird.[265] 90

8. Rechtsbehelfe der Kommunen bei einer Beeinträchtigung ihres Selbstverwaltungsrechts

Gegen eine Verletzung ihres Selbstverwaltungsrechts können sich Gemeinden und Landkreise mittels einer **Kommunalverfassungsbeschwerde** vor dem **Thüringer Verfassungsgerichtshof** wehren (Art. 80 Abs. 1 Nr. 2 ThürVerf, §§ 11 Nr. 2, 31 ff. ThürVerfGHG). Diese ist gegen Rechtsakte der Legislative, der Exekutive und auch der Judikative möglich. Prüfungsmaßstab ist für den Thüringer Verfassungsgerichtshof allerdings nicht das Grundgesetz, sondern ausschließlich die Thüringer Verfassung, die jedoch mit Art. 28 Abs. 2 GG im Einklang stehen muss.[266] 91

Daneben besteht grundsätzlich die Möglichkeit einer Kommunalverfassungsbeschwerde zum **Bundesverfassungsgericht** (Art. 93 Abs. 1 Nr. 4b GG iVm § 91 BVerfGG). Soweit Beschwerdegegenstand ein **Thüringer Landesgesetz** ist, ist allerdings die Kommunalverfassungsbeschwerde vor dem Thüringer Verfassungsgerichtshof speziell (Art. 93 Abs. 1 Nr. 4 b, Hs. 2 GG), der Weg zum Bundesverfassungsgericht insoweit also versperrt. In Betracht kommen kann ferner ein **Normenkontrollantrag** nach Art. 80 Abs. 1 Nr. 4 ThürVerf, §§ 11 Nr. 4, 42 ff. ThürVerfGHG bzw. Art. 93 Abs. 1 Nr. 2 GG iVm §§ 13 Nr. 6, 76 ff. BVerfGG. 92

Bei der Prüfung eines **Gesetzes** am Maßstab des Art. 28 Abs. 2 GG bzw. des Art. 91 ThürVerf ist 93

- zunächst zu prüfen, ob eine **Angelegenheit der örtlichen Gemeinschaft** gegeben ist, ob also der Gewährleistungsbereich der kommunalen Selbstverwaltung berührt ist.
- Ist dies der Fall, stellt sich die Frage, ob die **Gemeinde als Institution** betroffen ist, ob die kommunale Selbstverwaltung also als Rechtssubjektgarantie wirkt, wie etwa bei der geplanten Abschaffung einer Gemeinde oder einer Änderung ihres Gebiets, oder ob ihr **Aufgabenbestand** oder ihre Eigenverantwortlichkeit, dh eine ihrer Gemeindehoheiten betroffen ist.
- Hieraus ergeben sich schließlich die **verfassungsrechtlichen Anforderungen** an das einschränkende **Gesetz**, das ggf. Art. 92 ThürVerf zu beachten hat, jedenfalls den Kernbereich der kommunalen Selbstverwaltungsgarantie unangetastet zu lassen

---

262 Vgl. zu seiner Durchführung *Meyn*, in: Linck/Baldus/Lindner/Poppenhäger/Ruffert (Hrsg.), Die Verfassung des Freistaats Thüringen, Art. 93 Rn. 4, sowie unten VIII. 6.
263 Vgl. dazu *Leisner-Egensperger*, DÖV 2010, 705.
264 ThürVerfGH, ThürVBl. 2005, 228; ThürVerfGH, ThürVBl. 2012, 55.
265 Gesetz zur Änderung der Finanzbeziehungen zwischen Land und Kommunen v. 31.1.2013 (GVBl. S. 10).
266 Dazu BVerfGE 147, 185; zusammenfassend *Heusch/Dickten*, NVwZ 2018, 1265.

und im Randbereich deren Wirkung als Aufgabenverteilungsprinzip zugunsten der Gemeinden zu beachten hat.

Im Falle der Beeinträchtigung des kommunalen Selbstverwaltungsrechts durch eine **Rechtsverordnung** kommt eine prinzipale Normenkontrolle nach § 47 Abs. 1 Nr. 2 VwGO, § 4 ThürAGVwGO in Betracht. Klagt eine Gemeinde gegen eine konkret-individuelle Maßnahme, etwa gegen einen Akt der staatlichen Aufsicht, sind die in §§ 42 ff. VwGO vorgesehenen Klagen vor dem Verwaltungsgericht statthaft.

94 Im **Verwaltungsprozess** kommt der Gewährleistung der kommunalen Selbstverwaltung eine spezifische Funktion zu: Ist ein gegenüber einer Kommune ergangener Verwaltungsakt rechtswidrig, der einen **Bezug zu ihren Selbstverwaltungsangelegenheiten** aufweist, so ist die Kommune dadurch in ihrem Selbstverwaltungsrecht verletzt.[267] Wird beispielsweise ein Subventionsbescheid, auf dessen Grundlage einer Gemeinde eine Zuwendung zur Erledigung einer Selbstverwaltungsangelegenheit gewährt wurde, möglicherweise ohne rechtliche Grundlage zurückgenommen, ist die Gemeinde klagebefugt nach § 42 Abs. 2 VwGO.

III. Rechtsstellung der Kommunen

1. Kommunen als Gebietskörperschaften

95 a) **Kommunen als juristische Personen des öffentlichen Rechts.** Gemeinden und Landkreise sind gemäß § 1 Abs. 2 ThürKO bzw. § 86 Abs. 1 ThürKO **Gebietskörperschaften**, dh juristische Personen des öffentlichen Rechts, deren Verband auf der Mitgliedschaft der ihnen gebietsmäßig Zugehörigen beruht. Unter den juristischen Personen des öffentlichen Rechts sind sie abzugrenzen von den **Anstalten**[268] sowie von den **Stiftungen** des öffentlichen Rechts.[269]

96 Unter **rechtsfähiger Anstalt**[270] ist ein zur Rechtsposition des öffentlichen Rechts erhobener Bestand sächlicher und persönlicher Verwaltungsmittel zu verstehen, der in der Hand eines Trägers öffentlicher Verwaltung einem besonderen öffentlichen Zweck zu dienen bestimmt ist. Im Gegensatz zur Körperschaft hat die hierarchisch strukturierte Anstalt keine Mitglieder, sondern Benutzer; Beispiele sind die Thüringer Aufbaubank und der Mitteldeutsche Rundfunk. Eine **Stiftung des öffentlichen Rechts** ist ein Bestand an Vermögenswerten, der durch den Willensakt eines Stifters auf Dauer aufgrund eines Stiftungsgeschäfts zu einem Stiftungszweck gebunden ist; Beispiele sind die Stiftung Preußischer Kulturbesitz, die Stiftung Weimarer Klassik sowie Universitätsstiftungen.[271]

---

267 Kopp/Schenke, VwGO, 27. Aufl. 2021, § 42 Rn. 138.
268 Grundlegend zu diesen *Otto Mayer*, Deutsches Verwaltungsrecht II, 1896, § 55.
269 Vgl. zu diesen allgemein *Detterbeck*, Allgemeines Verwaltungsrecht, 19. Aufl. 2021, § 5 Rn. 190; s. im kommunalen Zusammenhang *Bock/Fabijanic-Müller/Stingl/Schwink*, Gemeinden und Stiftungen, 2006, S. 29.
270 Abzugrenzen ist diese von der nichtrechtsfähigen Anstalt, die nur einen gewissen Grad an Selbstständigkeit hat wie häufig öffentliche Einrichtungen iSd § 14 ThürKO.
271 Als Stiftungsuniversität ist beispielsweise die Universität Göttingen verfasst; bei der Universität Jena ist die Umwandlung in eine Stiftungsuniversität gegenwärtig in der Diskussion.

III. Rechtsstellung der Kommunen

Als juristische Personen, die für sich betrachtet weder handeln noch einen juristischen Willen bilden können, brauchen die Kommunen **Organe**, dh rechtlich festgelegte Funktionseinheiten, die für sie ihre Aufgaben und Befugnisse wahrnehmen, die sie also verwalten. Verfassungsrechtlich vorgeschrieben ist nach Art. 28 Abs. 1 S. 2 GG, Art. 95 ThürVerf das Organ einer gewählten Volksvertretung. Die Thüringer Kommunalordnung sieht als Organe der Gemeinde gemäß § 22 Abs. 1 ThürKO den Gemeinderat und den Bürgermeister vor, als Organe des Landkreises nach § 101 Abs. 1 ThürKO den Kreistag und den Landrat. Ausgefüllt wird die Organstellung durch natürliche Personen als **Organwalter**. Ihr Handeln gilt als ein solches des Organs und wird damit den juristischen Personen Gemeinde oder Landkreis zugerechnet.

97

b) **Kommunen als Körperschaften des öffentlichen Rechts.** Kennzeichnend für die Kommunen als Körperschaften ist ihre **mitgliedschaftliche Struktur**. Wie in einem Verein verfolgen dabei die Mitglieder bestimmte Zwecke und sind insbesondere am internen Willensbildungsprozess beteiligt. Ein Wechsel ihres personellen Bestands, wie er etwa durch Geburt oder Tod ausgelöst wird, modifiziert nur das soziale Substrat der Körperschaft, lässt sie als juristische Person in ihrer Verbandspersönlichkeit jedoch unberührt.

98

Nach der Grundlage des Zusammenschlusses sowie der Art der Mitglieder werden innerhalb der Körperschaften des öffentlichen Rechts unterschieden

99

- die **Gebietskörperschaften** (zur gebietsmäßigen Relevanz im Folgenden c),
- die **Personalkörperschaften**, die durch Eigenarten in ihrer Person miteinander verbunden sind, wie etwa die Universitäten (§ 58 Abs. 1 HRG) oder die Architektenkammer Thüringen[272] sowie
- die **Verbandskörperschaften**, deren Mitglieder ihrerseits juristische Personen sind, wie etwa die Bundesrechtsanwaltskammer.[273]

c) **Gebietsmäßige Relevanz.** Den Kommunen ist die **gebietsmäßige Relevanz** ihrer körperschaftlichen Struktur wesensmäßig. Die im Gebiet der Kommune wohnenden Personen sind in korporatistischem Zusammenschluss[274] mit der verfassungsrechtlichen Aufgabe betraut, ihre Angelegenheiten selbst zu verwalten. Dabei ergibt sich die Mitgliedschaft in Gemeinde bzw. Landkreis bei natürlichen Personen aus dem **Wohnsitz**, dh der dadurch begründeten Stellung als **Einwohner** (§§ 10 Abs. 1, 93 Abs. 1 ThürKO),[275] während an der Bildung des Gemeindewillens nur die Bürger beteiligt sind (§§ 10 Abs. 2, 93 Abs. 2 ThürKO), zu denen nach Art. 22 Abs. 1 S. 1 AEUV, 28 Abs. 1 S. 3 GG auch die Unionsbürger gehören. Bei juristischen Personen folgt die Mitgliedschaft aus ihrem Sitz im Hoheitsgebiet einer Gebietskörperschaft.[276] Die Gebietshoheit der Kommunen als eine der Säulen der kommunalen Selbstverwaltung er-

100

---

272 Thüringer Gesetz über die Architektenkammer, die Ingenieurkammer und den Schutz von Berufsbezeichnungen (ThürAIKG) v. 14.12.2016 (GVBl. S. 529), zuletzt geändert durch Gesetz v. 23.7.2020 (GVBl. S. 365).
273 Zu der die Rechtsanwaltskammern zusammengeschlossen sind.
274 Vgl. zur hegelianischen Korporationslehre *Hendler*, Selbstverwaltung als Ordnungsprinzip, 1984, S. 46 ff.
275 An die Einwohnerschaft knüpft auch die praktisch bedeutsame Berechtigung an, die öffentlichen Einrichtungen der Gemeinde zu nutzen.
276 Vgl. *Haack*, in: Steiner/Brinktrine (Hrsg.), Besonderes Verwaltungsrecht, Rn. 250.

streckt sich auf jeden, der sich gerade in ihrem Gebiet aufhält, auch wenn er nicht Mitglied der Körperschaft ist.

101 Praktisch relevant wird die Körperschaftsstruktur einer Gemeinde beispielsweise dann, wenn sie – etwa aufgrund der Freisetzung lebensgefährlicher Gase durch eine chemische Explosion und ihrer hierdurch bedingten, längeren Unbewohnbarkeit – ihren gesamten Mitgliederbestand verliert. Mangels Mitglieder liegt eine Körperschaft dann nicht mehr vor. Anders als bei bloßen Veränderungen im Mitgliederbestand führt der **vollständige Verlust der Mitglieder** – wie bei einem Staat[277] – zum Untergang der Kommune.

102 d) **Folgerungen aus dem Status der Kommunen als Gebietskörperschaften.** aa) Rechtsfähigkeit – Geschäftsfähigkeit – zivilrechtliche Haftungsfähigkeit. Als Körperschaften sind die Thüringer Kommunen **rechtsfähig**, dh sie können Träger von Rechten und Pflichten sein; so kann etwa die Stadt Jena Eigentümerin eines Grundstücks sein. Sie sind auch **geschäftsfähig**, können also im Rahmen ihrer verwaltungsorganisatorischen Zuständigkeit (sog Verbandskompetenz) insbesondere Willenserklärungen abgeben und Verträge abschließen. Geschäftsfähig vertreten werden die Gemeinden dabei durch den Bürgermeister (§ 31 Abs. 1 ThürKO), die Landkreise durch den Landrat (§ 109 Abs. 1 ThürKO).

103 Ferner können die Kommunen **privatrechtlich haften**, zB über § 823 iVm §§ 89, 31 BGB bzw. §§ 831, 839 BGB, sowie auch öffentlich-rechtlich, zB nach Art. 34 S. 1 GG, § 839 BGB.[278] Der Rückgriff gegen einen ehrenamtlich tätigen Bürger kommt jedoch insoweit gemäß § 12 Abs. 3 S. 4 ThürKO nur bei Vorsatz und grober Fahrlässigkeit in Betracht.[279] Strafrechtlich sind die Kommunen selbst nicht deliktsfähig. Denn das deutsche Strafrecht kennt nur die Deliktsfähigkeit natürlicher Personen. Ein für eine Kommune handelnder Amtsträger kann nach § 14 StGB verantwortlich sein iSd Strafrechts und gemäß § 30 OWiG nach Ordnungswidrigkeitenrecht.

104 bb) **Beteiligungsfähigkeit und Handlungsfähigkeit.** Kommunen sind im Verwaltungsverfahren beteiligungsfähig nach § 11 Nr. 1 ThürVwVfG und handlungsfähig nach § 12 Abs. 1 Nr. 3 ThürVwVfG, wenn sie durch den **Bürgermeister bzw. Landrat** vertreten werden (§§ 31 Abs. 1, 109 Abs. 1 ThürKO).

105 cc) **Partei- und Prozessfähigkeit.** Die Parteifähigkeit der Kommunen als Fähigkeit, in einem Zivilrechtsstreit Partei zu sein, folgt aus § 50 ZPO, ihre Beteiligungsfähigkeit als Möglichkeit, in einem Verwaltungsprozess Kläger, Beklagter oder Beigeladener zu sein, ergibt sich aus § 61 Nr. 1 Fall 2 VwGO. Ihre Prozessfähigkeit als Fähigkeit, Prozesshandlungen durch ihre gesetzlichen Vertreter wirksam vorzunehmen, folgt für den Zivilrechtsstreit aus § 52 Abs. 1 ZPO, für den Verwaltungsprozess aus § 62 Abs. 3 VwGO iVm § 31 Abs. 1 bzw. § 109 Abs. 1 ThürKO.[280]

---

277 Nach der Drei-Elemente-Lehre von *Georg Jellinek* muss ein solcher Staatsgebiet, Staatsgewalt und Staatsvolk aufweisen: *Jellinek*, Allgemeine Staatslehre, 1900, S. 434 ff.
278 Vgl. hierzu *Schmidt-Jorzig/Petersen*, JuS 1989, 27.
279 *Birk*, in: Möller (Hrsg.), Auf dem Weg in die Bürgergesellschaft?, 2002, S. 228.
280 *Pappermann*, in: Püttner (Hrsg.), Handbuch der kommunalen Wissenschaft und Praxis I, 2. Aufl. 1982, S. 302; *Borchmann/Breithaupt/Kaiser*, Kommunalrecht in Hessen, 3. Aufl. 2006, S. 60.

dd) **Namensrecht.** Das Namensrecht als ein Identität und Individualität vermittelndes Recht der Gemeinden und Landkreise zur **Führung ihres Gemeindenamens** (§§ 4, 89 ThürKO) ist traditioneller[281] Bestandteil der kommunalen Selbstverwaltungsgarantie (Art. 28 Abs. 2 GG, Art. 91 ThürVerf). Gegen Beeinträchtigungen durch Dritte ist es gemäß § 12 BGB geschützt.[282] Geändert werden kann der Name einer Kommune bei Vorliegen eines dringenden öffentlichen Interesses gemäß § 4 Abs. 1 S. 2 bzw. § 89 Abs. 1 ThürKO. Abzugrenzen ist der Name allerdings von der **Bezeichnung** iSd § 5 bzw. § 89 Abs. 3 ThürKO;[283] Beispiele für eine Bezeichnung sind Universitätsstadt Jena (vgl. § 5 Abs. 1 S. 4 ThürKO) oder Landeshauptstadt Erfurt (§ 5 Abs. 1 S. 5 ThürKO).

106

ee) **Dienstherrnfähigkeit.** Den Gemeinden und Landkreisen steht schließlich – wie dem Freistaat – Dienstherrnfähigkeit zu,[284] dh das Recht, „Beamte zu haben" (§ 2 Nr. 1 BeamtStG, § 1 Abs. 1 ThürBG), diese also selbst auszuwählen, zu ernennen, zu befördern und zu entlassen. Erforderlich ist eine diesbezügliche Personalhoheit aufgrund des **Funktionsvorbehalts des Art. 33 Abs. 4 GG**.[285] Danach ist die Ausübung hoheitlicher Befugnisse in der Regel Beamten, dh insbesondere nicht Angestellten des öffentlichen Dienstes anzuvertrauen.[286] Hoheitlich tätig sind Kommunen vor allem in ihrer Eigenschaft als Ordnungsbehörden (§§ 1, 27 ThürOBG).

107

e) **Zur Grundrechtsfähigkeit kommunaler Gebietskörperschaften.** Die Frage, ob Gemeinden und Landkreise Träger von Grundrechten sein können, etwa der Eigentumsfreiheit,[287] ist verfassungsrechtlich nicht ausdrücklich geregelt. In Rechtsprechung und Schrifttum werden dazu unterschiedliche Ansichten vertreten.[288] *Sedes materiae* ist **Art. 19 Abs. 3 GG** bzw. **Art. 42 Abs. 2 ThürVerf**. Danach gelten Grundrechte auch für inländische juristische Personen, soweit sie ihrem Wesen nach auf diese anwendbar sind. Bei **juristischen Personen des öffentlichen Rechts**, zu denen die kommunalen Gebietskörperschaften zählen, ist dies nach dem Bundesverfassungsgericht nicht der Fall: Als Verwaltungsträger seien sie Grundrechtsverpflichtete (Art. 1 Abs. 3, Art. 20 Abs. 3 GG), was es ausschließe, ihnen zugleich eine Grundrechtsberechtigung zuzugestehen (sog **Konfusions- oder Identitätsargument**). Anderes gelte nur dann, wenn die betref-

108

---

281 Seit Erlass der Deutschen Gemeindeordnung 1935 anerkannt BVerfGE 59, 216; *Pappermann*, DÖV 1980, 353.
282 Bei öffentlich-rechtlichen Beeinträchtigungen findet § 12 BGB analoge Anwendung; s. dazu BGH, NJW 1963, 2267, 2268; LG Mannheim, NJW 1996, 2736, 2737; LG Duisburg, MMR 2000, 168, 170; OLG Brandenburg, MMR 2001, 174, 175.
283 Vgl. hierzu *Waibel*, Gemeindeverfassungsrecht Baden-Württemberg, 5. Aufl. 2007, S. 30.
284 Ausdrücklich normiert ist die Dienstherrnfähigkeit von Verwaltungsgemeinschaften als Körperschaften des öffentlichen Rechts, § 46 Abs. 2 S. 1 ThürKO.
285 Zur personellen Erneuerung des öffentlichen Dienstes in Thüringen nach der Wende vgl. *Krüger*, ThürVBl. 1992, 192; *Lindner*, in: Linck/Baldus/Lindner/Poppenhäger/Ruffert (Hrsg.), Die Verfassung des Freistaats Thüringen, Art. 96 Rn. 4.
286 *Battis*, Bundesbeamtengesetz, 5. Aufl. 2017, § 5 Rn. 5 ff.; *Badura*, in: Dürig/Herzog/Scholz, 95. EL 2021 Grundgesetz-Kommentar, Art. 33 Rn. 55.
287 Insoweit geht es nicht um die Berufung auf die kommunale Selbstverwaltungsgarantie, die kein Grundrecht ist, s. oben III.
288 Vgl. insbesondere BVerfGE 61, 82, 105 ff. und BayVerfGH 29, 105, 119; *Geis*, Kommunalrecht, § 5 Rn. 17 ff. und *Baldus/Strauch*, in: Linck/Baldus/Lindner/Poppenhäger/Ruffert (Hrsg.), Die Verfassung des Freistaats Thüringen, Art. 42 Rn. 17.

fende Organisationseinheit in einem **grundrechtlich geschützten Lebensbereich** tätig sei, wie

- Religionsgesellschaften (vgl. Art. 140 GG iVm Art. 137 Abs. 5 S. 1 WRV) im Bereich des Art. 4 GG,
- Universitäten im Rahmen des Art. 5 Abs. 3 S. 1 GG oder
- Rundfunkanstalten im Bereich des Art. 5 Abs. 1 S. 2 GG.

Für Gemeinden und Landkreise könne eine vergleichbare Ausnahme dagegen nicht vorgesehen werden, da diese stets staatliche Aufgaben wahrnähmen: Sie verfolgten keine privaten Interessen, sondern übten immer **Kompetenzen** aus.[289]

109 Eine Grundrechtsberechtigung von Kommunen schließt das Bundesverfassungsgericht nicht nur dann aus, wenn diese öffentliche Aufgaben erfüllen, sondern auch, wenn sie bei fiskalischen Tätigkeiten wie Private am Markt auftreten. Denn Kommunen befänden sich **auch bei Wahrnehmung nicht-hoheitlicher Tätigkeit** in keiner „grundrechtstypischen Gefährdungslage", weshalb sie auch nicht schutzbedürftig seien.[290] Diese nicht näher begründete Behauptung ist im Schrifttum zu Recht auf vielfache Kritik gestoßen.[291] Mit der von Art. 19 Abs. 3 GG bzw. Art. 42 Abs. 2 ThürVerf vorgeschriebenen, differenzierten Betrachtungsweise ist sie nicht vereinbar. Vorzugswürdig ist es vielmehr, mit dem Bayerischen Verfassungsgerichtshof[292] und einem Teil der Lehre im einzelnen Fall darauf abzustellen, ob sich die konkrete juristische Person des öffentlichen Rechts in einer **Schutzsituation** befindet, wie sie die betreffende Grundrechtsnorm voraussetzt. Dies führt beispielsweise dazu, dass sich die Stadt Jena als Grundstückseigentümerin im Fall einer durch Landesgesetz erfolgenden Enteignung dem Freistaat Thüringen gegenüber auf Art. 14 GG iVm Art. 19 Abs. 3 GG sowie auf Art. 34 ThürVerf iVm Art. 42 Abs. 2 ThürVerf sollte berufen können.[293] Vom Thüringer Verfassungsgerichtshof wurde die Frage bislang offengelassen;[294] sie sollte aber, sobald entscheidungserheblich, in diesem Sinne beantwortet werden.

110 Jedenfalls grundrechtsberechtigt sind die Thüringer Gemeinden und Landkreise wegen der prozessualen Waffengleichheit in Bezug auf die **Justizgrundrechte** nach Art. 101 Abs. 1 S. 2 und Art. 103 GG bzw. Art. 88 ThürVerf.[295]

---

289 BVerfGE 15, 256, 262; 21, 362, 370; 61, 82, 105 ff. – Sasbach; st. Rspr.
290 BVerfGE 61, 82, 105 ff.; zum Ausschluss der Grundrechtsfähigkeit kommunaler Sparkassen BVerfGE 75, 192.
291 *Geis*, Kommunalrecht, § 5 Rn. 17 ff. mwN; *Lange*, S. 92; *Schmidt-Aßmann*, Entwicklungen der verfassungsgerichtlichen Rechtsprechung, in: Henneke/Meyer (Hrsg.), FS Schlebusch, 2006, S. 59, 62; vgl. auch schon *Bleckmann/Helm*, DVBl 1992, 9; *Seewald*, in: Steiner (Hrsg.), Besonderes Verwaltungsrecht, 8. Aufl. 2006, Rn. 92 f.
292 BayVerfGH 29, 105, 119; NVwZ 1985, 260, 261; NVwZ-RR 2001, 489, 490; dagegen *Badura*, BayVBl. 1989, 1.
293 So auch *Kingreen/Poscher*, Grundrechte – Staatsrecht II, 37. Aufl. 2021, Rn. 226; *Wieland*, in: Dreier, Grundgesetz I, 3. Aufl. 2013, Art. 14 Rn. 69 ff.; *L. Englisch*, Die verfassungsrechtliche Gewährleistung kommunalen Eigentums im Geltungskonflikt von Bundes- und Landesverfassung, 1994, S. 31, 86 ff., 155; einschränkend *Bambey*, NVwZ 1985, 248, 250; aA *Engels/Krausnick*, Kommunalrecht, § 3 Rn. 49.
294 Vgl. ThürVerfGH ThürVBl. 2009, 197.
295 *Lange*, Kommunalrecht, S. 99; so auch st. Rspr. des BVerfGE 6, 45, 49; 21, 362, 373; 61, 82, 104; 75, 192, 200.

2. Einbindung der Thüringer Gemeinden und Landkreise in die Organisation des Freistaats Thüringen

a) **Kommunen als Träger mittelbarer Staatsverwaltung.** In die Verwaltung des Freistaats Thüringen[296] sind die Gemeinden und Landkreise als **Träger mittelbarer Staatsverwaltung** eingebunden. Bei der mittelbaren Staatsverwaltung handelt der Freistaat Thüringen – anders als bei der unmittelbaren – nicht durch eigene, nichtrechtsfähige Behörden, deren Handeln ihm unmittelbar zugerechnet würde. Er bedient sich für den Gesetzesvollzug vielmehr **ausgegliederter**, mit eigener Rechtsfähigkeit ausgestatteter **Verwaltungsträger**. In der kommunalrechtlichen Dogmatik werden die Kommunen insoweit als „ein besonderer Teil des Staates" angesehen.[297]   111

Zurechnungssubjekt verwaltungsrechtlicher Rechte und Pflichten ist bei der **mittelbaren Staatsverwaltung** stets die jeweils handelnde **juristische Person**, etwa die Gemeinde oder der Landkreis – und zwar unabhängig davon, ob die Kommune eine eigene oder eine ihr gesetzlich übertragene Aufgabe wahrnimmt. Im Verwaltungsprozess ist damit richtiger Beklagter iSd § 78 Abs. 1 Nr. 1 VwGO bei einem Handeln der Gemeinde immer die Gemeinde als Körperschaft, deren Behörde tätig wurde. Demgegenüber ist bei der Erfüllung einer Verwaltungsaufgabe durch eine Thüringer Behörde im Wege unmittelbarer Staatsverwaltung richtiger Beklagter iSd § 78 Abs. 1 Nr. 1 VwGO stets der Freistaat Thüringen.   112

Der Schwerpunkt der mittelbaren Verwaltungstätigkeit der Thüringer Kommunen liegt im **Gesetzesvollzug**. Dieser besteht in der Ausführung von Thüringer Landesgesetzen, für die der Freistaat gemäß Art. 30 GG zuständig ist, sowie im Vollzug von Bundesgesetzen nach Art. 30, 83 ff. GG. Rechtsträger iSd § 78 Abs. 1 Nr. 1 VwGO ist in sämtlichen Fällen mittelbarer Staatsverwaltung die Kommune, unabhängig davon, ob sie eine Aufgabe im eigenen oder im übertragenen Wirkungskreis wahrnimmt. Beispielsweise werden die Thüringer Kommunen als Ordnungsbehörden grundsätzlich im übertragenen Wirkungskreis tätig (§ 1 S. 1 ThürOBG); sie handeln allerdings im eigenen Wirkungskreis bei der Abwehr von Zuwiderhandlungen gegen Satzungen (§ 1 S. 2 ThürOBG). In beiden Fällen ist richtiger Beklagter iSd § 78 Abs. 1 Nr. 1 VwGO die Kommune.[298]   113

Im Zusammenhang mit der in Thüringen parallel zur Gebietsreform betriebenen **Funktionalreform** wird in der Literatur vorgeschlagen, einzelne der den Kommunen derzeit obliegenden Vollzugskompetenzen aus dem Bereich der mittelbaren Staatsverwaltung herauszunehmen und sie kostengünstiger im Rahmen der eigenen unmittelbaren Verwaltung des Freistaats ausführen zu lassen.[299] Finanzielle Zwänge dürfen bei kommunalrechtlichen Reformen aber nicht den Blick auf die verfassungsrechtlich geschützten Partizipationsrechte der Bürger verstellen. Tendenziell sollte eine Funktio-   114

---

296 D.h. in die Staatstätigkeit, die nicht Gesetzgebung und nicht Rechtsprechung ist, die also insbesondere in Anwendung und Vollzug geltenden Rechts besteht; vgl. hierzu *Otto Mayer*, Deutsches Verwaltungsrecht II, 1896, § 55.
297 *Röhl*, in: Schoch (Hrsg.), Besonderes Verwaltungsrecht, Rn. 21 mwN.
298 Dies ist eine häufige Fehlerquelle in Klausuren.
299 *Hultzsch*, LKV 2016, 294, 296.

nalreform daher eher die mittelbare Staatsverwaltung stärken. Auf dieser Linie liegen in Thüringen auch zu Recht neuere verwaltungsorganisatorische Strukturreformen.

115 **b) Unmittelbare Staatsverwaltung in Thüringen im Überblick.** Von der mittelbaren Staatsverwaltung, in welche die Kommunen als juristische Personen des öffentlichen Rechts eingebunden sind, ist die unmittelbare Landesverwaltung des Freistaats Thüringen zu unterscheiden.[300] Diese ist auf der Grundlage des Art. 90 ThürVerf **dreistufig**[301] aufgebaut:

116 Auf der **Oberstufe** sind die Thüringer Ministerien als **oberste Landesbehörden** angesiedelt, dh als für ganz Thüringen zuständige Behörden, die über einen nachgeordneten Verwaltungsunterbau verfügen, etwa das Thüringer Ministerium für Inneres und Kommunales. Ihnen nachgeordnet sind obere Landesbehörden ohne eigenen Verwaltungsunterbau, etwa das Landeskriminalamt.

117 Auf der **Mittelstufe** sind die **mittleren Landesbehörden** tätig. In ihrer ebenfalls landesweiten Zuständigkeit liegt eine Thüringer Besonderheit, die der überschaubaren Größe des Landes geschuldet ist, sowie dem Umstand, dass die DDR-Bezirke auf Thüringer Gebiet mangels historischer Vorläufer nicht als erhaltenswert erschienen. Die Mittelbehörden unterstehen einer obersten Landesbehörde und verfügen über einen eigenen Verwaltungsunterbau. Neben Sonderbehörden,[302] die aber im Rahmen der seit Jahren betriebenen Behördenstrukturreform allmählich abgebaut werden,[303] gehört zu ihnen insbesondere das **Landesverwaltungsamt** in Weimar. Es stellt die Mittelbehörde der allgemeinen inneren Verwaltung dar und zugleich eine ressortübergreifend tätige Bündelungsbehörde: als höhere Verwaltungsbehörde in Bausachen sowie in der Wirtschafts-, Verkehrs-, Gesundheits-, Landwirtschafts- und Umweltverwaltung.[304] Kommunalrechtlich ist das Landesverwaltungsamt für die staatliche Aufsicht über die Kommunen nach § 118 Abs. 2 ThürKO zuständig.

118 Auf der **Unterstufe** sind die **unteren Landesbehörden** mit einem räumlich begrenzten Zuständigkeitsbereich angesiedelt, insbesondere die **Landratsämter**.[305]

119 **c) Doppelstellung des Landratsamts.** Die Thüringer Landratsämter haben eine **Doppelstellung**. Sie werden tätig

- als untere Staatsbehörden der unmittelbaren Landesverwaltung, dh als **Kreisverwaltungsbehörden** (vgl. § 111 Abs. 2 ThürKO) und

---

300 Sie ist hier nur in ihren kommunalrechtlichen Bezügen zu behandeln, vgl. im Übrigen *Baldus*, § 1 Rn. 114 ff.; *Schneider*, § 2 Rn. 41 ff.
301 Anders etwa der zweistufige Verwaltungsaufbau ohne Mittelstufe in Rheinland-Pfalz, Schleswig-Holstein und im Saarland.
302 Thüringer Fernwasserversorgung (TFW) – Anstalt des öffentlichen Rechts mit Sitz in Erfurt, vgl. LT-Drs. 6/3259.
303 Vgl. dazu *König*, LKV 2010, 289, 290 ff.
304 *Huber*, in: Huber (Hrsg.), Thüringer Staats- und Verwaltungsrecht, S. 151.
305 Umweltämter sind untere staatliche Verwaltungsbehörden (Anordnung über die Errichtung und den Sitz der staatlichen Umweltämter in Thüringen v. 17.5.1994, GVBl. S. 547), vgl. für weitere Beispiele *Huber*, in: Huber (Hrsg.), Thüringer Staats- und Verwaltungsrecht, S. 164.

- als Behörden der Gebietskörperschaft Landkreis, dh als **Kreisbehörden** isd § 111 Abs. 1 S. 1 ThürKO. Insoweit vollziehen sie Entscheidungen der Kreisorgane Kreistag und Landrat (§ 101 Abs. 1 S. 1 ThürKO).

Als Kreisverwaltungsbehörden verwalten die Landratsämter „im Kreis", als Kreisbehörden verwalten sie „den Kreis". Diese **Janusköpfigkeit**[306] führt dazu, dass bei Rechtsakten eines Landratsamts stets zu prüfen ist, ob es als untere staatliche Verwaltungsbehörde oder als Kreisbehörde tätig geworden ist. Hat das Landratsamt als Kreisverwaltungsbehörde gehandelt, ist in einem Verwaltungsprozess richtiger Beklagter isd § 78 Abs. 1 Nr. 1 VwGO der Freistaat Thüringen. Ist es dagegen als Kreisbehörde tätig geworden, ist richtiger Beklagter der Landkreis. Handelt das Landratsamt als untere staatliche Verwaltungsbehörde, so unterliegt es einer uneingeschränkten Weisungsbefugnis der ihm im dreistufigen Verwaltungsaufbau übergeordneten Behörden Thüringer Innenministerium sowie Landesverwaltungsamt. Wird es dagegen als Kreisbehörde tätig, so beschränkt sich die staatliche Aufsicht bei Wahrnehmung von Aufgaben des eigenen Wirkungskreises des Landkreises (§ 87 ThürKO) auf eine Rechtsaufsicht (§ 117 Abs. 1 ThürKO) und umfasst bei Aufgaben des übertragenen Wirkungskreises (§ 88 ThürKO) auch eine Fachaufsicht (§ 117 Abs. 2 ThürKO).

3. Arten kommunaler Gebietskörperschaften

Die Gemeindearten in Thüringen sind in § 6 ThürKO normiert. Danach sind Gemeinden **kreisangehörige Gemeinden** sowie **kreisfreie Städte**. Die kreisangehörigen Gemeinden erfüllen eigene Aufgaben isd § 2 ThürKO sowie übertragene, genuin staatliche Aufgaben isd § 3 ThürKO. Die kreisfreien Städte nehmen diese Angelegenheiten auch wahr, erfüllen daneben aber nach § 6 Abs. 3 ThürKO auch alle Aufgaben, die den Landkreisen im eigenen und im übertragenen Wirkungskreis (§§ 87 f. ThürKO) obliegen. Als kreisfreie Städte gibt es in Thüringen gegenwärtig Eisenach, Erfurt, Gera, Jena, Suhl und Weimar.[307]

Innerhalb der kreisangehörigen Gemeinden gibt es eine besondere Kategorie der **Großen kreisangehörige Städte**, für die § 6 Abs. 4 ThürKO gilt. Dazu zählen gegenwärtig Altenburg, Gotha, Ilmenau, Mühlhausen und Nordhausen. Die Großen kreisangehörigen Städte gehören zwar einerseits einem Landkreis an; daher werden sie „kreisangehörig" genannt, im Gegensatz zu kreisfreien Städten. Sie können aber nach einer durch Rechtsverordnung verliehenen Befugnis Aufgaben des Landratsamts im übertragenen Wirkungskreis wahrnehmen, ähneln in diesem Punkt also kreisfreien Städten.

Von der Art der kommunalen Gebietskörperschaft hängen auch **Stellung und Bezeichnung des Bürgermeisters** nach § 28 Abs. 1 S. 2, Abs. 2 ThürKO ab. Dieser führt in kreisfreien Städten sowie in Großen kreisangehörigen Städten nach § 28 Abs. 1 S. 2 ThürKO die Amtsbezeichnung Oberbürgermeister. In ihnen ist er nach § 28 Abs. 2

---

306 Nach Janus, dem zweigesichtigen römischen Gott der Zeit, der ein Gesicht in die Zukunft und ein anderes in die Vergangenheit richtet; vgl. dazu *v. Schelling*, Philosophie der Mythologie, 1857, S. 604.
307 Aufgeführt sind diese in der Anlage zu § 1 Abs. 2 S. 3 ThürAGVwGO.

S. 4 ThürKO ebenso wie in kreisangehörigen Gemeinden mit mehr als 10.000 Einwohnern als Beamter auf Zeit hauptamtlich tätig.

4. Kommunale Aufgabenkategorien

123 a) **Unterscheidung von eigenen und übertragenen Aufgaben.** Die Verfassungsgarantie der **kommunalen Selbstverwaltung** schützt nur einen Ausschnitt aus den Aufgaben der Kommunen. Daneben nehmen Gemeinden und Landkreise noch weitere Aufgaben wahr, auf die sich die verfassungsrechtliche Garantie aber nicht bezieht. Vor diesem Hintergrund unterscheidet die Thüringer Kommunalordnung zwischen **eigenen Aufgaben** der Gemeinden und Landkreise iSd § 2, § 87 ThürKO, auf die sich die Selbstverwaltungsgarantie erstreckt, sowie **übertragenen Aufgaben** iSd §§ 3, 88 ThürKO, die von ihrem Schutz nicht umfasst sind (vgl. zu diesen Art. 91 Abs. 3 ThürVerf). Alles Handeln der kommunalen Gebietskörperschaften ist Tätigkeit entweder im eigenen, von der Selbstverwaltungsgarantie erfassten oder im übertragenen, von ihr nicht geschützten Wirkungskreis.

124 Die eigenen Aufgaben der **Gemeinden** sind gekennzeichnet durch Universalität und Örtlichkeit. Verfassungsunmittelbar ausgestaltet ist nach der Thüringer Verfassung auch der Aufgabenkreis der Landkreise. § 86 ThürKO hat insoweit nur deklaratorische Bedeutung. Beispiele für eigene Angelegenheiten der Landkreise sind die Errichtung und Unterhaltung von Krankenhäusern, bestimmter weiterführender Schulen sowie die Aufgaben der örtlichen Sozialhilfeträger.

125 Die Aufgaben des übertragenen Wirkungskreises der Gemeinden und Landkreise sind materiell dagegen **Staatsaufgaben.** Ihre Erfüllung erfolgt jedoch nicht durch eigene Behörden des Freistaats Thüringen (unmittelbare Staatsverwaltung). Aus Gründen einer bürgernahen Versorgung werden sie durch den Freistaat vielmehr an die Gebietskörperschaften verwiesen, die sie in mittelbarer Staatsverwaltung erfüllen.

126 b) **Auswirkung der Aufgabenkategorie auf den Inhalt der staatlichen Aufsicht.** Die Besonderheit der Angelegenheiten des eigenen Wirkungskreises liegt darin, dass hier die Gemeinden und Landkreise bei der Aufgabenwahrnehmung in eigener Verantwortung und unter Ausübung eigenen, nur rechtlich nach § 40 ThürVwVfG gebundenen Ermessens handeln. Dementsprechend beschränkt sich gemäß Art. 94 S. 2 ThürVerf die staatliche Aufsicht über die Erfüllung der eigenen Aufgaben auf eine Rechtsaufsicht: Es wird also nur die **Gesetzmäßigkeit** der Verwaltungstätigkeit überwacht (§ 117 Abs. 1 ThürKO), ob die Kommune also gegen Rechtsvorschriften verstößt. Demgegenüber erstreckt sich die staatliche Aufsicht bei Angelegenheiten des übertragenen Wirkungskreises auch auf Erwägungen der **Zweckmäßigkeit.** Bei ihnen findet eine Fachaufsicht nach § 117 Abs. 2 ThürKO statt.

127 c) **Eigene Aufgaben: freiwillige Aufgaben und Pflichtaufgaben.** Innerhalb der eigenen Angelegenheiten, die von der verfassungsrechtlichen Selbstverwaltungsgarantie geschützt sind, ist wiederum zu unterscheiden zwischen Aufgaben, welche die Kommune erfüllen **kann** (sog **freiwillige Kommunalaufgaben** oder Sollaufgaben, § 2 Abs. 1, 2 ThürKO bzw. § 87 Abs. 1 ThürKO) und solchen, zu deren Wahrnehmung sie durch

Gesetz verpflichtet ist (sog **Pflichtaufgaben,** § 2 Abs. 3 ThürKO bzw. § 87 Abs. 2 ThürKO).[308]

Im Bereich der **freiwilligen Aufgaben** hat die Kommune ein **Entschließungs-** und zugleich ein **Auswahlermessen.** So kann jede Thüringer Gemeinde beispielsweise selbst entscheiden, ob und in welcher Form sie Drogen-, Ehe- oder Elternberatungsstellen als Einrichtungen sozialer Betreuung (§ 2 Abs. 2 ThürKO) unterhält, und wie sie insbesondere auf demographisch bedingte Veränderungen in der Nachfrage nach kommunaler Infrastruktur reagiert, ob sie also in Zukunft eher in Alters- und Pflegeheime als in Kindertagesstätten und Schulen investiert.[309] 128

Rechtsfolge der Einordnung einer Selbstverwaltungsangelegenheit als **Pflichtaufgabe** ist demgegenüber, dass diese Aufgabe von der Kommune erfüllt werden **muss,** dass ihr bei ihrer Erfüllung ein Entschließungsermessen also nicht zukommt. In dieser **Verengung des kommunalen Ermessens** stellt die Einordnung einer Aufgabe als Pflichtaufgabe eine nur durch den Gesetzgeber vorzunehmende und von ihm durch überwiegende Gründe des öffentlichen Wohls zu rechtfertigende Beschränkung des kommunalen Selbstverwaltungsrechts dar. Pflichtaufgaben der Thüringer Gemeinden sind etwa die Bauleitplanung (§§ 1 Abs. 3, 2 Abs. 1 BauGB),[310] der abwehrende Brandschutz (§ 2 Abs. 2 ThürBKG) sowie die Abwasserbeseitigung (§ 58 Abs. 1 ThürWG). 129

Übersteigt eine Pflichtaufgabe die Leistungsfähigkeit einer Kommune, so ist sie in **kommunaler Zusammenarbeit** zu erfüllen (§ 2 Abs. 3 S. 2, § 87 Abs. 2 S. 3 ThürKO). Findet sich keine zur Zusammenarbeit bereite andere Kommune, kann die Aufsichtsbehörde auf die Bildung einer Pflichtvereinbarung (§ 15 ThürKGG) oder eines Pflichtverbands (§ 25 ThürKGG) hinwirken. Staatliche Weisungen wie sie im Rahmen der übertragenen Aufgaben vorgesehen sind (§ 3 Abs. 1 S. 2 bzw. § 88 Abs. 1 S. 2 ThürKO) gibt es bei den Pflichtaufgaben nicht. Da es sich bei ihnen um Selbstverwaltungsangelegenheiten handelt, beschränkt sich die Staatsaufsicht nach § 117 Abs. 1 ThürKO auch bei ihnen auf eine Gesetzmäßigkeitskontrolle. 130

Eine Sonderbestimmung zur Zuständigkeit für die Wahrnehmung von Selbstverwaltungsangelegenheiten enthält § 87 Abs. 3 ThürKO. Er weist den **Landkreisen** insoweit **ergänzende Funktion** zu: Auf **Antrag kreisangehöriger Gemeinden** können sie deren Aufgaben des eigenen Wirkungskreises übernehmen, wenn und solange deren Wahrnehmung das Leistungsvermögen der beteiligten Gemeinden übersteigt. Die Übernahme von Aufgaben bedarf der Zustimmung des Kreistags. Eine eigenmächtige Übernahme gemeindlicher Aufgaben durch die Landkreise sieht die Thüringer Kommunalordnung dagegen nicht vor.[311] 131

d) **Übertragene Aufgaben als Staatsaufgaben.** Übertragene Aufgaben iSd § 3 bzw. § 88 ThürKO sind inhaltlich **Staatsaufgaben,** welche die Kommunen im Auftrag des 132

---

308 Bundesrechtlich: Aufstellung von Bauleitplänen § 2 Abs. 1 BauGB; landesrechtlich: Schulträgerschaft § 102 NdsSchG.
309 *Röhl,* in: Schoch (Hrsg.), Besonderes Verwaltungsrecht, Rn. 17 mwN.
310 Die Bauaufsicht nach der Thüringer Bauordnung, etwa die Erteilung einer Baugenehmigung, ist dagegen eine übertragene Angelegenheit, § 57 Abs. 1 Nr. 1 ThürBO.
311 ThürOVG, ThürVBl. 1999, 40, 44.

Freistaats Thüringen erfüllen. Es handelt sich bei ihnen nicht um wesensmäßig örtliche, sondern um **strukturell überörtliche Aufgaben**. Aus Gründen der Verwaltungspraktikabilität werden sie jedoch von den Gemeinden bzw. Landkreisen erledigt. Das Ob und das Wie der Aufgabenerledigung sind **staatlich determiniert**, insbesondere durch **Weisungen**.

133 Von der verfassungsrechtlichen Selbstverwaltungsgarantie der Art. 28 Abs. 2 GG, Art. 91 ThürVerf sind die übertragenen Aufgaben **nicht erfasst**. Einer verwaltungsgerichtlichen Klage der betroffenen Gemeinde gegen eine Weisung iSd § 3 Abs. 1 S. 2 ThürKO würde daher die Klagebefugnis fehlen. Eine Kommunalverfassungsbeschwerde nach Art. 93 Abs. 1 Nr. 4b GG bzw. Art. 80 Abs. 1 Nr. 2 ThürVerf käme mangels Beeinträchtigung des Selbstverwaltungsrechts nicht in Betracht.

134 **Übertragene Aufgaben** sind beispielsweise die Aufgaben der allgemeinen Sicherheits- und Ordnungsbehörden (§ 1 S. 1 ThürOBG bzw. § 27 Abs. 2 ThürOBG) oder der Bauaufsichtsbehörden in Landkreisen und kreisfreie Städten (§ 57 Abs. 1 Nr. 1 ThürBO). Der Anteil übertragener Aufgaben an den kommunalen Gesamtaufgaben ist bei **Gemeinden tendenziell steigend**: Im Zuge von Funktionalreformen werden ihnen neuerdings zunehmend Aufgaben übertragen, die bisher von Sonderbehörden der unmittelbaren Staatsverwaltung, etwa von Schulämtern, wahrgenommen wurden.[312] Denn in der Verwaltungspraxis erweisen sich die beauftragten Gemeinden als erfahrener im eigenverantwortlichen Umgang mit Personal und finanziellen Ressourcen als die Sonderbehörden des Freistaats. Relativ **wenig übertragene Aufgaben** haben dagegen die Landkreise. Sie nehmen ihre Aufgaben, selbst wenn sie für eine Dezentralisierung an sich in Betracht kämen, eher durch die landesunmittelbare innere Verwaltung wahr.[313] Zu den wenigen übertragenen Aufgaben der Landkreise gehört neben der Bauaufsicht insbesondere die Verwaltung der Ausbildungsförderung nach dem BAföG[314] sowie des Wohngelds nach dem WoGG.[315]

135 Die an eine Weisung gebundene Kommune hat gemäß § 3 Abs. 3 ThürKO (bei Landkreisen in Verbindung mit § 88 Abs. 2 S. 2 ThürKO) einen **Kostenerstattungsanspruch** gegen den Rechtsträger der anweisenden Behörde. Gerichtet ist der Anspruch auf Erstattung aller notwendigen Kosten, die ihr durch diese Bindung entstanden sind. Dabei wird davon ausgegangen, dass die Gemeinde oder der Landkreis im Außenverhältnis nach Art. 34 S. 1 GG, § 839 BGB für den Schaden haftet, der sich aus der Rechtswidrigkeit der Entscheidung des anderen Rechtsträgers ergibt, so dass diese Haftung dann im Innenverhältnis weitergegeben wird.[316]

5. Kommunale Kooperationen

136 **a) Systematik der kommunalen Gemeinschaftsarbeit.** Die Thüringer Gemeinden und Landkreise können zur Erfüllung ihrer kommunalen Aufgaben Verbindungen unter-

---

312 Nachweise bei *Burgi*, Kommunalrecht, § 8 Rn. 17 u. 18.
313 Bsp. die Hochschulen in Thüringen nach § 2 Abs. 1 ThürHG, vgl. auch *Kemmler*, JA 2015, 328.
314 Thüringer Ausführungsgesetz zum Bundesausbildungsförderungsgesetz v. 29.5.2002 (GVBl. S. 201).
315 Thüringer Verordnung zur Übertragung von Ermächtigungen und zur Bestimmung von Zuständigkeiten im Wohngeldbereich (ThürWoGZVO) v. 24.7.2007 (GVBl. S. 96).
316 S. zur Vertiefung *Mayer*, KommJur 2016, 41, 47.

einander eingehen und diese näher ausgestalten. Ihre rechtlichen Grundlagen hat diese **kommunale Gemeinschaftsarbeit** in

- den Vorschriften über die Verwaltungsgemeinschaft und die erfüllende Gemeinde (§§ 46 ff. ThürKO),
- der Regelung zur Landgemeinde (§ 6 Abs. 5 ThürKO) iVm den hierauf anwendbaren Vorschriften zur Ortschaftsverfassung (§§ 45 ff. ThürKO) sowie
- dem Thüringer Gesetz über die kommunale Gemeinschaftsarbeit (ThürKGG).

Verwaltungsorganisatorisch kann kommunale Kooperation zur **Begründung einer weiteren Institution** führen, etwa einer Verwaltungsgemeinschaft iSd §§ 46 ff. ThürKO (vgl. § 46 Abs. 3 ThürKO) oder eines Zweckverbands iSd §§ 16 ff. ThürKGG (vgl. § 2 Abs. 3 ThürKGG). Sie mag sich aber auch darauf beschränken, dass eine Gemeinde die Aufgaben anderer **übernimmt**, wie dies etwa bei der erfüllenden Gemeinde nach § 51 ThürKO der Fall ist. Insoweit findet im gesetzlich festgelegten Umfang eine **Kompetenzverschiebung** statt, was Kennzeichen der sog **mehrstufigen kommunalen Aufgabenerfüllung ist.**[317]

Nach der **thematischen Reichweite der Kooperation** sind zu unterscheiden: 137

- Organisationsformen, bei denen sich die kommunale Zusammenarbeit auf einen **breiten Aufgabenbereich** erstreckt: Verwaltungsgemeinschaften (§§ 46 ff. ThürKO), erfüllende Gemeinden (§ 51 ThürKO) sowie Landgemeinden (§ 6 Abs. 5 ThürKO), und
- Kooperationen zur gemeinsamen Erledigung **einzelner** oder **zeitlich beschränkter Aufgaben** in den Formen des ThürKGG: kommunale Arbeitsgemeinschaften (§§ 4 ff. ThürKGG), Zweckvereinbarungen (§§ 7 ff. ThürKGG) und Zweckverbände (§§ 16 ff. ThürKGG). Beispiele hierfür sind Zweckvereinbarungen von Gemeinden über die Beteiligung an einer gemeinsamen Abwasserbeseitigungsanlage, Planungsverbände nach § 205 BauGB sowie Schulverbände.

In **Thüringen** spielt die kommunale Gemeinschaftsarbeit seit längerem eine besonders große Rolle: 601 Gemeinden sind in 69 Verwaltungsgemeinschaften zusammengeschlossen; 39 Gemeinden, die keiner Verwaltungsgemeinschaft angehören, sind erfüllende Gemeinden für 98 weitere.[318] Erklären lässt sich dies mit der Anzahl der Thüringer Kommunen, die in Relation zur flächenmäßigen Ausdehnung des Landes erheblich ist, sowie mit deren ständig wachsenden Haushaltsproblemen. Gerade im ländlichen Raum führt die demographische Entwicklung auch zu Engpässen in der personellen Ausstattung der Kommunalverwaltung. **Zuschüsse** für freiwillige Zusammenschlüsse von Gemeinden, wie sie gegenwärtig diskutiert werden,[319] würden diesen Trend noch verstärken.[320]

---

317 *Bogner*, in: Mann/Püttner (Hrsg.), Handbuch der kommunalen Wissenschaft und Praxis I, S. 245; weiterführend *Borck*, Interkommunale Zusammenarbeit und mehrstufige Aufgabenwahrnehmung, 2012, S. 32 ff.
318 Vgl. LT-Drs. 6/2000, S. 1.
319 Vgl. das inzwischen für nichtig erklärte Vorschaltgesetz zur Durchführung der Gebietsreform in Thüringen v. 2.7.2016 (GVBl. S. 242).
320 S. dazu LT-Drs. 6/2000, S. 2; so wohl auch *Bogumil*, Gutachten im Auftrag des Thüringer Ministeriums für Inneres und Kommunales, 2016, S. 53.

138 **Verfassungsrechtlich** ist die kommunale Gemeinschaftsarbeit bezogen auf die eigenen Angelegenheiten der Kommunen Ausfluss ihrer **Kooperationshoheit**. Diese dient als Säule der kommunalen Selbstverwaltung (Art. 28 Abs. 2 GG, Art. 91 ThürVerf) der effektiven Wahrnehmung der Organisationshoheit.[321] In positiver Hinsicht umfasst sie das Recht zur koordinierten Erledigung der eigenen Angelegenheiten. Negativ beinhaltet sie einen Schutz gegen staatlichen Zwang zur Zusammenarbeit in Pflichtvereinbarungen oder Pflichtverbänden. Denn kommunale Aufgaben sind grundsätzlich **eigenverantwortlich** zu erfüllen.[322] Angeordnet werden darf eine **kommunale Kooperation** daher nur

- durch ein verfassungs- und unionsrechtskonformes[323] Parlamentsgesetz
- im Interesse verbesserter Aufgabenerledigung
  (vgl. §§ 2 Abs. 3 S. 2, 87 Abs. 2 S. 3 ThürKO)
- bei sonst geminderter Leistungsfähigkeit der einzelnen Partner.[324]

Dem tragen die Vorschriften zur **Verwaltungsgemeinschaft** (§§ 46 f. ThürKO) sowie zum **Pflichtverband** (§ 25 ThürKGG) Rechnung: Ihre Bildung kommt nur in Betracht, soweit Gründe des öffentlichen Wohls nicht entgegenstehen (bei der Verwaltungsgemeinschaft) bzw. diese dringend gebieten (im Fall des Pflichtverbands). Auf Selbstverwaltungsangelegenheiten findet jeweils ein nur beschränkter Zugriff statt: Für sie bleiben in den Verwaltungsgemeinschaften die Mitgliedsgemeinden nach § 47 Abs. 2 ThürKO zuständig, Pflichtverbände sind auf die Erfüllung von Pflichtaufgaben beschränkt.

139 **b) Verwaltungsgemeinschaft, erfüllende Gemeinde, Landgemeinde. aa) Verwaltungsgemeinschaft. (1) Entstehung.** Eine Verwaltungsgemeinschaft iSd §§ 46 ff. ThürKO ist ein durch Gesetz[325] gebildeter Zusammenschluss kreisangehöriger Gemeinden zu einer Verbandskörperschaft des öffentlichen Rechts (§ 46 Abs. 2 ThürKO) unter Aufrechterhaltung von deren Bestand. Die Mitgliedsgemeinden sind also nicht integriert, sondern nur koordiniert. Die Verwaltungsgemeinschaft zählt damit zu den sog **Gesamtgemeinden**, in deren „überwölbendem" Verband sich kleinere Gemeinden zusammenfinden, um darin örtliche Aufgaben in einem Modell mehrstufiger kommunaler Organisationseinheit zu erfüllen.[326] Als **juristische Person des öffentlichen Rechts** ist die Verwaltungsgemeinschaft selbstständiger Träger von Hoheitsgewalt und untersteht insoweit der Staatsaufsicht (§ 52 Abs. 2 ThürKO iVm §§ 43 ff. ThürKGG). Sie ist allerdings weder Gemeinde noch Gemeindeverband iSd Art. 28 Abs. 2 GG, 91 ThürVerf.

---

321 BVerwG, NVwZ 1987, 123 f.
322 Vgl. BVerfGE 107, 1, 18 ff.
323 Die zur Finanzierung eines Zweckverbands erhobene Umlage kann eine Beihilfe iSd AEUV-Vertrags sein; s. hierzu BVerwG, EuZW 2011, 269.
324 *Burgi*, Kommunalrecht, § 19 Rn. 2.
325 So die Neufassung durch das Gesetz zur Weiterentwicklung der gemeindlichen Strukturen im Freistaat Thüringen v. 9.10.2008 (GVBl. 2008, S. 372): Die zuvor vorgesehene Möglichkeit der Bildung durch Vereinbarung der beteiligten Gemeinden ist entfallen; bei diesem Gesetz handelt es sich um ein Einzelfallgesetz, das aber nicht im Anwendungsbereich der Art. 19 GG, Art. 42 Abs. 3 S. 1 ThürVerf liegt.
326 Grundsätzlich hierzu *Wolff*, in: Wolff/Bachof/Stober/Kluth (Hrsg.), Verwaltungsrecht II, 7. Aufl. 2010, § 98.

Zu den zur Mitgliedschaft berechtigten kreisangehörigen Gemeinden zählen nach § 6 Abs. 4 ThürKO auch die Großen kreisangehörigen Städte, die allerdings auch Aufgaben des Landratsamts wahrnehmen, so dass sich ihr Einbezug in eine Verwaltungsgemeinschaft nicht anbietet.[327] Kreisangehörige Gemeinden mit ursprünglich weniger als 3.000 Einwohnern müssen einer Verwaltungsgemeinschaft angehören oder einer erfüllenden Gemeinde iSd § 51 ThürKO zugeordnet sein (§ 46 Abs. 2 S. 3 ThürKO); nach § 46 Abs. 3 ThürKO gilt dies auch, wenn sich ihre Einwohnerzahl dahin gehend entwickelt. Der Bildung einer Verwaltungsgemeinschaft dürfen nach § 46 Abs. 1 S. 1 ThürKO **Gründe des öffentlichen Wohls** nicht entgegenstehen; es muss also ein gesteigertes öffentliches Interesse daran bestehen.[328] Zudem sind die beteiligten Gemeinden, die betroffenen Landkreise sowie die von einer Änderung, Erweiterung oder Auflösung betroffenen Verwaltungsgemeinschaften vorher zu hören (§ 46 Abs. 1 S. 2 ThürKO). Ihren Finanzbedarf, dh Personalausgaben und sächlichen Verwaltungsaufwand, deckt die Verwaltungsgemeinschaft nach § 50 ThürKO mithilfe einer Umlage.[329]

140

(2) Aufgaben. Gemäß § 47 Abs. 1 S. 1 ThürKO nimmt die Verwaltungsgemeinschaft alle Angelegenheiten des **übertragenen Wirkungskreises** der Mitgliedsgemeinden wahr, beispielsweise den Erlass sicherheitsrechtlicher Verordnungen nach § 27 ThürOBG. Den Mitgliedsgemeinden steht insoweit nur ein Informationsrecht zu (§ 47 Abs. 1 S. 2 ThürKO).

141

Bei den Angelegenheiten des eigenen Wirkungskreises bleiben die Mitgliedsgemeinden hingegen nach § 47 Abs. 2 ThürKO **originär zuständig**. Die Verwaltungsgemeinschaft handelt insoweit in ihrem Auftrag und nach ihrer Weisung.[330] Vorbehaltlich der Übertragung weiterer Angelegenheiten durch Zweckvereinbarung (§ 47 Abs. 3 ThürKO)[331] obliegen ihr hier vor allem Vorbereitung und Vollzug von Routineangelegenheiten, wie sie gemeindeintern dem Bürgermeister zustehen.

142

(3) Organe. Organe der Verwaltungsgemeinschaft sind nach § 48 Abs. 1 S. 1 ThürKO die **Gemeinschaftsversammlung** und – primär zuständig – der **Gemeinschaftsvorsitzende**. Dieser erledigt neben den Aufgaben nach § 47 ThürKO gemäß § 48 Abs. 1 S. 2 ThürKO „Aufgaben, die der Verwaltungsgemeinschaft durch Vorschriften außerhalb dieses Gesetzes übertragen werden," was an sich eine Frage der Verbands- nicht der Organkompetenz ist. Neben § 47 ThürKO kann es sich hierbei aber weder um eine Aufgabe des eigenen noch um eine solche des übertragenen Wirkungskreises handeln, sondern nur um eine Staatsaufgabe. Für deren Vollzug ist grundsätzlich das Landrats-

143

---

327 Vgl. hierzu *Lange*, Kommunalrecht, S. 1381.
328 *Meyn*, in Huber (Hrsg.), Thüringer Staats- und Verwaltungsrecht, S. 220.
329 Die den Vorschriften des Beihilferechts entsprechen muss. *Lange*, Kommunalrecht, S. 1354; zur Qualifizierung einer Umlage als Beihilfe iSd Gemeinschaftsrechts BVerwG, NVwZ 2011, 1016; aA *Müller*, NVwZ 2009, 1536.
330 *Lange*, Kommunalrecht, S. 1381 spricht hier insoweit von einer bemerkenswert selbstverwaltungsfreundlichen Konstruktion; vgl. dazu auch ThürOVG, ThürVBl 2011, 32.
331 Diese Zweckvereinbarung erfolgt durch öffentlich-rechtlichen Vertrag, der aber nicht den Anforderungen des ThürKGG untersteht. Vgl. zum Rechtscharakter dieser Vereinbarung *Lange*, Kommunalrecht, S. 1360.

amt zuständig. Sie muss aber spezialgesetzlich zugewiesen werden, da sonst bei Auflösung einer Verwaltungsgemeinschaft ein „zuständigkeitsleerer Raum" entstünde.[332]

144 Nach § 48 Abs. 3 ThürKO wird der **Gemeinschaftsvorsitzende** für die Dauer von sechs Jahren von der Gemeinschaftsversammlung gewählt und ist hauptamtlich tätig; er ist kommunaler Wahlbeamter iSd § 1 Abs. 2 Nr. 4 ThürKWBG. Ermittelt wird er grundsätzlich durch eine Stellenausschreibung, deren Art und Umfang die Gemeinschaftsversammlung bestimmt, § 48 Abs. 3 S. 3, 4, 5 ThürKO. Nicht erforderlich ist eine besondere fachliche Qualifikation. Dies birgt die Gefahr einer Besetzung dieses wichtigen Amtes nach ausschließlich politischen Gesichtspunkten.[333]

145 **bb) Erfüllende Gemeinde. (1) Entstehung.** Die erfüllende Gemeinde nach § 51 ThürKO ist eine Thüringer Besonderheit: **Benachbarte kreisangehörige Gemeinden** können vereinbaren, dass eine Gemeinde mit mindestens 3.000 Einwohnern, deren Bürgermeister hauptamtlich tätig ist, die Aufgaben der Verwaltungsgemeinschaft wahrnimmt. Diese Gemeinde heißt dann erfüllende Gemeinde. Sie ist selbst keine Verwaltungsgemeinschaft, erfüllt aber die Aufgaben einer solchen und wird ihr daher rechtlich gleichgestellt. Die Vereinbarung zwischen den benachbarten Gemeinden ist ein öffentlich-rechtlicher Vertrag iSd §§ 54 ff. ThürVwVfG und bedarf als solcher nach § 57 ThürVwVfG der Schriftform. Dass es in Thüringen neben der Verwaltungsgemeinschaft, die eine selbstständige Körperschaft des öffentlichen Rechts bildet (§ 46 Abs. 3 ThürKO), noch das Institut der erfüllenden Gemeinde gibt, liegt an der spezifischen Siedlungsstruktur des Landes,[334] die Möglichkeiten für eine Zusammenarbeit weniger kleinerer Kommunen erfordert. Gerade dafür ist die erfüllende Gemeinde insofern besser geeignet als eine Verwaltungsgemeinschaft, als bei jener nur Aufgaben durch Verwaltungsvereinbarung delegiert werden, ohne dass eine verselbstständigte, personalintensive juristische Person entstünde. In der Praxis bewährt sich die erfüllende Gemeinde daher insbesondere als Form der Kooperation kleinerer Gemeinden im Umland einer größeren Gemeinde als Alternative zur Eingliederung. Die Verwaltungsgemeinschaft bildet dagegen in der Regel einen Verbund aus vielen Gemeinden.[335]

146 **(2) Auswirkung auf die Aufgabenwahrnehmung.** Die erfüllende Gemeinde nimmt zusätzlich zu den ihr als Kommune selbst obliegenden Aufgaben alle **Aufgaben des übertragenen Wirkungskreises** anderer, sog übertragender Gemeinden wahr (§§ 47 Abs. 1, 51 Abs. 1 S. 2 ThürKO). Bei übertragenen Aufgaben, etwa dem Erlass einer ordnungsbehördlichen Verordnung, wechselt also die örtliche Zuständigkeit und damit die Verbandskompetenz: Örtlich zuständig ist nicht mehr die übertragende Gemeinde A, sondern die erfüllende Gemeinde B. Die sachliche Zuständigkeit bleibt dagegen unverändert, da die Angelegenheit nach wie vor Gemeindeaufgabe ist.

147 Darüber hinaus erfüllt die erfüllende Gemeinde alle Aufgaben, die der Verwaltungsgemeinschaft durch **Vorschriften außerhalb der ThürKO** übertragen werden (§§ 48 Abs. 1 S. 2, 51 Abs. 1 S. 2 ThürKO).

---

332 *Wachsmuth/Oehler*, Thüringer Kommunalrecht, § 47 S. 4.
333 Kritisch dazu *Vetzberger*, LKV 2003, 345.
334 Vertiefend zu dieser *Meyn*, LKV 1993, 408.
335 LT-Drs. 6/2000, S. 36 f., 41.

Schließlich wird die erfüllende Gemeinde beim Vollzug der Aufgaben des eigenen Wirkungskreises der übertragenden Gemeinde als deren **Behörde** tätig (§§ 47 Abs. 2 S. 2, Hs. 1, 51 Abs. 1 S. 2 ThürKO). Die Körperschaftskompetenz und damit die alleinige Verantwortung verbleibt indes unverändert bei der übertragenden Gemeinde und ihren Organen, welche die ggf. notwendigen Beschlüsse fassen.[336] Der Bürgermeister der übertragenden Gemeinde kann seine Gemeinde insoweit auch vertreten. Der Bürgermeister der erfüllenden Gemeinde wird insoweit mit denjenigen Organkompetenzen ausgestattet, die auch dem Gemeinschaftsvorsitzenden in einer Verwaltungsgemeinschaft zugewiesen sind. Hierzu gehört im Bereich des eigenen Wirkungskreises insbesondere die Erledigung der laufenden Angelegenheiten (§§ 48 Abs. 1 S. 2, 51 Abs. 1 S. 3 ThürKO). Die erfüllende Gemeinde führt ihre Aufgaben nach Weisung der übertragenden Gemeinde aus (§ 51 Abs. 1 S. 2 ThürKO). Ihr Handeln ist daher der übertragenden Gemeinde zuzurechnen, die im Fall eines Rechtsstreits damit auch die richtige Beklagte ist. 148

Zusammenfassend erhält die erfüllende Gemeinde eine **dominierende Stellung** unter den Partnern der Vereinbarung.[337] 149

cc) Landgemeinde. Vor etwa einem Jahrzehnt wurde in Thüringen als weitere Form des Zusammenschlusses von Gemeinden die **Landgemeinde** normiert, die aus Ortschaften mit jeweils eigener Ortschaftsverfassung besteht[338] (§ 6 Abs. 5 iVm § 45a ThürKO). Sie soll komplexere Aufgaben effektiv und kostensparend erfüllen.[339] Die Bildung von Landgemeinden erfolgt unter Gebiets- und Bestandsänderungen der beteiligten Gemeinden aufgrund eines Gesetzes.[340] Zuständig ist die Landgemeinde für alle Aufgaben des eigenen sowie des übertragenen Wirkungskreises. Organe der Landgemeinde sind der Bürgermeister und der (Land-)Gemeinderat, deren Rechtsstellung denen der Einheitsgemeinde entspricht. 150

Die rechtliche Besonderheit der Landgemeinde gegenüber der Einheitsgemeinde liegt darin, dass sie zum Erlass einer Ortschaftsverfassung verpflichtet ist (§ 45a Abs. 1 S. 1 ThürKO), während dies für die Gemeinde nur eine Option darstellt (vgl. § 45 Abs. 1 S. 1 ThürKO). Hierdurch wird die Landgemeinde zu einer eigenständig handlungsfähigen Vertretungskörperschaft, die hinreichend leistungsfähig ist.[341] In Thüringen begegnet sie im ländlichen Raum, wo sie sich bis heute bewährt.[342] Im Zuge der Gebietsreform sollte die bisherige Landgemeinde um eine sog qualifizierte Landgemeinde mit einer Mindesteinwohnerzahl von 10.000 ergänzt werden, wovon man sich eine effizientere Aufgabenwahrnehmung versprach.[343] 151

---

336 *Wachsmuth/Oehler*, Thüringer Kommunalrecht, § 51 S. 4 f.
337 Gemeinde- und Städtebund Thüringen, Thüringer Kommunalhandbuch, B 3 Rn. 23.
338 Durch das Gesetz zur Weiterentwicklung der gemeindlichen Strukturen im Freistaat Thüringen v. 9.10.2008 (GVBl. S. 368).
339 LT-Drs. 4/4239, S. 2.
340 S. das Thüringer Gesetz zur freiwilligen Neugliederung kreisangehöriger Gemeinden im Jahr 2013 v. 19.12.2013 (GVBl. S. 353).
341 *Wachsmuth/Oehler*, Thüringer Kommunalrecht, § 6 S. 8.
342 So gab es 2015 in Thüringen 13 Landgemeinden (vgl. LT-Drs. 6/2158, S. 2), zB die Landgemeinde Nesse-Apfelstädt (GVBl. 2009, S. 413).
343 Ostthüringer Zeitung v. 21.7.2016, S. 16.

152 Ortschaften sind keine selbstständigen rechtsfähigen Körperschaften mit eigenen Aufgaben, sondern Untergliederungen der Landgemeinde.[344] Sie haben in der Ortschaftsverfassung ein gesetzlich ausgeprägtes Ortschaftsrecht, das ihnen eigenständige Gestaltungsmöglichkeiten innerhalb der Ortschaft garantiert. Als wirksamstes Instrument gilt das Recht des Ortschaftsbürgermeisters (§ 45a Abs. 2 ThürKO), an den Sitzungen des (Land-)Gemeinderats beratend teilzunehmen und eigene Anträge zu stellen (§ 45a Abs. 4 S. 6 ThürKO).[345] Der Ortschaftsrat hat eigene Befugnisse (§ 45a Abs. 6 ThürKO) sowie ein Vorschlagsrecht gegenüber dem (Land-)Gemeinderat, § 45a Abs. 7 ThürKO.

153 c) **Kommunale Gemeinschaftsarbeit.** Der kommunalen Gemeinschaftsarbeit nach dem ThürKGG kommt praktische Bedeutung insbesondere aufgrund der §§ 2 Abs. 3 S. 2, 87 Abs. 2 S. 3 ThürKO zu. Danach sind **Pflichtaufgaben**, deren Wahrnehmung die Leistungsfähigkeit einer Kommune übersteigt, in kommunaler Zusammenarbeit zu erfüllen. Als Rechtsformen der Zusammenarbeit sieht das ThürKGG vor:

- kommunale Arbeitsgemeinschaften (§§ 4 ff. ThürKGG),
- Zweckvereinbarungen (§§ 7 ff. ThürKGG) sowie
- kommunale Zweckverbände (§§ 16 ff. ThürKGG).

Während durch **Arbeitsgemeinschaften** und **Zweckvereinbarungen** keine neuen Rechtspersönlichkeiten entstehen (§ 2 Abs. 2 ThürKGG), sind **Zweckverbände** Körperschaften des öffentlichen Recht (§ 2 Abs. 3 S. 1 ThürKGG).

154 Der Zusammenschluss der beteiligten Kommunen erfolgt jeweils durch koordinationsrechtlichen öffentlich-rechtlichen Vertrag (§§ 54 ff. ThürVwVfG). Dieser ist bei Arbeitsgemeinschaften und Zweckvereinbarungen die einzige Grundlage für die Tätigkeit der zusammenarbeitenden Körperschaften. Demgegenüber werden die Rechtsverhältnisse eines Zweckverbands nach § 17 ThürKGG durch eine von den Beteiligten zu vereinbarende **Verbandssatzung** geregelt.[346]

155 Bei den Arbeitsgemeinschaften, die in Thüringen vor allem zur Bewältigung von Stadt-Umland-Problemen gebildet werden, erfolgt keine Übertragung von Aufgaben oder Befugnissen an die Beteiligten. Im Fall der besonderen Arbeitsgemeinschaften können diese allerdings im Innenverhältnis an deren Beschlüsse gebunden werden (§ 5 Abs. 1 S. 1 ThürKGG). Demgegenüber gehen bei Zweckverbänden das Recht und die Pflicht der Verbandsmitglieder, die dem Zweckverband übertragenen Aufgaben zu erfüllen und die dazu notwendigen Befugnisse auszuüben, gemäß § 20 Abs. 1 ThürKGG auf den Zweckverband als neu gebildete **Körperschaft des öffentlichen Rechts** über. In Thüringen hat sich die Bildung von Zweckverbänden in der Vergangenheit mitunter als fehleranfällig erwiesen.[347] Für die Aufsicht gelten §§ 45 f. ThürKGG.[348]

---

344 *Meyn*, in: Huber (Hrsg.), Thüringer Staats- und Verwaltungsrecht, S. 235; *Gern*, Deutsches Kommunalrecht, Rn. 791 ff.
345 *Meyn*, in: Huber (Hrsg.), Thüringer Staats- und Verwaltungsrecht, S. 236.
346 Vgl. zur Veröffentlichung von Satzungen, mit denen sich Gemeinden zu einem Planungsverband zusammenschließen, BVerwG, NVwZ 2019, 415.
347 Vgl. ThürOVG, LKV 2000, 75; LKV 2001, 415; LKV 2002, 138.
348 Gemeinde- und Städtebund Thüringen, Thüringer Kommunalhandbuch, B 6 Rn. 23.

6. Staatsaufsicht über Gemeinden und Landkreise

a) **Rechtliche Grundlagen in ThürVerf und ThürKO.** Nach Art. 94 S. 1 ThürVerf unterstehen Gemeinden und Gemeindeverbände der Aufsicht des Landes.[349] In Selbstverwaltungsangelegenheiten ist die Aufsicht gemäß Art. 94 S. 2 ThürVerf auf die Gewährleistung der Gesetzmäßigkeit beschränkt. In der Thüringer Kommunalordnung ist die staatliche Aufsicht in §§ 116 ff. ThürKO geregelt. Die verfassungsrechtlich vorgegebene Unterscheidung zwischen **Rechts- und Fachaufsicht** ist in § 117 Abs. 1 bzw. Abs. 2 ThürKO normiert. Bei kommunaler Gemeinschaftsarbeit sind die §§ 45 f. ThürKGG zu beachten.

156

b) **Sinn der staatlichen Aufsicht.** Der Sinn und Zweck der staatlichen Aufsicht besteht **präventiv** darin, Kommunen im Vorfeld ihres Handelns zu beraten, zu fördern und zu unterstützen (vgl. § 116 ThürKO[350]). Hierzu bestehen insbesondere Genehmigungsvorbehalte und Anzeigepflichten. Nach dem Wirksamwerden des kommunalen Akts ist die staatliche Aufsicht **repressiv**, indem das kommunale Handeln *ex post* überprüft wird (vgl. §§ 119 ff. ThürKO).

157

In verfassungsrechtlicher Hinsicht ist die Kommunalaufsicht unerlässliches **Korrelat der Selbstverwaltung**.[351] Denn mögen die Kommunen als Träger mittelbarer Staatsverwaltung auch verselbstständigt sein,[352] so sind sie doch Teil der Staatsgewalt, die wesensmäßig nur als Einheit zu begreifen ist.[353] Innerhalb derselben stellt die Aufsicht aber seit jeher das notwendige **Bindeglied zwischen staatlichen und kommunalen Behörden** dar.[354] Für den Bürger bietet die Aufsicht eine kostenlose Chance darauf, dass das kommunale Handeln von staatlicher Seite überprüft wird. Einen Anspruch auf aufsichtliches Tätigwerden hat er zwar nicht,[355] und so steht ihm bei rechtsfehlerhafter Aufsichtstätigkeit mangels drittschützender Wirkung der §§ 116 ff. ThürKO auch kein Amtshaftungsanspruch zu. Es ist aber davon auszugehen, dass die Aufsichtsbehörden nach dem Grundsatz der Gesetzmäßigkeit der Verwaltung von sich aus die nötigen Maßnahmen ergreifen werden, wenn sie kommunales Handeln als rechtswidrig erkennen.

158

In Thüringen dient die staatliche Aufsicht vor allem dazu, kleinere Gemeinden zu beraten und sie dadurch nach § 116 ThürKO in ihrer Entschlusskraft zu stärken.[356] Denn gerade bei diesen fehlt es oft an personellen Kapazitäten sowie an rechtlichem Sachverstand zur Regelung komplexerer Sachverhalte. Den beaufsichtigten Kommu-

159

---

349 Grundlegend zur Kommunalaufsicht *Oebbecke*, Die Verwaltung 48 (2015), 233; vgl. auch *Franz*, JuS 2004, 937; *Schoch*, Jura 2006, 188; *ders.*, Jura 2006, 358; *Brüning*, DÖV 2010, 553; vgl. allgemein zur staatlichen Aufsicht und ihrer Funktionsfähigkeit als Staatswohlbelang jüngst BVerfG, Urt. v. 7.11.2017, 2 BvE 2/11.
350 Diese Vorschrift umfasst mit der Betonung der präventiven Aufsicht nur einen Teilbereich des aufsichtlichen Handlungsspektrums; vgl. im Übrigen §§ 119 ff. ThürKO.
351 BVerfGE 6, 104, 118; 78, 331, 341.
352 S. dazu oben III. 2. a.
353 Vgl. dazu *Grimm*, in: Isensee/Kirchhof (Hrsg.), Handbuch des Staatsrechts I, § 1 Rn. 87.
354 Deutlich etwa bereits in § 184b der Verfassung des Deutschen Reichs vom 28.3.1849.
355 St. Rspr., vgl. bereits BayVGH v. 24.10.1956, VGHE nF 9 (1956), 93, 94; BayVBl, Beschl. v. 9.9.1997 – 4 CE 97.80; OVG Lüneburg, Beschl. v. 8.9.2015 – 8 ME 149/15; *Weber/Köppert*, Kommunalrecht Bayern, 3. Aufl. 2015, S. 110. Gleiches gilt für kommunale Organe oder Organteile: OVG RhPf, DÖV 1986, 152.
356 Vgl. zu den Gefahren einer direktiven Beratung allerdings *Leisner-Egensperger*, DÖV 2006, 761.

nen gegenüber entfalten die Vorschriften über die Kommunalaufsicht drittschützende Wirkung iSd § 839 BGB iVm Art. 34 S. 1 GG, so dass ihre Verletzung, etwa im Fall einer rechtswidrigen Genehmigungserteilung, eine Schadensersatzpflicht nach sich ziehen kann.[357] Praktisch relevant ist in Thüringen nicht zuletzt auch die sog **formlose Kommunalaufsicht** durch Empfehlungen, Belehrungen, Hinweise und Auskünfte.[358]

160 c) **Rechts- und Fachaufsicht.** Art. 94 S. 2 ThürVerf gibt verfassungsrechtlich die Unterscheidung zwischen Rechts- und Fachaufsicht vor. Einfachgesetzlich ist sie in § 117 ThürKO umgesetzt. Danach beschränkt sich die staatliche Aufsicht über das Handeln von Kommunen im eigenen Wirkungskreis auf eine **Rechtsaufsicht** (Abs. 1), während sie bei Angelegenheiten des übertragenen Wirkungskreises „über die Rechtsaufsicht hinaus" als **Fachaufsicht** wahrzunehmen ist (Abs. 2).

161 Den **Inhalt der Rechtsaufsicht** umschreibt § 117 Abs. 1 ThürKO: Die dort genannten „gesetzlich festgelegten" Verpflichtungen können sich aus Bundes- oder Landesrecht ergeben und schließen auch Rechtsverordnungen und Satzungen ein. Die „übernommenen Verpflichtungen" rühren insbesondere von öffentlich-rechtlichen Verträgen im Bereich kommunaler Gemeinschaftsarbeit nach ThürKGG her. Die Gesetzmäßigkeit der Verwaltungstätigkeit erstreckt sich auch auf die Einhaltung von Verwaltungsvorschriften. Auch die Ausübung des kommunalen Verwaltungsermessens kann auf die Einhaltung seiner rechtlichen Grenzen kontrolliert werden, entsprechend seiner Überprüfbarkeit durch ein Verwaltungsgericht nach § 114 VwGO. Fachaufsicht iSd § 117 Abs. 2 ThürKO erstreckt sich – darüber hinaus – auf finanz-, betriebs- und volkswirtschaftliche sowie gesellschaftspolitische Kriterien.

162 Als **Beispiel** dienen möge die **Aufsicht über die Privatisierung** eines gemeindlichen **Museums**. Dieses stellt eine Einrichtung des kulturellen Lebens dar. Ihre Unterhaltung ist damit zu den eigenen Angelegenheiten der Gemeinde zu rechnen (vgl. § 2 Abs. 2 ThürKO). Damit findet nur eine **Rechtsaufsicht** statt, dh eine Gesetzmäßigkeitskontrolle auf Einhaltung der rechtlichen Grenzen der Privatisierung (§ 117 Abs. 1 ThürKO). Diese bezieht sich insbesondere auf die Grundsätze des Gemeindewirtschaftsrechts (§ 67 Abs. 1 S. 2 ThürKO iVm § 53 Abs. 2 ThürKO), den Funktionsvorbehalt zugunsten des öffentlichen Dienstes (Art. 33 Abs. 4 GG), die Grundrechte übernehmender Privater (Art. 12 und 14 GG), das Sozialstaatsprinzip (Art. 20, 28 Abs. 1 GG) sowie die kommunale Selbstverwaltungsgarantie in ihrer politisch-demokratischen Funktion.[359] Im Gegenbeispiel der Privatisierung eines **Betriebs**, der von einer Gemeinde im Rahmen übertragener Aufgaben geführt wird (§ 3 ThürKO), erfolgt eine **Fachaufsicht** (§ 117 Abs. 2 ThürKO). Sie prüft **zugleich,**

---

357 Vgl. dazu OLG Dresden, Urt. v. 11.7.2001 – 6 U 254/01; weiterführend *Mayer*, KommJur 2016, 41.
358 Ein Überblick findet sich hierzu bei *Pfeiffer*, ThürVBl. 2007, 201; weiterführend *ders.*, Haftung für Pflichtverletzungen der Kommunalaufsichtsbehörde – zugleich eine rechtsverhältnisdogmatische Analyse der amtshaftungsrechtlichen Staatshaftung, 2006.
359 Vgl. insoweit BVerwG, DVBl 2009, 1382 (sog Weihnachtsmarkturteil); krit. hierzu *Schoch*, DVBl 2009, 1533; *Winkler*, JZ 2009, 1169.

- ob die Privatisierung **finanzwirtschaftlich** sinnvoll ist, indem sie den kommunalen Haushalt entlastet,
- ob sie **betriebswirtschaftlichen** Maßstäben genügt, dadurch dass sich dann qualitativ höherwertig und kostengünstiger produzieren lässt,
- ob sich die Nachfrage **volkswirtschaftlich** besser regulieren lässt, und
- ob die Privatisierung **gesellschaftspolitisch** ratsam ist, indem etwa private Vermögensbildung, Initiative und Eigenverantwortlichkeit gestärkt werden.

d) Zuständigkeit der Aufsichtsbehörden. aa) Aufsicht über kreisangehörige Gemeinden. Rechtsaufsichtsbehörde über **kreisangehörige Gemeinden** ist nach § 118 Abs. 1 S. 1 ThürKO das Landratsamt als untere staatliche Verwaltungsbehörde. Kommunalaufsichtlich tätig wird dieses also als Kreisverwaltungsbehörde (vgl. § 111 Abs. 2 ThürKO). Es ist nach § 118 Abs. 4 ThürKO idR zugleich Fachaufsichtsbehörde über die kreisangehörigen Gemeinden. 163

In Bezug auf die **Großen kreisangehörigen Städte** iSd § 6 Abs. 4 ThürKO bestimmt sich die Rechtsaufsichtsbehörde im Grundsatz nach § 118 Abs. 1 S. 1 ThürKO. Denn eine Große kreisangehörige Stadt ist eine kreisangehörige Gemeinde. Fachaufsichtsbehörde ist nach § 118 Abs. 4 ThürKO das Landratsamt als untere staatliche Verwaltungsbehörde. § 118 Abs. 6 ThürKO betrifft den Sonderfall, dass Große kreisangehörige Städte Aufgaben des Landkreises wahrnehmen, die ihnen nach § 6 Abs. 4 ThürKO übertragen sind und ihnen insoweit im übertragenen Wirkungskreis anwachsen. Über ihre Erfüllung findet damit eine Fachaufsicht statt. Die Zuständigkeit der Fachaufsichtsbehörde bestimmt sich nach den für kreisfreie Städte geltenden Vorschriften, also nach § 118 Abs. 5 S. 1 ThürKO. Zuständig ist damit das Landesverwaltungsamt. 164

bb) Aufsicht über kreisfreie Städte und Landkreise. Rechtsaufsichtsbehörde über kreisfreie Städte und Landkreise ist nach § 118 Abs. 2 Hs. 1 ThürKO das Landesverwaltungsamt, Fachaufsichtsbehörde über sie ist nach § 118 Abs. 5 S. 1 ThürKO idR das Landesverwaltungsamt. 165

cc) Aufsicht über Verwaltungsgemeinschaften und Zweckverbände. Rechts- und zugleich Fachaufsichtsbehörde über Verwaltungsgemeinschaften und Zweckverbände ist nach § 118 Abs. 1 und 4 ThürKO das Landratsamt als Kreisverwaltungsbehörde. 166

dd) Obere und oberste Aufsichtsbehörden. Die in § 118 Abs. 2 Hs. 2, Abs. 3 ThürKO genannten oberen und obersten Rechtsaufsichtsbehörden werden nicht unmittelbar gegenüber den zu beaufsichtigenden Kommunen tätig, sondern **überwachen** die aufsichtliche Tätigkeit der unteren Aufsichtsbehörden. Sie kommen vor allem dann zum Einsatz, wenn die unteren Aufsichtsbehörden pflichtwidrig untätig bleiben. 167

Obere Rechtsaufsichtsbehörde sowie zugleich obere Fachaufsichtsbehörde über kreisangehörige Gemeinden einschließlich Großer kreisangehöriger Städte sowie über Verwaltungsgemeinschaften und Zweckverbände ist nach § 118 Abs. 2, Hs. 2 ThürKO bzw. § 118 Abs. 5 S. 2 ThürKO das Landesverwaltungsamt. Die obere Rechtsaufsichtsbehörde über kreisfreie Städte und Landkreise fällt mit der obersten Rechtsaufsichtsbehörde zusammen, die für alle Kommunen nach § 118 Abs. 3 ThürKO das 168

Thüringer Innenministerium ist. Eine obere Fachaufsicht über kreisfreie Städte, den Großen kreisangehörigen Städten nach § 6 Abs. 4 ThürKO anwachsende Aufgaben und Landkreise ist nicht vorgesehen.

169 e) **Aufsichtsmittel. aa) Befugnisse der Rechtsaufsicht. (1) Informationsrecht.** Dem Informationsrecht der Rechtsaufsichtsbehörde nach § 119 ThürKO entspricht eine Informationspflicht der Kommune. Von großer praktischer Bedeutung ist das **Besichtigungs- und Prüfungsrecht** des § 119 S. 2 ThürKO.[360]

170 **(2) Beanstandungspflicht.** Nach § 120 Abs. 1 ThürKO kann die Rechtsaufsichtsbehörde rechtswidrige Maßnahmen der Kommunen beanstanden. Wie aus dem Wort „kann" ersichtlich, gilt hier das **Opportunitätsprinzip**. Dies bedeutet, dass es im pflichtgemäßen Ermessen der Rechtsaufsichtsbehörde liegt, ob und wie sie beanstandet.[361] Zu einer zweckentsprechenden Ermessensbetätigung gehört es insbesondere, dass vor einer förmlichen Beanstandung ein Meinungsaustausch zwischen staatlicher Aufsichtsbehörde und Kommune iSd § 116 ThürKO stattfindet, in dessen Folge die Kommune zunächst formlos auf die Rechtswidrigkeit ihres Handelns hingewiesen wird.

171 Das Gesetz unterscheidet zwischen der **Gesetzes- oder Rechtskontrolle** über Beschlüsse eines Kollegialorgans, Anordnungen als Verwaltungsakte, sonstige Maßnahmen sowie Bürgerentscheide (§ 120 Abs. 1 S. 1 ThürKO) und der sog **Pflichtenkontrolle** (§ 120 Abs. 1 S. 2 ThürKO), die an pflichtwidriges Unterlassen anknüpft.

172 **Prüfungsmaßstab** ist stets die **Rechtmäßigkeit** des kommunalen Handelns oder Unterlassens einschließlich der Einhaltung der Grenzen des Ermessens. Von besonderer Klausurrelevanz sind hier die Bezüge zum Verwaltungsverfahrensrecht: Kein rechtswidriges Handeln liegt bei einem inzwischen nach § 45 ThürVwVfG geheilten Verfahrensfehler vor. Im Fall eines nach § 46 ThürVwVfG unbeachtlichen Verfahrensfehlers bleibt der Verwaltungsakt zwar rechtswidrig. Eine Beanstandung hat dennoch zu unterbleiben, da ein rechtsaufsichtliches Einschreiten gegen den Verhältnismäßigkeitsgrundsatz verstieße.

173 Die **Beanstandungsverfügung** nach § 120 Abs. 1 ThürKO ist ein von der Kommune angreifbarer **Verwaltungsakt** iSd § 35 S. 1 ThürVwVfG mit **zwei Regelungsbestandteilen**:

- einer **Beanstandung** iSd förmlichen Feststellung der Rechtswidrigkeit des Handelns oder Unterlassens, und
- einem **Aufhebungs- und Änderungsverlangen** bzw. – im Fall der Pflichtenkontrolle – einer Erfüllungsanordnung.

Im Rahmen des zweiten Regelungsbestandteils darf die Rechtsaufsichtsbehörde **nichts Unmögliches** verlangen, also etwa nicht die Aufhebung eines rechtswidrigen Verwaltungsakts, wenn dies der Gemeinde im Rahmen des § 48 ThürVwVfG aus Gründen

---

360 *Meyn*, in: Huber (Hrsg.), Thüringer Staats- und Verwaltungsrecht, S. 257; *Knemeyer*, JuS 2000, 521, 524; *Franz*, JuS 2004, 937, 939.
361 Eingeführt wurde das Entschließungsermessen durch das Gesetz über das Neue Kommunale Finanzwesen (ThürNKFG) v. 19.11.2008 (GVBl. S. 381); zuvor war die Aufsichtsbehörde zum Einschreiten verpflichtet.

des Vertrauensschutzes einschließlich des Fristablaufs nicht (mehr) möglich ist. Kann die Rechtsaufsichtsbehörde absehen, dass die Kommune dem Aufhebungs- oder Abänderungsverlangen nicht freiwillig nachkommen wird, so kann sie bereits in der Beanstandungsverfügung – als deren dritter Regelungsbestandteil – die Voraussetzungen für eine spätere Ersatzvornahme nach § 121 ThürKO durch deren Androhung in Verbindung mit einer entsprechenden Fristsetzung (vgl. § 121 Abs. 1 S. 1 ThürKO[362]) schaffen.

(3) **Ersatzvornahme.** Die Ersatzvornahme, die nach § 121 Abs. 1 ThürKO als *ultima ratio* in Betracht kommt, hat folgende Voraussetzungen: 174

- Eine bestandskräftige oder für sofort vollziehbar erklärte[363] Beanstandungsentscheidung liegt vor;
- es wurde eine angemessene Frist gesetzt;
- die Kommune ist innerhalb dieser Frist der Anordnung der Rechtsaufsichtsbehörde nicht nachgekommen;
- die geforderten Maßnahmen sind rechtmäßig;
- die Kommune ist zur Vornahme der Handlungen in der Lage;
- die Ersatzvornahme wurde angedroht.

Ein gegen das Aufhebungs- oder Änderungsverlangen eingelegter Rechtsbehelf bewirkt, dass die Fristsetzung wegen des **Suspensiveffekts** nach § 80 Abs. 1 VwGO gegenstandslos wird. Dies hat zur Folge, dass die Rechtsaufsichtsbehörde nach rechtskräftiger Bestätigung ihrer Anordnung erneut eine Frist setzen muss, es sei denn, sie hat die Frist von vornherein an die Bestandskraft der Anordnung gekoppelt.

Die **Ersatzvornahme** bewirkt, dass die Rechtsaufsichtsbehörde anstelle der Kommune 175 die sich aus der Beanstandungsverfügung ergebenden, notwendigen Maßnahmen trifft. Im Innenverhältnis zwischen staatlicher Aufsichtsbehörde und beaufsichtigter Kommune ist die Ersatzvornahme ein Verwaltungsakt. Im Außenverhältnis, dh gegenüber einem Bürger, der durch einen im Wege der Ersatzvornahme durch die Rechtsaufsichtsbehörde erlassenen Verwaltungsakt belastet ist, stellt sich die Frage, wer **richtiger Klagegegner** ist isd § 78 Abs. 1 Nr. 1 VwGO: der Rechtsträger der Rechtsaufsichtsbehörde, dh der Freistaat Thüringen oder die beaufsichtigte Kommune. Ein Teil der Rechtsprechung und der Literatur sieht die beaufsichtigte Kommune als passivlegitimiert an, da dieser die im Wege der Ersatzvornahme von der Rechtsaufsichtsbehörde durchgeführte Maßnahme im Außenverhältnis zugerechnet werde.[364] Problematisch hieran ist, dass sich so die beaufsichtigte Kommune im Außenverhältnis gegen eine ihr aufgezwungene Maßnahme zu wehren hat, für deren Rechtfertigung ihr die Argumentation schwerfallen dürfte. Richtig ist es daher, als passivlegitimiert den Träger der Rechtsaufsichtsbehörde anzusehen, dh den Freistaat Thüringen.[365]

---

362 In dieser Fristsetzung liegt keine Anordnung des Sofortvollzugs nach § 80 Abs. 2 Nr. 4 VwGO.
363 *Geis*, Kommunalrecht, § 24 Rn. 18.
364 VG Sigmaringen, Urt. v. 12.8.2003 – 4 K 1737/02, Rn. 53 (juris); insbesondere *Lange*, Kommunalrecht, S. 1222 mwN.
365 So auch ThürOVG, ThürVBl. 2004, 141 ff.; vgl. dazu *Franz*, JuS 2004, 937, 940; krit. dazu *Lange*, Kommunalrecht, S. 1223 f.

176 **(4) Bestellung eines Beauftragten.** Die Bestellung eines Beauftragten nach § 122 ThürKO ist ein **Notstandsaufsichtsmittel** mit strengen Voraussetzungen. Sind sie erfüllt, kommt auf Rechtsfolgenseite häufig eine Ermessensreduktion auf Null in Betracht. Die Rechtsaufsichtsbehörde ist also zur Bestellung eines Beauftragten verpflichtet.[366]

177 **bb) Befugnisse der Fachaufsicht.** Bei § 119 ThürKO entsprechen die Befugnisse der Fachaufsicht denen der Rechtsaufsicht. Nach § 120 Abs. 2 ThürKO kann die Fachaufsichtsbehörde der Gemeinde oder dem Landkreis in Angelegenheiten des übertragenen Wirkungskreises **Weisungen** erteilen. Diese beziehen sich bei gebundenen Entscheidungen auf die Gesetzmäßigkeit der Verwaltung, bei Ermessensentscheidungen der beaufsichtigten Kommune auch auf die Ausübung des Ermessens unter Zweckmäßigkeitsgesichtspunkten. Verfassungsrechtlich rechtfertigt sich das Weisungsrecht daraus, dass Kommunen im übertragenen Wirkungskreis materiell Staatsaufgaben wahrnehmen, die – würden sie in unmittelbarer Staatsverwaltung erfüllt – ebenfalls nach Weisung übergeordneter Instanzen zu erfüllen wären.

178 Weigert sich die Kommune, die aufsichtliche Weisung zu befolgen, steht der Fachaufsichtsbehörde kein Eintrittsrecht zu (vgl. § 120 Abs. 2 S. 2 ThürKO). Sie kann sich jedoch an die Rechtsaufsichtsbehörde wenden mit dem Ersuchen, dass die Weisung mit rechtsaufsichtlichen Maßnahmen, dh Beanstandung mit Fristsetzung und ggf. Ersatzvornahme, durchgesetzt wird.

179 Die **Rechtsnatur der Weisung** ist umstritten: Nach der Rechtsprechung und einem Teil der Lehre ist sie mangels Außengerichtetheit kein Verwaltungsakt. Die Weisung betreffe die Kommune in Angelegenheiten des übertragenen Wirkungskreises als „staatliche Unterbehörde", so dass sie keine Auswirkungen auf das Selbstverwaltungsrecht habe.[367] Hiergegen spricht jedoch, dass die materiell staatlichen Aufgaben durch die Übertragung zu solchen der Kommune werden. Die Weisung ist daher aus der Sicht des Staates Richtung kommunalen Bereich, dh der beaufsichtigten Kommune gegenüber nach außen gerichtet. Sie ist damit ein **Verwaltungsakt**. Eine Kommune, die Aufgaben des übertragenen Wirkungskreises wahrnimmt, wird auch nicht zur Staatsbehörde, sondern bleibt selbstständige juristische Person des öffentlichen Rechts[368] und ist damit als solche passivlegitimiert nach § 78 Abs. 1 Nr. 1 VwGO.

180 **f) Genehmigungen durch die Aufsichtsbehörde.** Gemäß § 123 Abs. 1 ThürKO erteilt grundsätzlich die Rechtsaufsichtsbehörde die nach der Thüringer Kommunalordnung vorgeschriebenen **Genehmigungen**, etwa nach §§ 9 Abs. 2 S. 1 (Gebietsänderungen), 53a Abs. 2 S. 1 (Haushaltssicherungskonzept), 57 Abs. 3 (Haushaltssatzungen), 59 Abs. 4 (Verpflichtungsermächtigungen) oder 63 Abs. 4 ThürKO (Kreditaufnahme).

181 Umstritten ist, ob die Kommune einen **Anspruch auf Erteilung einer Genehmigung** hat. Teilweise wird ein solcher generell abgelehnt: Der Genehmigungsbehörde komme

---

366 *Engels/Krausnick*, § 10 Rn. 31.
367 BayVGH, BayVBl. 1977, 152, 153 f.; BVerwG, BayVBl. 1978, 374, 374 ff.; differenzierend *Engels/Krausnick*, Kommunalrecht, § 10 Rn. 46.
368 So auch BVerwG, BayVBl. 1995, 474, 474 ff.

ein Ermessens- oder Beurteilungsspielraum bei der Erteilung der Genehmigung zu, mit dem ein Anspruch der beaufsichtigten Kommune nicht vereinbar sei.[369] Diese pauschale Sichtweise verkennt jedoch den Sinn und Zweck kommunalrechtlicher Genehmigungsvorbehalte: Diese sollen Kommunen vor übereilten, ihre Leistungsfähigkeit gefährdenden Entscheidungen schützen, in deren eigenem Interesse, teilweise allerdings auch mit Blick auf übergeordnete Gesichtspunkte, etwa solchen des Kulturgüterschutzes. Diese Schutzfunktion muss jedoch stets in Respekt vor der Eigenständigkeit und Eigenverantwortlichkeit der beaufsichtigten Kommune wahrgenommen werden. Die Frage, ob dieser ein Anspruch auf Erteilung einer Genehmigung zusteht, ist daher differenziert zu beantworten: je nach **Funktion des Genehmigungsvorbehalts**.

- Dient der Genehmigungsvorbehalt lediglich einer **präventiven Rechtmäßigkeitskontrolle**, ist der Genehmigungsbehörde kein Ermessensspielraum eröffnet. Die Kommune hat damit einen Anspruch auf Erteilung der Genehmigung.
- Ein Ermessensspielraum ist der Genehmigungsbehörde jedoch dann zuzugestehen, wenn ihr über die Rechtskontrolle hinaus zugleich ein staatliches Mitwirkungsrecht, ein sog *Kondominium*,[370] eingeräumt ist. Dann müssen im Wege einer Zweckmäßigkeitskontrolle auch Interessen des Staates berücksichtigt werden können.[371] Beispielhaft hierfür genannt seien die Veräußerung kommunaler Vermögensgegenstände von bedeutendem künstlerischem, historischem oder wissenschaftlichem Wert oder die Aufnahme eines kommunalen Kredits.[372] Der Schutz kommunaler Belange erfolgt in solchen Fällen über den **Grundsatz des gemeindefreundlichen Verhaltens**.[373]

g) **Aufsicht und Verwaltungsprozess. aa) Zuständigkeit der Aufsichtsbehörde als Widerspruchsbehörde.** Eine Sonderbestimmung zum **Widerspruchsverfahren gegen kommunale Verwaltungsakte**, das früher in § 124 ThürKO aF geregelt war, stellt seit 2013 die Vorschrift des **§ 10 Abs. 1 Nr. 1 ThürAGVwGO dar**.[374] Eingeführt wurde sie im Zusammenhang mit der Novellierung des Widerspruchsverfahrens in Thüringen.[375] Dessen grundsätzliche Vorteile eines zusätzlichen Rechtsschutzes für den Widerspruchsführer, der Ermöglichung einer Selbstkontrolle der Verwaltung und der Entlastung der Gerichte sollten weiter genutzt werden. Deshalb wurde am Thüringer Widerspruchsverfahren als gerichtlichem Vorverfahren prinzipiell festgehalten. Bereichsspezifisch sollten allerdings Verfahrenshemmnisse abgebaut werden.[376] § 10 Abs. 1 Nr. 1 ThürAGVwGO bewirkt einen **Gleichlauf von Widerspruchs- und Aufsichtsverfahren**: Es sind dieselben Behörden zuständig, und es besteht derselbe Prüfungsmaßstab.

182

---

369 *Maurer/Waldhoff*, Allgemeines Verwaltungsrecht, 20. Aufl. 2020, § 23 Rn. 21; vgl. auch *Burgi*, Kommunalrecht, § 8 Rn. 42.
370 Von lat. *con-dominium* = gemeinsames Eigentum.
371 BVerwG, DVBl 1971, 213, 213 ff.; OVG NW, NVwZ 1990, 689, 690 f.; *Franz*, JuS 2004, 937, 939; *Schoch*, NVwZ 1990, 805; aA *Erlenkämper*, NVwZ 1992, 323, 323 ff.
372 Vgl. BVerwG, DVBl 1971, 213.
373 OVG NW, DVBl 1988, 796.
374 Eingeführt durch Gesetz v. 23.7.2013 (GVBl. S. 194, 202).
375 Vgl. dazu *Heins*, Die Abschaffung des Widerspruchsverfahrens, 2010, S. 90 ff.
376 LT-Drs. 4/3714, S. 12.

183 Zur **Widerspruchsbehörde** bestimmt § 10 Abs. 1 Nr. 1 ThürAGVwGO insoweit „anderes" isd § 73 Abs. 1 Nr. 3 VwGO, als zuständig nicht die Gemeinde als Selbstverwaltungsbehörde ist, sondern die **Rechtsaufsichtsbehörde**. Normzweck dieser Regelung ist es, die **Thüringer Kommunen** von der Durchführung des Widerspruchsverfahrens zu **entlasten**. Denn auf der Grundlage des § 73 Abs. 1 Nr. 3 VwGO, also bei Wegfall des Devolutiveffekts, wären sie als Selbstverwaltungsbehörden zugleich Widerspruchsbehörden. Hierdurch würden sie aber übermäßig in Anspruch genommen; deshalb wird diese Vorschrift durch § 10 Abs. 1 Nr. 1 ThürAGVwGO abbedungen. Als Vorteil des Gleichlaufs in den Zuständigkeiten wird es weiterhin angesehen, dass so einer **Zersplitterung von Zuständigkeiten** für die Bearbeitung verschiedener Teile ein und desselben Widerspruchs **entgegengewirkt** wird. Vor Einführung dieser Vorschrift waren beispielsweise für den Erlass von Widerspruchsbescheiden gegen die Erhebung von Gebühren für die Personalkosten eines schulischen Horts die kommunalen Schulträger als Ausgangsbehörden zuständig. Die Kompetenz für den Erlass von Widerspruchsbescheiden gegen die Beteiligung an den sonstigen Betriebskosten lag hingegen bei der Rechtsaufsichtsbehörde.[377]

184 Zudem verengt § 10 Abs. 1 Nr. 1 ThürAGVwGO den **Prüfungsrahmen** des § 68 VwGO, der sich grundsätzlich auf die Recht- und zugleich Zweckmäßigkeit erstreckt, auf die **Rechtmäßigkeit**. Denn eine Prüfung auch der Zweckmäßigkeit durch die Rechtsaufsichtsbehörde verstieße als Beschränkung der Eigenverantwortlichkeit der Kommune gegen deren Selbstverwaltungsgarantie nach Art. 28 Abs. 2 GG, Art. 91 ThürVerf. Die Zweckmäßigkeit kann daher nur durch die Kommune selbst als Selbstverwaltungsbehörde überprüft werden, was zuvor im Abhilfeverfahren erfolgt (§ 72 VwGO).

185 **bb) Rechtsschutz gegen aufsichtliche Maßnahmen.** Für Streitigkeiten zwischen beaufsichtigter Kommune und beaufsichtigendem Freistaat Thüringen ist der Verwaltungsrechtsweg eröffnet (§ 40 Abs. 1 S. 1 VwGO). **Statthaft** ist gegen **Maßnahmen der Rechtsaufsicht die Anfechtungsklage** nach § 42 Abs. 1 Fall 1 VwGO, da diese idR Verwaltungsakte mit Außenwirkung und Regelungscharakter sind. Umstritten ist die Rechtsnatur der Weisung, damit die statthafte Klageart gegen Maßnahmen der **Fachaufsicht**. Richtigerweise ist auch insoweit eine **Anfechtungsklage** zu erheben.

186 Die **Klagebefugnis** der Kommune ergibt sich bei Maßnahmen der Rechtsaufsicht aus einer möglichen Verletzung ihres Selbstverwaltungsrechts (Art. 28 Abs. 2 GG, Art. 91 ThürVerf). Bei Maßnahmen der Fachaufsicht scheidet ein Rückgriff auf das Selbstverwaltungsrecht zwar aus. Die Klagebefugnis folgt hier jedoch aus dem Recht, im prinzipiell weisungsfreien kommunalen Raum „von Weisungen verschont zu bleiben"[378] – ein Gedanke, der seinen normativen Niederschlag in der Beschränkung des Weisungsrechts nach § 120 Abs. 2 S. 2 ThürKO findet. Ein **Vorverfahren** der Kommunen nach § 68 VwGO gegen aufsichtliche Maßnahmen entfällt (§ 9 Abs. 2 Nr. 4

---

377 LT-Drs. 4/3714, S. 13 f.
378 *Burgi*, Kommunalrecht, § 9 Rn. 18; zum weisungsfreien Bereich auch BayVBl. 1977, 152; *Riegl*, BayVBl. 1985, 369.

ThürAGVwGO). Es ist also sogleich Anfechtungsklage gegen die Aufsichtsmaßnahme zu erheben.

7. Kommunale Spitzenverbände

Kommunale Spitzenverbände sind freiwillige Zusammenschlüsse kommunaler Gebietskörperschaften. Sie bestehen auf Landes-, Bundes- und europäischer Ebene und sollen dort jeweils die kommunale Selbstverwaltung fördern. Gesellschaftspolitisch besteht ihre Aufgabe darin, die Anteilnahme der Bevölkerung an einer selbstverantwortlichen Gestaltung des öffentlichen Lebens zu stärken. In Verwirklichung des **kommunalrechtlichen Partizipationsprinzips** sollen sie dabei sämtliche Bürger repräsentieren, die in den kommunalen Gebietskörperschaften leben, nicht nur einzelne Bevölkerungsgruppen wie etwa die Interessenverbände der Wirtschaft oder des Handels.[379]   187

Ihre **rechtlichen Grundlagen** haben die kommunalen Spitzenverbände auf Landesebene in §§ 126 f. ThürKO. Auf Bundesebene sind ihre Anhörungs- und Beteiligungsrechte in der Geschäftsordnung des Bundestages normiert.[380]   188

Die **Tradition** der kommunalen Spitzenverbände reicht bis in die Mitte des 19. Jahrhunderts zurück. Damals entstanden Städtetage und -bünde als zunächst lose Vereinigungen. Im Jahr 1905 wurde mit dem Deutschen Städtetag für das gesamte Reichsgebiet eine kommunale Vereinigung mit staatlichen Organen geschaffen, die dann durch weitere Spitzenverbände ergänzt wurde.[381] Unter dem Nationalsozialismus fand mit der gesetzlichen Überführung der kommunalen Spitzenverbände in den Deutschen Gemeindetag als einer auf Zwangsmitgliedschaft aller Kommunen beruhenden Körperschaft des öffentlichen Rechts jede Möglichkeit freier interkommunaler Betätigung ein Ende.[382] In der DDR wurde im März 1957 der Deutsche Städte- und Gemeindetag gegründet,[383] der nach 1990 mit dem westdeutschen Verband vereinigt wurde. Aufgrund der Erfahrungen mit der Zwangsmitgliedschaft des Nationalsozialismus stellt heute die **Freiheit vor staatlichem Einfluss** ein wesentliches Merkmal der kommunalen Spitzenverbände dar. Sie finanzieren sich daher nicht durch staatliche Zuschüsse, sondern ausschließlich durch eine Umlage ihrer Mitglieder. Nach § 126 S. 2 ThürKO unterstützt der Freistaat Thüringen die Vereinigungen angemessen in ihrer Tätigkeit.   189

In **Thüringen** gibt es den Gemeinde- und Städtebund Thüringen. Auf **Bundesebene** besteht der Deutsche Städtetag, der Deutsche Städte- und Gemeindebund, der Deutsche Landkreistag sowie die Bundesarbeitsgemeinschaft der höheren Kommunalverbände und die Bundesvereinigung der kommunalen Spitzenverbände.[384] Auf **Europäischer Ebene** sind die Kommunen sowie ihre Spitzenverbände verbandsmäßig vertreten in der Deutschen Sektion des Rats der Gemeinden und Regionen Europas (RGRE).[385]   190

---

379 Vgl. *Geis*, Kommunalrecht, § 11 Rn. 125.
380 *Gern/Brüning*, Deutsches Kommunalrecht, Rn. 1616; vgl. § 69 Abs. 5 GOBT.
381 *Ziebill*, Die kommunalen Spitzenverbände, in: Peters (Hrsg.), Kommunalverfassung, 1956, S. 582.
382 *Burgi*, Kommunalrecht, § 3 Rn. 19.
383 *Willing*, Sozialistische Wohlfahrt, 2008, S. 194.
384 *Lange*, Kommunalrecht, S. 1391.
385 Dieser wird auch genannt: Council of European Municipalities and Regions (CEMR).

191 Die innere **Verbandstätigkeit** der kommunalen Spitzenverbände besteht in einem Erfahrungsaustausch zwischen ihren Mitgliedern. Nach außen wirken sie als Bindeglieder zwischen kommunalen und zentralen Entscheidungsträgern bei der Gesetzgebung sowie beim Gesetzesvollzug mit. Die Beteiligungsrechte der Thüringer Spitzenverbände sind in § 127 ThürKO normiert. Vorgesehen ist in § 127 Abs. 2 ThürKO eine **Erörterungspflicht** der Landesregierung, deren Zweck darin besteht, den Sachverstand der kommunalen Spitzenverbände in das jeweilige Verfahren einzubeziehen. Eine bloße Zuleitung der entsprechenden Entwürfe an sie genügt daher nicht.[386] Nach § 127 Abs. 3 ThürKO sollen die Ausschüsse des Landtags bei der Beratung entsprechender Gesetzesentwürfe die Spitzenverbände **anhören**.

IV. Gemeinde- und Landkreisbevölkerung

1. Unterscheidung von Einwohnern und Bürgern

192 Nach § 10 Abs. 1 ThürKO ist **Einwohner** der Gemeinde, wer in der Gemeinde wohnt. Dies gilt unabhängig von Geschäftsfähigkeit oder Wahlberechtigung, so dass beispielsweise auch Kinder zu den Einwohnern zählen. Maßgeblich ist für die Einwohnerstellung ein tatsächlicher Aufenthalt mit einer gewissen Stabilität,[387] nicht hingegen, ob hierin ein Wohnsitz iSd § 7 BGB oder der §§ 13 f. ThürMeldeG liegt. Verfügt jemand über mehrere Wohnungen, in denen er sich immer wieder aufhält – wie etwa ein Student, der ein Zimmer im Haus seiner Eltern in Meiningen und ein anderes in einer Wohngemeinschaft in seiner Universitätsstadt Jena hat – ist er Einwohner in sämtlichen Gemeinden, in denen sich diese Wohnungen jeweils befinden.[388]

193 Gemäß § 10 Abs. 2 S. 1 ThürKO ist **Bürger** der Gemeinde jeder Einwohner, der als Deutscher iSd Art. 116 GG bei den Gemeindewahlen wahlberechtigt ist.[389] Die kommunale Wahlberechtigung ergibt sich aus § 1 ThürKWG. Danach ist neben der Vollendung des 16. Lebensjahrs insbesondere ein Aufenthalt von mindestens drei Monaten in der Gemeinde erforderlich (§ 1 Abs. 1 Nr. 1, 3 ThürKWG). In Umsetzung der grundgesetzlichen Vorgabe des Art. 28 Abs. 1 S. 3 GG[390] stehen nach § 10 Abs. 2 S. 3 ThürKO iVm § 1 Abs. 2 ThürKWG Personen, welche die Staatsangehörigkeit eines anderen Mitgliedstaats der Europäischen Union besitzen (sog Unionsbürger) und bei den Gemeindewahlen wahlberechtigt sind, den Gemeindebürgern in vollem Umfang[391] gleich.

194 Die Gruppe der Gemeindebürger umfasst damit einen Ausschnitt der Gemeindeeinwohner. Sie ist selbst wiederum eine – um die Unionsbürger erweiterte – Teilmenge des Staatsvolks iSd Art. 20 Abs. 2 GG, 45 S. 1 ThürVerf. Der **Bürgerstatus** ist staats-

---

386 *Wachsmuth/Oehler*, Thüringer Kommunalrecht, § 127 S. 2.
387 BVerwG, NJW 1992, 1121; *Burgi*, Kommunalrecht, § 11 Rn. 3; *Lange*, Kommunalrecht, S. 74.
388 BVerwG NJW 1992, 1121; dazu ferner auch BVerfG, NVwZ 2010, 1022; *Lange*, Kommunalrecht, S. 75.
389 Früher wurde das Bürgerrecht nur unter engen Voraussetzungen erworben *Lange*, Kommunalrecht, S. 81.
390 Die ihrerseits auf Grundlage der Richtlinie 94/80/EG des Rates vom 19.12.1994 erfolgte (ABl. Nr. L 368, S. 38); s. heute Art. 20 Abs. 2 S. 2 lit. b iVm Art. 22 Abs. 1 AEUV; vgl. auch Art. 40 der Charta der Grundrechte der EU.
391 Die Gleichstellung erstreckt sich nicht nur auf die Wahlen im engeren Sinn, sondern zugleich auf die Abstimmungen; vgl. *Lange*, Kommunalrecht, S. 116; *Burgi*, Kommunalrecht, § 11 Rn. 23 mwN.

rechtlich geprägt, für die Rechtsstellung des **Einwohners** ist eine **tatsächliche**, über den Wohnsitz vermittelte **Betroffenheit** maßgeblich.[392]

Parallel ist in § 93 ThürKO die Rechtsstellung der Einwohner und Bürger des **Land-** **kreises** geregelt. Insbesondere ist Bürger eines Landkreises nach § 93 Abs. 2 S. 1 ThürKO, wer bei den Landkreiswahlen wahlberechtigt ist. Das Kreisbürgerrecht wird also durch die unmittelbare Zugehörigkeit zum Landkreis vermittelt, nicht etwa über die Verbandsmitgliedschaft in einer kreisangehörigen Gemeinde.

2. Rechtsstellung der Einwohner

Den Gemeindeeinwohnern stehen folgende – nach § 10 Abs. 1 S. 2 ThürKO für alle gleichen – Rechte zu:

- der Anspruch auf **Nutzung der öffentlichen Einrichtungen** (§ 14 ThürKO);
- der Anspruch auf **Unterrichtung** über wichtige Gemeindeangelegenheiten nach § 15 Abs. 1 S. 1 ThürKO, der die Rechte des Bürgers aus den Transparenzgesetzen des Bundes sowie des Freistaats Thüringen kommunalbezogen flankiert;
- das Recht auf Teilnahme an einer mindestens einmal jährlich durch den Bürgermeister einzuberufenden **Einwohnerversammlung** gemäß § 15 Abs. 1 S. 2 ThürKO;
- das Recht auf **Beratung** durch die Gemeindeverwaltung gemäß § 15 Abs. 2 ThürKO sowie
- der **Einwohnerantrag** nach § 16 ThürKO.

Die **Einwohnerversammlung** iSd § 15 Abs. 1 S. 2 ThürKO ist von der Gemeindeversammlung zu unterscheiden, die nach Art. 28 Abs. 1 S. 4 GG und Art. 95 S. 2 ThürVerf verfassungsrechtlich möglich ist, in der kommunalen Praxis jedoch nicht mehr vorkommt.[393] Sie dient der Vertiefung des Kontakts zwischen Einwohnern, Bürgermeister und Gemeindeverwaltung,[394] führt in Thüringen jedoch – anders als in anderen Ländern[395] – nicht zu einer Befassungspflicht des Gemeinderats.[396] Ein einklagbares Recht auf Durchführung einer Einwohnerversammlung gibt es nicht. Wird deren Einberufung jedoch pflichtwidrig unterlassen, sind Maßnahmen der Kommunalaufsicht möglich.[397]

Ein **Einwohnerantrag** nach § 16 S. 2 ThürKO iVm §§ 7 ff. ThürEBBG[398] kommt zu Angelegenheiten in Betracht, für die der Gemeinderat nach § 22 Abs. 3 ThürKO zuständig ist, dh **zu Aufgaben des eigenen Wirkungskreises** (§ 7 Abs. 1 ThürEBBG). Der Antrag ist schriftlich (§ 7 Abs. 2 S. 1 ThürEBBG), hinreichend bestimmt und mit einer Begründung versehen an die Gemeinde zu richten.[399] Seine Zulässigkeit setzt voraus,

---

392 Vgl. *Burgi*, Kommunalrecht, § 11 Rn. 2.
393 Vorgesehen waren sie früher nur in den Gemeindeordnungen Schleswig-Holsteins und Brandenburgs; vgl. dazu *Wachsmuth/Oehler*, Thüringer Kommunalrecht, § 15 S. 3.
394 Vgl. *Wollmann*, in: Wollmann/Roth (Hrsg.), Kommunalpolitik, 1999, S. 40.
395 Z.B. Bayern § 18 Abs. 4 BayGO, *Glaser*, in: Widtmann/Grasser/Glaser (Hrsg.), Bayerische Gemeindeordnung, 28. El. (Rechtsstand 12/2015), § 18 Rn. 9 ff.
396 Hierfür ist der Einwohnerantrag nach § 16 ThürKO vorgesehen.
397 *Wachsmuth/Oehler*, Thüringer Kommunalrecht, § 15 S. 4.
398 Thüringer Gesetz über das Verfahren bei Einwohnerantrag, Bürgerbegehren und Bürgerentscheid (ThürEBBG) v. 7.10.2016 (GVBl. S. 506, 691), zuletzt geändert durch Gesetz v. 6.6.2018 (GVBl. S 229).
399 Vgl. *Meyn*, in: Huber (Hrsg.), Thüringer Staats- und Verwaltungsrecht, S. 232 ff.; dazu auch *Wachsmuth*, ThürVBl. 1994, 121.

dass er von mindestens einem Prozent der nach § 2 Abs. 2 ThürEBBG stimmberechtigten Einwohner, höchstens aber von 300 unter ihnen unterzeichnet ist. Stimmberechtigt bei Einwohneranträgen sind gemäß § 2 Abs. 2 ThürEBBG Einwohner, die am Tage der Unterzeichnung des Antrags seit mindestens drei Monaten in der Gemeinde ihren Aufenthalt haben und das 14. Lebensjahr vollendet haben.[400] Nach § 7 Abs. 3 und § 8 ThürEBBG kommt es ggf. zu zwei Entscheidungen des Gemeinderats: Zunächst hat er durch Verwaltungsakt[401] über die Zulässigkeit des Einwohnerantrags zu entscheiden und sodann im positiven Fall innerhalb von drei Monaten über die Angelegenheit selbst.

198 Für die **Einwohner des Landkreises** gilt in Bezug auf das Recht zur Benutzung der Einrichtungen des Landkreises § 96 ThürKO sowie für den Einwohnerantrag § 96a iVm § 16 ThürKO iVm §§ 7 ff. ThürEBBG.[402] **Verpflichtet** sind die Einwohner der Thüringer Kommunen insbesondere zur Entrichtung von Kommunalabgaben nach dem ThürKAG. Weitere Pflichten können sich aus Satzungen über den Anschluss- und Benutzungszwang ergeben (§§ 20 Abs. 2 Nr. 2, 99 Abs. 2 Nr. 2 ThürKO).

3. Insbesondere das Recht der Einwohner auf Nutzung öffentlicher Einrichtungen

199 a) Der kommunalrechtliche Zulassungsanspruch im Überblick. Nach § 14 Abs. 1 bzw. § 96 Abs. 1 ThürKO sind die **Einwohner** im Rahmen der bestehenden Vorschriften berechtigt, die **öffentlichen Einrichtungen** der Gemeinde bzw. des Landkreises zu nutzen. § 14 Abs. 2 und 3 ThürKO bzw. § 96 Abs. 2 und 3 ThürKO erweitern diesen Anspruch auf weitere Personengruppen.

200 Der hier verankerte **allgemeine Zulassungsanspruch** ist traditioneller Bestandteil des deutschen Kommunalrechts.[403] Heute kommen §§ 14, 96 ThürKO dann zur Anwendung, wenn die Nutzung einer öffentlichen Einrichtung nicht durch **Spezialvorschriften** geregelt ist. Zu diesen gehören insbesondere der Anspruch auf Beförderung im Nahverkehrsmittel nach **§ 22 PBefG** sowie der Zulassungsanspruch von Standbeschickern festgesetzter Veranstaltungen gemäß **§ 70 GewO**. Terminologisch zu unterscheiden ist die Nutzung öffentlicher Einrichtungen von der sog Anstaltsnutzung durch die Nutzer von Anstalten des öffentlichen Rechts als einer Form der juristischen Personen, etwa der Sparkassen.[404] Diese können allerdings ihrerseits eine öffentliche Einrichtung betreiben, etwa eine Bibliothek.[405]

201 Öffentliche Einrichtungen stellen das wichtigste Instrument kommunaler Leistungserbringung dar. Durch sie schafft eine Kommune **Räume für die Grundrechtsausübung Privater**.[406] In Thüringen begegnen öffentliche Einrichtungen etwa als Abwasserentsorgungs- oder Wasserversorgungsanlagen, als Kühlanlagen oder Mehrzweckhallen,

---

400 S. allgemein zur kommunalrechtlichen Beteiligung von Jugendlichen *Hermann*, BWGZ 1995, 692.
401 *Wachsmuth*, ThürVBl. 1994, 121; vgl. zu den Rechtsschutzmöglichkeiten *Erlenkämper*, NVwZ 1990, 116.
402 *Lange*, Kommunalrecht, S. 1283.
403 Vgl. bereits § 3 der Preußischen Gemeindeordnung vom 11.3.1850 (PrGO); s. zu dieser oben II. 3. b. bb.
404 Grundlegend zu diesem Fragenkreis *Salzwedel*, Anstaltsnutzung und Nutzung öffentlicher Sachen, in: Erichsen (Hrsg.), Allgemeines Verwaltungsrecht, 10. Aufl. 1995, §§ 40 ff.
405 S. hierzu *Burgi*, Kommunalrecht, § 16 Rn. 9.
406 *Burgi*, Kommunalrecht, § 16 Rn. 1.

als Obdachlosenunterkünfte oder Bibliotheken, aber auch als Wiesen und Plätze, auf denen Feste und Märkte stattfinden können.

Zur Unterhaltung einer öffentlichen Einrichtung sind die Kommunen nur ausnahmsweise verpflichtet. Beispiel für eine solche **Pflichtaufgabe** ist die Einrichtung einer Hausmüllentsorgung nach § 20 Abs. 1 KrWG.[407] Im Übrigen steht es in ihrem **Ermessen**, welche Einrichtungen sie zur Erfüllung ihrer kommunalen Selbstverwaltungsaufgaben schaffen, aufrechterhalten oder erweitern wollen. Ein Anspruch hierauf ist in keinem Fall gegeben. Unterhält eine Kommune jedoch eine bestimmte öffentliche Einrichtung, so besteht auf ihre Nutzung ein Anspruch nach § 14 bzw. § 96 ThürKO. Der sog **Anschluss- und Benutzungszwang** betrifft den umgekehrten Fall, dass nämlich Personen, die eine öffentliche Einrichtung nicht unbedingt nutzen wollen, von der Kommune hierzu gezwungen werden.

202

b) Begriff der öffentlichen Einrichtung. Der Begriff der öffentlichen Einrichtung wird in § 14 ThürKO bzw. § 96 ThürKO nicht legaldefiniert, sondern entwicklungsoffen vorausgesetzt. Zu verstehen ist hierunter[408]

203

- jede Zusammenfassung personeller und sachlicher Mittel,
- die von der Kommune im öffentlichen Interesse errichtet oder unterhalten wird und
- durch einen kommunalen Widmungsakt
- der allgemeinen Benutzung jedenfalls auch durch Angehörige der Gemeinde oder des Landkreises zugänglich gemacht wird.

An das Vorhandensein einer **technischen Substanz** sind nur geringe Anforderungen zu stellen. Neben den klassischen Formen der öffentlichen Einrichtungen[409] fällt hierunter etwa auch eine Linkliste auf der Gemeindehomepage.[410] Ob die Einrichtung ein wirtschaftliches Unternehmen darstellt iSd §§ 71 ff. ThürKO, spielt für die Anwendung der §§ 14, 96 ThürKO keine Rolle.

Eine **Errichtung oder Unterhaltung im öffentlichen Interesse** ist dann anzunehmen, wenn Gemeinde oder Landkreis die öffentliche Einrichtung **zur Erfüllung kommunaler Aufgaben** verwenden. Gleichgültig ist insoweit, ob die Einrichtung öffentlichrechtlich oder privatrechtlich organisiert ist und wie das Benutzungsverhältnis ausgestaltet ist. Öffentlich heißt die Einrichtung nur deshalb, weil mit ihr ein im öffentlichen Interesse liegender Zweck verfolgt wird. Dieser kann in der Erfüllung einer Angelegenheit des eigenen oder des übertragenen Wirkungskreises der Kommune liegen. Nicht zu den öffentlichen Einrichtungen zählen damit **Sachen im Finanzvermögen der Kommune**, mit denen nicht unmittelbar öffentliche Aufgaben erfüllt werden. Eine nur mittelbare Wahrnehmung öffentlicher Angelegenheiten erfolgt etwa durch den Einsatz

204

---

407 Gesetz zur Förderung der Kreislaufwirtschaft und Sicherung der umweltverträglichen Bewirtschaftung von Abfällen (Kreislaufwirtschaftsgesetz – KrWG) v. 24.2.2012 (BGBl. I S. 212), zuletzt geändert durch Gesetz v. 10.8.2021 (BGBl. I S. 3436).
408 St. Rspr. seit BayVGH nF 22, 20, 22; so auch BayVGH, NVwZ-RR 1988, 71, 71.
409 Zu diesen gehören auch der Oktoberfestplatz in München (BayVGH, NVwZ 1982, 120, 121) sowie Obdachlosenunterkünfte (NdsOVG, NVwZ-RR 2004, 777, 778); vgl. dazu auch *Weber/Köppert*, Kommunalrecht Bayern, 3. Aufl. 2015, S. 85.
410 *Duckstein/Gramlich*, SächsVBl. 2004, 121; *Frey*, DÖV 2005, 411.

gemeindlicher Grundstücke im kommunalpolitischen Rahmen sog Einheimischenmodelle[411] oder durch kommunale landwirtschaftliche Betriebe.

205 Zur öffentlichen Einrichtung iSd §§ 14, 96 ThürKO wird eine Zusammenfassung personeller oder sachlicher Mittel durch den Akt der **Widmung**.[412] Sie öffnet die Einrichtung der allgemeinen Benutzung jedenfalls auch durch Angehörige der Kommune.[413] Erfolgen kann die Widmung durch Gesetz, durch Satzung, als Allgemeinverfügung (§ 35 S. 2 ThürVwVfG) oder auch konkludent durch tatsächliche Freigabe der Nutzung. Die Widmung

- begründet den Rechtsstatus einer öffentlichen Einrichtung,
- unterstellt die gewidmete Einrichtung den öffentlich-rechtlichen Vorschriften und
- legt dabei den Zweck der Einrichtung sowie Art und Umfang der Einrichtungsnutzung fest.

Voraussetzung einer Widmung ist es, dass die Kommune **Verfügungsmacht** über die Einrichtung besitzt. Dies ist immer dann der Fall, wenn die Einrichtung von der Gemeinde selbst in öffentlich-rechtlicher Organisationsform betrieben wird. Handelt es sich um eine privatrechtliche Einrichtung, so steht der Kommune im Fall einer kommunalen Eigengesellschaft als alleiniger Gesellschafterin nach Organisationsprivatisierung ausreichende Verfügungsmacht zu. Bei gemischtwirtschaftlichen Unternehmen ist eine kommunale Beteiligung von mindestens 50 % erforderlich. Eine Kommune kann schließlich auch privates Eigentum eines Dritten zur öffentlichen Einrichtung widmen. Sie muss sich dann allerdings vertraglich oder auf anderem Wege hinreichende Verfügungsmacht einräumen lassen, um den Widmungszweck jederzeit durch Weisung durchsetzen zu können.[414]

206 Die **nachträgliche Änderung des Nutzungsrahmens** einer kommunalen Einrichtung ist als sog **Umwidmung** in der Form möglich, in der die Widmung erfolgt ist. Sie begegnet als Widmungserweiterung, etwa von der Schulsport- zur Mehrzweckhalle, sowie als Teilentwidmung, beispielsweise von der Mehrzweckhalle zur Asylbewerberunterkunft. Den *actus contrarius* zur Widmung bildet die **Entwidmung**. Eine solche ist anzunehmen, wenn die Kommune die öffentliche Einrichtung der Allgemeinheit überhaupt nicht mehr zur Verfügung stellen will; sie erfolgt in der Regel durch Schließung der öffentlichen Einrichtung.

207 Sog **Verwaltungseinrichtungen** der Kommune wie Rathaus, Sitzungssaal oder gemeindliches Amtsblatt sind grundsätzlich keine öffentlichen Einrichtungen. Denn sie sind nicht der Allgemeinheit gewidmet, sondern werden nur den kommunalen Organen zur Erfüllung ihrer besonderen Aufgaben intern zur Verfügung gestellt. Verwaltungsgebäude können aber in einem gewissen zeitlichen oder räumlichen Umfang

---

411 Vgl. hierzu *Huber/Wollenschläger*, Einheimischenmodelle, 2008.
412 Vgl. zur Widmung im straßenrechtlichen Zusammenhang § 6 ThürStrG. Allerdings handelt es sich bei Straßen mangels *öffentlichen* Widmungszwecks nicht um öffentliche Einrichtungen. Weiterführend zum Grundrechtseingriff durch widmungsrechtliche Nutzungsbeschränkungen *Helbich*, JuS 2017, 507.
413 Grundlegend *Axer*, Die Widmung als Schlüsselbegriff des Rechts der öffentlichen Sachen, 1994, S. 138 ff.; vgl. auch *ders.*, NVwZ 1996, 114, 115 ff.
414 Dies kann durch einen Beherrschungs- und Gewinnabführungsvertrag erfolgen, vgl. BVerwG, NJW 1990, 134.

der Öffentlichkeit gewidmet und insoweit öffentliche Einrichtungen sein, etwa ein Rathaussaal, der bestimmten kulturellen Veranstaltungen geöffnet ist.

Keine öffentlichen Einrichtungen sind schließlich **Sachen im Gemeingebrauch**, etwa öffentliche Straßen isd § 2 ThürStrG. Sie werden zwar ebenfalls gewidmet (zB nach § 6 ThürStrG) und erhalten hierdurch die Eigenschaft einer öffentlichen Sache. Der Widmungszweck besteht hier aber nicht in der Erfüllung einer öffentlichen Aufgabe, sondern in einer privaten Betätigung, bei Straßen etwa der Fortbewegung im öffentlichen Verkehr. 208

c) **Organisationsform und Ausgestaltung des Benutzungsverhältnisses. aa) Organisationsform der öffentlichen Einrichtung.** Im Rahmen ihrer Organisationshoheit[415] hat eine Kommune beim Betrieb einer öffentlichen Einrichtung die **Wahl**, ob sie diese als unselbstständige Organisation innerhalb der **Kommunalverwaltung**, dh in der Form einer Behörde, betreibt oder sie einem **verselbstständigten Träger** anvertraut. Letzteres bietet sich aus betriebswirtschaftlichen, steuerlichen oder haftungsrechtlichen Gründen insbesondere bei größeren, einem Wirtschaftsunternehmen ähnlichen Einrichtungen an.[416] 209

Entscheidet sich die Kommune für die Einschaltung eines verselbstständigten Trägers, hat sie im Rahmen der Gesetze[417] weiter die **Wahl** zwischen einem öffentlich-rechtlichen Träger, dh einer **öffentlich-rechtlichen Organisation** der Einrichtung, und einem privatrechtlichen Betreiber, dh einer **privatrechtlichen Organisation**. 210

In **öffentlich-rechtlicher Organisationsform** können kommunale Einrichtungen entweder als Regie- oder Eigenbetriebe geführt werden, dh als rechtlich unselbstständige, aber organisatorisch und haushaltsrechtlich teilweise verselbstständigte Teile der Kommunalverwaltung, oder als rechtlich selbstständige Anstalten des öffentlichen Rechts.[418] Als **privatrechtliche Organisationsformen** stehen insbesondere die Formen der GmbH oder der Aktiengesellschaft zur Verfügung, aber auch die rechtsfähige Stiftung des Bürgerlichen Rechts oder der eingetragene Verein. 211

Durch die Einschaltung eines verselbstständigten Trägers wandelt sich der kommunalrechtliche Zulassungsanspruch in einen ebenfalls gegen die Kommune gerichteten **Verschaffungsanspruch** um.[419] Der Benutzer kann von der Kommune also verlangen, dass sie auf den von ihr eingeschalteten Träger, etwa eine GmbH, dahin gehend **einwirkt**, dass der Anspruch aus § 14 bzw. § 96 ThürKO erfüllt wird. 212

---

415 Diese ist Teil der kommunalen Selbstverwaltungsgarantie, gilt aber abgeschwächt auch für den übertragenen Wirkungskreis: *Mehde*, in: Dürig/Herzog/Scholz, 95. EL 2021, Grundgesetz-Kommentar, Art. 28 Abs. 2 Rn. 69.
416 Vgl. dazu aktuell *Waldhoff*, JuS 2017, 286, mit Blick auf die Grundrechtsbindung öffentlicher Unternehmen in Privatrechtsform.
417 Vgl. dazu § 73 ThürKO sowie Thüringer Sparkassengesetz (ThürSpkG) v. 19.7.1994 (GVBl. S. 911), zuletzt geändert durch Gesetz v. 2.7.2019 (GVBl. S. 283) und Thüringer Sparkassenverordnung (ThürSpkVO) v. 1.7.1999 (GVBl. S. 438), zuletzt geändert durch Gesetz v. 8.12.2021 (GVBl. S. 599).
418 *Burgi*, Kommunalrecht, § 16 Rn. 12.
419 Vgl. hierzu *v. Danwitz*, JuS 1995, 1.

213 **bb) Ausgestaltung des Benutzungsverhältnisses.** In Bezug auf die Wahl der Organisationsform der öffentlichen Einrichtung sowie die Ausgestaltung des Benutzungsverhältnisses hat die Kommune ein sog „hinkendes doppeltes" Wahlrecht:
- Entscheidet sie sich „im ersten Wahlgang" für eine öffentlich-rechtliche Organisation ihrer Einrichtung, hat sie die weitere Wahlmöglichkeit, ob sie das Benutzungsverhältnis öffentlich-rechtlich oder privatrechtlich ausgestaltet. Insoweit ist das Wahlrecht **doppelt**.
- Die Wahl einer privatrechtlichen Organisationsform, etwa einer Aktiengesellschaft oder eine GmbH, führt dagegen zwingend dazu, dass auch das Benutzungsverhältnis zivilrechtlich, dh typischerweise als Mietvertrag isd § 535 BGB ausgestaltet ist. Eine öffentlich-rechtliche Ausgestaltung, in der Regel durch Satzung, ist juristischen Personen des Privatrechts nämlich verwehrt. Insoweit **hinkt** das doppelte Wahlrecht.

Eine privatrechtliche Ausgestaltung erfolgt durch **zivilrechtlichen Vertrag**, in der Regel unter Hinweis auf Allgemeine Geschäftsbedingungen. Öffentlich-rechtlich ausgestaltet wird das Benutzungsverhältnis als sog **verwaltungsrechtliches Schuldverhältnis**
- auf Grundlage einer **Satzung** (§§ 20 Abs. 2 Nr. 1, 99 Abs. 2 Nr. 1 ThürKO),[420]
- durch Erhebung von **Benutzungsgebühren** nach § 12 ThürKAG aufgrund einer besonderen Abgabesatzung (§ 2 Abs. 1 ThürKAG),
- durch Erlass von **Verwaltungsakten** isd § 35 S. 1 ThürVwVfG gegenüber dem Zulassungsberechtigten.

Zur Feststellung, ob die Kommune das Benutzungsverhältnis öffentlich-rechtlich oder privatrechtlich ausgestaltet hat, sind als **Indizien** heranzuziehen:
- die Bezeichnung der Benutzungsregelung als Satzung oder Geschäftsbedingung,
- die Benennung des Entgelts als Gebühr oder Nutzungsentgelt (Miete, Pacht),
- das Vorhandensein einer Rechtsbehelfsbelehrung, das für eine öffentlich-rechtliche Ausgestaltung spricht (vgl. § 58 VwGO).

Durch die **Anordnung eines Anschluss- und Benutzungszwangs** für ihre Einrichtung nach § 20 Abs. 2 Nr. 2 bzw. § 99 Abs. 2 Nr. 2 ThürKO, der ja in den Formen des öffentlichen Rechts erfolgt, verliert die Kommune ihr Wahlrecht zwischen öffentlich-rechtlicher und privatrechtlicher Organisationsform nicht. Es findet also **keine Infektion** des Benutzungsverhältnisses durch den öffentlich-rechtlichen Charakter des Anschluss- und Benutzungszwangs statt.[421]

214 **d) Rechtsweg.** Bei der Ermittlung des richtigen Rechtswegs ist zum Tatbestandsmerkmal der öffentlich-rechtlichen Streitigkeit (§ 40 Abs. 1 S. 1 VwGO) nach der modifizierten Subjektstheorie die sog **Zwei-Stufen-Theorie** anzuwenden:[422]

---

420 Der grundsätzlich ebenfalls mögliche Verwaltungsvertrag nach §§ 54 ff. ThürVwVfG spielt wegen der nach § 57 ThürVwVfG nötigen Schriftform in der Praxis keine Rolle.
421 BGH, VerwRspr. 1978, 920, 921 f.; SächsOVG, LKV 1997, 223, 224; BVerwG, NVwZ 2005, 1072, 1973; nach aA, etwa OVG LSA, LKV 1999, 150, 151, ist das Privatrecht als Gestaltungsmittel mangels Gleichordnungsverhältnis dann pauschal ausgenommen.
422 BVerwG, NVwZ 1991, 59.

IV. Gemeinde- und Landkreisbevölkerung

- Steht – auf der ersten Stufe – das **Ob der Benutzung** der öffentlichen Einrichtung in Frage, wird also einem Nutzungswilligen die Nutzung verweigert, ist streitentscheidend der **Zulassungsanspruch** (aus § 14 bzw. § 96 ThürKO oder aus der Widmung). Dieser gehört dem öffentlichen Recht an und ist damit vor den Verwaltungsgerichten einklagbar.
- Geht es dagegen um die zweite Stufe, um das **Wie der Benutzung** der öffentlichen Einrichtung, dh um die Modalitäten der Nutzung, hängt der Rechtsweg von der **Rechtsnatur des Benutzungsverhältnisses** ab: Liegt ein privatrechtliches Benutzungsverhältnis vor, ist der Zivilrechtsweg eröffnet; im Fall eines öffentlich-rechtlichen Benutzungsverhältnisses entscheiden die Verwaltungsgerichte. Streitigkeiten bezüglich der **Beendigung** eines Benutzungsverhältnisses sind stets von den Verwaltungsgerichten zu entscheiden, da die Schließung einer Einrichtung als *actus contrarius* zur Widmung öffentlich-rechtlich erfolgt. Steht dagegen die **Abwicklung** eines abgeschlossenen Benutzungsverhältnisses in Streit, ist das Wie der Nutzung betroffen. Hierüber entscheiden bei zivilrechtlichen Benutzungsverhältnissen die Zivilgerichte, bei öffentlich-rechtlichen die Verwaltungsgerichte.

e) **Anspruch auf Nutzung der öffentlichen Einrichtungen. aa) Anspruchsberechtigung.** § 14 Abs. 1 bzw. § 96 Abs. 1 ThürKO gewähren den **Einwohnern** iSd § 10 Abs. 1 bzw. § 93 Abs. 1 ThürKO ein Recht auf Benutzung der öffentlichen Einrichtungen der Kommune. 215

§ 14 Abs. 2 bzw. § 96 Abs. 2 ThürKO erweitern dieses subjektiv-öffentliche Recht auf alle **Forensen**, dh auf die zum Markt Gehörigen (lat. *forensis*). Dies sind alle Grundbesitzer und Gewerbetreibenden, die zwar nicht in der Kommune wohnen, aber aufgrund ihres Grundbesitzes oder Gewerbebetriebs in Bezug auf diesen den ortsansässigen Grundbesitzern oder Gewerbetreibenden gleichzubehandeln sind. Der erweiterte Zulassungsanspruch des § 14 Abs. 2 bzw. § 96 Abs. 2 ThürKO besteht nur in Bezug auf Grundbesitz oder gewerbliche Niederlassung, etwa auf die örtliche Wasserversorgung eines Betriebs. Er begründet dagegen keinen Anspruch ohne einen solchen Bezug, etwa auf Benutzung des gemeindlichen Schwimmbads. § 14 Abs. 3 bzw. § 96 Abs. 3 ThürKO erstrecken die Anspruchsberechtigung auf **juristische Personen** und **Personenvereinigungen**. Die entsprechende Anwendbarkeit des § 14 Abs. 1 bzw. § 96 Abs. 1 ThürKO verlangt, dass sie ihren **Sitz** im Gemeinde- bzw. Landkreisgebiet haben. Dass auch die Veranstaltung selbst ein örtliches Gepräge besitzen muss, ist für eine analoge Anwendung hingegen nicht erforderlich.[423] Anspruchsberechtigt ist damit beispielsweise ein Ortsverband einer bundesweit agierenden Partei bei der Ausrichtung von deren Bundesparteitag.[424] 216

In der gemeindlichen Praxis wird der Kreis der Anspruchsberechtigten über § 14 Abs. 1 ThürKO hinaus in der Regel durch **Widmung** auf Auswärtige **erweitert**. Denn gerade in kleineren Gemeinden rechnet sich eine öffentliche Einrichtung nur dann, 217

---

423 Denn auch bei § 14 Abs. 1 ThürKO kommt es nicht darauf an, ob die öffentliche Einrichtung selbst örtlich oder überörtlich geprägt ist; so aber VGH BW, NVwZ-RR 1988, 43.
424 So auch OVG NW, NJW 1976, 820, 822.

wenn ein übergemeindlicher Einzugsbereich ausgenutzt wird. Anspruchsgrundlage ist für Auswärtige dann nicht § 14 ThürKO, sondern die Widmung selbst.[425]

218 Werden andererseits **Auswärtige** auf der Grundlage des § 14 bzw. § 96 ThürKO zu einer öffentlichen Einrichtung **nicht zugelassen**, wird etwa ein kommunales Museum nur Einwohnern geöffnet, oder werden von einem gemeindlichen Markt Auswärtige ausgeschlossen, so verstößt dies weder gegen Art. 3 Abs. 1 GG noch gegen europäische Grundfreiheiten. Denn Normzweck des § 14 bzw. § 96 ThürKO ist es, wie insbesondere der systematische Zusammenhang mit den übrigen Einwohner- und Bürgerrechten zeigt, durch öffentliche Einrichtungen eine **kommunale Identität** zu schaffen, die mit der in § 14 Abs. 1 bzw. § 96 Abs. 1 ThürKO ebenfalls erwähnten, gemeinsamen Tragung der öffentlichen Lasten der Gemeinde korreliert.[426]

219 **bb) Im Rahmen der bestehenden Vorschriften.** Der Nutzungsanspruch des § 14 Abs. 1 bzw. § 96 Abs. 1 ThürKO besteht nur „im Rahmen der bestehenden Vorschriften". Dies bedeutet, dass die Kommune die Zulassung insbesondere dann rechtmäßig verwehren kann, wenn durch die beabsichtigte Nutzung die **Begehung von Straftaten oder Ordnungswidrigkeiten**[427] oder auch ein Verstoß gegen die Benutzungsordnung[428] droht, sowie wenn Schäden an der Einrichtung oder bei ihren Nutzern zu erwarten sind.[429] Dieser **Ablehnungsgrund ist restriktiv** zu handhaben. Denn die Aufrechterhaltung der öffentlichen Sicherheit und Ordnung fällt grundsätzlich in den Zuständigkeitsbereich hierfür speziell ausgebildeter **Polizei- und Ordnungsbehörden**. Wenn nun Kommunen unter Berufung auf eine Gefahr der Begehung von Straftaten oder Ordnungswidrigkeiten den Zugang zu ihren öffentlichen Einrichtungen verwehren, droht eine Aushebelung der differenzierten Kriterien des Polizei- und Ordnungsrechts, insbesondere derjenigen des Versammlungsrechts.[430] Andererseits schließen die „bestehenden Vorschriften", in deren Rahmen die Bereitstellung öffentlicher Einrichtungen nach § 14 Abs. 1 bzw. § 96 Abs. 1 ThürKO nur erfolgen darf, nach dem Grundsatz der Gesetzmäßigkeit der Verwaltung straf- und ordnungsrechtliche Aspekte ein. Dieses **Spannungsverhältnis** zwischen den **Befugnissen der Sicherheitsbehörden** und der **einrichtungsakzessorischen**[431] Ordnungskompetenz der Kommunen ist wie folgt aufzulösen: Eine Ablehnung aus ordnungsrechtlichen Erwägungen kommt grundsätzlich dann in Betracht, wenn die befürchteten Rechtsverstöße von den Veranstaltern selbst ausgehen. Sie darf jedoch nicht unter Berufung auf Ausschreitungen potenzieller Gegendemonstranten erfolgen.[432]

---

425 Vgl. dazu VG Meiningen, ThürVGRspr. 2008, 95, 95 f.
426 So auch *Burgi*, Kommunalrecht, § 16 Rn. 22 mwN.
427 VGH BW, NJW 1987, 2698; HessVGH, NJW 1993, 2331.
428 OVG NW, NJW 1969, 1077.
429 Insoweit kann auch die Hinterlegung einer Kaution verlangt werden: VGH BW, NJW 1987, 2697; OVG NW, NVwZ-RR 1991, 508; BayVGH, BayVBl. 2013, 346.
430 Vgl. zu diesem Problem *Vollmer*, DVBl 1989, 1087.
431 Vgl. zur dieser Einschränkung *Burgi*, Kommunalrecht, § 16 Rn. 31.
432 *Wachsmuth/Oehler*, Thüringer Kommunalrecht, § 14 S. 11; vgl. BVerwG, BayVBl. 1970, 25; NJW 1990, 134; BayVGH, BayVBl. 1987, 403; 1988, 497; HessVGH, DVBl 1993, 618.

Der Einwand angeblicher **Verfassungswidrigkeit einer politischen Partei**, die etwa die Zulassung zu einer gemeindlichen Stadthalle begehrt,[433] ist nicht berechtigt, da hierüber nach dem Parteienprivileg des Art. 21 Abs. 2 S. 2 GG ausschließlich das Bundesverfassungsgericht entscheidet.[434] 220

Im Falle zu erwartender **Kapazitätserschöpfung**, etwa bei der Vergabe von Standplätzen auf nicht gewerberechtlich festgesetzten Jahr- oder Weihnachtsmärkten, wandelt sich der kommunalrechtliche Benutzungsanspruch in einen **Anspruch auf verteilungsgerechte Zulassung** aus § 14 Abs. 1 ThürKO (bzw. § 96 Abs. 1 ThürKO) iVm Art. 3 Abs. 1 GG bzw. Art. 2 Abs. 1 ThürVerf um.[435] Als gleichheitsrechtlich sachgerechte, im Zusammenhang der jeweiligen Widmung festzulegende **Verteilungskriterien** gelten hier 221

- Priorität,[436]
- Losverfahren,[437]
- Rotation[438] sowie
- „bekannt und bewährt", was allerdings neue Anwärter, insbesondere bei der Vergabe von Standplätzen auf Märkten, nicht allgemein ausschließen darf.[439]

cc) **Rechtsschutz.** Bei Rechtsstreitigkeiten um die Zulassung zu einer öffentlichen Einrichtung gilt für die Ermittlung des **Rechtswegs** die Zwei-Stufen-Theorie. 222

Richtige Klageart für den Zulassungsanspruch ist für den Fall, dass die Kommune die Einrichtung selbst, dh nicht durch Einschaltung eines verselbstständigten Trägers betreibt, die **Verpflichtungsklage**. Je nach Klagebegehren kann aber auch die **allgemeine Leistungsklage** in Betracht kommen, etwa auf Abschluss eines verwaltungsrechtlichen Vertrags, oder auch die allgemeine Feststellungsklage. Bedient sich die Kommune beim Betrieb der Einrichtung eines verselbstständigten Trägers, so ist der gegen sie gerichtete Verschaffungsanspruch mittels allgemeiner Leistungsklage durchzusetzen.[440] Im Fall angeblicher Kapazitätserschöpfung ist neben der Verpflichtungsklage in objektiver Klagehäufung (§ 44 VwGO) eine Anfechtungsklage gegen die Zulassung des Konkurrenten zu erheben, die sog **Konkurrentenverdrängungsklage**.[441] Auf seine Verpflichtungsklage hin kann der abgelehnte Bewerber allenfalls ein Bescheidungsurteil erreichen, das die Kommune dazu verpflichtet, über seinen Zulassungsantrag „unter Beachtung der Rechtsauffassung des Gerichts" (§ 113 Abs. 5 S. 2 VwGO) erneut zu 223

---

433 Als Anspruchsgrundlage kommt insoweit neben § 14 ThürKO auch § 5 PartG iVm Art. 21, 3 GG in Betracht.
434 BVerfG, LKV 2013, 30, 30; vgl. auch NdsOVG, NdsVBl. 2011, 191, 192 f.; differenzierend für Schulen und Bildungseinrichtungen BayVGH, JuS 2012, 383, 383 f.; dazu ausführlich *Köster*, KommJur 2007, 244, 246 f.; zur neuerlichen Praxis einer Missachtung gerichtlicher Entscheidungen bei der Verurteilung zur Überlassung gemeindlicher Einrichtungen an rechtsradikale Parteien *Heusch/Dickten*, NVwZ 2020, 358 (363).
435 Grundsätzlich *Berg*, Der Staat 15 (1976), 1, 3 ff.
436 *Wachsmuth/Oehler*, Thüringer Kommunalrecht, § 14 S. 11.
437 *Kniesel*, GewA 2013, 270; *Braun*, NVwZ 2009, 747.
438 *Burgi*, NVwZ 2017, 257, 264.
439 BayVGH, BayVBl. 1991, 370; OVG NW, DÖV 1991, 653; *Wachsmuth/Oehler*, Thüringer Kommunalrecht, § 14 S. 12.
440 Vgl. hierzu BVerwG, BayVBl. 1991, 600.
441 NdsOVG, NdsVBl. 2010, 81, 81 f.; dazu *Knöbl*, ZJS 2010, 535; NdsOVG NVwZ-RR 2012, 594, 594 f.

entscheiden. Eine einstweilige Anordnung nach § 123 Abs. 1 S. 2 VwGO kommt nur dann in Betracht, wenn ausnahmsweise eine Vorwegnahme der Hauptsache möglich ist.[442] Dies ist zur Gewährung effektiven Rechtsschutzes (Art. 19 Abs. 4 GG, Art. 42 Abs. 5 S. 1 ThürVerf) etwa dann anzunehmen, wenn eine politische Partei zu einem bestimmten Zeitpunkt einen Parteitag abhalten will.[443]

224 **Passivlegitimiert** ist nach § 78 Abs. 1 Nr. 1 VwGO stets die Kommune als Trägerin der Einrichtung.

225 **f) Anschluss- und Benutzungszwang.** Zur Aufrechterhaltung einer modernen, gesundheitspolizeilichen Anforderungen entsprechenden Infrastruktur kann die Kommune in spezialgesetzlich nicht geregelten Bereichen[444] durch Satzung auf Grundlage des § 20 Abs. 2 Nr. 2 bzw. § 99 Abs. 2 Nr. 2 ThürKO einen **Anschluss- und Benutzungszwang für öffentliche Einrichtungen** anordnen. Dieser kann nach § 20 Abs. 2 S. 2, Hs. 2 bzw. § 99 Abs. 2 S. 2, Hs. 2 ThürKO auf bestimmte Teile des Gemeindegebiets und auf bestimmte Grundstücks- oder Personengruppen beschränkt werden. Typischerweise angeordnet wird ein Anschluss- und Benutzungszwang bei den in § 20 Abs. 2 Nr. 2 ThürKO ausdrücklich genannten Anlagen: zur Versorgung mit Fernwärme,[445] zur Wasserversorgung, Abwasserbeseitigung,[446] Straßenreinigung und ähnlichen Einrichtungen wie Schlachthöfen[447] und Bestattungseinrichtungen.[448] Gegenwärtig wird ein Anschluss- und Benutzungszwang häufig mit dem Klimaschutz gerechtfertigt.[449]

226 Der **Anschlusszwang** begründet die Pflicht des betroffenen Grundstückseigentümers, alle technischen Vorkehrungen, welche die jederzeitige Benutzung der öffentlichen Einrichtung ermöglichen, auf eigene Kosten zu treffen oder zu dulden. Beispielsweise muss der häusliche Wasseranschluss mit der gemeindlichen Wasserleitung durch eine Rohrleitung verbunden werden,[450] und jeder hat eine Mülltonne zu beschaffen und bereitzustellen.[451] Der **Benutzungszwang** beinhaltet die Pflicht, die öffentliche Einrichtung auch tatsächlich und ausschließlich zu benutzen. Ein Beispiel bildet die Verpflichtung, nur das Wasser der öffentlichen Wasserversorgung zu beziehen, nicht etwa das eines privaten Hausbrunnens.

227 Anschluss- und Benutzungszwang greifen in die **Grundrechte** der von ihnen Betroffenen ein, insbesondere in ihre allgemeine Handlungsfreiheit nach Art. 2 Abs. 1 GG, Art. 3 Abs. 2 ThürVerf. Wenn eigene funktionsfähige Anlagen vorhanden sind, kann

---

442 BVerfGE 46, 166, 179; 79, 69, 74 f.; BVerfG, NJW 2002, 3691, 3692.
443 Nds OVG, NJW 1985, 2347, 2348.
444 Eine spezielle Grundlage für die Hausmüllentsorgung sieht etwa § 17 Abs. 1 bis 3 KrWG vor.
445 Vgl. hierzu auch § 16 Erneuerbare-Energien-WärmeG.
446 Vgl. § 5 Entwässerungssatzung des Zweckverbandes JenaWasser (Abl. Zweckverband JenaWasser Nr. 6/2002, S. 95 f.).
447 Vgl. zum inzwischen überholten Benutzungszwang von Schlachthöfen BGH, WM 1968, 1093.
448 Vgl. hierzu § 17 ThürBestG.
449 Weiterführend dazu *Waldhoff*, JuS 2017, 711.
450 OVG NW, NVwZ-RR 2003, 297.
451 OVG Saarland, KommJur 2015, 235.

auch ihr Eigentumsrecht nach Art. 14 Abs. 1 GG, Art. 34 ThürVerf betroffen sein und ggf. ihre Berufsfreiheit gemäß Art. 12 GG, Art. 35 ThürVerf.[452]

Angeordnet werden darf ein Anschluss- und Benutzungszwang daher nur aus **Gründen des öffentlichen Wohls**. Hierbei handelt es sich um einen verwaltungsgerichtlich in vollem Umfang überprüfbaren,[453] **unbestimmten Rechtsbegriff**, der mit Blick auf die **berührten Grundrechte der Betroffenen** auszulegen ist. Er erstreckt sich daher nicht auf beliebige Gemeinwohlbelange. Vielmehr muss es gerade um die Erhaltung der Volksgesundheit einschließlich ihrer durch Art. 20a GG, Art. 31 ThürVerf geschützten ökologischen Bezüge gehen.[454] So erfordert beispielsweise der Gesundheitsschutz bei der Einrichtung einer Leichenhalle ihre Trennung von anderen Räumen, einen Schutz gegen das Eindringen Unbefugter sowie ihre Kühlbarkeit und Desinfizierbarkeit. Dies sind aber Voraussetzungen, die grundsätzlich auch von einem privaten Bestattungsunternehmer erfüllt werden können, einen Benutzungszwang für eine kommunale Leichenhalle mithin nicht rechtfertigen.[455] Liegen Gründe des öffentlichen Wohls in diesem Sinn vor, können in die Prüfung der Reichweite des Anschluss- oder Benutzungszwangs auch Rentabilitätserwägungen einfließen; bloß fiskalische Gesichtspunkte genügen hingegen nicht.

228

Zu prüfen ist bei jedem Anschluss- oder Benutzungszwang, ob für seine Anordnung **allgemein** Gründe des öffentlichen Wohls vorliegen, und ob diese **im Einzelfall** gerade den vorgenommenen Eingriff rechtfertigen.[456] Ergibt sich etwa der besondere Geschmack eines von einer Privatbrauerei hergestellten Biers aus der Mineralhaltigkeit des Wassers gerade ihres Hausbrunnens, kann die Anordnung eines Zwangs zur Benutzung der kommunalen Wasserversorgungsanlage für diese eine verfassungswidrige Inhalts- und Schrankenbestimmung ihres Eigentums darstellen. Gleiches mag für einen Grundstückseigentümer gelten, der kürzlich kostenintensiv seine eigene Wasserversorgungsanlage renoviert hat, und nun von der Anordnung eines Anschluss- und Benutzungszwangs überrascht wird. Im Hinblick auf solche besonderen, im Vorfeld nicht zu überblickenden Umstände des Einzelfalls sehen Satzungen in der Regel Ausnahmen iSd § 20 Abs. 2 S. 2 bzw. § 99 Abs. 2 S. 2 ThürKO vor, oder es entfällt die Duldungspflicht nach § 20 Abs. 2 S. 3, Hs. 2.

229

---

452 Wirtschaftlich beeinträchtigt sein mögen auch die Anbieter von Leistungen, die denen der Kommunen vergleichbar sind, etwa private Heizöllieferanten. Ihre künftigen Gewinnchancen sind allerdings weder von der Berufs- noch von der Eigentumsfreiheit geschützt.
453 Ein Beurteilungsspielraum ist den Gemeinden insoweit angesichts der berührten Grundrechte nicht zuzugestehen, so aber OVG NW, NVwZ 1987, 227.
454 *Burgi*, Kommunalrecht, § 16 Rn. 64.
455 ThürOVG, ThürVGRspr. 1998, 1.
456 Ähnlich wie bei der Prüfung der Gründe des öffentlichen Wohls im Zusammenhang der Gebietsänderungen (Art. 92 ThürVerf).

4. Rechtsstellung der Bürger

230 Die **Bürger der Thüringer Gemeinden** haben
- zusätzlich zu den Rechten, die ihnen als Einwohnern zustehen
- das aktive und passive **Wahlrecht** bei der Wahl der Gemeinderatsmitglieder und der Bürgermeister (§ 10 Abs. 2 und 3 ThürKO iVm §§ 12 ff. bzw. 24 ff. ThürKWG) sowie
- das Recht, durch **Bürgerbegehren** die Durchführung eines **Bürgerentscheids** zu beantragen (§ 17 ThürKO iVm §§ 11 ff. ThürEBBG).

Den **Landkreisbürgern** stehen dementsprechend die ihnen als Landkreiseinwohnern zukommenden Rechte zu, das Recht zur Wahl der Kreistagsmitglieder und des Landrats (§ 93 Abs. 3 ThürKO iVm §§ 27 f. ThürKWG) sowie das Recht, ein Bürgerbegehren zu erheben (§ 96a iVm § 17 ThürKO iVm §§ 11 ff. ThürEBBG).

231 **Verpflichtet** sind die Gemeindebürger nach § 12 Abs. 1 S. 2 ThürKO und die Landkreisbürger nach § 94 ThürKO zur Übernahme von Ehrenämtern. Ihre Mitwirkung erfolgt insoweit in einem nebenberuflichen öffentlich-rechtlichen Rechtsverhältnis,[457] der sog **ehrenamtlichen Tätigkeit**. Inhaltlich geht es um die Wahrnehmung eines auf Dauer angelegten Kreises von **Verwaltungsgeschäften** für die Gemeinde (vgl. § 12 Abs. 1 S. 1 ThürKO), beispielsweise die Mitwirkung als Sachverständiger in einem Gemeinderatsausschuss.

232 Ihren Sinn hat die Verpflichtung zur ehrenamtlichen Tätigkeit vor allem in der Mobilisierung bürgerschaftlichen Engagements. Zugleich werden hierdurch staatliche wie kommunale Träger entlastet.[458] Ein Bürger, der zur Übernahme eines Ehrenamts verpflichtet ist, darf dieses nach § 12 Abs. 2 S. 1 bzw. § 94 Abs. 2 S. 1 ThürKO nur **aus wichtigem Grund ablehnen**. Als wichtig anzusehen ist ein Grund dabei nur dann, wenn er, wie aus den in § 12 Abs. 2 S. 2 bzw. § 94 S. 2 ThürKO aufgeführten Beispielen deutlich wird, in seiner persönlichen Situation wurzelt; dazu zählt also etwa nicht eine Verärgerung über die Kommunalpolitik.

5. Insbesondere das Wahlrecht der Kommunalbürger

233 Ausgangspunkt des Thüringer Kommunalwahlrechts sind die **verfassungsrechtlichen Bestimmungen** der Art. 28 Abs. 1 S. 2 GG sowie Art. 95 S. 1 ThürVerf. Danach muss das Volk in Gemeinden und Landkreisen eine Vertretung haben, die aus allgemeinen, unmittelbaren, freien, gleichen und geheimen Wahlen hervorgegangen ist. Vertretungen in diesem Sinn bilden in Thüringen Gemeinderäte und Kreistage (§ 23 Abs. 2 S. 1 ThürKO bzw. § 102 Abs. 2 S. 1 ThürKO), die nach § 28 Abs. 3 S. 1 ThürKO bzw. § 106 Abs. 2 ThürKO unmittelbar gewählten Bürgermeister und Landräte sowie die Ortsteilräte, Ortsteilbürgermeister (§ 45 ThürKO), Ortschaftsräte und Ortschaftsbürgermeister (§ 45a ThürKO). Das **aktive Wahlrecht** steht allen Bürgern der jeweiligen Kommune zu, die am Tag der Wahl das 16. Lebensjahr vollendet haben und im Übri-

---

[457] Damit sind die ehrenamtlich Tätigen als Amtsträger iSd Art. 34 S. 1 GG, § 839 BGB anzusehen.
[458] Diese darf allerdings nicht in eine Entprofessionalisierung der Gemeindeverwaltung ausarten: *Burgi*, Kommunalrecht, § 11 Rn. 13.

gen die Voraussetzungen des § 1 ThürKWBG erfüllen.[459] Die **Wählbarkeit** für das Amt eines Gemeinderatsmitglieds folgt aus § 12 ThürKWG,[460] die für das Amt des Bürgermeisters aus § 24 Abs. 2 ThürKWG; für die Wahl der Kreistagsmitglieder sowie des Landrats gelten diese Vorschriften entsprechend (§§ 27 f. ThürKWG).

Das **Wahlsystem** ist in §§ 13 ff. ThürKWG geregelt. Vorgesehen ist in § 20 ThürKWG eine Verhältniswahl; die Sitzverteilung erfolgt im Verhältnis der für die einzelnen Wahlvorschläge abgegebenen Stimmen (vgl. § 22 ThürKWG).[461] Tendenziell führt das System der Verhältniswahl zu einer leichten Begünstigung kleiner Parteien und Wählergruppen. Im Gegensatz zur Wahl des Bundestags oder Thüringer Landtags werden bei Kommunalwahlen keine Wahlkreise gebildet; die Regelungen des ThürKWG beziehen sich damit auf die Gemeinde als Ganze.[462] Eine kommunalpolitische Besonderheit stellen die **kommunalen Wählervereinigungen** dar, die sich in Vertretung spezifisch kommunalpolitischer Anliegen neben den politischen Parteien zur Wahl stellen.[463] Nach dem Kommunalwahlrecht sind beide gleich zu behandeln, auch wenn Wählervereinigungen nicht dem Parteienrecht unterstehen.[464]

234

Eine **nachträgliche Überprüfung** der Wahl erfolgt aufgrund einer Wahlanfechtung durch Wahlberechtigte (§ 31 ThürKWG) oder einer Entscheidung der Rechtsaufsichtsbehörde nach § 32 ThürKWG, die gerichtlich nach § 33 ThürKWG angreifbar ist.[465]

235

6. Insbesondere das Recht auf Bürgerbegehren und Bürgerentscheid

a) **Plebiszitäre Elemente im Spannungsfeld von Partizipation und Repräsentation.** Mit dem **Bürgerbegehren** nach § 17 ThürKO iVm §§ 11 ff. ThürEBBG können die Bürger der Thüringer Gemeinden[466] beantragen, dass sie

236

- in einer wichtigen Selbstverwaltungsangelegenheit der Gemeinde
- anstelle des Gemeinderats
- selbst eine **Entscheidung** treffen,
- die als **Bürgerentscheid** die Wirkung eines **Gemeinderatsbeschlusses** hat (§ 23 Abs. 2 ThürEBBG).

Ein entsprechendes Recht steht gemäß §§ 96a, 17 ThürKO iVm § 17 ThürEBBG den Kreisbürgern in Angelegenheiten des Landkreises zu. Mit dieser weitreichenden Wirkung sind Bürgerbegehren und hierdurch angestoßene Bürgerentscheide die **wichtigsten plebiszitären Elemente** des Thüringer Kommunalrechts.[467] Zu diesen gehören im Übrigen nur die wesentlich schwächeren Einwirkungsmöglichkeiten der Einwohner-

---

459 Zur Vereinbarkeit des Kommunalwahlrechts für Minderjährige mit dem Grundgesetz BVerwGE 162, 244.
460 § 23 Abs. 4 ThürKO normiert keine Ineligibilitäten, sondern Inkompatibilitäten, dh die dort genannten Personen können zwar gewählt werden, ihr Amt dann aber nicht antreten. *Pahlke*, in: Wachsmuth/Oehler (Hrsg.), § 24 S. 10 f.
461 Näher dazu *Burgi*, Kommunalrecht, § 11 Rn. 27.
462 *Meyn*, in: Huber (Hrsg.), Thüringer Staats- und Verwaltungsrecht, S. 238.
463 Bsp. Wählervereinigung Arbeit für Gera (AfG); Bürger für Rudolstadt (BfR).
464 BVerfG, NVwZ 2008, 999.
465 Vgl. dazu ThürOVG, ThürVBl. 2016, 1.
466 Vgl. zu den Grundstrukturen plebiszitärer Elemente auf kommunaler Ebene im bundesweiten Vergleich *Schliesky*, DVBl 1998, 169.
467 Ein umfassender Überblick zu den Thüringer Instrumenten direktdemokratischer Beteiligungsmöglichkeiten auf Landes- und Kommunalebene findet sich bei *Koch/Storr*, ThürVBl. 2009, 5, 6 ff.

versammlung (§ 15 Abs. 1 S. 2 ThürKO) und des Einwohnerantrags (§ 16 ThürKO iVm §§ 7 ff. ThürEBBG bzw. §§ 96a, 16 ThürKO iVm § 10 ThürEBBG).[468] In der kommunalen Praxis des Freistaats Thüringen kommt Bürgerbegehren eine zunehmend große Rolle zu.[469] Erhoben wurden sie in den letzten Jahren etwa zur Aufstellung von Windkraft- und Mobilfunksendeanlagen, zur Abfallwirtschaft in kommunaler Hand, zum Kauf von Grundstücken und der dortigen Errichtung eines Bürgerwalds sowie zum Bau eines Einkaufszentrums.[470]

237 Bürgerbegehren und Bürgerentscheid tragen als Formen direkter Demokratie den **Partizipationsinteressen** der Kommunalbürger Rechnung,[471] fördern damit ihre Identifikation mit dem kommunalen Gemeinwesen und stärken so zugleich die Garantie der kommunalen Selbstverwaltung. Andererseits liegt der Beteiligung der Staatsbürger nicht nur in Bund und Ländern,[472] sondern auch in den Kommunen das verfassungsrechtliche **Leitbild der repräsentativen Demokratie** zugrunde (Art. 28 Abs. 1 S. 3 GG, Art. 95 ThürVerf): Die Kommunalbürger sollen grundsätzlich über den Gemeinderat (§ 22 Abs. 3 ThürKO) bzw. den Kreistag (§ 101 Abs. 3 ThürKO) vertreten sein. Für deren politische Gestaltungsmacht stellen plebiszitäre Elemente jedoch eine permanente Bedrohung dar. So steht der plebiszitär zu aktivierende Partizipationsanspruch der Kommunalbürger in einem **Spannungsverhältnis** zur Funktionsfähigkeit des Organs, das sie zu ihrer Repräsentation selbst gewählt haben. Dieses verwaltungspraktikabel aufzulösen, ist Normzweck des § 17 ThürKO iVm §§ 11 ff. ThürEBBG (iVm § 96a ThürKO).[473]

238 b) **Zulässigkeit eines Bürgerbegehrens.** Geregelt ist das Verfahren des Bürgerbegehrens im **Gesetz über das Verfahren bei Einwohnerantrag, Bürgerbegehren und Bürgerentscheid** (ThürEBBG).[474] Der neu gefasste § 17 ThürKO stellt nur mehr eine Anknüpfungsvorschrift dar.[475]

239 Voraussetzung für ein zulässiges Bürgerbegehren ist zunächst, dass es sich auf eine **bürgerbegehrensfähige Angelegenheit** bezieht, die sich also nicht unter den Negativkatalog nach § 1 Abs. 3 Nr. 1 bis 7 ThürEBBG subsumieren lässt. **Unzulässig** ist ein Bürgerbegehren über Aufgaben, die kraft Gesetzes dem Bürgermeister obliegen (Nr. 2), solche mit Finanzbezug (Nr. 4 bis 6), Fragen des kommunalen Wirtschaftsrechts (Nr. 7) sowie wegen Art. 20 Abs. 3 GG, Art. 42 Abs. 1 ThürVerf Anträge, die ein gesetzwidriges Ziel verfolgen (Nr. 1). Wenn der Gemeinderat innerhalb des letzten Jah-

---

468 In der kommunalpolitischen Praxis bedeutsam sind darüber hinaus sog Bürgerinitiativen auf der Grundlage der Art. 9 Abs. 1, 5 Abs. 1 GG bzw. Art. 9 ThürVerf.
469 Seit 1993 sind 227 Bürgerbegehren initiiert worden; vgl. zur wachsenden Bedeutung die Antworten des TMIK auf zwei Kleine Anfragen in der 6. WP LT-Drs. 6/1878 und LT-Drs. 6/363.
470 S. dazu jeweils die Anlagen der Antworten des TMIK auf Kleine Anfragen in LT-Drs. 6/1878; 6/363; 5/7495; eine vergleichende Analyse von Bürgerbegehren in Brandenburg, Sachsen, Sachsen-Anhalt und Thüringen findet sich bei *Seybold*, LKV 2021, 433.
471 Vgl. dazu die Gesetzesbegründungen zum Gesetz zur Stärkung des bürgerschaftlichen Engagements und der verbesserten Teilhabe an kommunalen Entscheidungen v. 9.10.2008 (GVBl. S. 353) sowie zum Gesetz für mehr Demokratie in Thüringer Kommunen v. 8.4.2009 (GVBl. S. 320).
472 Vgl. zu den plebiszitären Elementen auf Bundesebene *Kühling*, JuS 2009, 777.
473 Zu neueren Entwicklungen vgl. den Überblick bei *Heusch/Rosarius*, NVwZ 2021, 1820.
474 Thüringer Gesetz über das Verfahren bei Einwohnerantrag, Bürgerbegehren und Bürgerentscheid (ThürEBBG) v. 7.10.2016 (GVBl. S. 506), zuletzt geändert durch Gesetz v. 6.6.2018 (GVBl. S. 229).
475 LT-Drs. 6/1840, S. 35.

res vor Eingang des Bürgerbegehrens mit einem zulässigen Bürgerbegehren des gleichen sachlichen Inhalts befasst war, ist der Antrag abzulehnen nach § 12 Abs. 4 Nr. 2 ThürEBBG.

Gemäß § 12 Abs. 1 ThürEBBG ist die Zulassung eines Bürgerbegehrens schriftlich bei der Gemeindeverwaltung zu beantragen, gekleidet in eine mit „Ja" oder Nein" zu beantwortende Frage gem. § 6 Abs. 1 S. 3 ThürEBBG.[476] Erreicht sein müssen die in § 14 Abs. 2 ThürEBBG genannten Quoren.[477] Im Fall eines sog kassierenden, dh gegen einen Gemeinderatsbeschluss gerichteten Bürgerbegehrens muss der Antrag auf Zulassung des Bürgerbegehrens innerhalb von vier Wochen nach Bekanntmachung des Beschlusses gemäß § 40 Abs. 2 ThürKO eingereicht werden (§ 12 Abs. 2 ThürEBBG), ein **initiierendes** Bürgerbegehren ist dagegen nicht fristgebunden. 240

Über den Antrag auf Zulassung des Bürgerbegehrens entscheidet nach § 12 Abs. 3 S. 1 ThürEBBG zunächst die Gemeindeverwaltung innerhalb von vier Wochen durch Verwaltungsakt iSd § 35 S. 1 ThürVwVfG. Gegen diesen kann – durch die Vertrauensperson – nach § 12 Abs. 5 S. 2 ThürEBBG Klage zum Verwaltungsgericht erhoben werden, ohne dass zuvor ein Vorverfahren erhoben werden müsste. Wenn die Gemeinden keine eigene Gemeindeverwaltung haben, entscheidet die Verwaltungsgemeinschaft über den Antrag (§ 12 Abs. 3 S. 2 ThürEBBG). 241

Die Feststellung der Zulässigkeit eines Bürgerbegehrens entfaltet eine **Sperrwirkung** für dem entgegenstehende Entscheidungen der Gemeindeorgane (§ 15 Abs. 1 S. 1 ThürEBBG), die im Wege einstweiliger Anordnung nach § 123 VwGO gesichert werden kann. Gibt das Verhalten einer Gemeinde allerdings Anlass zur Annahme, dass sie einem Bürgerbegehren bewusst treuwidrig die rechtliche Grundlage entziehen will, kommt „unter Berücksichtigung von Gesichtspunkten der Organtreue" eine vorverlagerte Sperrwirkung in Betracht. Diese tritt also noch vor Feststellung der Zulässigkeit des Bürgerbegehrens durch den Gemeinderat ein.[478] 242

c) **Durchführung eines Bürgerentscheids.** Der Gemeinderat hat sodann die Möglichkeit, sich den Antrag des Bürgerbegehrens zu eigen zu machen, dh die Durchführung der mit dem Bürgerbegehren verlangten Maßnahme zu beschließen. Dies führt zum Entfallen des Bürgerentscheids (§ 18 Abs. 4 S. 1 ThürEBBG). Lehnt er dies ab, ist nach § 18 Abs. 1 u. 2 ThürEBBG ein Bürgerentscheid durchzuführen. Der Antrag ist angenommen, wenn er die in § 23 Abs. 1 S. 1 ThürEBBG bestimmte Stimmenmehrheit auf sich vereinigt. Der Bürgerentscheid hat dann die **Wirkung eines Gemeinderatsbeschlusses** (§ 23 Abs. 2 ThürEBBG). Dies bedeutet, dass der Bürgermeister den Entscheid wie einen Gemeinderatsbeschluss zu vollziehen hat, wenn er einen vollziehbaren Inhalt hat. Ein Beanstandungsrecht steht ihm insoweit nicht zu. Der Bürgerentscheid kann dann aber auch Gegenstand einer kommunalaufsichtlichen Maßnahme sein (zB nach § 120 ThürKO). 243

---

476 S. zu den diesbezüglichen Anforderungen VG Weimar, ThürVBl. 2014, 152, 153 f.
477 Das in § 14 Abs. 2 ThürEBBG genannte Quorum entspricht dem deutschen Durchschnitt, vgl. dazu *Burgi*, Kommunalrecht, § 11 Rn. 38 f.
478 ThürOVG, ThürVBl. 2016, 252.

V. Handlungsformen kommunaler Gebietskörperschaften

1. Überblick zum System der Handlungsformen

244 Die Thüringer Kommunen können in mittelbarer Staatsverwaltung[479] **Verwaltungsakte** nach § 35 ThürVwVfG erlassen, öffentlich-rechtliche oder privatrechtliche **Verträge** abschließen sowie **schlichthoheitlich** handeln. Abstrakt generelle Regelungen treffen sie **nach innen gerichtet** durch Verwaltungsvorschriften oder Innenrechtsnormen *sui generis*, zu denen idR etwa die Geschäftsordnung des Gemeinderats gehört, oder mit **Außenwirkung** im Wege von Rechtsverordnungen und Satzungen.

245 **Rechtsverordnungen und Satzungen** gehören – wie fast alle Gesetze des Bundes oder des Freistaats Thüringen[480] – zu den **Rechtsnormen, dh zu den materiellen Gesetzen.** Denn sie begründen Rechte und Pflichten von Rechtsträgern. Sie sind jedoch nicht zugleich formelle Gesetze, da sie nicht von einem Parlament, dh von der Legislative, in einem hierfür vorgesehenen Gesetzgebungsverfahren erlassen werden. Es handelt sich bei ihnen vielmehr um **Rechtsakte der Exekutive.**[481]

246 Für die **Normverwerfungskompetenz der Dritten Gewalt** folgt daraus: Hält ein Gericht eine Rechtsverordnung oder Satzung für verfassungswidrig, kann und muss es keine konkrete Normenkontrolle nach Art. 100 Abs. 1 GG bzw. Art. 80 Abs. 1 Nr. 5 ThürVerf erheben. Vielmehr hat **jedes Verwaltungsgericht** die Möglichkeit, die streitentscheidende Rechtsverordnung oder Satzung **inzident zu verwerfen.** Das Thüringer Oberverwaltungsgericht kann sie auf Antrag allgemeinverbindlich für unwirksam erklären (§ 47 Abs. 1 Nr. 2 VwGO iVm § 4 ThürAGVwGO). Wird gegen eine Rechtsverordnung oder Satzung eine Verfassungsbeschwerde nach Art. 93 Abs. 1 Nr. 4a GG bzw. Art. 80 Abs. 1 Nr. 1 ThürVerf erhoben, so ist der Prüfungsgegenstand ein Akt der **Zweiten Gewalt.** Zulässigkeitsvoraussetzung der Verfassungsbeschwerde ist damit die Wahrung der Monatsfrist des § 93 Abs. 1 BVerfGG bzw. § 33 Abs. 1 ThürVerfGHG, nicht etwa die der Jahresfrist des § 93 Abs. 3 BVerfGG bzw. § 33 Abs. 3 ThürVerfGHG. Die in der kommunalen Praxis verwendete Bezeichnung des Gemeinderats als Gemeindeparlament ist daher irreführend.

247 Im System der staatlichen Handlungsformen ist die **Satzung** das **typische Instrument der Selbstverwaltung.** Bei Gemeinden und Landkreisen reicht ihre thematische Bandbreite von der Benutzung öffentlicher Einrichtungen (§ 20 Abs. 2 Nr. 1 bzw. § 99 Abs. 2 Nr. 1 ThürKO) über Beitrags- und Gebührenerhebung (§§ 2, 7 ff. ThürKAG) bis in das Straßen-[482] und insbesondere Baurecht hinein. Dort stellen Satzungen als Bebauungspläne (§ 10 BauGB) das **zentrale Instrument des Bauplanungsrechts** dar.[483] Sie sind daher im Folgenden im kommunalrechtlichen Zusammenhang darzustellen,

---

479 Rechtsträger iSd § 78 Abs. 1 Nr. 1 VwGO ist also stets die Kommune.
480 Eine Ausnahme bilden nach § 3 Abs. 2 HGrG die Haushaltsgesetze als nur formelle Gesetze (vgl. Art. 110 Abs. 2 GG, Art. 99 Abs. 1 S. 1 ThürVerf).
481 Vgl. hierzu auch BVerfGE 65, 283, 289, wonach der Gemeinderat nicht Teil der Legislative ist.
482 Vgl. zur Regelung von Sondernutzungsgebühren § 21 Abs. 2 S. 2 ThürStrG.
483 Vgl. auch §§ 14, 16 BauGB; s. dazu *Brenner*, § 6 Baurecht.

während zu den übrigen Handlungsformen weitgehend auf Darstellungen des Allgemeinen Verwaltungsrechts[484] verwiesen werden kann.

2. Satzungen

a) **Begriff und Rechtsgrundlagen.** Satzungen sind Rechtsnormen, die von juristischen Personen des öffentlichen Rechts zur Regelung ihrer Selbstverwaltungsangelegenheiten im Rahmen der ihnen vom Staat verliehenen **Autonomie** erlassen werden. Das aus dem Altgriechischen abgeleitete Wort Autonomie (αὐτονομία) bedeutet Eigengesetzlichkeit, dh die Möglichkeit, sich selbst (*autós*) das Gesetz (*nómos*) zu geben.[485]

248

Im Rahmen der Selbstverwaltung dienen Satzungen der Verringerung des Abstands zwischen Normgeber und Normadressaten.[486] **Außerhalb des Kommunalrechts** begegnen sie etwa als Satzungen der Rundfunkanstalten des öffentlichen Rechts,[487] der Rechtsanwalts- und Ärztekammern,[488] der Universitäten,[489] der Industrie- und Handelskammern[490] oder der Sozialversicherungsträger.[491]

249

Für die Kommunen gehört ihre Satzungshoheit zum **Kernbereich** ihrer verfassungsrechtlich geschützten Selbstverwaltungsgarantie.[492] Diese umfasst ausdrücklich das Recht, eigene Angelegenheiten eigenverantwortlich zu „regeln". § 19 Abs. 1 S. 1 bzw. § 98 Abs. 1 S. 1 ThürKO haben damit nur deklaratorische Wirkung. **Rechtsgrundlage** für den Erlass kommunaler Satzungen ist also unmittelbar Art. 28 Abs. 2 S. 1 GG, Art. 91 Abs. 1 ThürVerf iVm § 19 Abs. 1 S. 1 bzw. § 98 Abs. 1 S. 1 ThürKO, falls der Satzungsinhalt keine Eingriffe in Grundrechte enthält. Führt eine Satzung hingegen, wie in der Regel, zu einem Eingriff in „Freiheit und Eigentum",[493] so bedarf sie nach dem Grundsatz des Vorbehalts des Gesetzes (Art. 20 Abs. 3 GG, Art. 42 Abs. 1 ThürVerf) einer **Ermächtigungsgrundlage.** Eine solche findet sich beispielsweise in § 20 Abs. 2 Nr. 2 ThürKO oder in § 10 BauGB.

250

b) **Abgrenzung zu Rechtsverordnungen.** Rechtsverordnungen, die ebenfalls zu den exekutivischen Rechtsakten gehören (vgl. § 19 Abs. 1 S. 2 bzw. § 98 Abs. 1 S. 5 ThürKO) werden im Unterschied zu Satzungen von den Verwaltungsträgern nicht autonom, dh eigengesetzlich erlassen, sondern **heteronom:** auf der Grundlage des Gesetzes (*nómos*), das von einem anderen (*heteros*), nämlich dem parlamentarischen Ge-

251

---

484 *Maurer/Waldhoff*, Allgemeines Verwaltungsrecht, 20. Aufl. 2020, § 4 Rn. 24 ff.; *Detterbeck*, Allgemeines Verwaltungsrecht, 19. Aufl. 2021, Kap. 2.
485 Bedeutsam ist Autonomie insbesondere in der idealistischen Philosophie, als Fähigkeit, aus der Freiheit heraus zu handeln; grundlegend zur Autonomie des Willens *Immanuel Kant*, Grundlegung zur Metaphysik der Sitten, 1785.
486 BVerfGE 10, 20, 48 f.; BVerfGE 33, 125, 155.
487 Satzung des Mitteldeutschen Rundfunks v. 27.4.1992 auf Grundlage des Gesetzes zu dem Staatsvertrag über den Mitteldeutschen Rundfunk v. 25.6.1991 (GVBl. S. 118).
488 Satzung der Rechtsanwaltskammer Thüringen über die Erhebung von Verwaltungsgebühren v. 4.9.2015; Hauptsatzung der Landesärztekammer Thüringen v. 18.9.1993 (Ärzteblatt Thüringen S. 727).
489 Bsp. Grundordnung der Friedrich-Schiller-Universität Jena v. 18.7.2007 (Amtsblatt des Thüringer Kultusministeriums 2007, S. 118).
490 Satzung der Industrie- und Handelskammer Erfurt v. 14.9.2011, zuletzt geändert durch Beschluss der Vollversammlung v. 3.12.2014 (IHK – Erfurt Wirtschaftsmagazin 2015, S. 41).
491 Satzung der Thüringer Betriebskrankenkasse v. 12.12.2016.
492 So auch *Burgi*, Kommunalrecht, § 15 Rn. 5.
493 So die klassische Formel zum Vorbehalt des Gesetzes; vgl. dazu *Ossenbühl*, in: Isensee/Kirchhof (Hrsg.), Handbuch des Staatsrechts V, 3. Aufl. 2007, § 101 Rn. 18 f., 21.

setzgeber stammt.[494] Der Exekutive wird bei den Rechtsverordnungen nicht ein bestimmtes, thematisch umgrenztes Aufgabenfeld zur eigenständigen Normierung überlassen. Delegiert wird vielmehr nur die **Regelungszuständigkeit**: Der parlamentarische Gesetzgeber überträgt gemäß Art. 80 Abs. 1 GG, Art. 84 ThürVerf die Kompetenz für den Verordnungserlass auf einen Verwaltungsträger, um sich selbst von Detailregelungen zu entlasten. Er erklärt diesen insoweit aber nicht für eigengesetzlich verantwortlich. Stattdessen bestimmt er selbst Inhalt, Zweck und Ausmaß der erteilten Ermächtigung.[495]

252 Während der Satzungserlass in Selbstverwaltungsangelegenheiten **frei von Bevormundung** erfolgen soll, ist eine gesetzgeberische Überwachung des Verordnungserlasses geradezu Programm. Typischerweise[496] begegnen kommunale Rechtsverordnungen daher bei den Pflichtaufgaben des eigenen Wirkungskreises (§ 2 Abs. 3 bzw. § 87 Abs. 2 ThürKO) sowie insbesondere bei den materiellen Staatsaufgaben des übertragenen Wirkungskreises (§ 3 bzw. § 88 ThürKO). Das wichtigste Beispiel für kommunale Rechtsverordnungen sind die ordnungsbehördlichen Verordnungen nach § 27 ff. ThürOBG.[497] Durch sie können beispielsweise ein Leinenzwang für Hunde oder Alkoholverbote auf sektoral begrenzten öffentlichen Anlagen oder Verkehrsflächen (vgl. § 27a ThürOBG) angeordnet werden. Demgegenüber haben die gleichen Verhaltensregelungen in einer öffentlichen Einrichtung, wie etwa einer städtischen Parkanlage, durch Satzung zu erfolgen.[498]

253 Die **Unterschiede in der Rechtsform von Rechtsverordnung und Satzung** wirken sich auch **materiellrechtlich** aus: Der Verordnungsgeber muss für die Normierung eines Ge- oder Verbots durch Rechtsverordnung eine **abstrakte Gefahr** nachweisen.[499] Er hat bei einer Alkoholverbotsverordnung also den Ursachenzusammenhang zwischen Alkoholkonsum und regelmäßig sowie typischerweise auftretender Gewalt zu belegen, was in der Praxis misslingt.[500] Denn es widerspricht der Lebenserfahrung, dass Alkoholgenuss generell und typischerweise zu Aggressivität führt. Andererseits können sich Gewalttäter, bereits zuhause „vorgeglüht", in alkoholisiertem Zustand in den Bereich der öffentlichen Verkehrsflächen begeben oder Alkohol in Gaststätten konsumiert haben.[501] Demgegenüber vermag die Gemeinde durch **Satzung** Regeln für die **Benutzung** ihrer öffentlichen Einrichtung auf der Grundlage des § 20 Abs. 2 Nr. 1 ThürKO aufzustellen, ohne dabei an die tatbestandlichen Voraussetzungen des Ordnungsrechts gebunden zu sein. Die Gemeinde muss also insbesondere nicht eine abstrakte Gefahr

---

494 Vgl. dazu *Maurer/Waldhoff*, Allgemeines Verwaltungsrecht, 20. Aufl. 2020, § 4 Rn. 26; *Detterbeck*, Allgemeines Verwaltungsrecht, 19. Aufl. 2021, § 12 Rn. 824 ff.
495 Vgl. hierzu *Bathe*, in: Linck/Baldus/Lindner/Poppenhäger/Ruffert (Hrsg.), Verfassung des Freistaats Thüringen, 2013, Art. 84 Rn. 10; *Detterbeck*, Allgemeines Verwaltungsrecht, 19. Aufl. 2021, § 12 Rn. 829; *Maurer/Waldhoff*, Allgemeines Verwaltungsrecht, 20. Aufl. 2020, § 13 Rn. 6.
496 Wenn auch nicht zwingend; vgl. zum Zusammenhang von Rechtsetzung und Aufgabensystem *Burgi*, Kommunalrecht, § 15 Rn. 10 ff.
497 Vgl. dazu *Leisner-Egensperger*, § 5. Polizei- und Ordnungsrecht, VIII.
498 Ein Überblick zum öffentlichen Raum zwischen Polizei-, Straßen- und Kommunalrecht findet sich bei *Lenski*, JuS 2012, 984; weiterführend *Schmidt-Aßmann*, Die kommunale Rechtsetzung im Gefüge der administrativen Handlungsformen und Rechtsquellen, 1981, S. 25 ff.
499 Vgl. dazu *Leisner-Egensperger*, § 5. Polizei- und Ordnungsrecht, VIII. 2.
500 Vgl. nur VGH BW VBlBW 2010, 33; OVA LSA BeckRS 2010, 4749.
501 Zusammenfassend *Schoch*, Jura 2012, 858 (861).

nachweisen, um etwa ein Alkoholverbot in einer städtischen Parkanlage durch Satzung zu normieren. Einen Verbotsadressaten mag diese Diskrepanz zwischen den zwei Prüfungsmaßstäben bei dem gleichen Verhalten, etwa dem Konsum von Alkohol, verwundern. Erklären lässt sie sich damit, dass kommunales Satzungsrecht und Ordnungsrecht von unterschiedlichen Grundgedanken geleitet sind: Der Benutzer einer kommunalen öffentlichen Einrichtung nimmt gewisse Nutzungsvorteile in Anspruch und unterwirft sich damit zugleich den Regelungen, die zu deren Erlangung für ihn mit Belastungen verbunden sein mögen.[502] An dieser Stelle weist das öffentlich-rechtliche Benutzungsverhältnis gewisse Parallelen zu einem privatrechtlichen Rechtsverhältnis auf. Es unterscheidet sich jedenfalls grundlegend vom öffentlichen Raum, dessen normative Regelung dem wechselseitigen Ausgleich grundrechtlicher Freiheiten dient. Dies führt dazu, dass ein Eingriff in Grundrechte außerhalb öffentlicher Einrichtungen nur dann gerechtfertigt ist, wenn er der Abwehr einer Gefahr für die sicherheitsrechtlichen Schutzgüter dient, während die Satzungsautonomie den Kommunen größere Spielräume verleiht, die allerdings durch Einrichtungszweck und höherrangiges Recht begrenzt sind.[503]

c) **Inhalt und Aufbau.** Satzungen begegnen in sämtlichen Aufgabenbereichen der Kommunen, häufig in Anlehnung an die von den kommunalen Spitzenverbänden herausgegebenen Mustersatzungen. Als **Pflichtsatzungen** sieht § 20 Abs. 1 S. 1 bzw. § 99 Abs. 1 S. 1 ThürKO die sog **Hauptsatzung** vor, in der nach § 20 Abs. 1 S. 2 bzw. § 99 Abs. 1 S. 2 ThürKO mindestens zu regeln ist, was ihr vorbehalten ist, etwa die Entschädigung für ehrenamtliche Tätigkeit (§ 13 Abs. 1 bzw. § 95 Abs. 1 ThürKO), die Unterrichtung der Gemeindeeinwohner (§ 15 Abs. 1 ThürKO) oder die Bekanntmachung von Satzungen (§ 21 bzw. § 100 ThürKO) sowie die **Haushaltssatzung** nach § 57 (iVm § 114) ThürKO. 254

Der **Satzungsaufbau** folgt in der kommunalen Praxis einem formalisierten Schema,[504] das nach der Überschrift (zB „Schlachthofsatzung") und einer Eingangsformel den Geltungsbereich sowie die inhaltlichen Regelungen beinhaltet, die oftmals am Ende durch Bußgeldandrohungen bewehrt werden. In den Text der Satzung einbezogene Anlagen sind rechtlicher Bestandteil derselben.[505] 255

d) **Formelle und materielle Rechtmäßigkeit. aa) Formelle Rechtmäßigkeit. (1) Zuständigkeit. (a) Verbandskompetenz.** Verbandskompetent ist die für den Erlass der Satzung nach ihrer Rechtsgrundlage zuständige **Körperschaft**, dh die Gemeinde oder der Landkreis. Für den Erlass eines Bebauungsplans ist verbandskompetent beispielsweise die Gemeinde nach § 2 Abs. 1 S. 1, § 1 Abs. 3 S. 1 BauGB. 256

(b) **Organkompetenz.** Organkompetent für den Satzungserlass ist innerhalb der juristischen Person Gemeinde stets der **Gemeinderat** nach § 22 Abs. 3 ThürKO, der über 257

---

502 OVP RP NVwZ-RR 2009, 394 (395).
503 Vgl. insoweit VGH BW NVwZ-RR 1994, 325.
504 Vgl. hierzu die Mustersatzungen der Bundesvereinigung der kommunalen Spitzenverbände über die Erhebung der Erschließungsbeiträge, abgedruckt bei *Grziwotz*, in: Ernst/Zinkahn/Bielenberg/Krautzberger (Hrsg.), Baugesetzbuch, 143 El. (Rechtstand 2/2021), § 132 Rn. 37.
505 *Maurer*, DÖV 1993, 184.

Aufgaben des eigenen Wirkungskreises der Gemeinde entscheidet. Eine Organkompetenz eines beschließenden Ausschusses scheidet gemäß § 26 Abs. 2 Nr. 2 ThürKO ebenso aus wie eine Organzuständigkeit des Bürgermeisters (§ 29 Abs. 4 S. 1, Hs. 2 iVm § 26 Abs. 2 Nr. 2 ThürKO).

258 Umstritten ist, ob diesem im Einzelfall das Recht zustehen kann, eine Satzung im Wege der Eilentscheidung nach § 30 ThürKO zu erlassen oder zu ändern.[506] Der Wortlaut des § 30 ThürKO spricht dagegen, da „Entscheidung" den Einzelfall meint und damit nicht abstrakt-generelle Rechtssätze umfasst. Auch schließt § 26 Abs. 2 Nr. 2 ThürKO eine Satzungsbefugnis selbst beschließender Ausschüsse aus, die immerhin ein verkleinertes Spiegelbild des Hauptorgans Gemeinderat darstellen. Vor allem aber ist nur der Gemeinderat das verfassungsrechtlich vorgesehene Repräsentativorgan der Bevölkerung (Art. 28 Abs. 1 S. 2 GG, Art. 95 ThürVerf), deren Meinungspluralität bei der Wahrnehmung der gemeindlichen Satzungshoheit daher nur durch ihn abgebildet wird. § 30 ThürKO erstreckt sich daher nicht auf den Satzungserlass. Innerhalb des Landkreises ist gemäß § 101 Abs. 3 ThürKO der Kreistag für den Satzungserlass organkompetent. Auch hier steht weder beschließenden Ausschüssen (vgl. §§ 105 Abs. 2 S. 2, 26 Abs. 2 Nr. 2 ThürKO) noch dem Landrat (vgl. § 108 ThürKO) eine Erlasskompetenz zu.

259 **(2) Verfahren. (a) Ordnungsgemäße Beschlussfassung.** Die Anforderungen an ein rechtmäßiges Beschlussverfahren im Gemeinderat ergeben sich aus §§ 36 ff. ThürKO: Notwendig sind Beschlussfähigkeit iSd § 36 Abs. 1 S. 2 ThürKO, Beschlussfassung mit Mehrheit (§§ 36 Abs. 1 S. 1, 39 Abs. 1 S. 1 ThürKO), und es darf keine Stimme eines persönlich Beteiligten, der an der Abstimmung teilnahm, den Ausschlag gegeben haben (§ 38 Abs. 4 S. 1 ThürKO). Auf eine Beschlussfassung im Kreistag sind diese Vorschriften nach § 112 ThürKO anwendbar. Für den Erlass von Bebauungsplänen gelten Sonderregelungen des BauGB, insbesondere die §§ 2 bis 4a BauGB.[507]

260 **(b) Vorlage und evtl. Genehmigung.** Eine **Vorlage** an die Rechtsaufsichtsbehörde hat nach spezialgesetzlicher Regelung (zB § 10 Abs. 2 BauGB) oder nach § 21 Abs. 3 S. 1 bzw. § 100 Abs. 3 S. 1 ThürKO zu erfolgen. Ein Fehler ist insoweit aber nach § 21 Abs. 4 S. 1 ThürKO (iVm § 100 Abs. 4 ThürKO) unbeachtlich, wenn er nicht binnen Jahresfrist nach Bekanntmachung der Satzung geltend gemacht wurde. In Einzelfällen hat zum Schutz der Kommune eine **Genehmigung** durch die Rechtsaufsichtsbehörde (§ 123 ThürKO iVm § 117 Abs. 1 ThürKO) stattzufinden (zB §§ 59 Abs. 4, 63 Abs. 2 S. 1 ThürKO). Dabei erstreckt sich ein bestehendes Genehmigungserfordernis auch auf die Änderung einer genehmigungspflichtigen Satzung, außer es wird die ursprünglich genehmigungspflichtige Satzung gerade durch die Änderung zu einer genehmigungsfreien.[508] Anders als im Fall der Vorlagepflicht führt das Fehlen einer rechtsauf-

---

506 Bejahend OVG SH, NordÖR 2002, 155, 155 ff.; BayVGH, BayVBl. 2007, 239, 240 f.; *Geis*, Kommunalrecht, § 11 Rn. 49; verneinend *Böttcher*, Kommunalrecht, 1999, Rn. 1074; *Birkenfeld/Fuhrmann*, in: Dietlein/Ogorek (Hrsg.), BeckOK Kommunalrecht Hessen, 16. Ed. (Rechtsstand 1.2.2022), § 70 HGO Rn. 94; vgl. hierzu im Zusammenhang der Handlungsform der Satzung oben V. 2. d. aa.
507 Vgl. allerdings die Unbeachtlichkeitsvorschriften der §§ 214 f. BauGB; s. dazu *Brenner*, § 6 Baurecht.
508 *Wachsmuth/Oehler*, Thüringer Kommunalrecht, § 59 S. 5.

sichtlichen Genehmigung nach § 21 Abs. 4 S. 2 ThürKO zur Unwirksamkeit der Satzung.

(c) **Ausfertigung durch den Bürgermeister.** Die Satzung ist nach § 21 Abs. 1 S. 1 bzw. 261
§ 100 Abs. 1 S. 1 ThürKO **auszufertigen.** Dies bedeutet, dass der Bürgermeister bzw. der Landrat die Originalurkunde unter Angabe des Datums schriftlich zu unterzeichnen hat. Hierdurch bezeugt er

- die **Authentizität** der Satzung, dass also der Inhalt der Satzungsurkunde mit dem kommunalen Willensbildungsakt übereinstimmt, sowie
- deren **Legalität,** dh dass alle Verfahrensanforderungen beachtet wurden.

Ein **materielles Prüfungsrecht**[509] kommt Bürgermeister oder Landrat in Bezug auf Satzungen nicht zu. § 44 ThürKO bzw. § 113 ThürKO zwingen die Verwaltungsleiter vielmehr dazu, die Satzung auszufertigen. Sie können allerdings nach deren Bekanntmachung ihren Vollzug aussetzen und die Entscheidung in der nächsten Sitzung beanstanden, die innerhalb eines Monats nach der Entscheidung stattfinden muss. Gemäß § 21 Abs. 4 S. 2 (iVm § 100 Abs. 4 ThürKO) ist ein Fehler in der Ausfertigung stets beachtlich.

(d) **Bekanntmachung und Inkrafttreten.** Nach Vorlage bzw. Genehmigung sowie Ausfertigung[510] hat die **Bekanntmachung der Satzung** stattzufinden (§ 21 Abs. 1 S. 1 bzw. 262
§ 100 Abs. 1 S. 1 ThürKO iVm der ThürBekVO)[511]. Fehler sind insoweit beachtlich nach § 21 Abs. 4 S. 2 (iVm § 100 Abs. 4) ThürKO. Die Satzung tritt dann am Tag nach ihrer Bekanntmachung in Kraft, sofern darin kein anderer Zeitpunkt bestimmt wurde (§ 21 Abs. 2 bzw. § 100 Abs. 2 ThürKO).

bb) Materielle Rechtmäßigkeit. Die Prüfung der materiellen Rechtmäßigkeit der Satzung erfolgt entsprechend ihrer Ermächtigungsgrundlage (zB § 20 Abs. 2 Nr. 1 und 2 263
ThürKO, § 10 BauGB). Diese ist ihrerseits auf ihre Rechtmäßigkeit zu überprüfen, wenn konkrete Hinweise auf mögliche Rechtsverstöße vorliegen.

Eine analoge Anwendung des verordnungsrechtlichen Bestimmtheitsgrundsatzes 264
(Art. 80 Abs. 1 S. 2 GG bzw. Art. 84 Abs. 1 S. 2 ThürVerf) auf die Ermächtigungsgrundlage der Satzung kommt dabei mangels vergleichbarer Interessenlage nicht in Betracht; dies würde die Selbstverwaltungsgarantie auch übermäßig einschränken. Ermächtigungsgrundlagen von Satzungen müssen vielmehr nur einem **abgeschwächten Bestimmtheitsgrundsatz** genügen, dh den betroffenen Personenkreis sowie den sachlichen Rahmen überschaubar abstecken.[512] So deckt § 20 Abs. 2 Nr. 1 ThürKO beispielsweise verschiedenartige Bestimmungen über das Verhalten der Benutzer einer öf-

---

509 Wie es im Zusammenhang des Bundespräsidenten oder Bundeskanzlers diskutiert wird, vgl. *Haulk*, JA 2017, 93; *Linke*, DÖV 2009, 434; *Guckelberger*, NVwZ 2007, 406; *Stein*, ZaöRV 2009, 249; *Meyer*, JZ 2011, 602.
510 Diese Reihenfolge ist zwingend vorgeschrieben; erfolgt die Ausfertigung allerdings vor einer Genehmigung, so kann dieser Fehler mit Genehmigungserteilung geheilt werden, *Wachsmuth/Oehler*, Thüringer Kommunalrecht, § 21 S. 4.
511 Thüringer Verordnung über die öffentliche Bekanntmachung von Satzungen der Gemeinden, Verwaltungsgemeinschaften und Landkreise (ThürBekVO) v. 22.8.1994 (GVBl. S. 1045).
512 *Burgi*, VerwArch 90 (1999), 70, 92 ff.

fentlichen Einrichtung ab, von der Abfallvermeidungs- über die Badekappenpflicht[513] bis zum Verbot des Alkoholkonsums.[514] Für satzungsmäßig angeordnete Bußgeldandrohungen im Fall des Zuwiderhandelns muss allerdings eine speziell hierauf bezogene gesetzliche Ermächtigung gegeben sein, die auch den Anforderungen des Art. 103 Abs. 2 GG bzw. Art. 88 Abs. 2 ThürVerf genügt. Die Satzung muss im Übrigen mit allen Bundes- und Landesgesetzen sowie auch mit der Thüringer Verfassung und dem Grundgesetz vereinbar sein.

265 e) **Rechtsschutz.** Unmittelbar überprüft werden können sämtliche kommunale Satzungen mittels prinzipaler Normenkontrolle zum Thüringer Oberverwaltungsgericht (§ 47 Abs. 1 Nr. 2 VwGO iVm § 4 ThürAGVwGO); auf die in § 47 Abs. 1 Nr. 1 VwGO normierte Beschränkung der Satzungsüberprüfung kommt es in Thüringen mithin nicht an. Gelangt das Thüringer Oberverwaltungsgericht zu der Überzeugung, dass die Satzung ungültig ist, so erklärt es sie allgemeinverbindlich, dh mit Wirkung **erga omnes**, für unwirksam (§ 47 Abs. 5 S. 2 VwGO). Bei der materiellen Überprüfung kommunaler Satzungen wird die **Kontrolldichte** der Verwaltungsgerichte durch die Selbstverwaltungsgarantie **begrenzt**. Dies führt dazu, dass eine **besondere Gestaltungsfreiheit des Satzungsgebers** zu respektieren ist, etwa bei der Ausfüllung von Prognosespielräumen.[515]

266 Grundsätzlich kommt zudem eine Verfassungsbeschwerde zum Thüringer Verfassungsgerichtshof in Betracht (Art. 80 Abs. 1 Nr. 1 ThürVerf, §§ 11 Nr. 1, 31 ff. ThürVerfGHG) sowie auch eine Verfassungsbeschwerde zum Bundesverfassungsgericht (Art. 93 Abs. 1 Nr. 4a GG, §§ 13 Nr. 8a, 90 ff. BVerfGG). Sorgfältig zu prüfen sind hierbei allerdings die Zulässigkeitsvoraussetzungen der unmittelbaren Betroffenheit, der Subsidiarität sowie der Rechtswegerschöpfung.

267 **Inzident** können Satzungen vor allem im Rahmen verwaltungsgerichtlicher Anfechtungsklagen nach § 42 Abs. 1, Fall 1 VwGO überprüft werden. Dem Verwaltungsgericht steht insoweit ein Normverwerfungsrecht zu, das allerdings nur für den konkreten Fall, dh zwischen den Parteien (*inter partes*) gilt. Eine Normverwerfungskompetenz der Verwaltung ist wegen des Vorrangs des Gesetzes dagegen abzulehnen (Art. 20 Abs. 3 GG, Art. 47 Abs. 4 ThürVerf).[516]

268 Die statthafte Rechtsschutzform für eine **Normerlassklage** im Satzungsbereich, d.h. ein Begehren nach Erlass oder Änderung einer Satzung, ist umstritten. Eine analoge Anwendung des § 47 VwGO scheidet aus, da es sich bei dieser Vorschrift im Hinblick auf die Begründung einer Erstzuständigkeit des OVG um eine eng auszulegende Ausnahmebestimmung handelt.[517] Während die Rechtsprechung die allgemeine Feststel-

---

513 VGH BW, BWVPr 1975, 227, 228.
514 Vgl. *Burgi*, Kommunalrecht, § 15 Rn. 40.
515 BVerwG, NVwZ 2002, 1123; *Sendler*, DVBl 2002, 1412; *Ossenbühl*, JZ 2003, 96 f.; vgl. auch *Funke/Rapp*, JuS 2010, 395.
516 Vgl. hierzu auch BVerwGE 75, 142; weiterführend *Wehr*, Inzidente Normverwerfung durch die Exekutive, 1998.
517 Anders allerdings BayVGH, BayVBl. 1980, 209, 211.

lungsklage nach § 43 VwGO für statthaft hält,[518] plädiert die wohl herrschende Meinung in der Literatur für eine Anwendung der allgemeinen Leistungsklage.[519] Problematisch an der Heranziehung der Feststellungsklage ist ihre Subsidiarität gegenüber Gestaltungs- und Leistungsklagen nach § 43 Abs. 2 VwGO. Für den Fall der Normerlassklage ließe sich andererseits die Subsidiarität der Feststellungsklage teleologisch reduzieren. Denn ihr Normzweck besteht vor allem darin, ein Unterlaufen der Klagefristen für Anfechtungs- und Verpflichtungsklagen zu verhindern, das hier jedoch nicht zu befürchten steht.

3. Verwaltungsakte und Verträge

Für den Erlass **belastender Verwaltungsakte** bedürfen die Thüringer Kommunen nach dem Grundsatz des Vorbehalts des Gesetzes einer spezialgesetzlichen Rechtsgrundlage, dh einer **Ermächtigungsgrundlage**.[520] § 18 Abs. 1 S. 2 bzw. § 97 Abs. 1 S. 2 ThürKO, der lediglich die Handlungsform des Verwaltungsakts beschreibt, stellt eine solche nicht dar.[521] Beispiele für kommunale Verwaltungsakte sind Hundesteuerbescheide, Gebühren- und Beitragsbescheide für die gemeindliche Wasserversorgung oder die von Landkreisen und kreisfreien Städten als unteren Bauaufsichtsbehörden (§ 57 Abs. 1 Nr. 1 ThürKO) erteilten Baugenehmigungen. 269

Der Beschluss von Gemeinderat oder Kreistag stellt in den meisten Fällen zunächst nur ein **Verwaltungsinternum** dar. Zum wirksamen Verwaltungsakt wird er erst dadurch, dass er nach § 29 Abs. 1 S. 2 bzw. § 107 Abs. 1 S. 2 ThürKO durch Bürgermeister oder Landrat **vollzogen**, dh bekanntgegeben wird (§§ 43, 41 ThürVwVfG). Nur in seltenen Konstellationen ist ein Beschluss von Gemeinderat oder Kreistag, der zur Regelung eines Einzelfalls mit Außenwirkung ergeht, nicht vollzugsbedürftig. Als derartiger **self-executing-Beschluss** einzuordnen ist etwa die Auferlegung eines Ordnungsgeldes nach § 37 Abs. 2 (iVm § 112) ThürKO,[522] die Benennung einer Straße[523] oder die Entscheidung über die Zulässigkeit eines Bürgerbegehrens (§ 17 S. 4 ThürKO iVm § 12 Abs. 3 u. 4 ThürEBBG, iVm § 96a ThürKO). Für den Erlass eines Widerspruchsbescheids in Selbstverwaltungsangelegenheiten trifft § 10 Abs. 1 Nr. 1 ThürAGVwGO eine von § 73 Abs. 1 Nr. 3 VwGO abweichende Zuständigkeitsregelung. 270

Die Thüringer Kommunen können auch **Verwaltungsverträge** nach §§ 54 ff. ThürVwVfG oder privatrechtliche Verträge abschließen.[524] Gemäß § 31 Abs. 2 bzw. § 109 Abs. 2 ThürKO bedürfen insoweit Erklärungen, durch welche die Kommune verpflichtet werden soll, der Schriftform. Wenn also beispielsweise die Stadt Jena mit 271

---

518 BVerwGE 80, 355; BVerwG, NVwZ 2002, 1505; s. auch *Sodan/Ziekow*, VwGO, 5. Aufl. 2018, § 42 Rn. 49.
519 *Hufen*, Verwaltungsprozessrecht, 12. Aufl. 2021, § 20 Rn. 8 m.w.N.
520 Vgl. zum Begriff der Ermächtigungsgrundlage *Detterbeck*, Allgemeines Verwaltungsrecht, 19. Aufl. 2021, § 10 Rn. 589.
521 Wie auch § 19 Abs. 1 S. 1 ThürKO für in Freiheit und Eigentum eingreifende Satzungen keine Rechtsgrundlage bietet.
522 Weitere Beispiele bei *Gern/Brüning*, Deutsches Kommunalrecht, Rn. 665.
523 OVG Lüneburg, DVBl 1969, 317.
524 Zur Abgrenzung vgl. *Maurer/Waldhoff*, Allgemeines Verwaltungsrecht, 20. Aufl. 2020, § 14 Rn. 8 f.; *Voßkuhle/Kaiser*, JuS 2013, 687.

einem Planungsbüro, das Vorarbeiten für einen Bebauungsplan zu leisten hat, einen mündlichen Vertrag abschließt, so führt die Nichtbeachtung der Schriftform zur Nichtigkeit des Vertrags (§§ 57 ThürVwVfG, 125 S. 1 BGB). Wird das Formerfordernis dagegen im Rahmen eines privatrechtlichen Rechtsgeschäfts nicht beachtet, etwa bei der Vermietung des Jenaer Rathauses an eine Konzertagentur durch mündliche Zusage des Oberbürgermeisters, so ist eine klausurrelevante Besonderheit zu beachten: § 31 Abs. 2 ThürKO kann wegen der abschließenden Wirkung der bundesrechtlichen Vorschrift des § 55 EGBGB nicht die Nichtigkeit des Rechtsgeschäfts herbeiführen. Im Zusammenhang privatrechtlicher Rechtsgeschäfte stellt § 31 Abs. 2 ThürKO mithin keine Formvorschrift dar, sondern eine Regelung zur Vertretung. Für diese Auslegung lässt sich entweder der Wortlaut des § 31 Abs. 2 ThürKO heranziehen oder die Rechtsfigur der geltungserhaltenden Reduktion bemühen. Jedenfalls bewirkt § 31 Abs. 2 ThürKO im Ergebnis nur, dass der Vertrag als ohne Vertretungsmacht geschlossen erscheint (§§ 177 f. BGB).[525] Der zunächst schwebend unwirksame Vertrag wird also erst dann wirksam, wenn er formgerecht durch das zuständige Gemeindeorgan abgeschlossen wird.[526] Der möglicherweise geschädigten Konzertagentur steht mangels drittschützender Wirkung des nur den Schutz der Gemeinde bezweckenden § 31 Abs. 2 ThürKO zwar kein Anspruch aus Art. 34 S. 1 GG, § 839 BGB zu, wohl aber ein solcher auf Ersatz ihres Vertrauensschadens aus c.i.c. (§§ 280 Abs. 1, 311 Abs. 2, 241 Abs. 2 BGB).

VI. Kommunale Organe

1. Thüringer Kommunalverfassungssystem

272 a) **Gegenstand und Rechtsgrundlagen.** Das sog Kommunalverfassungsrecht umfasst sämtliche Regeln über die **kommunale Binnenorganisation**,[527] dh Vorschriften über die kommunalen Organe und Organteile, ihre Zusammensetzung und Zuständigkeiten sowie ihre Arbeitsweise. Sie finden sich

- in den **verfassungsrechtlichen** Vorgaben des Art. 28 Abs. 1 S. 2 GG sowie Art. 95 ThürVerf, dass das Volk eine demokratisch gewählte Vertretung haben muss, die als Repräsentativorgan (vgl. Art. 28 Abs. 1 S. 1 GG) die wichtigsten Beschlüsse über die Verwaltung zu fassen hat,
- in **§§ 22 bis 45a bzw. §§ 101 bis 113 ThürKO,**
- in der **Hauptsatzung**, die nach § 20 Abs. 1 S. 1 bzw. § 99 Abs. 1 S. 1 ThürKO von jeder Kommune zu erlassen ist, sowie
- in der **Geschäftsordnung** des Gemeinderats bzw. Kreistags (§§ 34 Abs. 1, 112 ThürKO).

273 b) **Typus der süddeutschen Ratsverfassung.** In den Thüringer Kommunen werden Bürgermeister und Landrat unmittelbar vom Volk gewählt (§ 28 Abs. 3 S. 1 bzw. § 106 Abs. 2 ThürKO). Mit dieser **Urwahl des Verwaltungsleiters** folgt Thüringen

---

525 Zu den kommunalrechtlichen Formmängeln *Stumpf*, BayVBl 2006, 103.
526 BGHZ 147, 181; 178, 192; BayOLG, BayVBl. 1997, 286; *Wachsmuth/Oehler*, Thüringer Kommunalrecht, § 31 S. 2.
527 *Burgi*, Kommunalrecht, § 14 Rn. 7.

dem kommunalverfassungsrechtlichen Typus der **Süddeutschen Ratsverfassung**. Dieser hat sich im Lauf der 1990er Jahre in allen deutschen Flächenstaaten, teils mit Modifikationen, durchgesetzt – als das Modell, das den Partizipationsinteressen der Kommunalbürger am besten Rechnung trägt.[528] Der historischen Unterscheidung verschiedener Gemeindeverfassungstypen[529] kommt heute daher keine Bedeutung mehr zu.[530] In Thüringen führt der Bürgermeister zugleich den Vorsitz im Gemeinderat (§ 23 Abs. 1 S. 2, Hs. 1 ThürKO). Er hat dadurch – wie traditionell[531] in Bayern[532] und Baden-Württemberg[533] – eine stärkere Stellung als in Ländern, in denen der Vorsitzende der Gemeindevertretung aus ihrer Mitte zu wählen ist.[534] Gleiches gilt für den Thüringer Landrat, der nach § 107 Abs. 1 S. 1 ThürKO das Landratsamt leitet und auch dem Kreisausschuss vorsitzt (§ 105 Abs. 1, Hs. 2 ThürKO).[535]

2. Gemeinderat als Hauptorgan der Gemeinde

a) **Binnenorganisation des Gemeinderats. aa) Zusammensetzung und Zuständigkeit.** Der Gemeinderat ist das **Hauptorgan der Gemeinde** (vgl. § 22 Abs. 3 ThürKO). Er besteht als **Kollegialorgan** nach § 23 Abs. 1 S. 1, Hs. 1 ThürKO aus mehreren Mitgliedern, nämlich

- dem **Bürgermeister**, der in Urwahl auf sechs Jahre gewählt wird (§ 28 Abs. 3 S. 2 ThürKO) und
- den **Gemeinderatsmitgliedern**, die auf fünf Jahre gewählt werden (§ 23 Abs. 2 ThürKO). Ihre Zahl ist gesetzlich festgelegt, gestaffelt nach Einwohnerzahl der Gemeinde (§ 23 Abs. 3 ThürKO).

In den Städten führt der Gemeinderat die Bezeichnung **Stadtrat** (§ 22 Abs. 1 S. 3 ThürKO); die Gemeinderatsmitglieder heißen dementsprechend Stadtratsmitglieder (§ 23 Abs. 1 S. 1, Hs. 2 ThürKO). Den Vorsitz im Gemeinderat hat der Bürgermeister inne, wenn in der Hauptsatzung nichts anderes bestimmt ist (§ 23 Abs. 1 S. 2, 3 ThürKO).

Zuständig ist der Gemeinderat gemäß **§ 22 Abs. 3 ThürKO** für die Aufgaben des eigenen Wirkungskreises der Gemeinde, soweit er nicht die Beschlussfassung einem beschließenden Ausschuss übertragen hat oder der Bürgermeister zuständig ist. Die Abgrenzung zu den Kompetenzen des Bürgermeisters erfolgt aufgrund der §§ 29 bis 31 ThürKO. Der Bürgermeister erledigt also laufende eigene sowie übertragene Angele-

---

528 *Knemeyer*, JuS 1998, 193; vgl. auch *Kluth*, in: Wolff/Bachof/Stober, Verwaltungsrecht III, 5. Aufl. 2004, § 95 Rn. 7; sowie *Mehde*, DVBl 2010, 465; *Lange*, Kommunalrecht, S. 110.
529 Süddeutsche Ratsverfassung, rheinische Bürgermeisterverfassung, Magistratsverfassung, norddeutsche Ratsverfassung; vgl. dazu *Gern/Brüning*, Deutsches Kommunalrecht, Rn. 55 ff.; *Lange*, Kommunalrecht, S. 108 ff.
530 *Lange*, Kommunalrecht, S. 108; vgl. auch *Burgi*, Kommunalrecht, § 10 Rn. 6, der die eigentlichen Unterschiede in „zahlreichen Einzelheiten" sieht.
531 In Abgrenzung zur preußischen Tradition, die eine Urwahl des Bürgermeisters ablehnte, vgl. dazu *Meyer*, in: Kost/Wehling (Hrsg.), Kommunalpolitik in den deutschen Ländern, 2. Aufl. 2010, S. 188.
532 Vgl. heute Art. 34, 36 BayGO.
533 Vgl. §§ 24, 42 GO BW.
534 Bsp. Brandenburg, Mecklenburg-Vorpommern, Schleswig-Holstein, Niedersachsen, vgl. *Gern/Brüning*, Deutsches Kommunalrecht, Rn. 462.
535 Vgl. zu den Besonderheiten auf Kreisebene für viele *Henneke*, DÖV 2007, 87.

genheiten. Zugleich fungiert er als Vollzugsorgan der Gemeinde (vgl. § 29 Abs. 1 S. 2 ThürKO), dh als ihre Behörde iSd § 1 Abs. 2 ThürVwVfG.

276 **bb) Fraktionen.** Gemäß § 25 S. 1 ThürKO können sich Gemeinderatsmitglieder zu **Fraktionen** zusammenschließen, dh zu öffentlich-rechtlichen Organisationseinheiten, deren Aufgabe es ist, die Arbeit im Gemeinderat kollektiv vorzubereiten.[536] Eine Gemeinderatsfraktion muss aus mindestens zwei Mitgliedern bestehen („zusammenschließen"); eine Ein-Personen-Fraktion, wie sie in Hessen möglich ist (§ 36b HessGO), wäre in Thüringen daher unzulässig.[537] Welche **zusätzlichen Rechte** den Gemeinderatsmitgliedern als Mitgliedern einer Fraktion zustehen, regelt die Geschäftsordnung der Gemeinde (§ 25 S. 2 ThürKO). Typischerweise gehört dazu das Recht, die Aufnahme eines Verhandlungsgegenstands in die Tagesordnung des Gemeinderats zu verlangen.[538] Die Fraktionen können durch die Gemeinden im Wege von Finanzhilfen unterstützt werden; einen Anspruch darauf haben sie jedoch nicht.[539] Im Nachgang der Entscheidung des Bundesverfassungsgerichts zum NPD-Verbot[540] wurden auf kommunaler Ebene mitunter Fraktionen aus „Vertretern erkennbar verfassungsfeindlicher Vereinigungen" von Fraktionszuschüssen ausgeschlossen.[541] *De constitutione lata* ist eine solche Praxis derzeit jedoch mit Art. 21 GG unvereinbar.[542] Es bedürfte nämlich jedenfalls einer Ergänzung des Art. 21 Abs. 3 GG, um verfassungsfeindliche Vereinigungen nicht nur von der Parteienfinanzierung sondern auch von Fraktionszuwendungen auf kommunaler Ebene auszuschließen. Ob eine solche Erweiterung des Entzugs von Zuschüssen auf die kommunale Ebene mit der Schutzwirkung des Art. 21 Abs. 2 GG für nicht verbotene Parteien vereinbar wäre, ist fraglich.[543]

277 Das Fraktionsbildungsrecht wurzelt im organschaftlichen Status des einzelnen Gemeinderatsmitglieds. Daher ist ein **Fraktionsausschluss** nur zulässig

- nach **Anhörung** des Betroffenen,
- auf Grundlage eines **ordnungsgemäßen Fraktionsbeschlusses**,
- aus **wichtigem Grund** (in Rechtsanalogie zu §§ 626 Abs. 1, 723 Abs. 1 S. 2 BGB, § 89a Abs. 1 HGB, § 10 Abs. 4 PartG) sowie
- als *ultima ratio*.[544]

Das **gerichtliche Vorgehen** gegen einen Fraktionsausschluss ist umstritten: Nach Auffassung des Bayerischen Verwaltungsgerichtshofs handelt es sich um eine zivilrechtliche Streitigkeit, da Fraktionen meist nichtrechtsfähige Vereine seien. Deshalb müsse der Rechtsweg zu den ordentlichen Gerichten beschritten werden.[545] Auf die gesell-

---

536 Vgl. BVerwG, NVwZ 1993, 375, 377; HessVGH, NVwZ 1992, 506; OVG NW, NVwZ 1993, 399; *Kottke*, BayVBl. 1987, 417.
537 Vgl. hierzu *Hofmann/Muth/Theisen*, Kommunalrecht NRW, 12. Aufl. 2004, S. 367.
538 OVG NW, NVwZ-RR-1989, 380, 380; *Lange*, Kommunalrecht S. 310; *Bick*, Die Ratsfraktion, 1989, S. 24.
539 Vgl. demgegenüber zu den kommunalen Fraktionen in Nordrhein-Westfalen § 56 Abs. 3 S. 1 GO NRW.
540 BVerfGE 144, 20.
541 S. hierzu umfassend *Hecker*, NVwZ 2018, 1613 m.w.N.
542 So auch BVerwG, NVwZ 2018, 1656 m. Anm. *Janson*, NVwZ 2018, 1660.
543 Dezidiert ablehnend *Hecker*, NVwZ 2018, 1613.
544 Vgl. OVG NW, NJW 1989, 1105, 1106; NVwZ 1992, 399, 400; NdsOVG, NVwZ 1994, 116, 119; *Lange*, Kommunalrecht, S. 322 f.
545 Vgl. etwa BayVGH, NJW 1988, 2754, 2754 ff.; BayVGH, NVwZ-RR 1993, 503, 503.

schaftsrechtliche Stellung der Fraktionen kommt es für das Vorliegen einer öffentlich-rechtlichen Streitigkeit iSd § 40 Abs. 1 S. 1 VwGO jedoch nicht an. Maßgeblich ist vielmehr, dass über den streitigen Fraktionsausschluss nach öffentlichem Recht zu entscheiden ist, so dass der Verwaltungsrechtsweg eröffnet ist.[546] Statthaft ist nicht die Anfechtungsklage; denn der Fraktionsausschluss trifft das Fraktionsmitglied in organschaftlichen Rechten, ist also mangels Außenwirkung kein Verwaltungsakt. Zu erheben ist vielmehr eine **Feststellungsklage**, gerichtet auf die Feststellung des Fortbestehens der Mitgliedschaft.[547] Es handelt sich dabei um eine sog kommunalverfassungsrechtliche Streitigkeit.

cc) **Ausschüsse.** Nach § 26 Abs. 1 ThürKO kann der Gemeinderat für bestimmte Aufgabenbereiche **Ausschüsse** als Organteile[548] bilden, nämlich 278

- vorberatende Ausschüsse zur Vorbereitung seiner Beschlüsse und
- beschließende Ausschüsse zur abschließenden Entscheidung über bestimmte Angelegenheiten anstelle des Gemeinderats (§ 26 Abs. 3 ThürKO).

Ausschüsse sollen Sachverstand bündeln und hierdurch den Gemeinderat entlasten. In Gemeinden mit mehr als 1.000 Einwohnern ist ein sog Hauptausschuss als Pflichtausschuss zu bilden (§ 26 Abs. 1 S. 3 ThürKO). Weitere Pflichtausschüsse bestehen auf spezialgesetzlicher Grundlage, insbesondere der Jugendhilfeausschuss (§ 71 SGB VIII). **Nicht übertragen** werden können auf einen beschließenden Ausschuss nach § 26 Abs. 2 ThürKO enumerativ aufgeführte **Vorbehaltsaufgaben.** Zu diesen zählen für die Gemeinde besonders bedeutsame oder sie potenziell gefährdende Angelegenheiten wie insbesondere der Satzungserlass (Nr. 2), die Beschlussfassung über Gebiets- oder Bestandsänderungen (Nr. 4) sowie finanzwirtschaftliche Fragen (Nrn. 7 bis 14).

Die **Zusammensetzung der Ausschüsse** richtet sich nach der Geschäftsordnung (§§ 26 279 Abs. 1 S. 2, 34 ThürKO). Die gemeindliche Organisationshoheit ist aber insofern begrenzt, als Ausschüsse in ihrer politischen Besetzung ein „verkleinertes Spiegelbild des Gemeinderats" darstellen müssen.[549] Besonders bedeutsam ist dies wegen der Repräsentationsfunktion des Gemeinderats bei beschließenden Ausschüssen.[550] Der Sitzungsablauf der Ausschüsse entspricht weitgehend dem des Gemeinderats (§ 43 Abs. 1 S. 4 ThürKO).

dd) **Beiräte und Kommissionen.** Die Bildung von **Beiräten und Kommissionen** steht 280 jeder Gemeinde auf der Grundlage ihrer Organisationshoheit frei.[551] Von den Ausschüssen unterscheiden sie sich dadurch, dass ihre Mitglieder nicht sämtlich zugleich dem Gemeinderat angehören. Außerdem können Beiräten und Kommissionen keine Entscheidungsbefugnisse übertragen werden. § 26 Abs. 4 ThürKO sieht die Möglichkeit der Bildung eines **Ausländerbeirats** vor, systemwidrig platziert in der Vorschrift

---

546 So auch HessVGH, HSGZ 1987, 209, 209; OVG NW, NJW 1989, 1105, 1105 f.; OVG Saarland, NVwZ-RR 2012, 613, 614; *Lange,* Kommunalrecht, S. 322 f.; *Burgi,* Kommunalrecht, § 12 Rn. 15.
547 So auch *Erdmann,* DÖV 1988, 907, 909; *Aulehner,* JA 1989, 478, 481; *Lange,* JuS 1994, 296, 297.
548 Selbstständige Organe sind die Ausschüsse im Hinblick auf § 22 Abs. 1 S. 1 ThürKO nicht, auch nicht die beschließenden Ausschüsse; vgl. hierzu von *Mutius,* Kommunalrecht, 2. Aufl. 1997, Rn. 733.
549 BayVGH, BayVBl 2008, 429; *Weber/Köppert,* Kommunalrecht Bayern, 3. Aufl. 2015, S. 37.
550 SächsOVG, DVBl 2010, 1578.
551 Vgl. *Troidl,* BayVBl. 2004, 321; *Lange,* Kommunalrecht, S. 362; *Herbert,* NVwZ 1995, 1056, 1060.

über Ausschüsse, deren Regelungsregime er als Beirat nicht unterfällt. Für den Bürger schaffen Beiräte und Kommissionen eine institutionalisierte Beteiligungsmöglichkeit; dem Gemeinderat liefern sie wichtige Informationen für seine Arbeit.[552] Von praktischer Bedeutung sind angesichts des demographischen Wandels in Thüringen insbesondere die Seniorenbeiräte.

281 b) **Geschäftsgang. aa) Rechtsgrundlage** – insbesondere die Geschäftsordnung. Der sog **Geschäftsgang** umfasst alle Regeln, die den Ablauf der Sitzung eines kollegialen Vertretungsorgans bestimmen. Für den Gemeinderat ergibt sich der Geschäftsgang aus §§ 34 bis 44 ThürKO sowie aus der Geschäftsordnung der Gemeinde (§ 34 ThürKO). Das Recht des Gemeinderats, sich für seine Amtsperiode im gesetzlichen Rahmen der §§ 34 ff. ThürKO eine Geschäftsordnung zu geben, ist Ausprägung der Organisationshoheit der Gemeinde, die zu ihrem Selbstverwaltungsrecht gehört (Art. 28 Abs. 2 S. 1 GG, Art. 91 ThürVerf).[553] Kontrolliert wird die Einhaltung der Grenzen der Geschäftsordnungsautonomie daher durch die **Rechtsaufsicht** nach § 117 Abs. 1 ThürKO.

282 Die **Geschäftsordnung** kann als Satzung iSd § 19 ThürKO erlassen werden, was wegen der Anforderungen an ihre Bekanntmachung (§ 21 ThürKO) jedoch unpraktisch ist. In der Regel stellt die Geschäftsordnung eine **Innenrechtsnorm** *sui generis* dar; es kommt ihr also keine Außenwirkung zu.[554] Unabhängig von ihrer Rechtsnatur kann sie Gegenstand einer prinzipalen Normenkontrolle nach § 47 Abs. 1 Nr. 2 VwGO, § 4 ThürAGVwGO sein.[555] Ein Verstoß des Sitzungsablaufs gegen die Geschäftsordnung führt grundsätzlich nicht zur Rechtswidrigkeit des Gemeinderatsbeschlusses, es sei denn, es werden dadurch zugleich Vorschriften der Thüringer Kommunalordnung verletzt.[556]

283 **bb) Ablauf einer Gemeinderatssitzung. (1) Vorbereitung der Sitzung durch den Bürgermeister.** Der Bürgermeister hat gemäß § 35 Abs. 4 ThürKO die **Tagesordnung** festzusetzen und die Beratungsgegenstände vorzubereiten. Bei der Zusammenstellung der Tagesordnung ist er nicht in jedem Fall dazu verpflichtet, gestellte Anträge in der jeweils nächsten Sitzung zu behandeln. Es steht ihm hier vielmehr ein nach Gemeindegröße und Bedeutung der Angelegenheit bemessener organisatorischer und zeitlicher Spielraum zu.[557]

284 Bei der **Vorbereitung der Behandlungsgegenstände** hat der Bürgermeister ein sog **formelles Vorprüfungsrecht**, dh die Befugnis, aus formellen Gründen die Aufnahme eines Sachantrags in die Tagesordnung zu unterlassen, weil er etwa nicht schriftlich oder nicht fristgerecht eingereicht wurde. Umstritten ist die Frage, ob dem Bürgermeister

---

552 *Lange*, Kommunalrecht, S. 362; *Burgi*, Kommunalrecht, § 11 Rn. 6.
553 *Lange*, Kommunalrecht, S. 366 f.
554 *Lange*, S. 353; *Maurer/Waldhoff*, Allgemeines Verwaltungsrecht, 20. Aufl. 2020, § 24 Rn. 12; vgl. zur Stellung der Geschäftsordnung im System der kommunalen Handlungsformen oben V. 1.
555 BVerwG, BayVBl. 1988, 249; NdsOVG, NVwZ-RR 2000, 314; VGH BW, NVwZ-RR 2003, 56; HessVGH, LKRZ 2007, 324; BayVGH, NVwZ-RR 2007, 405.
556 *Burgi*, Kommunalrecht, § 12 Rn. 4; aA *Waechter*, Rn. 304 ff.
557 Vgl. dazu etwa OVG SH, NVwZ-RR 1994, 459, 460 f.; *Wachsmuth/Oehler*, Thüringer Kommunalrecht, § 35 S. 10; *Lange*, Kommunalrecht, S. 293 f.

zugleich ein **materielles Vorprüfungsrecht** zusteht. Dieses umfasst die Befugnis, einen Gegenstand, etwa die Erklärung einer Gemeinde zur atomwaffenfreien Zone,[558] aus inhaltlichen Gründen nicht in die Tagesordnung aufzunehmen.[559] Auf Grundlage der Thüringer Kommunalordnung ist ein materielles Vorprüfungsrecht des Bürgermeisters abzulehnen. Sie verweist diesen nämlich darauf, in der laufenden Sitzung des Gemeinderats auf die Beschlussfassung Einfluss zu nehmen und ggf. *nach* dessen Entscheidung sein **Beanstandungsrecht** nach § 44 ThürKO auszuüben. Eine Ausnahme ist nur bei rechtsmissbräuchlichem oder schikanösem Aufnahmeverlangen anzuerkennen, etwa im Fall mehrfacher Wiederholung einer bereits entschiedenen Angelegenheit, oder wenn der Antragsgegenstand strafbaren Inhalt aufweist.[560] Ein Fehler bei der Aufstellung der Tagesordnung führt nach § 36 Abs. 1 S. 2 ThürKO in der Regel zur Beschlussunfähigkeit des Gemeinderats und damit zur Rechtswidrigkeit des Gemeinderatsbeschlusses.[561]

Im **Vorfeld** hat der Bürgermeister auch die nach § 40 ThürKO grundsätzlich erforderliche Öffentlichkeit der Gemeinderatssitzung sicherzustellen, was nach § 36a ThürKO bei entsprechender Bestimmung in der Hauptsatzung in Notlagen auch durch Durchführung einer Videokonferenz erfolgen kann.[562] Dazu sind Zeit, Ort und Tagesordnung nach § 35 Abs. 6 S. 1 ThürKO oder in elektronischer Form nach § 35 Abs. 7 ThürKO bekanntzumachen, ggf. sind Pressevertreter nach dem Thüringer Pressegesetz (TPG) einzuladen. Diesen kann auch unabhängig davon ein Auskunftsanspruch gegenüber der Gemeinde aus § 4 Abs. 1 TPG zustehen, der den entsprechenden Anspruch aus Grundgesetz bzw. Thüringer Verfassung konkretisiert (Art. 5 Abs. 1 S. 2 GG bzw. Art. 11 Abs. 2 S. 1 ThürVerf).[563]

(2) Ladung. Gemäß § 35 Abs. 2 S. 1 ThürKO **lädt** der Bürgermeister **schriftlich** unter Mitteilung der Tagesordnung **ein**; unter den Voraussetzungen des § 35 Abs. 7 ThürKO kann insoweit die Schriftform durch die elektronische Form ersetzt werden.[564] Ein Selbstversammlungsrecht steht dem Gemeinderat nicht zu. Damit stellt eine nicht vom Bürgermeister einberufene Zusammenkunft keine Sitzung iSd § 36 Abs. 1 S. 1 ThürKO dar; sie kann daher auch keine Rechtswirkungen entfalten. Die Anforderungen an Form und Frist der Ladung ergeben sich aus § 35 Abs. 6 sowie aus der Geschäftsordnung. Ihre Verletzung gilt aber nach § 35 Abs. 3 ThürKO als **geheilt**, wenn die zu ladende Person in der Sitzung erscheint und den Mangel nicht geltend macht.

Zu laden sind nach §§ 35 Abs. 2 S. 1, 36 Abs. 1 S. 2 ThürKO insbesondere **sämtliche Mitglieder des Gemeinderats**, wobei der Bürgermeister sich selbst nicht zu laden braucht. Geladen werden müssen auch solche Gemeinderatsmitglieder, die sich krankgemeldet haben, im Urlaub sind oder auf eine Ladung ausdrücklich verzichtet ha-

---

558 Vgl. *Theis*, JuS 1984, 428; *Seewald*, in: Steiner (Hrsg.), Besonderes Verwaltungsrecht, 8. Aufl. 2006, Rn. 211.
559 Ablehnend HessVGH, HSGZ 1987, 463, 464; *Schoch*, DÖV 1986, 132, 135; bejahend *Meyer*, KommJur 2008, 161, 163 f.
560 Vgl. hierzu bei offensichtlicher Unzuständigkeit BVerwG, NVwZ 1990, 355; HessVGH, DVBl 1988, 793.
561 *Wachsmuth/Oehler*, Thüringer Kommunalrecht, § 35 S. 14.
562 Vgl. dazu *Heger/Gourdet*, NVwZ 2021, 360.
563 S. dazu *Eisele/Hyckel*, VR 2016, 217, 219 ff. mwN; vgl. auch *Alexander*, ZUM 2013, 614, 617.
564 Vgl. hierzu *Grochtmann*, BayVBl. 2013, 677.

ben.⁵⁶⁵ Schließlich ist auch ein Mitglied zu laden, das voraussichtlich nach § 38 ThürKO persönlich beteiligt sein wird. Denn nach § 38 Abs. 3 S. 2 ThürKO ist der Gemeinderat für die Entscheidung über den Ausschluss von der Beratung und Abstimmung zuständig. Zudem ist eine Beteiligung nach § 38 ThürKO in der Regel nicht für alle Tagesordnungspunkte gegeben, sondern nur für einzelne. Schließlich darf der Gemeinderat über die Beteiligteneigenschaft erst entscheiden, wenn sich das betroffene Mitglied des Gemeinderats dazu geäußert hat.⁵⁶⁶

288 **(3) Öffentliche Sitzung.** Der Gemeinderat beschließt ausschließlich in **Sitzungen**, § 36 Abs. 1 S. 1 ThürKO. Eine Sitzung liegt vor, wenn der Gemeinderat nach seiner Einberufung zusammengekommen ist, und der Bürgermeister seine Leitungsbefugnis ausübt. Ein Umlaufverfahren bzw. schriftliches Beschlussverfahren, wie es etwa die Geschäftsordnung der Bundesregierung bzw. der Thüringer Landesregierung in manchen Fällen ermöglicht,⁵⁶⁷ ist damit unzulässig.⁵⁶⁸

289 Nach § 40 Abs. 1 S. 1 ThürKO müssen die Sitzungen des Gemeinderats grundsätzlich **öffentlich** sein. Gleiches gilt für die Sitzungen eines beschließenden Ausschusses (§ 43 Abs. 1 S. 3, S. 4, Hs. 1). Eine **Ausnahme** ist nur insoweit vorgesehen, als Rücksichten auf das Wohl der Allgemeinheit oder das berechtigte Interesse Einzelner entgegenstehen. Beispiele hierfür sind Beratungen über Personalfragen oder Verträge in Grundstücksangelegenheiten.⁵⁶⁹ Auch bei letzteren kann die Öffentlichkeit jedoch nur ausnahmsweise ausgeschlossen werden: wenn eine transparente, nicht formelhafte Abwägung Geheimhaltungsinteressen als vorrangig erscheinen lässt.⁵⁷⁰

290 Der **Öffentlichkeit einer Gemeinderatssitzung** kommt als Ausprägung des Demokratieprinzips seit den Anfängen der kommunalen Selbstverwaltung⁵⁷¹ eine erhebliche Bedeutung für den **Gemeindebürger** zu:

- Sie fördert sein Partizipationsinteresse,
- ermöglicht ihm eine Kontrolle der Gemeindeverwaltung und
- gewährt ihm einen Einblick in die Sacharbeit seiner Gemeinde, der für die Ausübung seines Kommunalwahlrechts bedeutsam ist.⁵⁷²

Dem Interesse des **Gemeinderats** oder einzelner Mitglieder desselben dient der Öffentlichkeitsgrundsatz hingegen nicht. Ein Gemeinderatsmitglied hat daher kein subjektives Recht darauf, seine Auffassung in einer Gemeinderatssitzung öffentlichkeitswirksam zu artikulieren.⁵⁷³

---

565 *Wachsmuth/Oehler*, Thüringer Kommunalrecht, § 36 S. 4.
566 *Wachsmuth/Oehler*, Thüringer Kommunalrecht, § 38 S. 12 f.
567 Vgl. § 20 Abs. 2 GOBReg; § 18 ThürGGO.
568 *Pahlke*, in: Wachsmuth/Oehler, § 40 S. 2.
569 BVerwG, NVwZ 1995, 897; *Pahlke*, in: Wachsmuth/Oehler, § 40 S. 7 f.; aA VGH BW, BayVBl. 2016, 463.
570 Vertiefend dazu *Schmitz*, JuS 2017, 31.
571 Vgl. insbesondere § 184d der Verfassung des deutschen Reichs vom 28.3.1849, der die Öffentlichkeit der Verhandlung als Regel normiert.
572 OVG NW, DVBl 1990, 160.
573 OVG RP, NVwZ-RR 1990, 322; VGH BW, NVwZ-RR 1992, 373; grundsätzlich dazu *Schnapp*, VerwArch 78 (1978), 407, 427 ff.; vgl. auch *Waechter*, Kommunalrecht, Rn. 312; aA OVG NW, NVwZ-RR 2002, 135, 136 f.; *Lange*, Kommunalrecht, S. 409.

Geschützt ist von der Vorschrift des § 40 Abs. 1 S. 1 ThürKO jedenfalls die **Saalöffent-** 291
lichkeit. Ihren Anforderungen ist entsprochen, wenn unter Beachtung des Prioritätsprinzips grundsätzlich jedermann freien Zugang zu der Sitzung hat.[574] Ob § 40 ThürKO darüber hinaus eine **Medienöffentlichkeit** umfasst,[575] etwa **Liveberichterstattung im Internet** oder sitzungsbegleitende Nutzung von Twitter und Facebook, ist höchstrichterlich noch nicht entschieden. Im Schrifttum wird die Frage kontrovers diskutiert.[576] Datenschutz- und persönlichkeitsrechtliche Rücksichten auf das berechtigte Interesse Einzelner setzen Rundfunk- und Pressefreiheit jedenfalls Schranken. Beeinträchtigt würde durch Medienpräsenz aber auch die **Funktionsfähigkeit des Gemeinderats**, die zum Wohl der Allgemeinheit isd § 40 ThürKO gehört. Denn sitzungsbegleitendes Filmen und Aufzeichnen können dessen Mitglieder in ihrer Redefreiheit beeinträchtigen, die aber „frei von Hemmnissen und ungezwungen" sollte ausgeübt werden können.[577] Hierdurch droht die Authentizität ihres Auftretens wie ihrer Äußerungen Schaden zu nehmen.[578] Der Gemeindebürger, den § 40 ThürKO in seiner Informationsfreiheit schützt, könnte so einen verfälschten Eindruck von der Sacharbeit seiner Gemeinde erhalten und sein Kommunalwahlrecht auf unzutreffender Grundlage ausüben. Für den Einbezug der Medienöffentlichkeit spricht auch nicht, dass durch die Massenmedien eine größere Anzahl von Bürgern über die kommunale Tätigkeit informiert wird. Denn dass mehr Bürger einen medial verfälschten Eindruck von der kommunalen Arbeit bekommen, dient nicht der Verwirklichung des Demokratieprinzips. Die teleologische Auslegung der Vorschrift des § 40 ThürKO führt damit zur **Beschränkung ihrer Reichweite auf die Saalöffentlichkeit**. Nach der im Zusammenhang der Corona-Pandemie eingefügten Vorschrift des § 36a ThürKO kann durch die Hauptsatzung bestimmt werden, dass Gemeinderatssitzungen in Notlagen in Form von Videokonferenzen durchgeführt werden können.[579]

Rechtsfolge eines Verstoßes gegen das Öffentlichkeitsprinzip ist wegen seiner überra- 292
genden Bedeutung für das Demokratieprinzip grundsätzlich die **Rechtswidrigkeit des Gemeinderatsbeschlusses**.[580]

(4) Beschlussfähigkeit. (a) Anwesenheit und Stimmberechtigung der Mehrheit der 293
Mitglieder. Zu Beginn der Gemeinderatssitzung stellt der Bürgermeister die **Beschlussfähigkeit** nach § 36 Abs. 1 S. 2 ThürKO fest. Neben der ordnungsgemäßen Ladung sämtlicher Mitglieder muss hierfür ihre Mehrheit anwesend und stimmberechtigt sein. Bei der Prüfung des **Mehrheitserfordernisses** ist

- zunächst die **Sollstärke** des Gemeinderats zu ermitteln, ausgehend von der Zahl der Gemeinderatsmitglieder (§ 23 Abs. 3 ThürKO), zu denen der Bürgermeister hinzuzurechnen ist.

---

574 BVerwG, NVwZ 1990, 165; vgl. auch *Lange*, Kommunalrecht, S. 392; *Horn*, ZJS 2012, 340, 342.
575 Vgl. zu dieser Unterscheidung *Horn*, ZJS 2012, 340, 342.
576 Vgl. etwa *Papsthart*, BayVBl. 2013, 645; *Krebs*, LKRZ 2014, 138, 139, jeweils mwN.
577 BVerwG, NJW 1991, 118, 119.
578 So im Ergebnis auch BVerfG, NJW 2009, 2117.
579 Dazu *Meyer*, NVwZ 2020, 1302; *Heger/Gourdet*, NVwZ 2021, 360.
580 BayVGH, BayVBl. 2009, 344, 345; vgl. auch *Pahlke*, BayVBl. 2010, 357.

- Sodann ist die **Iststärke** festzulegen, die sich ergibt nach Abrechnung der etwa wegen Todes, Amtsniederlegung oder Verlust der Wählbarkeit ausgeschiedenen Gemeinderatsmitglieder, solange der Listennachfolger noch nicht vereidigt ist, sowie nach Abzug derjenigen, denen die Sitzungsteilnahme nach § 41 S. 2 ThürKO untersagt ist.[581]

Ist der Gemeinderat beschlussunfähig, kann der Bürgermeister den Gemeinderat nach § 36 Abs. 2 ThürKO zum zweiten Mal über denselben Gegenstand zusammenrufen. Er ist dann ohne Rücksicht auf die Zahl der Erschienenen beschlussfähig, sofern bei der zweiten Einladung hierauf hingewiesen wurde.

294 **(b) Insbesondere die Stimmberechtigung.** Die Mehrheit der Mitglieder muss ferner nach § 36 Abs. 1 S. 2 ThürKO **stimmberechtigt** sein, damit nicht ein Beschluss durch eine Minderheit gefasst werden kann. Eine Stimmberechtigung fehlt im Fall einer **persönlichen Beteiligung** nach § 38 Abs. 1 S. 1 ThürKO.[582] Normzweck des § 38 ThürKO als *lex specialis* zu § 20 ThürVwVfG ist

- die Verhinderung von **Pro-domo-Entscheidungen**. Denn in eigener Sache lässt sich ein Gemeinderatsmitglied erfahrungsgemäß nicht ausschließlich von objektiven Gesichtspunkten leiten.
- Zudem sollen **demokratiegefährdende Zweifel** an der Lauterkeit von Hoheitsträgern von vornherein nicht aufkommen.

Eine persönliche Beteiligung ist gegeben, wenn die **Möglichkeit eines unmittelbaren Vor- oder Nachteils besteht** (vgl. **§ 38 Abs. 1 S. 1 ThürKO**), der nicht notwendig wirtschaftlicher Natur sein muss, vielmehr auch ideeller Art sein kann. Probleme wirft oftmals die Subsumtion unter das Tatbestandsmerkmal „unmittelbar" auf:

295 **Unmittelbarkeit** kann hier **nicht das Erfordernis eines Vollzugsakts** meinen, wie es als Zulässigkeitsvoraussetzung einer Verfassungsbeschwerde zu prüfen ist. Denn nachdem die meisten Gemeinderatsbeschlüsse noch durch den Bürgermeister zu vollziehen sind (vgl. § 29 Abs. 1 S. 2 ThürKO), würde bei dieser Auslegung der Anwendungsbereich des § 38 ThürKO übermäßig verkürzt.[583] § 38 Abs. 1 S. 3 ThürKO setzt insoweit nur voraus, dass sich der Vor- oder Nachteil **direkt aus der Entscheidung** ergibt, ohne dass weitere Ereignisse eintreten oder Maßnahmen getroffen werden müssten, die über die Ausführung von Beschlüssen hinausgingen. So bringt etwa die Entscheidung des Gemeinderats über den Kauf eines Grundstücks des Bürgermeisters durch die Gemeinde diesem unmittelbar einen Vorteil, auch wenn als Zwischenschritt noch deren notarielle Beurkundung erforderlich ist.[584]

296 Das Kriterium der Unmittelbarkeit knüpft vielmehr, aus § 38 Abs. 1 S. 2 ThürKO ersichtlich, an die **Unterscheidung von Individual- und Gruppeninteressen** an. Voraussetzung für eine persönliche Beteiligung ist die **Möglichkeit der Betroffenheit in einem**

---

581 Damit das Gemeinderatsmitglied, dem die Sitzungsteilnahme untersagt ist, keine Möglichkeit zur Obstruktion durch gezieltes Herbeiführen der Beschlussunfähigkeit hat *Wachsmuth/Oehler*, Thüringer Kommunalrecht, § 41 S. 5 f.
582 Vgl. hierzu *Müller-Franken*, BayVBl. 2001, 136; *Schäfer*, VBlBW 2003, 271.
583 *Wachsmuth/Oehler*, Thüringer Kommunalrecht, § 38. S. 7; aA HessVGH, NVwZ 1982, 44, 45.
584 Vgl. *Wachsmuth/Oehler*, Thüringer Kommunalrecht, § 38. S. 7.

individuellen **Sonderinteresse**. Nicht hinreichend ist es dagegen, dass ein Mitglied des Gemeinderats nur als Teil einer Berufs- oder Bevölkerungsgruppe betroffen ist, wie dies in der Regel beim Erlass von Rechtsnormen der Fall ist. So ist etwa ein Hundebesitzer beim Beschluss über den Erlass einer Hundesteuersatzung stimmberechtigt, ebenso ein Grundstückseigentümer beim Beschluss zu einer Abwassersatzung.

Im Zusammenhang der **Bauleitplanung** ist bei der persönlichen Beteiligung der Eigentümer planbetroffener Grundstücke wie folgt zu differenzieren: 297

- Beim **Beschluss über einen Bebauungsplan** (§ 10 BauGB) dürfen sie nicht mitwirken.[585]
- Am Beschluss über den **Flächennutzungsplan** können sie dagegen mitstimmen. Denn als lediglich vorbereitender Bauleitplan muss dieser noch entwickelt werden (§§ 5, 8 Abs. 2 S. 1 BauGB), so dass es an der Unmittelbarkeit fehlt.[586] Zudem erfasst der Flächennutzungsplan das gesamte Gemeindegebiet. Sähe man bei dem Beschluss über ihn sämtliche Grundstückseigentümer als persönlich beteiligt an, wäre Beschlussunfähigkeit des Gemeinderats die Regel.
- Ihre Mitwirkung am Beschluss über die **Aufstellung eines Bebauungsplans** iSd § 2 Abs. 1 S. 2 BauGB ist hingegen als von § 38 ThürKO verboten anzusehen. Denn wie der Bebauungsplan erfasst ein Aufstellungsbeschluss in der Regel nur einen Teil des Gemeindegebiets. Er mag zwar über den künftigen Bebauungsplan inhaltlich wenig konkrete Aussagen treffen,[587] erzeugt aber immerhin mittelbare Außenwirkung als Tatbestandsvoraussetzung für Veränderungssperren (§ 14 BauGB), für das Zurückhalten von Baugesuchen (§ 15 BauGB) sowie für Entscheidungen nach §§ 33 BauGB.[588]

Rechtsfolge einer persönlichen Beteiligung ist nach § 38 Abs. 1 S. 1 ThürKO, dass das Gemeinderatsmitglied an Beratung und Abstimmung nicht teilnehmen darf. Dem in § 38 Abs. 3 ThürKO normierten Ausschlussverfahren kommt insoweit nur deklaratorische Bedeutung zu. Sein Unterbleiben hat keine Rechtswirkungen auf die Wirksamkeit des Sachbeschlusses. Wird andererseits aber ein Gemeinderatsmitglied **zu Unrecht** von Beratung oder Mitwirkung **ausgeschlossen**, so stellt dies einen schweren Verfahrensfehler dar. Er führt in jedem Fall zur Ungültigkeit des entsprechenden Gemeinderatsbeschlusses. Auf eine Entscheidungserheblichkeit der unterbliebenen Mitwirkung kommt es hierbei nicht an; § 38 Abs. 4 S. 1 ThürKO findet keine analoge Anwendung. Denn ein unberechtigter Sitzungsausschluss beraubt ein Gemeinderatsmitglied seiner wichtigsten Mitwirkungsrechte.[589]

(5) **Beschlussfassung**. Die Beschlussfassung erfolgt nach § 39 Abs. 1 S. 1 ThürKO mit der **einfachen Mehrheit** der auf „Ja" oder „Nein" lautenden, abgegebenen Stimmen. Stimmenthaltungen sind nach § 39 Abs. 1 S. 3 ThürKO zulässig. Nicht abgegebene 298

---

585 *Wachsmuth/Oehler*, Thüringer Kommunalrecht, § 38. S. 8; vgl. BVerwG, NVwZ 1988, 916.
586 BVerwG, DVBl 1990, 1852.
587 Vgl. zur Aufstellung des Bebauungsplans *Voßkuhle/Kaiser*, JuS 2014, 1074; *Brenner*, Öffentliches Baurecht, 5. Aufl. 2020, S. 72 ff.
588 Vgl. hierzu im Einzelnen *Brenner*, § 6 Baurecht.
589 VGH BW, NVwZ 1987, 1103, 1103 ff.; *Wachsmuth/Oehler*, Thüringer Kommunalrecht, § 38 S. 14.

Stimmen werden nicht mitgezählt. Abgestimmt wird grundsätzlich offen, es sei denn, der Gemeinderat hat geheime Abstimmung beschlossen.

299 Unwirksam ist der Beschluss bei Mitwirkung eines persönlich Beteiligten nur dann, wenn nicht auszuschließen ist, dass seine Teilnahme an der Abstimmung für das Abstimmungsergebnis entscheidend war (§ 38 Abs. 4 S. 1 ThürKO). Unabhängig davon gilt für Satzungsbeschlüsse und Beschlüsse über Flächennutzungspläne gemäß § 38 Abs. 4 S. 3 ThürKO, dass die Geltendmachung eines Verstoßes gegen § 38 Abs. 1 S. 1 ThürKO nur binnen Jahresfrist möglich ist. Für die Verletzung von Verfahrens- und Formvorschriften nach dem Baugesetzbuch gelten die §§ 214 f. BauGB.

300 **(6) Niederschrift.** Nach § 42 ThürKO ist über die Sitzungen des Gemeinderats eine Niederschrift mit einem bestimmten Mindestinhalt anzufertigen. Als **öffentliche Urkunde** nach § 415 ZPO hat sie einen erhöhten Beweiswert: Gemeinderatsbeschlüsse gelten mit dem in der Niederschrift festgehaltenen Inhalt, solange Abweichungen hiervon nicht bewiesen sind.[590]

301 **(7) Bekanntmachung des Sitzungsbeschlusses.** Gemäß § 40 Abs. 2 ThürKO sind öffentlich gefasste Beschlüsse unverzüglich **öffentlich bekanntzumachen**. Für nichtöffentlich gefasste Beschlüsse gilt dies, sobald der Grund für die Geheimhaltung weggefallen ist.

302 **cc) Prüfung der Rechtmäßigkeit eines Gemeinderatsbeschlusses.** Die Prüfung der ordnungsgemäßen Beschlussfassung des Gemeinderats nach §§ 36 ff. ThürKO, etwa als Voraussetzung der formellen Rechtmäßigkeit einer Satzung, sollte wie folgt erfolgen:

1. Beschlussfähigkeit, § 36 Abs. 1 S. 2 ThürKO
– Ordnungsgemäße Ladung sämtlicher Mitglieder, § 35 Abs. 2 ThürKO
– Anwesenheit der Mehrheit der Mitglieder, vgl. § 36 Abs. 1 S. 2 ThürKO
– Stimmberechtigung der Mehrheit der Mitglieder, vgl. § 38 Abs. 1 ThürKO
2. Beschlussfassung mit Mehrheit, §§ 36 Abs. 1 S. 1, 39 Abs. 1 S. 1 ThürKO
3. Keine Unwirksamkeit des Beschlusses, § 38 Abs. 4 S. 1, 4 ThürKO

303 **c) Rechtsstellung der Gemeinderatsmitglieder. aa) Organschaftlicher Status.** Die gewählten[591] Gemeinderatsmitglieder verfügen als Teile des Exekutivorgans Gemeinderat – anders als Abgeordnete des Bundestags[592] oder des Thüringer Landtags[593] – weder über Immunität noch über Indemnität. Im kommunalrechtlichen Zusammenhang sind sie zwar selbst keine Organe, haben aber einen sog **organschaftlichen Status** inne.[594] Dieser umfasst im Kommunalverfassungsstreit durchsetzbare Rechte

---

590 VGH BW, DVBl 1990, 836, 836 f.; *Wachsmuth/Oehler*, Thüringer Kommunalrecht, § 42 S. 2.
591 S. hierzu §§ 12 bis 23 ThürKWG.
592 S. zu deren Status Art. 38 Abs. 1 S. 2 GG sowie Art. 46 bis 48 GG.
593 S. zu deren Status Art. 51 bis 56 ThürVerf sowie *Baldus*, § 1 Verfassungsrecht.
594 *Burgi*, Kommunalrecht, § 12 Rn. 33 spricht insoweit von mitgliedschaftsrechtlichem Status.

und Pflichten, die sich aus der Thüringer Kommunalordnung, aus der Hauptsatzung sowie aus der gemeindlichen Geschäftsordnung ergeben.

Die wichtigsten **Rechte der Gemeinderatsmitglieder** sind   304

- das Recht auf ordnungsgemäße Ladung nach § 35 Abs. 2 ThürKO und auf Aufnahme ihres Antrags in die Tagesordnung,[595]
- das Recht, sich mit anderen Gemeinderatsmitgliedern zu einer Fraktion zusammenzuschließen (§ 25 S. 1 ThürKO),
- das Recht, ihr Ehrenamt nach dem Gesetz und ihrer freien, dem Gemeinwohl verpflichteten Überzeugung auszuüben (§ 24 Abs. 1 S. 1 ThürKO),[596]
- das Recht auf Auskunft[597] und Akteneinsicht[598] unter Berücksichtigung von Gesichtspunkten der Geheimhaltung und des Datenschutzes.[599]

Zu den **Pflichten der Gemeinderatsmitglieder** gehört insbesondere

- die Verpflichtung, das durch Wahl übertragene Amt auszuüben; zu dessen Ablehnung oder Niederlegung sind sie daher nach § 12 Abs. 2 ThürKO nur aus wichtigem, dh in ihrer Person wurzelndem Grund berechtigt;[600]
- die Verschwiegenheitspflicht (§ 12 Abs. 3 S. 1 ThürKO) sowie
- die Pflicht, an den Gemeinderatssitzungen teilzunehmen (§ 38 ThürKO).

Nach § 37 Abs. 2 ThürKO ist die Einhaltung der Teilnahmepflicht an einer Gemeinderatssitzung mit einem moderaten **Ordnungsgeld** bewehrt.[601] Dessen Auferlegung ist ein Verwaltungsakt iSd § 35 S. 1 ThürVwVfG. Denn im Hinblick auf den Sanktionscharakter des Ordnungsgelds trifft sie das Gemeinderatsmitglied nicht als Teil eines Organs, sondern als außerhalb der Gemeinde stehenden Bürger.[602]

bb) Schutz gegen Ordnungsmaßnahmen. Bei einer Gemeinderatssitzung sind die Ge-   305
meinderatsmitglieder potenzielle Adressaten von **Ordnungsmaßnahmen**. Diese können durch den Sitzungsvorsitzenden, idR den Bürgermeister, auf der Grundlage seines Ordnungsrechts getroffen werden (§ 41 Abs. 1 S. 1 ThürKO), dessen Ausübungsmodalitäten sich idR aus der Geschäftsordnung ergeben. Zu solchen **sitzungsleitenden Anordnungen** gehören etwa

---

595 *Wachsmuth/Oehler*, Thüringer Kommunalrecht, § 35 S. 1 ff.
596 BayVerfGH, NVwZ 1985, 823; *Frowein*, DÖV 1976, 44.
597 Lehrreich dazu die Klausurbearbeitung von *Meikmann*, JuS 2017, 663.
598 Vgl. hierzu OVG NW, NWVBl. 2013, 416; *Eiermann*, NVwZ 2005, 43; weiterführend *Hebeler*, Grundstrukturen des Informationsrechts in den Kommunen, in: Jahrbuch Informationsfreiheit und Informationsrecht, 2010.
599 Vgl. hierzu ThürOVG, ThürVBl. 2015, 166, 169.
600 Zu den Pflichten der Gemeindevertreter *Lange*, Kommunalrecht, S. 268 ff.; die Ehrenämter des Bürgermeisters und Beigeordneten, des Gemeinderatsmitglieds, des Ortsteil- und Ortschaftsbürgermeisters sowie der Ortsteil- und Ortschaftsratsmitglieder sind nach § 12 Abs. 1 S. 2, Hs. 2 ThürKO von der Übernahmepflicht ausgenommen, da diese Ämter mit einer erheblichen Arbeitsbelastung und Verantwortung verbunden sind, so dass eine Verpflichtung unzumutbar wäre, vgl. *Wachsmuth/Oehler*, Thüringer Kommunalrecht, § 12 S. 4.
601 Ein Amtsentzug, wie er etwa in Bayern droht, Art. 48 Abs. 3 BayGO, kommt insoweit in Thüringen nicht in Betracht.
602 VGH BW, VBlBW 1996, 99; ferner auch BayVGH, BayVBl. 2005, 284; § 12 Rn. 36; *Wachsmuth/Oehler*, Thüringer Kommunalrecht, § 37 S. 3.

- die Mahnrufe, mit dem Sprechen, Rauchen oder Telefonieren aufzuhören,
- der Wortentzug sowie
- der Ausschluss von der Sitzung als *ultima ratio* (§ 41 S. 2 ThürKO).

Die **Rechtmäßigkeit des Sitzungsausschlusses**[603] setzt formell einen zustimmenden Gemeinderatsbeschluss voraus, bei dem der Auszuschließende wegen § 38 Abs. 1 S. 1 ThürKO nicht mitstimmen darf, und materiell eine fortgesetzte, erhebliche Störung.[604] Eine solche liegt vor, wenn das Gemeinderatsmitglied mindestens zweimal die Ursache dafür gesetzt hat, dass der Sitzungsfortgang unmöglich gemacht oder wesentlich erschwert wird.[605] Stattzufinden hat schließlich eine **ordnungsgemäße Ermessensausübung** durch den Sitzungsvorsitzenden. Neben einer Prüfung der Erforderlichkeit des Ausschlusses ist ihm insbesondere eine **Abwägung** aufgegeben zwischen der Funktionsfähigkeit des Gemeinderats und den grundrechtlich geschützten Interessen des betroffenen Gemeinderatsmitglieds. So wird beispielsweise durch das Tragen von Anstecknadeln die Sitzungsordnung „nur so geringfügig beeinträchtigt", dass „mit Blick auf den hohen Rang des Grundrechts der freien Meinungsäußerung die Verhängung von Ordnungsmaßnahmen nicht gerechtfertigt" erscheint.[606]

306 In der Rechtsfolge ist das Gemeinderatsmitglied nicht etwa verpflichtet, den Saal zu verlassen. Es ist vielmehr als Bürger zu behandeln, dem nach § 40 Abs. 1 S. 1 ThürKO ein Recht auf Zugang zur öffentlichen Gemeinderatssitzung zusteht. Das Gemeinderatsmitglied kann also im Zuschauerraum Platz nehmen.[607] Stört es dort weiter, so kommt ihm gegenüber eine Ausübung des Hausrechts durch den Vorsitzenden in Betracht (§ 41 S. 1 ThürKO).[608]

307 Problematisch ist die rechtliche Qualifikation einer Ordnungsmaßnahme als **Verwaltungsinternum** oder **Verwaltungsakt** und damit die für den Rechtsschutz gegen sie statthafte Klageart: allgemeine Leistungs- oder Anfechtungsklage. Sie hängt davon ab, ob das betroffene Gemeinderatsmitglied durch die Ordnungsmaßnahme **schwerpunktmäßig**

- in seinem **organschaftlichen Status**, dh in seinen Rechten als Gemeinderatsmitglied oder
- in den **Grundrechten** betroffen ist, die ihm als **Bürger** zustehen.

Beispielsweise berühren eine Untersagung der Handynutzung während der Sitzung oder ein Rauchverbot[609] ein Gemeinderatsmitglied schwerpunktmäßig in seinem organschaftlichen Recht auf ungestörte Sitzungsteilnahme, auch wenn hiermit ein Eingriff in seine allgemeine Handlungsfreiheit nach Art. 2 Abs. 1 GG, Art. 3 Abs. 2 Thür-

---

603 Abzugrenzen ist dieser vom Ausschluss aus dem Gemeinderat, der nur bei krassem Fehlverhalten in Betracht kommt; vgl. dazu die Fallbearbeitung von *Ludwigs/Amann*, Jura 2017, 1106.
604 Diese kann auch im Zeigen von Plakaten, Verteilen von Flugblättern oder im provokativen Tragen von Plaketten liegen, vgl. *Rücker/Dieter/Schmidt/Vetzberger/Oehler*, Kommunalverfassungsrecht Thüringen, § 41 S. 2.
605 *Wachsmuth/Oehler*, Thüringer Kommunalrecht, § 41 S. 5.
606 VG Gera, ThürVBl. 2013, 239, 240.
607 *Lange*, Kommunalrecht, S. 417 f.
608 Vgl. zu diesem in Abgrenzung zur Erteilung eines Hausverbots für das gesamte Gebäude, etwa das Rathaus, *Wachsmuth/Oehler*, Thüringer Kommunalrecht, § 41 S. 5.
609 S. zu diesem OVG NW, DVBl 1983, 53.

Verf einhergeht. Mangels Außengerichtetheit stellen diese Maßnahmen also keine Verwaltungsakte dar, sondern Verwaltungsinterna, gegen die eine allgemeine Leistungsklage statthaft ist. Das Verbot des Tragens einer politischen Plakette stellt dagegen im Schwerpunkt einen Eingriff in die Meinungsfreiheit des Gemeinderatsmitglieds dar (Art. 5 Abs. 1 S. 1 GG, Art. 11 Abs. 1 ThürVerf).[610] In ihrer **Wirkung** ist diese Maßnahme **grundrechtsspezifisch**,[611] auch wenn sie im Zusammenhang der Gemeinderatssitzung erfolgt. Sie ist damit nach außen gerichtet gegen den Bürger, mithin ein Verwaltungsakt iSd § 35 S. 1 ThürVwVfG, gegen den die Anfechtungsklage nach § 42 Abs. 1 Fall 1 VwGO statthaft ist.

3. Bürgermeister

a) **Rechtsstellung des Bürgermeisters.** Der Bürgermeister ist neben dem Gemeinderat das zweite Organ der Gemeinde (§ 22 Abs. 1 S. 1 ThürKO). Ihm allein als **monokratischem Organ**[612] obliegt nach § 22 Abs. 2 ThürKO die Leitung der Gemeinde- bzw. Stadtverwaltung. Er führt den Vorsitz im Gemeinderat (§ 23 Abs. 1 S. 2 ThürKO), vollzieht seine Beschlüsse (§ 29 Abs. 1 S. 2 ThürKO) und erledigt bestimmte, im Folgenden näher zu erläuternde Angelegenheiten. 308

In kreisfreien Städten und in Großen kreisangehörigen Städten führt der Bürgermeister nach § 28 Abs. 1 S. 2 ThürKO die Amtsbezeichnung **Oberbürgermeister**. Gewählt wird er nach § 28 Abs. 3 ThürKO unmittelbar von den Bürgern der Gemeinde auf die Dauer von sechs Jahren. Dabei muss er gemäß § 24 Abs. 8 S. 1 ThürKWG mehr als die Hälfte der abgegebenen Stimmen, dh die absolute Mehrheit erhalten haben, andernfalls ist in einem zweiten Wahlgang eine Stichwahl durchzuführen. 309

Rechtspolitisch umstritten ist die in § 24 Abs. 2 S. 3 ThürKWG vorgesehene **Höchstaltersgrenze für die Wählbarkeit des Bürgermeisters**, der am Wahltag das 65. Lebensjahr nicht vollendet haben darf.[613] Angesichts des demographischen Wandels in Thüringen stellt diese in ihrer Begründung[614] veraltete Vorschrift eine mit der Zielsetzung der kommunalen Selbstverwaltung nicht vereinbare Hürde für das kommunalpolitische Engagement zahlreicher Bürger auf. Nachdem das gesetzliche Renteneintrittsalter im Hinblick auf die allgemein gestiegene Lebenserwartung auf 67 Jahre erhöht worden ist, muss der Hinweis auf angeblich nachlassende Dienstfähigkeit ab Vollendung des 65. Lebensjahres als Protektionismus erscheinen. Langfristig sollte daher die Altersgrenze im Bereich der Kommunalpolitik iSe Angleichung von Regierenden und Re- 310

---

610 BVerwG, NVwZ 1988, 847, 847 ff.; vgl. hierzu *Geis*, BayVBl. 1992, 41; krit. *Lange*, Kommunalrecht, S. 420.
611 Vgl. zu diesem Kriterium BVerwG, NJW 1985, 2774; krit. *Lange*, Kommunalrecht, S. 420.
612 Von griechisch μόνος (mónos) = ein und κρατεῖν (kratein) = herrschen; vgl. demgegenüber die kollegiale Organisation des hessischen Gemeindevorstands, §§ 49 ff. HessGO.
613 *Nußberger*, JZ 2002, 254; *Tettinger*, DVBl 2005, 1397.
614 LT-Drs. 1/2150, S. 26.

gierten auf 75 Jahre angehoben werden,⁶¹⁵ auch wenn sich gegenwärtig ein Verstoß gegen Art. 3 Abs. 1 GG, 2 Abs. 1 ThürVerf nicht feststellen lassen mag.⁶¹⁶

311 Beamtenrechtlich ist der Bürgermeister **Ehrenbeamter** oder **Beamter auf Zeit**, in Abhängigkeit von Gemeindeart und Gemeindegröße (§ 28 Abs. 2 ThürKO). Näheres hierzu findet sich im Thüringer Gesetz über Kommunale Wahlbeamte (ThürKWBG). Hinzuweisen ist insbesondere auf § 2 Abs. 1 ThürKWBG. Danach wird, wer zum Bürgermeister gewählt ist und die Wahl angenommen hat, **mit Beginn seiner Amtszeit** kommunaler Wahlbeamter, dh ohne dass es hierfür einer Ernennung durch Aushändigung einer Ernennungsurkunde bedürfte.

312 Eine **Abwahl des Bürgermeisters** ist nach § 28 Abs. 6 ThürKO durch die Bürger der Gemeinde möglich. Hierin finden deren plebiszitäre Partizipationsinteressen Berücksichtigung – auf der Linie des Demokratisierungsschubs, den insoweit sämtliche neuen Länder in den 1990er Jahren durch die Neufassung ihres Kommunalrechts erfahren haben.⁶¹⁷ Die damit einhergehende politische Schwächung des Bürgermeisters gegenüber dem Gemeinderat wird durch das relativ hohe Quorum in Grenzen gehalten (vgl. § 28 Abs. 6 S. 2 bis 5 ThürKO).

313 b) Kompetenzen des Bürgermeisters. aa) Leitung der Gemeindeverwaltung. Als dem Leiter der Gemeinde- bzw. Stadtverwaltung (§ 22 Abs. 2 ThürKO) steht dem Bürgermeister die sog **kommunale Organisationsgewalt** zu. Diese umfasst das Recht, über Zuschnitt und Aufgaben der unselbstständigen Untergliederungen der Gemeindeverwaltung (Dezernate, Ämter, Abteilungen) zu entscheiden und nach § 29 Abs. 1 S. 1 ThürKO die Geschäftsverteilung zu bestimmen.⁶¹⁸

314 In die vom Bürgermeister ausgeübte Organisationshoheit sind allerdings **stärkere Eingriffe** zulässig als in andere Selbstverwaltungsbereiche.⁶¹⁹ So ist insbesondere die Verpflichtung zur Einsetzung von Gleichstellungsbeauftragten nach § 33 Abs. 1 S. 2 ThürKO im Hinblick auf den hohen verfassungsrechtlichen Stellenwert der Gleichberechtigung mit der kommunalen Selbstverwaltungsgarantie vereinbar (vgl. Art. 3 Abs. 2 GG bzw. Art. 2 Abs. 2 ThürVerf).⁶²⁰ Gemäß § 29 Abs. 3 ThürKO ist der Bürgermeister oberste Dienstbehörde der Beamten der Gemeinde sowie Vorgesetzter und Dienstvorgesetzter der Gemeindebediensteten.⁶²¹

---

615 Im Dezember 2017 ist allerdings ein entsprechender Gesetzentwurf der CDU gescheitert; vgl. dazu *Haak*, Ostthüringer Zeitung v. 14.12.2017, S. 1.
616 In diesem Sinne zu vergleichbaren Regelungen BVerfG, LKV 1993, 423, 423 f.; NVwZ 1997, 1207, 1208; NVwZ 2013, 1540, 1541; s. auch VerfGH RP, KommJur 2007, 101, 103; BayVerfGH, NVwZ 2013, 792, 796.
617 Instruktiv hierzu *Lenhof*, Die Abwahl des Bürgermeisters: Ein Beispiel direkter Demokratie auf kommunaler Ebene, 2013, S. 61 ff.; anders als nach der ThürKO ist etwa in der Gemeindeordnung für Baden-Württemberg die Möglichkeit einer Abwahl des Bürgermeisters nicht vorgesehen.
618 Dazu *Lange*, Kommunalrecht, S. 531.
619 Vgl. hierzu bereits oben II.
620 BVerfGE 91, 228, 242 ff.; NdsStGH, NVwZ 1997, 58, 59 ff.; *Niebaum*, DÖV 1996, 900, *Lange*, Kommunalrecht, S. 531.
621 Dienstvorgesetzter ist, wer für beamtenrechtliche Entscheidungen der nachgeordneten Beamten zuständig ist (zB disziplinarische Maßnahmen); Vorgesetzter ist, wer einem Beamten für seine dienstliche Tätigkeit Anordnungen erteilen kann, vgl. *Leppek*, Beamtenrecht, 13. Aufl. 2019, Rn. 44.

bb) **Vorbereitung und Vollzug von Gemeinderatsbeschlüssen – Beanstandungspflicht.** Als Vorsitzender des Gemeinderats (§ 23 Abs. 1 S. 2 ThürKO) hat der Bürgermeister nach § 35 Abs. 4 ThürKO die Gemeinderatsbeschlüsse **vorzubereiten** und gemäß § 29 Abs. 1 S. 2 ThürKO zu **vollziehen**. Außer bei den seltenen self-executing-Beschlüssen ist er insoweit Behörde der Gemeinde iSd § 1 Abs. 2 ThürVwVfG.

315

Hält der Bürgermeister eine Entscheidung des Gemeinderats für rechtswidrig,[622] trifft ihn eine **Beanstandungspflicht** nach § 44 ThürKO. Normzweck dieser Vorschrift ist ausschließlich die Gesetzmäßigkeit der Gemeinderatstätigkeit im Rechtsstaat (Art. 20 Abs. 3 GG, Art. 44 Abs. 1 ThürVerf). Ein subjektives Recht des Bürgers auf Vornahme einer Beanstandung durch den Bürgermeister[623] lässt sich § 44 ThürKO daher ebenso wenig entnehmen wie ein Anspruch des Bürgermeisters auf rechtsaufsichtliches Tätigwerden im Anschluss an seine Beanstandung.[624]

316

cc) **Entscheidungskompetenzen.** In eigener Zuständigkeit erledigt der Bürgermeister nach § 29 Abs. 2 Nr. 1 ThürKO die **laufenden Angelegenheiten des eigenen Wirkungskreises**, die für die Gemeinde keine grundsätzliche Bedeutung haben und keine erheblichen Verpflichtungen erwarten lassen.[625] Hierbei handelt es sich um einen unbestimmten Rechtsbegriff ohne Beurteilungsspielraum. Ob eine Angelegenheit darunterfällt, hängt ab

317

- von **Größe, Finanzkraft und Einwohnerzahl** der Gemeinde[626] sowie
- vom **Grad ihrer Standardisierbarkeit.** Laufend ist insoweit eine Routineangelegenheit, deren Erledigung „nach festgefahrenen Grundsätzen auf eingefahrenen Gleisen" erfolgen kann.[627]

Typische Geschäfte der laufenden Verwaltung sind Vertragsabschlüsse im alltäglichen Geschäftsverkehr, beispielsweise die Beschaffung des laufenden Bürobedarfs im Rahmen der Haushaltsansätze[628] oder die Zulassung zur Benutzung öffentlicher Einrichtungen. Keine Angelegenheiten der laufenden Verwaltung sind hingegen die Benennung von Straßen,[629] die Festlegung der Abrechnungsgebiete nach § 130 Abs. 2 BauGB[630] oder der Verzicht auf Straßenausbaubeiträge in erheblicher Höhe.[631]

Gemäß § 29 Abs. 2 Nr. 2 ThürKO steht dem Bürgermeister ferner die Erledigung der **Angelegenheiten des übertragenen Wirkungskreises der Gemeinde** zu (§ 3 ThürKO).

318

---

622 Hierfür reicht es nicht aus, dass der Bürgermeister die Umsetzung des Gemeinderats für nicht finanzierbar hält; vgl. demgegenüber etwa die Beanstandungsregeln in Baden-Württemberg, Nordrhein-Westfalen und Sachsen, die nur eine Gefährdung des Wohles der Gemeinde voraussetzen (§ 34 Abs. 2 GemO BW, § 54 Abs. 1 GO NRW; § 52 Abs. 2 SächsGO).
623 *Wachsmuth/Oehler*, Thüringer Kommunalrecht, § 44 S. 4; zur Bedeutung der Beanstandung im Kommunalstreit *Kingreen*, DVBl 1995, 1337.
624 VG Weimar, ThürVBl. 2013, 241.
625 S. hierzu *Leisner-Egensperger*, VerwArch 100 (2009), 161.
626 BayObLG, BayVBl. 1973, 31.
627 OVG NW, OVGE 26, 186, 193; so bereits *Forsthoff*, Lehrbuch des Verwaltungsrechts I, Allgemeiner Teil, 10. Aufl. 1973, S. 554; vgl. auch *Lange*, Kommunalrecht, S. 536.
628 *Lange*, Kommunalrecht, S. 538.
629 VGH BW, VBlBW 1992, 142; zur Straßenumbenennung in der Fallbearbeitung s. *Arnold*, ThürVBl. 2016, 49.
630 VGH BW, ESVGH 22, 21; BayVGH, KStZ 1967, 101; *Lange*, Kommunalrecht, S. 538.
631 OVG MV, DÖV 2001, 137.

Er wird insoweit nicht etwa aufgrund einer Organleihe als Organ des Staates tätig, sondern als Organ der Gemeinde, der die jeweilige Aufgabe übertragen wurde.

319 Schließlich hat der Bürgermeister nach § 30 ThürKO ein sog **Eilentscheidungsrecht** in Angelegenheiten, deren Erledigung nicht ohne Nachteil für die Gemeinde bis zur nächsten Gemeinderatssitzung aufgeschoben werden kann. Über das Vorliegen dieser Voraussetzung entscheidet er eigenverantwortlich. Inhaltlich beschränkt ist er insoweit auf vorläufige Maßnahmen.[632] Erlass oder Änderung einer Satzung gehören dazu jedenfalls nicht.

320 **dd) Die Vertretung der Gemeinde nach außen.** Nach § 31 Abs. 1 ThürKO vertritt der Bürgermeister die Gemeinde nach außen. Diese **Vertretungskompetenz des Bürgermeisters**, die in seiner organschaftlichen Rechtsstellung wurzelt, ist streng zu unterscheiden von seinen Willensbildungs- und Entscheidungsbefugnissen.

321 Im Verwaltungsverfahren ist die Gemeinde durch den Bürgermeister als ihren gesetzlichen Vertreter **handlungsfähig** (§ 12 Abs. 1 Nr. 3 ThürVwVfG). Fraglich ist, nach welcher Vorschrift sich die **Prozessfähigkeit** der Gemeinde im Verwaltungsprozess bestimmt. § 62 Abs. 1 Nr. 1 VwGO ist insoweit nicht anwendbar. Denn die Gemeinde ist als juristische Person des öffentlichen Rechts als solche nicht geschäftsfähig, sondern handelt durch ihren gesetzlichen Vertreter. Daher kommt allein der Rückgriff auf § 62 Abs. 3 VwGO in Betracht, auch wenn der Wortlaut („Vereinigungen", „Behörden") nicht passt.[633] Damit ist die Gemeinde nach § 62 Abs. 3 VwGO als Vereinigung **prozessfähig**, wenn sie durch den Bürgermeister gesetzlich vertreten wird (§ 31 Abs. 1 ThürKO).[634]

322 Bei **privatrechtlichen Verpflichtungsverträgen** wirkt sich § 31 Abs. 1 ThürKO mangels Gesetzgebungskompetenz des Landes Thüringen für den Erlass privatrechtlicher Formvorschriften (vgl. § 55 EGBGB) als materielle Vorschrift über die Beschränkung der Vertretungsmacht aus.[635] Es sind also – wie im Zusammenhang der Handlungsformen der Kommunen erläutert – die §§ 177 ff. BGB anzuwenden.[636]

4. Ortschaftsverfassung

323 Nach § 4 Abs. 2 ThürKO können die Gemeinden durch Regelung in der Hauptsatzung ihr Gebiet in **Ortsteile** einteilen und dabei gemäß § 45 Abs. 1 S. 1 ThürKO auch darüber entscheiden, welcher Ortsteil eine Ortsteilverfassung erhält. Eine **Landgemeinde** iSd § 6 Abs. 5 ThürKO ist nach § 45a Abs. 1 S. 1 ThürKO zur Einführung einer Ortschaftsverfassung für die Ortsteile verpflichtet.

324 Den Vorschriften zur Ortschaftsverfassung kam im Zusammenhang mit der **Gebietsreform** eine erhebliche politische und rechtliche Bedeutung zu. Denn sie sollen im Inter-

---

[632] *Lange*, Kommunalrecht, S. 551.
[633] *Bier*, in: Schoch/Schneider/Bier (Hrsg.), Verwaltungsgerichtsordnung, 41 El. (Rechtsstand 7/2021), § 62 Rn. 17; *Lange*, Kommunalrecht, S. 690.
[634] Vgl. hierzu bereits oben III. 1. d. cc.
[635] Vertiefend dazu *Waldhoff*, JuS 2017, 94, mit einem Überblick zur aktuellen Rechtsprechung.
[636] BGHZ 147, 181; 178, 192; BayOLG, BayVBl. 1997, 286; *Wachsmuth/Oehler*, Thüringer Kommunalrecht, § 31 S. 2.

esse einer bürgernahen Verwaltung das Eigenleben einzelner Teile des Gebiets, insbesondere das durch eine Gebietsreform aufgelöster kleinerer Gemeinden, sichern und stärken (vgl. § 45 Abs. 8 ThürKO).

Wird eine Ortsteilverfassung eingeführt, so ist ein **Ortsteilrat** zu bilden (§ 45 Abs. 1 S. 3 ThürKO), der aus seiner Mitte den **Ortsteilbürgermeister** wählt (§ 45 Abs. 2 S. 3 ThürKO). Der Ortsteilrat berät nach § 45 Abs. 5 S. 1 ThürKO über die Angelegenheiten des Ortsteils und entscheidet anstelle des Bürgermeisters über bestimmte, in § 45 Abs. 6 ThürKO umschriebene Aufgaben. Der Ortsteilbürgermeister ist ein Ehrenbeamter, dessen Amtszeit sich nach derjenigen des Gemeinderats richtet (§ 45 Abs. 4 S. 1 ThürKO). Er ist Vorsitzender des Ortsteilrats (§ 45 Abs. 2 S. 2 ThürKO) und hat Teilnahme-, Beratungs- und Antragsrechte bei den Sitzungen des Gemeinderats und seiner Ausschüsse (§ 45 Abs. 4 S. 6 ThürKO). Es stehen ihm jedoch keine Vollzugskompetenzen zu; diese verbleiben beim Bürgermeister. Verwaltungsorganisatorisch ist der Ortsteilrat nicht ein selbstständiges Organ, sondern ein Organteil; denn er leitet seine Kompetenzen vom Gemeinderat ab.[637]

325

5. Organe des Landkreises

Organe des Landkreises sind nach § 101 Abs. 1 S. 1 ThürKO **Kreistag** und **Landrat**. Der Kreistag besteht nach § 102 Abs. 1 und Abs. 2 ThürKO aus dem Landrat und den auf fünf Jahre gewählten Kreistagsmitgliedern. Seine Zuständigkeit ist in § 101 Abs. 3 ThürKO parallel zu derjenigen des Gemeinderats geregelt. Die Rechte und Pflichten der Kreistagsmitglieder entsprechen im Wesentlichen denen der Mitglieder des Gemeinderats (vgl. § 103 ThürKO), allerdings unter Berücksichtigung der Doppelstellung des Landratsamts (§ 111 ThürKO). Dies führt etwa dazu, dass sich der Auskunftsanspruch eines Kreistagsmitglieds gegen den Landrat auch auf Informationen bezieht, die dieser im Rahmen seiner rechtsaufsichtlichen Tätigkeit erlangt hat.[638]

326

Eine Besonderheit gegenüber der Gemeinde stellt der nach § 105 Abs. 1 ThürKO verpflichtende **Kreisausschuss** dar. Diesem obliegt vor allem die Vorbereitung der Sitzungen des Kreistags im Interesse einer effektiven Entscheidungsfindung in diesem größeren Gremium.[639] Die Kompetenzen des nach § 106 Abs. 2 ThürKO in Urwahl auf sechs Jahre gewählten Landrats entsprechen in Bezug auf den Kreis im Wesentlichen denen des Bürgermeisters auf Gemeindeebene (vgl. §§ 106 ff. ThürKO).

327

6. Kommunalverfassungsstreit

a) **Begriff – Erscheinungsformen – Problematik.** Ein **Kommunalverfassungsstreit** ist eine Auseinandersetzung im Bereich der kommunalen Binnenorganisation, dh des Rechts der kommunalen Organe und Organteile. Diese Sonderform des Innenrechtsstreits[640] begegnet

328

---

637 S. hierzu auch oben III. 5. a. b. cc.
638 VG Meiningen, LKV 2015, 334, 334 f.
639 *Henneke*, DÖV 2007, 87; *Wachsmuth/Oehler*, Thüringer Kommunalrecht, § 105 S. 5 f.
640 Vgl. etwa den Streit zwischen Organen einer Handelskammer: BVerwG, GewArch. 2004, 331.

- als **Interorganstreit** zwischen den Organen einer Kommune, beispielsweise zwischen Bürgermeister und Gemeinderat über die Einberufung des Gemeinderats,[641] sowie
- als **Intraorganstreit** innerhalb eines kommunalen Organs, etwa zwischen dem Gemeinderat und einzelnen Mitgliedern desselben.[642]

Probleme wirft die rechtliche Bewältigung eines Kommunalverfassungsstreits insofern auf, als die Verwaltungsgerichtsordnung in ihrem Rechtsschutzkonzept noch von der sog **Impermeabilitätstheorie** ausgeht. Nach dieser Lehre, die im 19. Jahrhundert zur Kompetenzverteilung zwischen monarchischer Krone und Parlament entwickelt wurde,[643] stellt die **öffentliche Verwaltung** einen Raum ungebundener Organisationshoheit dar. Vom Recht wird sie **nicht durchdrungen** (von lat. *impermeabilis* = undurchdringlich). Auch wenn die Impermeabilitätslehre bereits zu Beginn des 20. Jahrhunderts dogmatisch widerlegt wurde,[644] beherrschte die Vorstellung einer Beschränkung des öffentlichen Rechts auf das sog Außenrecht noch lange die bundesrepublikanische Rechtspraxis. Deutlich wurde dies etwa in der langjährigen Annahme des Bundesverwaltungsgerichts, Verwaltungsvorschriften seien keine Rechtssätze.[645] Vor diesem Hintergrund ist auch die 1960 in Kraft getretene Verwaltungsgerichtsordnung[646] auf **Streitigkeiten** nur zwischen **Bürger und Verwaltung** zugeschnitten. Heute sind organschaftliche Rechtspositionen zwar nicht von Art. 19 Abs. 4 GG bzw. Art. 42 Abs. 5 S. 1 ThürVerf geschützt. Denn diese Vorschriften erstrecken sich nur auf personale Rechte, insbesondere auf Grundrechte.[647] Für den Bereich des Kommunalrechts[648] folgt die Durchsetzbarkeit organschaftlicher Rechtspositionen vor den Verwaltungsgerichten aber aus der **kommunalen Selbstverwaltungsgarantie** (Art. 28 Abs. 2 GG, Art. 91 ThürVerf). Sie ist insoweit notwendiges Korrelat der Organisationshoheit der Kommunen.[649]

329 **b) Besonderheiten der Zulässigkeitsprüfung.** Als statthafte Klagearten für kommunalverfassungsrechtliche Streitigkeiten kommen Anfechtungs- und Verpflichtungsklage (§ 42 Abs. 1 VwGO) nicht in Betracht, da die streitgegenständlichen Maßnahmen nicht nach außen gerichtet sind und damit **keine Verwaltungsakte** nach § 35 S. 1 ThürVwVfG darstellen.

---

641 *Ogorek*, JuS 2009, 511; *Meister*, JA 2004, 414.
642 *Schoch*, JuS 1987, 783, 784; *Erichsen/Biermann*, Jura 1997, 157, 158; *Burgi*, Kommunalrecht, § 14 Rn. 2; *Ogorek*, JuS 2009, 511; *Lange*, Kommunalrecht, S. 673; *Hufen*, Verwaltungsprozessrecht, 12. Aufl. 2021, § 21 Rn. 1.
643 *Albrecht*, Grundsätze des heutigen deutschen Staatsrechts in den monarchischen Bundesstaaten, in: Göttingische Gelehrte Auszüge, 1837, S. 1489, 1510 ff.; vgl. auch *Laband*, Das Staatsrecht des deutschen Reiches, 5. Aufl. 1911, S. 181 f.
644 Grundlegend *Thoma*, Der Vorbehalt des Gesetzes im preußischen Verfassungsrecht, in: Festgabe für Otto Mayer, 1916, S. 165, 177.
645 Vgl. BVerwGE 55, 250, 255; 58, 45, 49; 75, 109, 117.
646 Verwaltungsgerichtsordnung (VwGO) v. 21.1.1960 (BGBl. I, S. 17), zuletzt geändert durch Gesetz v. 8.10.2021 (BGBl. I, S. 4650).
647 BVerfG, NVwZ-RR 2011, 1, 2; vgl. zur Inhaltsgleichheit des Art. 42 Abs. 5 S. 1 ThürVerf mit Art. 19 Abs. 4 GG ThürVerfGH, NVwZ-RR 2011, 545, 546.
648 Vgl. im Übrigen Art. 93 Abs. 1 Nr. 1 GG, Art. 80 Abs. 1 Nr. 3 ThürVerf.
649 So auch *Burgi*, Kommunalrecht, § 14 Rn. 8.

Wird ein **bestimmtes Tun oder Unterlassen** begehrt, so ist eine **allgemeine Leistungs-** 330
klage möglich, etwa auf Gewährung von Akteneinsicht.[650] Die **grundsätzliche Klärung eines Rechtsverhältnisses**, beispielsweise die zulässige Zusammensetzung eines Ausschusses, kann mit einer Feststellungsklage begehrt werden.[651]

Umstritten ist, welche Klageart statthaft ist, wenn der Kläger die **Aufhebung des** an- 331
geblich **rechtswidrigen Beschlusses** eines Gemeinderats oder Kreistags beantragt. Der Bayerische Verwaltungsgerichtshof sieht hierfür die **allgemeine Leistungsklage** als gegeben an. Dieser komme bei kommunalverfassungsrechtlichen Streitigkeiten wegen Art. 19 Abs. 4 GG ausnahmsweise **kassatorische**, dh aufhebende **Wirkung** zu.[652] Für den Kläger hat diese Konstruktion den Vorteil, dass das Gericht dann selbst unmittelbar den rechtswidrigen Beschluss beseitigt, nicht erst die dazu verpflichtete Kommune. Die kommunalverfassungsrechtliche Streitigkeit erscheint nach der Interessenlage auch grundsätzlich einer Anfechtungsklage als Gestaltungsklage vergleichbar; denn auch kommunale Beschlüsse sind hoheitliche Machtäußerungen. Andererseits greift eine verwaltungsprozessuale Gestaltungsklage mit ihrer unmittelbaren Rechtsfolgensetzung durch ein Gericht in den verfassungsrechtlich geschützten Funktionsbereich der Exekutive ein. Die Verwaltungsgerichtsordnung als Parlamentsgesetz stattet aber lediglich die Anfechtungsklage mit Gestaltungswirkung aus. Daher kann die allgemeine Leistungsklage nicht im Wege richterlicher Rechtsfortbildung mit Gestaltungswirkung versehen werden (vgl. Art. 20 Abs. 3 GG, Art. 47 Abs. 4 ThürVerf). Statthaft ist daher die Feststellungsklage, gerichtet auf Feststellung der Rechtswidrigkeit des kommunalen Beschlusses. Aus dieser wird die Kommune dann die gebotenen Folgerungen ziehen.[653]

Die **Beteiligtenfähigkeit** des klagenden Organs oder Organteils ergibt sich aus § 61 332
Nr. 2 VwGO („Vereinigungen, soweit ihnen ein Recht zustehen kann"), der auf den Bürgermeister oder einzelne Gemeinderatsmitglieder analog anzuwenden ist;[654] die **Prozessfähigkeit** folgt aus § 62 Abs. 3 VwGO. **Passiv prozessführungsbefugt**[655] ist das verklagte Organ bzw. der verklagte Organteil. § 78 Abs. 1 Nr. 1 VwGO ist hier – auch dem Rechtsgedanken nach – unanwendbar, da das dieser Vorschrift zugrundeliegende Rechtsträgerprinzip nicht passt. Die nach § 42 Abs. 2 VwGO analog erforderliche Klagebefugnis folgt aus der möglichen Verletzung eines organschaftlichen Rechts aus der Thüringer Kommunalordnung, einer Satzung oder der Geschäftsordnung.

---

650 OVG NW, NWVBl. 1998, 110.
651 *Lange*, Kommunalrecht, S. 695; *Ogorek*, JuS 2009, 511, 512.
652 So aber BayVGH, BayVBl. 1976, 753.
653 So auch *Hufen*, Verwaltungsprozessrecht, 12. Aufl. 2021, § 17 Rn. 10 ff.; vgl. *Lange*, Kommunalrecht, S. 695.
654 OVG NW, NVwZ 1983, 485, 486; HessVGH, NVwZ 1986, 328, 328; *Hufen*, Verwaltungsprozessrecht, 12. Aufl. 2021, § 21 Rn. 6; *Bauer/Krause*, JuS 1996, 411.
655 Oder passivlegitimiert im Rahmen der Begründetheitsprüfung; vgl. dazu *Hufen*, Verwaltungsprozessrecht, 12. Aufl. 2021, § 25 Rn. 2.

VII. Wirtschaftliche Betätigung der Kommunen

1. Erscheinungsformen und Rechtsgrundlagen kommunaler Wirtschaftstätigkeit

333 Zur kommunalen Selbstverwaltungsgarantie iSd Art. 28 Abs. 2 GG, 91 ThürVerf gehört traditionell die **wirtschaftliche Betätigung von Kommunen**,[656] die auch die Grenzen des Gemeinde- oder Landkreisgebiets überschreiten kann (vgl. § 71 Abs. 5 ThürKO).[657] Geregelt ist sie im **kommunalen Wirtschaftsrecht**, einer Teilmenge des öffentlichen Wirtschaftsrechts.[658] Das kommunale Wirtschaftsrecht umfasst das **gesamte Spektrum** der Tätigkeit einer Kommune als Unternehmerin[659] sowohl beim **Angebot** von Leistungen, etwa der Strom- und Wasserversorgung, als auch bei ihrer **Nachfrage** nach privaten Diensten durch Vergabe von Liefer-, Bau- und Dienstleistungsaufträgen.[660]

334 Die vorliegende Darstellung beschränkt sich auf einen Überblick zu einzelnen **unternehmerischen Organisationsformen** sowie zur allgemeinen **Zulässigkeit** gemeindlicher Unternehmen. Die wichtigsten Rechtsvorschriften dazu finden sich für Gemeinden in den §§ 71 bis 77 ThürKO; gemäß § 114 ThürKO sind sie auf Landkreise entsprechend anwendbar. Soweit Kommunen als Nachfrager von Gütern, Bau- und Dienstleistungen aktiv werden, fallen ihre Beschaffungsverträge als sog öffentliche Aufträge unter das bundesrechtliche, europarechtlich determinierte[661] **Vergaberecht** als besonderer Ausprägung des Wettbewerbsrechts für Beschaffungsvorgänge der öffentlichen Hand; insoweit sei auf die Darstellung des öffentlichen Wirtschaftsrechts verwiesen.[662]

335 Für die finanziell weitgehend leistungsschwachen Thüringer Kommunen ist es unter wirtschaftlichen Gesichtspunkten sinnvoll, wenn sie **Gewinne**, die sie aus kommunaler Wirtschaftstätigkeit erwirtschaften, zur Erhaltung ihrer Verkehrs-, Bildungs- und Freizeiteinrichtungen einsetzen. Über die Entlastung ihres Gemeindehaushalts werden sie so in die Lage versetzt, freiwillige Selbstverwaltungsangelegenheiten attraktivitätssteigernd zu erfüllen. Eine kommunalwirtschaftliche Betätigung birgt andererseits aber **Risiken:**

- Die **finanzielle Leistungsfähigkeit** gerade kleinerer Gemeinden gerät in Gefahr.
- Sie könnten von ihrer Hauptaufgabe abgelenkt werden, der sog **Daseinsvorsorge**. Diese besteht in der Gewährleistung einer Grundversorgung mit lebenswichtigen Gütern und Dienstleistungen (vgl. § 71 Abs. 2 Nr. 4 S. 2 ThürKO).[663]

---

656 Soweit der örtliche Bezug reicht, zählt die kommunale Wirtschaftstätigkeit zum Kernbestand; vgl. BVerfGE 26, 228, 244; 103, 332, 366.
657 S. allgemein dazu *Wolff*, DÖV 2011, 721.
658 S. zu diesem *Knauff*, § 7 Öffentliches Wirtschaftsrecht.
659 Betroffen ist insoweit der Modus des gemeindlichen Handelns: *Burgi*, Kommunalrecht, § 17 Rn. 1.
660 Vgl. dazu *Bätge*, KommJur 2020, 321 und 365.
661 Richtlinie 2014/24/EU vom 26.2.2014 über die öffentliche Auftragsvergabe und zur Aufhebung der Richtlinie 2004/18/EG, zuletzt hinsichtlich der Schwellenwerte geändert durch die Delegierte Verordnung (EU) 2015/2170 der Kommission vom 24.11.2015 zur Änderung der Richtlinie 2014/24.
662 *Knauff*, § 7 Öffentliches Wirtschaftsrecht.
663 BVerfGE 66, 248, 258.

- Privaten **Wirtschaftsteilnehmern** drohen wettbewerbliche Nachteile. Deren Steuerzahlungen füllen jedoch die Kassen auch der Kommunen.[664] Im europäischen Binnenmarkt stehen ihnen zudem entsprechende Abwehrrechte zu (Art. 101 f. AEUV). Kommunale Wirtschaftstätigkeit ist vom Staat daher einerseits zu **fördern** und auf der anderen Seite **sachlich zu begrenzen**. Einen Rechtsrahmen für die hier richtige Balance zu bilden, ist der Normzweck der §§ 71 ff. ThürKO (iVm § 114 ThürKO), insbesondere der Schrankenbestimmung des § 71 Abs. 2 ThürKO, die in ihren Grundzügen auf die Deutsche Gemeindeordnung von 1935 zurückgeht.[665]

2. Kommunale Unternehmen und ihre Organisationsformen

a) **Kommunale Unternehmen.** Die §§ 71 ff. ThürKO (iVm § 114 ThürKO) gelten inzwischen[666] für sämtliche **kommunale Unternehmen** und damit sowohl für wirtschaftliche als auch für nichtwirtschaftliche Betätigungen.[667] Zu den gemeindlichen Unternehmen gehören insbesondere Betriebe der Urproduktion sowie deren Verarbeitungsbetriebe wie Molkereien, Sägewerke, Steinbrüche oder Fischereibetriebe, Verkehrsbetriebe, Versorgungsbetriebe wie Wasser-, Gas-, Elektrizitäts- und Fernheizwerke sowie sonstige Betriebe wie Stadthallen, Weinkeller oder Sportanlagen. Gemäß § 71 Abs. 1 ThürKO (iVm § 114 ThürKO) können die Kommunen Unternehmen **innerhalb ihrer allgemeinen Verwaltung** gründen (sog Regiebetriebe) sowie **außerhalb** derselben als Eigenbetriebe, als kommunale Anstalten des öffentlichen Rechts oder in den Rechtsformen des Privatrechts. 336

b) **Regiebetriebe.** Kommunale Unternehmen können **innerhalb der Kommunalverwaltung** in der Organisationsform eines nichtrechtsfähigen, organisatorisch und personell unselbstständigen Regiebetriebs geführt werden, dessen Haushalt Teil des Gemeindeetats ist. Zu den Regiebetrieben, die in den §§ 76a Abs. 1 S. 1, 129 Abs. 2 Nr. 10 ThürKO erwähnt sind,[668] zählen insbesondere die Hilfsbetriebe der Gemeindeverwaltung, etwa die Gärtnerei eines gemeindlichen Stadtparks. 337

c) **Eigenbetriebe.** Die typische Organisationsform des kommunalen Unternehmens ist der **Eigenbetrieb**. Er findet seine **Rechtsgrundlage in** § 71 Abs. 1 Nr. 1 iVm § 76 ThürKO (ggf. iVm § 114 ThürKO) und ist in der Thüringer Eigenbetriebsverordnung (ThürEBV)[669] näher ausgestaltet. 338

Der Eigenbetrieb ist wie der Regiebetrieb rechtlich unselbstständig. Er unterscheidet sich von diesem jedoch durch seine **finanzwirtschaftliche** und **organisatorische Verselbstständigung** im Innenverhältnis zur Kommune (§ 76 Abs. 1 S. 1 ThürKO):[670] Sein Vermögen wird als Sondervermögen mit doppelter Buchführung und gesondertem 339

---

664 *Badura*, DÖV 1998, 818, 818.
665 § 67 DGO v. 30.1.1935 (RGBl. I S. 49.).
666 Seit 2013; ebenso Art. 86 ff. BayGO.
667 Damit erübrigt sich die Abgrenzung zwischen wirtschaftlichen und nichtwirtschaftlichen Unternehmen, wie sie noch die Kommunalordnung von 1993 prägte (LT-Drs. 1/2149, S. 40).
668 Vgl. im Übrigen § 3 Abs. 1 ThürEBV.
669 Thüringer Eigenbetriebsverordnung (ThürEBV) v. 6.9.2014 (GVBl. S. 642), zuletzt geändert durch Verordnung v. 17.9.2020 (GVBl. S. 565); vgl. dazu § 76 Abs. 3 S. 3 Hs. 3 ThürKO.
670 *Geis*, Kommunalrecht, § 12 Rn. 69.

Jahresabschluss verwaltet (§§ 5 ff. ThürEBV). Organisatorisch geführt wird er nicht durch die Gemeindeorgane, sondern durch

- eine **Werksleitung**, die vom Gemeinderat bestellt ist (anstelle des Bürgermeisters) und
- einen **Werksausschuss** als beschließenden Ausschuss (§ 76 Abs. 1 S. 2 bis 5 ThürKO).

Die Organisationsform des Eigenbetriebs stellt damit einen **Kompromiss** dar zwischen einer wettbewerbsfähigen flexiblen Wirtschaftsführung und dem Bedürfnis nach kommunaler Kontrolle darüber.[671]

340 d) **Kommunale Anstalten.** Nach §§ 71 Abs. 1 Nr. 2, 76a, b ThürKO (iVm § 114 ThürKO) können die Kommunen **selbstständige Unternehmen** in Form einer **rechtsfähigen Anstalt des öffentlichen Rechts** gründen oder bestehende Regie- und Eigenbetriebe in kommunale Anstalten umwandeln. Durch die Einführung des § 76a ThürKO zum 31.7.2014[672] sollten die Kommunen neben den herkömmlichen Formen wirtschaftlicher Betätigung in der kommunalen Anstalt eine weitere Möglichkeit erhalten, die „Herausforderungen der demographischen Entwicklung" in größtmöglicher Flexibilität zu bewältigen.[673] Kommunale Anstalten sind seitdem nicht mehr beschränkt auf das **Sparkassenwesen**, in dem sie sich seit langem bewähren (vgl. § 1 Abs. 1 ThürSpKG).[674]

341 Die Rechtsverhältnisse der kommunalen Anstalten werden in einer vom Gemeinderat (bzw. Kreistag) nach § 76a Abs. 4 ThürKO erlassenen Unternehmenssatzung geregelt.[675] Auf ihrer Grundlage kann der Gemeinderat (bzw. Kreistag) einzelne Aufgaben auf eine kommunale Anstalt übertragen. Insbesondere kann er dieser die Befugnis einräumen, an seiner Stelle **Satzungen** zu erlassen, beispielsweise zur Gebührenerhebung im Rahmen der Aufgabe der Abwasserbeseitigung, sowie auch Rechtsverordnungen (§ 76a Abs. 2 ThürKO). Als **Organe** der kommunalen Anstalt bestimmt § 76b ThürKO den **Vorstand**, der das Unternehmen leitet und nach außen vertritt, sowie einen **Verwaltungsrat**, der den Vorstand überwacht und teilweise Weisungen des Gemeinderats bzw. Kreistags unterliegt.

342 Die kommunale Anstalt kombiniert damit die **betriebliche Flexibilität** einer selbstständigen juristischen Person mit der Möglichkeit des **Satzungserlasses**.[676] Organisatorisch vereint sie Vorteile des Eigenbetriebs mit denen privatrechtlicher Unternehmensformen. Für Thüringen wird ihr daher eine rasche Verbreitung prognostiziert.[677]

343 e) **Unternehmen des privaten Rechts.** Nach § 73 ThürKO (iVm § 114 ThürKO) können die Thüringer Kommunen privatrechtliche Unternehmen gründen und sich an sol-

---

671 *Cronauge*, Kommunale Unternehmen, 6. Aufl. 2016, Rn. 115, 152.
672 Durch Gesetz v. 23.7.2013 (GVBl. S. 194).
673 LT-Drs. 5/5829, S. 2.
674 S. zu diesen *Oebbecke*, LKV 2006, 145; weiterführend *Obermann*, Die kommunale Bindung der Sparkassen: Verfassungsrechtliche Möglichkeiten und Grenzen ihrer Ausgestaltung, 2000.
675 Vgl. zur praktischen Bedeutung der kommunalen Anstalt insbesondere *Holz/Kürten/Graballe*, KommJur 2014, 281.
676 *Geis*, Kommunalrecht, § 12 Rn. 70.
677 *Schraml/Gögercin*, ThürVBl. 2014, 85, 89.

chen beteiligen, insbesondere an juristischen Personen des Privatrechts. Allerdings müssen die demokratisch legitimierten Entscheidungsgremien hinreichenden Einfluss behalten. Es sind daher sog **Ingerenzpflichten** der Kommune zu wahren, dh dieser muss nach § 73 Abs. 1 S. 1 Nr. 2 ThürKO die Möglichkeit angemessenen Einflusses über den Aufsichtsrat oder ein entsprechendes Gremium eröffnet sein.[678]

Den Schutz der kommunalen Leistungsfähigkeit sichern die Schranken des § 73 Abs. 1 S. 1 Nr. 3 bis 5 ThürKO: Insbesondere muss die **Haftung** der Kommune auf einen bestimmten Betrag **begrenzt** sein. Dies schließt die Beteiligung an einer OHG, einer BGB-Gesellschaft sowie als Komplementär einer KG oder einer KGaA aus. Für eine Beteiligung als Kommanditist fehlt der Kommune der nach § 73 Abs. 1 S. 1 Nr. 2 ThürKO erforderliche mitbestimmende Einfluss. In der Praxis entscheiden sich die Thüringer Kommunen mithin je nach Gemeindegröße für die Beteiligung an einer **Aktiengesellschaft** oder auch an einer **GmbH**,[679] bei der allerdings der öffentliche Zweck nach § 73 Abs. 1 S. 2 ThürKO zu sichern ist. Schließlich können sie **kommunale Konzerne** (vgl. § 18 Abs. 1 AktG) gründen, insbesondere Dachgesellschaften (sog Holdings), zB eine Stadtwerke-GmbH, die abhängige Tochtergesellschaften, etwa Energie- und Wasserversorgungs-AG und Verkehrs-AG selbstständig verwalten und durch die Möglichkeit eines Ausgleichs von Verlusten der defizitären Unternehmen steuerlich vorteilhaft sind.[680]

3. Zulässigkeit kommunaler Unternehmen

Die Voraussetzungen für die Zulässigkeit kommunaler Unternehmen ergeben sich aus § 71 Abs. 2 ThürKO (iVm § 114 ThürKO).

Nach § 71 Abs. 2 Nr. 1 ThürKO muss der **öffentliche Zweck** das Unternehmen rechtfertigen, dh die wirtschaftliche Betätigung der Gemeinde hat wie jede Staatstätigkeit dem **Gemeinwohl** zu dienen.[681] Dies ist jedenfalls bei Tätigkeiten im Rahmen der **kommunalen Daseinsvorsorge** anzunehmen, wie sie in § 71 Abs. 2 Nr. 4 S. 2 ThürKO beispielhaft aufgezählt sind. Im Übrigen steht den Gemeinden insoweit eine richterlich weitgehend nicht überprüfbare Einschätzungsprärogative zu.[682] Als gemeinwohldienlich wurden etwa der als Annextätigkeit eingestufte Vertrieb von Kraftfahrzeugschildern in einer Kfz-Zulassungsstelle zum öffentlichen Zweck eines erleichterten Schilderverkaufs[683] sowie die Vermietung von Flächen an einem Parkhaus an ein Fitnessstudio als Randnutzung[684] angesehen. Keinen öffentlichen Zweck verfolgt ein kom-

---

678 Vgl. dazu *Pauly/Schüler*, DÖV 2012, 339.
679 Vgl. als Beispiel die Stadtwerke Jena GmbH als 100 prozentige Tochter der Stadt Jena mit ihren einzelnen Unternehmen wie zB jenawohnen (Wohnungsbaugesellschaft) und VMT (Verkehrsverbund Mittelthüringen); vgl. dazu Stadtwerke Jena Gruppe https://www.stadtwerke-jena-gruppe.de/fileadmin/user_upload/Bilder/Unternehmen/Holding_01_2017_quer.pdf (zuletzt abgerufen am 15.8.2017).
680 Vgl. allgemein dazu *Wurzel/Schraml/Becker*, Rechtspraxis der kommunalen Unternehmen, 2015, Rn. 382 ff.; *König*, LKV 2010, 289, 293; *Meyn*, in: Huber (Hrsg.), Thüringer Staats- und Verwaltungsrecht, S. 154.
681 BVerwGE 39, 329, 333 f.
682 BVerwGE 39, 329, 334.
683 BGH NJW, 1974, 1333, 1335; BGH, DÖV 2003, 249, 250 f.; aA OVG NW, NVwZ-RR 2005, 198.
684 OVG NW, NWVBl. 2003, 462; krit. dazu *Lange*, Kommunalrecht, S. 883.

munales Unternehmen allerdings dann, wenn sein alleiniger Zweck in der Gewinnerzielung liegt.[685]

347 Nach § 71 Abs. 2 Nr. 2 ThürKO muss das kommunale Unternehmen nach Art und Umfang in einem angemessenen Verhältnis zur **Leistungsfähigkeit der Kommune** und zum voraussichtlichen Bedarf stehen. Dies dient dem Schutz gerade kleiner Gemeinden vor finanzieller Überforderung. Konkretisiert wird hierin der haushaltsrechtliche Grundsatz, dass die Kommune ihre Haushaltswirtschaft so zu planen und zu führen hat, dass die stetige Erfüllung ihrer Aufgaben gesichert ist (§ 53 Abs. 1 S. 1, § 114 ThürKO).

348 § 71 Abs. 2 Nr. 3 ThürKO[686] enthält ein **Verbot der Ausgliederung von Aufgaben**, welche die Kommune kraft Gesetzes selbst erfüllen muss, etwa des Haushaltswesens.[687]

349 Eine relativ hohe Hürde setzt der kommunalwirtschaftlichen Betätigung die sog **Subsidiaritätsklausel** des § 71 Abs. 2 Nr. 4 ThürKO.[688] Danach darf der unternehmerische Zweck nicht ebenso gut und wirtschaftlich durch einen anderen erfüllt werden oder erfüllt werden können. Dies dient – aus Wortlaut und Gesetzesmaterialien ersichtlich[689] – insbesondere dem Schutz privater Konkurrenten.[690] Ausgenommen sind von der Subsidiaritätsklausel in Thüringen allerdings zu Recht Tätigkeiten im Rahmen der kommunalen Daseinsvorsorge, die hier „insbesondere" die Bereiche der Strom-, Gas- und Wärmeversorgung umfasst. Denn insoweit kommt einer Versorgungsstabilität besonderes Gewicht zu. Diese Privilegierung erstreckt sich indes nicht auf die Dienstleistungen, etwa die Energieberatung, die mit den jeweiligen unternehmerischen Tätigkeiten, beispielsweise der Energieerzeugung im Zusammenhang stehen.

350 § 71 Abs. 5 ThürKO normiert schließlich ein rechtspolitisch umstrittenes **Örtlichkeitsprinzip**.[691] Danach darf die Gemeinde mit ihren Unternehmen außerhalb des Gemeindegebiets nur tätig werden, wenn die berechtigten Interessen der Nachbargemeinden gewahrt sind. Im Schrifttum wird befürchtet, dies könne in Thüringen überregionale Projekte im Bereich der Energiewirtschaft erschweren.[692] Allerdings sind die insoweit als berechtigt geltenden Interessen der Nachbargemeinden gemäß § 71 Abs. 5 S. 2 ThürKO beschränkt. Soweit die Versorgung mit Strom und Gas betroffen ist, besteht gegenüber der Rechtsaufsichtsbehörde auch lediglich eine Anzeigepflicht; nicht etwa müssen grenzüberschreitende Tätigkeiten von dieser genehmigt werden (§ 71 Abs. 5 S. 3 ThürKO).

---

685 BVerwGE 39, 329, 334.
686 Entstanden nach bayerischem Vorbild (Art. 87 Abs. 1 S. 1 Nr. 3 BayGO), vgl. *Hösch*, Die kommunale Wirtschaftstätigkeit, 2000, S. 97.
687 Vgl. hierzu *Knemeyer*, Bayerisches Kommunalrecht, 12. Aufl. 2007, Rn. 332.
688 *Pogoda*, LKV 2012, 159; *Lange*, Kommunalrecht, S. 905 ff.; VerfGH RP, NVwZ 2000, 801, 804.
689 S. hierzu insbesondere die Gesetzesmaterialien zur ersten Thüringer Kommunalordnung (LT-Drs. 1/21149 vom 15.4.1993, Entwurf der Landesregierung zu § 71, Nr. 4.3.). Den Gesetzesmaterialien zu nachfolgenden Änderungen des § 71 ThürKO lässt sich nicht entnehmen, dass sich der gesetzgeberische Wille diesbezüglich geändert hätte; vgl. hierzu ausführlich VG Meiningen, ThürVBl. 2016, 18, 19.
690 So auch *Wachsmuth/Oehler*, Thüringer Kommunalrecht, § 71 S. 18.
691 Vgl. etwa *Leder*, DÖV 2008, 173, 179; *Wolff*, DÖV 2011, 721.
692 *Wachsmuth/Oehler*, Thüringer Kommunalrecht, § 71 S. 17.

4. Rechtsschutz gegen kommunale Wirtschaftstätigkeit

a) Konkurrentenschutz als Rechtsproblem. Die zunehmende wirtschaftliche Tätigkeit 351 der Thüringer Kommunen ist für private Anbieter vergleichbarer Dienstleistungen, dh für sog **Konkurrenten**, ein immer drängenderes Problem: Sie verlieren Geschäftsfelder an Kommunalunternehmen, die teilweise bis zum sektoralen Marktführer einer Region aufsteigen.[693] Für die privaten Konkurrenten stellt sich dies als Eingriff in ihre Grundrechte dar,[694] insbesondere in ihre **Berufsfreiheit** (Art. 12 GG, Art. 35 ThürVerf) sowie in ihre **Eigentumsfreiheit** (Art. 14 GG, Art. 34 ThürVerf).

Gleichheitswahrung in Wettbewerbsfreiheit verlangt dagegen **Chancengleichheit** am 352 Markt: Jeder einzelne Unternehmer soll im Rahmen seiner eigenen Möglichkeiten vergleichbare Ausgangsbedingungen vorfinden, um „Leistung auf der Basis von Gleichheit" erbringen zu können.[695] Den Kommunen stehen als Marktteilnehmern jedoch **Vorteile** zu, die Privaten nicht gewährt sind:

- Eine **Insolvenz** droht ihnen als juristischen Personen des öffentlichen Rechts nach hM nicht.[696]
- Ihre unternehmerische Tätigkeit wird durch **Steuergelder** ihrer Konkurrenten laufend mitfinanziert.[697]
- Nur die Gemeinden haben die Möglichkeit, **Annextätigkeiten** zu ihren hoheitlichen **Aufgabenfeldern** anzubieten, etwa kommunale Bestattungsleistungen im räumlichen Umfeld des gemeindlichen Bestattungsamtes[698] oder Full-Service-Angebote im Bereich der Telefon- und Internetkommunikation.[699]

Zum Schutz privater Konkurrenten sieht daher § 77 ThürKO ein sog **kommunalrechtliches Koppelungsverbot** bei kommunalen Monopolbetrieben vor. Vor allem muss privaten Konkurrenten ein **effektiver Rechtsschutz** vor den Verwaltungsgerichten eröffnet sein (Art. 19 Abs. 4 GG, 42 Abs. 5 S. 1 ThürVerf).

b) Konkurrentenklage und gemeinschaftsrechtliche Verfahren. aa) Verwaltungsge- 353 **richtliche Konkurrentenklage.** Für die Klage eines privaten Konkurrenten gegen kommunale Wirtschaftstätigkeit[700] ist der **Verwaltungsrechtsweg** nach § 40 Abs. 1 S. 1 VwGO eröffnet, falls der Kläger gegen das „Ob" der kommunalen Betätigung vorgehen will. Denn insoweit ist ein Abwehranspruch aus § 71 Abs. 2 Nr. 4 ThürKO dem öffentlichen Recht zuzurechnen. Eine auf § 3 UWG gestützte Klage vor den Zivilgerichten kommt dagegen dann in Betracht, wenn es um das „Wie" der kommunalen

---

693 Ein Beispiel hierfür bildet die NetCologne GmbH in Köln; vgl. zum Joint Venture zwischen den Gas-, Elektrizitäts- und Wasserwerken (GEW) und der Sparkasse Köln, *Hanf*, Die Motivation einer Sparkasse für eine Initiative im TK-Bereich, 1996.
694 Auf der Grundlage des sog modernen Eingriffsbegriffs, der sich erstreckt auf „jedes staatliche Handeln, das dem Einzelnen ein Verhalten, das in den Schutzbereich eines Grundrechts fällt, ganz oder teilweise unmöglich macht", BVerfGE 105, 279, 299.
695 *Frenz*, Handbuch Europarecht II, Europäisches Kartellrecht, 2. Aufl. 2015, § 1 Rn. 31.
696 *Flöther*, LKV 2014, 62, 64; weiterführend *A. Leisner*, Die Leistungsfähigkeit des Staates, 1998.
697 *Seewald*, in: Steiner (Hrsg.), Besonderes Verwaltungsrecht, 8. Aufl. 2006, Rn. 293.
698 OLG München, GRUR 1987, 550.
699 So die NetCologne GmbH in Köln; s. dazu auch *Geis*, Kommunalrecht, § 12 Rn. 86.
700 *Jungkamp*, NVwZ 2010, 546.

Betätigung geht, dh um mögliche Verstöße gegen die Lauterkeit des Wettbewerbs durch das gemeindliche Marktverhalten.[701]

354 Statthafte Klageart ist die **allgemeine Leistungsklage** in Form der Unterlassungsklage (sog **Konkurrentenklage**). Ist ein verselbstständigter Unternehmensträger eingeschaltet, so richtet sich die Leistungsklage des Konkurrenten – in Parallele zum kommunalrechtlichen Verschaffungsanspruch – darauf, dass die Gemeinde auf ein Unterlassen der wirtschaftlichen Betätigung hinwirkt.[702]

355 Die **Klagebefugnis** des privaten Konkurrenten (§ 42 Abs. 2 VwGO analog) folgt aus dem möglichen Verstoß gegen die Subsidiaritätsklausel des § 71 Abs. 2 Nr. 4 ThürKO. Diese dient nicht nur, wie in früherer Rechtsprechung angenommen, dem Schutz der Gemeinde,[703] sondern insbesondere dem privater Konkurrenten im Wettbewerb.[704] Die drittschützende Wirkung der Subsidiaritätsklausel zeigt sich insbesondere darin, dass die betroffenen örtlichen Betriebe im Zusammenhang des nach § 71 Abs. 2 Nr. 4 S. 3 ThürKO vorgeschriebenen **Markterkundungsverfahrens** erwähnt sind. Darüber hinaus kann sich eine Klagebefugnis aus einem möglichen Verstoß gegen § 71 Abs. 2 Nr. 1 ThürKO ergeben: Zum öffentlichen Zweck gehört auch der Schutz der örtlichen Wirtschaft.[705] Keine Klagebefugnis des privaten Konkurrenten folgt hingehen aus § 71 Abs. 1 Nr. 2 sowie Nr. 3 ThürKO; diese Vorschriften dienen ausschließlich dem Schutz der Kommune.

356 **Begründet** ist die Unterlassungsklage des Konkurrenten, wenn die kommunale Wirtschaftstätigkeit rechtswidrig ist und er dadurch in seinen Rechten verletzt wird. Dies ist insbesondere bei einem Verstoß gegen § 71 Abs. 2 Nr. 4 oder 2 ThürKO anzunehmen.

357 **bb) Unionsrechtliche Verfahren.** Eine **Nichtigkeitsklage** des privaten Konkurrenten nach Art. 263 Abs. 4 AEUV kommt im Zusammenhang mit dem Beihilferecht der Art. 107, Art. 108 iVm Art. 106 Abs. 2 AEUV in Betracht. Falls die Bundesrepublik Deutschland für ein kommunales Fehlverhalten einer wirtschaftlich tätigen Thüringer Kommune einstehen muss, kann gegen sie ein **Vertragsverletzungsverfahren** nach Art. 258 AEUV angestrengt werden.[706]

VIII. Finanzierung kommunaler Aufgaben sowie Haushalts- und Vermögenswirtschaft

1. Kommunale Finanzhoheit

358 Zur Selbstverwaltungsgarantie nach Art. 28 Abs. 2 GG, 91 ThürVerf zählt die kommunale Finanzhoheit, dh eine eigenverantwortliche Einnahmen- und Ausgaben-

---

701 BGH NVwZ 2002, 1141; BGH NVwZ 2003, 246.
702 OVG NW, NVwZ 2003, 1520.
703 BVerwG, BayVBl. 1978, 375, 375 ff.; BVerwG, NJW 1995, 2938, 2939.
704 Dies gilt nicht nur im Fall des sog Verdrängungs- bzw. Aufzehrungswettbewerbs, wie dies früher angenommen wurde, s. insoweit zB VGH BW, NJW 1984, 251, 253; vgl. allgemein dazu *Henke,* NordÖR 2010, 335. Explizit für Thüringen: VG Meiningen, ThürVBl. 2016, 18.
705 OVG NW, NVwZ 2003, 1520; vgl. dazu auch *Geis/Madja,* JA 2013, 248, 251.
706 Zusammenfassend *Burgi,* Kommunalrecht, § 17 Rn. 29 ff.

wirtschaft jeder Kommune.[707] Sie ist nach § 18 Abs. 2 ThürKO für die Gemeinden und gemäß § 97 Abs. 2 ThürKO für die Landkreise vorgesehen. Nach dem sog **kommunalverfassungsrechtlichen Konnexitätsgrundsatz**[708] gehören die Wahrnehmung kommunaler Aufgaben, die Verantwortlichkeit für ihre Finanzierung sowie die dazu erforderlichen Einnahmen notwendig zusammen. Daher erstreckt sich die Garantie kommunaler Selbstverwaltung zwingend auch auf die Gewährleistung derjenigen Mittelausstattung, welche die Kommunen zur Wahrnehmung der garantierten Selbstverwaltungsaufgaben benötigen. Insoweit ist eine **finanzielle Mindestausstattung** der Kommunen von dem nach Art. 28 Abs. 2 GG, 91 ThürVerf verfassungsrechtlich verbürgten Kern kommunaler Selbstverwaltung mitumfasst.

Die kommunale Mindestausstattung ist so zu bemessen, dass die aus der Aufgabenstellung erwachsende Ausgabenlast getragen werden kann. Zu berücksichtigen ist ferner die Entscheidungskompetenz der demokratisch legitimierten kommunalen Vertretungskörperschaften (vgl. Art. 28 Abs. 1 S. 2 GG, Art. 95 ThürVerf). Diese müssen in die Lage versetzt werden, für ihre Kommunen auch in finanzieller Hinsicht **Substanzielles zu beschließen**. Daher besteht eine angemessene Finanzausstattung erst dann, wenn die Kommunen finanziell imstande sind, neben den pflichtigen Selbstverwaltungs- und Weisungsangelegenheiten **freiwillige Selbstverwaltungsangelegenheiten** zu übernehmen und auszugestalten. (vgl. §§ 2, 88 ThürKO). 359

Grundgesetz und Thüringer Verfassung geben keine bestimmte Ausgestaltung des kommunalen Einnahmensystems vor.[709] Allerdings dürfen der kommunale Finanzausgleich und die Beteiligung an Landessteuern (vgl. Art. 93 Abs. 3 ThürVerf) nicht die einzige Einnahmequelle sein. Denn zur kommunalen Selbstverwaltungsgarantie gehört auch die **Steuer- und Abgabenhoheit** (Art. 28 Abs. 2 S. 3 GG, 93 Abs. 2 ThürVerf). 360

2. Finanzierungsquellen der Thüringer Kommunen im Überblick

Die wichtigste **Finanzierungsquelle** der Thüringer Gemeinden ist ihr Anteil an den bundesrechtlichen Gemeinschaftssteuern nach Art. 106 Abs. 5 und 5a GG. Hinzu kommt das ihnen in originärer Ertragshoheit zustehende Aufkommen an den Realsteuern Grund- und Gewerbesteuer nach Art. 106 Abs. 6 GG. 361

Gemäß Art. 106 Abs. 6 GG, Art. 93 Abs. 2 ThürVerf, § 18 Abs. 2 S. 2 bzw. § 97 Abs. 2 S. 2 ThürKO haben die Thüringer Gemeinden und Landkreise ferner das Recht, **eigene Abgaben nach Maßgabe des ThürKAG** zu erheben. Die Kommunen werden außerdem nach Art. 106 Abs. 7 und 8 GG, Art. 93 Abs. 3 ThürVerf, § 18 Abs. 3 bzw. § 97 Abs. 3 ThürKO im Rahmen des **kommunalen Finanzausgleichs** an den Steuereinnahmen des Freistaats Thüringen beteiligt (vgl. hierzu das ThürFAG). Schließlich stehen ihnen Investitionshilfen und -zuschüsse, Einnahmen aus Bußgeldern und Verwarnungen, Ordnungsgelder, die aufgrund der Thüringer Kommunalordnung festgesetzt wer- 362

---

707 BVerfGE 125, 141, 159; *Mehde*, in: Dürig/Herzog/Scholz, 95.EL 2021, Grundgesetz-Kommentar, Art. 28 Abs. 2 Rn. 77 ff.
708 Der entsprechend Art. 104a Abs. 1 GG besteht, s. *Kluth*, LKV 2009, 337.
709 Der ThürVerfGH geht jedoch davon aus, dass lediglich die Finanzausstattung auf Grundlage des sog Bedarfsmodells den verfassungsrechtlichen Vorgaben Rechnung trägt, ThürVerfGH, ThürVBl. 2005, 228; *Wohltmann*, Der Landkreis 2010, 464, 466.

den (§ 18 Abs. 4 bzw. § 97 Abs. 4 ThürKO), Erträge aus privatrechtlichen Geschäften (vgl. § 1 Abs. 1, Hs. 2 ThürKAG) sowie Einnahmen aus Krediten zu.[710] Im Zuge der Neuregelung der Bund-Länder-Finanzbeziehungen zum Jahr 2020[711] wurde mit Wirkung zum 20.7.2017[712] **Art. 104c** neu in das Grundgesetz eingefügt. Danach kann der Bund den Ländern **Finanzhilfen** für gesamtstaatlich bedeutsame **Investitionen der finanzschwachen Gemeinden** (Gemeindeverbände) im Bereich der **kommunalen Bildungsinfrastruktur** gewähren. Hierin liegt eine Lockerung des sog Kooperationsverbots,[713] dh des Verbots einer Zusammenarbeit von Bund und Ländern in Bereichen, die nach der föderalen Kompetenzverteilung letzteren vorbehalten sind. Demokratietheoretisch problematisch ist an Art. 104c GG, dass der Freistaat Thüringen im Bereich der Bildungsinfrastruktur nun an goldenen Zügeln des Bundes hängt. Dies schmälert die politische Bedeutung des parlamentarischen Budgetrechts des Thüringer Landtags (vgl. Art. 98 ThürVerf). Zudem lässt die Vorschrift rechtsstaatliche Bestimmtheit vermissen, insbesondere zum Kriterium „finanzschwach". Für die Sanierung der Thüringer Schulen mögen sich kurzfristig immerhin finanzielle Spielräume eröffnen.[714]

3. Anteil an den bundesrechtlichen Gemeinschaftssteuern

363 Die Thüringer Gemeinden erhalten gemäß Art. 106 Abs. 5 GG einen **Anteil am Aufkommen der Einkommensteuer**, der durch § 1 S. 1 Gemeindefinanzreformgesetz (GFRG)[715] auf 15 % der dem Freistaat Thüringen zustehenden Länderquote festgelegt ist. Die Aufteilung auf die Gemeinden wird mittels eines Schlüssels über Steuerstatistiken ermittelt. Gemäß Art. 106 Abs. 5a GG, § 1 S. 3 FAG werden sie zudem am **Umsatz- und Körperschaftssteueraufkommen** beteiligt.[716] Nach Abzug der dem Bund und dem Freistaat Thüringen zustehenden Anteile liegt die Beteiligung der Kommunen an der Umsatzsteuer bei derzeit 2,2 %.[717] Die Festsetzung der Beteiligung erfolgt aufgrund der Thüringer Verordnung zur Ausführung des Gemeindefinanzreformgesetzes.[718]

4. Ertragshoheit an der Grund- und Gewerbesteuer

364 Gemäß Art. 106 Abs. 6 S. 1 GG steht den Gemeinden das Aufkommen an der Grund- und Gewerbesteuer zu. Dabei knüpft die **Grundsteuer** an das Innehaben von Grund-

---

710 Vgl. zur Systematisierung *Waldhoff*, in: Henneke/Pünder/Waldhoff (Hrsg.), Recht der Kommunalfinanzen, 2006, § 7 Rn. 3.
711 BT-Drs. 18/12588.
712 Durch Gesetz v. 13.7.2017 (BGBl. I, S. 2347).
713 Vgl. bereits Art. 91b GG.
714 Vgl. zu ihrem Sanierungsbedarf *Hedtke*, Erziehung und Wissenschaft. Zeitschrift der Bildungsgewerkschaft GEW 9/2016, S. 7 ff.
715 Gesetz zur Neuordnung der Gemeindefinanzen (Gemeindefinanzreformgesetz), in der Fassung der Bekanntmachung v. 10.3.2009 (BGBl. I S. 502), zuletzt geändert durch Gesetz v. 9.12.2019 (BGBl. I S. 2051).
716 *Henneke*, Die Kommunen in der Finanzverfassung des Bundes und der Länder, 5. Aufl. 2012, S. 64 f.
717 *Aschke*, in: Linck/Baldus/Lindner/Poppenhäger/Ruffert (Hrsg.), Die Verfassung des Freistaats Thüringen, Art. 93 Rn. 128.
718 Thüringer Verordnung zur Ausführung des Gemeindefinanzreformgesetzes (ThürAVOGFRG) v. 25.7.2012 (GVBl. 2012, S. 366), zuletzt geändert durch Verordnung v. 7.12.2020 (GVBl. S. 604).

besitz an (§ 1 GrundStG). Die in ihrer Rechtfertigung umstrittene **Gewerbesteuer**[719] soll den Mehraufwand ausgleichen, der den Gemeinden durch Ansiedlung von Gewerbebetrieben entsteht.[720]

Für Grund- und Gewerbesteuer gibt der Bundesgesetzgeber den sog **Steuermessbetrag** vor (§ 13 GrStG, § 11 GewStG), auf den die Gemeinden im Rahmen ihrer Satzungsautonomie (vgl. Art. 28 Abs. 2 S. 3 GG, § 55 ThürKO) **Hebesätze**, dh Multiplikatoren anwenden (Art. 106 Abs. 6 S. 2 GG). Bei ihrer Festsetzung haben die Gemeinden aufgrund ihrer Steuerhoheit einen weiten, im Rahmen ihrer kommunalen Wirtschaftspolitik auszufüllenden Spielraum, der seine Grenze nur in offensichtlicher Unsachlichkeit findet.[721] Nach § 16 Abs. 4 S. 2 GewStG beträgt der Mindesthebesatz 200 %.[722] Höhere Hebesätze mehren zwar die unmittelbaren Realsteuereinnahmen, schrecken aber potenzielle Investoren ab, was mittelbar zu geringeren Steuereinnahmen führt. Der gemittelte Gewerbesteuerhebesatz der Thüringer Kommunen[723] liegt etwa im Bundesdurchschnitt.[724]

365

Die **Grundsteuer** knüpft als eine der ältesten Formen direkter Besteuerung an reale Objekte an.[725] Bei den Hebesätzen wird zwischen Grundsteuer A, die sich auf landwirtschaftliche Grundstücke bezieht, und Grundsteuer B, die nicht-landwirtschaftlichen Grund und Boden besteuert, differenziert.[726] Die Thüringer Hebesätze zu beiden Grundsteuern liegen im bundesweiten Durchschnitt.[727] Die auf ihrer Grundlage erzielten Grundsteuereinnahmen der Thüringer Kommunen sind jedoch deutlich geringer als diejenigen der alten Bundesländer.[728]

366

Erhoben werden dürfen Steuern nach **§ 54 Abs. 2 Nr. 2 ThürKO** nur, soweit die sonstigen Einnahmen nicht ausreichen. Zu den sonstigen Einnahmen in diesem Sinn zählen die Leistungen an die Gemeinde nach dem Finanzausgleichsgesetz, ihr Anteil an den Gemeinschaftssteuern, Zuweisungen sowie sonstige öffentlich-rechtliche oder privatrechtliche Entgelte. Diese sog **abgabenrechtliche Subsidiaritätsklausel** vermittelt allerdings keinen Drittschutz, dh eine hierauf gestützte Klage gegen Anhebung der Hebesätze hat keine Aussicht auf Erfolg.[729] In Thüringen spielt die Regelung angesichts der prekären finanziellen Situation der Kommunen derzeit keine Rolle.

367

---

719 *Hartmann*, in: Bergemann/Wingler (Hrsg.), Gewerbesteuer. Kommentar, 2012, § 1 Rn. 14 ff.; *Seer*, in: Tipke/Lang, Steuerrecht, 24. Aufl. 2021, § 16 Rn. 2 ff.
720 BVerfG, NJW 1969, 850; *Birk/Desens/Tappe*, Steuerrecht, 24. Aufl. 2021, Rn. 1371 ff.
721 *Birk/Desens/Tappe*, Steuerrecht, 24. Aufl. 2021, Rn. 1420.
722 Zur verfassungsrechtlichen Vereinbarkeit des Mindesthebesatzes mit der Finanzautonomie BVerfGE 125, 141.
723 Im Jahr 2017 liegt er bei 404 %: Statistisches Landesamt, http://www.statistik.thueringen.de/datenbank/TabAnzeige.asp?tabelle=ge001613%7C%7C (zuletzt abgerufen am 1.8.2017).
724 Dieser liegt 2014 bei 399 %: Pressemitteilung Nr. 296 v. 26.8.2016 des Statistischen Bundesamtes.
725 *Pausch*, Kleine Weltgeschichte der Steuerzahler, 1988, S. 18.
726 *Birk/Desens/Tappe*, Steuerrecht, 24. Aufl. 2021, Rn. 70.
727 Der durchschnittliche Hebesatz der Grundsteuer A liegt im Jahr 2017 in Thüringen bei 296 % während er bei der Grundsteuer B 404 % beträgt: Statistisches Landesamt, http://www.statistik.thueringen.de/presse/pr_sachg_nn.asp?pressejahr=2017&bereich=73 (zuletzt abgerufen am 14.8.2017): Grundsteuer A: 296 Grundsteuer B: 435, Gewerbesteuer: 404.
728 Städte- und Gemeindebund Thüringen (Hrsg.), C 3 Rn. 15.
729 BVerwG, NVwZ 1994, 176; HessVGH, NVwZ-RR 2015, 57; *Lange*, NVwZ 2015, 57.

368 Das **Verfahren** zur Festsetzung von Grund- und Gewerbesteuer ist zweigeteilt, indem zunächst ein Steuermessbescheid des zuständigen Finanzamts ergeht, der die Besteuerungsgrundlagen feststellt. Auf sie wendet die Gemeinde ihren Hebesatz an und setzt die Steuer fest.[730] Für Rechtsbehelfe gegen den Steuermessbescheid ist nach § 33 FGO der Finanzrechtsweg eröffnet, für solche gegen den Steuerbescheid der Gemeinde der Verwaltungsrechtsweg nach § 40 Abs. 1 S. 1 VwGO.

5. Kommunalabgaben

369 a) **Überblick.** Gemäß Art. 93 Abs. 2 ThürVerf, §§ 18 Abs. 2 S. 2, 97 Abs. 2 S. 2 ThürKO, §§ 1, 2 ThürKAG sind die Gemeinden und Landkreise berechtigt, kommunale Abgaben[731] aufgrund einer besonderen, dh **gesonderten Steuersatzung** zu erheben, die auch bestimmt sein muss. Dieser **abgabenrechtliche Trennungsgrundsatz** dient der Rechtsklarheit und weist zugleich den praktischen Vorteil auf, dass sich auf seiner Grundlage eine Abgabensatzung leichter ändern lässt. Sie ist der Rechtsaufsichtsbehörde anzuzeigen oder – bei Steuern und bestimmten Abgaben – von dieser zu genehmigen (§ 2 Abs. 4 bis 5 ThürKAG).

370 Unterschieden werden innerhalb der **Kommunalabgaben** nach dem Grad der Gegenleistung

- Steuern (§ 5 f. ThürKAG, vgl. § 3 AO),
- Beiträge (§§ 7 bis 9 ThürKAG) und
- Gebühren (§§ 10 bis 12 ThürKAG).

371 b) **Örtliche Verbrauch- und Aufwandsteuern.** Nach Art. 93 Abs. 2 ThürVerf, § 5 ThürKAG können die Kommunen **örtliche Verbrauch- und Aufwandsteuern** erheben. Originär steht insoweit die **Gesetzgebungskompetenz** dem Freistaat Thüringen zu (Art. 105 Abs. 2a GG), der sie auf die Gemeinden und Landkreise übertragen hat (vgl. insoweit Art. 106 Abs. 6 S. 1, Alt. 2 GG). Zu den **Steuern** zählen nach § 3 Abs. 1 AO nur solche Abgaben, die nicht Gegenleistung für eine besondere Leistung des Staates sind. Abzugrenzen sind sie von den sog Vorzugslasten, denen das Prinzip von Leistung und Gegenleistung zugrunde liegt; zu diesen zählen auf kommunaler Ebene Gebühren und Beiträge.

372 **Örtlich** sind Steuern dann, wenn sie an lokale Gegebenheiten anknüpfen wie an die Belegenheit einer Sache oder an einen Vorgang im Gemeindegebiet, und die steuerliche Belastungswirkung örtlich abgrenzbar ist.[732] **Verbrauchsteuern** betreffen den kurzfristigen Verzehr oder Verbrauch von Gütern des täglichen Bedarfs.[733] So wird in Thüringen etwa der Konsum von Bier durch die Biersteuer erfasst.[734] **Aufwandsteuern** schöpfen die wirtschaftliche Leistungsfähigkeit ab, die in der Einkommensverwendung für

---

730 *Birk/Desens/Tappe*, Steuerrecht, 2024. Aufl. 2021, Rn. 1411.
731 Vgl. die Legaldefinition dieses Begriffs in § 1 Abs. 2 ThürKAG. Nicht hierzu gehören zivilrechtliche Geldforderungen der öffentlichen Hand, Vertragsentgelte und Umlagen; vgl. *Henneke*, Jura 1986, 574, 580.
732 BVerwGE 96, 292.
733 BVerfGE 98, 106, 123.
734 Das Aufkommen betrug im Jahr 2016 knapp 22 Millionen Euro im Freistaat Thüringen: Pressemitteilung 080/2017 des Thüringer Landesamtes für Statistik; die Biersteuer wird zwar von der Zollverwaltung erhoben, ist aber eine Landessteuer.

den persönlichen Lebensbedarf zum Ausdruck kommt.[735] Beispiele sind die Hundesteuer,[736] die Jagdsteuer,[737] die Vergnügungssteuer,[738] die Spielautomatensteuer,[739] die Zweitwohnungsteuer, die Bettensteuer[740] sowie die Pferdesteuer.[741]

c) **Beiträge und Gebühren. Beiträge** werden von den Kommunen nach § 7 Abs. 1 S. 1 ThürKAG erhoben als

- **Geldleistungen**
- zur **Deckung des Aufwands** für Herstellung oder Unterhaltung einer öffentlichen Einrichtung
- von dinglich Berechtigten, denen die **Möglichkeit ihrer Inanspruchnahme** besondere Vorteile bietet.

Neben den spezialgesetzlich in §§ 127 ff. BauGB geregelten Erschließungsbeiträgen gehören hierzu insbesondere Beiträge, mit denen sich Grundstückseigentümer finanziell an bestimmten Investitionen zu beteiligen haben, etwa Straßenausbaubeiträge nach § 7 Abs. 1 S. 3 ThürKAG. Anstelle einmaliger Beiträge können zur Deckung der jährlichen Investitionsaufwendungen auch wiederkehrende Beiträge erhoben werden (§ 7a ThürKAG). Weitere Beispiele sind der Fremdenverkehrsbeitrag (§ 8 ThürKAG) sowie der Kurbeitrag (auch Kurtaxe genannt), der an den Tourismus in Gemeinden anknüpft, die in besonderem Maß der Erholung dienen (§ 9 ThürKAG).[742]

Gebühren sind

374

- **Geldleistungen,**
- die erhoben werden als **Gegenleistung** für
- eine **Amtshandlung oder sonstige Verwaltungstätigkeit** (Verwaltungsgebühren, § 11 ThürKAG) oder
- für die **Benutzung öffentlicher Einrichtungen** (Benutzungsgebühren, § 12 ThürKO).

Zu den **Benutzungsgebühren**, die nur bei öffentlich-rechtlicher, nicht hingegen bei privatrechtlicher Ausgestaltung eines Benutzungsverhältnisses in Betracht kommen, zählen beispielsweise Gebühren für netzgebundene Versorgungsleistungen wie Strom, Wasser oder Gas sowie Müllgebühren. Gegenüber privatrechtlichen Entgelten liegt ihr praktischer Vorteil für die Kommune darin, dass sie ihre Gebührenbescheide **selbst vollstrecken** kann (vgl. §§ 18 ff., 23 ff. ThürVwZVG), für ihre Durchsetzung also nicht auf Gerichte angewiesen ist. Bei der Erhebung von Verwaltungsgebühren, die

---

735 BVerfGE 16, 64, 74; 65, 325, 346.
736 Satzung über die Erhebung der Hundesteuer in der Stadt Jena v. 12.4.2017 (Amtsblatt Nr. 15/17, S. 130).
737 Vgl. zur Erhebung der Jagdsteuer in den Thüringer Kommunen, Anlage zu LT-Drs. 5/7515.
738 Vergnügungssteuersatzung der Landeshauptstadt Erfurt (VgnStEft) v. 29.4.1997 (Drs. 068/97), zuletzt geändert durch Änderungssatzung v. 26.5.2016 (Drs. 0592/16).
739 Satzung über die Erhebung einer Steuer auf Spielapparate und auf das Spielen um Geld und Sachwerte im Gebiet der Gemeinde Amt Wachsenburg v. 11.4.2013 (Amtsblatt Nr. 5/2013, S. 4).
740 ThürOVG, DÖV 2011, 939; *Petry*, BB 2010, 2860.
741 In Thüringen befasst sich lediglich die Gemeinde Kölleda mit der Einführung einer Pferdesteuer, vgl. *Burghardt*, Kölledas Bürgermeister denkt über eine Pferdesteuer nach, Thüringer Allgemeine v. 3.12.2015, S. 3; allgemein zur Zulässigkeit der Pferdesteuer *Dietlein/Peters*, LKV 2013, 1; *Schmidt*, KommJur 2016, 361.
742 Nach Auffassung des VGH BW, DÖV 2012, 606, ist die Kurtaxe eine Abgabe eigener Art, da diese beitrags- und gebührenähnliche Merkmale aufweist.

neben den Auslagen zu den sog **Verwaltungskosten** iSd § 11 ThürKAG zählen, können die Kommunen im eigenen Wirkungskreis eine Gebührensatzung nach § 11 ThürKAG erlassen oder das ThürVwKostG für anwendbar erklären (§ 11 Abs. 5 ThürKAG). Im übertragenen Wirkungskreis findet das ThürVwKostG Anwendung (§ 11 Abs. 3 Thür-KAG).

375 Für die **Bemessung der Beiträge und Gebühren** gelten insbesondere[743]
- das Kostendeckungsprinzip (§§ 7 Abs. 1, 12 Abs. 2 ThürKAG) sowie
- begrenzend das Äquivalenzprinzip (§§ 7, Abs. 3, 12 Abs. 4 ThürKAG) und auch
- der Gleichheitssatz (Art. 3 Abs. 1 GG, Art. 2 Abs. 1 ThürVerf), bei dessen Anwendung sozialpolitische Lenkungszwecke berücksichtigt werden können.[744]

Auf das **Verfahren der Abgabenerhebung** ist nach § 15 ThürKAG weitgehend die Abgabenordnung (AO) anwendbar, das ThürVwVfG ist insoweit verdrängt. Insbesondere gilt nach § 15 Abs. 1 Nr. 4b lit. a) aa) ThürKAG für einen Abgabenbescheid die Schriftform des § 157 AO. Rechtsbehelf gegen den Abgabenbescheid ist mangels Verweises des § 15 ThürKAG auf § 347 AO jedoch nicht der Einspruch, sondern der Widerspruch nach § 68 VwGO, dem jedoch keine aufschiebende Wirkung zukommt (§ 80 Abs. 2 Nr. 1 VwGO); im Verfahren des vorläufigen Rechtsschutzes ist ein behördliches Vorverfahren nötig (§ 80 Abs. 6 VwGO). Die Abgabensatzung selbst kann mittels prinzipaler Normenkontrolle nach § 47 Abs. 1 Nr. 2 VwGO, § 4 ThürAGVwGO überprüft werden.

6. Kommunaler Finanzausgleich

376 Gemeinden und Landkreise erhalten ferner nach Art. 93 Abs. 3 ThürVerf, dessen Regelungsgehalt der Selbstverwaltungsgarantie unterfällt,[745] finanzielle Mittel aus dem **kommunalen Finanzausgleich** (vgl. auch § 18 Abs. 3 bzw. § 97 Abs. 3 ThürKO). Dieser soll
- sachgerecht das Steueraufkommen zwischen dem **Freistaat Thüringen** und den **Kommunen verteilen** (sog vertikaler Finanzausgleich) und
- einen **solidarischen Ausgleich** zwischen finanzstarken und finanzschwachen Kommunen leisten (sog horizontaler Finanzausgleich).

Das Thüringer Finanzausgleichsgesetz enthält ein Verbot der Nivellierung unterschiedlicher Wirtschaftskraft der Kommunen (§ 29 Abs. 1 S. 2 ThürFAG), geht andererseits aber davon aus, dass jeder Gemeinde eine verfassungsrechtlich geschützte **freie Spitze** als kommunale Mindestquote verbleiben muss, die nach Erfüllung aller Verpflichtungen zur freien Verwendung für Selbstverwaltungsaufgaben verbleibt.[746] Der Verteilungsmodus ist im Einzelnen in §§ 6 ff. ThürFAG geregelt.[747] Angesichts ihrer in den letzten Jahren erheblich angestiegenen finanziellen Verpflichtungen rufen Thüringer Kommunen immer wieder den Thüringer Verfassungsgerichtshof zur Überprüfung

---

743 Vgl. zu den Einzelheiten *Birk/Desens/Tappe*, Steuerrecht, 24. Aufl. 2021, Rn. 106 mwN.
744 BVerfG, NJW 1975, 1345; 1998, 469.
745 ThürVerfGH, ThürVBl. 2005, 228; ThürVBl. 2012, 55, 57.
746 *Leisner-Egensperger*, DÖV 2010, 705; *Kluth*, Der Landkreis 2013, 246, 253.
747 Vgl. allgemein dazu *Geis*, Kommunalrecht, § 12 Rn. 53.

des kommunalen Finanzausgleichs am Maßstab des Art. 93 ThürVerf an. 2005 kam dieser zum Ergebnis, dass die Finanzverteilungsmasse der zwei Jahre zuvor den Finanzbedarf der Gemeinden und Landkreise nicht hinreichend berücksichtigt hat.[748] In Fortführung dieser Rechtsprechung wurden 2011 verfahrensbezogene Maßstäbe zu Transparenz und Nachvollziehbarkeit des Finanzausgleichs entwickelt.[749]

Den Landkreisen steht neben sonstigen Zuweisungen insbesondere die in §§ 25, 26 ThürKAG geregelte **Kreisumlage** zu, die einen jährlich festzulegenden Prozentsatz der Steuerkraftsummen der Kreisgemeinden umfasst.

377

7. Sonstige Einnahmen

Sonstige Einnahmen der Kommunen[750] sind insbesondere Ausgleichsansprüche wegen auferlegter Sonderbelastungen nach Art. 106 Abs. 8 GG, Einnahmen aus Bußgeldern und Verwarnungen sowie Ordnungsgelder erhoben nach der Thüringer Kommunalordnung (§ 24 StVG iVm § 8 Abs. 2 ThürInMinZustVO, § 18 Abs. 4 bzw. § 97 Abs. 4 ThürKO) und Mittel aus Krediten (vgl. §§ 63 ff. ThürKO).[751] Einen nicht unwesentlichen Teil ihrer Einnahmen erwirtschaften die Kommunen auch durch die Veräußerung gemeindlicher Vermögenswerte.[752]

378

8. Haushalts- und Vermögenswirtschaft

Den **rechtlichen Rahmen** für die Ausübung der kommunalen Finanzhoheit bilden die für die Gemeinde geltenden Vorschriften zur Haushaltswirtschaft (§§ 52a bis 62 ThürKO),[753] zum Kreditwesen (§§ 63 bis 65 ThürKO), zur Vermögenswirtschaft (§§ 66 bis 70) sowie zum Kassen- und Rechnungswesen (§§ 78 bis 85 ThürKO), die gemäß § 114 ThürKO entsprechende Anwendung auf die Landkreise finden. Einzelheiten regelt die auf der Grundlage des § 99 Abs. 2 S. 1 der Vorläufigen Thüringer Kommunalordnung[754] erlassene Thüringer Verordnung über das Haushalts-, Kassen- und Rechnungswesen der Gemeinden (ThürGemHV).[755]

379

Die in § 53 ThürKO normierten **allgemeinen Haushaltsgrundsätze** orientieren sich am Haushaltsgrundsätzegesetz des Bundes.[756] Eine insbesondere ermessenslenkende Bedeutung kommt insoweit dem Grundsatz der Wirtschaftlichkeit zu (§ 53 Abs. 2 ThürKO), der dazu verpflichtet, bestimmte Ziele mit geringstmöglichem finanziellen Einsatz zu erreichen (Minimalprinzip) sowie mit einem bestimmten Finanzeinsatz einen größtmöglichen Erfolg zu erzielen (Maximalprinzip).[757] Bei einem „krassen Ver-

380

---

748 ThürVerfGH, ThürVBl. 2005, 228, 238.
749 ThürVerfGH, ThürVBl. 2012, 55, 57.
750 Vgl. hierzu *Sidiki*, Grundlagen kommunaler Finanzierung und Verschuldung, 2014, S. 9 ff.
751 *Lange*, Kommunalrecht, S. 1006; *Henneke*, Jura 1986, 568, 579.
752 *Pencereci*, LKV 2003, 407.
753 Vgl. zur Einführung der kommunalen Doppik in Thüringen durch § 52a ThürKO *Matz*, ThürVBl. 2010, 32.
754 Vorläufige Kommunalordnung für das Land Thüringen (VKO) v. 24.7.1992 (GVBl. S. 383).
755 Thüringer Verordnung über das Haushalts-. Kassen- und Rechnungswesen der Gemeinden (ThürGemHV) v. 23.5.2019 (GVBl. S. 153), zuletzt geändert durch Gesetz v. 23.3.2021 (GVBl. S. 115).
756 *Wachsmuth/Oehler*, Thüringer Kommunalrecht, § 53 S. 1.
757 BVerwGE 105, 55; 108, 1, 17; *Lammers*, NVwZ 2012, 12, 14; *Pötsch*, KommJur 2017, 81, 85.

stoß" gegen den Grundsatz der Wirtschaftlichkeit und Sparsamkeit kann ein privatrechtlicher Vertrag ausnahmsweise als nichtig anzusehen sein.[758]

381 Jede Kommune hat nach § 55 Abs. 1 ThürKO für jedes Haushaltsjahr eine **Haushaltssatzung** als Pflichtsatzung ohne Außenwirkung zu erlassen, deren wichtigster Bestandteil der Haushaltsplan ist.[759] Während des Haushaltsjahres werden sämtliche Kassengeschäfte gemäß § 78 ThürKO (iVm § 114 ThürKO) durch die Gemeinde- bzw. Landkreiskasse erledigt, einem unselbstständigen Teil der kommunalen Verwaltung. Erhebliche praktische Bedeutung hat in Thüringen gegenwärtig das sog **Haushaltssicherungskonzept** nach § 53a ThürKO, das finanziell notleidende Gemeinden zur engen Abstimmung ihrer Haushaltswirtschaft mit der Rechtsaufsichtsbehörde zwingt.[760] Aufgestellt wurde ein solches neuerdings von den Städten Gera, Eisenach und Erfurt.[761]

---

758 S. zB BGH, NJW 2005, 1490; vgl. dazu *Wachsmuth*, ThürVBl. 2008, 153, 154.
759 Vgl. dazu *Schwarting*, in: Henneke/Pünder/Waldhoff (Hrsg.), Recht der Kommunalfinanzen, 2006, § 28 Rn. 7 ff.
760 *Matz*, ThürVBl. 2001, 150; *Wachsmuth/Oehler*, Thüringer Kommunalrecht, § 53a S. 2.
761 Vgl. zu Gera den Stadtratsbeschluss v. 16.2.2016 (Drs. 15/2016), zu Eisenach den Stadtratsbeschluss v. 18.11.2016 (Beschluss-Nr. StR/0482/2017) und zu Erfurt den Stadtratsbeschluss v. 15.12.2016 (Drs. 1384/16).

§ 6 Baurecht

Michael Brenner

Literatur: *Brenner,* Öffentliches Baurecht, 5. Aufl. 2020, S. 248 ff.; *Finkelnburg/Ortloff/Otto,* Öffentliches Baurecht II: Bauordnungsrecht, Nachbarschutz, Rechtsschutz, 7. Aufl. 2018; *Jäde/Dirnberger/Michel,* Bauordnungsrecht Thüringen, Stand 2021; *Meißner,* Die Thüringer Bauordnung 2014, ThürVBl. 2014, 157; *Meißner,* Thüringer Bauordnung, 5. Aufl. 2019.

I. Einführung 1	d) Abweichungen, Ausnahmen und Befreiungen 55
II. Die Thüringer Bauordnung 3	8. Der Ablauf des Baugenehmigungsverfahrens 57
1. Formelles und materielles Bauordnungsrecht 4	a) Das reguläre Verfahren 57
2. Die Bauaufsicht 7	b) Das vereinfachte Baugenehmigungsverfahren 66
a) Bauaufsicht als staatliche Aufgabe 7	9. Der Abschluss des Baugenehmigungsverfahrens 70
b) Die Organisation der Bauaufsicht 9	10. Die bauordnungsrechtlichen Eingriffsbefugnisse 71
3. Die Baugenehmigung 11	a) Die bauordnungsrechtliche Generalklausel 73
a) Grundlagen 11	b) Das Zutritts-, Informations- und Prüfungsrecht 76
b) Nebenbestimmungen 19	c) Die Baueinstellung 78
4. Besondere Formen der Genehmigung 24	d) Die Beseitigung baulicher Anlagen 83
a) Die Teilbaugenehmigung .. 24	e) Die Nutzungsuntersagung 89
b) Der Vorbescheid 26	III. Die Landesplanung 93
c) Die Typengenehmigung ... 30	1. Die Vorgaben des Raumordnungsgesetzes 93
d) Die Ausführungsgenehmigung 31	2. Die Landesplanung im Freistaat Thüringen 94
5. Die bauaufsichtliche Sachentscheidungskompetenz 32	a) Das Landesentwicklungsprogramm 95
6. Die am Bau Beteiligten 37	b) Die Regionalpläne 96
7. Die Baugenehmigungspflicht .. 43	
a) Genehmigungsbedürftige Errichtung, Änderung und Nutzungsänderung 44	
b) Verfahrensfreie Bauvorhaben 47	
c) Genehmigungsfreie Vorhaben 53	

I. Einführung

Wie in anderen Bundesländern, so stellt auch im Freistaat Thüringen das **Bauordnungsrecht** einen besonderen Ausschnitt aus dem reichen Bukett des Sicherheitsrechts dar, freilich im Wesentlichen enggeführt auf die spezifische Gefahrenabwehr bei baulichen und sonstigen Anlagen. Das Bauordnungsrecht lässt sich damit auch in Thüringen als ein vornehmlich auf die **Wahrung der öffentlichen Sicherheit und Ordnung** auf dem Gebiet des Bauwesens bezogenes Rechtsgebiet begreifen. Ergänzt und angereichert wird dieser ordnungsrechtliche Anspruch zwischenzeitlich freilich durch eine Vielzahl sozial- und umweltpolitisch motivierter Vorgaben, die das Bauordnungsrecht auch zu einem **ökologisch ausgerichteten Rechtsgebiet** machen. Doch auch insoweit folgt das Thüringer Recht den anderen Bundesländern, weisen deren Bauordnungen doch ebenfalls vielfältige Anreicherungen umwelt- und sozialpolitischer Art auf. Indes ändert dies nichts daran, dass das Bauordnungsrecht auch in Thüringen stets

1

objektbezogenes, auf eine bestimmte bauliche Anlage bezogenes Recht ist, neben dessen spezifischen Ausformungen auch das allgemeine Sicherheitsrecht subsidiär zur Anwendung kommen kann. Das Bauordnungsrecht ergänzt damit das in der Gesetzgebungszuständigkeit des Bundes liegende, flächenbezogene und zum Recht der Raumplanung zählende Bauplanungsrecht, dessen Regelungen im Wesentlichen im Baugesetzbuch (BauGB), in der Baunutzungsverordnung (BauNVO) und in der Planzeichenverordnung (PlanZV) enthalten sind[1].

2 Ergänzt und zum Teil überlagert wird das Baurecht durch das **Landesplanungsrecht**, dem die Aufgabe zukommt, den Gesamtraum Thüringens und seine Teilräume im Sinne der in § 1 Abs. 2 ROG normierten Leitvorstellung einer nachhaltigen Raumentwicklung durch zusammenfassende, überörtliche und fachübergreifende Raumordnungspläne, mithin durch das Landesentwicklungsprogramm und die Regionalpläne, einschließlich ihrer Verwirklichung sowie durch Abstimmung raumbedeutsamer Planungen und Maßnahmen zu entwickeln, zu ordnen und zu sichern, § 1 Abs. 2 S. 1 ThürLPlG.

II. Die Thüringer Bauordnung

3 Die Thüringer Bauordnung (ThürBO) vom 13.3.2014[2], maßgeblich an den Bauordnungen der „alten Bundesländer" ausgerichtet und auf der von der Bauministerkonferenz beschlossenen **Musterbauordnung** (MBO) beruhend, wurde vom Thüringer Landtag als vollständige Neufassung beschlossen und diente ganz wesentlich der Umsetzung unionsrechtlicher Vorgaben. Sie trat nach § 93 ThürBO am 29.3.2014 in Kraft und löste die vom 16.3.2004 datierende Bauordnung[3] ab, die seit ihrem Inkrafttreten nur geringfügig geändert worden war. Neben zahlreichen inhaltlichen Änderungen war wesentliche Folge der Neufassung des Jahres 2014 auch, dass der Standort zahlreicher Bestimmungen der ThürBO geändert wurde[4].

1. Formelles und materielles Bauordnungsrecht

4 Auch in Thüringen lässt sich das Bauordnungsrecht in das formelle und das materielle Bauordnungsrecht unterteilen. Während das **formelle Bauordnungsrecht** Fragen der Organisation, der Befugnisse und der Zuständigkeit der Behörden sowie das Verfahren, namentlich das Verfahren zur Erteilung einer Baugenehmigung, umfasst, umschließt das **materielle Bauordnungsrecht im Wesentlichen inhaltliche Anforderungen an die Konstruktion und die Gestaltung einer baulichen Anlage**. Besonderes, auch examensrelevantes Gewicht kommt zudem den Bestimmungen über Abstandsflächen zu, nicht zuletzt deshalb, weil diese neben dem ihnen zukommenden Klimaschutzfaktor[5] auch über drittschützenden Charakter verfügen[6]. Im Übrigen unterliegen auch

---

1 Ausführlich hierzu *Brenner*, Öffentliches Baurecht, 5. Aufl. 2020.
2 GVBl. 2014, S. 49, zul. geänd. d. G. v. 23.11.2020 (GVBl. S. 561).
3 GVBl. 2004, S. 349.
4 Ausführlich zu den Änderungen *Meißner*, ThürVBl. 2014, 157.
5 *Knauff*, DV 2016, S. 233 (235).
6 § 6 ThürBO; vgl. auch *Brenner*, Öffentliches Baurecht, Rn. 885 f., sowie ThürOVG, ThürVBl. 2020, 165, zum nachbarlichen Wohnfrieden als Schutzgut von Abstandsflächenvorschriften.

Windkraftanlagen dem Abstandsflächenrecht, wenn von ihnen Wirkungen wie von Gebäuden ausgehen[7].

Ergänzt werden die inhaltlichen Anforderungen an bauliche Anlagen durch **Bestimmungen zur Sicherung wohlfahrts- und sozialpflegerischer wie auch ökologischer Standards**[8]. Mit Blick hierauf formuliert § 3 Abs. 1 ThürBO die Vorgabe, dass bauliche Anlagen so anzuordnen, zu errichten, zu ändern und instand zu halten sind, dass die öffentliche Sicherheit oder Ordnung, insbes. Leben, Gesundheit oder die natürlichen Lebensgrundlagen, nicht gefährdet werden. Von Bedeutung sind in diesem Kontext Bestimmungen über die Standsicherheit baulicher Anlagen (§ 12 ThürBO), über Bauprodukte und Bauarten (§§ 17 ff. ThürBO), über Anforderungen an Wände, Decken und Dächer (§§ 27 ff. ThürBO) oder an Treppen, Rettungswege, Aufzüge und Öffnungen (§§ 34 ff. ThürBO), die Anforderungen an Leitungen, Lüftungsanlagen, Installationsschächte und Installationskanäle (§§ 40 ff. ThürBO), die Anforderungen an Aufenthaltsräume und Wohnungen (§§ 47 f. ThürBO), sowie die Anforderungen an besondere Anlagen, wie etwa Stellplätze, Garagen und Abstellplätze für Fahrräder (§ 49 ThürBO). Deren Beachtung ist, neben der Einhaltung bauplanungsrechtlicher Vorgaben, zwingende Voraussetzung für die Erteilung einer Baugenehmigung. 5

Darüber hinaus können die Gemeinden **örtliche Bauvorschriften** erlassen, die als Satzungen im eigenen Wirkungskreis ergehen (§ 88 ThürBO); diese können sich auf die äußere Gestaltung von baulichen Anlagen beziehen oder besondere Anforderungen an bauliche Anlagen formulieren. Hierzu zählen z. B. Bestimmungen über die Gestaltung von Stellplätzen für Kraftfahrzeuge, Regelungen über Abstellmöglichkeiten für Fahrräder oder die Begrünung baulicher Anlagen. 6

2. Die Bauaufsicht

a) **Bauaufsicht als staatliche Aufgabe.** Eines der Herzstücke des Bauordnungsrechts in Thüringen stellt die Bauaufsicht dar, mithin eine der klassischen Sparten der staatlichen inneren Verwaltung. Die Ausführung der baurechtlichen Bestimmungen des Bundes- und des Landesrechts ist eine staatliche Aufgabe, die von den **Bauaufsichtsbehörden** wahrgenommen wird. Diese haben bei der Errichtung, Änderung, Nutzungsänderung und Beseitigung sowie bei der Nutzung und Instandhaltung von Anlagen darüber zu wachen, dass die öffentlich-rechtlichen Vorschriften eingehalten werden (§ 58 Abs. 1 ThürBO). Zur Wahrnehmung dieser Aufgaben haben sie nach Maßgabe der bauordnungsrechtlichen Generalklausel nach pflichtgemäßem Ermessen die erforderlichen Maßnahmen zu treffen (§ 58 Abs. 1 S. 2 ThürBO). Ergänzt wird die Generalklausel durch die Befugnisse zur Baueinstellung (§ 78 ThürBO), zur Beseitigung baulicher Anlagen (§ 79 Abs. 1 S. 1 ThürBO), zur Nutzungsuntersagung (§ 79 Abs. 1 S. 2 ThürBO) sowie zur Bauüberwachung (§ 80 ThürBO), die als spezielle Eingriffsbefugnisse überwiegend repressiven Charakter haben. 7

---

7 Vgl. VGH München, BayVBl. 2000, 630; OVG Greifswald, DÖV 2001, 133. Vgl. ausführlich hierzu *Hauth*, BayVBl. 2000, 545, sowie *Meißner*, Thüringer Bauordnung, § 6 ThürBO Rn. 1 ff.; *ders.*, ThürVBl. 2014, 157 (158 f.).
8 Näher zur Umsetzung des Umweltschutzes im Rahmen der Bauleitplanung *Hyckel*, ZfBR 2016, 335.

§ 6 Baurecht

8   Im Übrigen ermächtigt § 87 ThürBO die oberste Bauaufsichtsbehörde zum Erlass einer Fülle von **Rechtsverordnungen**. Damit soll dem Umstand Rechnung getragen werden, dass die als förmliches Gesetz erlassene und daher nur aufwendig änderbare Landesbauordnung im Wege des Rechtsverordnungserlasses gewissermaßen auf mittelbarem Wege schneller an technische Entwicklungen oder soziale Bedürfnisse angepasst werden kann. Die Ermächtigung umfasst z. B. die Festlegung von Anforderungen an Feuerungsanlagen und Garagen oder die Festlegung der erforderlichen Unterlagen im Zusammenhang mit der Beseitigung baulicher Anlagen.

9   **b) Die Organisation der Bauaufsicht.** Der Aufbau der Bauaufsichtsverwaltung ist in nahezu allen Flächenstaaten **dreistufig** organisiert, so auch im Freistaat Thüringen. Überkommener Ausgestaltung folgend, sind untere Bauaufsichtsbehörden die Landkreise und die kreisfreien Städte im übertragenen Wirkungskreis, während hingegen das Landesverwaltungsamt als obere Bauaufsichtsbehörde fungiert. Oberste Bauaufsichtsbehörde ist das für das Bauordnungsrecht zuständige Ministerium (§ 57 Abs. 1 ThürBO).

10 Für den Vollzug der Landesbauordnung sind in erster Linie die **unteren Bauaufsichtsbehörden** instanziell zuständig, soweit im Gesetz nichts anderes bestimmt ist (§ 57 Abs. 2 ThürBO). Erteilt jedoch die Fachaufsichtsbehörde eine Weisung, so ist die nachgeordnete Behörde verpflichtet, dieser innerhalb einer gesetzten angemessenen Frist nachzukommen. Tut sie dies nicht, so hat die übergeordnete Behörde das Recht zum Selbsteintritt (§ 57 Abs. 3 ThürBO). Das Landesverwaltungsamt ist auch technische Fachbehörde; es unterstützt auf Anforderung die Bauaufsichtsbehörden und wirkt bei der Normung mit (§ 57 Abs. 1 S. 2, 3 ThürBO).

3. Die Baugenehmigung

11 **a) Grundlagen.** Um die gesetzliche Ordnung im Baurecht verwirklichen zu können und die Rechtskonformität baulicher Anlagen sicherzustellen, unterliegen zahlreiche bauliche Vorhaben der **Genehmigungspflicht**; § 59 Abs. 1 ThürBO formuliert als Grundsatz, dass die Errichtung, Änderung und Nutzungsänderung von Anlagen einer Baugenehmigung bedarf. Gleichwohl hat der Gesetzgeber eine Reihe baulicher Vorhaben von der Genehmigungspflicht ausgenommen und so für eine Entlastung der Bauaufsichtsbehörden gesorgt; § 59 Abs. 1 ThürBO verweist auf die Bestimmungen, die Ausnahmen von der Genehmigungspflicht beinhalten. Mit der Genehmigungspflicht soll der Bauaufsichtsbehörde die Möglichkeit verschafft werden, im Rahmen des Baugenehmigungsverfahrens die Vereinbarkeit eines baulichen Vorhabens mit dem geltenden Recht zu prüfen. Das durch das Erfordernis der Baugenehmigung statuierte **präventive Verbot mit Erlaubnisvorbehalt**[9] wird durch die Erteilung der Baugenehmigung aufgehoben, wenn die umfassende vorgängige Kontrolle des Vorhabens vor der Freigabe der Bauausführung ergeben hat, dass dem Vorhaben keine einschlägigen Vorschriften des öffentlichen Rechts entgegenstehen[10]. Mit dieser Ausgestaltung korre-

---

9   S. zu den Begrifflichkeiten statt vieler *Peine/Siegel*, Allgemeines Verwaltungsrecht, 13. Aufl. 2020, Rn. 397 ff.
10 Ausführlich hierzu *Jäde*, in: Jäde/Dirnberger/Michel, Bauordnungsrecht Thüringen, § 70 ThürBO Rn. 46 ff. (Erstbearbeitung 2006).

II. Die Thüringer Bauordnung

spondiert der sich aus Art. 14 Abs. 1 GG ergebende[11] materiell-rechtliche Anspruch des Bauherrn auf Erteilung der Baugenehmigung, der dann besteht, wenn das Vorhaben den Vorschriften des öffentlichen Rechts entspricht[12]. Hieraus folgt, dass die Entscheidung über die Erteilung der Baugenehmigung eine **gebundene Entscheidung** der Verwaltung darstellt – was in der Formulierung des § 71 Abs. 1 S. 1 ThürBO unzweideutig zum Ausdruck gebracht wird, wonach die Baugenehmigung zu erteilen ist, wenn dem Bauvorhaben keine öffentlich-rechtlichen Vorschriften entgegenstehen, die im bauaufsichtlichen Verfahren zu prüfen sind; dabei sind die durch eine Umweltverträglichkeitsprüfung ermittelten, beschriebenen und bewerteten Umweltauswirkungen nach Maßgabe der hierfür geltenden Vorschriften zu berücksichtigen, § 71 Abs. 1 S. 2 ThürBO. Eine umfassende öffentlich-rechtliche Rechtmäßigkeitsbestätigung stellt die Baugenehmigung jedoch nicht dar[13]. Wird die Erteilung der Genehmigung trotz Rechtskonformität der baulichen Anlage verweigert oder verzögert, resultiert hieraus ein Anspruch aus Amtspflichtverletzung nach § 839 BGB i.V.m. Art 34 GG[14].

Prüfungsumfang im Baugenehmigungsverfahren sind ausschließlich die in §§ 62 Abs. 1 S. 2, 63 S. 1, 65 Abs. 3 ThürBO abschließend aufgeführten Anforderungen. Eine Pflicht zur Prüfung sämtlicher öffentlich-rechtlicher Anforderungen besteht nicht. Jedoch können auch Verstöße gegen nicht zu prüfende öffentlich-rechtliche Vorschriften dann zur Ablehnung einer beantragten Baugenehmigung führen, wenn die Bauaufsichtsbehörde von diesen Verstößen Kenntnis erlangt[15]; § 71 Abs. 1 S. 1 Hs. 2 ThürBO stellt klar, dass die Bauaufsichtsbehörde den Bauantrag auch ablehnen darf, wenn das Bauvorhaben gegen sonstige öffentlich-rechtliche Vorschriften verstößt. Dies schließt die Möglichkeit ein, auch bei solchen Vorhaben, die im vereinfachten Verfahren und damit ohne Prüfung bauaufsichtlicher Anforderungen behandelt werden, wegen Verstößen gegen die ThürBO einzuschreiten[16]. 12

Die Baugenehmigung stellt im konkreten Einzelfall das Bestehen eines **baurechtlichen Anspruchs** fest; insbesondere verleiht sie dem Bauherrn nicht erst das Recht zu bauen, sondern setzt dieses voraus[17]. Die Baugenehmigung stellt einen Verwaltungsakt iSv § 35 S. 1 ThürVwVfG dar, der aus einem **feststellenden** und einem **verfügenden**, den Bau freigebenden **Teil** besteht. Dabei beinhaltet der feststellende Teil die Feststellung der materiellen Rechtmäßigkeit des baulichen Vorhabens; insoweit vermittelt die Baugenehmigung dem Bauvorhaben auch Bestandsschutz[18]. Im verfügenden Teil hingegen erteilt die Bauaufsichtsbehörde die Freigabe des Bauvorhabens zur Ausführung. Daher darf auch vor Zugang der Baugenehmigung mit der Bauausführung nicht begonnen werden, § 71 Abs. 6 Nr. 1 ThürBO. Indes deckt die Baugenehmigung nur die einmali- 13

---

11 BVerfGE 35, 276.
12 *Jäde*, in: Jäde/Dirnberger/Michel, Bauordnungsrecht Thüringen, § 70 Rn. 43 (Erstbearbeitung 2006).
13 *Meißner*, ThürVBl. 2014, 157 (164).
14 Vgl. zB OLG Jena, NVwZ-RR 2004, 809; BGH, BauR 2009, 797.
15 VollzBekThürBO zu § 71, 71.1.1.
16 *Meißner*, Thüringer Bauordnung, § 71 Rn. 2.
17 So bereits BGHZ 65, 182 (186).
18 Näher hierzu *Jäde*, in: Jäde/Dirnberger/Michel, Bauordnungsrecht Thüringen, § 70 Rn. 142 ff. (Erstbearbeitung 2006).

14 Die Baugenehmigung muss gem. § 71 Abs. 2 Hs. 1 ThürBO **schriftlich** oder in **elektronischer Form** erteilt werden[20]. Sie bedarf der **Begründung** jedoch nur, wenn Abweichungen, Ausnahmen oder Befreiungen von nachbarschützenden Vorschriften zugelassen werden und der Nachbar diesen nicht nach § 69 Abs. ThürBO zugestimmt hat, § 71 Abs. 2 Hs. 2 ThürBO. Dabei ist eine Beschränkung der Begründung auf die wesentlichen tatsächlichen und rechtlichen Gründe ausreichend, § 39 Abs. 1 S. 2 ThürVwVfG. Fehlt die Begründung oder ist sie fehlerhaft, so ist, soweit der Mangel nicht schon nach § 46 ThürVwVfG unbeachtlich ist, eine Heilung bis zum Abschluss der letzten Tatsacheninstanz des verwaltungsgerichtlichen Verfahrens zulässig, § 45 Abs. 1 Nr. 2, Abs. 2 ThürVwVfG[21].

ge Errichtung der genehmigten baulichen Anlage ab und ist damit, wenn von ihr Gebrauch gemacht wurde, verbraucht[19].

15 Dem Antragsteller ist eine Ausfertigung der mit dem Genehmigungsvermerk versehenen Bauvorlagen mit der Baugenehmigung zuzustellen. Empfehlen wird sich aus praktischen Gründen zudem eine **Zustellung** der Baugenehmigung an den möglicherweise in eigenen Rechten verletzten Nachbarn. Da die Widerspruchsfrist für den Nachbarn nach Zustellung einen Monat beträgt, besteht nach Ablauf dieser Frist Rechtssicherheit, sofern die Einlegung des Widerspruchs unterbleibt[22]. Auch die Gemeinde ist von der Erteilung der Baugenehmigung in Kenntnis zu setzen, § 71 Abs. 5 ThürBO.

16 Die Baugenehmigung wird nach § 71 Abs. 4 ThürBO unbeschadet der **privaten Rechte Dritter** erteilt, dh die Baugenehmigung stellt nur die Vereinbarkeit des Vorhabens mit dem öffentlichen Recht fest und lässt private Rechte unberührt. Die Genehmigungsbehörde muss somit nicht dingliche, schuldrechtliche oder sonstige private Rechte Dritter in Bezug auf das Grundstück in ihrer Prüfung der Zulässigkeit eines Vorhabens berücksichtigen. Private Rechte sind mit anderen Worten nicht Prüfungsgegenstand im Baugenehmigungsverfahren[23].

17 Die Baugenehmigung wirkt (als dinglicher Verwaltungsakt) auch für und gegen den **Rechtsnachfolger**, § 58 Abs. 3 ThürBO, dh die Baugenehmigung erlischt nicht mit einem Wechsel in der Person des Bauherrn. Dies findet seinen Grund darin, dass die Baugenehmigung nicht auf die Person des Antragstellers bezogen ist, sondern auf das Grundstück bzw. das geplante Bauvorhaben.

18 Die **Geltungsdauer** der Baugenehmigung beträgt **drei Jahre**, § 72 Abs. 1 Hs. 1 ThürBO; sind in der Baugenehmigung oder in einer Teilbaugenehmigung keine anderen Fristen bestimmt, so erlischt die Genehmigung, wenn nicht innerhalb von drei Jahren nach Erteilung der Genehmigung mit der Ausführung des Vorhabens begonnen oder

---

19 HessVGH, BauR 2003, 1875.
20 Hierzu *Jäde*, in: Jäde/Dirnberger/Michel, Bauordnungsrecht Thüringen, § 70 Rn. 107 ff. (Erstbearbeitung 2006).
21 Näher zum Nachschieben der Begründung und dem Nachschieben von Gründen *Jäde*, in: Jäde/Dirnberger/Michel, Bauordnungsrecht Thüringen, § 70 Rn. 116 ff. (Erstbearbeitung 2006).
22 Erhebt der Nachbar Klage, so ist Prüfungsgegenstand des Vorhabens, wie es sich aus dem Regelungsgehalt der Baugenehmigung ergibt, OVG Hamburg, NVwZ 2022, 495.
23 Näher hierzu *Jäde*, in: Jäde/Dirnberger/Michel, Bauordnungsrecht Thüringen, § 70 Rn. 20 (Erstbearbeitung 2006).

die Bauausführung länger als zwei Jahre unterbrochen wurde; dabei hemmt die Einlegung eines Rechtsbehelfs den Lauf der Frist bis zur Unanfechtbarkeit der Baugenehmigung, § 72 Abs. 1 Hs. 2 ThürBO. Mit dieser Regelung wird sowohl dem Interesse des Bauherrn, der für die Bauverwirklichung eine gewisse Zeit benötigt, als auch dem Interesse der Öffentlichkeit, die Ausnutzung der Baugenehmigung nicht zeitlich unbefristet in das Belieben des Bauherrn zu stellen, Rechnung getragen[24]. Die Drei-Jahres-Frist kann durch schriftlichen Antrag jeweils um ein Jahr verlängert werden; dies ist auch rückwirkend möglich, wenn der Antrag vor Fristablauf bei der Bauaufsichtsbehörde eingegangen ist, § 72 Abs. 2 S. 2 ThürBO. Allerdings kommt eine Verlängerung der Baugenehmigung nur dann in Betracht, wenn das Vorhaben zum Zeitpunkt der Entscheidung über den Verlängerungsantrag dem zu prüfenden öffentlichen Recht entspricht[25]. Ist von der Baugenehmigung Gebrauch gemacht worden, gilt sie grundsätzlich solange, wie das Bauwerk besteht[26].

b) **Nebenbestimmungen.** Nach § 71 Abs. 3 ThürBO kann die Baugenehmigung auch mit **Nebenbestimmungen** nach § 36 Abs. 1 ThürVwVfG versehen werden[27]. In Betracht kommen insoweit Auflagen, Bedingungen, eine Befristung, der Widerrufsvorbehalt sowie der Vorbehalt der nachträglichen Aufnahme, Änderung oder Ergänzung einer Auflage. Zudem ermöglicht § 71 Abs. 3 S. 3 ThürBO die Erhebung einer Sicherheitsleistung, um die Erfüllung der mit der Baugenehmigung verbundenen Verpflichtungen zu gewährleisten. Indes steht es nicht im Ermessen der Bauaufsichtsbehörde, ob sie der Baugenehmigung solche Nebenbestimmungen beigibt; diese sind nur dann und auch nur insoweit zulässig, als sie erforderlich sind, um die gesetzlichen Voraussetzungen der Genehmigung zu erfüllen, mithin um mögliche Versagungsgründe auszuräumen. Dabei kann die Befugnis der Bauaufsichtsbehörde, einer Baugenehmigung Nebenbestimmungen beizufügen, mit einer entsprechenden Verpflichtung korrespondieren, um das Baugesuch genehmigungsfähig zu machen; die Verpflichtung ergibt sich letztlich aus der verwaltungsverfahrensrechtlichen Beratungspflicht nach § 25 ThürVwVfG[28].

19

Praktisch bedeutsam ist in der Praxis insbes. die **Auflage**, durch die dem Bauherrn selbstständig erzwingbare Verpflichtungen auferlegt werden können[29]. Durch die Auflage wird dem Begünstigten ein Handeln, Dulden oder Unterlassen vorgeschrieben. Wird die Auflage nicht erfüllt, so kann sie nach Maßgabe der Vorschriften über die Verwaltungsvollstreckung durchgesetzt werden. Allerdings hängt die Wirksamkeit der Baugenehmigung nicht von der Einhaltung der Auflage ab. Wählt die Behörde einen Auflagenvorbehalt, so behält sie sich eine nachträgliche Aufnahme einer Auflage vor.

20

---

24 Zur Dauer der Legalisierungswirkung einer Baugenehmigung zB VGH Mannheim, BauR 2010, 597; OVG Münster, NVwZ 2013, 1499.
25 VollzBekThürBO zu § 72, 72.1.
26 Zum Erlöschen der Baugenehmigung durch Zerstörung des Bauwerks *Nägele/Lindner*, ZfBR 2014, 442.
27 Ausführlich hierzu *Jäde*, in: Jäde/Dirnberger/Michel, Bauordnungsrecht Thüringen, § 70 Rn. 75 ff. (Erstbearbeitung 2006).
28 *Jäde*, in: Jäde/Dirnberger/Michel, Bauordnungsrecht Thüringen, § 70 Rn. 76 (Erstbearbeitung 2006).
29 Vgl. ausführlich *Jäde*, in: Jäde/Dirnberger/Michel, Bauordnungsrecht Thüringen, § 70 Rn. 85 ff. (Erstbearbeitung 2006).

21 Daneben kommt der sog. **modifizierenden Auflage**[30] eine bedeutsame Rolle zu. Durch die modifizierende Auflage, die indes keine echte Nebenbestimmung darstellt, wird das Begehren des Bauherrn insofern modifiziert, als sein ursprünglich beantragtes Vorhaben abgelehnt wird, er aber gleichzeitig eine Genehmigung für ein so nicht beantragtes Vorhaben erhält. Die modifizierende Auflage verändert mithin die Baugenehmigung qualitativ, und zwar dahingehend, dass ein aliud der beantragten Genehmigung gestattet wird, etwa dann, wenn statt des beantragten Wohnhauses mit Flachdach die Baugenehmigung für ein Wohnhaus mit Satteldach erteilt oder statt des beantragten zweigeschossigen Hauses nur ein eingeschossiges Haus genehmigt wird. Im Unterschied zur Auflage ist die modifizierende Auflage untrennbarer Bestandteil der Baugenehmigung; sie kann daher nicht selbstständig angefochten werden[31]. Vielmehr muss im Wege der Verpflichtungsklage auf den Erlass des begehrten Verwaltungsaktes geklagt werden.

22 Dass die Baugenehmigung mit einer **Bedingung** versehen werden kann, hat zur Folge, dass sie vom Eintritt oder Wegfall eines Ereignisses abhängig gemacht wird. Dabei stellen Baugenehmigung und Bedingung ein untrennbares Ganzes dar; die Wirksamkeit der Baugenehmigung hängt mithin vom Eintritt der Bedingung ab. Auch der Widerrufsvorbehalt kommt insoweit in Betracht, er stellt eine besondere Form der auflösenden Bedingung dar. Gerechtfertigt ist er jedoch nur, wenn die Behörde im Zeitpunkt ihrer Entscheidung das Vorhaben noch nicht abschließend beurteilen kann und die Hinauszögerung der Entscheidung nicht zumutbar ist.

23 Wird die Baugenehmigung nach § 49 ThürVwVfG widerrufen oder ist die durch die Befristung gesetzte Frist abgelaufen, so ist die bauliche Anlage ohne Entschädigung zu beseitigen und der ordnungsgemäße Zustand herzustellen, § 71 Abs. 3 S. 2 ThürBO. Von einer **Erledigung** einer Baugenehmigung kann freilich nur dann ausgegangen werden, wenn ein baulicher Verfall der Anlage, die Aufnahme einer von der genehmigten Nutzung abweichenden Nutzung oder das Vorliegen sonstiger Umstände zu konstatieren ist und dies auf einen dauerhaften Verzichtswillen schließen lässt[32].

4. Besondere Formen der Genehmigung

24 **a) Die Teilbaugenehmigung.** Ist ein Bauantrag eingereicht, so kann durch eine auf einen schriftlichen Antrag hin erteilte Teilbaugenehmigung für die **Baugrube** und für **einzelne Bauteile oder Bauabschnitte** der Beginn der Bauarbeiten schon vor Erteilung der Baugenehmigung schriftlich gestattet werden, § 73 S. 1 ThürBO. Für bestimmte Bauabschnitte stellt die Teilbaugenehmigung damit deren materielle Rechtmäßigkeit fest und gibt insoweit die Bauausführung frei. Die Entscheidung über die Teilbaugenehmigung steht im Ermessen der Behörde und ermöglicht bei langwierigen Genehmigungsverfahren ein abschnittsweises und damit insgesamt zügiges Baugeschehen.

---

30 BVerwGE 36, 145 (153); BVerwG, NVwZ 1984, 366. Vgl. hierzu grundlegend *Weyreuther*, DVBl. 1969, 295 (297). S. auch *Jäde*, in: Jäde/Dirnberger/Michel, Bauordnungsrecht Thüringen, § 70 Rn. 87 (Erstbearbeitung 2006).
31 BVerwG, DÖV 1974, 380.
32 VGH München, NVwZ 2021, 1637.

Da die Teilbaugenehmigung bestimmte Abschnitte des Bauvorhabens als materiell 25
rechtmäßig feststellt und insoweit die Bauausführung freigibt, liegt in ihr bereits
die **grundsätzliche Billigung der Gesamtmaßnahme**; eine dahingehende Prüfung ist
in bauplanungsrechtlicher wie in bauordnungsrechtlicher Hinsicht vor Erlass der Teilbaugenehmigung erforderlich[33]. Die Teilbaugenehmigung bindet die Behörde daher
insoweit, als mit Blick auf die bereits entschiedenen Fragen die später zu erteilende
Baugenehmigung nicht mehr versagt werden darf, was namentlich bei einer Änderung
der Sach- und Rechtslage von Bedeutung sein kann.

b) Der Vorbescheid. Bedeutung kommt in der baulichen Praxis darüber hinaus dem 26
Bauvorbescheid nach § 74 ThürBO zu. Dieser hat den **Zweck, einzelne Fragen der Zulässigkeit eines geplanten Vorhabens vorab zu klären**[34]; indes stellt er keine umfassende Zusage dar, sondern umfasst lediglich einen Ausschnitt aus der beantragten umfassenden Baugenehmigung. Der Vorbeschied ist auf Antrag des Bauherrn zu erteilen.

Durch eine Bauvoranfrage können bestimmte, das Bauvorhaben betreffende Fragen 27
vorab geklärt werden, was aus Aufwands- und Kostengründen durchaus sinnvoll sein
kann. Der auf eine Bauvoranfrage ergehende Bauvorbescheid stellt einen **vorweggenommenen Teil der Baugenehmigung** dar. Dabei wird bei einem Bauvorbescheid über
die planungsrechtliche Zulässigkeit eines Vorhabens oft der Begriff der Bebauungsgenehmigung verwendet. Mit der vorgezogenen Feststellung einzelner Rechtmäßigkeitsvoraussetzungen des Bauvorhabens trifft die Behörde eine verbindliche Entscheidung,
die sie selbst bindet[35] und über die bei der Entscheidung über die Baugenehmigung
nicht mehr zu befinden ist. Da durch den Bauvorbescheid die teilweise Rechtmäßigkeit des Vorhabens festgestellt wird, wird hierdurch ein **Vertrauens- und Dispositionsschutz** des Bauherrn begründet, zumal die im Bauvorbescheid als vorweggenommenem Ausschnitt aus dem feststellenden Teil der Baugenehmigung geregelten Fragen
des Bauvorhabens auch dann keiner erneuten Sachprüfung unterworfen werden dürfen, wenn der Vorbescheid bei Erteilung der Baugenehmigung noch nicht bestandskräftig war[36].

Der Vorbescheid enthält noch **keine Baufreigabe**. Er gilt drei Jahre, wobei die Gel- 28
tungsdauer auf schriftlichen Antrag – auch rückwirkend – verlängert werden kann,
und zwar nach § 74 S. 3 ThürBO jeweils bis zu einem Jahr. Der als Verwaltungsakt
erlassene Bauvorbescheid setzt sich dabei auch gegenüber nachfolgenden Änderungen
der Rechtslage durch, so dass ihm insbesondere keine Veränderungssperre entgegengesetzt werden kann – was im Übrigen bereits aus § 14 Abs. 3 BauGB folgt[37].

Abzugrenzen ist der Bauvorbescheid von der **Zusage** der Behörde, einen Verwaltungs- 29
akt zu erlassen (**Zusicherung**, § 38 VwVfG). Anders als der Bauvorbescheid ist die Zusicherung an die aktuelle Rechtslage gebunden, § 38 Abs. 3 VwVfG, und kann sich

---

33 Vgl. VollzBekThürBO zu § 73.
34 Zur Reichweite der Bindungswirkung eines Bauvorbescheids VG Hamburg, NJOZ 2010, 2476.
35 Zur Dauer der Bindungswirkung des Bauvorbescheids VGH Kassel, BauR 2012, 230 mit Anm. *Hauth*, BauR 2012, 887.
36 OVG Münster, NVwZ 1997, 1006.
37 Vgl. zum Ganzen *Schmaltz*, BauR 2007, 975.

deshalb gegenüber einer Veränderungssperre oder einem geänderten Bebauungsplan nicht durchsetzen[38].

30 **c) Die Typengenehmigung.** Der im Jahr 2020 in die ThürBO aufgenommene § 73a dient der Genehmigungsvereinfachung für solche baulichen Anlagen, die in derselben Ausführung an mehreren Stellen errichtet werden sollen. Hierbei handelt es sich z. B. um Fertiggaragen oder Fertighäuser. Die Bestimmung ermöglicht der oberen Bauaufsichtsbehörde, eine Typengenehmigung für den Fall zu erteilen, dass die baulichen Anlagen oder Teile von baulichen Anlagen den Anforderungen der ThürBO und auf deren Grundlage erlassenen Vorschriften entsprechen. Die Typengenehmigung, die einen Verwaltungsakt darstellt, entbindet jedoch nicht von der Verpflichtung, ein bauaufsichtliches Verfahren durchzuführen; jedoch sind die in der Typengenehmigung entschiedenen Fragen von der Bauaufsichtsbehörde nicht mehr zu prüfen, § 73 Abs. 4 ThürBO.

31 **d) Die Ausführungsgenehmigung.** Zu erwähnen ist in diesem Kontext schließlich die Ausführungsgenehmigung für **Fliegende Bauten**, § 75 ThürBO. Fliegende Bauten – dh bauliche Anlagen, die geeignet und bestimmt sind, an verschiedenen Orten wiederholt aufgestellt und zerlegt zu werden, wie beispielsweise Zirkuszelte, Bierzelte und Achterbahnen, nicht hingegen Baustelleneinrichtungen und Baugerüste, § 75 Abs. 1 S. 2 ThürBO – sind traditionell von der baurechtlichen Genehmigungspflicht ausgenommen und unterliegen einer vom üblichen Genehmigungsverfahren abweichenden bauaufsichtlichen Kontrolle, damit ein schneller Ortswechsel gewährleistet ist. Sie bedürfen, bevor sie erstmals aufgestellt und in Gebrauch genommen werden, statt einer Baugenehmigung einer Ausführungsgenehmigung. Die Ausführungsgenehmigung, die für eine bestimmte Frist gilt, die höchstens fünf Jahre betragen soll, wird von der oberen Bauaufsichtsbehörde erteilt, soweit der Antragsteller seine Hauptwohnung oder seine gewerbliche Niederlassung in Thüringen hat; hat der Antragsteller seine Hauptwohnung oder seine gewerbliche Niederlassung außerhalb der Bundesrepublik Deutschland, so wird die Ausführungsgenehmigung von der oberen Bauaufsichtsbehörde dann erteilt, wenn der Fliegende Bau in Thüringen erstmals aufgestellt und in Gebrauch genommen werden soll, § 75 Abs. 3, Abs. 5 S. 1 ThürBO. Ausführungsgenehmigungen anderer Bundesländer gelten auch in Thüringen, § 75 Abs. 5 S. 4 ThürBO.

5. Die bauaufsichtliche Sachentscheidungskompetenz

32 Die bauordnungsrechtlichen Normen über die Erforderlichkeit der Durchführung eines Baugenehmigungsverfahrens und die Erteilung einer Baugenehmigung bestimmen gleichzeitig die Sachentscheidungskompetenz der jeweiligen Bauaufsichtsbehörde. Diese ist sachlich zuständig für die Entscheidung über den Baugenehmigungsantrag, mithin für die Erteilung oder Versagung der Baugenehmigung. Die Befugnis hierzu steht der Bauaufsichtsbehörde nach Maßgabe des staatlichen Kompetenzgefüges unter dem Vorbehalt zu, dass keine speziellen Genehmigungsvorbehalte anderer Behörden

---

38 S. a. *Maurer/Waldhoff*, Allgemeines Verwaltungsrecht, § 9 Rn. 60 ff.; BVerwGE 69, 1.

aufgrund anderer Fachgesetze bestehen. Je nach dem Umfang dieses Vorbehalts ist die Sachentscheidungskompetenz der Bauaufsichtsbehörde entweder ausgeschlossen oder auf die Feststellung beschränkt, welche Genehmigungen anderer Behörden erforderlich sind und ob bzw. dass diese vorliegen. Die bauaufsichtliche Sachentscheidungskompetenz ist somit **in jedem Einzelfall nach den jeweiligen Kompetenzvorschriften zu ermitteln.**

Ausgeschlossen ist die bauaufsichtliche Kompetenz nach Maßgabe dieser Vorgabe damit in den Fällen, in denen das Verfahren bei einer anderen Behörde konzentriert ist, in Verfahren also, in denen die Baugenehmigung von einer anderen Genehmigung, Erlaubnis usw mitumfasst wird. Regelfall hierfür ist der ein Planfeststellungsverfahren abschließende **Planfeststellungsbeschluss,** § 75 ThürVwVfG. Die sog. **Konzentrationswirkung** statuiert auch § 13 BImSchG. Anlagen, die aufgrund ihrer Beschaffenheit oder ihres Betriebs in besonderem Maße geeignet sind, schädliche Umwelteinwirkungen hervorzurufen oder in anderer Weise die Allgemeinheit oder die Nachbarschaft zu gefährden, erheblich zu benachteiligen oder erheblich zu belästigen, unterliegen der immissionsschutzrechtlichen Genehmigung (§ 4 Abs. 1 S. 1 BImSchG). Diese Genehmigung konzentriert nach § 13 BImSchG die Prüfung anderer öffentlich-rechtlicher Genehmigungstatbestände, mithin auch das bauaufsichtliche Prüfungsverfahren. Aus diesem Grund wird bei der Zulassung einer nach dem BImSchG genehmigungsbedürftigen Windkraftanlage inzident geprüft, ob die bauplanungs- und bauordnungsrechtlichen Vorschriften eingehalten sind[39].

33

Beschränkt ist die Kompetenz der Bauaufsichtsbehörde insoweit, als für das Bauvorhaben **zusätzliche Verfahren und Genehmigungen oder Erlaubnisse** anderer Behörden notwendig sind; von Bedeutung sind in diesem Zusammenhang insbes. straßen-, wasser- und landschaftsschutzrechtliche Erlaubnisse.

34

Teilweise beschränkt ist die Kompetenz der Bauaufsichtsbehörde schließlich aufgrund von **Mitwirkungsrechten** anderer Stellen. Dies betrifft insbesondere den Fall, dass die Baugenehmigung nur bei Vorliegen des Einvernehmens der Gemeinde nach § 36 Abs. 1 S. 1 BauGB oder bei Zustimmung der höheren Verwaltungsbehörde (§ 36 Abs. 1 S. 4 BauGB) erteilt werden darf. Diese Beschränkung wirkt intern, mithin im Verhältnis der Bauaufsichtsbehörde zur Gemeinde bzw. zur höheren Verwaltungsbehörde.

35

Soweit die Bauaufsichtsbehörde in ihrer Sachentscheidungskompetenz beschränkt ist, darf sie die Vereinbarkeit des betreffenden Vorhabens mit dem materiellen Recht nicht selbst feststellen; diese **Feststellung** obliegt vielmehr der jeweils anderen Behörde. Versagt die andere Behörde eine erforderliche Genehmigung oder Erlaubnis, so darf die Bauaufsichtsbehörde die Baugenehmigung nicht erteilen. Erteilt hingegen die Fachbehörde die erforderliche Genehmigung bzw. Erlaubnis, so ist die Bauaufsichtsbehörde hieran gebunden; sie darf die Baugenehmigung nur und erst dann erteilen, wenn sie selbst wie auch die anderen Behörden die materielle Rechtmäßigkeit des Vorhabens festgestellt hat. Dies schließt zwangsläufig die Befugnis der Bauaufsichtsbehörde zur

36

---

39 S. zB BVerwG, NVwZ 2004, 1235.

Feststellung ein, welche weiteren Genehmigungen und welche sonstigen Mitwirkungsakte anderer Behörden erforderlich sind, sowie ggf. die Befugnis zur Feststellung des Vorliegens der erforderlichen Genehmigungen oder Mitwirkungsakte. Hat die Fachbehörde noch nicht entschieden, so kommt der Bauaufsichtsbehörde insoweit eine Vorprüfungskompetenz zu[40].

6. Die am Bau Beteiligten

37 Die ThürBO bestimmt, wer in welchem Umfang bei der Errichtung, der Änderung einschließlich der Nutzungsänderung oder dem Abbruch einer baulichen Anlage dafür einzustehen hat, dass die maßgeblichen öffentlich-rechtlichen Vorschriften und die Anordnungen der Bauaufsichtsbehörde, die diese Anforderungen konkretisieren, beachtet werden. In diesem Zusammenhang kennt die ThürBO **vier am Bau Beteiligte**, die baurechtlich verantwortlich sind: den Bauherrn, den Entwurfsverfasser, den Unternehmer und den Bauleiter. Der Bauherr und im Rahmen ihres Wirkungskreises die anderen am Bau Beteiligten sind bei der Verwirklichung eines baulichen Vorhabens dafür **verantwortlich, dass die öffentlich-rechtlichen Vorschriften eingehalten werden**, § 52 ThürBO.

38 **Bauherr** ist, wer auf seine Verantwortung eine bauliche Anlage vorbereitet oder ausführt oder vorbereiten oder ausführen lässt. Bauherrneigenschaft besitzt damit jede natürliche oder juristische Person, in deren Auftrag und für deren Rechnung eine Baumaßnahme durchgeführt wird. Dabei ist eine personelle Identität des Bauherrn und des Grundstückseigentümers nicht erforderlich. Der Bauherr hat gem. § 53 Abs. 1 S. 1 ThürBO zur Vorbereitung, Überwachung und Ausführung eines nicht verfahrensfreien Bauvorhabens sowie der Beseitigung von Anlagen einen Entwurfsverfasser, einen Unternehmer und einen Bauleiter zu bestellen, allerdings nur, soweit er nicht selbst zur Erfüllung der Verpflichtungen nach Maßgabe der §§ 54 bis 56 ThürBO geeignet ist. Daneben obliegt es dem Bauherrn, die erforderlichen Anträge, Anzeigen und Nachweise beizubringen. Die Verantwortlichkeit des Bauherrn manifestiert sich insbesondere dadurch, dass er die Baugenehmigung beantragt und die während des Verfahrens erforderlichen Erklärungen abgibt. Mit der Fertigstellung des Bauvorhabens endet die Bauherrneigenschaft. Treten bei einem Bauvorhaben mehrere Personen als Bauherr auf, so kann die Bauaufsichtsbehörde verlangen, dass ihr gegenüber ein Vertreter bestellt wird, der die dem Bauherrn nach den öffentlich-rechtlichen Vorschriften obliegenden Verpflichtungen zu erfüllen hat, § 53 Abs. 2 S. 1 ThürBO.

39 Als **Entwurfsverfasser** kennzeichnet § 54 Abs. 1 S. 1 ThürBO denjenigen, der nach Sachkunde und Erfahrung zur Vorbereitung des jeweiligen Bauvorhabens geeignet ist. Er ist für Vollständigkeit und Brauchbarkeit seines Entwurfs verantwortlich, was zugleich seine Hauptverpflichtung darstellt. Der Entwurfsverfasser – typischerweise ein Architekt – hat dafür zu sorgen, dass die für die Ausführung notwendigen Einzelzeichnungen, Einzelberechnungen und Anweisungen geliefert werden und dem genehmigten Entwurf wie auch den öffentlich-rechtlichen Vorschriften entsprechen. Hat der

---

40 OVG Münster, DÖV 1986, 575.

Entwurfsverfasser auf einzelnen Fachgebieten nicht die erforderliche Sachkunde und Erfahrung, so sind geeignete Fachplaner heranzuziehen, die für die von ihnen gefertigten Unterlagen verantwortlich sind; für das ordnungsgemäße Ineinandergreifen aller Fachentwürfe bleibt indes gem. § 54 Abs. 2 S. 3 ThürBO der Entwurfsverfasser verantwortlich.

Der **Unternehmer** ist gem. § 55 ThürBO derjenige, der die Bauarbeiten durchführt bzw. durchführen lässt. Er zeichnet für die mit den öffentlich-rechtlichen Anforderungen übereinstimmende Ausführung der von ihm übernommenen Arbeiten und insoweit für die ordnungsgemäße Einrichtung und den sicheren Betrieb der Baustelle verantwortlich. Zudem hat er die erforderlichen Nachweise über die Verwendbarkeit der verwendeten Bauprodukte und Bauarten zu erbringen und auf der Baustelle bereitzuhalten. Darüber hinaus ist der Unternehmer für die Einhaltung der Arbeitsschutzbestimmungen verantwortlich. 40

Der **Bauleiter**, der über die für seine Aufgabe erforderliche Sachkunde und Erfahrung verfügen muss, hat nach § 56 ThürBO darüber zu wachen, dass die Baumaßnahme entsprechend den öffentlich-rechtlichen Anforderungen durchgeführt wird; er hat die hierfür erforderlichen Weisungen zu erteilen. Zudem hat er im Rahmen dieser Aufgabe auf den sicheren bautechnischen Betrieb der Baustelle zu achten. Ungeachtet dessen bleibt die Verantwortlichkeit des Unternehmers unberührt, § 56 Abs. 1 S. 3 ThürBO. 41

Die **Abgrenzung der Verantwortungsbereiche** der am Bau Beteiligten hat im bauaufsichtlichen Verfahren vor allem Bedeutung für die Frage, wer Adressat einer Anordnung der Bauaufsichtsbehörde sein kann. Ist beispielsweise die Standsicherheit einer baulichen Anlage gefährdet, weil der Unternehmer nicht ordnungsgemäß gebaut hat, so kann die Bauaufsichtsbehörde die notwendigen Anordnungen außer an den Bauherrn auch an den Unternehmer richten, weil dieser für die ordnungsgemäße Ausführung die Verantwortung trägt. 42

7. Die Baugenehmigungspflicht

Das Bauen gehört zu den Tätigkeiten, die grundsätzlich einer präventiven staatlichen Kontrolle unterliegen; diese Kontrolle wird durch die gesetzliche Verankerung eines Verbots mit Erlaubnisvorbehalt umgesetzt. Mit Blick auf diese Intention folgt auch die ThürBO dem Beispiel anderer Landesbauordnungen und verlangt, dass **Errichtung, Änderung und Nutzungsänderung von Anlagen** einer Baugenehmigung bedürfen, sofern nicht im Gesetz etwas anderes bestimmt ist, § 59 Abs. 1 ThürBO. Damit ist im Gesetz die Unterscheidung zwischen genehmigungsbedürftigen und von der Genehmigung freigestellten bzw. verfahrensfreien baulichen Vorhaben angelegt. 43

a) **Genehmigungsbedürftige Errichtung, Änderung und Nutzungsänderung.** Errichtung, Änderung und Nutzungsänderung baulicher Anlagen bedürfen nach § 59 Abs. 1 ThürBO im Grundsatz einer Baugenehmigung. Dabei sind **bauliche Anlagen** mit dem Erdboden verbundene, aus Bauprodukten hergestellte Anlagen. Nach § 2 Abs. 1 S. 2 ThürBO besteht eine Verbindung mit dem Boden auch dann, wenn die Anlage durch eigene Schwere auf dem Boden ruht oder auf ortsfesten Bahnen begrenzt beweglich ist 44 oder wenn die Anlage nach ihrem Verwendungszweck dazu bestimmt ist, überwiegend ortsfest benutzt zu werden. Darüber hinaus definiert § 2 Abs. 1 S. 3 ThürBO weitere Einrichtungen als bauliche Anlagen, wie zB Campingplätze, Stellplätze für Kraftfahrzeuge, künstliche Hohlräume unter der Erdoberfläche sowie Freizeit- und Vergnügungsparks[41]. Von Bedeutung ist in diesem Zusammenhang, dass sich der bauplanungsrechtliche und der bauordnungsrechtliche Begriff der baulichen Anlage inhaltlich nicht decken, was sich durch die Verortung in unterschiedlichen gesetzgeberischen Sphären und die sich hieraus ergebenden verschiedenen sachlichen Anknüpfungspunkte erklärt[42]; ungeachtet dessen verhalten sich beide Anlagenbegriffe zueinander wie zwei einander schneidende Kreise.

45 Während sich die Genehmigungspflicht für die Errichtung baulicher Anlagen von selbst versteht, bedarf die genehmigungspflichtige Änderung der Abgrenzung von bloßen Instandhaltungsarbeiten, da **Instandhaltungsarbeiten** an oder in baulichen Anlagen – wie etwa das Wiederherrichten schadhafter Bauteile und das Beseitigen von Mängeln oder Schäden – keiner Baugenehmigung bedürfen, weil sie vom Gesetzgeber in § 60 Abs. 4 ThürBO als verfahrensfrei eingestuft wurden. Von Instandhaltungsarbeiten ist dann auszugehen, wenn durch die Arbeiten die Identität des Bauwerks gewahrt bleibt und das ursprüngliche Gebäude als „unverändert" erscheint. Vor diesem Hintergrund stellen An- oder Umbauten keine bloßen Instandhaltungsmaßnahmen, sondern vielmehr Änderungen einer baulichen Anlage dar und sind aus diesem Grund der Genehmigungspflicht unterworfen.

46 Die **Nutzungsänderung**, die vielfach mit der Änderung einer baulichen Anlage einhergehen wird, ist deshalb im Grundsatz der Genehmigungspflicht unterworfen, weil das öffentliche Baurecht die bauliche Anlage nicht isoliert betrachtet, sondern auch die jeweilige Nutzung der Anlage in den Blick nimmt. Typischerweise beziehen sich zahlreiche baurechtliche Anforderungen daher auch auf eine ganz bestimmte Nutzung der Anlage. Da die Baugenehmigung auch feststellt, dass die Nutzung der baulichen Anlage den öffentlich-rechtlichen Vorschriften entspricht, ist es nur konsequent, dass auch deren Änderung genehmigungspflichtig ist. Wird daher die übliche Variationsbreite einer genehmigten Nutzung überschritten und z. B. eine Wohnnutzung in eine gewerbliche Tierpensionsnutzung überführt, so stellt dies eine Nutzungsänderung dar, die die Genehmigungspflicht auslöst.

47 **b) Verfahrensfreie Bauvorhaben.** Bestimmte bauliche Vorhaben hat der Thüringer Gesetzgeber als verfahrensfrei deklariert[43]. Die in § 60 Abs. 1 ThürBO aufgeführten Vorhaben sind dadurch gekennzeichnet, dass sie **grundsätzlich ohne jede bauaufsichtliche Beteiligung der Gemeinde und der Bauaufsichtsbehörde verwirklicht werden können**; auch eine Anzeigepflicht besteht insoweit nicht. Auf diese Weise wird nicht zuletzt eine Beschleunigung bei der Verwirklichung bestimmter baulicher Vorhaben erreicht wie auch eine – deregulierende Wirkung entfaltende – verfahrensökonomische Ent-

---

41 Zur Abgrenzung einer Haupt- von einer Nebenanlage mittels funktioneller und räumlicher Gesichtspunkte BVerwG, NVwZ 2018, 1231.
42 S. zum bauplanungsrechtlichen Verständnis BVerwGE 44, 59.
43 Vgl. hierzu *Meißner*, ThürVBl. 2014, 157 (162).

schlackung des bauaufsichtlichen Genehmigungsverfahrens bei solchen baulichen Vorhaben, die eine qualitative oder quantitative Bagatellgrenze unterschreiten.

Zu beachten bleibt jedoch, dass die Verfahrensfreiheit aufgrund der Vorgabe des § 59 Abs. 2 S. 1 ThürBO nicht von der Verpflichtung zur **Einhaltung der Anforderungen** entbindet, die durch öffentlich-rechtliche Vorschriften, insbesondere des Bauplanungsrechts, an bauliche Anlagen gestellt werden; auch von der Pflicht, nach anderen Vorschriften erforderliche behördliche Entscheidungen einzuholen, befreit die Verfahrensfreiheit nicht. Dies betrifft etwa Bestimmungen des Umwelt-, aber auch des Denkmalschutzrechts. 48

Als verfahrensfrei deklariert sind in § 60 Abs. 1 ThürBO verschiedene Bauvorhaben, denen in den Augen des Gesetzgebers **keine besondere bauordnungsrechtliche Relevanz** zukommt. Hierzu zählen zB Garagen, Fahrgastunterstände und Schutzhütten für Wanderer, aber auch bestimmte Arten von Masten, Mauern und Einfriedungen sowie verschiedene Anlagen, der der Freizeitgestaltung dienen, wie z. B. Schwimmbecken in Gärten bis zu einer bestimmten Größe und Rutschbahnen bis zu einer Höhe von 10 Metern. 49

Für die Verfahrensfreiheit solcher Anlagen reicht es aus, wenn einer der im Gesetz genannten **Ausnahmetatbestände** erfüllt ist. Allerdings tritt die Genehmigungsfreiheit nur ein, wenn das Vorhaben für sich allein durchgeführt wird, nicht hingegen Bestandteil einer genehmigungsbedürftigen Anlage ist; steht mithin ein verfahrensfreies Vorhaben im Zusammenhang mit der Errichtung einer nicht verfahrensfreien Anlage, so nimmt es selbst am Verfahren teil[44]. Auch besteht die Genehmigungspflicht, wenn mehrere, an sich genehmigungsfreie bauliche Anlagen eine einheitliche Anlage verwirklichen; in einem solchen Fall wird die Bagatellgrenze überschritten. Besteht ein Bauvorhaben aus einem genehmigungspflichtigen und einem verfahrensfreien Teil, so ist insgesamt von der Genehmigungspflicht auszugehen[45]. 50

Verfahrensfrei ist darüber hinaus unter bestimmten Voraussetzungen die **Änderung der Nutzung von Anlagen** (§ 60 Abs. 2 ThürBO)[46], zudem die **Beseitigung** insbesondere solcher Anlagen, die nach § 60 Abs. 1 ThürBO als verfahrensfrei qualifiziert sind, § 60 Abs. 3 S. 1 ThürBO. Ansonsten ist die beabsichtige Beseitigung von Anlagen mindestens einen Monat zuvor der Bauaufsichtsbehörde anzuzeigen, § 60 Abs. 3 S. 2 ThürBO. 51

Nicht verfahrensfreie Bauvorhaben bedürfen indes dann keiner Genehmigung, Genehmigungsfreistellung und Bauüberwachung, wenn der Bauherr die Leitung der Entwurfsarbeiten und der Bauüberwachung einer Baudienststelle des Bundes oder der Länder übertragen hat und die Baudienststelle mit entsprechend qualifiziertem Personal besetzt ist, § 76 Abs. 1 Nr. 1 ThürBO; in Rede stehen insoweit **Vorhaben öffentlicher Bauherrn**. Erforderlich ist insoweit aber jedenfalls die Zustimmung der oberen 52

---

44 VollzBekThürBO zu § 60, 60.1.
45 OVG Koblenz, DÖV 2005, 921.
46 S. *Meißner*, ThürVBl. 2014, 157 (162).

Bauaufsichtsbehörde, § 76 Abs. 1 S. 2 ThürBO, sofern nicht ein in § 76 Abs. 1 S. 3 ThürBO genannter Fall vorliegt.

53 c) **Genehmigungsfreie Vorhaben.** Keiner Genehmigung bedürfen des Weiteren in § 61 Abs. 1 S. 1 ThürBO aufgelistete bauliche Anlagen. Jedoch gilt diese Genehmigungsfreistellung aufgrund von § 61 Abs. 2 ThürBO nur dann, wenn diese **baulichen Anlagen im Geltungsbereich eines Bebauungsplans liegen, den Festsetzungen des Bebauungsplans nicht widersprechen, die Erschließung gesichert ist und die Gemeinde nicht innerhalb einer bestimmten Frist erklärt**, dass das vereinfachte Genehmigungsverfahren nach § 62 ThürBO **durchgeführt werden soll** oder sie **eine vorläufige Untersagung** nach § 15 Abs. 1 S. 2 ThürBO beantragt; die Erklärung der Gemeinde, dass das vereinfachte Genehmigungsverfahren durchgeführt werden soll, kann insbesondere deshalb erfolgen, weil die Gemeinde eine Überprüfung der sonstigen Voraussetzungen des Abs. 2 oder des Bauvorhabens aus anderen Gründen für erforderlich hält, § 61 Abs. 4 S. 1 ThürBO. Bei den baulichen Anlagen, die keiner Genehmigung bedürfen, handelt es sich in erster Linie um typische Ein- und Zweifamilienhäuser, nämlich um Wohngebäude der Gebäudeklassen 1 bis 3 sowie sonstige Gebäude der Gebäudeklassen 1 und 2, die sämtlich in § 2 Abs. 3 ThürBO legaldefiniert sind. Zumeist handelt es dabei um freistehende Gebäude mit einer Höhe bis zu 7 m und nicht mehr als zwei Nutzungseinheiten von insgesamt nicht mehr als 400 m² sowie um bestimmte land-, forst- oder gartenbaulichen Zwecken dienende Gebäude. Ausnahmen hierzu sind in § 61 Abs. 1 S. 1 Hs. 2, S. 2 ThürBO enthalten.

54 Das Genehmigungsfreistellungsverfahren dient in erster Linie der **Verfahrensentschlackung**. Aufgrund der Tatsache, dass der Bauherr die erforderlichen Unterlagen bei der Gemeinde einzureichen hat, ist diese stets über die geplante Errichtung nicht verfahrensfreier Bauvorhaben unterrichtet; ihr bleibt damit stets die Möglichkeit, durch die Erklärung, dass das vereinfachte Genehmigungsverfahren durchgeführt werden soll, eine Einzelfallprüfung des baulichen Vorhabens zu initiieren. Auf diese Weise wird die **kommunale Planungshoheit** umfassend **gesichert**[47].

55 d) **Abweichungen, Ausnahmen und Befreiungen.** Unbenommen ist es aufgrund von § 66 ThürBO der Bauaufsichtsbehörde, **Abweichungen von den gesetzlichen Anforderungen** zuzulassen. Voraussetzung hierfür ist jedoch, dass die Abweichungen unter Berücksichtigung des Zwecks der jeweiligen Anforderung und unter Würdigung der öffentlich-rechtlich geschützten nachbarlichen Belange mit den öffentlichen Belangen vereinbar sind, namentlich den Anforderungen des § 3 S. 1 ThürBO genügen, mithin nicht die öffentliche Sicherheit oder Ordnung, insbesondere Leben, Gesundheit oder die natürlichen Lebensgrundlagen, gefährden.

56 Neben den Abweichungen können auch **Ausnahmen und Befreiungen von den Festsetzungen eines Bebauungsplans, einer sonstigen städtebauliche Satzung oder der BauNVO** zugelassen werden, § 66 Abs. 2 ThürBO. Dabei werden die Begriffe „Ausnahme" und „Befreiung" entsprechend der Systematik des § 31 BauGB verwendet.

---

47 *Meißner*, Thüringer Bauordnung, § 61 Rn. 1.

8. Der Ablauf des Baugenehmigungsverfahrens

a) Das reguläre Verfahren. Das Baugenehmigungsverfahren stellt ein Antragsverfahren dar. Voraussetzung für dessen Einleitung ist nach § 67 Abs. 1 ThürBO, dass der **Bauantrag** schriftlich bei der unteren Bauaufsichtsbehörde eingereicht wird, einschließlich aller für die Beurteilung des Bauvorhabens und die Bearbeitung des Bauantrags erforderlichen Unterlagen, den sog. Bauvorlagen, § 67 Abs. 2 S. 1 ThürBO. Der Bauantrag konkretisiert das zur Genehmigung gestellte Vorhaben. Dabei ist es prinzipiell Sache des Bauherrn, durch den Genehmigungsantrag festzulegen, wie das Vorhaben – und damit zugleich der zu beurteilende Verfahrensgegenstand – ausgestaltet sein soll[48]. Dies schließt die Freiheit des Bauherrn ein, darüber zu befinden, ob er ein Bauvorhaben als Ganzes oder in Teilabschnitten zur Genehmigung stellen will. Indes muss das Vorhaben, das zur Genehmigung gestellt wird, stets ein für sich genommen und ohne das Hinzutreten weiterer Vorhaben „gleichsam lebensfähiges Ganzes sein"[49]. 57

Im Baugenehmigungsverfahren für bauliche Anlagen, bei denen das vereinfachte Genehmigungsverfahren nach § 62 ThürBO nicht zur Anwendung kommt[50], prüft die Bauaufsichtsbehörde nach § 63 ThürBO die Übereinstimmung des Vorhabens mit den bauplanungsrechtlichen Anforderungen der §§ 29 ff. BauGB, mit den Anforderungen der ThürBO, den aufgrund der ThürBO erlassenen Normen und anderen öffentlich-rechtlichen Anforderungen, soweit wegen der Baugenehmigung eine Entscheidung nach anderen öffentlich-rechtlichen Vorschriften entfällt oder ersetzt wird. 58

Den Bauantrag müssen der Bauherr und der Entwurfsverfasser **unterschreiben**, der Entwurfsverfasser zudem die Bauvorlagen, § 67 Abs. 4 S. 1 ThürBO, wobei Entwurfsverfasser gem. § 54 Abs. 1 ThürBO Architekten und weitere entsprechend qualifizierte Personen sein können; bauvorlageberechtigt sind jedoch nur die in § 64 Abs. 2 ThürBO genannten Personen. Indes müssen Antragsteller bzw. Bauherr nicht Eigentümer des Grundstücks sein, auf dem das Bauvorhaben errichtet werden soll. Allerdings muss der Bauherr im Zusammenhang mit dem Bauantrag ein Sachbescheidungsinteresse geltend machen können, mithin ein vernünftiges, zumeist wirtschaftliches Interesse an der Bearbeitung und Verbescheidung des Antrags durch die Behörde. Was die Behandlung des Bauantrags anbetrifft, so hört die Bauaufsichtsbehörde hierzu nach § 68 Abs. 1 S. 1 ThürBO die Gemeinde und verschiedene betroffene Stellen, allerdings nur, wenn die Gemeinde oder die jeweilige Stelle dem Bauantrag nicht bereits vor Einleitung des Baugenehmigungsverfahrens zugestimmt oder auf eine Beteiligung verzichtet hat. Die Bauaufsichtsbehörde kann den Antrag nach § 68 Abs. 2 S. 2 ThürBO zurückweisen, wenn die Bauvorlagen unvollständig sind oder erhebliche Mängel aufweisen. Abweichungen von Bestimmungen der Bauordnung können gem. § 66 Abs. 1 S. 1 ThürBO zugelassen werden, wenn sie im Rahmen einer Abwägung mit nachbarlichen und öffentlichen Interessen vereinbar sind. 59

---

48 Eine Befugnisnorm, die es der Bauaufsichtsbehörde erlauben würde, den Bauherrn durch Verwaltungsakt zur Stellung eines Bauantrags aufzufordern, enthält die ThürBO nicht, vgl. ThürOVG 2020, 186.
49 *Jäde:* in: Jäde/Dirnberger/Michel, Bauordnungsrecht Thüringen, § 70 Rn. 8 (Erstbearbeitung 2006) unter Bezugnahme auf BVerwG, BRS 15, Nr. 118.
50 Hierzu II. 8. b).

60 Besondere Bedeutung im Rahmen des Baugenehmigungsverfahrens kommt nach § 69 ThürBO der Beteiligung der **Nachbarn** zu, die deshalb zu beteiligen sind, weil ein Bauvorhaben regelmäßig Auswirkungen auf die Nachbargrundstücke entfaltet. Die Eigentümer benachbarter Grundstücke sollen daher von der Bauaufsichtsbehörde vor der Erteilung von Abweichungen und Befreiungen benachrichtigt werden, wenn zu erwarten ist, dass öffentlich-rechtlich geschützte nachbarliche Belange berührt werden. Die frühzeitige und umfassende Beteiligung der Nachbarn dient dazu, die Bau- und damit die Rechtssicherheit für den Bauherrn zu erhöhen. Allerdings entfällt die Benachrichtigung, wenn die zu benachrichtigenden Nachbarn die Lagepläne und Bauzeichnungen unterschrieben oder dem Bauvorhaben auf andere Weise zugestimmt haben, § 69 Abs. 2 ThürBO. Haben die Nachbarn dem Bauvorhaben nicht zugestimmt, so ist ihnen die Baugenehmigung mit dem Teil der Bauvorlagen, auf den sich die Einwendungen beziehen, zuzustellen, § 69 Abs. 3 S. 1 ThürBO. Für bauliche Anlagen, die aufgrund ihrer Beschaffenheit oder ihres Betriebs geeignet sind, die Allgemeinheit oder die Nachbarschaft zu gefährden, zu benachteiligen oder zu belästigen, enthält § 69 Abs. 4 ThürBO besondere Bestimmungen der **Öffentlichkeitsbeteiligung,** die eine Präklusion einschließen, § 69 Abs. 4 S. 3 Hs. 2 ThürBO[51].

61 Die Bezugnahme auf die Eigentümer der benachbarten Grundstücke – die Nachbarn im Sinne des Verfahrensrechts – bedeutet jedoch nicht, dass nur den direkt an das Grundstück des Bauherrn angrenzenden Grundstückseigentümern die Möglichkeit gegeben ist, Rechtsbehelfe gegen das Bauvorhaben einzulegen. Da insoweit nicht der formelle, sondern der mit der prozessrechtlichen Klagebefugnis identische materielle Nachbarbegriff maßgeblich ist, **gilt derjenige als Nachbar, der** gegen die Genehmigung des betreffenden Vorhabens **als Grundstückseigentümer oder als sonst in eigentumsähnlicher Weise Berechtigter Klage erheben** kann. Maßgeblich kommt es insoweit auf die potenzielle Rechtsbetroffenheit des Dritten durch das konkrete Vorhaben an, wobei auf den nachbarschützenden Charakter der jeweiligen Vorschrift nach den Regeln der Schutznormtheorie abzustellen ist[52]. Daran wird gleichzeitig erkennbar, dass die Nachbarn, die nicht angrenzende Grundstückseigentümer und daher auch nicht zu benachrichtigen sind, ebenfalls gegen ein bauliches Vorhaben vorgehen können.

62 Auch wenn § 68 Abs. 1 ThürBO bestimmt, dass die Bauaufsichtsbehörde zum Bauantrag die Gemeinde und weitere Stellen hört, deren Beteiligung oder Anhörung für die Entscheidung über den Bauantrag vorgeschrieben ist, so bedarf dies doch der Präzisierung dahin gehend, dass aufgrund von § 36 Abs. 1 BauGB über die Zulässigkeit von Vorhaben nach den §§ 31, 33 bis 35 BauGB im bauaufsichtlichen Verfahren nur im **Einvernehmen mit der Gemeinde** entschieden werden darf[53]. Dieses Einvernehmenserfordernis, das aus Art. 28 Abs. 2 S. 1 GG, Art. 91 Abs. 1 ThürVerf folgt, dient dem

---

51 Zurückhaltend hierzu *Meißner*, ThürVBl. 2014, 157 (163).
52 S. hierzu etwa VG Gera, Beschl. v. 16.12.2015 – 4 E 1073/15, mit dem Hinweis, dass neben dem Erfordernis des nachbarschützenden Charakters der öffentlich-rechtlichen Vorschriften, zu denen das Vorhaben in Widerspruch stehen soll, auch eine tatsächliche Beeinträchtigung der geschützten nachbarlichen Belange durch das danach rechtswidrige Vorhaben zu befürchten sein muss.
53 S. hierzu zB *Dippel*, NVwZ 2011, 769; *Beutling/Pauli*, BauR 2010, 418; *Möstl*, BayVBl. 2007, 129; *Konrad*, JA 2001, 588; *Lasotta*, DVBl. 1998, 255.

Schutz und der Sicherung der Planungshoheit der Gemeinde und damit der Wahrung ihrer Selbstverwaltungsgarantie[54]. Daraus folgt aber zugleich, dass das Einvernehmen nur aus planungsrechtlichen, nicht hingegen aus bauordnungsrechtlichen Gründen versagt werden kann[55].

Das gemeindliche Einvernehmen stellt keinen Verwaltungsakt dar, sondern lediglich einen **verwaltungsinternen Mitwirkungsakt**, da nur die Bauaufsichtsbehörde nach außen in Erscheinung tritt und die Baugenehmigung erteilt oder versagt. Dabei ist die Bauaufsichtsbehörde an das erteilte Einvernehmen der Gemeinde insofern nicht gebunden, als sie die planungsrechtliche Zulässigkeit des Vorhabens durchaus anders beurteilen und die Erteilung der Baugenehmigung versagen kann. Verweigert die Gemeinde hingegen ihr Einvernehmen, so ist die Bauaufsichtsbehörde hieran gebunden, sie darf in diesem Fall die Baugenehmigung nicht erteilen, sondern muss die Erteilung versagen; ansonsten würde ein Eingriff in die verfassungsrechtlich abgesicherte kommunale Planungshoheit der Gemeinde bewirkt werden. Zu beachten ist, dass das Einvernehmen der Gemeinde nur aus den sich aus §§ 31, 33, 34 und 35 BauGB ergebenden, mithin nur aus bauplanungsrechtlichen Gründen versagt werden darf. Wird das Einvernehmen nicht binnen zwei Monaten nach Eingang des Ersuchens bei der Bauaufsichtsbehörde versagt, so gilt es nach § 36 Abs. 2 S. 2 BauGB als erteilt[56]. Die Erteilung des gemeindlichen Einvernehmens ist allerdings entbehrlich, wenn die untere Bauaufsichtsbehörde identisch mit der Gemeinde ist[57]. 63

Im Verwaltungsprozess kann das Verwaltungsgericht das rechtswidrig versagte Einvernehmen der Gemeinde ersetzen; gleiches gilt für die nach Landesrecht zuständige Behörde, vgl. § 36 Abs. 2 S. 3 BauGB iVm § 70 Abs. 1 S. 1 ThürBO. Die behördliche **Ersetzung des Einvernehmens** stellt für die Gemeinde einen Verwaltungsakt dar, gegen den sie Widerspruch und Anfechtungsklage erheben kann. Ihre Widerspruchs- bzw. Klagebefugnis ergibt sich dabei aus Art. 28 Abs. 2 GG bzw. aus Art. 91 Abs. 1 Thür-Verf. 64

Zu beachten ist, dass **Widerspruch und Anfechtungsklage** aufgrund von § 212a BauGB **keine aufschiebende Wirkung** zukommt, dh der Bauherr darf von der ihm erteilten Baugenehmigung zunächst vollumfänglich Gebrauch machen. 65

b) Das vereinfachte Baugenehmigungsverfahren. Das sog vereinfachte Baugenehmigungsverfahren nach § 62 ThürBO zielt auf die **Verfahrensvereinfachung**. Es findet bei den in § 62 Abs. 1 S. 1 ThürBO aufgeführten Vorhaben Anwendung und ist durch eine geringere Prüfungsdichte gekennzeichnet. Da die in § 62 Abs. 1 S. 1 ThürBO aufgeführten Vorhaben an sich bereits nach § 61 Abs. 1 S. 1 ThürBO genehmigungsfrei gestellt sind, kommt bei ihnen das vereinfachte Baugenehmigungsverfahren nur dann zur Anwendung, wenn die **Gemeinde** aufgrund von § 61 Abs. 2 Nr. 4 ThürBO innerhalb eines Monats nach Vorlage der erforderlichen Unterlagen **erklärt, dass das vereinfachte Genehmigungsverfahren durchgeführt werden soll**. Kommt im Falle einer 66

---

54 BVerwGE 22, 342 (347); 28, 268, 270; BVerwG, NVwZ 1991, 1076; BVerwG, NVwZ 1992, 878.
55 S. a. VGH Kassel, NVwZ-RR 2009, 750.
56 Dazu OVG Münster, BauR 2011, 1296.
57 BVerwGE 121, 339 (341).

solchen Erklärung das vereinfachte Baugenehmigungsverfahren zur Anwendung, wie beispielsweise bei den in § 2 Abs. 3 Nr. 1a ThürBO aufgeführten Wohngebäuden der Gebäudeklassen 1 bis 3, mithin bei Wohngebäuden mit zB nicht mehr als zwei Wohnungen und einer Höhe von nicht mehr als 7 m, so prüft die Bauaufsichtsbehörde lediglich die planungsrechtliche Zulässigkeit nach §§ 29 ff. BauGB, beantragte Abweichungen iS von § 66 Abs. 1 und 2 S. 2 ThürBO und andere öffentlich-rechtliche Vorschriften, soweit wegen der Baugenehmigung eine Entscheidung nach anderen öffentlich-rechtlichen Vorschriften entfällt oder ersetzt wird. Darüber hinaus dürfen die Angaben zu Standsicherheit sowie Brand-, Schall-, Wärme- und Erschütterungsschutz nur von einem Bauingenieur oder Architekten erstellt worden sein, der mindestens eine dreijährige Berufserfahrung vorweisen kann, § 65 Abs. 1, 2 ThürBO.

67 Vom regulären Verfahren unterscheidet sich das vereinfachte Baugenehmigungsverfahren mithin durch einen deutlich **reduzierten Prüfungsumfang** der Bauaufsichtsbehörde; die Prüfung der Standsicherheit und des Schall- und Wärmeschutzes bleibt von der bauaufsichtlichen Prüfung ausgespart, soweit ein qualifizierter Nachweis erbracht wurde. In Rede steht insoweit lediglich die „formale" Vollständigkeitsprüfung der Unterlagen[58]. In der Konsequenz des vereinfachten Baugenehmigungsverfahrens und des damit verbundenen Prüfverzichts der Bauaufsichtsbehörde liegt es, dass sich die Bauüberwachung und die Bauzustandsbesichtigung inhaltlich reduzieren, §§ 80 f. ThürBO. Weitere Unterschiede zum regulären Verfahren bei uneingeschränkt genehmigungsbedürftigen Vorhaben bestehen nicht. Dies bedeutet insbesondere, dass die **bauplanungsrechtliche Zulässigkeit** von Vorhaben, die im vereinfachten Baugenehmigungsverfahren errichtet werden, einer **uneingeschränkten Prüfung** zu unterwerfen ist.

68 Das vereinfachte Baugenehmigungsverfahren ist von der Intention getragen, den Prüfungsumfang der Baugenehmigung als umfassende öffentlich-rechtliche Unbedenklichkeitsbescheinigung zu reduzieren; ihr kommt nurmehr der **Charakter einer beschränkten öffentlich-rechtlichen Unbedenklichkeitserklärung** zu, verbunden mit einer erhöhten Verantwortung des Bauherrn. Gleichwohl ist der Rückzug der Bauaufsichtsbehörde aus ihrer Verantwortung kein vollständiger, da die Nachweise über die Standsicherheit und den Brand-, Schall-, Wärme- und Erschütterungsschutz beigebracht werden müssen, §§ 62 Abs. 1 S. 3, 65 ThürBO; hierdurch wird sichergestellt, dass mit dem Bau nur begonnen wird, wenn zwar nicht die Behörde selbst, aber eine fachkundige Person die erforderlichen Prüfungen vorgenommen und die bautechnischen Nachweise erbracht hat. Im Übrigen bedeutet die Tatsache, dass im Rahmen des vereinfachten Baugenehmigungsverfahrens bestimmte Nachweise nicht geprüft werden, nicht, dass die insoweit bestehenden Anforderungen aus der Bauaufsicht überhaupt „herausgenommen" wären; ungeachtet der gesteigerten Bauherrenverantwortlichkeit bleiben die bauaufsichtlichen Befugnisse der zuständigen Behörde, insbes. die Befugnisse nach der bauordnungsrechtlichen Generalklausel des § 58 Abs. 1 S. 2 ThürBO, von der Reduzierung des behördlichen Prüfungsumfangs unberührt.

---

58 *Meißner*, Thüringer Bauordnung, § 62 Rn. 2.

Die Tatsache, dass im vereinfachten Baugenehmigungsverfahren gem. § 62 Abs. 1 S. 2 ThürBO bestimmte, andernfalls geforderte Nachweise von der Baugenehmigung nicht umfasst werden, bewirkt zudem, dass der **Nachbar** im Hinblick auf die Standsicherheit und ggf. den Schallschutz nicht gegen die Baugenehmigung vorgehen kann, da diese Aspekte nicht vom Umfang der Baugenehmigung erfasst werden. Daher ist der Nachbar, sofern er eine Verletzung drittschützender Rechte, wie ggf. bei der Standsicherheit, geltend machen kann, darauf verwiesen, gegen die Bauaufsichtsbehörde einen Anspruch auf bauaufsichtliches Einschreiten zu erheben. Allerdings besteht der Anspruch nur im Hinblick auf eine ermessensfehlerfreie Entscheidung der Behörde. Im Verfahren des einstweiligen Rechtsschutzes ist zu beachten, dass der Antrag auf Wiederherstellung der aufschiebenden Wirkung nicht schon dadurch begründet ist, dass Unklarheit über die Konformität des Vorhabens mit nachbarschützenden Vorschriften besteht, da diese Unklarheit mit einfachen ergänzenden Maßnahmen des Bauordnungsrechts behoben werden kann[59].

9. Der Abschluss des Baugenehmigungsverfahrens

Das Baugenehmigungsverfahren ist abgeschlossen, wenn die Bauaufsichtsbehörde über die beantragte Baugenehmigung – sofern diese erforderlich ist – entschieden hat, dh diese erteilt oder ihre Erteilung abgelehnt hat. **Maßgeblich für die Beurteilung der Sach- und Rechtslage ist dabei der Zeitpunkt der Entscheidung über den Genehmigungsantrag**, also dasjenige materielle Recht, welches im Zeitpunkt der behördlichen Entscheidung gilt. Für die Beurteilung eines durch Verpflichtungsklage geltend gemachten Anspruchs auf Erteilung der Baugenehmigung ist die Sach- und Rechtslage der letzten mündlichen Verhandlung maßgeblich.

10. Die bauordnungsrechtlichen Eingriffsbefugnisse

Den Bauaufsichtsbehörden kommt zum einen die Aufgabe der Überwachung der Ausführung genehmigungsbedürftiger Vorhaben zu; insoweit lässt sich von der **Bauüberwachung** im engeren Sinn sprechen. Zum anderen haben sie generell das Baugeschehen und die Nutzung baulicher Anlagen im Hinblick darauf zu überwachen, dass die öffentlich-rechtlichen Vorschriften eingehalten werden; dies stellt den Bereich der Bauüberwachung im weiteren Sinn dar.

Die den Bauaufsichtsbehörden für die Wahrnehmung dieser Aufgaben eingeräumten **Eingriffsbefugnisse** lassen sich wie folgt systematisieren: Neben der bauordnungsrechtlichen **Generalklausel** des § 58 Abs. 1 ThürBO stehen den Bauaufsichtsbehörden **spezielle Eingriffsbefugnisse** zu; dabei handelt es sich um das Zutrittsrecht nach § 58 Abs. 4 ThürBO, die Befugnis zur Bauüberwachung nach § 80 ThürBO, die Befugnis zur Baueinstellung nach § 78 Abs. 1 ThürBO, die Befugnis zur Beseitigung baulicher Anlagen nach § 79 Abs. 1 S. 1 ThürBO und die Befugnis zur Nutzungsuntersagung, § 79 Abs. 1 S. 2 ThürBO. Den bauordnungsrechtlichen Befugnissen eignet im Wesentlichen eine repressive Funktion; sie dienen aber zum Teil auch einer präventiven Kontrolle, wie das namentlich beim Betretungsrecht der Fall ist. Bei den Eingriffsbefugnis-

---

59 VGH Kassel, NVwZ-RR 2005, 228.

sen handelt es sich um Ermessensbestimmungen, was gleichzeitig bedeutet, dass Dritte im Regelfall keinen Anspruch auf ein Tätigwerden der Bauaufsichtsbehörden haben.

73 a) Die bauordnungsrechtliche Generalklausel. Die bauordnungsrechtliche bzw. bauaufsichtliche Generalklausel des § 58 Abs. 1 S. 1 ThürBO gibt den Bauaufsichtsbehörden die Befugnis, bei der Errichtung, Änderung, Nutzungsänderung und Beseitigung sowie bei der Nutzung und Instandhaltung von Anlagen darüber zu wachen, dass die öffentlich-rechtlichen Vorschriften eingehalten werden, soweit nicht andere, sachnähere Behörden zuständig sind. Nach § 58 Abs. 1 S. 2 ThürBO haben die Bauaufsichtsbehörden in Wahrnehmung dieser Aufgaben nach pflichtgemäßem Ermessen **die erforderlichen Maßnahmen** zu treffen. Dies erlaubt es den zuständigen Behörden, zur Einhaltung der allgemeinen Anforderungen des § 3 Abs. 1 ThürBO im Einzelfall Anordnungen zu treffen, die nicht ausdrücklich geregelt sind.

74 Die insoweit normierte Überwachungspflicht, die unabhängig davon gilt, ob es sich um eine genehmigungsbedürftige, eine verfahrensfreie oder eine von der Genehmigungspflicht freigestellte Anlage handelt, gibt den zuständigen **Behörden das Recht**, unter Berücksichtigung des Grundsatzes der Verhältnismäßigkeit **die jeweils geeigneten Mittel zur Verwirklichung des Regelungszwecks der betreffenden Vorschrift zu wählen**[60]. Bereits die Überwachungspflicht beschränkt sich mithin nicht auf Regelungen des Baurechts, sondern betrifft grundsätzlich alle Regelungen, die für die jeweilige bauliche Anlage von Bedeutung sind[61].

75 Darüber hinaus sind die Bauaufsichtsbehörden nicht nur berechtigt, sondern auch **verpflichtet**, die im konkreten Einzelfall „erforderlichen Maßnahmen" zu treffen, um die Rechtskonformität baulicher Anlagen sicherzustellen. Allerdings muss das jeweils eingesetzte Mittel verhältnismäßig sein, mithin zur Erreichung des jeweiligen Zweckes geeignet, erforderlich und angemessen.

76 b) Das Zutritts-, Informations- und Prüfungsrecht. Die Bauaufsicht umfasst, gewissermaßen auf einer **niedrigen Eingriffsschwelle**, die Befugnis zur Überprüfung der Einhaltung der öffentlich-rechtlichen Vorschriften und Anforderungen sowie der ordnungsgemäßen Erfüllung der Pflichten der am Bau Beteiligten, § 80 Abs. 1 ThürBO. Diesem Zweck dienen das Zutritts-, das Informations- und das Prüfungsrecht[62].

77 Die Regelung verfolgt einen ausholenden Ansatz, was daraus folgt, dass die „öffentlich-rechtlichen Vorschriften iSd § 80 Abs. 1 S. 1 ThürBO über das Bauordnungsrecht hinaus das gesamte öffentliche Recht umfassen, soweit dies einen baulichen Bezug aufweist. Von der allgemeinen Befugnisnorm umfasst ist das **Recht, zur Einhaltung der allgemeinen Anforderungen des § 3 Abs. 1 ThürBO im Einzelfall Anforderungen zu stellen, die nicht ausdrücklich im Gesetz geregelt sind**.

78 c) Die Baueinstellung. Darüber hinaus gewährt § 78 ThürBO den Bauaufsichtsbehörden unter bestimmten Voraussetzungen die **Befugnis zum Einschreiten**. Dies gilt ins-

---

60 VollzBekThürBO zu § 58, 58.1.1.
61 *Meißner*, Thüringer Bauordnung, § 58 Rn. 1.
62 Vgl. im Hinblick auf die Bauüberwachungskosten zB OVG Münster, NVwZ-RR 2004, 819; VGH Kassel, NVwZ-RR 2003, 471.

bes. in den Fällen, in denen mit der Verwirklichung eines Bauvorhabens bereits vor Baufreigabe begonnen[63] oder von den genehmigten oder angezeigten Bauvorlagen abgewichen oder gegen baurechtliche Vorschriften verstoßen wurde. Mit einer rechtzeitigen Baueinstellung kann die Behörde verhindern, dass ein rechtswidriger Zustand entsteht bzw. sich verfestigt, der in den meisten Fällen nur noch unter erheblichen Schwierigkeiten wieder beseitigt werden kann.

Werden im Rahmen der Bauaufsicht Verstöße gegen öffentlich-rechtliche Vorschriften festgestellt[64], so kann gem. § 78 Abs. 1 S. 1 ThürBO die **Einstellung der Bauarbeiten** angeordnet werden, wenn ein durch Tatsachen belegter „Anfangsverdacht" eines Rechtsverstoßes vorliegt[65]. Ausreichend dafür ist bei genehmigungspflichtigen Bauvorhaben die **formelle Baurechtswidrigkeit**; es kommt mithin nicht darauf an, ob das Vorhaben nach Maßgabe des materiellen Baurechts genehmigungsfähig wäre. Aus diesem Grund kann insbes. auch die Baueinstellung eines materiell rechtmäßigen Vorhabens verfügt werden, wenn die erforderliche Baugenehmigung nicht vorliegt.[66] Eine solche „Stilllegungsverfügung" ist auch dann gerechtfertigt, wenn der Bauherr die Bauarbeiten unter Missachtung eines Nachbarwiderspruchs, sollte dieser aufschiebende Wirkung haben, beginnt oder fortsetzt. Auf der anderen Seite hindert die mit einer Baugenehmigung verbundene Feststellung, dass das Vorhaben den öffentlich-rechtlichen Vorschriften entspricht (sog. Tatbestandswirkung), die Behörde, auf ein von einer Genehmigung gedecktes, aber materiell rechtswidriges Bauvorhaben mit einer Baueinstellung zu reagieren. Bedeutung kommt der materiellen Rechtslage jedoch bei Vorhaben zu, die von der Genehmigungspflicht ausgenommen sind. Ein Stilllegungsanspruch kann auch von einem Nachbarn geltend gemacht werden, setzt aber voraus, dass die bauliche Anlage den Nachbarn in seinen Rechten verletzt, mithin gegen Regelungen verstößt, denen nachbarschützende Wirkung zukommt[67]. 79

Die Bauaufsichtsbehörde übt das ihr durch die Befugnis zur Baueinstellung gem. § 78 Abs. 1 S. 1 ThürBO eingeräumte **Ermessen** idR nur dann ordnungsgemäß aus, wenn sie auf Rechtsverstöße während des Bauens mit einer Baueinstellung reagiert. Eine Ausnahme ist bei geringfügigen Abweichungen von den Bauvorlagen zu vertreten, die voraussichtlich nachträglich genehmigt werden können. Die Baueinstellung richtet sich im Allgemeinen an den Bauherrn und/oder den Unternehmer, die beide dafür verantwortlich sind, dass das Vorhaben nach Maßgabe der genehmigten Bauvorlagen ausgeführt wird. 80

Eine Baueinstellung muss, um effizient zu sein, kurzfristig getroffen werden können. Sie kann deshalb gem. § 28 Abs. 2 Nr. 1 ThürVwVfG **ohne vorherige Anhörung** des 81

---

63 *Meißner*, Thüringer Bauordnung, § 78 Rn. 3.
64 Eine Baueinstellung ist auch dann möglich, wenn gegen nicht zum Prüfumfang gehörende öffentlich-rechtliche Vorschriften verstoßen wird, so VollzBekThürBO zu § 78. Für eine Baueinstellung reicht bereits ein durch Tatsachen belegter „Anfangsverdacht" eines Rechtsverstoßes aus, so OVG Magdeburg, LKV 2019, 185.
65 OVG Magdeburg, LKV 2019, 185. Vgl. auch VG Stuttgart, BeckRS 2021, 40169
66 Die Errichtung einer nicht genehmigten Anlage darf daher auch schon dann gestoppt werden, wenn die Frage der Genehmigungsbedürftigkeit jedenfalls ernstlich zweifelhaft ist, so OVG Magdeburg, LKV 2019, 185.
67 OVG Magdeburg, LKV 2019, 46.

Betroffenen ergehen. Die Verfügung der Baueinstellung ist an keine Form gebunden; doch muss eine mündliche Baueinstellung schriftlich bestätigt werden, sofern der Betroffene dies verlangt und hieran ein berechtigtes Interesse besteht (§ 37 Abs. 2 S. 2 ThürVwVfG). Im Übrigen gehört die Baueinstellung zu den Verwaltungsakten, an deren **sofortiger Vollziehung** ein öffentliches Interesse iSv § 80 Abs. 2 S. 1 Nr. 4 VwGO besteht; daher ist sie im Regelfall für sofort vollziehbar zu erklären[68].

82 Werden unzulässige Bauarbeiten trotz schriftlich oder mündlich verfügter Einstellung fortgesetzt, so kann die Bauaufsichtsbehörde die Baustelle nach § 78 Abs. 2 ThürBO versiegeln. Die **Versiegelung** dient allein der Durchsetzung einer Baueinstellung; sie ist auch zulässig, wenn die Baueinstellung noch nicht unanfechtbar geworden ist[69]. Auch die Ingewahrsamnahme von Bauprodukten, Geräten, Maschinen und Bauhilfsmitteln ist insoweit möglich.

83 **d) Die Beseitigung baulicher Anlagen.** Mit der gelegentlich auch als **Abrissverfügung** bezeichneten Beseitigungsanordnung nach § 79 Abs. 1 S. 1 ThürBO kann die Behörde gegen vorhandene, aber auch gegen noch nicht fertiggestellte rechtswidrige bauliche Anlagen einschreiten[70].

84 Insoweit ist jedoch von Bedeutung, dass in den **Fällen, in denen eine bauliche Anlage zwar mit dem materiellen Recht in Einklang steht, die erforderliche Genehmigung aber nicht vorliegt** – die Anlage mithin materiell rechtmäßig, formell jedoch rechtswidrig ist –, die Beseitigung nicht verlangt werden kann. Dies findet seinen Grund darin, dass auf andere Weise, nämlich durch eine nachträgliche Genehmigung, ein rechtmäßiger Zustand geschaffen werden und damit die formelle Legalität der baulichen Anlage hergestellt werden kann. In diesem Fall wird die Behörde daher regelmäßig verlangen, dass ein Bauantrag gestellt wird. Stellt der Bauherr trotz entsprechender Hinweise aber keinen Bauantrag, so besteht keine Möglichkeit, auf andere Weise als durch die Beseitigung rechtmäßige Zustände herzustellen[71]. Jedoch rechtfertigt das Fehlen der erforderlichen Baugenehmigung – mithin die formelle Illegalität der baulichen Anlage – den Erlass einer Beseitigungsanordnung jedenfalls dann, wenn die bauliche Anlage ohne Substanzverlust und mit verhältnismäßig geringen Kosten für Entfernung und Lagerung beseitigt werden kann[72].

85 Stellt sich die Ausgangslage umgekehrt dar – ein **Vorhaben ist materiell rechtswidrig, aber zu Unrecht genehmigt, mithin formell legal, materiell hingegen illegal** –, so kann die Behörde die Beseitigung gleichfalls nicht verlangen. Sie muss vielmehr zuerst die Baugenehmigung nach Maßgabe von § 48 ThürVwVfG zurücknehmen und damit deren Tatbestandswirkungen beseitigen, bevor sie mittels einer Beseitigungsanordnung einschreiten kann.

86 Bei genehmigungspflichtigen Vorhaben liegen die Voraussetzungen für eine Beseitigungsanordnung somit nur vor, wenn die bauliche Anlage materiell und formell im

---
68 VGH Mannheim, DÖV 2005, 923.
69 OVG Greifswald, NVwZ 1996, 488.
70 Hierzu ausführlich *Müller-Grune*, ThürVBl. 2014, 261.
71 VollzBekThürBO zu § 79, 79.2.
72 ThürOVG, ThürVBl. 2016, 167, unter Bezugnahme auf ThürOVG, LKV 1997, 370 = ThürVBl. 1997, 16.

Widerspruch zu öffentlich-rechtlichen Vorschriften steht; die **bauliche Anlage muss damit formell und materiell rechtswidrig sein**. Maßstab für die Beantwortung dieser Frage sind insoweit nicht nur die öffentlich-rechtlichen Vorschriften, die im Baugenehmigungsverfahren zu prüfen sind, sondern das gesamte auf die bauliche Anlage anwendbare öffentliche Recht[73]. Für die Beurteilung der Rechtmäßigkeit kommt es grundsätzlich auf den Zeitpunkt an, zu dem die Behörde entscheidet.

Bei der Entscheidung über die Beseitigungsanordnung kommt zudem dem Grundsatz der **Verhältnismäßigkeit** einschränkende Bedeutung zu. Die Vorgabe, dass die Beseitigung nicht verlangt werden kann, wenn auf andere Weise rechtmäßige Zustände geschaffen werden können, wirkt sich nämlich nicht nur in den Fällen aus, in denen eine (nur) formell rechtswidrige Anlage nachträglich genehmigt werden kann; vielmehr ist die Anordnung, eine Anlage vollständig zu beseitigen, uU auch dann unzulässig, wenn bereits durch einen teilweisen Abbruch oder eine teilweise Nutzungsuntersagung rechtmäßige Zustände geschaffen werden können. 87

Im Hinblick auf die Ausübung des der Bauaufsichtsbehörde im Zusammenhang mit der Beseitigungsanordnung eingeräumten **Ermessens** ist von Bedeutung, dass das Einschreiten der Behörde als solches grundsätzlich keiner Rechtfertigung bedarf. Dieser Fall eines **intendierten Ermessens** erklärt sich vor dem Hintergrund des hohen ordnungspolitischen Anliegens des öffentlichen Baurechts. Namentlich im Hinblick auf das Vorgehen gegen illegale Bauten ist in diesem Kontext von Bedeutung, dass die Bauaufsichtsbehörden ihre Aufgaben nur erfüllen und dem Gesetzmäßigkeitsprinzip zur Durchsetzung verhelfen können, wenn sie im Regelfall gegen solche Bauten einschreiten, ihre Beseitigung verlangen und ihre Anordnungen auch durchsetzen; dies gilt insbes. im Hinblick auf im Außenbereich nach § 35 BauGB errichtete Schwarzbauten[74]. Dabei verbietet es der die Behörde bindende Gleichheitssatz, das Gesetz nur in einzelnen Fällen durchzusetzen und gegen andere vergleichbare Schwarzbauten ohne sachlichen Grund nicht einzuschreiten. Das behördliche Ermessen ist jedenfalls nur eröffnet, um in Ausnahmefällen von dem an sich gebotenen Einschreiten abzusehen, wenn dies nach den konkreten Umständen opportun ist[75]. So kann beispielsweise bei einem geringfügigen Rechtsverstoß eine Beseitigungsanordnung unverhältnismäßig sein. Begehrt der **Nachbar** ein behördliches Einschreiten, so kann dieses dann geboten sein, wenn das Vorhaben gegen nachbarschützende Vorschriften verstößt; aber auch insoweit ist das Ermessen der Bauaufsichtsbehörde nicht frei, sondern ein grundsätzlich auf die Beseitigung der Störung gerichtetes intendiertes Ermessen. Allerdings können auch in dieser Konstellation außergewöhnliche Umstände ein Absehen vom Einschreiten rechtfertigen[76]. Als Grundsatz bleibt jedoch zu beachten, dass für den Fall, dass keine Umstände vorliegen, die einen Sonderfall begründen, sich der Nachbar- 88

---

73 Aus diesem Grund kann beispielsweise ein öffentliches Interesse am Erhalt einer Anlage bei einer unter Denkmalschutz stehenden oder im Geltungsbereich einer Erhaltungssatzung nach § 172 BauGB vorhandenen Anlage bestehen, so VollzBekThürBO zu § 79, 79.2.
74 Ausführlich zur Thematik *Benkert*, ThürVBl. 2014, 213; *ders.*, ThürVBl. 2015, 134.
75 VG Meiningen, ThürVBl. 2014, 174, unter Bezugnahme auf ThürOVG, Urt. v. 11.12.1997 – 1 KO 674/97.
76 OVG Bautzen, LKV 2019, 82.

schutz im Sinne einer Ermessensreduzierung auf Null auch bei nur geringfügigen Verstößen gegen drittschützende Vorschriften des Bauordnungsrechts Bahn bricht[77].

89 e) **Die Nutzungsuntersagung.** Werden **bauliche Anlagen im Widerspruch zu öffentlich-rechtlichen Vorschriften benutzt**, so kann auch diese Benutzung nach § 79 Abs. 1 S. 2 ThürBO untersagt werden. Dabei kann der Widerspruch zu öffentlich-rechtlichen Vorschriften seine Grundlage im Baurecht finden, aber auch in anderen Gesetzen; daher kann eine Nutzungsuntersagung auch bei einem Verstoß gegen Bestimmungen des Naturschutzrechts und der Landschaftspflege in Betracht kommen[78].

90 Regelmäßig wird eine Nutzungsuntersagung dann zu erwägen sein, wenn eine **bisherige Wohnnutzung ganz oder teilweise in eine gewerbliche Nutzung überführt wird**. Da auch die Nutzungsänderung einer baulichen Anlage grundsätzlich einer Baugenehmigung bedarf, rechtfertigt eine solche Konstellation den Erlass einer Nutzungsuntersagungsverfügung. Dabei ist allerdings zu beachten, dass nur solche Nutzungsänderungen von der bauaufsichtlichen Kontrolle erfasst werden, die eine gewisse baurechtliche Relevanz aufweisen. Dies setzt voraus, dass die **Variationsbreite der ursprünglichen Nutzung überschritten** wird, die neue Nutzung baurechtlich anders beurteilt werden könnte und bauplanungsrechtliche oder bauordnungsrechtliche Belange möglicherweise neu oder andersartig berührt werden[79].

91 Umstritten ist bei der Nutzungsuntersagung, **ob** insoweit die **formelle Illegalität des Vorhabens ausreicht** oder ob sowohl die formelle als auch die materielle Illegalität vorliegen müssen, um eine Nutzungsuntersagung verfügen zu können.[80] Dabei lässt sich die Tatsache, dass sich die Regelung über die Nutzungsuntersagung in § 79 ThürBO, mithin der Bestimmung über die Baubeseitigung, wiederfindet, als Argument dafür ins Feld führen, dass sowohl die formelle als auch die materielle Illegalität vorliegen müssen, soll eine Nutzungsuntersagung verfügt werden können[81]. Zudem ist insoweit zu berücksichtigen, dass die Nutzungsuntersagung einer bloß formell rechtswidrigen Nutzung, die offensichtlich aber dem materiellen Recht entspricht, wenig sinnvoll wäre.

92 Dennoch lassen verschiedene **Gerichte**[82] im Hinblick auf die Rechtmäßigkeit der Nutzungsuntersagung die **formelle Illegalität ausreichen**. Begründet wird dies mit dem Argument, dass eine Nutzungsuntersagung die Vermögenssubstanz nicht so intensiv trifft wie eine Abrissverfügung, so dass auf die formelle Illegalität abgestellt werden kann. Außerdem wird auf den Wortlaut des Gesetzes verwiesen, der nur für die Beseitigungsanordnung ausdrücklich voraussetzt, dass nicht auf andere Weise – in der Regel durch Erteilung der erforderlichen Genehmigung – rechtmäßige Zustände geschaffen werden können. Ungeachtet dessen werfen aber die Gerichte, die das Vorliegen lediglich der formellen Rechtswidrigkeit für die Rechtmäßigkeit einer Nutzungsunter-

---

77 VG Meiningen, ThürVBl. 2014, 174.
78 Vgl. VGH Kassel, DÖV 2000, 339.
79 *Dirnberger*, in: Jäde/Dirnberger/Michel, Bauordnungsrecht Thüringen, § 62 Rn. 6.
80 Zum Streitstand OVG Saarlouis, NVwZ 1985, 122.
81 Vgl. auch *Finkelnburg/Ortloff/Otto*, Öffentliches Baurecht II § 14 II.
82 OVG Weimar, ThürVBl. 1994, 111; VGH Mannheim, NVwZ 1990, 480; OVG Bautzen, SächsVBl. 1993, 160; einschränkend VGH Mannheim, DÖV 2007, 569.

sagung ausreichen lassen, bei ihrer Beurteilung auch einen Blick auf die Frage der Genehmigungsfähigkeit nach materiellem Recht. Daher kann die Ermessensausübung fehlerhaft sein, wenn die Nutzung offensichtlich materiell legal ist[83]. Auch kann die Ausübung des Ermessens fehlerhaft sein, wenn ein Fall des Bestandsschutzes vorliegt oder sich eine mildere Lösung als geeignete Zwischenlösung aufdrängt. Bei der Beurteilung einer Nutzungsuntersagung sind Veränderungen der Sach- und Rechtslage nach Erlass des Bescheides bis zur gerichtlichen Entscheidung zu berücksichtigen; dies folgt daraus, dass die Nutzungsuntersagung einen Dauerverwaltungsakt darstellt und nicht nur das Gebot beinhaltet, die beanstandete Nutzung (einmalig) zu unterlassen, sondern auch das Verbot, diese wieder aufzunehmen[84].

III. Die Landesplanung

1. Die Vorgaben des Raumordnungsgesetzes

Das Thüringer Landesplanungsgesetz (ThürLPlG)[85] regelt die Aufgaben und Zuständigkeiten im Bereich der Landesplanung und setzt damit die Vorgaben der §§ 1 – 16 ROG um. Als Instrument der rechtlich verbindlichen Landesplanung kennt das ROG die Raumordnungspläne, mithin den nach § 13 Abs. 1 S. 1 Nr. 1 ROG übergeordneten landesweiten Raumordnungsplan für das Landesgebiet und die Raumordnungspläne für die Teilräume der Länder, die sog. Regionalpläne, 13 Abs. 1 S. 1 Nr. 2 ROG. Die Regionalpläne sind aus dem Raumordnungsplan für das Landesgebiet zu entwickeln, § 13 Abs. 2 S. 1 ROG. Die Raumordnungspläne sind von dem Anliegen getragen, für einen bestimmten Planungsraum und einen regelmäßig mittelfristigen Zeitraum Festlegungen als Ziele und Grundsätze der Raumordnung zur Entwicklung, Ordnung und Sicherung des Raums, insbesondere zu den Nutzungen und Funktionen des Raums, zu treffen, § 7 Abs. 1 S. 1 ROG. Diese Festlegungen können auch in räumlichen und sachlichen Teilplänen getroffen werden, § 7 Abs. 1 S. 3 ROG. Die Flächennutzungspläne wie auch die Ergebnisse sonstiger von den Gemeinden beschlossener städtebaulicher Planungen sind bei der raumordnerischen Abwägung nach § 7 Abs. 2 ROG zu berücksichtigen, so die Vorgabe des § 13 Abs. 2 S. 2 ROG.

93

2. Die Landesplanung im Freistaat Thüringen

Diese Vorgaben des ROG umsetzend, bestimmt der Freistaat Thüringen in seinem Landesplanungsgesetz – ähnlich der Rechtslage in den anderen Flächenstaaten –, dass die Ziele und Grundsätze der Raumordnung in textlicher oder zeichnerischer Darstellung in Raumordnungsplänen, nämlich dem **Landesentwicklungsprogramm** sowie den **Regionalplänen** (§ 1 Abs. 2 S. 1, §§ 4, 5 ThürLPlG), festgelegt werden.

94

a) **Das Landesentwicklungsprogramm.** In dieser Abschichtung besteht die Aufgabe des Landesentwicklungsprogramms darin, für den **Gesamtraum des Freistaats Thüringen** die räumliche und strukturelle Entwicklung als Ziele und Grundsätze der Raumordnung festzulegen. Aus diesem Grund enthält es insbes. Festlegungen zu Raumkate-

95

---

83 VGH München, BayVBl. 1980, 246.
84 OVG Berlin-Brandenburg, LKV 2018, 562.
85 Thüringer Landesplanungsgesetz (ThürLPlG) v. 11.12.2012 (GVBl. S. 450), zul. geänd. d. G. v. 18.12.2018 (GVBl. S. 731).

gorien, zu den Grundzügen der Siedlungsentwicklung, zur Freiraumstruktur, soweit sie von überregionaler Bedeutung ist, zu überregional bedeutsamen Infrastrukturtrassen und -standorten sowie zu raumbedeutsamen Planungen und Maßnahmen von öffentlichen Stellen iSd § 3 Abs. 1 Nr. 5 ROG und Personen des Privatrechts nach § 4 Abs. 1 S. 2 ROG. Daneben werden auch Festlegungen zu raumbedeutsamen Inhalten aus dem Landschaftsprogramm unter Abwägung mit den anderen raumbedeutsamen Belangen sowie Vorgaben für Ziele und Grundsätze der Raumordnung, die durch die Regionalpläne festzulegen sind, in das Landesentwicklungsprogramm aufgenommen, § 4 Abs. 2 S. 2 ThürLPlG. Das Landesentwicklungsprogramm wird von der obersten Landesplanungsbehörde unter Beteiligung der obersten Landesbehörden erarbeitet, § 4 Abs. 1 S. 2 ThürLPlG, und von der Landesregierung als Rechtsverordnung erlassen, § 4 Abs. 4 S. 1 ThürLPlG.

96 b) **Die Regionalpläne.** Die Regionalpläne sind **aus dem Landesentwicklungsprogramm zu entwickeln**; sie legen als räumliche und sachliche Ausformung des Landesentwicklungsprogramms für die Planungsregionen die räumliche und strukturelle Entwicklung als Ziele und Grundsätze fest, § 5 Abs. 1 S. 1 und 2 ThürLPlG. Aufgrund des Entwicklungsgebots enthalten auch die Regionalpläne Festlegungen, wie sie im Landesentwicklungsprogramm getroffen werden. Zudem werden gem. § 5 Abs. 1 S. 3 ThürLPlG raumbedeutsame Inhalte der Landschaftsrahmenpläne unter Abwägung mit den anderen raumbedeutsamen Belangen in den Regionalplan aufgenommen.

97 Die Aufgabe der Regionalplanung ist den in § 13 Abs. 3 ThürLPlG aufgeführten **Regionalen Planungsgemeinschaften** nach §§ 5 Abs. 1 S. 1, 14 Abs. 1 S. 2 ThürLPlG übertragen, die in den vier Planungsregionen des Freistaats Thüringen existieren. Die Regionalen Planungsgemeinschaften stellen Körperschaften des öffentlichen Rechts dar und bestehen aus einem Präsidium und der Planungsversammlung, in die die Landkreise und kreisfreien Städte je nach Einwohnerzahl zwei bis vier Mitglieder und die im Landesentwicklungsprogramm als Mittelzentren ausgewiesenen kreisangehörigen Gemeinden sowie mehrere Gemeinden, die gemeinsam als ein funktionsteiliges Mittelzentrum ausgewiesen sind, ein Mitglied entsenden, § 15 ThürLPlG. Den Regionalen Planungsgemeinschaften obliegt die Aufstellung und Änderung des Regionalplans, § 5 Abs. 1 S. 1 ThürLPlG. Von den Regionalen Planungsgemeinschaften sind die Regionalpläne der obersten Landesplanungsbehörde zur Genehmigung vorzulegen, § 5 Abs. 3 und 6 S. 5 ThürLPlG.

§ 7 Öffentliches Wirtschaftsrecht

Matthias Knauff

Literatur: zu II.: *Diercks*, Soziale Grundrechte der neuen Landesverfassungen. Ein Fortschritt in der deutschen Verfassungsentwicklung?, LKV 1996, 231; *Gröschner*, Grundlagen des Wirtschaftsverwaltungs- und Umweltrechts, ThürVBl 1996, 246; *Jutzi*, Staatsziele der Verfassung des Freistaats Thüringen – zugleich ein Beitrag zur Bedeutung landesverfassungsrechtlicher Staatsziele im Bundesstaat, ThürVBl 1995, 54; *Knauff*, Öffentliches Wirtschaftsrecht, 2. Aufl. 2020; *P. Neumann*, Staatsziele in der Verfassung des Freistaates Thüringen, LKV 1996, 392; *Scholz*, Arbeitsverfassung, Grundgesetzreform und Landesverfassungsrecht, RdA 1993, 249; *Waechter*, Ist eine Wirtschaftsverfassung heute nützlich?, JZ 2016, 533; zu III.: *Glaser*, Gaststättenrecht im Wandel: Zwischen föderaler Vielfalt und rechtsstaatlichen Herausforderungen, GewArch 2013, 1; zu IV.: *Dietlein*, „Verkaufsoffene Sonntage" in der Diskussion – Zu den legislativen Gestaltungsspielräumen in Fragen der sonn- und feiertäglichen Ladenöffnung, WiVerw 2018, 153; *Hufen*, Der Ausgleich verfassungsrechtlich geschützter Interessen bei der Ausgestaltung des Sonn- und Feiertagsschutzes, 2014; *Kühn*, Sonntagsschutz und Ladenschluss. Gesetzgeberische Spielräume zur Regelung von Sonn- und Feiertagsöffnungen, KuR 2019, 32; *Meixner*, Hessisches Ladenöffnungsgesetz, 2006; *Mosbacher*, Sonntagsschutz und Ladenschluß, 2007; *D. Neumann*, Ladenschlussrecht, 5. Aufl. 2008; *Schmitz*, Die Ladenöffnung nach der Föderalismusreform, NVwZ 2008, 18; zu V.: *Barth*, A2 Regionalisierungsgesetz des Bundes und ÖPNV-Gesetze der Länder, in: Baumeister (Hrsg.), Recht des ÖPNV II, 2013; zu VI.: *Conrad*, Vergaberechtlicher Rechtsschutz auf landesrechtlicher Grundlage, ZfBR 2016, 124; *Fandrey*, Tariftreue- und Vergabegesetz Nordrhein-Westfalen, 2014; *Knauff*, Das neue Thüringer Vergaberecht, ThürVBl 2020, 25; *Wagner/Pohl*, Vergabefremde Aspekte in den Landesvergabegesetzen – ein Überblick, VergabeR 2015, 389; *Weirauch*, Thüringer Vergabegesetz – erfolgreich novelliert?, VergabeR 2020, 871.

I. Vorbemerkung 1	2. Ausnahmen 32
II. Verfassungsrechtlicher Rahmen ... 2	3. Arbeitnehmerschutz 38
1. Grundentscheidungen der Landesverfassung 3	4. Eingriffsbefugnisse 41
2. Kompetenzen 7	V. Verkehrsmarktrecht (ÖPNV) 42
a) Legislativkompetenzen 8	1. Grundlagen 43
b) Verwaltungskompetenzen 10	2. Aufgabenträger 45
3. Regelungsanspruch des Landesgesetzgebers 12	3. Nahverkehrsplanung 49
III. Gaststättenrecht 14	VI. Vergaberecht 53
1. Gaststättengewerbe 15	1. Anwendungsbereich 54
2. Aufnahmevoraussetzungen ... 17	2. Vorgaben für Ausschreibungen 59
3. Betrieb der Gaststätte 20	3. Angebotswertung 70
4. Behördliche Befugnisse 22	4. Rechtsschutz und Kontrollen 78
IV. Ladenschlussrecht 29	
1. Allgemeine Ladenöffnungs- und Schutzzeiten 30	

I. Vorbemerkung

Das öffentliche Wirtschaftsrecht zählt nicht zu den klassischen Materien des Landesrechts. Allerdings hat die **Bedeutung** landesrechtlicher Regelungen im Zuge der Kompetenzübertragungen durch die Föderalismusreform I (2006) deutlich **zugenommen**. Maßgeblich für die Ausgestaltung des öffentlichen Wirtschaftsrechts auf Landesebene ist zum einen der verfassungsrechtliche Rahmen. Zum anderen kommt aber auch dem Willen des Landesgesetzgebers, bestehende Spielräume auszuschöpfen, entscheidende Bedeutung zu.

II. Verfassungsrechtlicher Rahmen

2   Der Rahmen für eine Ausgestaltung des öffentlichen Wirtschaftsrechts durch den Landesgesetzgeber wird sowohl durch die Thüringer Verfassung als auch das Grundgesetz bestimmt. Im Hinblick auf den Grundsatz der Bundestreue ist überdies stets die Beachtung der für die Bundesrepublik Deutschland verbindlichen Vorgaben des überstaatlichen Rechts geboten.[1] Im Kontext des öffentlichen Wirtschaftsrechts sind insoweit vor allem die wirtschaftsbezogenen Bestimmungen des EU-Rechts von Bedeutung.[2]

1. Grundentscheidungen der Landesverfassung

3   Die Thüringer Verfassung enthält im fünften Abschnitt des ersten Teils mit den Art. 34 bis 38 ThürVerf einige Vorschriften mit spezifisch wirtschaftsverfassungsrechtlichem Gehalt. Anders als das Grundgesetz[3] normiert die Thüringer Verfassung in teilweiser Anknüpfung an den Einigungsvertrag[4] und korrespondierend mit der Wertung des Art. 3 Abs. 3 S. 2 EUV ein ausdrückliches wirtschaftsverfassungsrechtliches Bekenntnis. Gemäß Art. 38 ThürVerf hat „[d]ie Ordnung des Wirtschaftslebens ... den Grundsätzen einer sozialen und der Ökologie verpflichteten Marktwirtschaft zu entsprechen." In Anbetracht der weitgehenden bundes- und europarechtlichen Vorgaben im Bereich des Wirtschaftsrechts kommt der Bestimmung vor allem symbolische Bedeutung zu. Die in Bezug genommene **soziale und ökologische Marktwirtschaft** lässt sich zwar umschreiben als „eine Wirtschaftsordnung ..., die durch Privateigentum und Wettbewerbsfreiheit gekennzeichnet ist, die zugleich sozialen Ausgleich und soziale Absicherung der einzelnen zuläßt und den Belangen des Umweltschutzes ausreichend Rechnung trägt."[5] Darüber hinaus handelt es sich jedoch bei der sozialen Marktwirtschaft um ein in höchstem Maße offenes wirtschaftstheoretisches Modell. Auch der Bezugnahme auf die Ökologie, die mit dem Gebot des Schutzes der natürlichen Lebensgrundlagen in Art. 44 Abs. 1 S. 2 ThürVerf korrespondiert, lässt sich keine klare Direktive entnehmen. Damit steht Art. 38 ThürVerf letztlich nur wirtschaftspolitischen Entscheidungen des Landesgesetzgebers entgegen, die entweder planwirtschaftlichem Denken oder einem „Manchesterkapitalismus" verpflichtet sind und die Belange des Umweltschutzes gänzlich außer Acht lassen. Eine darüber hinausgehende rechtliche Wirkung der Vorschrift ist (ungeachtet ihrer wirtschaftspolitischen Leitfunktion für den Landesgesetzgeber[6]) wegen ihrer Unbestimmtheit abzulehnen.[7]

---

1   Siehe bereits BVerfG, Urt. v. 26.3.1957 – 2 BvG 1/55, BVerfGE 6, 309 (361 f.).
2   Vgl. *Knauff*, Öffentliches Wirtschaftsrecht, § 2 Rn. 4 ff.
3   Dazu im Überblick *Knauff*, Öffentliches Wirtschaftsrecht, § 2 Rn. 15 ff.
4   Zu den historischen Hintergründen *Ruffert*, in: Linck/Baldus/Lindner/Poppenhäger/Ruffert, Die Verfassung des Freistaats Thüringen, Art. 38 Rn. 2, 13 f.
5   *P. Neumann*, LKV 1996, 392 (395).
6   Vgl. generell zur verfassungsrechtlichen Normierung einer Wirtschaftsverfassung *Waechter*, JZ 2016, 533 (539).
7   Vgl. auch *Gröschner*, ThürVBl 1996, 246 (248); *Jutzi*, ThürVBl 1995, 54 (59); aA *Ruffert*, in: Linck/Baldus/Lindner/Poppenhäger/Ruffert, Die Verfassung des Freistaats Thüringen, Art. 38 Rn. 19 ff., der sowohl für eine Begrenzung der öffentlichen Wirtschaftstätigkeit als auch für eine Verstärkung des Schutzes privater Wettbewerber gegen diese auf Grundlage der Vorschrift plädiert.

II. Verfassungsrechtlicher Rahmen

Explizit als „Staatsziel" bezeichnet und damit kein subjektives Recht auf Arbeit begründend[8], qualifiziert es Art. 36 S. 1 ThürVerf als „ständige Aufgabe des Freistaats, jedem die Möglichkeit zu schaffen, seinen Lebensunterhalt durch frei gewählte und dauerhafte Arbeit zu verdienen." Hierzu seien nach Satz 2 der Vorschrift vom Land und seinen Gebietskörperschaften einschließlich deren Beteiligungsunternehmen[9] „insbesondere Maßnahmen der Wirtschafts- und Arbeitsförderung, der beruflichen Weiterbildung und der Umschulung" zu ergreifen. Ungeachtet der aus Art. 43 ThürVerf folgenden Pflicht des Freistaates zur Verwirklichung dieser Vorgabe und zur Ausrichtung seines Handelns daran „nach seinen Kräften und im Rahmen seiner Zuständigkeiten", bleiben Regelungsgehalt[10] und Relevanz des Art. 36 ThürVerf diffus. Zentrales Ziel ist die Sicherung der Existenz durch auskömmliche Arbeit.[11] Trotz der ausdrücklichen Bezugnahme auf die Dauerhaftigkeit der Arbeit verstößt nach Auffassung des BAG eine landesgesetzlich vorgesehene „Möglichkeit jedenfalls der erst- und einmaligen Befristung der Arbeitsverhältnisse von [angestellten] Professoren [an Hochschulen des Landes] für drei bis sechs Jahre ... nicht gegen diese Schutzpflicht."[12] Mangels weitreichender eigenständiger Regelungsbefugnisse in den Bereichen des Arbeits-, Wirtschafts- und Sozialrechts sind die Handlungsmöglichkeiten des Landes zudem eng begrenzt und beschränken sich weithin auf Fördermaßnahmen wie die in Art. 36 S. 2 ThürVerf exemplarisch benannten. Jedenfalls nicht geboten ist die Schaffung von Arbeitsplätzen durch die öffentliche Hand über das für die Erfüllung ihrer Aufgaben notwendige Maß hinaus.

Ohne eigenständige inhaltliche Bedeutung sind die **grundrechtlichen Gewährleistungen** von Eigentum und Erbrecht (Art. 34 ThürVerf)[13] sowie der Berufsfreiheit (Art. 35 ThürVerf)[14]. Diese unterscheiden sich von den bundesverfassungsrechtlichen Parallelregelungen in Art. 14 und 12 GG ungeachtet einzelner Abweichungen in den Formulierungen nur dadurch, dass das Verbot der Zwangsarbeit keinen Niederschlag im Verfassungstext gefunden hat.

Eine inhaltliche und zum Teil auch wörtliche Übereinstimmung besteht darüber hinaus bezüglich der Garantie der Koalitionsfreiheit einschließlich des Streikrechts durch Art. 37 Abs. 1 und 2 ThürVerf im Hinblick auf Art. 9 Abs. 3 GG.[15] Zusätzlich gewährleistet Art. 37 Abs. 3 ThürVerf ein Recht der Beschäftigten und ihrer Verbände auf **Mitbestimmung** in Angelegenheiten ihrer Betriebe, Unternehmen oder Dienststel-

4

5

6

---

8 *Eichenhofer*, in: Linck/Baldus/Lindner/Poppenhäger/Ruffert, Die Verfassung des Freistaats Thüringen, Art. 36 Rn. 5; *P. Neumann*, LKV 1996, 392 (395); *Scholz*, RdA 1993, 249 (255).
9 *Eichenhofer*, in: Linck/Baldus/Lindner/Poppenhäger/Ruffert, Die Verfassung des Freistaats Thüringen, Art. 36 Rn. 8.
10 Vgl. auch *Diercks*, LKV 1996, 231 (234).
11 *Eichenhofer*, in: Linck/Baldus/Lindner/Poppenhäger/Ruffert, Die Verfassung des Freistaats Thüringen, Art. 36 Rn. 6.
12 BAG, Urt. v. 11.9.2013 – 7 AZR 843/11, BAGE 146, 48 Rn. 54.
13 ThürVerfGH, Beschl. v. 7.9.2010 – VerfGH 27/07, NVwZ-RR 2011, 180.
14 ThürVerfGH, Beschl. v. 5.11.2008 – VerfGH 26/08 und VerfGH 34/08, ThürVBl 2009, 54 (55); Beschl. v. 19.11.2014 – 24/12; Beschl. v. 7.12.2016 – VerfGH 28/12; ThürLAG, Urt. v. 24.6.2015 – 6 Sa 29/14; *Ruffert*, in: Linck/Baldus/Lindner/Poppenhäger/Ruffert, Die Verfassung des Freistaats Thüringen, Art. 35 Rn. 1.
15 Vgl. auch *Eichenhofer*, in: Linck/Baldus/Lindner/Poppenhäger/Ruffert, Die Verfassung des Freistaats Thüringen, Art. 37 Rn. 16.

Knauff

len.[16] Da dieses jedoch explizit nur „nach Maßgabe der Gesetze" erfolgt, geht der landesverfassungsrechtliche Gewährleistungsgehalt nicht über den (bundes)gesetzlich vorgesehenen Standard hinaus. Zudem vermittelt die Bestimmung keinen Anspruch auf Mitwirkung bei Privatisierungsentscheidungen.[17] Allein eine Abschaffung der Mitbestimmung, die das aus Art. 37 Abs. 3 ThürVerf folgende Grundrecht vollständig leerlaufen lassen würde, wäre aus landesverfassungsrechtlicher Perspektive nicht hinnehmbar. Die Handlungsmöglichkeiten des Landesgesetzgebers wären insoweit vor dem Hintergrund des Art. 74 Abs. 1 Nr. 12 GG und seiner bundesrechtlichen Ausgestaltung gleichwohl begrenzt.

2. Kompetenzen

7   Wegen des Vorrangs des Bundes-[18] wie auch des Europarechts[19] vor dem Landesrecht sind die Spielräume für ein öffentliches Wirtschaftsrecht auf Landesebene beschränkt. Gleichwohl verfügt der Freistaat Thüringen sowohl im Bereich der Gesetzgebung über Gestaltungsmöglichkeiten als auch – und vor allem – im Hinblick auf den Vollzug des Wirtschaftsverwaltungsrechts.

8   a) **Legislativkompetenzen.** Die Gesetzgebungskompetenzen der Länder im Bereich des öffentlichen Wirtschaftsrechts bestimmen sich trotz Art. 30 GG vor allem negativ, da der Bund durch das Grundgesetz insoweit weithin zur Rechtsetzung ermächtigt wird und von diesen Ermächtigungen in erheblichem Umfang Gebrauch gemacht hat.

9   Einer Landesgesetzgebung gänzlich entzogen sind vorbehaltlich bundesgesetzlicher Ermächtigungen die dem **Bund** zur **ausschließlichen Gesetzgebung** zugewiesenen Materien. In Bezug auf das öffentliche Wirtschaftsrecht (im weitesten Sinne) handelt es sich um:

- das Währungs-, Geld- und Münzwesen (Art. 73 Abs. 1 Nr. 4 GG),
- die Einheit des Zoll- und Handelsgebietes, die Handels- und Schifffahrtsverträge, die Freizügigkeit des Warenverkehrs und den Waren- und Zahlungsverkehr mit dem Auslande einschließlich des Zoll- und Grenzschutzes (Art. 73 Abs. 1 Nr. 5 GG),
- den Luftverkehr (Art. 73 Abs. 1 Nr. 6 GG),
- den Verkehr von Eisenbahnen, die ganz oder mehrheitlich im Eigentum des Bundes stehen (Eisenbahnen des Bundes), den Bau, die Unterhaltung und das Betreiben von Schienenwegen der Eisenbahnen des Bundes sowie die Erhebung von Entgelten für die Benutzung dieser Schienenwege (Art. 73 Abs. 1 Nr. 6a GG),
- das Postwesen und die Telekommunikation (Art. 73 Abs. 1 Nr. 7 GG),
- den gewerblichen Rechtsschutz, das Urheberrecht und das Verlagsrecht (Art. 73 Abs. 1 Nr. 9 GG) und

---

16 Kritisch im Hinblick auf die Undifferenziertheit *Scholz*, RdA 1993, 249 (256).
17 VG Meiningen, Beschl. v. 27.9.2000 – 3 E 50030/00 Me, ThürVGRspr. 2002, 22 (25); ThürOVG, Beschl. v. 2.4.2009 – 5 PO 341/07.
18 Dazu zusammenfassend *Knauff*, Der Regelungsverbund: Recht und Soft Law im Mehrebenensystem, 2010, S. 130 ff. mwN.
19 Grundlegend EuGH, Urt. v. 15.7.1964, Slg 1964, 1251 (1270) – *Costa/ENEL*; Urt. v. 17.12.1970, Slg 1970, 1125 Rn. 3 – *Internationale Handelsgesellschaft*.

- die Erzeugung und Nutzung der Kernenergie zu friedlichen Zwecken, die Errichtung und den Betrieb von Anlagen, die diesen Zwecken dienen, den Schutz gegen Gefahren, die bei Freiwerden von Kernenergie oder durch ionisierende Strahlen entstehen, und die Beseitigung radioaktiver Stoffe (Art. 73 Abs. 1 Nr. 14 GG).

Dagegen ist eine Landesgesetzgebung im Bereich der **konkurrierenden Gesetzgebung** zumindest nicht von vornherein ausgeschlossen.[20] Wegen der weitgehenden, wenn auch nicht allumfassenden[21] Inanspruchnahme der Gesetzgebungskompetenzen durch den Bund erscheint eine solche entgegen Art. 70 Abs. 1 GG bereits in kompetenzrechtlicher Hinsicht bei unbefangener Betrachtung gleichwohl als Ausnahme.[22] Dies gilt in besonderem Maße für den Bereich des öffentlichen Wirtschaftsrechts. Betroffen sind diesbezüglich folgende Materien:

- das Recht der Wirtschaft (Bergbau, Industrie, Energiewirtschaft, Handwerk, Gewerbe, Handel, Bank- und Börsenwesen, privatrechtliches Versicherungswesen) ohne das Recht des Ladenschlusses, der Gaststätten, der Spielhallen, der Schaustellung von Personen, der Messen, der Ausstellungen und der Märkte (Art. 74 Abs. 1 Nr. 11 GG i.V.m. 72 Abs. 2 GG),
- das Recht der Enteignung, soweit sie auf den Sachgebieten der Artikel 73 und 74 in Betracht kommt (Art. 74 Abs. 1 Nr. 14 GG),
- die Überführung von Grund und Boden, von Naturschätzen und Produktionsmitteln in Gemeineigentum oder in andere Formen der Gemeinwirtschaft (Art. 74 Abs. 1 Nr. 15 GG),
- die Verhütung des Missbrauchs wirtschaftlicher Machtstellung (Art. 74 Abs. 1 Nr. 16 GG),
- die Binnenschifffahrt (Art. 74 Abs. 1 Nr. 21 GG),
- das Kraftfahrwesen (Art. 74 Abs. 1 Nr. 22 GG i.V.m. Art. 72 Abs. 2 GG),
- die Schienenbahnen, die nicht Eisenbahnen des Bundes sind, mit Ausnahme der Bergbahnen (Art. 74 Abs. 1 Nr. 23 GG) und
- die Abfallwirtschaft (Art. 74 Abs. 1 Nr. 24 GG).

Damit unterliegt das öffentliche Wirtschaftsrecht de facto nahezu vollständig einem Regelungszugriff(srecht) des Bundesgesetzgebers. Die Legislativkompetenzen der Länder sind daher auf die seit der Föderalismusreform I aus der Ermächtigung des Art. 74 Abs. 1 Nr. 11 GG explizit ausgenommenen Materien und punktuelle Ergänzungen des Bundesrechts unter Ausfüllung von Regelungslücken begrenzt.

b) **Verwaltungskompetenzen.** Wenngleich in geringerem Maße als Gesetzgebungskönnen auch Verwaltungskompetenzen als Vehikel für die Realisierung wirtschaftspolitischer Vorstellungen der Länder dienen, sofern Bundes- oder Europarecht den mit

---

20 Konstruktiv stellt sich die konkurrierende Gesetzgebung allerdings nicht als Nebeneinander, sondern als Vor- und Nacheinander von Bundes- und Landesgesetzgebung dar, *März*, Bundesrecht bricht Landesrecht. Eine staatsrechtliche Untersuchung zu Art. 31 des Grundgesetzes, 1989, S. 145; *Wiederin*, Bundesrecht und Landesrecht. Zugleich ein Beitrag zur Strukturproblemen der bundesstaatlichen Kompetenzverteilung in Österreich und Deutschland, 1995, S. 314; *Seiler*, in: Epping/Hillgruber, BeckOK GG, Stand 2/2022, Art. 72 Rn. 5, qualifiziert daher die Bezeichnung der konkurrierenden Gesetzgebung als missverständlich.
21 Siehe exemplarisch für das Energierecht *Knauff*, ThürVBl 2015, 257 (258 f.).
22 Vgl. nur *Rengeling*, in: Isensee/Kirchhof, Handbuch des Staatsrechts VI, § 135 Rn. 52.

seinem Vollzug befassten Landesbehörden Ermessen, Planungsentscheidungen oder sonstige Gestaltungsmöglichkeiten einräumen.[23] Dies ist bei der **Ausführung der Bundesgesetze als eigene Angelegenheit** iSv Art. 84 GG der Fall, da die Länder insoweit nur einer Rechtsaufsicht durch den Bund unterliegen. Mangels anderweitiger Regelung ist diese Situation im Hinblick auf den Vollzug des bundesrechtlich ausgeformten öffentlichen Wirtschaftsrechts grundsätzlich gegeben.

11 Der Grundsatz der Ausführung der Bundesgesetze durch die Länder als eigene Angelegenheit (und damit auch der eigenständige Vollzug von EU-Recht) gilt allerdings insoweit nicht, als der Bund auf Grundlage von Art. 87 Abs. 3 GG für Angelegenheiten, die seiner Gesetzgebungskompetenz zugeordnet sind, **selbstständige Bundesoberbehörden und bundesunmittelbare Körperschaften und Anstalten des öffentlichen Rechts** einrichten und mit Vollzugsaufgaben betrauen kann. Zu nennen sind im vorliegenden Zusammenhang insbesondere das Bundesamt für Wirtschaft und Ausfuhrkontrolle (BAFA), die Bundesnetzagentur (BNetzA) und das Bundeskartellamt (BKartA). Soweit Bundesgesetze solchen Behörden Vollzugsaufgaben zuweisen, entfällt die Zuständigkeit der Länder. Eine Überschneidung der Verwaltungskompetenzen ist jedoch – vorbehaltlich anderweitiger expliziter Regelungen, vgl. § 48 Abs. 2 S. 2 GWB, § 54 Abs. 2 EnWG – insoweit nicht zu beanstanden, als Fördermaßnahmen in Frage stehen. Diese spielen im Kontext des öffentlichen Wirtschaftsrechts eine nicht unbedeutende Rolle. Unter der Voraussetzung einer Beachtung des Beihilfe- und des Haushaltsrechts können die Länder neben dem BAFA und der Kreditanstalt für Wiederaufbau (KfW) Unterstützungsleistungen unter selbst festgelegten Voraussetzungen gewähren und dadurch Anreize für ein erwünschtes Verhalten der Marktakteure setzen.

3. Regelungsanspruch des Landesgesetzgebers

12 Der Thüringer Gesetzgeber hat von seinen Kompetenzen im Bereich des öffentlichen Wirtschaftsrechts eher **zurückhaltend** Gebrauch gemacht. Zahl und Regelungstiefe der eigenständigen Regelungen sind gering. Zudem werden die bestehenden Gesetze häufig nicht zeitnah an Rechtsentwicklungen auf EU- oder Bundesebene angepasst.

13 Die **Zuständigkeiten** für den Vollzug bundesrechtlicher Vorschriften, die dem öffentlichen Wirtschaftsrecht zuzurechnen sind, ergeben sich aus einer Vielzahl von Rechtsverordnungen. Exemplarisch sei auf die Thüringer Verordnung zur Regelung von Zuständigkeiten und zur Übertragung von Ermächtigungen im allgemeinen Gewerberecht, Handwerksrecht, Schornsteinfegerrecht und nach dem Textilkennzeichnungsgesetz, Kristallglaskennzeichnungsgesetz sowie Schwarzarbeitsbekämpfungsgesetz (Thüringer Zuständigkeitsermächtigungsverordnung Gewerbe – ThürZustErmGeVO) verwiesen. Diese weist den Vollzug der in ihrer Bezeichnung angegebenen bundesrechtlichen Materien den Landkreisen und kreisfreien Städten als unterer Gewerbebehörde, dem Landesverwaltungsamt als oberer Gewerbebehörde sowie dem für Gewerbe- und Handwerksrecht zuständigen Ministerium als oberster Gewerbebehörde zu und grenzt deren jeweilige Zuständigkeiten ab. Die Aufgaben der Landesregulierungsbehörde ge-

---

23 Energierechtsbezogen *Baur*, ZfE 1987, 230; *Friauf*, in: Baur et al., Beharren und Wandel im Energierecht, 1986, S. 11 (13).

mäß § 54 Abs. 2 EnWG werden seit 1.1.2019 von der Regulierungskammer des Freistaats Thüringen wahrgenommen, § 3 Abs. 2 der Thüringer Verordnung über Zuständigkeiten für den Vollzug wirtschaftsrechtlicher Vorschriften auf den Gebieten der Preisbildung und Preisprüfung bei öffentlichen Aufträgen, des Gesetzes gegen Wettbewerbsbeschränkungen sowie des Energiewirtschaftsgesetzes (Thüringer Wirtschaftsrechtszuständigkeitsverordnung – ThürWrzVO).

III. Gaststättenrecht

Das Thüringer Gaststättengesetz (ThürGastG) weist einen deutlich geringeren Umfang sowie einen liberaleren Grundansatz als das Gaststättengesetz des Bundes auf, das bis zum 1.1.2009 auch in Thüringen galt.[24] Dessen Ablösung, die nicht in allen Ländern vorgenommen wurde, erfolgte aufgrund des politischen Willens zur **Deregulierung des Gaststättenwesens**,[25] dessen Realisierung infolge der Ausklammerung des Gaststättenrechts aus der Gesetzgebungskompetenz des Bundes in Art. 74 Abs. 1 Nr. 11 GG durch die Föderalismusreform I ermöglicht wurde. Das ThürGastG stellt ungeachtet der in § 9 Abs. 1 ThürGastG angeordneten subsidiären Geltung der Gewerbeordnung eine in sich abgeschlossene Vollregelung dar. Unberührt von den gaststättenrechtlichen Voraussetzungen für die Aufnahme und den Betrieb des Gaststättengewerbes bleiben jedoch die aus anderen Rechtsmaterien folgenden Anforderungen, insbesondere des Bau-, Immissionsschutz- und Lebensmittelrechts.

1. Gaststättengewerbe

Gemäß § 1 Abs. 1 ThürGastG betreibt ein Gaststättengewerbe, „wer gewerbsmäßig **Getränke oder zubereitete Speisen zum Verzehr an Ort und Stelle verabreicht, wenn der Betrieb jedermann oder einem Personenkreis zugänglich ist.**" Gegenstand ist mithin das an die Allgemeinheit gerichtete Angebot von Nahrungsmitteln durch eine natürliche oder juristische Person zum sofortigen Konsum vor Ort. Es muss also eine räumliche und zeitliche Beziehung zwischen Verabreichen und Verzehr erkennbar sein.[26] Auf die Art und Weise eines solchen Angebots wie auch auf dessen konkrete Ausgestaltung kommt es nicht an, so dass der Betrieb eines Stehimbisses ebenso erfasst wird wie Bars, Diskotheken und klassische Speiserestaurants. Unerheblich ist auch, ob jedermann zu jeder Zeit ungehindert Zugang zu dem Angebot hat oder eine Inanspruchnahme nur bei Zahlung eines Eintrittspreises oder einer Einladung möglich ist, sofern die Möglichkeit, derartige Zugangshürden zu überwinden, grundsätzlich jedem oder allen Personen, die zu einer anhand bestimmter Merkmale abgrenzbaren Gruppe zu zählen sind, offensteht. Die Abgrenzung gegenüber sonstigen Bewirtungstätigkeiten erfolgt mittels des Merkmals der Gewerbsmäßigkeit. Diese liegt – entsprechend dem allgemeinen gewerberechtlichen Verständnis – vor, wenn die Bewirtung gerade zum Zweck der Erzielung von Einnahmen, nicht nur sporadisch und durch einen

---

24 Vergleichend zur Ausgestaltung des Gaststättenrechts in den Ländern *Knauff*, Öffentliches Wirtschaftsrecht, § 5 Rn. 142 ff.
25 LT-Drs. 4/3950, S. 1, 9.
26 LT-Drs. 4/3950, S. 10.

selbstständigen Unternehmer erfolgt.[27] Ausgeschlossen sind damit insbesondere Bewirtungen im privaten Kreis oder ohne Gewinnerzielungsabsicht.

16 Zur Schließung von Schutzlücken[28] bestimmt § 1 Abs. 2 ThürGastG, dass die Bestimmungen des Gesetzes mit Ausnahme der Aufnahmevoraussetzungen „auch auf **Vereine und Gesellschaften** entsprechende Anwendung [finden], die dem Geltungsbereich des Absatzes 1 unterfallen, aber kein Gewerbe betreiben", sofern nicht nur der Ausschank an Arbeitnehmer dieser Vereine und Gesellschaften betroffen ist. In diesen Fällen fehlt es zwar am Vorliegen eines Gaststättengewerbes. Da sich das Angebot von Speisen und Getränken zum sofortigen Verbrauch etwa auf Dorffesten durch örtliche Vereine oder in Mitarbeiterkantinen nur durch den nichtgewerblichen Charakter von einem Gaststättengewerbe unterscheidet, hat sich der Landesgesetzgeber für eine diesbezügliche Erweiterung des Anwendungsbereichs des ThürGastG entschieden.

2. Aufnahmevoraussetzungen

17 Die Aufnahme des Gaststättengewerbes oder der Wechsel eines gesetzlichen Vertreters einer juristischen Person, die das Gaststättengewerbe ausübt, setzt nach § 2 Abs. 1, 5, 8 ThürGastG i.V.m. § 14 GewO eine **Gewerbeanzeige** bei der unteren Gewerbebehörde oder einer einheitlichen Stelle iSd Thüringer ES-Errichtungsgesetzes voraus. Diese leitet die Anzeige gemäß § 2 Abs. 6 ThürGastG unverzüglich an die zuständige Bauaufsichtsbehörde sowie die für die Lebensmittelüberwachung zuständige Behörde weiter. Die Gewerbeanzeige muss spätestens vier Wochen vor der geplanten Betriebsaufnahme, die nicht mit der Gaststättenöffnung gleichzusetzen ist, sondern darauf abzielende Vorbereitungshandlungen einbezieht,[29] erfolgen. Zugleich bedarf es einer weiteren **Erklärung**, in der detailliert die Art der zur Verabreichung vorgesehenen Speisen (zB warm/kalt, Wild, Fisch, Konditoreiwaren, Speiseeis) und Getränke (alkoholisch/alkoholfrei) sowie die Betriebsart (zB Imbiss, Bar, Schankwirtschaft, Tanzlokal) bezeichnet werden. Sofern nicht nur alkoholfreie Getränke verabreicht oder aus Automaten angeboten oder unentgeltliche Kostproben verabreicht werden sollen, sind des Weiteren der Nachweis der Beantragung eines Führungszeugnisses sowie einer Auskunft aus dem Gewerbezentralregister zur Vorlage bei der zuständigen Behörde beizubringen, § 2 Abs. 2 S. 1, Abs. 7 ThürGastG. Erst bei Vollständigkeit der Einreichung dieser sowie ggf. zusätzlich angeforderter Unterlagen beginnt gemäß § 2 Abs. 4 ThürGastG der Lauf der zwischen Anzeige und Betriebsaufnahme vorgesehenen Frist, von deren Einhaltung jedoch auf Antrag zur Vermeidung unbilliger Härten befreit werden kann.

18 Auf Grundlage der Anzeige, des Führungszeugnisses und der Auskunft aus dem Gewerbezentralregister prüft die untere Gewerbebehörde außer in den Fällen des § 2 Abs. 7 ThürGastG die **Zuverlässigkeit** des Unternehmers. Diese ist gewerbespezifisch zu bestimmen.[30] Als unzuverlässig sind daher insbesondere Personen anzusehen, die

---

27 Vgl. nur *Winkler*, in: Ennuschat/Wank/Winkler, Gewerbeordnung, 9. Aufl. 2020, § 1 Rn. 12 ff.
28 LT-Drs. 4/3950, S. 10.
29 LT-Drs. 4/3950, S. 10 f.; *Marcks*, in: Landmann/Rohmer, Gewerbeordnung, Stand 2/2021, § 14 GewO Rn. 45b.
30 Grundlegend BVerwG, Urt. v. 17.1.1972 – I C 33.68, BVerwGE 39, 247 (253 f.).

wegen Vermögens- oder Körperverletzungsdelikten vorbestraft, wegen Verstößen gegen Jugendschutzrecht sanktioniert worden oder alkoholabhängig sind.[31] Sofern die Behörde der Auffassung ist, dass sie für die Prüfung weiterer Informationen bedarf, kann sie die Beibringung zusätzlicher Unterlagen anordnen, etwa einer steuerlichen Unbedenklichkeitsbescheinigung des zuständigen Finanzamts[32]. Davon soll jedoch im Einzelfall abgesehen werden, wenn der Gewerbetreibende eine Bescheinigung über eine Zuverlässigkeitsprüfung vorlegt, die nicht älter als ein Jahr ist, § 2 Abs. 2 S. 2, 3 ThürGastG. Allerdings muss diese im Hinblick auf das Gaststättengewerbe aussagekräftig sein. Zudem ist der Unternehmer nach § 4 Abs. 1 ThürGastG zur Auskunftserteilung verpflichtet. Erweist sich der Unternehmer auf Grundlage der Prüfung nicht als zuverlässig, untersagt die Behörde die Aufnahme oder, sofern diese bereits erfolgt ist, die Fortführung des Gaststättengewerbes nach § 9 Abs. 1 ThürGastG i.V.m. § 35 GewO. Andernfalls kann der Betrieb nach Ablauf der vierwöchigen Wartefrist aufgenommen[33] werden, ohne dass es einer „Freigabemitteilung" bedürfte.

Im Falle der **Eröffnung einer weiteren Gaststätte** durch einen bereits als zuverlässig angesehenen Gastwirt bedarf es wegen § 14 Abs. 1 GewO zwar einer weiteren Anzeige. Ob daraufhin eine erneute Zuverlässigkeitsprüfung erfolgt, bleibt auf Grundlage der gesetzlichen Ausgestaltung undeutlich. Dagegen spricht, dass § 2 Abs. 1 ThürGastG allein auf die „Aufnahme des Gaststättengewerbes" iSv § 1 Abs. 1 ThürGastG abstellt, nicht aber auf die Eröffnung eines (weiteren) Betriebs. Zugleich spricht jedoch § 2 Abs. 2 S. 3 ThürGastG davon, dass von der Vorlage die Zuverlässigkeit bestätigender Unterlagen im Einzelfall abgesehen werden soll, wenn eine Bescheinigung über eine Zuverlässigkeitsprüfung vorgelegt wird, die innerhalb eines Jahres stattgefunden hat. Damit geht das ThürGastG davon aus, dass sich der Status der Zuverlässigkeit ändern kann, so dass eine erneute Überprüfung anlässlich der Eröffnung einer weiteren Gaststätte geboten sein könnte. Die Gesetzesbegründung schweigt zwar zur Beibringungspflicht in der konkreten Konstellation, führt jedoch aus, dass die Gaststättenanzeige personen- und gerade nicht objektbezogen sein soll.[34] Einen darauf gerichteten Willen des Gesetzgebers zugrunde gelegt, spricht vieles dafür, dass im Falle der Eröffnung einer weiteren Gaststätte grundsätzlich keine erneute Zuverlässigkeitsprüfung erfolgt. Infolgedessen sind auch die hierfür erforderlichen Unterlagen nicht beizubringen und die Wartezeit nicht einzuhalten.

3. Betrieb der Gaststätte

Für die **Ausübung** des Gaststättengewerbes stellt das ThürGastG nur **wenige Anforderungen** auf. Ohne dass diesbezüglich eine spezifische Regelung bestünde, sind alle in der Gewerbeanzeige angegebenen Betätigungen zulässig, soweit nicht gegen Rechtsvorschriften oder Anordnungen der Gewerbebehörde verstoßen wird. Gesetzliche Ver-

---

31 *Metzner*, in: ders. (Hrsg.), GastG, 6. Aufl. 2002, § 4 Rn. 31 f., 50; *Klement*, in: Schmidt/Wollenschläger (Hrsg.), Kompendium Öffentliches Wirtschaftsrecht, 5. Aufl. 2019, § 11 Rn. 40 ff.
32 LT-Drs. 5/4211, S. 76.
33 Nach LT-Drs. 4/3950, S. 10, sollen hierunter bereits vorbereitende Handlungen wie Wareneinkauf oder Anmietung des Lokals fallen, nicht aber die Eröffnung.
34 LT-Drs. 4/3950, S. 11.

bote bestehen nach § 8 ThürGastG für einige näher bestimmte Handlungen in Bezug auf alkoholische Getränke. Insbesondere ist es untersagt, diese in einer Art und Weise anzubieten, die dazu geeignet ist, dem Alkoholmissbrauch Vorschub zu leisten. Sperrzeiten sind nur für einige Betriebsarten des Gaststättengewerbes in § 5 Abs. 1 ThürGastG vorgesehen. Danach ist zu den in der Vorschrift veranstaltungsspezifisch festgelegten Nachtstunden die Ausübung des Gaststättengewerbes im Freien und in Festzelten unter freiem Himmel untersagt. Bezüglich der Aufstellung von Spielgeräten in Gaststätten verweist § 9 Abs. 2 bis 5 ThürGastG auf die Vorgaben des Thüringer Spielhallengesetzes.

21 Ausdrücklich gestattet ist nach § 6 ThürGastG die Abgabe von Getränken und Speisen, die im Betrieb angeboten werden, zum alsbaldigen Verzehr oder Verbrauch außer Haus sowie der Verkauf von **Zubehörwaren** durch den Gewerbetreibenden auch außerhalb der gesetzlichen Ladenöffnungszeiten. Derartige Waren „dienen nach den beim Publikum herrschenden Gewohnheiten und nach der Verkehrsanschauung zur Befriedigung von Bedürfnissen der Empfänger der Hauptleistung und stellen eine Ergänzung der Hauptleistung dar. Hierunter fallen beispielsweise Ansichtspostkarten, Streichhölzer, Zigaretten, Süßwaren oder Zeitungen."[35] Zur Vermeidung einer Umgehung des Ladenschlussrechts ist in Übereinstimmung mit dem Ausnahmecharakter der Regelung eine enge Auslegung geboten.

4. Behördliche Befugnisse

22 Das ThürGastG enthält mehrere Ermächtigungsgrundlagen für die Gewerbebehörden. Es handelt sich sämtlich um **Ermessensnormen**, bei deren Anwendung dem Grundsatz der Verhältnismäßigkeit Rechnung zu tragen ist.

23 § 7 Abs. 1 ThürGastG verleiht der Gewerbebehörde die Befugnis, „die notwendigen Maßnahmen [zu] treffen, um eine im einzelnen Fall oder im Allgemeinen bestehende Gefahr für die öffentliche Sicherheit und Ordnung abzuwehren." Es handelt sich bei der Vorschrift um eine **spezialgesetzliche Ausprägung der ordnungsrechtlichen Generalklausel** des § 5 Abs. 1 OBG,[36] die in gleicher Weise auszulegen ist.[37] Soweit die im Folgenden dargestellten spezielleren Ermächtigungen tatbestandlich eingreifen, sind diese vorrangig.

24 § 4 Abs. 1 ThürGastG verleiht der Gewerbebehörde **Auskunftsrechte** gegenüber den Gewerbetreibenden und anderen mit der Leitung des Gaststättengewerbes betrauten Personen. Deren damit korrespondierende Pflicht zur Auskunftserteilung wird durch das in § 4 Abs. 3 ThürGastG verankerte Recht zur Auskunftsverweigerung (nur) in Bezug auf Fragen beschränkt, deren Beantwortung den Befragten selbst oder einen Angehörigen der Gefahr der strafrechtlichen Verfolgung oder eines Verfahrens nach dem Gesetz über Ordnungswidrigkeiten aussetzen würde. Zudem sind gemäß § 4 Abs. 2 ThürGastG die von der zuständigen Gewerbebehörde mit der Überwachung des Betriebes beauftragten Personen befugt, die für den Betrieb genutzten Grundstü-

---

35 LT-Drs. 4/3950, S. 13.
36 LT-Drs. 4/3950, S. 14.
37 Vgl. auch *Glaser*, GewArch 2013, 1 (4).

cke und Geschäftsräume des Inhabers des Gaststättenbetriebes zu Zeiten des gewöhnlichen Betriebes zu betreten, dort Prüfungen und Besichtigungen vorzunehmen und in die geschäftlichen Unterlagen des Auskunftspflichtigen Einsicht zu nehmen. Diese Befugnisse dürfen jedoch ausschließlich im Hinblick auf den Vollzug des Gaststättenrechts in Anspruch genommen werden.

§ 7 Abs. 2 ThürGastG ermächtigt die Gewerbebehörde, durch Allgemeinverfügung den gewerbsmäßigen **Ausschank alkoholischer Getränke** vorübergehend für bestimmte Zeit und für einen bestimmten örtlichen Bereich ganz oder teilweise, also bezogen auf bestimmte Alkoholika, zu **untersagen**. Dies setzt einen besonderen Anlass, etwa eine sportliche Großveranstaltung oder Demonstration mit hohem Besucheraufkommen, und die Erforderlichkeit der Untersagung zur Aufrechthaltung der öffentlichen Sicherheit und Ordnung voraus. Nach der Gesetzesbegründung muss für diese eine konkrete Gefahr bestehen.[38] 25

Im Hinblick auf die **Anstellung von Mitarbeitern** enthält das ThürGastG zwei spezielle Eingriffsbefugnisse. Zum einen kann dem Unternehmer von der Gewerbebehörde die Beschäftigung bestimmter Personen nach § 7 Abs. 3 ThürGastG untersagt werden, wenn Tatsachen die Annahme rechtfertigen, dass diese die für ihre Tätigkeit erforderliche Zuverlässigkeit nicht besitzen. Die Maßstäbe entsprechen denen des § 2 ThürGastG. Die Vorschrift dient dem Schutz des Gewerbetreibenden, da es „unangemessen [ist], gegen den Gewerbetreibenden ein Untersagungsverfahren durchzuführen, wenn Missstände auf das Verhalten beschäftigter – unzuverlässiger – Personen zurückzuführen sind."[39] Als weniger belastende Maßnahme sieht § 7 Abs. 4 ThürGastG die Verpflichtung des Gewerbetreibenden zur Mitteilung bestimmter persönlicher Daten neuer Mitarbeiter innerhalb einer Woche nach ihrer Anstellung vor, soweit dies im Einzelfall zum Schutz der Gäste erforderlich ist. Allerdings setzt das Vorliegen einer solchen Situation das Auftreten von Problemen in der Gaststätte im Vorfeld voraus, die ihre Ursache gerade in der Beschäftigung unzuverlässiger Mitarbeiter finden. 26

Nimmt ein Gewerbetreibender das Gaststättengewerbe vor Ablauf der vierwöchigen Wartefrist nach der Gewerbeanzeige ohne die Bestätigung einer Fristverkürzung durch die zuständige Behörde auf, so kann die **Fortsetzung des Betriebs** gemäß § 2 Abs. 4 S. 3 ThürGastG von dieser **untersagt** werden. Der Grundsatz der Verhältnismäßigkeit erfordert jedoch einen vorherigen Hinweis auf die Möglichkeit der Geltendmachung einer unbilligen Härte nach § 2 Abs. 4 S. 2 ThürGastG. Zudem ist die Wirkung der Untersagung bis zum Ablauf der Frist beschränkt. Danach kann eine Untersagung des Gaststättengewerbes wegen Unzuverlässigkeit nach § 9 Abs. 1 ThürGastG i.V.m. § 35 GewO erfolgen. 27

In Bezug auf die **Sperrzeit** ermächtigt § 5 Abs. 2 bis 5 ThürGastG die örtlich zuständige Gewerbebehörde bei Vorliegen eines öffentlichen Bedürfnisses oder wegen besonderer örtlicher Verhältnisse allgemein oder im Einzelfall zu deren Verlängerung, Verkür- 28

---

38 LT-Drs. 4/3950, S. 14.
39 LT-Drs. 4/3950, S. 14.

zung und Aufhebung. Die Vorschrift ermöglicht einen flexiblen Umgang mit der gesetzlichen Grundkonzeption.

IV. Ladenschlussrecht

29 Mit dem Erlass des Thüringer Ladenöffnungsgesetzes (ThürLadÖffG) hat der Landesgesetzgeber bereits im Jahr 2006 von der durch die Änderung des Art. 74 Abs. 1 Nr. 11 GG im Zuge der Föderalismusreform geschaffenen Möglichkeit Gebrauch gemacht, eine eigene ladenschlussrechtliche Regelung anstelle des vormals bundesweit geltenden Ladenschlussgesetzes zu erlassen.[40] Wie schon der Titel des Gesetzes nahelegt, basiert dieses auf einem **liberalen Grundansatz** in Bezug auf die Ladenöffnungszeiten. § 1 ThürLadÖffG stellt klar, dass das Gesetz, das zudem das gewerbliche Anbieten von Waren außerhalb von Verkaufsstellen regelt, zugleich dem Schutz der Sonn- und Feiertage sowie dem Arbeitnehmerschutz dient. Nicht erfasst werden allerdings reine Dienstleistungsangebote, wie etwa Friseurgeschäfte und Sonnenstudios, die allein dem Sonn- und Feiertagsrecht unterfallen.[41] Korrespondierend damit steht es in einem engen inhaltlichen Zusammenhang mit den Bestimmungen des Feiertagsrechts und des Arbeitszeitgesetzes.

1. Allgemeine Ladenöffnungs- und Schutzzeiten

30 § 3 ThürLadÖffG gestattet[42] die Öffnung von Verkaufsstellen von Montag 00.00 Uhr bis Sonnabend 20.00 Uhr (**allgemeine Ladenöffnungszeit**). Der Begriff der **Verkaufsstelle** ist dabei weit gefasst und umfasst gemäß § 2 ThürLadÖffG „1. Ladengeschäfte aller Art, Apotheken, Tankstellen und Verkaufsstellen auf Bahnhöfen, Flughäfen und an Schiffsanlegestellen, 2. sonstige Verkaufsstände, Kioske, Basare und ähnliche Einrichtungen, falls in ihnen ebenfalls von einer festen Stelle aus ständig Waren zum Verkauf an jedermann gewerblich angeboten werden. Diesem gewerblichen Anbieten steht das Zeigen von Mustern, Proben und Ähnlichem gleich, wenn Warenbestellungen in der Einrichtung entgegengenommen werden."

31 Als **Schutzzeit**, während der Verkaufsstellen grundsätzlich geschlossen sein müssen und auch ein gewerbliches Anbieten von Waren an jedermann außerhalb von Verkaufsstellen verboten ist, bestimmt § 4 Abs. 1 ThürLadÖffG Sonn- und Feiertage iSd Thüringer Feiertagsgesetzes, Sonnabende nach 20.00 bis 24.00 Uhr sowie den 24. und 31. Dezember ab 14.00 Uhr, wenn diese Tage auf einen Werktag fallen. Diese Schutzzeiten gelten allerdings nicht ohne Ausnahmen.

2. Ausnahmen

32 Die aus § 4 Abs. 1 ThürLadÖffG folgenden Beschränkungen gelten nach § 5 ThürLadÖffG nicht für **Apotheken** im Hinblick auf die Abgabe von Arzneimitteln und apothekenüblichen Waren[43] sowie gemäß § 6 ThürLadÖffG nicht für **Tankstellen** in

---

40 Zu verbleibenden Kompetenzfragen *Mosbacher*, Sonntagsschutz und Ladenschluß, S. 242 ff.; vergleichend zum Ladenöffnungsrecht in den Ländern *Knauff*, Öffentliches Wirtschaftsrecht, § 5 Rn. 103 ff.
41 *Mosbacher*, Sonntagsschutz und Ladenschluß, S. 72 f.
42 Zur fehlenden Verpflichtung siehe parallel *Meixner*, Hessisches Ladenöffnungsgesetz, § 3 Rn. 3.
43 Eine Beschränkung des § 5 S. 1 ThürLadÖffG auf festgelegte Apotheken sieht wiederum dessen S. 2 vor für den Fall, dass die Landesapothekenkammer eine Dienstbereitschaft eingerichtet hat; zum Fehlen einer Er-

Bezug auf den Verkauf von Betriebsstoffen, Ersatzteilen für Kraftfahrzeuge und von Reisebedarf, der in § 2 Abs. 3 ThürLadÖffG legaldefiniert wird als „Zeitungen, Zeitschriften, Straßenkarten, Stadtpläne, Reiselektüre, Schreibmaterialien, Tabakwaren, Schnittblumen, Reisetoilettenartikel, Träger für Bild- und Tonaufnahmen, Bedarf für Reiseapotheken, Reiseandenken und Spielzeug geringeren Wertes, Lebens- und Genussmittel in kleineren Mengen sowie ausländische Geldsorten."[44] Tankstellen können damit während des ganzen Jahres rund um die Uhr geöffnet werden, sind dann jedoch in Bezug auf ihr Leistungsangebot beschränkt. Soweit an Tankstellen ein über den Reisebedarf iSv § 2 Abs. 3 ThürLadÖffG hinausgehendes Leistungsangebot erfolgen soll, darf dies nur unter Beachtung der Schutzzeiten erfolgen. Dies ist ggf. durch eine räumliche Abtrennung sicherzustellen.[45] Eine Beschränkung des Kundenkreises auf Reisende erfolgt allerdings nicht.

Eine weitere, etwas weniger weitgehende Ausnahme von der Schutzzeit normiert § 7 ThürLadÖffG für **Verkaufsstellen auf**[46] **Flughäfen, Bahnhöfen und an Schiffsanlegestellen**.[47] Auch diese ist auf den Verkauf von Reisebedarf beschränkt und erfasst Sonn- und Feiertage uneingeschränkt. Am 24. und 31. Dezember endet die zulässige Öffnungszeit jedoch jeweils um 17.00 Uhr.

33

Des Weiteren gestattet § 8 ThürLadÖffG eine Öffnung von Verkaufsstellen an Sonn- und Feiertagen (außer Karfreitag, Volkstrauertag und Totensonntag) bis zur Dauer von sechs zusammenhängenden Stunden im Zeitraum zwischen 11.00 und 20.00 Uhr (am 24. und 31. Dezember entsprechend § 4 Abs. 1 ThürLadÖffG bis 14.00 Uhr) in staatlich anerkannten **Kur- und Erholungsorten** sowie in durch Rechtsverordnung der Landkreise und kreisfreien Städte bestimmten **Wallfahrtsorten** und **Ausflugsorten** mit besonders starkem Fremdenverkehr. Eine gegenständliche Beschränkung erfolgt dahin gehend, dass während der erweiterten Öffnungszeiten nur der Verkauf von Reisebedarf, Devotionalien sowie Waren, die für diese Orte kennzeichnend sind, zulässig ist. Bei den beiden zuletzt genannten Begriffen handelt es sich um unbestimmte Rechtsbegriffe, die in Anbetracht des Ausnahmecharakters der Vorschrift keiner weiten Auslegung zugänglich sind.[48] Zur Schaffung von Rechtssicherheit sollte eine möglichst detailgenaue Konkretisierung in den von den Landkreisen und kreisfreien Städten zu erlassenden Rechtsverordnungen erfolgen, deren Regelungsgehalt sich auch darauf erstreckt, „unter welchen Voraussetzungen und Bedingungen Verkaufsstellen an Sonn-

34

---

mächtigungsgrundlage für eine Schließungsanordnung BVerwG, Urt. v. 26.5.2011 – 3 C 21/10, NVwZ RR 2011, 819 (820).
44 Kritisch zur Verfassungskonformität *Friedrich*, Die Verfassungsmäßigkeit liberaler Ladenöffnungsregelungen am Beispiel des LÖG NRW in der Fassung vom 16.11.2006, S. 154 ff.
45 Vgl. *D. Neumann*, Ladenschlussrecht, § 8 Rn. 7.
46 Zum genügenden räumlich-sachlichen Zusammenhang *Meixner*, Hessisches Ladenöffnungsgesetz, § 4 Rn. 10; *D. Neumann*, Ladenschlussrecht, § 8 Rn. 3, § 9 Rn. 1; zu den wirtschaftlichen Auswirkungen der Ausnahmen vgl. *Schmitz*, NVwZ 2008, 18 (19).
47 Zur Verfassungskonformität der Ausnahmen in Bezug auf das LadSchlG BVerfG, Urt. v. 9.6.2004 – 1 BvR 636/02, BVerfGE 111, 10.
48 Vgl. *D. Neumann*, Ladenschlussrecht, § 10 Rn. 2.

und Feiertagen geöffnet sein dürfen". Eine Öffnung an mehr als 20 Sonn- und Feiertagen im Jahr erscheint dabei verfassungsrechtlich problematisch.[49]

35 Ohne örtliche Beschränkung ermöglicht § 9 ThürLadÖffG außer am Karfreitag, Ostersonntag, Pfingstsonntag und ersten Weihnachtsfeiertag eine Öffnung von Verkaufsstellen an Sonn- und Feiertagen im Zeitraum von 7.00 bis 17.00 Uhr für die Dauer von fünf zusammenhängenden Stunden im Hinblick auf den Verkauf von **Bäcker- oder Konditorwaren** (soweit diese nicht als Gaststätten von den weitergehenden Öffnungsrechten des Gaststättenrechts profitieren), **Schnitt- und Topfblumen** sowie pflanzlichen Gebinden, soweit Blumen in erheblichem Umfang zum Verkaufssortiment gehören, **Zeitungen und Zeitschriften** sowie **selbst erzeugten landwirtschaftlichen Produkten**. Für den Fall, dass der 24. Dezember auf einen Sonntag fällt, erfolgt eine Einschränkung auf höchstens drei Stunden bis längstens 14.00 Uhr; erweiternd werden dann jedoch auch „alle Verkaufsstellen für die Abgabe von Weihnachtsbäumen" erfasst. Auf die jeweiligen Öffnungszeiten hat der Inhaber an der Verkaufsstelle gut sichtbar hinzuweisen.

36 § 10 ThürLadÖffG gestattet nach Maßgabe der von den Landkreisen und kreisfreien Städten zu erlassenden Rechtsverordnungen eine Öffnung von Verkaufsstellen an jährlich höchstens vier Sonn- und Feiertagen aus **besonderem Anlass**, dh aufgrund eines Ereignisses, das selbst einen beträchtlichen Besucherstrom anzieht, zu dessen Versorgung die Verkaufsöffnung erforderlich ist, so dass die Ladenöffnung als dessen bloßer Annex erscheint,[50] für die Dauer von bis zu sechs zusammenhängenden Stunden in der Zeit von 11.00 bis 20.00 Uhr. Ein besonderer Anlass wird als grundsätzlich gegeben angesehen, wenn dieser bereits in den zusammenhängenden drei Vorjahren zu einer entsprechenden Öffnung führte und er unverändert besteht. Ausgenommen hiervon sind der Karfreitag, die Adventssonntage und die übrigen Sonn- und Feiertage im Dezember mit Ausnahme des ersten oder zweiten Adventssonntags.[51] Eine unterschiedliche Regelung für die kreisangehörigen Gemeinden sowie die Ortsteile der kreisfreien Städte ist möglich. Die Vorschrift trägt den vom BVerfG aus Art. 140 GG i.V.m. Art. 136 WRV abgeleiteten Anforderungen[52] hinreichend Rechnung.

37 Schließlich gestattet § 11 ThürLadÖffG den Landkreisen und kreisfreien Städten im Einzelfall die Bewilligung **weiterer Ausnahmen, die im öffentlichen Interesse notwendig sind**.[53] Diese sind stets zu befristen und jederzeit widerruflich.

3. Arbeitnehmerschutz

38 § 12 ThürLadÖffG normiert einige dem Arbeitnehmerschutz dienende Vorgaben. Diese ergänzen die insoweit nicht abschließenden[54] Bestimmungen des ArbZG sowie der

---

49 *Hufen*, Der Ausgleich verfassungsrechtlich geschützter Interessen bei der Ausgestaltung des Sonn- und Feiertagsschutzes, S. 407 ff.
50 ThürOVG, Beschl. v. 7.3.2016 – 3 EN 123/16, ThürVBl 2017, 93 (95); Urt. v. 22.9.2016 – 3 N 182/16; Beschl. v. 29.9.2020 – 3 EN 643/20, GewArch 2021, 165.
51 Nicht aber der 1. Mai, ThürOVG, Beschl. v. 20.4.2016 – 3 EN 222/16.
52 BVerfG, Urt. v. 1.12 2009 – 1 BvR 2857/07, BVerfGE 125, 39 (85 f.).
53 Vgl. auch *Meixner*, Hessisches Ladenöffnungsgesetz, § 7 Rn. 7 f.
54 BVerfG, Beschl. v. 14.1.2015 – 1 BvR 931/12, BVerfGE 138, 261 (279 ff.); siehe dazu *Ulber*, NVwZ 2015, 1026 (1027 ff.).

IV. Ladenschlussrecht

Thüringer Verordnung über die Zulassung der Beschäftigung von Arbeitnehmern an Sonn- und Feiertagen (Thüringer Bedarfsgewerbeverordnung)[55], die eine Inanspruchnahme der im ThürLadÖffG vorgesehenen Ausnahmen auch arbeitsrechtlich ermöglichen.

Nach § 12 Abs. 1 ThürLadÖffG dürfen **Arbeitnehmer an Sonn- und Feiertagen** nur während der ausnahmsweise zugelassenen Öffnungszeiten zuzüglich insgesamt weiterer 30 Minuten für die Erledigung unerlässlicher Vorbereitungs- und Abschlussarbeiten beschäftigt werden. Das Merkmal der Unerlässlichkeit ist dabei eng auszulegen. Jede Tätigkeit, die ohne größere Schwierigkeiten auf den Werktag vor oder nach dem betroffenen Sonn- oder Feiertag verschoben werden kann, ist nicht als unerlässlich zu qualifizieren. Auf den Tag bezogen darf die Dauer der Arbeitszeit des einzelnen Arbeitnehmers acht Stunden, auf das Jahr gemäß § 12 Abs. 2 S. 2 ThürLadÖffG 22 Sonn- und Feiertage nicht überschreiten. 39

§ 12 Abs. 3 ThürLadÖffG sieht überdies vor, dass **Arbeitnehmer in Verkaufsstellen mindestens an zwei Samstagen in jedem Monat nicht beschäftigt werden dürfen.**[56] Zudem hat der Arbeitgeber bei der Häufigkeit der Arbeitseinsätze an Werktagen ab 20.00 Uhr sowie der Beschäftigung an Sonn- und Feiertagen die **sozialen Belange** der Beschäftigten, insbesondere die Vereinbarkeit von Familie und Beruf, zu berücksichtigen. Konkrete Verpflichtungen folgen hieraus allerdings nicht. Gesetzlich gefordert ist allein die Vornahme einer Abwägung, in der allerdings auch den Geschäfts- und Organisationsinteressen des Arbeitgebers ein bedeutendes Gewicht zukommt. 40

4. Eingriffsbefugnisse

Der Vollzug des ThürLadÖffG obliegt nach § 13 Abs. 1 ThürLadÖffG i.V.m. Nr. 4.7 der Anlage zur Thüringer Verordnung zur Regelung von Zuständigkeiten auf dem Gebiet des Arbeitsschutzes (ThürASZustVO) in Bezug auf die arbeitnehmerschutzrechtlichen Regelungen dem **Thüringer Landesamt für Verbraucherschutz**, im Übrigen den **Gewerbebehörden**. Generalklauselartig ermächtigt § 13 Abs. 2 ThürLadÖffG die Aufsichtsbehörde zur Anordnung der „**erforderlichen Maßnahmen**" zur Erfüllung der aus dem ThürLadÖffG folgenden Pflichten gegenüber den Inhabern von Verkaufsstellen, Gewerbetreibenden und sonstigen verantwortlichen Personen, etwa angestellten Filialleitern. Diese Personen haben nach § 13 Abs. 3 ThürLadÖffG den Aufsichtsbehörden auf Verlangen die zur Erfüllung der Aufgaben dieser Behörden erforderlichen **Angaben** wahrheitsgemäß und vollständig zu machen. Im Hinblick auf die verfassungsrechtlich gewährleistete Selbstbelastungsfreiheit[57] können jedoch vor dem Hinter- 41

---

55 GVBl. 1998, S. 140.
56 Zur Vereinbarkeit mit dem Grundrecht der Berufsfreiheit der Arbeitgeber BVerfG, Beschl. v. 14.1.2015 – 1 BvR 931/12, BVerfGE 138, 261 (284 ff.); ThürVerfGH, Beschl. v. 7.12.2016 – VerfGH 28/12, ThürVBl 2017, 87; ThürOVG, Beschl. v. 5.9.2016 – 3 EO 67/16; zum Anspruchscharakter ThürLAG, Urt. v. 24.6.2015 – 6 Sa 29/14; zur fehlenden Verpflichtungswirkung einer regelmäßigen Einteilung zu Samstagsarbeit aufgrund früherer Praxis zugunsten des Arbeitnehmers ThürLAG, Urt. v. 21.2.2018 – 6 Sa 110/17.
57 Grundlegend BVerfG, Beschl. v. 8.10.1974 – 2 BvR 747/73, BVerfGE 38, 105 (114 f.); im Überblick zur grundrechtlichen Herleitung *Kölbel*, Selbstbelastungsfreiheiten. Der nemo-tenetur-Satz im materiellen Strafrecht, 2006, S. 262 ff.; *Mäder*, Betriebliche Offenbarungspflichten und Schutz vor Selbstbelastung, 1997, S. 65 ff.

grund der Bebußung von Verstößen nach § 14 ThürLadÖffG ungeachtet des Fehlens einer diesbezüglichen Regelung entsprechend § 29 Abs. 3 GewO, § 4 Abs. 3 Thür-GastG Angaben verweigert werden, welche die Gefahr einer Verfolgung und Sanktionierung begründen.[58] Entsprechend den Bestimmungen im sonstigen Gewerberecht berechtigt § 13 Abs. 4 ThürLadÖffG die Beauftragten der Aufsichtsbehörden, die Verkaufsstellen während der Öffnungszeiten zu **betreten**, soweit es für die Überwachung der Einhaltung der Bestimmungen des ThürLadÖffG erforderlich ist; damit korrespondiert eine Duldungspflicht der Inhaber von Verkaufsstellen und Gewerbetreibenden. Nicht normiert ist dagegen eine Befugnis, Prüfungen und Besichtigungen vorzunehmen und in die geschäftlichen Unterlagen des Auskunftspflichtigen Einsicht zu nehmen. Wegen des uneingeschränkten Gesetzesvorbehalts für Eingriffe[59] können diese daher nicht in Bezug auf das Ladenschlussrecht vorgenommen werden.

V. Verkehrsmarktrecht (ÖPNV)

42   Im Bereich des Verkehrsmarktrechts bestehen mehrere Regelwerke.[60] Während das Thüringer Bergbahn- und Parkeisenbahngesetz (ThürBPBahnG) und die Thüringer Verordnung zur Regelung der Schiff- und Floßfahrt (ThürSchiffFloßVO) jeweils nur über einen recht beschränkten Anwendungsbereich verfügen, ist das nachfolgend vorzustellende Thüringer Gesetz über den öffentlichen Personennahverkehr (ThürÖPNVG) von erheblicher praktischer Bedeutung.

1. Grundlagen

43   Das ThürÖPNVG gilt für den **gesamten öffentlichen Personennahverkehr auf Schiene und Straße**. Es erfasst damit sowohl den auf Straßen (StPNV, damit bundesrechtlich dem PBefG unterfallenden) als auch den auf Schienen mit Eisenbahnen (SPNV, bundesrechtlich durch das AEG geregelten) erfolgenden Verkehr.[61] Übereinstimmend mit den bundesrechtlichen Vorgaben[62] wird der ÖPNV in § 1 Abs. 2 ThürÖPNVG legaldefiniert als „die allgemein zugängliche Beförderung von Personen mit Verkehrsmitteln im Linienverkehr, die überwiegend dazu bestimmt sind, die Verkehrsnachfrage im Stadt-, Vorort- oder Regionalverkehr zu befriedigen. Das ist im Zweifel der Fall, wenn in der Mehrzahl der Beförderungsfälle eines Verkehrsmittels die gesamte Reiseweite 50 Kilometer oder die gesamte Reisezeit eine Stunde nicht übersteigt." In Anbetracht der intensiven Ausformung des Bereichs durch den Bundesgesetzgeber beschränken sich die Regelungen des ThürÖPNVG auf einige ergänzende Vorgaben.

---

58   Eine ähnliche Problematik besteht im Hinblick auf Vorlageverlangen der BaFin nach § 4 WpHG, dazu *Szesny*, BB 2010, 1995 ff.
59   Siehe nur zusammenfassend *Grzeszick*, in: Maunz/Dürig, Grundgesetz-Kommentar, Art. 20 Rn. 111 ff.
60   Hingewiesen sei zudem auf die Zuständigkeitsregeln, insb. Thüringer Verordnung zur Bestimmung von Zuständigkeiten für die Ausführung der Rechtsvorschriften zum Transport gefährlicher Güter (ThürGefGZustVO); Thüringer Verordnung zur Bestimmung der Zuständigkeiten auf dem Gebiet des Güterkraftverkehrs (ThürZustGüKVO); Thüringer Verordnung über Zuständigkeiten und zur Übertragung von Ermächtigungen auf dem Gebiet des Personenbeförderungswesens (PBefZustÜV).
61   Zu den verfassungsrechtlichen Hintergründen G. *Neumann*, Daseinsvorsorgeaufgabe Schienenpersonennahverkehr, 2015, S. 121 ff.
62   Siehe darüber hinaus für einen umfassenden Vergleich der Landesnahverkehrsgesetze *Barth*, in: Baumeister, Recht des ÖPNV II, A2 Rn. 110 ff.

§ 2 ThürÖPNVG qualifiziert den ÖPNV ausdrücklich und ebenso wie § 1 RegG als 44
Aufgabe der **Daseinsvorsorge** und normiert einige Ziele und Grundsätze, denen vornehmlich ein Programmcharakter zu eigen ist. Danach zielt das Gesetz auf eine **Stärkung des ÖPNV** durch ein attraktives Verkehrsangebot ab. Dabei ist nach § 2 Abs. 3 S. 2 ThürÖPNVG „[d]er die Fläche des Landes erschließende SPNV ... als Grundangebot des ÖPNV auszugestalten und so mit dem regionalen und städtischen StPNV zu verknüpfen, dass durchgehende, weitestmöglich vertaktete Verkehrsangebote gewährleistet werden." Für die Verkehrserbringung sieht § 2 Abs. 7 S. 2 und 3 ThürÖPNVG vor, dass den Sicherheitsbedürfnissen der Nutzer Rechnung zu tragen ist und Fahrzeuge mit geringen Schadstoff- und Lärmemissionen eingesetzt werden sollen.

2. Aufgabenträger

Eine wesentliche, in § 8 Abs. 3 PBefG explizit angesprochene Funktion der Landesnahverkehrsgesetze ist die Bestimmung der Aufgabenträger, denen bundesrechtlich die Sicherstellung einer ausreichenden den Grundsätzen des Klimaschutzes und der Nachhaltigkeit entsprechenden Bedienung der Bevölkerung mit Verkehrsleistungen im ÖPNV zugewiesen ist. In Übereinstimmung mit den Regelungsansätzen in anderen Ländern sieht § 3 Abs. 1 ThürÖPNVG vor, dass die Aufgabenträgerschaft dem **Land für den SPNV**, den **Landkreisen und kreisfreien Städten für den StPNV** sowie unter der Voraussetzung eines entsprechenden Beschlusses des Stadtrates den **Großen kreisangehörigen Städten für den Stadtverkehr** zugewiesen ist. Diese dürfen sich gemäß § 3 Abs. 4 ThürÖPNVG bei der Erfüllung ihrer Aufgaben Dritter, etwa Zweckverbänden oder Gesellschaften,[63] bedienen. 45

Die Aufgabenträger haben nach § 3 Abs. 2 ThürÖPNVG den ÖPNV als **Aufgabe im eigenen Wirkungskreis** zu planen, zu organisieren und zu finanzieren. Dabei ist im StPNV der Vorrang der eigenwirtschaftlichen Verkehrsleistung nach § 8 Abs. 4 S. 1 PBefG zu berücksichtigen, der die Organisationsnotwendigkeiten und -möglichkeiten deutlich zu beschränken geeignet ist.[64] Die erforderlichen finanziellen Mittel werden teilweise vom Bund auf Grundlage von § 5 i.V.m. Anlagen 1 und 2 RegG sowie des Gemeindeverkehrsfinanzierungsgesetzes (GVFG) zur Verfügung gestellt und den Aufgabenträgern gemäß § 9 ThürÖPNVG zugewiesen.[65] Soweit eine Organisation und Finanzierung des ÖPNV durch Aufgabenträger vorgenommen wird, hat dies zudem unter Berücksichtigung der Verordnung (EG) Nr. 1370/2007 über öffentliche Personenverkehrsdienste[66] zu erfolgen.[67] 46

§ 4 ThürÖPNVG verpflichtet die Thüringer Aufgabenträger zu intensiver **Kooperation** untereinander wie auch mit den Aufgabenträgern benachbarter Bundesländer, soweit grenzüberschreitende Verkehrsbedürfnisse im ÖPNV bestehen. Ziel ist die Er- 47

---

63 LT-Drs. 2/518, S. 12.
64 Näher *Knauff*, GewArch 2013, 283 ff.; *ders.*, Vorrang der Eigenwirtschaftlichkeit im ÖPNV, 2017.
65 Für weitere Fördermaßnahmen siehe die Richtlinie zur Förderung von betrieblichen Investitionen im öffentlichen Personennahverkehr in Thüringen (RL-ÖPNV-Unternehmensförderung), ThürStAnz 2019, 1785.
66 ABl. EG 2007 L 315/1, geändert durch Verordnung (EU) 2016/2338, ABl. EU 2016 L 354/22.
67 Näher *Knauff*, in: Goede/Stoye/Stolz, Handbuch des Vergaberechts, 2. Aufl. 2021, Kap. 13.

möglichung hinsichtlich der Fahrpläne koordinierter sowie der Tarife harmonisierter Verkehrsangebote, insbesondere im Rahmen von Verkehrsverbünden.[68]

48 Ohne dass damit die Qualifikation als Aufgabenträger verbunden wäre, gestattet § 3 Abs. 3 ThürÖPNVG **kreisangehörigen Gemeinden**, das von den Aufgabenträgern vorgehaltene ÖPNV-Angebot eigenverantwortlich zu erweitern. Allerdings ist diesbezüglich das Benehmen mit dem Aufgabenträger herzustellen, um widersprüchliche oder doppelte Planungen und Maßnahmen zu vermeiden.

3. Nahverkehrsplanung

49 Ein wesentliches Instrument, das den Aufgabenträgern zur Erfüllung ihrer Aufgabe der Sicherstellung einer ausreichenden Verkehrsbedienung gesetzlich im Bereich des StPNV zugewiesen ist, ist der Nahverkehrsplan[69]. Dieser bildet nach § 8 Abs. 3 S. 8 PBefG „den **Rahmen für die Entwicklung des öffentlichen Personennahverkehrs**". § 6 Abs. 1 S. 1 ThürÖPNVG konkretisiert dies dahin gehend, dass „[d]er Nahverkehrsplan ... auf der Basis der verkehrspolitischen Zielstellung die mittel- und langfristige Entwicklung des ÖPNV dar[stellt]."

50 Obwohl bundesrechtlich nicht vorgesehen, begründet § 5 Abs. 1 S. 1 ThürÖPNVG eine **Verpflichtung**[70] zur Aufstellung von Nahverkehrsplänen für alle Aufgabenträger und damit auch für das Land in Bezug auf den SPNV. Für den Erlass sieht § 5 ThürÖPNVG zusätzlich zu den Anforderungen an die **Beteiligung** der vorhandenen[71] Verkehrsunternehmen und der Behindertenbeiräte nach § 8 Abs. 3 S. 6 PBefG Anhörungs-, Einvernehmens- und Abstimmungspflichten zwischen Aufgabenträgern sowie Gemeinden vor. Zudem sollen Vertreter der am ÖPNV Beteiligten gehört werden; dies schließt sowohl Beschäftigtenvertreter als auch Fahrgastverbände ein. Der Nahverkehrsplan für den StPNV wird von der Vertretungskörperschaft des Aufgabenträgers, mithin dem Kreistag oder Stadtrat beschlossen. Es handelt sich dabei um einen einfachen **Beschluss**, der dem Nahverkehrsplan nicht den Charakter einer Rechtsnorm verleiht, so dass er keine Außenwirkung entfaltet.[72] Die Geltungsdauer beträgt fünf Jahre, danach ist der Plan fortzuschreiben.

51 In Bezug auf die **Inhalte** des Nahverkehrsplans enthält sich das ThürÖPNVG ebenso wie die bundesrechtlichen Regelungen detaillierter Vorgaben. Nach § 6 Abs. 1 S. 1 ThürÖPNVG beinhaltet der Plan „insbesondere eine Bestandsanalyse des ÖPNV-Angebots und der Infrastruktur, Schätzungen über den zu erwartenden ÖPNV-Bedarf, Strategien und Maßnahmen zur Organisation des ÖPNV sowie Aussagen zur Angebotsgestaltung und Infrastrukturentwicklung." Im Hinblick auf die Entwicklungsfunktion der Planung sind insbesondere die beiden letztgenannten Vorgaben von Bedeutung. Während die Infrastrukturentwicklung vor allem schienengebundene Ver-

---

68 Siehe zudem ergänzend die Richtlinie zur Förderung der Kooperation im öffentlichen Personennahverkehr in Thüringen, ThürStAnz 2020, 1532.
69 Näher dazu (auf bundesrechtlicher Grundlage) *Brenner/Arnold*, NVwZ 2015, 385 ff.; zur Funktion im Hinblick auf Verkehrsbestellungen *Knauff*, Internationales Verkehrswesen 3/2015, 12 ff.
70 LT-Drs. 2/518, S. 13.
71 Zu deren Bestimmung *Fielitz/Grätz*, Personenbeförderungsgesetz, Stand 4/2022, § 8 PBefG Rn. 17.
72 Im Einzelnen dazu *Knauff*, Der Gewährleistungsstaat: Reform der Daseinsvorsorge, 2004, S. 408 ff.

kehrsangebote, Bahnhöfe und Haltestellen sowie ihre Verknüpfungsfunktion für die verschiedenen Verkehrsarten betrifft, sind die „Aussagen zur Angebotsgestaltung" stets relevant. Die fehlende normative Konkretisierung lässt es möglich erscheinen, hierunter sowohl allgemeine Aussagen als auch spezifische Einzelvorgaben etwa in Bezug auf Takt, Linienführung, Tarife und einzusetzende Fahrzeuge zu fassen. In Anbetracht des bundesrechtlich vorgegebenen **Rahmencharakters** des Instruments sollten derartige Vorgaben, die sich im StPNV überaus negativ auf die Möglichkeit der eigenwirtschaftlichen Verkehrsleistung auswirken können, tendenziell unterbleiben. Darüber hinaus legt § 5 Abs. 1 S. 3 ThürÖPNVG fest, dass der Nahverkehrsplan „den Zielen der Raumordnung, Landesentwicklung und Landesplanung unter Beachtung der Belange des Umweltschutzes, der Wirtschaftlichkeit und der Mobilitätsbedürfnisse der Bevölkerung zu entsprechen" hat.

Dem Nahverkehrsplan ist zudem nach § 6 Abs. 2 ThürÖPNVG ein **Investitions- und Finanzierungsplan** beizufügen. Dieser ist überdies gemäß § 6 Abs. 3 ThürÖPNVG jährlich fortzuschreiben und dem für Verkehr zuständigen Ministerium bis zum 30. September jedes Jahres für das Folgejahr vorzulegen. Auf Grundlage der vorgelegten Nahverkehrspläne erstellt das Land nach § 7 ThürÖPNVG eine ÖPNV-Investitionsplanung. 52

VI. Vergaberecht

Als **Ergänzung zu den vergaberechtlichen Bestimmungen des Bundes** hat der Thüringer Landesgesetzgeber im Jahr 2011 das Thüringer Gesetz über die Vergabe öffentlicher Aufträge (ThürVgG) erlassen und im Jahr 2019 mit dem Ziel einer Anpassung der Regelungen an die geänderten Vorgaben des EU- und des GWB-Vergaberechts grundlegend überarbeitet.[73] Überdies hatte eine Evaluierung des ThürVgG im Jahr 2016 ergeben, dass sich das Thüringer Vergabegesetz zwar in der Praxis bewährt habe, aber gleichwohl einer Weiterentwicklung bedürfe.[74] Die geltende Fassung des ThürVgG zielt einerseits auf eine Reduzierung des mit Auftragsvergaben verbundenen bürokratischen Aufwands, anderseits auf eine Stärkung sozialer und ökologischer Aspekte und damit der „strategischen" Beschaffung ab.[75] Das Gesetz über die Beschaffung sauberer Straßenfahrzeuge (Saubere-Fahrzeuge-Beschaffungs-Gesetz – SaubFahrzeugBeschG)[76] ergänzende landesrechtliche Regelungen wurden bislang nicht erlassen. 53

1. Anwendungsbereich

Gemäß § 1 Abs. 1 ThürVgG gelten die Bestimmungen des Gesetzes für die Vergabe öffentlicher Aufträge iSv § 103 GWB, soweit bei **Bauaufträgen ein geschätzter Auftragswert von 50.000 Euro** (ohne Umsatzsteuer) und bei **Liefer- und Dienstleistungsaufträ-** 54

---

73 GVBl. 2019, S. 315.
74 TMWWDG, Evaluierung des Thüringer Gesetzes über die Vergabe öffentlicher Aufträge, S. 126 ff. (abrufbar unter https://www.thueringen.de/mam/th6/wirtschaft/verwaltung/vergabegesetz_final.pdf.).
75 LT-Drs. 6/6682, S. 2.
76 Siehe dazu *Schröder*, NZBau 2021, 499; ders., NZBau 2022, 379; *Knauff*, in: Knauff, Neuerungen im Rechtsrahmen für den ÖPNV, 2022, S. 115.

gen ein geschätzter Auftragswert von 20.000 Euro (ohne Umsatzsteuer) überschritten wird. Den bundesvergaberechtlichen Schwellenwerten nach § 106 GWB kommt in diesem Kontext keine Bedeutung zu. Diese sind allein insoweit bedeutsam, als § 1 Abs. 2 S. 1 ThürVgG für die Vergabe von Unterschwellenaufträgen die UVgO und die VOB/A für anwendbar erklärt. § 14 UVgO gestattet zudem die Vergabe von „Direktaufträgen" ohne die Durchführung eines Vergabeverfahrens, wenn der geschätzte Netto-Auftragswert von Liefer- oder Dienstleistungen 1.000 Euro nicht überschreitet; jedoch soll der Auftraggeber zwischen den beauftragten Unternehmen wechseln. Zudem sind die Haushaltsgrundsätze der Wirtschaftlichkeit und Sparsamkeit zu beachten.[77] § 3a Abs. 4 VOB/A enthält eine übereinstimmende Regelung für Bauaufträge mit einem geschätzten Auftragswert von bis zu 3.000 Euro. Zudem ermächtigt § 1 Abs. 2 S. 2 ThürVgG das zuständige Ministerium zur Festlegung von Einzelheiten zu den Verfahren und Grenzen für Auftragswerte, bis zu deren Erreichen eine Auftragsvergabe im Wege einer Beschränkten Ausschreibung, einer Verhandlungsvergabe oder einer Freihändigen Vergabe nach den Bestimmungen der VOB/A und der UVgO zulässig ist. Von dieser Ermächtigung hat das Thüringer Ministerium für Wirtschaft, Wissenschaft und Digitale Gesellschaft durch Erlass der Thüringer Verwaltungsvorschrift zur Vergabe öffentlicher Aufträge (ThürVVöA)[78] Gebrauch gemacht.

55 Nach § 1 Abs. 2 S. 3 ThürVgG kann die Beschaffung preisgebundener Schulbücher unterhalb der Schwellenwerte nach § 106 GWB durch eine Verhandlungsvergabe mit oder ohne Teilnahmewettbewerb erfolgen. Die Regelung trägt dem Umstand Rechnung, dass in diesem Falle weder ein Preis- noch ein Qualitätswettbewerb erfolgen kann.[79] Gleichwohl gelten auch insoweit die allgemeinen, im EU-Primärrecht wurzelnden Vergabegrundsätze des Wettbewerbs, der Nichtdiskriminierung und der Transparenz,[80] die auch bei der Schulbuchbeschaffung unterhalb der Schwellenwerte der Herausbildung eines „Hoflieferantentums" entgegenstehen. Für entsprechende Beschaffungen oberhalb der Schwellenwerte enthält das GWB-Vergaberecht keine diesbezüglichen Ausnahmen. Zugleich darf dieses nicht durch eine künstliche Aufspaltung von Aufträgen umgangen werden, vgl. § 3 Abs. 2 VgV.

56 Gänzlich ausgeschlossen vom Anwendungsbereich des ThürVgG sind darüber hinaus die in § 1 Abs. 3 ThürVgG aufgelisteten Konstellationen, die weithin den Ausnahmebereichen des GWB-Vergaberechts entsprechen, darüber hinaus aber auch Sektorenaufträge erfassen. Für freiberufliche Leistungen gilt allein § 50 UVgO. Nach dem Wortlaut und dem Willen des historischen Gesetzgebers[81] wird auch die Vergabe von **Dienstleistungskonzessionen** nicht erfasst, die jedoch dem Vergaberecht des Bundes unterfällt. Bei Unterschwellenkonzessionsvergaben gilt daher das im Wesentlichen durch die EuGH-Rechtsprechung geprägte Primärkonzessionsvergaberecht.[82]

---

77 Näher *Dieckmann*, in: Dieckmann/Scharf/Wagner-Cardenal, VgV/UVgO, 2. Aufl. 2019, § 14 UVgO Rn. 2 ff.
78 ThürStAnz 2021, 1705, i.d.F. der 1. Änderungsverordnung, ThürStAnz 2021, S. 2179.
79 LT-Drs. 6/6682, S. 51.
80 Näher dazu unter Berücksichtigung der EuGH-Rechtsprechung *Knauff*, in: Goede/Stoye/Stolz, Handbuch des Vergaberechts, 2. Aufl. 2021, 1. Kap. Rn. 14 ff.
81 LT-Drs. 6/6682, S. 48 f.; vgl. auch die fehlende Thematisierung in LT-Drs. 5/1500, S. 19 f.
82 Näher *Siegel*, NZBau 2019, 353 ff.

In persönlicher Hinsicht werden gemäß § 2 ThürVgG alle **staatlichen und kommuna-** 57
len Auftraggeber (Gemeinden, Landkreise, Zweckverbände und Verwaltungsgemeinschaften), sonstige Körperschaften, Anstalten und Stiftungen des öffentlichen Rechts erfasst. Darüber hinaus haben **Zuwendungsempfänger** das ThürVgG zu beachten, soweit sie nach den allgemeinen Nebenbestimmungen für Zuwendungen[83] hierzu verpflichtet werden. Im Hinblick auf juristische Personen des Privatrechts wird auf die bundesrechtliche Regelung in § 99 Nr. 2 GWB verwiesen, so dass es sich um solche handelt, die zu dem besonderen Zweck gegründet wurden, im Allgemeininteresse liegende Aufgaben nichtgewerblicher Art zu erfüllen, sofern ihre überwiegende Finanzierung, die Aufsicht über ihre Leitung oder die Bestimmung von mehr als der Hälfte der Mitglieder eines ihrer zur Geschäftsführung oder zur Aufsicht berufenen Organe von Gebietskörperschaften, deren Sondervermögen oder von diesen und anderen öffentlichen Auftraggebern nach § 99 Nr. 2 GWB gebildeten Verbänden erfolgt.

Mit Blick auf eine effektive Rechtsanwendung ist die explizit durch § 2 Abs. 1 S. 2 58
ThürVgG geforderte Professionalisierung dahin gehend, dass „die mit der Vergabe öffentlicher Aufträge befassten Beschäftigten über angemessene Kenntnisse im Vergaberecht verfügen" müssen, ohne jeden Zweifel geboten. Sollte es einer derartigen gesetzlichen Regelung allerdings tatsächlich bedürfen, wäre dies kein gutes Zeugnis für die Arbeit der Thüringer Vergabestellen in den vergangenen Jahren. Andernfalls – und davon ist in Anbetracht der Qualifikation der Regelung in der Gesetzesbegründung als deklaratorisch[84] auszugehen – handelt es sich ungeachtet der Erkenntnisse im Zuge der Gesetzesevaluation um letztlich überflüssige symbolische Gesetzgebung.[85]

2. Vorgaben für Ausschreibungen

Das für Oberschwellenvergaben aufgrund § 97 Abs. 4 GWB geltende sowie für sonsti- 59
ge Aufträge in § 2 Abs. 4 UVgO verankerte Gebot der **Mittelstandsfreundlichkeit**[86] wird durch § 3 Abs. 2 ThürVgG dahin gehend verstärkt und konkretisiert, dass das „Vergabeverfahren, soweit nach Art und Umfang der anzubietenden Leistungen möglich, so zu wählen und die Verdingungsunterlagen so zu gestalten [sind], dass kleine und mittlere Unternehmen am Wettbewerb teilnehmen und beim Zuschlag berücksichtigt werden können." Im Hinblick auf das bereits bundesrechtlich normierte Gebot einer Leistungsvergabe in Fach- und Teillosen und die geringen Spielräume der Vergabestellen bei der Verfahrensgestaltung jedenfalls in den Regelfällen des offenen und des nichtoffenen Verfahrens, vgl. § 119 Abs. 2 bis 4, §§ 15 f. VgV, ist die Relevanz der Vorschrift gering. In Bezug auf Unterschwellenvergaben verpflichtet § 3 Abs. 1 ThürVgG öffentliche Auftraggeber zudem, „kleine und mittlere Unternehmen bei Be-

---

83 Siehe dazu die Anlagen zur VV Nr. 5.1 zu § 44 ThürLHO – Allgemeine Nebenbestimmungen für Zuwendungen, ThürStAnz 2014, S. 10, i.d.F. der 1. Änderung, ThürStAnz. 2016, S. 15.
84 LT-Drs. 6/6682, S. 52.
85 Generell kritisch *Siehr*, ARSP 91 (2005), S. 535 (546 ff.); unter dem Aspekt der Normenwahrheit *Meyer*, Der Staat 48 (2008), S. 278 ff.
86 Siehe zur Mittelstandsförderung außerhalb des Vergaberechts auch das Thüringer Gesetz zur Förderung und Stärkung kleiner und mittlerer Unternehmen und der Freien Berufe (Thüringer Mittelstandsförderungsgesetz) sowie das Thüringer Gesetz zur Übernahme von Bürgschaften, Garantien und sonstigen Gewährleistungen zur Förderung von Unternehmen der gewerblichen Wirtschaft und der freien Berufe (Thüringer Unternehmensförderungsgesetz).

schränkten Ausschreibungen, Verhandlungsvergaben und Freihändigen Vergaben in angemessenem Umfang zur Angebotsabgabe aufzufordern." Voraussetzung ist insoweit jedoch das Vorhandensein geeigneter Unternehmen für den zu vergebenden Auftrag. In Anbetracht der Wahlfreiheit zwischen Öffentlicher Ausschreibung und Beschränkter Ausschreibung mit Teilnahmewettbewerb durch § 8 Abs. 2 S. 1 UVgO verfügt die Regelung über einen nicht unerheblichen Anwendungsbereich.

60 Übereinstimmend mit den Rechtsentwicklungen auf europäischer und nationaler Ebene hat das ThürVgG die elektronische Vergabe gestärkt, die im Oberschwellenbereich ohnehin zwingend vorgegeben ist.[87] Bereits aus § 1 Abs. 2 Nr. 1 ThürVgG folgt für Liefer- und Dienstleistungsaufträge im Unterschwellenbereich die Geltung der §§ 7, 29 UVgO, wonach Ausschreibung und Kommunikation grundsätzlich elektronisch zu erfolgen haben und die Vergabeunterlagen für alle Bieter unentgeltlich, uneingeschränkt, vollständig und direkt unter einer im Rahmen der Auftragsbekanntmachung bekannt gegebenen Internetadresse abrufbar sein sollen. Für Bauaufträge unterhalb der Schwellenwerte ist die Verwendung elektronischer Mittel nach § 1 Abs. 2 Nr. 2 ThürVgG i.V.m. § 11 Abs. 1 S. 1 VOB/A nur möglich. Stets haben gemäß § 3 Abs. 3 ThürVgG staatliche Auftraggeber die Bekanntmachung eines zu vergebenden öffentlichen Auftrages in elektronischer Form auf der zentralen **Landesvergabeplattform**[88] zu veröffentlichen. Anderen Auftraggebern steht diese Möglichkeit fakultativ zur Verfügung.

61 Für **IT-Beschaffungen** schränkt § 4 Abs. 2 ThürVgG das vergaberechtlich grundsätzlich vorausgesetzte Bestimmungsrecht öffentlicher Auftraggeber hinsichtlich des Beschaffungsgegenstands[89] bereichsspezifisch ein.[90] Die Norm verweist zunächst auf § 4 des Thüringer Gesetzes zur Förderung der elektronischen Verwaltung (ThürEGovG), wonach im Interesse der Interoperabilität neue Anwendungen und Technologien mit offenen Schnittstellen sowie Standards auszustatten sind, ein grundsätzlicher Vorrang des Einsatzes von Open-Source-Software angeordnet wird und überdies vorgesehen ist, bei „neuer Software, die von der öffentlichen Verwaltung oder speziell für diese entwickelt wird, [den] Quellcode unter eine geeignete Freie-Software- und Open-Source-Lizenz zu stellen und zu veröffentlichen, soweit keine sicherheitsrelevanten Aufgaben damit erfüllt werden." § 4 Abs. 2 S. 2 ThürVgG wiederholt mit vergaberechtlicher Verbindlichkeit das Gebot des vorrangigen Einsatzes von Open-Source-Software und steht damit jenseits technisch oder wirtschaftlich begründeter Ausnahmefälle dem Erwerb von IT-Produkten mit restriktiven Lizenzregelungen entgegen. Dass nach § 4 Abs. 2 S. 3 ThürVgG „auch die Aspekte Bedienbarkeit, Zukunftssicherheit, Interoperabilität und IT-Sicherheit berücksichtigt werden [sollen]", sollte demgegenüber selbstverständlich sein.

---

87 Dazu *Vogt*, E-Vergabe, 2019, insb. S. 59 ff.; *Knauff*, NZBau 2020, 421 ff.
88 http://portal.thueringen.de/portal/page/portal/Serviceportal/Ausschreibungen.
89 Im Einzelnen dazu *Spinzig*, VergabeR 2019, 267 ff.; *Knauff*, ZUR 2021, 218 (219 f.).
90 Vgl. zu den gleichartig wirkenden Vorgaben bezüglich der Beschaffung von Fahrzeugen und energieverbrauchsrelevanten Produkten nach §§ 67 f. VgV *Knauff*, VergabeR 2019, 274 ff.

VI. Vergaberecht

Mehrere Bestimmungen des ThürVgG zielen auf **eine Berücksichtigung ökologischer** 62
und sozialer Belange bei öffentlichen Ausschreibungen.[91] Im Hinblick auf das vergaberechtliche Transparenzgebot, vgl. § 97 Abs. 1 S. 1 GWB, sind diesbezügliche Anforderungen bereits bei der Konzeption der Ausschreibung festzulegen.[92] Gemäß § 4 Abs. 3 ThürVgG können umweltbezogene und soziale Aspekte „auf allen Stufen des Vergabeverfahrens, namentlich bei der Definition des Auftragsgegenstands, dessen technischer Spezifikation, der Auswahl der Bieter, der Erteilung des Zuschlags und den Bedingungen für die Ausführung des Auftrags berücksichtigt werden, wenn sie im sachlichen Zusammenhang mit der Auftragsleistung stehen und in der Bekanntmachung oder den Vergabeunterlagen angegeben sind." Dies entspricht bundesrechtlichen Vorgaben[93].

Das europäisierte GWB-Vergaberecht ermöglicht bei Beschaffungen im Oberschwellenbereich in erheblichem Maße und auf allen Stufen des Vergabeverfahrens die **Berücksichtigung ökologischer Aspekte**.[94] Entsprechendes gilt bei Unterschwellenvergaben nach § 2 Abs. 3 i.V.m. § 23 Abs. 2 S. 1, § 43 Abs. 2, § 45 Abs. 2 S. 3 UVgO. Allerdings sind die normativen Vorgaben im Allgemeinen wenig konkret. In Bezug auf das Zuschlagskriterium der Kosten sieht § 43 Abs. 4 UVgO i.V.m. § 59 VgV die Möglichkeit ihrer Berechnung auf der Grundlage der Lebenszykluskosten der Leistung vor, mithin unter Einbeziehung aller Kosten der Herstellung, der Verwendung und der Entsorgung einschließlich externer (ökologischer) Effekte.[95] Ungeachtet dessen hat sich der Landesgesetzgeber für weitere Regelungen im ThürVgG entschieden. Nach § 4 Abs. 1 ThürVgG sollen staatliche Auftraggeber „bei der Beschaffung eines Investitionsgutes mit einem Stückwert von mehr als 1.000 Euro (ohne Umsatzsteuer) neben den voraussichtlichen Anschaffungskosten unter Berücksichtigung des Lebenszyklusprinzips die voraussichtlichen Betriebskosten über die Nutzungsdauer, die Kosten für den Energieverbrauch sowie die Entsorgungskosten berücksichtigen." Für kommunale Auftraggeber gilt dies fakultativ. Darüber hinaus qualifiziert § 4 Abs. 4 ThürVgG „die umweltbezogene ... Verträglichkeit der verwendeten Produkte einschließlich deren Herkunft und Produktion" (Nr. 5) und „die Energieeffizienz" (Nr. 6) exemplarisch als berücksichtigungsfähige umweltbezogene Aspekte. Aus europarechtlicher Perspektive ist allerdings äußerste Zurückhaltung bei der Anwendung von § 4 Abs. 4 Nr. 5 ThürVgG geboten. Die Herkunft eines Produkts ist für sich genommen im Hinblick auf die damit verbundenen Diskriminierungen kein zulässiges Vergabekriterium, vgl. Art. 42 Abs. 4 RL 2014/24/EU. Soweit damit Umweltbelastungen durch lange Transportwege vermieden werden sollen, können allenfalls[96] diese, nicht aber die Herkunft als solche vergaberechtlich Berücksichtigung finden.[97] Überdies erklärt § 6 Abs. 1 ThürVgG die Verwendung technischer Spezifikationen für zulässig, „die in Umweltgü- 63

---

91 Für einen Überblick über die Regelungen in anderen Landesvergabegesetzen siehe *Wagner/Pohl*, VergabeR 2015, 389 ff.
92 Siehe nur *Fehns-Böer*, in: Müller-Wrede, GWB Vergaberecht, 2016, § 97 Rn. 142 ff.
93 Siehe dazu *Funk/Tomerius*, KommJur 2016, 1 ff., 47 ff.; *Mohr*, EuZA 2017, 23 ff.
94 Dazu im Überblick *Hattenhauer/Butzert*, ZfBR 2017, 129 ff.
95 Näher *Eßig*, in: Müller-Wrede, VgV/UVgO, 2017, § 59 VgV Rn. 21 ff.
96 Vgl. noch auf Grundlage des früheren Vergaberechts *Frenz*, VergabeR 2013, 13 ff.
97 Näher *Knauff*, VergabeR 2017, 553 (558).

tezeichen definiert sind", und verweist darüber hinaus auf § 24 UVgO, der wiederum § 34 VgV entspricht.[98] Sofern in der Leistungsbeschreibung oder bei den Zuschlagskriterien auf umweltbezogene Aspekte verzichtet wurde, sollen staatliche Auftraggeber nach § 9 Abs. 3 ThürVgG „für die Ausführung des Auftrags in geeigneten Fällen mindestens einen umweltbezogenen Aspekt vorschreiben", mithin „umweltfreundliche und energieeffiziente Produkte, Materialien und Verfahren, wie zum Beispiel: 1. Geräte, Fahrzeuge, Gebäude oder Gebäudebestandteile mit hoher Energieeffizienzklasse, 2. Produkte, die aus recycelten Materialien hergestellt wurden, 3. ressourcenschonend hergestellte Produkte, Materialien oder der Einsatz ressourcenschonender Verfahren bei der Auftragsausführung, 4. Verfahren, die einen möglichst geringen Schadstoffausstoß (zum Beispiel niedriger CO_2-Fußabdruck), möglichst geringe Geräusch-, Geruchs- oder sonstige Emissionen verursachen oder weitestgehend auf den Einsatz von Pflanzenschutzmitteln und Pestiziden verzichten sowie 5. Produkte, Materialien oder Verfahren, die Umweltgütezeichen ... tragen."

64 Auch in Bezug auf **soziale Aspekte** weisen das EU- und das Bundesvergaberecht eine erhebliche Offenheit auf.[99] Im Unterschwellenbereich folgt dies insbesondere aus § 2 Abs. 3 i.V.m. § 23 Abs. 2 S. 1, § 43 Abs. 2, § 45 Abs. 2 S. 3 UVgO. Hieran anknüpfend legt das ThürVgG einen Regelungsschwerpunkt auf die Sozialverträglichkeit von Beschaffungen. § 4 Abs. 4 ThürVgG benennt exemplarisch einige im Rahmen der Auftragsvergabe berücksichtigungsfähige soziale Aspekte. Es handelt sich um „1. de[n] Anteil sozialversicherungspflichtig beschäftigter Arbeitnehmer, 2. die Einbeziehung von Auszubildenden, Langzeitarbeitslosen oder schwerbehinderten Menschen in geeignetem Umfang, 3. die Berücksichtigung der Belange von Menschen mit Behinderungen, 4. Maßnahmen zur Förderung der Chancengleichheit von Frauen und Männern im Beruf und zur Vereinbarkeit von Familie und Beruf". Die Notwendigkeit eines Bezugs zum zu vergebenden Auftrag entfällt hierdurch nicht.[100] In der Sache handelt es sich um eine bloße Klarstellung.

65 Bedeutsam sind die Vorgaben des ThürVgG in Bezug auf die **Tariftreue**. § 10 Abs. 1 ThürVgG gebietet im Hinblick auf Bau- und sonstige Dienstleistungen, die vom Arbeitnehmer-Entsendegesetz und dem Tarifvertragsgesetz erfasst werden, eine Berücksichtigung nur solcher Unternehmen bei der Auftragsvergabe, „die sich verpflichtet haben, ihren Arbeitnehmern bei der Ausführung dieser Leistungen Arbeitsbedingungen zu gewähren, die mindestens den Vorgaben desjenigen Tarifvertrages entsprechen, an den das Unternehmen aufgrund des Arbeitnehmer-Entsendegesetzes gebunden ist oder der nach dem Tarifvertragsgesetz für allgemein verbindlich erklärt wurde." Dabei handelt es sich letztlich um nicht mehr als die Bestätigung der Erfüllung ohnehin bestehender rechtlicher Verpflichtungen durch den jeweiligen Bieter. Für staatliche Auftraggeber zwingend, für andere fakultativ, § 10 Abs. 8 ThürVgG, sieht § 10 Abs. 4 S. 1 ThürVgG darüber hinaus vor, dass diese Aufträge an Unternehmen unabhängig

---

98 Dazu im Einzelnen *Knauff*, VergabeR 2017, 553 ff.
99 Zusammenfassend *Hattenhauer/Butzert*, ZfBR 2017, 129 ff.; *Latzel*, NZBau 2014, 673 ff.
100 LT-Drs. 6/6682, S. 54 f.

von ihrer eigenen Tarifbindung[101] nur dann vergeben, „wenn diese sich verpflichten, ihren Arbeitnehmern bei der Ausführung der Leistung mindestens das in Thüringen für die jeweilige Branche in einem einschlägigen und repräsentativen mit einer tariffähigen Gewerkschaft vereinbarten Tarifvertrag vorgesehene Entgelt nach den tarifvertraglich festgelegten Modalitäten zu zahlen und während der Ausführungslaufzeit Änderungen des Tarifentgelts nachzuvollziehen." Diese Verpflichtung gilt für jegliche Leistungserbringung im Inland[102], § 10 Abs. 8 ThürVgG und grundsätzlich auch für Leiharbeitnehmer, § 10 Abs. 5 ThürVgG, jedoch dann nicht, „wenn die ausgeschriebene Leistung im sachlichen und räumlichen Anwendungsbereich 1. eines nach dem Tarifvertragsgesetz für allgemeinverbindlich erklärten Tarifvertrages oder 2. eines Tarifvertrages, dessen Geltung durch eine Rechtsverordnung nach dem Arbeitnehmer-Entsendegesetz auf alle Arbeitgeber und Arbeitnehmer erstreckt wurde, liegt und sich hieraus ein Mindeststundenentgelt ergibt", § 10 Abs. 4 S. 8 ThürVgG. Welcher Tarifvertrag bzw. welche Tarifverträge für die jeweilige Branche als repräsentativ anzusehen sind, gibt das für Arbeit zuständige Ministerium im Thüringer Staatsanzeiger bekannt. Hinsichtlich der Feststellung der Repräsentativität ist auf die Bedeutung des oder der Tarifverträge im jeweiligen Bereich für die Arbeitsbedingungen der Arbeitnehmer abzustellen.[103] Dabei kann nach § 10 Abs. 3 S. 2 ThürVgG „insbesondere auf 1. die Zahl der von den jeweils tarifgebundenen Arbeitgebern unter den Geltungsbereich des Tarifvertrages fallenden Arbeitnehmer oder 2. die Zahl der jeweils unter den Geltungsbereich des Tarifvertrages fallenden Mitglieder der Gewerkschaft, die den Tarifvertrag geschlossen hat Bezug genommen werden." Ob diese Voraussetzungen erfüllt werden, ist von einem beratenden Ausschuss, der paritätisch aus jeweils drei Vertretern der Gewerkschaften und der Arbeitgeber oder Arbeitgeberverbände zusammengesetzt ist, zu bewerten. Im Falle des Vorliegens mehrerer repräsentativer Tarifverträge verfügt der Unternehmer über ein Wahlrecht.

Zusätzlich führt § 10 Abs. 4 S. 5 und 6 ThürVgG einen vergabespezifischen **Mindestlohn**[104] von derzeit[105] 11,92 Euro/Stunde ein. Dieser ist von staatlichen Auftraggebern zwingend, von anderen fakultativ anzuwenden, wenn die ausgeschriebene Leistung keinem als repräsentativ festgestellten Tarifvertrag unterfällt oder ein solcher ein geringeres Entgelt für die Arbeitnehmer vorsieht, sofern nicht § 10 Abs. 4 S. 8 ThürVgG eingreift.

Für Auftragsvergaben über **ÖPNV-Leistungen** sieht das ThürVgG Sonderregelungen vor. § 10 Abs. 2 und 3 ThürVgG enthält – gesetzessystematisch wenig gelungen, je-

---

101 Zur verfassungsrechtlichen Zulässigkeit BVerfG, Beschl. v. 11.7.2006 – 1 BvL 4/00, BVerfGE 116, 202 (217 ff.). Es handelt sich allein um eine schuldrechtliche Verpflichtung im Rahmen der Auftragsvergabe, *Barczak/Pieroth*, RdA 2016, 209 (213).
102 Zur Notwendigkeit diese Beschränkung EuGH, Urt. v. 18.9.2014 – C-549/13, EuZW 2014, 942 – *Bundesdruckerei*.
103 Vgl. zur Problematik OLG Düsseldorf, Beschl. v. 19.10.2015 – VII-Verg 30/13, NZBau 2016, 50.
104 Zur Zulässigkeit im Überblick *Fehling*, in: Pünder/Schellenberg, Vergaberecht, 3. Aufl. 2019, § 129 GWB Rn. 25 ff.; *Kühnast*, in: Säcker/Ganske/Knauff, Münchener Kommentar zum Wettbewerbsrecht III, 4. Aufl. 2022, § 97 GWB Rn. 190 ff.; insbesondere zum Verhältnis zum MiLoG *Tugendreich*, NZBau 2015, 395 ff.; siehe auch die ausführlichen Erwägungen in der Gesetzesbegründung, LT-Drucks. 6/6682, S. 61 ff.
105 Eine jährliche Anpassung ab 2021 sieht § 10 Abs. 6 ThürVgG vor.

doch europarechtlich unbedenklich[106] – eine bereichsspezifische Tariftreueregelung, die von den allgemeinen Vorgaben in § 10 Abs. 4 ThürVgG nur hinsichtlich des Kreises der Verpflichteten sowie der Zuständigkeiten in Bezug auf die Feststellung der Repräsentativität abweicht. Zusätzlich gestattet § 10a S. 1 ThürVgG öffentlichen Auftraggebern anknüpfend an Art. 4 Abs. 5 VO (EG) Nr. 1370/2007[107] für den Fall eines Betreiberwechsels anzuordnen, „dass der ausgewählte Betreiber eines öffentlichen Dienstes die Arbeitnehmer des bisherigen Betreibers zu den Arbeitsbedingungen übernimmt, die diesen von dem vorherigen Betreiber gewährt wurden", mithin die Rechtsfolgen eines Betriebsübergangs[108] entsprechend § 613a BGB. Diese Möglichkeit besteht jedoch aufgrund des Charakters der VO (EG) Nr. 1370/2007 als unmittelbar geltendes Recht, Art. 288 Abs. 2 AEUV, ohnehin.[109] Überdies kann die Bestimmung oberhalb der Schwellenwerte nur im straßengebundenen ÖPNV zur Anwendung kommen, da mit § 131 Abs. 3 GWB für Eisenbahnverkehrsleistungen bereits eine funktional übereinstimmende, zudem mit weitergehender Verpflichtungswirkung versehene und im Detail abweichende Regelung besteht. Keine eigenständige Bedeutung kommt § 10a ThürVgG auch insoweit zu, als die Vorschrift in S. 4 Transparenzpflichten statuiert, da auch diese unmittelbar aus dem vorrangigen und einer Umsetzung in nationales Recht weder bedürftigen noch fähigen[110] EU-Verordnungsrecht folgen. Soweit § 10a S. 2 ThürVgG die „bisherigen Betreiber ... verpflichtet, den öffentlichen Auftraggebern auf Anforderung die ... erforderlichen Unterlagen zur Verfügung zu stellen oder Einsicht in Lohn- und Meldeunterlagen, Geschäftsbücher und andere Geschäftsunterlagen und Aufzeichnungen zu gewähren, aus denen Umfang, Art, Dauer und tatsächliche Entlohnung der Arbeitnehmer hervorgehen oder abgeleitet werden können", füllt die Vorschrift eine Regelungslücke in der ursprünglichen Fassung der VO (EG) Nr. 1370/2007 aus, welche zwar die öffentlichen Auftraggeber zur Angabe der für einen de facto-Betriebsübergang relevanten Daten verpflichtete, sich aber nicht zu deren Beschaffung verhielt. Allerdings sieht Art. 4 Abs. 8 S. 1 VO (EG) Nr. 1370/2007 seit 24.12.2017 vor, dass „[ö]ffentliche Dienstleistungsaufträge ... den Betreiber verpflichten [müssen], der zuständigen Behörde alle für die Vergabe der öffentlichen Dienstleistungsaufträge wesentlichen Informationen zur Verfügung zu stellen".[111] § 10a S. 2 ThürVgG ist daher nur für vor diesem Zeitpunkt erteilte öffentliche Dienstleistungsaufträge von Bedeutung, sofern diese keine eigenständigen Informationspflichten des Betreibers vorsehen; auch dann darf jedoch das europarechtliche Gebot des Schutzes von Geschäftsgeheimnissen nicht unterlaufen werden.[112] Gleiches gilt für die in § 10a S. 3 ThürVgG enthaltene Vorgabe, dass die zur Erfüllung der Transpa-

---

106 Zutreffend LT-Drucks. 6/6682, S. 57 f.
107 ABl. 2007 L 315, S. 1, geändert durch Verordnung (EU) 2016/2338, ABl. 2016 L 354, S. 22.
108 Zum regelmäßigen Nichtvorliegen eines solchen im Falle der Neuvergabe vgl. EuGH,Urt. v. 25.1.2001 – C-172/99, Slg. 2001, I-745 Rn. 25 ff. – Liikenne; siehe aber auch EuGH, Urt. v. 27.2.2020 – C-298/18, NZA 2020, 443 – Grafe und Pohle; ausführlich *Bayreuther*, in: Linke, VO (EG) Nr. 1370/2007, 2. Aufl. 2019, Art. 4 Rn. 52d ff.
109 Zum Fehlen von Hindernissen *Jürschik*, Verordnung über öffentliche Personenverkehrsdienste, 2. Aufl. 2020, Art. 4 VO 1370 Rn. 11.
110 Siehe bereits EuGH, Urt. v. 7.2.1973 – 39/72, Slg. 1973, 101 Rn. 16 f. – Kommission/Italien.
111 Zur nicht unproblematischen Abgrenzung näher *Linke*, NZBau 2017, 331 (334).
112 Vgl. *Berschin*, in: Säcker/Ganske/Knauff, Münchener Kommentar zum Wettbewerbsrecht IV, 4. Aufl. 2022, Art. 4 VO (EG) 1370/2007 Rn. 34 f.

renzpflichten des öffentlichen Auftraggebers „entstehenden Aufwendungen des bisherigen Betreibers ... durch den öffentlichen Auftraggeber erstattet" werden. Für seither abgeschlossene öffentliche Dienstleistungsaufträge ist europarechtlich keine besondere Erstattung vorgesehen; vielmehr handelt es sich um eine Nebenpflicht, deren Kosten der Betreiber bei der Kalkulation seines Angebots berücksichtigen muss.

Des Weiteren bestimmt § 11 ThürVgG, dass bei der Vergabe von Bau-, Liefer- oder Dienstleistungen keine Waren Gegenstand der Leistung sein sollen, die unter Missachtung der in den in der Norm aufgelisteten **Kernarbeitsnormen der Internationalen Arbeitsorganisation** (ILO) festgelegten Mindeststandards gewonnen oder hergestellt worden sind.[113] Dies ist durch eine schriftliche Erklärung der Bieter abzusichern und wird dadurch zur vertraglichen Nebenpflicht[114]. 68

Die Beachtung dieser Anforderungen ist zum einen gemäß § 18 Abs. 1 und 2 ThürVgG durch die Vereinbarung von **Vertragsstrafen** und fristlosen **Kündigungsrechten** sicherzustellen. Zum anderen gelten sie auch für **Nachunternehmer**, die bei Bau- und Dienstleistungen gemäß § 12 ThürVgG grundsätzlich nur nach Zustimmung des Auftraggebers und unter Beachtung der Auswahl- und Handlungsvorgaben des § 12 Abs. 4 ThürVgG eingesetzt werden dürfen.[115] 69

3. Angebotswertung

In Bezug auf die Wertung der Angebote, die bei den in § 16 ThürVgG genannten Bauleistungen grundsätzlich mit Sicherheiten zu versehen sind, enthält das ThürVgG einige Vorgaben. In Anbetracht dessen, dass das Bundesrecht insoweit kaum Raum für eine eigenständige Landesgesetzgebung lässt, kommt diesen eine ergänzende und weithin nur deklaratorische Funktion zu. 70

§ 15 ThürVgG verweist im Hinblick auf den **Ausschluss von Angeboten** wegen fehlender Erklärungen auf die einschlägigen bundesrechtlichen Regelungen, die nunmehr in § 56 VgV, § 16a EU VOB/A, § 41 UVgO enthalten sind. Die in der Norm vorgesehene Anforderung, dass fremdsprachige Bescheinigungen oder Erklärungen nur zu berücksichtigen sind, wenn sie mit einer Übersetzung in die deutsche Sprache vorgelegt worden sind, verstößt gegen das europarechtliche Diskriminierungsverbot und ist daher unanwendbar.[116] Der in § 18 Abs. 3 ThürVgG enthaltene weitere Ausschlussgrund eines Verstoßes eines Unternehmens gegen soziale Verpflichtungen nach §§ 10 bis 12 ThürVgG kann neben § 124 GWB allenfalls eine ermessenslenkende Wirkung entfalten. Dies gilt auch für den in § 18 Abs. 3 i.V.m. § 17 Abs. 2 ThürVgG vorgesehenen Ausschluss wegen Verstoßes gegen das Gebot der Vorhaltung vollständiger und prüffähiger Unterlagen über die eingesetzten Beschäftigten. 71

---

113 Dazu im Überblick *Fandrey*, Tariftreue- und Vergabegesetz Nordrhein-Westfalen, 2014, Rn. 417 ff.
114 *Redmann*, LKV 2012, 295 (297).
115 Zu den diesbezüglich notwendigen Erklärungen siehe VK Thüringen, Beschl. v. 28.9.2015 – 250–4002–4800/2015-N-006-SON.
116 Vgl. für eine Berücksichtigung entgegen den Vergabeunterlagen OLG Düsseldorf, Beschl. v. 20.11.2008 – Verg 37/08; Beschl. v. 30.11.2009 – Verg 41/09.

72 Nach § 7 ThürVgG ist die **Bieterauswahl** im Wesentlichen übereinstimmend mit § 122 GWB anhand der Kriterien Fachkunde, Leistungsfähigkeit und Zuverlässigkeit vorzunehmen. Bieter, die nach rechts- oder bestandskräftiger Feststellung bestimmte schwere Verfehlungen gegen arbeitnehmerschutz-, umwelt- oder kartellrechtliche Vorschriften begangen haben, können wegen mangelnder Zuverlässigkeit ausgeschlossen werden. Diese Regelung entspricht im Ergebnis § 124 GWB. Die Bestimmungen über zwingende Ausschlussgründe und die Möglichkeit der Selbstreinigung nach §§ 123, 125 GWB finden im ThürVgG keine Entsprechung, ohne dass dies (ggf. i.V.m. § 31 UVgO) ihre Anwendbarkeit in Frage stellen würde. Explizit wird klargestellt, dass – außer bei Lieferaufträgen – Umweltbelange, insbesondere die Erfüllung von Umweltmanagementanforderungen, bei der Beurteilung der technischen Fachkunde berücksichtigt werden können; dies setzt allerdings die ex ante-Transparenz der diesbezüglichen Anforderungen voraus.

73 Das ThürVgG sieht mehrere Erleichterungen in Bezug auf die **Nachweisführung** durch Bieter vor. Diese betreffen die bundesrechtlich determinierten Eignungsnachweise ebenso wie die durch das ThürVgG gebotenen Nachweise. Bereits aus § 35 UVgO ergeben sich zahlreiche Möglichkeiten des Eignungsnachweises einschließlich Eigenerklärungen und Präqualifizierungen. Ergänzend sieht § 7 Abs. 2a ThürVgG vor, dass in dem Fall, dass ein Bieter in den letzten zwölf Monaten vor Ablauf der Angebotsfrist dem konkreten Auftraggeber bereits einen Eignungsnachweis vorgelegt hat, er diesen unter Benennung des Vergabeverfahrens darauf hinzuweisen hat und dieser von dem Bieter neue Eignungsnachweise nur dann anfordert, wenn begründete Zweifel an der Eignung des Bieters bestehen. Die praktische Bedeutung der Regelung wie auch die entlastenden Auswirkungen der Vorschrift im Einzelfall dürften freilich begrenzt sein, zumal auch die Einheitliche Europäische Eigenerklärung erneut verwendet werden kann, um den Verwaltungsaufwand zu reduzieren.[117] Den Rechtsgedanken der § 42 Abs. 3 VgV und § 31 Abs. 4 UVgO, wonach die Eignungsprüfung in einer Öffentlichen Ausschreibung erst im Anschluss an die Angebotsprüfung erfolgen kann, überträgt § 12a ThürVgG auf landesvergaberechtlich geforderte Nachweise. Missverständlich als „Bestbieterprinzip" bezeichnet, sind danach die nach dem ThürVgG „verpflichtend vorzulegenden Erklärungen und Nachweise ... nur von demjenigen Bieter, dem nach Abschluss der Wertung der Angebote der Zuschlag erteilt werden soll (Bestbieter), vorzulegen." Dies ist vorab transparent zu machen. Der Bestbieter hat die Nachweise grundsätzlich innerhalb von höchstens fünf Werktagen nach Aufforderung vorzulegen; andernfalls wird sein Angebot ausgeschlossen und es kommt das nächstbeste Angebot zum Zuge. Wie auch bei der nachträglichen Eignungsprüfung[118] wird die Verfahrenserleichterung durch ein gewisses Risiko der Auswahl eines letztlich nicht zuschlagsfähigen Angebots und damit verbundenen Verzögerungen erkauft. Abgesehen von den Fällen einer nicht vom Auftraggeber zu vertretenden objektiven

---

117 *Wagner-Cardenal/Jauch*, in Dieckmann/Scharf/Wagner-Cardenal, VgV/UVgO, 2. Aufl. 2019, § 50 VgV Rn. 28.
118 Vgl. diesbezüglich *Hölzl*, in: Säcker/Ganske/Knauff, Münchener Kommentar zum Wettbewerbsrecht III, 4. Aufl. 2022, § 42 VgV Rn. 15 ff.

VI. Vergaberecht

Dringlichkeit der Auftragsvergabe ist ein Absehen vom Bestbieterprinzip gleichwohl nach dem eindeutigen Gesetzeswortlaut unzulässig.

Sofern für die Zuschlagerteilung ein **ungewöhnlich niedriges Angebot** in Betracht kommt, muss der Auftraggeber dieses nach § 14 ThürVgG überprüfen. Weicht ein Angebot bei der Vergabe von Bau- und Dienstleistungsaufträgen um mindestens 20 % vom nächsthöheren Angebot[119] ab (und wird damit vom Landesgesetzgeber als in jedem Falle ungewöhnlich niedrig qualifiziert), hat der Auftraggeber die Kalkulation des Angebots zu überprüfen,[120] um Gefahren für die ordnungsgemäße Realisierung des zu vergebenden Auftrags auszuschließen.[121] Diesbezüglich wird der Bieter zum Nachweis einer ordnungsgemäßen Kalkulation verpflichtet. Kommt er dieser Verpflichtung auch nach einer – hinreichend konkreten[122] – Aufforderung des Auftraggebers nicht nach, so ist er vom weiteren Vergabeverfahren auszuschließen. Explizit unberührt bleiben die in § 60 VgV, § 16d EU VOB/A, § 33 UVgO detailliert ausgestalteten Pflichten zur Aufklärung ungewöhnlich niedriger Angebote. Daneben kommt § 14 ThürVgG eine eigenständige Bedeutung zum einen im Hinblick auf die Konkretisierung einer „Aufgreifschwelle" zu, zum anderen in Bezug auf den zwingenden Ausschluss unaufgeklärter Angebote, durch den das bundesrechtlich eingeräumte Ermessen einheitlich für alle Thüringer Auftraggeber ausgestaltet wird. 74

Der **Zuschlag** ist nach § 8 ThürVgG auf das wirtschaftlichste Angebot zu erteilen. Bei dessen Bestimmung auf Grundlage des Preis-Leistungs-Verhältnisses können qualitative, umweltbezogene oder soziale Aspekte berücksichtigt werden. Die Norm entspricht inhaltlich § 127 GWB, § 43 UVgO. Die in Bezug auf Umweltkriterien besonders hervorgehobenen Anforderungen an Auftragsbezug, Transparenz und Diskriminierungsfreiheit gelten in der Sache auch für andere Zuschlagskriterien. 75

Für den praktisch nahezu ausgeschlossenen Fall des Vorliegens **gleichwertiger Angebote**, mithin solcher, bei denen die Anwendung der Bewertungsmatrix zu einem identischen Wertungsergebnis geführt hat, normiert § 13 ThürVgG eine Pflicht der Vergabestelle zur Auswahl anhand sozialer oder ökologischer Kriterien. Entsprechend einer (stets notwendigen) vorherigen Bekanntmachung ist „bei der Entscheidung über den Zuschlag auf ein Angebot ... bei sonst gleichwertigen Angeboten über die bereits auf den vorhergehenden Stufen des Vergabeverfahrens im sachlichen Zusammenhang mit der Auftragsleistung berücksichtigten umweltbezogenen und sozialen Aspekte hinaus das Angebot des Bieters zu bevorzugen, der in seinem Unternehmen gemessen an seiner Betriebsstruktur mehr als ein anderer Bieter mit gleichwertigem Angebot soziale oder umweltbezogene Maßnahmen durchführt. Derartige Maßnahmen können insbesondere sein: 1. die bestehende Tarifbindung, 2. der Anteil sozialversicherungspflichtig 76

---

119 Unerheblich ist die Preisvorstellung des Auftraggebers, VK Thüringen, Beschl. v. 25.2.2016 – 250-4002-1839/2016-N-003-EA; Beschl. v. 29.8.2016 – 250-4002-6249/2016-N-074-EF; Beschl. v. 23.3.2018 – 250-4002-1304/2018-N-003-HBN.
120 Zu den diesbezüglichen Dokumentationserfordernissen VK Thüringen, Beschl. v. 26.5.2014 – 250-4002-3663/2014-N-007-SM.
121 Siehe nur BGH, Beschl. v. 31.1.2017 – X ZB 10/16, ZfBR 2017, 492 (494).
122 Vgl. VK Thüringen, Beschl. v. 8.11.2016 – 250-4002-7852/2016-N-012-KYF; Beschl. v. 12.7.2018 – 250-4002-5262/2018-N-005-G; Beschl. v. 14.5.2019 – 250-4003-11842/2019-N-003-GTH.

beschäftigter Arbeitnehmer, 3. Maßnahmen zur Förderung der Chancengleichheit von Frauen und Männern im Beruf und zur Vereinbarkeit von Familie und Beruf, 4. die Beteiligung an der beruflichen Erstausbildung, 5. die Beschäftigung von Langzeitarbeitslosen oder schwerbehinderten Menschen, 6. Maßnahmen zur Förderung der Energieeffizienz oder anderer ökologischer Ziele." An der Wirksamkeit der Norm wurden im Hinblick auf die Regelungskompetenz des Landesgesetzgebers im Oberschwellenbereich bereits im Gesetzgebungsverfahren Zweifel geäußert.[123] Die Entscheidung über den Zuschlag ist bundesrechtlich determiniert. § 127 GWB weist in Übereinstimmung mit Art. 67 RL 2014/24/EU die Auswahlentscheidung, also die Entscheidung über den Zuschlag und nicht nur die Anwendung der Zuschlagskriterien[124], der Vergabestelle zu. Zwar fehlt im Bundesrecht eine Regelung für Pattsituationen nach der Angebotswertung, was im Einzelfall erhebliche Schwierigkeiten hervorrufen mag;[125] eine Regelungslücke in Bezug auf die Zuständigkeit für die Auswahlentscheidung folgt daraus jedoch nicht. Entscheidend ist daher, ob der Landesgesetzgeber mit der Neufassung des § 13 ThürVgG diese an sich gezogen hat. Die Fassung der Norm legt dies scheinbar nahe. Allerdings ist zu berücksichtigen, dass allein aufgrund § 13 ThürVgV gerade keine Auswahlentscheidung folgt. Die Norm zwingt vielmehr öffentliche Auftraggeber zur Festlegung und Anwendung von exemplarisch benannten sozialen oder ökologischen Kriterien zur Auflösung möglicher Pattsituationen und weist damit diesen die finale Auswahlentscheidung zu,[126] so dass der Regelungsgehalt von § 127 GWB letztlich nicht angetastet wird. Nach hier vertretener Auffassung ist die Vorschrift daher kompetenzrechtlich nicht zu beanstanden. Unabhängig davon ist § 13 ThürVgG aber kaum für eine rechtssichere Anwendung geeignet und schafft vermeidbare Probleme.

77 Parallel zur **Vorabinformation** nach § 134 GWB sieht § 19 Abs. 1 i.V.m. Abs. 4 ThürVgG vor, dass bei Auftragsvergaben, welche unterhalb der Schwellenwerte liegen, deren Wert (netto) aber bei Bauleistungen mindestens 150.000 Euro sowie bei Leistungen und Lieferungen 50.000 Euro beträgt, die unterlegenen Bieter spätestens sieben Tage vor der Zuschlagerteilung über den Namen des Bieters, dessen Angebot angenommen werden soll, und über die Gründe der vorgesehenen Nichtberücksichtigung ihres Angebotes schriftlich zu informieren sind. Aus Gründen der Transparenz[127] ist von der Vergabestelle zudem der frühestmögliche Zeitpunkt der Zuschlagerteilung anzugeben. Im Falle einer erneuten Prüfung und Wertung der Angebote ist auch eine neue Bieterinformation nach § 19 Abs. 1 ThürVgG zu versenden.[128]

---

123 Siehe die Stellungnahme von *Gniechwitz* (Thüringischer Landkreistag e. V.) gemäß Ergebnisprotokoll (zugleich Beschlussprotokoll) der 57. Sitzung des Ausschusses für Wirtschaft und Wissenschaft am 2.5.2019, S. 7.
124 Bei Kriterien zur Auflösung einer Pattsituation handelt es sich nicht um Zuschlagskriterien, *Müller-Wrede*, in: ders., SektVO, 2. Aufl. 2018, § 52 SektVO Rn. 99.
125 Vgl. EuGH, Urt. v. 27.10.2005 – C-234/03, Slg. 2005, I-9315 Rn. 77 ff. – Contse; OLG Brandenburg, Urt. v. 24.4.2012 – 6 W 149/11, ZfBR 2012, 508 (513).
126 Vgl. auch LT-Drs. 6/6682, S. 74.
127 Vgl. LT-Ds. 6/6682, S. 77.
128 VK Thüringen, Beschl. v. 12.7.2018 – 250-4002-5262/2018-N-005-G.

4. Rechtsschutz und Kontrollen

Für Auftragsvergaben, bei denen die Vorabinformationspflicht nach § 19 Abs. 1 ThürVgG eingreift, besteht zudem nach § 19 Abs. 2 und 3 ThürVgG die Möglichkeit, eine Überprüfung des Vergabeverfahrens durch die **Vergabekammer** beim Thüringer Landesverwaltungsamt zu erlangen. Allerdings wird nicht die Durchführung eines vollständigen Nachprüfungsverfahrens iSv §§ 160 ff. GWB vorgesehen, sondern allein ein **rudimentärer Rechtsschutz** eröffnet. Insbesondere ist kein Anspruch des Bieters auf ein Tätigwerden der Vergabekammer als Nachprüfungsbehörde gegeben. Der damit verbundene Verzicht auf eine Stärkung des Rechtsschutzes gegen Vergabeentscheidungen unterhalb der Schwellenwerte ist nicht geeignet, dem ThürVgG und der UVgO die sachlich gebotene Durchschlagskraft zu verleihen, mag das BVerfG im de facto unzureichenden Rechtsschutz im Unterschwellenbereich[129] auch keinen verfassungswidrigen Zustand erkennen.[130]

78

Gemäß § 19 Abs. 2 S. 3 ThürVgG besteht die Möglichkeit einer auf Ausnahmefälle beschränkten, einmaligen und begründungsbedürftigen **Verlängerung des Zuschlagsverbots** infolge einer Beanstandung durch die Nachprüfungsbehörde um weitere sieben Kalendertage. Nach der Gesetzesbegründung können „Ausnahmesituationen … zum Beispiel gesehen werden beim Vorliegen umfangreicher, komplexer Sachverhalte, der Bewertung schwieriger, komplexer Rechtsfragen oder bei einer zeitlich gehäuften Vielzahl eingehender Verfahren"[131]. Dabei dürfte es sich freilich im Kontext des Vergaberechts eher um Regel- denn um Ausnahmefälle handeln.

79

§ 17 ThürVgG ermächtigt den Auftraggeber ausdrücklich zur Vornahme von **Kontrollen** bei dem beauftragten Unternehmen in Bezug auf die Beachtung der im ThürVgG enthaltenen Verpflichtungen. Dies betrifft insbesondere, aber nicht ausschließlich den in der Norm besonders hervorgehobenen Arbeitnehmerschutz.

80

---

129 Siehe nur *Burgi*, NZBau 2018, 579 (584).
130 BVerfG, Beschl. v. 13.6.2006 – 1 BvR 1160/03, BVerfGE 116, 135 (149 ff.).
131 LT-Drs. 6/6682, S. 78.

§ 8 Umweltrecht

Matthias Werner Schneider

Literatur: *Frenz/Müggenborg* (Hrsg.), BNatSchG. Kommentar, 3. Aufl. 2020; *Giesberts/Reinhardt* (Hrsg.), BeckOK Umweltrecht, Stand 4/2022; *Jarass* (Hrsg.), BImSchG, 13. Aufl. 2020; *Jarass/Petersen* (Hrsg.), Kreislaufwirtschaftsgesetz, 2014; *Kahl/Gärditz*, Umweltrecht, 12. Aufl. 2021; *Kluth/Smeddinck* (Hrsg.), Umweltrecht. Ein Lehrbuch, 2. Aufl. 2020; *Knauff*, Stand und Perspektiven des Landesklimaschutzrechts, KlimR 2022, 47; *Knauff/Beye*, Das Thüringer Klimagesetz, ThürVBl. 2019, 253; *Knauff/Chou*, Die Klimaschutzrechtsprechung des BVerfG und ihre Konsequenzen für das Klimaschutzrecht, ThürVBl. 2022, 125; *Koch/Hofmann/Reese* (Hrsg.), Umweltrecht, 5. Aufl. 2018; *Kotulla*, Wasserhaushaltsgesetz, 3. Aufl. 2022; *Landmann/Rohmer* (Hrsg.), Umweltrecht, Stand 12/2021; *Lütkes/Ewer*, BNatSchG. Kommentar, 2011; *Meßerschmidt*, Europäisches Umweltrecht, 2010; *Schlacke* (Hrsg.), GK-BNatSchG, 2. Aufl. 2016; *dies.*, Umweltrecht, 8. Aufl. 2021; *Schneider*, Umweltrecht in Thüringen. Band I: Einführung, 2015; *ders.*, 10 Jahre Föderalismusreform: Vorgaben und Umsetzung am Beispiel des Umweltrechts unter besonderer Berücksichtigung des Freistaats Thüringen, ThürVBl. 2016, 52; *ders.*, Das neue Thüringer Wassergesetz. Eine Analyse der Reform des Thüringer Wasserrechts durch die Novelle 2019 im Spannungsfeld von Umweltrecht und -politik, ThürVBl 2020, 1; *Sieder/Zeitler/Dahme/Knopp* (Hrsg.), WHG AbwAG, Stand 7/2021; *Schwartmann*, Bundes-Bodenschutzgesetz, 2012; *Versteyl/Mann/Schomerus* (Hrsg.), KrWG, 4. Aufl. 2019; *Wickel*, Das Bundes-Klimaschutzgesetz und seine rechtlichen Auswirkungen, ZUR 2021, 332.

I. Überblick 1	2. Wasserrecht 61
1. Relevanz und Gegenstand des (Landes-) Umweltrechts 1	a) Gesetzgebungssystematik im Wasserrecht 62
2. Entwicklung des Umweltrechts 4	b) Abwasserpakt 68
a) Überblick 4	c) Inhaltliche Schwerpunkte des ThürWG 70
b) Umsetzung von bundesrechtlichen Vorgaben 6	d) Überblick über die Regelungen des ThürWG 71
c) Projekt Umweltgesetzbuch 9	aa) Allgemeine Bestimmungen 71
d) Landesumweltrechtliche Gesetzgebungstätigkeiten: Beispiel Naturschutz 12	bb) Gemeinsame Bestimmungen für alle Gewässer 74
3. Umweltrecht und Nachhaltigkeit 20	cc) Erlaubnis, Bewilligung, Anpassung 82
4. Umweltrecht und Umweltmanagementsysteme 27	dd) Fracking 83
a) ISO 14001 und EMAS 28	ee) Bewirtschaftung von Gewässern 89
b) ISO 50001 32	ff) Öffentliche Wasserversorgung, Wasserschutzgebiete und Heilquellenschutz 97
c) ISO 26000 und EMASplus 34	
II. (Landes-)Verfassungsrechtliche Grundlagen und europarechtliche Vorgaben 39	
1. Umweltverfassungsrecht 39	gg) Abwasserbeseitigung 100
2. Europa-umweltrechtlicher Rahmen 50	(1) Pflicht zur Abwasserbeseitigung 100
III. Beispielhafte Thüringer Landesumweltgesetze und -verordnungen 56	(2) Konzept zur Abwasserbeseitigung 104
1. Allgemeines Umweltrecht ... 56	
a) Zuständigkeitsregeln 56	(3) Einleiten von Abwasser und Genehmigung von Anlagen 107
b) Umweltinformationsgesetz 57	
c) Gesetz über die Umweltverträglichkeitsprüfung 59	

hh) Hochwasserschutz ... 109
ii) Wasserrechtliche Zuständigkeiten und Verfahren 114
jj) Gewässeraufsicht und Sanierung 118
kk) Rechtsverordnungen, Bußgeldbewehrung und Überleitung 120
ll) Weitere wasserrechtliche Landesvorschriften 124
mm) Maßnahmen auf kommunaler Ebene .. 125
3. Naturschutzrecht 127
   a) Anpassung des Thüringer Naturschutzgesetzes 127
   b) Naturschutzrechtliche Kompetenzordnung 129
   c) Vorkaufsrechte des Freistaats Thüringen 131
   d) Wesentliche Inhalte des ThürNatSchG 2019 135
      aa) Allgemeines 135
      bb) Thüringer Naturschutzbehörden 138
      cc) Thüringer Gebietsnaturschutz 143
      dd) Betreten der freien Natur und Landschaft 145
   e) Grünes-Band-Gesetz 146
4. Abfallrecht 148
   a) Überblick 148
   b) Landesrechtliche Ergänzung 167
5. Atom- und Strahlenschutzrecht 171
   a) Überblick 171
   b) Kompetenzordnung 186
6. Energierecht 190
7. Klimaschutzrecht 192
8. Bodenschutz und Flurbereinigung 195
   a) Bodenschutz 195
      aa) Bundesrechtlicher Rahmen 195
      bb) Regelungen des Thüringer Bodenschutzgesetzes 209
   b) Flurbereinigung nach dem Thüringer Flurbereinigungsgesetz 211
9. Forstrecht, Fischerei- und Jagdrecht 213
   a) Forstrecht 213
   b) Fischereirecht 217
   c) Jagdrecht 222

10. Immissionsschutzrecht 227
    a) Regelungskompetenzen ... 227
    b) Überblick über das Immissionsschutzrecht 229
       aa) Ziele und Regelungsbereich des Immissionsschutzrechts 232
       bb) Die immissionsschutzrechtliche Genehmigung 236
       cc) Immissionsschutzrechtliches Genehmigungsverfahren 242
       dd) Immissionsschutzrechtlicher Bestandsschutz 243
       ee) Nicht anlagenbezogener und verkehrsbezogener Immissionsschutz 246
    c) Thüringer Lärmschutzverordnungen (4. und 5. LKultGDVO) ... 248
    d) Zuständigkeitsfragen 249
11. Landesplanungsrecht 251
IV. Kompetenzrechtliche Fragen 256
1. Zuständigkeit der Bundesländer 257
2. Föderalismusreform 2006 259
3. Konkurrierende Gesetzgebung 264
4. Kompetenzen im Einzelnen ... 265
   a) Ausschließliche Gesetzgebungskompetenz 265
   b) Die konkurrierende Gesetzgebungskompetenz 266
   c) Abweichungsgesetzgebung 267
      aa) Naturschutzrecht 268
      bb) Wasserrecht 270
      cc) Jagdrecht 271
   d) Ausschließliche Zuständigkeiten der Länder, Art. 70 GG 272
V. Die Thüringer Umweltverwaltung 273
1. Thüringer Ministerium für Umwelt, Energie und Naturschutz 274
2. Struktur der Nationalen Naturlandschaften Thüringen 278
   a) Nationalpark 279
   b) Naturparks 280
   c) Biosphärenreservate 281
3. Stiftung Naturschutz Thüringen 282
4. Anerkannte Naturschutzvereinigungen nach § 45a ThürNatG 284

M. W. Schneider

5. Thüringer Ministerium für Infrastruktur und Landwirtschaft und nachgeordnete Behörden 286

6. Zuständigkeiten der Landratsämter und kreisfreien Städte .. 288

I. Überblick

1. Relevanz und Gegenstand des (Landes-) Umweltrechts

1 Das Umweltrecht ist aus mehreren Gesichtspunkten heraus ein spannendes Rechtsgebiet. Zum einen wird es geprägt durch eine Vielzahl an Rechtsquellen, die unterschiedliche staatliche Ebenen geschaffen haben. Dies reicht von **völkerrechtlichen Verträgen** über **bundesrechtliche Vorgaben**, über die **Ländergesetze und Verordnungen** bis hin zu **kommunalen Maßnahmen**. Ohne diese übergreifenden Bezüge kann das Umweltrecht nicht erläutert werden. Daher ist es für das Verständnis dieser Rechtsmaterie unabdingbar, die internationale, supranationale und föderale Kompetenzstruktur genau zu kennen. Als Beispiel für diese Komplexität mag die Tatsache dienen, dass ca. 80 % der deutschen Umweltgesetzgebung aus dem Anlass heraus rühren, Vorgaben der **Europäischen Union** in nationales Recht umsetzen zu müssen. Dies schränkt den Handlungsspielraum der Legislative in der Bundesrepublik stark ein und fordert die Gewalten dazu heraus, fortlaufend übergreifende Rechtsprinzipien anzuwenden. Insofern unterscheidet sich das Thüringer Umweltrecht von anderen, klassischen Rechtsgebieten des Landesrechts, wie z.B. dem Polizei- und Sicherheitsrecht, das originär als Gefahrenabwehrrecht dem Zuständigkeitsbereich der Länder zugeordnet werden kann. Hinzu kommt, dass Anpassungen in der föderalen Kompetenzordnung die Landesgesetzgeber zur Revision von Teilen des Landesrechts gezwungen haben.

2 Zum anderen ist das Umweltrecht aktueller denn je, bildet es doch die Umsetzung der allseits festgestellten und diskutierten Handlungsnotwendigkeiten zum Schutz unserer natürlichen Lebensgrundlagen ab. In den letzten Jahren ist insbesondere das **Klimaschutzrecht** maßgebend weiterentwickelt worden.[1] Hier ist das Klimaschutzgesetz des Bundes der maßgebliche Rechtsakt, der aufgrund verfassungsrechtlicher Anpassungsnotwendigkeiten 2021 in seinen Zielsetzungen neu justiert werden musste[2], was auf den Landesgesetzgeber aber keine unmittelbaren Auswirkungen hat.[3] Auch auf Thüringer Ebene existiert ein Klimagesetz, das als Landesgesetz jedoch nur einen begrenzten Regelungsspielraum hat.[4] Die insbesondere aufgenommenen Zielsetzungen im Hinblick auf die CO_2-Neutralität stehen in unmittelbarem Zusammenhang mit den Herausforderungen der **Energiewende**. Der stufenweise Umstieg der deutschen Energieversorgung auf erneuerbare Quellen ist umweltrechtlich nicht einfach zu begleiten. So stehen beispielsweise Vorhaben für die Realisierung von Windkraftanlagen im Spannungsfeld zum naturschutzrechtlichen Rahmen, insbesondere dem Artenschutz.[5]

---

1 Vgl. *Knauff/Chou,* ThürVBl. 2022, 125 ff.
2 BVerfG, Beschl. v. 24.3.2021 – 1 BvR 2656/18, NJW 2021, 1723; hierzu *Franzius*, KlimR 2022, 102 ff.
3 *Wickel*, ZUR 2021, 332 (337).
4 Thüringer Gesetz zum Klimaschutz und zur Anpassung an die Folgen des Klimawandels (Thüringer Klimagesetz – ThürKlimaG) vom 18.12.2018, GVBl. 2018, 816.
5 Vgl. z.B. für die Situation im Freistaat Sachsen *Rheinschmitt*, ZUR 2022, 278 ff.

I. Überblick

Hier zeigt sich beispielhaft, dass ein Abgleich mit weiteren öffentlich-rechtlichen Normen, z.B. des Planungsrechts, erforderlich ist.

Umweltrechtliches Handeln kann sich in unterschiedlichster Weise ausdrücken, z.B.   3

- durch Genehmigung oder Teilgenehmigung von Anlagen, z.B. immissionsschutzrechtlich genehmigungsbedürftiger Anlagen, ggf. nach Durchführung einer Umweltverträglichkeitsprüfung oder im Rahmen eines Planfeststellungsverfahrens (z.B. für die Endlagerung von nuklearen Abfällen nach § 9b AtG),
- die ordnungspolizeiliche Kontrolle der Anlage bis hin zum Verbot des Betriebs einer Anlage,
- die Bestellung eines Betriebs- oder Gewässerschutzbeauftragten (z.B. § 53 BImSchG, § 64 ff. WHG)
- die Erstellung von Umweltplänen (z.B. § 2 Abs. 1 Nr. 8 ROG) oder Fachplänen (z.B. § 49 Abs. 2 BImSchG),
- Warnungen des Staates vor Gefahren im Rahmen der staatlichen Kompetenzverteilung,
- staatliche Abgaben mit Lenkungswirkung, also Steuern (z.B. „Ökosteuer"), Beiträge oder Gebühren.

Rechtsquellen finden sich in allen Bereichen des Rechts:

- Öffentliches Recht, z.B. Grundgesetz, Länderverfassungen, Vorschriften der Immissionsschutzgesetze, des Wasserrechts, des Abfallrechts, des Bodenrechts, des Atomrechts oder des Naturschutzrechts,
- Privatrecht, z.B. Umwelthaftungsrecht nach dem UmweltHG, Ansprüche auf Schadensersatz und Beseitigung nach §§ 823 Abs. 1, 2, 906 Abs. 2 S. 2, 1004 BGB,
- Umweltstrafrecht, vgl. den 28. Abschnitt des StGB (Straftaten gegen die Umwelt),
- Europäisches Umweltrecht, z.B. die Richtlinie über die Umweltverträglichkeitsprüfung der EU,
- Umweltvölkerrecht[6], z.B. die Konvention zur Erhaltung der Artenvielfalt von Rio 1992.

Eine völkerrechtliche Tragweite erhält insbesondere das Naturschutzrecht durch **multilaterale Abkommen**, z.B. das Washingtoner Artenschutzabkommen[7], das durch die Bundesrepublik 1975 ratifiziert, d.h. in innerstaatliches Recht umgesetzt wurde.[8] Von aktueller Bedeutung ist in diesem Zusammenhang die Erklärung einzelner Flächen bzw. Landschaften zum Weltnaturerbe durch die UNESCO, da damit neben der naturbedeutenden Anerkennung ein hoher touristischer und ökonomischer Wert einhergeht.

---

6 Überblick bei *Kahl/Gärditz*, Umweltrecht, 12. Aufl. 2021, S. 13 ff.
7 Convention on International Trade in Endangered Species of Wild Fauna and Flora (CITES), in Kraft seit 1.7.1975, in Deutschland ratifiziert am 20.6.1976 durch das Gesetz zum Washingtoner Artenschutzabkommen, vom 22.5.1975 (BGBl. I S. 773).
8 Vgl. allgemein *Wolf*, ZUR 2017, 3 ff.

2. Entwicklung des Umweltrechts

4 a) **Überblick.** In der zweiten Hälfte des 20. Jahrhunderts hat der Umweltschutz stetig an Bedeutung gewonnen.[9] Dementsprechend umfangreicher wurden auch die gesetzlichen Schutzmechanismen. Das Umweltrecht fasst alle Normen zusammen, welche den Schutz der Umwelt zum Zweck haben. Unter Umwelt werden allgemein die natürlichen Lebensgrundlagen des Menschen verstanden.[10] Hierzu gehören **Wasser, Boden, Luft sowie die Tier- und Pflanzenwelt.**[11] Die Vorschriften werden nicht nur in Bundesgesetze gefasst, sondern bedingen ein umfassendes Tätigwerden der Landesgesetzgeber. Dies gilt nicht nur für landesverfahrensrechtliche und -verwaltungstechnische Regelungen, sondern in Teilen für den materiellrechtlichen Schutz der Umwelt. Hinzu kommt, dass das Netz europäischer Vorgaben dichter wird und im Rahmen der verfassungsmäßigen Kompetenzordnung auch von den Ländern zu spinnen ist.

5 Nach dem Scheitern eines (Bundes-)Umweltgesetzbuches bleibt das Umweltrecht eine weiterhin weitgehend zersplitterte Rechtsmaterie. Das Aufrechterhalten einzelner Gesetzesprojekte hat diese unbefriedigende Situation perpetuiert. Dieses Projekt und dessen Auswirkungen auf das Thüringer Landesrecht soll u.a. dargestellt werden.[12]

6 b) **Umsetzung von bundesrechtlichen Vorgaben.** Von großer Bedeutung waren in den letzten zehn Jahren die sog. **Föderalismusreformen.**[13] Die Neugliederung der bundesrechtlichen Kompetenzen, insbesondere die Föderalismusreform I (2006), war mit erheblichen Konsequenzen für das Umweltrecht verbunden.[14] Der Freistaat Thüringen ist nur soweit handlungsbefugt, wie ihm Kompetenzen zustehen. Teilweise hat das Handeln des Bundes auf Grundlage der neugeordneten Kompetenzen den Freistaat in Handlungsnot gebracht. So z.B. widersprachen bzw. ergänzten die Normen des Thüringer Wassergesetzes lange Zeit das Wasserhaushaltsgesetz des Bundes[15], so dass die sich widersprechenden bzw. ergänzenden Normen auf Landesebene für den Anwender erläutert werden mussten.[16]

7 Aufgrund der **Verwaltungshoheit der Länder** (Art. 84 GG), die nur in einzelnen Fällen eine bundesunmittelbare Verwaltung zulässt[17], ist der Freistaat Thüringen gehalten, die zur Umsetzung der umweltrechtlichen Nomenklatur nötigen strukturellen und personellen Ressourcen bereit zu stellen.[18] Die Zersplitterung des Rechtsgebietes schlägt sich in der Behördenstruktur unmittelbar nieder. So sind nach der Regierungsneubildung seit der 6. Wahlperiode des Thüringer Landtags zwei Ministerien für die Erar-

---

9 Vgl. die Definition bei *Schlacke*, Umweltrecht, 8. Aufl. 2021, Rn. 1 ff.
10 *Sanden*, Umweltrecht, 1999, § 1 Rn. 2.
11 *Kluth*, in: Kluth/Smeddinck, Umweltrecht, 2. Aufl. 2021, S. 1.
12 Entsprechend der vorgeschlagenen Definition wird das Umweltrecht im Folgenden weit verstanden. Nicht weiter eingegangen wird auf das BauGB und das Thüringer Baurecht (hierzu *Müller-Grune*, Baurecht in Thüringen – Textsammlung mit Einführung, 2. Aufl. 2014, S. 5 ff.), obwohl in einzelnen Teilen die baurechtliche Regelungsmaterie dem Schutz vor Umweltbeeinträchtigungen dient.
13 *Schneider*, PUBLICUS ONLINE 03/2016, 7 ff.
14 Hierzu ausführlich *Starck (Hrsg.)*, Föderalismusreform. Einführung, 2007.
15 Vom 31.7.2009, BGBl. I S. 2585.
16 Hierzu bezogen auf das Naturschutzrecht unten Rn. 130.
17 Auf dem Gebiet des Umweltrechts z.B. für die Luftverkehrsverwaltung (Art. 87d Abs. 2 GG) oder die Verwaltung der Kernenergie (Art. 87c GG).
18 Vgl. *Kirchhof*, in: Dürig/Herzog/Scholz, Grundgesetz-Kommentar, Art. 84 Rn. 57.

I. Überblick

beitung und Umsetzung umweltrechtlicher Vorschriften zuständig: Das Thüringer Ministerium für Umwelt, Energie und Naturschutz (TMUEN) und das Thüringer Ministerium für Infrastruktur und Landwirtschaft (TMIL). Diese verfügen über nachgeordnete Fachbehörden sowie die oberste Fachaufsicht über die untere und obere Verwaltungsebene. Eine herausragende Rolle hierbei spielt seit 2019 das Thüringer Landesamt für Umwelt, Bergbau und Naturschutz (TLUBN).

Im Übrigen hängt das Thüringer Umweltrecht zu weiten Teilen von der Regelungsintensität des Bundesgesetzgebers ab. Immer dort, wo der Bund Gesetze erlassen hat, verdrängen diese widersprechendes Landesrecht, soweit die Bundesländer keine Abweichungskompetenz haben. Diese relativ neue Regelungstechnik ist für die Thüringer Landesgesetzgebung von derartiger Wichtigkeit, dass diese noch ausführlich erläutert werden soll. 8

c) Projekt Umweltgesetzbuch. Nach einer Reihe von Anläufen sollte in der 16. Legislaturperiode des Deutschen Bundestages ein sog. **Umweltgesetzbuch** verabschiedet werden. Ziel war die Einbeziehung aller Umweltgüter.[19] 9

Im Ergebnis scheiterte das Vorhaben.[20] Den Koalitionsparteien war es nicht gelungen, sich auf eine Gesetzesfassung zu einigen. Daher wurden lediglich einzelne Teile des Gesetzesvorhabens umgesetzt, beispielsweise eine Neufassung des Bundesnaturschutzgesetzes und des Wasserhaushaltsgesetzes sowie das Gesetz für den Schutz vor nichtionisierender Strahlung (NiSG)[21] und das Rechtsbereinigungsgesetz Umwelt (RGU)[22]. 10

Derzeit steht ein einheitliches Umweltgesetzbuch nicht auf der Agenda der Bundesregierung. 11

d) Landesumweltrechtliche Gesetzgebungstätigkeiten: Beispiel Naturschutz. Eine besondere Weiterentwicklung haben in der jüngsten Vergangenheit das Naturschutz- und das Wasserrecht und m.E. das Jagdrecht erfahren.[23] Hier wurden in Anpassung an die bundesgesetzliche Rechtslage neue Landesgesetze erlassen.[24] 12

Mit der **Neufassung des Bundesnaturschutzgesetzes** war eine grundlegende Änderung des Naturschutzrechts gegenüber der Fassung von 2002[25] verbunden. Ziel des Vorhabens war, nach dem Scheitern des UGB erstmals ein einheitliches Naturschutzrecht unter Zusammenführung länderrechtlicher Regelungen zu gestalten.[26] Hierzu war es notwendig, die abweichungsfesten Kerne auf dem Gebiet der allgemeinen naturschutzrechtlichen Grundsätze und des Meeresnaturschutzes festzulegen, vgl. Art. 72 Abs. 3 S. 1 Nr. 2 GG. Ob der (einfache) Gesetzgeber die Möglichkeit hat, die verfassungs- 13

---

19 *Sanden*, ZUR 2009, 3 ff.
20 Vgl. *Weber/Riedel*, NVwZ 2009, 998 ff.
21 In Kraft getreten am 1.3.2010, BGBl. 2009 I S. 2433, zuletzt geändert durch Artikel 4 des Gesetzes vom 8.4.2013, BGBl. I S. 734.
22 In Kraft getreten am 1.3.2010, BGBl. 2009 I S. 2723.
23 *Schneider*, ThürVBl. 2016, 52 ff.; *Kulke*, LKV 2021, 550 (552).
24 Zum Wasserrecht *Schneider*, ThürVBl. 2020, 1 ff.
25 Eine weitere Änderung erfolgte 2007, nachdem die nicht ordnungsgemäße Umsetzung der EU-FFH-Richtlinie vom EuGH festgestellt wurde, vgl. *Lau/Steeck*, NuR 2008, 386 ff.
26 BT-Drs. 16/12274, 39.

rechtliche Bestimmung mit Leben zu füllen, war zunächst unklar bzw. umstritten.[27] Dort, wo die Bundesländer ihr Landesrecht öffnen können, wurden ausdrückliche Formulierungen gewählt.

14 Keine grundlegende Neugestaltung, trotz vielfach geäußerter Kritik, erfuhr mit der Reform die praktisch bedeutsame **Eingriffsregelung**.[28] Der Gesetzgeber hielt daran fest, die naturschutzrelevante Folgenbewältigung von Eingriffen in Natur und Landschaft in den einzelnen Genehmigungsverfahren per „Huckepack" zu prüfen und zu entscheiden.[29] Den zentralen Begriff des Eingriffs definiert § 14 Abs. 1 BNatSchG:

„Eingriffe in Natur und Landschaft im Sinne dieses Gesetzes sind Veränderungen der Gestalt oder Nutzung von Grundflächen oder Veränderungen des mit der belebten Bodenschicht in Verbindung stehenden Grundwasserspiegels, die die Leistungs- und Funktionsfähigkeit des Naturhaushalts oder das Landschaftsbild erheblich beeinträchtigen können."

15 Vom Eingriffsbegriff nicht umfasst sind die land- und forstwirtschaftliche Bodennutzung unter Beachtung der naturschutzrechtlichen Grundsätze, vgl. § 14 Abs. 2 BNatSchG.[30] Eingriffe in Natur und Landschaft sind danach alle Veränderungen in Gestalt oder Nutzung von Flächen, welche eine (potenzielle) Beeinträchtigung des Landschaftsbildes oder des Naturhaushaltes mit sich bringen können. Hierzu gehören z.B. der Bau von Straßen und Wegen, die Errichtung baulicher Anlagen im Außenbereich, die Gewinnung von Bodenschätzen und bestimmte forstwirtschaftliche Eingriffe etc.

16 Aus diesem Grundsatz resultiert eine Reihe von Konsequenzen:[31]

- Nach dem Prinzip der **Vermeidungspflicht** hat der Verursacher eines Eingriffs die eingreifende Maßnahme so auszuführen, dass schädliche Beeinträchtigungen möglichst minimiert werden. Daraus folgt, dass vermeidbare Beeinträchtigungen vermieden werden müssen.
- Nicht vermeidbare Beeinträchtigungen sind nach dem **Ausgleichsprinzip** durch Maßnahmen des Naturschutzes und der Landschaftspflege auszugleichen. Eine solche Kompensation kann am Ort des Eingriffs oder in der näheren Umgebung erfolgen (vgl. § 15 BNatSchG).
- Sind Ausgleichsmaßnahmen bei einem unvermeidbaren Eingriff nicht realisierbar, ist der Eingriff im Zweifel zu **untersagen**, sofern eine Abwägung der naturschutzfachlichen Belange mit den Interessen des Einzelnen zu einer Zurückstellung der Individualinteressen führt. Gegebenenfalls trifft den Verursacher eine Ersatzpflicht. Ein solcher Ersatz kann durch Maßnahmen außerhalb eines funktionalen Zusammenhangs mit dem Eingriff erfolgen, z.B. in weiter Entfernung.
- Sofern die Nutzung einer Fläche hierdurch nicht unzumutbar beeinträchtigt wird, kann im Einzelfall vom Eigentümer oder sonst Nutzungsberechtigten, z.B. vom

---

27 *Müggenborg/Hentschel,* NJW 2010, 961 (964).
28 *Franzius,* ZUR 2010, 346.
29 Vgl. *Lütkes,* in: Frenz (Hrsg.), Das neue Wasser- und Naturschutzrecht, 2010, S. 83.
30 *Gellermann,* in: Landmann/Rohmer, Umweltrecht, 97. Aufl. 2022, § 14 BNatSchG Rn. 3.
31 *Hendler/Brockhoff,* NVwZ 2010, 733 ff.; *Schlacke,* Umweltrecht, 8. Aufl. 2021, S. 271 f.

Pächter, die **Duldung von Maßnahmen** der Landschaftspflege oder des Naturschutzes verlangt werden. Eine solche rechtmäßige Anordnung kann er nicht abwehren oder behindern.

- Gleichermaßen kann den Eigentümer oder den Nutzungsberechtigten die Pflicht treffen, aus naturschutzfachlichen Gründen gebotene Pflegemaßnahmen durchzuführen (sog. **Pflegepflicht**).

In der Praxis ist meist weniger das Vorliegen eines Eingriffs an sich streitig, sondern vielmehr die Tragweite des Eingriffs und die damit einhergehenden Ausgleichspflichten.

Im Gegensatz zu anderen Gebieten des besonderen Umweltrechts sieht das Naturschutzrecht kein eigenes Fachverwaltungs- (Genehmigungs- oder Erlaubnis-) Verfahren vor. Die naturschutzrechtlichen Belange sind daher stets im Rahmen von einschlägigen Verfahren, die zu einer Zulassung oder Genehmigung einer Anlage oder einer Maßnahme führen, einzubringen (sog. „Huckepackverfahren"), vgl. § 17 BNatSchG.[32] Die Naturschutzbehörden sind Fachbehörden, die sich in Genehmigungs- oder Planfeststellungsverfahren einbringen können. Die **Letztentscheidung oder -abwägung** liegt aber bei der verfahrensrechtlich entscheidenden Behörde. Zur Stärkung der Naturschutzbehörden sind einzelne Verfügungen im Benehmen mit der Fachbehörde zu treffen, beispielsweise bei der gemeindlichen Ausweisung von Bauleitplänen. Letztlich bedeutet dies, dass naturschutzrechtliche Belange in Form von Vermeidungs- oder Ausgleichspflichten o.ä. im Rahmen von Eingriffen zu prüfen sind, die aus Anlass einer Genehmigung, einer Erlaubnis, einer Bewilligung, einer Anzeige etc. aufgrund einer Rechtsvorschrift erfolgen. Eine Regelung wie z.B. § 13 ThürDSchG[33], der eine isolierte denkmalschutzrechtliche Erlaubnis vorsieht, existiert für das Naturschutzrecht nicht. Nur für den Fall, dass keine andere rechtliche Entscheidung notwendig ist, entscheidet die Naturschutzbehörde selbst. Zur Beurteilung der Tragweite des Eingriffs kann (bei Planfeststellungen muss) sie die Vorlage von Gutachten verlangen, aus denen sich die möglichen Ausgleichsmaßnahmen ergeben.

Eine besondere Eingriffsregelung trifft das BNatSchG in § 18 BNatSchG für Bauleitpläne.[34]

Im Bereich des Gebietsschutzes wurde die Kategorie „Nationales Naturmonument" neu aufgenommen, § 24 Abs. 4 BNatSchG.[35] Für die Ausweisung des „Grünen Bandes" wurde ein eigenes Landesgesetz erlassen.[36]

---

32 *Ramsauer*, in: Koch/Hofmann/Reese, Umweltrecht, 5. Aufl. 2018, § 3 Rn. 1 ff.
33 Thüringer Gesetz zur Pflege und zum Schutz der Kulturdenkmale (Thüringer Denkmalschutzgesetz) in der Fassung vom 14.4.2004 (GVBl. 2004, 465), zuletzt geändert durch Artikel 2 des Gesetzes vom 18.12.2018 (GVBl. S. 731).
34 Vgl. *Battis*, in: ders./Krautzberger/Löhr, Baugesetzbuch, 15. Aufl. 2022, § 1 Rn. 64 ff.
35 Als Beispiel für ein weiteres potenzielles Monument in Thüringen nach dem bereits geschützten „Grünen Band" wird der Kyffhäuser genannt.
36 Siehe hierzu unten Rn. 149 f.

3. Umweltrecht und Nachhaltigkeit

20 Im Kontext des Umweltrechts wird häufig auf die Bedeutung nachhaltigen Handelns verwiesen. Dabei ist **Nachhaltigkeit** zunächst eine politische Forderung, die durch staatliche Stellen in Gesetzesform gegossen oder durch die Entwicklung freiwilliger Standards mit Leben gefüllt werden muss.

21 Nachhaltig ist eine Entwicklung, die den Bedürfnissen der heutigen Generation entspricht, ohne die Möglichkeiten künftiger Generationen zu gefährden, ihre eigenen Bedürfnisse zu befriedigen und ihren Lebensstil zu wählen. Diese Umschreibung ist dem wegweisenden sogenannten **Brundtland-Bericht**[37] „Our Common Future" der UN-Weltkommission für Umwelt und Entwicklung aus dem Jahr 1987 entnommen.[38] Tatsächlich gehen die Versuche, nachhaltiges Handeln als allgemeines ökonomisches und gesellschaftliches Prinzip zu verankern, weit davor zurück. Eine Umschreibung findet sich 1730 von Hans Carl von Carlowitz (1645–1714): *„Wird derhalben die gröste Kunst / Wissenschafft / Fleiß / und Einrichtung hiesiger Lande darinnen beruhen / wie eine sothane Conservation und Anbau des Holtzes anzustellen / daß es eine continuirliche beständige und nachhaltende Nutzung gebe / weiln es eine unentberliche Sache ist / ohne welche das Land in seinem Esse [im Sinne von Wesen, Dasein, d. Verf.] nicht bleiben mag."*[39] Später wurde der Begriff auch bei Johann Philipp Frank 1789 verwendet. 1915 wurde die Nachhaltigkeit in den Duden aufgenommen. Heute finden sich hierfür auch synonyme Begrifflichkeiten wie beispielsweise der der Enkelgerechtigkeit: *„Der Weg in eine enkelgerechte Zukunft"*[40].

22 Weitgehend durchgesetzt hat sich die Teilung und Vernetzung des Nachhaltigkeitsbegriffs in eine **soziale, ökologische und ökonomische Dimension** (*three areas* nach dem Brundtland-Bericht). Die umweltrechtlichen Vorgaben sind dabei vornehmlich dem ökologischen Zweig zuzuordnen, es gibt aber auch zahlreiche Überschneidungen mit einer sozialgerechten Umweltpolitik wie auch den ökonomischen Möglichkeiten und Grenzen eines ökologischen Handelns. Teilweise wird diese modellhafte Darstellung mit der Argumentation angegriffen, der gegenseitige Ausgleich solle einem Vorrangmodell weichen, bei dem die umweltbezogenen Aspekte vorrangig zu berücksichtigen sind. Derartige Forderungen konnten sich aber bis dato nicht durchsetzen.[41]

---

37 Nach der ehemaligen norwegischen Regierungschefin und Kommissionsvorsitzenden Gro Harlem Brundtland benannt.
38 Vgl. *Kopfmüller u.a.*, 20 Jahre Brundtland-Bericht, in: Ökologisches Wirtschaften. Nr. 1, 2007.
39 *Von Carlowitz*, Sylvicultura Oeconomica, 1713, S. 105 f.
40 Vgl. Bundesregierung (Hrsg.), Nachhaltigkeitsstrategie 2016, 2016, S. 11.
41 Vgl. *von Hauff/Kleine*, Nachhaltige Entwicklung. Grundlagen und Umsetzung, 2009, S. 17 ff.

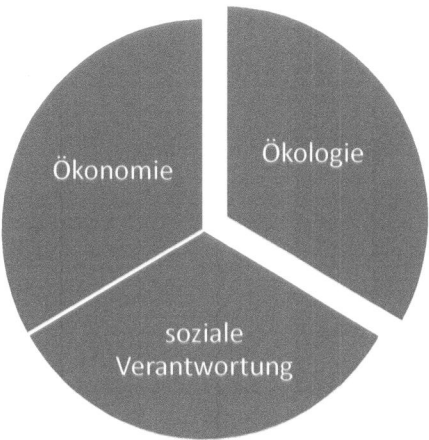

Das Nachhaltigkeitsprinzip wurde seit dem „Brundtland-Bericht" in zahlreichen inter- 23
und supranationalen Dokumenten zur Leitdirektive ernannt:[42]
- die Agenda 21 (1992)
- das Kyoto-Protokoll (1997)
- die Milleniumsziele (2000)
- die Ergebnisse der Konferenzen von Kopenhagen (2009) und Rio (2012)
- die UN-Sustainable Development Goals (2015)
- das Abkommen von Paris (2015)
- der EU-Aktionsplan (2018)
- der European Green Deal (2019)

Zahlreiche staatliche Stellen auf unterschiedlichen Ebenen und private Organisationen haben sich dem Nachhaltigkeitsgedanken verschrieben. An der Spitze steht häufig eine strategische Ausrichtung, die in einer Nachhaltigkeitspolitik in ihrer Struktur, dem Prozess und dem Inhalt nach ausgerichtet wird.[43] Maßgebend hierfür ist der Rahmen der UN-Nachhaltigkeitsziele, die sogenannten Sustainable Development Goals, deren Erfüllung sich auch der Freistaat Thüringen verschrieben hat.

---

42 Hierzu *Pufé*, Nachhaltigkeit, 3. Aufl. 2017, S. 35 ff.
43 *Roßegger*, ZfU 2011, 517 ff.

Quelle: www.umweltbundesamt.de

24 Auf europäischer Ebene versucht der **European Green Deal** die EU-Wirtschaft auf eine nachhaltige Zukunft auszurichten.[44] Hierzu wurde im Jahr 2019 ein eigener Aktionsplan zur Erreichung der Klimaneutralität der Europäischen Union bis 2050 vorgestellt. Die Umsetzung erfolgt mit den Instrumenten der EU durch verschiedene Rechtsakte, z.B. der Taxonomie-Verordnung für die nichtfinanzielle Berichterstattung bestimmter Unternehmen[45]. In der deutschen Nachhaltigkeitsstrategie sind seit dem Jahr 2002 mit einer Aktualisierung alle vier Jahre die deutschen Nachhaltigkeitsziele festgelegt, die sich an den 17 Zielen der UN orientieren.[46] Voraussetzung hierfür ist eine institutionelle Verankerung durch Ausschüsse und Beiräte.

25 Diese Zielsetzungen und Rahmenvorgaben haben erhebliche Auswirkungen auf den Freistaat Thüringen. Im Einklang mit den übergeordneten Zielen hat der Freistaat Thüringen unter der Federführung des Thüringer Ministeriums für Umwelt, Entwicklung und Naturschutz (TMUEN) 2018 selbst eine **Nachhaltigkeitsstrategie** verabschiedet.[47] Diese stellt die Fortschreibung einer ersten Zielsetzung von 2011 da. Dabei handelt es sich um einen Leitfaden für politisches und gesellschaftliches Handeln. Der Freistaat orientiert sich konsequent an den Zielen der Agenda 2030. Alle Ziele sind mit den 17 Sustainable Development Goals der UN abgeglichen.[48] Auf dieser Grundlage soll ein Monitoring gewährleistet werden.

26 Der besondere Fokus liegt auf der Umsetzung durch die staatlichen Stellen. Diese sollen sich folgenden Schwerpunkten bei der Bewältigung ihrer zugewiesenen Aufgaben

---

44 Europäische Kommission (Hrsg.), Mitteilung der Kommission an das Europäische Parlament, den Europäischen Rat und den Europäischen Wirtschafts- und Sozialausschuss und den Sozialausschuss und den Ausschuss der Regionen, Der europäische Grüne Deal, COM (2019) 640 final.
45 Verordnung (EU) 2020/852 vom 18.6.2020 über die Einrichtung eines Rahmens zur Erleichterung nachhaltiger Investitionen und zur Änderung der Verordnung (EU) 2019/2088, ABl. L 198/13.
46 Bundesregierung (Hrsg.), Deutsche Nachhaltigkeitsstrategie, Weiterentwicklung 2021, 2021, S. 17.
47 Thüringer Ministerium für Umwelt, Energie und Naturschutz (Hrsg.), Die Thüringer Nachhaltigkeitsstrategie 2018, 2018.
48 A.a.O., S. 23.

widmen: Bildung und lebenslanges Lernen, Klima, Energie und nachhaltige Mobilität, nachhaltiger Konsum und nachhaltiges Wirtschaften, Schutz der biologischen Vielfalt, Reduzierung von Ungleichheit.

4. Umweltrecht und Umweltmanagementsysteme

Nachhaltiges Handeln setzt nicht zwingend die Anwendung eines besonderen Managementsystems voraus. Dennoch kann es ratsam sein, hier einen besonderen Fokus auf spezifische Nachhaltigkeitsaspekte zu legen. Für das Energiemanagement hat bspw. der Gesetzgeber bereits Anreize gesetzt. Bei entsprechender Anwendung wurden Ermäßigungen z.B. bei der Stromsteuer in Aussicht gestellt.[49] Auch wenn die Implementierung der (internationalen) Standards, deren Entwicklung auf dem Konsensprinzip beruht, freiwillig erfolgt, hat der Staat sich klar zur Sinnhaftigkeit solcher Systeme bekannt. 27

a) **ISO 14001 und EMAS.** Im Bereich des **Umweltmanagements** konkurrieren zwei Standards miteinander: die EMAS III-Verordnung und die DIN EN ISO 14001:2015.[50] Ziel beider Normen ist die Verbesserung des Umweltschutzes in Unternehmen. Dabei konzentriert sich die EMAS III-Verordnung im Gegensatz zur ISO 14001 mehr auf die Umweltauswirkungen als auf den kontinuierlichen Verbesserungsprozess. 28

Die **ISO 14001** ist Teil der ISO 14000er Reihe zum Umweltmanagement.[51] Der übergesetzliche Standard gehört zur Normenfamilie der ISO und ist damit weltweit gültig. Die Anwendung und Zertifizierung ist freiwillig und eine individuelle Entscheidung aller Marktteilnehmer. Im Kern hat die Organisation ein Umweltmanagementsystem einzuführen und stetig zu verbessern. Daher erhebt die ISO 14001 keine Forderung nach absoluten Werten der Umweltleistung. 29

EMAS steht für ein Gemeinschaftssystem für das freiwillige Umweltmanagement und die Umweltbetriebsprüfung (**Eco-Management and Audit Scheme**).[52] Die EMAS III-Verordnung[53] ist als Umweltmanagementsystem eine Alternative zur DIN EN ISO 14001. Beide Systeme laufen seit 2010 weitgehend parallel. Im Gegensatz zur ISO-Norm besteht die Pflicht zur Veröffentlichung der Umweltleistung in einem öffentlichen Register.[54] 30

Beide Normen haben gemeinsam, dass eine **Zertifizierung** vorgesehen ist. Die Zertifizierung erfolgt i.d.R. für das gesamte Unternehmen, unabhängig davon, wie viele Standorte vorhanden sind. Diese setzt bei der ISO 14001 – wie bei der ISO 9001 – das Bestehen eines Zertifizierungsaudits durch einen akkreditierten Zertifizierer voraus, 31

---

49 Vgl. z.B. § 8 Abs. 1 i.V.m. § 1 Nr. 4 EDL-G; § 55 Abs. 4 Nr. 1 EnergieStG; § 10 Abs. 1 Nr. 3 StromStG.
50 *Schneider*, in: ders. (Hrsg.), Reihe Grundlagen des Qualitäts-, Umwelt- und Projektmanagements, Band 1, 2. Aufl. 2019, S. 161.
51 International Organization of Standardization (Hrsg.), Environmental management. The ISO 14000 family of International Standards, 2009.
52 *Hoffmann*, ZUR 2014, 81 ff.
53 Verordnung (EU) 2018/2026, ABl. L 325 S. 18.
54 https://www.emas-register.de/recherche.

der sich vor Ort von der Konformität mit den Forderungen der Norm überzeugt.[55] Wer ein Zertifikat nach EMAS erhalten möchte, muss eine Umwelterklärung abgeben, deren Geeignetheit durch einen unabhängigen Gutachter bescheinigt werden muss. Das Unternehmen kann sich dann in das Standortregister der zuständigen IHK mit den erbrachten Leistungen eintragen. Zudem erfolgt eine Meldung an die Europäische Kommission. Natürlich können beide Zertifizierungen parallel oder nacheinander angestrebt werden.

	EMAS	ISO 14001
Geltungsbereich	EU und EWR	weltweit
Rechtlicher Status	hoheitlich	privatwirtschaftlich
Branchen	uneingeschränkt	uneingeschränkt
Anforderungen	Organisationen UM-System Umweltleistung Umweltbetriebsprüfung Umwelterklärung	Organisationen UM-System Verbesserung des UMS
Öffentlichkeit	öffentliche Umwelterklärung	Veröffentlichung der Umweltpolitik
Beteiligung Behörden	ja	nein
Außendarstellung	validierte Umwelterklärung; Logo	Zertifikat
KVP	betrieblicher Umweltschutz	Wirksamkeit UMS

32 **b) ISO 50001.** Die Energiekosten im Unternehmen können ein entscheidender Kostenfaktor sein. Viele Unternehmen sind daher gehalten, sich systematisch über den Energieverbrauch Gedanken zu machen. Die Normenreihe der ISO 50001 ff. enthält Standards für ein prozessorientiertes **Energiemanagement**.[56] Zentrale Norm ist die ISO 50001:2018, die Anforderungen an ein Energiemanagementsystem enthält und zertifizierbar ist.

33 Die Einführung eines Energiemanagementsystems ist insbesondere in Deutschland verbreitet. So ermöglicht ein Energiemanagementsystem oder wahlweise ein Umweltmanagementsystem nach der EMAS-Verordnung die Inanspruchnahme steuerlicher Vorteile, z.B. bei der Strom- und Energiesteuer oder der EEG-Umlage[57]. Ziel ist es, die

---

55 Vgl. *Schwertner*, in: Giesberts/Reinhardt, BeckOK Umweltrecht, 62. Edition, Stand: 1.4.2022, § 58e BImSchG Rn. 2.
56 *Jansen*, in: Bongartz/Jatzke/Schröer-Schallenberg (Hrsg.), EnergieStG, Stand 6/2021, § 10 StromStG Rn. 34 f.
57 Die EEG-Umlage wird im Rahmen der „EEG-Novelle 2022" mit Artikel 1 des Gesetzes vom 23.5.2022 (BGBl. I S. 747) m. W. v. 1.7.2022 auf Null gesenkt und m. W. v. 1.1.2023 abgeschafft.

Energieleistung des Unternehmens nachhaltig zu verbessern. Darüber hinaus gibt es zahlreiche Punkte, die für die Einführung eines EMS sprechen können:

- Zertifizierungsmöglichkeit
- häufig Einbindung in vorhandene, dokumentierte Prozesse
- Berücksichtigung der energetischen Aspekte in allen Prozessen
- Einbindung in bestehende Dokumentationen
- Rückgriff auf bekannte Instrumente und Methoden, z. B. Audits
- Messbarkeit und Dokumentation der Fortschritte
- Einbeziehung der Mitarbeiter
- Imagegewinn durch entsprechende Darstellung

Hierfür stellen die Normen Methoden und Instrumente bereit, z.b. Energie-Audits, Zuweisung von Verantwortlichkeiten, Managementbewertung, Kennzahlen, Verbesserungsmöglichkeiten, Dokumentation. Gerade Organisationen, die bereits über ein Qualitätsmanagementsystem nach DIN EN ISO 9001:2015 verfügen, wird der Einstieg in die Norm leichtfallen. So kann auf viele Grundlagen zurückgegriffen werden, z.b. das Handbuch, die prozessorientierte Dokumentation, die Politik und Ziele, die Methoden der Bewertung und kontinuierlichen Verbesserung oder das Berichtswesen und die Kennzahlen.[58]

c) **ISO 26000 und EMASplus.** Die ISO 26000 stellt im Gegensatz zu den Standards aus dem Qualitäts-, Energie- und Umweltmanagement keine zertifizierbare Norm dar:

"This International Standard is not a management system standard. It is not intended or appropriate for certification purposes or regulatory or contractual use. Any offer to certify, or claims to be certified, to ISO 26000 would be a misrepresentation of the intent and purpose and a misuse of this International Standard. As this International Standard does not contain requirements, any such certification would not be a demonstration of conformity with this International Standard."[59]

Dies schwächt zwar die Attraktivität der Anwendung, kann aber als Leitfaden für Unternehmen, die sich dem Thema **Soziale Verantwortung** nähern wollen, sehr hilfreich sein. Die Orientierungshilfen und Empfehlungen umfassen folgende Themen, die sich in der Struktur wiederfinden:

Grundlegend für ein umfassendes Verständnis der gesellschaftlichen Verantwortung sind **sieben Grundsätze gesellschaftlicher Verantwortung**.[60] Dazu zählen eine Rechenschaftspflicht, Transparenz, ethisches Verhalten, die Achtung der Interessen der Stakeholder, die Achtung der Rechtsstaatlichkeit, die Achtung internationaler Verhaltensstandards und die Achtung der Menschenrechte, die Anerkennung der gesellschaftlichen Verantwortung sowie die Identifizierung und Einbindung der Interessengruppen.

---

58 *Koubek/Pölz*, Integrierte Managementsysteme, 2014, S. 88 ff.
59 Aus der Zielsetzung des Leitfadens, Dokument N191, 2010.
60 Bundesministerium für Arbeit und Soziales (Hrsg.), Die DIN ISO 26000 „Leitfaden zur gesellschaftlichen Verantwortung von Organisationen", 2011, S. 12 ff.

37 **Handlungsfelder** für die sieben Kernthemen sind die Organisationsführung, die Menschenrechte, Arbeitspraktiken, die Umwelt (Ökologie), faire Betriebs- und Geschäftspraktiken, Konsumentenbelange, die regionale Einbindung und Entwicklung der Gemeinschaft. Hierfür enthält die ISO 26000 Handlungsempfehlungen zur organisationsweiten Integration gesellschaftlicher Verantwortung.

38 Ein **integriertes Verständnis** von Nachhaltigkeit setzt das System EMASplus um, das die klassischen Umweltmanagementsysteme mit den Inhalten der ISO 26000 verknüpft. Eine Zertifizierungsmöglichkeit ist ausdrücklich vorgesehen.[61]

II. (Landes-)Verfassungsrechtliche Grundlagen und europarechtliche Vorgaben

1. Umweltverfassungsrecht

39 a) **Rahmen des Art. 20a GG.** Der verfassungsrechtliche Rahmen des Art. 20a GG verpflichtet als sog. Staatszielbestimmung[62] alle staatliche Gewalt der Bundesrepublik, die natürlichen Lebensgrundlagen zu schützen. Auch wenn ein solcher Regelungsauftrag nicht unmittelbar einklagbar ist, so stellt der Artikel doch klar, dass Umweltschutz eine staatliche Pflichtaufgabe von Verfassungsrang darstellt.[63]

„Der Staat schützt auch in Verantwortung für die künftigen Generationen die natürlichen Lebensgrundlagen und die Tiere im Rahmen der verfassungsmäßigen Ordnung durch die Gesetzgebung und nach Maßgabe von Gesetz und Recht durch die vollziehende Gewalt und die Rechtsprechung."

40 Neben dieser Bestimmung sind vor allem die Grundrechte bei von staatlicher Seite hervorgerufenen Einschränkungen in Folge umweltrechtlicher Maßnahmen zu beachten.[64] Insofern sind die Grundrechte Abwehrrechte gegen umweltschützendes Handeln, gegen umweltbelastendes Handeln sowie Handlungspflichten des Staates zum Ergreifen notwendiger Maßnahmen.

41 Im Rahmen der meist vorzunehmenden Abwägung sind die Rechte des Einzelnen, z.B. dessen Berufsfreiheit (Art. 12 Abs. 1 GG) oder Eigentumsfreiheit (Art. 14 Abs. 1 GG), mit dem staatlichen Schutz- und Abwehrauftrag, der in Art. 20a GG zum Ausdruck kommt, verhältnismäßig in Einklang zu bringen.

42 Beispiel: Bei der Ausweisung eines Nationalparks nach Art. 24 BNatSchG auf den Flächen einer Privatperson steht das Eigentumsrecht gegen das Naturschutzziel. Dies hat für den Betroffenen zur Folge, dass er seine Grundstücke z.B. nicht mehr befahren und bewirtschaften kann. Im Rahmen der Abwägung ist bei Ausweisung des Schutzgebiets (je nach Bundesland durch Gesetz oder Verordnung) besonders darauf zu achten, dass nach Prüfung der Verhältnismäßigkeit der Eingriff in die Eigentumsrechte erforderlich ist, also sich die legitimen naturschutzfachlichen Ziele nicht durch weniger

---

61 Vgl. die Richtlinie Nachhaltigkeitsmanagement EMASplus.
62 Hierzu z.B. *Murswiek*, NVwZ 1996, 222 ff.; *Schneider*, in: FS Würtenberger, 2013, S. 281; *Gärditz*, in: Landmann/Rohmer, Umweltrecht, 97. Aufl. 2022, Art. 20a GG Rn. 8 f.
63 *Hopf*, in: Linck/Jutzi/Hopf, Die Verfassung des Freistaats Thüringen, 1994, Art. 31 Rn. 1 ff.; *Jutzi*, ThürVBl. 1995, 25.
64 *Jarass*, in: ders./Pieroth, Grundgesetz, 16. Aufl. 2020, Art. 20a Rn. 15 ff.

einschneidende Maßnahmen erreichen lassen. Selbst wenn naturschutzfachliche Belange überwiegen sollten, wäre ein solcher enteignungsgleicher Eingriff zwar rechtmäßig, aber dem Betroffenen gegenüber (monetär) grundsätzlich ausgleichspflichtig.[65]

b) **Landesverfassungsrecht.** Im Verhältnis zum gesamten Bundesrecht ist die **Thüringer Verfassung (ThürVerf)** nachrangiges Recht und unterfällt damit dem uneingeschränkten Geltungsvorrang des Bundesrechts.[66] Diese Kollisionsregelung ist für das Bundesstaatsprinzip grundlegend[67] und findet in Art. 31 GG ihren allgemeinen Ausdruck. Sofern der Freistaat nichtverfassungsrechtliche Rechtsakte beschließt, gibt die Thüringer Verfassung neben dem Grundgesetz einen zwingenden Rahmen für die Ausgestaltung des Landesrechts.[68] Gerade im Hinblick auf die Bedeutung des Schutzes von Natur und Landschaft enthält die Verfassung des Freistaats Thüringen besondere Regelungen.[69] 43

Die Thüringer Verfassung widmet der Natur und Umwelt einen eigenen Abschnitt (Abschnitt 4).[70] Der zentrale Art. 31 ThürVerf lautet: 44

„(1) Der Schutz der natürlichen Lebensgrundlagen des Menschen ist Aufgabe des Freistaats und seiner Bewohner.

(2) Der Naturhaushalt und seine Funktionstüchtigkeit sind zu schützen. Die heimischen Tier- und Pflanzenarten sowie besonders wertvolle Landschaften und Flächen sind zu erhalten und unter Schutz zu stellen. Das Land und seine Gebietskörperschaften wirken darauf hin, dass von Menschen verursachte Umweltschäden im Rahmen des Möglichen beseitigt oder ausgeglichen werden.

(3) Mit Naturgütern und Energie ist sparsam umzugehen. Das Land und seine Gebietskörperschaften fördern eine umweltgerechte Energieversorgung."

Art. 31 ThürVerf formuliert weit, in dem er den **Schutz der natürlichen Lebensgrundlagen des Menschen** als Aufgabe dem Freistaat und seinen Bewohnern zuweist.[71] Umweltschutz wird danach in den Fokus des Allgemein- und Individualinteresses gestellt.[72] Für eine Verfassung ist ungewöhnlich[73], dass die Forderung nicht nur gegenüber der staatlichen Seite erhoben wird, sondern gegenüber jedem Einzelnen. Um diesem Programmsatz gerecht zu werden, sind der Naturhaushalt und seine Funktions- 45

---

65 *Papier/Shirvani*, in: Dürig/Herzog/Scholz, Grundgesetz-Kommentar, 96. EL November 2021, Art. 14 Rn. 809.
66 H.M.; für einen bloßen Anwendungsvorrang bei Kollision mit Landesverfassungsrecht z.B. *Poscher*, NJ 1996, 351 (352).
67 BVerfGE 36, 342 (356).
68 Zur Aufnahme von naturschützenden Regelungen in den Landesverfassungen *Scholz*, in: Dürig/Herzog/Scholz, Grundgesetz-Kommentar, 96. EL November 2021, Art. 20a Rn. 3.
69 *Rommelfanger*, ThürVBl. 1993, 173 ff.
70 Zur Vorreiterrolle der „neuen" Bundesländer, *Pestalozza*, Verfassungen der deutschen Bundesländer, 10. Aufl. 2014, Rn. 66; zur Systematik *Birkmann/Walsmann*, Die Verfassung des Freistaats Thüringen, 11. Aufl. 2004, S. 49 f.
71 Hierzu ausführlich *Haedrich*, in: Linck u.a., Die Verfassung des Freistaats Thüringen, 1994, Art. 31 Rn. 8 ff.
72 Zu den daraus resultierenden Handlungspflichten siehe ThürVerfGH, Urt. v. 2.2.2011 – 20/09, ThürVBl. 2011, 131; OVG Weimar, ThürVBl. 2009, 105.
73 Vgl. z.B. Art. 29a VerfNRW (am Ende des Abschnitts 4 Arbeit, Wirtschaft und Umwelt), der die öffentliche Pflicht zum Schutz der natürlichen Lebensgrundlagen sogar einschränkt: *„Die notwendigen Bindungen und Pflichten bestimmen sich unter Ausgleich der betroffenen öffentlichen und privaten Belange."*

tüchtigkeit zu schützen sowie die heimischen Tier- und Pflanzenarten und besonders wertvolle Landschaften und Flächen zu erhalten und unter Schutz zu stellen. Zudem verpflichtet sich der Freistaat Thüringen vor dem historischen Hintergrund der DDR-Vergangenheit[74] zur Beseitigung oder zum Ausgleich von Umweltschäden.

46 Besonders modern wirkt die Ergänzung in Art. 31 Abs. 3 ThürVerf, in dem die umweltschützenden Aufgaben für den **Umgang mit Naturgütern und die Energieversorgung** konkretisiert werden.[75] Hier wird der Grundsatz der Sparsamkeit und Umweltgerechtigkeit zum Verfassungsgut erhoben.

47 Art. 32 konstituiert einen grundlegenden staatlichen Auftrag zum **Schutz aller Lebewesen:**

„Tiere werden als Lebewesen und Mitgeschöpfe geachtet. Sie werden vor nicht artgemäßer Haltung und vermeidbarem Leiden geschützt."

48 Ergänzt wird das Postulat zum Schutz von Natur und Umwelt durch einen umfassenden **Auskunftsanspruch** im Hinblick auf alle Umweltdaten seines Lebensraums. Der konkrete Anspruch steht unter dem allgemeinen Gesetzesvorbehalt und bedarf im Zweifelsfall in der Durchsetzung einer Abwägung zwischen den Informationsrechten des Betroffenen und Rechten Dritter. Ausweislich seines Wortlauts sind nur Daten relevant, die vom Freistaat mit all seinen Untergliederungen erhoben wurden. Private Daten werden nicht erfasst. Art. 33 ThürVerf bestimmt diesbezüglich:

„Jeder hat das Recht auf Auskunft über die Daten, welche die natürliche Umwelt in seinem Lebensraum betreffen und die durch den Freistaat erhoben worden sind, soweit gesetzliche Regelungen oder Rechte Dritter nicht entgegenstehen."

49 Diese umweltrechtlichen Grundsätze hat der Thüringer Gesetzgeber bei seiner legislativen Tätigkeit zu beachten. Sie geben den Rahmen für das gesamte Landesrecht vor.

2. Europa-umweltrechtlicher Rahmen[76]

50 Ca. 80–90 % der Umweltgesetzgebung in Deutschland haben einen europarechtlichen Hintergrund.[77] Insbesondere europäische Richtlinien geben Anlass zur Anpassung oder Neuregelung von Normen.[78] Dabei ist es aus europäischer Sicht zunächst völlig unerheblich, welche innerstaatliche Ebene der Mitgliedstaaten nach deren Kompetenzordnung zur Umsetzung berufen ist. Im Zweifel haftet die Bundesrepublik Deutschland für Verstöße aller bundesstaatlichen Ebenen.[79] Um dieser Betroffenheit der dezentralen staatlichen Ebenen[80] durch europäische Vorstöße verfahrensrechtlich Rech-

---

74 Zur Historie *Brönneke*, Umweltverfassungsrecht, 1999, S. 54 ff.
75 Ausführlich *Hopfe*, in: Linck/Jutzi/Hopfe, Die Verfassung des Freistaats Thüringen, 1994, Art. 31 Rn. 12.
76 *Schneider*, Umweltrecht in Thüringen I, 2015, S. 15 f.
77 *Zschiesche*, in: Deutscher Naturschutzring (Hrsg.), Die Zukunft der Europäischen Union. Ihre Rechte in der EU-Umweltgesetzgebung, Sonderheft 08/09, 2005, S. 3.
78 *Meßerschmidt*, Europäisches Umweltrecht, 2010, S. 5.
79 *Oppermann/Claasen/Nettesheim*, Europarecht, 9. Aufl. 2021, S. 235 ff.
80 Hierzu auch *Schneider*, Kommunaler Einfluss in Europa, 2004, S. 387 ff.

nung zu tragen, wurden mit dem Lissaboner Vertrag Mechanismen eingeführt, die gerade den föderalen bzw. regionalisierten Mitgliedstaaten[81] entgegen kommen.[82]

Jegliche **Kompetenzausübung der Europäischen Union** ist im Hinblick auf die Einhaltung des Prinzips der begrenzten Einzelermächtigung zu hinterfragen.[83] Danach kann die EU nur tätig werden, soweit ihr die europäischen Verträge eine ausdrückliche Regelungskompetenz zuweisen. In der Vergangenheit hat die EU-Kommission mit Rückendeckung des Europäischen Gerichtshofs durch eine weite Auslegung der Zuständigkeitsnormen erhebliche Teile der Gesetzgebungstätigkeit der Mitgliedstaaten übernommen.

51

Kompetenzen auf dem Gebiet des Umweltrechts ergeben sich z.B. aus den folgenden Vorschriften des Vertrages über die Arbeitsweise der EU. Sofern eine EU-gesetzgeberische Initiative auf mehrere Ermächtigungsnormen gestützt werden kann, so ist nach dem Schwerpunkt der Maßnahme abzugrenzen.

52

- Art. 191 AEUV mit der Kompetenz für weitreichende Maßnahmen im Umweltbereich, die keinen hauptsächlichen Bezug zum Binnenmarkt vorweisen.[84] Zu entscheiden ist über solche Rechtsakte im Verfahren der Mitentscheidung, d.h. mit Zustimmung des Europäischen Parlaments nach Art. 294 AEUV. Die EU hat sich damit ausdrücklich der Erhaltung und dem Schutz der Umwelt, dem Schutz der menschlichen Gesundheit, der umsichtigen und rationellen Verwendung der natürlichen Ressourcen und der Förderung von Maßnahmen auf internationaler Ebene zur Bewältigung regionaler oder globaler Umweltprobleme verschrieben.
- Art. 114 AEUV mit der Kompetenz für Harmonisierungsmaßnahmen, welche das Errichten und Funktionieren des Binnenmarktes zum Gegenstand haben. Wird die EU unter Verweis auf die „Auffangnorm" zur Rechtsangleichung auf dem Gebiet des Umweltrechts tätig, handelt es sich um einen sog. Fall der unselbständigen Umweltpolitik. Vordergründig soll damit eine Vereinheitlichung der Binnenmarktregelungen stattfinden, tatsächlich wird damit aber (zugleich) umweltpolitisch und -rechtlich agiert. Für den Bereich des Umweltschutzes werden hierbei hohe Schutzstandards gefordert, vgl. Art. 114 Abs. 3 AEUV.
- Art. 191 Abs. 4 AEUV mit einer sog. umweltaußenpolitischen Kompetenz[85].
- Art. 192 Abs. 4 AEUV mit der Verpflichtung der Mitgliedstaaten, Maßnahmen zur Verwirklichung der Ziele und Grundsätze des Art. 191 Abs. 1 und 2 AEU zu finanzieren und durchzuführen. Dieses Instrumentarium wird als Verpflichtung zur aktiven Umweltpolitik verstanden.[86]

Zur Verdeutlichung der überragenden europarechtlichen Bedeutung für den Thüringer Landesgesetzgeber sollen aus der Vielzahl der umweltrechtlichen Vorgaben folgende

---

81 Neben Deutschland z.B. Spanien, Frankreich oder Österreich.
82 Vgl. *Oppermann/Claasen/Nettesheim*, Europarecht, 9. Aufl. 2021, S. 167 ff.
83 Vgl. *Meßerschmidt*, Europäisches Umweltrecht, 2010, S. 76.
84 Zu den Zielen der europäischen Umweltpolitik *Calliess*, in: ders./Ruffert, EUV/AEUV, 6. Aufl. 2022, Art. 191 AEUV Rn. 8 ff.
85 Hierzu *Nettesheim*, in: Grabitz/Hilf/Nettesheim, Das Recht der Europäischen Union, 75. Aufl. 2022, Art. 191 AEUV Rn. 148 ff.
86 Vgl. *Nettesheim*, in: Grabitz/Hilf/Nettesheim, Das Recht der Europäischen Union, 75. Aufl. 2022, Art. 192 AEUV Rn. 87 ff.

EU-Richtlinien und deren landesrechtliche Umsetzung exemplarisch beschrieben werden:

EU-Wasserrahmenrichtlinie[87]

53 Die **EU-Wasserrahmenrichtlinie** zur Vereinheitlichung der Wasserpolitik wurde 2010 mit dem neuen Wasserhaushaltsgesetz des Bundes umgesetzt.[88] Tatsächlich hat die Richtlinie erhebliche Auswirkungen auf den Freistaat Thüringen samt seiner kommunalen Gebietskörperschaften, soweit sie für Gewässer zuständig sind.[89] Die von der Richtlinie geforderte Bewirtschaftungsplanung für Gewässer obliegt dem Freistaat, der einen Bewirtschaftungs- und einen Maßnahmeplan erarbeitet.[90] Diese Forderungen wurden im Thüringer Wassergesetz berücksichtigt.[91]

EU-Umgebungslärm-Richtlinie[92]

54 Die „Richtlinie des Europäischen Parlaments und des Rates über die Bewertung und die **Bekämpfung von Umgebungslärm**" soll dem Schutz der Bevölkerung vor Lärm dienen.[93] Hierdurch wurde der Freistaat Thüringen verpflichtet, Lärmaktionspläne auszuarbeiten und umzusetzen. Voraussetzung ist eine EU-rechtliche geforderte umfassende Kartierung von Lärm. Die zentrale Umsetzung erfolgte durch eine Änderung des BImSchG (mit Einführung des sechsten Teils „Lärmminderungsplanung", §§ 47a bis 47f BImSchG). Die verwaltungsmäßige Umsetzung trifft aber überwiegend die Länder. Ein solcher Lärmminderungsplan wurde von der damaligen Thüringer Landesanstalt für Umwelt und Geologie und mehreren Thüringer Städten, z.B. Gotha[94], ausgearbeitet.[95]

Änderungen der UVP-Richtlinie[96]

55 Im April 2014 wurden Änderungen zur **UVP-Richtlinie** veröffentlicht, die bis Mai 2017 in das innerdeutsche Recht eingepflegt wurden. Die ursprüngliche UVP-Richtlinie stammt aus dem Jahr 1992. Der Freistaat Thüringen hat diese europarechtlichen Vorgaben mit dem Thüringer Gesetz über die Umweltverträglichkeitsprüfung (ThürUVPG) umgesetzt. Das ThürUVPG wurde nach den verbindlichen Änderungsvorgaben durch den Landesgesetzgeber 2019 zuletzt angepasst.[97]

---

87 Richtlinie 2000/60/EG, ABl. L 327 vom 22.12.2000, S. 1.
88 Thüringer Ministerium für Landwirtschaft, Naturschutz und Umwelt (Hrsg.), Umweltschutz in Thüringen, 2006, S. 18 f.
89 Hierzu genauer Thüringer Ministerium für Landwirtschaft, Naturschutz und Umwelt (Hrsg.), Handlungsempfehlungen zur Umsetzung der EU-Wasserrahmenrichtlinie für Städte und Gemeinden, 2007, S. 13 f.
90 Zu den Zielen *Seelig*, in: Gemeinde- und Städtebund Thüringen (Hrsg.), Thüringer Kommunalhandbuch, 5. Aufl. 2009, S. 418.
91 Zu den Problemen der Umsetzung allgemein *Reese*, NVwZ 2018, 1592 ff.
92 Richtlinie 2002/49/EG, ABl. Nr. L 189, S. 12.
93 *Krämer/Winter*, in: Schulze/Janssen/Kadelbach (Hrsg.), Europarecht, 4. Aufl. 2020, § 27 Rn. 1 ff.
94 Stadt Gotha (Hrsg.), Lärmminderungsplan. Lärmpolitische Zielstellungen und Leitbild, 2002.
95 Vgl. Thüringer Landesanstalt für Umwelt, Neue Technologien zur Lärmminderungsplanung, Handlungsanleitung 2010.
96 Richtlinie 2014/52/EU des Europäischen Parlaments und des Rates vom 16.4.2014 zur Änderung der Richtlinie 2011/92/EU über die Umweltverträglichkeitsprüfung bei bestimmten öffentlichen und privaten Projekten.
97 Artikel 4 des Gesetzes vom 30.7.2019, GVBl. S. 323, 341.

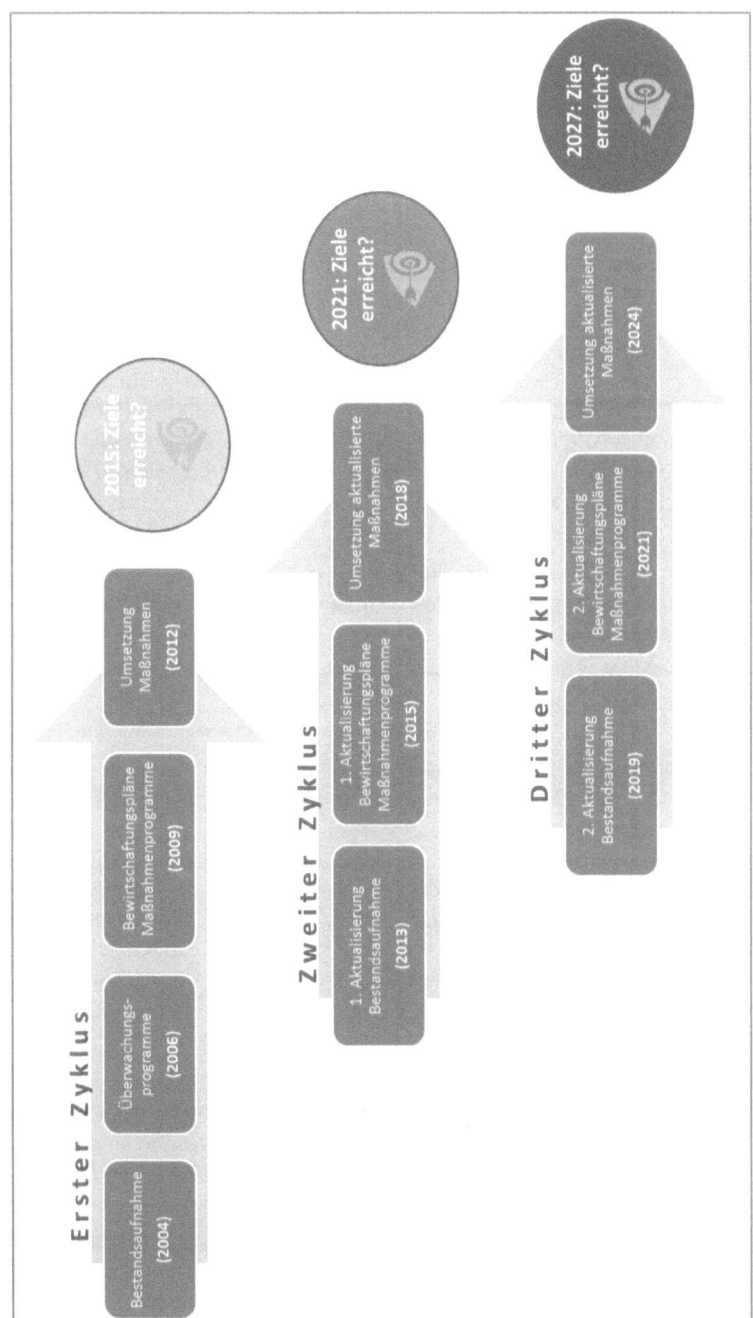

Quelle: www.umweltbundesamt.de

III. Beispielhafte Thüringer Landesumweltgesetze und -verordnungen

1. Allgemeines Umweltrecht

56 a) **Zuständigkeitsregeln.** Im Übrigen finden sich als Teil des allgemeinen Umweltrechts in Thüringen mehrere Vorschriften, die sich keiner der besonderen umweltrechtlichen Materien zuordnen lassen. Dies gilt beispielsweise für Zuständigkeitszuweisungen zwischen den Ministerien, vor allem dem Umwelt- und Landwirtschaftsministerium.[98]

57 b) **Umweltinformationsgesetz.** Besondere Bedeutung hat das Thüringer **Umweltinformationsgesetz (ThürUIG)**[99]. Es wurde 2006 verabschiedet mit dem Zweck, den rechtlichen Rahmen für den Zugang zu Umweltinformationen bei informationspflichtigen Stellen sowie für die Verbreitung dieser Umweltinformationen zu schaffen (§ 1 ThürUIG).[100] Es gilt für alle Körperschaften des Landes einschließlich der kommunalen Gebietskörperschaften und solchen Unternehmungen, die von öffentlichen Körperschaften dominiert werden. Die zentrale Aussage des ThürUIG formuliert § 3 Abs. 1 ThürUIG, wonach jede Person Anspruch auf Zugang zu Umweltinformationen, über die eine informationspflichtige Stelle verfügt, hat, ohne ein rechtliches Interesse darlegen zu müssen.[101]

58 In Anlehnung an das **Bundesumweltinformationsgesetz**[102] enthält es eine ausführliche Beschreibung der Rechte von Betroffenen. Ergänzend bzw. erweiternd[103] zum Bundesgesetz werden z.B. geregelt

- die verpflichtende Veröffentlichung eines Umweltzustandsberichts festgelegt,
- die Klage gegen eine Kontrollstelle ausgeschlossen,
- eine Überprüfung durch Private zur Voraussetzung einer Klageerhebung erklärt,
- die Gebührenfreiheit für einfache Auskünfte normiert,
- Vorschriften über Ordnungswidrigkeiten, die in der Thüringer Variante nicht enthalten sind, aufgenommen.

59 c) **Gesetz über die Umweltverträglichkeitsprüfung.** Das Gesetz über die **Umweltverträglichkeitsprüfung** wurde zuletzt aufgrund geänderter europäischer Vorgaben angepasst.[104] Sinn und Zweck der UVP ist die Prüfung der Umweltverträglichkeit eines Vorhabens, das möglicherweise Auswirkungen auf umweltrechtliche Schutzgüter haben könnte.[105] Die sich hieraus ergebenden Erkenntnisse für die Umwelt sollen frühzeitig in das Verwaltungsverfahren einfließen.

---

98 Zur Aufteilung der Zuständigkeiten der einzelnen Ministerien durch eine Geschäftsordnung vgl. die Vorgabe des Art. 76 Abs. 1 ThürVerf; zum Ressortprinzip *Ruffert*, in: Linck u.a., Die Verfassung des Freistaats Thüringen, 1994, Art. 76 Rn. 9.
99 Vom 10.10.2006 (GVBl. 2006, 513), zuletzt geändert durch Gesetz vom 28. Juni 2017 (GVBl. S. 158).
100 Vgl. auch den Zugang zu Umweltinformationen über das Umweltportal Thüringen http://www.umweltportal.thueringen.de/servlet/is/811/ [Stand: 03/15].
101 Zu weiteren Informationsmöglichkeiten der Überblick bei *Troidl*, ThürVBl. 2015, 1 ff. und 29 ff.
102 Vgl. *Reidt/Schiller*, in: Landmann/Rohmer (Hrsg.), Umweltrecht, UIG, 97. Aufl. 2022.
103 Zu den abweichenden Regelungen der Länder hinsichtlich der Zuständigkeiten nach § 9 Abs. 1 S. 2 UIG *Schomerus*, Umweltinformationsgesetz, 2. Aufl. 2002, § 9 Rn. 17 f.
104 Siehe oben.
105 Hierzu *Erbguth/Schink*, Gesetz über die Umweltverträglichkeitsprüfung, 2. Aufl. 1996, § 1 Rn. 2 ff.; *Appold*, in: Hoppe (Hrsg.), UVPG, 2002, § 1 Rn. 16 ff.

Die inhaltlichen EU-Vorgaben für die Änderung, an die die Vorschriften des Thüringer Gesetzes über die Umweltverträglichkeitsprüfung (ThürUVPG) angepasst werden müssen, umfassen z.B.:[106]

- Die Beteiligungsrechte der Öffentlichkeit werden ausgeweitet. Die einschlägigen Informationen müssen der Öffentlichkeit über ein elektronisches Portal zugänglich gemacht werden.
- Der UVP-Bericht muss zwingend von „kompetenten Fachleuten" erstellt werden.
- Es werden Auswirkungen auf den Klimawandel und die Katastrophenvorsorge bei der Umweltverträglichkeitsprüfung berücksichtigt. Zudem wird die UVP-Richtlinie auf Nachhaltigkeit, Habitate und biologische Vielfalt ausgeweitet.
- Genauso werden nunmehr die kumulativen Auswirkungen mit anderen bestehenden und/oder genehmigten Projekten und Tätigkeiten berücksichtigt.
- Die Verpflichtung zur Erstellung eines „Basisszenarios" wurde eingeführt (Beschreibung des aktuellen Umweltzustands und der voraussichtlichen Entwicklung bei Nichtdurchführung des Projekts).
- Es besteht die Pflicht zur Aufführung von Alternativen zur Projektumsetzung durch den Projektträger im UVP-Bericht.

2. Wasserrecht

Ähnlich wie im Naturschutzrecht wurde als Ausfluss der Entwürfe um das Umweltgesetzbuch mit der Verabschiedung des **Wasserhaushaltsgesetzes 2010** des Bundes[107] von der wasserrechtlichen Gesetzgebungsbefugnis Gebrauch gemacht.[108] Auch hier hat der Bundesgesetzgeber die wasserrechtliche Materie umfassend geregelt, insbesondere Regelungen zum Schutz und zur Bewirtschaftung der Gewässer getroffen.[109] Dennoch ist das nun geltende Wasserhaushaltsgesetz auf eine länderrechtliche Ausfüllung angewiesen.[110] Dies gilt insbesondere für folgende Bereiche, die sich auf die Nutzung der Gewässer, auf Anlagen mit Auswirkungen auf Gewässer oder auf die Gefahrenabwehr beziehen:[111]

- Ausnahmen im Anwendungsbereich (§ 2 Abs. 2 WHG)
- Koordination der Flußgebietseinheiten (§ 7 Abs. 2 WHG)
- Umfang des Gemeingebrauchs (§ 25 S. 3 WHG)[112]
- Festlegung der Gewässerrandstreifen (§ 38 Abs. 3 S. 3 WHG)
- die Träger der Unterhaltspflicht (§ 40 Abs. 1 S. 2 WHG)[113]
- Festlegung von Wasserschutzgebieten (§ 51 Abs. 1 WHG)
- Festlegung der Abwasserbeseitigungspflichten (§ 56 WHG)

---

106 Deutscher Industrie- und Handelskammertag (Hrsg.), Eco Post 06/14, S. 13 f.
107 Gesetz zur Ordnung des Wasserhaushalts (Wasserhaushaltsgesetz – WHG) vom 31.7.2009 (BGBl. I S. 2585), zuletzt geändert durch Artikel 2 des Gesetzes vom 18.8.2021 (BGBl. I S. 3901).
108 *Schneider*, Umweltrecht in Thüringen 1, 2015, S. 39.
109 Ausführlich zur Kompetenzverteilung *Kotulla*, Wasserhaushaltsgesetz, 2. Aufl. 2011, Einführung Rn. 29 ff.
110 *Schlacke*, Umweltrecht, 8. Aufl. 2021, § 11 Rn. 16.
111 *Schlacke*, Umweltrecht, 8. Aufl. 2021, § 11 Rn. 16.
112 Hierzu *Faßbender*, NVwZ 2020, 1468 (1471).
113 Vgl. zur alten Rechtslage die Kommentierung des § 68 ThürWG bei *Feustel/Plasky*, Thüringer Wassergesetz, 1994.

62 a) **Gesetzgebungssystematik im Wasserrecht.** Die Gesetzgebungssystematik im Wasserrecht wurde 2006 mit der Föderalismusreform II[114] einem grundlegenden Wandel unterzogen.[115] Die bisherige Rahmengesetzgebung des Bundes (Art. 75 GG a.F.) wurde gestrichen. Die wasserrechtlichen Kompetenzen wurden der konkurrierenden Gesetzgebung des Bundes und der Länder unterworfen. Unter Art. 74 Abs. 1 Nr. 32 GG fällt insoweit die gesamte Wasserwirtschaft, d.h. die Wassermengen- und Wassergütewirtschaft; hierzu zählen u.a. die wasserrechtlichen Planfeststellungen.[116]

63 Ziele der Neufassung des WHG 2010 waren u.a. der Ersatz der bisherigen Rahmenregelungen durch Vollregelungen, die Aufnahme der länderrechtlichen Vorschriften zur Wasserwirtschaft in das Bundesgesetz, die verpflichtende Umsetzung europarechtlicher Vorgaben und die Systematisierung des anspruchsvollen Wasserrechts in Deutschland.[117]

64 Das WHG 2010 enthält **Verordnungsermächtigungen**, mit denen die Bundesregierung ermächtigt wird, mittels Rechtsverordnungen die Gewässerbewirtschaftung konkretisierend zu regeln.[118] Solche Rechtsvorschriften sind bei der Weiterentwicklung des Thüringer Wasserrechts zu beachten. Hierzu gehören z.B. die Abwasserverordnung, die Grundwasserverordnung, die Oberflächengewässerverordnung, die Düngemittelverordnung, die Trinkwasserverordnung oder die Rohrfernleitungsverordnung. Hinzu kommen Bundesgesetze mit wasserwirtschaftlichem Bezug, z.B. das Bundesbodenschutzgesetz, das Wasserabgabengesetz, das Wasch- und Reinigungsmittelgesetz oder das Infektionsschutzgesetz. Allein diese exemplarische Aufzählung belegt die Komplexität der Neuordnung des Wasserwirtschaftsrechts.

65 Die im Gegensatz zur bloßen Rahmengesetzgebung umfassendere **konkurrierende Kompetenz** des Bundes verengt den Handlungsspielraum der Länder. Im Gegenzug konnten die Länder dem Bund Zugeständnisse in Form einer Abweichungsmöglichkeit von den Normen des WHG abringen.[119] Nach Art. 72 Abs. 3 Nr. 5 GG können die Länder auf dem Gebiet des Wasserhaushalts (ohne stoff- oder anlagenbezogene Regelungen) abweichende Regelungen erlassen, soweit der Bund von seiner Gesetzgebungszuständigkeit Gebrauch gemacht hat.

66 Auch Jahre nach der verfassungsrechtlichen Änderung ist die **Reichweite der Abweichungsbefugnis** nicht abschließend geklärt. So wird beispielsweise vertreten, dass eine reine Negativformulierung, mit der das Land eine Bundesregelung als nicht anwendbar erklärt, unzulässig sei.[120] Auch ist der Umfang des „abweichungsfesten Kernbereichs"[121] mit den stoff- und anlagenbezogenen Vorschriften nicht eindeutig.[122] Jedes

---

114 Gesetz zur Änderung des Grundgesetzes vom 28.8.2006 (BGBl. I S. 2034).
115 *Schneider*, ThürVBl. 2020, 1 ff.
116 Vgl. BVerwGE 55, 220 (225) und der Gewässerschutz, vgl. BayVerfGE 30, 99 (103).
117 Vgl. die amtliche Begründung, BT-Drs. 16/12275, S. 40.
118 Vgl. § 23 WHG.
119 Grundlegend *Franzius*, NVwZ 2008, 492 ff.
120 Z.B. *Degenhart*, in: Sachs (Hrsg.), Grundgesetz, 9. Aufl. 2021, Art. 72 Rn. 43 m.w.N.; *Foerst*, Die Abweichungskompetenz der Länder gemäß Art. 72 III GG im Bereich des Wasserhaushaltsrechts, 2012, S. 68, 70.
121 Vgl. BT-Drs. 16/813, S. 11.
122 Vgl. *Ginzky/Rechenberg*, ZUR 2006, 344 (346); Wissenschaftlicher Dienst des Bundestags, 3 3000–049/17, S. 4 f. für das Beispiel Fracking.

Landesparlament geht daher m.e. bei Gebrauchmachen von der Abweichungsmöglichkeit das Risiko einer verfassungsrechtlichen Kontrolle ein. Dabei ist zu beachten, dass das Ausfüllen unbestimmter Rechtsbegriffe nicht unter diese Kompetenz fällt.[123]

Die bundesrechtliche Neuregelung bedingte ein landesgesetzgeberisches Handeln. So machten in der Folge alle Bundesländer von ihrer Gesetzgebungskompetenz Gebrauch. Thüringen folgte dem als letztes Land mit dem Thüringer Gesetz zur Neuordnung des Thüringer Wasserwirtschaftsrechts.[124]

67

b) Abwasserpakt. Der **Abwasserpakt** zwischen dem Thüringer Ministerium für Umwelt, Energie und Naturschutz und dem Gemeinde- und Städtebund Thüringen vom 15.5.2018 ist eine freiwillige Vereinbarung, die in dem Bewusstsein geschlossen wurde, *„dass die Kommunen ihre Pflichtaufgabe zur Schaffung einer den gesetzlichen Vorschriften entsprechenden Abwasserentsorgung gerade im ländlichen Raum ohne staatliche Hilfe nur unter Inkaufnahme von größeren Entgeltbelastungen für die Bürgerinnen und Bürger meistern könnten."*[125] Insofern enthält er die Zusicherung gegenüber den Thüringer Gemeinden, mit entsprechenden staatlichen Mitteln die zukünftige Abwasserbeseitigung gestalten zu können. Zudem wurde beabsichtigt, eine Grundlage zu schaffen, die eine landesweit gleichmäßige Belastung der Bürger bei einer hohen Investitionsquote realistisch erscheinen lässt. Gleichzeitig soll eine weitere Herausforderung der Solidargemeinschaft, die Erreichung einer Gleichbehandlung von angeschlossenen Grundstücken und „vollbiologischen" Anlagen ohne Anschluss gemeistert werden.

68

In der Folge formuliert der Abwasserpakt **Zielsetzungen** im Hinblick auf

69

- die Änderung des Thüringer Wassergesetzes und die darin aufzunehmenden Anschlussbedingungen an die öffentlichen Abwasserbeseitigungseinrichtungen,
- die Fördermittel zur Erreichung der Ziele,
- die Anschlussgradentwicklung bis 2030,
- die Überarbeitung der Fördermittelrichtlinien,
- die Anpassung des rechtlichen Rahmens, insbesondere der Vollzugserlasse und
- die Einrichtung eines Fachausschusses mit Vertretern des Ministeriums, der Vollzugsbehörden, der kommunalen Spitzenverbände und der Aufgabenträger zur Begleitung der Erreichung der Ziele des Abwasserpakts, um zu gewährleisten, „dass die Gebührenentwicklung beobachtet wird und rechtzeitig gegengesteuert werden kann. Gleichzeitig wird es dadurch den Aufgabenträgern erleichtert, das angestrebte landeseinheitliche Anschlussniveau zu verbessern."[126]

Mit dem Abwasserpakt ist der Schulterschluss zwischen dem Freistaat und den verantwortlichen Leistungsträgern gelungen, der verfahrensmäßig ein grundsätzlich ver-

---

123 Zu den Abgrenzungsproblemen z.b. im Bereich der wasserrechtlichen Verfügungen (§ 100 Abs. 1 S. 2 WHG – § 84 Abs. 1 S. 1 ThürWG a.F.) VG Weimar, Urt. v. 6.12.2012 – 3 K 289/12 We, ThürVBl. 2015, 67 ff.
124 *Schneider*, ThürVBl. 2020, 1 ff.
125 Abwasserpakt 2018 vom 15.5.2018, S. 2.
126 Abwasserpakt, a.a.O., S. 3.

zichtbarer, aber politisch relevanter Beitrag zur letztendlichen Verabschiedung der Novelle des Thüringer Wassergesetzes war.[127]

70 c) **Inhaltliche Schwerpunkte des ThürWG.** Das revidierte **Thüringer Wassergesetz** gliedert sich in acht Teile und 83 Paragrafen. In den amtlichen Überschriften der jeweiligen Vorschriften wird – der Systematik anderer Landeswassergesetze folgend – auf das WHG verwiesen. Darüber hinaus formuliert § 76 ThürWG über die Ermächtigungen zum Erlass von weitergehenden Rechtsvorschriften ausdrücklich eine Abweichung von § 23 WHG.[128] Damit wird der Transparenz nach einem ausdrücklichen Hinweis auf die abweichende Regelung genügt.[129]

71 d) **Überblick über die Regelungen des ThürWG. aa) Allgemeine Bestimmungen.** Der erste Abschnitt nimmt Bezug auf das WHG 2010 und erläutert zunächst Begrifflichkeiten, allen voran die des **Gewässers**. § 1 Abs. 2 ThürWG erklärt bestimmte Vorschriften für Gewässer für nicht anwendbar[130], soweit sie Straßenseitengräben als Bestandteil von Straßen, zeitweilig wasserführende Gräben, Be- und Entwässerungsgräben und Grundstücke, die zur Fischzucht oder zur Fischhaltung oder zu anderen nicht wasserwirtschaftlichen Zwecken mit Wasser bespannt und mit einem Gewässer nicht oder künstlich verbunden sind, darstellen und von wasserwirtschaftlich untergeordneter Bedeutung sind. Die Gewässereinteilung begnügt sich im Übrigen auf Gewässer erster und zweiter Ordnung, § 3 ThürWG.[131]

72 Bei den Begriffsbestimmungen ragt § 2 Nr. 2 ThürWG hervor, der **Kleinkläranlagen** vorab als Anlagen zur Behandlung häuslichen Abwassers definiert, die für einen täglichen Abwasseranfall von nicht mehr als acht Kubikmetern und nicht mehr als 50 Einwohnerwerten (EW) bemessen sind.

73 Grundlegende **Eigentumsregelungen** trifft § 4 ThürWG in Ergänzung zu § 4 Abs. 2 und 5 WHG. Danach steht das Bett eines Gewässers erster Ordnung stets im Landeseigentum, das der Gewässer zweiter Ordnung im belegenen Gemeindeeigentum. Im Gegensatz zur zivilrechtlichen Regelung des § 95 BGB sind bauliche Anlagen nicht zwingend dem Gewässerbett zugeordnet, es sei denn, sie dienen der Unterhaltung oder dem Ausbau des Gewässers.[132] Als Bestandteile gelten Anlagen, die einem Gewässerbenutzungsrecht dienen, z.B. Wasserräder oder Stauanlagen. Bestehende Eigentumsrechte an oberirdischen Gewässern gelten unverändert fort.[133] Eine Enteignung des Betts zugunsten des Freistaats bzw. der Gemeinde steht unter der Allgemeinwohlklausel.[134] Im Übrigen findet das ThürEG Anwendung, nach dem für die Durchführung eines Enteignungsverfahrens das Landesverwaltungsamt zuständig ist.[135] § 4 Abs. 4

---

127 Vgl. auch den Wasserpakt Bayern zum kooperativen Gewässerschutz mit der Landwirtschaft, der vornehmlich die Verbesserung der Gewässergüte im Fokus hat.
128 Siehe hierzu gleich.
129 Vgl. *Tsinka*, Das Zitiergebot für die Abweichungsgesetzgebung, 2017.
130 Unbeschadet der §§ 89 und 90 WHG.
131 Die Gewässer 1. Ordnung sind der Anlage 1 zum ThürWG zu entnehmen.
132 § 4 Abs. 3 ThürWG ist insofern eine zulässige Inhalts- und Schrankenbestimmung nach Art. 14 Abs. 1 S. 2 GG.
133 Z.B. sog. „alte Rechte", vgl. § 78 ThürWG und *Zehrfeld/Hübner*, ZfWassR 1999, 415.
134 Zu den strengen Anforderungen z.B. BVerwG, Urt. v. 11.4.2002 – 4 A 22/01, NVwZ 2002, 1119.
135 Vgl. § 17 ThürEG zur Bestimmung der Enteignungsbehörde.

WHG wird insoweit eingeschränkt als dieser nicht für Talsperren und Gewässer in Hofräumen, Gärten u.ä. gilt.

bb) **Gemeinsame Bestimmungen für alle Gewässer.** Unter „Gemeinsame Bestimmungen" im zweiten Abschnitt wird zunächst die Uferlinie definiert als Grenze zwischen dem Gewässer und dem Ufergrundstück, gemessen bei mittlerem Wasserstand.[136] Im Zweifel kann die zuständige Wasserbehörde die gültige Uferlinie bezeichnen. 74

Die §§ 7 bis 14 ThürWG konkretisieren **eigentumsrechtliche Abgrenzungsfragen**. § 7 ThürWG definiert den Grundsatz, der u.U. einer Anpassung bei geänderter Uferlinie nach den §§ 8 bis 11 ThürWG bedarf.[137] Diese stellen besondere Möglichkeiten eines gesetzlichen Eigentumserwerbs dar, der sich ohne Zutun der beteiligten Eigentümer vollendet. Hieraus kann die Notwendigkeit einer grundbuchrechtlichen Anpassung resultieren. Solche stellen sich insbesondere: 75

Für den Fall, dass das **Gewässerbett** ein selbstständiges Grundstück im grundbuchrechtlichen Sinne darstellt, § 7 ThürWG. Die Eigentumsgrenzen bestimmen sich dann nach der Uferlinie. Bildet hingegen das Gewässerbett mit den Ufern ein selbstständiges Grundstück, so sind die katasterrechtlichen Eintragungen maßgebend. Steht das Gewässerbett den jeweiligen Eigentümern der Ufergrundstücke zu, so wird eine fiktive „Mittellinie" in der Gewässermitte gebildet. 76

Bei **Verlandung** (§ 8 ThürWG), also der Vergrößerung der Ufergrundstücke durch Anwachsen oder Zurücktreten des Wassers, gewinnt der Ufereigentümer Land in entsprechender Größe hinzu, sofern ein Zusammenhang zwischen dem bisherigen Ufer und dem Mittelwasserstand herzustellen ist, sich darauf Pflanzwuchs gebildet hat und drei Jahre seitdem verstrichen sind. 77

Eine dauerhafte **Überflutung** (§ 9 ThürWG) kann ebenso zu einem Eigentumswechsel, konkret zur Vergrößerung des Grundstücks des Eigentümers des Gewässerbetts führen. Dies setzt ein natürliches Ereignis voraus, dessen Folgen u.U. nicht mehr nach § 12 Abs. 1 S. 2 ThürWG beseitigt werden können. 78

Die Naturgewalt kann dazu führen, dass ein Teil des Ufers abreißt (§ 10 ThürWG). Auch dieser Fall führt zu einer Eigentumsveränderung, sofern eine Wiederherstellung nach § 12 Abs. 1 ThürWG nicht mehr gefordert werden kann. 79

Durch die **Schaffung eines neuen Betts** durch Naturkräfte kann der Eigentümer eines Gewässerbetts keinen Nachteil erlangen, da das neue Uferbett (anstelle des alten Betts) auf ihn übergeht, § 11 ThürWG. 80

Aus den Fällen der **Überflutung, des Uferabrisses und der Bildung eines neuen Gewässerbetts** können entsprechende Entschädigungsleistungen folgen, zugunsten desjenigen, der einen Rechtsverlust hinzunehmen hat. Liegt 81

---

136 Mittelwasserstand ist in der Regel das Mittel der Jahreswasserstände derjenigen 20 Jahre, die dem letzten Jahr vorangehen, in dessen Jahreszahl die Zahl fünf aufgeht, vgl. § 6 Abs. 2 ThürWG.
137 Vgl. § 7 Abs. 5 ThürWG.

- ein Bebauungsplan vor,
- das Grundstück innerhalb des Zusammenhangs bebauter Ortsteile[138],
- ein anderes Grundstück mit genehmigter baulicher Nutzung oder
- eine genehmigte Fischteichanlage vor,

so kann der Eigentümer anstelle der Entschädigung die Wiederherstellung des vorherigen Zustands verlangen, sofern eine Beeinträchtigung der genehmigten Nutzung dargelegt werden kann. Diese Möglichkeit unterliegt der Zulassung durch die Wasserbehörde und dem Allgemeinwohlvorbehalt. Der Anspruch verjährt innerhalb von drei Jahren.[139]

82 cc) **Erlaubnis, Bewilligung, Anpassung.** In Ergänzung der §§ 8 f. WHG postuliert § 15 ThürWG die **formelle Konzentrationswirkung** der wasserrechtlichen Genehmigungstrias: der Erlaubnis, der gehobenen Erlaubnis[140] und der Bewilligung. Diese schließen eine wasser- oder baurechtliche Genehmigung mit ein. Treffen mehrere Anträge auf eine solche Erlaubnis, so entscheidet das Gemeinwohlerfordernis vor dem Windhundprinzip. Die Rechtsstellung einer Bewilligung gewährt dem Eigentümer die zivilrechtlichen Schutzrechte der §§ 906 ff. BGB. Auf entsprechende öffentlich-rechtliche Rechtspositionen kann der Inhaber verzichten (§ 18 ThürWG). Die Folgen eines Erlöschens einer wasserrechtlichen Zulassung regelt § 19 ThürWG, der insbesondere einen Rückbau der Anlage bzw. sogar Enteignungsmöglichkeiten vorsieht.

83 dd) **Fracking.** Mit der Aufnahme des § 13 a WHG in den wasserrechtlichen Vorschriftenkanon hat der Bundesgesetzgeber die grundsätzliche Möglichkeit des sog. **Fracking** in Deutschland – wenn auch unter engen Voraussetzungen – anerkannt.[141]

84 Eine Erlaubnis für eine Gewässerbenutzung nach § 9 Abs. 2 Nr. 3 f. WHG ist aber grundsätzlich zu versagen, wenn

- Schiefer-, Ton- oder Mergelgestein oder Kohleflözgestein zur Aufsuchung oder Gewinnung von Erdgas oder Erdöl aufgebrochen werden soll oder
- die Gewässerbenutzung erfolgen soll in oder unter
- einem festgesetzten Wasserschutzgebiet,
- einem festgesetzten Heilquellenschutzgebiet,
- einem Gebiet, aus dem über oberirdische Gewässer Oberflächenabfluss
- in einen natürlichen See gelangt, aus dem unmittelbar Wasser für die öffentliche Wasserversorgung entnommen wird oder
- in eine Talsperre gelangt, die der öffentlichen Wasserversorgung dient,
- einem Einzugsgebiet einer Wasserentnahmestelle für die öffentliche Wasserversorgung,

---

138 Vgl. § 34 Abs. 1 BauGB.
139 Fristbeginn ist der Eintritt der Veränderung. Auf die Berechnung der Frist sind die §§ 203 ff. BGB entsprechend anzuwenden.
140 Hierzu *Guckelberger*, VerwArch 2010, 139 (155).
141 Die Vorschrift wurde jüngst eingefügt durch das Gesetz zur Änderung wasser- und naturschutzrechtlicher Vorschriften zur Untersagung und zur Risikominimierung bei den Verfahren der Fracking-Technologie vom 4.8.2016 (BGBl. I S. 1972), in Kraft getreten am 11.2.2017.

- einem Einzugsgebiet eines Brunnens nach dem Wassersicherstellungsgesetz oder
- einem Einzugsgebiet eines Mineralwasservorkommens,
- einer Heilquelle oder
- einer Stelle zur Entnahme von Wasser zur Herstellung von Lebensmitteln.

Der Aktivität des Landesgesetzgebers obliegt es, zu bestimmen, ob Erlaubnisse für Benutzungen nach § 9 Abs. 2 Nr. 3 und 4 auch in oder unter Gebieten, in denen untertägiger Bergbau betrieben wird oder betrieben worden ist, nur unter bestimmten Auflagen erteilt werden dürfen oder zu versagen sind.[142]

Die Erteilung einer Erlaubnis[143], die im Übrigen zulässig sein muss, kann nur erfolgen, wenn die verwendeten Gemische in den Fällen des Abs. 2 als nicht wassergefährdend eingestuft sind, in den übrigen Fällen als nicht oder als schwach wassergefährdend eingestuft sind und sichergestellt ist, dass der **Stand der Technik**[144] eingehalten wird.

Darüber hinaus können unter bestimmten Umständen vier Erlaubnisse für wissenschaftlich begleitete **Erprobungsbohrungen** erteilt werden.[145] Insbesondere die Anforderungen nach § 22c der Allgemeinen Bundesbergverordnung[146] müssen erfüllt sein.

Über diese Regelung hinausgehend bestimmt § 16 ThürWG, dass eine Erlaubnis nur erteilt werden darf, wenn eine **nachteilige Veränderung der Wasserbeschaffenheit** nicht zu besorgen ist. Wird die Erlaubnis zur Benutzung in einem Gebiet in Thüringen angestrebt, in dem zuvor Bergbau betrieben wurde oder noch betrieben wird, so kann ein positiver Bescheid nur ergehen, wenn durch Auflagen zur Erlaubnis sichergestellt wird, dass durch die Gewässerbenutzung in Verbindung mit der Bergbautätigkeit eine nachteilige Wasserbeschaffenheitsveränderung auszuschließen ist.

§ 16 Abs. 3 ThürWG postuliert die Grundsatzentscheidung, dass durch die Landesregierung keine Zustimmungen zu etwaigen Probebohrungen erteilt werden sollen. Begründet wird dies ausweislich des Gesetzestexts mit den erheblichen Risiken, welche die Fracking-Technologie für Mensch und Umwelt birgt, die zum Zeitpunkt des Gesetzeserlasses nicht abschätzbar waren.[147]

ee) Bewirtschaftung von Gewässern. Das Land Thüringen ordnet die Gewässer nach § 20 ThürWG sog. **Flußgebietseinheiten** zu.[148] Auf dieser Grundlage wird nach Einstufung bestimmter Gefahren- und Risikolagen eine Einschätzung der Hochwasserrisiken vorgenommen. Zuständig hierfür ist das Thüringer Landesamt für Umwelt, Bergbau und Naturschutz, § 60 ThürWG, das auch eine entsprechende Veröffentlichung

---

142 Die zuständige Behörde weist Gebiete nach Satz 1 in Karten aus.
143 Vgl. zum wasserrechtlichen Verfahren *Gaßner/Buchholz*, ZUR 2013, 143.
144 Vgl. § 3 Nr. 11 WHG: Stand der Technik ist „*der Entwicklungsstand fortschrittlicher Verfahren, Einrichtungen oder Betriebsweisen, der die praktische Eignung einer Maßnahme zur Begrenzung von Emissionen in Luft, Wasser und Boden, zur Gewährleistung der Anlagensicherheit, zur Gewährleistung einer umweltverträglichen Abfallentsorgung oder sonst zur Vermeidung oder Verminderung von Auswirkungen auf die Umwelt zur Erreichung eines allgemein hohen Schutzniveaus für die Umwelt insgesamt gesichert erscheinen lässt*".
145 Zur Rolle der Expertenkommission der Bundesregierung vgl. § 13 a Abs. 6 WHG.
146 Vom 23.10.1995 (BGBl. I S. 1466), angepasst zuletzt durch Artikel 2 der Verordnung vom 4.8.2016 (BGBl. I S. 1957).
147 Vgl. zu den Folgen für das wasserrechtliche Verfahren *Gaßner/Buchholz*, ZUR 2013, 144 f.
148 Der Elbe, der Weser und dem Rhein, siehe die Anlage 2 zum ThürWG.

veranlasst. Die Abgrenzung der Einheiten erfolgt auf Grundlage digitaler Datensätze des Landesamts. Weitere Aufgaben des Risikomanagements und der darauf basierenden Maßnahmenprogramme werden der obersten Wasserbehörde zugewiesen, vgl. § 21 Abs. 2 ff. ThürWG. Die Grundsätze und Ziele der Raumordnung sind dabei zu berücksichtigen. Durch Rechtsverordnung können entsprechende Mitwirkungspflichten der Gewässerbenutzer eingefordert werden, z.B. die Messung der Wassermenge oder die Entnahme von Wasser.

90 Entsprechend den Vorgaben des § 87 Abs. 2 WHG führt der Freistaat Thüringen ein **Wasserbuch**.[149] In dieses sind auch Heilquellenschutzgebiete einzutragen. Alle Schutzgebiete innerhalb der Flussgebietseinheiten, welche die EU-rechtlichen Vorgaben zum Schutz von Gewässern und des Grundwassers erfassen, sowie solche Gewässer, die der Mensch nutzt, sind in ein Verzeichnis aufzunehmen.

91 Maßgebend für die Errichtung von Anlagen an Gewässern sind die **allgemein anerkannten Regeln der Technik**. Wird eine Anlage unter Missachtung dieser Vorgaben errichtet, besteht eine Anpassungspflicht des Betreibers.

92 Die **Benutzung oberirdischer Gewässer zum Baden, Tauchen, Tränken, Schöpfen, Eissport und Befahren mit kleinen Fahrzeugen ohne eigenen Antrieb** ist jedermann gestattet. Eine Ausnahme gilt nur dann, wenn sich das Gewässer auf einem Hofgrundstück, auf einem Betriebsgrundstück, in Gärten oder Parkanlagen befindet und nicht andere Rechtsvorschriften oder Befugnisse sowie der Eigentümer- und Anliegergebrauch entgegenstehen. Letzterer bedarf einer Erlaubnis oder Bewilligung. Zum Zwecke der Fischerei dürfen grundsätzlich außerhalb von für die Trinkwassergewinnung relevanten Gewässern Stoffe eingebracht werden. Die Wasserbehörden können allgemein oder im Einzelfall besondere Regeln erlassen (§ 25 Abs. 4 ThürWG). Konkretisiert wird § 36 WHG, indem § 28 ThürWG die Errichtung, Änderung oder Beseitigung von Anlagen an, in, unter oder über Gewässern unter einen Genehmigungsvorbehalt stellt.[150] Maßgebend für die behördlichen Entscheidungen ist das Allgemeinwohl, das sich nach dem Maß der Beeinträchtigung des Wasserhaushalts und der ökologischen Funktion des Gewässers bemisst. Sofern die Wasserbehörden einvernehmlich beteiligt werden, kann die Genehmigung durch andere öffentlich-rechtliche Entscheidungen ersetzt werden.

93 **Gewässerrandstreifen** nach § 38 WHG werden landesweit einheitlich auf fünf Meter innerhalb von Ortschaften, im Außenbereich auf zehn Meter festgesetzt, § 29 ThürWG.[151] Das Verbot vermindert sich auf fünf Meter, sofern diese vollständig mit Bäumen oder Sträuchern bewachsen sind oder in diesem Bereich eine ganzjährige Begrünung gesichert ist und nicht umgebrochen wird. Unschädlich ist nach vorheriger Anzeige der Umbruch alle vier Jahre unter unverzüglicher Erneuerung der Begrünung.

---

149 Vgl. *Lorenzmeier*, in: Sieder/Zeitler/Dahme/Knopp, WHG AbwAG, 56. Aufl. 2021, § 87 WHG Rn. 22.
150 Vgl. *Faßbender*, in: Landmann/Rohmer, Umweltrecht, 97. Aufl. 2022, § 36 WHG Rn. 9.
151 Vgl. zu den gesetzgeberischen Absichten den Entwurf der Landesregierung, LT-Drs. 6/5692, S. 5.

Die §§ 30 ff. ThürWG widmen sich dem wichtigen, in §§ 36 f. und 40 WHG nur teil- 94
weise geregelten Bereich der **Gewässerunterhaltung**.[152] Die Gewässerunterhaltsverpflichtung richtet sich nach der Art des Gewässers. Während Einheiten erster Ordnung vom Freistaat unterhalten werden, obliegt die Zuständigkeit für Gewässer zweiter Ordnung den Gewässerunterhaltungsverbänden[153], deren Mitglieder die jeweils belegenen Gemeinden sind.[154] Die Aufgaben gingen zum 1.1.2020 über.[155] Letztere sind verpflichtet, einen Gewässerunterhaltungsplan nach § 31 Abs. 8 ThürWG aufzustellen, der die avisierten Maßnahmen benennt und beschreibt, die Art und Weise der Ausführung und die geschätzten Kosten enthält. Alle so geplanten Maßnahmen erfolgen im Benehmen mit der betroffenen Gemeinde. Auch die zuständigen Wasser-, Naturschutz-, Landwirtschafts-, Fischerei- und Forstbehörden sind zu beteiligen.[156]

Zur Finanzierung der Unterhaltsverpflichtung erhalten die **Gewässerunterhaltungsver-** 95
bände aus dem Staatshaushalt angemessene Beträge, die sich am jeweiligen Bedarf orientieren.[157] Für die Unterhaltung von Gewässern zweiter Ordnung garantiert der Freistaat eine angemessene Zuweisung und einen vollständigen Kostenersatz, § 32 Abs. 2 ThürWG.[158] Haben Eigentümer aus der Gewässerunterhaltung Vorteile, besteht die Möglichkeit, nach § 34 ThürWG die Unterhaltslast zu übertragen.[159] Im Einzelfall ist denkbar, dass die Wasserbehörde Unterhaltspflichtige (§ 31 Abs. 1 und 2 ThürWG) zum Ausbau eines Gewässers zwingt. Besondere Verpflichtungen treffen auch die Betreiber von Stauanlagen, §§ 37 f. ThürWG.

Für die **Benutzung des Grundwassers** genießt die öffentliche Wasserversorgung gene- 96
rell Vorrang vor allen anderen Benutzungen des Grundwassers (§ 39 ThürWG). Die Grundwasserneubildung steht unter einem besonderen Schutz, auf die bei Versiegelung des Bodens besonders zu achten ist. Eine Erlaubnis für die Entnahme von Grundwasser ist erforderlich, wenn die entnommene Menge mehr als 2000 m³ beträgt, § 39 Abs. 4 ThürWG. Für den Fall der Absenkung ist gereinigtes Wasser wieder zuzuführen. § 40 ThürWG enthält eine Verordnungsermächtigung, die es der obersten Wasserbehörde ermöglicht, die Voraussetzungen festzulegen, unter denen ein schadloses Versickern von Niederschlagswasser denkbar ist sowie die geeigneten Anlagen ebenso zu bestimmen wie die Anforderungen an das versickernde Wasser. Bei Erdaufschlüssen nach § 40 WHG kann eine Erlaubnis erforderlich sein, je nachdem, ob eine UVP-Prü-

---

152 Vgl. *Spieth*, in: Giesberts/Reinhardt, BeckOK Umweltrecht, 62. Edition, Stand: 1.4.2022, § 40 WHG Rn. 2 und 18 f.
153 Gegen eine solche Pflicht hat sich aufgrund des Drucks von Seiten der Gemeinden der Freistaat Sachsen entschieden, vgl. *Dammert/Brückner*, LKV 2014, 3.
154 Zu den Talsperren siehe die Sonderregelung des § 33 ThürWG.
155 Zu den konkreten Unterhaltsverbänden siehe Anlage 1 zum neuen ThürGewUVG.
156 Vgl. zum Konfliktpotenzial von Unterhaltungsaufgaben und ökologischer Gewässersanierung *Reese*, NVwZ 2018, 1595.
157 Im Landeshaushalt 2018/2019 standen hierfür 30 Mio. Euro bereit.
158 Die Vollfinanzierung des Gewässerunterhalts durch das Land ist ein bundesweit einmaliges Modell. Zur Unterfinanzierung der Gewässerunterhaltung in Deutschland *Reese*, NVwZ 2018, 1595.
159 Vgl. zu den Grenzen VG Meiningen, Urt. v. 20.11.2012 – 2 K 648/11 Me, NVwZ-RR 2013, 221.

M. W. Schneider

fung für das Vorhaben durchzuführen ist.[160] Abweichend von § 49 Abs. 1 S. 1 WHG sind die Arbeiten drei Monate vor Beginn anzuzeigen.[161]

97 **ff) Öffentliche Wasserversorgung, Wasserschutzgebiete und Heilquellenschutz.** Träger der öffentlichen **Wasserversorgung** in Thüringen sind nach § 42 ThürWG die Gemeinden.[162] Sie haben die Bevölkerung sowie alle gewerblichen und sonstigen Einrichtungen mit Trinkwasser[163] zu versorgen. Dies gilt nicht für Grundstücke im Außenbereich, Verbraucher, insbesondere gewerbliche, mit sehr hohem oder schwankendem Wasserverbrauch sowie die Versorgung mit Betriebswasser, sofern es dem Verbraucher zumutbar ist, den Bedarf einzuschränken oder anders zu decken. Eine Übertragung dieser Aufgaben auf andere öffentlich-rechtliche Körperschaften ist möglich. Dies eröffnet den Gemeinden die Chance zur Bildung von Wasser- oder Bodenverbänden. Die Wasserversorger stehen bei der Erfüllung ihrer Pflichten (vgl. § 42 Abs. 3 ThürWG) unter staatlicher Aufsicht. So kann die oberste Wasserbehörde per Rechtsverordnung eine Untersuchungs- und Berichtspflicht und deren Umfang festlegen. Unter den Voraussetzungen des § 43 ThürWG ist eine Versorgung der Bevölkerung aus ortsfernen Quellen, sog. Fernwasser, möglich.

98 Zum Schutz von **Wasserschutzgebieten** kann die oberste Wasserbehörde in Thüringen über § 52 Abs. 1 ThürWG auch per Rechtsverordnung geeignete Anordnungen treffen, sofern mehrere Schutzgebiete tangiert werden.

99 Über die Anerkennung von **Heilquellenschutzgebieten** nach § 53 WHG entscheidet das Thüringer Gesundheitsministerium.[164] Die Eigentümer solcher Quellen treffen besondere Pflichten.[165]

100 **gg) Abwasserbeseitigung. (1) Pflicht zur Abwasserbeseitigung.** Die mit intensivste Diskussion betraf die Neufassung des Zweiten Abschnitts im Dritten Teil des ThürWG, der die **Abwasserbeseitigung** regelt (§§ 47ff. ThürWG).[166] Grundsätzlich trifft die Abwasserbeseitigungspflicht in Thüringen die Gemeinden. Für Abwässer aus Siedlungsgebieten[167] besteht diese Pflicht, wenn das Gebiet mehr als 200 Einwohner umfasst. Liegt die Siedlungsdichte unterhalb dieses Werts, kann gleichwohl eine Pflicht bestehen, sofern eine wasserwirtschaftliche Notwendigkeit nachgewiesen wird.[168] Die im ursprünglichen Gesetzentwurf vorhandene Grenze von 50 Einwohnern wurde im Gesetzgebungsverfahren fallen gelassen.[169] Solche wasserwirtschaftli-

---

160 Nach dem UVPG i.d.F. vom 24.2.2010 (BGBl. I S. 94). Das Verfahren muss den Anforderungen des ThürUVPG vom 21.7.2007 (GVBl. S. 85) entsprechen.
161 *Meyer*, in: Landmann/Rohmer, Umweltrecht, 97. Aufl. 2022, § 49 WHG Rn. 18, 20.
162 Vgl. § 50 WHG; *Gößl*, in: Sieder/Zeitler/Dahme/Knopp, WHG AbwAG, 56. Aufl. 2021, § 50 WHG Rn. 16.
163 Vgl. die Trinkwasserrichtlinie 98/83/EG und *Köck*, ZUR 2015, 6.
164 Thüringer Ministerium für Arbeit, Soziales, Gesundheit, Frauen und Familie (ThMASGFF).
165 Vgl. hierzu § 44 Abs. 2 ThürWG.
166 Vor dem Hintergrund der Tatsache, dass lediglich 80 % der Thüringer Haushalte an eine zentrale Kläranlage angeschlossen sind, vgl. Pressemitteilung des ThMUEN vom 10.5.2019; kein anderes Bundesland hat einen derart geringen Anschlussanteil; deutschlandweit liegt der Anschlusswert bei 95 % (vgl. *Köck*, ZUR 2015, 6). Ziel nach dem Thüringer Abwasserpakt zwischen dem Thüringer Umweltministerium und dem Thüringer Städte und Gemeindebund vom 15.5.2018 ist ein Anschlussgrad von über 90 % bis 2030.
167 Ortschaften und Ortsteile.
168 Vgl. *Laskowski*, ZUR 2012, 597 (601).
169 Vgl. den Gesetzentwurf der Landesregierung, LT-Drs. 6/5692, S. 4.

chen Erfordernisse liegen insbesondere dann vor, wenn die Gewässergüte nicht dem gesetzlich geforderten Zustand entspricht oder das Siedlungsgebiet innerhalb eines Wasser- oder Heilquellenschutzgebiets liegt.

Die Feststellung der Einwohnerzahl erfolgt prognostisch unter Berücksichtigung voraussichtlicher Werte bis zum Jahr 2035. Damit soll der demografischen Entwicklung Rechnung getragen werden. Ist die Verpflichtung des Haushaltsabwassers durch eine Einrichtung des Grundstückseigentümers, insbesondere mittels Kleinkläranlagen, gegeben, so hat ihn bei der Planung, Errichtung und Betrieb der Anlage die abwasserbeseitigungspflichtige Gemeinde umfassend zu beraten.[170] Die Entwicklung der Entsorgungssituation im Freistaat ist von den staatlichen Stellen unter Beteiligung der kommunalen Spitzenverbände nach Ablauf von drei Jahren nach Inkrafttreten des Thüringer Wassergesetzes zu evaluieren.

Der Schlamm aus Kleinkläranlagen, angefallenes Abwasser und der Inhalt abflussloser Gruben sind dem Abwasserbeseitigungspflichtigen zu überlassen. Von Bedeutung ist, dass die Gemeinde hinsichtlich der Behandlung des Abwassers Vorgaben machen kann.

Demgegenüber hat der Baulastträger das **Niederschlagswasser** der öffentlichen Verkehrsfläche selbst zu beseitigen. Selbst zu entsorgen ist auch grundsätzlich ungedenk eines kommunalen Anschluss- und Benutzungszwangs solches Wasser, das direkt vom Grundstück, auf dem es anfällt, im Rahmen des Gemeingebrauchs erlaubnisfrei eingeleitet werden kann. Fällt Wasser bei der Mineralgewinnung, der Errichtung oder dem Betrieb von Erdwärmepumpen, Erdwärmesonden oder Erdwärmekollektoren an, ist dies ebenso durch den Verursacher zu beseitigen.[171] Ergänzend ist geregelt, dass land- und forstwirtschaftliche Betriebe oder Gärtnereibetriebe, in denen Schmutzwasser anfällt, für dessen Verwertung verantwortlich sind. Eine besondere Rechtslage kann sich bei einer wasserrechtlichen Erlaubnis oder Entscheidung über Einleitungsrechte in Gewässer ergeben (vgl. § 47 Abs. 12 ThürWG). Bei der Erfüllung ihrer Beseitigungspflichten unterstützt der Freistaat die Gemeinde im Rahmen der haushaltsrechtlichen Möglichkeiten.[172]

(2) Konzept zur Abwasserbeseitigung. Die Gemeinden, die zur Beseitigung des Abwassers verpflichtet sind, haben in einem **Abwasserbeseitigungskonzept** schriftlich niederzulegen, wie das anfallende Wasser beseitigt werden soll, § 48 ThürWG zu § 55 WHG.[173] Dem Konzept sind ein Erläuterungsbericht, Tabellen und entsprechende Pläne beizufügen. In § 48 Abs. 1 S. 2 Nr. 5 ThürWG wurde ergänzt, dass die Entsorgungswege der Gemeinde mit einer Wirtschaftlichkeitsprüfung zu hinterlegen sind. Bei der Aufstellung des Konzepts sind die Fachbehörden zu beteiligen. Eine Ausrichtung hat an den wasserwirtschaftlichen Zielen der §§ 27 bis 31 und 47 WHG zu erfolgen.

---

170 Die beratende Unterstützungspflicht wurde im parlamentarischen Verfahren ergänzt.
171 Gleiches gilt auch für Abwasser, das im Rahmen einer Gewässersanierung anfällt.
172 Diese mit dem Haushaltsvorbehalt einschränkende Formulierung ergänzte durch die Aufnahme in § 47 Abs. 16 ThürWG den ursprünglichen Gesetzentwurf.
173 Zum Verhältnis beider Vorschriften *Ganske*, in: Landmann/Rohmer, Umweltrecht, 97. Aufl. 2022, § 55 WHG Rn. 28.

105 Nach Verabschiedung ist das Abwasserbeseitigungskonzept öffentlich bekannt zu machen. Die betroffenen Grundstückseigentümer sind bereits frühzeitig in der Entwurfsphase mit einzubinden.

106 Gerechnet ab dem 30.6.2014 ist das Konzept alle sechs Jahre fortzuschreiben. Eine Anpassung an das neue Wassergesetz hatte ungeachtet dessen spätestens 18 Monate nach Inkrafttreten des Gesetzes zu erfolgen.

107 **(3) Einleiten von Abwasser und Genehmigung von Anlagen.** Nach § 49 ThürWG ist für eine **Indirekteinleitung**, also die Einleitung von Abwasser in öffentliche Abwasseranlagen, keine Genehmigung nach § 58 WHG erforderlich, sofern ein baurechtlicher Verwendbarkeits- und Übereinstimmungsnachweis vorhanden ist. Eine Verordnungsermächtigung wurde für die Bestimmung der Voraussetzungen erteilt, unter denen nur eine Anzeige anstelle der Genehmigung für weitere Fälle genügt. Eine Erlaubnis zum Einleiten von Abwasser in Gewässer ist nach Maßgabe des § 50 ThürWG denkbar.

108 **Abwasseranlagen nach § 60 Abs. 3 WHG**[174] sind entsprechend § 51 ThürWG zu genehmigen, nach dem eine erforderliche Baugenehmigung mit erfasst wird. Die Überwachung von Abwassereinleitungen obliegt im Rahmen einer Selbstkontrolle dem Betreiber von Kleinkläranlagen selbst, sofern nicht direkt in ein Gewässer eingeleitet wird. Ein aus der Kontroll- und Überwachungspflicht resultierender Pflichtenkatalog kann durch Rechtsverordnung der obersten Wasserbehörde aufgestellt werden (§ 52 Abs. 4 ThürWG).

109 **hh) Hochwasserschutz.** Für den Fall eines **Hochwassers** trifft die Wasserbehörde eine Informationspflicht gegenüber Behörden und der Bevölkerung, welche die Unterrichtung über die Hochwassergefahren, geeignete Vorsorgemaßnahmen und Verhaltensregeln beinhaltet (§ 53 Abs. 1 ThürWG).[175] Zudem wird von der obersten Wasserbehörde ein Warn- und Alarmdienst eingerichtet. Bei einer Gefahr für die öffentliche Sicherheit und Ordnung können Maßnahmen zur Gefahrenabwehr angeordnet werden. In jedem Fall unterstützt die Wasserbehörde die Brand- und Katastrophenschutzbehörden.

110 Eine Anwendung des § 99a WHG wird bis Ende 2023 ausdrücklich ausgeschlossen.[176] Stattdessen soll erst danach das gesetzliche Vorkaufsrecht für Gewässer erster Ordnung vom Freistaat und für Gewässer zweiter Ordnung von den Gemeinden ausgeübt werden, die rechtsgeschäftlichen[177] und anderen landesrechtlichen Vorkaufsrechten[178] vorgehen, § 53 Abs. 5 ThürWG.

111 Die Festsetzung von **Überschwemmungsgebieten** erfolgt durch Rechtsverordnung. § 54 ThürWG gibt den Rahmen für den Verordnungsgeber vor.

---

174 *Häberle*, in: Erbs/Kohlhaas, Strafrechtliche Nebengesetze, Stand 3/2019, § 60 WHG Rn. 3.
175 Vgl. *Spannowsky*, ZfBR 2020, 523 ff.
176 Zur Länderoption *Tünnesen-Harmes*, in: Giesberts/Reinhardt, BeckOK Umweltrecht, 62. Edition, Stand: 1.4.2022, § 99a WHG Rn. 13.
177 Schuldrechtliche (§ 463 ff. BGB) oder dingliche (§§ 1094 ff. BGB) Vorkaufsrechte.
178 Z.B. § 17 ThürWaldG oder § 52 ThürNatG.

Der **Unterhalt von Deichen und Hochwasserschutzanlagen** zum Schutz der Allgemeinheit ist eine öffentlich-rechtliche Verpflichtung, aus der Dritte aber keinen Rechtsanspruch ableiten können, § 56 Abs. 1 ThürWG. Bei einer Beschädigung an Fließgewässern durch Naturgewalten oder das Eingreifen Dritter kann eine Wiederherrichtung verlangt und durchgesetzt werden. Sofern ein Rückbau oder eine Verlegung erfolgt und hieraus ein Schaden an einer landwirtschaftlich genutzten Fläche entsteht, besteht ein Entschädigungsanspruch[179] gegenüber dem Betroffenen.

112

Die Unterhaltslast für Deiche und dazugehörige Anlagen und bestimmter weiterer Anlagen des Hochwasserschutzes[180] wird dem Freistaat zugewiesen; im Übrigen trifft diese Pflicht die nach § 31 Abs. 2 WHG Verpflichteten.[181] Dienen die Einrichtungen überwiegend Einzelinteressen, sind die Eigentümer oder Besitzer verantwortlich. Für den Schutz und die Unterhaltung der Deiche und Hochwasserschutzanlagen macht das ThürWG konkrete Vorgaben, wie die Pflichten wahrzunehmen sind. Eine besondere Anforderung trifft § 58 Abs. 1 S. 4 ThürWG, wonach die Pflege der landeseigenen Deiche grundsätzlich durch ein flächenbezogenes verträgliches Weiden von Schafen[182] erfolgen soll.

113

ii) **Wasserrechtliche Zuständigkeiten und Verfahren.** Die §§ 59 ff. ThürWG regeln die **Zuständigkeiten der Thüringer Wasserbehörden.**[183] Die wasserrechtliche Behördenhierarchie folgt dem klassischen Muster der obersten Wasserbehörde (das für das Wasserrecht zuständige Umweltministerium), obere Wasserbehörde (das neu formierte Thüringer Landesamt für Umwelt, Bergbau und Naturschutz[184]) und untere Wasserbehörden (Landkreise und kreisfreie Städte im übertragenen Wirkungskreis). Das Landesamt ist nach § 60 ThürWG die technische Fachbehörde, auf die an einer Reihe von Stellen im Wassergesetz verwiesen wird. Die sachliche Zuständigkeitsabgrenzung erfolgt nach Maßgabe des § 61 ThürWG, der einen ausführlichen Pflichtenkatalog enthält.

114

Das **wasserrechtliche Verfahren** wird allgemein und mit besonderen Bestimmungen gegenüber dem WHG ergänzt, § 62 f. ThürWG. Diese enthalten Vorgaben für Anträge im Verwaltungsverfahren, das grundsätzliche Schriftformerfordernis für wasserrechtliche Entscheidungen, die öffentliche Bekanntmachung bei mehr als 50 Adressaten, die Kenntlichmachung von eventuell durch die wasserrechtliche Entscheidung ersetzte Genehmigungen, die Möglichkeit einer Sicherheitsleistung, das Treffen vorläufiger Anordnungen, die Beweissicherung und Vorgaben für die Festsetzung von Wasser-, Heilquellen- und Überschwemmungsgebieten.

115

---

179 Die Festlegung der Maßstäbe für die Entschädigung sind von der obersten Wasserbehörde im Einvernehmen mit dem für Landwirtschaft und mit dem für Finanzen zuständigen Ministerium unter Anhörung des Thüringer Bauernverbands festzulegen.
180 Aufgeführt in Anlage 6 zum ThürWG.
181 Zum Spielraum der Länder bei der Ermessensausübung *Durner*, in: Landmann/Rohmer, Umweltrecht, 97. Aufl. 2022, § 31 WHG Rn. 42.
182 Vgl. z.B. § 81 Abs. 3 Nr. 8 SächsWG, § 74 Abs. 1 Nr. 1, Abs. 4 LWaG M-V.
183 Vgl. zur Situation bis dato den Gesetzentwurf der Landesregierung zu den Zuständigkeiten beim Hochwasserschutz, LT-Drs. 6/5692, S. 3.
184 Das sich zum 1.1.2019 aus der Fusion der Thüringer Landesanstalt für Umwelt und Geologie (TLUG) mit dem Thüringer Landesbergamt und der Abteilung Umwelt aus dem Thüringer Landesverwaltungsamt gebildet hat.

116 **Besondere Verfahrensvorgaben** ergänzen § 67 ThürWG und § 70 Abs. 1 WHG für das wasserrechtliche Planfeststellungsverfahren, das Bewilligungsverfahren und das Verfahren zur Erteilung einer gehobenen Erlaubnis und die Plangenehmigung. Die Grundstückseigentümer trifft unter bestimmten Voraussetzungen nach § 68 ThürWG eine Duldungspflicht im Hinblick auf die Betretung und die vorübergehende Nutzung von Liegenschaften. Ergänzende Vorgaben enthält § 70 ThürWG für Beschneiungsanlagen.

117 Für den Fall der **Enteignung, der Entschädigung oder des Ausgleichs** formulieren die §§ 70 ff. ThürWG Voraussetzungen und Umfang. Eine Enteignung als finaler Entzug der Eigentumsrechte kann entsprechend der strengen verfassungsrechtlichen Vorgaben[185] für Zwecke der Wasserversorgung, der öffentlichen Wasserbeseitigung, im Interesse einer geordneten Wasserwirtschaft, der Gewässerunterhaltung und der Aussiedlung aus Überschwemmungsgebieten erfolgen.[186] Wann damit ein Verlust des Eigentums einhergeht und wann das bloße Recht an einem Grundeigentum ausreichen wird, wird sich unter Anwendung des Verhältnismäßigkeitsgrundsatzes erweisen.[187] Für Entschädigungen verweist das Gesetz lediglich auf die §§ 96 bis 98 WHG.[188] Die Höhe eines Ausgleichs für die Inanspruchnahme nach § 99 WHG einschließlich von Bagatellgrenzen regelt detailliert § 73 ThürWG.

118 jj) **Gewässeraufsicht und Sanierung.** Der siebte Teil befasst sich mit der **Gewässeraufsicht und der Sanierung von Gewässer- und Bodenverunreinigungen.** Die Aufsicht nach § 100 Abs. 1 S. 1 WHG gehört grundsätzlich zum Pflichtenkreis der unteren Wasserbehörde.[189] Die Wasserbehörden haben im Übrigen die Ermächtigung, nach pflichtgemäßem Ermessen die erforderlichen Maßnahmen zu treffen, um Gefahren für die Allgemeinheit abzuwehren, die von der Benutzung eines Gewässers, der Ufer, der Deiche, der Überschwemmungs-, Wasserschutz- und Heilquellenschutzgebiete herrühren (§ 73 Abs. 3 ThürWG). Zur Unterstützung der Gewässeraufsicht werden sog. Schaukommissionen gebildet.

119 Systematisch schwer zuordenbar sind die Erleichterungsregeln, von denen Unternehmen im Genehmigungsverfahren profitieren, sofern sie die erfolgreiche Einführung eines Umweltmanagementsystems nach EMAS[190] nachweisen können.[191]

120 kk) **Rechtsverordnungen, Bußgeldbewehrung und Überleitung.** Mit den Verordnungsermächtigungen nach § 76 ThürWG weicht das Landesgesetz von § 23 WHG

---

185 Grundlegend BVerfG, Beschl. v. 15.7.1981 – 1 BvL 77/78.
186 Vgl. § 4 ThürEG.
187 Die Enteignungsverfahren führt das Landesverwaltungsamt nach § 17 ThürEG als Enteignungsbehörde durch.
188 Zur Systematik *Gößl,* in: Sieder/Zeitler/Dahme/Knopp, WHG AbwAG, 56. Aufl. 2021, § 96 WHG Rn. 1 f.
189 Zu den Überwachungsinstrumenten *Tünnesen-Harmes,* in: Giesberts/Reinhardt, BeckOK Umweltrecht, 62. Edition, Stand: 1.4.2022, § 100 WHG Rn. 4.
190 Umweltmanagementsystem nach der Verordnung 1221/2009/EG über die freiwillige Teilnahme von Organisationen an einem Gemeinschaftssystem für Umweltmanagement und Umweltbetriebsprüfung, sog. EMAS III-Verordnung (ABl. EU 2009 L 342, 1), siehe oben.
191 Vgl. § 24 WHG zu Erleichterungen für EMAS-Standorte.

ab[192], indem es die oberste Wasserbehörde dazu befugt, im Umfang der Bundesregierung Verordnungen zu erlassen.

Als bewehrtes Gesetz enthält das ThürWG einen Katalog mit **Bußgeldtatbeständen.** 121
Die im Einzelfall verfolgte Ordnungswidrigkeit kann mit einer Bußgeldhöhe bis zu 50.000 Euro geahndet werden. Der Freistaat bewegt sich damit im Rahmen der anderen Bundesländer.[193]

Nach Maßgabe des § 78 ThürWG werden **altwasserrechtliche Befugnisse** geschützt. 122
Voraussetzung hierfür ist, dass solche Rechte nach § 129 Abs. 1 ThürWG a.F.[194] vorhanden waren. Der Inhalt und Umfang der Altrechte kann nur nach Maßgabe des ThürWG bzw. dessen Vorgängergesetze bestimmt werden. Sofern diese zweifelhaft sind, kann eine Feststellung durch die Wasserbehörde erfolgen.

Zur Umsetzung der EU-rechtlichen Vorgaben auf dem Gebiet des Gewässerschutzes 123
als Teil des Naturhaushalts ergreift die oberste Wasserbehörde kraft Rechtsverordnung die erforderlichen Maßnahmen. Für den Bereich der **Badegewässer**[195] verbleibt es bei der Zuständigkeit des für den öffentlichen Gesundheitsschutz zuständigen Ministeriums.[196]

ll) **Weitere wasserrechtliche Landesvorschriften.** Zum Thüringer Wasserrecht zählen 124
darüber hinaus zahlreiche Vorschriften über den Umgang mit Grundwasser zum **Zwecke der Wassergewinnung, mit Abwasser und mit Chemikalien.**

mm) **Maßnahmen auf kommunaler Ebene.** Auf gemeindlicher Ebene erfolgt eine Re- 125
gelung der Abwasserbeseitigung[197], z.B. durch den Erlass von **Entwässerungssatzungen.**[198] Mit der Novellierung des Thüringer Wassergesetzes 2009 wird nach § 58a ThürWG von den Kommunen ein Abwasserbeseitigungskonzept (ABK) gefordert. Das ABK dient zugleich als Antrag auf Befreiung von der Wasserbeseitigungspflicht für Grundstücke, die nicht an eine öffentliche Abwasserentsorgung innerhalb von 15 Jahren angeschlossen werden sollen.[199] Im Zuge dessen wurde der Begriff der Kleinkläranlage neu gefasst.

Die Wasserver- und -entsorgung auf kommunaler Ebene erfolgt in der Regel durch 126
zu diesem Zweck gegründete **Zweckverbände** nach dem Thüringer Gesetz über die kommunale Gemeinschaftsarbeit (ThürKGG[200]).[201] Die Thüringer Landespolitik, die

---

192 Zum Umfang *Hofmann*, in: Landmann/Rohmer, Umweltrecht, 97. Aufl. 2022, § 23 WHG Rn. 34.
193 Vgl. z.B. § 74 BayWG, § 145 BbgWG.
194 Außer Kraft am 8.6.2019 durch Art. 12 S. 3 Nummer 1 des Gesetzes vom 28.5.2019 (GVBl. S. 74).
195 Insbesondere die Durchführung der Richtlinie 2006/7/EG des Europäischen Parlaments und des Rates vom 15.2.2006 über die Qualität der Badegewässer und deren Bewirtschaftung und zur Aufhebung der Richtlinie 76/160/EWG (ABl. L 64 vom 4.3.2006, S. 37).
196 Derzeit das ThMASGFF.
197 Hierzu *Seelig*, in: Gemeinde- und Städtebund Thüringen (Hrsg.), Thüringer Kommunalhandbuch, 5. Aufl. 2009, S. 418 ff.
198 *Kloepfer*, Umweltrecht, 3. Aufl. 2004, § 13 Rn. 31.
199 *Seelig*, in: Gemeinde- und Städtebund Thüringen (Hrsg.), Thüringer Kommunalhandbuch, 5. Aufl. 2009, S. 422 ff.
200 Zur Errichtung von Wasser- und Bodenverbänden nach dem Wasserverbandsgesetz (WVG) *Tilp*, ThürVBl. 1995, 97 (98); *Klüppel*, LKV 1991, 125 ff.
201 *Schneider*, in: Rücker/Dieter/Schmidt/Vetzberger/Oehler, Kommunalverfassungsrecht Thüringen, ThürKGG, 35. EL 2020, Einl. S. 1.

teilweise eine ineffektive und kleinteilige Aufgabenwahrnehmung vernahm, stärkte politisch und rechtlich die Zusammenschlüsse im Bereich der leitungsgebundenen Versorgung.[202]

3. Naturschutzrecht

127 a) **Anpassung des Thüringer Naturschutzgesetzes.** Mit Inkrafttreten des neuen Bundesnaturschutzgesetzes 2010 hat sich die landesrechtliche Situation verändert.[203] Die umfassende Gesetzgebungskompetenz des Bundesgesetzgebers wurde weg von der reinen Vorgabe eines rechtlichen Rahmens für die Länder hin zu unmittelbar in den Bundesländern geltenden Regelungen weiterentwickelt. Einer Umsetzung der Vorgaben in Landesrecht bedurfte es nicht mehr. Hieraus resultierte ein **erheblicher Regelungsbedarf des Thüringer Gesetzgebers** zur Anpassung der Thüringer Rechtslage.[204] Betroffen war vor allem das Thüringer Naturschutzgesetz („Thüringer Gesetz für Natur und Landschaft"), dessen Regelungen mit der Bundesneufassung teilweise verdrängt bzw. obsolet wurden. Wichtig war, dass das ThürNatG hierdurch nicht außer Kraft getreten ist. Unverändert galten Vorschriften fort, welche in der ureigensten Kompetenz der Länder liegen wie beispielsweise die Festlegung der naturschutzrechtlichen Zuständigkeiten oder die weitgehende Vorgabe eines verfahrensrechtlichen Rahmens.

128 Das Bundesnaturschutzgesetz 2010 hat inhaltlich einige neue Regelungen hervorgebracht, z.B. im Zuge der Eingriffsregelung den Gleichrang zwischen Ausgleichs- und Eingriffsmaßnahmen oder die Einführung des § 24 Abs. 4 BNatSchG („Nationales Naturmonument").[205] Um der Situation Herr zu werden, hatte die Landesregierung eine Anwendungshilfe als Synopse des Bundesnaturschutzgesetzes und des Thüringer Naturschutzgesetzes veröffentlicht.[206] Diese stellte beide Gesetze gegenüber und erläuterte, welche Vorschriften nach der neuen Rechtslage angewandt werden können und welche verdrängt werden. Nach Auffassung des zuständigen Ministeriums gab *„sie das in Thüringen geltende allgemeine Naturschutzrecht des Bundes (Stand 01.3.10) und des Landes umfassend wieder"*. Dennoch war die Situation unbefriedigend, dass nur durch zusätzliche Dokumente, unterstellt, diese seien allen Anwendern hinreichend bekannt, die Geltung materiellen Rechts erkundet werden konnte.[207] Mit dem neuen Naturschutzgesetz[208], das als Artikelgesetz zugleich eine Reihe von Änderungen vorgenommen hat, hat der Freistaat Thüringen 2019 eine an das Bundesrecht angepasste Rechtsgrundlage geschaffen.[209]

---

202 Zu den möglichen Formen der Kooperation *Schneider*, in: Rücker/Dieter/Schmidt/Vetzberger/Oehler, Kommunalverfassungsrecht Thüringen, ThürKGG, 35. EL 2020, Einl. S. 2 ff.
203 *Schneider*, PUBLICUS ONLINE 05/2016, 20 ff.
204 Vgl. die Übersicht bei *Schlacke/Krohn*, in: Schlacke, GK-BNatSchG, 2. Aufl. 2016, Einl. Rn. 60 ff. mit einer entsprechenden Aufführung der länderrechtlichen Schwerpunkte.
205 Weiterführend hierzu *Hendriscke*, in: Schlacke, GK-BNatSchG, 2. Aufl. 2016, § 24 Rn. 42 ff., zum Landesrecht 54 f.
206 Thüringer Ministerium für Landwirtschaft, Forsten, Umwelt und Naturschutz (TMLFUN) (Hrsg.), Das Naturschutzrecht in Thüringen ab dem 1.3.2010, 2010.
207 Vgl. zur bayerischen Reform *Mühlbauer*, Das neue Naturschutzrecht in Bayern, 2011, S. 10 ff..
208 Verkündet als Artikel 1 des Thüringer Gesetzes zur Neuordnung des Naturschutzrechts vom 30.7.2019, GVBl. S. 323.
209 Das Gesetz diente unter anderem der Umsetzung der Richtlinie 92/43/EWG des Rates vom 21.5.1992 zur Erhaltung der natürlichen Lebensräume sowie der wildlebenden Tiere und Pflanzen (ABl. L 206 vom

b) **Naturschutzrechtliche Kompetenzordnung.** Das Bundesnaturschutzgesetz (vgl. § 1 BNatSchG) hat zum **Zweck**, Natur und Landschaft in besiedelten und unbesiedelten Bereichen so zu schützen, zu pflegen und zu entwickeln, dass die Leistungsfähigkeit des Naturhaushaltes, die Nutzungsfähigkeit der Naturgüter, die Pflanzen- und Tierwelt sowie die Vielfalt, Eigenart und Schönheit von Natur und Landschaft als Lebensgrundlage des Menschen und als Voraussetzung für seine Erholung in Natur und Landschaft nachhaltig gesichert wird.[210]

Ein solch umfassender Schutz ist in hoch besiedelten Gebieten wie der Bundesrepublik Deutschland nur mehr möglich, wenn der besondere naturschutzrechtliche Fokus auf die besiedelten, vom Menschen veränderten Bereiche gerichtet ist. Nur ein vernachlässigbarer Teil der Natur und Landschaft ist tatsächlich noch „unberührt". In einzelnen Fällen enthält das Bundesnaturschutzgesetz Verweise auf das Landesrecht, z.B. bei[211]

- Kompensationsmaßnahmen (§ 16 Abs. 2 BNatSchG),
- Regelung von Verfahren (§ 17 Abs. 11 BNatSchG),
- Form und Kennzeichnung des Gebietsschutzes (§ 22 Abs. 4 S. 2 BNatSchG),
- Regelungen über die Entschädigung und die Enteignung (§ 68 Abs. 4 BNatSchG) oder
- Ordnungswidrigkeitenvorschriften (§ 69 Abs. 7 BNatSchG).

Hinzu kommt das große Potenzial der **Abweichungsgesetzgebung**, das der thüringische Landesgesetzgeber bisher nicht genutzt hatte. Entschuldigt werden konnte dies zunächst mit der Übergangsregelung des Art. 125b Abs. 1 S. 3 GG, wonach für die Bereiche Naturschutz und Landschaftspflege sowie den Wasserhaushalt eine temporäre Änderungssperre galt.[212] Danach durften die Länder erst ab 2010 von der abweichenden Befugnis Gebrauch machen. Eine frühere Regelung wäre nur denkbar gewesen, wenn der Bund vor diesem Zeitpunkt seine Kompetenz ausgeübt hätte. Dies geschah vor dem Hintergrund, dem Bund ausreichend Zeit für den Erlass eines Umweltgesetzbuchs zu verschaffen.[213] Für die Raumordnung und das Jagdwesen galt diese Ausnahme indes nicht. Nunmehr galten im ThürNatSchG 2019 diese Beschränkungen nicht mehr.

22.7.1992, S. 7, 2014 L 95 vom 29.3.2014, S. 70), zuletzt geändert durch die Richtlinie 2013/17/EU (ABl. L 158 vom 10.6.2013, S. 193), der Richtlinie 2009/147/EG des Europäischen Parlaments und des Rates vom 30.11.2009 über die Erhaltung der wildlebenden Vogelarten (ABl. L 20 vom 26.1.2010, S. 7), geändert durch die Richtlinie 2013/17/EU (ABl. L 158 vom 10.6.2013, S. 193), und der Richtlinie 2001/42/EG des Europäischen Parlaments und des Rates vom 27.6.2001 über die Prüfung der Umweltauswirkungen bestimmter Pläne und Programme (ABl. L 197 vom 21.7.2001, S. 30).
210 *Schneider*, Bundesnaturschutzrecht. Textsammlung mit Einführung, 2016, S. 1 ff.
211 Vgl. *Hendrischke*, Naturschutzrecht im föderalen System: Ausführungs- und Abweichungsgesetze der Länder, Vortrag auf dem 32. Deutscher Naturschutztag, 2014.
212 *Seiler*, in: Epping/Hillgruber, BeckOK Grundgesetz, Stand: 15.5.2022, § 125a Rn. 1.
213 *Kotulla*, NVwZ 2007, 489 (492).

131 c) **Vorkaufsrechte des Freistaats Thüringen.** Die Neufassung des BNatSchG 2010 enthielt erstmals ein **gesetzliches Vorkaufsrecht** nach Bundesrecht.[214] Nach § 66 Abs. 1 BNatSchG[215] steht den Bundesländern[216] ein Vorkaufsrecht an Grundstücken zu,

- die in Nationalparken, Nationalen Naturmonumenten, Naturschutzgebieten oder als solchen einstweilig sichergestellten Gebieten liegen (Nr. 1),
- auf denen sich Naturdenkmäler oder als solche einstweilig sichergestellte Gegenstände befinden (Nr. 2),
- auf denen sich oberirdische Gewässer befinden (Nr. 3).

Eine **Ausübung dieses Vorkaufsrechts** kann erfolgen, wenn es aus Gründen des Naturschutzes und der Landschaftspflege einschließlich der Erholungsvorsorge erforderlich ist, § 66 Abs. 2 BNatSchG.[217] Im Rahmen der Erforderlichkeit ist sorgfältig zu prüfen und darzulegen, ob den naturschutzfachlichen Zielen nicht durch ein milderes, weniger in die Rechte der Grundstückseigentümer eingreifenden Mittel genüge getan werden kann. Denkbar ist z.B. die Eintragung von Grunddienstbarkeiten, die den dauerhaften Erhalt der Flächen sichern.[218] Sicherlich nicht ausreichend sein wird eine rein schuldrechtliche, vertragliche Verpflichtung, die nur zwischen den Vertragspartnern wirkt.

132 § 66 Abs. 3 BNatSchG stellt fest, dass das Vorkaufsrecht unabhängig von einer Eintragung in das Grundbuch besteht und schuldrechtlichen Vorkaufsrechten (vgl. § 463 ff. BGB) vorgeht. Die Vorschriften des bürgerlichen Rechts über vertragliche und dingliche Vorkaufsrechte finden entsprechend Anwendung.[219] Es ist nicht ausübbar, wenn die Veräußerung an einen Ehegatten, eingetragenen Lebenspartner oder einen Verwandten ersten Grades erfolgt.

133 Für den Fall der Bejahung dieser Voraussetzungen wird der Freistaat Thüringen **Eigentümer der erworbenen Flächen**. Zuständig für die Entscheidung ist die obere Naturschutzbehörde, das Thüringer Landesamt für Umwelt, Bergbau und Naturschutz. Denkbar ist auch, dass das Vorkaufsrecht zugunsten von Körperschaften und Stiftungen des öffentlichen Rechts und anerkannten Naturschutzvereinigungen ausgeübt wird. Die Konditionen für den Erwerb folgen aus dem Vertrag, den der Veräußerer mit dem Dritten abgeschlossen hat. Nur dieser Vertragsschluss kann Auslöser für einen Vorkaufsfall sein.

134 Für die Anwendung des ThürNatG ist § 66 Abs. 4 ThürNatG entscheidend. Danach bleiben vom Bundesrecht abweichende Vorschriften der Länder unberührt.[220] Nach § 52 ThürNatG steht den Kommunen und dem Land ein Vorkaufsrecht beim Verkauf von Grundstücken zu,

---

214 *Schneider,* Umweltrecht in Thüringen I, 2015, S. 36.
215 Zur Verfassungsmäßigkeit der Vorgängerregelung des § 17 Abs. 1 S. 1 ThürWaldG a.F. vgl. ThürVerfGH, Beschl. v. 7.9.2010 – 27/07, ergänzt durch Beschl. v. 18.12.2009 – 9 W 258/07.
216 Vgl. zum Länderrecht die Übersicht bei *Kraft/Heugel,* in: Lütkes/Ewer, BNatSchG, 2. Aufl. 2018, § 66 Rn. 25 ff.
217 *Reiff,* in: Frenz/Müggeborg, BNatSchG, 3. Aufl. 2020, § 66 Rn. 41 f.
218 Z.B. einer beschränkt persönlichen Dienstbarkeit, §§ 1090 ff. BGB.
219 *Omlor/Diebel,* JuS 2017, 1160 ff.
220 Hierzu *Sauthoff,* in: Schlacke, GK-BNatSchG, 2. Aufl. 2016, § 66 Rn. 54 f.

- die ganz oder teilweise in Naturschutzgebieten, Nationalparken oder Biosphärenreservaten oder als solchen einstweilig sichergestellten Gebieten sowie in den in § 26 Abs. 2 übergeleiteten Schongebieten oder geschützten Feuchtgebieten liegen (Nr. 1),
- auf denen sich Naturdenkmale, geschützte Landschaftsbestandteile[221] oder als solche einstweilig sichergestellte Schutzgegenstände sowie nach § 26 Abs. 2 übergeleitete Flächennaturdenkmale oder geschützte Parks befinden (Nr. 2).[222]

Die Thüringer Landesregelung geht in zweierlei Hinsicht über § 66 BNatSchG hinaus.[223] Zum einen haben nach wie vor die kommunalen Gebietskörperschaften ein Vorkaufsrecht. Zum anderen erstreckt sich das Vorkaufsrecht nach dem ThürNatG auch auf solche Flächen, die in einem Biosphärenreservat (§ 25 BNatSchG), in sog. Altschutzgebieten nach § 26 Abs. 2 ThürNatG sowie in geschützten Landschaftsbestandteilen (§ 29 BNatSchG) liegen. Für Waldgebiete wurde 2019 das Vorkaufsrecht der Gemeinden ab 1.1.2023 auf die Landgesellschaft[224] ausgedehnt.[225]

d) Wesentliche Inhalte des ThürNatSchG 2019. aa) Allgemeines. Das Thüringer Naturschutzgesetz ist ausweislich seines Namens ein **Gesetz zur Ausführung des Bundesnaturschutzgesetzes** sowie zu weiteren landesrechtlichen Regelungen des Naturschutzes und der Landschaftspflege. Es wurde 2019 in einem Artikelgesetz, mit dem zugleich eine Reihe von naturschutzbezogenen Regelungskomplexen aktualisiert wurde, neu erlassen.[226] Der Thüringer Gesetzgeber hat damit auf die Novelle des Bundesnaturschutzgesetzes aus dem Jahr 2010 reagiert.[227] 135

Systematisch verweist der jeweilige Paragraf im Thüringer Naturschutzgesetz unmittelbar auf die jeweiligen Bundesregelungen, die durch die Vorschrift konkretisiert werden sollen. Dort, wo eine Abweichung von bundesrechtlichen Regelungen erfolgt, werden entsprechend des Zitiergebots die Abweichungen genau angegeben.[228] 136

§ 1 ThürNatSchG stellt ergänzend klar, dass auch die Gemeinden, Landkreise, Körperschaften, Anstalten und Stiftungen des öffentlichen Rechts sowie privatrechtliche Mehrheitsbeteiligungen der öffentlichen Hand die Ziele des Naturschutzes und der Landschaftspflege im Rahmen ihrer Zuständigkeit unterstützen. Diese sind zudem verpflichtet, bei Planungen und Maßnahmen, soweit diese den Naturschutz und die Landschaftspflege berühren können, die staatlichen Stellen mit einzubeziehen. 137

bb) Thüringer Naturschutzbehörden. Als **oberste Naturschutzbehörde** wird das Thüringer Ministerium für Umwelt, Energie und Naturschutz berufen. Dieses kann bei 138

---

221 Vgl. *Kunz*, ThürVBl. 2001, 49 ff.
222 Zur Situation in weiteren Bundesländern *Reiff*, in: Frenz/Müggenborg, BNatSchG, 3. Aufl. 2020, § 66 Rn. 16 ff.
223 Zur Zulässigkeit *Sauthoff*, in: Schlacke, GK-BNatSchG, 2. Aufl. 2016, § 66 Rn. 56.
224 Die Thüringer Landgesellschaft ist ein gemeinnütziges Siedlungsunternehmen des Freistaats Thüringen in der Rechtsform einer GmbH, das 1991 ins Leben gerufen wurde.
225 *Kulke*, LKV 2020, 162 (166).
226 Artikel 1 des Thüringer Gesetzes zur Neuordnung des Naturschutzrechts vom 30.7.2019, GVBl. S. 323.
227 *Schneider*, ThürVBl. 2016, 52 ff.
228 *Broemel*, in: von Münch/Kunig, GG, 7. Aufl. 2021, Art. 72 Rn. 53 f.

139 Bedarf mit einer ausdrücklichen Gesetzesermächtigung die naturschutzrechtlichen Zuständigkeiten auf dem Verordnungsweg anderweitig regeln.

139 Als **obere Naturschutzbehörde** fungiert das Landesamt für Umwelt, Bergbau und Naturschutz. **Untere Naturschutzbehörden** sind die Landkreise und kreisfreien Städte, die ihre Aufgaben als übertragene Aufgaben erfüllen. Sie unterstehen der Rechts- und Fachaufsicht der übergeordneten Behörden.

140 Nach dem Landesrecht haben die Naturschutzbehörden unterschiedliche Pläne und Programme aufzustellen. So ist die oberste Naturschutzbehörde gehalten, ein **Landschaftsprogramm** als Fahrplan zu gestalten und zu aktualisieren. Dabei handelt es sich um den fachlichen Beitrag des Naturschutzes und der Landschaftspflege zum Landesentwicklungsprogramm. Entsprechend hat die obere Naturschutzbehörde die Aufgabe, in Vorbereitung entsprechender Inhalte in den Regionalplänen **Landschaftsrahmenpläne** aufzustellen. Dies setzt voraus, dass die vorgeschlagenen Inhalte raumbedeutsam sind. Eine Aufnahme in den Regionalplan hat unter Abwägung mit weiteren Belangen zu erfolgen. Auf Ebene der unteren Naturschutzbehörden ist die Aufstellung von Landschaftsplänen vorgesehen, die die Behörden benachbarter Räume untereinander abzustimmen haben. Ergänzt wird das Instrumentarium durch die Verpflichtung der Gemeinden, Grünordnungspläne im Einklang mit den Landschaftsrahmenplänen und **Landschaftsplänen** zu gestalten. Diese sind Bestandteil der Bauleitplanung in Ausübung der kommunalen Planungshoheit, die wiederum unmittelbarer Ausfluss des gemeindlichen Selbstverwaltungsrecht ist.[229] Konkrete naturschutzrechtliche Belange werden im Zuge der konkreten Bauleitplanung oder der Genehmigung eines Vorhabens durch eine strategische Umweltprüfung ermittelt und gewertet.

141 § 18 BNatSchG löst das naturgemäße Spannungsverhältnis auf.[230] So sind die Belange des Naturschutzes und der Landschaftspflege bei der **Verabschiedung von Bebauungsplänen** bereits bei der Aufstellung zu berücksichtigen. Sie sind im Rahmen der Abwägung mit weiteren Belangen in Einklang zu bringen. Späteren Vorhaben in Realisierung dieser gemeindlichen Planungsvorgaben kann ein unverhältnismäßiger Eingriff in Natur und Landschaft nicht mehr entgegengehalten werden.

142 Grundsätzlich ist die untere Naturschutzbehörde in allen Fällen, in denen das **naturschutzfachliche Einvernehmen**[231] einzuholen ist, zuständig. Dies gilt insbesondere für Eingriffe in Natur und Landschaft, für die ein bestimmter Ausgleich vorzunehmen ist. Das Thüringer Naturschutzgesetz sieht hierbei besondere Ausgleichs- bzw. Kompensationsregelungen vor. Abweichend hiervon kann auch eine höhere Naturschutzbehörde zur Entscheidung berufen sein, beispielsweise bei Bundesfernstraßen oder Landesstraßen, bestimmten Hochspannungsleitungen, Schienenwegen sowie größeren Infrastrukturprojekten der Energieversorgung.

143 cc) **Thüringer Gebietsnaturschutz.** Einen eigenen Abschnitt widmet das Thüringer Naturschutzgesetz der Konkretisierung der **Anforderungen und dem Verfahren zum**

---

229 Vgl. Art. 28 Abs. 2 GG, Art. 91 Abs. 1 ThürVerf.
230 *Gellermann*, in: Landmann/Rohmer, Umweltrecht, 97. Aufl. 2022, § 18 BNatSchG Rn. 4 ff.
231 Vgl. *Beutling*, in: Frenz/Müggenborg, BNatSchG, 2. Aufl. 2020, § 18 Rn. 26 ff.

Schutz bestimmter Teile von Natur und Landschaft. Es enthält Regelungen zur Bildung eines Biotopverbundes, zur Erklärung zu geschützten Teilen von Natur und Landschaft, den Nationalparken, nationalen Naturmonumenten, Biosphärenreservaten, Naturparken und geschützten Landschaftsbestandteilen. Dies trägt der Bedeutung des Gebietsnaturschutzes Rechnung. Besonders erwähnenswert ist die Verfahrensvorschrift des § 10 ThürNatSchG, die ein umfassendes Beteiligungsverfahren vorsieht. § 11 ThürNatSchG ermöglicht eine einstweilige Sicherstellung von Flächen bis zur endgültigen Unterschutzstellung.

Die §§ 18 ff. ThürNatSchG tragen der **Bedeutung des Artenschutzes**, also des Schutzes der wildlebenden Tier- und Pflanzenarten, ihren Lebensräumen und Biotopen[232], Rechnung. Hier teilen sich untere und obere Naturschutzbehörde die nach dem Bundesnaturschutzgesetz vorgesehenen Kompetenzen.

dd) Betreten der freien Natur und Landschaft. Wie alle Ländernaturschutzgesetze sieht auch das Thüringer Naturschutzgesetz besondere Regelungen **zum Betreten der freien Landschaft, der Freihaltung von Gewässern und von Uferzonen** vor.[233] Nach § 21 Abs. 1 ThürNatSchG ist das Betreten der freien Landschaft außerhalb des Walds auf Straßen und Wegen und auf ungenutzten Grundflächen zum Zwecke der Erholung unentgeltlich zu gestatten. Jedermann hat ein Recht auf Zugang zu Gewässern durch Uferwege. Dies gilt nicht, wenn Belange des Naturschutzes selbst, des Waldschutzes, der land- und forstwirtschaftlichen Bewirtschaftung, der Schutz der Erholungssuchenden, die Vermeidung von erheblichen Schäden oder besondere Interessen der Grundstücksbesitzer eine Einschränkung gebieten.[234] Um dieses Recht weitgehend zu gewährleisten, sind Vorrichtungen, die die Betretung behindern oder verhindern können, genehmigungspflichtig. Die Vorschrift enthält zugleich eine Aufforderung an alle öffentlichen Stellen im Freistaat, die Voraussetzung für die Ausübung dieser Rechte zu schaffen.

e) Grünes-Band-Gesetz. Im Benehmen mit dem Bundesumweltministerium und dem Bundesverkehrsministerium hat der Freistaat Thüringen beginnend an der Landesgrenze Thüringens zu Sachsen-Anhalt, entlang der Landesgrenzen zu Niedersachsen, Hessen und Bayern und endend an der Landesgrenze zu Sachsen einen Teil des einstigen Grenzschutzstreifens der ehemaligen Deutschen Demokratischen Republik an der innerdeutschen Grenze als Nationales Naturmonument mit dem Namen „**Grünes Band Thüringen**" unter Schutz gestellt.[235] Das Gebiet hat eine Fläche von 6500 Hektar. Thüringen hat mit 763 km einen großen Anteil am „Grünen Band".[236]

---

232 Zum Schutz von Streuobstwiesen als Biotope in Thüringen *Müller-Mitschke,* ZUR 2021, 269 (273).
233 Vgl. *Kloepfer,* in ders. (Hrsg.), Umweltrecht, 4. Aufl. 2016, § 12 Rn. 1 ff.
234 Zur Situation in Brandenburg *Bunzel/Müller,* LKV 2014, 103 ff.
235 *Nowak/Füßer,* ThürVBl. 2018, 49 ff.
236 *Kulke,* LKV 2019, 20 (24).

147 **Zweck** ist nach § 3 Abs. 1 des „Grünes Band"-Gesetzes[237]
- die Erlebbarkeit wegen seiner Seltenheit und besonderen Eigenart, die als Verbindung der sich von der Umgebung abhebenden, vielfältigen Biotopstrukturen und deren Lebensgemeinschaften zusammen mit den Resten der Grenzbefestigungsanlagen und Einrichtungen der Erinnerungskultur,
- die Schaffung eines repräsentativen und bedeutenden Abschnitts des europäischen und nationalen Biotopverbundsystems,
- die Betonung der landeskundlichen, wissenschaftlichen und historischen Bedeutung und
- die Gestaltung einer Erinnerungslandschaft, die ein einzigartiges Zeugnis der deutschen Geschichte auch für die zukünftigen Generationen darstellt.

Im **Nationalen Naturmonument-Gesetz** ist hierzu vorgeben, die das „Grüne Band Thüringen" prägende Erinnerungslandschaft der deutschen Geschichte einschließlich der Gedenkstätten, Gedenkorte, der geschleiften Ortschaften, den Resten der Grenzbefestigungsanlagen und besonderen Geländestrukturen und die besondere Eigenart und die Leistungs-, Funktions- und Regenerationsfähigkeit der einzelnen Biotope und des Biotopverbundes zu fördern. Schließlich sind Maßnahmen zur Wiedererlebbarmachung zu ergreifen, mit der für den Biotopverbund bedeutsame Flächen wiederhergestellt und wechselnde Strukturen entwickelt werden, der Öffentlichkeitsarbeit Informationen zur Verfügung zu stellen, Geschichts- und Umweltbildung erlebbar zu machen und die dafür erforderlichen Einrichtungen zu schaffen und wissenschaftliche Beobachtung und Forschung zu betreiben. Mit der Thüringer Verordnung über den **Fachbeirat** für das Nationale Naturmonument „Grünes Band Thüringen" (ThürGB-GVO)[238] wurden die formellen Voraussetzungen für die Bildung eines fachlich beratenden Gremiums geschaffen.

4. Abfallrecht

148 a) **Überblick.** Das Kreislaufwirtschafts- und Abfallrecht regelt den **Umgang mit Abfällen** in Deutschland. Diese sollen unter **Schonung natürlicher Ressourcen** im Rahmen eines Kreislaufs, sofern eine Vermeidung nicht möglich ist, umweltverträglich beseitigt werden.

149 Die traditionelle Sichtweise, dass die Verwertung von Abfällen zur Daseinsvorsorge als Teil des kommunalen Pflichtenkanons gehört, wurde bereits in den 90er Jahren aufgegeben. Die wesentliche Pflicht, Abfälle im Zweifel zu beseitigen, trifft nunmehr den Erzeuger oder den Besitzer des Abfalls. Zur Bewältigung dieser Aufgabe können die Verantwortlichen Dritte einschalten.

150 Das deutsche Abfallrecht ist geprägt vom Anspruch, eine **Vorreiterrolle im Umgang mit Abfällen** einzunehmen. Konsequenterweise werden die in europäischen Vorgaben enthaltenen Standards meist übertroffen.

---

237 Thüringer Gesetz über das Nationale Naturmonument „Grünes Band Thüringen" (ThürGBG) vom 11.12.2018, GVBl. 2018, 605.
238 Vom 27.10.2020, GVBl. 2020, 566.

aa) **Abfallbegriff**. Der **Begriff des Abfalls** wird in § 3 Abs. 1 KrWG definiert.[239] Eine 151
Entledigung liegt immer dann vor, wenn der Besitzer die bewegliche Sache (vgl. § 90
BGB) einer Beseitigung zuführt oder die tatsächliche Sachherrschaft ohne weitere
Zweckbestimmung aufgibt.[240] Bei der Einstufung einer Sache als Abfall kommt es daher in erster Linie auf die Willensrichtung des Besitzers an. Dieser Wille wird angenommen, wenn die Stoffe oder Gegenstände bei der Energieumwandlung, Herstellung, Behandlung oder Nutzung von Stoffen oder Erzeugnissen oder bei Dienstleistungen anfallen, ohne dass der Zweck der jeweiligen Handlung hierauf gerichtet ist, oder
deren ursprüngliche Zweckbestimmung entfällt oder aufgegeben wird, ohne dass ein
neuer Verwendungszweck unmittelbar an deren Stelle tritt. Bei der Einschätzung der
Willensrichtung des Besitzers spielt die Verkehrsanschauung eine wichtige Rolle. Dem
subjektiven Abfallbegriff wird daher eine objektive Komponente zur Seite gestellt.[241]

Beispiel: Stellt ein Besitzer am Sperrmülltag wie seine Nachbarn auch eine Sache auf 152
die Straße vor seinem Haus, so ist nach der Verkehrsanschauung davon auszugehen,
dass sich der Besitzer der Sache entledigen will.

In bestimmten Fällen ist der Besitzer zur **Entledigung** verpflichtet, § 3 Abs. 4 KrWG. 153
Dies gilt, *„wenn diese nicht mehr entsprechend ihrer ursprünglichen Zweckbestimmung verwendet werden, aufgrund ihres konkreten Zustandes geeignet sind, gegenwärtig oder künftig das Wohl der Allgemeinheit, insbesondere die Umwelt, zu gefährden und deren Gefährdungspotenzial nur durch eine ordnungsgemäße und schadlose Verwertung oder gemeinwohlverträgliche Beseitigung nach den Vorschriften dieses Gesetzes und der aufgrund dieses Gesetzes erlassenen Rechtsverordnungen ausgeschlossen werden kann."*

Für **Bioabfälle** enthält § 3 Abs. 5 KrWG eine besondere Definition. Danach muss es 154
sich um abbaubare pflanzliche, tierische oder aus Pilzmaterialien bestehende Garten- und Parkabfälle, Landschaftspflegeabfälle, Nahrungs- und Küchenabfälle aus Haushaltungen, aus dem Gaststätten- und Cateringgewerbe, aus dem Einzelhandel und vergleichbare Abfälle aus Nahrungsmittelverarbeitungsbetrieben oder Abfälle aus sonstigen Herkunftsbereichen, die nach Art, Beschaffenheit oder stofflichen Eigenschaften anderen, ausdrücklich aufgezählten Bioabfällen vergleichbar sind, handeln.

bb) **Rechtsquellen**. Bedeutendste **Rechtsquelle des Abfallrechts** ist das Kreislaufwirt- 155
schaftsgesetz.[242] Das KrWG hat 2012 das Kreislaufwirtschafts-/Abfallgesetz von 1996
abgelöst.[243] Anlass war die Umsetzung europäischer Normen, vor allem der EU-Abfallrahmenrichtlinie. Die Abfallrahmenrichtlinie[244] führte zu einer textlichen Neubearbeitung der Vorgängerregelungen des deutschen Gesetzes. Viele neue Begriffe mussten
in das nationale Recht eingeführt bzw. dort genauer definiert werden (Beispiel: **Recy-**

---

239 Vgl. auch *Petersen*, in: Jarass/Petersen, KrWG, 2. Aufl. 2022, § 3 Rn. 28 ff.
240 *Wolf*, in: Giesberts/Reinhardt, BeckOK Umweltrecht, 62. Edition, Stand: 1.4.2022, § 3 KrWG Rn. 13 ff.
241 *Stuttmann*, NVwZ 2006, 401 ff.
242 Gesetz zur Förderung der Kreislaufwirtschaft und Sicherung der umweltverträglichen Bewirtschaftung von
    Abfällen (KrWG) vom 24.2.2012 (BGBl. I S. 212), zuletzt geändert durch Artikel 20 des Gesetzes vom
    10.8.2021 (BGBl. I S. 3436).
243 *Petersen u.a.*, NVwZ 2012, 521 ff.
244 RL 2008/98/EG.

cling = ausschließlich eine stoffliche Verwertung). Der Kern der Verantwortung für die Verwertung von Abfällen und die sich daraus ergebenden Pflichten blieben jedoch unangetastet, z.b. trotz der neuen Einführung der Abfallhierarchie nach § 6 KrWG. 2018 kam es vor dem Hintergrund des „EU-Kreislaufwirtschaftspaktes"[245] erneut zu weitgehenden Änderungen.[246]

156 Zur Umsetzung der Ziele der Kreislaufwirtschaft wurden auf Basis der Ermächtigungsgrundlagen des KrWG eine Vielzahl von ministeriellen Verordnungen erlassen. Diese regeln vornehmlich die umweltschonende Entsorgung bestimmter Gruppen von Abfällen.

157 § 6 KrWG gibt in Umsetzung europäischer Vorgaben eine **Rangfolge von abfallrechtlichen Pflichten** zur Vermeidung von Abfällen vor. An der Spitze steht die Vermeidung von Abfällen, dann die Vorbereitung zur Wiederverwendung, das Recycling, die sonstige Verwertung, insbesondere energetische Verwertung und Verfüllung, und zuletzt die Beseitigung von Abfällen. Ausgehend von dieser Rangfolge haben Maßnahmen Vorrang, die den Schutz von Menschen und Umwelt bestmöglich gewährleisten und zugleich das Vorsorge- und Nachhaltigkeitsprinzip beachten.

158 Hierbei sind nach § 6 Abs. 2 KrWG insbesondere die zu erwartenden Emissionen, das Maß der Schonung der natürlichen Ressourcen, die einzusetzende oder zu gewinnende Energie sowie die Anreicherung von Schadstoffen in Erzeugnissen, in Abfällen zur Verwertung oder in daraus gewonnenen Erzeugnissen zu beachten.

159 cc) Beseitigungs- und Überlassungspflichten. **Erzeuger von Abfällen** ist nach § 3 Abs. 8 KrWG jede natürliche oder juristische Person, durch deren Tätigkeit Abfälle anfallen (Ersterzeuger) oder die Vorbehandlungen, Mischungen oder sonstige Behandlungen vornimmt, die eine Veränderung der Beschaffenheit oder der Zusammensetzung dieser Abfälle bewirken (Zweiterzeuger).[247]

160 Der **Besitz von Abfall** setzt das Innehaben der tatsächlichen Sachherrschaft voraus. Insofern unterscheidet sich der abfallrechtliche nicht vom klassisch-zivilrechtlichen Besitz (vgl. § 854 Abs. 1 BGB), § 3 Abs. 9 KrWG.[248]

161 Erzeuger und Besitzer von Abfällen, die nicht zu verwerten sind, sind verpflichtet, diese zu beseitigen, § 15 KrWG. Bei der Beseitigung ist darauf zu achten, dass das Wohl der Allgemeinheit nicht beeinträchtigt wird. Dies kann nach § 15 Abs. 2 S. 2 KrWG z.B. der Fall sein, wenn die Gesundheit der Menschen beeinträchtigt wird, Tiere oder Pflanzen gefährdet werden, Gewässer oder Böden schädlich beeinflusst werden, schädliche Umwelteinwirkungen durch Luftverunreinigungen oder Lärm herbeigeführt werden, die Ziele oder Grundsätze und sonstigen Erfordernisse der Raumordnung nicht beachtet werden oder die Belange des Naturschutzes, der Landschaftspflege sowie des Städtebaus nicht berücksichtigt werden oder die öffentliche Sicherheit

---

245 Vgl. *Cosson,* in: Giesberts/Reinhardt, BeckOK Umweltrecht, 62. Edition, Stand: 1.4.2022, § 5 KrWG Rn. 31.
246 Hierzu *Petersen/Friedrich,* NVwZ 2021, 1 ff.
247 *Wolf,* in: Giesberts/Reinhardt, BeckOK Umweltrecht, 62. Edition, Stand: 1.4.2022, § 3 KrWG, Rn. 31 ff.
248 *Dieckmann,* in: Jarass/Petersen, KrWG, 2. Aufl. 2022, § 3 Rn. 182 ff.

oder Ordnung in sonstiger Weise gefährdet oder gestört wird. Soweit dies erforderlich ist, sind Abfälle verschiedener Art getrennt zu halten, z.b. Biomüll, PPK-Abfälle (Papier, Pappe und Karton-Abfälle) und Restmüll.

Eine **Ausnahme von der Beseitigungspflicht** gilt nach § 17 KrWG dann, wenn eine Überlassungspflicht an den öffentlichen Entsorgungsträger besteht.[249] Diese Pflicht trifft in erster Linie Privatpersonen, falls sie zu einer Verwertung auf den von ihnen im Rahmen ihrer privaten Lebensführung genutzten Grundstücken nicht in der Lage sind oder diese nicht beabsichtigen, aber auch gewerblich Tätige dann, wenn sie die Abfälle nicht selbst beseitigen können oder ein überwiegendes Interesse an einer Überlassung an den öffentlichen Träger besteht. Wann Letzteres der Fall ist, kann im Einzelfall schwer zu bestimmen sein, da der Entsorgungsträger stets die Wirtschaftlichkeit des Gesamtsystems im Fokus hat. Durch die Festlegung eines Regel-Ausnahme-Prinzips nimmt der Gesetzgeber aber in Kauf, dass der öffentliche Träger u.U. die weniger wirtschaftlichen Fraktionen übernehmen muss, während private Bewerber die je nach Marktlage interessanten Teile selbst entsorgen (z.B. die PPK-Fraktion). Die Grenzen beschreibt § 15 Abs. 3 KrWG mit der *„Gefährdung der Funktionsfähigkeit"* und der *„Planungssicherheit"* des Gesamtsystems.

162

Zu beachten ist, dass der entsorgungspflichtige Private oder gewerblich Tätige die Abfälle nicht zwingend selbst und in eigenen Anlagen verwerten muss. Er kann hierzu Dritte beauftragen, die die erforderliche Zuverlässigkeit nachweisen müssen, § 22 KrWG.

163

Eine **Überlassungspflicht** besteht nach § 15 Abs. 2 KrWG ferner nicht in weiteren Ausnahmefällen, z.B. bei gemeinnützigen oder bestimmten gewerblichen Sammlungen. Hier ist ein vorgegebenes Anzeigeverfahren (§ 18 KrWG) durchzuführen. Eine gewerbliche Sammlung setzt nach § 3 Abs. 17 KrWG voraus, dass sie von einer nach § 5 Abs. 1 Nr. 9 KStG steuerbefreiten Körperschaft, Personenvereinigung oder Vermögensmasse getragen wird und der Beschaffung von Mitteln zur Verwirklichung ihrer gemeinnützigen, mildtätigen oder kirchlichen Zwecke im Sinne der §§ 52–54 AO dient. Um eine gemeinnützige Sammlung von Abfällen handelt es sich auch dann, wenn die Körperschaft, Personenvereinigung oder Vermögensmasse einen gewerblichen Sammler mit der Sammlung beauftragt und dieser den Veräußerungserlös nach Abzug seiner Kosten und eines angemessenen Gewinns vollständig an die Körperschaft, Personenvereinigung oder Vermögensmasse auskehrt.

164

Sofern eine Überlassungspflicht besteht, muss der Entsorgungspflichtige gem. § 19 KrWG das Betreten seines Grundstücks zur Durchführung der abfallrechtlichen Entsorgung (Aufstellen der Behältnisse und Einsammeln) dulden.

165

dd) Abfallwirtschaftspläne. Über die in ihrem Gebiet anfallenden Abfälle haben die öffentlichen Entsorgungsträger **Abfallwirtschaftskonzepte und Abfallbilanzen** aufzustellen (§ 21 KrWG). Die Pflichten der Entsorgungsträger ergeben sich im Einzelnen aus den §§ 6–11 und 15 f. KrWG.

166

---

249 *Schomerus*, in: Verstey/Mann/Schomerus, KrWG, 4. Aufl. 2019, § 17 Rn. 10 ff.

167 **b) Landesrechtliche Ergänzung.** Bedeutendste Thüringer Rechtsquelle des Abfallrechts war das Thüringer Gesetz über die Vermeidung, Verminderung, Verwertung und Beseitigung von Abfällen, das 2017 als **Thüringer Ausführungsgesetz zum Kreislaufwirtschaftsgesetz**[250] neu gefasst wurde. Mit dieser Reform sollten u.a. Umweltaspekte in der Kreislaufwirtschaft gestärkt werden. Ziel der Kreislauf- und Abfallwirtschaft ist nach § 1 ThürAGKrWG die nachhaltige Sicherung und Schonung der natürlichen Ressourcen sowie die Sicherung der umweltverträglichen Beseitigung von Abfällen. Unter ausdrücklicher Bezugnahme auf das durch das Kreislaufwirtschaftsgesetz (KrWG)[251] abgelöste Kreislaufwirtschafts- und Abfallgesetz (KrW-/AbfG) des Bundes werden die Grundsätze der Abfallvermeidung und -verwertung aufgezählt.

168 Das Bundesrecht wurde zur Umsetzung mehrerer europäischer Richtlinien, vor allem der **Abfallrahmenrichtlinie**[252], fortentwickelt.[253] Das der konkurrierenden Gesetzgebung unterliegende Abfallrecht wurde von Thüringer Seite an diese Rechtslage 2017 angepasst.[254]

169 **Abfallbehörden** des Freistaates Thüringen sind entsprechend des dreistufigen Verwaltungsaufbaus das Umweltministerium als oberste, das Landesamt für Umwelt, Bergbau und Naturschutz (TLUBN) als obere und die Landkreise und kreisfreien Städte als untere Abfallbehörden (§§ 15 f. ThürAGKrWG). Die Abfallentsorgung selbst ist grundsätzlich eine Aufgabe im eigenen Wirkungskreis, vgl. § 87 Abs. 2 S. 2 ThürKO.[255] Das TLUBN ist nach § 15 ThürAGKrWG insbesondere zuständig für:

- die unmittelbar geltenden Rechtsvorschriften der Europäischen Union im Bereich der Abfallwirtschaft,
- die nach dem Kreislaufwirtschaftsgesetz erlassenen Rechtsverordnungen,
- das Elektro- und Elektronikgerätegesetz und den erlassenen Rechtsverordnungen,
- das Batteriegesetz (BattG) vom 25.6.2009[256] und den erlassenen Rechtsverordnungen,
- das Verpackungsgesetz,
- die zum Thüringer Ausführungsgesetz zum Kreislaufwirtschaftsgesetz (ThürAGKrWG) erlassenen Rechtsverordnungen,
- das Abfallverbringungsgesetz (AbfVerbrG) vom 19.7.2007[257] und den hierauf erlassenen Rechtsverordnungen sowie
- den Vollzug des Artikels 1 § 4 Abs. 3 des Umweltrahmengesetzes vom 29.7.1990[258].

---

250 Artikel 1 des Thüringer Gesetzes zur Anpassung abfallrechtlicher Regelungen an das Kreislaufwirtschaftsgesetz vom 23.11.2017, GVBl. S. 246.
251 BGBl. 2012 I S. 212 mit Änderung in BGBl. 2013 I S. 1324, 1346.
252 Richtlinie 2008/98/EG über Abfälle.
253 Hierzu *Friedrich*, ZRP 2011, 108 ff.
254 Zu den Problemen zur alten Rechtslage siehe *Waneck*, in: Kloepfer (Hrsg.), Abfallrecht und Föderalismus, 1999, S. 45 ff.
255 Vgl. *Rücker*, in: ders./Dieter/Schmidt/Vetzberger/Oehler, Kommunalverfassungsrecht Thüringen, 35. EL 2020, § 3 ThürKO, S. 33.
256 BGBl. I S. 1582.
257 BGBl. I S. 1462.
258 BGBl. I S. 649; BGBl. 1990 II S. 1226.

In Ausfüllung dieser Aufgaben fallen ihm eine Reihe von **Aufgaben** zu, insbesondere:[259]

- Durchführung von Genehmigungsverfahren für Deponien nach dem KrWG (Planfeststellung, Plangenehmigung, Anzeigen),
- Zustimmungsverfahren/Ausnahmezulassungen für Deponien nach der Verordnung über Deponien und Langzeitlager (Deponieverordnung – DepV),
- die Notifizierung und Überwachung grenzüberschreitender Abfalltransporte,
- Entsorgungsfachbetriebe: Zustimmung und Widerruf zum Überwachungsvertrag, Benehmenserteilung, Anerkennung und Widerruf von Entsorgergemeinschaften,
- Durchsetzung der Getrenntsammlungspflicht von Bioabfällen gemeinsam mit der Kommunalaufsicht,
- Anerkennung von Lehrgängen zur Erlangung der Fachkunde,
- Bearbeitung von Anzeigen gemeinnütziger und gewerblicher Sammler von Abfällen,
- Abfallbeseitigung außerhalb dafür zugelassener Anlagen: Entscheidungen zu Anträgen kommunaler und privater Vorhabensträger,
- Zustimmung zum Ausschluss von Abfällen von der Entsorgungspflicht durch den öffentlich-rechtlichen Entsorgungsträger,
- Ausübung der Fachaufsicht gegenüber den unteren Abfallbehörden,
- Wahrnehmung der Aufgaben der unteren Abfallbehörden im Falle der Selbstbeteiligung der Gebietskörperschaften,
- Verfolgung von abfallrechtlichen Ordnungswidrigkeiten,
- Fortschreibung des Landesabfallwirtschaftsplanes,
- Erstellung der jährlichen Abfallbilanz,
- Erstellung eines Beitrages zum Abfallvermeidungsprogramm des Bundes,
- Prüfung und Erstellung von wissenschaftlich-fachlichen Gutachten zur Umweltverträglichkeit der Entsorgung von Abfällen in Grundsatzfragen oder besonders gelagerten Einzelfällen,
- Erstellung von vollzugsunterstützenden fachlichen Empfehlungen zur umweltverträglichen Entsorgung von Abfällen,
- Planung, Begleitung und Auswertung von Untersuchungen zu Schadstoffpotential- und -freisetzung bei der Entsorgung von Abfällen,
- Ermittlung von Auslöseschwellen im Grundwasser zur Emissionsüberwachung von Deponien,
- Erstellung und Fortschreibung des Fachfeinkonzeptes für das Modul Deponien im Fachinformationssystem (FIS) Gewässer.

---

259 Eigene Darstellung des TLUBN, https://tlubn.thueringen.de/umweltschutz/bodenschutz-und-altlasten/abfallwirtschaft, abgerufen am 15.7.2022.

Das **Thüringer Ausführungsgesetz** regelt in Ergänzung des KrWG inhaltlich insbesondere:

- unter Verweis auf die Voraussetzungen des § 35 Thüringer Enteignungsgesetzes[260] die Möglichkeit des Erlasses einer Veränderungssperre zur Sicherung von Flächen (§ 9 ThürAGKrWG)
- die Aufgaben der abfallrechtlichen Überwachungsbehörden und die Reichweite der damit verbundenen Grundrechtseingriffe; besondere Regelungen finden sich auch für die Kostenpflichtigkeit entsprechender Maßnahmen (vgl. §§ 26 ThürAGKrWG),
- die Befugnisse der Abfallbehörden bei der Errichtung und Änderung von Deponien; soweit ein Planfeststellungsverfahren notwendig ist, übernehmen diese die Bauüberwachung und Abnahme,
- die Aufstellung der Abfallbilanzen, der Abfallwirtschaftspläne und -konzepte und Abfallvermeidungsprogramme, §§ 10 ff. ThürAGKrWG.[261]

In Ausführung des Abfallgesetzes wurde eine Reihe von Verordnungen erlassen, welche die abfallrechtlichen Pflichten und die Überwachungsrechte konkretisieren.

170 Der Freistaat Thüringen hat sich durch einen **Staatsvertrag** mit den anderen Bundesländern zur Schaffung einer gemeinsamen Einrichtung nach § 6 Abs. 1 S. 7 Abfallverbringungsgesetz verpflichtet.[262] Danach wird dem Land Baden-Württemberg die Aufgabe der Einrichtung einer zentralen Koordinierungsstelle für Rückholersuchen nach § 6 Abfallverbringungsgesetz übertragen.

5. Atom- und Strahlenschutzrecht

171 a) **Überblick.** Trotz des beschlossenen Ausstiegs aus der Kernenergie hat das Atom- und Strahlenschutzrecht nach wie vor eine **bedeutende Regulierungsaufgabe** insbesondere für den Umgang mit ionisierender Strahlung, den bestehenden Rechtsfragen im Zusammenhang mit atomrechtlichen Genehmigungen, der Endlagerung von radioaktiven Materialien sowie der atomrechtlichen Haftung.

172 aa) **Rechtsquellen. Maßgebliche Rechtsquelle** des Atom- und Strahlenschutzrechts ist das AtG (Gesetz über die friedliche Verwendung der Kernenergie und den Schutz gegen ihre Gefahren[263]), das sich im Wesentlichen auf das Kernenergierecht beschränkt. Es umfasst u.a. Überwachungsvorschriften durch die Verwaltung (§§ 3 ff. AtG), Zuständigkeitsregelungen (§§ 22 ff. AtG) und Haftungsvorschriften (§§ 25 ff. AtG). Darüber hinaus finden sich Vorschriften über den Umgang mit ionisierender Strahlung in mehreren ministeriellen Rechtsverordnungen, von denen der Strahlenschutzverordnung des Bundes die größte Bedeutung zukommt. Weitere Regelungen sind beispielsweise:

---

260 Vom 23.3.1994, GVBl. S. 329.
261 Vgl. *Schomerus*, in: Versteyl/Mann/Schomerus, KrWG, 4. Aufl. 2019, § 31 Rn. 15 f.
262 Thüringer Gesetz zu dem Staatsvertrag über die Bildung einer gemeinsamen Einrichtung nach § 6 Abs. 1 S. 7 des Abfallverbringungsgesetzes vom 18.7.2000, GVBl. 2000, 181.
263 In der Fassung der Bekanntmachung vom 15.7.1985 (BGBl. I S. 1565), zuletzt geändert durch die Bekanntmachung vom 3.1.2022 (BGBl. I S. 14).

- Atomrechtliche Verfahrensverordnung (Verfahren der Anlagengenehmigung nach § 7 AtG)
- Deckungsvorsorge-Verordnung
- Sicherheitsbeauftragten- und Meldeverordnung
- Strahlenschutzvorsorgegesetz (Koordinierung und Überwachung von radioaktiven Ereignissen durch Bund und Länder)
- Gesetz über das Bundesamt für Strahlenschutz (BAStrlSchG)[264]

Unstreitig war von Beginn der **friedlichen Nutzung der Kernenergie** an klar, dass damit außerhalb des menschlichen Ermessens und der menschlichen Einfluss-Sphäre Risiken verbunden sind, die selbst durch die umfangreichste Risikovorsorge nicht beherrschbar sein können. Umgekehrt war relativ früh klar, dass ein Ausstieg aus der Atomenergie verfassungsrechtlich politisch und rechtlich möglich ist, sofern die Rechtspositionen der Betreiber bestehender Anlagen berücksichtigt werden.

Ionisierende Stoffe sind nach § 2 Abs. 1 Nr. 2 AtG solche Stoffe, die ohne Kernbrennstoffe zu sein, ionisierende Strahlung spontan aussenden.[265] Neben weiteren, konkretisierenden Vorgaben für die Überwachung der Verwendung von nuklearen Brennstoffen (§§ 3 ff. StrahlenschutzVO) enthält die Strahlenschutzverordnung konkrete, bundesweit geltende Schutzvorschriften für den Umgang mit ionisierenden Stoffen (§§ 28 ff. StrahlenschutzVO). Ausgenommen hiervon sind der Umgang mit Röntgenstrahlung und Störstrahlern.

bb) Atomrechtliche Genehmigung. Aufgrund der mit dem Betrieb eines Kernkraftwerks einhergehenden Gefahren für die Allgemeinheit sind die **Genehmigungsvoraussetzungen** des § 7 AtG von Beginn an sehr restriktiv gefasst. Die Norm enthält sowohl Anforderungen an die Anlage selbst, an den Betreiber der Anlage sowie an die notwendige Risikovorsorge. Der Genehmigung bedarf grundsätzlich, wer eine ortsfeste Anlage zur Erzeugung oder zur Verarbeitung oder zur Spaltung von Kernbrennstoffen oder zur Aufarbeitung bestrahlter Kernbrennstoffe errichtet, betreibt oder sonst innehat oder die Anlage in ihrem Betrieb wesentlich verändert. Eine Änderung ist wesentlich, wenn sie geeignet erscheint, Genehmigungsfragen neu aufzuwerfen und Sicherheitsfragen neu zu stellen.

Nachdem vor dem Hintergrund des in der Bundesrepublik beschlossenen Atomausstiegs keine atomrechtlichen Neugenehmigungsverfahren mehr zu erwarten sind, sind vor allem die Fälle des § 7 Abs. 3 AtG in den Fokus geraten, wonach die **Stilllegung oder der Abbau der Anlage** einer Genehmigung nach dem AtG bedürfen.

Ziel des Genehmigungsverfahrens ist die Sicherstellung der Einhaltung der in § 1 AtG festgelegten Ziele. Zentrale Frage im Rahmen des Verwaltungsverfahrens ist der Nachweis einer nach dem Stand von Wissenschaft und Technik erforderlichen Vorsorge gegen Schäden durch die Errichtung, den Betrieb, aber auch die Stilllegung und den Rückbau der Anlage (§ 7 Abs. 3 AtG). An den Grenzen des menschlichen Einschätzungsvermögens kann ein sog. „Restrisiko" verbleiben. Im Rahmen der „praktischen

---

264 Vom 9.10.1989 (BGBl. I S. 1830) in der Fassung vom 19.6.2020 (BGBl. I S. 1328).
265 *Kloepfer/Jablonski*, UPR 2009, 418 ff.

Vernunft" sind aber alle Maßnahmen der Risikovorsorge zu ergreifen, die verhältnismäßig sind. Risikovorsorge bedeutet, dass umfangreiche Vorkehrungen getroffen werden müssen, die ein Handeln im Störfall ermöglichen.

177 Die Einzelheiten einer solchen Genehmigung ergeben sich aus der **Atomrechtlichen Verfahrensverordnung (AtVfV)**. Im Verfahren sind neben den Voraussetzungen des § 7 Abs. 2 AtG auch alle weiteren öffentlich-rechtlichen Vorschriften zu prüfen, die durch das Vorhaben tangiert sein können (§ 14 AtVfV).[266] Hierdurch werden andere Genehmigungsverfahren aber nicht ersetzt. Aus der Verordnung folgen weitreichende Einwendungsmöglichkeiten für jedermann innerhalb der verfahrensrechtlich festgesetzten Fristen. Nach Ablauf der Frist sind die nicht vorgebrachten Einwände präkludiert, mit der Folge, dass sie nicht mehr geltend gemacht werden können (§ 7 Abs. 1 S. 2 AtVfV), soweit es nicht um Nichtigkeitsgründe geht. Mit den Einwirkungsmöglichkeiten sind weitgehende materielle Rechtspositionen geschaffen worden. Sofern verfahrensrechtliche Fehler gerügt werden, ist darzulegen, inwieweit dieser Fehler Auswirkungen auf die eigene materielle Rechtsposition hat.

178 Die **Genehmigung ist zu versagen**, wenn die Voraussetzungen einer Genehmigung nicht gegeben sind und auch nicht durch Auflagen sichergestellt werden können, § 15 Abs. 2 S. 1 AtVfV. **Nachträgliche Auflagen** sind, u.U. nur gegen Entschädigung möglich, wenn dies zur Erreichung der atomgesetzlichen Ziele erforderlich ist.

179 Soweit die Prüfung der Vorgaben den **Schutz gegen Gefahren aus der Kernenergie** betrifft, verdrängen die atomrechtlichen Vorschriften das Immissionsschutzrecht. Für den Schutz gegen sonstige Beeinträchtigungen, z.B. solche, die aus dem Bau der Anlage resultieren, hat die atomrechtliche Genehmigung **Konzentrationswirkung** (§§ 8 Abs. 1 AtG, § 2 Abs. 2 BImSchG), d.h. die atomrechtliche Genehmigung schließt die immissionsschutzrechtliche Genehmigung mit ein.

180 cc) **Entsorgungsfragen**. Nicht nur mit dem „Ausstieg" verbunden war die Frage des **Umgangs mit radioaktivem Material**. Nach § 9a AtG gilt das Verursacherprinzip. Danach hat der Verursacher von Abfällen die Kosten für die schadlose Verwertung radioaktiver Reststoffe sowie entsprechender Anlagen oder Teile davon zu tragen (sog. direkte Endlagerung).

181 Anknüpfungspunkt ist das Errichten, Betreiben, Innehaben oder das wesentliche Verändern, Stilllegen oder Beseitigen einer Anlage, in der mit Kernbrennstoffen umgegangen wird, oder der bloße Umgang mit ionisierender Strahlung.

182 Um die Einhaltung dieser Pflichten sicherzustellen, haben die Betreiber von Anlagen zur Spaltung von Kernbrennstoffen zur gewerblichen Erzeugung von Elektrizität nachzuweisen, dass sie für die Aufarbeitung und Entsorgung von Kernbrennstoffen Vorsorge treffen (sog. **Entsorgungsvorsorgenachweis**).[267] Hierzu gehört auch der Nachweis, dass bis zur endgültigen Entsorgung die Lagerung in einem Zwischenlager

---

266 BVerwG, Urt. v. 21.1.2021 – 7 C 4.19, ZUR 2021, 364.
267 *Hennenhöfer*, in: ders., u.a., Atomgesetz, 2021, § 9a Rn. 1 ff.

gewährleistet ist. Diese Verpflichtungen gelten entsprechend für die Betreiber von Anlagen der Kernenergie zu Forschungszwecken.

Wer radioaktive Abfälle besitzt, muss die Stoffe grundsätzlich bei sog. **Landessammelstellen für die Zwischenlagerung** der in ihrem Gebiet angefallenen radioaktiven Abfälle abliefern. Der Bund hat Anlagen zur Endlagerung radioaktiver Abfälle einzurichten. Bund und Länder können sich zur Erfüllung dieser Aufgaben Dritter bedienen. 183

Nach § 2c AtG hat die Bundesregierung in einem **Nationalen Entsorgungsprogramm** darzulegen, wie die nationale Strategie für eine verantwortungsvolle und sichere Entsorgung abgebrannter Brennelemente und radioaktiver Abfälle umgesetzt werden soll. 184

Die **Endlagerfrage** in Deutschland soll mit dem Gesetz zur Suche und Auswahl eines Standortes für ein Endlager für Wärme entwickelnde radioaktive Abfälle und zur Änderung anderer Gesetze (Standortauswahlgesetz – StandAG[268]) auf eine neue Grundlage gestellt werden. 185

b) **Kompetenzordnung.** Das Atom- und Strahlenschutzrecht unterliegt der **ausschließlichen Gesetzgebungskompetenz** des Bundes.[269] Vor diesem Hintergrund verbleiben dem Freistaat Thüringen nur marginale Regelungskompetenzen. Diese betreffen ausschließlich die Festlegung von Zuständigkeiten innerhalb des Landesverwaltungsapparats. 186

Die Thüringer Verordnung über die **Zuständigkeiten** auf dem Gebiet des Atom-, Strahlenschutz- und Strahlenschutzvorsorgerechts wurde 2020 durch die Thüringer Verordnung zur Regelung von Zuständigkeiten auf dem Gebiet des Atom- und Strahlenschutzrechts[270] abgelöst. Oberste atomrechtliche Genehmigungs- und Aufsichtsbehörde ist das Thüringer Ministerium für Umwelt, Energie und Naturschutz. Diese ist für den Vollzug des Atomgesetzes grundsätzlich zuständig. Der zweite Abschnitt des Gesetzes regelt ausführlich die Zuständigkeit nach dem Strahlenschutzgesetz. Oberste Strahlenschutzbehörden des Freistaats sind das für Arbeitsschutz zuständige Ministerium und das für Umwelt zuständige Ministerium. Sie sind oberste Fachaufsichtsbehörden im Bereich des Strahlenschutzrechts. Obere Strahlenschutzbehörden sind im Geschäftsbereich des für Arbeitsschutz zuständigen Ministeriums das Landesamt für Verbraucherschutz und im Geschäftsbereich des für Umwelt zuständigen Ministeriums das Landesamt für Umwelt, Bergbau und Naturschutz. 187

Für die Verfolgung und Ahndung von **Ordnungswidrigkeiten** nach § 1 des Gesetzes zum Schutz vor nichtionisierender Strahlung bei der Anwendung am Menschen[271] ist nach der Thüringer Verordnung über die Zuständigkeiten nach dem Gesetz zum Schutz vor nichtionisierender Strahlung bei der Anwendung am Menschen und der UV-Schutz-Verordnung das Landesamt für Verbraucherschutz zuständig, soweit es sich nicht um eine medizinische Anwendung handelt. 188

---

268 Vom 5.5.2017 (BGBl. I S. 1074), zuletzt geändert durch Artikel 1 des Gesetzes vom 7.12.2020 (BGBl. I S. 2760).
269 *Kloepfer,* Umweltrecht, 2011, S. 257 ff., 263.
270 Vom 25.8.2020, GVBl. S. 475, ber. S. 545.
271 Vom 29.7.2009, BGBl. I S. 2433.

189 Das Landesamt für Verbraucherschutz ist zuständige Behörde nach der UV-Schutz-Verordnung.[272] Oberste Aufsichtsbehörde ist das Thüringer Ministerium für Arbeit, Soziales, Gesundheit, Frauen und Familie.

6. Energierecht

190 Im Bereich des Energierechts unterstehen die Energieversorgungsunternehmen für Elektrizität und Gas der **staatlichen Aufsicht** nach dem Energiewirtschaftsgesetz. Zuständig für die Überwachung sind die Energieaufsichtsbehörden, die Landesregulierungsbehörde sowie die Landeskartellbehörde[273], die beim Ministerium für Umwelt, Energie und Naturschutz angesiedelt sind. Sie nehmen neben der allgemeinen Energieaufsicht Aufgaben der Aufsicht über den Netzbetrieb und die Kartellaufsicht über die Unternehmen wahr.[274]

191 Als zentrales **Kompetenz-, Beratungs- und Informationszentrum** für die Themen Erneuerbare Energien, Energiemanagement, Energie- und Ressourceneffizienz, Nachhaltige Mobilität/Elektromobilität und Greentech in Thüringen wurde die Thüringer Energie- und GreenTech-Agentur (ThEGA) errichtet. Die ThEGA ist eine Tochter der Landesentwicklungsgesellschaft Thüringen mbH (LEG Thüringen), eine 100%-ige Tochter des Freistaats Thüringen.

7. Klimaschutzrecht[275]

192 Zur Bewältigung der Folgen des Klimawandels hat die Landesregierung mehrere Aktionspläne und Erklärungen abgegeben, die unterhalb der Gesetz- und Verordnungsebene Maßnahmen vorsehen.[276] Den Rahmen hierfür gibt Art. 31 ThürVerf vor. Von Bedeutung ist dabei die **Erfurter Erklärung zum Klimaschutz** vom August 2002 als Abschlussdokument des 1. Erfurter Klimaforums, mit dem versucht wurde, mögliche Aktivitäten des Freistaats Thüringen auf eine breite gesellschaftliche Basis zu stellen.[277] 2009 hat die Landesregierung ein **Thüringer Klima- und Anpassungsprogramm** verabschiedet und dabei die konkreten Handlungsfelder für einzelne klimarelevante Politikfelder beschrieben.[278] 2013 folgte das Integrierte Maßnahmenprogramm zur Anpassung an die Folgen des Klimawandels im Freistaat Thüringen.[279] Als Koordinationsstelle fungiert die Thüringer Klimaagentur. Klimamodelle liegen über das Regionale Klimainformationssystem für Sachsen, Sachsen-Anhalt und Thüringen (ReKIS) vor, das an der TU Dresden angesiedelt ist.[280]

---

272 Vom 20.7.2011, BGBl. I S. 1412.
273 Nur die Landeskartellbehörde Energie, im Übrigen ist Landeskartellbehörde das Thüringer Ministerium für Wirtschaft, Wissenschaft und Digitale Gesellschaft (TMWWDG).
274 Vgl. § 54 EnWG; hierzu *Hermes*, in: Britz/Hellermann/Hermes, EnWG, 3. Aufl. 2015, § 54 Rn. 25 ff.
275 Hierzu *Knauff*, KlimR 2022, 47 ff.
276 Vgl. den Bericht von *Eichentopf*, ThürVBl. 2009, 30, mit Beispielen aus dem Bereichen Wasser- und Baurecht.
277 Thüringer Ministerium für Landwirtschaft, Naturschutz und Umwelt (Hrsg.), Erfurter Erklärung zum Umweltschutz, 2002, S. 5 ff.
278 *Thomas*, NVwZ 2013, 679 ff.
279 Thüringer Ministerium für Landwirtschaft, Forsten, Umwelt und Naturschutz (Hrsg.), Integriertes Maßnahmenprogramm zur Anpassung an die Folgen des Klimawandels im Freistaat Thüringen – IMPAKT –, 2013.
280 Vgl. auch Thüringer Landesanstalt für Umwelt und Geologie, Aktuelle Klimasituation in Thüringen anhand der Entwicklung in den letzten Jahrzehnten, 2012.

Das **Thüringer Klimagesetz (ThürKlimaG)**[281] hat sich folgende „7 Ziele für gutes   193
Klima" gesetzt:[282]

1. Runter mit den Treibhausgasemissionen: Die Treibhausgasemissionen im Freistaat Thüringen sollen im Vergleich zum Jahr 1990 bis zum Jahr 2030 um 60 – 70 %, bis zum Jahr 2040 um 70 – 80 % und bis zum Jahr 2050 um 80 – 95 % reduziert werden. Handlungsweisend ist das jeweils maximale Reduktionsziel.
2. Mehr Erneuerbare Energie: Der Freistaat Thüringen soll bis zum Jahr 2040 seinen Energiebedarf in der Gesamtbilanz durch einen Mix aus Erneuerbaren Energien vollständig decken können.
3. Landesverwaltung als gutes Beispiel: Bis zum Jahr 2030 soll die unmittelbare Landesverwaltung klimaneutral arbeiten.
4. Klimaschutz auf kommunaler Ebene stärken: Landkreise, Städte und Gemeinden können Strategien insbesondere zur Minderung der Treibhausgase sowie zum Ausbau der erneuerbaren Energien erstellen. Zudem können Gemeinden Wärmeanalysen und darauf aufbauende Wärmekonzepte erarbeiten. Sie werden dabei vom Land und vom Bund unterstützt.
5. Wärme als „hidden champion": Das Land strebt bis zum Jahr 2050 einen nahezu klimaneutralen Gebäudebestand an. Dazu soll bereits ab 2030 der Anteil erneuerbarer Energien am Energiebedarf bei Gebäuden, die saniert werden, einen Mindestanteil von 25 Prozent erreichen.
6. Heute schon an morgen denken: Neben dem Klimaschutz enthält das Thüringer Klimagesetz auch Maßnahmen zur Klimaanpassung, um die Auswirkungen des Klimawandels zu begrenzen. Die Thüringer Landesregierung unterstützt Kommunen und Landkreise dabei, Klimaanpassungskonzepte zu entwickeln und umzusetzen. Ein regelmäßiges Monitoring soll dazu beitragen, die Zielerreichung zu überprüfen und wo nötig Anpassungen vorzunehmen.
7. Dialog für gutes Klima: Mit dem Klimagesetz und der Integrierten Energie- und Klimaschutzstrategie legt Thüringen den Grundstein, um bis zur Hälfte des Jahrhunderts klimaneutral zu werden. Sowohl bei der Erarbeitung der Klimaschutzstrategie, als auch bei der Nachhaltigkeitsstrategie, war die Bürgerbeteiligung gefragt.

In der gesetzgeberischen Umsetzung formuliert § 1 ThürKlimaG das Ziel der Treibhausgasminderung und die Anpassung an die Folgen des Klimawandels in Thüringen. Zusätzlich wird ein rechtlicher Rahmen für das Erarbeiten und Umsetzen von Maßnahmen sowie das Monitoring gesetzt.[283]

Das Klimaschutzgesetz gibt **landesweite Klimaschutzziele** vor.[284] Zur Erreichung die-   194
ser Ziele werden verschiedene Handlungsfelder umschrieben: Förderung eines klimaverträglichen Energiesystems (§ 4 ThürKlimaG), Maßnahmen zur Förderung nachhaltiger Mobilität (§ 5 ThürKlimaG), der Entwurf einer integrierten Energie- und Klima-

---

281 *Knauff/Beye*, ThürVBl. 2019, 253 ff.
282 Nach dem Thüringer Ministerium für Umwelt, Energie und Naturschutz.
283 Kritisch *Maaß*, ZUR 2012, 265 ff.
284 Vgl. *Kohlrausch*, ZUR 2020, 262 ff.

schutzstrategie (§ 6 ThürKlimaG) sowie die Erreichung eines klimaneutralen Gebäudebestands (§ 9 ThürKlimaG). Allen öffentlichen Stellen kommt eine Vorbildfunktion zu. Hierbei spielen kommunale Klimaschutzaktivitäten und die öffentliche Versorgung mit Fernwärme eine bedeutende Rolle (§ 8 ThürKlimaG). Besondere Maßnahmen sollen zur Anpassung an die Folgen des Klimawandels ergriffen werden. Hierzu soll ein Maßnahmenpaket erarbeitet und verabschiedet werden. Wiederum wird die Bedeutung der kommunalen Ebene hervorgehoben. Alle Zielsetzungen sollen systematisch einem Monitoring unterworfen werden, um die Programme fortzuschreiben (§ 13 ThürKlimaG).[285]

8. Bodenschutz und Flurbereinigung

195 a) **Bodenschutz. aa) Bundesrechtlicher Rahmen.** Das Bodenschutzrecht schützt das **Medium Boden**, vervollständigt demnach die umweltrechtlichen Schutzstandards neben der staatlichen Fürsorge für Wasser (Wasserrecht) und Luft (Immissionsschutzrecht). Wichtigste Rechtsquelle ist das Bundesbodenschutzgesetz, das seit 1998 eine bundeseinheitliche Regelung vorsieht.[286]

196 Nach § 1 S. 1 BBodSchG ist wesentlicher **Zweck des Bodenschutzes**, die Funktionen des Bodens zu sichern oder wiederherzustellen. Daher sollen schädliche Bodenveränderungen abgewehrt, der Boden und Altlasten sowie hierdurch verursachte Gewässerverunreinigungen saniert und Vorsorge gegen nachteilige Einwirkungen auf den Boden getroffen werden (§ 1 S. 2 BBodSchG). Der Boden soll so weit wie möglich in seiner natürlichen Funktion als „Archiv der Natur- und Kulturgeschichte" erhalten bleiben und entsprechende Eingriffe sollen auf das Notwendigste beschränkt werden (§ 1 S. 3 BBodSchG).

197 § 2 BBodSchG enthält einschlägige **Begriffsbestimmungen**. Nach § 3 BBodSchG ist das Gesetz gegenüber anderen Regelungen subsidiär, d.h. das BBodSchG tritt hinter den anderen Rechtsvorschriften zurück und ist nicht anwendbar.[287] Dies gilt insbesondere für Regelungen des Bauplanungs- und Bauordnungsrechts, des Abfallrechts (KrWG), des Bergrechts (BBergG) oder des Immissionsschutzrechts (BImSchG).

198 Dagegen steht das Bodengesetz mangels ausdrücklicher Nennung in § 3 BBodSchG neben dem Wasser-, dem Landschaftspflege- und dem Naturschutzrecht. In Einzelfällen, z.B. der Gewässersanierung nach § 4 Abs. 4 S. 3 BBodSchG, sind die wasserrechtlichen Vorschriften vorrangig anzuwenden. Daher richtet sich die Vorsorge gegen Grundwasserschäden nach den wasserrechtlichen Gesetzen (vgl. § 7 S. 6 BBodSchG).

199 Zuvörderste Pflicht des Boden(schutz)rechts ist die **Pflicht zur Gefahrenabwehr** (§ 4 BBodSchG). Diese Aufgabe trifft den für eine schädliche Bodenveränderung oder Altlast Verantwortlichen. Verantwortlich ist primär der Verursacher, also derjenige, auf dessen tatsächliches Handeln, Dulden oder Unterlassen die Veränderung zurückzuführen ist, zugleich aber auch dessen Rechtsnachfolger, der Eigentümer eines Grund-

---
285 Vgl. *Köck/Kohlrausch*, ZUR 2021, 610 ff.
286 *Schlacke*, Umweltrecht, 8. Aufl. 2021, S. 394.
287 *Erbguth/Schubert*, in: Giesberts/Reinhardt, BeckOK Umweltrecht, 62. Edition, Stand: 1.4.2022, § 3 BBodSchG Rn. 3.

stücks oder der Inhaber der tatsächlichen Gewalt über ein Grundstück. Sie haben dafür Sorge zu tragen, dass verunreinigter Boden so saniert wird, dass daraus dauerhaft keine Gefahren, erhebliche Nachteile oder Belästigungen für den Einzelnen oder für die Allgemeinheit resultieren können.

Das BBodSchG folgt an dieser Stelle der allgemeinen ordnungsrechtlichen Systematik 200 der **Zustands- und Verhaltensstörerhaftung**.[288] Im Rahmen der Störerauswahl wird die Behörde ermessensfehlerfrei nach dem Grundsatz der Effektivität der Gefahrenabwehr entscheiden.[289]

Eine **Sanierungspflicht** trifft auch denjenigen, der aus handels- oder gesellschaftsrecht- 201 lichen Gründen für eine juristische Person einzustehen hat, wenn diese juristische Person ein Grundstück eignet (§ 4 Abs. 3 S. 4 BBodSchG). Damit trifft das BBodSchG eine vorsorgliche Regelung für den Fall der Unterkapitalisierung einer Gesellschaft und ermöglicht den Durchgriff innerhalb einer Konzernstruktur.

Mehrere Störer können gem. § 24 Abs. 2 BBodSchG im Verhältnis zueinander aus- 202 gleichspflichtig sein. Dies hängt davon ab, wer die Verunreinigung oder Veränderung zum größeren Teil verursacht hat (vgl. den entsprechend anzuwendenden § 426 Abs. 1 BGB).

Der **Umfang der Sanierungspflicht** wird durch den verfassungsrechtlich gebotenen 203 **Verhältnismäßigkeitsgrundsatz** begrenzt. Im Einzelfall sind hier bei der Festlegung der bodenrechtlichen Pflichten die baurechtlich zulässige Nutzung und die sich hieraus ergebende Nutzungsstruktur zu beachten. Einzubeziehen ist auch die künftige Entwicklung der Nutzung. Die Sanierung muss daher situationsgerecht sein. Generell gefordert werden kann weder eine Luxussanierung noch eine Herstellung des wünschenswertesten Zustandes.[290]

In vielen Fällen wird das Ausmaß der altlastenbedingten Verunreinigung im **Ver-** 204 **dachtsfall** nicht feststehen. Daher kann die für die Anordnung der Sanierung zuständige Behörde nach § 9 BBodSchG bei konkreten Anhaltspunkten sog. **Gefahrerforschungseingriffe** anordnen, um die Notwendigkeit einer Sanierungsmaßnahme und deren Umfang einschätzen zu können.[291] Als Verdachtsstörer trägt grundsätzlich der Pflichtige die Kosten solcher Maßnahmen.

Für den Fall der Altlasten haben die zuständigen Behörden erweiterte Kompetenzen. 205 Sie können von den zur Beseitigung Verpflichteten insbesondere die Durchführung von Sanierungsuntersuchungen und die Vorlage eines Sanierungsplans verlangen. Hierbei kann die Hinzuziehung eines Sachverständigen verlangt werden.

§ 2 Abs. 5 BBodSchG definiert den Begriff der **Altlast**.[292] Der gesetzliche Altlastenbe- 206 griff setzt voraus, dass eine Kontamination des Bodens tatsächlich nachgewiesen werden kann. Bestehen lediglich Hinweise, dass eine bestimmte Fläche in diesem Sinne

---

288 *Schlacke,* Umweltrecht, 8. Aufl. 2021, S. 411 f.
289 Vgl. BayVGH, Urt. v. 30.1.2018 – 22 B 16.2099, NVwZ 2018, 606 f.
290 Vgl. *Mohr,* UPR 2020, 88 ff.
291 *Kahl/Gärditz,* Umweltrecht, 12. Aufl. 2021, S. 389 f.
292 Zur Unpräzisheit *Schwartmann,* in: ders., BBodSchG, 2012, § 2 Rn. 2.

belastet sein könnte, liegt nur ein sog. **Altlastenverdacht** vor, der ggf. Grundlage für weitergehende Untersuchungen und Anordnungen sein kann. Die Grenzwerte für kontaminierende Stoffe folgen aus der Bundes-Bodenschutz- und Altlastenverordnung (Bundes-Bodenschutzverordnung).

207 Gem. § 11 BBodSchG treffen die Bundesländer Regelungen für die **Ermittlung von Altlasten- und Altlastenverdachtsflächen**. Treten entsprechende Erkenntnisse auf, sind die Betroffenen – die Nutzungsberechtigten und ggf. die Nachbarn – zu informieren (§ 12 BBodSchG).[293] In der Folge sind sog. Sanierungsuntersuchungen über die erforderlichen Maßnahmen durchzuführen und ein Sanierungsplan zu erstellen. Auf Verlangen ist der Plan von einem Sachverständigen zu erstellen. In jedem Fall kann der Plan durch die Behörde als verbindlich erklärt werden. In bestimmten Konstellationen ist der Sanierungsplan durch die Behörde selbst oder durch einen von ihr beauftragten Sachverständigen zu erstellen, wenn der Plan nicht, nicht innerhalb der von der Behörde gesetzten Frist oder fachlich unzureichend erstellt worden ist, ein Verpflichteter nicht oder nicht rechtzeitig herangezogen werden kann oder aufgrund der großflächigen Ausdehnung der Altlast, der auf der Altlast beruhenden weiträumigen Verunreinigung eines Gewässers oder aufgrund der Anzahl der Verpflichteten ein koordiniertes Vorgehen erforderlich ist.

208 Alle Maßnahmen im Zusammenhang mit Altlastenflächen oder Verdachtsflächen sind einer **behördlichen Überwachung** ausgesetzt.[294] Die Behörde kann dem Verantwortlichen Verpflichtungen zur sog. **Eigenkontrolle** auferlegen, zu der insbesondere Boden- und Wasseruntersuchungen sowie die Einrichtung und der Betrieb von Messstellen gehören, § 15 BBodSchG. Die zuständige Behörde verfügt gem. § 16 BBodSchG über weitgehende Kompetenzen, die dem Schutzgut „Boden" bei Kontaminierungen gerecht werden sollen.

209 **bb) Regelungen des Thüringer Bodenschutzgesetzes**[295] Das Thüringer Bodenschutzgesetz enthält Ausführungs- und Ergänzungsvorschriften zum Bundesbodenschutzgesetz.[296] Ziel ist der umfassende Schutz des natürlichen Bodens vor schadhaften Veränderungen und die Regelung der Folgen einer Schädigung.[297] Dabei sind aus Sicht des Landesrechts vor allem von Bedeutung:[298]

- § 2 ThürBodSchG – **Auskunfts- und Mitteilungspflichten**: Die Verursacher schädlicher Bodenveränderungen oder Altlasten sowie deren Gesamtrechtsnachfolger, die Grundstückseigentümer, die Inhaber der tatsächlichen Gewalt über ein Grundstück sowie die Gemeinden und die mit öffentlichen Planungen beauftragten Stellen sind verpflichtet, konkrete Anhaltspunkte für das Vorliegen einer Altlast oder schädlichen Bodenveränderung unverzüglich der unteren Bodenschutzbehörde mitzuteilen. Solche Anhaltspunkte können z.B. bestehen bei:

---

293 *Sanden/Schoeneck*, BBodSchG, 1998, § 11 Rn. 10 ff.
294 *Schwartmann*, in: ders., BBodSchG, 2012, § 15 Rn. 1.
295 *Schneider*, Umweltrecht in Thüringen I, 2015, S. 25 f.
296 Zur Abgrenzung zum KrWG siehe OVG Weimar, Urt. v. 26.3.2012 – 3 KO 843/07, ThürVBl. 2014, 52.
297 Vgl. § 1 BBodSchG und § 1 ThürBodSchG.
298 Zur Regelungskompetenz und den länderrechtlichen Spielräumen *Ludwig*, in: Landmann/Rohmer, Umweltrecht, 97. Aufl. 2022, § 21 BBodSchG Rn. 3 ff.

- Überschreitung von Prüfwerten,
- wenn bei Störungen des bestimmungsgemäßen Betriebs einer Anlage erhebliche Einträge von Schadstoffen in den Boden erfolgten oder vermutet werden,
- bei konkreten Hinweisen auf den Eintrag von Schadstoffen durch Aufbringung erheblicher Frachten an Abfällen, Abwässern oder wassergefährdenden Stoffen auf Böden,
- bei konkreten Hinweisen auf erhöhte Schadstoffgehalte in Nahrungs- oder Futterpflanzen am Standort.

Die **Pflicht zur Auskunft und Mitteilung** entfällt dann, wenn die betroffene Fläche bereits im Altlasteninformationssystem eingetragen wurde.

- § 3 ThürBodSchG – **Duldungspflichten und Betretungsrecht:** Eigentümer und Berechtigte haben den Bodenschutzbehörden die Erhebung von Bodendaten, die Entnahme von Boden-, Wasser-, Bodenluft-, Deponiegas- und Pflanzenproben, die Untersuchung von Material und die Entnahme von Materialproben sowie die Einrichtung und den Betrieb von Sicherungs- und Überwachungseinrichtungen einschließlich Messstellen zu gestatten und die Grundrechtseingriffe zu dulden. Dasselbe gilt bei Vorliegen einer konkreten Gefahr für Betriebsräume oder andere Gebäudlichkeiten. Unter bestimmten Voraussetzungen steht dem Betroffenen ein Schadensersatz- oder Ausgleichsanspruch nach §§ 68 bis 74 ThürPAG zu.[299]
- § 6 ThürBodSchG – **Bodeninformationssystem:** Das Landesamt für Umwelt, Bergbau und Naturschutz führt ein Bodeninformationssystem für den Freistaat Thüringen ein. In dieses sind Daten über die physikalische, chemische und biologische Beschaffenheit von Böden, insbesondere der Bodendauerbeobachtungsflächen, die Ergebnisse der Auswertung dieser Daten sowie sonstige geowissenschaftliche oder bodenkundliche Daten und Erkenntnisse und die Bodenprobenbank einzupflegen.
- § 7 ThürBodSchG – **Altlasteninformationssystem:** Zur Unterstützung richtet das Landesamt für Umwelt, Bergbau und Naturschutz ein Altlasteninformationssystem ein. Dies umfasst die gewonnenen Erkenntnisse über die örtliche Lage, die Ergebnisse der historischen Erkundung, die gegenwärtige Nutzung, die Art, Menge und Beschaffenheit der Abfälle, die abgelagert wurden, die Art und Menge der umweltgefährdenden Stoffe, mit denen umgegangen wurde, die Ergebnisse von Untersuchungen, Gutachten sowie die Ergebnisse der Sanierungen.

Zur Bewältigung der aus der früheren DDR resultierenden Altlastenherausforderungen hat der Freistaat Thüringen 1999 ein **Sondervermögen kraft Gesetzes** gebildet.[300] Das Sondervermögen „Ökologische Altlasten in Thüringen" nach dem entsprechenden Thüringer Gesetz über die Errichtung eines Sondervermögens ist rechtsfähig.[301] Der Freistaat Thüringen hat sich darin zu einer jährlichen Zuführung von 2000

---

299 *Ebert/Seel*, Thüringer Gesetz über die Aufgaben und Befugnisse der Polizei – PAG Thüringen, 6. Aufl. 2012, S. 679 ff.
300 Zur Beteiligung des Bundes siehe www.bmub.bund.de/P673/; zu den fachlichen Herausforderungen Umweltbundesamt (Hrsg.), Inventarisierung von Grundwasserschäden und deren Beurteilung in Großprojekten „Ökologische Altlasten" der neuen Bundesländer, 2003.
301 GVBl. 1999, 329.

bis 2017 in Höhe von mindestens 8 Mio. Euro jährlich verpflichtet. Die Verwaltung des Vermögens erfolgt durch das Umweltministerium.

210 Die Erfüllung der Aufgaben des Bodenschutzes ist den **Bodenschutzbehörden** übertragen.[302] Dies sind das Ministerium als oberste, das Landesamt für Umwelt, Bergbau und Naturschutz als obere und die Landkreise und kreisfreien Städte als untere Bodenschutzbehörden, vgl. § 11 ThürBodSchG. Grundsätzlich sind die unteren Bodenschutzbehörden beauftragt. Das Landesamt für Umwelt, Bergbau und Naturschutz ist für die Erfüllung der Aufgaben nach dem Bundes-Bodenschutzgesetz und dem ThürBodSchG bei Objekten des untertägigen Altbergbaus und bei unterirdischen Hohlräumen im Sinne des Thüringer Altbergbau- und Unterirdische-Hohlräume-Gesetz[303] zuständig. Das Landesamt für Landwirtschaft und Ländlichen Raum nimmt die landwirtschaftliche Beratung nach § 17 Abs. 1 S. 2 BBodSchG wahr.

211 **b) Flurbereinigung nach dem Thüringer Flurbereinigungsgesetz.** Eine Flurbereinigung mit dem Ziel einer **Neuordnung der ländlichen Eigentümerstrukturen** wird auch in Thüringen durchgeführt.[304] Mit dieser Neugliederung sollen die Produktions- und Arbeitsbedingungen in der Land- und Forstwirtschaft sowie die allgemeine Landeskultur und Landentwicklung gefördert[305] werden.[306] Zu diesem Zweck werden Flurbereinigungsmaßnahmen durch Infrastrukturprojekte begleitet.[307] Aus dem (Bundes-)Flurbereinigungsgesetz ergeben sich verschiedene Arten der Flurbereinigung:

- Regelflurbereinigung (§ 1 FlurbG),
- vereinfachte Flurbereinigung (§ 86 FlurbG),
- Unternehmensflurbereinigung (§ 87 FlurbG),
- Beschleunigte Zusammenlegung (§ 91 FlurbG),
- freiwilliger Landtausch (§ 103 a FlurbG).

Das **Flurbereinigungsverfahren** beginnt mit einer Aufklärungsversammlung. Nach der formellen Beschlussfassung über die Durchführung einer Flurbereinigung formiert sich eine Teilnehmergemeinschaft als Anstalt öffentlichen Rechts.[308] Teilnehmer sind alle Grundstückseigentümer im betreffenden Gebiet. Der Vorstand ist verantwortlich für die Feststellung der Teilnehmer an der Bereinigung. Darüber hinaus entwickelt er Neugestaltungsgrundsätze, einen darauf basierenden Neugestaltungsplan sowie einen Wege- und Gewässerplan. Kommt es zu einem Planbeschluss, kann eine vorläufige Besitzeinweisung der neuen Grundeigentümer erfolgen. Mit Beschluss des Flurbereinigungsplans und der Ausführungsanordnung beginnt der grundbuchrechtliche Vollzug der Neuordnung.

---

302 *Storm*, Umweltrecht, 11. Aufl. 2020, Rn. 879.
303 Vom 23.5.2001, GVBl. S. 41.
304 Grundlegend *Steding*, LKV 1992, 350 ff.
305 Vgl. hierzu auch Ende 2013 ausgelaufene Förderrichtlinie des Thüringer Ministeriums für Landwirtschaft, Forsten, Umwelt und Natur (FR integrierte ländliche Entwicklung) sowie *Thöne*, Strategische Überlegungen zum Politikfeld „Entwicklung des Ländlichen Raums im Freistaat Thüringen", Adenauer-Gespräch im Lindenhof, 27.2.2012.
306 Zum Verhältnis des Naturschutzes zur Flurbereinigung *Thomas*, NuR 2015, 98 ff.
307 Vgl. Ministerium für Landwirtschaft, Forsten, Umwelt und Naturschutz (Hrsg.), Flurbereinigung in Thüringen, 2010.
308 *Steding*, LKV 1992, 352.

In das Flurbereinigungsverfahren sind die umweltschutzrechtlichen Fachbehörden, 212
z.B. der Wasserwirtschaft, des Naturschutzes und der Forstwirtschaft eingebunden.
Wasserwirtschaftliche Ziele sind beispielsweise:[309]

- guter Zustand aller Oberflächengewässer und des Grundwassers,
- Förderung des natürlichen Wasserrückhaltes,
- Durchführung von Maßnahmen des technischen Hochwasserschutzes.

Naturschutzfachliche Ziele sind:

- Sicherung eines sparsamen Flächenverbrauchs,
- Rekultivierung eingezogener Verkehrsflächen,
- Gestaltung naturnaher Wege und Gewässer.

Rechtsgrundlage für die Flurbereinigung ist das **Thüringer Ausführungsgesetz zum Flurbereinigungsgesetz (ThürAGFlurbG)**[310]. Es enthält Regelungen zur Änderung von Landesgrenzen, zum Rechtsbehelfsverfahren gegen Entscheidungen im Flurbereinigungsverfahren und zum Flurbereinigungsgericht. Nach Aufhebung der Thüringer Verordnung über die Zuständigkeiten der Flurneuordnungs-, Flurbereinigungs- und Siedlungsbehörden 2019[311] übernimmt das Landesamt für Bodenmanagement und Geoinformation im Geschäftsbereich des Thüringer Ministerium für Infrastruktur und Landwirtschaft die Aufgaben der Flurbereinigung im Freistaat.

9. Forstrecht, Fischerei- und Jagdrecht

a) **Forstrecht.** Das Thüringer **Waldgesetz** wurde mehrfach an die bundesrechtliche 213
Gesetzeslage angepasst.[312] In seiner aktuellen Fassung 2021 hat es alle wesentlichen forstwirtschaftlichen Regelungen vereint, insbesondere durch die Aufnahme der Waldgenossenschaften in das Waldgesetz.[313] Vor dem Hintergrund der erschöpfenden Definition von Wäldern hat es nach § 1 ThürWaldG zum Ziel,

- die Landeswaldfläche als Gesamtheit der privaten, körperschaftlichen und staatlichen Waldgrundstücke zu erhalten und zu mehren,
- eine standortgerechte Baumartenzusammensetzung und eine stabile Struktur des Waldes zu bewahren oder herbeizuführen,
- den Wald vor Schadeinwirkungen zu schützen,
- die Erzeugung von Holz nach Menge und Güte durch eine nachhaltige, ordnungsgemäße Bewirtschaftung des Waldes dauerhaft zu sichern und zu steigern,
- die Schutzfunktionen und die landeskulturellen Leistungen des Waldes durch naturnahe Bewirtschaftung nachhaltig zu sichern und zu steigern und hierbei insbe-

---

309 Thüringer Ministerium für Infrastruktur und Landwirtschaft (Hrsg.), Flurbereinigungsprogramm für den Freistaat Thüringen, 2022.
310 Vom 30.6.1992 (GVBl. 1992, 304).
311 Zuvor waren die (drei) Ämter für Landentwicklung und Flurneuordnung untere, das Amt für Landentwicklung und Flurneuordnung in Gotha obere Flurbereinigungsbehörde. Als oberste Behörde fungierte das für die Neuordnung des ländlichen Raumes durch Bodenordnung zuständige Ministerium, das (damalige) Thüringer Ministerium für Landwirtschaft, Forsten, Umwelt und Naturschutz.
312 *Schneider*, Umweltrecht in Thüringen I, 2015, S. 29 f.
313 Vgl. *Sklenar*, in: Thüringer Ministerium für Landwirtschaft, Naturschutz und Umwelt (Hrsg.), Neubekanntmachung des Thüringer Waldgesetzes, 2009, S. 1.

sondere naturnahe Wälder als Lebensräume für Pflanzen und Tiere zu erhalten und zu entwickeln,
- die Erholung in Waldgebieten zu ermöglichen und zu verbessern,
- die Waldbesitzer in der Verfolgung der Ziele zu unterstützen und zu fördern,
- einen Ausgleich zwischen den Belangen der Allgemeinheit und den Interessen der Waldbesitzer herbeizuführen.

In der Folge finden sich Vorschriften über die forstliche Rahmenplanung zum Erhalt und Schutz des Waldes, die Waldbewirtschaftung, die Förderung der Forstwirtschaft und Entschädigung sowie einzelne Vorgaben für bestimmte Waldeigentümerstrukturen (Staatswald, Körperschaftswald, Privatwald und Waldgenossenschaften). Die §§ 58 ff. ThürWaldG über die Landesforstbehörden wurden mit Gründung der ThüringenForst angepasst.[314]

214 Konkretisierende Regelungen finden sich in den **Durchführungsverordnungen zum Waldgesetz** zur Waldbenutzung, über die Forstausschüsse, die Forstbetriebsplanung, Waldbrände, über die Förderung des Privat- und Körperschaftswaldes, die forsttechnische Leitung und den forsttechnischen Betrieb („Beförsterung"), die Durchführung der Waldinventur und den Forstschutz.

215 Bei Änderung des Nutzungszwecks eines Waldes kann eine Ausgleichszahlung (sog. **Walderhaltungsabgabe**) nach Maßgabe des § 10 Abs. 4 ThürWaldG i.V.m. der Verordnung über die Erhebung der Walderhaltungsabgabe verlangt werden. Die Höhe der Zahlung richtet sich nach der Schwere der Beeinträchtigung und dem Vorteil für den Verursacher.

216 2021 wurde das Waldgesetz dahin gehend novelliert, dass eine Änderung der Nutzungsart mit dem Ziel der Errichtung von Windkraftanlagen im Wald untersagt wird.[315]

217 b) **Fischereirecht.** Obwohl der Anteil an Gewässeroberfläche mit 1,2 % der Landesfläche[316] zunächst gering erscheint, hat der Freistaat Thüringen – wie alle Bundesländer – ausführliche **Rechtsgrundlagen für das Fischereiwesen**[317] geschaffen.[318] Wesentliche Rechtsquelle der Fischerei in Thüringen ist das Thüringer Fischereigesetz (ThürFischG).[319] Sofern das Gewässer einer Eigentumsfläche zugeordnet ist, steht dem Eigentümer des Grundstücks das Fischereirecht zu, sog. Eigentumsfischerei (§ 3 ThürFischG).[320] In bestimmten Fällen ist das Eigentum mit einem sog. selbstständigen Fischereirecht (§ 4 ThürFischG) belastet, so dass das Fischen und die damit verbunde-

---

314 Vgl. das Thüringer Gesetz über die Reform der Forstverwaltung vom 25.10.11 sowie die Satzung der Landesforstanstalt ThüringenForst (GVBl. S. 273).
315 *Kulke*, LKV 2021, 66 (69).
316 Dies entspricht einer Gewässeroberfläche von 19.400 Hektar.
317 Zuletzt mit dem Ersten Gesetz zur Änderung des Fischereigesetzes vom 23.6.14 (GVBl. vom 23.6.14, Nr. 5, S. 172 ff.), in Kraft seit 24.6.14.
318 *Schneider*, Umweltrecht in Thüringen I, 2015, S. 29 f.
319 Einen Überblick gibt *Metzger*, in: Erbs/Kohlhaas, Strafrechtliche Nebengesetze, Stand 12/2021, Überblick über das Fischereirecht des Freistaats Thüringen Rn. 1 ff.
320 *Metzger*, in: Erbs/Kohlhaas, Strafrechtliche Nebengesetze, Stand 12/2021, Überblick über das Fischereirecht des Freistaats Thüringen Rn. 5.

nen Aneignungsrechte nicht dem originären Grundstückseigentümer zustehen.[321] Vielfach wird auch von der schuldrechtlichen Möglichkeit, ein Fischereirecht zu pachten, Gebrauch gemacht. Vor Ausübung der Fischerei bedarf es dem Erwerb eines Fischereischeines.

Das **Thüringer Fischereigesetz** enthält detaillierte Vorgaben über Fischereirechte, Fischereigenossenschaften, Fischereischeine, Schutz der Fischereibestände, Fischereibehörden und -verbände sowie Entschädigungsleistungen und Bußgelder. 218

Mit dem Ersten Gesetz zur Änderung des Thüringer Fischereigesetzes wurden 2014 ca. 40 Regelungen geändert bzw. hinzugefügt, mit dem Ziel den Gesetzesvollzug für die Fischereibehörden zu vereinfachen.[322] Dies gilt insbesondere für die Hegegemeinschaften, Garten- und Zierteiche, die Fischereiprüfung und Fischereischeine. 219

Die **Ausführungsverordnung zum Thüringer Fischereigesetz (ThürFischAVO)**[323] konkretisiert das Gesetz in den Bereichen Schonzeiten, Mindestmaße, Fangverbote, Zurücksetzen, Verwertung und Inverkehrbringen von Fischen, besondere Schutzbestimmungen, Köderfische, Fanggeräte, Fangmethoden, Tierschutz, Erlaubnisschein zum Fischfang, Vierteljahresfischereischein, Fischereischeingebühr, Fischereiabgabe und Ordnungswidrigkeiten bei Verstößen gegen die Verordnung. 220

Fischereibehörden in Thüringen (§ 45 ThürFischG) sind das Landwirtschaftsministerium als oberste Fischereibehörde und die Landkreise und kreisfreien Städte im übertragenen Wirkungskreis als untere Fischereibehörden. 221

c) **Jagdrecht.** Das **Recht der Jagdausübung** bewegt sich im Spannungsfeld zwischen Jagdpraxis, Ökologie, Wildbiologie, Tierschutz und Lebensmittelhygiene.[324] Das Thüringer Jagdgesetz, das zuletzt 2019 geändert wurde[325], ergänzt das Bundesjagdgesetz[326] und versucht diesen Ausgleich zu schaffen.[327] Es gliedert sich in die Abschnitte Grundsätze, Jagdbezirke und Hegegemeinschaften, Schutz des Wildes und seiner Lebensräume, Jagdausübung und Förderung des Jagdwesens, Jagdschutz, Wild- und Jagdschaden, Wildhandel, Organisation, Zuständigkeiten, Verfahrens- und Schlussvorschriften.[328] 222

Ziel der Jagdgesetzgebung ist nach § 1 Abs. 2 ThJG unter Beachtung Thüringer Besonderheiten 223

- einen artenreichen und gesunden Wildbestand in einem ausgewogenen Verhältnis zu seinen natürlichen Lebensgrundlagen zu erhalten (Nr. 1),
- Beeinträchtigungen einer ordnungsgemäßen land-, forst- und fischereiwirtschaftlichen Nutzung durch das Wild möglichst zu vermeiden (Nr. 2),

---

321 Vgl. § 958 Abs. 1 und 2 BGB; zum Fischereirecht *Oechsler*, in: Münchener Kommentar zum BGB, 9. Aufl. 2021, § 158 Rn. 11.
322 Hierzu die Landestierärztekammer Thüringen (Hrsg.), Broschüre Thüringer Fischereigesetz, Stand 06/2014.
323 Vom 11.8.2020 (GVBl. 2020, 457), zuvor Thüringer Fischereiverordnung (ThürFischVO).
324 *Schneider*, Umweltrecht in Thüringen I, 2015, S. 31.
325 Hierzu *Kulke*, LKV 2020, 162 (166).
326 So klarstellend § 1 Abs. 2 ThürJagdG.
327 Vgl. *Schuck*, Bundesjagdgesetz, 3. Aufl. 2019, § 1 Rn. 15.
328 Ausführlich *Munte/Herbst*, Jagdrecht im Freistaat Thüringen, 2009; *Müller/Herrmann/Herrmann*, Jagdrecht in Thüringen, 2010.

- die natürlichen Lebensgrundlagen des Wildes zu sichern und zu verbessern (Nr. 3),
- die jagdlichen Interessen mit den sonstigen öffentlichen Belangen, insbesondere mit den Belangen der Landeskultur, des Naturschutzes, der Landschaftspflege und des Schutzes vor Tierseuchen, auszugleichen (Nr. 4).

Daher ist die Jagd auf Wildtiere so auszuüben, dass das Wild mit anerkannten und gesetzlich zugelassenen Jagdmethoden unter Beachtung tierschutzrechtlicher Vorschriften und allgemein anerkannter Grundsätze der Weidgerechtigkeit erlegt wird, die Belange des Naturschutzes und der Landschaftspflege berücksichtigt werden und die Belange einer naturverträglichen Erholung in der freien Landschaft weitgehend unberührt bleiben, § 1 Abs. 3 ThJG.

224 Das Jagdrecht steht dem Eigentümer auf seinem Grund und Boden zu, § 3 BJagdG.[329] Detaillierte Vorschriften über die Ausübung der Jagd enthält die **Verordnung zur Ausführung des Thüringer Jagdgesetzes**.[330]

225 Die **Eignung zum Jäger, Falkner oder Jagdaufseher** wird im Rahmen einer Prüfung nach der Thüringer Ausbildungs- und Prüfungsordnung Jagd festgestellt.[331] Weitere Verordnungen bestimmen die Verkürzung der Schonzeit für Rehböcke und Schmalrehe, die Feststellung der Brauchbarkeit für Jagdhunde, die Festlegung von Einstandsgebieten für das Rot-, Dam- und Muffelwild und zur einheitlich großräumigen Abschussregelung in diesen Gebieten, die Bestimmung weiterer Tierarten, die dem Jagdrecht unterliegen, und die Ausübung der Jagd im Nationalpark Hainich.

226 Die **Ordnung und Beaufsichtigung der Jagd** ist Staatsaufgabe. Hierüber wachen die Jagdbehörden. Der grundsätzliche Vollzug der Jagdgesetze obliegt der unteren Jagdbehörde, die bei den Landkreisen und kreisfreien Städten angesiedelt ist. Oberste Jagdbehörde des Freistaats Thüringen ist das Landwirtschaftsministerium.

10. Immissionsschutzrecht

227 a) **Regelungskompetenzen.** Neben der Bundesgesetzgebung des Bundesimmissionsschutzgesetzes für den **Schutz vor Immissionen**, die von Anlagen herrühren, sowie der zahlreichen Durchführungsverordnungen und Verwaltungsvorschriften (z.B. die TA Lärm und die TA Luft[332]) verbleibt den Bundesländern auf dem Gebiet des Immissionsschutzrechts nur noch ein eingeschränkter Regelungsbereich.[333] Dies gilt für die Regelung der Zuständigkeiten zur Ausführung des Gesetzes und den sog. **verhaltensbezogenen Immissionsschutz**. Ziel ist in allen Fällen der Schutz von Menschen, Tieren und Pflanzen, des Bodens, des Wassers, der Atmosphäre sowie der Kultur- und sonstigen Sachgüter gegen schädliche Umwelteinwirkungen (§ 1 BImSchG).

---

329 *Gies/v. Bardeleben,* in: Düsing/Martinez (Hrsg.), BJagdG, 2. Aufl. 2022, § 3 Rn. 1.
330 Hierzu *Müller/Herrmann/Herrmann,* Jagdrecht in Thüringen, 2010; *Buchholz/Berbig,* ThürVBl. 2018, 221 ff.
331 Thüringer Ausbildungs- und Prüfungsordnung für Jäger, Falkner und Jagdaufseher (Thüringer Ausbildungs- und Prüfungsordnung Jagd -ThürAPOJ) vom 6.12.2016, GVBl. 2016, 654.
332 Zur landesrechtlichen Anwendung vgl. ThürOVG, Urt. v. 3.3.2010 – 1 O 655/07.
333 Zur Abgrenzung zum BImSchG *Jarass,* in: ders., BImSchG, 13. Auf. 2020, Einleitung, Rn. 29 ff.

Vorschriften des Immissionsschutzes finden sich auf Landesebene in einzelnen Gesetzen, z.b. der Thüringer Bauordnung[334], dem Thüringer Nachbargesetz[335] sowie in verkehrsrechtlichen Vorschriften[336]. Ende der 1990er Jahre diskutierte die Landesregierung über den Erlass eines Thüringer Immissionsschutzgesetzes, das alte, weitergeltende Regelungen des DDR-Rechts ablösen sollte.[337] Zu einer solchen Zusammenfassung der Vorschriften über den verhaltensbezogenen Immissionsschutz kam es nicht. Dafür wurden auf Verordnungsebene zwei bedeutende Regelungen getroffen, die noch in Teilen Geltung beanspruchen.

228

b) **Überblick über das Immissionsschutzrecht.** Wichtigste Rechtsquelle des Immissionsschutzrechts ist das **Bundesimmissionsschutzgesetz (BImSchG)**. Die offizielle Langbezeichnung umschreibt bereits sehr gut den Regelungsgehalt: *"Gesetz zum Schutz vor schädlichen Umwelteinwirkungen durch Luftverunreinigungen, Geräusche, Erschütterungen und ähnlichen Vorgängen"*.

229

Daneben existieren **Immissionsschutzgesetze der Bundesländer**, die jedoch neben dem Bundesgesetz nur einen sehr eingeschränkten Regelungsbereich haben.[338] Sie regeln nur einzelne Bereiche des nicht anlagenbezogenen Immissionsschutzes, z.B. für Lärmimmissionen durch Hunde oder Geruchsimmissionen durch Grillen. Neben dem BImSchG finden sich immissionsschützende Regelungen in weiteren Gesetzen, wie z.B. dem Naturschutzgesetz, dem Luftverkehrsgesetz oder dem Kreislaufwirtschaftsgesetz.

230

In Ausführung des BImSchG sind zu Bestzeiten **39 ministeriale Durchführungsverordnungen** erlassen worden, von denen aber nicht mehr alle in Kraft sind. Von praktisch großer Bedeutung sind die sog. allgemeinen Verwaltungsvorschriften der TA Lärm und der TA Luft. Für Lichtimmissionen gibt es derzeit kein bundeseinheitliches Regelwerk, lediglich die Empfehlungen der Länderarbeitsgemeinschaft für Immissionsschutz (LAI) und die daran angelehnten Ländervorschriften.[339] Für Gerüche gilt die jeweilige Geruchsimmissionsrichtlinie der Bundesländer. Daneben existiert eine Reihe von EU-rechtlichen Vorgaben.

231

aa) Ziele und Regelungsbereich des Immissionsschutzrechts. Das Immissionsschutzrecht hat nach § 1 BImSchG die primäre **Zielsetzung**, Menschen, Tiere und Pflanzen, den Boden, das Wasser, die Atmosphäre sowie Kultur- und sonstige Sachgüter vor schädlichen Umwelteinwirkungen und bei genehmigungsbedürftigen Anlagen auch vor Gefahren, erheblichen Nachteilen und Belästigungen zu schützen und dem Entstehen schädlicher Umwelteinwirkungen vorzubeugen.

232

---

334 Z.B. die Rauchwarnmelderpflicht nach § 48 Abs. 4 ThürBO, hierzu *Müller-Grune*, Baurecht in Thüringen – Textsammlung mit Einführung, 2. Aufl. 2014, S. 25 f.; *Meißner*, ThürVBl. 2014, 157 ff.
335 Vgl. hierzu *Bauer/Hülbusch/Schlick*, Thüringer Nachbarrecht, 2008.
336 Z.B. die Regelung des Verkehrsaufkommens während austauscharmer Wetterlagen (Smog) durch die Thüringer Smog-Verordnung, die mittlerweile aufgehoben wurde, nun ersetzt durch die 39. BImSchV - Verordnung über Luftqualitätsstandards und Emissionshöchstmengen vom 2.8.2010 (BGBl. I S. 1065).
337 Vgl. die kleine Anfrage 1136 vom 22.10.1998 aus den Reihen des Landtags und die Antwort der Staatsregierung.
338 *Jarass*, in: ders., BImSchG, 13. Aufl. 2020, Einleitung, Rn. 35.
339 In Thüringen die Richtlinie zur Feststellung und Beurteilung von Geruchsimmissionen in der Fassung vom 29.2.2008 mit Ergänzung vom 10.9.2008.

233 Schädliche Umwelteinwirkungen sind nach § 3 Abs. 1 BImSchG „*Immissionen, die nach Art, Ausmaß oder Dauer geeignet sind, Gefahren, erhebliche Nachteile oder erhebliche Belästigungen für die Allgemeinheit oder die Nachbarschaft herbeizuführen*". Immissionen sind „*auf Menschen, Tiere und Pflanzen, den Boden, das Wasser, die Atmosphäre sowie Kultur- und sonstige Sachgüter einwirkende Luftverunreinigungen, Geräusche, Erschütterungen, Licht, Wärme, Strahlen und ähnliche Umwelteinwirkungen*", § 3 Abs. 2 BImSchG. Ausgenommen vom Geltungsbereich des BImSchG sind Anlagen oder Vorrichtungen, die dem Atom- und Strahlenschutzrecht unterfallen (vgl. § 2 BImSchG).

234 Den Kern des BImSchG bildet der **anlagenbezogene Immissionsschutz**. Dabei geht es um die Voraussetzungen, die vorliegen müssen, um Anlagen errichten und betreiben zu dürfen, die vor dem Hintergrund der gesetzlichen Ziele immissionsschutzrechtliche Relevanz haben. Bei besonders umweltgefährdenden Anlagen verlangt das BImSchG eine Genehmigung, auf die der Betreiber einen Anspruch hat, sofern immissionsschutzrechtliche oder sonstige Gründe nicht entgegenstehen. Genehmigt wird dann die Anlage an sich, unabhängig von der Person des Betreibers.

235 Die immissionsschutzrechtlichen Durchführungsverordnungen (BImSchV) regeln detailliert die genehmigungspflichtigen Anlagen, das durchzuführende Verfahren sowie technische Einzelheiten für immissionsschutzrechtlich relevante Anlagen.[340]

236 **bb) Die immissionsschutzrechtliche Genehmigung.** Auf eine immissionsschutzrechtliche Genehmigung hat der Antragssteller einen **Anspruch**, wenn die gesetzlichen Vorgaben erfüllt werden. Dies setzt voraus, dass die Anlage grundsätzlich einer Genehmigung bedarf (Genehmigungspflichtigkeit/ -bedürftigkeit) und die materiellen Genehmigungsvoraussetzungen vorliegen (Genehmigungsfähigkeit).

237 Die nach dem BImSchG genehmigungsbedürftigen Anlagen sind im Anhang der 4. BImSchV abschließend aufgezählt. Sofern die Anlage in Spalte 1 des Anhangs steht, bedarf es der Durchführung eines **förmlichen Genehmigungsverfahrens** nach § 10 BImSchG, bei Auflistung in Spalte 2 genügt die Durchführung eines vereinfachten Verfahrens. Bei Änderungen bestehender Anlagen (§ 16 Abs. 1 BImSchG) hängt die Durchführung eines Verfahrens von der Wesentlichkeit der Änderung ab, worüber im Einzelfall die Genehmigungsbehörde entscheidet. Für Versuchsanlagen gelten besondere Regelungen. Andere Anlagen, die in der Verordnung nicht aufgeführt werden, bedürfen keiner immissionsschutzrechtlichen Genehmigung, müssen aber immissionsschutzrechtliche Anforderungen nach den §§ 22 ff. BImSchG erfüllen. Für solche Anlagen wird in der Regel eine Baugenehmigung erforderlich sein.

238 Die Übereinstimmung der Anlage mit öffentlich-rechtlichen Vorschriften wird nach Maßgabe des § 6 BImSchG festgestellt. Hier ist die Prüfung der **Einhaltung der Betreiberpflichten** (§ 6 Abs. 1 BImSchG) von der **Einhaltung anderer öffentlich-rechtlicher Vorschriften** (§ 6 Abs. 2 BImSchG) zu unterscheiden.

---

340 Hierzu *Danner*, in: Theobald/Kühling, Energierecht, Stand 8/2021, Einführung Rn. 152 f.

Nach § 5 Abs. 1 BImSchG muss der Betreiber einer Anlage vier **Grundpflichten** beachten:[341]

- Durch die Anlage und deren Betrieb dürfen keine schädlichen Umwelteinwirkungen verursacht werden. Wann eine Gefahr, ein Nachteil oder eine Belästigung vorliegt, ist im Einzelfall zu entscheiden. Voraussetzung ist aber, dass diese mit hinreichender Wahrscheinlichkeit auftreten können. Nach der Rechtsprechung fließt in diese wertende Betrachtung die Bedeutung des gefährdeten Rechtsgutes mit ein: Je bedeutender das Rechtsgut, desto geringer muss die Wahrscheinlichkeit der Gefahr sein.
- Der Betreiber der Anlage muss in gebotenem Maß Vorsorge vor schädlichen Umwelteinwirkungen und sonstigen Gefahren, erheblichen Nachteilen und erheblichen Belästigungen treffen. Dies gebietet, den Einwirkungsbereich abzugrenzen und „Freiräume" zwischen der Anlage und weiteren (möglichen) Nutzungen zu schaffen. Die Maßnahmen des Betreibers haben sich am Stand der Technik zu orientieren.[342] Der Vorsorgegrundsatz hat keinen nachbarschützenden Charakter.[343]
- Zu den Pflichten gehört, dass *„Abfälle vermieden, nicht zu vermeidende Abfälle verwertet und nicht zu verwertende Abfälle ohne Beeinträchtigung des Wohls der Allgemeinheit beseitigt werden"*. Abfälle sind dann nicht zu vermeiden, wenn die Vermeidung nicht möglich oder unzumutbar ist. Sofern die Vermeidung belastendere Auswirkungen hat als die Verwertung, ist eine Verwertung zulässig. Die Verwertung und Beseitigung richten sich nach dem Abfallrecht (KrWG).
- Der Betreiber hat sicherzustellen, dass er Energie sparsam und effizient einsetzt.

Die **unbestimmten Rechtsbegriffe des § 5 BImSchG** werden von verschiedenen Rechtsvorschriften ausgefüllt. Hierzu gehören auch die Verwaltungsregelungen der TA Lärm (Technische Anleitung zum Schutz gegen Lärm) und der TA Luft (Technische Anleitung zur Reinhaltung der Luft), die auf Grundlage des § 48 BImSchG erlassen wurden. Als sog. allgemeine Verwaltungsvorschriften sind sie mehr als bloße antizipierte Sachverständigengutachten.[344] Weitere detaillierte Normen hat die Bundesregierung in den einzelnen Durchführungsverordnungen zum BImSchG erlassen.

Zu den weiteren öffentlichen Rechtsvorschriften, die im immissionsschutzrechtlichen Verfahren zu prüfen sind, zählen neben den Vorschriften des Arbeitsschutzes insbesondere baurechtliche, raumordnungsrechtliche und naturschutzrechtliche Regelungen.

Die immissionsschutzrechtliche Genehmigung hat **Konzentrationswirkung**, d.h. sie ersetzt alle anderen Genehmigungen, die für die Anlage nach öffentlich-rechtlichen Rechtsvorschriften erforderlich wären (§ 13 BImSchG).[345] So ist z.B. neben einem immissionsschutzrechtlichen Bescheid keine Baugenehmigung mehr einzuholen. Eine Ausnahme gilt nur für Planfeststellungen, wasserrechtliche Entscheidungen, atom-

---

341 *Koch/Hofmann,* in: dies./Reese, Umweltrecht, 5. Aufl. 2018, § 4 Rn. 1 ff.
342 Vgl. *Seibel,* NJW 2013, 3000 ff.
343 *Schmidt-Kötters,* in: Giesberts/Reinhardt, BeckOK Umweltrecht, 62. Edition, Stand: 1.4.2022, § 5 BImSchG Rn. 93 ff.
344 Hierzu *Jarass,* in: ders., BImSchG, 13. Aufl. 2020, § 48 Rn. 51 ff.
345 Allgemein *Kämper,* in: Bader/Ronellenfitsch, BeckOK VwVfG, Stand 1/2022, § 75 Rn. 5.

rechtliche Genehmigungen und bergrechtliche Betriebspläne. Die **formelle Konzentrationswirkung** beschreibt die Reduktion auf ein einziges (immissionsschutzrechtliches) Verfahren, das für die Genehmigung der Anlage durchzuführen ist. Teilweise entscheidet die sachlich zuständige Behörde dann unter Mitwirkung bzw. im Einvernehmen mit anderen Behörden, z.b. im Rahmen der bauplanungsrechtlichen Begebenheiten mit der belegenen Gemeinde nach § 36 BauGB. Die **materielle Konzentrationswirkung** bringt zum Ausdruck, dass die immissionsschutzrechtliche Prüfung alle Aspekte der Anlagengenehmigung umfasst, die im immissionsschutzrechtlichen Verfahren zu prüfen sind. Hierzu gehören z.b. bauordnungs- und bauplanungsrechtliche Vorgaben oder sicherheitsrechtliche Vorschriften.[346]

242 cc) **Immissionsschutzrechtliches Genehmigungsverfahren.** Der **Ablauf des immissionsschutzrechtlichen Genehmigungsverfahrens** ergibt sich aus § 10 BImSchG i.V.m. der 9. BImSchV. Das Verfahren gliedert sich in acht Hauptschritte:

- Das immissionsschutzrechtliche Verfahren wird mit einem schriftlichen Antrag eingeleitet, dem eine Beschreibung des Vorhabens und die technischen Unterlagen beizufügen sind.
- Die zuständige Landesbehörde hat das Vorhaben im Amtsblatt bekanntzumachen. In der Bekanntmachung ist darauf hinzuweisen, dass Einwendungen gegen das Vorhaben bis zwei Wochen nach der Auslegung vorgebracht werden können.
- Sinn der öffentlichen Auslegung ist es, der Öffentlichkeit Gelegenheit zu geben, das Vorhaben einzusehen und ggf. Einwendungen dagegen vorbringen zu können.
- Einwendungen können von Jedermann erhoben werden. Wird die Einwendungsfrist versäumt, ist es dem Betroffenen verwehrt, im Erörterungstermin mit diesen Einwendungen teilzunehmen (formelle Präklusion). Außerdem ist es ausgeschlossen, die Einwendungen später inhaltlich in einem Rechtsbehelfs- oder Klageverfahren vorzubringen, § 10 Abs. 3 S. 3 BImSchG. Betroffen sind nur solche Einwendungen, die nicht auf besonderen privatrechtlichen Titeln beruhen (Beispiel: Die schuldrechtliche Verpflichtung, eine bestimmte Nutzung auf dem Anlagengrundstück zu unterlassen, ist jederzeit zivilrechtlich einklagbar).
- In der Praxis findet parallel zur öffentlichen Auslegung eine Anhörung der Träger der öffentlichen Belange (TöB) nach § 10 Abs. 5 BImSchG statt. Dabei handelt es sich um das Einholen einer Stellungnahme von zu beteiligenden Behörden und sonstigen öffentlichen Stellen.
- In einem Erörterungstermin nach § 10 Abs. 6 BImSchG werden alle fristgerecht erhobenen Einwendungen ausführlich diskutiert.
- Bei bestimmten genehmigungsbedürftigen Anlagen ist eine Umweltverträglichkeitsprüfung durchzuführen, §§ 4 ff. UVPG.[347]
- Das Vorhaben muss schriftlich genehmigt werden (§ 10 Abs. 7 BImSchG), wenn es den öffentlich-rechtlichen Vorschriften entspricht, die gem. § 6 BImSchG im immissionsschutzrechtlichen Verfahren zu prüfen sind.

---

346 *Fluck*, NVwZ 1992, 114 ff.
347 *Peters/Balla/Hesselbarth*, UVPG, 4. Aufl. 2019, § 4 Rn. 1.

Daneben gibt es für bestimmte genehmigungspflichtige Anlagen ein **vereinfachtes Genehmigungsverfahren** nach § 19 BImSchG. Nachdem hierdurch die Rechte von Betroffenen, ihre Einwendungen gegen das Vorhaben vorzubringen, eingeschränkt sind, hat die Genehmigung nur eine begrenzte Wirkung. Nach § 19 Abs. 3 BImSchG kann der Antragssteller die Durchführung eines förmlichen Verfahrens nach § 10 BImSchG beantragen.

dd) **Immissionsschutzrechtlicher Bestandsschutz.** Die immissionsschutzrechtliche Genehmigung gibt den jeweiligen **Stand der technischen Anforderungen** an eine Anlage im Zeitpunkt der Genehmigung wieder. Aufgrund des rasanten technischen Fortschritts und damit auch des Standes der Technik stellt sich die Frage, ob solche Veränderungen Auswirkungen auf eine bestehende Anlage haben.[348] 243

Grundsätzlich hat eine Genehmigung nach dem BImSchG wie nahezu jede öffentlich- 244
rechtliche Rechtsposition **Bestandsschutz**, d.h. in den Bestand der Genehmigung kann nicht ohne Weiteres von behördlicher Seite eingegriffen werden. Gerechtfertigt ist dies mit dem Vertrauen, das ein Betreiber vor dem Hintergrund finanzieller und weiterer Dispositionen in den Fortbestand der Regelung setzt. Wegen des großen Verfahrensaufwandes vor Erlass einer immissionsschutzrechtlichen Genehmigung ist dieses Vertrauen sogar besonders geschützt.

Eine **Durchbrechung dieses Grundsatzes** sieht § 17 BImSchG vor. Danach kann die 245
Anordnung zusätzlicher Auflagen gerechtfertigt sein, wenn ein Schutz der Nachbarschaft oder der Allgemeinheit nicht ausreichend gegeben ist. Das „soll" im Wortlaut signalisiert, dass es sich um eine Ermessensentscheidung der Behörde handelt. Eine nachträgliche Anordnung kann dann nicht erfolgen, wenn die Anforderungen unverhältnismäßig sind.[349] Bei Unverhältnismäßigkeit bleibt der Behörde höchstens die Möglichkeit eines Widerrufs nach § 21 Abs. 1 Nr. 3 bis 5, vgl. § 17 Abs. 3 S. 2 BImSchG.

ee) **Nicht anlagenbezogener und verkehrsbezogener Immissionsschutz.** Nicht **genehmigungsbedürftige Anlagen**, also solche, die nicht in der 4. BImSchV aufgeführt sind, sind zur Einhaltung immissionsschutzrechtlicher Vorgaben nach den §§ 22 ff. BImSchG gehalten. Diese gelten für die allermeisten in Deutschland betriebenen Anlagen, die keine so schädlichen Umwelteinwirkungen hervorrufen, die ein immissionsschutzrechtliches Verfahren mit entsprechendem Aufwand rechtfertigen würden. 246

Voraussetzung für die Anwendung der §§ 22 ff. BImSchG ist, dass der Betrieb dem 247
Anlagenbegriff des § 3 Abs. 5 BImSchG unterfällt. Bei gewerblichen Anlagen sind alle denkbaren Arten von schädlichen Umwelteinwirkungen zu vermeiden, bei sonstigen Anlagen lediglich Geräuschimmissionen und Luftverunreinigungen. Nach § 22 Abs. 2 BImSchG bleiben sonstige öffentlich-rechtliche Vorschriften und die sich daraus ergebenden Pflichten unberührt.

---

348 *Millgramm*, NuR 1999, 608 ff.
349 *Jarass*, in: ders., BImSchG, 13. Aufl. 2020, § 17 Rn. 44.

248 c) **Thüringer Lärmschutzverordnungen (4. und 5. LKultGDVO)**. Nach der 4. LKultGDVO ist insbesondere in der Zeit von 22.00 bis 6.00 Uhr **Lärm zu vermeiden**. Dies gilt nicht für unvermeidbaren Lärm. Ausnahmen können durch die Gemeinden u.a.[350] dann getroffen werden, wenn die Maßnahmen der Verhütung oder der Beseitigung eines Notstandes dienen oder durch Betriebe verursacht werden, deren Arbeiten im gesellschaftlichen Interesse zur Nachtzeit erforderlich sind. Nach § 8 der Verordnung gilt das Gebot der Lärmvermeidung bei der Benutzung und dem Betrieb von Fahrzeugen innerhalb geschlossener Ortschaften sowie in Erholungsgebieten und der Umgebung von Kurorten, insbesondere das Verbot der nicht erforderlichen Abgabe von akustischen Signalen und das unnötige Laufenlassen von Motoren. Beschallungsanlagen, Tonwiedergabegeräte und Musikinstrumente dürfen nach § 9 der Verordnung nur in solcher Lautstärke betrieben bzw. gespielt werden, dass unbeteiligte Personen nicht gestört werden. In öffentlichen Gebäuden, gesellschaftlich genutzten Einrichtungen und Verkehrsmitteln ist der Betrieb oder das Spielen von Geräten nur dann zulässig, wenn dies der gesellschaftlichen Funktion der Einrichtung entspricht. Von der ehemals 24 Paragrafen umfassenden 5. LKultGDVO ist lediglich § 2 Abs. 5 übriggeblieben, der formuliert: *„Die Bürger unterstützen durch ihr Verhalten, dass vermeidbare Verunreinigungen der Luft, insbesondere aus der Verbrennung von Abfällen sowie bei dem Betreiben von Kraftfahrzeugen, verhindert werden."*

249 d) **Zuständigkeitsfragen**. Aus der Thüringer Verordnung zur Regelung von Zuständigkeiten und zur Übertragung von Ermächtigungen auf den Gebieten des Immissionsschutzes und des Treibhausgas-Emissionshandels[351] ergibt sich ein differenziertes und diffiziles **Zuständigkeitsprofil** für die immissionsschutzrechtliche Ausführung in Thüringen. Danach teilen sich die Landratsämter und die kreisfreien Städte[352], das Landesverwaltungsamt, das Landesamt für Umwelt, Bergbau und Naturschutz, das Landesamt für Verbraucherschutz und das Umweltministerium die sich aus dem BImSchG und den hierzu erlassenen Verordnungen ergebenden Aufgaben. Die Fachbehörden unterstützen die Tätigkeit der Immissionsschutzbehörden.

250 Aufgrund der in § 10 BImSchG vorgesehenen materiellen Konzentrationswirkung wird im immissionsschutzrechtlichen Verfahren für genehmigungsbedürftige Anlagen[353] in der Regel die Hinzuziehung weiterer Behörden als **Träger öffentlicher Belange** geboten sein. Besondere Zuständigkeiten bestehen für das Landesamt für Verbrau-

---

350 Hierzu *Rücker,* in: ders./Dieter/Schmidt/Vetzberger/Oehler, Kommunalverfassungsrecht Thüringen, 35. EL 2020, § 3 ThürKO, S. 20.
351 Vom 6.4.2008 (GVBl. 2008, 78).
352 Z.B. die Aufstellung von Lärmaktionsplänen nach § 47d Abs. 1 BImSchG als kommunale Aufgabe, hierzu *Rücker,* in: ders./Dieter/Schmidt/Vetzberger/Oehler, Kommunalverfassungsrecht Thüringen, 35. EL 2020, § 3 ThürKO, S. 20.
353 Vgl. die Vierte Verordnung zur Durchführung des Bundes-Immissionsschutzgesetzes (Verordnung über genehmigungsbedürftige Anlagen – 4. BImSchV).

cherschutz, die Zentralstelle der Länder für Sicherheitstechnik, die Straßenverkehrsbehörden[354] und die Brand- und Katastrophenschutzbehörden nach § 27 ThürBKG[355].

11. Landesplanungsrecht

Die Landesplanung durch den **Landesentwicklungsplan** auf Länderebene ist eingebettet in ein System der räumlichen Planung in der Bundesrepublik.[356] Auf der dritten von fünf Planungsebenen fügen sich die Thüringer Landesvorstellungen in die Rahmenvorgaben des **Europäischen Raumordnungskonzepts**[357] und der **Bundesraumordnung** nach dem Raumordnungsgesetz ein.[358]

251

Das Europäische Raumentwicklungskonzept (EUREK) gibt für die Ebene der Mitgliedstaaten nur einen allgemeinen Rahmen von Zielsetzungen vor, die durch die Mitgliedstaaten einer näheren Ausfüllung bedürfen.[359] Aussagen des Bundes werden z.b. über die Wettbewerbsfähigkeit, den wirtschaftlichen und sozialen Zusammenhalt, den Erhalt natürlicher Lebensgrundlagen und des kulturellen Erbes getroffen.[360] Gleichermaßen begnügt sich die Bundesplanung mit allgemeinen Aussagen und der Ausarbeitung von Modellen und Konzepten.[361]

252

Grundlage für die Landesplanung ist das **Thüringer Landesplanungsgesetz** (ThürLPlG).[362] Der Freistaat Thüringen verantwortet einen Landesentwicklungsplan[363], der die räumliche Gliederung und Entwicklung Thüringens vorgibt.[364] Darüber hinaus macht der Freistaat Vorgaben für die Gestalt, den Entwurf und die Abstimmung der Regionalpläne. In die vorzunehmenden Abwägungen fließen Umweltbelange mit ein.[365]

253

Auf Ebene der Regionalplanung existieren in Thüringen vier **Planungsregionen**: Nordthüringen, Mittelthüringen, Ostthüringen und Südwestthüringen.[366] Je näher sich die Planung der kommunalen Ebene nähert, desto konkreter und umfangreicher werden die Vorstellungen über die Entwicklung eines bestimmten Gebietes. Detaillierte Pla-

254

---

354 Vgl. Thüringer Verordnung zur Übertragung von Ermächtigungen und über Zuständigkeiten auf dem Gebiet des Straßenverkehrsrechts vom 13.2.2007, GVBl. 2007, 11.
355 Thüringer Gesetz über den Brandschutz, die Allgemeine Hilfe und den Katastrophenschutz (Thüringer Brand- und Katastrophenschutzgesetz) in der Fassung der Bekanntmachung vom 5.2.2008, GVBl. 2008, 22.
356 *Schneider*, Umweltrecht in Thüringen I, 2015, S. 34.
357 Das Europäische Raumentwicklungskonzept (EUREK) stammt aus dem Jahr 1999.
358 Vgl. zur Rolle der Raumordnung *Jahn*, ThürVBl. 1995, 49 (51).
359 Zur Zusammenarbeit von Bund und Ländern (§ 26 ROG) *Spannowsky*, in: ders./Runkel/Goppel, ROG, 2. Aufl. 2018, § 26 Rn. 1.
360 *Schiedermair*, in: Kment, ROG, 2019, Teil 1 D. Europäisches Raumordnungsrecht Rn. 1 ff.
361 Vgl. z.B. die „Anpassungsstrategien für ländliche/periphere Regionen mit starkem Bevölkerungsrückgang in den neuen Ländern" für den Bereich Ostthüringen.
362 Vom 11.12.2012 (GVBl. 2012, 450).
363 Thüringer Ministerium für Bau, Landesentwicklung und Verkehr (Hrsg.), Landesentwicklungsprogramm Thüringen 2025. Thüringen im Wandel. Herausforderungen annehmen – Vielfalt bewahren – Veränderungen gestalten, 2014 (LEP 2025 vom 15.5.14, in Kraft seit 5.7.2014); gemäß § 4 Abs. 4 S. 1 ThürLPlG veröffentlicht im GVBl. 6/2014 vom 4.7.2014.
364 Zu den aktuellen Herausforderungen bei der Einbeziehung von Windkraft ThürOVG, Urt. v. 26.3.2014 – 1 N 676/12, ThürVBl. 2015, 24.
365 Vgl. *Lüers*, ThürVBl. 1999, 80 ff.
366 Hierzu http://www.thueringen.de/th9/tmil/landesentwicklung/rolp/plaene/regionen/ [Stand 03/15].

nungen existieren in der kommunalen Bauleitplanung nach §§ 1 ff. BauGB, die mit den übergeordneten Vorgaben übereinstimmen müssen.

255 In rechtlicher Hinsicht sind vor allem die landesrechtlichen Verordnungen zur **einstweiligen Sicherung von Schutzgebieten** kurz nach der Wiedervereinigung von Interesse. Die Verordnungen, z.b. die Thüringer Verordnung zur Verlängerung einstweiliger Sicherungen von Schutzgebieten vom 13.3.1992, zählen die einzelnen Schutzgebiete unter Beifügung einer Gebietsgrenzenkartierung im Detail auf.

IV. Kompetenzrechtliche Fragen

256 Die Möglichkeiten des Freistaats Thüringen, auf dem Gebiet des Umweltrechts rechtsetzend tätig zu werden, hängen maßgeblich von den ihm grundgesetzlich zugewiesenen Kompetenzen ab.

1. Zuständigkeit der Bundesländer

257 Nach Art. 70 GG haben die Bundesländer das Recht zur Gesetzgebung, sofern das Grundgesetz dem Bund nicht eine besondere Kompetenz zuweist (sog. **Öffnungsklausel**). Der Grundsatz wird durch Art. 30 GG bestätigt, nach dem die Ausübung staatlicher Befugnis grundsätzlich Ländersache ist.[367] Solche Gesetzgebungsermächtigungen können sich aus Annexkompetenzen, aus Sachzusammenhängen oder aus der ausschließlichen oder konkurrierenden Gesetzgebung ergeben. Diese sog. Allzuständigkeit der Länder darf nicht darüber hinwegtäuschen, dass der Bund erhebliche Teile der Rechtsordnung gestalten kann.

258 Bis zur **Föderalismusreform 2006** waren dem Bund durch die Rahmengesetzgebungskompetenz wichtige Regelungsbereiche zugewiesen.[368] Dies galt insbesondere für die Landschaftspflege, den Naturschutz[369] und den Wasserhaushalt[370]. Hierdurch war die Bundesebene gehalten, einen rechtlichen Rahmen vorzugeben, der durch die Länder ausgefüllt werden musste. Diese Rahmengesetzgebungskompetenz wurde zugunsten einer abgestuften konkurrierenden Gesetzgebung abgeschafft.

2. Föderalismusreform 2006

259 Die Föderalismusreform I brachte 2006 für die Gesetzgebung auf dem **Gebiet des Umweltrechts erhebliche Veränderungen**.[371] Waren zuvor verschiedene Kompetenztitel maßgeblich (z.B. Rahmengesetzgebung für das Wasserrecht, konkurrierende Gesetzgebung für das Abfallrecht), so unterfallen alle Rechtsgebiete nunmehr der konkurrierenden Gesetzgebung. Dies bedeutet, dass der Bundesgesetzgeber umfassende Regelungen treffen kann. Zu diesem Zeitpunkt sollte der Weg für eine einheitliche Umweltgesetzgebung geebnet werden.[372]

---

367 Art. 70 ff. sind insoweit lex specialis zu Art. 30 GG.
368 *Oeter,* in: Starck (Hrsg.), Föderalismusreform, 2007, Rn. 38.
369 Zum Streit über die Kompetenzen *Oeter,* in: Starck (Hrsg.), Föderalismusreform, 2007, Rn. 45 ff.
370 *Oeter,* in: Starck (Hrsg.), Föderalismusreform, 2007, Rn. 51.
371 Hierzu *Kotulla,* NVwZ 2007, 489.
372 *Schulze-Fielitz,* NVwZ 2007, 255.

Problematisch war in diesem Zusammenhang häufig das **Erforderlichkeitskriterium** (Art. 72 Abs. 2 GG a.F.), nach dem die Bundesebene nur dann handeln durfte, wenn sie einen konkreten bundeseinheitlichen Regelungsbedarf nachweisen konnte. Dagegen sind heute wichtige Bereiche von diesem Erforderlichkeitszwang ausgenommen, z.B. die Abfallwirtschaft oder der Immissionsschutz.[373]

260

Andere Rechtsgebiete können dagegen von den Bundesländern abweichend von den Bundesvorschriften ausgestaltet werden (sog. **Abweichungsgesetzgebung**).[374] Hierzu gehören nach Art. 72 Abs. 3 GG auf umweltrechtlichem Terrain der Wasserhaushalt, das Jagdwesen, die Bodenverteilung, der Naturschutz, die Landschaftspflege und die Raumordnung.[375] Teilweise wird diese Ausnahmemöglichkeit aber wieder eingeschränkt, z.B. für den Wasserhaushalt auf nicht stoff- oder anlagenbezogene Regelungen oder für den Naturschutz ohne die allgemeinen Grundsätze des Naturschutzes, das Recht des Artenschutzes oder des Meeresnaturschutzes.

261

Für mehrere Bereiche, die dem Umweltrecht zugeordnet werden können, existiert keine einheitliche Regelungskompetenz, z.B. für das Bodenschutzrecht, das Recht der Erneuerbaren Energien oder den Klimaschutz.[376]

262

Festzuhalten ist, dass auch mit der Reform 2006 kein einheitlicher Kompetenztitel für das Umweltrecht geschaffen wurde.

263

3. Konkurrierende Gesetzgebung

Gegenstand der konkurrierenden Gesetzgebung sind die in Art. 74 GG ausdrücklich genannten Regelungsbereiche. Soweit der Bundesgesetzgeber hier seine Kompetenzen ausgeübt hat, können die Länder – mit Ausnahme der eben genannten Abweichungen – kein entgegenstehendes Recht erlassen, sog. **Sperrwirkung**.[377] Regelt der Bund erst später eine Materie, so wird die Ländernorm ohne Weiteres nichtig. Die Bundesebene hat jedoch die Möglichkeit, Regelungsvorbehalte zugunsten der Länder aufzunehmen. Maßgeblich für die Frage, ob ein Sachverhalt durch ein Gesetz abschließend erfasst wird, „*ist, ob ein bestimmter Sachbereich umfassend und lückenlos geregelt ist oder jedenfalls nach dem aus Gesetzgebungsgeschichte und Materialien ablesbaren objektivierten Willen des Gesetzgebers abschließend geregelt werden sollte.*"[378]

264

4. Kompetenzen im Einzelnen

a) **Ausschließliche Gesetzgebungskompetenz.** Der ausschließlichen Kompetenz des Bundes unterliegen:

265

- Luftverkehr (Art. 73 Abs. 1 Nr. 6 GG)
- Verkehr von Eisenbahnen (Art. 73 Abs. 1 Nr. 6a GG)
- Sprengstoffrecht (Art. 73 Abs. 1 Nr. 12, 2. Alt. GG)

---

373 Vgl. *Seiler*, in: Epping/Hillgruber, BeckOG GG, Art. 72 Rn. 10 ff.
374 *Oeter*, in: Starck (Hrsg.), Föderalismusreform, 2007, Rn. 27 ff.
375 Vgl. *Haedrich*, in: Linck u.a. (Hrsg.), Die Verfassung des Freistaats Thüringen, 2013, Art. 31 Rn. 24 f.
376 *Schulze-Fielitz*, NVwZ 2007, 249 ff.
377 Z.B. *Maunz*, in: Dürig/Herzog/Scholz, Grundgesetz-Kommentar, 96. EL November 2021, Art. 74 Rn. 32.
378 BVerfGE 109, 190 (230).

- Erzeugung und Nutzung der Kernenergie zu friedlichen Zwecken, die Errichtung und den Betrieb von Anlagen, die diesen Zwecken dienen, den Schutz gegen Gefahren, die bei Freiwerden von Kernenergie oder durch ionisierende Strahlen entstehen, und die Beseitigung radioaktiver Stoffe (Art. 73 Abs. 1 Nr. 14 GG)

Die umweltrechtliche Regelungskompetenz besteht jeweils, soweit im Zusammenhang mit dem Sachrecht auch der darauf bezogene Umweltschutz geregelt wird.[379]

266 **b) Die konkurrierende Gesetzgebungskompetenz.** Die konkurrierende Kompetenz betrifft vor allem:

- zivilrechtliches Nachbarrecht, Umweltstrafrecht (Art. 74 Abs. 1 Nr. 1 GG)
- Recht der Wirtschaft, insbesondere im Bereich des Bergbaus, der Industrie und der Energiewirtschaft (Art. 74 Abs. 1 Nr. 11 GG)
- Förderung der land- und forstwirtschaftlichen Erzeugung (ohne das Recht der Flurbereinigung), die Sicherung der Ernährung, die Ein- und Ausfuhr land- und forstwirtschaftlicher Erzeugnisse, die Hochsee- und Küstenfischerei und den Küstenschutz (Art. 74 Abs. 1 Nr. 17 GG)
- Bodenrecht einschließlich Städtebaurecht (Art. 74 Abs. 1 Nr. 17 GG)
- Abfallbeseitigung, Luftreinhaltung[380], Lärmbekämpfung mit Ausnahme des verhaltensbezogenen Lärms (Art. 74 Abs. 1 Nr. 24 GG)
- Untersuchung und die künstliche Veränderung von Erbinformationen (Gentechnik, Art. 74 Abs. 1 Nr. 26 GG)
- Jagdwesen (Art. 74 Abs. 1 Nr. 28 GG)
- Naturschutz und Landschaftspflege (Art. 74 Abs. 1 Nr. 28 GG)
- Bodenverteilung (Art. 74 Abs. 1 Nr. 30 GG)
- Raumordnung (Art. 74 Abs. 1 Nr. 31 GG)
- Wasserhaushalt (Art. 74 Abs. 1 Nr. 32 GG)

267 **c) Abweichungsgesetzgebung.** Soweit der Bundesgesetzgeber von einer Befugnis der konkurrierenden Gesetzgebung Gebrauch macht, kann der Freistaat Thüringen für den geregelten Bereich in bestimmten Fällen abweichende Regelungen[381] treffen. Dies gilt für die folgenden Regelungsbereiche:

268 **aa) Naturschutzrecht.** Von verfassungsrechtlichem Interesse und großer praktischer Bedeutung ist die mit der Föderalismusreform ins Grundgesetz neu aufgenommene **Abweichungsgesetzgebung im Bereich des Naturschutzrechts.**[382] Hierzu zählen ausweislich der enumerativen Aufzählung in Art. 72 Abs. 3 S. 1 GG das Jagdwesen (ohne das Recht der Jagdscheine), der Naturschutz und die Landschaftspflege (ohne die allgemeinen Grundsätze des Naturschutzes, das Recht des Artenschutzes oder des Meeresnaturschutzes), die Bodenverteilung, die Raumordnung und der Wasserhaushalt (ohne stoff- oder anlagenbezogene Regelungen). Die in Klammern gesetzten Ausnahmetatbestände stehen einer Abweichung nicht offen und werden daher dem „abwei-

---

379 *Uhle*, in: Dürig/Herzog/Scholz, Grundgesetz-Kommentar, 96. EL November 2021, Art. 71 Rn. 36.
380 Zur Umsetzung in Thüringen vgl. *Scheidler*, ThürVBl. 2012, 217 ff.
381 Hierzu ausführlich z.B. *Franzius*, NVwZ 2008, 492 ff.
382 Zu den Besonderheiten der naturschutzrechtlichen Abweichung *Krüsemann*, in: Czybulka, Das neue Naturschutzrecht des Bundes, 2011, S. 29 ff.

chungsfreien Kern" zugeordnet.[383] Während die Einschränkungen im Hinblick auf das Recht der Jagdscheine, des Artenschutzes[384] oder der Meeresnaturschutz[385] noch relativ griffig erscheinen, sind z.b. die Grundsätze des Naturschutzes aus sich heraus nicht abschließend definierbar.

Über die „weich" formulierten „Kerne" gab es in der Abweichungspraxis bisher wenig offenen Streit.[386] Der Bundesgesetzgeber hat die allgemeinen Grundsätze des Naturschutzes weitgehend definiert. Hierzu zählen z.b.

- die Zielsetzungen des § 1 BNatSchG,
- das Monitoring durch den Bund und die Länder nach § 6 BNatSchG,
- die Landschaftsplanung (§ 8 BNatSchG),
- die zentrale naturschutzrechtliche Eingriffsregelung (§ 13 BNatSchG),
- der Gebietsschutz mit den acht abschließend definierten Gebietstypen (§ 20 BNatSchG) einschließlich der Schaffung eines Biotopverbundes (§ 30 BNatSchG) mit Überschneidungen zum Artenschutz[387],
- das Recht auf Betreten der freien Landschaft zu Erholungszwecken (§ 59 BNatSchG)[388], wobei nach Abs. 2 S. 2 die Länder regeln können, was unter Betreten zu verstehen ist, dem Betreten gleichgestellte Benutzungsarten, Regelungen, die das Betretungsrecht ausgestalten bzw. einschränken, wie Regelungen, wann eine Fläche betreten werden darf, oder die rechtlichen Voraussetzungen für die Errichtung von Sperren und Zäunen.[389]

Verneint wird die Qualität eines allgemeinen Grundsatzes z.B. bei den Zielsätzen des § 2 BNatSchG und dem Vertragsnaturschutz, der guten fachlichen Praxis (§ 5 BNatSchG), den Regelungen der Natura-2000-Schutzgebiete (§ 33 Abs. 1 BNatSchG) oder den Vorschriften über Vorkaufsrechte[390]. Vor dem Hintergrund der Vielschichtigkeit möglicher Inhalte und des Fehlens einer verfassungsrechtlichen Judikatur wird die allgemeine Akzeptanz einzelner Regelungszwecke noch weiter zu beobachten sein.

bb) Wasserrecht. Nur an wenigen Stellen weicht der Freistaat im **Wasserrecht** vom Bundesrecht ab, namentlich in

- § 40 ThürWG zur Versickerung von Niederschlagswasser in Abweichung von § 8 Abs. 1 WHG mit einer entsprechenden Verordnungsermächtigung der obersten Wasserbehörde zur Regelung der Voraussetzungen, unter denen Niederschlagswasser schadlos versickern kann, und zur Bestimmung der zur schadlosen Versicke-

---

383 Dies bedeutet, dass selbst eine weitgehende Unterschutzstellung auf einer gesetzlichen Grundlage beruhen muss.
384 Vgl. §§ 37 ff. BNaturSchG, 5. Kapitel.
385 Vgl. §§ 56 ff. BNaturSchG, 6. Kapitel.
386 Mit den u.a. Einschränkungen und offenen Fragestellungen.
387 Vgl. VG Berlin, Beschl. v. 10.7.2013 – VG 24 L 249.13.
388 *Gellermann*, in: Landmann/Rohmer, Umweltrecht, 97. Aufl. 2022, § 59 BNatSchG Rn. 1 ff.
389 Vgl. *Gassner/Heugel*, Naturschutzrecht, Rn. 227 ff.; *Stöckel/Müller-Walter*, in: Erbs/Kohlhaas, Strafrechtliche Nebengesetze, Stand 239. Ergänzungslieferung, Dezember 2021, § 59 BNatSchG Rn. 8.
390 *Gärditz*, in: Landmann/Rohmer, Umweltrecht, 97. Aufl. 2022, Art. 20a GG Rn. 119 f.; vgl. auch TMUEN, Vorkaufsrecht für Grundstücke nach § 52 ThürNatG, http://www.thueringen.de/th8/tmuen/naturschutz/recht/recht/ und VG Meiningen, Urt. v. 18.2.2015 – 5 K 525/12 Me, NuR 2015, 728.

rung von Niederschlagswasser geeigneten Anlagen sowie der Anforderungen an die Beschaffenheit des zu versickernden Niederschlagswassers,
- § 44 ThürWG in Abweichung von § 50 Abs. 5 WHG zur Verpflichtung der Träger der öffentlichen Wasserversorgung, auf ihre Kosten die Beschaffenheit des zur Wasserversorgung gewonnenen Wassers (Rohwasser) zu untersuchen oder untersuchen zu lassen,
- § 50 ThürWG zur Eigenkontrolle in Abweichung von § 57 WHG. Hierdurch werden die Bedingungen formuliert, unter denen eine Kleinkläranlage[391] bei Vorliegen einer bauaufsichtlichen Verfügung erlaubt werden kann sowie die Zulassung anderer Kleinkläranlagen,[392]
- § 76 ThürWG mit der erweiterten Ermächtigung zum Erlass von Rechtsverordnungen in Abweichung von § 23 WHG.

271 cc) **Jagdrecht.** Im Bereich des Jagdrechts wurde die ursprüngliche **Rahmenvorgabe des Bundesjagdgesetzes** im Jahr 2019 und 2021[393] geändert. Danach erfolgt eine Änderung des Thüringer Jagdgesetzes in Anlehnung an die Grundsätze der konkurrierenden Gesetzgebung.

272 d) **Ausschließliche Zuständigkeiten der Länder, Art. 70 GG.** In die ausschließliche Zuständigkeit des Freistaates Thüringen fallen alle Regelungsmaterien, die nach den bisherigen Ausführungen nicht unter die Bundeskompetenz fallen, unabhängig davon, woraus sich diese ergibt. Nachdem die umweltgesetzgeberischen Möglichkeiten des Bundes sehr umfassend sind, verbleiben den Ländern nur einzelne Regelungsgegenstände auf dem Gebiet des Umweltrechts.[394] Hierzu gehören z.B. der verhaltensbezogene Immissionsschutz und das allgemeine Gefahrenabwehrrecht. Letzteres umfasst z.B. das Polizei- und Ordnungsrecht[395] und Teile des Baurechts[396]. An dieser beschränkten Anzahl von regelungsbedürftigen Themen zeigt sich der starke Einfluss des Bundesrechts auf das Umweltrecht, so dass sich die Länderebene vornehmlich auf verfahrensrechtliche Fragen und – in ihrer Bedeutung nicht zu unterschätzende – Konkretisierungen konzentriert.

V. Die Thüringer Umweltverwaltung

273 Der Freistaat Thüringen verfügt über ein **verzweigtes Behördennetz** zur Umsetzung der umweltrechtlichen Vorgaben.[397] Eine besondere Rolle spielen zudem die kommunalen Gebietskörperschaften[398], die im übertragenen Wirkungskreis staatliche Auf-

---

391 Vgl. § 2 Nr. 2 ThürWG.
392 § 50 S. 2 ThürWG verweist insofern auf Absatz 1, der aber nichtexistent ist; es muss daher eine andere Anlage als nach Satz 1 vorliegen.
393 Hierzu *Kulke*, LKV 2021, 550 (552).
394 Zu den Kompetenzen ausführlich *Gärditz*, in: Landmann/Rohmer, Umweltrecht, 97. Aufl. 2022, Art. 20a GG Rn. 101 ff.
395 Vgl. *Ebert/Seel*, Thüringer Gesetz über die Aufgaben und Befugnisse der Polizei – PAG Thüringen, 6. Aufl. 2012, S. 47 ff. und S. 114 ff.
396 Dazu *Müller-Grune*, Baurecht in Thüringen – Textsammlung mit Einführung, 2. Aufl. 2014, S. 5.
397 Zu den Reformbestrebungen *Carius/Koch*, ThürVBl. 2014, 291 ff., zur Rolle des Landesverwaltungsamts ebd. S. 292 und *König*, ThürVBl. 2005, 155 ff.
398 Zur Verwaltungsstrukturreform *Hesse*, ThürVBl. 2014, 233 ff.

gaben wahrnehmen.³⁹⁹ Daneben sorgen weitere Akteure wie die anerkannten naturschutzrechtlichen Vereinigungen für die Umsetzung der verfassungsrechtlichen Vorgaben.

1. Thüringer Ministerium für Umwelt, Energie und Naturschutz

Weitgehende Kompetenzen auf dem Gebiet des Umweltrechts liegen beim **Thüringer Ministerium für Umwelt, Energie und Naturschutz (TMUEN)**.⁴⁰⁰ Das Ministerium ist die oberste Verwaltungsbehörde für die ihm zugewiesenen Bereiche. 274

Nachgeordnete Behörde ist das **Thüringer Landesamt für Umwelt, Bergbau und Naturschutz**. Das Landesamt hat 2019⁴⁰¹ als neue Behörde die Aufgaben des Thüringer Landesamts für Bergbau und der vormaligen Thüringer Landesanstalt für Umwelt und Geologie übernommen. In den Zuständigkeitsbereich fallen die Bereiche Ökologie und Naturschutz, Bergbau, Immissionsschutz, Kreislauf- und Abfallwirtschaft, Wasser, Boden, Altlasten, Geologie und Grundwasser, Umweltinformationen, Umweltbildung, Raumanalyse, Umweltanalytik und Umweltradioaktivität. Hinzu kommt der geologische Landesdienst. 275

Auf dem Gebiet des Wasserrechts ist das Landesamt Obere Wasserbehörde, § 59 Abs. 2 ThürWG. Es verwaltet und unterhält darüber hinaus die Gewässer I. Ordnung, die der Anlage 1 zu § 3 Nr. 1 zum Thüringer Wassergesetz zu entnehmen sind. 276

Verwaltet werden im ministeriellen Geschäftsbereich zudem die Nationalen Naturlandschaften 277

- Nationalpark Hainich,
- Biosphärenreservat Rhön,
- Biosphärenreservat Vessertal-Thüringer Wald,
- Naturpark Eichsfeld-Hainich-Werratal,
- Naturpark Kyffhäuser,
- Naturpark Thüringer Schiefergebirge/Obere Saale,
- Naturpark Thüringer Wald⁴⁰²,
- Naturpark Südharz.

2. Struktur der Nationalen Naturlandschaften Thüringen

Nationale Naturlandschaft umschreibt als von **Europarcs Deutschland** gegründete Dachmarke die Großschutzgebiete Nationalpark, Naturpark und Biosphärenreservat.⁴⁰³ Auch die Thüringer Schutzgebiete haben sich dieser Bewegung angeschlossen. 278

---

399 *Rücker*, in: ders./Dieter/Schmidt/Vetzberger/Oehler, Kommunalverfassungsrecht Thüringen, § 3 ThürKO, 35. EL 2020, S. 4; zur Wahrnehmung der übertragenen Aufgaben durch Verwaltungsgemeinschaften nach § 47 ThürKO *Vetzberger/Müller-Grune/Schneider*, in: Rücker/Dieter/Schmidt/Vetzberger/Oehler, Kommunalverfassungsrecht Thüringen, 35. EL 2020, § 3 ThürKO, S. 1 f.
400 2014 erfolgte eine Zuweisung des Bereiches Landwirtschaft und Forsten an das Thüringer Ministerium für Bau, Landesentwicklung und Verkehr.
401 Mit dem Thüringer Verwaltungsreformgesetz 2018.
402 Der Naturpark ist aber nicht in Trägerschaft des Landes.
403 Hierzu vgl. *Henne*, Nationale Naturlandschaften, UNESCO 2/2007, Rn. 58 ff. und http://www.nationale-n aturlandschaften.de/ [Stand 03/15].

279 a) **Nationalpark.** Die Verwaltung des **Nationalparks Hainich**, des einzigen seiner Art in Thüringen, ist seit 2012 dem Thüringer Umweltministerium unterstellt.[404] Sie nimmt für das Nationalparkgebiet die Aufgaben der unteren Naturschutzbehörde wahr. Die Rechtsgrundlage für die Aufgabenerfüllung folgt aus dem Nationalparkgesetz von 1997. Danach zeichnet sich die Behörde für die Pflege und Weiterentwicklung des Nationalparks, der Überwachung der Einhaltung der Vorschriften sowie naturkundliche Bildungsaufgaben verantwortlich. Der Nationalpark gehört zugleich zum UNESCO Weltnaturerbe.[405]

280 b) **Naturparks.** Die **Thüringer Naturparks** sind mit Ausnahme des Naturparks Thüringer Wald ebenfalls unmittelbar dem Ministerium unterstellt. Die Verwaltung des Naturparks Thüringer Wald obliegt dem Naturpark Thüringer Wald e.V., der seine Verbandsaufgaben auf Basis einer Satzung wahrnimmt.[406] Er ist Träger des Naturparks. Mitglieder des Verbands sind sieben Landkreise, zwei kreisfreie Städte, ca. 50 Gemeinden und weitere Personen. Ziel ist die Weiterentwicklung des Naturparks auf Grundlage der Verordnung über den Naturpark von 2001 auf touristischem und landschaftspflegerischem Gebiet. Die naturschutzrechtlichen Staatsaufgaben für den Naturpark Thüringer Wald werden durch die Verwaltung des Biosphärenreservats Vessertal-Thüringer Wald wahrgenommen.

281 c) **Biosphärenreservate.** Das Biosphärenreservat Rhön wird durch drei Verwaltungsstellen auf thüringischem, bayerischem und hessischem Gebiet verwaltet. Grundlage bildet **ein länderübergreifendes Abkommen.** Die Organisation als Dachmarke erfolgt u.a. durch den Verein Natur und Lebensraum Rhön. Dagegen untersteht das Biosphärenreservat Vessertal-Thüringer Wald, das einen Teil des Naturparks Thüringer Wald bildet, der staatlichen Naturschutzverwaltung.

3. Stiftung Naturschutz Thüringen

282 Die **Stiftung Naturschutz Thüringen** ist eine rechtsfähige Stiftung des öffentlichen Rechts, die 1995 durch die Landesregierung auf Grundlage des § 38 Abs. 6 des Vorläufigen Thüringer Naturschutzgesetzes gegründet wurde. Aufgabe der Stiftung ist die Förderung von Aktivitäten auf dem Gebiet des Naturschutzes und der Landespflege. Diese sind in einer Satzung verankert, die vom zuständigen Ministerium erlassen wurde.[407]

283 Eine besondere Rolle spielt die Stiftung im Rahmen der **naturschutzrechtlichen Ausgleichsabgabe** nach § 7 Abs. 6 ThürNatG: *„Die Ausgleichsabgabe ist an die Stiftung Naturschutz Thüringen zu leisten und zweckgebunden zur Pflege und Entwicklung von Natur und Landschaft zu verwenden."* Nach § 2 Abs. 2 der Satzung hat die gemeinnützige Stiftung insbesondere folgende Aufgaben:

---

404 Zuvor war die Verwaltung der Thüringer Landesforstverwaltung unterstellt.
405 Hierzu *Rössler,* in: Deutsche UNESCO-Kommission (Hrsg.), Welterbe-Manual. Handbuch zur Umsetzung der Welterbekonvention in Deutschland, Luxemburg, Österreich und der Schweiz, 2009, S. 113 ff.
406 Die aktuelle Fassung ist am 12.2.2015 in Kraft getreten.
407 Eine Neufassung ist mit Wirkung vom 1.4.2014 in Kraft getreten.

- die Forschung auf speziellen Gebieten des Naturschutzes und der Landschaftspflege zu fördern,
- Maßnahmen zur Aufklärung und Weiterbildung zu fördern, zu unterstützen und selbst zu betreiben,
- die Pacht, den Erwerb und die sonstige zivilrechtliche Sicherung von Grundstücken für Zwecke des Naturschutzes und der Landschaftspflege zu fördern und selbst zu betreiben,
- Maßnahmen zur Pflege und Entwicklung von Schutzgebieten und der Landschaft sowie ggfs. zur Wiederherstellung der Funktionen beeinträchtigter Landschaftsteile zu fördern und durchzuführen und
- Mittel aus der Ausgleichsabgabe zweckgebunden zur Verbesserung von Natur und Landschaft, insbesondere zum Aufbau von Flächen- und Maßnahmenpools entsprechend der Konzeption des für Naturschutz und Landschaftspflege zuständigen Ministeriums zu verwenden.

Die Projekte und Ergebnisse des Stiftungswirkens werden in einem Jahresbericht festgehalten.[408]

4. Anerkannte Naturschutzvereinigungen nach § 45a ThürNatG

Nach § 45a ThürNatG können **Naturschutzvereinigungen** landesrechtlich anerkannt werden, mit der Folge, dass die Geltendmachung von naturschutzrechtlichen Verstößen unabhängig von einer subjektiven Betroffenheit der Vereinigung erfolgen kann.[409] Eine Widerspruchs- oder Klagebefugnis nach § 42 Abs. 2 VwGO ist nicht erforderlich. Die naturschutzrechtliche Verbandsklage steht grundsätzlich neben den Klagemöglichkeiten nach dem Umweltrechtsbehelfsgesetz.[410] Hat eine Naturschutzvereinigung das Anerkennungsprocedere erfolgreich durchlaufen, stehen ihr die Beteiligungsrechte aus § 63 BNatSchG[411] zu.

Für die formelle Anerkennung müssen die Voraussetzungen des § 3 Umwelt-Rechtsbehelfsgesetz[412] gegeben sein.[413] Für das Gebiet des Freistaates Thüringen ist das Thüringer Ministerium für Umwelt, Energie und Naturschutz zuständig. Sofern das Tätigkeitsfeld das Thüringer Staatsgebiet übersteigt, obliegt die Prüfung und Anerkennung dem Umweltbundesamt. Anerkannte Naturschutzvereinigungen in Thüringen sind:[414]

- Arbeitsgruppe Artenschutz Thüringen e. V. (AAT),
- Arbeitskreis Heimische Orchideen Thüringen e. V. (AHO),

---

408 Vgl. den Jahresbericht 2020.
409 *Schneider*, Umweltrecht in Thüringen I, 2015, S. 21.
410 Z.B. BayVGH, Urt. v. 23.6.2009 – 8 A 0.40001, UPR 2010, 38; *Schlacke*, Überindividueller Rechtsschutz, 2008, S. 299 f. m.w.N.
411 Vgl. *Schmidt/Schrader/Zschiesche*, Die Verbandsklage im Umwelt- und Naturschutzrecht, 2014, S. 20.
412 Gesetz über ergänzende Vorschriften zu Rechtsbehelfen in Umweltangelegenheiten nach der EG-Richtlinie 2003/35/EG (Umwelt-Rechtsbehelfsgesetz – UmwRG).
413 Hierzu ausführlich *Schmidt/Schrader/Zschiesche*, Die Verbandsklage im Umwelt- und Naturschutzrecht, 2014, S. 27 ff.; *Radespiel*, Die naturschutzrechtliche Verbandsklage – Theoretische Grundlagen und empirische Analyse, 2006, S. 48 ff.
414 Vgl. http://www.thueringen.de/th8/tmuen/naturschutz/recht/recht/ehrenamt/naturschutzvereinigungen/ [Stand 06/22].

- Bund für Umwelt und Naturschutz Deutschland (BUND), Landesverband Thüringen e. V.,
- Grüne Liga e. V., Landesvertretung Thüringen,
- Kulturbund e. V., Landesverband Thüringen,
- Landesjagdverband Thüringen e. V. (LJV),
- Naturschutzbund Deutschland (NABU), Landesverband Thüringen e. V.,
- Schutzgemeinschaft Deutscher Wald (SDW), Landesverband Thüringen e. V.,
- Landesanglerverband Thüringen, Verband der Fischwaid und zum Schutz der Gewässer und Natur e. V.,
- Verband für Angeln und Naturschutz Thüringen e. V. (VANT).

5. Thüringer Ministerium für Infrastruktur und Landwirtschaft und nachgeordnete Behörden

286 Umweltrechtliche Aufgaben nehmen auch das **Thüringer Ministerium für Infrastruktur und Landwirtschaft** und dessen Behörden im Zuständigkeitsbereich wahr. Hierzu gehören die Landwirtschaftsämter, die Ämter für Landesentwicklung und Flurneuordnung und das Thüringer Landesamt für Landwirtschaft und Ländlichen Raum (TLLLR), das 2019 die Landesanstalt für Landwirtschaft abgelöst hat.[415]

287 2012 wurde für den Bereich der Forstverwaltung die **Landesforstanstalt** ThüringenForst als Anstalt des öffentlichen Rechts gegründet, die sowohl für die Bewirtschaftung des Thüringer Staatswaldes zuständig ist als auch dienstleistend private und kommunale Waldbesitzer berät und unterstützt.[416] An der Spitze stehen der operativ tätige Vorstand und für grundsätzliche Fragen ein Verwaltungsrat. Beratend fungiert ein Beirat. Aufgeteilt in drei Inspektionen ist die Landesforstanstalt den 24 Thüringer Forstämtern vorgesetzt. In die Anstalt integriert wurde das forstliche Forschungs- und Kompetenzzentrum Gotha.

6. Zuständigkeiten der Landratsämter und kreisfreien Städte

288 Die Landratsämter und kreisfreien Städte unterstützen die Landesregierung durch die **Wahrnehmung von (übertragenen) Staatsaufgaben**.[417] Auf dem Gebiet des Umweltrechts sind dies u.a. die Aufgaben der unteren Naturschutzbehörde, der unteren Wasserbehörde, der unteren Immissionsschutzbehörde, der unteren Jagdbehörde, der unteren Abfallbehörde oder der unteren Bodenschutzbehörde.[418]

---

415 Hinzu kommen die beiden für das Umweltrecht nur teilweise relevanten Landesämter für Bau und Verkehr und für Vermessung und Geoinformation Thüringen.
416 Vgl. ThüringenForst (Hrsg.), Geschäftsbericht 2020, 2021.
417 Vgl. §§ 3 Abs. 1, 88 ThürKO.
418 Vgl. *Rücker*, in: ders./Dieter/Schmidt/Vetzberger/Oehler, Kommunalverfassungsrecht Thüringen, 35. EL 2020, § 3 ThürKO, S. 6, 26c ff.

§ 9 Kulturrecht

Hermann-Josef Blanke und Sebastian Raphael Bunse

Literatur: *Avenarius/Hanschmann*, Schulrecht. Ein Handbuch für Praxis, Rechtsprechung und Wissenschaft, 9. Aufl. 2019; *Blanke/Bunse* Wissenschafts- und Hochschulrecht in Thüringen, in: Geis (Hrsg.), Hochschulrecht in Bund und Ländern (58. AL Mai 2022); *Fuchs*, Das Staatskirchenrecht der neuen Bundesländer, 1999; *Germelmann*, Kultur und staatliches Handeln, 2013; *Hartmer/Detmer*, Hochschulrecht, 4. Aufl. 2022; *Lenski*, Öffentliches Kulturrecht, 2013; *Niehues/Fischer/Jeremias*, Prüfungsrecht, 8. Aufl. 2022; *Oppermann*, Kulturverwaltungsrecht, 1969; *Palm*, Öffentliche Kunstförderung zwischen Kunstfreiheitsgarantie und Kulturstaat, 1997; *Rux*, Schulrecht, 8. Aufl. 2018; *Rux*, in: Ehlers/Pünder (Hrsg.), Besonderes Verwaltungsrecht Band III, 4. Aufl. 2021, § 86 Schulrecht; *Unruh*, Religionsverfassungsrecht, 4. Aufl. 2018; *Scheytt*, Kulturverfassungsrecht – Kulturverwaltungsrecht, in: Klein (Hrsg.), Kompendium Kulturmanagement, 4. Aufl. 2017, S. 187 ff.; *ders.*, Kommunales Kulturrecht, 2005.

I. Grundlagen 1	2. Das Schulverhältnis 45
1. Kultur als Gegenstand des öffentlichen Rechts 1	a) Das Schulverhältnis als Rechtsverhältnis 45
2. Verfassungsrechtliche Grundlagen des Kulturrechts 4	b) Schulpflicht und Schulzwang 47
a) Kulturstaatlichkeit – Staatsziel Kultur? 6	c) Rechte und Pflichten der Beteiligten des Schulverhältnisses 51
b) Kulturhoheit oder Kulturaufgaben der Länder? 10	d) Die Festlegung der Bildungsinhalte 57
c) Kommunale Kulturaufgaben 13	3. Rechtsform der öffentlichen Schulen und kommunale Schulträgerschaft 58
3. Aufbau der Kulturverwaltung 15	
II. Kunstförderungs- und Denkmalschutzrecht 16	4. Äußere Schulorganisation: Gliederung und Zugang 59
1. Verfassungsrechtlicher Rahmen 16	a) Das gegliederte Schulsystem als Normalfall 60
2. Direktiven der öffentlichen Kunstförderung 18	b) Der Zugang zu Schulen und Schularten, insbesondere Inklusion 61
a) Möglichkeiten der Förderung 18	
b) Anforderungen an die Ausgestaltung 20	5. Innere Schulorganisation: Grundlagen der Schulverfassung 64
3. Öffentliche Kultureinrichtungen 22	6. Schulen in privater Trägerschaft 69
4. Denkmalschutzrecht im Überblick 28	a) Verfassungsrechtliche Garantie 69
a) Schutz von Kulturdenkmalen 29	b) Ersatz- und Ergänzungsschulen, Genehmigung und Anerkennung 70
b) Denkmalschutz und Eigentumsschutz 33	
III. Schulrecht 35	c) Staatliche Förderpflicht ... 74
1. Verfassungsrechtlicher Rahmen 37	7. Schulaufsicht 75
	IV. Hochschulrecht 76
a) Das Schulwesen in der föderalen Kompetenzordnung 37	1. Verfassungs-, bundes- und unionsrechtlicher Rahmen 77
	2. Äußere Hochschulverfassung – Rechtsstellung der Hochschulen 79
b) Das Recht auf Bildung als Ausgangspunkt 38	
c) Staatliche Schulverantwortung und elterliches Erziehungsrecht 42	a) Doppelrechtscharakter und Selbstverwaltung 79
	b) Staatliche Aufsicht 80

c) Private Hochschulen 81
3. Innere Hochschulverfassung – Hochschulorgane und Mitwirkung 82
   a) Hochschulorgane auf zentraler Ebene 83
   b) Hochschulorgane auf dezentraler Ebene 90
4. Rechte und Pflichten der Hochschulmitglieder 93
   a) Studierende 94
   b) Wissenschaftliches und künstlerisches Hochschulpersonal 97
5. Abschlüsse und Prüfungen 99
   a) Grundlagen 99
   b) Rechtsschutz und Kontrolldichte 102
6. Hochschulsteuerung und Qualitätssicherung 106
V. **Religions- und Weltanschauungsrecht** 108
1. Verfassungsrechtlicher Rahmen 108
2. Landesrechtliche Konkretisierungen 114
   a) Verträge mit Religionsgemeinschaften 114
   b) Religion und Schule 115
   c) Öffentlich-rechtlicher Körperschaftsstatus 119
   d) Einfachrechtliche Konkretisierungen 122

I. Grundlagen

1. Kultur als Gegenstand des öffentlichen Rechts

1 Wer über das (Thüringer) Landesrecht schreibt, darf zum Recht der Kultur und Bildung nicht schweigen. Die gewissermaßen schöngeistige Materie spielt in der Juristenausbildung traditionell eine untergeordnete Rolle.[1] Dies wird ihrer rechtspolitischen und rechtspraktischen Relevanz indes kaum gerecht. Derart **breite Gestaltungsspielräume** sind den Ländern nur hier (noch) verblieben, auch wenn die Tendenz zum „unitarischen Bundesstaat" im Sinne von *K. Hesse* selbst in diesem *domaine réservé* unverkennbar ist. Dies gilt auch nach dem Machtwechsel im Bund angesichts der Vereinbarung der Koalitionäre im Jahr 2021, „eine engere, zielgenauere und verbindliche Kooperation zwischen Bund, Ländern und Kommunen" im Bildungsbereich anzustreben.[2] So rechtfertigt sich die Darstellung des **Kulturverwaltungs- und -verfassungsrechts** in einem Studienbuch nicht zuletzt, um das Verständnis der föderalen Ordnung in ihren kulturpolitischen Ausprägungen zu vertiefen – zumal in einem Lehrbuch zum Recht eines Landes, das sich einer historisch gewachsen dichten Kulturlandschaft erfreut und hierüber auch definiert (vgl. die Eingangsformel der Thüringer Landesverfassung). Zu diesem Zweck muss zunächst knapp der Inhalt des hier zugrunde gelegten Kulturbegriffes skizziert werden.

2 Kultur als schillernder und vielschichtiger[3] Begriff kann hier nicht abschließend definiert, sondern muss im Kern als vorrechtliches Phänomen verstanden werden. Um die Normativität der Kultur als Rechtsbegriff zu erfassen, muss seine Reichweite indes juristisch bestimmt werden, weshalb eine Annäherung ausschließlich anhand

---

1 Klausurrelevanz kann das facettenreiche Rechtsgebiet „Kulturrecht" gem. § 14 Abs. 1 S. 2 ThürJAPO in Fallgestaltungen erlangen, in denen etwa verwaltungs- oder verfassungsrechtliche Prüfungssachverhalte in Gegenstände des Kulturrechts eingekleidet werden (bspw anhand von Grundrechtskollisionen im Schulrechtsverhältnis).
2 Vgl. Koalitionsvertrag zw. SPD, B90/Grüne und der FDP, „Mehr Fortschritt wagen. Bündnis für Freiheit, Gerechtigkeit und Nachhaltigkeit", 2021, S. 9, 75; zum vorherigen Koalitionsvertrag (2018) zwischen CDU, CSU und SPD auf Bundesebene vgl. *Lindner*, ZRP 2018, 94.
3 Zu den gängigen Begriffsbedeutungen *Hufen*, Staatsrecht II, Vorb. § 32 Rn. 1 („Schaffen, Entwickeln, Kult").

außerrechtlicher, kulturwissenschaftlicher Maßstäbe nicht in Betracht kommt. Dem mittlerweile als klassisch geltenden kulturverwaltungsrechtlichen Verständnis *Th. Oppermanns* zufolge kann Kulturrecht, gewissermaßen induktiv, als Summe der Bereiche definiert werden, die traditionell als kulturelle Entfaltungsfelder gelten. Hierzu zählen im Sinne einer humanistischen Trias die Kunst, die Bildung und die Wissenschaft.[4] Obgleich der „additive" Kulturbegriff der Gliederung dieses Kapitels weitgehend zugrunde liegt, ist festzuhalten, dass er der Offenheit und Dynamik kultureller Lebensäußerungen kaum Rechnung trägt, weil er für die Identitätsstiftung des Individuums in der Gemeinschaft wesentliche Bereiche, wie bspw. die Religion, die Medien[5] oder den Sport, ausklammert. Dies entspricht im Übrigen auch nicht dem Verständnis der Thüringer Verfassung. In die normativ nur schwach durchformte Materie des Kulturrechts (Kulturfachgesetze haben Seltenheitswert!) soll nachfolgend anhand der **Kernbereiche des klassischen öffentlichen Kulturrechts** – Kunst und Denkmalschutz, Bildung am Beispiel der allgemeinbildenden Schulen, Wissenschaft am Beispiel der Hochschulen sowie die Beziehungen des Staates zu Religion und Weltanschauung – eingeführt werden, wobei der Blick zugleich stets auf Thüringer Spezifika zu lenken ist.

Obgleich man kaum von „der" Kultur im Wandel der Epochen sprechen kann, sind sowohl ihre Gegenstände selbst als auch ihre Beziehung zur staatlichen Obrigkeit durch die Jahrhunderte **historischen Rahmenbedingungen und Entwicklungen** unterworfen. So wurde etwa der Bereich der Kunst, von der religiösen Vereinnahmung des Mittelalters und der Staatsverherrlichung des Absolutismus ausgehend, im demokratischen Verfassungsstaat umfassend „privatisiert", wofür bereits die Paulskirchenverfassung von 1849 einen Beleg liefert. Im Bereich des Schulwesens vollzog sich hingegen eine exakt gegenläufige Entwicklung: Erfolgte die Gründung der ersten echten Schulen unter dem Einfluss der Reformation,[6] führte die Weimarer Reichsverfassung (WRV) von 1919 im Zuge einer „Verstaatlichung" zu einer weitgehenden Entmachtung der Kirchen im Schulbereich. In der Instrumentalisierung der Schulen während der beiden deutschen Diktaturen von 1933 bis 1945 und von 1949 bis 1989 wurde diese Entwicklung geradezu pervertiert. So wie sich der kulturelle Pluralismus mit geteilten Gemeinsamkeiten in den ehemaligen deutschen Territorien als eine Triebfeder der nationalen Einigung von 1871 erwies, so wurde die historisch gewachsene und vielfältige Thüringer Kulturlandschaft[7] nach der deutschen Wiedervereinigung im Jahr 1990 zu einem Kleinod im föderalen Deutschland – in seiner internationalen und europäischen Einbindung.

3

---

4 *Oppermann*, Kulturverwaltungsrecht, S. 8 ff.
5 Das Medienrecht wird als selbstständiges Rechtsgebiet aufgefasst; sh. etwa *Fechner*, Medienrecht, 21. Aufl. 2021; eine landesübergreifende Darstellung findet sich bei: *Dörr*, § 10, in: Hufen/Jutzi/Hofmann, Studienbuch Landesrecht Rheinland-Pfalz, 9. Aufl. 2021, S. 434 ff.
6 *V. Unruh*, in: Blaich/Jeserich (Hrsg.), Deutsche Verwaltungsgeschichte I, 1983, S. 383; zu nennen ist hier *Martin Luthers* Schrift „An die Ratsherren" von 1524. Die Schulordnung des Herzogtums Sachsen-Weimar von 1619 enthielt erstmalig Regelungen einer Schulpflicht, die sich jedoch im Kern als bloße Unterrichtspflicht darstellte. Der Gothaer Schulmethodus von 1648 wurde hingegen auch faktisch durchgesetzt; vgl. *Handschell*, Die Schulpflicht vor dem Grundgesetz, 2012, S. 28.
7 Weiterführend *John* (Hrsg.), Kleinstaaten und Kultur in Thüringen vom 16. bis 20. Jahrhundert, 1994.

2. Verfassungsrechtliche Grundlagen des Kulturrechts

4   Ausgangspunkt der Analyse des Kulturrechts und Ausdruck der Kulturstaatlichkeit des Freistaates Thüringen ist **Art. 30 Abs. 1 ThürVerf**, der lautet:

"Kultur, Kunst, Brauchtum genießen Schutz und Förderung durch das Land und seine Gebietskörperschaften."

5   Diese Bestimmung bildet zusammen mit den diversen kulturellen Grundrechten der Landesverfassung (etwa Art. 27, 39 ThürVerf), den Bildungsartikeln (Art. 20 ff. ThürVerf), der Bestimmung über die Religions- und Weltanschauungsgemeinschaften (Art. 40 ThürVerf) und der Garantie der kommunalen Selbstverwaltung (Art. 91 Abs. 1 ThürVerf) den normativen Rahmen des **"Kulturverfassungsrechts"** in Thüringen. Bereits im Wortlaut klingt die eigenständige Bedeutung von Kultur, Kunst und Brauchtum an, so dass diese Emanationen gleichberechtigt nebeneinander stehen und die Reichweite der Norm bestimmen.[8] Die Absätze 2 und 3 beziehen den Denkmalschutz und den Sport ausdrücklich in den Schutz- und Förderauftrag des Staates ein.

6   **a) Kulturstaatlichkeit – Staatsziel Kultur?** Die Rechtsprechung des BVerfG sieht die Bundesrepublik insgesamt als einen "Kulturstaat", obwohl eine dem Art. 30 Abs. 1 ThürVerf[9] entsprechende Bestimmung dem Grundgesetz fremd ist.[10] Ein Verständnis des "Kulturstaates" als ein aktiv Kultur gestaltender und formender Staat ist ein Relikt des 19. Jahrhunderts und wäre mit **kultureller Vielfalt** und grundrechtlichen Freiheitsansprüchen unvereinbar.[11] Der moderne Kulturstaat schützt hingegen die Freiheit kultureller Gestaltung und aktiviert oder fördert ihre Potenziale. Er ist somit gleichsam Anstifter, nicht Stifter von Kultur.[12] Aufgabe des Kulturstaates im Sinne der Landesverfassung ist damit die Gewährleistung kultureller Freiheiten sowie die Schaffung hierfür geeigneter Rahmenbedingungen – nicht zuletzt durch die Bereitstellung adäquater Rechtsformen (siehe das ThürStiftG) sowie die Unterhaltung öffentlicher Kultureinrichtungen und die Förderung der Kultur mit öffentlichen Mitteln.

7   Trotz der terminologischen Ähnlichkeit mit den Staatsstrukturprinzipien wie Demokratie, Bundesstaatlichkeit, Rechtsstaatlichkeit und Sozialstaatlichkeit weist die **Kulturstaatlichkeit** nach Art. 30 Abs. 1 ThürVerf die Qualität einer reinen Staatszielbe-

---

8   *Heßelmann*, in: Linck/Baldus/Lindner/Poppenhäger/Ruffert, Die Verfassung des Freistaats Thüringen, Art. 30 Rn. 4 f. Die Aufzählung ist nicht abschließend zu verstehen; so fällt auch eine Freizeitgestaltung schlechthin unter den Kulturbegriff. Der landesverfassungsrechtliche Schutz des Brauchtums umfasst auch Aspekte regionaler Identität, wie etwa Volksfeste oder Gedenktage (vgl. § 2a ThürFGtG; so ist etwa der 17. Juni Gedenktag für die Opfer des SED-Unrechts.).
9   Eine Vielzahl weiterer Landesverfassungen enthält vergleichbare Verbürgungen, vgl. Art. 3 Abs. 1 Satz 1, 140 BayVerf, Art. 18 NRW Verf, Art. 3c Abs. 1 BW Verf, Art. 11 Abs. 2 S. 1 SächsVerf. Zur Interpretation und Anwendung kultureller Staatsziel-Normen im Landesverfassungsrecht *Gmeiner*, ZLVR 2020, 77 ff.
10 So erfolgte die Herleitung über Art. 5 Abs. 3 S. 1 GG. Dies betrifft allerdings nur Kunst iSv "Kunst" (vgl. BVerfGE 36, 321, 331) und "Wissenschaft" (vgl. BVerfGE 35, 79, 113 f.). Für die Herleitung einer entsprechenden Staatszielbestimmung aus der Zusammenschau diverser Kompetenznormen und Grundrechtsverbürgungen vgl. etwa *Palm*, Öffentliche Kunstförderung, S. 126 ff.; *v. Arnauld*, in: HStR VII, 3. Aufl. 2005, § 167 Rn. 82.
11 Häufig rezipierter Vertreter des Kulturstaatsbegriffs in diesem Sinne ist *Ernst Rudolf Huber*; vgl. etwa *ders.*, Zur Problematik des Kulturstaates, 1958; zur Kritik vgl. *Geis*, Kulturstaat und kulturelle Freiheit, 1990; *Häberle*, Kulturverfassungsrecht im Bundesstaat, 1980; S. 14, 45.
12 *Steiner*, in: HStR IV, 3. Aufl. 2006, § 86 Rn. 28; *Brüning*, Staatliche Kulturpflege im liberalen Rechtsstaat, in: FS Schack, 2022 (i.E.), S. 27, 30 f.

stimmung auf.¹³ Als **rechtlich verbindlicher Handlungsauftrag** gibt sie ihren Adressaten – dem Land sowie den Gebietskörperschaften, aber auch den Anstalten und Stiftungen des öffentlichen Rechts – die Aufgabe vor, das kulturelle Leben zu schützen und zu fördern, und verpflichtet sie, kulturelle Belange im Rahmen der Erfüllung ihrer Aufgaben angemessen zu berücksichtigen (Art. 43 ThürVerf).¹⁴ Während dieser Schutzauftrag bei „gleichlaufenden" Grundrechten eine Verstärkungswirkung entfaltet (etwa hinsichtlich der Kunstfreiheit), kann er bei einem Freiheitsgebrauch, der kulturelle Werte zu gefährden droht, auch als Schranke fungieren.¹⁵ Subjektive Leistungsrechte können aufgrund der Unbestimmtheit des Art. 30 Abs. 1 ThürVerf hieraus aber nicht abgeleitet werden.¹⁶ Bei einer Spannungslage mit gleichwertigen Verfassungswerten und Zielbestimmungen besteht eine im Wege praktischer Konkordanz zu lösende Abwägungsoffenheit.

Beispiel: So können etwa die Gebote des Denkmalschutzes nach Art. 30 Abs. 1 S. 1 ThürVerf oder der Zugänglichmachung von Kultur- oder Naturdenkmalen zugunsten der Öffentlichkeit nach Satz 2 in Konflikt mit dem Ziel des Naturschutzes gem. Art. 31 ThürVerf geraten.

Die Verpflichtung des Freistaats, die Kultur zu schützen und zu fördern, steht jedoch 8
insgesamt unter dem **Vorbehalt des Möglichen** und äußert sich, in Anlehnung an das Untermaßverbot, in einem nicht zu unterschreitenden, freilich aber kaum exakt bestimmbaren kulturellen Mindeststandard. Ein Verstoß gegen die Staatszielbestimmung kann also allenfalls dann angenommen werden, wenn der Freistaat evident gegenläufige Ziele verfolgt oder über einen längeren Zeitraum keinerlei Maßnahmen zum Schutz und zur Förderung der Kultur ergreift. Demgemäß weist Art. 30 Abs. 1 ThürVerf einen nur geringen Grad an Justitiabilität auf.

Beispiele: So können etwa landesrechtliche Bestimmungen im Rahmen der abstrakten Normenkontrolle vor dem ThürVerfGH grundsätzlich auf ihre Vereinbarkeit mit Art. 30 Abs. 1 ThürVerf überprüft werden, wobei der eingeschränkte Prüfungsmaßstab zu beachten ist. Mittels verwaltungsprozessualer Klagen und der Landesverfassungsbeschwerde können aber keine subjektiven Leistungsrechte aus der Staatszielbestimmung des Art. 30 Abs. 1 ThürVerf geltend gemacht werden. Einzelne Normen des Landesrechts, die die Freiheitsrechte (etwa die allgemeine Handlungsfreiheit) als Teil der verfassungsmäßigen Ordnung beschränken, können jedoch inzident anhand der Kulturförderklausel nach dem genannten Maßstab überprüft werden. Dies betrifft potenziell auch solche Regelungen, in denen sich der Schutz- und Förderauftrag im Interventionsfall aktiviert. Ob pandemiebedingte Schließungen und den Kulturbetrieb anderweitig beschränkenden Maßnahmen im Zuge der Coronavirus-Pandemie ab 2020 diese Schutz- und Förderpflicht stets ausreichend in die Abwägung eingestellt haben, wurde bisweilen bezweifelt.¹⁷

Die Landesregierung hat im Jahr 2012 ein **Kulturkonzept** zur mittelfristigen Planung 9
der Kulturerhaltung- und -förderung aufgestellt, das auf dem „Leitbild Kulturland

---

13 *Heßelmann*, in: Linck/Baldus/Lindner/Poppenhäger/Ruffert, Die Verfassung des Freistaats Thüringen, Art. 30 Rn. 7; *Jutzi*, ThürVBl 1995, 54, 56.
14 Dieser Auftrag richtet sich an alle drei Gewalten, jedoch primär an den Gesetzgeber, der über einen weiten Ausgestaltungsspielraum verfügt; vgl. *Sommermann*, Staatsziele und Staatszielbestimmungen, 1997, S. 427 ff. Exekutive und Judikative haben die objektive Wertentscheidung nach Art. 30 Abs. 1 ThürVerf als Auslegungsmaßstab und bei der Ausfüllung unbestimmter Rechtsbegriffe sowie bei der Strukturierung von Abwägungsvorgängen zu berücksichtigen; vgl. auch *Schladebach*, JuS 2018, 118 ff.
15 Dies gilt aufgrund der Normenhierarchie nur für Landesgrundrechte. Bei der Beschränkung bundesverfassungsrechtlicher Grundrechte kann jedoch der legitime Eingriffszweck indiziert sein.
16 *Hopfe*, in: Linck/Jutzi/Hopfe, Die Verfassung des Freistaats Thüringen, Art. 30 Rn. 3.
17 Vgl. *Häberle/Kotzur*, JZ 2021, 161 ff.

Thüringen" von 2011 basiert. Das Konzept steht insgesamt unter dem Grundgedanken der Subsidiarität und spricht sich für eine verstärkte Förderung der regionalen Kulturentwicklungsplanung aus, etwa durch die Unterstützung von Kommunen mit besonders hohen Kulturausgaben mittels des Kulturlastenausgleichs.[18] Einen Bedarf für den Erlass eines Kulturfördergesetzes – wie ursprünglich im Koalitionsvertrag von 2014 vorgesehen – sah die Landesregierung bisher nicht, da sein Regelungsgehalt zulässigerweise nicht über haushaltsrechtliche Bestimmungen hinaus gehen könne.[19] Der Erlass eines „Kulturgesetzbuches" in Nordrhein-Westfalen (2021) weist hier in eine andere Richtung.[20]

10 **b) Kulturhoheit oder Kulturaufgaben der Länder?** Aufgrund des Übergewichts der Länderzuständigkeiten auf dem Gebiet der Kultur wird häufig von einer „Kulturhoheit" der Länder und einem „Kulturföderalismus" gesprochen. Bezugspunkt ist insoweit die Grundregel der Art. 30, 70, 83, 104a GG, wonach der Bund nur über diejenigen Gesetzgebungs-, Verwaltungs- und Finanzkompetenzen verfügt, die ihm das Grundgesetz zugewiesen hat. Obgleich dem Bund auch nach der Föderalismusreform I (2006) gewichtige kulturelle Zuständigkeiten verblieben sind,[21] haben die Länder einen breiten Gestaltungsspielraum zur Regelung kultureller Sachverhalte im weiteren Sinne. Die (ältere) Rechtsprechung des BVerfG begreift die „Kulturhoheit" als konstitutiv für die im **Bundesstaatsprinzip** sowie über Art. 79 Abs. 3 GG geschützte Eigenstaatlichkeit der Länder.[22]

Beispiel: So könnte etwa eine vollständige Kompetenzübertragung auf den Bund im Bereich des Schulrechts auch nicht durch Verfassungsänderung erfolgen, da die „Bildungshoheit" der Länder in den absolut geschützten Kernbereich des Bundesstaatsprinzips (Art. 79 Abs. 3 GG) fällt. Doch sind die Länder nicht gehindert, abgestimmte oder gar harmonisierte Strukturen durch Staatsverträge oder anderweitige Vereinbarungen zu schaffen.

11 Der Topos der „Kulturhoheit" führt zu irreführenden begrifflichen Implikationen, da er als terminologisches Relikt des vordemokratischen Staates eine Kulturgestaltungsmacht suggeriert, die mit dem Kulturverständnis und dem Trägerpluralismus als

---

18 Kulturkonzept Thüringen, 2012, S. 22, 135.
19 LT-Drs. 6/7104, S. 33.
20 GV. NRW 2021, S. 1353. Zwecks einer Finanzierungssicherung kultureller Tätigkeit und zur Verbesserung der oftmals prekären Arbeitsbedingungen im Kulturbereich wurden dort die bestehenden Regelungen gebündelt. Auch die Grundsätze, Ziele und Verfahren der Kulturförderung wurden dort bundesweit erstmalig gesetzlich fixiert.
21 Ausschließliche Bundeskompetenzen mit kultureller Relevanz betreffen etwa das Urheber- und Verlagsrecht (Art. 73 Abs. 1 Nr. 9 GG), den Schutz deutscher Kulturgüter vor Abwanderung in das Ausland (Art. 73 Abs. 1 Nr. 5a GG – vgl. hierzu das KulturgutSchutzG des Bundes; *Fechner*, in: von der Decken/Fechner/Weller (Hrsg.), Kulturgutschutzgesetz, 2021, Teil 1 B. Rn. 30, spricht hier von einer „Odyssee", die diese Bundeszuständigkeit durchlaufen habe) oder die gesamtstaatliche Repräsentation in der Hauptstadt (Art. 22 Abs. 1 GG). Unter den konkurrierenden Zuständigkeiten sind etwa Hochschulzulassung und Hochschulabschlüsse (Art. 74 Abs. 1 Nr. 33 GG) sowie die Kompetenz zur Forschungsförderung (Art. 74 Abs. 1 Nr. 13 GG) zu nennen. Zudem kommen ungeschriebene Kompetenzen hinzu, wie etwa der Schutz des Archivguts des Bundes oder in Bereichen von gesamtstaatlicher Bedeutung wie die Zuständigkeiten kraft der Natur der Sache, etwa hins. der Klassik-Stiftung Weimar. Das Kooperationsverbot sowie im Bereich der Hochschulförderung durch Art. 91b GG und hins. der Finanzierung kommunaler Bildungsinfrastruktur nach Art. 104c Abs. 1 S. 1 GG bereits relativiert; kritisch zu den damit verbundenen Einflussmöglichkeiten des Bundes angesichts des föderalen Prinzips *Lindner*, NVwZ 2018, 1843; *Brüning*, JZ 2022, 215, 220.
22 BVerfGE 6, 309, 346 f.; *Isensee*, SächsVBl 1994, 28, 34. Obwohl Art. 29 Abs. 1 S. 2 GG bei der Neugliederung des Bundesgebietes den Schutz kultureller Zusammenhänge bezweckt, ergibt sich daraus iVm dem Bundesstaatsprinzip kein Bestandsschutz einzelner Länder.

strukturelles Kennzeichen des Kulturrechts nicht vereinbar ist.[23] Sinnvoller erscheint es daher, von den **Kulturaufgaben der Länder** zu sprechen. Das Handlungsinstrumentarium des Kulturstaates ist, mit Ausnahme der Bereiche des Denkmalschutzes und des Schulwesens, durch die weitgehende Abwesenheit von Befehl und Zwang und damit durch die Verwendung „weicher" Methoden geprägt, wie Förderung und Anreize.

Im europafreundlichen Bundesstaat bleibt auch das Kulturrecht Thüringens von den **Einflüssen der Europäischen Union** nicht unberührt. Obwohl der Union nach Art. 167 AEUV lediglich eine Förderkompetenz unter Ausschluss jeglicher Rechtsharmonisierung zukommt und sie nur eine Zuständigkeit zum Erlass von „Maßnahmen zur Unterstützung, Koordinierung oder Ergänzung der Maßnahmen der Mitgliedstaaten" beanspruchen kann (Art. 6 lit. c AEUV)[24], wirken, auf andere Kompetenztitel gestützte Rechtsakte des Europäischen Wirtschaftsrechts teilweise auf das nationale Kulturrecht ein.[25]

12

c) **Kommunale Kulturaufgaben.** Die Kulturförderung findet überwiegend auf kommunaler Ebene statt. Die Erfüllung kultureller Aufgaben mit örtlichem Bezug fällt grundsätzlich in den **Kernbereich der Selbstverwaltungsgarantie** nach Art. 28 Abs. 1 GG / Art. 91 Abs. 1 ThürVerf. Kulturelles Wirken weist regelmäßig einen besonderen Ortsbezug auf, der sich durch die Nähe zu örtlichen Lebenszusammenhängen und zur örtlichen Geschichte im städtisch geprägten Raum auszeichnet. Die Gemeindeöffentlichkeit kann so als kulturelle Öffentlichkeit begriffen werden, die angesichts der Vielfalt und des Pluralismus der Lebensformen identitätsstiftend wirkt.[26] Im Sinne der Subsidiarität erweist sich die örtliche Ebene infolge dezentraler und transparenter Entscheidungsverfahren zur Kulturförderung als besonders geeignet.[27] Die in § 2 Abs. 2 ThürKO benannten Aufgaben werden etwa durch die kommunale Trägerschaft kultureller Einrichtungen wie Museen, Theater und Orchester, aber auch Schulen (Rn. 58) sowie in Form von Veranstaltungen und Fördermaßnahmen wahrgenommen. Überörtlich relevante Maßnahmen können auch auf Kreisebene ergriffen werden (§ 87 Abs. 1 ThürKO); ferner sind interkommunale Kooperationen[28] (etwa in Form von Zweckverbänden zur Unterhaltung bedeutsamer Einrichtungen) ein geeignetes Mittel, um die geringere Leistungsfähigkeit kleinerer Gemeinden zu adressieren, die meist über keine ausdifferenzierte Kulturverwaltung verfügen. Das generell-abstrakte Instru-

13

---

23 *Geis*, DÖV 1995, 522, 524; *Scheytt*, in: Klein, Kompendium Kulturmanagement, S. 197.
24 Ausweis hierfür ist auch die Zuständigkeit der Länder bei der Wahrnehmung der Rechte des Mitgliedstaates Bundesrepublik Deutschland in der EU nach Art. 23 Abs. 6 S. 1 GG; sh. BVerfGE 123, 267 Rn. 249; mit Blick auf die begrenzten Zuständigkeiten der Union auf dem Gebiet der Kultur kann von einer „Kulturhoheit" der Mitgliedstaaten gesprochen werden.
25 So kann der Anwendungsbereich der Grundfreiheiten bei Erbringung kultureller Leistungen mit grenzüberschreitendem Bezug eröffnet sein, etwa die Dienstleistungsfreiheit beim Besuch einer Privatschule (EuGH, Slg 2007, I-6849 – Schwarz und Gootjes-Schwarz); für den Zugang zum öffentlichen Schulwesen ist Art. 18 AEUV einschlägig. Aber auch die Förderung der nationalen und regionalen Kultur kann gegen Maßnahmen der EU in Stellung gebracht werden: Solche Fördermaßnahmen sind als geeigneter Allgemeinwohlbelang anerkannt, um es erlaubt, Grundfreiheiten zu beschränken; vgl. EuGH, Slg 1991, I-4007 Rn. 22 (Stichting Collectieve). Zum Verhältnis von EU-Beihilfenrecht und der Kulturförderung des Landes sh. *Dommach*, ThürVBl 2019, 3 ff.
26 Vgl. dazu ausführlich *Häberle*, Kulturpolitik in der Stadt, 1979.
27 *Hufen*, NVwZ 1983, 516, 520.
28 Sh. dazu *Leisner-Egensperger*, § 5 Rn. 133 ff.

ment, das auch der Erledigung kultureller Selbstverwaltungsaufgaben dient, ist die kommunale Satzung.

14 Nach der dualistischen Aufgabenstruktur der Thüringer Kommunalverfassung handelt es sich bei den kulturellen Aufgaben (mit einigen Ausnahmen, vgl. Rn. 58 zur Schulträgerschaft) um **freiwillige Selbstverwaltungsaufgaben** (§ 2 Abs. 1 ThürKO). Selbst die Benennung der Gebietskörperschaften als weitere Adressaten der Staatszielbestimmung des Art. 30 ThürVerf vermag dies nicht zu ändern, da die Erfüllung der Aufgaben, die sich aus der Kulturstaatlichkeit ergeben, einer gesetzlichen Konkretisierung bedarf, die sie auch durch die Kommunalverfassung erfahren hat.[29] Die Unterscheidung zwischen freiwilligen und anderen Selbstverwaltungsaufgaben hat jedenfalls dann Bedeutung, wenn in Zeiten knapper Kassen das Budget für Kulturpolitik ganz oben auf der Liste der Kürzungen steht. Viele Gemeinden begreifen kulturelle Aufgaben allerdings als „politische Pflichtaufgaben",[30] ist doch eine lebendige und vielfältige Kulturlandschaft ein harter „Standortvorteil". So ist ein kultureller Mindeststandard zu gewährleisten, dessen Unterschreitung im Einzelfall begründungspflichtig wird. Ein weiches Instrument, um kommunale Kulturförderung durch den Landeshaushalt zu stimulieren, sind die „Kulturquoten", die, geknüpft an bestimmte Rahmenbedingungen, Kommunen bei besonders hohen Kulturausgaben Unterstützung gewähren. Dies erfolgt etwa über die Thüringer Richtlinien zum kommunalen **Kulturlastenausgleich** nach Maßgabe des Thüringer Finanzausgleichsgesetzes (vgl. § 22d ThürFAG).[31] Dem Landesgesetzgeber bleibt es dennoch unbenommen, die kulturellen Selbstverwaltungsaufgaben gesetzlich zu konkretisieren, wie dies etwa im ThürArchivG oder im ThürBibG geschehen ist.

3. Aufbau der Kulturverwaltung

15 Die Einordnung der Kulturverwaltung in die Behördenorganisationen des Landes kann anhand der Erfüllung der verschiedenen Aufgaben, wie etwa der Unterhaltung von Kultureinrichtungen oder dem Erlass von Fördermaßnahmen, erfolgen.[32] **Oberste Landesbehörde** der allgemeinen Kulturverwaltung ist die Thüringer Staatskanzlei (TSK), die seit 2014 als Ministerium für Kultur, Europa- und Bundesangelegenheiten fungiert. Unter dem Dach der Staatskanzlei werden damit neben der Unterstützung des Ministerpräsidenten auch fachbehördliche Aufgaben wahrgenommen, wie bspw.

---

29 Die Festschreibung als Pflichtaufgaben der Selbstverwaltung (§ 2 Abs. 3 ThürKO), wie sie – bundesweit einmalig (vgl. § 3 Abs. 3 KulturGB NRW) – im sächsischen Kulturraumgesetz erfolgt ist, wurde in Thüringen diskutiert und abgelehnt (LT-Prot. 4/68 v. 21.9.2007, S. 6853 ff.). Im Ergebnis ist die Pflicht von Verfassung wegen von den Kommunen zu erfüllen und durch sie zu konkretisieren, jedoch nicht im Wege der staatlichen Aufsicht durchsetzbar; vgl. *Karpen*, DÖV 2017, 286, 288; aA *Classen*, DVBl 2016, 406, 408.
30 So treffend der Beschluss des Deutschen Städtetages v. 15.11.2009, S. 6. In diesem Kontext bemerkenswert ist der Kulturstadtvertrag des Landes Thüringen mit der Stadt Weimar vom 8.11.2017 (Abl. Weimar v. 25.11.2017, S. 9385), der ua die Finanzierung bestimmter überregional wirkender Einrichtungen als pflichtig festschreibt und ihre Förderung (unter Haushaltsvorbehalt) sicherstellt, wie etwa das Kunstfest Weimar, die Klassik Stiftung Weimar, das Bauhaus und die KZ-Gedenkstätte Buchenwald.
31 Vgl. die bis Ende 2021 geltende Regelung nach § 3 Ziff. 2 Kulturlastenrichtlinie v. 29.8.2018, ThürStAnz Nr. 39/2018 S. 1258. Demnach muss der antragstellende Träger eine überregional bedeutsame Einrichtung finanzieren und Kulturausgaben im Verwaltungshaushalt vorsehen, die einem Anteil von über 4 % in den vergangenen drei Rechnungsjahren entsprechen.
32 *Scheytt*, in: Klein, Kompendium Kulturmanagement, S. 206; vgl. allgemein zum Begriff *Oppermann*, Kulturverwaltungsrecht, S. 11 ff.

die Aufsicht über die Kulturstiftung des Freistaats Thüringen.[33] Als weitere oberste Landesbehörden nehmen das Thüringer Ministerium für Bildung, Jugend und Sport (TMBJS) sowie das Ministerium für Wirtschaft, Wissenschaft und Digitale Gesellschaft (TMWWDG) Kulturaufgaben wahr. Das Landesverwaltungsamt in Weimar ist als **Landesmittelbehörde** auf diesem Gebiet tätig (etwa im Rahmen seiner Dienstaufsicht). Zuständige **Landesbehörden** sind das Landesamt für Archäologie und Denkmalpflege mit Sitz in Weimar, sowie die sechs staatlichen Landesarchive. Als **untere Landesbehörden** sind die fünf staatlichen Schulämter zu nennen. Daneben ist das Land Träger diverser Einrichtungen bzw unterhält solche, wie etwa die staatlichen Hochschulen. Kulturaufgaben werden zudem von den Gebietskörperschaften und Landesstiftungen als Teil der **mittelbaren Staatsverwaltung** wahrgenommen.

II. Kunstförderungs- und Denkmalschutzrecht

1. Verfassungsrechtlicher Rahmen

Kulturrecht kann nicht auf das (öffentliche) Kunstrecht als einen seiner Teilbereiche reduziert werden, letzteres bildet jedoch einen wichtigen Ausschnitt aus der Gesamtmaterie. Gegenstand dieses Abschnittes ist der Aspekt der **Kunstförderung** mit seinen grundrechtlichen Implikationen im Spannungsverhältnis von Kulturstaat und Kunstfreiheitsgarantie. Diese Spannungslage manifestiert sich in der Paradoxie der Erledigung staatsferner Aufgaben („Kunst") durch staatsnahe Akteure (etwa städtische Theater oder Orchester). 16

Ausgangspunkt des Kunstrechts ist die Kunstfreiheit, wie sie in Art. 5 Abs. 3 S. 1 GG / Art. 27 Abs. 1 S. 1 ThürVerf gewährleistet ist und sich konterkarierend von der Garantie der „sozialistischen Kunst" bzw „Kultur" nach Art. 18 DDR-Verf. (1968/1974) absetzt. Nach der Rechtsprechung des BVerfG ist ein **offener Kunstbegriff** zugrunde zu legen.[34] Die Kunstfreiheit bezweckt den Schutz der Eigengesetzlichkeit des künstlerischen Kommunikationszusammenhangs. Eine staatliche Stil- oder Niveaukontrolle ist damit nicht vereinbar. Sie beinhaltet neben dem subjektiven Abwehrrecht auch eine **objektive Wertentscheidung**, die die Pflicht des Staates umfasst, ein freies Kunstleben zu erhalten und zu fördern – etwa, indem er für geeignete Rahmenbedingungen sorgt.[35] 17

2. Direktiven der öffentlichen Kunstförderung

a) **Möglichkeiten der Förderung.** Öffentliche Kunstförderung kann in Form direkter und indirekter Vergünstigungen erfolgen. Mittelbare Vergünstigungen beschreiben die Bereitstellung eines rechtlichen Rahmens durch den Staat, etwa mittels des Steuerrechts oder des Künstlersozialversicherungsrechts.[36] Der **unmittelbaren staatlichen** 18

---

33 Vgl. Beschluss der Landesregierung v. 14.1.2021 (GVBl. S. 21), Ziff. 3.02; der TSK obliegt zudem die Mitwirkung in den föderalen Institutionen der Kulturpflege, wie etwa der Stiftung Preußischer Kulturbesitz oder der Kulturstiftung der Länder (Ziff. 3.02.25).
34 BVerfGE 30, 173; 67, 213; 119, 1; zum Grundrecht der Kunstfreiheit vgl. *Lenski*, Jura 2016, 35.
35 *Strauch*, in: Linck/Baldus/Lindner/Poppenhäger/Ruffert, Die Verfassung des Freistaats Thüringen, Art. 27 Rn. 6, 17 ff.
36 *Lenski*, Öffentliches Kulturrecht, S. 199 ff.; sie unterfallen der Kompetenz des Bundes und sind hier auszublenden.

Kunstförderung dienen hingegen Instrumente der finanziellen Subventionierung seitens des Landes und der Kommunen sowie die Bereitstellung öffentlicher Kultureinrichtungen, in denen dem Künstler die Möglichkeit zur Darbietung gegeben und sein Wirkbereich so vergrößert wird (etwa in staatlichen Galerien, Museen).[37] Auch kann etwa die bildende Kunst durch den Ankauf von Werken gefördert, können Ausfallbürgschaften übernommen und Räume zur Nutzung überlassen werden. Konkrete Ansprüche auf Förderung ergeben sich weder aus der subjektiv- noch aus der objektiv-rechtlichen Komponente der Kunstfreiheit[38] und auch nicht aus der Staatszielbestimmung des Art. 30 Abs. 1 ThürVerf. **Ansprüche auf Berücksichtigung sowie sachgerechte Auswahl und Entscheidung** können aber aus Art. 27 Abs. 1 S. 1 iVm 30 Abs. 1 ThürVerf folgen; ebenso verhält es sich mit derivativen **Teilhabeansprüchen** hinsichtlich der vorhandenen Fördermittel. Jedoch vermittelt auch eine beständige und langjährige Förderung keinen Bestandsschutz.[39] Anders, als etwa in Sachsen (Kulturraumgesetz) und jüngst Nordrhein-Westfalen (Kulturgesetzbuch) ergeben sich in Thüringen die Bestimmungen zur öffentlichen Kulturförderung weitgehend aus den Richtlinien der jeweils zuständigen Körperschaften (s.u.); landesrechtlich ist sie mithin relativ schwach ausgestaltet.

19 Die finanzielle Kunstsubventionierung ist dem Gesetzesvorbehalt zumindest insofern unterworfen, als die zu gewährenden Mittel im Haushaltsplan vorgesehen sein müssen. Ein probates Mittel zur Allokation der Fördermittel sind sog **Kunstförderrichtlinien**.[40] Sie skizzieren als Verwaltungsvorschriften die Voraussetzungen der Förderung, etwa mit Blick auf Förderobjekt und -summe. Bei den inhaltlichen Anforderungen[41] handelt es sich um unbestimmte Rechtsbegriffe, deren Auslegung grundrechtliche Direktiven zu beachten hat (Rn. 20 f.). Die Förderkriterien und -voraussetzungen, wie sie sich aus solchen Richtlinien ergeben, entfalten nur mittelbar, also infolge der über den Gleichheitssatz vermittelten Selbstbindung der zur Entscheidung berufenen Stelle, Außenwirkung; unmittelbar können hierauf keine Ansprüche gestützt werden.[42] Eine „staatsfernere" Ausgestaltung ist über Kunstförderungsinstitute wie die **Kulturstiftung des Freistaats Thüringen** möglich, die als rechtsfähige Stiftung des öffentlichen Rechts verfasst ist und auf Grundlage ihrer Förderrichtlinie selbstständig Förderentscheidungen trifft (§§ 7 Abs. 1, 9 ThürKultStiftG). Sie ergehen als Verwaltungsakte (§§ 23, 44 ThürLHO). Seit 2019 ist die Kulturförderung durch das Land bei dieser Kulturstiftung gebündelt. Auch den Gemeinden und Gemeindeverbänden steht es frei, Kulturstiftungen mit entsprechender Zielsetzung zu gründen und zu verwalten (§ 15 ThürStiftG).[43]

---

37 Vgl. *Lynen*, Kunstrecht II, 2013, S. 37 ff.
38 BVerfG, NJW 2005, 2843.
39 VGH Mannheim, NJW 2004, 624 f.
40 Vgl. etwa die Thüringer Filmförderungsrichtlinie v. 10.11.2015 (ThürStAnz, S. 2291) idF v. 1.7.2016.
41 Bspw. „hohe Qualität, Innovation und Kreativität"; sh. Richtlinie der Landeshauptstadt Erfurt zur kommunalen Kulturförderung v. 4.11.2015 (ABl. Ef. v. 13.11.2015), Ziff. 4.2.
42 Zur Selbstbindung der Verwaltung etwa *Maurer/Waldhoff*, Allgemeines Verwaltungsrecht, § 24 Rn. 26 ff.; kommunale Kunstförderrichtlinien können als Satzungen erlassen werden, *Scheytt*, Kommunales Kulturrecht, Rn. 639 f. Als Rechtsnormen entfalten sie definitionsgemäß Außenwirkung.
43 Diese sind idR Stiftungen bürgerlichen Rechts, da zur Gründung einer öffentlich-rechtlichen Stiftung ein staatlicher Hoheitsakt erforderlich ist (§ 13 Abs. 1 ThürStiftG); *Scheytt*, Kommunales Kulturrecht, Rn. 701.

b) **Anforderungen an die Ausgestaltung.** Aus der Offenheit des Kunstbegriffs folgt die 20
Neutralität des Staates in ästhetischen Fragen als sachbereichsspezifischer Ausdruck
des **Neutralitätsgebots**.[44] Daraus resultiert das Dilemma, dass das Land zwar gem.
Art. 30 Abs. 1 ThürVerf einer Förderpflicht unterliegt, ihm jedoch gleichzeitig die Differenzierung zwischen „höherer" und „niederer", „guter" und „schlechter" Kunst
nach ästhetischen Maßstäben durch Art. 5 Abs. 3 S. 1 GG / Art. 27 Abs. 1 S. 1 Thür-
Verf verwehrt ist.[45] Da sich aufgrund der begrenzten Ressourcen eine **Verteilungsproblematik** ergibt, bedarf es sachgerechter Differenzierungskriterien. Wenn dem Staat
mit Blick auf den grundrechtlichen Schutzbereich allenfalls die Distinktion zwischen
„Kunst" und „Nichtkunst" gestattet, aber auch grundrechtlich geboten ist,[46] aus dem
Gleichheitssatz jedoch zugleich das Verbot einer Förderung von Beliebigkeit folgt,
wird offenbar, dass die Förderentscheidung die Eigengesetzlichkeiten der Kunst durch
adäquate Organisations- und Verfahrensgestaltung wahren muss.

Hieraus ergibt sich die Notwendigkeit einer **zweistufigen Entscheidungsfindung**: Auf 21
der ersten Stufe liegt die hoheitliche Entscheidung, die über die äußeren Rahmenbedingungen der Förderung, wie etwa Umfang und Dauer, sowie die abstrakte Förderfähigkeit von Kunstprojekten oder Institutionen befindet. Verwehrt ist dem Staat hingegen die konkrete Auswahlentscheidung nach ästhetischen Kriterien, die auf einer
zweiten Stufe an Sachverständigengremien zu delegieren ist.[47] Delegiert werden kann
etwa an ad hoc gebildete Jurys oder ständige, dem Verwaltungsträger angegliederte
Kulturbeiräte (vgl. insofern § 27 KulturGB NRW). Ihnen kann namentlich die Erarbeitung verbindlicher Vorschlagslisten bzw Empfehlungen aufgetragen[48] oder die Auswahlentscheidung in völliger Eigenständigkeit überantwortet werden. Sie ist dann von
der die Förderung gewährenden Stelle im Wege der Selbstbindung zu akzeptieren. Die
Legitimation der Förderungsentscheidung vollzieht sich dabei ebenfalls in zwei Bahnen: Hinsichtlich der Rahmenbedingungen und des finalen Rezeptionsaktes der Verwaltung muss sie demokratisch legitimiert sein; die Auswahl des förderungsfähigen
Künstlers nach kunstspezifischen Kriterien ist hingegen sachlich durch das Grundrecht
der Kunstfreiheit selbst legitimiert.[49] Diese Auswahlentscheidung ist analog zur Lehre
vom Beurteilungsspielraum gerichtlich nur eingeschränkt überprüfbar.[50] Die Zusammensetzung der Gremien muss pluralistischen Vorgaben folgen, um eine mittelbare
Beeinflussung von staatlicher Seite zu vermeiden (siehe etwa § 9 Abs. 1 ThürKult-
StiftG).[51]

---

44 *Höfling*, DÖV 1985, 387, 390.
45 *Kadelbach*, NJW 1997, 1114, 1117.
46 Diese Frage ist strittig; vgl. *Fechner*, in: Stern/Becker, Grundrechte-Kommentar, 3. Aufl. 2019, Art. 5
Rn. 246, der in einer solchen staatlichen Begriffsabgrenzung eine Gefahr sieht. Um die Normativität der an
den Staat adressierten Kunstfreiheit und ihm die Erfüllung seines Schutzauftrages zu ermöglichen,
scheint ein „Definitionsgebot" unumgänglich; vgl. *Starck/Paulus*, in: v. Mangoldt/Klein/Starck, GG-Kommentar I, 7. Aufl. 2018, Art. 5 Rn. 420. Dabei ist der Offenheit der Kunst und dem Selbstverständnis des
Künstlers Rechnung zu tragen.
47 *Hufen*, NVwZ 1983, 516, 521; vorsichtiger *Steiner*, VVDStRL 42 (1984), 7, 36.
48 Vgl. § Ziff. 7.2.2. Förderrichtlinie der Thüringer Kulturstiftung.
49 Hierzu *Haversath*, Zur Legitimation des Kulturstaats, 2018, S. 42 ff., 83 ff.
50 *Palm*, Öffentliche Kunstförderung, S. 251.
51 *Strauch*, in: Linck/Baldus/Lindner/Poppenhäger/Ruffert, Die Verfassung des Freistaats Thüringen, Art. 27
Rn. 19; zum Negativbeispiel der monokratisch organisierten Kassler „documenta" *Hufen*, NJW 1997, 1112.

3. Öffentliche Kultureinrichtungen

22 Die 215 **Museen** in Thüringen dienen der Wahrung und Präsentation des kulturellen Erbes des Freistaats. Mehrheitlich befinden sie sich in kommunaler Trägerschaft. Das Land unterhält lediglich ein Landesmuseum – das Museum für Ur- und Frühgeschichte in Weimar, das jedoch eine Abteilung des Landesamtes für Archäologie und Denkmalpflege ist. Museen sind zumeist als nicht-rechtsfähige Anstalten des öffentlichen Rechts oder als öffentliche-rechtliche Stiftungen verfasst. Die etwa 270 **Bibliotheken** in kommunaler Trägerschaft und neun staatlichen Universitätsbibliotheken sollen einerseits das kulturelle Erbe bewahren,[52] andererseits gem. § 1 ThürBibG Orte des freien und gleichen Zugangs zu pluraler Information sein und dabei auch das Grundrecht der Informationsfreiheit gem. Art. 11 Abs. 1 ThürVerf institutionell fördern.[53] **Theater** sind oft als kommunale Regie- oder Eigenbetriebe organisiert, in Betracht kommen auch verselbstständigte Organisationsformen, wie eingetragene Vereine, GmbH, Zweckverbände, Anstalten oder Stiftungen.[54] So ist das Deutsche Nationaltheater in Weimar etwa als GmbH organisiert, Gesellschafter sind der Freistaat und die Stadt Weimar. Die Fragen der Rechtsform und organisatorischen Verselbstständigung ist bedeutsam für die Beurteilung der Frage der Grundrechtsfähigkeit.

23 Die **Theater, Bühnen, Orchester und Konzertsäle** stellen wichtige Foren der Kunstausübung dar und befinden sich traditionell mehrheitlich in öffentlicher Hand. Die Thüringer Theater- und Orchesterlandschaft weist eine besondere, historisch gewachsene Vielfalt und Dichte auf. Thüringen steht im bundesweiten Vergleich bei den Theaterausgaben pro Kopf nach Sachsen an zweiter Stelle.[55] Die Bespielung von Bühnen liegt im zentralen Gewährleistungsbereich der Kunstfreiheit, da neben den ausübenden Künstlern und Intendanten auch die Einrichtungen selbst **Träger des Grundrechts** sind. Dies gilt aufgrund der grundrechtstypischen Gefährdungslage auch für die als juristische Personen des öffentlichen Rechts organisierten Einrichtungen.[56]

24 Im Rahmen der „Dienstausübung" des künstlerischen Personals an staatlichen Kultureinrichtungen gelten daher nicht dieselben Bindungen an den Grundsatz parteipolitischer **Neutralität und Chancengleichheit** wie für andere Amtsträger, *soweit* das Verhalten in den Schutzbereich der Kunstfreiheit nach Art. 5 Abs. 3 S. 1 GG / Art. 27 Abs. 1 S. 1 ThürVerf fällt.[57] Mäßigungs- und Neutralitätspflichten können nämlich nur in Bezug auf das jeweilige Amt konkretisiert werden – für das künstlerische Perso-

---

52 Dies gilt insbes. für die Herzogin Anna Amalia Bibliothek in Weimar, die Forschungsbibliothek Gotha, die Universitätsbibliothek Erfurt, die Sondersammlung Bibliotheca Amploniana und für die Universitäts- und Landesbibliothek in Jena, § 4 Abs. 1 ThürBibG.
53 *Berger*, ZLVR 2018, 14, 17.
54 Vgl. *Deutscher Bühnenverein*, Theaterstatistik 2018/2019, Summentabellen (PDF), S. 2 (abrufbar unter: https://www.buehnenverein.de/de/publikationen-und-statistiken/statistiken/theaterstatistik.html, 2.3.2022).
55 Statistische Ämter des Bundes und der Länder (Hrsg.), Kulturfinanzbericht 2020, S. 32.
56 Sie sind, ungeachtet ihrer öffentlich-rechtlichen Organisationsform, dem grundrechtlich geschützten Lebensbereich unmittelbar zugeordnet und bezwecken den Schutz der Eigenrechtlichkeit der Kunst (BVerfGE 15, 256, 262). Eine gewisse Unabhängigkeit vom Staat ist daher essentiell; vgl. *Fahrmeir*, Kunstfreiheit im Theater, 2005, S. 128 ff.; differenzierend hins. der meist in die allgemeine kommunale Verwaltung eingegliederte Struktur (etwa von Eigenbetrieben) *Wolf*, NVwZ 2020, 845, 847 f.
57 Die Qualifizierung als Kunst scheitert nicht daran, dass die Darbietung offen meinungstragend ist; vgl. BVerfGE 75, 369, 377.

nal ist die Ausübung ihrer Kunstfreiheit „im Amt" zu berücksichtigen, so dass es von vornherein nicht zu einer Kollision mit Dienstpflichten kommt.[58] Dies gilt jedoch nur für genuin künstlerische Tätigkeiten.

Beispiel: Die künstlerische Entscheidung des Intendanten eines öffentlichen Theaters wird von der Kunstfreiheit umfassend geschützt, etwa gegen die Anordnung des Kultusministers, ein bestimmtes Stück vom Spielplan zu streichen. Ein Intendant ist auch nicht gehindert, ein Stück aufführen zu lassen, in dem kritische Stellungnahmen zu aktuellen Geschehnissen oder gar politischen Positionen im künstlerischen Ausdruck enthalten sind. Zugleich muss den Spezifika der oft mehrdeutigen künstlerischen Ausdrucksweise durch eine werkgerechte Interpretation Rechnung getragen werden. Problematisch wäre jedoch etwa ein Demonstrationsaufruf des Intendanten in amtlicher Funktion (außerhalb eines künstlerischen Werks) zu werten, der gegen eine konkrete politische Partei gerichtet ist. Denn hier würde das Recht der Partei auf Chancengleichheit im politischen Meinungskampf beeinträchtigt (Art. 21 Abs. 1 GG iVm Art. 9 ThürVerf).

Die **Binnenorganisation** öffentlicher Kultureinrichtungen muss die effektive Grundrechtsausübung gewährleisten.[59] Dies drückt sich etwa im grundsätzlichen Vorrang der künstlerischen Direktive vor der Personalvertretung der künstlerisch Beschäftigten gem. § 89 ThürPersVG aus.[60] Jedoch schützt die Kunstfreiheit nicht vor Zusammenlegungen oder Stellenstreichungen. Solche Maßnahmen dürfen allerdings nicht dazu missbraucht werden, um „durch die Hintertüre" eine Programmumstellung zu erzwingen oder die Einrichtungen zu disziplinieren.[61]

25

Zentral für die Organisation der zahlreichen Kulturstätten sind **Kulturstiftungen**, wie die Klassik Stiftung Weimar als zweitgrößte Kulturstiftung Deutschlands, die Wartburg-Stiftung in Eisenach und die Stiftung Thüringer Schlösser und Gärten.[62] Da sie über kein nennenswertes Stiftungsvermögen verfügen, weisen sie eine große Abhängigkeit von ihren Zuwendungsgebern sowie dem Haushaltsgesetzgeber auf, die aber zum Schutz der Kunstfreiheit durch die begrenzten Zugriffsrechte der Zuwendungsgeber auf die Stiftungsräte gemildert wird.

26

Die Mehrzahl der Kultureinrichtungen befindet sich **in kommunaler Trägerschaft**. So werden kulturelle Selbstverwaltungsaufgaben gem. § 2 Abs. 2 ThürKO wahrgenommen. Ungeachtet der Rechtsform (etwa Regie- oder Eigenbetriebe, nicht-rechtsfähige Anstalten oder Stiftungen öffentlichen Rechts, aber auch privatrechtliche Rechtsformen) handelt es sich um öffentliche Einrichtungen iSv § 14 Abs. 1 bzw § 96 Abs. 1 ThürKO, so dass die Gemeinde- bzw Kreiseinwohner im Rahmen der Widmung und der vorhandenen Kapazitäten einen **Zulassungs- und Nutzungsanspruch** haben. Ein subjektives Recht auf Erhaltung von Einrichtungen, die durch Schließung bedroht sind, lässt sich nicht aus §§ 2 Abs. 2, 14 Abs. 1, 96 Abs. 1 ThürKO ableiten, da diese Institutionen lediglich im öffentlichen Interesse unterhalten werden.[63]

27

---

58 Vgl. hierzu *Wolf*, NVwZ 2020, 845, 849 ff.
59 *Germelmann*, Kultur und staatliches Handeln, S. 549 f.; zu den Grenzen der Privatisierung *Kadelbach*, NJW 1997, 1114.
60 *Gliech/Schwill/Seidel*, ThürPersVG, 7. Aufl. 2020, § 89 Rn. 1 f.
61 *Wolf*, NVwZ 2020, 845, 848; hins. einer Theaterschließung BerlVerfGH, NJW 1995, 858.
62 *Schneider*, → § 2 Rn. 81; siehe auch *Germelmann*, Kultur und staatliches Handeln, S. 463 ff.
63 *Sauthoff*, NordÖR 2013, 93, 100; zur Schließung von Schulen Rn. 61.

4. Denkmalschutzrecht im Überblick

28 Zweck des Denkmalschutzrechts ist die Erhaltung des Zeugniswertes bestimmter Objekte für gegenwärtige und folgende Generationen, um sie als historische Orientierungspunkte von hohem Wert im kollektiven Gedächtnis zu bewahren.[64] Denkmalschutz ist einer der wenigen Bereiche des Kulturrechts, in denen der Staat im Rahmen der Eingriffsverwaltung (auch) mittels hoheitlichen Befehls und Zwangs operiert. Diese Aufgabe stellt im Kulturstaat eine Gemeinwohlaufgabe von außerordentlicher Bedeutung dar, was sich im Schutzauftrag nach Art. 30 Abs. 2 S. 1 ThürVerf äußert. Die Sätze 2 und 3 bestätigen die **Sozialbindung des Eigentums**, denen die geschützten Objekte gem. Art. 14 Abs. 2 GG / Art. 34 Abs. 2 ThürVerf ohnehin unterworfen sind.

29 a) **Schutz von Kulturdenkmalen.** Kulturdenkmale (§ 2 ThürDSchG) können unbewegliche, aber auch bewegliche Sachen (§ 90 BGB) oder Sachgesamtheiten sein. Maßgeblich sind die Komponenten der **Denkmalfähigkeit** und **Denkmalwürdigkeit**. Denkmalfähig ist eine Sache, wenn sie aus einem der im Gesetz genannten Gründe erhaltenswert ist (etwa künstlerische, geschichtliche oder städtebauliche Gründe,[65] § 2 Abs. 1 S. 1 ThürDSchG). Denkmalwürdigkeit bezeichnet das besondere öffentliche Erhaltungsinteresse.[66] Beide Kategorien beziehen sich auf den gegenwärtigen Zustand der Sache. Ist von der ursprünglichen Substanz nichts mehr erhalten, sind Schutz und Pflege bereits begrifflich unmöglich.

Beispiel: Unter einem Grundstück werden Überreste eines zuletzt vor knapp 200 Jahren genutzten und in DDR-Zeiten mit Garagen und Lagerhallen überbauten jüdischen Friedhofes vermutet.[67]

30 Wie die meisten deutschen Länder hat Thüringen das **deklaratorische System** der „Unterschutzstellung" gewählt (*ipso iure*-System). Demnach bekundet die Eintragung in das Denkmalbuch gem. §§ 4, 5 ThürDSchG die Denkmaleigenschaft lediglich nachrichtlich nach außen. Die Eigenschaft an sich ergibt sich bereits generell-abstrakt aus dem Gesetz, was sich darin zeigt, dass der Schutz unbeweglicher Denkmale und Bodendenkmale gem. § 4 Abs. 1 S. 2 ThürDSchG von der Eintragung unabhängig ist. Daher ist in Thüringen für die Abwehr der Denkmaleigenschaft die Feststellungsklage (§ 43 Abs. 1 VwGO) einschlägig. Der (unbestimmte) Denkmalbegriff impliziert keinen Beurteilungsspielraum bei behördlichen Entscheidungen.[68]

31 Der Eigentümer des Denkmals muss gem. § 7 ThürDSchG die Erhaltungslast im Rahmen des ihm Zumutbaren tragen. Jede Veränderung am Denkmal ist gem. § 13 Abs. 1 ThürDSchG einem präventiven **Verbot mit Erlaubnisvorbehalt** unterworfen. Funde herrenloser beweglicher Denkmale begründen gem. § 17 ThürDSchG unter bestimmten Voraussetzungen kein Eigentum des Finders.[69] Wo mildere Maßnahmen keinen

---

64 *Zepf*, NJW 2017, 763.
65 Zu den anerkannten gesetzlichen Schutzgründen ausführlich *Hönes*, DÖV 2003, 517, 518 ff.
66 *Moench/Otting*, NVwZ 2000, 146, 150.
67 OVG Weimar, LKV 2011, 374, 376 ff.; dazu *Eisele/Hyckel*, VR 2017, 129.
68 BVerwG, Beschl. v. 29.6.2021 – 4 B 7.21, Rn. 6; hierbei gewinnen fachliche Gutachten und die Beratung durch den Denkmalrat Bedeutung; vgl. *Brüning*, JZ 2022, 215, 221.
69 Die landesrechtliche Derogation von bundesrechtlich abschließend geregeltem bürgerlichen Recht (Schatzfund gem. § 984 BGB) wird durch die Öffnungsklausel nach Art. 73 EGBGB ermöglicht.

Erfolg versprechen, ist zum Schutz von Denkmalen gem. § 27 ThürDSchG die **Enteignung** unter Anwendung des Enteignungsgesetzes (ThürEG) möglich. Einen deutschlandweit bisher erstmaligen Vorgang stellt die 2021 rechtskräftig abgeschlossene Enteignung des im Jahr 1828 erbauten Schlosses „Reinhardsbrunn" bei Friedrichroda dar, dessen vormaliger Eigentümer es dem Verfall überlassen hatte.

Der Denkmalschutz ist eine staatliche Aufgabe im übertragenen Wirkungskreis iSv § 3 ThürKO. Entsprechend sind die Kreise und kreisfreien Städte (kreisangehörige Gemeinden nach Einzelzulassung) als untere **Denkmalschutzbehörden** zuständig, § 22 ThürDSchG. Bei von ihnen erlassenen Verwaltungsakten entfällt das Vorverfahren (§ 8c ThürAGVWGO). Sie werden durch den Denkmalrat beraten, der aus Vertretern verschiedener Funktionsbereiche und Disziplinen zusammengesetzt ist (§ 25 ThürDSchG). Obere Denkmalschutzbehörde ist das Landesverwaltungsamt, oberste die TSK. **Denkmalfachbehörde** ist das Landesamt für Denkmalpflege und Archäologie; es ist für die wissenschaftliche und fachliche Beratung und Betreuung der Eigentümer und Denkmalschutzbehörde im Rahmen der Denkmalpflege zuständig (§ 24 ThürDSchG).

32

b) Denkmalschutz und Eigentumsschutz. Die teils erheblichen Nutzungseinschränkungen berühren den Schutzbereich der Eigentumsgarantie. Die Denkmaleigenschaft selbst ergibt sich generell-abstrakt aus § 2 ThürDSchG und zieht für den Eigentümer Pflichten nach sich, die sich als Konkretisierungen der Sozialbindung ergeben. Sie stellt demnach eine klassische **Schrankenbestimmung** dar,[70] wohingegen etwa § 17 ThürDSchG (Schatzregal) die Modalitäten des Eigentumserwerbs modifiziert und als **Inhaltsbestimmung** zu qualifizieren ist. Schwieriger ist die Lage etwa bei Untersagungen nach § 13 ThürDSchG, welche die wirtschaftliche Nutzbarkeit des Eigentums vollends unmöglich machen können.

33

Beispiel: Auf einem Betriebsgelände steht eine Villa aus dem 19. Jahrhundert. Betriebliche Verwendung kann sie nicht erfahren, sonstige sinnvolle Nutzung oder Verpachtung sind ohne Erfolg geblieben. Die Erhaltung erfordert einen unverhältnismäßigen Instandsetzungsaufwand.[71]

Da die Nutzungsmöglichkeiten des Eigentümers generell-abstrakt durch Gesetz festgelegt werden, liegt keine Enteignung vor.[72] Im Fall unverhältnismäßiger Inhalts- und Schrankenbestimmungen löst die Maßnahme eine **Ausgleichspflicht** aus (§ 28 ThürDSchG).[73] Sie wahrt die Angemessenheit der Schutzmaßnahmen und ist nicht mit den staatshaftungsrechtlichen Instituten des enteignenden Eingriffs und des enteignungsgleichen Eingriffs zu verwechseln.[74] Die Anwendbarkeit des denkmalrechtlichen Übernahmeanspruchs zulasten der öffentlichen Hand (§ 28 Abs. 2 S. 2 ThürDSchG)

34

---

70 Zur Abgrenzung vgl. *Kingreen/Poscher*, Grundrechte, 37. Aufl. 2021, Rn. 1143 ff.
71 Beispiel nach BVerfGE 100, 226.
72 Zum Begriff der Enteignung BVerfGE 58, 300.
73 BVerfGE 100, 226, 244 f.; vgl. *Ruffert*, in: Linck/Baldus/Lindner/Poppenhäger/Ruffert, Die Verfassung des Freistaats Thüringen, Art. 34 Rn. 40, 44.
74 Im Einzelnen dazu *Baldus/Grzeszick/Wienhues*, Staatshaftungsrecht, 5. Aufl. 2018, Rn. 446 ff., 478 ff.; vertiefend zum Verhältnis von Denkmal- und Eigentumsschutz *Guckelberger*, NVwZ 2016, 17 ff.; *Hösch*, ThürVBl 2003, 145 ff.

unterhalb der wirtschaftlichen Unzumutbarkeit von Erhaltungsmaßnahmen durch den Eigentümer kommt nicht in Betracht.[75]

III. Schulrecht

35 Als Rechtsmaterie ist das Schulrecht durch eine einzigartige Verknüpfung von Leistungs- und Eingriffsverwaltung geprägt. Dieses Regime ist rechts- und kulturpolitisch äußerst bedeutsam. Seine Relevanz ergibt sich aus der Rolle der Schule als **Mittlerin der Kultur** und ihrer Bedeutung für die immaterielle Daseinsvorsorge[76] im demokratischen Gemeinwesen. Im Gegensatz dazu verfolgte das durch Ideologisierung und Zentralismus geprägte Schulrecht der DDR die Herstellung einer sozialistischen Gesellschaft. Das Schulrecht erweist sich als besonders wandlungs- bzw reformanfällige Rechtsmaterie. Hier bleiben den Ländern noch echte Gestaltungsspielräume. Die Darstellung konzentriert sich auf das allgemeinbildende Schulwesen.

36 Zentrale **Rechtsquellen** des Thüringer Schulrechts sind die Landesverfassung (Art. 20 ff.), das Schulgesetz (ThürSchulG), die auf dessen Grundlage erlassene Schulordnung für die allgemeinbildenden Schulen (ThürSchulO) sowie eine Reihe ergänzender Verordnungen,[77] das Gesetz über Schulen in freier Trägerschaft (ThürSchfTG), das Schulaufsichtsgesetz (ThürSchAG), das Gesetz über die Finanzierung der staatlichen Schulen (ThürSchFG) sowie die Erlasse des für Bildung und Erziehung zuständigen Ministeriums (TMBJS; Rn. 15). Der **Begriff der Schule** ist in § 13 Abs. 1 S. 3 ThürSchulG in Übereinstimmung mit dem „organisatorisch-formalen" Schulbegriff definiert.[78] Zentrales Merkmal zur Abgrenzung von anderen Formen der Bildungsvermittlung sind damit die Kollektiv- und Präsenzbeschulung.

1. Verfassungsrechtlicher Rahmen

37 **a) Das Schulwesen in der föderalen Kompetenzordnung.** Das Schlagwort des „Bildungsföderalismus" bringt die beachtlichen Gestaltungskompetenzen der Länder im schulischen Bereich zum Ausdruck: Das Schulrecht ist eine der seltenen **ausschließlichen Landeszuständigkeiten**. Diese Gesetzgebungskompetenz ist allerdings umfassend von Art. 6, 7, 12 Abs. 1 und 2 GG sowie der Rechtsprechung des BVerfG bundesgrundrechtlich durchwirkt.[79] Beschränkend wirken zudem das Recht der kommunalen Selbstverwaltung nach Art. 28 Abs. 2 GG / Art. 91 Abs. 1 ThürVerf sowie der Grundsatz der Bundestreue. Dieser fordert von den Ländern gegenseitige Rücksichtnahme bei der Ausübung ihrer Zuständigkeiten,[80] etwa hinsichtlich der Abstimmung der Grundzüge der Schulsysteme, um so die Gleichwertigkeit der Abschlüsse und somit auch die Freizügigkeit im Bundesgebiet zu gewährleisten. Wesentliche Abstim-

---

75 Der Begriff „Maßnahmen" meint belastende Verwaltungsakte (idR Verpflichtung zu Erhaltungsmaßnahmen); wurde bereits eine beantragte Abrisserlaubnis erteilt, scheidet ein maßnahmenunabhängiger Übernahmeanspruch in teleologischer Extension des § 28 Abs. 1 S. 2 ThürDSchG aus; vgl. OVG Weimar, Urt. v. 10.1.2018 – 1 KO 106/15; *Davydov*, ThürVBl 2019, 181.
76 Vgl. *Oppermann*, Kulturverwaltungsrecht, S. 153.
77 Vgl. https://bildung.thueringen.de/schule/schulwesen/schulrecht (1.3.2022).
78 Zum (auch bei der Auslegung des Art. 7 Abs. 1 GG) herrschenden organisatorisch-formalen Schulbegriff und der Kritik daran vgl. *Reimer*, RdJB 2021, 58 m.w.N.
79 *Brenner*, in: Huber, Thüringer Staats- und Verwaltungsrecht, Teil 9 Rn. 1 f.
80 *Rux*, Schulrecht, Rn. 94 ff., vgl. *Grzeszick*, in: Dürig/Herzog/Scholz, GG, Art. 20 (Bundesstaat) Rn. 118 ff.

mungsprozesse vollziehen sich im kooperativen Bundesstaat über die Kultusministerkonferenz (KMK). Prägend für das gemeindeutsche Schulrecht ist die **Ländervereinbarung** vom 15.10.2020 über die gemeinsame Grundstruktur des Schulwesens und die gesamtstaatliche Verantwortung der Länder in zentralen bildungspolitischen Fragen.[81] Dem Bund stehen jedoch beschränkte Verwaltungs- und Finanzierungskompetenzen zur Verfügung (vgl. Art. 91b Abs. 2 GG, Art. 104c GG).

b) Das Recht auf Bildung als Ausgangspunkt. Auf den ersten Blick geht die Verfassung des Freistaats über das Grundgesetz hinaus (Rn. 40), wenn sie in Art. 20 S. 1 ein **Recht auf Bildung**[82] garantiert. Obgleich in eine subjektiv-rechtliche Formulierung gekleidet, handelt es sich dabei lediglich um eine Staatszielbestimmung, die eine bestimmte bildungspolitische Vorstellung postuliert: Jeder und jedem sollen das Wissen und die Kenntnisse vermittelt werden, die für ein Leben in der modernen Gesellschaft unabdingbar sind.[83]

Umgekehrt gewährleistet Art. 20 S. 2 ThürVerf trotz seiner objektiv-rechtlichen Formulierung ein einklagbares **Recht auf freien und gleichen Zugang** zu den vorhandenen öffentlichen Bildungseinrichtungen, zu denen auch die Hochschulen zählen. Das Recht auf freien Zugang ist einem Ausgestaltungsvorbehalt unterworfen und kann nur nach Maßgabe der Kriterien von Eignung und Leistung geltend gemacht werden. Die wesentlichen Zugangskriterien sind durch den Schulgesetzgeber selbst zu bestimmen, der dabei über einen weiten Gestaltungsspielraum verfügt.[84] Art. 20 S. 3 ThürVerf beinhaltet zudem einen speziellen Förderauftrag für „Begabte, Behinderte und sozial Benachteiligte" (zur Inklusion im Schulrecht Rn. 41, 62 f.).

Das landesverfassungsrechtliche Recht auf Bildung wird durch das **Recht auf schulische Bildung** nach Art. 2 Abs. 1 iVm Art. 7 Abs. 1 GG flankiert, das ein „subjektiv-rechtliches Korrelat" des Bildungs- und Erziehungsauftrags aus Art. 7 Abs. 1 GG darstellt. Diese *Entdeckung* eines neuen Grundrechts durch das BVerfG[85] steht im Zusammenhang mit der Prüfung u.a. von Schulschließungen durch den Bundesgesetzgeber (§ 28b IfSG aF) im Zuge der Coronavirus-Pandemie. Anders, als Art. 20 ThürVerf, hat das „Recht auf schulische Bildung" nach dem Grundgesetz (neben seiner Dimension als Teilhaberecht auf gleichen Zugang) auch eine abwehrrechtliche Dimension, die vor staatlichen Eingriffe in das bereits eingerichtete Schulsystem schützt, die es nicht als solches ausgestalten. Originäre Leistungsrechte auf Zugang zu bestimmten Schulformen sollen nicht aus dem neuen Grundrecht folgen, das wohl bisher das ein-

---

81 KMK-Beschl. v. 15.10.2020. Diese Ländervereinbarung ersetzt das bis dato grundlegende „Hamburger Abkommen" v. 28.10.1964 (Beschluss Nr. 101 idF v. 14.10.1971).
82 Völkerrechtlich: Art. 2 Protokoll Nr. 1 zur EMRK und Art. 14 Abs. 1 EUGrCh; Art. 13 Abs. 1 IPwskR, Art. 28 Abs. 1 UN-KRK.
83 *Brenner*, in: Merten/Papier, HdBGR VIII, 2017, § 260 Rn. 82; nach *Neumann*, LKV 1996, 392, 394 handelt es sich gar nicht um ein klagbares Leistungsrecht.
84 *Brenner*, in: Linck/Baldus/Lindner/Poppenhäger/Ruffert, Die Verfassung des Freistaats Thüringen, Art. 20 Rn. 4.
85 Vgl. BVerfG, Beschl. v. 19.11.2021 – 1 BvR 971/21, Rn. 43 ff.; zur hM, die ein solches Grundrecht ablehnt, kurz vor der Entscheidung über die „Bundesnotbremse II": *Reimer*, RdJB 2021, 363, 364 ff. m.w.N.; zu den Gewährleistungsgehalten des Rechts auf schulische Bildung *v. Landenberg-Roberg*, DVBl 2022, 389; *Tenorth*, RdJB 2022, 29.

zige genuine „Kinder- bzw Jugendgrundrecht"[86] darstellt. Eine Anspruchsdimension entfaltet die Gewährleistung nur bei Unterschreitung des „für die chancengleiche Entwicklung zu eigenverantwortlichen Persönlichkeiten unverzichtbaren **Mindeststandards von Bildungsangeboten**".[87] Dieser Anspruch kann nach der Rspr. des BVerfG im Falle pandemiebedingter Schulschließungen zumindest für eine gewisse Dauer durch Distanzunterricht erfüllt werden.[88] Auch wenn viele Einzelheiten offen sind, ist absehbar, dass der Einfluss des BVerfG auf schulpolitische Fragen wachsen wird.

41 Spätestens seit Inkrafttreten der UN-Behindertenrechtskonvention (UN-BRK)[89] ist das Leitbild der **Inklusion** für das Thüringer Schulrecht bestimmend geworden (§ 2 Abs. 2 ThürSchulG) wie für das gemeindeutsche Schulrecht insgesamt (Art. 10 Ländervereinbarung 2020). Aus Art. 24 Abs. 1 S. 2 und Abs. 2 UN-BRK ergibt sich die Pflicht der Vertragsstaaten, alle geeigneten, erforderlichen und (für den Schulträger) zumutbaren Vorkehrungen zu treffen, um ein „integratives Bildungssystem auf allen Ebenen" zu gewährleisten (verbindliche engl. Vertragsfassung: „inclusive education system"). Hieraus wird in Deutschland in der Politik sowie im Schrifttum vielfach die Pflicht abgeleitet, Kinder sowie Jugendliche mit und ohne Behinderung nach Möglichkeit gemeinsam zu unterrichten.[90] Grundlage hierfür bilden die Empfehlungen der KMK,[91] die die Umsetzung des Inklusionsprinzips durch den Thüringer Gesetzgeber maßgeblich bestimmt haben: Auf ihrer Grundlage hat er im Jahr 2019 eine tiefgreifende Reform des Schulgesetzes vorgenommen,[92] womit ein Anspruch auf inklusive Beschulung verankert werden sollte (Rn. 62 f.). Völkerrechtlich zwingend ist diese Auslegung der UN-BRK nicht.

42 c) **Staatliche Schulverantwortung und elterliches Erziehungsrecht.** Wenn das gesamte Schulwesen in Art. 23 Abs. 2 ThürVerf in Einklang mit Art. 7 Abs. 1 GG der Aufsicht des (Frei-)Staates unterstellt wird, ist damit die **staatliche Schulverantwortung** iwS gemeint, die den Bildungs- und Erziehungsauftrag beinhaltet. Sie geht über eine bloße *ex-post*-Kontrolle in Form der Fach-, Dienst- und Rechtsaufsicht hinaus und um-

---

86 Zur Debatte um Kinderrechte im Grundgesetz und zur Bedeutung der UN-Kinderrechtskonvention (BGBl. II 1992, S. 121) *Lüders/Richter*, RdJB 2022, 5.
87 Offen bleibt, wie dieser Anspruch durch ein Verfassungsgericht im Einzelfall konkretisiert werden soll; vgl. *Nettesheim*, VerfBlog v. 30.11.2021, https://verfassungsblog.de/schule-als-markt-staatlicher-bildungsangebote/ (28.2.2022).
88 BVerfG, Beschl. v. 19.10.2021 – 1 BvR 971/21, Rn. 57, 173 f. Hierdurch wird freilich der klassische „organisatorisch-formale", auf gemeinsame Präsenzbeschulung abzielende Schulbegriff (§ 13 Abs. 1 S. 3 ThürSchulG) infrage gestellt; dies vor allem angesichts der für den Erziehungsauftrag zentralen Integrations- und Sozialisationsfunktion von Schule. Siehe dazu m.w.N. *Achilles*, RdJB 2021, 382.
89 BGBl. II 2008, S. 1419.
90 Siehe dazu *Valta/Opel*, RdJB 2017, 134; *Rux*, DÖV 2017, 309; vgl. auch *Mißling/Ückert*, RdJB 2015, 63; *Siehr/Wrase*, RdJB 2014, 161, 175 f., 180 f.; zu vertretenen Auffassungen und zur Auslegung des Art. 24 UN-BRK *Bernhard*, Anforderungen an ein inklusives Bildungssystem, 2016, S. 63 ff., 154 ff.
91 Die Empfehlungen der KMK v. 20.11.2011 verstehen den Grundsatz der Inklusion „als ein umfassendes Konzept des menschlichen Zusammenlebens. Inklusion in diesem Sinne bedeutet für den Bereich der Schule einen gleichberechtigten Zugang zu Bildung für alle und das Erkennen sowie Überwinden von Barrieren. [...] [Es] ist darauf zu achten, dass [...], sonderpädagogische Bildungs-, Beratungs- und Unterstützungsangebote ein qualitativ hochwertiges gemeinsames Lernen ermöglichen." Nach dem Koalitionsvertrag vom 23.6.2022 zwischen CDU und Grünen, „Zukunftsvertrag für Nordrhein-Westfalen, 2022-2027", S. 57, strebt das Land NRW eine Anpassung der Empfehlungen zur inklusiven Bildung an.
92 Thüringer Gesetz zur Weiterentwicklung des Schulwesens v. 2.7.2019 (GVBl. S. 210). Eine Übersicht zur Umsetzung in den Ländern gibt *Steinmetz/Wrase/Helbig/Döttinger*, Die Umsetzung schulischer Inklusion nach der UN-Behindertenrechtskonvention in den deutschen Bundesländern, 2021.

schließt als Vollrecht ein weites staatliches Bestimmungsrecht über die Vermittlung von Inhalten und die Organisation des öffentlichen Schulwesens.[93] Dieses extensive Verständnis ist historisch auf die bis 1919 übliche kirchliche Aufsicht bezogen und somit auch als Delegationsverbot zu verstehen. Mit der Aufsicht in diesem Sinne geht auch die Pflicht einher, ein öffentliches Schulwesen bereitzustellen, das auf die Interessen und Bedürfnisse der Schülerinnen und Schüler eingeht, ihnen eine den Anforderungen des heutigen Lebens entsprechende Bildung bereitstellt und ihnen bzw ihren Eltern oder Erziehungsberechtigten (solange vertretungsbefugt) ausreichende Wahlfreiheit belässt.[94] Grundrechtsdogmatisch handelt es sich bei dieser Staatsaufgabennorm mit Blick auf das Elternrecht (Art. 6 Abs. 2 GG / Art. 18 Abs. 2 ThürVerf) und die Grundrechte der Schüler um eine **Grundrechtsschranke** bzw kollidierendes Verfassungsrecht.

Der **Bildungs- und Erziehungsauftrag** des demokratischen Verfassungsstaates ist nicht nur auf die Vermittlung von Wissen und Fertigkeiten gerichtet, sondern soll die Reifung selbstbestimmter wie verantwortungsbewusster Persönlichkeiten fördern und so positiv auf die Entwicklung jener vor- und außerrechtlicher Grundlagen seiner Existenz hinwirken, deren autoritative Vermittlung ihm seiner Freiheitlichkeit wegen verwehrt ist.[95] Die **Bildungs- und Erziehungsziele** des Art. 22 Abs. 1 ThürVerf wie auch des § 2 Abs. 1 ThürSchulG konkretisieren objektive Wertentscheidungen der Verfassung, etwa die Achtung vor der Würde des Menschen, Toleranz, Demokratie, soziale Gerechtigkeit oder die Verantwortung gegenüber der Umwelt. Diese Formulierungen verstehen sich auch als Gegenentwurf zum nivellierenden Schulrecht der DDR.[96] Obgleich unbestimmt, auslegungsbedürftig und teilweise pathetisch formuliert, bilden sie ein rechtlich verbindliches Leitprogramm für die Unterrichtsinhalte und -gestaltung (Rn. 57).[97] 43

Im Schulbereich ergänzen sich die staatliche Schulverantwortung und das Elternrecht gem. Art. 21 ThürVerf, stehen aber zugleich in einem **Spannungsverhältnis**, wie dies etwa die Existenz von „Freilernern" oder „Homeschoolern" belegt (Rn. 50). Jenseits des schulischen Sektors gestehen Grundgesetz und Landesverfassung dem Staat nur die Rolle des Wächters über das Kindeswohl zu (vgl. Art. 6 Abs. 2 S. 2 GG / Art. 18 Abs. 2 ThürVerf). *Innerhalb* der Schule übt er hingegen ein dem Elternrecht grundsätzlich gleichgestelltes **Bildungs- und Erziehungsmandat** aus. Beide sind deshalb besonders kollisionsträchtig, weil sie auf ein drittes Rechtsgut ausgerichtet sind – das Kindeswohl.[98] Das **Elternrecht** ist ein pflichtgebundenes Recht, das nicht auf die Verwirklichung der individuellen Persönlichkeit des Grundrechtsträgers gerichtet ist, son- 44

---

93 Brenner, in: Linck/Baldus/Lindner/Poppenhäger/Ruffert, Die Verfassung des Freistaats Thüringen, Art. 23 Rn. 12 ff.; für Art. 7 Abs. 1 GG *Jestaedt*, in: Masing/Herdegen u.a. (Hrsg.), Handbuch des Verfassungsrechts, § 22 Rn. 86.
94 *Köster*, Schulstrukturgarantien, 2019, S. 59 ff. m.w.N.
95 In Anlehnung an *Böckenförde*, in: ders., Recht, Staat, Freiheit, 1991, S. 92, 112.
96 *Rommelfanger*, ThürVBl 1993, 173, 177; zum historischen Aspekt *Kühne*, RdJB 1994, 39.
97 Brenner, in: Linck/Baldus/Lindner/Poppenhäger/Ruffert, Die Verfassung des Freistaats Thüringen, Art. 22 Rn. 9; die Bildungsziele gelten auch im Hochschulbereich.
98 BVerfGE 34, 165, 182 f.; 47, 46, 72.

dern treuhänderisch für das Kind ausgeübt wird.[99] Gerade die **Verhältnisbestimmung von Elternrecht und staatlicher Schulverantwortung** bereitet in der Praxis bisweilen Schwierigkeiten. So ist jedenfalls anerkannt, dass beide Rechtspositionen abstrakt gleichgeordnet und auf die Persönlichkeitsentwicklung des Kindes im Ganzen bezogen sind. Es gibt also weder einen absoluten Vorrang des elterlichen noch des staatlichen Erziehungsrechts. Konflikte, die sich etwa aus der elterlichen Ablehnung einzelner Bildungsinhalte oder Erziehungsziele ergeben können, sind im konkreten Einzelfall im Wege praktischer Konkordanz zu lösen. Der Gesamtplan der Eltern für die schulische Bildung des Kindes ist staatlicherseits jedoch zu achten.[100] Dem trägt Art. 23 Abs. 3 ThürVerf Rechnung, der eine **Beteiligung der Eltern** bei der Gestaltung des Schulwesens fordert. Hieraus ergeben sich zugleich Aufträge an den Gesetzgeber.[101] Die Entscheidung der Eltern über die Schullaufbahn des minderjährigen Kindes ist im Rahmen der gesetzlichen Zugangskriterien für einzelne Schularten zu respektieren.

2. Das Schulverhältnis

45 a) **Das Schulverhältnis als Rechtsverhältnis.** Spätestens seit der Strafgefangenen-Entscheidung des BVerfG[102] ist die Lehre von den sog besonderen Gewaltverhältnissen[103] nicht mehr als verfassungskonform anzusehen. Die **Grundrechte gelten mithin auch im Schulverhältnis** umfassend, weshalb der Gesetzgeber die zu ihrer Ausübung wesentlichen Fragen selber normieren muss und sie nicht der Kultusverwaltung zur Regelung in Verordnungen oder Erlassen überlassen darf (Wesentlichkeitsvorbehalt).[104]

Beispiel: Der Gesetzgeber ist gehalten, Einführung und Inhalte von Fächern, die für die Entwicklung von Wertempfinden und Gewissen junger Menschen bedeutsam sind, wie namentlich Religions- oder Sexualkundeunterricht, in ihren Grundzügen selber zu normieren.[105]

46 Der Gesetzesvorbehalt kann allenfalls im Fall schulorganisatorischer Binnenmaßnahmen, also im „Betriebsverhältnis", relativiert werden,[106] ist jedoch im „Grundverhältnis", also hinsichtlich aller Aspekte, die die persönliche Rechtsstellung des Schülers betreffen (insbesondere grundrechtssensible Fragen, Rn. 52 ff.), keiner Einschränkung zugänglich.[107] Das Schulverhältnis ist ein **öffentlich-rechtliches Anstaltsbenutzungsverhältnis**.

47 b) **Schulpflicht und Schulzwang.** In Anlehnung an Art. 145 WRV und in Übereinstimmung mit der Mehrzahl der Landesverfassungen ordnet Art. 23 Abs. 1 ThürVerf ver-

---

99 BVerfGE 56, 363, 381 f., spricht treffend von der „Elternverantwortung".
100 BVerfGE 34, 165, 183.
101 *Brenner*, in: Linck/Baldus/Lindner/Poppenhäger/Ruffert, Die Verfassung des Freistaats Thüringen, Art. 21 Rn. 11 sowie Art. 23 Rn. 19.
102 BVerfGE 33, 1.
103 Zur Rechtsfigur vgl. *Forsthoff*, Lehrbuch des Verwaltungsrechts Bd. I, 10. Aufl. 1973, S. 127, 503 f.; zur Entwicklung *Maurer/Waldhoff*, Allgemeines Verwaltungsrecht, § 6 Rn. 24 f.
104 Für das Schulverhältnis grundlegend BVerfGE 34, 165; vgl. E 41, 251, 259; 45, 400, 417; 47, 46, 78.
105 BVerfGE 47, 46, 48; der Unterricht muss dabei auch für abweichende Werthaltungen offen bleiben. Vgl. die Umsetzung in § 47 ThürSchulG.
106 Die mit der (in Art. 23 Abs. 1 ThürVerf verankerten) Schulpflicht zwangsläufig einhergehenden Eingriffe sind daher zumindest „dem Grunde nach" gerechtfertigt; so hins. Art. 7 Abs. 1 GG *Hauk*, Die Pflicht zum Schulbesuch, 2020, S. 99, 146.
107 Kritisch zur Relativierung des Gesetzesvorbehalts angesichts solcher Eigengesetzlichkeiten und für eine stärker kontextabhängige Einschätzung äußert sich *Cremer*, Die Verwaltung 45 (2012), 359, 368 ff.

fassungsunmittelbar die **allgemeine Schulpflicht** an. Sie ist als Schranke der Grundrechte von Schülern und Eltern anzusehen und dient der Durchsetzung des staatlichen Bildungs- und Erziehungsauftrags. Die Schulpflicht gilt für alle Minderjährigen, die in Thüringen ihren Wohnsitz oder gewöhnlichen Aufenthalt haben (§ 17 Abs. 1 ThürSchulG). Aufenthaltsrechtlich ist zumindest die Aufenthaltsgestattung im Rahmen eines Asylverfahrens oder eine Duldung erforderlich; es besteht eine dreimonatige Karenzzeit (§ 17 Abs. 1 S. 2 ThürSchulG); das Recht auf Bildung besteht gleichwohl unabhängig von der Schulpflicht. Kinder und Jugendliche mit Behinderung sollen die Schulpflicht im Regelfall an einer Schule des Regelschulsystems erfüllen (§ 8a Abs. 3 ThürSchulG), können dies aber nach Art und Grad ihrer Behinderung auch an einer Förderschule (Rn. 62 f.).[108] Die Schulpflicht gliedert sich in eine **Vollzeitschulpflicht** mit Dauer von zehn Schuljahren (§§ 17, 18 ThürSchulG) sowie eine Berufsschulpflicht für Personen in Ausbildungsverhältnissen (§ 21 ThürSchulG). Die Vollzeitschulpflicht ist gem. § 20 Abs. 1 ThürSchulG an einer öffentlichen Schule oder einer der jeweiligen Schulart entsprechenden privaten Ersatzschule (Rn. 70) zu erfüllen.

Generelle **Befreiungen** von der Schulpflicht sind gem. § 17 Abs. 5 ThürSchulG explizit ausgeschlossen, wohl aber kann sie aus gesundheitlichen oder zwingenden persönlichen Gründen ruhen (§ 17 Abs. 5 f. ThürSchulG). Zudem können durch den Schulleiter in Ausnahmefällen **Dispense** für einzelne Fächer erteilt werden (§ 6 ThürSchulO).[109] Die Entscheidung über Beurlaubungen für einzelne oder mehrere Unterrichtstage (und als Minus auch -stunden) hingegen obliegt – gestaffelt nach der Dauer – dem Klassenlehrer, dem Schulleiter oder dem Schulamt (§ 7 ThürSchulO). Ihre Bewilligung kann aus Gründen der Verhältnismäßigkeit zwingend geboten und das Ermessen der Behörde dann auf Null reduziert sein (Rn. 50).[110] Eine Rechtsgrundlage für eine generelle „Aussetzung" der schulischen *Präsenz*pflicht samt Umstellung auf Distanzunterricht (wie sie in einigen deutschen Ländern im Zuge der Corona-Pandemie verfügt wurde) findet sich im Thüringer Schulrecht hingegen nicht. Eine solche Aussetzung konnte jedoch ohne Verletzung des Vorrangs des Gesetzes aufgrund der gemäß §§ 28a, 32 IfSG aF erlassenen Rechtsverordnungen verfügt werden.[111]

48

Inhaltlich richtet sich die Schulpflicht auf die regelmäßige Teilnahme am Unterricht und an sonstigen, verpflichtenden schulischen Veranstaltungen (§ 23 Abs. 1 ThürSchulG). Eltern bzw Erziehungsberechtigte minderjähriger Kinder trifft die Pflicht, für die Erfüllung der Schulpflicht Sorge zu tragen (§ 23 Abs. 2 ThürSchulG). Der **Schulzwang** ist als *ultima ratio* gem. § 24 Abs. 1 ThürSchulG erst zulässig, wenn andere pädagogische Maßnahmen erfolglos geblieben sind. Als letztes Mittel kommen familiengerichtliche Maßnahmen in Betracht, bis hin zur Entziehung des Sorgerechts.[112]

49

---

108 VG Meiningen, ThürVBl 2000, 115.
109 Hier kann auf die reichhaltige Rechtsprechung zur Befreiung von einzelnen Unterrichtsstunden aus religiösen Gründen verwiesen werden; vgl. etwa BVerwG, NVwZ 2014, 81.
110 *Friedrich*, NVwZ 2019, 598, 599.
111 Hierzu *Reimer*, RdJB 2021, 364, 375 f., zur kompetenzrechtlichen Frage, BVerfG, Beschl. v. 19.11.2021 – 1 BvR 971/21, Rn. 78 ff. Problematischer ist wegen des Vorrang des Gesetzes und mit Blick auf das Definitionsmerkmal des „Einzelfalls" die Handlungsform der Allgemeinverfügung. Kritisch: *Lichdi*, RuP 2021, 352, 360.
112 BGH, NJW 2008, 369; EGMR, 10.1.2019 – 18925/15 (Wunderlich).

50 Die Schulpflicht stellt einen intensiven Eingriff in die Grundrechte der Schüler sowie in das Erziehungsrecht der Eltern dar und bedarf daher einer Rechtfertigung. Das BVerfG hat die **Verfassungsmäßigkeit der Schulpflicht** wiederholt festgestellt.[113] Auch nach der Rechtsprechung des EGMR ist die Schulpflicht grundsätzlich konventionskonform.[114] Ihre prinzipiell ausnahmefeindliche Geltung legitimiert sich letztlich über den umfassenden Integrationsauftrag des Staates, der neben der Wissensvermittlung auch die Erziehung mündiger und demokratiebefähigter Staatsbürger zum Ziel hat.[115] In den letzten Jahren wurde die allgemeine Schulpflicht zunehmend durch sog „Freilerner" oder „Homeschooler" in Frage gestellt.[116] Auch wenn in besonders gelagerten Fällen durch Hausunterricht ein dem schulischen Unterricht gleichwertiger Bildungserfolg erreicht werden kann,[117] vermag die häusliche Beschulung die Integrations- und Sozialisierungsfunktion der Kollektivbeschulung in aller Regel nicht zu erfüllen – ein Umstand, der auch bei der Bewertung pandemiebedingter Schulschließungen bzw der Anordnung von **Distanzunterricht** eine Rolle spielt.[118] Die Zumutbarkeit der Schulpflicht wird durch die Schulgeldfreiheit (§ 16 ThürSchulG) und Lernmittelfreiheit (§ 44 ThürSchulG) abgesichert.

51 c) **Rechte und Pflichten der Beteiligten des Schulverhältnisses.** Die von Art. 23 Abs. 3 ThürVerf angeordnete **Beteiligung der Eltern** wird in § 32 ThürSchulG, §§ 22 ff. ThürSchulO in Form der Elternmitwirkung näher ausgestaltet und vollzieht sich auf Schul-, Kreis- und Landesebene. Zudem werden Elternvertreter in den beratenden Landesschulbeirat entsandt (§ 7 ThürMitwVO). Die weitreichenden **Auskunftsrechte** der Eltern hinsichtlich der schulischen Entwicklung und des Leistungsstandes des Schülers (§ 31 S. 1 ThürSchulG) enden mit seiner Volljährigkeit. Jedoch wurde in Reaktion auf den Amoklauf von Erfurt im Jahr 2002 in § 31 Abs. 2 S. 3 und Abs. 3 ThürSchulG eine **Pflicht der Schulen** verankert, die Eltern namentlich über „wesentliche, den Schüler betreffende Vorgänge", wie etwa die Nichtversetzung, **zu informieren**, solange er das 21. Lebensjahr noch nicht vollendet hat.[119] **Pflichten der Eltern** sind die Anmeldung des Kindes zum Schulbesuch sowie die Überwachung der Regelmäßigkeit seiner Anwesenheit (§ 23 Abs. 3 ThürSchulG). Verstöße können als Ordnungswidrigkeiten sanktioniert werden (§ 59 Abs. 1 ThürSchulG).

52 Die **Grundrechte der Schüler** sind im Schulverhältnis einer Vielzahl von Beschränkungen ausgesetzt, die den geordneten Schulbetrieb gewährleisten sollen. Diese Restriktionen sind nach den bekannten grundrechtsdogmatischen Regeln unter Beachtung der

---

113 Siehe die Nichtannahmebeschlüsse BVerfG, NVwZ 2003, 1113; NJW 2009, 3151; NJW 2015, 2022.
114 EGMR, Urt. v. 11.9.2006 – 35504/03 (Konrad); EGMR, 10.1.2019 – 18925/15 (Wunderlich).
115 *Jestaedt*, in: HStR VII, 3. Aufl. 2005, § 156 Rn. 43 ff., 47.
116 Jüngst *v. Lucius*, Homeschooling, 2017; *Beaucamp*, in: Weilert/Hildmann (Hrsg.), Religion in der Schule, 2018, S. 183; *Hauk*, Die Pflicht zum Schulbesuch, 2020; zum religiös motivierten Freilernen *Brosius-Gersdorf*, ZevKR 2016, 141; zur gutachterlichen Lösung solcher Fälle *Thurn/Reimer*, JuS 2008, 424; eher vermittelnd wiederum *dies.*, NVwZ 2008, 718; *Mayser*, ZJS 2021, 198.
117 Zur Rechtslage in Österreich, wo häuslicher Unterricht bei gleichwertigem Unterrichtserfolg grundsätzlich gestattet ist (vgl. Art. 17 Abs. 3 StGG 1867, § 11 ÖSchulPflichtG), *Palmstorfer*, RdJB 2010, 115; *Lehne*, S&R 2015, 16.
118 BVerfG, Beschl. v. 19.11.2021 – 1 BvR 971/21, Rn. 142 ff.
119 Zu weiteren Informationspflicht der Schule, die volljährige Schüler betreffen, vgl. § 51 Abs. 4 S. 3 sowie § 52 ThürSchulG. Dies ist im Interesse der Sicherheit und Ordnung des Schulbetriebs gerechtfertigt; *Rux*, Schulrecht, Rn. 593 f.

Besonderheiten des Schulwesens zu beurteilen.[120] Es steht den Schülern etwa frei, ihre Meinung zu äußern,[121] sich zu versammeln, in der Schule zu beten usw, solange dadurch nicht die Rechte anderer oder der Schulfrieden gefährdet werden. Einschränkungen sind durch oder aufgrund eines Gesetzes und nach Maßgabe der Verhältnismäßigkeit möglich (vgl. etwa § 26 ThürSchulG).

Öffentliche Aufmerksamkeit haben die regelmäßig zu Unterrichtszeiten stattfindenden Klimaschutz-**Demonstrationen** unter dem Motto „*Fridays for Future*" erlangt.[122] Bei der Auflösung der Kollision zwischen Versammlungs- und Meinungsfreiheit einerseits und Schulpflicht andererseits ist eine verhältnismäßige Zuordnung dieser Verfassungsgüter erforderlich. Für die Teilnahme an einer Demonstration während der Schulzeit benötigen Schulpflichtige eine Unterrichtsbefreiung. Sie muss von den Erziehungsberechtigten (oder volljährigen Schülerinnen und Schülern) frühzeitig beantragt werden (§ 7 ThürSchulO).[123] Nur so kann eine rechtzeitige Entscheidung gewährleistet werden. Ausnahmen vom Antragserfordernis kommen allenfalls in engen Ausnahmefällen nach Würdigung aller Umstände in Betracht (Spontanversammlungen). Solange der Versammlungszweck nicht diametral verfassungsrechtlichen Wertentscheidungen und damit der Wertbindung des Erziehungsauftrags (Art. 22 Abs. 1 ThürVerf, § 2 ThürSchulG) widerspricht, ist eine Beurlaubung im Einzelfall statthaft.[124] Die Versammlungsfreiheit geht der Schulpflicht jedoch nicht generell vor. Das Abwägungsgewicht des Bildungsauftrags steigt mit dem Umfang des versäumten Unterrichts infolge der Regelmäßigkeit der Demonstrationen.

53

Eine weitere klausurrelevante[125] Konstellation ergibt sich aus der **Kollision religiöser Verhaltensgebote** mit der Erfüllung schulischer Pflichten. Auch hier stellt sich regelmäßig die Frage von Befreiungen, etwa in Form eines Dispenses vom koedukativen Sport- bzw Schwimmunterricht (vgl. § 7 Abs. 1 S. 2 ThürSchulO[126]), oder des Umgangs mit religiösem Verhalten von Schülern im Schulbetrieb (bspw. religiös konnotierte Kleidung, Gebet auf dem Schulgelände). Eingriffe sind dann zu rechtfertigen, wenn der ordnungsgemäße Schulbetrieb oder die Rechtsgüter Dritter konkreten, unzumutbaren Gefährdungen ausgesetzt werden. Dies wird bei einem Gesichtsschleier zu bejahen, beim Tragen religiöser Symbole oder Kleidungsstücke hingegen regelmäßig

54

---

120 Allgemein *Hufen*, Staatsrecht II, § 32 Rn. 5 ff.; zur grundrechtlichen Stellung der Schüler vgl. *Kleinlein*, Schülergrundrechte, 2019. Wißman/Domsgen, JURA 2022, 1044 ff. (https://www.degruyter.com/document /doi/10.1515/jura-2022-3145/html).
121 Fallbearbeitungen zu schulischen Konstellationen bei *Linke*, JuS 2016, 520; *Polzin/Doll*, Jura 2017, 1436.
122 In der Falllösung: *Beyrich/Graser*, Jura 2022, 369; *Birner*, Jura 2020, 1373.
123 Nehmen aus ex-ante Perspektive absehbar Schüler mehrerer Schulen an der Veranstaltung Teil, so entscheidet zwecks Sicherung einer einheitlichen Entscheidungspraxis gem. § 7 Abs. 2 S. 2 ThürSchulO das Schulamt.
124 Zu einem anderen Ansatz vgl. *Friedrich*, NVwZ 2019, 598, 602, der auf die „Förderlichkeit" des Zwecks hins. konkreter Erziehungsziele abstellt. Mit Blick auf „Fridays for Future" wäre demnach eine die Erziehung zum „verantwortlichen Umgang mit der Umwelt und der Natur" nach § 2 Abs. 2 S. 2 ThürSchulG ein möglicher Beurlaubungsgrund.
125 *Scherer*, JuS 2015, 914; zum Verhältnis von Religionsfreiheit und staatlichem Erziehungsauftrag *Heinze/Heinze*, JA 2017, 210.
126 Zur Abwägung von Religionsfreiheit und Bildungsauftrag siehe BVerwGE 147, 362 (*Burkini*) und BVerwG, NVwZ 2014, 237 (*Krabat*).

zu verneinen sein.[127] Ihr Verbot bedarf jedenfalls einer konkreten, formell-gesetzlichen Rechtsgrundlage. Die allgemeinen Verhaltenspflichten der Schüler, wie sie sich aus dem Schulgesetz (§ 30) und der ThürSchulO (§ 4 Abs. 1 S. 3) ergeben, reichen aufgrund des Wesentlichkeitsvorbehalts als Eingriffsermächtigung nicht aus.

55 Die Schüler haben zudem das allgemeine Recht auf begabungsgerechte Förderung und auf Auskunft über ihren Leistungsstand (§ 25 ThürSchulG, § 3 ThürSchulO). Ihre **Mitwirkung** am schulischen Leben richtet sich nach § 28 ThürSchulG iVm §§ 8 ff. ThürSchulO. Sie sind jedoch auch Adressaten von Pflichten, wie etwa zur Bearbeitung der Hausaufgaben (§§ 4, 57 ThürSchulO). § 30 Abs. 3 ThürSchulG enthält eine Generalklausel, die die Schüler dazu verpflichtet, alle Störungen des Schulbetriebs oder der Ordnung der von ihnen besuchten Schule oder einer anderen Schule zu unterlassen. Widrigenfalls können von der Schule **pädagogische Maßnahmen** und – nach Maßgabe der Verhältnismäßigkeit[128] – auch **Ordnungsmaßnahmen**[129] gegen sie verhängt werden (§§ 51, 52 ThürSchulG). Das Schutzgut ist hier der Schulfrieden.[130] Ordnungsmaßnahmen stellen aufgrund ihres Regelungsgehaltes Verwaltungsakte iSv § 35 S. 1 ThürVwVfG dar.[131] Der Widerspruch entfaltet bei bestimmten Maßnahme keine aufschiebende Wirkung (§ 52 Abs. 3a ThürSchulG). Zum Verfahren und zur Zuständigkeit (Schulleiter, Schulamt) enthalten §§ 51, 52 ThürSchulG differenzierende Vorschriften. Außerschulisches Verhalten kann nur dann Anlass für schulische Maßnahmen geben, wenn es einen sachlichen Bezug zur Schule aufweist.[132] Die Erziehungs- und Ordnungsmaßnahmen sind ausschließlich repressiv angelegt, denn eine schulrechtliche Generalklausel zwecks Störungsprävention kennt das ThürSchulG nicht.

56 Eine zentrale Rolle bei der Erfüllung des staatlichen Erziehungs- und Bildungsauftrags obliegt den **Lehrern**. Ihre Rechtsstellung richtet sich nach allgemeinem Dienstrecht, sofern das ThürSchulG keine Spezialregelungen enthält (§ 34 ThürSchulG), sowie nach der Dienstordnung (ThürDO) und Bildungsdienstlaufbahnverordnung (Thür-BildLbVO). Ihre Auswahl bestimmt sich nach Art. 33 Abs. 2 GG.[133] Gegenüber der zum Teil stark ideologisierten Schulbildung in der DDR (Stichwort „Staatsbürgerkunde") sind die Lehrkräfte zu umfassender Neutralität verpflichtet (§ 34 Abs. 2 Thür-SchulG). Doch sind sie zugleich, unbeschadet der Erfüllung öffentlicher Aufgaben, selbst Träger von Grundrechten, so dass sich bisweilen komplizierte Fragen des Ver-

---

127 Zu den rechtlichen Möglichkeiten von Verboten für Schülerinnen vgl. *Jäschke/Müller*, DÖV 2018, 279; zu religiösen Konflikten in der Schule allgemein *Büscher/Glasmacher*, JuS 2015, 513; zur Gesichtsverschleierung VG Osnabrück, Urt. v. 22.8.2016 – 1 B 81/16; dazu *Ladeur*, RdJB 2016, 379.
128 *Scherer*, VR 2019, 145; nach VG Meiningen, LKV 1998, 463, rechtfertige ein Hitlergruß keinen dreiwöchigen Schulausschluss.
129 Allgemein dazu und exemplarisch anhand von VG Berlin, Urt. v. 4.4.2017 – 3 K 797.15 (Konfiszierung eines Mobiltelefons) vgl. *Berger*, ZLVR 2018, 46 ff.
130 Der Begriff umfasst den geordneten Schulbetrieb in der Schulgemeinschaft, in dessen Rahmen die Verwirklichung der Bildungsziele möglich ist, *Anger*, KritV 2005, 52, 52 f.
131 *Danne*, in: ders./Kirchner/Rader-Leufer, ThürSchulG (Stand 2016), § 51 Rn. 3.
132 Etwa ein Fehlverhalten gegenüber Mitschülern auf dem Heimweg (vgl. *Avenarius/Hanschmann*, Schulrecht, Tz. 22.243) oder „Cyber-Mobbing"; dazu ausführlich *Hanschmann*, RdJB 2010, 445.
133 In Thüringen werden Lehrer überwiegend im Angestelltenverhältnis beschäftigt, um dem demographischen Wandel flexibel begegnen zu können. Diese Praxis wird von dem Hintergrund des Art. 33 Abs. 4 GG zT kritisch beurteilt, vgl. *Cremer/Wolf*, RdJB 2014, 215.

hältnisses von staatlicher Neutralität und individuellem Freiheitsgebrauch stellen.[134] Die **pädagogische Freiheit** der Lehrer genießt in Thüringen einen relativ starken Schutz. Sie ergibt sich nicht aus dem Grundrecht der Lehrfreiheit (Art. 5 Abs. 3 S. 1 GG / Art. 27 Abs. 1 S. 2 ThürVerf), sondern ist im Schulgesetz allein als objektivrechtlicher Grundsatz ausgestaltet, der gegenüber der Schulleitung und der Schulaufsicht Wirkung entfaltet.[135] Diese Freiheit umfasst die eigenverantwortliche Entscheidung über Methode, Vorgehen und Unterrichtsstil sowie den pädagogischen Beurteilungsspielraum bei der Notengebung (mit Ausnahme der Abschlusszeugnisse). Im laufenden Schulbetrieb tragen die Lehrer umfassende Aufsichtspflichten gegenüber den Schülern.

d) Die Festlegung der Bildungsinhalte. Als Ausgangspunkt für die Festlegung der Bildungsinhalte dienen die konkretisierungsbedürftigen Bildungs- und Erziehungsziele gem. Art. 22 ThürVerf, § 2 ThürSchulG. Junge Menschen sind einerseits zu demokratiebefähigten Bürgerinnen und Bürgern zu bilden, zugleich sind ihnen aber die Kenntnisse und Fähigkeiten zu vermitteln, die für die Teilhabe an einer modernen, arbeitsteiligen Gesellschaft unabdingbar sind. In der dritten Dekade des 21. Jahrhunderts gehören dazu unzweifelhaft auch Grundlagen der digitalen Bildung.[136] Die Unterrichtsinhalte selber müssen und können nicht im Detail durch den Gesetzgeber festgelegt werden; vielmehr genügen die grundlegende Regelung des Unterrichtsprogramms sowie eine hinreichend bestimmte Verordnungsermächtigung, wie sie in § 43 Abs. 1 ThürSchulG enthalten ist. In Thüringen wurde als erstem Land ein durchgängiges Bildungskonzept in Form des verbindlichen „**Thüringer Bildungsplans bis 18 Jahre**" in Kraft gesetzt,[137] der die Bildungsorte und Bildungsansprüche aller Kinder und Jugendlichen bis zum Erreichen der Volljährigkeit miteinander verbinden soll. Der Plan soll gem. § 2 Abs. 4 ThürSchulG bei der Gestaltung schulischer Bildungsprozesse und der Übergänge als „Orientierungsrahmen" dienen. Die **Rahmenstundentafeln** der einzelnen Bildungsgänge sind als Anlagen in der ThürSchulO enthalten, **Lehrpläne** werden im Übrigen vom TMBJS als Verwaltungsvorschriften erlassen (§ 44 ThürSchulO). Die Auswahl der Lehr- und Lernmittel bedarf gem. § 45 Abs. 5 ThürSchulG einer Genehmigung; das Nähere ist dem Verordnungsgeber zur Ausgestaltung überlassen.[138] Durch Abstimmungen innerhalb der KMK[139] ist auch in Thüringen ein Wechsel hin zu eher „outputorientierten" **Bildungsstandards** erkennbar (§ 43 Abs. 1 S. 3 ThürSchulG, § 44 Abs. 2 S. 3 ThürSchulO). Sie sind in den Lehrplänen und Stundentafeln umzusetzen und markieren, anders als die klassischen, auf Detailsteuerung der Unterrichtsinhalte angelegten Lehrpläne, eine eher abstrakte Umschreibung zu vermitteln-

---

134 Vgl. BVerfGE 108, 282; 138, 296, dazu Rn. 115; zur Neutralität in (partei)politischer Hinsicht *Wieland*, RuB 1/2022, 3.
135 Vgl. §§ 34 Abs. 2, 37 Abs. 1 S. 10, 48 Abs. 3 S. 3 ThürSchulG. Lehrer bleiben aber weisungsgebunden.
136 Aus völkerrechtlicher Perspektive *Krause*, RdJB 2021, 417.
137 Vgl. Allgemeinverfügung v. 1.4.2016 (ABl. TMBJS v. 29.4.2016, S. 115).
138 Die Genehmigung des Lehrmittels und ihre Rücknahme/ihr Widerruf sind Verwaltungsakte; vgl. § 8 Abs. 1 ThürLLVO.
139 Vgl. Art. 4 f. der Ländervereinbarung 2020, KMK-Beschl. v. 15.10.2020 sowie etwa die KMK-Beschlüsse v. 18.6.2020 über die Bildungsstandards in den Fächern Biologie, Chemie und Physik die Dokumente auf https://www.kmk.org/dokumentation-statistik/beschluesse-und-veroeffentlichungen/bildung-schule/qualitaetssicherung-in-schulen.html#c2623 (1.3.2022).

der Kenntnisse und Kompetenzen.[140] Im Ergebnis begünstigt dies eine weitere Unitarisierung des föderalen Schulwesens.

3. Rechtsform der öffentlichen Schulen und kommunale Schulträgerschaft

58 Wie in den übrigen Ländern sind die öffentlichen Schulen auch in Thüringen **nichtrechtsfähige Anstalten des öffentlichen Rechts** in kommunaler Trägerschaft (§ 13 Abs. 1 S. 2 ThürSchulG), Schulträger sind idR die Landkreise und kreisfreien Städte (etwa mit Ausnahme der wenigen vom Land getragenen Schulen, § 13 Abs. 8 ThürSchulG). Die Schulträgerschaft ist eine Pflichtaufgabe im eigenen Wirkungskreis (§§ 2 Abs. 3, 87 Abs. 2 ThürKO). Hierbei sind auch interkommunale Kooperationen möglich, etwa in Form von Zweckverbänden (vgl. § 13 Abs. 4 S. 4 ThürSchulG). Im Schulrecht wird traditionell zwischen den **inneren und den äußeren Schulangelegenheiten** unterschieden. Dabei umfassen die *inneren* Angelegenheiten die Organisation und die Inhalte des Unterrichts sowie die Gestaltung der Abschlussprüfungen. Sie obliegen dem Land, das auch die Lehrkräfte stellt und vergütet. Die *äußeren* Angelegenheiten betreffen die Schaffung des entsprechenden äußeren Rahmens, etwa durch Bau, Ausstattung und Unterhaltung der Schulen sowie die Beschäftigung des übrigen Personals – dies sind Aufgaben der Schulträger. Die Letztverantwortung für das Schulwesen trägt das Land, entsprechend dem weiten Verständnis der „Aufsicht" nach Art. 23 Abs. 2 ThürVerf. Öffentliche Schulen sind **Behörden** gem. § 1 Abs. 2 ThürVwVfG; sie erlassen Verwaltungsakte wie etwa Ordnungsmaßnahmen oder (Versetzungs- und Abschluss-)Zeugnisse. Im Rahmen der *inneren* Schulangelegenheiten handeln sie also als Landesbehörden.[141]

Beispiele: Bei einem Fehlverhalten eines Lehrers oder rechtsverletzenden Unterrichtsinhalten sind Klagen gegen das Land zu richten; bei der Verletzung von Verkehrssicherungspflichten im Schulgebäude ist die Kommune als Schulträgerin die richtige Beklagte (§ 78 Abs. 1 Nr. 1 VwGO).

4. Äußere Schulorganisation: Gliederung und Zugang

59 **Grundbegriffe des Schulorganisationsrechts** sind gem. § 3a ThürSchulG die Schul*stufen*, Schul*formen* und Schul*arten*. Schulstufen sind die Primarstufe (Klassenstufen 1 bis 4), die Sekundarstufe I (Klassenstufen 5 bis 9 der allgemeinbildenden Schulen) und Sekundarstufe II (gymnasiale Oberstufe, berufsbildende Schulen und Kolleg). Das Schulwesen ist nach Schularten gegliedert (§ 4 Abs. 1 ThürSchulG – so etwa Grund-, Regel-, Berufs-, Förderschule, Gymnasium, Gesamt- oder Gemeinschaftsschule und berufsbildende Schule; im Einzelnen §§ 4 ff. ThürSchulG). Der Begriff der Schul*form* bezieht sich gem. § 8 ThürSchulG ausschließlich auf die verschiedenen Typen *berufsbildender* Schulen, also etwa die Berufsschule, Berufsfachschule oder das Kolleg. Es gilt zu beachten, dass der Begriff „Gemeinschaftsschule" sowohl im Sinne einer Schulart (§ 6a ThürSchulG) als auch im eher historischen Sinne konfessionsübergreifender Schulen verwendet wird (Rn. 115). Der Begriff des **Bildungsgangs** bezeichnet den an-

---

140 *Rux*, in: Ehlers/Pünder, BesVerwR III, § 86 Rn. 136; *Hanschmann*, Staatliche Bildung und Erziehung, 2017, S. 41 ff., 165 ff.
141 *Avenarius/Hanschmann*, Schulrecht, Tz. 6.113; OVG Münster, NWVBl 2011, 270.

gestrebten Bildungsabschluss (§ Abs. 1 S. 2 ThürSchulG)[142] – eine Schulart kann mehrere Bildungsgänge führen.

a) **Das gegliederte Schulsystem als Normalfall.** Nach den Erfahrungen mit dem Einheitsschulsystem der DDR (Stichwort „Polytechnische Oberschule") hat sich der Verfassungsgeber für die **institutionelle Garantie des gegliederten Schulwesens** entschieden (Art. 24 Abs. 1 ThürVerf), die jedoch keine Garantie *konkreter* Schularten umfasst. Die gleichzeitige Offenheit für neuartige Schularten ändert nichts an der Festschreibung des gegliederten Schulsystems als Regelfall in Thüringen.[143] Dadurch wird die dynamische Weiterentwicklung des Schulwesens nicht ausgeschlossen. Sinn des gegliederten Schulsystems ist einerseits die Bereitstellung eines ausreichenden Angebots, aus dem die Eltern wählen können (Art. 21 S. 2 ThürVerf), andererseits soll so den unterschiedlichen Begabungen und Bedürfnissen der Schüler entsprochen werden,[144] was auch eine ausreichende Durchlässigkeit in alle Richtungen verlangt.[145] Eine Thüringer Besonderheit sind die im Schuljahr 2010/2011 eingeführten **Gemeinschaftsschulen**, die die Klassenstufen 1 bis 12 unter einem Dach vereinen. Dabei wird intern nach dem Kursniveau differenziert, wobei bis zur Jahrgangsstufe 8 noch keine Festlegung auf einen bestimmten Bildungsgang erfolgt. Dies ist verfassungsrechtlich nicht zu beanstanden, da die staatliche Pflicht zur Bereitstellung eines differenzierten Angebots sich auf die einzelnen Bildungsgänge, nicht jedoch die äußere Organisation bezieht (Binnendifferenzierung).[146]

60

b) **Der Zugang zu Schulen und Schularten, insbesondere Inklusion.** Die **Wahl des Bildungsgangs** ist besonders konfliktträchtig, da sie den gesamten zukünftigen Lebensweg des Schülers (mit)bestimmt. Das Aufnahmeverfahren als grundrechtssensibler Bereich muss in seinen Grundzügen vom Gesetzgeber selbst geregelt werden. Besonders gilt dies für den Zugang zum Gymnasium als Regelerwerbsform der allgemeinen Hochschulreife (§ 4 Abs. 7 S. 2 ThürSchulG). Der Landesgesetzgeber hat diesen Zugang an das Bestehen einer Aufnahmeprüfung geknüpft, die als Alternative zu einer entsprechenden Bildungsempfehlung der Grundschule ausgestaltet ist (§ 7 Abs. 2 ThürSchulG[147]). Dabei ist nur denjenigen Schülern der Zugang zu versagen, die den Anforderungen mit hoher Wahrscheinlichkeit nicht gewachsen sein werden.[148] Angesichts der enormen Bedeutung dieser Entscheidungen für die Wahl der Ausbildungsstätte (Art. 12 Abs. 1 GG / Art. 35 Abs. 1 ThürVerf) sind hier *keine* Beurteilungsspielräume anerkannt.[149] Allgemein besteht kein Anspruch auf **Zulassung zu einer bestimmten Schule**. Für Grund- und Regelschulen sind gem. § 14 ThürSchulG verbindliche Schulbezirke einzurichten. Im jeweiligen Schulbezirk hat jedes Kind einen Zulas-

61

---

142 Zum Begriff des Bildungsgangs vgl. OVG Weimar, ThürVBl 2002, 110.
143 *Köster*, Schulstrukturgarantien, 2019, S. 282 f.
144 *Rommelfanger*, ThürVBl 1993, 173, 177.
145 *Poscher/Rux/Langer*, Das Recht auf Bildung, 2009, S. 90.
146 *Orth*, NVwZ 2011, 14, 18.
147 Zur Verfassungsmäßigkeit OVG Weimar, ThürVBl 2015, 170.
148 Zum Gebot der sog Negativauslese vgl. OVG Weimar, LKV 1997, 291; VG Gera, LKV 1997, 293.
149 *Rux*, in: Ehlers/Pünder, BesVerwR III, § 86 Rn. 124; zur Problematik der verbindlichen Grundschulempfehlung vgl. *Barczak*, Der Übergang von der Grundschule in die Sekundarstufe als Grundrechtsproblem, 2011; *Huster/Kirsch*, RdJB 2010, 212.

sungsanspruch zur örtlich zuständigen Schule und muss diese im Regelfall auch besuchen, Ausnahmen aus zwingenden Gründen bedürfen einer Bewilligung (§ 15 ThürSchulG).[150] Werden die Kapazitäten überschritten, reduziert sich der Aufnahmeanspruch auf einen Anspruch auf ermessensfehlerfreie Entscheidung anhand sachgerechter Kriterien[151]; solche werden in § 15a ThürSchulG, § 139b ThürSchulO in differenzierter Weise aufgestellt. Bei der Schließung von Schulen muss lediglich sichergestellt sein, dass der Schüler seine Schulausbildung an einer Schule in zumutbarer Weise fortsetzen und beenden kann; der Bestand der konkreten Schule ist nicht gesichert.[152]

62 Gemäß dem **Grundsatz der Inklusion** (Art. 24 UN-BRK) sollen Kinder mit Behinderung nach dem Verständnis des Gesetzgebers möglichst im Regelschulsystem beschult werden, wobei eine Abschaffung des Förderschulsystems völkerrechtlich nicht gefordert ist.[153] Das völkerrechtliche Inklusionsprinzip bedarf landesgesetzlicher Umsetzung, die in Einklang mit Art. 24 UN-BRK auch auf wohnartnahe Schwerpunktschulen konzentriert werden kann. Inklusion fordert keine Einheitsschule für alle, wohl aber eine Anpassung der Beschulungs- und Prüfungsmodalitäten der gemeinsam mit anderen im Regelschulsystem beschulten Kinder mit Behinderung.[154] Diese Standards werden nach dem Inklusionsprinzip nicht *abgesenkt*, sondern an die Bedürfnisse behinderter Menschen *angepasst*. Inklusive Beschulung ist nicht auf das Vorliegen eines **sonderpädagogischen Förderbedarfs** beschränkt, jedoch nimmt dessen Feststellung (§ 8a ThürSchulG) eine zentrale Rolle ein. Ein solcher Bedarf liegt vor, wenn ohne gesonderte pädagogische und sachliche Voraussetzungen ein Schüler aufgrund einer Behinderung nicht angemessen gefördert werden kann. Hierbei gibt es verschiedene Arten von Förderbedarfen (etwa „Hören", „Sehen", „Lernen", „geistige Entwicklung"). Gemeinsamer Unterricht erfolgt entweder *zielgleich* (unter besonderer Unterstützung durch sonderpädagogische Fachkräfte) oder *zieldifferent*, was nur für Schüler mit Förderbedarf in der geistigen Entwicklung und somit nur im gesonderten Bildungsgang „individuelle Lebensbewältigung" (§ 3a Abs. 3 ThürSchulG) vorgesehen ist.[155] Über das Vorliegen und die Art des Förderbedarfs entscheidet der mobile sonderpädagogische Dienst (§ 36 ThürSchulG) auf Initiative des Schulamtes oder, in bestimmten Fällen, die Klassenkonferenz (§ 8a Abs. 2 ThürSchulG). Die Entscheidung unterliegt voller gerichtlicher Überprüfbarkeit.[156] Für die Wahl des Lernortes ist das Schulamt zuständig (§ 8a Abs. 3 S. 1 ThürSchulG).

63 Die Zulassung zu einer Schule des Regelschulsystems kann damit nur verweigert werden, wenn **zwingende Gründe entgegenstehen**, wie etwa das maßgeblich zu berück-

---

150 VG Meiningen, ThürVBl 2017, 44.
151 VG Gera, Beschl. v. 24.8.2021 – 2 E 830/21 Ge.
152 VG Meiningen, Beschl. v. 1.8.1997 – 8 E 796/97.Me; zum Rechtsschutz *Schneider*, → § 2 Rn. 30.
153 *Bernhard*, Anforderungen an ein inklusives Schulsystem, 2016, S. 166 ff., 183.
154 *Avenarius/Hanschmann*, Schulrecht, Tz. 3.622; *Bernhard*, Anforderungen an ein inklusives Schulsystem, 2016, S. 155 ff., 164 f.
155 Lernziele und Leistungsanforderungen richten sich für diese Schüler nach jenen des Bildungsgangs zur individuellen Lebensbewältigung sowie nach einem individuellen sonderpädagogischen Förderplan (§ 8a Abs. 1 ThürSchulG). Dieser Bildungsgang kann nur an regionalen Förderschulen angeboten werden (§ 7a Abs. 4 Nr. 3 ThürSchulG).
156 *Rux*, in: Ehlers/Pünder, BesVerwR III, § 86 Rn. 125.

sichtigende Kindeswohl[157] (Art. 7 Abs. 2 UN-BRK), das Bildungsrecht des Schulpflichtigen selbst, die schutzwürdigen Interessen der anderen Schüler oder sonstige gewichtige öffentliche Belange.[158] Bei zumutbarer Möglichkeit der Beschulung im Rahmen des Regelschulwesens wird die Zuweisung zu einer Förderschule als eine **Benachteiligung aufgrund einer Behinderung** (Art. 3 Abs. 3 S. 2 GG) angesehen.[159] Ein Ressourcenvorbehalt kann in Einklang mit der UN-BRK nur insoweit geltend gemacht werden, als die zur inklusiven Beschulung erforderlichen baulichen Anpassungen (zB Einbau rollstuhlgerechter Toiletten) sowie die sonderpädagogische Unterstützung durch Fachkräfte für den Schulträger schlechthin unzumutbar sind.[160] Neben dem Regelschulsystem besteht für Kinder mit sonderpädagogischem Förderbedarf ein **Förderschulwesen**. Seine Inanspruchnahme durch Schülerinnen und Schüler mit Behinderung soll nach einer im Schrifttum vertretenen Ansicht und gemäß der Konzeption des Thüringer Landesgesetzgebers lediglich dann erfolgen, wenn die Verwirklichung des Rechts des Kindes auf Bildung nicht im Rahmen des Regelschulsystems möglich wäre (§ 8a Abs. 3 S. 3 ThürSchulG).[161] Dies umfasst etwa den zieldifferenten Unterricht (Rn. 62). Im Zuge der Reform von 2019 werden die Förderschulen zu Förder*zentren* umgebaut, die die Regelschulen im gemeinsamen Unterricht mit regionalen und überregionalen Förderschwerpunkten beraten und unterstützen (§ 7a ThürSchulG). Zentrale Punkte der **Kritik** an der Umsetzung der UN-BRK – etwa seitens des Thüringer Lehrerverbandes oder der Landeselternvertretung – betreffen das Lehrer-Schüler-Verhältnis, die Klassenstärken sowie die Vorbereitung der Pädagogen. Inklusion, im Sinne eines gemeinsamen Lernens nicht-behinderter sowie behinderter Kinder und Jugendlicher, ist eine finanziell aufwendige Maßnahme, die ein ausgefeiltes pädagogisches Konzept, aber auch bauliche Änderungen der Schulgebäude verlangt. Aufwändig ist aber auch die Bereitstellung eines parallelen Förderschulsystems, zumal bei knappen Haushaltsmitteln.[162]

5. Innere Schulorganisation: Grundlagen der Schulverfassung

Gemäß dem Gesetzgebungsauftrag nach Art. 23 Abs. 3 ThürVerf, der die Mitwirkung aller am Schulleben Beteiligten (Schüler, Eltern, Lehrer, sonderpädagogische Fachkräfte) vorgibt, existiert ein differenziertes **System der Mitwirkung** der verschiedenen „Gruppen" auf Schul-, Kreis- und Landesebene. Insbesondere die Mitwirkung der Schüler (über Klassen- und Schulsprecher, Schülervertretung, in der Schulkonferenz

64

---

157 *Poscher/Rux/Langer*, Das Recht auf Bildung, 2009, S. 35 f. Auch eine eintretende Überforderung im Zuge der Zuweisung zu einer Schule des Regelschulsystems kann zu einer Kindeswohlgefährdung führen; BVerfG, Beschl. v. 14.9.2021 – 1 BvR 1525/20.
158 Zu Barrierefreiheit und Brandschutz VG Meiningen, ThürVBl 2014, 74.
159 BVerfGE 96, 288, 301; siehe dazu *Siehr/Wrase*, RdJB 2014, 161, 174 ff.
160 *Mißling/Ückert*, RdJB 2015, 63, 73 f.
161 *Anastasiou/Gregory/Stein/Kauffman*, in: Bantekas/Stein/Ansastasiou (Hrsg.), UN CRPD, 2018, Art. 24 Ziff. 4.5. (dort. S. 686 ff., S. 690 ff.). Dies stellt keine Ungleichbehandlung aufgrund einer Behinderung, sondern aufgrund eines besonderen Förderbedarfs zur Verwirklichung des Bildungsrechts dar (vgl. Art. 5 Abs. 4 S. 1 UN-BRK).
162 In diese Richtung weist die politische Entwicklung etwa in Nordrhein-Westfalen, wo gemäß dem Koalitionsvertrag vom 23.6.2022 zwischen CDU und Grünen, „Zukunftsvertrag für Nordrhein-Westfalen, 2022-2027", S. 57, am Förderschulsystem festgehalten und das elterliche Wahlrecht festgeschrieben werden soll.

usw) dient dem praktischen Erlernen demokratischer Partizipationsformen und ist daher zentral für den Bildungs- und Erziehungsauftrag (obzwar nicht vom Demokratieprinzip nach Art. 20 Abs. 1 u. 2 GG / Art. 45 ThürVerf gefordert), während die Einbindung der Eltern (etwa über Schul-, Kreis- und Landeselternvertretung sowie den Landesschulbeirat) das Erziehungsrecht effektuiert.[163] Einzelheiten zur Schüler- und Elternmitwirkung können hier nicht erörtert werden, lassen sich aber durch eine Lektüre der einschlägigen Vorschriften im ThürSchulG, der ThürSchulO und der MitwirkungsVO erschließen. Gleichwertige (nicht: gleichartige!) Strukturen sind gem. § 7 Abs. 1 S. 2 ThürSchfTG auch an den **Schulen in freier Trägerschaft** (Rn. 69 ff.) einzurichten.

65 Der **Schulleiter** ist Verwalter und Repräsentant der Schule sowie Vorgesetzter der Lehrkräfte, § 33 Abs. 1 ThürSchulG, § 28 ThürDO. Er ist für die Durchführung der Bildungs- und Erziehungsarbeit im Rahmen eines geordneten Schulbetriebs zuständig und den Lehrkräften, aber auch dem Verwaltungs- und Hauspersonal gegenüber weisungsbefugt. Das TMBJS bestellt den Schulleiter im Benehmen mit dem Schulträger nach Anhörung der Schulkonferenz. Er ist an Konferenzbeschlüsse gebunden, hat jedoch das Recht und die Pflicht, sie zu beanstanden, wenn sie nach seiner Auffassung gegen Rechts- oder Verwaltungsvorschriften verstoßen. Die Beanstandung hat aufschiebende Wirkung; hält die Schulkonferenz am Beschluss fest, entscheidet das Schulamt (§ 37 Abs. 5 ThürSchulG).

66 Die **Schulkonferenz** ist das gemeinsame Organ der Beratung und Beschlussfassung in allen Angelegenheiten, die die Schule betreffen und setzt sich paritätisch aus gewählten Vertretern der Eltern, Lehrer und Schüler zusammen (§ 38 Abs. 1 ThürSchulG, §§ 41 ff. ThürSchulO). Sie übt hinsichtlich ihrer Verbindlichkeit gestufte Mitwirkungsbefugnisse aus. Gleichwohl kann sie nicht als Selbstverwaltungsgremium bezeichnet werden, da eine echte „Schulautonomie" im Sinne eines Selbstverwaltungsrechts gesetzlich nicht vorgesehen und aufgrund der staatlichen Schulverantwortung verfassungsrechtlich problematisch wäre.[164] Dennoch ist in den letzten Jahren eine Liberalisierung der schulischen Autonomieräume zu erkennen (vgl. § 40b ThürSchulG). Sie umfassen Entscheidungskompetenzen im Bereich der Schwerpunktbildung, Personalentscheidungen und Mittelverwendung, werden jedoch auch durch Maßnahmen externer Qualitätskontrolle begleitet.[165]

67 Weitere wichtige Entscheidungsgremien sind die **Teilkonferenzen** – etwa die Lehrerkonferenz und die Klassenkonferenz (§ 37 ThürSchulG). Die Lehrerkonferenz kann in durch Rechts- oder Verwaltungsvorschriften zugewiesenen Fällen Beschlüsse fassen, die Lehrer, sonderpädagogische Fachkräfte und Schulleitung binden. Ihre Aufgabe ist es, das pädagogische und kollegiale Zusammenwirken an der Schule sicherzustellen. Den Vorsitz führt der Schulleiter (vgl. §§ 30 ff. ThürSchulO). Die Klassenkonferenz

---

163 Das Erziehungsrecht ist ein ausschließlich individuell auszuübendes Grundrecht, kein Gruppenrecht; BVerfGE 47, 46, 76; 59, 360, 378 ff.
164 Siehe auch BayVerfGH, BayVBl 1995, 173, 174 f.; kritisch *Müller*, Schulische Eigenverantwortung und staatliche Aufsicht, 2006, S. 81 ff., 222 f.
165 Zur Schulautonomie und Qualitätskontrolle in Thüringen *Berger*, ThürVBl 2019, 136, 137 ff.

gem. § 37 Abs. 3 ThürSchulG setzt sich aus den Lehrkräften zusammen, die eine Klasse in Kursen oder Lerngruppen unterrichten. Ihr obliegen verschiedene Entscheidungen, die den schulischen Werdegang und das Schulleben einzelner Schüler betreffen – etwa über die Versetzung (§ 49 ThürSchulG) oder bestimmte Erziehungs- und Ordnungsmaßnahmen (§ 51 ThürSchulG). Einzelheiten (insb. zum Geschäftsgang und zur Arbeitsweise) sind in §§ 32 ff. ThürSchulO geregelt.

Die Beteiligungsrechte dieser Gremien ergeben nur dann einen Sinn, wenn sie als subjektive und zugleich justitiable Positionen anerkannt werden. Insofern wäre es durchaus konsequent, die **Grundsätze des Organstreitverfahrens** aus dem Kommunalverfassungsrecht zu übertragen.[166] Bei Mitwirkungsstreitigkeiten kommen mangels Verwaltungsaktqualität der Maßnahmen nur Leistungs- oder Feststellungsklagen in Betracht.[167]

68

6. Schulen in privater Trägerschaft

a) **Verfassungsrechtliche Garantie.** Die Verfassung des Freistaats bekennt sich in Art. 26 Abs. 1, der neben Art. 7 Abs. 4 GG tritt, zu einem pluralen Schulwesen. In Ergänzung des öffentlichen Schulsystems schafft sie auch Räume zur Erprobung innovativer pädagogischer Konzepte sowie für religiöses Engagement. Das Schulsystem der DDR hingegen kannte keine Schulen in nichtstaatlicher Trägerschaft, weil dies dem vom System reklamierten Schulmonopol des sozialistischen Staates widersprochen hätte. Art. 26 Abs. 1 ThürVerf schützt als **institutionelle Garantie** das Privatschulwesen sowie als **Grundrecht** die Freiheit, solche Schulen zu gründen und zu führen[168] Jedoch steht diese Freiheit für einen Teil der Privatschulen (s.u.) unter Genehmigungsvorbehalt (Art. 26 Abs. 2 S. 1 ThürVerf) und wird für Grundschulen („Volksschulen"[169]) durch Art. 7 Abs. 5 GG weitreichend beschränkt. Zudem unterstehen auch Privatschulen der staatlichen Aufsicht nach Art. 7 Abs. 1 GG / Art. 23 Abs. 1 ThürVerf, die jedoch nicht das Ausmaß eines unbegrenzten inhaltlichen Bestimmungsrechts annehmen darf.[170] Sie sind daher frei, in Einklang mit Art. 22 Abs. 1 ThürVerf, eigene pädagogische Konzepte und Erziehungsziele zu definieren.[171] Bei insgesamt zurückgehenden Schülerzahlen nimmt der Anteil der Privatschüler in Thüringen stetig zu; derzeit sind es etwa 11,5 %.[172]

69

b) **Ersatz- und Ergänzungsschulen, Genehmigung und Anerkennung.** Schulen in privater Trägerschaft, die als Ersatz für staatliche Schulen fungieren (d.h. solche Schularten und -formen, die im öffentlichen Schulwesen vorhanden oder vorgesehen sind), werden als **Ersatzschulen** bezeichnet und gem. Art. 26 Abs. 2 S. 1 ThürVerf einem Ge-

70

---

166 *Rux,* in: Ehlers/Pünder, Besonderes Verwaltungsrecht III, 4. Aufl. 2021, § 86 Rn. 72.
167 *Geis,* Kommunalrecht, 5. Aufl. 2020, § 25 Rn. 1 ff., 14.
168 *Brenner,* in: Linck/Baldus/Lindner/Poppenhäger/Ruffert, Die Verfassung des Freistaats Thüringen, Art. 26 Rn. 8 f.
169 BVerfGE 90, 1, 8.
170 *Brosius-Gersdorf,* Die Verwaltung 45 (2012), 389, 394 f.
171 *Sydow/Dietzel,* RdJB 2014, 239, 243 f.; *Brenner,* in: Linck/Baldus/Lindner/Poppenhäger/Ruffert, Die Verfassung des Freistaats Thüringen, Art. 22 Rn. 9. Sie dürfen den staatlichen Erziehungszielen jedoch nicht widersprechen.
172 Statistisches Bundesamt, Fachserie 11 (Reihe 1.1), Bildung und Kultur – Private Schulen, Schuljahr 2018/19, S. 25 (auf die 99 allgemeinbildenden Privatschulen in Thüringen bezogen).

nehmigungsvorbehalt unterworfen. Nur an genehmigten Ersatzschulen kann gem. § 20 Abs. 1 ThürSchulG, § 4 Abs. 3 ThürSchfTG die Schulpflicht erfüllt werden. Die Genehmigungsvoraussetzungen richten sich nach Art. 7 Abs. 4 S. 2 ff. GG und § 5 ThürSchfTG. Bei Vorliegen der Voraussetzungen besteht ein **Anspruch auf Genehmigung**. Sie ist zu erteilen, wenn die Gleichwertigkeit mit Lehrzielen und Einrichtungen öffentlichen Schulen der jeweiligen Schulart sowie eine ausreichende Sicherung der Stellung der Lehrkräfte gewährleistet ist und zugleich eine Sonderung der Schüler nach den Besitzverhältnissen der Eltern nicht gefördert wird (sog Sonderungsverbot).

71   Das **Sonderungsverbot** gem. Art. 7 Abs. 4 S. 3 Hs. 2 GG trägt dem Umstand Rechnung, dass auch das Privatschulwesen am Integrationsauftrag des Staates teilhat.[173] Es bleibt gewahrt, wenn die betreffende Schule kein exkludierend wirkendes Schulgeld erhebt[174] und auch in ihrer Aufnahmepraxis Kinder wohlhabender Eltern nicht bevorzugt.[175] In § 5 Abs. 1 Nr. 2 ThürSchfTG wird nur der Wortlaut des Art. 7 Abs. 4 S. 3 Hs. 2 GG wiederholt, nähere Bestimmungen zur Höhe des Schulgeldes und zur weiteren Überwachung des Sonderungsverbotes fehlen. Die Thüringer Rechtslage kann insoweit als defizitär angesehen werden, unterschreitet aber nicht die Standards der Privatschulgesetzgebung der übrigen Länder.[176] Gleichwohl gilt es zu berücksichtigen, dass die Beurteilung der Umsetzung des Sonderungsverbotes nur ganzheitlich in Zusammenschau mit Art und Ausmaß der staatlichen Förderung durch das Land (Rn. 74) vorgenommen werden kann, da ohne Förderung eine Existenzbedrohung des Ersatzschulwesens absehbar ist.

72   Von den „nur" genehmigten sind die **anerkannten Ersatzschulen** zu unterscheiden. Diese haben zusätzlich die Möglichkeit, nach den für entsprechende staatliche Schulen geltenden Bestimmungen Abschlussprüfungen abzunehmen und entsprechende Zeugnisse mit öffentlicher Wirkung auszustellen (§ 10 Abs. 3 ThürSchftG). Sie sind insoweit **Beliehene**.[177] Die Beleihung ist in Thüringen als Ermessensentscheidung gestaltet (§ 10 Abs. 2 ThürSchfTG). Insgesamt besteht für anerkannte Ersatzschulen eine stärkere Bindung an die Standards des öffentlichen Schulwesens, etwa durch die Pflicht zur Anwendung der für öffentliche Schulen geltenden Aufnahme- und Versetzungsbestimmungen (§ 10 Abs. 3 ThürSchfTG), die sie in ihrer Freiheit der Schülerwahl einschränkt. Schüler „nur" genehmigter Ersatzschulen haben gleichwohl die Möglichkeit, als externe Prüflinge die staatlichen Abschlussprüfungen abzulegen (sog **Externenprüfung**, § 9 ThürSchulG, §§ 69 ff. ThürSchulO). Bei Streitigkeiten im Bereich der Beleihung (etwa bei Abschlussprüfungen an anerkannten Ersatzschulen) ist der Rechtsweg nach § 40 Abs. 1 VwGO eröffnet; in sonstigen Rechtsstreitigkeiten ist der Zivilrechtsweg zu beschreiten (§ 13 GVG). Den Maßstab für Streitigkeiten im Privat-

---

173 *Avenarius*, in: FS Hufen, 2015, S. 265, 270 f.
174 BVerfGE 75, 40, 63. Die Vergabe einzelner Stipendien genügt nicht. Eine Staffelung nach den Einkommensverhältnissen der Eltern und mögliche Befreiungen können einer Sonderung vorbeugen.
175 Str., so *Wrase/Helbig*, NVwZ 2016, 1591, *Hanschmann/Wrase*, RuB 4/2017, 5; aA *Brosius-Gersdorf*, NVwZ 2018, 761; *Cremer*, RuB 1/2019, 3; im Überblick: *Avenarius/Hanschmann*, Schulrecht, Tz. 15.624.
176 Vgl. aber Ziff. 5 VVPSchG BW i.d.F. der Änderung v. 21.12.2021 (GBl. 2022 S. 1). Es handelt sich allerdings nur um eine Rechtsverordnung. Die Genehmigungsvoraussetzungen hins. der Gründung und des Betriebs von Ersatzschulen sind unmittelbar maßgeblich für die Grundrechtsausübung.
177 BVerwGE 17, 42; VGH Kassel, FamRZ 2007, 262.

schulverhältnis jenseits des Beleihungsumfangs bilden damit der Schulvertrag als Grundlage des Beschulungsverhältnisses und das Bürgerliche Recht (insbesondere §§ 138, 242 BGB).[178]

Privatschulen, die keine Ersatzschulen sind (also keiner im Landesrecht vorgesehenen Schulart entsprechen), bezeichnet man als **Ergänzungsschulen**, § 13 ThürSchfTG. Sie sind im berufsbildenden Bereich stark vertreten; auch *International Schools* sind idR Ergänzungsschulen. Auch hier ist eine Anerkennung möglich. Sie verleiht das Recht, Prüfungen abzunehmen und Zeugnisse auszustellen (§ 15 Abs. 2 ThürSchfTG). Im Einzelfall kann zudem gem. § 15 Abs. 3 ThürSchfTG durch das TMBJS die Eignung einer anerkannten Ergänzungsschule zur Erfüllung der Schulpflicht festgestellt werden, wobei der Maßstab unbestimmt bleibt. Dies durchbricht freilich die Systematik zwischen den genehmigungspflichtigen, stark regulierten Ersatz- und bloß anzeigepflichtigen, über größere Freiräume verfügenden Ergänzungsschulen. Jedenfalls dort, wo „qualifizierte" Ergänzungsschulen der Erfüllung der Schulpflicht dienen und auf einen von der KMK anerkannten Abschluss hinführen (etwa das Schweizer *International Baccalaureate*), ist fraglich, ob hierin nicht ein funktionales Äquivalent einer Ersatzschule mit der Folge der Geltung des Genehmigungsregimes gesehen werden muss.[179]

c) **Staatliche Förderpflicht**. Aus dem Sonderungsverbot folgt für Ersatzschulen das Problem, sich nicht über kostendeckende Schulgelder auskömmlich selbst finanzieren zu können, gleichzeitig aber wegen des Postulats der Gleichwertigkeit gem. Art. 7 Abs. 4 S. 3 und 4 GG an die kostenintensiven Standards öffentlicher Schulen gebunden zu sein. Das BVerfG hat daher eine objektiv-rechtliche **Förderpflicht** des Staates nach Art. 7 Abs. 4 GG anerkannt.[180] Hierzu korrespondiert ein subjektiv-rechtlicher Anspruch des Trägers auf Unterstützung gem. Art. 26 Abs. 2 S. 2 ThürVerf.[181] Konkrete Ansprüche in *bestimmter* Höhe ergeben sich daraus nicht, vielmehr bedarf die Pflicht der gesetzlichen Ausgestaltung, wie sie in §§ 17, 18 ThürSchfTG auch erfolgt ist. Die im öffentlichen Diskurs bisweilen auf Unverständnis stoßende Privatschulfinanzierung durch den Freistaat ist damit verfassungsrechtlich geboten. Schon begrifflich erfasst Art. 26 Abs. 2 S. 2 ThürVerf nur eine **Bezuschussung**. Anknüpfungspunkt dafür ist die Bedürftigkeit in Bezug auf die laufenden Betriebskosten.[182] Praktisch

---

178 So erlangen etwa die aus Art. 12 Abs. 1, 3 Abs. 1 GG abgeleiteten Grundsätze des Prüfungsrechts (dazu Rn. 100 ff.) über die mittelbare Drittwirkung der Grundrechte im Privatschulverhältnis Wirkung; gleiches gilt für Hochschulen in freier Trägerschaft iSv Art. 28 Abs. 2 ThürVerf, vgl. *Pein*, WissR 2015, 362, 391.
179 *Rux*, Schulrecht, Rn. 273, 1285 ff., tendenziell auch *Kluth*, RdJB 2018, 222, 228 ff.; *ders.*, RuB 1/2019, 17; *Stock*, Staatliche Aufsicht über Ersatzschulen, 2021, S. 239.
180 BVerfGE 75, 40; 90, 107; 74, 112.
181 Derartige landesverfassungsrechtliche Ansprüche sind eigenständig und entstehen parallel zur Förderpflicht nach Art. 7 Abs. 4 GG; siehe SächsVerfGH, NVwZ-RR 2014, 251; ThürVerfGH, Urt. v. 21.5.2014 – VerfGH 13/11, Rn. 117, 128. Umstritten ist, ob auch unmittelbar aus Art. 7 Abs. 4 GG Ansprüche folgen; dafür: *Brosius-Gersdorf*, Das Sonderungsverbot, für private Ersatzschulen, 2018, S. 100 ff.; *Cremer*, RuB 2/2021, 3, 35 ff. *Keller/Krampen/Suerwehme*, Das Recht der Schulen in freier Trägerschaft, 2. Aufl. 2021, Kap. 9, Rn. 51 ff.
182 Nach hM soll die Institution des Ersatzschulwesens den Bezugspunkt bilden, nicht die konkrete Schule; BVerfGE 75, 40, 67; ThürVerfGH, Urt. v. 21.5.2014 – VerfGH 13/11, Rn. 132. Es kommt auf den Bestand eines konkreten Ersatzschultyps im jew. Land an; BVerwG, Beschl. v. 6.11.2020 – 6 B 29/20, Rn. 22 ff.; zu den jüngeren Rechtsprechungsentwicklungen in den Ländern *Kluth*, LKV 2017, 433.

macht die staatliche Finanzhilfe jedoch den Großteil der Einnahmen der Ersatzschulen aus und ergänzt die (limitierten) Schulgeldeinnahmen und Eigenleistungen des Trägers (Drei-Säulen-Modell).[183] Die Ausgestaltung der öffentlichen Zuschüsse muss im Grundsatz durch den Gesetzgeber ausgeformt werden; er hat dabei einen weiten Gestaltungsspielraum.[184] Ergänzungsschulen, für die die Genehmigungserfordernisse nicht gelten, haben hingegen keinen verfassungs- oder einfachrechtlichen Anspruch auf Förderung (können gleichwohl gem. § 22 ThürSchfTG nach Ermessen und Haushaltslage gefördert werden).

7. Schulaufsicht

75 Anders als die Aufsicht im Sinne der Schulverantwortung meint die Schulaufsicht nach § 40 ThürSchulG und dem ThürSchAG *auch* die verwaltungstechnische Aufsicht hinsichtlich ihrer geläufigen Dreiteilung in **Rechtsaufsicht** (Kontrolle der Rechtmäßigkeit), **Fachaufsicht** (Kontrolle der Zweckmäßigkeit) sowie **Dienstaufsicht** (Aufsicht über die in der Schule Bediensteten), § 2 Abs. 2 ThürSchAG. Als Schulaufsichtsbehörden fungieren in Thüringen die fünf staatlichen Schulämter, oberste Schulbehörde ist das TMBJS (§ 4 ThürSchAG). Privatschulen unterstehen einer bloßen Rechtsaufsicht einschließlich der dauerhaften Erfüllung der Genehmigungskriterien (§ 3 Abs. 2 ThürSchfTG),[185] zuständig ist das TMBJS. In Selbstverwaltungsangelegenheiten der kommunalen Träger (äußere Schulangelegenheiten, Rn. 58) bleibt die staatliche Aufsicht ebenfalls auf die Rechtsaufsicht in Form der allgemeinen Kommunalaufsicht beschränkt. Bei der Ausübung der Aufsichtsbefugnisse ist gem. § 3 Abs. 2 ThürSchAG die pädagogische Freiheit der Lehrkräfte zu beachten.[186]

IV. Hochschulrecht

76 Angesichts seiner Größe hat Thüringen mit inzwischen zehn öffentlichen Hochschulen (§ 1 Abs. 2 ThürHG[187]) eine beträchtliche Hochschuldichte. Als älteste der vier Universitäten des Landes sind die im Jahr 1379 gegründete Universität Erfurt – 1816 geschlossen, im Jahre 1994 neu- und wiedergegründet – und die im Jahr 1558 gegründete Friedrich-Schiller-Universität Jena zu nennen.[188] Der Begriff der Hochschule wird in § 1 Abs. 1 ThürHG nicht definiert, die staatlichen Hochschulen werden einzeln enu-

---

183 Die Deckungsgrade variieren abhängig von Schularten und aufgrund der unterschiedlichen Berechnungssysteme in den Ländern erheblich; den Versuch einer Bestandsaufnahme unternehmen *Wrase/Akkaya/Helbig*, Voraussetzung sozialer Verantwortung – Privatschulfinanzierung in den deutschen Bundesländern, WZB Gutachten 2019; kritisch zu Methodik und Ergebnissen *Beukert*, RuB 4/2022, 3.
184 ThürVerfGH, Urt. v. 21.5.2014 – 13/11; aA Sondervotum des Richters *Baldus*, ebd. Rn. 186, 209 ff.
185 Monographisch jüngst *Stock*, Staatliche Aufsicht über Ersatzschulen, 2021.
186 Zum Zusammenhang von pädagogischer Freiheit und Schulaufsicht *Beaucamp*, RdJB 2015, 145, 155. Damit sind jedoch lediglich die tatsächlichen Grenzen der Fachaufsicht angesprochen.
187 Das ThürHG wurde mit Gesetz v. 27.4.2018 novelliert und am 23.5.2018 verkündet (GVBl. S. 149). Umfassende Darstellung des Hochschulrechts in Thüringen bei *Blanke/Bunse*, in: Geis, Hochschulrecht in Bund und Ländern (58. AL 2022).
188 Zu den einzelnen Hochschulen und ihren Profilen sieheden Überblick in *Blanke/Bunse*, in: Geis, Hochschulrecht in Bund und Ländern, Rn. 26 ff. Die jüngste öffentliche Hochschule ist infolge der Umwandlung der staatlichen Berufsakademien in Gera und Eisenach in die Duale Hochschule Gera-Eisenach durch Gesetz v. 2.7.2016 (GVBl. S. 205) entstanden. Zu ihrem überwiegend nicht-wissenschaftlichen Charakter *Gundling*, ZLVR 2017, 134; *ders./Berger*, ThürVBl 2016, 293, 298.

meriert. Ihre Kernaufgaben sind wissenschaftliche **Forschung und Lehre,** auch wenn ihnen § 5 ThürHG einen umfassenden gesamtgesellschaftlichen Auftrag zuweist.

1. Verfassungs-, bundes- und unionsrechtlicher Rahmen

Nach dem Wegfall der Rahmenkompetenz des Bundes gem. Art. 75 Abs. 1 Nr. 1a GG aF anlässlich der Föderalismusreform I (2006) sind die Gesetzgebungskompetenzen im Hochschulrecht fast vollständig auf die Länder übergegangen.[189] Das alte, gem. Art. 125a GG fortgeltende Hochschulrahmengesetz (HRG) hat somit weitgehend seine praktische Bedeutung verloren. Doch sind seitdem angesichts der Hochschulpakte zwischen Bund und Ländern sowie des Rufes nach weiterer Verflechtung durch Kooperation unitarisierende Tendenzen auszumachen. Verfassungsrechtlicher Ausgangspunkt des Hochschulrechts ist die **Wissenschaftsfreiheit** gem. Art. 5 Abs. 3 S. 1 GG / Art. 27 Abs. 1 S. 2 ThürVerf, die als Individualrecht die Freiheit von Forschung und Lehre schützt und in § 7 Abs. 2 und 3 ThürHG einfachgesetzlich ausgestaltet wurde. Neben dem einzelnen Wissenschaftler[190] ist die Hochschule samt ihren Untergliederungen selbst Trägerin des Grundrechts.[191] Die **objektiv-rechtliche Komponente** des Grundrechts hat gewichtige Folgen für die interne Hochschulorganisation, da sie vor strukturellen Gefährdungen der Wissenschaftsfreiheit schützt.[192] Bei der Ausgestaltung des hochschulorganisatorischen Gesamtgefüges hat der Gesetzgeber einen weiten Gestaltungsspielraum. Dieses Gefüge muss jedoch in einer Gesamtbetrachtung freie Forschung und Lehre strukturell ermöglichen und mit anderen Verfassungsbelangen – wie etwa den Staatszielen und der Ausbildungsfreiheit der Studierenden – im Wege praktischer Konkordanz vereinbar sein. Zu den konkreten Anforderungen an eine verfassungskonforme Hochschulorganisation gibt es eine umfassende Judikatur des BVerfG.[193] Die objektiv-rechtliche Einstandspflicht des Staates schließt auch eine angemessene Mittelausstattung ein.[194] Art. 28 Abs. 1 S. 2 ThürVerf gewährleistet schließlich das Recht auf **Selbstverwaltung,** an der alle Mitglieder der Hochschule zu beteiligen sind,[195] sowie in Abs. 2 das Recht zur Gründung privater Hochschulen (Rn. 81).

77

---

189 So bleibt der Bund etwa für Ausbildungsbeihilfen (Art. 75 Abs. 1 Nr. 13 GG) und die Hochschulzulassung und -abschlüsse zuständig (Art. 74 Abs. 1 Nr. 33 GG); die Länder können jedoch gem. Art. 72 Abs. 3 S. 1 Nr. 6 GG davon abweichende Regelungen treffen.
190 Dies schließt auch Studierende ein, soweit sie wissenschaftlichen Standards genügende Forschung betreiben, sowie Fachhochschullehrer, die Forschungsaufgaben wahrnehmen; vgl. BVerfGE 126, 1, 18.
191 Art. 19 Abs. 3 GG wird insoweit durchbrochen, weil Hochschulen als Körperschaften des öffentlichen Rechts unmittelbar unter den Schutz des grundrechtlichen Lebensbereichs fallen.
192 BVerfGE 35, 79, 115, 125 ff.; 136, 338 Rn. 54 ff., dazu *Lindner,* Jura 2018, 240, 245 ff.
193 Zusammengefasst im (Kammer-)Beschl. v. 5.2.2020 – 1 BvR 1586/14, Rn. 16 ff.; siehe insbes. auch BVerfG, Beschl. v. 24.6.2014 – 1 BvR 321/07, BVerfGE 136, 338; einen Überblick gibt *Ennuschat,* RdJB 2017, 34; sh auch *Lindner,* Jura 2018, 240, 246 ff.; *Sandberger,* OdW 2022, 1; siehe zudem VerfGH BW, NVwZ 2017, 403.
194 *Strauch,* in: Linck/Baldus/Lindner/Poppenhäger/Ruffert, Die Verfassung des Freistaats Thüringen, Art. 27 Rn. 28; vgl. zu Art. 5 Abs. 3 GG und der ausdrücklichen Regelung in Art. 5 NdsVerf *Hartmann/Marfels,* NdsVBl 2020, 236, 261.
195 Die ThürVerf geht damit über das Grundgesetz hinaus, das zwar objektiv-rechtliche Maßgaben für die Hochschulorganisation, nicht aber das Selbstverwaltungsrecht verbürgt; *Stumpf,* Ungeschriebener Parlamentsvorbehalt und akademische Selbstverwaltungsgarantie, 2017, S. 217 ff.; *Gärditz,* in: Dürig/Herzog/Scholz, GG, Art. 5 Abs. 3 Rn. 274 ff., aA *Strauch,* in: Linck/Baldus/Lindner/Poppenhäger/Ruffert, Die Verfassung des Freistaats Thüringen, Art. 28 Rn. 8; *Blanke/Bunse,* Vorauflage, § 8 Rn. 67; offengelassen bei BVerfGE 35, 79, 116.

78 Auch wenn die Europäische Union im Bereich der Hochschulpolitik über keine Kompetenz zur Rechtsangleichung verfügt (vgl. Art. 165 f., 179 ff. AEUV), gehen von den Erklärungen und Vereinbarungen über die Errichtung des **Europäischen Hochschulraums** zwischen 49 Staaten (sog Bologna-Prozess) beträchtliche Angleichungswirkungen aus, obwohl es sich – auch in Ansehung des Art. 23 Abs. 1 GG – nur um politische Dokumente handelt.[196] Hervorzuheben ist insoweit der Europäische Qualifikationsrahmen.[197] Diese Entwicklung hat zu einer weitgehenden Vereinheitlichung der Abschlüsse durch das **Bachelor-/Mastersystems** sowie die Modularisierung der Studienverläufe geführt (Rn. 99). Hochschulrechtlich relevant sind indes das europäische Freizügigkeitsrecht (Art. 21 Abs. 1, 53 Abs. 1 AEUV) und die Rechtsakte der Union, die auf eine gegenseitige Anerkennung beruflicher Qualifikationen abzielen. Auch das Studium im europäischen Ausland kann in den Anwendungsbereich des allgemeinen Diskriminierungsverbotes fallen (Art. 18 AEUV).[198]

2. Äußere Hochschulverfassung – Rechtsstellung der Hochschulen

79 a) **Doppelrechtscharakter und Selbstverwaltung.** Wenn § 2 Abs. 1 ThürHG die Hochschulen einerseits als Körperschaften des öffentlichen Rechts normiert und sie andererseits auch als staatliche Einrichtungen anspricht, kommt darin ihre „Janusköpfigkeit"[199] zum Ausdruck: Hinsichtlich der Personal- und Sachmittel weisen die Hochschulen anstaltliche Züge auf, sind im Übrigen aber landesunmittelbare **öffentlich-rechtliche Körperschaften**[200] und damit mitgliedschaftlich verfasst. Das Selbstverwaltungsrecht gem. Art. 28 Abs. 1 ThürVerf, § 2 Abs. 3 ThürHG verleiht ihnen die Befugnis, ihre eigenen Angelegenheiten, insbesondere die Aufgaben in Forschung und Lehre, eigenverantwortlich im Rahmen der Gesetze zu regeln. Als wesentliches Instrument dient dabei die **Satzung** (§ 3 ThürHG). Darüber hinaus nehmen die Hochschulen die ihnen übertragenen staatlichen Aufgaben wahr (§ 2 Abs. 4 ThürHG), wie etwa die Personalverwaltung.

80 b) **Staatliche Aufsicht.** Mit der Freiheitsgarantie der Selbstverwaltung korreliert die staatliche Aufsichtspflicht gem. Art. 28 Abs. 1 S. 1 ThürVerf, die durch das TMWWDG wahrgenommen wird. Sie ist in Selbstverwaltungsangelegenheiten (etwa Lehre, Forschung und Prüfung) auf eine bloße **Rechtsaufsicht** beschränkt und umfasst im Bereich der Auftragsangelegenheiten (§ 2 Abs. 4 ThürHG) zusätzlich die **Fachaufsicht** über die inhaltliche Zweckmäßigkeit der Maßnahmen (§ 18 ThürHG). Dem Ministerium steht dabei auch ein Weisungsrecht zu. Kommt die Hochschule der Aufsichtsmaßnahme nicht fristgemäß nach, kann das Ministerium im Wege der Selbstvornahme tätig werden.[201] Rechtswidrige Maßnahmen und Beschlüsse im Rahmen der

---

196 BVerfG, Beschl. v. 17.2.2016 – 1 BvL 8/10, Rn. 57; *Füssel*, RdJB 2020, 312, 313 ff.
197 Empfehlung des Europäischen Parlaments und des Rates v. 23.4.2008, ABl. C 111/2008, S. 1.
198 EuGH, Urt. v. 7.7.2005 – Rs. C-147/03.
199 *Sandberger*, WissR 2005, 23 ff.
200 Gleichwohl gestattet § 2 Abs. 2 ThürHG auf Antrag beim TMWWDG die Wahl alternativer Rechtsformen, namentlich die der Stiftung des öffentlichen Rechts, wie sie in anderen Ländern bereits anzutreffen ist (z.B. die Goethe-Universität Frankfurt am Main oder die Leuphana Universität Lüneburg).
201 Fachaufsichtliche Maßnahmen verlassen nicht den Binnenbereich der Verwaltung. Rechtsschutz gegen sie ist deswegen nur über die Feststellungs- und Leistungsklage zu erreichen.

Selbstverwaltung können durch das TMWWDG beanstandet und letztlich aufgehoben werden (§ 18 Abs. 2 ThürHG). Diese Maßnahmen haben Außenwirkung, da sie die Hochschule in ihrer verfassungsrechtlich verbürgten Rechtsstellung betreffen, und stellen folglich Verwaltungsakte dar. Zudem sind präventive Aufsichtsinstrumente in Form ministerieller Genehmigungsvorbehalte vorgesehen, die etwa für die Grundordnungen der Hochschulen gelten (§§ 3 Abs. 1, 19 ThürHG).

c) **Private Hochschulen.** Das Recht, nichtstaatliche Hochschulen zu gründen, ist in Art. 28 Abs. 2 ThürVerf normiert und folgt schon aus Art. 5 Abs. 3 S. 1 GG.[202] Zur Führung einer entsprechenden Bezeichnung und zur Anerkennung der von ihnen verliehenen Abschlüsse ist jedoch ein **staatlicher Anerkennungsakt** erforderlich. Er liegt im (pflichtgemäßen) Ermessen des TMWWDG und setzt eine gewisse Gleichwertigkeit der privaten Hochschule zu vergleichbaren öffentlichen Einrichtungen voraus (§ 122 ThürHG). Nicht unproblematisch ist das hierfür geltende Erfordernis der institutionellen Akkreditierung durch den Wissenschaftsrat gem. § 122 Abs. 2 ThürHG – ein informelles Beratungsgremium, das 1957 durch Verwaltungsvereinbarung von Bund und Ländern gegründet wurde. Die autonome Definition dessen, was eine Hochschule ist („Hochschulförmigkeit") durch den Wissenschaftsrat könnte die Anforderungen des Wesentlichkeitsvorbehalts unterlaufen.[203] Aus der objektiv-rechtlichen Dimension der Wissenschaftsfreiheit folgt das Erfordernis eines Mindestmaßes an organisatorischen Vorkehrungen zum Schutz der freien Wissenschaft auch an privaten Hochschulen, was die Mitwirkung ihrer in der Wissenschaft tätigen Mitglieder einschließt (vgl. § 122 Abs. 1 Nr. 2 ThürHG).[204] Ansprüche auf finanzielle Zuwendung bestehen gem. § 122 Abs. 4 ThürHG für anerkannte Hochschulen ausdrücklich nicht und können weder aus Art. 28 Abs. 2 ThürVerf noch aus Art. 5 Abs. 3 S. 1 GG / Art. 27 Abs. 1 S. 2 ThürVerf abgeleitet werden.[205]

81

3. Innere Hochschulverfassung – Hochschulorgane und Mitwirkung

Die Grundstruktur der Hochschulen ist grundsätzlich nicht hierarchisch, sondern wird durch die **Selbstverwaltungsorgane** auf zentraler und dezentraler Ebene sowie gemeinsame Ausschüsse und ähnliche Gremien mit oder ohne Entscheidungsbefugnissen geprägt (§§ 34 ff., 38 ff. ThürHG). Dabei kommt der sachnäheren Einheit jeweils der Vorrang gegenüber der Hochschul- bzw Fakultätsleitung zu, etwa hinsichtlich der Forschung.[206] Die Konkretisierung des im ThürHG angelegten organisationsrechtlichen

82

---

202 Hinsichtlich ihres Betriebs BVerfGE 141, 143, 164; zur Gründung *Strauch*, in: Linck/Baldus/Lindner/Poppenhäger/Ruffert, Die Verfassung des Freistaats Thüringen, Art. 28 Rn. 14.
203 Vgl. den Leitfaden zur Institutionellen Akkreditierung nichtstaatlicher Hochschulen, Wissenschaftsrat Drs. 4395-15 (https://www.wissenschaftsrat.de/download/archiv/4395-15.pdf, 10.4.2022). Dazu *Würtenberger*, OdW 2021, 217. Dies wirft Fragen nach einem materiellen Hochschulbegriff auf; zu diesem *Gundling*, WissR 2021, 52.
204 *Goebel*, OdW 2022, 76.
205 So auch *Gärditz*, in: Dürig/Herzog/Scholz, Art. 5 Abs. 3 Rn. 272. Die von der Rspr. (BVerfGE 75, 40; 90, 107, 112, 74) anerkannte Förderpflicht für Ersatzschulen (Rn. 74) ist aufgrund der in der Art. 7 Abs. 4 GG angelegten Spannungslage von sozialstaatlicher Inanspruchnahme und ausgeschlossener Selbstfinanzierung singulär; sie kann nicht durch einen allgemeinen Rekurs auf den objektiven Wertordnungsgehalt auf private Hochschulen ohne solche verfassungsrechtlichen Bindungen übertragen werden, aA *Steinkemper*, Die verfassungsrechtliche Stellung der Privathochschule und ihre staatliche Förderung, 2002, S. 160 ff.
206 BVerfGE 127, 87, 114.

Rahmens erfolgt durch die **Grundordnungen** der Hochschulen (§ 38 Abs. 1 ThürHG – Satzungen). Vom Gesetz abweichende Modelle bedürfen nach Maßgabe des § 4 ThürHG einer zu befristenden Rechtsverordnung (Erprobungsklausel).

83 a) **Hochschulorgane auf zentraler Ebene.** Auf zentraler Ebene wird die Selbstverwaltung durch Hochschulrat, Senat und Hochschulversammlung wahrgenommen (§§ 28 Abs. 1, 34 ff. ThürHG). Das zentrale Mitwirkungsorgan der Hochschule ist der **Senat** nach § 35 ThürHG. In Abkehr von der hergebrachten Hochschullehrermehrheit ist der Senat seit der Reform von 2018 mit jeweils drei Vertretern jeder Statusgruppe (§ 21 Abs. 2 ThürHG) – mit einfachem Stimmrecht – besetzt (§ 35 Abs. 3 und 5 S. 1 ThürHG), insgesamt also mit 12[207] Mitgliedern bei **Gruppenparität**. Zum **Schutz der Wissenschaftsfreiheit** gehören dem Senat an den Thüringer Hochschulen in Angelegenheiten, welche die Lehre (mit Ausnahme ihrer Bewertung)[208], die Forschung, künstlerische Entwicklungsvorhaben oder die Berufung von Hochschullehrern unmittelbar betreffen, *zusätzlich* (in Abhängigkeit vom Hochschultyp) sieben oder vier Hochschullehrer mit einfachem Stimmrecht an („Erweiterter Senat" – § 35 Abs. 4 und 5 S. 1 ThürHG). Zur Ermittlung der Angelegenheiten, die die Lehre (aber nicht ihrer Bewertung), die Forschung, künstlerische Entwicklungsvorhaben oder die Berufung von Hochschullehrern unmittelbar betreffen (§ 35 Abs. 4, § 40 Abs. 1 Satz 2 ThürHG), soll ein typisierender Katalog mit Musterbeispielen dienen (§ 37 Abs. 1 ThürHG).[209] Diese Technik, in Form einer nicht abschließenden Aufzählung („insbesondere") den Hochschulen eine Orientierungshilfe zu geben, verkennt, dass Gesichtspunkte von Forschung und Lehre mit zahlreichen Angelegenheiten einer Hochschule verflochten sind. Eine klare Trennung ist daher schlicht unmöglich.[210] Bei Streitigkeiten über den Abstimmungsmodus soll – verfassungsrechtlich höchst fragwürdig[211] – ein „Schlichtungsmechanismus" greifen. Scheitert ein Schlichtungsversuch, entscheidet der Präsident/Rektor (§ 37 Abs. 2 ThürHG).

84 Dem **Senat** sitzt der Präsident vor, der dort aber kein Stimmrecht hat (§ 35 Abs. 5 ThürHG). Dieses Selbstverwaltungsorgan hat nach § 35 Abs. 1 ThürHG namentlich **Zuständigkeiten** bei der Beschlussfassung über die Grundordnung und andere Satzungen, der Wahl und Abwahl der Hochschulratsmitglieder, der Einrichtung, Aufhebung, Änderung und Festlegung der inneren Struktur von Selbstverwaltungseinheiten, der Erteilung des Einvernehmens vor Abschluss der Ziel- und Leistungsvereinbarungen mit dem Ministerium, der Einrichtung, Änderung und Aufhebung von Studiengängen sowie bei Berufungsvorschlägen.

---

207 Gem. § 35 Abs. 3 S. 3 ThürHG können Hochschulen in ihren Grundordnungen eine Erweiterung des Senats auf 16 (bzw auf 12 im Fall des § 21 Abs. 2 S. 4 ThürHG) Mitglieder vorsehen (vgl. § 35 Abs. 4 ThürHG zum „Großen Senat"). So kann das weit gefächerte akademische Spektrum einer Volluniversität wie der FSU Jena besser abgebildet werden.
208 Zur Frage der Verfassungsmäßigkeit der paritätischen Bewertung der Lehre vgl. *Gundling*, ZLVR 2018, 18. Hier droht die Gefahr der Festlegung wissenschaftsinadäquater Bewertungskriterien; vgl. BVerfGE 111, 333, 358.
209 Dieser Katalog wird in der Praxis durch eine ergänzende, ebenfalls enumerative Handreichung des TMWWDG ergänzt. Sie ist zwar rechtlich nicht verbindlich, dürfte aber die Rechtsauffassung des Ministeriums im Rahmen seiner Rechtsaufsicht widerspiegeln.
210 BVerfGE 136, 338 Rn. 71.
211 Zur Problematik der Parität nach dem ThürHG ausführlich *Blanke et al.*, WissR 2020, 288, 294 ff.

IV. Hochschulrecht

Der überwiegend mit hochschulexternen, jedoch wissenschaftsaffinen Vertretern besetzte **Hochschulrat** (§ 34 ThürHG) soll als „kritischer Freund" der Hochschule[212] die Außenperspektive bei der Entscheidung zentraler Fragen der Hochschule einbringen. Ihm wird insoweit ein umfassender **Beratungs- und Kontrollauftrag** in Angelegenheiten der Entwicklung und Profilbildung, der Schwerpunktsetzung in Forschung und Lehre sowie bei der Weiterentwicklung des Studienangebots erteilt, der durch aufsichtsratsähnliche Kontroll- und Aufsichtspflichten in finanziellen Angelegenheiten der Hochschule flankiert wird (§ 34 Abs. 2 Nr. 8, 10 ThürHG). Gegen diese starke Stellung eines nicht nur aus Hochschulmitgliedern besetzten achtköpfigen Gremiums – darunter auch ein Vertreter des Ministeriums (§ 34 Abs. 3 S. 1 Nr. 3 ThürHG) – sind verfassungsrechtliche Einwände erhoben worden,[213] jedoch hat das BVerfG diese Bedenken hinsichtlich vergleichbarer Hochschulgesetze (bisher) als unbegründet verworfen.[214] Die Mitglieder des Hochschulrates werden allesamt bei unterschiedlich ausgestaltetem Vorschlagsrecht vom Senat gewählt und vom TMWWDG bestätigt (§ 34 Abs. 3 und 4 S. 3 ThürHG). 85

Die **Hochschulleitung** obliegt dem Präsidenten, der insbesondere die Hochschule nach außen vertritt, das Hausrecht ausübt, ein an die Dekane delegierbares Aufsichts- und Weisungsrecht gegenüber den Dozenten in allen Lehr- und Prüfungsangelegenheiten sowie in allen Fragen der Betreuung der Studierenden wahrnimmt (§ 30 Abs. 1 ThürHG) und die Professoren ernennt (§ 85 Abs. 2 ThürHG). Zusammen mit den Vizepräsidenten und dem Kanzler bildet er das Präsidium, in dem der Präsident die **Richtlinienkompetenz** ausübt und die anderen Mitglieder nach dem **Ressortprinzip** ihre Aufgaben in ihrem Geschäftsbereich eigenverantwortlich ausüben (§ 29 Abs. 2 ThürHG). Die nicht abschließend aufgezählten Aufgaben des Präsidiums gem. § 29 Abs. 1 ThürHG umfassen etwa den Abschluss der Rahmenvereinbarungen mit der Landesregierung und der Ziel- und Leistungsvereinbarungen mit dem Ministerium (Rn. 106) sowie die Aufstellung und Fortschreibung der Struktur- und Entwicklungspläne. In den Struktur- und Entwicklungsplänen stellen die Hochschulen ihre jeweiligen Aufgaben sowie die fachliche, strukturelle, personelle, bauliche und finanzielle Entwicklung, aber auch die Verwendung freiwerdender Professorenstellen dar (§ 13 Abs. 4 ThürHG). Darüber hinaus hat das Präsidium eine Auffangkompetenz. Die Wahl des Präsidenten und des Kanzlers erfolgt durch die Hochschulversammlung. Infolge der Hochschulgesetzgebung der letzten Dekade sind dem Präsidium im Ergebnis immer mehr Kompetenzen zugewachsen, die zunehmend zu einer Rolle als „Vorstand" der Hochschule im Sinne eines Hochschulmanagements geführt haben.[215] 86

---

212 So in Bezug auf die Novellierung des Hochschulgesetzes der Regierungsentwurf vom 29.9.2017 (LT-Drs. 6/4467, S. 36).
213 *Frach/Krämer*, LKV 2015, 481, 486, zu der (durch die Reform von 2018 relativierten) Kompetenzfülle; *Blanke/Bunse*, in: Geis, Hochschulrecht in Bund und Ländern, Rn. 107 zur Vereinbarkeit mit dem Selbstverwaltungsrecht gem. Art. 28 Abs. 1 S. 2 ThürVerf.
214 BVerfGE 111, 333. Dies gilt jedenfalls, solange im hochschulorganisatorischen Gesamtgefüge hinreichende Mitwirkungsbefugnisse der Kollegialorgane gewahrt bleiben; BVerfGE 136, 338 Rn. 58 f.; zu Hochschulräten, Wissenschaftsfreiheit und Selbstverwaltungsrecht siehe auch BayVerfGH, Entsch. v. 7.5.2008 – Vf. 19-VII-06.
215 So *Hartmer/Detmer*, Hochschulrecht, Kap. 7 Rn. 124, unter Verweis auf § 16 BW-HG aF.

87 In Anlehnung an die „Hochschul*wahl*versammlung" nach § 22a NRW HG hat das 2018 novellierte ThürHG das Organ der **Hochschulversammlung** eingeführt (§ 36 ThürHG). Sie setzt sich aus den stimmberechtigten Mitgliedern des „Großen Senats" und des Hochschulrates (ohne die hochschulinternen Mitglieder) zusammen (§ 36 Abs. 1 S. 1 ThürHG). Mithin verfügt auch in diesem Organ die Gruppe der Hochschullehrer über keine Stimmenmehrheit.[216] Seine primäre Aufgabe ist die **Wahl und die Abwahl des Präsidenten und des Kanzlers** (§§ 30 Abs. 4 und 9, 32 Abs. 2 und 7, 36 Abs. 1 ThürHG). Dabei ist für diese Wahlakte die Mehrheit der Stimmen der Mitglieder der Hochschulversammlung und zusätzlich die Mehrheit der Stimmen der Hochschullehrer erforderlich („doppelte Mehrheit"). Die Zuständigkeit der Hochschulversammlung, auf eigenes Betreiben ein Abwahlverfahren durchzuführen, wird ergänzt durch das Recht von Senat und Hochschulrat, die Abwahl des Präsidenten zu beantragen. Indes bedarf nach § 30 Abs. 9 S. 3 ThürHG dieser Antrag jeweils einer Mehrheit von zwei Dritteln der Stimmen der Mitglieder von Senat oder Hochschulrat. Damit kann diese Initiative nicht selbstbestimmt von der Gruppe der Hochschullehrer ausgehen, da diese Gruppe mit ihren Stimmen das genannte Quorum im Senat nicht erreicht.[217] Auch für die Abwahl auf Antrag des Senats oder des Hochschulrates gilt das Erfordernis einer (qualifizierten) doppelten Mehrheit (§ 30 Abs. 9 S. 3 und 1 ThürHG).

88 Nach § 36 Abs. 2 ThürHG hat die Hochschulversammlung auch die Aufgabe, über die **Struktur- und Entwicklungspläne und ihre fünfjährige Fortschreibung zu beschließen**. In diesem Fall beschließt sie mit der Mehrheit ihrer Mitglieder und „zusätzlich" mit der Mehrheit der Stimmen der Hochschullehrer („doppelte Mehrheit" nach § 36 Abs. 2 S. 1 ThürHG), in den Fällen der Anrufung durch den Senat oder den Hochschulrat aber mit nur einfacher Mehrheit (§ 36 Abs. 2 S. 2 ThürHG). Welche Mitglieder an der Beschlussfassung jeweils teilnehmen, ist differenzierend geregelt. Das Erfordernis der doppelten Mehrheit (bei unterschiedlichen Quoren) soll die „**verfassungsrechtlich notwendige Entscheidungsteilnahme**" der Hochschullehrer sichern.[218] Nach § 28 Abs. 1 ThürHG steht es den Hochschulen frei, in ihren Grundordnungen unter Wahrung einer entsprechenden Stimmdifferenzierung Senat und Hochschulrat zu einer ständigen Hochschulversammlung zu fusionieren (sog Nordhäuser Modell).

89 Kommt es zu Rechtsstreitigkeiten über die Reichweite der Mitwirkungsrechte einzelner Hochschulorgane, ist der Verwaltungsrechtsweg gem. § 40 Abs. 1 VwGO eröffnet. Es handelt sich um verwaltungsprozessuale Organklagen (**Hochschulverfassungsstreit**).[219] Dabei sind die einzelnen Organe beteiligtenfähig und können sich auf ihre eigenen Mitwirkungsbefugnisse als Binnenrechtspositionen berufen (§ 42 Abs. 2

---

216 *Ennuschat*, RdJB 2017, 34, 46, in Bezug auf die in Zusammensetzung und Aufgabenzuschnitt vergleichbare Hochschulwahlversammlung nach § 22a Abs. 1 NRW HG.
217 Vgl. zu der Befugnis des Senats zur Abwahl des Präsidenten und zu dem notwendigen bestimmenden Einfluss der Hochschullehrer auf diese Initiative BVerfGE 136, 338 Rn. 55 ff., 78, unter Verweis auf BVerfGE 127, 87, 131.
218 Vgl. die Begründung des Regierungsentwurfs zu § 36, LT-Drs. 6/4467, S. 45.
219 Grundlegend *Wendelin*, WissR 1994, 126; vertiefend *Stern/Blanke*, Verwaltungsprozessrecht in der Klausur, 2008, S. 233 ff.

VwGO analog).[220] Die einschlägige Klageart ist mangels Außenwirkung der Maßnahmen die Leistungs- oder Feststellungsklage.

b) **Hochschulorgane auf dezentraler Ebene.** Die zentrale Selbstverwaltungsebene einer Hochschule (Fakultäten oder Fachbereiche) sind ebenfalls körperschaftlich organisiert (§ 38 Abs. 2 ThürHG) und können sich auf die Wissenschaftsfreiheit berufen. Auch sie verfügen über spezifische Mitwirkungs- und Entscheidungsrechte, wie etwa die Beschlussfassung über Hochschulprüfungen und Studienordnungen, wenn ihnen diese Aufgabe in der Grundordnung übertragen wurde (§ 38 Abs. 3 S. 1 ThürHG). Auch auf die Zusammensetzung sämtlicher Organe und Gremien auf dezentraler Ebene findet nach dem Willen des Thüringer Gesetzgebers das **Prinzip der paritätischen Besetzung** durch die Gruppen bei gleichem Stimmrecht Anwendung (allgemein: § 22 Abs. 6 S. 2). Zum Schutz der Wissenschaftsfreiheit verfügen die Hochschullehrer in nach Mitgliedergruppen zusammengesetzten Entscheidungsorganen und Entscheidungsgremien bei Beschlüssen über Angelegenheiten, die die Lehre mit Ausnahme der Bewertung der Lehre betreffen, mindestens über die Hälfte der Stimmen, in Angelegenheiten, welche die Forschung, künstlerische Entwicklungsvorhaben oder die Berufung von Hochschullehrern unmittelbar betreffen, über die Hälfte der Stimmen (§ 22 Abs. 6 S. 3 ThürHG).[221]

90

Fakultät, Fakultätsrat und Dekanat bilden die klassische Organtrias innerhalb der dezentralen Selbstverwaltungseinheiten.[222] Die **Fakultäten** sind für die Angelegenheiten verantwortlich, die Forschung und Lehre in ihrem Bereich unmittelbar berühren, wie etwa die Planung des Lehrangebots. Mitglieder sind alle an ihr hauptberuflich tätigen Hochschulmitglieder sowie die dort immatrikulierten Studierenden. Das Selbstverwaltungsgremium ist der **Fakultätsrat**, der über die Beschlusskompetenz in wesentlichen Angelegenheiten verfügt und sich aus gewählten Mitgliedern aller Gruppen **in paritätischer Besetzung** zusammensetzt (§ 40 Abs. 1 ThürHG). Der vom Fakultätsrat gewählte **Dekan** (§ 39 Abs. 3 ThürHG) leitet zusammen mit den Prodekanen (Dekanat) die Fakultät und vollzieht die Beschlüsse des Fakultätsrates (§ 39 Abs. 1 ThürHG).

91

Mit der Novellierung von 2018 wurden **Studienkommissionen** eingeführt. Jede Fakultät muss mindestens eine solche einrichten und sämtliche Studiengänge einer Kommission zuordnen. Ihre Aufgabe ist die Unterstützung und Beratung des Dekans in studien- und prüfungsrelevanten Angelegenheiten; zugleich sind sie vor Entscheidungen des Selbstverwaltungsorgans, also des Fakultätsrates, in allen Angelegenheiten der Lehre, des Studiums und der Prüfungen zu hören. In Gremien der dezentralen Ebene haben sie zudem ein Initiativrecht (§ 41 Abs. 2 ThürHG). So soll die Mitwirkung der Studierenden in Studium und Lehre – ua mit Blick auf die „Studierfähigkeit" eines Fachs und die didaktischen Konzepte – gestärkt werden. Der Kommission gehören Mitglie-

92

---

220 Der Schluss von der gesetzlichen Kompetenzzuweisung auf eine korrespondierende Rechtsposition ist an sich unzulässig, doch stellt die Ausgestaltung des hochschulorganisatorischen Gesamtgefüges ein System der Ausbalancierung von Interessengegensätzen dar; *Hartmer/Detmer*, Hochschulrecht, Kap. 7 Rn. 145; *Lindner*, Jura 2018, 240, 249.
221 Vgl. BVerfGE 35, 79 Leitsatz 8; kritisch zur historischen Kontextabhängigkeit des Urteils (68er-Bewegung und Politisierung der Hochschulen) *Stumpf*, DÖV 2017, 620.
222 Im Einzelnen *Blanke/Bunse*, in: Geis, Hochschulrecht in Bund und Ländern, Rn. 115 ff.

der der Gruppe der Studierenden sowie der Gruppe der Hochschullehrer und, nach Maßgabe der Grundordnung, der wissenschaftlichen Mitarbeiter an (§ 41 Abs. 3 ThürHG); sie werden paritätisch besetzt und kennen keine Hochschullehrermehrheit. Faktisch nehmen Studienkommissionen oft eine beschlussvorbereitende Rolle wahr, etwa indem sie den Entwurf der Lehrplanung erstellen.

4. Rechte und Pflichten der Hochschulmitglieder

93 Statusrechtlich wird zwischen Mitgliedern und Angehörigen der Hochschule differenziert (§ 21 Abs. 1 und 3 ThürHG). Dabei zeichnen sich die **Mitglieder** der Körperschaft durch eine längere bzw engere Verbundenheit mit ihr aus. Hierzu zählen die Studierenden, Hochschullehrer (Professoren und Juniorprofessoren), akademischen Mitarbeiter und das – für die Durchführung von Forschung und Lehre nicht weniger essenzielle – Personal in Technik und Verwaltung.[223] **Angehörige** wie etwa Honorar- oder Gastprofessoren und Gasthörer sind nur zeitweise, gastweise oder nebenberuflich an der Hochschule tätig (§ 21 Abs. 3 ThürHG). Sie sind zur Nutzung der hochschulischen Einrichtungen befugt und unterliegen den Entscheidungen der Selbstverwaltungsorgane, dürfen an ihrer Wahl jedoch nicht teilnehmen. Die Mitwirkungsrechte der Mitglieder an der Hochschulselbstverwaltung sind aufgrund des sich aus Art. 5 Abs. 3 S. 1 iVm Art. 3 Abs. 1 GG ergebenden[224] und in § 22 Abs. 6 ThürHG konkretisierten **Differenzierungsgebotes** nach Art und Umfang abgestuft nach Qualifikation, Funktion, Verantwortung und Betroffenheit.

94 a) **Studierende.** Die Mitgliedschaft Studierender beginnt mit der Immatrikulation (§§ 71 ff. ThürHG). Voraussetzung für die Hochschulzulassung und Immatrikulation ist grundsätzlich die allgemeine Hochschulreife respektive die Fachhochschulreife § 67 ThürHG). Mit der Reform von 2018 wurden indes alternative Formen der Zugangsberechtigung (Berufserfahrung, Eingangsprüfung, vgl. § 70 ThürHG) gestärkt. Innerhalb der bestehenden Kapazitäten und bei Erfüllung der Hochschulzugangsvoraussetzungen (§§ 67 ff. ThürHG) hat jeder Studienplatzbewerber einen **derivativen Teilhabeanspruch auf Zulassung**, der sich aus der Berufswahlfreiheit des Art. 12 Abs. 1 GG[225] / Art. 35 Abs. 1 ThürVerf sowie Art. 20 S. 2 ThürVerf ergibt. Dieser Anspruch wird durch das Recht auf eine ermessensfehlerfreie Entscheidung flankiert. Das Zulassungsverfahren bei Kapazitätsengpässen (wie sie typischerweise etwa die Humanmedizin aufweist) ist im Staatsvertrag über die Hochschulzulassung vom 19.3.2019 geregelt.[226] Gesonderte Zulassungs- und Eignungsfeststellungsverfahren gem. §§ 68, 69 ThürHG sind hiervon zu unterscheiden.

---

223 Auch sie sind zur Teilnahme an der Selbstverwaltung berechtigt (§ 22 ThürHG). Auf eine Darstellung der Rechte und Pflichten des Personals in Technik und Verwaltung wird aufgrund des fehlenden spezifisch kulturrechtlichen Bezugs abgesehen. Eine undifferenzierte Entscheidungsteilhabe an genuin wissenschaftlichen Entscheidungen (wie etwa bei der Berufung von Hochschullehrern), ist nach dem Hochschul-Urteil (1973) des Bundesverfassungsgerichts auszuschließen (E 35, 79, 131, 137).
224 Vgl. BVerfGE 35, 79, 124 ff.
225 Siehe die „numerus clausus"-Rechtsprechung des BVerfG, BVerfGE 33, 303; E 147, 253; vertiefend zur Rechtslage in Thüringen *Blanke/Bunse*, in: Geis, Hochschulrecht in Bund und Ländern, Rn. 213 ff.; zur verfassungsrechtlichen Aufarbeitung von Verteilungskonflikten *Wolff*, Jura 2022, 440.
226 GVBl. 2019 S. 398.

Mit der Mitgliedschaft sind gem. § 22 ThürHG spezifische Mitwirkungsrechte verbunden, namentlich die Interessenvertretung durch gewählte Mitglieder im Senat, Fakultätsrat und ggfs. im Hochschulrat. Daneben ist die Studierendenschaft einer Hochschule als solche eine öffentlich-rechtliche Körperschaft mit eigenen Kompetenzen.[227] Gem. § 80 Abs. 4 ThürHG kann sich die verfasste Studierendenschaft nach ihrer Satzung in Fachschaften gliedern. Bei der studentischen Mitgliedschaft hierin handelt sich (wie in den meisten Ländern) um eine Zwangsmitgliedschaft. Daher dürfen die Vertreter der **studentischen Selbstverwaltung** kein allgemeinpolitisches Mandat ausüben, sondern sind auf die Vertretung der sozialen und hochschulpolitischen Interessen der Studierenden beschränkt (§§ 79 Abs. 2, 80 Abs. 1 ThürHG).

Beispiel: So hat das Verwaltungsgericht Frankfurt a.M. festgestellt, dass die Aufforderung zur Teilnahme an bundesweiten Klimastreiks sowie Demonstrationen gegen Polizeiwillkür durch den Allgemeinen Studierenden-Ausschuss (ASTA) der Goethe-Universität Frankfurt am Main im Jahr 2021 rechtswidrig war.[228]

Die freie Gestaltung des Studiums selbst wird nach § 8 Abs. 4 ThürHG innerhalb der Studien- und Prüfungsordnungen gewährleistet. Ob den Studierenden ein aus Art. 5 Abs. 3 S. 1 GG / Art. 27 Abs. 1 S. 2 ThürVerf ableitbares Grundrecht der „**Studierfreiheit**" zukommt, ist umstritten. Der Zugang zum Studium, sein Abschluss und berufsbezogene Prüfungen (Rn. 100 ff.) unterliegen jedenfalls der Berufsfreiheit.[229] Zu ihren Pflichten zählen unter anderem die Wahrung der Ordnung des Studienbetriebes sowie die Erbringung der in den Studien- und Prüfungsordnungen geforderten Leistungen. **Ordnungsverstöße**, wie etwa wissenschaftliches Fehlverhalten[230] (§ 75 Abs. 3 S. 3 iVm § 8 Abs. 6 ThürHG), können auch durch Exmatrikulation sanktioniert werden. Weitere zulässige Ordnungsmaßnahmen sind in § 76 Abs. 2 ThürHG abschließend aufgelistet.

b) Wissenschaftliches und künstlerisches Hochschulpersonal. Die Hochschullehrer (dh Professoren und Juniorprofessoren, §§ 83, 89 ThürHG) sind Träger der Wissenschaftsfreiheit. Ihnen steht im Rahmen der Erfüllung ihrer Lehrverpflichtungen[231] die methodische Gestaltung ihrer Lehrveranstaltungen (inklusive der Prüfungen) unter Beachtung der Prüfungsordnungen frei. Die Auswahl der Hochschullehrer erfolgt über ein mehrstufiges Berufungsverfahren (§ 85 ThürHG). Sie sind zur Mitwirkung an der Hochschulselbstverwaltung berechtigt und verpflichtet. Ihnen ist dabei ein bestimmender Einfluss auf den Kernbereich wissenschaftsrelevanter Entscheidungen vorbehalten. Die Mitwirkung der Hochschullehrer ist Garant für die sachliche Legitimation

---

227 Eine umfassende Darstellung findet sich bei *Hövelmann*, RdJB 2022, 107.
228 VG Frankfurt a. M., Urt. v. 11.2.2021 – 4 K 461/19.F.
229 Bejahend etwa *Böttner*, ThürVBl 2018, 157 ff; *ders.*, SächsVBl 2015, 244, 245; *Horneber/Penz*, WissR 2014, 150, 163, die auf das Ideal des wissenschaftlichen Dialoges zwischen Lehrenden und Lernenden abstellen. Auch unter Anerkennung eines aus der Wissenschaftsfreiheit ableitbaren Rechts der Studierfreiheit können Anwesenheitspflichten (nur ausnahmsweise zulässig nach § 55 Abs. 3 ThürHG) durch kollidierendes Verfassungsrecht gerechtfertigt werden, etwa durch die Lehrfreiheit der Lehrenden; hierzu *Blanke et. al*, WissR 2020, 288, 332 ff. Der VGH Mannheim, Urt. v. 21.11.2017 – 9 S 1145/16 hat auf die Berufsfreiheit als grundrechtlichem Anknüpfungspunkt der Studierfreiheit abgestellt; siehe hierzu Anm. *Hufen*, JuS 2018, 402 ff.
230 Hierzu *Küttner*, RdJB 2022, 123. Eine Täuschung (im Rahmen einer Prüfung) setzt einen Täuschungsvorsatz voraus.
231 Vgl. § 83 Abs. 1 S. 3 ThürHG und die den Lehrumfang konkretisierende ThürLVVO.

wissenschaftsrelevanter Gremienentscheidungen, worin der verfassungsrechtliche Grund der sog Hochschullehrermehrheit liegt. Die Hochschullehrerbesoldung erfolgt nach einer speziellen Besoldungsgruppe – der W-Besoldung.[232]

98 **Wissenschaftliche und künstlerische Mitarbeiter** (§ 91 ThürHG) erbringen wissenschaftliche oder künstlerische Dienstleistungen und sind mit der Vermittlung wissenschaftlicher Kenntnisse und Methoden betraut, weshalb ihre Einstellung insbesondere ein abgeschlossenes Studium voraussetzt. Im Gegensatz zu den Hochschullehrern sind sie gegenüber der jeweiligen Organisationseinheit (meist einer Professur) weisungsunterworfen. Auch sie haben das Recht zur Teilnahme an der Selbstverwaltung. Ihre Anstellung erfolgt, jedenfalls auf Stellen, die auf eine weitere wissenschaftliche Qualifikation hinführen (Promotion, Habilitation), in aller Regel befristet nach Maßgabe des WissZeitVG. Bestrebungen einzelner Länder, hochschulgesetzlich befristete Neuanstellungen zugunsten unbefristeter Stellen zu deckeln, sind unter kompetenzrechtlichen Gesichtspunkten problematisch (Art. 74 Abs. 1 Nr. 12 GG) und aufgrund der Knappheit dieser Qualifizierungsangebote für den akademischen Nachwuchs wenig zweckmäßig.

5. Abschlüsse und Prüfungen

99 a) **Grundlagen.** Außerhalb der Juristenausbildung sowie des Medizin- und Pharmaziestudiums sind die Thüringer Hochschulen frühzeitig und weitgehend auf das sog „**Bologna-System**", also Bachelor- und Masterabschlüsse, umgestiegen (§ 50 ThürHG). Dieses System ist durch die ländergemeinsamen Strukturvorgaben zur Akkreditierung von Bachelor- und Masterabschlüssen bestimmt. Hierbei ist der Studienverlauf auf den Erwerb von ECTS-Punkten (§ 51 ThürHG) gerichtet, die den Arbeitsaufwand für das Absolvieren eines Moduls – also einer thematischen Stoffeinheit – abbilden sollen (Vor- und Nachbereitung des Stoffs, Präsenzstudium, Prüfungsleistung). Dies soll europaweit die Vergleichbarkeit der Studienleistungen und in der Folge die Mobilität der Studierenden verbessern. Der Erwerb des höchsten akademischen Grades (**Promotion**) ist nur an den wissenschaftlichen Hochschulen möglich, wobei der Landesgesetzgeber im Jahr 2018 die Option kooperativer Promotionen an Fachhochschulen erweitert hat (§ 61 Abs. 5 ThürHG). Das Verfahren zum Entzug von Hochschulgraden ist in § 58 Abs. 7 ThürHG als *lex specialis* gegenüber §§ 48, 49 ThürVwVfG geregelt und muss rechtsstaatlichen Mindestanforderungen genügen – einschließlich der Unschuldsvermutung.[233]

100 Zentral für Studium und Lehre sind die Hochschulprüfungen. Das **Prüfungsrecht** ist eine weitgehend durch ungeschriebene Grundsätze bzw den unmittelbaren Rückgriff auf verfassungsrechtliche Prinzipien geprägte Materie,[234] die neben den (Rahmen-)Be-

---

232 Sie ist im ThürBesG normiert und musste 2014 nach dem Urteil des BVerfG aus dem Jahr 2012 in der Besoldungsstufe W-2 rückwirkend erhöht werden (BVerfGE 130, 263, 291).
233 Vgl. hins. wissenschaftlichen Fehlverhaltens VGH Mannheim, Beschl. v. 22.1.2020 – 2 S 2797/19 bei Maßstäblichkeit des Art. 6 Abs. 2 EMRK; dazu *Stuckenberg*, WissR 2020, 165.
234 *Pein*, WissR 2015, 362; gute überblickartige Darstellungen bieten *Niehues/Jeremias/Fischer*, Prüfungsrecht, sowie *Morgenroth*, Hochschulstudienrecht und Hochschulprüfungsrecht, 3. Aufl. 2021.

stimmungen in § 54 ThürHG weitgehend durch Satzungsrecht[235] der Hochschulen konkretisiert wird – nämlich die Studien- und Prüfungsordnungen (§ 55 ThürHG). Sie werden im Regelfall durch die Fakultätsräte erlassen (der Senat kann in übergreifenden Rahmenprüfungsordnungen Regelungen für mehrere Studiengänge erlassen). Grundsätze des Prüfungsrechts sind in verschiedenen Leitentscheidungen des Bundesverfassungsgerichts in den 1990er-Jahren artikuliert worden.[236] Systembestimmend ist der **Grundsatz der Chancengleichheit** aus Art. 12 Abs. 1 GG iVm Art. 3 Abs. 1 GG, der im Verfahren der Leistungsermittlung und -bewertung die Gewährleistung gleichwertiger Grundbedingungen für alle Prüflinge erfordert.[237] Gerade die (kurzfristig aufgrund gesetzlicher Ermächtigung[238]) im Zuge der Corona-Pandemie in die Prüfungssatzungen eingeführten **Formen digitaler Fernprüfungen** (vgl. nun § 55 Abs. 2 S. 3 ThürHG) werfen in dieser Hinsicht zahlreiche Fragen auf. Sie reichen von der hinreichenden Identifizierbarkeit der Prüflinge über die Gleichwertigkeit der Prüfungsbedingungen (in technischer und räumlicher Hinsicht) bis hin zur – gleichmäßig unter gleichwertigen Bedingungen für alle wahrzunehmenden – Prüfungsaufsicht.[239]

Nicht vertieft eingegangen werden kann auf die prüfungsrechtliche Figur des **Nachteilsausgleichs**, der auch im Hochschulrecht Bedeutung erlangt (vgl. Art. 24 Abs. 5 S. 1 UN-BRK; § 55 Abs. 4 ThürHG).[240] Hierbei sollen die durch eine Behinderung iSv Art. 3 Abs. 3 S. 2 GG / Art. 2 Abs. 4 ThürVerf bedingten Einschränkungen in der Darstellung des Leistungsstandes des Prüflings durch die Modifikation der individuellen Prüfungsbedingungen kompensiert werden (wie etwa durch Schreibzeitverlängerungen oder die Bereitstellung besonderer Hilfsmittel).[241] Es muss ein Konnex der Ausgleichsmaßnahme zur konkret bestehenden Einschränkung gewahrt bleiben; auch darf es nicht zu einer, die Chancengleichheit beeinträchtigenden, Überkompensation kommen.[242] Zur Orientierung gilt, dass bei berufsbezogenen Prüfungen nur solche Nachteile kompensationsfähig sind, die auch bei Ausübung des hiermit angestrebten Berufs ausgeglichen werden können. 101

b) Rechtsschutz und Kontrolldichte. Prüfungsrechtliche Normen (etwa solche zur Bewertung von Prüfungsleistungen) enthalten auf Tatbestandsseite meist unbestimmte 102

---

235 Für kirchliche Prüfungen oder Studiengänge mit dem Ziel der Staatsprüfung gelten freilich Besonderheiten. So ist die Juristenausbildung bundesweit durch ein Zusammenspiel von Bundesrecht (DRiG), Landesrecht (ThürJAG, ThürJAPO) sowie Satzungsrecht der Hochschulen (Studienordnung, Zwischenprüfungs- und Schwerpunktbereichsprüfungsordnungen, in Thüringen nur der FSU Jena) geprägt.
236 BVerfGE 84, 34 und 59; BVerfG, NVwZ 1992, 55; NJW 1993, 917; vgl. BVerwG, NJW 2018, 2142.
237 *Pein*, WissR 2015, 362, 363 f. m.w.N.
238 Art. 6 § 1 des zweiten ThürCorPanG (GVBl. S. 115).
239 VG Frankfurt a.M., Beschl. v. 11.5.2021 – 1 L 124/21: Aufhebung einer unüberwacht geschriebenen Fernklausur; insgesamt zu Online-Prüfungen: *Fischer/Dieterich*, NVwZ 2020, 657; *Dieterich*, NVwZ 2021, 511; *Heckmann/Rachut*, COVuR 2021, 194; *Beaucamp*, DÖV 2022, 282; *Birnbaum*, in: ders (Hrsg.), Bildungsrecht in der Corona-Krise, 1. Aufl. 2021, § 4 Rn. 39 ff.; *Niehues/Jeremias/Fischer*, Prüfungsrecht, Rn. 28 ff., 420 ff.
240 Weiterführend hierzu *Ennuschat*, RdJB 2020, 413, auch zur prüfungsrechtlichen Behandlung von „Dauerleiden" (wie klinischer Depression, Dyskalkulie, Legasthenie); speziell zu Online-Prüfungen *Quapp*, DÖV 2021, 777.
241 Zusammengefasst von OVG Weimar, Beschl. v. 17.5.2010 – 1 EO 854/10, Rn. 36; vgl. § 28 der allgemeinen Prüfungs- und Studienordnung der TU-Ilmenau für die Studiengänge mit Abschluss „Bachelor", „Master" und „Diplom" i.d.F. v. 8.7.2021; § 6 Zwischenprüfungsordnung der Rechtswissenschaftlichen Fakultät der FSU Jena i.d.F. der Änd. v. 9.7.2020; für die Juristischen Staatsprüfungen vgl. § 10 Abs. 2 ThürJAPO.
242 BVerwG, Urteil vom 29.7.2015 – 6 C 35/14, Rn. 16.

Rechtsbegriffe, die lediglich eingeschränkter verwaltungsgerichtlicher Kontrolle unterliegen (Lehre vom **Beurteilungsspielraum**). Grund hierfür ist die Tatsache, dass prüfungsspezifische Wertungen nicht durch den Richter anstatt des Prüfers erfolgen können und ersterer keinen Einblick in Vergleichswerte anderer Prüfungsleistungen hat. Die gerichtliche Kontrolle beschränkt sich also darauf, ob sachfremde Erwägungen angestellt, allgemein anerkannte Bewertungsmaßstäbe verletzt, Verfahrensgrundsätze missachtet wurden oder der Bewertung ein unrichtiger oder unvollständiger Sachverhalt zugrunde liegt.[243] Dies betrifft indes allein *prüfungs*spezifische Wertungen, wie die Einstufung der Qualität einer Prüfungsantwort oder die Beurteilung und Festlegung des Schwierigkeitsgrads einer Aufgabe. Keine prüfungsspezifische, sondern eine *fach*spezifische Wertung ist die Beurteilung einer Antwort als nach fachlichen Kriterien „richtig" oder „falsch". Sie kann gerichtlich, ggf. unter Heranziehung externer Gutachter oder Sachverständiger, beurteilt werden. Aus Art. 12 Abs. 1 iVm Art. 3 Abs. 1 GG folgt indes, dass eine schlüssig begründete und folgerichtig vertretene Auffassung, die auch im einschlägigen Schrifttum vertreten wird, nicht als „falsch" gewertet werden darf.[244] Speziell in juristischen Prüfungsarbeiten liefert hier die „vertretbare Lösung" den – bekanntermaßen nicht immer einfach handzuhabenden – Maßstab der Abgrenzung.

Beispiel: Studentin S schließt sich in ihrer Strafrechtsklausur konsequent der Mindermeinung an, bezieht sich mittels ablehnender Argumentation auf die hM und prüft von diesem Standpunkt aus folgerichtig. Korrektorin K dürfte ihr dies nicht als „falsch" ankreiden. Wertet die K die Qualität und Stringenz der Argumentation der S sowie die gutachterliche Schwerpunktsetzung insgesamt als nicht von hoher Qualität, handelt es sich um eine prüfungsspezifische Wertung, die dem Beurteilungsspielraum unterfällt.

103 Die begrenzte gerichtliche Kontrolldichte infolge des Beurteilungsspielraums ist aufgrund der Rechtsschutzgarantie gem. Art. 19 Abs. 4 S. 1 GG und (bei berufsbezogenen Prüfungen) der Berufsfreiheit durch ein sog **Überdenkungsverfahren** zu kompensieren (oft auch „Remonstration" genannt), in dem der ursprüngliche Prüfer die Gelegenheit erhält, sich auf substantiierte Einwände des Prüflings hin erneut mit der Prüfungsleistung auseinanderzusetzen und gerügte Bewertungsmängel zu überdenken.[245] Die Ausgestaltung dieses Verfahrens liegt bei den Hochschulen, wobei eine Integration in das allgemeine Widerspruchsverfahren (dann unter Beteiligung des Prüfers[246]) zweckmäßig, aber nicht zwingend ist.[247] Die bloße Einreichung einer Remonstration gilt also nicht als fristgemäße Erhebung eines Widerspruchs (§ 70 Abs. 1 VwGO). Unabhängig

---

243 BVerfGE 84, 34, 53 f.; *Maurer/Waldhoff*, Allgemeines Verwaltungsrecht, § 7 Rn. 43.
244 BVerwG, Beschl. v. 16.8.2011 – 6 B 18.11, Rn. 16; *Niehues/Jeremias/Fischer*, Prüfungsrecht, Rn. 635 ff. m.w.N.; Fallbearbeitungen zum prüfungsrechtlichen Beurteilungsspielraum finden sich bei *Sauer*, Klausurtraining zum Verwaltungsrecht und Verwaltungsprozessrecht, 2. Aufl. 2021, S. 67, 99; *Beaucamp*, JA 2019, 203.
245 Vertiefend: *Morgenroth*, OdW 2017, 13. Zum Überdenken durch einen anderen als den ursprünglich bestellten Prüfer BVerwG, Beschl. v. 18.1.2022 – 6 B 21/21.
246 Vgl. § 37 Abs. 3 Prüfungs- und Studienordnung – allgemeine Bestimmungen für Studiengänge mit dem Studienabschluss „Bachelor", „Master" und „Diplom" der TU Ilmenau i.d.F. d. Änd. v. 8.7.2021.
247 Das Überdenkungsverfahren ist Teil des Prüfungsverfahrens und stellt selbst keinen Rechtsbehelf dar; vgl. BVerwG, Beschl. v. 18.1.2022 – 6 B 21/21, Rn. 13, hins. der Anfechtung der ersten Juristischen Staatsprüfung. Die ThürJAPO enthält keine Regelung zu Überdenken/Remonstration, so dass der Anspruch direkt auf Art. 12 Abs. 1 iVm Art. 3 Abs. 1 GG zu stützen ist.

der **Begründungspflichten** von Prüfungsentscheidungen mit Verwaltungsaktqualität nach Verwaltungsverfahrensrecht (§ 133 ThürHG i.v.m. § 28 ThürVwVfG) anerkennt die Rechtsprechung die Rechtsprechung unabhängig hiervon die Pflicht des Prüfers, die tragenden Gründe einer Bewertung darzulegen, um dem Prüfling eine Rechtsverfolgung zu ermöglichen.[248]

Als **Widerspruchsbehörden** fungieren regelmäßig die Prüfungsausschüsse der Fakultäten, die mit Mitgliedern unterschiedlicher Statusgruppen besetzt sind und die für einzelne oder mehrere Studiengänge im Rahmen einer Studien- und Prüfungsordnung eingerichtet werden. Die Möglichkeit einer „Verböserung" des Prüfungsergebnisses im Rahmen von Remonstration oder Widerspruch (*reformatio in peius*) ist wegen des Grundsatzes der Chancengleichheit nur zulässig, wenn nicht nachträglich das Bewertungssystem modifiziert wird oder die Verschlechterung auf dem Nachschieben von Gründen beruht.[249] Bei Fehlern im Prüfungsverfahren ist zu ermitteln, ob sie sich dem Rechtsgedanken des § 46 ThürVwVfG entsprechend auf das Prüfungsergebnis ausgewirkt haben können (vgl. etwa § 9 Abs. 1 ThürJAPO). Den Prüfling treffen jedoch schon zum Zeitpunkt der Prüfungsabnahme weitgehende Rügeobliegenheiten, etwa hinsichtlich der äußeren Prüfungsbedingungen (zB bei Baulärm, großer Hitze/Kälte). Ähnliches gilt für eine nach Prüfungsbeginn festgestellte Prüfungsunfähigkeit. 104

Die **statthafte Klageart** bestimmt sich nach dem klägerischen Begehren (§ 88 VwGO) und somit maßgeblich anhand der Rechtsnatur des strittigen oder avisierten Aktes. Bei modularisierten Studiengängen, in denen mit dem Bestehen der studienbegleitenden Modulprüfungen Leistungspunkte (ECTS) erworben werden, ist die Verwaltungsaktqualität hinsichtlich der Entscheidung über das Bestehen (losgelöst von der konkreten Benotung) unstrittig, da die Entscheidung Regelungswirkung iSv § 35 S. 1 ThürVwVfG hinsichtlich des Erwerbs der ECTS, weiterer Prüfungsversuche und gegebenenfalls des Bestehens der Bachelor- oder Masterprüfung hat. Jedoch wird zunehmend anerkannt, dass auch die konkrete Benotung *bestandener* Modulprüfungen Verwaltungsaktqualität haben kann;[250] dabei kommt es auf die konkrete Prüfungsordnung an.[251] Im Übrigen kann die Rechtmäßigkeit der einzelnen Benotung als Vorbereitungshandlung (Realakt) der Gesamtentscheidung nur inzident im Rahmen der Gesamtanfechtung des Prüfungsbescheides überprüft werden.[252] Für Rechtsschutz gegen Prüfungsentscheidungen, die die Qualität eines Verwaltungsakts aufweisen, um mittels eines Rechtsbehelfs bei Nichtbestehen zu einem erneuten Prüfungsversuch oder einer Neubewertung zu gelangen, ist die Anfechtungsklage statthaft, da mit Aufhebung des Prüfungsbescheids der ursprüngliche Prüfungs- bzw Bewertungsanspruch wiederauf- 105

---

248 *Niehues/Jeremias/Fischer*, Prüfungsrecht, Rn. 703 ff.
249 BVerwG, Urt. v. 14.7.1999 – 6 C 20/98.
250 Etwa dann, wenn die jeweilige Prüfungsordnung konkrete Rechtsfolgen an das Erreichen einer bestimmten Note knüpft (insbes. durch Ausgleichsregelungen o.ä.) oder eine bestimmte Note Zulassungsvoraussetzung für andere Module/Prüfungen ist. Die Entscheidung über den Abschluss von Modulprüfungen ist nach VG Gera, Urt. v. 10.4.2013 – 2 K 1766/11 Ge, stets ein Verwaltungsakt; vertiefend und m.w.N. *Niehues/Jeremias/Fischer*, Prüfungsrecht, Rn. 814 ff.; zur VA-Qualität bestandener Modulprüfungen *Morgenroth*, NVwZ-Extra 2017, 1.
251 BVerwG, Urt. v. 23.5.2012 – 6 C 8/11, Rn. 14.
252 Zur Anfechtbarkeit speziell juristischer (Staats-)Prüfungen *Unger*, OdW 2017, 273.

lebt.²⁵³ Soll hingegen ein bestimmtes Prüfungsergebnis (etwa „bestanden") erwirkt oder die (Gesamt-)Note verbessert werden, ist Verpflichtungsklage zu erheben.²⁵⁴

Beispiele: A erreicht im schriftlichen Teil der Ersten Juristischen Staatsprüfung einen Durchschnitt von 3 Punkten, so dass er nicht zur mündlichen Prüfung zugelassen wird und die Prüfung insgesamt nicht bestanden ist. Er behauptet, es habe Bewertungsfehler bei der Korrektur von zwei Aufsichtsarbeiten gegeben. Statthaft wäre eine Anfechtungsklage gegen den Prüfungsbescheid.²⁵⁵ B rügt, seine Bachelorarbeit sei von einer befangenen Prüferin bewertet worden und fordert Korrektur durch einen anderen Prüfer. Hier wäre (Verwaltungsaktqualität vorausgesetzt) ebenfalls eine Anfechtungsklage statthaft. Die C rügt, ihre Modulabschlussklausur sei aufgrund eines konkret gerügten Bewertungsfehlers als „nicht bestanden" benotet worden und will das Bestehen gerichtlich klären lassen. Sie müsste eine Verpflichtungsklage erheben (Bescheidungsklage gem. § 113 Abs. 5 S. 2 VwGO).

6. Hochschulsteuerung und Qualitätssicherung

106 Ähnlich wie in anderen Ländern ist Thüringen den Weg einer „vertraglichen" Hochschulsteuerung gewählt. Dabei schließen die Landesregierung und die Hochschulen auf Grundlage der Hochschulentwicklungsplanung des Landes im Abstand von idR vier Jahren **Rahmenvereinbarungen** ab, die den Rahmen für die Umsetzung der gemeinsamen Zielvorstellungen hinsichtlich der strukturellen und strategischen Entwicklung der Hochschulen sowie der Finanzierung des Landes bilden (§ 12 Abs. 1 ThürHG). Sie werden von der Hochschulleitung ohne weitere Beteiligung der übrigen Selbstverwaltungsorgane geschlossen und durch die **Ziel- und Leistungsvereinbarungen** der einzelnen Hochschulen mit dem Land (§ 13 ThürHG) näher ausgestaltet. Die Ziel- und Leistungsvereinbarungen beinhalten konkrete, umsetzbare Ziele, deren Verfolgung und Erreichung an einen Anteil des hierfür in den Vereinbarungen zugewiesenen Budgets gekoppelt sind.²⁵⁶ Erst hierzu erteilt der Senat seine Zustimmung (§ 35 Abs. 1 Nr. 6 ThürHG). Diese anreizbasierte Steuerung birgt die Gefahr, dass die Grenzen zwischen Qualität und Quantität verschwimmen, insbesondere dort, wo sie auf bestimmte Absolventenzahlen (gar in Regelstudienzeit) abstellt. Angesichts der offensichtlichen Wissenschaftsrelevanz der Finanzierungszusagen des Landes in den grundlegenden Rahmenvereinbarungen ist die durchweg fehlende Beteiligung des Senats bei ihrem Abschluss verfassungsrechtlich äußerst bedenklich.²⁵⁷

107 Neben der verpflichtenden internen Qualitätssicherung (§ 9 ThürHG) kommt dem Verfahren der **Akkreditierung eines Studiengangs** nach § 49 ThürHG eine erhebliche praktische, hinsichtlich ihrer Notwendigkeit aber bestrittene Relevanz zu.²⁵⁸ Sie bezweckt in Umsetzung des Auftrags aus § 9 Abs. 2 HRG die Sicherstellung der Qualität von Studiengängen und ihre Dokumentation nach außen. Dabei ist die Einrichtung

---

253 VG Stuttgart, Urt. v. 8.12.2020 – 18 K 6753/19, Rn. 25.
254 VG Berlin, Urt. v. 13.8.2021 – 12 K 308.19, Rn. 18; VG Trier, Urt. v. 1.13.2021 – 9 K 3398/20 TR, Rn. 47 f.
255 Es erfolgt gem. § 22 Abs. 1 ThürJAPO bei Erreichen der Mindestpunktzahl keine gesonderte Zulassung zur mündlichen Prüfung durch Verwaltungsakt.
256 Exemplarisch hins. der Höhe der Drittmitteleinnahmen ZLV FSU Jena 2021–25, Ziff. 2.2.
257 Hierdurch entsteht ein hochschulorganisatorisches Ungleichgewicht im Verhältnis Leitungsebene-Senat, das nicht gemäß den Maßgaben des BVerfG (vgl. E 136, 338, Ls. 2, Rn. 60) durch geeignete Kontroll-, Informations- und Kreationsbefugnisse des Senats hins. der Hochschulleitung kompensiert wird, hierzu *Blanke et al.*, WissR 2020, 288, 323 ff.
258 *Müller-Terpitz*, RdJB 2017, 23 ff.

oder wesentliche Änderung eines jeden Studiengangs durch eine private Einrichtung (Agentur) hinsichtlich methodischer und qualitativer Standards zu bewerten und daraufhin vom **Akkreditierungsrat** zu akkreditieren. Dieser ist als rechtsfähige öffentlich-rechtliche Stiftung des Landes NRW verfasst.[259] Er akkreditiert seinerseits die privaten Agenturen. Bereits akkreditierte Studiengänge sind regelmäßig daraufhin zu überprüfen, ob sie reakkreditiert werden können. Dieses zeit- und kostenintensive Verfahren, das ferner mit erheblichen Eingriffen in die Hochschulautonomie einhergeht, stellt auch die Thüringer Hochschulen vor erhebliche Herausforderungen. Manche Hochschulen streben vor diesem Hintergrund den Übergang in die Systemakkreditierung[260] an. Regelungen zur Akkreditierung von Studiengängen finden sich nach der Entscheidung des BVerfG vom 17.2.2016[261] nun im Thüringer Zustimmungsgesetz zum Studienakkreditierungsstaatsvertrag der Länder.[262] Einen Verweis auf den Staatsvertrag enthält § 49 ThürHG, der zugleich die Pflicht zur Umsetzung der mit der Akkreditierung verbundenen Auflagen statuiert. Dieser Vertrag wird durch die zwischen den Ländern abgestimmten Rechtsverordnungen konkretisiert[263] (Art. 4 Staatsvertrag). Die weitreichende Auslagerung von Regelungsgegenständen an den Verordnungsgeber (etwa hinsichtlich der Kostentragung) ist problematisch und führt zu der Frage, ob ein solches Verfahren den im Karlsruher Beschluss vom 17.2.2016 formulierten Maßstäben entspricht.[264]

V. Religions- und Weltanschauungsrecht

1. Verfassungsrechtlicher Rahmen

Nach dem Ende der Vorherrschaft des historisch-dialektischen Materialismus in der ehemaligen DDR, die den Atheismus mit dem Ziel der „Befreiung" des Menschen von Religion und Kirche forciert und religiöse Bekenntnisse aus der Öffentlichkeit verbannt hatte,[265] knüpfte die Thüringer Verfassung nach der Wiedervereinigung an den „**Weimarer Kirchenkompromiss**" von 1919 samt seinen tradierten Besonderheiten an.

108

Ausgangs- und Mittelpunkt des Religions- und Weltanschauungsrechts ist die in Art. 39 ThürVerf garantierte **Religionsfreiheit**. Die grundrechtliche Gewährleistung der Landesverfassung reicht ungeachtet einiger terminologischer Abweichungen nicht

109

---

259 Siehe das Akkreditierungsstiftungsgesetz-NRW (AkkrRatStiftG NRW v. 26.2.2005 idF v. 17.10.2017 (GV. NRW S. 806).
260 Zum Konzept der Systemakkreditierung vgl. *Blanke*, in: Benz/Kohler/Landfried (Hrsg.), Handbuch Qualität Studium und Lehre, Stand 09/2007, F. 1.7, S. 5; *Martini*, WissR 2008, 232, 249 f. Hierbei wird statt der einzelnen Studiengänge das interne Qualitätsmanagement der Hochschule beurteilt.
261 BVerfGE 141, 143; dazu *Quapp*, DÖV 2017, 271; *Müller-Terpitz*, RdJB 2017, 23.
262 Gesetz vom 1.11.2017 (GVBl. S. 239). Der im Rahmen der KMK erarbeitete Staatsvertrag ist am 1.1.2018 in Kraft getreten. Zur verfassungsrechtlichen Bewertung siehe etwa *Mager*, OdW 2017, 237, 244 ff.
263 Siehe etwa die Thüringer Verordnung zur Durchführung des Studienakkreditierungsstaatsvertrags v. 8.7.2018 (GVBl. 2018, 351).
264 BVerfG, Beschl. v. 17.2.2016 – 1 BvL 8/10, Rn. 60 ff. So werden etwa für die Ausübung der Wissenschaftsfreiheit wesentliche Regelungen, wie etwa hins. der Zulässigkeit von Befristungen des Akkreditierens oder der Ausarbeitung der Kriterien im Einzelnen dem Verordnungsgeber übertragen; vgl. Art. 4 Staatsvertrag.
265 Zum Staatskirchenrecht der DDR siehe etwa *Otto*, ZevKR 2011, 430.

weiter als Art. 4 GG,[266] betont jedoch stärker die Rolle des Religiösen im öffentlichen Raum. Die über Art. 140 in das Grundgesetz einbezogenen Art. 137 ff. WRV gelten bereits unmittelbar im gesamten Bundesgebiet. Dennoch hat der Verfassungsgeber sich im Jahr 1993 dafür entschieden, gem. Art. 40 ThürVerf die „**Weimarer Kirchenartikel**" mittelbar auch in die Landesverfassung zu inkorporieren. Angesichts des Bundesstaats- und Demokratieprinzips kann es sich dabei nur um eine statische Inkorporation handeln, welche die Rechte aus Art. 137 ff. WRV iVm Art. 39 ThürVerf auch allerdings über die Landesverfassungsbeschwerde vor dem ThürVerfGH durchsetzbar macht.[267] Zudem werden diese Garantien nach Art. 40 ThürVerf ausdrücklich auch auf Weltanschauungsgemeinschaften erstreckt,[268] die anders als Religionsgemeinschaften keinen transzendentalen Wertbezug aufweisen. Die nähere Ausgestaltung dieses Rahmens obliegt dem Landesgesetzgeber.

110   Art. 4 GG / Art. 39 ThürVerf und die inkorporierten Art. 137 ff. WRV beinhalten die **Grundprinzipien** des Religions- und Weltanschauungsrechts. Das Trennungsgebot gem. Art. 40 ThürVerf iVm Art. 137 Abs. 1 WRV verbietet institutionelle und funktionelle Verschmelzungen der staatlichen und der religiösen bzw religionsgemeinschaftlichen Sphären, ohne jedoch in einem strikt laizistischen Sinn jegliche Kooperation zwischen ihnen auszuschließen. Aus dem Gesamtzusammenhang des Religionsrechts ableitbar ist zudem das **Neutralitätsprinzip**. Es konkretisiert die Trennung in der Weise, dass dem Staat jegliche Identifikation mit Religionsgemeinschaften und die Bewertung ihrer Lehren als solche verwehrt ist.[269]

Beispiele: Das Aufstellen von zwei Bronze-Statuen des Missionars Bonifatius und des Reformators Martin Luther am Ende des Zweiten Weltkriegs leeren Sockeln der Rathausfassade der Stadt Erfurt im Jahr 2018 widerspricht nicht dem Neutralitätsgebot. Denn ihre Erhöhung zu „Sockelheiligen" hat keinen religiösen Bekenntnischarakter, sondern kann als Akt kultureller Brauchtumspflege (Art. 30 Abs. 1 ThürVerf) verstanden werden. Die Figuren repräsentieren historische Persönlichkeiten des christlichen Kulturraumes. Bonifatius steht für die Christianisierung des Abendlandes, Luther für die Erneuerung des Christentums. Das *verpflichtende* Anbringen von Kruzifixen (auch ohne Korpus) in öffentlichen Dienstgebäuden und Amtszimmern ist indes als appellhafte Verwendung eines spezifischen Glaubenssymbols nicht mehr als allgemein kulturpflegende Maßnahme zu begreifen.[270]

111   Der religionsrechtliche Gleichheitsmaßstab – das **Paritätsgebot** – verbietet sachlich ungerechtfertigte Differenzierungen zwischen Religionsgemeinschaften, ohne jedoch eine schematische Gleichbehandlung zu fordern.[271] Die Befugnis der eigenverantwortlichen

---

266 *Blanke*, in: Linck/Baldus/Lindner/Poppenhäger/Ruffert, Die Verfassung des Freistaats Thüringen, Art. 39 Rn. 4 ff. Die ausdrückliche Nennung der Menschenwürde als Schranke der Religions- und Weltanschauungsausübung hat eine nur klarstellende Funktion.
267 Zu ihrer Rügefähigkeit mittels der Verfassungsbeschwerde vgl. BVerfGE 102, 370, 378 f.; 139, 321, 346.
268 Für den vorliegenden Abschnitt ist der Begriff „Religionsgemeinschaft" so zu verstehen, dass er auch Weltanschauungsgemeinschaften umfasst. Einschlägige Lehrbücher: *Classen*, Religionsrecht, 3. Aufl. 2021; *Czermak/Hilgendorf*, Religions- und Weltanschauungsrecht, 2. Aufl. 2018; *Unruh*, Religionsverfassungsrecht, 4. Aufl. 2018; *v. Campenhausen/De Wall*, Staatskirchenrecht – Religionsverfassungsrecht, 5. Aufl. 2022.
269 BVerfGE 153, 1, 36 f. m.w.N.; *Blanke/Drößler*, in: Linck/Baldus/Lindner/Poppenhäger/Ruffert, Die Verfassung des Freistaats Thüringen, Art. 40 Rn. 10; *Dreier*, Staat ohne Gott, 2018, S. 95 ff.
270 AA VGH München, Urt. v. 1.6.2022 – 5 N 20.1331 und 5 B 22.674; *Herbolsheimer/Kukuczka*, ZevKR 2018, 367, 379 ff.; wie hier *Halbig*, NVwZ 2021, 768, 771 f.; vgl. BVerfGE 93, 1, 21.
271 *Fuchs*, ThürVBl 1995, 145, 147; im Einzelnen dazu *Unruh*, Religionsverfassungsrecht, Rn. 106; *Schrooten*, Gleichheitssatz und Religionsgemeinschaften, 2015, S. 28 ff.; *Brüning*, JZ 2022, 215, 219.

internen Normsetzung, Verwaltung und Organisation wird vom **Selbstbestimmungsrecht** der Religionsgemeinschaften (Art. 137 Abs. 3 WRV) garantiert. Was zu den „eigenen Angelegenheiten" zählt, bestimmt jede Religionsgemeinschaft nach ihrem Selbstverständnis. Die Reichweite der Schranke „der für alle geltenden Gesetze" soll ein „Sonderrecht" gegen Religionsgemeinschaften ausschließen und ist dabei im Einzelfall per Abwägung zu bestimmen.[272] Das Selbstbestimmungsrecht kann als organisatorische Ergänzung der Religionsfreiheit verstanden werden. Unmittelbar glaubensgeleitetes Handeln (wie die Verkündungstätigkeit) unterfällt Art. 4 GG / Art. 39 ThürVerf und ist damit nur aufgrund kollidierenden Verfassungsrechts einschränkbar.

Ausprägungen der **Kooperationsbeziehung** finden sich in der Landesverfassung etwa hinsichtlich des konfessionellen Religionsunterrichts (Art. 25 ThürVerf) oder der theologischen Fakultäten an den staatlichen Hochschulen (Art. 28 Abs. 3 ThürVerf). Bei der Besetzung ihrer Lehrstühle ist den Religionsgemeinschaften ein vertraglich auszugestaltendes Mitspracherecht einzuräumen.[273] Ob der Bestand der theologischen Fakultäten (namentlich in Erfurt und Jena) von Art. 28 Abs. 3 S. 2 ThürVerf garantiert wird, ist umstritten;[274] Der Verfassungsgeber wollte ausdrücklich den Hochschulen keine strukturpolitischen Entscheidungen vorgeben.[275] In den mit den Kirchen geschlossenen Verträgen sind indes explizite Bestandsgarantien[276] oder Ausstattungszusagen enthalten, die ihre Existenz zumindest faktisch absichern.[277] Mit der Förderungspflicht kirchlicher oder sonstiger Träger karitativer und sozialer Einrichtungen (etwa Caritas und Diakonie) gem. Art. 41 ThürVerf anerkennt der Verfassungsgeber ihre **Leistung für das Gemeinwohl** und erbringt einen Beitrag zur (a priori offenen[278]) Umsetzung des Staatsziels der Sozialstaatlichkeit. Ohne die Volkssouveränität nach Art. 44 Abs. 1, 45 S. 1 ThürVerf als Legitimationsgrundlage des Freistaates zu relativieren, nimmt die Wendung der Präambel auf das „Bewusstsein der Verantwortung *auch* vor Gott"[279] Bezug auf außerrechtliche Wertmaßstäbe und anerkennt die Bedeu-

---

272 BVerfGE 53, 366, 401; dazu *Classen*, Religionsrecht, 3. Aufl. 2021, Rn. 275 ff.
273 Eine präzisierende Regelung ist in Art. 3 Abs. 2 des Staatsvertrags zwischen dem Freistaat und den Evangelischen Kirchen in Thüringen v. 17.5.1994 (GVBl. S. 509) in Form einer Beachtungspflicht der kirchl. Stellungnahmen getroffen worden. Art. 28 Abs. 3 S. 2 als ein Zustimmungserfordernis verstehend *Hopfe*, in: Linck/Jutzi/Hopfe, Die Verfassung des Freistaats Thüringen, Art. 28 Rn. 18.
274 Dafür *Fuchs*, ThürVBl 1995, 145, 148; so auch *Blanke/Bunse*, Vorauflage, § 8 Rn. 93. Vgl. die ausdrücklichen Bestandssicherungsklauseln in Art. 138 Abs. 3 BayVerf und Art. 60 Abs. 2 HessVerf.
275 Vgl. die Aussprache in der 8. Sitzung des Verfassungsausschusses v. 26.6.1992 (VerfA 008), S. 46 ff., insb. der Wortbeitrag des Ausschussvorsitzenden Abg. *Pietzsch* (CDU). Eine entsprechende Formulierung in Satz 3 wurde verworfen. Zudem spricht der konditionale Wortlaut dafür, Mitsprache nur dort gewähren zu müssen, wo entsprechende Einrichtungen auch existieren. Ihren Bestand kann das Land von einem religiös-weltanschaulichen Neutralität ohnehin nicht gegen oder ohne den Willen einer kooperierenden Religionsgemeinschaft sicherstellen (Rn. 110), BVerfG 122, 89, 113. Zur Verfassungsauslegung *Baldus/Knauff*, → § 1 Rn. 11 ff.
276 Zur Evangelisch-theologischen Fakultät an der FSU Jena Art. 3 Abs. 1 des Vertrags zwischen dem Freistaat Thüringen und der Evangelischen Kirche in Thüringen (GVBl. 1994, S. 509); *Mückl*, OdW 2019, 69, 76.
277 Siehe Gesetz zum Staatsvertrag zwischen dem Heiligen Stuhl und dem Freistaat Thüringen und zur Errichtung einer Katholisch-Theologischen Fakultät der Universität Erfurt v. 3.12.2002 (GVBl. 2002, 447); vgl. Protokollnotiz zu Art. 11 Abs. 2 des Vertrages des Freistaats Thüringen mit dem Heiligen Stuhl von 11.6.1997.
278 BVerfGE 22, 180, 204. Als Ausprägung des allgemeinen Subsidiaritätsprinzips hat die nichtstaatliche Wohlfahrtspflege Vorrang vor der staatlichen; *Hopfe*, in: Linck/Jutzi/Hopfe, Die Verfassung des Freistaats Thüringen, Art. 41 Rn. 1.
279 Hervorhebung nicht im Normtext.

tung des religiösen Engagements für die staatliche Gemeinschaft, ohne jedoch eine Festlegung auf bestimmte theologische Prämissen und Vorverständnisse (etwa jüdische oder christliche) zu enthalten.[280]

113 Die **Legitimation des Weimarer Regelungsmodells** auch im mehrheitlich konfessionslosen Thüringen[281] speist sich aus der Pflicht des Freistaates zur positiven **Religionsförderung** (Art. 30, 43 ThürVerf) und basiert auf dem Bewusstsein der außerrechtlichen Voraussetzungen dieses Modells.[282] Es schafft oder verstetigt keine „Privilegien". Die positive Neutralität des gemeindeutschen Religionsverfassungsrechts ist keinesfalls als Ausnahme vom Prinzip der Trennung zu verstehen, sondern funktional auf die Religionsfreiheit bezogen. Als staatlicher Beitrag, der namentlich der Reflexion der Bedeutung des Religiösen im Raum der Gesellschaft dient, bezweckt es geradezu die optimale Ausübung von Religionsfreiheit als positive und als negative Freiheit. Dabei ist auch die Offenheit für migrationsbedingt „neue" Religionen, wie etwa den Islam, zu wahren. Gleichwohl geriet die oftmals als „hinkende Trennung" verstandene Form positiver Neutralität in den Fokus politischer Bestrebungen nach einer weitergehenden Entflechtung von Staat und Religionsgemeinschaften.[283] Systemische Veränderungen bedürfen jedoch – ungeachtet der Rezeptionsklausel des Art. 40 ThürVerf – eines Tätigwerden des verfassungsändernden Bundesgesetzgebers.[284] Akzente kann der Thüringer (Verfassungs-)Gesetzgeber jedoch im Rahmen der von Art. 40 ThürVerf iVm Art. 140 GG, Art. 137 ff. WRV belassenen Gestaltungsräume durch konkretisierende Akte setzen.

2. Landesrechtliche Konkretisierungen

114 a) **Verträge mit Religionsgemeinschaften.** Das Institut der Staatskirchenverträge, wie sie mit den Evangelischen Landeskirchen bzw in Form der Konkordate mit dem Heiligen Stuhl geschlossen wurden, hat in der Landesverfassung keine spezielle Normierung erfahren,[285] stellt jedoch den **Regelfall der Kooperation und Koordination** von Staat und Religionsgemeinschaften dar. Art. 32 Abs. 3 GG gilt nicht für Staatskirchenverträge,[286] da es sich hier um Staatsverträge (dh nicht um völkerrechtliche Verträge) handelt, die einer Bestätigung des Landtages durch Gesetz bedürfen, um Teil des Landesrechts zu werden. So ist das Land etwa an den Vertrag mit den Evangelischen Kir-

---

280 *Fuchs*, Das Staatskirchenrecht der neuen Bundesländer, S. 26 f.; *Gröschner*, in: Linck/Baldus/Lindner/Poppenhäger/Ruffert, Die Verfassung des Freistaats Thüringen, Präambel Rn. 25 f.
281 In Thüringen gehören etwa 68 % der Einwohner keiner christlichen Konfession an, ca. 8 % sind katholisch, ungefähr 24 % evangelisch; vgl. Statistische Ämter des Bundes und der Länder, Zensus 2011, S. 42.
282 *Fuchs*, Das Staatskirchenrecht der neuen Bundesländer, S. 35.
283 Siehe *Renck*, ThürVBl 1994, 182, der das geltende institutionelle Religionsverfassungsrecht als „prinzipienwidriges Verfassungsrecht" sieht und aufgrund des Wegfalls der Regelungsgrundlage zumindest einzelnen Regelungen eine partielle Unwirksamkeit attestiert; die Kritik ist zusammengefasst bei *Hillgruber*, KuR 2018, 1, 7 ff.
284 Vgl. Koalitionsvertrag zw. SPD, B90/Grüne und der FDP, „Mehr Fortschritt wagen. Bündnis für Freiheit, Gerechtigkeit und Nachhaltigkeit", 2021, S. 111. Dort sprechen sich die Koalitionäre im Bund für eine Weiterentwicklung des Religionsverfassungsrecht im Sinne des kooperativen Trennungsmodells aus.
285 Vgl. etwa, Art. 32 Abs. 4 SaAnhVerf, Art. 9 Abs. 2 MbgVorpVerf. Die religionsrechtlichen Verträge werden allerdings als „Vereinbarungen" in Art. 28 Abs. 3 S. 2 ThürVerf apostrophiert.
286 BVerfGE 6, 309, 362; *Anke*, Die Neubestimmung des Staat-Kirche-Verhältnisses in den neuen Ländern durch Staatskirchenverträge, 2000, S. 26 f. Die Abschlusskompetenz der Länder folgt bereits aus Art. 30, 70 GG. Dies gilt auch für Verträge mit dem Heiligen Stuhl als traditionelles Völkerrechtssubjekt.

chen in Thüringen vom 15.3.1994, mit dem Heiligen Stuhl vom 11.6.1997 sowie an den Vertrag mit der Jüdischen Landesgemeinde Thüringen vom 1.11.1993 gebunden. Sie regeln namentlich die Einzelheiten der Ausbildung der Religionslehrer oder die Leistungen des Staates an die Kirchen (Rn. 123). Ergänzend gilt das die Bundesrepublik insgesamt bindende Reichskonkordat vom 20.7.1933 fort, im Rahmen der Landeskompetenzen sind gleichwohl Abweichungen hiervon möglich (Art. 123 Abs. 2 GG). Dies betrifft namentlich dessen Schulbestimmungen.[287]

b) **Religion und Schule.** Innerhalb des grundgesetzlich vorgezeichneten Rahmens obliegt die Bestimmung der Reichweite der **Öffnung des Schulwesens für religiöse Bezüge** den Ländern.[288] Das in Thüringen gewählte Modell geht mit der Festlegung auf die konfessionsübergreifende Simultanschule (Art. 24 Abs. 2 ThürVerf) und dem Verzicht auf jedweden Gottesbezug in den Erziehungszielen gem. Art. 22 ThürVerf (anders etwa Art. 131 Abs. 2 BayVerf) den Weg einer eher strikten Trennung. Einem kontrovers diskutierten Beschluss des Bundesverfassungsgerichts zufolge sind gesetzliche Verbote des Verwendens religiöser Symbole während der Diensttätigkeit von Lehrkräften in einzelnen Schulen oder Schulbezirken „allgemein" möglich, wenn diese nicht bestimmte Bekenntnisse diskriminieren und tatbestandlich an konkrete Gefährdungen des Schulfriedens im Einzelfall anknüpfen.[289] Entsprechende Regelungen enthält das ThürSchulG nicht, jedoch hat der Bundesgesetzgeber in § 34 Abs. 2 BeamtStG eine Grundlage für Verbote geschaffen, die eine flexible und auf die Art der Tätigkeit im Einzelfall bezogene Handhabung ermöglichen soll. Einzelheiten sind durch Landesrecht zu regeln, was bisher nicht geschehen ist. Zugleich verpflichtet Art. 22 Abs. 3 ThürVerf die Lehrerinnen und Lehrer, „auf die religiösen und weltanschaulichen Empfindungen aller Schüler Rücksicht zu nehmen."

115

Nachdem die DDR alle religiösen Bezüge aus dem Schulwesen verbannt hatte, bekennt sich der freiheitliche Verfassungsstaat Thüringer Prägung in Art. 25 Abs. 1 ThürVerf in Übereinstimmung mit Art. 7 Abs. 3 S. 1 GG[290] zur Garantie des Religions- und des Ethikunterrichts an den öffentlichen Schulen. Näheres regelt § 46 ThürSchulG. Auf diesen Unterricht besteht bei Vorliegen der gesetzlichen Voraussetzungen ein **grundrechtlicher Anspruch** der Religionsgemeinschaften, der zur **institutionellen Garantie** hinzutritt.[291] Der Religionsunterricht ist in Übereinstimmung mit den Glaubensgrundsätzen der jeweiligen Religionsgemeinschaft zu erteilen. Diese hat ihn in inhaltlicher Hinsicht zu verantworten, da dies dem religiös-weltanschaulich neutralen

116

---

287 BVerfGE 6, 309.
288 BVerfGE 41, 29, 51 f.; 52, 223, 236 f.; *Avenarius/Hanschmann*, Schulrecht, Tz. 5.26.
289 BVerfGE 138, 296; zur Rspr. siehe etwa *Blanke*, in: FS Stern, 2012, S. 1249, 1272 ff.; *Klein*, RdJB 2016, 13, 21 ff. Im dialogischen Kommunikationsprozess zwischen Schülern und Lehrern, der auf Pluralität und Toleranz hin angelegte Erziehungsauftrag verwirklichen soll, gelten freilich andere Neutralitätsmaßstäbe als etwa im Bereich der Justiz; vgl. BVerfGE 153, 1 für Rechtsreferendare.
290 Dies gilt losgelöst von der Frage, ob Art. 141 GG, der diejenigen Länder vom Anwendungsbereich des Art. 7 Abs. 3 GG ausnimmt, in denen vor dem 1.1.1949 eine abweichende Regelung bestand, auf Thüringen anwendbar ist. Dies ist mit dem Argument zu verneinen, dass der Begriff „Land" nicht auf ein geographisches Gebiet, sondern ein staatsrechtliches Subjekt bezogen ist. Da die ostdeutschen Länder mit dem Ländereinführungsgesetz vom 2.7.1990 neu gegründet wurden, ist Art. 141 für Thüringen nicht einschlägig, so dass die Garantie des Religionsunterrichts kraft Grundgesetzes gilt; aA *Renck*, ThürVBl 1993, 102.
291 *Blanke/Drößler*, in: Linck/Baldus/Lindner/Poppenhäger/Ruffert, Die Verfassung des Freistaats Thüringen, Art. 25 Rn. 5 ff.

Staat verwehrt ist. Dabei verfügt sie über verschiedene Mitwirkungsrechte, wie die Bevollmächtigung der Lehrkräfte[292] oder die Herstellung des Einvernehmens mit dem TMBJS bei der Erstellung der Lehrpläne (§ 43 Abs. 4 ThürSchulG). Im Rahmen dieser Verantwortungsteilung bestimmt der Freistaat den äußeren Rahmen des Unterrichts und übt zugleich sein Aufsichtsrecht über den Religionsunterricht aus, der in Einklang mit den Erziehungszielen nach Art. 22 Abs. 1 ThürVerf stehen muss.[293]

117 Die Entscheidung über die Teilnahme des Schülers obliegt zunächst den Eltern. Nach Vollendung des 14. Lebensjahres (§ 5 S. 1 RelKErzG) kann sie der Schüler eigenmächtig treffen, ist jedoch dann, wenn er sich dagegen entscheidet, ebenso wie konfessionslose Schüler oder solche anderer Glaubensrichtungen als der im Unterricht behandelten Religion zur Teilnahme am obligatorischen **Ethikunterricht** verpflichtet. Der Charakter als Ersatzfach und die damit einhergehende faktische Konkurrenz zum Religionsunterricht begründen nicht die Verfassungswidrigkeit des Ethikunterrichts in Thüringen.[294] Der Freistaat kommt damit vielmehr seinem Erziehungsauftrag nach, der die weltanschaulich neutrale Wertvermittlung umfasst (§ 46 Abs. 4 ThürSchulG).

118 Derzeit wird an den öffentlichen Schulen des Freistaates evangelischer, katholischer und jüdischer Religionsunterricht erteilt.[295] Ebenso wie in den anderen ostdeutschen Ländern mit Ausnahme Berlins ist über die Frage nach **islamischem Religionsunterricht** in Thüringen (noch) nicht entschieden worden. Auf die religions- und schulrechtlichen Probleme, die sich in diesem Zusammenhang ergeben, kann hier nicht eingegangen werden; zur Vertiefung sei auf die ergiebige Literatur zu dieser Thematik verwiesen.[296]

119 **c) Öffentlich-rechtlicher Körperschaftsstatus.** Auch der Status von Religionsgemeinschaften als Körperschaften des öffentlichen Rechts (Art. 137 Abs. 5 WRV) ist in Art. 40 ThürVerf normiert. Demnach behalten diejenigen Religionsgemeinschaften ihren öffentlich-rechtlichen Status, die ihn vor dem 11.8.1919 bereits besaßen (sog altkorporierte Religionsgemeinschaften), anderen ist er auf Antrag bei Vorliegen gewisser Voraussetzungen zu verleihen. Dieser Status vermittelt eine **Reihe von Hoheitsrechten** (etwa das Recht zur Erhebung von Kirchensteuern nach dem ThürKiStG oder die Dienstherrenfähigkeit) und dient als Anknüpfungspunkt für verschiedene **einfachgesetzliche Privilegierungen** (§ 1 Abs. 6 Nr. 6 BauGB, § 54 AO, § 42 ThürLMG). Gleichwohl sind öffentlich-rechtliche Religionsgemeinschaften kein Teil der mittelba-

---

292 Etwa die katholische *Missio Canonica* (Art. 12 Abs. 4 Staatskirchenvertrag v. 11.6.1997) oder die evangelische *Vocatio* (Art. 5 Abs. 5 Staatskirchenvertrag v. 15.3.1994).
293 *Blanke/Drößler*, in: Linck/Baldus/Lindner/Poppenhäger/Ruffert, Die Verfassung des Freistaats Thüringen, Art. 25 Rn. 6.
294 BVerfG, NVwZ 2008, 72; kritisch *Renck*, ThürVBl 1993, 184, 185; *ders.*, NVwZ 1999, 714 f.
295 Im Schuljahr 2021/22 besuchten in Thüringen insgesamt 57.554 Schüler an allgemeinbildenden Schulen den Religionsunterricht (sämtliche unterrichtete Konfession zusammen), insgesamt 139.975 den Ethikunterricht (https://www.schulstatistik-thueringen.de/, 2.3.2022).
296 Siehe hierzu etwa *Avenarius/Hanschmann*, Schulrecht, Tz. 5.23; *Greszick*, ZevKR 2017, 362; *Pulte*, Grundfragen des Staatskirchen- und Religionsrechts, 2016, S. 124, *v. Ungern-Sternberg*, RdJB 2016, 30; *Unruh*, Religionsverfassungsrecht, Rn. 457 f.; *Coumont*, in: Muckel/Tillmanns (Hrsg.), Der Islam im öffentlichen Recht des säkularen Verfassungsstaats, 2008, S. 440, 551 ff.

ren Staatsverwaltung, sondern nur partiell mit öffentlich-rechtlichen Handlungsformen versehen.[297]

In Thüringen haben etwa die Evangelische Kirche in Mitteldeutschland (seit 2009 als Vereinigung der Evangelisch-Lutherischen Kirche in Thüringen und der Evangelischen Kirche der Kirchenprovinz Sachsen), die Bistümer Erfurt, Fulda und Dresden-Meißen sowie die Jüdische Landesgemeinde Thüringen den **Status altkorporierter Körperschaften** inne, ohne ihn in der DDR rechtswirksam verloren zu haben.[298] Obwohl er seit der Verfassung der DDR von 1968 nicht mehr vorgesehen war, konnte die bloße „Systemwidrigkeit" des öffentlich-rechtlichen Körperschaftsstatus in der Rechtsordnung des sozialistischen Staates, dem die Unterscheidung zwischen bürgerlichem und öffentlichem Recht als Merkmal „bourgeoiser" Ordnungen fremd war, keinen Statusverlust der Kirchen bewirken.[299] 120

Die **Verleihung des Status an andere Religionsgemeinschaften** ist nach Maßgabe des Art. 40 ThürVerf iVm Art. 137 Abs. 5 S. 2 WRV dann möglich, wenn sie durch ihre Mitgliederzahl und -struktur Gewähr für einen dauerhaften Bestand im Freistaat Thüringen bieten und nicht gegen die tragenden Prinzipien des Religionsrechts sowie den von Art. 79 Abs. 3 GG geschützten Verfassungskern gerichtet sind.[300] Dieser Status ist etwa an die „Zeugen Jehovas" oder die Gemeinschaft der „Siebenten-Tags-Adventisten" verliehen worden. Zuständig für die Verleihung ist die TSK, die sie bei Vorliegen der Voraussetzungen durch Verwaltungsakt ausspricht.[301] Ihr steht insoweit kein Ermessen zu. Bei der Auslegung der Tatbestandsmerkmale ist die Garantie der Religionsfreiheit nach Art. 4 GG / Art. 39 ThürVerf zu beachten. Aufgrund der **bundesstaatlichen Kompetenzverteilung** auf dem Gebiet der Kultur, wie sie in Art. 137 Abs. 8 WRV bereichsspezifisch konkretisiert wird, entfaltet die Statusverleihung hinsichtlich der damit verbundenen Hoheitsrechte keine länderübergreifende Wirkung. Religionsgemeinschaften, die den Status als Körperschaften des öffentlichen Rechts bereits in anderen Ländern erworben haben, bedürfen daher einer Zweitverleihung in Thüringen.[302] 121

Beispiel: Der *Ahmadiyya Muslim Jamaat* wurde 2013 in Hessen und 2014 in Hamburg der Körperschaftsstatus verliehen. Um von ihren Mitgliedern in Thüringen Steuern erheben (Art. 137 Abs. 6 WRV) oder Beamte ernennen zu dürfen, müsste ihr der öffentlich-rechtliche Körperschaftsstatus per Verwaltungsakt durch die TSK verliehen werden.

---

297 BVerfGE 102, 370, 387.
298 AA *Renck*, LKV 1993, 374; *Weidemann*, DVBl 1969, 10, 12.
299 Insofern ist zwischen der Aufhebung der verfassungsrechtlichen Garantie, wie sie Art. 43 Abs. 3 DDR-Verf 1949 noch enthielt, und dem Status selbst zu unterscheiden; *Fuchs*, ThürVBl 1995, 145, 147 f.
300 BVerfGE 102, 370, 390; eine weitergehende „Staatsloyalität" ist nicht erforderlich. Zu den Voraussetzungen im Einzelnen siehe etwa den Leitfaden der Konferenz der Chefs der Staats- und Senatskanzleien für die Verleihung der Körperschaftsrechte an Religions- und Weltanschauungsgemeinschaften vom 16.2.2017, der die Empfehlungen der KMK vom 12.3.1954 fachlich weiterentwickelt (abgedruckt in KuR 2017, 58 ff.).
301 LT-Drs. 6/2828. Es ist fragwürdig, ob das Fehlen einer landesgesetzlichen Grundlage, die die Einzelheiten des Verleihungsverfahrens regelt (wie etwa das KörperschaftsstatusG-NRW, GV. NRW 2014, 604), mit dem Wesentlichkeitsgrundsatz iSd Rspr. des BVerfG vereinbar ist; vgl. *Unruh*, Religionsverfassungsrecht, Rn. 284.
302 BVerfGE 139, 321 Rn. 99 ff., 112 f.; zu einem abweichenden Ergebnis kommt das Sondervotum der Richter *Voßkuhle*, *Hermanns* und *Müller*; aA auch bei *Towfigh/Otto*, ZJS 2017, 553, 555 f., die nicht zwischen einfachgesetzlichen Vergünstigungen und Hoheitsrechten differenzieren.

122 **d) Einfachrechtliche Konkretisierungen.** Die näheren landesrechtlichen Ausprägungen des Verhältnisses des Staates zu den Religionsgemeinschaften sind in einer **Vielzahl von Fachgesetzen** geregelt. So ist etwa in § 129 Abs. 2 ThürHG die Berufung von Professoren für katholische oder evangelische Theologie eigens normiert. Was den Schutz der Denkmale in kirchlichem Eigentum angeht, verweist § 32 ThürDSchG auf die einschlägigen Staatskirchenverträge. Demnach haben sie bei geplanten Änderungen am Denkmal statt einer Erlaubnis nach § 13 ThürDSchG nur ein (letztlich unverbindliches) Benehmen mit der Denkmalschutzbehörde herzustellen, worin im Ergebnis eine Exemtion vom Denkmalschutzregime liegt.[303] Der Schutz religiöser Feiertage richtet sich nach dem ThürFGtG.[304] Ausschließlich für das staatliche Handeln maßgebliche Bestimmungen im Fall eines **Kirchenaustritts** enthält die entsprechende Verfahrensverordnung.[305]

123 Auch die **Ablösung der Staatsleistungen** kann noch auf die Agenda des Landesgesetzgebers treten. Staatsleistungen sind auf Gesetz, Vertrag oder sonstigem Titel beruhende und schon vor 1919 bestehende Leistungen an die christlichen Kirchen, welche der Kompensation der infolge des Reichsdeputationshauptschlusses von 1803 enteigneten kirchlicher Besitztümer (Säkularisation) dienen sollen.[306] Sie sind damit laufende Entschädigungszahlungen für vergangene Enteignungen und von der sog Kirchensteuer (Art. 137 Abs. 6 WRV) oder staatlichen Subventionen für kirchliche Einrichtungen zu unterscheiden. Staatsleistungen wurden oftmals in Staatskirchenverträgen konkretisiert (vgl. Art. 23 Staatsvertrag des Freistaats mit dem Heiligen Stuhl v. 11.6.1997).[307] Seit über 100 Jahren erteilen deutsche Verfassungen (nunmehr Art. 140 GG iVm Art. 138 WRV) den Auftrag, diese Leistungen abzulösen. In der Gesamtsumme (seit 1949) machen Sie einen Betrag von ca. 20 Mrd. Euro bis 2022 aus (allein ca. 600 Mio. im Jahr 2022).[308] Die **Grundsätze für ihre Ablösung** stellt gem. Art. 138

---

303 Art. 9 Staatsvertrag mit den Evangelischen Kirchen in Thüringen v. 15.3.1994 und in Art. 18 Staatsvertrag mit dem Heiligen Stuhl v. 11.6.1997; kritisch *Hammer*, KuR 2013, 62, 68 f.
304 Das Feier- und Gedenktagsgesetz knüpft auch, legitimiert durch Art. 40 ThürVerf iVm Art. 139 WRV, an christlich-abendländische Traditionen an, etwa wenn es in § 6 Abs. 1 den Karfreitag als stillen Feiertag bestimmt. Dies ist mit dem Neutralitätsgrundsatz vereinbar, da hierdurch nur ein äußerer Rahmen zur individuellen Begehung des Tages geschaffen und weder eine innerliche Haltung verlangt noch eine staatliche Identifikation vorgenommen wird. Da gem. § 7 Abs. 1 S. 1 ThürFGtG in besonderen Fallkonstellationen auch Ausnahmen für die Unterlassungspflichten an stillen Feiertagen (§ 6 Abs. 1) zugelassen werden können, hat die Regelung Bestand vor der jüngeren Rechtsprechung des BVerfG zum Feiertagsschutz; vgl. BVerfG, NVwZ 2017, 461 (*Stillesschutz*); als Fallbearbeitung: *Hübner*, Jura 2018, 183.
305 ThürReWeAusDVO v. 5.2.2009 (GVBl. S. 58). Die Mitgliedschaft nach den internen Regularien der Religionsgemeinschaften bleibt davon unberührt. Dennoch kann die Austrittserklärung Folgen haben wie etwa die Exkommunikation nach katholischem Kirchenrecht (Can. 1331 § 1 CIC) oder sie kann im kirchlichen Dienst ggf. arbeitsrechtliche Maßnahmen nach sich ziehen; vgl. BAG, NJW 2013, 28. Diese aufgrund des Selbstbestimmungsrechts verfassungsrechtlich gebotene kündigungsrechtliche Privilegierung der Religionsgemeinschaften (vgl. BVerfGE 137, 273) gerät zunehmend unter den Druck des Unionsrechts; so etwa EuGH, Urt. v. 17.4.2018 – Rs. C-414/16 *Egenberger*) im Vorlageverfahren zu Art. 4 Abs. 2 RL 2000/78/EG.
306 *Unruh*, Religionsverfassungsrecht, Rn. 509; dazu *Sochor*, GRZ 2021, 38, 46.
307 Für die evangelische Kirche etwa der Vertrag zw. dem Freistaat Preußen und der Evangelischen Landeskirchen v. 11.5.1931 hins. der Pfarrbesoldungszuschüsse. Als sog Novationen fallen sie ebenfalls unter den Begriff der Staatsleistung; *Germann*, in: Epping/Hillgruber, BeckOK GG, Art. 20 Rn. 122.2 (49. ed. 2021).
308 Die von der ehemaligen DRR geleisteten Zahlungen sind nicht inbegriffen. Thüringen zahlte im Jahr 2021 ca. 27 Mio. an die Großkirchen und liegt damit im bundesweiten Vergleich bei den Pro-Kopf-Zahlungen jeweils hins. der katholischen wie evangelischen Kirche auf dem dritten Platz; https://fowid.de/meldung/staatsleistungen-1949-2021 (11.4.2022).

Abs. 1 WRV das Reich – also der Bund – auf. Das zu erlassende Grundsätzegesetz des Bundes soll die Rahmenbedingungen für die Ablösung durch die Länder regeln, die sie dann in Landesrecht umsetzen, hierfür aber auch auf ein Tätigwerden des Bundesgesetzgebers angewiesen sind. Dessen anhaltendes Unterlassen könnte im Wege des Bund-Länder-Streits verfassungsgerichtlich überprüft werden.[309] Die Ablösung kann als Leistung an Erfüllung statt verstanden werden.[310] Bis zu diesem Zeitpunkt genießen die Staatsleistungen Bestandsschutz,[311] es dürfen jedoch keine neuen Leistungen begründet werden. Nach mehreren gescheiterten Initiativen im Bundestag hat die 2021 gebildete Regierungskoalition die Absicht bekundet, eine entsprechende Vorlage einzubringen,[312] um so das verfassungswidrige Unterlassen des Gesetzgebers abzustellen.

---

309 *Schmid*, DÖV 2020, 624, 629.
310 *Hohenlohe*, ZevKR 2017, 178, 180. Es wird auch die Ansicht vertreten, dass die Ansprüche infolge der über Jahrhunderte geleisteten Zahlungen bereits erfüllt seien; vgl. *Walter/Tremml*, VerfBlog v. 21.3.2022, https://verfassungsblog.de/eigentlich-schon-lange-quitt/ (10.4.2022).
311 BVerwGE 87, 115, 132.
312 Vgl. „Mehr Fortschritt wagen. Bündnis für Freiheit, Gerechtigkeit und Nachhaltigkeit", 2021, S. 111; vgl. ferner Drs. 19/19273. Zu den vorherigen Initiativen *Unruh*, DÖV 2020, 953.

Stichwortverzeichnis

Die Angaben verweisen auf die Paragrafen des Buches (**fette Zahlen**) sowie die Randnummern innerhalb der einzelnen Paragrafen (magere Zahlen).

Abfallrecht **8** 148 ff.
- Abfallbegriff **8** 151
- Abfallbilanzen **8** 166
- Abfallrahmenrichtlinie **8** 168
- Abfallwirtschaftskonzepte **8** 166
- Behörden **8** 169
- Beseitigungspflicht **8** 161
- Bioabfälle **8** 154
- Emissionen **8** 158
- Entledigungspflicht **8** 153
- Ersterzeuger **8** 159
- Erzeuger **8** 149
- Gemeinnützigkeit **8** 164
- Kreislaufwirtschaftspakt **8** 155
- KrWG **8** 155
- Nachhaltigkeitsprinzip **8** 157
- PPK **8** 161
- Recycling **8** 157
- Reform **8** 167
- Sachherrschaft **8** 160
- Staatsvertrag **8** 170
- ThürAGKrWG **8** 167 ff.
- Überlassungspflicht **8** 162
- Vermeidungspflicht **8** 157
- Verordnungen **8** 156
- Vorsorgeprinzip **8** 157
- Zuverlässigkeit **8** 163
- Zweiterzeuger **8** 159

Abgeordnete **1** 66 ff.
- Ende des Mandats **1** 72
- Fraktionen **1** 79 ff.
- Fraktionsdisziplin **1** 71
- Freies Mandat **1** 67
- Rechtsstellung **1** 66 ff.

Abrissverfügung **6** 83 ff.

Abstandsflächen **6** 4

Allgemein anerkannte Regeln der Technik **8** 91

Allgemeine Arbeitsruhe **3** 25

Allgemeines Landrecht für die Preußischen Staaten **4** 36

Allzuständigkeit **5** 54 ff.

Amtszeit der Landesregierung **1** 108

Angelegenheiten des eigenen Wirkungskreises **1** 124
- Erledigung durch den Bürgermeister **5** 317 f.
- ÖPNV **7** 46

Anliegergebrauch
- an öffentlichen Straßen **3** 14

Anscheinsgefahr **4** 176

Anscheinsstörer **4** 282 ff., 336

Anschluss- und Benutzungszwang
- öffentliche Einrichtungen **5** 225 ff.
- öffentliches Wohl **5** 228 f.

Anstalt des öffentlichen Rechts **2** 85

Anstalt, kommunale **5** 340

Arbeitnehmerschutz durch das Ladenschlussrecht **7** 38 ff.

Atomrecht **8** 171
- Auflagen **8** 178
- Behörden **8** 187
- Endlagerung **8** 183
- Entschädigung **8** 178
- Entsorgungsprogramm **8** 184
- Entsorgungsvorsorgenachweis **8** 182
- Genehmigung **8** 174
- ionisierende Stoffe **8** 173
- Kompetenzen **8** 186
- Konzentrationswirkung **8** 179
- Landessammelstellen **8** 183
- Ordnungswidrigkeiten **8** 188
- Präklusion **8** 177
- Radioaktive Strahlung **8** 183

Stichwortverzeichnis

- Rechtsquellen 8 172
- Restrisiko 8 176
- Risikovorsorge 8 176
- Standortauswahl 8 185
- Stilllegung 8 175
- Verfahrensverordnung 8 177
- Verursacherprinzip 8 180
- wesentliche Veränderung 8 181
- Ziele 8 176
- Zwischenlagerung 8 183

Aufgabenträger des ÖPNV 7 45 ff.

Auflage 6 20

Auflage, modifizierende
- zu einer Baugenehmigung 6 21

Aufsicht 2 61, 81 f.
- Bauaufsicht 6 7 ff.
- Fachaufsicht 2 81, 5 162, 177 ff., 9 80
- Hochschulwesen 9 80
- im Rahmen der kommunalen Selbstverwaltung 5 126
- Kommunalaufsicht 5 156 ff., 163
- Kommunalaufsicht, Rechtsschutz 5 185 f.
- Rechtsaufsicht 2 81, 5 161 f., 9 80
- Rechtsschutz der Kommunen 2 83
- Schulwesen 9 75
- Weisungen 5 177 ff.

Aufwandsteuern 5 372

Auslegung
- der Verfassung 1 11 ff.
- der Verfassung, Grenzen 1 12
- Geschäftsordnung des Landtags 1 74
- Staatsziele 1 30

Ausschüsse 1 82 ff.
- Aufgabenstellung 1 82
- Beschlüsse 1 83
- Besetzung 1 84 f.
- im Gemeinderat 5 278 ff.

Bauaufsicht 6 7 ff.
- Behörden 6 7 f.

- Organisation 6 9 f.

Bauaufsichtsbehörde 6 7 f.
- Abrissverfügung 6 83 ff.
- Baueinstellung 6 78 ff.
- Bauüberwachung 6 71
- Beseitigung baulicher Anlagen 6 83 ff.
- Generalklausel 6 73
- Informationsrecht 6 76 f.
- Kompetenzen 6 32 ff.
- Kompetenzen, Grenzen 6 33 ff.
- Nutzungsuntersagung 6 89 ff.
- Organisation 6 9 f.
- Prüfungsrecht 6 76 f.
- Sachentscheidungskompetenz 6 36
- Zutrittsrecht 6 76 f.

Baueinstellung 6 78 ff.

Baugenehmigung 6 11 ff.
- Ausführungsgenehmigung für Fliegende Bauten 6 31
- Bauantrag 6 57 ff.
- bauliche Anlagen 6 44
- Bauvorhaben, genehmigungsbedürftige 6 44 ff.
- Bauvorhaben, genehmigungsfreie 6 53 f.
- Bauvorhaben, verfahrensfreie 6 47 ff.
- Bestandsschutz 6 13
- Eingriffsbefugnisse 6 72 ff.
- Form 6 14
- Geltungsdauer 6 18
- gemeindliches Einvernehmen 6 62 ff.
- Genehmigungspflicht 6 11, 43
- Instandhaltungsarbeiten 6 45
- Nachbar 6 60 f., 69
- Nebenbestimmung 6 19 ff.
- Nutzungsänderung 6 46
- Prüfungsumfang 6 12
- Rechtsnachfolger 6 17
- Teilbaugenehmigung 6 24 f.
- vereinfachtes Verfahren 6 66 ff.

578

Stichwortverzeichnis

- Vorbescheid 6 26 ff.
- Zustellung 6 15

Baugenehmigungsverfahren
- Ablauf 6 57 ff.
- Abschluss 6 70
- Abweichungen 6 55 f.
- Ausnahmen 6 55 f.
- Bauherr 6 38
- Bauleiter 6 41
- Bauunternehmer 6 40
- Befreiungen 6 55 f.
- Entwurfsverfasser 6 39
- gemeindliches Einvernehmen 6 62 ff.
- Nachbar 6 60 f., 69
- vereinfachtes Verfahren 6 66 ff.

Bauherr
- Begriff 6 38
- Pflichten 6 37

Bauleiter 6 41

Bauleitplanung, persönliche Beteiligung 5 297

Bauliche Anlagen 6 44
- Anforderungen 6 5

Bauordnungsrecht 6 1 ff.
- formelles 6 4
- materielles 6 4

Baurechtswidrigkeit/Illegalität
- formelle 6 79, 84 ff., 91 f.
- materielle 6 84 ff., 91 f.

Bauüberwachung 6 71

Bauunternehmer 6 40

Bauvorbescheid 6 26 ff.

Bauvorhaben
- genehmigungsbedürftige 6 44 ff.
- genehmigungsfreie 6 53 f.
- verfahrensfreie 6 47 ff.

Bauvorschriften, örtliche 6 6

Bedingung zu einer Baugenehmigung 6 22

Behördenstrukturreform 2 28

Beiträge 5 373 ff.

Beliehene 2 90

Beseitigung baulicher Anlagen 6 83 ff.
- Ermessen 6 88
- Verhältnismäßigkeit 6 87

Bestandsgarantie
- kommunale Selbstverwaltung 1 140

Bestimmtheitsgrundsatz
- im Polizei- und Ordnungsrecht 4 309
- kommunale Satzungen 5 264

Bibliothek 9 22

Bildungs- und Erziehungsauftrag 9 42

Bodenschutzgesetz
- Subsidiarität 8 197

Bodenschutzrecht 8 195 ff.
- Altlasten 8 206
- Ausgleichspflicht 8 202
- Auskunftspflichten 8 209
- BBodSchG 8 195
- Behörden 8 210
- Gefahrenabwehr 8 199
- Gefahrerforschung 8 204
- Haftung 8 200
- Sanierung 8 198
- Sanierungspflicht 8 201
- Sanierungsplan 8 205
- Sanierungsuntersuchungen 8 205
- Sondervermögen 8 210
- Störerauswahl 8 200
- ThürBodSchG 8 209
- Überwachung 8 208
- Verdachtsfall 8 204
- Verhältnismäßigkeit 8 203
- Zweck 8 196

Bundespolizei 4 81 f.

Bundesratspolitik der Regierung
- Kontrolle durch den Landtag 1 51

Bundesstaatsprinzip 1 21

Bundestreue 1 21

Bürger 5 193 ff., 230 ff.
- Ehrenamt 5 231 f.

- Öffentlichkeit der Gemeinderatssitzung 5 290
- Pflichten 5 231 f.
- Rechte 5 230

Bürgeranliegen 3 62

Bürgerantrag 1 91 ff.

Bürgerbeauftragter 3 54 ff., 66
- als Hilfsorgan des Landtags 3 58
- Amtszeit 3 57
- Befassungsverbot 3 63
- Beratungs- und Vorschlagsrechte 3 67 f.
- Berichtspflicht 3 69
- Informationsrechte 3 65 f.
- Kompetenzen 3 61 ff.
- Unabhängigkeit 3 59 f.
- Verschwiegenheit 3 70
- Wahl 3 56

Bürgerbegehren
- auf Kommunalebene 5 236 ff.
- Bürgerentscheid 5 243
- initiierendes 5 240
- Sperrwirkung 5 242
- Zulässigkeit 5 238 ff.

Bürgerentscheid 5 243

Bürgermeister 2 73, 5 308 ff.
- Abwahl 5 312
- Angelegenheiten des übertragenen Wirkungskreises 5 318
- Ausfertigung kommunaler Satzungen 5 261
- Beanstandungspflicht 5 316
- Eilentscheidungsrecht 5 319
- Höchstaltersgrenze für die Wählbarkeit 5 310
- Ladung des Gemeinderats 5 286 f.
- laufende Angelegenheiten des eigenen Wirkungskreises 5 317
- Leitung der Gemeindeverwaltung 5 313 f.
- Ortsteilbürgermeister 5 325
- privatrechtliche Verpflichtungsverträge 5 322

- Prüfungsrecht bei kommunalen Satzungen 5 261
- Rechtsstellung 5 308 ff.
- Status 5 311
- Vertretung der Gemeinde nach außen 5 320 ff.
- Vollzug von Gemeinderatsbeschlüssen 5 315
- Vorbereitung der Gemeinderatssitzung 5 283 ff.
- Vorbereitung von Gemeinderatsbeschlüssen 5 315
- Vorprüfrecht, formelles 5 284
- Vorprüfrecht, materielles 5 284

Carsharing 3 18

Daseinsvorsorge 5 63 f.
- durch ÖPNV 7 44
- kommunale 5 346

Datenschutz 3 51

Datenschutzbeauftragter 2 48, 3 53

Datenschutz-Grundverordnung – DSGVO 3 37, 40 ff.

Datenverarbeitung
- Einschränkung 3 43
- Zweck 3 47

DDR-Verfassung von 1974 5 36

Demokratie
- Kommunalwahl 1 138
- Legitimation der Landesregierung 1 102
- mittelbare 1 20
- parlamentarische 1 81
- repräsentativ-parlamentarische 1 38 f.
- unmittelbare 1 20, 93

Demokratieprinzip
- im Kommunalrecht 5 12
- Öffentlichkeit der Gemeinderatssitzung 5 290

Denkmalschutz 9 28 ff.
- deklaratorisches System 9 30

Stichwortverzeichnis

- Denkmalfähigkeit 9 29
- Denkmalschutzbehörde 9 32
- Denkmalwürdigkeit 9 29
- Enteignung 9 31
- Inhalts- und Schrankenbestimmung des Eigentumsgrundrechts 9 33 f.
- Kulturdenkmale 9 29 ff.
- Sozialbindung des Eigentums 9 28

Deutsche Volkspolizei 4 53

Dezentralisation 5 20

Einheitssystem 4 88

Einigungsvertrag 2 94

Einkommensteuer, kommunaler Anteil 5 363

Einwohner 5 192 ff.
- Einwohnerantrag 5 197
- Einwohnerversammlung 5 196
- öffentliche Einrichtungen 5 199 ff.

Elternrecht, Schulwesen 9 42 ff.

Energiemanagement 8 32 f.

Energierecht 8 190 ff.
- Aufsicht 8 190
- Energiewirtschaftsgesetz 8 190
- Greentech 8 191
- Landeskartellbehörde 8 190
- ThEGA 8 191

Enteignender Eingriff 2 149

Enteignung
- Wasserrecht 8 117

Enteignungsgleicher Eingriff 2 149

Erfüllende Gemeinde 5 145 ff.

Ermessen
- Beseitigung baulicher Anlagen 6 88
- Ermessensfehler 4 311
- im Polizei- und Ordnungsrecht 4 310 f.
- Reduzierung auf Null 4 311

Eurojust 4 79

Europäisches Amt für Betrugsbekämpfung (OLAF) 4 79

Europäisches Polizeiamt (EUROPOL) 4 78

Europarecht, Verwaltungsvollzug 2 6 ff.

European Green Deal 8 24

Fachaufsicht 5 162, 177 ff.

Feiertagsrecht 3 24 ff.
- allgemeine Arbeitsruhe 3 25
- Ausnahmen zu Betätigungsverboten 3 28 ff.
- Gottesdienst 3 26
- Sonn- und Feiertagsschutz 3 25
- stille Tage 3 27

Finanzausgleich
- kommunaler 1 133 ff., 5 362, 376
- Kontrolle 1 135

Fischereirecht
- Aneignungsrechte 8 217
- Fischereibehörden 8 219
- ThürFischG 8 217

Fliegende Bauten, Ausführungsgenehmigung 6 31

Flurbereinigungsrecht 8 211 ff.
- Arten 8 211
- Fachbehörden 8 212
- Landtausch 8 211
- Naturschutz 8 212
- Ziele 8 211

Föderalismusreform 8 6

Forstrecht
- Durchführungsverordnungen 8 214
- Rahmenplanung 8 213
- ThüringenForst 8 287
- ThürWaldG 8 213
- Walderhaltungsabgabe 8 215
- Windkraft 8 216
- Ziele 8 213

Fracking 8 83

Fraktion 1 79 ff.
- kommunale 5 276 f.
- Oppositionsfraktion 1 81

581

Stichwortverzeichnis

- Status 1 80
Fraktionsdisziplin 1 71
Freies Mandat 1 67
- Fraktionsdisziplin 1 71
- Grenzen 1 69 ff.
Freiheit 4 12 ff.
Freistaat 1 17
Fünf-Prozent-Klausel 1 60, 139
Funktionalreform in Thüringen 5 114

Gaststättengewerbe 7 15 f.
- Aufnahmevoraussetzungen 7 17
- Auskunftsrechte der Gewerbebehörde 7 24
- Ausübung 7 20
- Gewerbeanzeige 7 17
- Gewerbebehörde 7 22 ff.
- Untersagung 7 25 ff.
- Zubehörwaren 7 21
- Zuverlässigkeitsprüfung 7 18 f.
Gaststättenrecht 7 14 ff.
Gebietsänderung 1 141 ff.
- Voraussetzungen 5 80 ff.
Gebietskörperschaft 2 65 ff., 5 95 ff.
- Arten kommunaler Gebietskörperschaften 5 120 ff.
- Aufsicht 2 81
- Handlungsformen 5 244 ff.
- kommunale 2 65 ff.
- kommunale Zusammenarbeit 2 70
- Kommunen 5 95 ff.
- Landkreis 2 68
Gebietsreform 2 28, 5 41 ff.
- Ortsteilverfassung 5 324
Gebühren 5 374 ff.
Gefahr 4 152 ff.
- abstrakte 4 155 ff.
- Anscheinsgefahr 4 176
- Gefahrabstufungen, gesetzliche 4 170 f.
- Gefahrprognose 4 173
- Gefahrverdacht 4 183 ff.

- konkrete 4 154 ff.
- latente 4 172
- objektive 4 174 ff.
- Putativgefahr 4 176
- Relevanz 4 152 f.
- subjektive 4 174 ff.
- verborgene 4 172
Gefahrenabwehr 4 111 f.
Gefahrenabwehrverordnung 4 340 ff.
- Begriff 4 340 ff.
- Inhalt 4 345 ff.
- Verfahren 4 348 ff.
- Voraussetzungen 4 343
Gefahrverdacht 4 183 ff.
Gemeinde 2 66 ff.
- Arten 2 66, 5 18
- Auflösung 1 141 ff.
- Bürger 5 193 ff., 230 ff.
- Bürgermeister 2 73
- eigene Aufgaben 5 123 ff.
- Einwohner 5 192 ff.
- Freiheit zu öffentlichen Äußerungen 5 61 f.
- Gebietsänderung 1 141 ff.
- Gemeinderat 2 73
- Gemeinschaftsversammlung 2 75
- kommunale Einrichtungen 2 77
- kommunale Unternehmen 2 78 ff., 5 336 ff.
- kommunale Zusammenarbeit 2 70
- Leitung durch den Bürgermeister 5 313 f.
- örtliche Angelegenheiten, Aufgabenfelder 5 59
- örtliche Angelegenheiten, Begriff 5 57
- Stadt 2 66
- Verwaltungsgemeinschaft 2 67
- Wahl 1 138
Gemeindefreundliches Verhalten 5 85, 181
Gemeinderat 5 274 ff.
- Ausschüsse 5 278 ff.

582

- Beiräte 5 280
- Bekanntmachung des Sitzungsbeschlusses 5 301
- Beschlussfähigkeit 5 293
- Beschlussfassung 5 298 f.
- Fraktionen, Fraktionsausschluss 5 277
- Fraktionen, Rechte 5 276
- Geschäftsgang 5 281
- Geschäftsordnung 5 282
- Kommissionen 5 280
- Ladung 5 286 f.
- Medienöffentlichkeit 5 291
- Niederschrift 5 300
- Öffentlichkeitsgrundsatz 5 288 ff.
- Ordnungsmaßnahmen 5 305 ff.
- persönliche Beteiligung 5 294 ff.
- Rechtsstellung der Mitglieder 5 303 ff.
- Saalöffentlichkeit 5 291
- Sitzungsausschluss 5 305 f.
- Sitzungsvorbereitung 5 283 ff.
- Stimmberechtigung der Mitglieder 5 294 ff.
- Vorbehaltsaufgaben 5 278
- Zusammensetzung 5 274
- Zuständigkeit 5 275

Gemeinderatsmitglied 5 303 ff.
- Ordnungsmaßnahmen 5 305 ff.
- Organschaftlicher Status 5 303
- Pflichten 5 304
- Rechte 5 304
- Rechtsstellung 5 303 ff.
- Sitzungsausschluss 5 305 f.

Gemeindestraße 3 9

Gemeindeverbände
- Selbstverwaltung 1 126 ff.
- Wahl 1 138

Gemeingebrauch an öffentlichen Straßen 3 13

Gemeinwohl 5 346

Generalklausel
- bauordnungsrechtliche Generalklausel 6 73
- im Polizei- und Ordnungsrecht 4 187 ff.

Genossenschaftslehre 5 22

Gesamtrepräsentation 1 111

Geschäftsordnung der Gemeinderäte 5 282

Geschäftsordnung des Landtags 1 73 ff.
- Auslegung 1 74
- Rang 1 74
- Verletzung 1 75
- Zweck 1 73

Gesetzgebung 1 41 ff., 91 ff.
- Bürgerantrag 1 91 ff.
- durch den Landtag 1 41
- durch die Verwaltung 1 41
- Prävalenz parlamentarischer Gesetzgebung 1 94
- Selbstbindung 1 45
- Verfassungsändernde 1 44
- Volksbegehren 1 91 ff.
- Volksentscheid 1 91 ff.

Gesetzgebungskompetenz
- des Bundes im Polizei- und Ordnungsrecht 4 65 ff., 69 f.
- Hochschulwesen 9 77
- im Öffentlichen Wirtschaftsrecht 7 8 f.
- Polizei- und Ordnungsrecht 4 63 ff.
- Schulwesen 9 37 ff.
- Thüringens im Polizei- und Ordnungsrecht 4 71 ff.

Gesetzmäßigkeit der Verwaltung 2 19

Gewaltenteilung 1 24 ff.

Gewässerbenutzung 8 84

Gewässerunterhaltung 8 94

Gewerbebehörde
- Auskunftsrechte 7 24
- Gewerbeuntersagung 7 25

- öffentliche Sicherheit und Ordnung 7 23
- Sperrzeit im Gaststättengewerbe 7 28

Gewerbesteuer
- kommunales Aufkommen 5 364 ff.

Gliedstaatlichkeit 1 21

Gottesdienst 3 26

Grundgesetz 1 4
- Durchgriffsnormen 1 4
- Kompetenzordnung 1 4

Grundrechte 1 33 ff.
- Abweichungen 1 36
- Anschluss- und Benutzungszwang 5 227 f.
- Beschränkung 1 34
- Bindung 1 33
- der Schüler 9 52 ff.
- Mindergewährleistung 1 35
- öffentliche Einrichtungen der Kommunen 5 201
- Schulen in privater Trägerschaft 9 69
- Schulwesen 9 45
- Widersprüche zum Grundgesetz 1 36

Grundrechtsfähigkeit von Kommunen 5 108 ff.

Grundsteuer, kommunales Aufkommen 5 364 ff.

Handlungsverantwortlichkeit, Grenzen 4 298 ff.

Hochschullehrer 9 97

Hochschulwesen 2 87 f., 9 76 ff.
- Angehörige der Hochschulen 9 93
- Aufsicht 9 80
- Dekan 9 91
- Fachaufsicht 9 80
- Fakultäten 9 91
- Fakultätsrat 9 91
- Forschung und Lehre 9 76
- Gesetzgebungskompetenz 9 77

- Gruppenparität 9 83
- Hochschullehrer 9 97
- Hochschulleitung 9 86
- Hochschulrat 9 85
- Hochschulverfassung 9 82
- Hochschulverfassungsstreit 9 89
- Hochschulversammlung 9 87
- künstlerische Mitarbeiter 9 98
- Mitglieder der Hochschulen 9 93
- Präsident 9 86
- Prinzip der paritätischen Besetzung 9 90
- private Hochschulen 9 81
- Rahmenvereinbarung 9 106
- Rechtsaufsicht 9 80
- Ressortprinzip 9 86
- Richtlinienkompetenz des Präsidenten 9 86
- Selbstverwaltung 9 77 f.
- Senat 9 83 f.
- Struktur- und Entwicklungspläne 9 88
- Studiengangakkreditierung 9 107
- Studienkommissionen 9 92
- Studierende 9 94 f.
- wissenschaftliche Mitarbeiter 9 98
- Wissenschaftsfreiheit 9 77 f., 83, 90
- Ziel- und Leistungsvereinbarungen 9 106

Hochzonung kommunaler Aufgaben 5 78

Homogenitätsgebot 1 3, 44, 2 13

Identitätsgarantie 1 44

ILO Kernarbeitsnormen 7 68

Immissionsschutzrecht 8 234
- Anlage 8 247
- anlagenbezogener Immissionsschutz 8 230, 234
- Arbeitsschutz 8 240
- Baugenehmigung 8 237
- Baurecht 8 240
- Bestandsschutz 8 243
- Betreiberpflichten 8 238

Stichwortverzeichnis

- DDR-Recht 8 228
- Durchführungsverordnungen 8 231
- Erörterungstermin 8 242
- Genehmigung 8 236 ff.
- Grundpflichten 8 239
- Kompetenzen 8 227 ff.
- Konzentrationswirkung 8 241
- Lärmschutzverordnungen 8 248
- Naturschutz 8 240
- nicht genehmigungsbedürftige Anlagen 8 246
- Öffentlichkeitsbeteiligung 8 242
- Präklusion 8 242
- Raumordnung 8 240
- Rechtsquellen 8 229 f.
- schädliche Umwelteinwirkungen 8 233
- TA Lärm 8 231
- TA Luft 8 231
- Träger öffentlicher Belange 8 250
- Verfahren 8 242
- Zielsetzung 8 232
- Zuständigkeiten 8 249

Infektionsschutzrecht 4 16, 173

Informationsfreiheit 3 31 ff.
- Grenzen 3 35
- Umsetzung 3 36
- verpflichtete Stellen 3 34
- Zugang zu amtlichen Informationen 3 33

Inhalts- und Schrankenbestimmung des Eigentumsgrundrechts, Denkmalschutz 9 33 f.

Institutionelle Garantie 5 50 ff.
- der kommunalen Selbstverwaltung 1 119

Interorganstreit 5 328

Intraorganstreit 5 328

IT-Beschaffungen 7 61

Jagdrecht
- Behörden 8 226
- Eigentümer 8 224

- Eignung 8 225
- Reform 8 271
- ThürJagdG 8 222
- Ziele 8 223

Joint Cybercrime Action Taskforce (J-CAT) 4 79

Katastrophenschutz 8 109

Kernbereich
- exekutiver Eigenverantwortung 1 50
- kommunaler Selbstverwaltung 1 122, 5 75

Kirchen 2 89

Klimaschutzgesetz
- Ziele 8 193

Klimaschutzrecht 8 192 ff.
- Aktionspläne 8 192
- Handlungsfelder 8 194
- Klimaagentur 8 192
- Klimaforum 8 192
- Maßnahmen 8 193
- Monitoring 8 194
- ReKIS 8 192
- ThürVerf 8 192

Kommunalabgaben 5 369 ff.

Kommunalaufsicht 2 81 f., 5 156 ff.
- Beanstandungspflicht 5 170 ff.
- Bestellung eines Beauftragten 5 176
- Ersatzvornahme 5 174 f.
- Fachaufsicht 5 162, 177 ff.
- Genehmigungen durch die Aufsichtsbehörde 5 180 f.
- Informationsrecht 5 169
- Rechtsaufsicht 5 161 f.
- Rechtsschutz 5 185 f.
- Weisungen 5 177 ff.
- Widerspruchsbehörde 5 182 ff.
- Zuständigkeiten 5 163 ff.
- Zweck 5 157 ff.

Kommunale Selbstverwaltung 1 117 ff., 2 15 ff., 5 9 f., 19 ff.
- Allzuständigkeit 2 16, 5 54 ff.

585

- Angelegenheiten der örtlichen Gemeinschaft 2 16
- Aufgabenverteilungsprinzip zugunsten der Gemeinde 5 76 f.
- Aufsicht 5 126
- Aushöhlungsverbot 5 75
- Bedeutung in Deutschland und Europa 5 19 ff.
- Bestandsgarantie 1 140
- Daseinsvorsorge 5 63 f.
- Dezentralisation 5 20
- eigene Angelegenheiten 5 56
- eigene Aufgaben 1 124, 5 123 ff.
- eigenverantwortliche Aufgabenerfüllung 1 121, 5 65
- Erstzugriffsrecht 5 75
- Europäisierung 5 49
- Finanzhoheit 1 130 ff., 5 71, 358 ff.
- finanzielle Eigenverantwortung 5 9, 89 f.
- Finanzierung 1 130 ff.
- Freiheit zu öffentlichen Äußerungen 5 61 f.
- freiwillige Aufgaben 5 128 ff.
- Gebietsänderung 5 80 ff.
- Gebietshoheit 5 67
- Gemeindeverbände 1 126 ff.
- Grundsatz des gemeindefreundlichen Verhaltens 5 85
- historische Entwicklung 5 28 ff.
- „im Rahmen der Gesetze" 5 73 ff.
- institutionelle Garantie 1 119, 5 50 ff.
- institutionelle Rechtssubjektsgarantie 5 52
- Kernbereich 1 122, 5 75
- Kommunalverfassungsbeschwerde 5 91 ff.
- Kommunalverfassungsstreit 5 328 ff.
- Kontrolle durch den Landtag 1 52
- Kooperationshoheit 5 72
- Kulturaufgaben 9 13
- Mehrbelastungsausgleich 1 136 f.
- objektive Rechtsinstitutionsgarantie 5 52
- öffentliches Wohl 5 81 ff.
- Ökonomisierung 5 45 f.
- Organisationshoheit 1 120, 5 68, 209
- örtliche Angelegenheiten, Aufgabenfelder 5 59
- örtliche Angelegenheiten, Begriff 5 57 ff.
- Personalhoheit 5 68
- Pflichtaufgaben 5 129 ff.
- Planungshoheit 5 70, 6 54
- Privatisierung 5 47 f.
- Randbereich 1 123
- Rechtssetzungshoheit 5 69
- Satzungshoheit 1 120, 5 250
- Selbstverwaltung 5 25 ff.
- subjektive Rechtsstellungsgarantie 5 52
- übertragene Aufgaben 1 124, 5 123 ff., 132 ff.
- Verbandskompetenz 5 57

Kommunale Spitzenverbände 5 187 ff.

Kommunale Unternehmen 5 336 ff.
- Anstalten 5 340 ff.
- Eigenbetrieb 5 338 f.
- Örtlichkeitsprinzip 5 350
- privatrechtliche Unternehmen 5 343
- Regiebetrieb 5 337
- Subsidiaritätsklausel 5 349
- Zulässigkeit 5 345

Kommunales Wirtschaftsrecht 5 333 ff.
- Konkurrentenklage 5 353 ff.
- Konkurrentenschutz 5 351 f.
- Subsidiaritätsklausel 5 349

Kommunalrecht
- Begrifflichkeiten 5 16
- Dezentralisation 5 20
- Europäisierung 5 49
- europarechtliche Bezüge 5 15 f.

Stichwortverzeichnis

- Gebietsreform, aktuelle Diskussion 5 41 ff.
- kommunale Selbstverwaltung 5 9 f.
- Kommunalverfassungsbeschwerde 5 11
- Privatisierung 5 47 f.
- Public-Private-Partnership 5 47
- Teilrechtsgebiete 5 8

Kommunalverfassung der DDR 5 39

Kommunalverfassungsbeschwerde 5 11, 91 ff.

Kommunalverfassungsstreit 5 328 ff.
- Interorganstreit 5 328
- Intraorganstreit 5 328

Kommunalwahl 5 233 ff.
- Überprüfung 5 235
- Wählervereinigungen, kommunale 5 234
- Wahlrecht, aktives 5 233
- Wahlsystem 5 234

Kommunen 2 65 ff.
- Abgaben 5 369 ff.
- Anstalten 5 340 ff.
- Auflösung 1 141 ff.
- Aufsicht 2 81
- Aufwandsteuern 5 372
- Beiträge 5 373 ff.
- Bestandsgarantie 1 140
- Beteiligtenfähigkeit 5 104
- Bürger 5 193 ff., 230 ff.
- Bürgerbegehren 5 236 ff.
- Daseinsvorsorge 5 346
- Dienstherrenfähigkeit 5 107
- Eigenbetrieb 5 338 f.
- eigene Angelegenheiten 5 56
- Einkommensteuer 5 363
- Einrichtungen 2 77
- Einwohner 5 192 ff.
- erfüllende Gemeinde 5 145 ff.
- Finanzausgleich 5 362, 376
- Finanzhoheit 1 130 ff., 5 358 ff.
- freiwillige Aufgaben 5 128 ff.
- Funktionalreform in Thüringen 5 114
- Gebietsänderung 1 141 ff.
- Gebietskörperschaften 5 95 ff.
- gebietsmäßige Relevanz 5 100
- Gebühren 5 374 f.
- Gemeinderat 5 274 ff.
- Gemeinschaftsarbeit 5 136, 153 ff.
- Geschäftsfähigkeit 5 102
- Gewerbesteuer 5 364 ff.
- Grundrechtsfähigkeit 5 108 ff.
- Grundsatz des gemeindefreundlichen Verhaltens 5 181
- Grundsteuer 5 364 ff.
- Handlungsfähigkeit 5 102, 104
- Handlungsformen 5 244 ff.
- Haushaltswirtschaft 5 379 ff.
- Kommunalverfassungsstreit 5 328 ff.
- Kooperationshoheit 5 138
- Körperschaftssteuer 5 363
- Landgemeinde 5 150 ff.
- Namensrecht 5 106
- ordnungsbehördliche Zuständigkeit 4 91 f.
- Parteifähigkeit 5 105
- Pflichtaufgaben 5 129 ff.
- privatrechtliche Haftung 5 103
- privatrechtliche Unternehmen 5 343
- Prozessfähigkeit 5 105
- Rechtsfähigkeit 5 102
- Rechtsverordnung 5 245
- Regiebetrieb 5 337
- Satzung 5 245
- Satzungshoheit 1 120, 5 250
- Self-executing-Beschluss 5 270
- Spitzenverbände 5 187 ff.
- Steuern 5 361 ff.
- übertragene Aufgaben 5 132 ff.
- Umsatzsteuer 5 363
- Unternehmen 2 78 ff., 5 336 ff.
- Verbrauchsteuern 5 372
- Vermögenswirtschaft 5 379 ff.
- Verwaltungsgemeinschaft 5 139 ff.

- Widerspruchsbehörde 2 156,
  5 182 ff.
- wirtschaftliche Betätigung 5 333 ff.
- Zusammenarbeit 2 70
- Zweckverband 5 153 ff.

Konkurrentenklage 5 353 ff.

Konstruktives Misstrauensvotum 1 104

Kontrollaufgabe
- des Landtags 1 48 ff.

Körperschaft des öffentlichen Rechts
2 64 ff.
- Kommunen 5 98 f.

Körperschaftssteuer, kommunaler Anteil 5 363

Kostentragung im Polizei- und Ordnungsrecht 4 330 ff.

Kreisstraße 3 9

Kreuzbergurteil 4 41 f.

Kriminalpräventive Risikovorsorge 4 16

Kulturhoheit der Länder 9 10 ff.

Kulturstaatlichkeit 9 7 ff.

Kulturstiftungen 9 26

Kulturverfassungsrecht 9 5

Kunstrecht 9 16 ff.
- Kulturbeirat 9 21
- Kultureinrichtungen, Binnenorganisation 9 25
- Kulturstiftungen 9 26
- Kunstförderung 9 18 ff.
- Neutralitätsgebot 9 20
- offener Kunstbegriff 9 17

Ladenschlussrecht 7 29 ff.
- allgemeine Ladenöffnungszeit 7 30
- Apotheken 7 32
- Arbeitnehmerschutz 7 38 ff.
- Ausflugsorte 7 34
- Ausnahmen von Schutzzeiten
  7 32 ff.
- Bäckerei 7 35

- Blumenhandel 7 35
- Eingriffsbefugnisse der zuständigen
  Behörden 7 41
- Handel mit Druckerzeugnissen 7 35
- Kur- und Erholungsorte 7 34
- landwirtschaftliche Produkte 7 35
- Schutzzeit 7 31
- Tankstellen 7 32
- Wallfahrtorte 7 34

Landesbeauftragter für den Datenschutz 3 52

Landesentwicklungsprogramm 6 95

Landeskriminalamt 4 94

Landesplanungsrecht 6 2, 8 251 ff.
- Bauleitplanung 8 254
- EUREK 8 252
- Gebietsgrenzenkartierung 8 255
- Landesentwicklungsplan 8 251
- Landesplanungsgesetz Thüringen
  (ThürLPlG) 6 93, 8 253
- Planungsebenen 8 251
- Planungsregionen 8 254
- Raumordnungsgesetz 8 251
- Regionalpläne 8 253

Landespolizeidirektion 4 95

Landesrechnungshof 2 47

Landesregierung 1 100 ff., 2 14, 44 ff.
- Abhängigkeit vom Landtag 1 103 f.
- Amtszeit 1 108
- Bildung 1 107
- Binnenorganisation 1 109
- Einwirkung auf den Landtag 1 112
- Kollegialorgan 1 112
- Legitimation, demokratische 1 102
- Leitungskompetenz der Minister 1 110
- Minister 2 46
- Ministerpräsident 2 45
- Organisationsgewalt 1 109, 4 89
- Ressortprinzip 2 14, 46
- Richtlinienkompetenz des Ministerpräsidenten 1 105
- Staatsleitung 1 113

Stichwortverzeichnis

- Vertretungsbefugnis des Ministerpräsidenten 1 111
- Vorbehalt des Gesetzes 1 106
- Zusammensetzung 1 101

Landesstraße 3 9

Landesverfassung
- Änderung 1 164
- Identität 1 166
- Schutz 1 168 ff.

Landesverfassungsrecht
- Grundsätze 1 8
- Leitideen 1 8
- materielles Landesverfassungsrecht 1 5

Landesverwaltung 2 42 ff.
- mittelbare 2 63 ff.
- unmittelbare 1 114 ff., 2 42 ff.

Landesverwaltungsamt 2 54

Landgemeinde 5 150 ff.

Landkreis 1 126, 2 68 f.
- Aufgaben 2 69
- Auflösung 1 141 ff.
- Bürger 5 193 ff., 230 ff.
- Einwohner 5 192 ff.
- Gebietsänderung 1 141 ff.
- Kreisausschuss 5 327
- Kreistag 2 74, 5 326
- Landrat 5 326
- Landratsamt 2 57, 74
- Landratsamt, Doppelstellung 5 119
- Selbstverwaltungsgarantie 5 86 ff.

Landschaftspläne 8 140

Landtag 1 37 ff.
- Abgeordnete 1 66 ff.
- Aufgaben 1 40 ff.
- Ausschüsse 1 82
- Beschlussfähigkeit 1 88
- Beschlussfassung 1 89 f.
- Deliberation 1 46
- Ende des Mandats des Abgeordneten 1 72
- Fraktionen 1 79 ff.

- Fraktionsdisziplin 1 71
- freies Mandat der Abgeordneten 1 67
- Geschäftsordnung 1 73 ff.
- Gesetzgebung 1 41
- Kontrollaufgabe 1 48 ff.
- Kontrollaufgabe, Grenzen 1 50 ff.
- Kreationsaufgabe 1 45
- Mehrheiten 1 89 f.
- Öffentlichkeit 1 86 f.
- Oppositionsfraktion 1 81
- Präsident, Aufgaben 1 78
- Präsident, Wahl und Stellung 1 76 ff.
- Repräsentation 1 38 f.
- sonstige Aufgaben 1 47
- Vorrangstellung 1 38 f.
- Wahl 1 55 ff.
- Wahlberechtigung 1 62 f.
- Wahlprüfung 1 64 f.
- Wahlrechtsgrundsätze 1 56 ff.
- Zugriffsrecht 1 44

Lehrer 9 56

Marktwirtschaft
- ökologische 7 3
- soziale 7 3

Medienöffentlichkeit im Gemeinderat 5 291

Mehrbelastungsausgleich 1 136 f.

Mehrheit
- einfache 1 89 f.
- qualifizierte 1 90 f.

Menschenrechte 1 31 f.

Minister 2 46
- Amtszeit 1 108
- Ernennung 1 107
- Leitungskompetenz 1 110
- Ressortprinzip 2 46

Ministerpräsident 1 104 f., 2 45
- Amtszeit 1 108
- konstruktives Misstrauensvotum 1 104

- Organisationsgewalt 1 109
- Richtlinienkompetenz 1 105, 2 45
- Staatsoberhaupt 1 111
- Vertretungsbefugnis 1 111
- Wahl 1 107

Museum 9 22

Musterbauordnung 6 3

Nachbar 6 60 f., 69
- im Baugenehmigungsverfahren 6 60 f., 69

Nachhaltigkeit 8 20
- Begriff 8 21
- Ebenen 8 22 f.
- EEG-Umlage 8 33
- EMASplus 8 34
- European Green Deal 8 24
- Internationale Abkommen 8 23
- ISO 26000 8 34
- ISO 50001 8 32
- Schwerpunkte 8 26
- Thüringer Nachhaltigkeitsstrategie 8 25
- UN-Ziele 8 23

Nahverkehrsplanung 7 49 ff.
- Beschluss 7 50
- Beteiligung 7 50
- Inhalt 7 51
- Pflicht 7 50

Nationales Naturmonument 8 146

Naturschutzrecht 8 127 ff.
- Abwägung 8 17, 141
- Abweichungen 8 136
- Altschutzgebiete 8 134
- Artenschutz 8 144
- Artikelgesetz 8 135
- Ausgleichsabgabe 8 283
- Bauleitpläne 8 18
- Behörden 8 138
- Betretensrechte 8 145
- Biosphärenreservate 8 281
- Biotope 8 144
- Biotopverbundsystem 8 147

- Eingriff in Natur und Landschaft 8 14 ff.
- Eingriffsregelung 8 128
- Einvernehmen 8 142
- Gebietsnaturschutz 8 143
- Grünes Band 8 146 ff.
- Huckepackverfahren 8 17
- Kompetenz 8 129
- Landesamt 8 139
- Landschaftspläne 8 140
- Landschaftsprogramm 8 140
- Nationales Naturmonument 8 146
- Nationalpark 8 279
- Naturparks 8 280
- Naturschutzvereinigungen 8 284
- Stiftung Naturschutz 8 282
- strategische Umweltprüfung 8 140
- ThürNatSchG 2019 8 135 ff.
- Verweise ins Landesrecht 8 130
- Vorkaufsrechte 8 131 ff.

Nebenbestimmung
- Auflage 6 20
- Bedingung 6 22
- modifizierende Auflage 6 21
- zur Baugenehmigung 6 19 ff.

Neutralitätsgebot 9 20
- des Religionsrechts 9 110

Nichtigkeitsklage 5 357

Nichtstörer 4 276, 301 f.

Nutzungsänderung 6 46

Nutzungsuntersagung 6 89 ff.

Oberste Landesbehörde 9 15

Öffentliche Einrichtung 2 77
- Abgrenzungen 5 207 f.
- Anschluss- und Benutzungszwang 5 225 ff.
- Begriff 5 203 ff.
- Benutzungsverhältnis 5 213
- Forensen 5 216
- kommunale Einrichtungen 2 77
- Kultureinrichtungen 9 22 ff.
- Nutzungsanspruch 5 215 ff.

Stichwortverzeichnis

- Nutzungsrecht der Einwohner 5 199 ff.
- Organisationsform 5 209 ff.
- politische Parteien 5 220
- Unterhaltungspflicht 5 202
- Verteilungskriterien 5 221
- Widmung 5 205 f.
- Zugang, Ablehnungsgründe 5 219
- Zulassungsanspruch 5 200
- Zwei-Stufen-Theorie 5 214, 222 ff.

Öffentliche Ordnung 4 144 ff.
- Anwendungsbereich 4 145 ff.
- Begriff 4 144 ff.
- Grenzen, verfassungsrechtliche 4 151

Öffentliche Sicherheit 4 127 ff.
- Bestand der Einrichtungen und Veranstaltungen des Staates 4 141 ff.
- Definition 4 127
- Individualrechtsgüter, Begriff 4 134 ff.
- Individualrechtsgüter, Fallgruppen 4 136 ff.
- Kollektivrechtsgüter 4 129
- Selbstgefährdung und Selbsttötung 4 136 ff.
- Unverletzlichkeit der Rechtsordnung 4 130 ff.

Öffentliche Unternehmen 2 60

Öffentlicher Personennahverkehr (ÖPNV) 7 42 ff.
- Aufgabe im eigenen Wirkungskreis 7 46
- Aufgabenträger 7 45 ff.
- Nahverkehrsplanung 7 49
- Vergabe 7 67

Öffentliches Wirtschaftsrecht
- Gesetzgebungskompetenzen 7 8 f.
- Verwaltungskompetenzen 7 10 f.
- Zuständigkeiten 7 13

Ombudsmann 3 54

Ordnungsbehörde 4 90 ff.
- Aufgaben 4 123 f.

- Gefahrenabwehr 4 111 f.
- Gefahrenabwehrverordnung 4 340 ff.
- Kostentragung 4 330 ff.
- Schadensausgleich 4 334 ff.
- verfassungsrechtliche Bindungen 4 306 ff.
- Verhältnis zur Polizei 4 100 ff.
- Weisungsrecht 4 101
- zuständige Stellen 4 91 f.
- Zuständigkeit 4 106 f.

Organkompetenz 2 34

Ortsteil 2 73, 5 323 ff.
- Ortsteilbürgermeister 5 325
- Ortsteilrat 2 73, 5 325
- Ortsteilverfassung 5 323 ff.

Parteien 1 97 ff.
- Chancengleichheit 1 98
- Gründung und Betätigung 1 98
- Status, verfassungsrechtlicher 1 97

Paulskirchenverfassung 5 31

Personalkörperschaft 2 84 ff., 5 99

Personenbezogene Daten
- besondere Kategorien 3 48
- Informationsrechte 3 42, 50
- Kategorien betroffener Personen 3 49
- Löschung 3 44
- Verarbeitung 3 41

Persönliche Beteiligung der Gemeinderatsmitglieder 5 294 ff.

Petition 3 64

Polizei 4 22 ff.
- Aufgabe 4 105
- Befugnis 4 108
- Behörden 4 94
- Datenverarbeitung 3 46
- formeller Polizeibegriff 4 23 ff.
- Gefahrenabwehr 4 111 f.
- Kostentragung 4 330 ff.
- Landeskriminalamt 4 94
- Landespolizeidirektion 4 95

591

Stichwortverzeichnis

- Maßnahmen, doppelfunktionale 4 120 ff.
- Maßnahmen, präventive 4 117 ff.
- Maßnahmen, repressive 4 117 ff.
- materieller Polizeibegriff 4 23 ff.
- Rechtsschutz, doppelfunktionale Maßnahmen 4 121 f.
- Rechtsträger 4 93
- Schadensausgleich 4 334 ff.
- Schutz privater Rechte 4 113 f.
- Selbstindienstsetzung 4 97
- verfassungsrechtliche Bindungen 4 306 ff.
- Verhältnis zu Ordnungsbehörden 4 100 ff.
- Verhältnis zur Judikative 4 104
- Vollzugshilfe 4 115
- Weisung durch Ordnungsbehörden 4 86, 101
- wohlfahrtsstaatlicher Polizeibegriff 4 34 f.
- Zuständigkeit 4 84 f., 106 f.
- Zuständigkeit, örtlich 4 96
- Zuständigkeit, sachlich 4 96

Polizei- und Ordnungsrecht 4 1 ff.
- Abschleppen von Kraftfahrzeugen in Thüringen 4 246 ff.
- Anscheinsstörer 4 282 ff., 336
- Anspruch auf Einschreiten 4 312
- ausschließliche Gesetzgebungskompetenz des Bundes 4 65 ff.
- Befragung und Auskunftsverlangen 4 207
- Belästigung 4 162
- Bestimmtheitsgrundsatz 4 309
- Betreten und Durchsuchung von Wohnungen 4 233 ff.
- Datenerhebung, Generalklausel 4 253 ff.
- Datenerhebung, Grundsätze 4 251 f.
- Datenerhebung, öffentliche Veranstaltungen und Ansammlungen 4 257 ff.
- Datenerhebung von Mobilfunkkarten 4 261
- Durchsuchung, Begriff 4 235
- Durchsuchung von Personen 4 230
- Durchsuchung von Sachen 4 231 f.
- Eingriffsbefugnisse 4 186
- Einheitssystem 4 88
- Einweisung von Obdachlosen 4 242
- Erkennungsdienstliche Maßnahmen 4 208 f.
- Ermessensausübung 4 310 f.
- europarechtliche Zuständigkeitsverteilung 4 77
- Freiheitsbegriff 4 12 ff.
- Gefahr 4 152 ff.
- Gefahrabstufungen, gesetzliche 4 170 f.
- Gefahrenabwehr 4 111 f.
- Gefahrenabwehrverordnung 4 340 ff.
- Gegenstand 4 1 ff.
- Generalklausel, Begriff 4 187 ff.
- Generalklausel, Funktion 4 190 ff.
- Gesetzgebungskompetenz 4 63 ff., 71 ff.
- Gewahrsam 4 222 ff.
- historische Entwicklung 4 28
- Identitätsfeststellung 4 202 ff.
- je-desto-Formel 4 166 ff.
- konkurrierende Gesetzgebungskompetenz 4 69 f.
- Kontext 4 18 ff.
- Kostentragung 4 330 ff.
- Nichtstörer 4 276, 301 f.
- Observation 4 266 f.
- öffentliche Ordnung 4 144 ff.
- öffentliche Sicherheit 4 127 ff.
- Platzverweisung 4 213 ff.
- Polizeikessel 4 228
- Prüfung von Berechtigungsscheinen 4 206
- Rasterfahndung 4 271
- Rechtsschutz 4 351 ff.
- Schaden 4 161

Stichwortverzeichnis

- Schaden, hinreichende Wahrscheinlichkeit des Eintritts 4 164 ff.
- Schadensausgleich 4 334 ff.
- Schutzgüter 4 125 f.
- Selbstgefährdung und Selbsttötung 4 136 ff.
- Sicherheit und Freiheit in Thüringen 4 17
- Sicherheitsbegriff 4 5 ff.
- Sicherstellung 4 238 ff.
- Standardmaßnahmen 4 194 ff.
- Störer 4 273 ff.
- Störerauswahl 4 303 ff.
- Trennungssystem 4 57, 83 ff.
- Überwachung der Telekommunikation 4 261
- Verantwortlichkeit 4 273 ff.
- Verantwortlichkeit bei Rechtsnachfolge 4 294 ff.
- Verantwortlichkeit, Grenzen 4 298 ff.
- Verbringungsgewahrsam 4 227
- Verdachtsstörer 4 282 ff., 336
- Verdeckte Ermittler 4 268 f.
- verdeckter Einsatz technischer Mittel in Wohnungen 4 262 ff.
- verfassungsrechtliche Bindungen 4 306 ff.
- Verhaltensstörer 4 275
- Verhaltensverantwortlichkeit 4 278 ff.
- Verhältnismäßigkeit 4 307 f.
- Verwaltungskompetenz 4 74 ff.
- V-Leute 4 268 f.
- Vorladung 4 211 f.
- Wohnungsverweisung 4 218 ff.
- Zustandsstörer 4 275
- Zustandsverantwortlichkeit 4 288 ff.
- Zweckveranlasser 4 285 ff.

Polizeiaufgabengesetz-DDR 4 55

Polizeilicher Notstand 4 301

Polizeistaat 4 35

Praktische Konkordanz 1 69

Preußische Gemeindeordnung 5 31

Preußisches Polizeiverwaltungsgesetz 4 46 f.

Prinzipales Normenkontrollverfahren 5 265

Public-Private-Partnership 5 47

Putativgefahr 4 176

Rahmenvereinbarung im Hochschulwesen 9 106

Raum der Freiheit, der Sicherheit und des Rechts 4 78

Raumordnung 8 90

Raumordnungsgesetz 6 93 ff.

Rechnungshof 1 163

Recht auf den gesetzlichen Richter 1 162

Rechtsaufsicht 5 161 f.

Rechtsfortbildung 1 13

Rechtsprechung 1 160 ff.
- des Verfassungsgerichtshofs 1 153 ff.
- Kontrolle durch den Landtag 1 53
- Recht auf den gesetzlichen Richter 1 162
- richterliche Unabhängigkeit 1 161
- Wahl der Richter 1 161
- Zusammensetzung 1 160

Rechtsstaat 1 22 f.

Rechtsverordnung 4 340 ff., 5 245
- Begriff und Abgrenzung 4 340 ff.
- Ermächtigung 1 43

Regionalpläne 6 96 f.

Reichspolizeiordnungen von 1530, 1548 und 1577 4 34

Reichsverfassung von 1871 5 32

Religions- und Weltanschauungsrecht
- im Schulwesen 9 115
- Verfassungsrecht 9 115

593

- Verträge mit Religionsgemeinschaften 9 114
Religionsförderung 9 113
Religionsfreiheit 9 109
Religionsgemeinschaften 9 111, 119 ff.
- öffentlich-rechtlicher Körperschaftsstatus 9 119 ff.
- Selbstbestimmungsrecht 9 111
Religionsunterricht
- in der DDR 9 116
- islamischer Religionsunterricht 9 118
Repräsentations- und Funktionsfähigkeit des Parlaments 1 70
Repräsentative Demokratie 5 237
Richterliche Unabhängigkeit 1 161
Römisches Recht 4 30

Satzung, kommunale 5 245, 248 ff.
- Abgrenzung zur Rechtsverordnung 5 251 ff.
- Aufbau 5 255
- Ausfertigung 5 261
- Bekanntmachung 5 262
- Beschluss 5 259
- Bestimmtheitsgrundsatz 5 264
- Genehmigung 5 260
- Inhalt 5 254
- Inkrafttreten 5 262
- Prüfungsrecht des Bürgermeisters 5 261
- Rechtsschutz 5 265 ff.
- Satzungsautonomie 5 248
- Vorlage 5 260
- Zuständigkeit zum Erlass 5 256 ff.
Schadensausgleich im Polizei- und Ordnungsrecht 4 334 ff.
Schienenpersonennahverkehr (SPNV) 7 45
Schulbücher, Vergaberecht 7 55

Schulen in privater Trägerschaft 9 69 ff.
- Ergänzungsschulen 9 73
- Ersatzschulen 9 70 f., 71
- Ersatzschulen, staatlich anerkannte 9 72
- Grundrecht 9 69
- institutionelle Garantie 9 69
- Sonderungsverbot 9 71
- staatliche Förderpflicht 9 74
Schüler 9 52 ff.
Schulwesen 2 30, 9 35 ff., 48, 64
- Aufsicht 9 75
- Auskunftsrechte der Eltern 9 51
- Beteiligung der Eltern 9 51
- Bildungs- und Erziehungsauftrag 9 42
- Elternrecht 9 42 ff.
- Förderschulen 9 63
- gegliedertes Schulsystem 9 60 f.
- Gemeinschaftsschulen 9 60
- Gesetzgebungskompetenz 9 37 ff.
- Grundrechte 9 45
- Grundrechte der Schüler 9 52 ff.
- Homeschooling 9 50
- Inklusion 9 41, 61 f.
- islamischer Religionsunterricht 9 118
- Lehrer 9 56
- Lehrpläne 9 57
- Privatschulen 9 69
- Recht auf Bildung 9 38
- Rechtsform der öffentlichen Schulen 9 58
- Rechtsschutz gegen Organisationsentscheidungen 2 30
- Religions- und Weltanschauung 9 115
- Schularten 9 61
- Schulkonferenz 9 66
- Schulleiter 9 65
- Schulpflicht, Schulzwang 9 47
- Schulverhältnis 9 42, 45
- Schulzwang 9 49

Stichwortverzeichnis

- staatliche Schulverantwortung **9** 43
- Teilkonferenzen **9** 67
- Unterrichtungspflicht der Schulen **9** 51
- Zugang zu Schulen **9** 61
- Zugangsrecht **9** 41

Schwellenwerte Vergaberecht **7** 54

Selbstverwaltung **1** 119 ff., **5** 25 ff.
- der Gemeinden **1** 119
- funktionale im Hochschulwesen **1** 150 ff.
- Gemeindeverbände **1** 126 ff.
- Hochschulwesen **9** 77 f.

Self-executing-Beschluss **5** 270

Sicherheit, innere **4** 5 ff.

Sitzungsausschluss
- von Gemeinderatsmitgliedern **5** 305 f.

Sofortiger Vollzug **4** 325 f.

Sondernutzung **3** 16 ff.

Soziale Verantwortung **8** 34
- EMASplus **8** 34
- Grundsätze **8** 36
- Handlungsfelder **8** 37
- ISO 26000 **8** 34
- Leitfaden **8** 35

Staat
- demokratischer **1** 18
- nicht-souveräner **1** 15
- säkularer **1** 16

Staatliche Grundordnung **1** 14

Staatsaufsicht, Kommunalaufsicht **5** 156 ff.

Staatsgewalt des Volkes **1** 19 f.

Staatshaftungsgesetz der DDR **2** 148

Staatshaftungsrecht **2** 147 ff.
- enteignender Eingriff **2** 149
- enteignungsgleicher Eingriff **2** 149
- Staatshaftungsgesetz **2** 148

Staatsleitung **1** 113

Staatsoberhaupt **1** 111

Staatsorganisation **1** 37 ff.

Staatsverwaltung, mittelbare
- durch Kommunen **5** 111 ff.

Staatsverwaltung, unmittelbare **5** 115 ff.

Staatsziele **1** 27 ff.
- Auslegung **1** 30

Standardmaßnahmen
- Abschleppen von Kraftfahrzeugen in Thüringen **4** 246 ff.
- Befragung und Auskunftsverlangen **4** 207
- Betreten und Durchsuchung von Wohnungen **4** 233 ff.
- Datenerhebung, Generalklausel **4** 253 ff.
- Datenerhebung, Grundsätze **4** 251 f.
- Datenerhebung, öffentliche Veranstaltungen und Ansammlungen **4** 257 ff.
- Datenerhebung von Mobilfunkkarten **4** 261
- Durchsuchung, Begriff **4** 235
- Durchsuchung von Personen **4** 230
- Durchsuchung von Sachen **4** 231 f.
- Einweisung von Obdachlosen **4** 242
- erkennungsdienstliche Maßnahmen **4** 208 f.
- Gewahrsam **4** 222 ff.
- Identitätsfeststellung **4** 202 ff.
- im Polizei- und Ordnungsrecht **4** 194 ff.
- Observation **4** 266 f.
- Platzverweisung **4** 213 ff.
- Prüfung von Berechtigungsscheinen **4** 206
- Rasterfahndung **4** 271
- Sicherstellung **4** 238 ff.
- Überwachung der Telekommunikation **4** 261
- Verbringungsgewahrsam **4** 227
- verdeckte Ermittler **4** 268 f.

595

- verdeckter Einsatz technischer Mittel in Wohnungen 4 262 ff.
- V-Leute 4 268 f.
- Vorladung 4 211 f.
- Wohnungsverweisung 4 218 ff.

Stein-Hardenbergsche Reformen 5 30

Stiftung 2 84

Stille Tage 3 27

Stimmberechtigung der Gemeinderatsmitglieder 5 294 ff.

Strahlenschutzrecht 8 171

Straßen, öffentliche 3 1 ff.
- Anlagen an Straßen 3 20 ff.
- Anliegergebrauch 3 14
- Begriff 3 1 ff.
- Einziehung 3 6
- Gemeingebrauch 3 13
- Nutzung 3 13 ff.
- Sondernutzung 3 16 ff.
- Straßenbaulast 3 11 f.
- Straßengruppen 3 9 f.
- Teileinziehung 3 7 f.
- Umstufung 3 10
- Widmung 3 4
- Widmungsfiktion 3 5

Straßenbaulast 3 11 f.

Straßenpersonennahverkehr (StPNV) 7 45

Studierende 9 94 f.
- derivativer Teilhabeanspruch 9 94
- Ordnungsverstöße 9 96
- Selbstverwaltung 9 95

Süddeutsche Ratsverfassung 5 273

Teilbaugenehmigung 6 24 f.

Thüringer Datenschutzgesetz
- Anwendungsbereich 3 39
- Verhältnis zum Bundesdatenschutzgesetz 3 38

Thüringer Gemeinde- und Kreisordnung von 1922 5 38

Thüringer Landesverwaltungsordnung von 1926 4 45

Thüringer Verfassung
- Informationsrechte 8 48
- Natur und Landschaft 8 43
- Natur und Umwelt 8 44
- Schutz aller Lebewesen 8 47
- Umgang mit Naturgütern 8 46
- Umweltdaten 8 48
- Umweltschäden 8 45

Transparenzportal 3 32 ff.

Trennungssystem 4 57, 83 ff.

Übereinkommen von Schengen 4 79

Übertragene Aufgaben 5 123 ff.

Umsatzsteuer, kommunaler Anteil 5 363

Umweltmanagement 8 27
- EMAS 8 28
- EMAS-III-Verordnung 8 30
- EMASplus 8 38
- Integration 8 38
- ISO 14001 8 28
- Register 8 30
- Umwelterklärung 8 31
- Zertifizierung 8 29

Umweltrecht
- Abfallrecht 8 148 ff.
- Abwasserpakt 8 68
- Abweichungsgesetzgebung 8 261, 267
- allgemeines Umweltrecht 8 56
- Atomrecht 8 171
- Bewirtschaftung von Gewässern 8 89
- Bodenschutzrecht 8 195 ff.
- Energierecht 8 190 ff.
- Energiewende 8 2
- Entwicklung 8 4
- EU-Kompetenzen 8 52
- europarechtlicher Rahmen 8 50
- European Green Deal 8 24
- Fischereirecht 8 217 ff.

Stichwortverzeichnis

- Flurbereinigungsrecht 8 211
- Föderalismusreform 8 258
- Forstrecht 8 213 ff.
- Gesetzgebungstätigkeit 8 12
- Gewässerbenutzung 8 84 ff.
- Grünes Band 8 146 ff.
- Handeln 8 3
- Immissionsschutzrecht 8 227 ff.
- Jagdrecht 8 222 ff.
- Klimaschutzrecht 8 2, 192 ff.
- Kompetenzen 8 256
- konkurrierende Gesetzgebung 8 264
- Landesplanungsrecht 8 251 ff.
- Nachhaltigkeit 8 20
- Nationale Naturlandschaften 8 277
- nationales Naturmonument 8 19, 146
- Nationalpark 8 279
- Naturschutzrecht 8 127 ff.
- Neufassung BNatSchG 8 13
- Strahlenschutzrecht 8 171
- ThürUIG 8 57
- ThürUVPG 8 59
- TLLLR 8 286
- TMUEN 8 274
- Überblick 8 1
- Umgebungslärm 8 54
- Umweltgesetzbuch 8 5, 9 ff.
- Umweltmanagement 8 27
- Umweltrechtsbehelfsgesetz 8 285
- Umweltverfassungsrecht 8 39
- Umweltverwaltung 8 273 ff.
- UVP-Richtlinie 8 55
- Wasserrahmenrichtlinie 8 53
- Wasserrecht 8 61 ff.
- Zuständigkeiten 8 56

Umweltverfassungsrecht 8 39
- Abwägung 8 41
- Art. 20a GG 8 39
- enteignungsgleicher Eingriff 8 42
- Grundrechte 8 40
- Handlungspflichten 8 40
- ThürVerf 8 43 ff.

Unmittelbare Ausführung 4 327 ff.

UN-Sustainable Development Goals 8 23

Verbandskompetenz 2 33
Verbandskörperschaft 5 99
Verbrauchsteuern 5 372
Verdachtsstörer 4 282 ff., 336
Verfassung 1 1 ff.
- Änderung der Landesverfassung 1 164
- Bundesverfassungsrecht, Hineinwirken in die Landesverfassung 1 5 f.
- des Freistaates Thüringen 1 1 ff.
- Identitätsgarantie 1 44
- Landesverfassungsrecht, materielles 1 5 ff.
- Parteien 1 97 ff.
- Schutz 1 168 ff.
- Schutz der Identität 1 166

Verfassungsautonomie der Länder 1 2
Verfassungsföderalismus 1 170
Verfassungsgerichtshof 1 11 ff., 153 ff.
- Bindungswirkung der Entscheidungen 1 157
- Rechtsprechung 1 153
- Stellung 1 153
- Verfahrensarten 1 155
- Verfahrensvoraussetzungen 1 156
- Verhältnis zum BVerfG 1 158 f.
- Zusammensetzung 1 154

Verfassungsschutz 1 169
Vergabekammer 7 78
Vergaberecht 7 53 ff.
- Angebot, ungewöhnlich niedriges 7 74
- Ausnahmen 7 56
- Ausschluss von Angeboten 7 71
- Bieterauswahl 7 72
- Dienstleistungskonzessionen 7 56
- Gebot der Mittelstandsfreundlichkeit 7 59
- gleichwertige Angebote 7 76
- Kontrolle 7 78

597

- Kündigungsrecht 7 69
- Landesvergabeplattform 7 60
- Mindestlohn 7 66
- Nachweise 7 73
- Oberschwellenvergabe 7 53, 59
- ökologische und soziale Belange 7 62 f.
- ÖPNV 7 67
- Professionalisierung 7 58
- Rechtsschutz 7 78
- Schulbücher 7 55
- Schwellenwerte 7 54
- soziale Aspekte 7 64
- Tariftreue 7 65
- Unterschwellenvergabe 7 59
- Vergabekammer 7 78
- Vertragsstrafe 7 69
- Vorabinformation 7 77
- Zuschlag 7 75

Vergaberechtsmodernisierungsgesetz und -verordnung 7 53

Verhaltensstörer 4 275

Verhältnismäßigkeitsgrundsatz 2 19
- Beseitigung baulicher Anlagen 6 87
- im Polizei- und Ordnungsrecht 4 307 f.
- in der Verwaltungsvollstreckung 2 131
- Kreuzbergurteil 4 42
- Verwaltung 2 19

Verkehrsmarktrecht 7 42 ff.

Vertragsverletzungsverfahren 5 357

Vertretungsbefugnis des Ministerpräsidenten 1 111

Verwaltung
- Amt 2 21
- Amtswalter 2 21
- Aufbau 1 115
- Aufgaben 2 2
- Aufsicht 2 61
- Behörde 2 21
- Beleihung 2 21
- Europarecht 2 6 ff.

- Gesetzgebung 1 41
- in Thüringen nach 1990 2 4
- Kompetenzverteilung 2 10
- Kostenrecht 2 110 ff.
- Landesmittelbehörden 2 53 ff.
- Landesregierung 1 100 ff.
- Neutralitätsgebot 1 116
- obere Landesbehörden 2 49 f.
- Organisation 2 1 ff.
- Organisationsgewalt 2 22 ff.
- Organkompetenz 2 34
- Organleihe 2 21
- Organwalter 2 21
- Rechtsträger 2 21
- unmittelbare Landesverwaltung 1 114 ff.
- untere Landesbehörden 2 56
- Verhältnismäßigkeitsgrundsatz 2 19
- Verwaltungshelfer 2 21
- Verwaltungsträger 2 21
- Zuständigkeit 2 31

Verwaltungsakt 2 98 ff.
- Bekanntgabe 2 98 ff.
- Bekanntgabemängel 2 108
- kommunaler 5 269 f.
- Zustellung 2 101 ff.

Verwaltungsgemeinschaft 5 139 ff.
- Aufgaben 5 141 f.
- Gemeinschaftsversammlung 5 143
- Gemeinschaftsvorsitzender 5 143 f.

Verwaltungskompetenz 2 10 ff.
- bundeseigene Verwaltung 2 11
- Finanzverwaltung 2 12
- im öffentlichen Wirtschaftsrecht 7 10 f.
- Polizei- und Ordnungsrecht 4 74 ff.
- Verteilung 2 10

Verwaltungskostenrecht 2 110 ff.

Verwaltungsorganisation 2 1 ff.
- Begriff 2 3
- Grundbegriffe 2 21
- Grundsätze 2 27

- Rechtsschutz gegen Organisationsentscheidungen 2 30
- Zuständigkeit 2 31

Verwaltungsprozessrecht 2 150 ff.
- Aufbau der Thüringer Verwaltungsgerichtsbarkeit 2 151 f.
- Ausführungsrecht zur Verwaltungsgerichtsordnung 2 153
- Beteiligtenfähigkeit 2 157
- Widerspruchsverfahren 2 154 f.

Verwaltungsrecht 2 91 ff.

Verwaltungsverfahren 2 91 ff.
- förmliches Verfahren 2 95
- nichtförmliches Verfahren 2 95

Verwaltungsverfahrensgesetz Thüringen 2 97

Verwaltungsvertrag, kommunaler 5 271

Verwaltungsvollstreckung 2 113 ff.
- Abgrenzungen 2 115 f.
- allgemeine Voraussetzungen 2 117 ff.
- Androhung des Zwangsmittels 2 130
- Beitreibung von Forderungen 2 124
- Einstellung des Verfahrens 2 137
- einstweiliger Rechtsschutz 2 143
- Einwendung 2 139 ff.
- Ersatzvornahme 2 134
- Ersatzzwanghaft 2 133
- gestrecktes Verfahren 2 117 f.
- öffentlich-rechtliche Verträge 2 122
- Rechtsbehelfe gegen die Zwangsmittelandrohung 2 142
- Rechtsbehelfe gegen die Zwangsmittelanwendung 2 144 ff.
- Rechtsgrundlagen 2 116
- Rechtsschutz 2 138 ff.
- Selbsttitulierung 2 114
- Selbstvollstreckung 2 114
- Sofortvollzug 2 119
- unmittelbare Ausführung 2 120
- unmittelbarer Zwang 2 135

- Verhältnismäßigkeitsgrundsatz 2 131
- Vollstreckung von Handlungs-, Duldungs- und Unterlassungspflichten 2 127
- Vollstreckungsbehörde 2 129
- Zwangsgeld 2 132

Verwaltungszwang 4 313 ff.
- Ersatzvornahme 2 134
- Ersatzzwanghaft 2 133
- Grundsatz der Selbstvollstreckung 4 321
- Grundverfügung 4 321, 325
- sofortiger Vollzug 4 325 f.
- Unanfechtbarkeit 4 322
- unmittelbare Ausführung 4 327 ff.
- unmittelbarer Zwang 2 135
- Zwangsgeld 2 132
- Zwangsmittel 4 317 ff.
- Zwangsverfahren, gekürztes 4 316, 325 ff.
- Zwangsverfahren, gestrecktes 4 315, 320 ff.

Videoüberwachung 3 45

Volk 1 19 f.
- Gesetzgebung 1 91 ff.
- Staatsgewalt 1 19 f.

Volksbegehren 1 20, 91 ff.
- Ausschlusstatbestände 1 96

Volksentscheid 1 20, 91 ff.

Volkszählungsurteil des Bundesverfassungsgerichts 4 52

Vollzugshilfe 4 115

Vorbehalt des Gesetzes 1 42, 106, 2 19

Vorkaufsrechte 8 131 ff.

Vorrang des Gesetzes 2 19

Wahl 1 55 ff.
- des Landtags 1 55 ff.
- Fünf-Prozent-Klausel 1 60
- Gemeindevertretung 1 138
- Ungültigkeit einer Wahl 1 65
- Wahlberechtigung 1 62

599

- Wahlprüfung 1 64 f.
- Wahlrecht auf Kommunalebene, aktives 5 233
- Wahlrechtsgrundsätze 1 56 ff.
Wahlberechtigung 1 62 f.
Wahlprüfung 1 64 f.
Wahlrechtsgrundsätze 1 56 ff.
- Allgemeinheit 1 57
- Freiheit 1 59
- Geheimheit 1 61
- Gleichheit 1 60
- kommunale 1 139
- Unmittelbarkeit 1 58
Wasserrecht
- Abwasserbeseitigung 8 100
- Abwasserbeseitigungskonzept 8 104, 125
- Abwasserpakt 8 68
- Abweichung 8 270
- Abweichungsbefugnis 8 66
- alte Rechte 8 122
- Baden 8 92
- Baulast 8 103
- Befahren von Gewässern 8 92
- Behörden 8 276
- Bewilligung 8 82
- Bewirtschaftung 8 89
- Bußgelder 8 120
- Deiche 8 112 f.
- Eissport 8 92
- Enteignung 8 73, 117
- Erdwärme 8 103
- Erlaubnis 8 82, 85
- Fischerei 8 92
- Flußgebietseinheiten 8 89
- Fracking 8 83
- Gesetzgebungssystematik 8 62
- Gewässeraufsicht 8 118
- Gewässerbett 8 73, 76
- Gewässereigentümer 8 75
- Gewässerrandstreifen 8 93
- Gewässerunterhaltung 8 94
- Gewässerunterhaltungsverbände 8 95
- Grundwasser 8 96
- Haushaltsabwasser 8 101
- Heilquellenschutzgebiete 8 99
- Hochwasserschutz 8 109
- Indirekteinleitung 8 107
- Kleinkläranlagen 8 72, 102
- konkurrierende Kompetenz 8 65
- Planfeststellung 8 116
- Raumordnung 8 90
- Rechtsverordnungen 8 120
- Sanierung 8 118
- Selbstkontrolle 8 108
- Tauchen 8 92
- ThürWG 8 70 ff.
- Trinkwasser 8 97
- Überflutung 8 78
- Überschwemmungsgebiete 8 111
- Uferbett 8 80
- Uferlinie 8 74
- Verfahren 8 115
- Verlandung 8 77
- Verordnungsermächtigungen 8 64
- Warndienst 8 109
- Wasserbehörden 8 114
- Wasserbuch 8 90
- Wasserrahmenrichtlinie 8 53
- Wasserschutzgebiete 8 98
- WHG 2010 8 63
- Zweckverbände 8 126
Weimarer Kirchenartikel 9 109
Weimarer Kirchenkompromiss 9 108
Weimarer Reichsverfassung von 1919 5 33
Wesentlichkeitstheorie 5 73
Wissenschaftsfreiheit, Hochschulwesen 9 77 f., 83, 90

Ziel- und Leistungsvereinbarungen im Hochschulwesen 9 106
Zuständigkeit 2 32 ff.
- Folgen bei Verstößen 2 37, 40

- funktionelle 2 36
- örtliche 2 39 ff.
- sachliche 2 32 ff.
- Weiterleitung des Antrags 2 41
Zustandsstörer 4 275
Zustandsverantwortlichkeit 4 288 ff.
- Grenzen 4 298 ff.
- Verursachung 4 291 ff.
Zustellung 2 101 ff.
- Adressat 2 106
- Anordnung 2 104 f.
- Anwendungsbereich des ThürVwZVG 2 103

- Arten 2 107
- der Baugenehmigung 6 15
- Mängel im Verfahren 2 109
Zuverlässigkeit im Gaststättengewerbe 7 18 f.
Zwangsmittel 4 317 ff.
Zweckveranlasser 4 285 ff.
Zweckverband 2 71, 5 153 ff.
- Wasserrecht 8 126
Zwei-Stufen-Theorie 2 85
- öffentliche Einrichtungen 5 214, 222 ff.

Topaktuell zu Pandemiemaßnahmen, Klimaschutzgesetz, Mietendeckel, ...

Grundgesetz für die Bundesrepublik Deutschland
Handkommentar
Begründet von Dr. Karl-Heinz Seifert
und Dr. Dieter Hömig
Bis zur 11. Auflage mitherausgegeben
von RiBVerfG a.D. Dr. Dieter Hömig und
Prof. Dr. Heinrich Amadeus Wolff
13. Auflage 2022, 1.038 S., geb., 39,– €
ISBN 978-3-8487-7930-7

Der „Hömig/Wolff" ist das Standardwerk für den ersten Zugang zum Grundgesetz. Die topaktuelle 13. Auflage berücksichtigt alle durch die Pandemie aufgeworfenen Fragen („Bundesnotbremse", Triage, Förderhilfen, Länderkompetenzen) sowie die jüngsten Änderungen des Grundgesetzes (Umsetzung des Digitalpakts, Grundsteuerreform). Alle wichtigen neuen Entscheidungen des Bundesverfassungsgerichts (Klimaschutzgesetz, Berliner Mietendeckel, Sterbehilfe), des EuGH und des EGMR sind eingearbeitet.

» *Fazit: auch die 13. Auflage ist ein Volltreffer und empfiehlt sich für jeden politisch und rechtlich Interessierten, der - gerade in diesen Zeiten – nach verfassungsrechtlichen Informationen sucht.* « Michael Schanz, RDG 2/2022

Bestellen Sie im Buchhandel oder versandkostenfrei online unter nomos-shop.de
Alle Preise inkl. Mehrwertsteuer

Datenschutz ist auch Ländersache

Thüringer Datenschutzgesetz
Handkommentar
Herausgegeben von Johannes Matzke
und Dr. Nora Düwell
2022, ca. 650 S., geb., ca. 98,– €
ISBN 978-3-8487-8051-8
Erscheint ca. Oktober 2022

Der Handkommentar zum thüringischen Landesdatenschutzgesetz (ThürDSG)
- strukturiert das komplexe Rechtsgebiet praxisnah
- erläutert das Verhältnis von Landesrecht, DS-GVO und JI-Richtlinie
- kommentiert das Landesrecht und macht als erstes Werk nach Inkrafttreten der DS-GVO die Unterschiede zwischen altem und neuem Recht deutlich
- zeigt Besonderheiten zu anderen Landesdatenschutzgesetzen und dem Bundesrecht.

Die Autorinnen und Autoren aus Bundes-, Landes- und Justizverwaltung, Wissenschaft sowie Justiz setzen sich mit den drängenden Rechtsfragen auseinander und geben Tipps zu Auslegung und Anwendung des ThürDSG. Der Kommentar ermöglicht eine rechtssichere Handhabung der Vorschriften und ist das ideale Arbeitsmittel für alle, die mit dem ThürDSG arbeiten.

Herausgeber:in und Autor:innen
Andrea Bechstein | Dr. Nora Düwell | Dr. Lutz Hasse | Dr. Heike Krischok | Jens Keßler | Andrea Kirstein | Johannes Matzke | Sabine Pöllmann | Tim Fellmann | Anne Wetzel.

Bestellen Sie im Buchhandel oder versandkostenfrei online unter nomos-shop.de
Alle Preise inkl. Mehrwertsteuer